植民地帝国日本における知と権力

松田利彦 編

思文閣出版

第Ⅴ部　被支配民族の知

第Ⅵ部　脱植民地化／脱帝国化と知の再編

植民地帝国日本における知と権力

序

松田利彦

一九世紀後半以降における日本の国民国家形成の過程は、国内的には西欧近代知識の吸収と義務教育を通じた知の普及という側面をもち、対外的には東アジア各地域への膨張をともなった。近年の日本植民地研究において「知」をめぐる歴史学的考察は、もっとも活況を呈している領域の一つであるが、それは、こうした近代日本の国家形成にともなう「知」の蓄積と対外拡張とのあいだに密接な関係があったことが次第に意識されるようになったためだろう。

この分野の研究は、軍事的・経済的侵略とは異なる文化的要素を通じて植民地を支配する植民地「近代」の特性、そしてそれを合理化し内面化させる知識のつくられ方に注目するようになっている[1]。こうした観点はしばしば欧米のポストコロニアル研究に影響を受け、従来の収奪や暴力を強調する研究とは別個の次元で論じられる傾向がある。しかし、両者を切り離して考えることは、植民地支配の性格を理解するうえで必ずしも有効ではないだろう。むしろ、日本が「近代性」を植民地に導入し知のヘゲモニーを掌握しようとしたことが、どのような暴力性をともなっていたのかを問い直すことによって、植民地支配に内包される暴力性の範囲をさらに拡張させてとらえる視角が求められているのだと考えたい。たとえば、植民地現地に対する近代的な学術調査は警察機関の助力を得てなされたことに象徴されるように、「知」と物理的暴力はときに結びつきながら植民地支配を成立させていた。本書が、「知と権力」という切り口から、植民地における「知」の問題と権力—暴力の問題とを同じ俎上に載せて論じようと試みたのは、そのような考えにもとづいている。

ミシェル・フーコーの有名な言葉「権力は遍在する」を引くまでもなく、「知と権力」の範疇に属する問題群は多様で膨大である。日本は、周辺地域の植民地化にあたって、本国で高等教育を受けた官僚や学者を大量に送りこみ統治を行なった。彼らの統治の基礎にあった「知」は、本国での政治経験や現地の慣習調査、西欧列強の植民地支配の事例研究など多岐にわたる。他方で、植民地の被支配民族内部にも「知」は形成された。植民地統治の対象となった台湾・朝鮮の民族は前近代において中華世界秩序に組みこまれつつ儒教・漢文を基礎とする独自の「知」を各地域で紡ぎあげていた。このような意味での「伝統」は、植民地化以降、植民地権力の「知」に対する抵抗のよすがともなり、場合によっては植民地権力による調査・利用の対象ともされた。それとともに、日本を主たる媒介として流入してきた近代的「知」は、被植民者のなかにも新しい知識人層を生みだした。このような流れは、特に一九二〇年代、朝鮮と台湾に相次いで植民地大学が設立されたことで加速した。こうしたことを踏まえ、本書は、植民地権力と被支配民族にまたがりつつ、重層的に形成された広い意味での「知」が植民地統治を規定した諸相を描きだすことをも目指している。

さて、植民地における「知」への関心の火付け役となったのは、周知のように、『岩波講座「帝国」日本の学知』全八巻（二〇〇六年）である。植民地帝国日本における「知」のあり方を学際的に論じた同講座のとりあげたテーマは多様である（本書所収の陳姃湲「『台湾島史観』から植民地の知を再考する――植民地台湾における「知と権力」をめぐって――」において、各巻の議論に言及する）。同時に、『「帝国」日本の学知』には全体としてはかなり一貫した視角があり、それが魅力となっているとともに、そこに十分組みこみきれなかった論点が今後の課題を指し示してもいる。本書は、後述のように国際日本文化研究センターの共同研究「植民地帝国日本における知と権力」からうまれた成果報告書だが、我々の共同研究会も、まずこの浩瀚なシリーズに敬意を払いつつ、その残した課題を検討するところからはじまった。
『「帝国」日本の学知』では、「近代日本における学知の生成と展開を歴史的文脈の中に位置づけ」ることが課題に設定されている。[2] たしかに、第一巻（「帝国」編成の系譜）所収の酒井哲哉論文は大正期の社会民主主義論・植民政策学が戦後の国際関係論に変容していく過程を描いている。[3] 第三巻（東洋学の磁場）所収の吉開将人と下田正弘のそれぞれの論考は、東亜考古学の成立史、仏教学というディシプリンの形成を論ずる。[4] 実践技術を扱った第七巻（実学としての科学技術）でも田中耕司・今井良一は、西欧から日本への農業技術の移入と消化と植民地への拡大を論じ、飯島渉は、寄生虫学の導入と日本化および植民地医学への拡散を検討している。[5]

また、そうした近代日本における学知の生成と展開において、とりわけ第二次世界大戦期を重要な転換点と位置づける視角も複数の論文に共通する。[6] このようにして、『「帝国」日本の学知』は、人的な連続とディシプリンにおける断絶を基本的な枠組みとしつつ、学知の連続と断絶の位相を鮮やかに描き出している。[7]

しかし反面、「帝国」の範囲の捉え方や比重の置き方は論者によってまちまちである。たとえば、第二巻（「帝国」の経済学）所収の諸論文は、欧米を中心とした国際秩序・世界資本主義の中での日本の経済思想・政策を考察しているが、こうした空間設定のために「帝国」日本という視角が抜け落ちているとの批判も受けている。[8] また、第八巻（空間形成と世界認識）では、世界・アジアの中の日本という空間認識の形成が主たるテーマとなっており、「帝国」という枠組みはいったん外されている。

このように、植民地「帝国」という観点が必ずしも貫徹していないことは、近代日本の学知と植民地との相互の影響関係をどのように理解するかという課題を残すことにつながっているように思われる。[9] アジア規模の思想や学知の交流や緊張関係を、中心（日本「内地」）から周縁（日本以外の東アジア諸地域）への思想の伝播・影響関係という視点のみで捉えることの限界はすでに何人かの論者が指摘するところである。[10] また、近年の台湾・朝鮮近代史研究においては、民族・国家を所与の概念として前提せず、外部世界との接触・交渉のなかで形成されたという立場が確かな地歩を固めている。[11] 各方面からこのように提唱されているトランスナショナルな視角設定は、学知の研究においても求められているところだろう。

かくして、近代日本の学知の問題を日本内部におけるディシプリンの形成と継承という点に限定せず、日本と植民地あるいはより広い外部世界との相関関係で捉えようとしたとき、いくつかの重要な問題が想起される。我々が共同研究において徐々に輪郭を描き練り上げていった問題意識は、さしずめ以下のように整理できる。

第一に、単に学者や専門的技術者のもつ「学知」に限定せず、植民地における権力関係を形成し支えた「知」の担い手を植民地官僚や在留日本人などに広げて捉える枠組みを設定した。これによって、植民地主義的な「知」が、学問的な場にとどまらず現実の支配政策とどのように連関したかを本書では論じることになった（第Ⅲ部）。これと関わって第二に、日本が植民地支配に活用した膨大な「知」の多くは西欧起源のものであった。したがって、植民地帝国日本の「知」を扱う際には帝国内部に議論を限定するのではなく、帝国の「知」と西欧世界の結びつきを検討することも重要な論点となる（第Ⅳ部）。

第三に、近代日本の学知を植民地民族・社会との関係で立体的に捉えるためには、まず、そもそも植民地化以前の台湾・朝鮮の知的土壌・慣習が、どのように近代的な「知」によって観察され調査され再編されていったかという問題を避けて通れない（第Ⅱ部）。その一方で、被支配民族の側でも、主には日本を通じて、近代的知識を獲得した。それは、日本の植民地支配に対して対抗的な性格をもちつつ、しかし時に共犯的な関係を結ぶ。このような被支配民族の複相的な「知」の面貌を読み解くことは、知・学知の研究を一国史的な枠組みから解き放つうえで不可欠な作業となると考える（第Ⅴ部）。さらに第四点として、このような問題設定は、必然的に戦前／戦後、解放（光復）前／解放（光復）後というより広いタイムスパンでの考察をともなうことになる。被支配民族に刻印された「知」と支配民族が形成した「知」は、植民地期で完結したわけではなく、脱植民地化／脱帝国化の過程でさらなる変容をとげることになったからである。植民地主義的な知の解放後／戦後における連続と断絶も本書にとって重要な論題となった（第Ⅵ部）。

以上のように、本書は、台湾と朝鮮を主な相互参照の対象としつつ、植民地統治における知と権力をめぐる問題に、いくつかの新しい問いを投げかけることとなった。

最後に、本書の成り立ちについて簡単に説明しておきたい。本書は、五年間にわたる国際日本文化研究センターの共同研究「植民地帝国日本における知と権力」（二〇一三～二〇一七年度）を基盤としている。また、共同研究会での報告だけでなく、共同研究の一環として二〇一七年一〇月に開催した国際研究集会「植民地帝国日本における知と権力」の発表も一部収録している[12]（巻末の「共同研究「植民地帝国日本における知と権力」報告一覧」「国際研究集会プログラム」を参照）。

共同研究での報告および国際研究集会での発表は、政治・宗教・教育・文学・人類学・医学など、さまざまな分野にまたがる。個々のディシプリンは単に研究対象が異なるというばかりでなく、たとえば、植民地期と一九四五年以後を俯瞰することに比較的積極的な分野とそうでない分野があるように、アプローチの仕方自体が違うこともしばしばある。また、たとえ同じ学問分野でも、台湾史と朝鮮史における対象の切り取り方は往々にして異なる。比較研究の視点から植民地研究にのぞんだことのある研究者は誰しも感じるところだろう[13]。共同研究会では「植民地帝国日本における知と権力」というテーマのもと、おおよそ百本の報告を重ねたことによって、班員はいくばくかでも自身のたずさわる研究分野の射程と限界を意識し相対化しえたのではないかと思っている。

本書の読者が、そのような共同研究の雰囲気を感じていただければ編者としては望外の喜びである。

（1）許英蘭「二〇〇八〜二〇〇九年度 日帝 植民地時期 研究의 現況과 課題」（『歴史学報』第二〇七輯、二〇一〇年）四〇頁。許洙「새로운 歴史認識과 方法論의 模索——日帝 植民地時期 研究의 現況과 展望——」（『歴史学報』第二二三輯、二〇一四年九月、五七頁）。
（2）酒井哲哉「編集にあたって」（酒井編『「帝国」日本の学知』第一巻、岩波書店、二〇〇六年）v頁。
（3）酒井哲哉「「帝国秩序」と「国際秩序」——植民政策学における媒介の論理——」（同前書）。
（4）吉開将人「東亜考古学と近代中国」、下田正弘「近代仏教学の展開とアジア認識——他者としての仏教——」（岸本美緒編『「帝国」日本の学知』第三巻）。
（5）田中耕司・今井良一「植民地経営と農業技術——台湾・南方・満洲——」、飯島渉「宮入貝の物語——日本住血吸虫病と近代日本の植民地医学——」（田中耕司編『「帝国」日本の学知』第七巻）。
（6）全京秀「植民地の帝国大学における人類学的研究——京城帝国大学と台北帝国大学の比較——」、臼杵陽「戦前日本の「回教徒問題」研究——回教圏研究所を中心として——」（岸本編、前掲『「帝国」日本の学知』第三巻）など。
（7）飯島渉「書評 末廣昭責任編集 岩波書店『地域研究としてのアジア』岩波講座「帝国」日本の学知 第六巻」（『中国研究月報』第六一巻第五号、二〇〇七年五月）。
（8）三和良一「書評 杉山伸也編 岩波講座「帝国」日本の学知 第二巻「帝国」の経済学」（『三田学会雑誌』第一〇〇巻第二号、二〇〇七年七月）。
（9）この点については、飯島、前掲書評（註7）にも論及がある。
（10）米谷匡史「戦時期日本の社会思想——現代化と戦時変革——」（『思想』第八八二号、一九九七年一二月）、戸邉秀明「ポストコロニアリズムと帝国史研究」（日本植民地研究会編『日本植民地研究の現状と課題』アテネ社、二〇〇八年）六八頁。
（11）許洙、前掲論文、七五頁。
（12）発表者の意向により本書に収録しなかった国際研究集会の発表は、国際日本研究センターのウェッブサイト上で公開している（https://nichibun.repo.nii.ac.jp/、二〇一八年一〇月閲覧）。
（13）台湾史と朝鮮史の研究成果を概観しつつそれぞれのアプローチの違いに目を向けた研究史整理の試みとして、松田「統治機構と官僚・警察・軍隊」（日本植民地研究会編『日本植民地研究の論点』岩波書店、二〇一八年）も参照されたい。

解説

松田利彦

以下、本書に収めた論文の解説をしておく。本書第Ⅰ部では、松田と陳姃湲がそれぞれ朝鮮史研究・台湾史研究の立場から、知と権力の問題について既存研究の潮流と課題の輪郭を描くことを試みた。次に、第Ⅱ部から第Ⅵ部までは二四本の個別論文を収録し、五つのテーマに沿って配列した。
ここでは、第Ⅱ部以下の各論文の概要を紹介しておく。

第Ⅱ部　植民地化と知の再編

第Ⅱ部では、植民地となる以前に台湾・朝鮮で形成されていた知的土壌・慣習が、どのように近代的な知によって観察・調査・再編されていったかを検討し、植民地の伝統的知識や旧慣が帝国の知といかなる関係を切り結んだかを論じる。

春山明哲「法学者・岡松参太郎の台湾経験と知の射程――植民地統治と「法の継受」をめぐって――」は、台湾総督府臨時台湾旧慣調査会（一九〇一年設置）で中心的役割を果たした京都帝国大学法科大学教授・岡松参太郎に対する論考である。まず、岡松の活動を規定した後藤新平民政長官の構想や京都帝国大学法科大学について論じる。岡松は、台湾固有の特別立法を構想しつつ、各国の法律を広く参照しながら旧慣調査を進めた。旧慣立法化の事例として台湾合股令案・台湾親族相続令案・養媳縁組をめぐる議論を跡づけ、さらに岡松の台湾原住民研究として『台湾番族慣習研究』（一九二一年）を検討することで、岡松の「知の射程」を読みとろうとしている。

中生勝美「領台初期の原住民調査」は、台湾における旧慣調査研究の中では論じられることが少なかった原住民についての慣習調査（蕃族調査事業）を検討する。旧慣調査会の中心となった岡松参太郎が原住民調査に関心を向けたのは、同会の任務が終わった後だったことが指摘される。本格的な調査が始まったのは一九一四年だが、これは大津麟平が治安維持の観点から企画立案したものだった。調査を指揮した小島由道は旧慣調査会の拡張を構想していたが、実際には原住民調査は旧慣調査会の残務と位置づけられた。小島の法制慣習調査（『番族慣習調査報告書』）および佐山融吉の人類学的調査（『蕃族調査報告書』）を精査することで、それらが植民地立法の基礎作業として行われた台湾私法・清国行政法調査とは性格を異にするものだったことを明らかにしている。

顔杏如「俳文学、知識、植民統治の交錯——『台湾歳時記』の編纂とその植物知識の系譜——」は、日本統治期台湾で唯一出された俳諧歳時記『台湾歳時記』（一九一〇年刊）における植物の季題を考察する。同書の著者・小林里平は在台俳人としてばかりでなく台湾旧慣調査会嘱託もつとめ、思想的には国権主義の系譜を引く。『台湾歳時記』の記述は、近代植物学や小林の総督府官僚としての現地調査による見聞——そこには植民地権力からの台湾人の「非文明」に対する視線も含まれる——といった近代的な知識を基盤としながらも、清代の方志や江戸時代以来の本草学など伝統的知識とも継承・断絶の両面をもった。これらの知識源を腑分けすることで、『台湾歳時記』の提示する「台湾趣味」にどのような知識体系が流れこんでいるのかを明らかにしている。

曾文亮「日本統治期における台湾人家族法と植民地統合問題」は日本統治期、台湾人家族法をめぐる議論にみられた家族観の競合を論ずる。台湾人家族法には最後まで旧慣が適用されつづけたが、その背後の家族観には、清朝統治期以来の漢人の家族観、明治家族法自体に内在した日本固有の家族観と近代的個人主義家族観の三つが各時代ごとに影響を及ぼしていた。統治初期、総督府の旧慣調査会と総督府法院は近代の個人主義的家族観を基準に台湾人の家族旧慣を解釈した。一九二〇年代になると、台湾人としての家族観が知識人青年から提示されはじめ、三〇年代に家族法制を研究した戴炎輝《たい・えんき》《ダイ・イエンフィ》は、植民者による家族旧慣の解釈を批判した。他方、一九三〇年代に台頭した国体家族観を受け、坂義彦（台北帝大教授）は国体と祭祀公業の統合論を説いた。しかし、鍾壁輝（台北帝大助手）のような台湾人は、国体家族観の影響を受けつつも東洋民族・中国の家族制度を肯定した。

岡崎まゆみ「「帝国」としての民法学へ――京城帝国大学の民法学者を中心に――」は、朝鮮民事令が内地民法の原則依用と家族法関係の慣習尊重という二元的法体系をとったことが、京城帝大の民法学者の研究傾向にどのような影響を与えたかを考察する。内地の学問空間の延長のなかで研究をしていた彼らにとって、朝鮮の旧慣の解釈はあくまで朝鮮の法域内で有効なものでしかなかったために、学問対象としての魅力を欠いていた。それ故、彼らはもっぱら内地の家族法を研究対象とし、朝鮮人の家族法に対する認識が表出されたとしても時代遅れと見なす程度だった。彼らが内地の法学界への統合志向をもっていたことは、本来接続しえない朝鮮の高等法院民事判決評釈を内地の大審院判例と同列に扱っていたことにもうかがわれる。無意識に朝鮮を内地に統合しようとするこのような権力的な思考は、内地の――ひいては戦後日本の民法学にも――共有されていた。

第Ⅲ部　植民地官僚の知と植民地在留日本人の知

第Ⅲ部では、「学知」にとどまらない「知」の担い手として、植民地官僚や在留日本人をとりあげた。官僚については、近年次第に研究が蓄積されつつある農政や土木などの技術官僚を扱った。また、在留日本人についいては特にメディア関係が軸となったが、その議論の分析から、在留日本人が植民地における権力関係を支えていた姿が浮かび上がってくる。

やまだあつし「高等農林学校と植民地の知――鹿児島高等農林学校での田代安定の講義を中心に――」は、台湾総督府農業技術官僚の供給源の一つだった鹿児島高等農林学校での植民地関係の講義を明らかにし、田代安定（台湾総督府殖産局技師）の講義内容を発掘する。同校では南方に強い関心をもつ初代校長玉利喜造のもと、殖民政策、熱帯植物学、熱帯農学などの科目が開かれたが、これらは同時代の高等農業教育機関のなかでは先端的な講義だった。このうち、田代は一九一一年から一五年まで四回にわたり熱帯植物学を教えた。講義内容は、田代自身の恒春熱帯植物殖育場での経験をもとにしたものだったが、熱帯植物を広く論じる講義から、商品化の進むコーヒーや繊維植物についての講義へと次第に体系化しようとした跡が認められる。田代を敬慕する学生も多く、後に台湾総督府専売局酒課技師となった神谷俊一のように、田代の知の一端を受け継ぐ者も現れた。

本間千景「農村振興運動と八尋生男の政策思想」は、韓国併合直後から戦時期にわたり朝鮮で農政官僚をつとめた八尋生男の政策思想を検討する。一九三〇年代の農村振興運動を扱いつつ、その政策と思想が日本内地の農村経済更生運動とどのように異なっていたかに着目している。八尋が立案し推進した農村振興運動の方法は、個々の農家を単位とするものであり、そこには朝鮮特有の非識字率の高さという問題が横たわっていたと見ている。また、八尋の指導精神は「物心一如」で一貫しており、内地の運動のイデオローグであった山崎延吉の「農民道」に関心を寄せていたものの、山崎のように皇国精神を強調するよりは、儒教的世界観を前面に出すという差異が見られたことを指摘している。

蔡龍保「日本統治期台湾総督府における技術官僚の出自と活動分析――土木技師を例として――」は、台湾総督府における土木官僚の経歴・異動・職務を総合的に明らかにする。まず、領台初期（一八九五～九八年）には、内地の第一世代の土木技術者が導入されたが、専門性に欠け風紀も乱れていた。第二期（～一九二四年）に入ると、長尾半平土木課長によって人員刷新が進められ、帝国大学出身の専門的技術官僚が多数を占めるようになった。第三期（～一九四五年）になると、土木部門が再編・細分化された。技術者が不足するなか総督府は技手を技師に昇進させ、また道路事業の専門化に対応して専門技術者を招聘した。戦時期には、軍の要請に応じて華南や南洋に土木官僚を派遣した。日本統治期を通じて土木官僚がすべて内地の高等教育機関で育成されたことは、戦後の国民党政権による日本人技手・技師の留用につながった。

川瀬貴也「雑誌『朝鮮仏教』誌上に見る日朝仏教の葛藤――一九二〇年代後半を中心に――」は、一九二〇年代後半の朝鮮における日本仏教と朝鮮仏教の交渉と葛藤を雑誌『朝鮮仏教』から読み解く。一九二〇年代の「文化政治」期においては仏教統轄機関を育成する政策がとられ、一九二二年に朝鮮仏教大会が結成されるが、その機関誌が『朝鮮仏教』だった。初期の論調に見られるのは、民衆的で進んだ日本仏教と隠遁的で遅れた朝鮮仏教という二項対立的言説であり、日本人側は朝鮮仏教に対する日本仏教の優越性を説いた。日本仏教が朝鮮仏教にもちこんだ「肉食妻帯」については誌上で活発な議論が展開された。日本人仏教者の肉食妻帯論に反発する朝鮮人僧侶も多かったが、他方で韓龍雲《ハン・ヨンウン》をはじめ仏教の近代化という文脈から肯定する者もおり、朝鮮にもたらされた「近代的仏教」の内実という問題の重要性が指摘されている。

宮崎聖子「女性植民者と帝国の「知」――台湾における田中きわの――」は、明治末期に台湾にわたり、国防による愛国を唱えた知識人女性・田中きわのの半生を追う。きわのは、夫・田中一二の台湾通信社や彼が主宰する大日本国防青年会を支えた。一九三〇年代、大日本国防青年会機関誌を中心に文筆活動を行い、台湾通信社の記者にもなっている。また、一九三四年には、両団体の代表として「満洲国」の日本軍慰問のため派遣されるが、その視察記では台湾・朝鮮・満洲をつなぐ人的ネットワークを描き出し、在満日本人に帝国の一部としての台湾を、また在台日本人に満洲、朝鮮を認識させる役割をはたした。活発な社会的活動をしつつも、きわのは、女性の政治的権利の伸張に興味を示すことはなく、女性が国防に尽力する重要性を強調しつづけた。

第Ⅳ部　帝国の知と欧米世界の知

第Ⅳ部は、植民地帝国日本の知と西欧世界の結びつきを考察する論考を収めた。日本が植民地支配に活用した知の多くは西欧起源のものであったが、同時に、それを批判する論理もまた欧米から吸収していたことが描きだされる。

加藤道也「植民地官僚の統治認識――知と権力の観点から――」は、大内丑之助・吉村源太郎・時永浦三という三人の植民地官僚を素材として、その統治認識を探っている。大内は一九〇一年から一八年にかけ台湾総督府と関東都督府で参事官をつとめ、ドイツの植民地支配政策を実地調査した。吉村は一九一一年から関東都督府外事総長、一七年には拓殖局嘱託となり、イギリスのアイルランドやインド統治に関する多くの調査報告を残した。時永は一九一〇年から二二年にかけ朝鮮総督府に勤務し、特に三・一運動以降、欧米に出張してアイルランド問題などについて論説を発表した。彼らはいずれも欧米滞在を経験した点で共通し、吉村と時永の場合は思想的影響関係も認められる。その一方で、時期が下るにしたがって、欧米の植民地統治に対する見方が学習対象から批判へさらに否定へと移り変わっていく様相も抽出している。

松田利彦「志賀潔とロックフェラー財団――京城帝国大学医学部長時代の植民地朝鮮の医療衛生改革構想を中心に――」は、一九二〇年代後半、京城帝国大学医学部長・志賀潔が、アメリカのロックフェラー財団に対して、京城帝大医学部・朝鮮総督府医院への援助を求めた交渉を跡づける。ロックフェラー財団は、韓国併合以後、北米宣教師系のセブランス医学専門学校への援助を検討していたが、三・一運動以後、総督府への支援を重視するようになった。志賀は、財団に対し、朝鮮総督府医院の改革、京城帝大医学部における公衆衛生学（予防医学）研究の施設整備、アメリカ医学に通じた人材の育成などを求めた。アメリカへの人材派遣（水島治夫の留学）以外はほとんど実現しなかったものの、一連の交渉には、第一次世界大戦後における国際協調体制を背景としたアメリカ医学の台頭と植民地朝鮮における応答を読みとることができる。

劉士永「日本の植民地医学から東アジア国際保健機構へ」は、第二次世界大戦以前の東アジアにおける公衆衛生国際協力体制を跡づけつつ、戦後の国際保健機構と結びつけて捉えうる可能性を考察した。戦前の東アジアにおいてはアメリカを中軸とした国際公衆衛生活動が展開された。国際連盟保健機関がヨーロッパにおける公衆衛生協力体制を東洋に拡大させるなか、極東熱帯医学会は主権国家と植民地が協働できるネットワークをつくり、また、ロックフェラー財団が資金と医療知識を提供した。戦後、アメリカ・WHOによる新たな国際保健機構の枠組みづくりは、戦前の東アジアにおける事業の再現という意味合いをもちつつも、フィランソロピー財団よりもアメリカ政府が主導したこと、冷戦下の経済援助という文脈の中で展開されたことなどの相違があった。このような戦後の変化に、新たな「植民地医療」を見いだせるかもしれないという問題提起をしている。

長沢一恵「戦前期における法学者・鵜飼信成の法学研究についての一試論――資本主義発達期の社会をめぐる政治と法の問題を中心に――」は、憲法・行政法学者である鵜飼信成について、京城帝国大学時代での初期の学問的関心を検討するとともに、戦前の研究上の転機となるアメリカ留学経験を跡づけた。鵜飼は東京帝国大学・法学部を卒業後、一九三一年に京城帝国大学・法文学部に赴任した。初期には法治国家論に関心を持ち、ドイツ近代法学に学びつつ、「公権の放棄」の考察などを通じて、政府権力の肥大化の抑制を説いた。また行政法についても多くの論考を発表したが、「社会行政法」では当時の内務官僚の議論と異なり、要救護者の権利確立を主張している。朝鮮総督府の在外研究によるアメリカ留学（一九三九～四一年）では、ニューディール期のリアリズム法学に接し、ホームズ、ブランダイスら社会問題の解決に関心を向ける進歩派判事たちの「自然法」観念の変化に注目するなど、戦後におけるアメリカ法研究のパイオニアとなる素地がそこには見られる。

第Ⅴ部　被支配民族の知

第Ⅴ部では、植民地帝国における被支配民族の知に着目した。日本人や日本のメディアとの接触あるいは留学によって近代的知識を獲得した朝鮮人・台湾人は、本国の知を模倣しつつ時に読み替えて逆利用した。日本の植民地支配に対して対抗的な性格をもちつつ、しかし時に共犯的な関係を結んだ被支配民族の複相的な知の面貌を読み解く。

山本浄邦「朝鮮の開化派官僚・尹雄烈が描いた近代と日本」は、朝鮮王朝末期の開化派官僚・尹雄烈《ユン・ウンニョル》（尹致昊《ユン・チホ》の父）の出自と日本観、その活動を検討する。没落した名門両班の家系に生まれた尹雄烈は一八八〇年の第二次修信使に随行して日本にわたり、日本の初期アジア主義者や開化僧・李東仁《イ・ドンイン》、アーネスト・サトウらと交流し、開化志向を強めた。翌年には新式軍隊の別技軍の運営に当たったが、壬午軍乱で日本への一時的亡命を余儀なくされた。一八八四年の甲申政変においては、近代的改革には国民的合意が必要だとの立場から急進開化派には批判的立場をとった。一八九六年、全羅南道観察使に任命されると、奥村五百子の設立した光州実業学校を支援した。尹雄烈は、日本との連繋が大韓帝国の近代化に資すると考え協力したのだが、日本の植民地主義的意図に図らずも協力してしまうことにつながったとされている。

小野容照「忘れられた独立運動家、李達――一九一〇年代の東アジア思想空間の断面――」は、一九一〇年代に主に日本で活動した朝鮮独立運動家・李達《イ・ダル》の足跡を掘り起こす。李は、一九一七年に東洋青年同志会を設立し、日本語雑誌『東亜時論』（翌年『革新時報』に改題）を刊行した。その後、二・八独立宣言（一九一九年）を境に独立運動家に転身し、新たに『新朝鮮』を刊行した。李達の思想で重要なのは、日本の掲げたアジア主義の読み替えである。すなわち、第一次世界大戦期、アジア主義を朝鮮人に対する差別待遇の改善を訴える論理に読み替えた。また、同時代の東アジア知識人との交流も注目される。アジア主義を逆手にとった主張は、朝鮮人・中国人留学生からは支持されなかったものの、台湾人留学生とは差別政策の改善を求める点で近い位置にあった。さらに日本人との接触に積極的であり弁護士布施辰治とも親交をもった。

紀旭峰「植民地台湾からの「留学生」郭明昆――知の構築と実践を中心に――」は、日本統治下の台湾から早稲田大学に留学し、津田左右吉に師事した郭明昆《かく・めいこん》《グオ・ミンクン》の足跡を掘り起こす。台南商業専門学校を卒業した郭が内地に留学した背景には、植民地台湾では高等教育機関が乏しく、「進学ルートの不連続」から内地に高等教育の機会を求めざるをえないという状況があった。一九二八年に入学した早稲田大学文学部では、中国社会の葬儀について考察した。大学卒業後、台南第二中学校の教諭となったが、一九三三年に再度上京し、大学院進学、北京留学を経て早稲田第二高等学院講師となった。学術活動の面では、津田の主宰する東洋史会に参加しつつ、中国固有の家族制度と言語（北京語と福佬話）について業績を残している。郭は一九四三年に没するが、生涯にわたりエスニック・アイデンティティとナショナル・アイデンティティの狭間に立たされていたと本論文では評されている。

何義麟「台湾における近代性と民族性の葛藤――作曲家鄧雨賢の人物像の変容を中心として――」は、台湾歌謡の父と称される作曲家鄧雨賢《とう・うけん》《ダン・ユシャン》のライフヒストリーを掘り起こしながら、その評価が台湾社会の中でどのように変容してきたかを跡づける。鄧は公学校卒業の後、台北師範学校を経て公学校教員となった。植民地教育体制へのこうした関わりは近代文明の受容という側面をもち、鄧の音楽への開眼も師範学校時代になされた。文芸大衆化を主張した鄧は、一九三〇年代から作曲家として名が知られるようになったが、戦時期から戦後にかけて忘却されていった（一九四四年没）。台湾を代表する作曲家として復権したのは一九八〇年代のことで、そこには台湾の「脱植民地化」という時代状況が影響している。

第Ⅵ部　脱植民地化／脱帝国化と知の再編

第Ⅵ部では、脱植民地化／脱帝国化の問題を扱う。敗戦によって植民地を喪失した日本が、どのように帝国の知を再構築し記憶しようとしたか。他方、かつての被支配民族が、解放（光復）後、知の営みの主体となるなかで、自らに刻印された植民地主義的な知にどのように向き合うことになったか。これらが主要なテーマとなっている。

李炯植「戦後朝鮮統治関係者による朝鮮統治史編纂――友邦協会を中心に――」は、戦後、旧朝鮮総督府官僚らによって設立された友邦協会について、設立経緯、財政基盤、幹部構成、史料編纂活動などの面から考察する。旧総督府関係者は旧朝連（在日本朝鮮人連盟。一九四九年強制解散）の財産の受諾をめぐって議論し、結局、一九五二年、押収財産は受け取らずに朝鮮統治関係資料を収集する機関として友邦協会を立ちあげた。朝鮮総督府の「生え抜き官僚」出身者を中心とした協会は、当時の知識人・言論界の朝鮮統治批判に対抗し、植民地支配施恵論を主張しようと史料編纂に着手した。初期には総督府の原文書を復刻・刊行したが、日韓基本条約締結（一九六五年）後は総督府官僚の植民地経験記録を刊行するようになった、とされる。

通堂あゆみ「満洲医科大学における医学博士学位授与について――終戦後授与学位に注目して――」は、南満洲鉄道株式会社（満鉄）が奉天に設立した満洲医科大学が、終戦後に行った医学博士授与の実態を明らかにする。まず、満洲医大の授与学位の総数・終戦後の授与数および学位授与関係書類の文部省への提出手続きを検証している。そのうえで、京城帝国大学・台北帝国大学のケースも参照しながら、大学の管掌者（関東長官や満洲国駐箚特命全権大使）が日本敗戦によって消滅しても、満洲医大は帝国日本の大学として直接文部省と交渉することで学位授与機能を維持していたことを明らかにした。それは大学が組織的に一括処理したというよりは、一部の大学教職員個々人の努力や交渉で可能になった学位認可だったとされる。

鄭鍾賢「日本の帝国大学における朝鮮人留学生の状況と帝国知識の連続／非連続――東京帝国大学卒業生崔應錫、李萬甲の事例を中心に――」は、帝国大学への留学経験をもつ朝鮮人が解放後南北朝鮮の知に占めた位置を探る。朝鮮解放後、一九四五年八月に発足した朝鮮学術院、および、南北分断後につくられた大韓民国学術院（一九五四年設立）、朝鮮民主主義人民共和国科学院（一九五二年設立）では、帝国大学出身者が多くを占めた。東京帝大出身者の事例として、崔應錫《チェ・ウンソク》は一九三六年に農村社会調査（慶尚南道達里）に関わったが、解放後この調査に社会主義的実践という意味づけを行った。他方、李萬甲《イ・マンガプ》は、戦前学んだ社会学が科学的方法論を欠いたとし、解放以後学んだアメリカ式社会学にもとづき社会調査を行なった。これらの事例は、帝国の知の連続／非連続という問題を考える糸口を示している。

朴潤栽「白麟済の近代認識と自由主義」は、植民地期に医学を学び解放後に白病院を創設した白麟済《ペク・インジェ》を近代の受容と自由主義という面から跡づけている。一九二一年、京城医学専門学校を卒業した白は、西洋医学に象徴される近代を肯定し、かたや伝統的韓医学に対しては批判的立場をとった。その点、日本的近代を受容していたが、京城医専内の朝鮮人差別を明確に認識してもいた。解放後は、右派系の徐載弼大統領推薦運動や出版社（首善社）の設立などに関わったが、そこには白の属した興士団の理念でもある自由主義の実践という意味もあった。さらに一九四八年には南韓単独選挙に出馬した。それは反共国家体制あるいは資本主義医療システムに対する肯定を意味した。しかし、自らの白病院を財団法人に転換させたことにうかがわれるように、興士団―安昌浩の大公主義にもとづいて資本主義社会のなかで社会的公共性を追求しようとする構想をもっていた。

宋炳巻「崔虎鎮の韓国経済史研究と東洋社会論」は、戦前九州帝国大学に学び戦後韓国の経済学界の基礎を築いた崔虎鎮《チェ・ホジン》について、特にそのアジア的生産様式論を軸に考察する。崔は、植民地期末期、朝鮮王朝末期の封建社会にアジア的停滞性を見いだす議論を提示した。解放後には、韓国社会の封建的停滞性の原因を析出しつつ、それが資本主義化を経て社会主義革命に至ると展望しようとした。しかし、韓国社会の反共化の中、その主張は封印せざるをえなかった。他方、資本主義萌芽論もとりいれたものの、植民地期における封建制解体の要因を日本が朝鮮に移植した資本主義に求めたため、変革主体としてやはり朝鮮民衆を措定できない隘路に陥った。崔虎鎮の社会経済学には、朝鮮社会の停滞性を解明しそれを取り除こうとする使命感があったと見られるものの、その変革主体を明示することはできなかったとされている。

洪宗郁「普成専門学校から金日成綜合大学へ――植民地知識人・金洸鎮の生涯と経済史研究――」が取りあげるのは、朝鮮民主主義人民共和国（北朝鮮）のマルクス主義経済学の重鎮となった金洸鎮《キム・グァンジン》の軌跡である。金洸鎮は、本書所収、宋炳巻論文の扱う崔虎鎮の師匠筋に当たる。金洸鎮は植民地期、東京商科大学に学び京城帝国大学助手・普成専門学校教授をつとめたが、その経済史学界での活躍は、弾圧と検閲、日本語と朝鮮語のヒエラルキーなどの「植民地アカデミズム」の制約のもとにあった。解放後は、金日成綜合大学の創設に重要な役割を果たした。学問研究の面では、アジア的停滞性論に立脚した朝鮮の特殊性（奴隷制の欠如）を強調する植民地期以来の自説を徐々に転換させ、北朝鮮の歴史学界全体の動向と歩調を合わせ、世界史の発展法則が朝鮮にも貫徹していると見る立場をとるようになったとされる。

第Ⅰ部

研究の現状

「知と権力」からみた植民地帝国——朝鮮史研究における成果と課題——

松田利彦

はじめに

本章では、植民地期朝鮮における知の問題を、植民地権力と朝鮮人・朝鮮人社会との相関関係のなかで捉えることを念頭に置きながら、これまでの研究成果をサーベイする。朝鮮植民地化を前後した「伝統的」知識体系の変容・継承、韓国「併合」後の植民地権力による知の体系化、それに対する朝鮮人側の知のあり方、朝鮮解放後における知の再編などがその柱となる。

ここで取り上げる先行研究は原則として二〇〇〇年以降に発表された論著に限定した。また、本論集収録の論文を読む道しるべの役割も多少意識し、旧慣調査・医学・メディア・植民地史学・転向知識人といった問題群を中心とした。ただし、それぞれの分野ごとに個別的に先行研究を整理する方法はとっていない。むしろ、各分野において重なり合う論点を抽出し、「知と権力」に連なる研究においてどのような問題が共通して意識されているか、全体的な動向を描くことに努めた。このような方法をとったのは各分野を網羅的に見渡すだけの力量が筆者にないことが最大の原因だが、歴史・法学・文学・医学・人類学などを部門別に概括することでは、知と権力をめぐる研究潮流を必ずしもうまくすくい上げられないだろうと考えたからでもある。

一 植民地化と「伝統」的知識世界の再編

(1) 朝鮮への西欧的知識の伝播

朝貢—冊封体制を通じて前近代東アジアの国際秩序を規定していた中華帝国は、知の世界においても、漢文を基盤とする儒教的思惟というこの地域の基層をつくりだした。東アジアにおける近代への転換とは、こうした中華世界秩序に規定された知的基層が、西欧近代的知識に置きかえられていく過程をともなった。

山室[二〇〇一]は、国民国家形成に関わる欧米の学知が日本を「知の結節環」としながら拡散し、アジアにおける学知の制度化が進められた様相を論じる。中国・朝鮮から日本に来た留学生や亡命者による結社・翻訳、日本から派遣された教習などを媒介に知が伝播する過程を克明に描いている。たしかに近代転換期の東北アジアにおいて日本が知の求心点となっていたことは間違いない。その一方で、西欧・日本からの近代的知識が伝統的知的基盤のもと独自に読み替えられて受容された可能性も考慮しなければならないだろう。

ここにいう「伝統」として措定しうるものとしては儒教的文化をあげることができるが[趙景達二〇一八]、しかし、もとより「伝統」も自明の実体をもつものではない。いわゆる「伝統の創造」(エリック・ホブズボーム)の議論を意識しながら、홍양희[二〇一三]は、知識の国家間での移動にともない民族の「伝統」が認識されるという観点から、西洋科学・医学知識の伝播を考察する。また、申東源[二〇〇〇a]が指摘するように、近代的知識が西洋→日本→朝鮮へと伝播されたという言説——裏を返せば〝前近代の朝鮮王朝が未開・無知の世界だった〟という語り——そのものが植民地期に作り出された可能性にも注意しておく必要がある。

こうした点を前提としつつ、伝統的世界観が西欧近代知識とどのように接合されたのか、その過程でどのよう

な要素が取捨選択されたのか――いわば朝鮮側の主体性について掘り下げた分析が進められつつある。保護国期（一九〇五～一〇年）に絞ると、こうした問題意識に連なる研究として、まず、朝鮮人日本留学生を担い手とした知識の伝達・受容についての研究があげられる（全体的な研究史については［이태훈二〇一一］参照）。主に保護国期の愛国啓蒙運動系の新聞・雑誌から、朝鮮人知識人による西洋社会科学に関する紹介記事をまとめた資料集として、陳徳奎編［二〇一二］がある。同書の解題論文として書かれた田上淑［二〇一二］は、開港以後における朝鮮への西洋社会科学の流入を検討し、保護国期になると日本留学経験者層により政治学・法学の紹介が活発化したこと、日本の国家有機体説の影響が強かったことを指摘する。同じく同書所収の이태훈［二〇一二a］は、一八九〇年代以後に西洋社会科学の紹介を行った二〇〇名あまりの出自を明らかにしている。こうした韓末日本留学生による西洋的知識の導入とその読み替えに関しては、中国と朝鮮における西洋近代法の受容を検討した国分［二〇一二］が、政治学を学んだ留学生が民権の伸張より法による国家的統合を優先視したことを指摘する。この論点は이태훈［二〇一二b］にも共通する。

当時の留学生知識人が現実の国家改革を念頭に西洋新知識を受容したため、上記のように政治学・法学の受容に関心が集中しているが、例えば医学史においても、西洋医学を受容する主体の問題は重要な課題とされ、申東源［一九九七］は、西洋医学を受容した開化派の衛生思想や啓蒙運動などの主体的側面を強調する。これを受け、朴潤栽［二〇一〇］は、前近代と近代の医学を連続的に捉えることを今後の医学史研究の重要課題の一つとしている。

西洋的知識の導入と朝鮮的変容という問題に関しては、近年盛んになっている概念史研究も参照されてよい。河英善編［二〇〇九］、河英善・손열編［二〇一二］は、開港から植民地期も含め、朝鮮に西欧の「国家」「外交」「民権」「自由」などの概念が伝播する過程を、伝統的概念との葛藤を念頭に置きつつ検討した。また、一八八〇

年代以来の「文明」概念の受容と拡散を研究対象としている노대환［二〇一〇］は、保護国期の朝鮮人知識人の「文明」概念を検討し、統監府のかかげた文明化の論理に影響され変容していくことを示した。

(2) 韓国統監府・朝鮮総督府による慣習調査

日本は、植民地統治において「文明化」の論理をかかげ西欧的知識を活用したとはいえ、必ずしも一方的に伝統的知識を排除しようとしたわけではない。植民地支配を確立する過程で、統治に有用な部分をあえて利用し続けた面もあるし、あるいは、伝統社会を一気に改編するほどの力がなかったためにやむを得ず温存方針をとった場合もある。

植民地化が朝鮮社会にとって大きな変容を意味したことは間違いない。とはいえ、植民地統治が一朝一夕に現地社会を日本式に同化してしまい、前近代の国家・社会と全く断絶した社会が植民地期に入って突然出現したという歴史像を描くことには問題がある。前近代の朝鮮国家・社会のあり方は植民地支配に影響を及ぼし、植民地権力にとってその利用と吸収が大きな課題となったと考えるべきだろう。その点については、旧大韓帝国の官僚機構を取りこんで朝鮮総督府の官僚機構が成立したこと［岡本二〇〇八］や、あるいは、植民地期の土地制度や戸籍・住民把握制度が朝鮮王朝期以来の改革の延長線上に設計された面ももつこと［손병규二〇一六］など多くの事例を想起できよう。

もとよりそれは単純な旧慣温存ではない。たとえば、朝鮮王朝期における民間教育機関の書堂《ソダン》や伝統医療（韓医学）の場合、総督府に近代教育・医療を普及させる人的・物的資源が不十分なため、「周辺化」されつつ許容された［古川一九九七、申東源二〇〇二］。あるいは、植民地法が日本法依用を原則としつつも、朝鮮刑事令（一九一二年）では大韓帝国期の刑法大全における政治犯に対する極刑規定や笞刑などが維持され［柳全哲二〇〇九］、民法では広範な部分が慣習に拠ることとされた（後述）。これらの事例では、いわば、「伝統」のなかでも植民地権力にとって必要な部分が選択的に温存されたと見なせるだろう。

こうした植民地統治のあり方は、従来の植民地史研究では「同化主義」という本質規定のもと、やや軽視されてきた感がある。しかし、現地の制度や知を組みこんで植民地統治システムが形成され、植民地統治の相当期間にわたってそのシステムを運用していかなければならなかったことは次第に認識されつつある。また、その結果として植民地期の社会は、伝統と日本的近代が混在する様相を呈した。この様相を、植民地期において、伝統的な漢文をベースとする知識体系や言語的世界が、日本経由の西欧的知識体系と併存していたことに見出そうとする研究もあらわれている［板垣二〇〇八、안예리二〇一三、황위주ほか二〇一三］。

かくして植民地に編入した地域に異なる制度・知・慣習を見いだした日本は、行政・司法などの需要に応える資料を調査・収集し、成文化する作業を進めることになった。エドワード・サイードが指摘するように、植民地において支配を目的として行われたこうした各種の調査が「学知」を生みだし、それはひいてはポストコロニアルな知的体系にまでオリエンタリズムとして爪痕を残すことになる。

朝鮮総督府による旧慣調査事業について見てみよう。台湾と朝鮮における旧慣調査はかなり経緯と結果が異なり、それ自体、興味深い相互参照の対象となる［許英蘭二〇〇七、沈羲基二〇一二］。朝鮮では、「併合」に先立ち、一九〇六年、伊藤博文韓国統監に招聘された東京帝国大学法科大学教授・梅謙次郎が土地制度調査や司法制度改革のための調査を進めた。朝鮮の民事慣習と日本民法の異同を調査し、韓国独自の法典を編纂する計画だった。ほどなくしてこの路線は放棄され、韓国司法権の日本への委託（一九〇九年）に帰結した［李英美二〇〇五a、浅野二〇〇八］。

しかし、韓国法典編纂事業の挫折によって、朝鮮における慣習調査が終結してしまったわけではない。植民地朝鮮における民事法令は、朝鮮民事令（一九一二年）により日本民法の依用を原則としたが、朝鮮人の親族・相続、朝鮮人相互間の法律行為等については慣習によると規定したからである。朝鮮の慣習を成文法化する事業は依然として続けられたが、植民地期を通じて親族・相続における日本民法の依用範囲が拡大していった。こうした慣習の成文法化過程の研究動向については李英美［二〇〇五b］、岡崎［二〇一〇］を参照されたい。この分野の研究をリードしてきた李昇一［二〇〇八］は、本国と朝鮮総督府の成文法化構想の違いを析出しつつ、植民地期における慣習の変化を植民地権力によってもたらされた外在的な変化のみならず、慣習自体の内在的な変化という両面で捉えなければならないなど、複眼的な論点を提示している。

また、慣習調査を担った組織については、韓国統監府期の法典調査局が、「併合」以後、朝鮮総督府取調局（一九一〇年〜）、総督府参事官室（一二年〜）に移管され、一九一五年以降は中枢院が旧慣・制度の調査を管掌することになった。その範囲はもはや土地制度や親族制度など立法事業と関連する旧慣のみならず、朝鮮史の編纂や宗教・郷校・両班についての調査や朝鮮語辞典の編纂を含む広範な事項を対象としていた。中枢院の調査報告書については、現在、徐々に発掘が進みつつある［李英美二〇一三、二〇一四、二〇一四〜一六］。

二　一九二〇年代の知の風景

（1）朝鮮史編纂事業

植民地期初期の慣習調査事業に淵源をもつ取り組みのうち、とりわけ重要なものとして朝鮮史編纂事業をあげることができる。中枢院が一九一五年に『朝鮮半島史』の編纂に着手し、朝鮮史編纂委員会（二二年〜）→朝鮮史編修会（二五年〜）へと編纂主体が整備され、一九三八年に本編『朝鮮史』三五巻の刊行が完結した［永島二〇〇四］。当初、『朝鮮半島史』は通史として企図されたが、実際の成果たる『朝鮮史』は史料集のかたちをとっていた。この編纂方針の転換については三・一運動による植民地政策転換の影響、「内地」（以下カッコを省略）の史料編纂掛・維新史料編纂会による歴史編纂方式の導入などの背景が指摘されている〔箱石二〇〇七、桂島二〇一〇〕。

朝鮮総督府の朝鮮史編纂事業に対しては、一九八〇年代までの韓国の近代史学史研究においては、植民地支配を正当化しようとする政治的・非学問的な営みだったと断罪する見方が圧倒的だった。たしかに、当時の日本人研究者の歴史叙述には意識的であれ無意識的であれ、植民地主義的意識が抜きがたく潜んでいたことは間違いない。箱石〔二〇〇七〕は、朝鮮史編纂事業に日本の「国史」の一部に「朝鮮史」を組み込む同化主義的意図が作用していたことを読みとる。実証主義をかかげる日本人歴史学者が「日本神話」を歴史化しつつ「朝鮮神話」を非歴史化するという二重基準を使い分けながら「満鮮史」を構築したとの批判もなされている〔川瀬二〇一〇〕。編纂事業に関わった個別の日本人研究者については、黒板勝美〔李成市二〇〇四、강은영二〇一七〕、今西龍〔沈熙燦二〇一〇、鄭駿永二〇一七〕、稲葉岩吉〔寺内二〇〇四〕、中村栄孝〔이영二〇一四〕、小田省吾、田保橋潔〔朴賛勝二〇一三、하지연二〇一五〕など多くの研究がある。

しかし、朝鮮史編纂事業に関わった日本人研究者の歴史観がはらんでいた政治性を指弾することだけではこぼれ落ちてしまう問題もある。編纂事業に携わった研究者自身は、史料に依拠した「実証主義的」方法をとり、その客観性を強調したからである。そのため、近年では、植民地主義歴史学に胚胎していた実証主義・科学的態度そのものを俎上にのせる問いかけもなされつつある。김종준〔二〇一三〕は、近代歴史学が科学主義を標榜しながらも、その形成が民族／国家と結びついていたとし、東京帝大日本史学科東洋史学科の科学的方法論が朝鮮人歴史学者をも影響下に入れており、民族史学と植民史学を二項対立的に捉える限界を指摘する。沈熙燦〔二〇一三〕は、植民主義歴史学から実証主義的研究方法を引き継いだ解放後の近代歴史学において、植民地主義のみを追放することは可能なのかと問いかける。鄭尚雨〔二〇一二、二〇一三、二〇一四ａ〕も、従来の朝鮮史編纂事業

研究が、同事業の史観を批判することに偏重し、資料収集のあり方に対する批判に及んでいないことを問題視する。そして、総督府の編んだ歴史書が編纂意図を露骨に示しにくい資料の収集・編纂という形をとったことを指摘しつつ、朝鮮史を帝国の〝地方史〟と位置づけ包摂しようとした点に問題を見いだそうとしている。植民地期の歴史叙述と解放後の韓国の歴史学研究に方法論的連続性を見いだすこうした捉え方は、一部の論者における現代韓国の民族主義的「国史学」に対する批判にもつながっている［도면회二〇〇九、尹海東二〇〇九］。

また、植民史学を構築するグループのなかの差異・亀裂に着目する研究もあらわれている。まず、朝鮮史編修会の内部における朝鮮人委員と日本人委員の意見対立はつとに知られている。同会委員には、李能和・崔南善・李丙燾ら朝鮮人知識人も少なからず参加していた。朝鮮側委員は、檀君神話を朝鮮史に盛りこむことを主張したが、日本側は朝鮮の固有性をとりあげることで朝鮮人の民族主義が刺激されるのではないかと恐れこの案をとらなかった(1)（崔南善については第三節で検討）。

また、植民史学を構築しようとした日本人研究者内部における意識の違いに目を向ける研究もあらわれている。鄭尚雨［二〇一四b］は、一九二〇年代以降の朝鮮史編纂事業において、それまで編纂事業に関わってきた慣習調査関係者が排除され、京城帝大・東京帝大で「近代歴史学」を修めた専門的研究者が導入され、両者の間に摩擦が生じたと指摘する。また、一九三〇年代に入ると、京城帝大の朝鮮史学講座教員を中軸とする朝鮮史編修会・京城帝大史学会・青丘学会のグループが帝国の朝鮮史研究を主導するようになり、内地（主に東京帝大）の朝鮮史研究を量的に上回っていくようになる。張信［二〇一三］は、京城帝大の歴史学研究者は東京帝大国史学科に連なる「国史学」を正統的歴史観として掲げつつも、「朝鮮史」を「国史」の一環として積極的に位置づけようとする志向は内地の日本人歴史学者とは異なっていたと見る。

なお、朝鮮史編纂事業以外にも植民地史の構築に関わる朝鮮総督府の事業としては、古蹟調査や地誌調査があ

る。이순자［二〇〇九］、신종원ほか編［二〇一〇］による研究史整理を参照されたい。

（2）朝鮮総督府の民間信仰調査

総督府の慣習調査に関わる事業として、次に、一九二〇年代の民俗・宗教・迷信に関する調査をとりあげよう。三・一運動の衝撃を受け、治安維持のために民衆信仰を把握する必要が生じたことがこうした調査の背景にある［青野二〇一五］。民間信仰や迷信に関する一九二〇年代の各種調査については、近年では先述の一九一〇年代の中枢院の調査とのあいだに人的・内容的な継承性を見いだす見解が強くなっている［許英蘭二〇〇七、中尾二〇一六］。

慣習調査の担い手は、一九一〇年代の中枢院から一九二〇年代には総督府各部局に広がりを見せた。この時期には学者ばかりでなく総督府官僚も調査の担い手となったのである。植民地に赴任し独自のアイデンティティーと思想を形成した官僚に注目する研究は増えている。このような意味における「植民地官僚」についての研究は、筆者自身整理したことがあるので、そちらに譲る［松田二〇〇九、同二〇一八］(2)。

ここでは、主に嘱託として朝鮮の風俗調査にかかわった日本人調査者についての研究を見ておこう。朝鮮風俗調査に先鞭を付けたことで知られる今村鞆は、警察官として一九〇八年に渡韓したのち朝鮮史編纂委員会や中枢院の事業にも関わりながら、『朝鮮風俗集』（一九一四年）などの調査記録を残した［김혜숙二〇〇六、鄭尚雨二〇〇八、홍양희二〇〇九］。今村の経歴からもわかるように、風俗調査と治安警察は密接な関係をもっていた［이수경二〇〇七、崔錫栄二〇一二］。今村以外にも、村山智順・善生永助・小田幹治郎らが総督府による風俗調査の担い手となったが、その評価については青野［二〇〇八］、朝倉［二〇一二］、李昇一［二〇一三］らが整理している。

こうした風俗調査は、西欧的文明観に立ちつつ、朝鮮人の伝統的慣習を非合理的な「迷信」と位置づけるもの

だった［이종호二〇一五］。西洋的知と朝鮮の「迷信」を対置させるこうした日本版オリエンタリズムが、実際の植民地支配政策にも反映されていたことは、朴潤栽［二〇一三］による種痘政策研究などでも確認される。

植民地における調査についての研究はすそ野を拡大しつつある。調査の担い手となった研究者に対する批判的検討として、坂野編［二〇一六］は、民俗学・考古学・医学などが動員された植民地フィールドワーク調査の政治的役割を論じる。中尾［二〇一六］は、台湾・朝鮮・南洋・「満洲」に及ぶ戦前の日本人人類学者の調査活動を網羅的に跡づけつつ、テキストにのみ依拠して戦前の人類学者の活動を批判する今日のカルチュラルスタディーズに対して疑問を呈してもいる(3)。

(3) 近代的メディアの発達と「植民地近代性」

一九二〇年代に入ると、朝鮮語の新聞・総合雑誌の発行が相次ぎ、これらを媒体として第一次世界大戦後の欧米の思想が流入し、朝鮮人の民族運動・社会主義運動に理論的支柱を提供することになった。朝鮮語による初の総合雑誌として社会改造論からマルクス主義まで幅広い近代思想の受容を担った『開闢』（一九二〇年創刊）については、記事分析を通じて知識人層の動向を整理した林京錫［二〇〇七］、刊行主体となった天道教エリートの大衆啓蒙戦略を読みとる허수［二〇一一］、한기형［二〇一二］がある。他の雑誌・新聞に関しては、総督府の朝鮮語御用新聞『毎日申報』を扱った水曜歴史研究会編［二〇〇七］、『朝鮮日報』が創刊以降、抗日的議論の媒体へと転換していく過程について追った張信［二〇一〇］、西洋近代知識の普及媒体として『東亜日報』を分析した최은경・이영하［二〇一五］、大衆文化媒体としての『三千里』を検討した천정환［二〇一〇］などがある。

読者層についての研究も徐々に現れており、유석환［二〇一三］は、資本主義的経営による新聞・雑誌による近代的読者生成のシステムを、최수일［二〇〇八］は、地域運動家とオピニオンリーダーを主軸とする『開闢』

の核心読者層の分析を行う。また、雑誌・新聞を有力な媒介としながら流入した西欧新思想の受容を日本・台湾・朝鮮の知識人の交流の中で読み解く小野［二〇一三］、社会主義の受容を伝統的儒教との関係から捉える장문석［二〇一三］、류시현［二〇〇六］、오병수［二〇〇六］がある。

朝鮮で発行されていた日本語新聞・雑誌についても付言しておこう。通史的メディア研究として李練［二〇〇二］、황민호［二〇〇五］がある。個別の新聞についての研究として、『京城日報』〔李練二〇〇六〕、『朝鮮新聞』〔張信二〇〇七〕、『釜山日報』〔洪淳権・전성현二〇一三〕、『朝鮮』（後の『朝鮮及満洲』。〔植民地日本語文学文化研究会二〇一一〕）がある。このほか、朴羊信［二〇一五］が私学出身者の言論活動という切り口からメディアの問題を扱う。山室［二〇一七］は熊本県出身者の新聞事業について触れているが、そこで言及されている阿部充家（一九一四年京城日報社長に就任）については、一九二〇年代に斎藤実総督のブレーンとなったこともあり、李炯植［二〇一六、二〇一七］、沈元燮［二〇一七］などによって研究が進められている。ただし、そもそも在朝日本人の位置づけに関しては、総督府権力と被支配民族の間の積極的な政治的媒介となったと見る研究と、政治的勢力としての過大評価には慎重な立場とが分かれている（李炯植［二〇一三］、정성현［二〇一五］の研究史整理を参照）。在朝日本人の政治的位置づけのためには、狭義の政治活動のみならず、こうした知識産業での活動も視野に入れて考えるべきだろう。

さて、この時期の植民地における知・文化・権力の諸相を「植民地近代（性）」という枠組みのもと、フーコーの規律権力論やグラムシの文化へゲモニーの議論を援用しながら描く潮流が、朝鮮思想史・文化史・社会史を席巻していることは周知の通りである。一九九〇年代後半に現れた植民地近代性についての研究史整理は、松本［二〇〇二］、三ツ井［二〇〇五］、戸邉［二〇〇八］、趙亨根［二〇〇九］ら多くの論者が行っているのでそちらに譲りたい。

同時に、植民地近代性論に対しては、近代に包摂されていない民衆についての考察がおろそかになっているのではないか［趙景達二〇〇八］、あるいは植民地近代性論が特権的なマクロ概念となって複雑な歴史現象をすべてその中に押しこめてしまう危険性があるのではないか［趙亨根二〇〇九］との懐疑も提示されている。植民地近代への包摂や関与のみに着目するのでなく、そこから排除された要素も含め近代性が植民地社会に不均等に展開している状況を同時代的な構造として理解すべきだという認識も徐々に根を下ろしつつあるように思われる［板垣二〇〇八］。総督府・知識人と民衆の「近代」をめぐる懸隔を追究する研究も、依然重要な位置を占めていることには、おそらくはそのような認識も反映されているのだろう(4)。

また、植民地近代性論が当初より提起してきた論点の一つに、民族差別の上に階級・性などの差別構造が折り重なっていたことが、従来の民族主義的歴史叙述においては看過される傾向があったのではないかという問題がある［Gi-Wook Shin and Michael Robinson 1999、김미영二〇〇四ａｂ］。植民地期において、総督府と朝鮮人（男性知識人）のレベルにとどまらず、重層的な知の対抗関係が張り巡らされていたのではないかという指摘である。そのような観点から特に研究が進められているのがジェンダーの問題だろう（植民地期女性史全般の研究史については박용옥［二〇〇四］参照）。朝鮮知識人や朝鮮語新聞は、近代主義立場から迷信打破を高唱したが、その批判は女性に集中したことが、염원희［二〇一四］では指摘される。一九二〇年代に流行した「新女性」が投影するコロニアリズムを検討した研究も少なくない［金昊一二〇〇四、태혜숙ほか編二〇〇四、김수진二〇〇九］。

（4）京城帝国大学の学問研究

植民地朝鮮における知の風景は、一九二〇年代後半にいたって大きな変貌を遂げることになった。一九二六年に日本植民地における初の帝国大学として、法文学部と医学部を備えた京城帝国大学（以下、適宜「京城帝大」と略記）が開学したためである。

それ以前にも大韓帝国時代に設立された官立学校を前身とする専門学校はあった。しかし大学は、単に知識の生産にたずさわったという意味のみならず、学問をどのように編成し知の世界をどのように構造化して制度化するかに関して、大きな影響力をもった。京城帝国大学の生みだした「学知」や学生・卒業生などについての研究史については、いくつかのサーベイが発表されているので、全般的な研究動向はそれらに譲り［松田二〇一四a、岡田二〇一七］、ここでは、京城帝国大学の学術活動についての研究史を概観しておきたい。

第一に、京城帝大は東洋文化の研究、朝鮮研究を重視するという建学理念のもとに創設された。したがって、京城帝大の東洋研究・朝鮮研究に関わる学問的営みは、先行研究でも当然関心の焦点となってきた。法文学部では、朝鮮を対象とする語学・文学・歴史学・民俗学研究がそれに当たる。韓国儒教が近代的学問対象として京城帝大で定立されていく過程を考察した李暁辰［二〇一六］は、高橋亨（朝鮮語学朝鮮文学第一講座）、藤塚鄰・阿部吉雄（支那哲学講座）を軸にその学問的成果と限界、朝鮮人との儒教認識の相異を論じた。このうち、併合以前に渡韓し、官立学校教員や朝鮮総督府宗教調査嘱託をつとめるなど、比較的長い朝鮮経験をもった高橋亨については、その朝鮮人観に潜むオリエンタリズムが批判的に検討されてきた［朴光賢二〇〇三a、二〇〇七、川瀬二〇〇九］。

朝鮮語（学）については安田［一九九九］による小倉進平（朝鮮語学朝鮮文学第二講座）の研究がある。李俊植［二〇一四a］は小倉ら日本人言語学者の方法論が学問至上主義の故に政治性を帯びていたことを指摘する。小倉と朝鮮人言語学者の葛藤を扱った研究として、崔聖玉［二〇一三］もある。(5) このほか、社会学講座における赤松智城・秋葉隆らの朝鮮巫俗（シャーマニズム）研究について、金花子［二〇〇五］、全京秀［二〇〇五、二〇〇六b］、菊池暁［二〇〇七、二〇一〇］、崔吉城［二〇一二］がある。朝鮮史学講座関係教員については、先述の朝鮮史編纂事業に関わった歴史学者として先述したのでそちらに譲る。ただ、総督府の朝鮮史編纂事業に関わった日本人と朝鮮における官学アカデミズム史学の形成者が重なること自体は注意を向けておくべきことだろう。

さらに、医学研究においても、朝鮮研究の枠組みに入るものとして、伝統医学研究に携わった杉原徳行（薬理学第二講座）を愼蒼健［二〇〇七］が取りあげ、当時の日本内地における薬草研究とも関連づけながら論じている。

しかし、第二に、こうした京城帝大の創立理念を体現したいわゆる「看板講座」のみを取りあげることが、京城帝大の全体像を理解することとは必ずしも直結しないことも、徐々に認識されるようになっている。京城帝大における学問研究を、単に植民地統治への奉仕という次元から理解するならば、学術研究の自立性・自律性を過小評価する危険性をともなう。石川健治［二〇〇六、二〇一四］は、京城帝大の公法学者の学問的営みにヨーロッパの法学研究と渡り合った力量を見出す(6)。

また、京城帝大の学知を、植民地主義に奉仕した看板講座を通じて理解しようとする研究方法は、その裏面で、それ以外の講座における研究を植民地主義とは無縁な学問領域と措定してしまう危険性もはらむ。むしろ、一見自立的で非政治的な学問研究が、植民地の状況とどのように関わっていたのか探究する必要があろう。そのような観点から、松田［二〇一四b］は京城帝大初代医学部長（後、総長）をつとめた細菌学者志賀潔の行跡をたどる。朝鮮人に対する衛生学的調査や血液型研究の植民地的性格について、それぞれ愼蒼健［二〇〇九］、鄭駿永［二〇一二］が論じている。

第三は、戦争と関連した京城帝大の活動に対する評価である。京城帝大では一九三〇年代に入ると文科系・理科系の枠組みを超えた大規模な学術調査が行われた。全京秀［二〇〇六a］は、学術調査を主導した人類学者の活動を追跡し、彼ら「京城学派」の学問的達成と戦争協力を慎重に腑分けする必要性を力説する。中尾［二〇一六］は、京城帝大の満蒙文化研究会（一九三二年組織。三八年に大陸文化研究会に改編）、蒙彊学術探検隊（三八年）、西ニューギニア資源調査（四三年）などを検討し、京城帝大の人類学は、台北帝大に比べても総督府および陸軍の大陸政策との関係が密接であったと指摘する。京城帝大の満蒙調査とその学術的・政治的意味を追究した研究として、鄭駿永［二〇一五a］もある。また、永島［二〇一一］は、戦時期を中心に京城帝国大学出身者の緑旗連盟や国民総力運動に広がる人的ネットワークを追究した。

京城帝大は、一九四一年に新たに理工学部を設置したことで、総力戦下の科学技術研究への要請に対する応答という性格を一層明確にした。李吉魯［二〇〇五］は、理工学部に朝鮮人よりも日本人を中心とした高等技術者の養成機関としての性格を見いだした。鄭駿永［二〇一五b］は、理工学部が歴代総長により研究至上主義のもとに構想されながらも、実態としては軍事研究組織となった背景を探る。戦時期における原爆開発のためのウラン鉱物採掘と理工学部の関わりを探った李正爀［二〇一〇］もある。

第四に、京城帝大を朝鮮内で完結した知の生産システムとみるのではなく、内地の学知との連関を見いだそうとする研究も多い。東京帝大をはじめとする内地における朝鮮研究については、国史学や日本語学・朝鮮語学など各分野について個別の研究者に即して検証されつつあるが、それを広い知的文脈から位置づけようとする研究も現れている。たとえば、内地のアカデミズムがシステムとして京城帝大にどのように移植されたかを論ずる白永瑞［二〇一四］は、京城帝大の歴史研究を、史料編纂部署の設置・公式歴史書の刊行・大学主導の学会の結成と学術雑誌の刊行という内地アカデミズムの模倣と位置づける。また、通堂［二〇一七］は、京城帝大の創設は、東京帝国大学を頂点とする帝国の学閥ネットワークに朝鮮をも組みこむことにつながったとの見方を示す。そのために例えば、京城帝大出身学生が内地の大学で学位を取得したりする現象もみられたと指摘している。近年、内地の大学に留学していた朝鮮人留学生の研究が蓄積されつつあるが(7)、このような内地―朝鮮の相互作用の文脈のなかでその動態を位置づけていく作業も必要だろう。

最後に、京城帝大による知のインフラ整備というべき側面として、大学図書館に目を向けた研究についても触れておこう(8)。京城帝国大学図書館の蔵書とその分類法から知の整理システムを考察する研究として、진필수編[二〇一七]が、京城帝大図書館の運用管理、人文科学・社会科学の蔵書の性格、植民地政策論、植民地事情調査に関わる和書・洋書の分析についての論考を含む。このほか、東洋法制史関係蔵書を対象とした鄭肯植[二〇一三]、仏語歴史書についての권윤경[二〇一五]、京城帝大朝鮮経済研究所(一九二八年設立)が製作に関わったと見られる「新聞切抜」(新聞記事のスクラップ)を分析した鄭尚雨[二〇一五]がある。

三　一九三〇年代――被支配民族の知を中心に――

(1) 朝鮮学運動と「朝鮮的なるもの」の探究

京城帝国大学を頂点として整備されつつあった植民地アカデミズムは、朝鮮社会とどのような関係を切り結んだのか。この問題に対しては、第一に、北米系宣教師が植民地朝鮮に設立した私立学校とのヘゲモニー競争を強調する議論がある。朴光賢[二〇〇九]、鄭駿永[二〇一〇]は、京城帝大の創設背景を、そのようなヘゲモニー競争の文脈から解釈する。なお、植民地医学史でも、複数の権力間の相互対立と協調に着目するヘゲモニー論は広く援用されている[김정화・이경원二〇〇六]。伝統的韓医学と西洋医学の関係[鄭根植一九九六]、総督府と宣教師系医療機関の医療政策の相異[李萬烈二〇〇三、여인석二〇〇七b]などの論点が指摘されている。

第二に、京城帝国大学の官学アカデミズムを朝鮮人研究者の在野アカデミズムと対比させて捉える研究も盛んである。朝鮮人知識人を担い手とする在野アカデミズムのなかでの最も大きな動きとして、近年関心を集めているのは、一九三〇年代半ば、安在鴻・鄭寅普ら非妥協的民族主義系列の朝鮮人知識人が展開した朝鮮学運動である。一九九〇年代以来の研究史における、朝鮮学運動に対する範疇の設定の仕方とその問題点については、辛珠

柏［二〇一五］が整理しているので参照されたい。運動の性格については、植民地主義的な官学アカデミズムに対抗しつつ、また共産主義系の研究にも批判的立場をとったこと、朝鮮の文化・歴史の独自性を探究するため、特に朝鮮王朝後期の実学を学問対象に設定したといった点は、先行研究がおおよそ共有している理解だろう。このほか、朝鮮学運動に「伝統の創造」論に基づき、民族アイデンティティーの再定立を読みとったり［백승철二〇〇九］、西洋的近代に対する否定的意識ないし脱近代意識を読みとる見方も提示されている［차혜영二〇〇五、이병수二〇一五］。また、朝鮮を対象とする学問の形成過程を一九三〇年代以前にさかのぼってたどろうとする조광［二〇〇四］、柳浚弼［二〇〇五］、朝鮮学運動と日本の国学の比較研究をおこなう宮嶋［二〇〇八］などの新しい論点も生みだされつつある。

朝鮮学運動を単独の研究対象とするのでなく、官学アカデミズムを含めた当時の広い知の状況のなかに位置づけ、当時の朝鮮における知の見取り図を描こうとする試みも現れている。김종준［二〇一三］は、「歴史の科学化」をめぐり一九三〇年代に植民史学―民族史学をまたいで展開された論争の構図を描く。辛珠柏［二〇一四c］は、一九三〇年代の学術潮流の布置関係を、「学術場」として描くことを提唱しつつ、朝鮮人を含めた京城帝大出身者（京城帝大出身者の組織した青丘学会を含む）の学術研究、白南雲や申南澈らマルクス主義者、学理的な朝鮮研究を追究した震檀学会などの間の相互競合・連携関係を検討している。個別に進められてきた当時期の知の担い手についての研究――植民地の官学アカデミズムを構成した京城帝大史学科・朝鮮史編修会・青丘学会［趙東杰二〇一〇］、震檀学会［백승철二〇〇九、정병준二〇一六］、マルクス主義者の朝鮮研究［方基中一九九二、이상호二〇一〇、조형렬二〇一五］など――を総合しうる視角として意義深い(9)。加えて言えば、朝鮮人の知的営みを含めて植民地思想史を描こうとするこうした試みは、ややもすれば日本帝国における日本人の知の研究に偏重してしまいがちな日本の〝帝国の学知〟の研究においても十分に参照されるべきだと考える。

総督府の朝鮮語政策と朝鮮語学会によるハングル運動についても、両者の相互関係にメスが入れられつつある。植民地権力と朝鮮語学会の競合関係を強調する議論は多いが［박용규二〇一二、이상각二〇一三、이상규二〇一三、임동현二〇一四］、近年の韓国における民族主義的歴史叙述への批判の広まりとともに異論も提起されている。すなわち、李惠鈴［二〇〇四］は、綴字法改正におけるハングル運動と植民地権力との協調的側面に注意を促す。朝鮮語規範化（近代化）をめぐる朝鮮人知識人の動向を掘り下げた三ツ井［二〇一〇］は、一九二〇年代以降、総督府が綴字法審議の場に朝鮮語研究会の会員を多数参加させ植民地権力が朝鮮人の言語ナショナリズムを動員したこと、三〇年代には綴字法をめぐって朝鮮人内部にも言語運動の主導権争いが生じたことを明らかにしながら、朝鮮人知識人と支配権力が常に対抗的関係にあったわけではないとする。

さて、朝鮮学運動は、「朝鮮的なるもの（조선적인 것）」あるいは民族的「伝統」が植民地下でどのように継承され変容したかという、より大きな問題に連なっている。구재진ほか［二〇〇七］は、「朝鮮的なるもの」の形成を、文学作品を対象に、植民地統治のために制度的に生みだされたものと、民間の文化芸術から創出されたものに腑分けする。近代のコンテクストから民族的伝統が再解釈されるプロセスについては金度亨ほか［二〇〇九］、一九三〇年代における伝統と近代をめぐる議論については차승기［二〇〇九］の研究がある。このような植民地朝鮮における「伝統の創造」については、植民地権力に対する対抗的イメージの創出と見なす議論もある一方で［이지원二〇〇七］、民族的伝統という概念自体が植民地的近代の中で実体化したものであり、究極的には植民地秩序・ファシズム的思惟に回収されたことを強調する見解［趙寛子二〇〇三、趙亨根二〇〇九］もある。

「朝鮮的なるもの」への着目は一九三〇年代、人文・社会科学を超えて広がった。医学を例にとれば、医生団体の東西医学研究会（一九一七年結成）を中心に韓医学（伝統医学）復興運動が起こり、西洋医学を重視する医学者との間に東西医学論争がくり広げられた［愼蒼健一九九九、申東源二〇〇〇b、이흥기二〇〇九］。そこには、やは

り京城帝大の官学アカデミズムとそれに対抗する「朝鮮的」知のヘゲモニー競争という側面が確認される［辛圭煥二〇〇七］。ただし、それは、単に伝統医学（韓医学）と西洋医学の対立というよりは、韓医学に西洋医学をどのように接合しうるかを模索するものでもあった［여인석二〇〇七a、朴潤栽二〇〇七］。実際、韓医学は同時期、総督府・日本人研究者の一部によっても注目されたが、農村部の医療施設不足を緩和するための方策という性格を多分にもっていた［朴潤栽二〇〇九］。

文化面でも、映画、文芸、絵画芸術などにおいて「朝鮮的なるもの」の表象が朝鮮内あるいは日本本国で社会現象となった。一九三〇年代後半から四〇年代初頭にかけては、日本においては朝鮮の文学作品が集中的に発表される「朝鮮ブーム」が起こっている［有馬二〇一〇、山田二〇一六、朴祥美二〇一七］。しかし、一九三〇年代から戦時期において、「朝鮮的」文化が浮上し、帝国内に異種混交的な文化的雰囲気が生まれつつあったとしても、それは単なる植民地文化の〝復権〟といえるものではなく、帝国や総督府の政治的思惑とも絡まり合いながら生みだされてきた現象だったことには注意しなければならない。一九三〇年代前後の朝鮮映画を検討した趙亨根［二〇一三］、同時期の娯楽における朝鮮的伝統の「発見」を論じた김영미［二〇一五］が指摘するように、植民地権力は、「朝鮮的なるもの」の表象が「ナショナル」の表象につながることを警戒し、「エスニック」「ローカル」な表象に矮小化しようとした。

（2）朝鮮人「親日派」と「転向」知識人

戦時下の厳しい言論統制のもと朝鮮人知識人の言説は屈折した。それを単に「親日派」の妄言として断罪するのでなく、近年では、親日派を生みだした社会的制度・装置（地方協議体、植民地大学など）に目を向けるとともに［이기훈二〇〇七、김제정二〇一四、通堂二〇一七］、植民地権力に対する知識人の「接近戦」［並木二〇〇三］とい

う解釈に立って彼らの内的論理を探る研究が盛んになりつつある。尹海東［二〇〇六］、朴枝香［二〇〇〇］[10]らの定式化した「協力」理論や、金東明［二〇〇六］の提唱した「同化型協力」「分離型協力」の概念は、こうした親日派研究を方向づける役割を果たしたように思われる。李光洙の親日活動に屈折した民族意識を読みとり「親日ナショナリスト」と概念化する趙寛子［二〇〇二］や、「親日受容文学」のみならず「戦略的親日文学」という範疇を設定しようという구권모［二〇一三］の試みも、「協力」理論に基づく研究という文脈に位置づけることができよう。二〇〇〇年代以降、親日派研究は特に文学研究において活発化しつつあり、김재용［二〇〇二］による作品目録の整理、김재용［二〇〇三］、류보선［二〇〇三］による親日文学概念の再検討、金允植［二〇〇三］らによる朝鮮人作家の日本語創作活動への着目によって深化している（金敏喆・조세열［二〇〇六］、趙鎭基［二〇一〇］等の研究史整理を参照）。

ここでは、歴史編纂・宗教・民族運動など複数の知の領域に関わり、盛んに論じられている知識人として崔南善に対する研究を見ておこう。三・一運動の独立宣言書を起草し、一九二〇年代には雑誌『東明』や新聞『時代日報』を創刊した崔南善は、「朝鮮学」という言葉を最初に提唱したとされ［이영화二〇〇四、류시현二〇〇九］、また、朝鮮総督府の朝鮮史編修会の委員をつとめてもいる。帝国の知と対抗しながら協力する二面性――あるいは「敵対的共犯関係」――という観点から、崔南善のテキストを理解しようとする試みは近年増えている。崔南善は、檀君を軸とした朝鮮起源の「不咸文化論」を説き朝鮮における固有信仰を古神道に比定したが、その議論はいわば日本の公式イデオロギーたる「内鮮一体論」を「鮮内一体論」に読み替えようとしたものだった。すなわち、帝国日本の中で朝鮮の中心性を確保しようとしたのだが［姜海守二〇〇三、엄연석二〇〇七、조현설二〇〇七］、結局日本の支配イデオロギーを被支配者側から確認する結果に終わり、模倣された帝国主義的イデオロギーの様相を帯びたとも評価される［崔錫栄一九九七、保坂二〇〇〇、전성곤二〇〇八、六堂研究学会編二〇〇九、홍순애二〇一一

六］。檀君を軸とした崔南善の言説が、戦時期の神社政策にどのような影響を及ぼしたかについての青野［二〇一五］の議論は、テキストリーディングと政策研究を連結させる試みといえる。そのほか、一九二〇年代以前にさかのぼり、崔南善の古代史解釈や紀行文からその近代観・民族文化観を探ろうとする研究も多い［金賢洙二〇〇四、二〇〇七、류시현二〇〇七、川瀬二〇一〇、윤영실二〇〇九］(11)。

戦時期の知識人の様相に関わる問題としては、社会主義者・民族主義者の転向に対する研究にも関心が集まっている。植民地権力や本国言論界は、戦時期、「内鮮一体論」や「東亜協同体論」を呼号した。朝鮮人社会主義者が、「内鮮一体論」や「東亜協同体論」を単に体制協力の論理として受容しただけでなく、彼らなりの「読み替え」によって現状打破を展望していたことに着目する議論が、一定の潮流を作りつつある。李昇燁［二〇〇〇］は緑旗連盟の転向運動家の分析を通じて、その親日の論理を「同化一体論」と「平行提携論」に区分することを提唱した。米谷［二〇〇六］は、印貞植・金明植・徐寅植といった朝鮮人知識人の言説が、東亜協同体論を転釈しながら、抵抗／協力の狭間で批判的言論をくみたてる葛藤にみちた試みだったと見なした。方基中編［二〇〇五］は、朝鮮人社会主義者・民族主義者の「新体制」、「満洲」、経済統制などに対する認識を検討し、彼らの体制協力を多面的に描き出す。趙寛子［二〇〇七］も、東亜協同体論を独自に咀嚼しながら、日本帝国主義を中心とする歴史発展段階論を受け入れる議論、ファシズムに抗して普遍的な「多中心の世界」を信じようとした言説などさまざまな思想的営為を掘り起こす。個別研究として、戦時下朝鮮の農村経済調査を行った李勲求［方基中二〇〇四、김인수二〇一五］、農業再編成論を唱えた経済学者・印貞植［장용경二〇〇三、김인수二〇一三］を検討対象とした研究などがある。

朝鮮人社会主義者の転向の内的論理をそれ以前の思想と連続的に把握しようとする研究も現れている。転向者研究を深化させてきた洪宗郁［二〇一一］は、東亜新秩序構想のうたう日本の帝国主義政策の修正と資本主義的

革新政策の推進に朝鮮人転向社会主義者たちが期待をかけ、日本の帝国秩序を受け入れることによって朝鮮という主体を立ちあげようとしたことを論じている。こうした見立ては、한도연［二〇〇三］、이진경［二〇〇六］、박수현［二〇〇六］、李正善ほか［二〇一二］などでも言及されている。류보선［二〇〇三］、배개화［二〇〇四］、김재용［二〇〇四］は、一九三〇年代の朝鮮人知識人の西欧近代批判意識が同時代の日本の「近代の超克」論を経由して大東亜共栄圏論と絡みあう過程を追う。松田［二〇一五］は、転向朝鮮人社会主義者を取りあげ、彼らの現実変革への意志が石原莞爾の東亜聯盟運動に絡みとられていく様相を読みとる。

こうした研究の一方で、朝鮮人知識人たちの論理は朝鮮総督府当局の言説を離れたものではなく、そこに変革思想を読みとるのは過大評価だとの批判もなされていること［趙景達二〇〇八］、あるいは、転向社会主義者と距離をおき、マルクス主義的な普遍的な歴史発展法則に対する信念を基盤に、ファシズムや「近代の超克」論を相対化しようとした知識人に着目する議論もある［이태훈二〇一五］ことも附記しておきたい。

(3) 解放と知の継承／断絶

このようにして植民地期に形づくられた知は解放後の南北朝鮮においてどのような継承／断絶の様相を示したのか。

朝鮮解放前後における知の連続／非連続に関わる制度面からの研究として、京城帝国大学の学部・講座と解放後の京城大学→ソウル大学校の関係を検討した論考がある。辛珠柏編［二〇一四］所収の諸論文は、解放後の韓国における学科制の導入、「文理科大学」の設置など主に大学の制度面から韓国人文学の形成過程を追究している。また、辛珠柏［二〇一六］は、同様の視角から、解放後韓国の大学の史学科の編成と教材などの検討を通じて、植民地期歴史学との連続と断絶を考察する。

また、人材の側面については、鄭鍾賢［二〇一二、二〇一六］が、戦前の京都帝大、東京帝大を卒業した朝鮮人学生が解放後の朝鮮民主主義人民共和国科学院（一九五二年設立）や大韓民国学術院（一九五四年設立）で、京城帝大出身者とともに大きな比重を占めたことを明らかにする。石川裕之［二〇一四］は、植民地期の京城帝大・京城医専出身者が解放後のソウル大学校医科大学で学内派閥を形成し、植民地高等教育の人的遺産としての同窓ネットワークが解放後に引き継がれたと見る。一方、ホン・ソンジュ［二〇〇九］は、京城帝大理工学部の教授陣が解体（一部は越北）される過程を描く。また私立大学については、延世学風事業団・金度亨編［二〇一五］が、植民地期の延禧専門学校の知的蓄積を引き継ぎつつ、延世大学校が人文社会・自然科学の各分野で解放後の学術活動再建を担った様相を描く。

「学知」の中身に立ち入って解放前後の継承／断絶を論じた研究も徐々に現れている。李俊植［二〇一四b］は、解放後韓国における言語学者の潮流を、漢字非使用・ハングル専用を主張した民族主義的な周時経学派と科学的言語学を標榜した京城帝大朝鮮語学朝鮮文学教室出身者とに分け、一九六〇年代に至る両者の対立を検討する。また、板垣竜太［二〇一四］は、植民地期に京城帝大に学んだ言語学者・金壽卿が、解放後は朝鮮民主主義人民共和国（北朝鮮）の言語学を主導したものの、宗派闘争の中で批判される経緯を描く。一九三〇年代の朝鮮学運動との連続／断絶という面では、정병준［二〇一六］が、植民地期に朝鮮学運動の結集軸の一つとなっていた震檀学会を構成していた会員のうち、拉北・越北によって民族主義者・マルクス主義者が消え、実証主義的学風のみが戦後韓国学界に残ったとする。朝鮮学運動の有力な媒体の一つだった『文章』誌に拠った文学者が解放後に文学アカデミズムの重鎮として「国語」教科書の編纂にたずさわることで古典文学を民族の資産として再定義する役割を果たしたと展望する研究もある［차혜영二〇〇五］。鄭鍾賢［二〇一〇］は、民族主義者の朝鮮学運動に距離をおき「中央アカデミー」を構想していたマルクス主義哲学者申南徹が、解放後にその構想を朝鮮学術院とい

うかたちで実現させようとしたが、解放後の政争と自身の越北によって霧散したとする。解放前後における知の連続／断絶という問題には、植民地からの解放と米軍政による占領統治、朝鮮戦争と国土分断、その背景としての冷戦など複雑な要素が絡んでいる［백원담二〇一七］。

こうした朝鮮における知の脱植民地化の問題とあわせて考えなければならないのは、日本の知の脱帝国化の問題であろう。戦後初期における日本人の植民地認識全般については、基本的に「忘却」「無関心」の傾向が指摘されている［鄭大均一九九八］。しかし、たとえば旧朝鮮総督府官僚の集まった中央日韓協会は、一九五一年からの日韓国交回復交渉にも影響力を及ぼそうとし、歴史問題への発言にも徐々に力を入れていった。すなわち中央日韓協会は、姉妹団体として友邦協会を設立し、植民地統治史に関わる資料の収集と統治史の刊行を行った［노기영二〇一三、鄭昞旭二〇一三］。また、「京城学派」の日本人研究者が戦前の人脈を利用しながら大規模調査を戦後に行ったことも指摘されている［全京秀二〇〇四］。こうした植民地の学知が残した遺産の評価も、今後避けて通れない問題になろう。

おわりに

本稿では、植民地期朝鮮における知と権力に関わる研究を取りあげた。歴史学・法学・人類学・文学・医学史など個別分野について網羅的に先行研究をあげることはせず、むしろそれらに共通する問題意識の重なりを読み解くことを目指した。いくつかのキーワードをとりだすならば、帝国の生みだした知に対する内在的分析と再検討、日本人研究者のみならず朝鮮人知識人も包摂していた「科学的・客観的」な学問方法論への疑念、日本人・朝鮮人知識人のいわゆる「敵対的共犯関係」の指摘等々、ということになろう。

このようにむしろ分野を超えて、ある一定の方向性を諸研究が示していることをどう捉えるべきなのか。一面では、知と権力をめぐる歴史像が定立されつつある証左とも考えうるかもしれない。他面で、植民地支配という複雑な現象を理解するための認識枠組みが硬直化し、そのために研究全体の議論が一定方向に収斂してしまっているという悲観的な評価もありうるかもしれない。知と権力をめぐる研究がこのような分岐点に立っているという現状に対して研究者の自覚を促すことができるとしたら、本稿の意味も些少ながらあったと言えるだろう。

（1） 檀君を軸とした朝鮮の固有性の表象をめぐる同時期の問題としては、一九二五年の朝鮮神宮の祭神論争も顧みられてよいだろう。一九一九年、朝鮮神社（朝鮮神宮の前身）の造営に際して明治天皇と天照大神とを祭神とする方針が出されたが、これに対し、本国の神社関係者が朝鮮民族の祖神の檀君もまつるべきであると主張したこの論争と現在の研究上の争点については、菅［一九九九］、金大鎬［二〇〇四］、青野［二〇一五］、문혜진［二〇一五］などを参照。

（2） 一九二〇年代における総督府官僚による調査として注目されるのは、第一次世界大戦後の世界的な脱植民地下の潮流を意識しつつアイルランドやインドなど海外植民地の調査を行ったことだろう［加藤道也二〇〇九、二〇一〇］。総督府官僚の海外視察は、時に官僚自身の植民地統治構想を仮託したり強化したりする役割も果たした［李炯植二〇一三］。

（3） このほか、広い意味で調査に関わる研究として朝鮮総督府の統計作成とその社会的影響についても触れておく。統計作成に関わった行政機関、制度および職員配置についての基礎的研究としては송규진［二〇一五］、および李如星・金世鎔『数字朝鮮研究』（一九三一～三五年）に見られる朝鮮人側からのその批判的解釈やそれに対する同時代の朝鮮人・日本人の反応（警務局の検閲、四方博京城帝大教授の反論など）を検討する研究としては최재성［二〇一三］、조명근［二〇一五］などがあらわれている。

（4） 新興宗教・民族宗教［青野二〇〇一、조성운二〇〇四、趙景達二〇〇八］、民間信仰［趙亨根二〇〇八］在来農法［안승택二〇〇六］、墓地問題［정일영二〇一四］、感染症対策［배우성二〇一四］、等々、枚挙にいとまがない。なお、「近代合理性」に対する民衆の対応を分類した尹海東［二〇〇四］の議論も参考になろう。同論文では、「前近代的態度（道具主義的近代の先例から免れているか、その影響下にありつつ回顧する態度）」「反近代的態度（日常において近代のメカニズムを否定し回避しようとする態度）」「代替近代的態度（道具主義的な近代が与えるメカニズムと異なる代替的なメカニズムを追求）」に分類されている。

（5）言語関係では、言語理論研究家で朝鮮での日本語普及についても発言していた時枝誠記（国語学国文学第二講座）について、安田［一九九七］、石剛［二〇〇五］の研究もある。

（6）もとよりこれらの研究で取りあげられる「京城学派」の学問的達成と植民地主義をともに理解する枠組みは容易に構築できていない。例えば石川［二〇〇六］への批判的視角から「京城学派」の尾高朝雄を扱った金昌禄［二〇一四］参照。

（7）朝鮮人留学生についての基礎的データを整理した作業としては、馬淵［二〇〇四］、佐藤・渡部［二〇〇五］、裵姈美［二〇〇九］などがある。各大学別の研究としては以下のような研究がある。東京帝国大学―鄭鍾賢［二〇一六］。京都帝国大学―水野［二〇〇三］、鄭鍾賢・水野［二〇一二］、鄭鍾賢［二〇一三］。九州帝国大学―折田編［二〇〇四］。早稲田大学―裵姈美［二〇一五］。立教大学―宮本［二〇一六］。そのほか、ジェンダー研究の立場から女子留学生を媒介とした帝国の知の環流を論ずる朴宣美［二〇〇五］、韓末に日本に留学した文学者・芸術家の足跡を掘り起こす波田野［二〇一三］、和田ほか編［二〇一七］なども参照。

（8）植民地図書館全体についての基礎的研究としては、加藤一夫ほか［二〇〇五］参照。

（9）当時の思想潮流を日本人・朝鮮人を交えた競合関係と捉える枠組みとしては、「制度内の学問」と「制度外の学問」というタームが用いられることもある［白永瑞二〇〇五］。無論、朝鮮人研究者においても日本留学生や京城帝大出身者が大きな割合を占めた以上、制度の内と外は内地人と朝鮮人に単純に対応するわけではないことにも注意しなければならない。この点にも関連して、朴光賢［二〇〇三b］は、一九二〇年代末〜一九三〇年代初の朝鮮人の知的雰囲気を、京城帝大法文学部の学生会が刊行した『新興』誌を軸に論じている。

（10）朴枝香［二〇〇四］は、「協力」理論にもとづく親日派研究を補完する研究として、アイルランドと植民地朝鮮の自治運動を比較し、一九二〇年代の「自治論」の再考を提起している。また、この研究に対する批判としては、李泰淑［二〇〇四］参照。

（11）李光洙についてもしばしば崔南善と並べて論じられ、日本の「大東亜共栄圏」のイデオロギーに加担することで朝鮮人も帝国の主体たり得るという幻想を抱いていたことが指摘される［趙寛子二〇〇三、李俊植二〇〇〇、김경미二〇一二］。

［文献目録］

本章で取りあげた論著を、発表言語によって日本語・韓国語・英語に分けた。日本語文献については執筆者名の五〇音順としている（なお、韓国人名は現地音読み、中国人名は漢字の日本語音読みにしたがっている）。韓国語文献は、執筆者名の가나다라順で配列している。

日本語文献

青野正明二〇〇一『朝鮮農村の民族宗教――植民地期の天道教・金剛大道を中心に――』（社会評論社）
――二〇〇八「朝鮮総督府による朝鮮の「予言」調査――村山智順の調査資料を中心に――」（『紀要（桃山学院大学・総合研究）』三三（三））
――二〇一五『帝国神道の形成――植民地朝鮮と国家神道の論理――』（岩波書店）
朝倉敏夫二〇一一「植民地期朝鮮の日本人研究者の評価――今村鞆・赤松智城・秋葉隆・村山智順・善生永助――」（山路勝彦編著『日本の人類学――植民地主義、異文化研究、学術調査の歴史――』関西学院大学出版会）
浅野豊美二〇〇八『帝国日本の植民地法制――法域統合と帝国秩序――』（名古屋大学出版会）
有馬学二〇一〇「一九三〇～四〇年代の日本における文化表象の中の〈朝鮮人〉――映像史料を手がかりとして――」（日韓歴史共同研究委員会編『第二期日韓歴史共同研究報告書〈第三分科会篇〉』）
李吉魯《イ・ギルロ》二〇〇五「植民地朝鮮の高等工業教育に関する一考察――京城帝国大学理工学部の成立との関連で――」（『教育学雑誌（日本大学教育学会）』四〇）
石川健治二〇〇六「コスモス――京城学派公法学の光芒――」（酒井哲哉編『帝国日本の学知』第一巻、岩波書店）
――二〇一四「「京城」の清宮四郎――『外地法序説』への道――」（酒井哲哉・松田利彦編『帝国日本と植民地大学』ゆまに書房）
石川裕之二〇一四「国立ソウル大学校医科大学の成立過程に見る植民地高等教育の『人的遺産』」（同右書）
李成市《イ・ソンシ》二〇〇四「コロニアリズムと近代歴史学――植民地統治下の朝鮮史編修と古蹟調査を中心に――」（寺内威太郎・永田雄三・矢島國雄・李成市『植民地主義と歴史学――そのまなざしが残したもの――』刀水書房）
板垣竜太二〇〇八『朝鮮近代の歴史民族誌――慶北尚州の植民地経験――』（明石書店）
李暁辰《イ・ヒョジン》二〇一六『京城帝国大学の韓国儒教研究――「近代知」の形成と展開――』（勉誠出版）

李炯植《イ・ヒョンシク》二〇一三『朝鮮総督府官僚の統治構想』（吉川弘文館）
任正爀《イム・ジョンヒョク》二〇一〇「朝鮮における日本の研究機関による放射線鉱物の探索および採掘について――原爆開発計画二号研究との関連における考察――」（同編『朝鮮近代科学技術史――開化期・植民地期の諸問題――』皓星社）
李練《イ・ヨン》二〇〇二『韓国言論統制史――日本統治下朝鮮の言論統制――』（信山社出版）
――二〇〇六「朝鮮総督府の機関紙『京城日報』の創刊背景とその役割について」（『メディア史研究』二一）
李英美《イ・ヨンミ》二〇〇五a『韓国司法制度と梅謙次郎』（法政大学出版局）
――二〇〇五b「韓国における民事慣習の成文法化過程に関する最近の研究動向」（『東洋文化研究』七）
――二〇一三「日本統治時代における韓国・朝鮮の慣習調査報告書に関する書誌学的考察――米国ハーヴァード大学・イェンチン図書館(Harvard-Yenching Library)の所蔵資料の紹介を中心に――」（『明治大学教養論集』四九一）
――二〇一四「朝鮮総督府中枢院における韓国・朝鮮の慣習調査報告書に関する書誌学的考察――米国カリフォルニア大学バークレー校(UCB)・the C. V. Starr East Asian Library 所蔵資料を中心に――」（『東洋文化研究所紀要』一六五）
――二〇一四～一六「朝鮮総督府中枢院における韓国・朝鮮の慣習調査事業と調査報告書に関する研究――米国ハワイ大学マノア校(UH Manoa)・Hamilton Library の Korean Locked Press 所蔵資料の紹介と分析を中心に――」一～三（『東洋文化研究所紀要』一六六、一六九、一七〇）
岡崎まゆみ二〇一〇「韓国における植民地期朝鮮家族法制に関する近年の研究動向――鄭肯植著「植民地期慣習法の形成と韓国家族法」を中心に――」（『法学研究論集』三三）
岡田泰平二〇一七「植民地大学について――研究史からの試論――」（『史潮』新八一）
岡本真希子二〇〇八『植民地官僚の政治史――朝鮮・台湾総督府と帝国日本――』（三元社）
小野容照二〇一三『朝鮮独立運動と東アジア――一九一〇―一九二五――』（思文閣出版）
折田悦郎編二〇〇四『九州帝国大学における留学生に関する基礎的研究（科学研究費補助金基盤研究〈C〉〈二〉研究成果報告書、平成一四・一五年度）』（九州大学大学史料室）
桂島宣弘二〇一〇「植民地朝鮮における歴史編纂と近代歴史学――『朝鮮半島史』を中心に――」（『季刊日本思想史』七六）
加藤一夫・河田いこひ・東條文規二〇〇五『日本の植民地図書館――アジアにおける日本近代図書館史――』（社会評論社）
加藤道也二〇〇九「朝鮮総督府官僚のアイルランド認識――時永浦三を手掛かりとして――」（『大阪産業大学経済論集』一

一（二））
――二〇一〇「時永浦三のアメリカ調査報告――アメリカにおける朝鮮独立運動とアイルランド独立運動――」（『大阪産業大学経済論集』一一（二））
川瀬貴也二〇〇九『植民地朝鮮の宗教と学知――帝国日本の眼差しの構築――』（青弓社）
――二〇一〇「「檀君」の行方――歴史学と心田開発運動政策における論争を中心に――」（『日本学〈東国大学校日本学研究所〉』三二）
姜海守《カン・ヘス》二〇〇三「植民地朝鮮における「東方」という〈境界〉とナショナルな知の形成――崔南善の『不咸文化論』を中心に――」（『日本研究』二一）
菊池暁二〇〇七「赤松智城論ノオト――徳応寺所蔵資料を中心に――」（『人文学報』九四）
――「智城の事情――近代日本仏教と植民地朝鮮人類学――」（坂野徹・愼蒼健編『帝国の視角／死角――〈昭和期〉日本の知とメディア――』青弓社）
金昌禄《キム・チャンノク》二〇一四「尾高朝雄と植民地朝鮮」（酒井哲哉・松田利彦編『帝国日本と植民地大学』ゆまに書房）
金花子《キム・ファジャ》二〇〇五「日本人研究者による初期韓国シャーマニズム研究――秋葉隆の業績を中心に――」（『歴史民俗資料学研究』一〇）
国分典子二〇一二『近代東アジア世界と憲法思想』（慶應義塾大学出版会）
坂野徹編二〇一六『帝国を調べる――植民地フィールドワークの科学史――』（勁草書房）
佐藤由美・渡部宗助二〇〇五「戦前の台湾・朝鮮留学生に関する統計資料について」（日本植民地教育史研究会運営委員会編『植民地教育体験の記憶』皓星社）
沈熙燦《シム・ヒチャン》二〇一〇「実証される植民地、蚕食する帝国――今西龍の朝鮮史研究とその軋み――」（『季刊日本思想史研究』七六）
愼蒼健《シン・チャンゴン》一九九九「覇道に対抗する王道としての医学――一九三〇年代朝鮮における東西医学論争から――」（『思想』九〇五）
――二〇〇九「京城帝国大学医学部の「植民地性」とは何か？――衛生学教室の社会医学研究について――」（『科学史研究』二四九）

菅浩二一九九九「「朝鮮神宮御祭神論争」再解釈の試み――神社の〈土着性〉とモダニズムの視点から――」（『宗教と社会』五）
石剛《セキ・ゴウ》二〇〇五『日本の植民地言語政策研究』（明石書店）
崔吉城《チェ・ギルソン》二〇一一「朝鮮総督府調査資料と民族学――村山智順と秋葉隆を中心に――」（山路勝彦編著『日本の人類学――植民地主義、異文化研究、学術調査の歴史――』関西学院大学出版会）
趙景達《チョ・ギョンダル》二〇〇八『植民地期朝鮮の知識人と民衆――植民地近代性論批判――』（有志舎）
――二〇一八「東アジアの儒教化と近代」同編『儒教的政治思想・文化と東アジアの近代』（有志舎）
趙寛子《チョ・グワンジャ》二〇〇三「日中戦争期の「朝鮮学」と「古典復興」――植民地の「知」を問う――」（『思想』九四七）
――二〇〇七『植民地朝鮮／帝国日本の文化連環――ナショナリズムと反復する植民地主義――』（有志舎）
全京秀《チョン・ギョンス》二〇〇四「日本の植民地／戦争人類学はいま――台北帝大と京城帝大の人脈と活動を中心に――」（『思想』九五七）
――二〇〇五「赤松智城の学問世界に関する一考察――京城帝国大学時代を中心に――」（『韓国朝鮮の文化と社会』四）
――二〇〇六a「植民地の帝国大学における人類学研究――京城帝国大学と台北帝国大学の比較――」（岸本美緒編『岩波講座「帝国」日本の学知』三）
――二〇〇六b「学問と帝国のはざまでの秋葉隆――京城帝国大学時代を中心に――」（日韓文化交流基金編『訪日学術研究者論文集 一般』一二）
鄭肯植《チョン・グンシク》二〇一三「京城帝国大学付属図書館所蔵東洋法書の特徴」（酒井哲哉・松田利彦編『国際研究集会報告書第四二集 帝国と高等教育――東アジアの文脈から――』国際日本文化研究センター）
鄭大均《チョン・デギュン》一九九八『日本（イルボン）のイメージ』（中央公論社）
通堂あゆみ二〇一七「京城帝国大学の基礎的研究――日本統治下朝鮮における帝国大学制度・組織とその展開――」（東京大学大学院文学研究科博士論文）
寺内威太郎二〇〇四「〝満鮮史〟研究と稲葉岩吉」（寺内威太郎・永田雄三・矢島國雄・李成市『植民地主義と歴史学――そのまなざしが残したもの――』刀水書房）
戸邉秀明二〇〇八「ポストコロニアリズムと帝国史研究」（日本植民地研究会編『日本植民地研究の現状と課題』アテネ社）
中尾勝美二〇一六『近代日本の人類学史――帝国と植民地の記憶――』（風響社）

永島広紀二〇〇四「日本統治期の朝鮮における〈史学〉と〈史料〉の位相」（『歴史学研究』七九五）
――二〇一一『戦時期朝鮮における「新体制」と京城帝国大学』（ゆまに書房）
並木真人二〇〇三「朝鮮における「植民地近代性」・「植民地公共性」・対日協力――植民地政治史・社会史研究のための予備的考察――」（『国際交流研究（フェリス女学院大学）』五）
朴祥美《パク・サンミ》二〇一七『帝国と戦後の文化政策――舞台の上の日本像――』（岩波書店）
朴宣美《パク・ソンミ》二〇〇五『朝鮮女性の知の回遊――植民地文化支配と日本留学――』（山川出版社）
朴潤栽《パク・ユンチェ》二〇一三「朝鮮総督府の牛痘政策と朝鮮人の反応」（松田利彦編『（国際研究集会報告書第四〇集）植民地帝国日本における支配と地域社会』国際日本文化研究センター）
箱石大二〇〇七「近代日本史料学と朝鮮総督府の朝鮮史編纂事業」（佐藤信・藤田覚編『前近代の日本列島と朝鮮半島』山川出版社）
波田野節子二〇一三『韓国近代作家たちの日本留学』（白帝社）
古川宣子一九九七「一九一〇年代朝鮮における書堂」（『アジア教育史研究』六）
裵姈美《ペ・ヨンミ》二〇〇九『一九二〇年代における在日朝鮮人留学生に関する研究――留学生・朝鮮総督府・「支援」団体』（一橋大学学院社会学研究科博士論文）
――二〇一五「李相佰、帝国を生きた植民地人――早稲田という「接触領域」に着目して――」（李成市・劉傑編著『留学生の早稲田――近代日本の知の接触領域――』早稲田大学出版部）
保坂祐二二〇〇〇「崔南善の不咸文化圏と日鮮同祖論」（韓日関係史学会編『韓日関係史의 様相』国学資料院）
洪宗郁《ホン・ジョンウク》二〇一一『戦時期朝鮮の転向者たち――帝国／植民地の統合と亀裂――』（有志舎）
ホン・ソンジュ二〇〇九「京城帝国大学理工学部の教授陣、一九四五・八―一九四六・八――京城帝国大学とソウル大学校の関係――」（『科学史研究』二（四八））
松田利彦二〇〇九「朝鮮における植民地官僚――研究の現状と課題――」（松田利彦・やまだあつし編『日本の朝鮮・台湾支配と植民地官僚』思文閣出版）
――二〇一四a「植民地大学比較史研究の可能性と課題――京城帝国大学と台北帝国大学の比較を軸として――」（酒井哲哉・松田利彦編『帝国日本と植民地大学』ゆまに書房）

――二〇一四b「志賀潔と植民地朝鮮」（『翰林日本学』二五）
――二〇一五『東亜聯盟運動と朝鮮・朝鮮人』（有志舎）
――二〇一八「統治機構と官僚・警察・軍隊」（日本植民地研究会編『日本植民地研究の論点』岩波書店）
松本武祝二〇〇二「研究ノート〝朝鮮における「植民地的近代」〟に関する近年の研究動向――論点の整理と再構成の試み――」（『アジア経済』四三（九））
馬淵貞利二〇〇四『近代日本における朝鮮人留学生に関する調査研究』（東京学芸大学大学院連合学校教育学研究科平成一五年度広域科学教科教育学研究プロジェクト）
水野直樹二〇〇三「朝鮮人留学生たちの京都」（同志社大学人文科学研究所）
三ツ井崇二〇〇五「問題提起 東アジア植民地の「近代」を問うことの意義」（『歴史学研究』八〇二）
――二〇一〇『朝鮮植民地支配と言語』（明石書店）
宮本正明二〇一六「戦前期の立教大学に留学した韓国人の回想――金允經・柳致眞――」（『立教学院史研究』一三）
安田敏朗一九九七『植民地のなかの「国語学」――時枝誠記と京城帝国大学をめぐって――』（三元社）
――一九九九『「言語」の構築――小倉進平と植民地朝鮮――』（三元社）
山田安仁花二〇一六「『モダン日本・朝鮮版』出版の背景をめぐって――」（『異文化コミュニケーション論集』一四）
山室信一二〇〇一『思想課題としてのアジア――基軸・連鎖・投企――』（岩波書店）
――二〇一七「熊本びとのアジア――ひとつの「環地方学」の試み――」（『アジアびとの風姿――環地方学の試み――』人文書院）
尹海東《ユン・ヘドン》二〇〇四「植民地近代と大衆社会の登場」（宮嶋博史ほか編『植民地近代の視座――朝鮮と日本――』岩波書店）
米谷匡史二〇〇六『アジア／日本』（思考のフロンティア第Ⅱ期一二）（岩波書店）
柳 全哲《リュ・ジョンチョル》二〇〇九「韓国刑法に及ぼした日本刑法の影響」（『法学論叢』二九（二））
和田博文ほか編二〇一七『「異郷」としての日本―― 東アジアの留学生がみた近代――』（勉誠出版）

韓国語文献

강은영二〇一七「黒板勝美의 韓国史認識과 朝鮮総督府의 修史事業」（『歴史学研究』六六）

구권모二〇一三「〝親日反民族文学〟에 대한 研究——親日詩의 戦略을 中心으로——」（高麗大学校比較文学・比較文化共同課程博士学位論文）

구재진・김병구・박용규・박진숙・이양숙・조현일二〇〇七『〝朝鮮的인 것〟의 形成과 近代文化談論』（소명出版）

권윤경二〇一五「植民地図書館에 移植된 近代——京城帝国大学 附属図書館과 프랑스語 蔵書 및 歴史書 分析——」（『社会와 歴史』一〇五）

김경미二〇一二「李光洙 紀行文의 認識構造와 民族談論의 様相」（『漢民族語文学』六二）

金炅一二〇〇四『女性의 近代、近代의 女性——二〇世紀 前半期 新女性과 近代性——』（푸른역사）

金大鎬二〇〇四「一九一〇～一九二〇年代 朝鮮総督府의 朝鮮神宮 建立과 運用」（『韓国史論』五〇）

金度亨 외 二〇〇九『日帝下 韓国社会의 伝統과 近代意識』（혜안）

金東明二〇〇六『支配、抵抗 그리고 協力』（文化와 知性社）

김미영二〇〇四a「一九二〇年代 啓蒙的男性知識人의 女性談論 研究」——『東亜日報』에 掲載된 女性関連 社説 및 連載記事를 中心으로——」（『国学研究』四）

——二〇〇四b「一九二〇年代 支配談論의 女性認識에 関한 研究——『東亜日報』女性関連記事를 中心으로——」（『歴史民俗学』一八）

金敏喆・조세열二〇〇六「争点과 動向——〝親日〟問題의 研究傾向과 課題——」（『史叢』六三）

김수진二〇〇九『新女性、近代의 過剰——植民地朝鮮의 新女性 談論과 젠더政治、一九二〇～一九三四——』（소명出版）

김영미二〇一五「戦時期 朝鮮総督府의 娯楽政策과 그 特徴」（『韓日関係史研究』五二）

김인수二〇一三「総力戦期 植民地朝鮮의 社会科学批判——印貞植의 比較에 관한 小稿——」（『亜細亜研究』一五四）

——二〇一五「日帝下 李勲求의 土地利用調査의 政治的意味」（『社会와 歴史』一〇七）

金允植二〇〇三『日帝末期 韓国作家의 日本語 글쓰기論』（서울大学校出版部）

김재용二〇〇二「親日文学作品目録」（『実践文学』二〇〇二年・가을）

——二〇〇四「親日文学의 性格」（同『協力과 抵抗——日帝末 社会와 文学——』소명出版社）

김정화・이경원二〇〇六「日帝植民地支配와 朝鮮洋医의 社会的性格」（『社会와 歴史』七〇）

김제정二〇一四「植民地期〝地域〟과〝地域運動〟——一九三〇年代 初半 京畿地域을 中心으로——」（『郷土서울』八六）

김종준二〇一三『植民史学과 民族史学의 官学아카데미즘』(소명出版)
金賢洙二〇〇四「文化、文化科学、文化共同体으로서의 民族——崔南善의 檀君学을 中心으로——」(『大東文化研究』四七)
——二〇〇七「文化史의 理念과 叙事戦略——一九〇〇~二〇年代 崔南善의 文化史談論 研究——」(『大東文化研究』五八)
김혜숙二〇〇六「今村鞆의 朝鮮風俗研究와 在朝日本人」(『韓国民族運動史研究』四八)
노기영二〇一三「解放後 日本人의 帰還과 中央日韓協会」(李炯植編『帝国植民地의 周辺人——在朝日本人의 歴史的展開——』보고사)
노대환二〇一〇「一九〇五~一九一〇年 文明論의 展開와 文明観의 模索」(『儒教思想研究』三九)
도면회二〇〇九「国史는 어떻게 構成되었는가?——韓国近代歴史学의 創出과 通史体系의 確立——」(批判과 連帯를 위한 東아시아 歴史포럼編『歴史学의 世紀——二〇世紀 韓国과 日本의 歴史学——』휴머니스트)
류보선二〇〇三「親日文学의 歴史哲学的 文脈」(『韓国近代文学研究』七)
류시현二〇〇六「出版物을 通한 新学問의 受容과〝近代〟의 伝播」(『韓国独立運動史研究』二六)
——二〇〇七「旅行과 紀行文을 通한 民族・民族史의 再認識——崔南善의 事例를 中心으로——」(『史叢』六四)
——二〇〇九『崔南善研究——帝国의 近代와 植民地의 文化——』(歴史批評社)
문혜진二〇一五『日帝植民地期 宗教와 植民政策——京城神社 事例研究를 中心으로——』(漢陽大学文化人類学科博士学位論文)
宮嶋博史二〇〇八「日本의 国学과 韓国의 朝鮮学——比較를 위한 序論的考察——」(『東方学志』一四三)
朴光賢二〇〇三a「京城帝大〝朝鮮語学朝鮮語文学〟講座研究——高橋亨을 中心으로——」(『韓国語文学研究』四一)
——二〇〇三b「京城帝大와〝新興〟」(『韓国文学研究』一二)
——二〇〇七「高橋亨와 京城帝大〝朝鮮文学〟講座——〝朝鮮文学〟研究者로서의 自己同一化 過程을 中心으로——」(『韓国文化』四〇)
——二〇〇九「植民地〝帝国大学〟의 設立을 둘러싼 競合의 様相과 教授陣의 類型」(『日本学』二八)
박수현二〇〇六「戦時파시즘기(一九三七~一九四五)朝鮮知識人의 体制協力 様相과 論理——新聞・雑誌의 親日글을 中心으로——」(『韓国民族運動史研究』四六)

朴羊信二〇一五「私学 早稲田人脈을 통해 본 日本・植民地朝鮮에서의 植民政策論」（『亜細亜問題研究』四八）
박용규二〇一二『朝鮮語学会抗日闘争史』（蛍雪出版社）
박용옥二〇〇四「日帝時期 女性人物史 研究의 現況과 課題」（『韓国人物史研究』一）
朴潤栽二〇〇七「一九三〇―四〇年代 趙憲泳의 韓医学認識과 東西折衷的医学論」（『韓国近現代史研究』四〇）
――二〇〇九「朝鮮総督府의 地方医療政策과 医療消費」（『歴史問題研究』二一）
――二〇一〇「韓国近代医学史研究의 成果와 展望」（『医史学』一九（一））
朴枝香二〇〇〇『帝国主義――神話와 現実――』（서울大学校出版部）
――二〇〇四「아일랜드・인도의 民族運動과 韓国의 自治運動 比較」（『歴史学報』一八二）
朴賛勝二〇一三「田保橋潔의 近代韓日関係史 研究에 대한 検討」（『韓国近現代史研究』六七）
方基中一九九二『韓国近現代思想史研究』（歴史批評社）
――二〇〇四「日帝下 李勲求의 韓国土地制度史論」（『東方学志』一二七）
――編二〇〇五『日帝下 知識人의 파시즘体制 認識과 対応』（혜안）
배개화二〇〇四「一九三〇年代後半 伝統談論의 脱植民地性 研究」（서울大学校国語国文学科博士学位論文）
배우성二〇一四「一九二〇年代 避病院 建立 캠페인과 京城 朝鮮人社会――朝鮮後期的慣性과 植民地時期의 断面――」（『社会学研究』五六）
백승철二〇〇九「〝朝鮮学運動〟系列의 自己正体性 模索과 近代観」（金度亨 외 編『日帝下 韓国社会의 伝統과 近代意識』혜안）
白永瑞二〇〇五「〝東洋史学〟의 誕生과 衰退――東아시아에서의 学術制度의 伝播와 変容――」（『韓国史学史学報』一一）
――二〇一四『社会人文学의 길――制度로서의 学問、運動으로서의 学問――』（창비）
백원담・강성현編二〇一七『熱戦 속 冷戦、冷戦 속 熱戦』（진인진）
손병규二〇一六「韓末・日帝初 済州하모리의 戸口把握――光武戸籍과 民籍簿比較分析――」（『大東文化研究』五四）
송규진二〇一五「朝鮮総督府의 統計行政機構 変化와 統計資料 生産」（『史林』五四）
水曜歴史研究会編二〇〇七『植民地同化政策과 協力 그리고 認識――日帝의 植民地支配政策과 毎日申報 一九二〇～三〇年代――』（두리미디어）

植民地日本語文学文化研究会二〇一一『帝国의 移動과 植民地朝鮮의 日本人들――日本語雑誌〝朝鮮〟（一九〇八～一九一一）研究――』（図書出版문）
辛圭煥二〇〇七「併存과 折衷의 二重奏――日帝下 韓医学의 西洋医学 認識과 受容――」（『歴史教育』一〇一）
申東源一九九七『韓国近代保健医療史』（한울아카데미）
――二〇〇〇a「韓国牛痘法의 政治学――啓蒙된 近代인가、〝近代〟의 啓蒙인가――」（『韓国科学技術史学会誌』二二（二））
――二〇〇〇b「一九三〇年代 韓医의 近代性」（『論争으로 보는 韓国社会百年』歴史批評社）
――二〇〇二「一九一〇年代 日帝의 保健医療政策――韓医学政策을 中心으로――」（『韓国文化』三〇）
신종원 외 編二〇一〇『筆写本『朝鮮地誌資料 京畿道編』研究』（景仁文化社）
辛珠栢編二〇一四a『韓国近現代人文学의 制度化――一九一〇～一九五九――』（혜안）
――二〇一四b「近代的知識体系의 制度化와 植民地公共性」（同右書）
――二〇一四c「〝朝鮮学〟学術場의 再構成」（同右書）
――二〇一五「〝朝鮮学運動〟에 관한 研究動向과 試論的探索」（民世安在鴻先生記念事業会編『一九三〇年代朝鮮学運動 深層研究』선인）
――二〇一六『韓国歴史学의 起源』（휴머니스트）
愼蒼健二〇〇七「京城帝国大学에 있어서 漢薬研究의 成立」（『社会와 歴史』七六）
沈元燮二〇一七『阿部充家와 朝鮮』（소명出版）
沈羲基二〇一二「東아시아 伝統社会의 慣習法概念에 대한 批判的検討――日本植民地当局에 의한 慣習調査를 中心으로――」（『法史学研究』四六）
沈熙燦二〇一三「近代歴史学와 植民主義 歴史学의 距離――今西龍가 構築한 朝鮮의 歴史像――」（『韓国史学史学報』二八）
안승택二〇〇六「日本式近代農法과 植民地朝鮮의 農俗 사이」（『歴史와 現実』六一）
안예리二〇一三「二〇世紀前半期 国語의 文章構成에 대한 研究――大衆総合雑誌『三千里（一九二九～一九四二）』의 말뭉치 言語学的分析――」（延世大学校国語国文科博士学位論文）

엄연석二〇〇七「民族의 안과 밖의 境界에서 본 崔南善의 文化認識」(『人文研究』五三)
여인석二〇〇七a「韓末과 植民地時期 西洋医学의 韓医学 認識과 受容」(『医史学』一六(二))
——二〇〇七b「韓国 近代宣教医療의 形成과 性格」(『東方学志』一三九)
延世学風事業団・金度亨編二〇一五『解放後 延世学風의 展開와 新学問開拓』(혜안)
염원희二〇一四「近代〝迷信論〟과 女性의 問題——日帝強占期 新聞記事를 中心으로——」(『民族文化論叢』五七)
오병수二〇〇六「『開闢』의 改造論과 東아시아的 時空意識——中国의『解放與改造』와 比較를 中心으로——」(『史林』二六)
유석환二〇一三「近代文学市場의 形成과 新聞雑誌의 役割」(成均館大学校大学院東アジア学科博士学位論文)
六堂研究学会編二〇〇九『崔南善 다시 읽기——崔南善으로 바라본 近代韓国学의 誕生——』(現実文化研究)
윤영실二〇〇九『崔南善의 近代的 글쓰기와 民族談論 研究』
尹海東二〇〇六『近代를 다시 읽는다』(歴史批評社)
——二〇〇九「숨은〝神〟을 批判할 수 있는가?——金容燮의〝内在的発展論〟——」(批判과 連帯를 위한 東아시아 歴史포럼編『歴史学의 世紀——二〇世紀 韓国과 日本의 歴史学——』휴머니스트)
이기훈二〇〇七「従属과 優越——植民地 엘리트의 社会的基盤과 意識——」(『歴史와 現実』六三)
李萬烈二〇〇三『韓国基督教医療史』(아카넷)
이병수二〇一五「日帝下 植民地知識人의 伝統認識——〝申南徹〟과〝朴鍾鴻〟을 中心으로——」(『統一人文学』六三)
이상각二〇一三『한글万歳——周時経과 그 弟子들——』(유리창)
이상규二〇一三『民族의 말은 精神、 글은 生命——朝鮮語学会三三人列伝——』(역락)
이상호二〇一〇「白南雲의 普遍史学과 朝鮮学——文化史的 脈絡의 逆説을 中心으로——」(『民族文化研究』五二)
이수경二〇〇七「朝鮮総督府 調査資料에 나타난 朝鮮民間 信仰」(『日本研究』三二)
이순자二〇〇九『日帝強占期 古蹟調査事業研究』(景仁文化社)
李昇燁二〇〇〇「内鮮一体運動과 緑旗連盟」(『歴史批評』五〇)
李昇一二〇〇八『朝鮮総督府 法制政策——日帝의 植民統治와 朝鮮民事令——』(歴史批評社)
——二〇一三「小田幹治郎의 韓国慣習調査와 慣習法政策」(『韓国民族文化』四六)

이영二〇一四「朝鮮史編修官 中村永孝의 倭寇패러다임과 日本의 倭寇研究」（『日本学（東国大学校日本学研究所）』三八）
이영화二〇〇四「一九二〇年代 文化主義와 崔南善의 朝鮮学運動」（『韓国学研究』一四）
李正善・洪宗郁・藤井猛・任城模二〇一二「戦時期 朝鮮知識人의 転向」（『歴史問題研究』二八）
李俊植二〇〇〇「日帝強占期 親日知識人의 現実認識――李光洙의 경우――」（『歴史와 現実』三七）
――二〇一四a「京城帝国大学〝朝鮮語文学科〟의 言語学」（辛珠栢編『韓国近現代人文学의 制度化――一九一〇～一九五
九――』혜안）
――二〇一四b「言語民族主義와〝科学的〟言語学――不安한 同居에서 対立으로――」（同右書）
이지원二〇〇七『韓国近代文化思想史研究』（혜안）
이진경二〇〇六「植民地人民은 말할 수 없는가?――〝東亞新秩序論〟과 朝鮮의 知識人――」（『社会와 歴史』七一）
이종호二〇一五「植民地日本語雑誌 속의〈迷信〉――『警務彙報』의〈迷信〉関連記事를 中心으로――」（김계자・이선윤・
이충호編『在朝日本人과 植民地朝鮮의 文化』二、図書出版역락）
板垣竜太二〇一四「越北学者 金壽卿――言語学의 国際性과 民族性――」（辛珠栢編『韓国近現代人文学의 制度化――一九
一〇～一九五九――』혜안）
李泰淑二〇〇四「朝鮮・韓国은 아일랜드와 닮았다?――矢内原忠雄의 아일랜드와 朝鮮에 관한 論説――」（『歴史学報』一
八二）
이태훈二〇一一「韓末 西欧〝社会科学〟受容 研究動向과 課題」（『韓国文化研究』二〇）
――二〇一二a「人物調査를 통해 본 韓国初期〝社会科学〟受容体系의 構想과 性格」（陳徳奎編『韓国社会科学 研究의 知的
系譜와 韓国的社会科学理論 定立의 方案―資料集Ｉ』延世大学校国家管理研究院）
――二〇一二b「韓末日本留学知識人의〝近代社会科学〟受容過程과 特徴――〝政治〟에 대한 認識과〝立憲政治論〟을 中心으
로――」（『梨花史学研究』四四）
――二〇一五「日帝下 申南徹의 普遍主義的 歴史認識과 知識人社会 批判」（『民族文化研究』六八）
李炯植二〇一三「在朝日本人研究의 現況과 課題」（『日本学』三七）
――二〇一六「京城日報・毎日申報 社長 時節（一九一四・八――一九一八・六）의 阿部充家」（『史叢』八七）
――二〇一七「〝帝国의 브로커〟阿部充家와 文化統治」（『歴史問題研究』三七）

李惠鈴二〇〇四「한글運動과 近代미디어」(『大東文化研究』四七)

이흥기二〇〇九「韓国人 一世代 医師들의 엇갈린 選択――伝統医学과의 共存과 決別――」(서울大学校病院病院歴史文化センター編『微視史、百年前 東아시아 医師들을 만나다』태학사)

林京錫二〇〇七『『開闢』에 비친 植民地朝鮮의 얼굴』(모시는사람들)

임동현二〇一四「一九三〇年代 朝鮮語学会의 綴字法 整理・統一運動과 民族語 規範形成」(『歴史와 現実』九四)

장문석二〇一三「伝統知識과 社会主義의 接変――廉想渉의「現代人과 文学」에 관한 몇개 註釈――」(『大東文化研究』八二)

張信二〇〇七「日帝初 在仁川 日本人의 新聞発行과 朝鮮新聞」(『仁川学研究』六)

――二〇一〇「一九二〇年代 大正親睦会의 朝鮮日報創刊과 運用」(『歴史批評』九二)

――二〇一三「一九三〇年代 京城帝国大学의 歴史教科書 批判과 朝鮮総督府의 対応」(『東北亜歴史論争』四二)

장용경二〇〇三「日帝植民地期 印貞植의 転向論」(『韓国史論』四九)

田上淑二〇一二「韓末 新聞雑誌 言説을 통해 본 近代西洋〝社会科学〟受容의 歴史政治的性格――韓国初期〝社会科学〟形成의 問題意識과 特性――」(陳徳奎編『韓国社会科学 研究의 知的系譜와 韓国的社会科学理論 定立의 方案―資料集Ⅰ』延世大学校国家管理研究院)

전성곤二〇〇八『近代朝鮮의 아이덴티와 崔南善』(제이앤씨)

鄭根植一九九六「日帝下 西洋医療体系의 헤게모니 形成과 東西医学論争」(『韓国社会学会論文集』五〇)

鄭昞旭二〇一三「朝鮮総督府官僚의 日本帰還後 活動과 韓日交渉」(李烔植編『帝国植民地의 周辺人――在朝日本人의 歴史的展開――』보고사)

정병준二〇一六「植民地官製歴史学과 近代学問로서의 韓国歴史学의 胎動――震檀学会를 中心으로――」(『社会와 歴史』一一〇)

鄭尚雨二〇〇八「一九一〇~一九一五年 朝鮮総督府 嘱託의 学術調査事業」(『歴史와 現実』六八)

――二〇一二「『朝鮮史』(朝鮮史編修会刊行)의 編纂과 事件 選別基準에 대하여――『朝鮮史』第四、五編을 中心으로――」(『史学研究』一〇七)

――二〇一三「植民地에서의 帝国日本의 歴史編纂事業――朝鮮・台湾을 中心으로――」(『韓国史研究』一六〇)

――二〇一四a「日帝強占末期 官撰 地方史에서의 地方具現――『大邱府史』(一九四三)를 中心으로――」(『東北亜歴史論叢』四五)
――二〇一四b「『朝鮮史』(朝鮮史編修会刊行)編纂事業 前後 日本人研究者들의 葛藤 様相과 새로운 研究者의 登場」(『史学研究』一一六)
――二〇一五「서울大学校 中央図書館 古文献資料室所蔵〝新聞切抜〟의 製作主体와 特徴」(『社会와 歴史』一〇五)
정성현二〇一五「植民者와 植民地民 사이、〝在朝日本人〟研究의 動向과 争点」(『歴史와 世界』四八)
정일영二〇一四「一九一〇年代 墓地統制에 담긴 日帝植民支配의 論理」(『韓国民族運動史研究』八〇)
鄭鍾賢二〇一二「申南徹과〝大学〟制度의 안과 밖」(『東岳語文論集』五四)
――・水野直樹二〇一二「日本帝国大学의 朝鮮留学生研究(一)――京都帝国大学 朝鮮留学生의 現況、社会経済的 出身背景、卒業後 経歴을 中心으로――」(『大東文化研究』八〇)
――二〇一三「京都朝鮮留学生 雑誌研究――『学友』、『学潮』、『京都帝国大学朝鮮人(留)学生同窓会報』를 中心으로――」(『民族文化研究』八〇)
――二〇一六「東京帝国大学의 朝鮮人留学生研究」(『韓国学研究』四二)
鄭駿永二〇一〇「植民地医学教育과 헤게모니 競争――京城帝大医学部의 設立過程과 制度的特徴을 中心으로――」(『社会와 歴史』八五)
――二〇一二「피의 人種主義와 植民地医学――京城帝大 法医学教室의 血液型人類学――」(『医史学』四二)
――二〇一五a「軍旗와 科学――満洲事変以後 京城帝国大学의 方向転換을 中心으로」(『満洲研究』二〇)
――二〇一五b「工業朝鮮의 幻想과〝学問奉公〟의 現実――京城帝大理工学部의 誕生을 中心으로」(『韓国科学史学会誌』三七(一))
――二〇一七「今西龍의 朝鮮史、혹은 植民地古代史에서 従属性 発見하기」(『社会와 歴史』一一五)
趙寛子二〇〇二「〝民族의 힘〟을 欲望한〝親日내셔널리스트〟李光洙」(『当代批評』二〇〇二年特別号〈記憶과 歴史의 闘争〉)
조광二〇〇四「開港期 및 植民地時代 実学研究의 特徴」(『韓国実学研究』七)
趙東杰二〇一〇『韓国近代史学史』(歴史空間)

조명근二〇一五「日帝의 統計調査와 朝鮮人의 批判的解釈」（『史林』五四）
조성운二〇〇四「一九三〇年代 天道教의 理想農村建設論과 共作契」（『東学研究』一六）
趙鎮基二〇一〇「日帝末期親日文学 論議의 成果와 課題」（同『日帝末期 国策과 体制順応의 文学』소명出版）
조현설二〇〇七「民族과 帝国의 同居——崔南善의 満蒙文化論——」（『韓国文化研究』一二）
趙亨根二〇〇八「市場移転 祈雨祭（徒市）風俗과 植民権力의 限界地点」（『社会와 歴史』八〇）
——二〇〇九「批判과 屈折、転化 속의 韓国 植民地近代性論」（『歴史学報』二〇三）
——二〇一三「植民地 大衆文化와〝朝鮮的인 것〟의 弁証法——映画와 大衆歌謡의 比較를 中心으로——」（『社会와 歴史』九九）
조형렬二〇一五「一九三〇年代 朝鮮의〝歴史科学〟에 대한 学術文化運動論的 分析」（高麗大学校韓国史学科博士論文）
陳徳奎編二〇一一『韓国社会科学 研究의 知的系譜와 韓国的社会科学理論 定立의 方案—資料集Ⅰ』（延世大学校国家管理研究院）
진필수編二〇一七『京城帝国大学 附属図書館蔵書의 性格과 活用——植民主義와 総動員体制——』（소명出版）
차승기二〇〇九『反近代的想像力의 臨界——植民地朝鮮 談論場에서의 伝統・世界・主体——』（푸른 역사）
차혜영二〇〇五「〝朝鮮学〟과 植民地近代의〝知〟의 制度——『文章』을 中心으로——」（『国語国文学』一四〇）
천정헌二〇一〇『植民地近代의 뜨거운 万華鏡——〝三千里〟와 一九三〇年代 文化装置——』（成均館大学校出版部）
崔錫栄一九九七『日帝의 同化이데올로기의 創出』（書景文化社）
——二〇一二『日帝의 朝鮮研究와 植民地的 知識生産』（民俗苑）
崔聖玉二〇一三「日帝強占期 朝鮮人研究者들의 音韻・音声研究에 関한 考察——小倉進平의 音韻・音声研究와의 比較——」（『日本文化研究』四六）
최수일二〇〇八『『開闢』研究』（소명出版）
최은경・이영하二〇一五「新聞相談欄〝紙上病院〟을 中心으로 본 一九三〇年代 植民地朝鮮 大衆들의 身体認識과 医学知識受容」（『韓国科学史学会誌』三七（一））
최재성二〇一三「『数字朝鮮研究』의 体裁와 内容分析」（『史林』四四）
태혜숙 외 編二〇〇四『韓国의 植民地近代와 女性空間』（여이연）

河英善編二〇〇九『近代韓国社会科学概念形成史』第一巻（창비）
――・손열編二〇一二『近代韓国社会科学概念形成史』第二巻（창비）
하지연二〇一五『植民史学과 韓国近代史――歴史를 歪曲한 日本知識人들――』（知識産業社）
한기형二〇一二「排除된 伝統論과 朝鮮認識의 当代性――『開闢』과 一九二〇年代 植民地 民間学術의 一端――」（『상허학보』三六）
한도연二〇〇三「親日文学과 近代性」（김재용 외 編『親日文学의 内的論理』역락）
허수二〇一一『植民地朝鮮、오래된 未来』（푸른역사）
許英蘭二〇〇七「植民地旧慣調査의 目的과 実態――〝市場調査〟를 中心으로――」（『史学研究』八六）
洪淳権・전성현二〇一三『日帝時期 日本人의 釜山日報 経営』（世宗出版社）
홍순애二〇一六「崔南善 紀行文의 文化民族主義와 帝国協力 이데올로기――『松漠燕雲録』을 中心으로――」（『韓民族文化研究』五三）
홍양희二〇一三「植民地時期〝医学知識〟과 朝鮮의 伝統――工藤武城의〝婦人科学〟的 知識을 中心으로――」（『医史学』四四）
――二〇〇九「今村鞆의『朝鮮風俗集』과 朝鮮社会認識――家族과 관련된 風俗을 中心으로――」（『東亜細亜文化研究』四五）
황민호二〇〇五『日帝下 植民地 支配権力과 言論의 傾向』（景仁文化社）
황위주・김대현・김진균・이상필・이향배二〇一三「日帝強占期 伝統知識人의 文集刊行 様相과 特性」（『民族文化』四一）

英語文献

Gi-Wook Shin and Michael Robinson, 1999 "Introduction— Rethinking Colonial Korea," Gi-Wook Shin and Michael Robinson eds., *Colonial Modernity in Korea*, Cambridge, Harvard University Asia Center.

「台湾島史観」から植民地の知を再考する
――植民地台湾における「知と権力」をめぐって――

陳 姃 湲

はじめに

台湾史の文脈には様々な不連続性が内在化されている。まず、時間軸からみて異なる外来政権による度重なる植民地統治が、台湾史にもたらした不連続性があげられる。支配者が変わるごとに、台湾の人々は異なる言語・異なる法体系のもとで、客体として繰り返し捉えなおされたため、一つの自生的流れを持つ歴史の単位として台湾史の自明性は、ややもすれば揺さぶられがちであった。さらに、台湾の人口は異なるルーツを持ついくつかの移民集団からなっており、彼らが台湾に到来した時期や由縁、また台湾社会で有した社会的スタンスも一様ではない。それゆえに台湾にとっては、共通する言語やナショナル・アイデンティティはもちろん、ナショナル・ヒストリーを形成することも容易ではなかった。

加えて戦前と戦後を境に台湾が経験した政治的激動は、とりわけ日本統治下の台湾の歴史に対する見方をめぐって、現代台湾社会に深刻な亀裂をもたらした。国民党政府の掲げる抗日ナショナリズムのイデオロギーからすれば、台湾はそもそも中国の辺境にすぎない。したがって日本統治時代とは、本来中国であるべき台湾が日本によって一時期占拠された屈辱的な期間であり、「光復」によって台湾はようやくそのような状態から解き放たれ、祖国の懐に戻れたことになる。しかし、自由化と本土化を掲げる台湾人の立場からすれば、中国国民党も日本と同様に外来政権であることに変わりはなく、日本植民地統治のもとにあったとはいえ、台湾社会の文化的経済的成長が停止したわけではない。

一九八〇年代後半から台湾社会の本土化と民主化に後押しされると、台湾史研究は台湾ナショナル・アイデンティティの根拠を提供するという使命を負わされ、そのような亀裂のはざまから一貫した連続性を見いだすことこそを先決すべき課題としてきた(1)。そして、台湾史はいまや他のナショナル・ヒストリーのそれとは異なる地平で、みずからの連続性と統合性を確認できているといえよう。その指標ともいうべき論点が、一九九〇年曹永和（一九二〇〜二〇一四年）によって提出された「台湾島史観」である［若林二〇一七］。

それによれば、台湾史の主体は中国大陸でもなければ、戦後台湾に到来した外省人を排除して、本省人のみが台湾史を構成する資格を有するわけでもない。紀元前からエスニシティ、言語、そして文化を異にするさまざまな人々が、台湾という舞台上で編み上げたすべての活動こそが台湾史の内容なのであり、したがって、台湾史の主体はほかならぬ台湾で生を営んだすべての人々である［曹永和二〇〇〇］。このような覚醒は、民族を主体として語られてきた近代のナショナル・ヒストリーの一般的なナレーションとは一線を画し、台湾史をみる視点を政治イデオロギーから台湾という空間性に置き換えた。それと同時に、それまで台湾を中国の一部としてみなす中華史観から台湾史を解き放しただけでなく、真に台湾の立場から台湾史を書き直しうる可能性をも提示した。そして、「台湾島史観」は台湾史研究者一般に広く受け入れられ、それまでの台湾史をめぐる一連の論争に終止符を打ったのである［張隆志二〇〇九］。とはいえ、「台湾島史観」の意義はそれだけにとどまらない。それ以上に、「台湾島史観」が台湾史叙述の内容そのものにきたした影響に注目する必要がある。

張隆志によれば、「台湾島史観」が学界で明確に公認されたことは、歴史を叙述する主体とそれを普及させるメディアも多元化したことを意味する。一般にナショナル・ヒストリーを基調に発展してきた近代歴史学のもとで、エスニシティ、階級、そしてジェンダーを異にするさまざまな社会成員の多様な立場は削り落とされ、歴史は往々にして強者と勝者の側に立って語られてきた。「台湾島史観」はこのような流れとは一線を画し、台湾で活動していたすべての民衆を台湾史の主人公と認め、一部の権力者の立場やイデオロギーではなく、原住民や社会的弱者までを含めて台湾に生を営むすべての民衆の実体験と生活感覚を、歴史叙述の出発点に据えなおしたのである［張隆志二〇〇九］。

では、「台湾島史観」に影響された個々の研究が総体として編み上げた台湾史の内実は、既存のナショナル・ヒストリーの描く歴史像とは実際にどのように区別されるのであろうか。この疑問に挑むために、本章はとりわけ日本植民地時代の台湾社会におけるさまざまな「知」の形をめぐる諸研究を対象に、一九九〇年代以来の台湾史研究を貫いてきた方向性、ならびにそれが示す台湾史研究独自のトレンドをも考えることにする。

一　レイトカマーとしての台湾史研究の成長

遅くとも二〇〇〇年ごろまでには、台湾史が台湾で名実ともに自国史としての位相を確固たるものとすると、研究領域としても量と質を問わず爆発的な成長が成し遂げられた。たとえば、一九九三年から二〇〇二年までの一〇年間、台湾の各大学に台湾史を専攻分野として提出された修士学位申請論文は延べ三四〇本で、一〇年前の一九八三年から一九九二年までの六八本と比べて五倍も増加している。つづく二〇〇〇年代には、台湾最高学術機関である中央研究院に台湾史研究所が正式に発足したほか、台湾有数の国立大学である政治大学と台湾師範大学において、それぞれ既存の歴史学科とは別途に台湾史専門の大学院コースが設置されるなど、台湾史研究を促進するための諸条件が概ね揃うようになった［許雪姫二〇一〇］。

一方、一九八〇年代以来台湾史研究の成し遂げたこのような急成長の背景には、それまで台湾史研究を抑圧してきた政治的環境の変化のみがあったわけではない。それ以上に、歴史学全体にかかわる台湾特有の学風の影響も挙げなければならない。台湾史研究がタブーではなくなり、歴史学徒たちが専攻領域として選べる対象となったとき、台湾のアカデミアには人文学をめぐってすでに独自の学風が形成されていた。台湾史を志す若い歴史学徒の多くが、その影響のもとに身を置いていたことは言うまでもない。より具体的にいえば、一九世紀の日本植民地時代の日本人による調査研究にはじまり、戦後台湾を中国研究のサンプルとしてみなしてきた欧米学界のシノロジーにいたるまで、台湾をめぐる研究環境は度重なる断絶を経験し、多元的なルーツを有していた。なお、研究人材の面においても、戦後政治的圧迫のもとでその活動の舞台を海外に移す台湾人も決して珍しくなく、戦後台湾の歴史学の主流は、日本はもちろん、アメリカなど欧米に留学経験をもつ研究者からなっていた。さらに一九九〇年代後半になると、帝国の辺境に位置する植民地社会だったという自覚から、台湾歴史学界は韓国、香港、シンガポールなどアジアの近隣地域をはじめとして、類似する境遇を経験した第三世界の学問的動向にも目を向けはじめた［張隆志二〇一〇］。

さらに、後発分野として台湾史の多元性は、歴史学という学問カテゴリーの域を超えるものであった。一九九三年に研究所創立が中央研究院で審議された当初、台湾史研究所ではなく、台湾研究所としての設置案も議論されていたことからも察せられるように、後発分野として台湾史は隣接学問との間に明確な境界線を引くよりは、それを超えて周辺の成果をも積極的に吸収せねばならなかった。その結果、台湾をめぐる歴史的研究において、学問ディシプリン上の越境は比較的寛大に扱われ、研究成果そのものにせよ、研究人材にせよ(2)、文学、人類学、政治学、法学、社会学、経済学、教育学、地理学など隣接諸学との交流は、むしろ台湾史研究の成長に不可欠なものだとも考えられた。いまや台湾史研究の古典ともいえるべき多くの著作が、このようなハイブリッドな学問的背景から生まれている(3)。

このような研究内外の複雑な状況は、一九九〇年代以降量と質を問わず爆発的に成長してきた台湾史の内容にも少なからず影を落とした。台湾のアカデミアに流れる多元的なルーツ、また台湾史が他の隣接諸学とのあいだで築いてきた鞏固たる協力体制に、後発分野として研究史上の空白をできる限り埋めようとする研究者たちの焦りまでが加わり、台湾史研究から自生的な論争やそれをめぐって形成される研究潮流を見いだすことは決して容易ではない。植民地近代化論やポストコロニアル論など、台湾でも一九九〇年代以降一時を風靡した議論も、台湾史研究そのものを母体とする自生的な潮流であったとはいいがたく、朝鮮史を中心とする日本植民地研究やインドなどイギリス帝国の旧植民地の成果に触発された部分が大きかった［若林・呉密察編二〇〇四、谷ヶ城二〇〇八］。このようにイデオロギーや伝統的な方法論に縛られない研究風土は、たとえば、ジェンダーや科学技術論など、欧米からの新方法論に傾きがちな傾向と関連付けられて捉えられたりもした［祝平一一九九九］。

他方、研究の蓄積と成長とともに、台湾史研究そのものの歩みを学術史的研究の対象とする試み［張隆志二〇〇九］はもちろん、研究成果を定期的に整理し、そこから台湾史固有の論点を見いだそうとする動きもあらわれた。関連学術組織と研究者が協力しあい、それまでの研究蓄積を整理し現状を把握したうえで、新たな方向性と可能性を見いだすための工夫が施されたのである。たとえば、世界各地に広がる台湾史関連の研究成果を一年ごとに編集した目録が中央研究院台湾史研究所によって二〇〇三年より刊行されたり［台湾史研究文献類目小組編二〇〇五～二〇一七］(4)、また、中央研究院台湾史研究所、台湾師範大学と政治大学の台湾史研究所の共催で、研究動向と方向性を整理するシンポジウム「台湾史研究的回顧與展望」が、二〇〇八年以来開かれようになったりした(5)。

ただし、集団的知性の結果としてそれらの大半は、政治、社会、経済、文化など、既定の学問カテゴリーに合わせて個別研究の属性をグルーピングすることに注力するあまりに、研究の分節化を招いた嫌いがある。また、一年という短期間を区切りとして規格化された分類法が研究ツールとして制度化されると、より長期にわたって研究史全般を貫いている自生的な問題意識や流れは見落とされがちになる。では、「知」と「権力」という、学問ディシプリン上のカテゴリーを超えた次元に横たわる問題意識を組み上げるうえで――とりわけ、そのような問題意識を台湾史独自の研究史を踏まえて再考するうえで、有効な枠組みは果たしてあるだろうか。

二 『岩波講座「帝国」日本の学知』が描く植民地の知のルーツ

一方、日本の学術史研究にとって、二〇〇六年に岩波講座の一環として『岩波講座「帝国」日本の学知』シリーズが刊行されたことは、それまでの学問的蓄積を踏まえつつ、新たな研究の地平の幕開けとなったといえよう。本シリーズは、近代の未明に欧米より日本へと輸入された諸学を論ずるうえで、日本という閉ざされた範囲を設定する代わりに、帝国化の過程に伴う知の伝播に注目し、アジア諸地域という開かれた舞台を新たな議論の場として提示できた。ここで近代日本学術史の討論の舞台は、日本内に限らず、旧帝国版図に沿ってアジア全域へと広げられ、議論の可能性も大幅に豊かになった。とはいえ、本シリーズの問題意識が真にその本領を発揮したのは、むしろ朝鮮や台湾など旧植民地の歴史研究においてである。

本シリーズはかかる「学知」を、学問の内在的理解を考察する学術史の範疇に押しこむことなく、知の実践文脈へとまで広げてとらえなおすことで、理論や学問としての学説だけでなく、そこから派生する実践的指針や制度などにいたるまで議論の対象にし、アカデミアの外部――特に植民地という実践的場に持ちこまれ、そこで応用され変容される「知」の形をも語りうる余地を提供した。植民地研究の立場からすれば、歴史研究の対象として「知」の持つ空間的スペクトラムがアジアへと拡張されたことは、日本が植民地で行ったさまざまな活動を議論する地点として、従来の「統治」や「支配」とは区別される「知」という視点がさらに加わったことをも意味する。

とりわけ、知識を生成させ蓄積できる文字体系はもちろん、そのような過程をサポート——あるいは、コントロールできる権力システムも形成されなかった台湾にとって、このような新たな研究視座の持つ意味はさらに大きい。清朝支配のもとでの漢学の伝統はもちろん、西欧の宣教師の持ちこんだ医学などの知識まで、日本植民地統治以前に台湾にもたらされた舶来品としての「知」は、それを在地社会との有機的な関係のもとに再度捉えこむ権力システムやそれが生成する独自のアカデミアに出会うことなく、台湾特有の「知」として定着したとは必ずしも考えられてこなかった。日本植民地統治とともに、統治制度や法律概念から、衛生医学知識、科学技術、そして教育体系にいたるまで、西欧から日本を経由して一気に押し寄せてきたさまざまな近代の新知識についても、台湾社会とは区別される支配者の側によって、統治の便宜上に果たした役割のほうが強調されがちだった。問題意識を「知」へとシフトさせることで、それらが台湾という舞台で現地社会とのぶつかり合いを経て成し遂げた知的変容という側面が議論される可能性が広がったのである。

『岩波講座「帝国」日本の学知』の巻構成からは、このような試みによってすくい上げられるさまざまな知的営みの側面がさらに明らかになる。本シリーズの集大成として提示される世界観や地域認識を論じる第八巻をのぞけば［山室編二〇〇六］、第一巻で帝国のシステムを構想する実践的知として政治学や法学、政策学が論じられたり［酒井編二〇〇六］、つづく第二巻で植民地経済を運営する政策として具体化された日本経済学の様相が取り上げられたりした［杉山編二〇〇六］。また、第三巻では西欧の学問的方法を接収した日本の東洋学が植民地で伝統的漢学に出会って繰り広げられた変容が考察され［岸本編二〇〇六］、つづく第四巻では知を運ぶ媒体として新聞、雑誌、放送、映画や写真など、メディアが果たした役割が論じられる［山本編二〇〇六］。文化という側面ににおける「知」としては、第五巻で植民地という多言語空間で生まれた日本語ならびに植民地言語による文学を〔藤井編二〇〇六〕、第六巻では植民地で行われたサーベイに注目し、人類学、統計学、民族学などを駆使する各種調査事業の詳細を考える〔末広編二〇〇六〕。第七巻では、農学、衛生学、工学など、近世以来の日本の科学技術や実学的知が植民地に持ちこまれる様相を議論した〔田中編二〇〇六〕。

総じていえば、『岩波講座「帝国」日本の学知』は日本の学術史の地平を広げただけでなく、そのような学知が試された植民地――とりわけ、固有の知識体系を有しなかった台湾――の立場からも「知」を議論の対象とする可能性を提示したといえよう。とはいえ、日本のアカデミアを発信地とするこのような試みが、そのまま台湾におけるかかる研究を触発した直接的な要因になったとはいいがたい(6)。実際には本シリーズが出版される二〇〇六年をはるかにさかのぼって、上述する問題意識を扱う諸研究があらわれていたことは、既に述べたとおりである。どちらかといえば、台湾史研究に対する台湾社会内部の自発的な要請、およびそれを取り巻く学界内外の複雑な要因によって、自覚こそされなかったにせよ、台湾史領域においてもすでに『岩波講座「帝国」日本の学知』の視点と呼応する成果が量産されていた。以下はひとまず、当シリーズの構成にそって、台湾史のなかから関連する諸研究の概要を整理したい。

三　植民地台湾で変容される帝国の学知

(1)　帝国編成の系譜――政治と法制度

まず、統治と支配の学知に関連して、特に一九七〇年代より戒厳令下の台湾を逃れて、日本に拠点を移した戴国煇など台湾人知識青年たちの研究活動に始まり〔春山二〇〇八〕、若林〔一九八三〕と岡本〔二〇〇四、二〇〇八a、二〇〇八b〕から、さらに野口〔二〇一七〕へと続く日本の政治史研究の流れがある。これらの研究は特に日本語による総督府関連資料や日本人総督府官僚の個人資料を綿密に読みこむことで、日本の構想する植民地統治理論に沿って、植民地台湾を形作った基本論理を明らかにしようと試みてきた研究成果と言えよう［檜山二〇〇四、栗原二〇〇四、二〇一三、二〇一四、近藤二〇一四、駒込二〇一四］。他方、そのような政策と立論によって台湾人がどのような政治意識を形成したかを論じる研究も現れつつある［Ching2001、呉叡人二〇〇六、二〇〇九、陳翠蓮二〇〇八］。

支配者側の統治のための学知と関連して、忘れてはならないのが法制度の発展である。とりわけ一九九〇年代以降台湾では、王泰升を筆頭とし、その門下の若手研究者らによる台湾法制史研究が、中国大陸、日本近代法、さらには英米法にいたるまで、多元的な起源を持つ台湾の法制度の全貌を究明すべく精力的に成果を生み出してきた。なかでも日本植民地時代に関しては、王泰升自身による多くの研究成果がその基本的構造を明らかにしてきた［王泰升一九九九、二〇〇四、二〇〇五、二〇〇九、二〇一四、二〇一五］。そのほか、家族法、祭祀公業と法曹人などの研究に注力してきた曾文亮［二〇〇七、二〇一〇、二〇一五、二〇一六］、同じく家族法に注目するChen［2013］、児童法と少年法を専門とする劉晏斉［二〇一六］、担保法の陳宛妤［二〇一二a、二〇一二b、二〇一三a、二〇一三b、二〇一四、二〇一六］、代書の呉俊瑩［二〇一〇、二〇一六］や刑法の林政佑［二〇一〇］など優れた研究者を輩出し、日本植民地統治下の台湾法制史の学問的位置を確固たるものとした。一方、日本では旧慣調査とかかわる西英昭の優れた成果があるほか［西二〇〇九］、アメリカからもジェンダーの切口から家族法を論ずる試みがある［Ishikawa2017］。

（2）　帝国の経済学――米糖相剋と農業経済から解く植民地経営論

複数の研究者がすでに指摘しているように［谷ケ城二〇一二、都留二〇一四］、とりわけポストコロニアリズムやカルチャースタディーズの洗礼をつよく受けた台湾史研究界において、研究の中心は教育や文化などの領域に偏っている感があり、他方で経済に関する成果は十分とはいいがたい。植民地経済の「知」ともいうべき植民地経営論についてもおおむね同じことが言えるものの、それが台湾社会に残した根強い影響をめぐる経済史的議論は戦前矢内原［一九二九］によってすでに始まっており、以降農業経済を中心とする台湾経済史研究を方向づけしたことに注目する必要があろう。その学問的伝統は戦後涂照彦［一九七五］を経て、柯志明に引き継がれ［Ka1995］、植民地台湾にかぎらず、日本帝国全般における植民地経営を論じる主な論点をなしたほか［葉淑貞二〇一四、林文凱二〇一四］、それを数量的に究明しようとする経済学的試みも続いている［古慧雯・呉聡敏二〇〇三、呉聡敏二〇一二］。

（3）学問の磁場として台湾――教育体系と帝国大学

教育史の分野は植民地台湾史のなかでももっともすぐれた成果を生み出している領域であるといっても過言ではない。一九九〇年代より台湾と日本両方の若手研究者を主軸として続けられていた「台湾教育史研究会」の活動にも後押しされ［許佩賢二〇一四］、台湾教育史は早くから周婉窈［一九九五、二〇〇三］、駒込［一九九六、二〇一五］、許佩賢［二〇〇五、二〇一二、二〇一五］など優れた研究成果を生み出したのみならず、とりわけ後述する「国語（日本語）」教育問題とも深くかかわりつつ、重要な問題意識と方向性を提示し、その後の台湾史研究を牽引してきたといえよう。比較的長い蓄積をへて現在の台湾教育史研究は、各教科の内容［劉麟玉二〇〇五、林玫君二〇一一、謝仕淵二〇一二］、原住民教育［北村二〇〇八］、教育財政［李鎧揚二〇一〇］、教師任用問題［許佩賢二〇一三a］、女子教育［洪郁如二〇〇一、Hu2015］、職業教育［欧素瑛二〇〇五a、金柏全二〇〇八、二〇〇九、許佩賢二〇一三b］など、多岐にわたるテーマについて踏みこんだ議論を展開している。

一方で京城帝国大学に続く植民地の帝国大学として、一九二八年に創設された台北帝国大学についても、その研究体制、植民地経営における学問的需要、他の帝国大学との比較、戦後台湾大学へとつながる人的構造にいたるまで、比較的多くの研究蓄積がある［鄭麗玲二〇〇一、葉碧苓二〇〇九、二〇一〇、欧素瑛二〇〇五b］。

台北帝国大学が植民地台湾における日本の南進政策の拠点であったとはいえ、かならずしも台湾人もその担い手の一部として想定されていなかったことはよく知られている。そのため、より多くの台湾人は西欧由来の近代知識を身に着けるため、留学を選ぶほかなかった。こうした台湾人の留学経験とその精神的軌跡については、台湾人知識人の経験を中心として、柳書琴［二〇〇九］、紀旭峰［二〇一二］、野口［二〇一五、二〇一七］と武井［二〇一三］などの研究がある。また同時期に中国大陸など異なる知の路線をたどっていた台湾人に対する研究も現れつつある［陳力航二〇一二、許雪姫二〇一二c、巫靚二〇一六］。

（4）メディアのなかの植民地——出版媒体、映画と演劇、ラジオ、読者

台湾の近代出版メディアは、文字記録システムを持たない台湾語特有の状況も影響して、『台湾日日新報』の漢文版などをのぞけば、多くは『台湾日日新報』など総督府の支援のもとで発行されていた日本語新聞や雑誌で占められていた。近年台湾において積極的に進められている台湾のデジタル資料化の成果により、それらの大半はほとんどがインターネット上で全面公開されており(7)、多くの研究者に利用されている。李承機はこのような植民地台湾の近代出版媒体の系譜を整理し、新聞や雑誌研究の基礎を提供したのみならず、読者層やラジオにいたるまで、メディア研究として発展させているほか［李承機二〇〇二、二〇〇四a、二〇〇四b、二〇〇五、二〇〇六］、関連研究をも刺激している［王恵珍二〇一〇］。

出版メディア以外に特に括目すべき成果をあげているのが、映画や演劇研究である。それぞれ三澤［二〇〇二、

二〇〇八、二〇一〇〕と石婉舜〔二〇〇八、二〇一〇、二〇一五〕による一連の独創的な研究がこの分野を主導しており、メディア全体を通して時代経験を再考しようとする試みも登場している〔藤井・黄英哲・垂水編二〇〇二〕。

一方、朝鮮史研究の状況と比べると、台湾史分野のかかる研究では出版物検閲問題などの研究が盛んではないことが目につく〔河原二〇〇九、二〇一四〕。この点については、直接関連する歴史事実そのものが多くあるわけではなく、したがって検閲過程を検証できる資料も少ないといったことのほか(8)、ほとんどのメディアが直接間接を問わず総督府の支援を受けていたことにも起因すると考えられる。

（5）多重言語空間として台湾と多元的な文学

日本統治期の経験をルーツとする台湾文学を理解するためには、ひとまず当時の台湾の多重言語状況とそれが日本統治者と台湾人たちの双方に同時にもたらした矛盾的状況を理解する必要があろう。日本統治者からみれば、統治上の便宜のためにも日本語を台湾人に普及させる必要があった反面、台湾人にとって「国語」習得は植民地社会であらゆる情報を獲得し安定した生活を保障するだけでなく、身分上昇をも可能にする手段であった。とはいえ、統治者たちは「国語」というツールを手にした被支配者の台湾人を、どのように統治するかというもう一つの難点にぶつかることとなる。陳培豊〔二〇〇一〕はこの点に着目して植民地台湾における国語教育政策が孕んだ歴史的文脈を議論しており、台湾史を理解するうえで必読の書となっているといっても過言ではなく、後続研究も多い〔松田二〇〇四、陳培豊二〇一三、藤森二〇一六、林虹瑛二〇一六〕。なかでも陳培豊〔二〇一二〕は、自身の研究を発展させ植民地台湾という多重言語的状況に置かれていた漢文学に注目した力作である。

一方、植民地という矛盾しかつ多元的な言語環境が、多くの台湾人知識人を文学に邁進させたことは否定できない。頼和に始まり、張深切、楊逵、呂赫若、張文環、龍瑛宗と続く彼らの文学作品は、一九九〇年代以来中島利郎、下村作次郎、黄英哲、河原功などによって復刻と解題など基本的な整理が終わると、二〇〇〇年代に入ってからは、柳書琴［二〇〇八a、二〇〇八b、二〇一五］や黄美娥［二〇〇四、二〇〇六、二〇〇七］、張文薫［二〇一四］や王恵珍［二〇〇六］などによって、そのような文学活動が当時台湾社会に対して持つ歴史的意味が問われるようになった。

植民地台湾の多重言語的状況は文学的な滋養分になっただけでなく、より現実的には——とりわけ統治の初期には、両言語を仲介できる通訳という特殊集団をも輩出した。関連しては、とりわけ二〇一〇年代に入ってから集中的に成果が発表されている。その先駆的な成果となった許雪姫［二〇〇六］以来、警察と法院における通訳の活動［岡本二〇〇八c、楊承淑二〇一五b］、日本人と台湾人の通訳などに対する研究がつづき［李尚霖二〇一〇、石丸二〇一一、許雪姫二〇一二a、二〇一二b、楊承淑二〇一四］、二〇一五年にはその集大成ともいうべき共同研究の成果まで刊行された［楊承淑二〇一五a、伊原二〇一五、李尚霖二〇一五、冨田二〇一五、横路二〇一五、黄馨儀日二〇一五、藍適斉二〇一五］。

（6）　地域研究の対象としての植民地台湾

一方、日本とは文化や言語はもちろん、気候や自然環境もまったく違う台湾は、日本にとって統治と支配の対象である以前に、調査とサーベイの対象とすべき他者でもあった。この結果なされた各種調査の手法とその影響については、少なからず研究蓄積がある。

台湾でなされた各種調査活動は、原住民［陳計堯二〇〇五、中生二〇一六］や自然調査［蔡思薇二〇一六、鄭麗榕二〇一七］など学問的目的から出発したものから、土地調査［陳志豪二〇〇六、張安琪二〇一六］や言語調査［冨田二〇〇二、二〇〇三］、旧慣調査［鄭政誠二〇〇四、呉文星二〇〇七］など、明らかに統治上の便宜を見据えたものもあった。

このような調査結果はそのまま統治に援用されることもあったが、多くは統計というプロセスを経て整理、共有された。統計学そのものは新たに生産された知を蓄積し、それを可視化する有効なツールとして、とりわけ植民地における知の生成過程においては緊要であった。かかる視点を堅持する研究成果が二〇〇〇年代後半以降台湾史領域においても現れている［冨田二〇〇七、佐藤二〇〇九、二〇一二、林佩欣二〇一四］。

統計学が獲得された知を体系化する方法論であったとするならば、そのように生み出された知を蓄積し展示するシステムが、図書館や博物館、博覧会などだったが、それらも植民地時代に台湾に登場したものだった。とりわけ博覧会や展示会に関連しては、原住民を形象化し知識化する過程が詳細に検証されているほか［松田二〇〇三、二〇一四、胡家瑜二〇〇四、陳偉智二〇〇九、二〇一四］、植民地権力がその過程を通してどのように植民地空間を全体としてイメージしていたかも考察されるようになった［呂紹理二〇〇五、日下部二〇一六］。なお、総督府図書館をはじめとする各種公共図書館に対する成果も加えられている［欧素瑛二〇一三、許瓊丰二〇一五、林慶弧二〇一六］。

他方、朝鮮史編修会をはじめ、歴史編纂事業に関する研究が少なくない朝鮮史と比べると、植民地台湾における歴史学をめぐる研究は数えるほどしかない。とはいえ、『台湾統治志』にはじまる張隆志［二〇〇六］と『民俗台湾』を扱った呉密察［二〇〇八］に引き続き、鳳気至［二〇一四］は植民地台湾にも生まれていた歴史編纂の多くの試みとその意義を明らかにしている。

（7）植民地で試みられ変化する実学――科学技術と医薬知識

知にまつわる諸文脈のなかでも、とりわけ植民地台湾史研究において活発に論じられるのは、建築学、諸技術、医療衛生など、どちらかというと実用性の高い諸学の方であり、かかる研究成果も豊富に蓄積されている。まず、そのような技術を台湾で実践する担い手となった官僚や人材について、二〇〇〇年代後半より多くの成果が量産されている。特に八田與一をはじめとする電力技術者集団についての研究［林蘭芳二〇〇九、二〇一〇、二〇一一、清水二〇一五］、ならびに総督府内の各種技術官僚に対する蔡龍保の一連の研究があげられるほか［蔡龍保二〇〇七、二〇一〇、二〇一一a、二〇一一b］、その養成過程と職歴上の循環について議論する成果もある［高淑媛二〇一〇、湯原二〇一三、岡部二〇一五］。

各種新技術そのもののなかでも、特に盛んに議論が繰り広げられているのが、農業や漁業など一次産業の生産性にかかわる新技術である。農学そのものの植民地への伝承過程を論じた呉文星［二〇〇四］に続き、蔡承豪［二〇〇九a、二〇〇九b］は台湾に導入された新農法の内容を詳しく分析しているほか、肥料、電気ポンプ、昆虫学や気象情報にいたるまで、農業に利用されるようになった隣接諸学問と技術が台湾社会にもたらした変容も論じられるようになった［李力庸二〇〇九、平井二〇一二、二〇一五、都留二〇一四、呂紹理二〇一六］。漁業技術としては、漁業技術の移植過程に注目した林玉茹［二〇一二］のほか、西村［二〇〇四、二〇一二］がその詳細な内容にまで踏み入って論じている。

熱帯医学、医師集団から薬業にいたるまで、台湾史研究の諸専門分野のなかで量的にも質的にも他を圧倒する成果と成長を見せている専門領域が医学史であることに、異論はまずなかろう。医学史研究を先導する欧米の新歴史学からの洗礼に加え［祝平一一九九九］、熱帯植民地の台湾で試された各種医学的実践は、日本の医学知識が変容する過程を論じる格好の題材でもあった。まず、植民地医学でかつ熱帯医学であるという台湾医学の性格を明らかにした范燕秋と劉士永による基礎的成果に導かれ［范燕秋二〇〇五a、二〇〇五b、劉士永二〇〇一a、Liu2009］、現在の研究内容は漢方医学との関係［雷祥麟二〇一〇、劉士永二〇一〇］、医学研究体制としての台北帝国大学医学部［范燕秋二〇〇七］、エリート集団として医師群の経験［卞鳳奎二〇一一、鈴木二〇一四］、アヘン問題

［許宏彬二〇〇九］、マラリア対策とそれにちなんだキニーネ製薬［顧雅文二〇〇四、二〇〇五、二〇一一、二〇一六］にいたるまで、多岐にわたる。

四 「学知」が浮き彫りにする台湾固有の知のありよう

一方、注目しなければならない点は、このような『岩波講座「帝国」日本の学知』による分類はもちろん、現代の学問ディシプリンによる細分化の枠組みから漏れつつ、植民地台湾という時空間で見いだされる観念や感覚にまつわる多くの諸成果が、ほとんどあらゆる分野において多数あらわれているということである。たとえば、技術導入と関連して、Ku［2019 Forthcoming］は、水災コントロールのために導入された河川調査や堤防建設、そして結果的にそれによって自然災害による被害はむしろ増していたことを取り上げながら、統治者の科学的視点とは符合しないものの、台湾に古来より確かに存在していた社会と水災とのかかわり方のありようを掘り起こしている。同じく、農業の新技術とかかわって、Tsuru［2018］は、増産を目指す製糖会社によって普及が試みられたサトウキビの改良栽培技術が失敗するまでの経過を追うことで、在地社会で農民が実践していた生産と消費慣行を逆照射し、両者の出会いと衝突により展開される技術改良の新局面を鮮やかに描いている。

類似した研究例は、技術史に限らない。たとえば、社会史の領域に目を移すと、顔杏如［二〇〇七］と林玉茹［二〇一四］が、日本統治とともに台湾にもたらされた「正月」にまつわる数あるエピソードを丹念に拾い上げ、伝統的に旧正月を祝っていた台湾在地社会の人々が、支配者の持ちこんだ新たな「正月」との間で、どのように均衡を保ち、両者を合わせる形で新たな慣習を見いだしたかを論じている。研究者の目にとまったのは、このような非日常的な祝い事にとどまらない。日本植民地統治によって新たに台湾に持ちこまれた時間制度が、教育制度、行政システム、交通網、娯楽活動を経由して台湾人たちの生活にどのように浸透したかを論じた呂紹理［一九九八］は、その過程から台湾社会で本来機能していた時間感覚を掘り起こしているのみならず、それがどのように現在台湾に生活するわれらの感覚と知として定着したかを躍動的に描いている。「食」にまつわる歴史研究が、昨今とりわけ多くの台湾史研究者を惹きつけていることも、このような流れと無関係ではない［曾品滄二〇一一、二〇一五、陳玉箴二〇一五］。

このように帝国の学知を移植する過程で逆に掘り起こされる植民地本来の「知」についての議論は、長い研究史を持つ旧慣調査をめぐる法制史研究からすでに始まっていたといって過言でない。台湾旧慣調査会による度重なる研究調査は、あたかもそこにすでに固定されて動かないような「慣習」を採集するものではなかった。台湾人の慣習法として法的に機能するものとして「旧慣」は、調査段階ですでに日本人法学者たちの解釈により変形しただけでなく、法院の判決と絡み合うことで、台湾人はそれを能動的でかつ柔軟に変化させる余地をもっていたことが、曾文亮［二〇一〇］によって明らかになっている。

医学史の分野も例外ではなく、日本より台湾に持ちこまれた衛生観と医療知識と、それに先だって活動を繰り広げていた西洋の医療宣教師の残した記録とが照らし合わされ、台湾社会の清潔や病気をめぐる観念と行動様式が変化する様子が描かれたり［劉士永二〇〇一b］、植民地支配とともに日本よりもたらされた新たな栄養知識が、台湾人にどのように受け止められて本来の生活習慣のなかで実践されていたかが論じられたりする［李力庸二〇一三］。さらには、これら新たな身体観がどのように生活のなかに溶けこんでいたかが、台湾人が直接書き記した日記から詳細にわたって検証されたりした［范燕秋二〇〇八］。

これらの諸研究に通底するのは、知識人の学術的活動に限定される「学知」でもなければ、官僚の政策や技術などの形で実用化された「実学的知」でもない。ひいては、支配者の強いた「植民者の知」に対して民衆の側で生成される植民地民衆による「対抗知」ともいいがたい。以上の台湾史の諸研究が共通して明らかにしようとしているのは、それらすべてを内包する概念としての近代的知識体系には収まりきらないような「知」である。それは、近代的知の導入と失敗によってその存在が気づかされ、知的営みの枠組みから認識することが可能になるようなものであり、ひいては近代知識体系とのめぐり合いを経て、現存するわれわれの生活感覚や習慣として融合させられた社会的「知」のありようなのである。

おわりに

歴史過程そのものにおいて多くの断絶と不連続性を経験してきた台湾史にとって、とりわけ「知」のような蓄積と伝統を基本構成要素とする営みの流れを語ることは容易ではなかった。東アジア各地でもてはやされているような「概念史」や「近代知」をめぐる議論の場においても、台湾史の参加できる余地は大きくはなさそうに見える。そのような危機感は台湾史学界の内部にも共有されており、台湾学術史や台湾思想史の鼎立を提唱する動きもある。

とはいえ、ナショナル・ヒストリーを超えるところで台湾史を定義する「台湾島史観」が示唆するように、台湾史における「知」の流れは、むしろ現存する知識体系を超えたところで、すでに始まっているのではなかろうか。いま台湾史研究が実際に描いている知のありようは、統治者となった日本人が主体となり統治のツールとして持ちこむ「帝国の学知」でもなければ、それに抵抗するために台湾民衆が生成する「対抗知」でもない。それは、むしろそのような「支配―抵抗」の構造を超える次元で、植民地台湾という時空間で生活する人々のあいだで醸成されていた共通の感覚と習慣の文脈である。既存の学問ディシプリンに収められ切れず、一定のイデオロギーやイズムに縛られることもなく、さらには支配者と被支配者というヒエラルキーに帰属しない形で、「知」の営みが語られてきたこと――それこそがここ四半世紀のあいだ台湾史研究が「台湾島史観」によって導かれてきた証拠ではなかろうか。

（1）本章は基本的に台湾史研究の流れを、台湾社会内部の台湾史に対する省察と需要との関係から考える。しかし、それは本稿が台湾史を台湾社会との閉ざされた関係のなかにはめこんだり、あるいは台湾の外からの研究成果を排除したりすることを意味しない。本稿はグローバル化の進んだ現代において、台湾以外で産出されたり台湾人以外によって生み出されたりした研究成果であろうとも、それらがたどった知的軌跡を台湾の社会状況と完全に切り離すことはできず、むしろその延長線上で評価しなければならないと考える。

（2）研究人材について、中央研究院台湾史研究所を一例にあげると、専任の教員二〇名のうち、政治学、文学、法学、地理学、人類学、社会学など、歴史学以外から学位を取得した研究者が、半数に近い八名にもなる。ちなみに、中央研究院にはこれらのフィールドを専門とする研究所も別途設置されており、このような現象は台湾史研究所がかかる研究者たちのための受け皿となったことを意味しない。さらに、台湾史以外に中国史などから学位を取得した者まで含めると、台湾史研究を標榜していながら在籍者のうち台湾史で学位を取得したものはむしろ少数派である。

（3）たとえば、法制史の王泰升［一九九九、二〇〇四］、社会経済史の柯志明［Ka 1995］、教育政策史の陳培豊［二〇〇一］と駒込武［一九九六］などを挙げることができる。

（4）なお、同目録全巻の収録内容はデータベースとしても公開されている。http://www.ith.sinica.edu.tw/publish-data_01_list.php（二〇一八年四月一六日閲覧）。

（5）二〇一四年までは毎年、二〇一六年より隔年開催。http://thrrp.ith.sinica.edu.tw/（二〇一八年四月一六日閲覧）。

（6）実際に『岩波講座「帝国」日本の学知』の全八巻のうち、台湾史の業績として先述した『台湾史研究文献類目二〇〇六年度』に挙げられたものは、梅森［二〇〇六］のみである。

（7）たとえば、漢珍数位図書よりデジタル化された『台湾日日新報』のデータベースが台湾内外のほとんどの公共図書館で利用できるほか、国立台湾図書館によって「日治時期期刊映像系統」が公開されており、日本統治時代に台湾で刊行された三二二種にいたる新聞雑誌が利用できる。http://stfj.ntl.edu.tw（二〇一八年四月二八日閲覧）。

（8）昭和年代の『台湾出版警察報』全五巻が不二出版より復刻されているのみである。

［文献目録］

本章で取りあげた論著を、発表言語によって日本語、中国語と英語に分けた。日本語文献については執筆者名の五〇音順としている（なお、台湾人名は漢字の日本語読みにしたがっている）。中国語文献については執筆者名の画順にしている。また、繁体字は適宜常用漢字に改めた。なお、日本語や英語文献に対する中国語訳本は原則として別途リストしていない。

日本語文献

伊原大策二〇一五「日本統治時代初期における台湾語教本の系譜」（楊承淑編『日本統治期台湾における訳者及び「翻訳」活動――植民地統治と言語文化の錯綜関係――』国立台湾大学出版中心）

梅森直之二〇〇六「変奏する統治――二〇世紀初頭における台湾と韓国の刑罰・治安機構――」（酒井哲哉編『岩波講座「帝国」日本の学知』第一巻〈「帝国」編成の系譜〉岩波書店）

王泰升二〇一四『台湾法における日本的要素』（台大出版中心）

岡部桂史二〇一五「農業技術の移植と人的資源」（須永徳武編『植民地台湾の経済基盤と産業』日本経済評論社）

岡本真希子二〇〇八a『植民地官僚の政治史――朝鮮台湾総督府と帝国日本――』（三元社）

河原功二〇〇九『翻弄された台湾文学――検閲と抵抗の系譜――』（研文出版）

――二〇一四「日本統治期台湾での「検閲」を理解するために」（『Intelligence』一四）

顔杏如二〇〇七「二つの正月――植民地台湾における時間の重層と交錯（一八九五―一九三〇）――」（『日本台湾学会報』九）

紀旭峰二〇一二『大正期台湾人の「日本留学」研究』（龍溪書舎）

岸本美緒編二〇〇六『岩波講座「帝国」日本の学知』第三巻〈東洋学の磁場〉（岩波書店）

北村嘉恵二〇〇八『日本植民地下の台湾先住民教育史』（北海道大学出版会）

日下部龍太二〇一六「台湾総督府博物館と教育政策」（石井正己編『博物館という装置――帝国、植民地、アイデンティティ――』勉誠出版）

栗原純二〇〇四「日本植民地時代台湾における戸籍制度の成立」（台湾史研究部会編『日本統治下台湾の支配と展開』中京大学社会科学研究所）

――二〇一三「大正期における台湾総督府専売局の阿片政策」（『史論』六六）

――二〇一四「帝国日本の阿片政策と台湾――極東調査委員の派遣と台湾総督府――」（『史論』六七）
洪郁如二〇〇一『近代台湾女性史――日本の植民統治と「新女性」の誕生――』（勁草書房）
黃馨儀二〇一五「日本統治期台湾における通訳兼掌制度――筆記試験の実施とそれが台湾語表記法に与えた影響――」（楊承淑編『日本統治期台湾における訳者及び「翻訳」活動――植民地統治と言語文化の錯綜関係――』国立台湾大学出版中心）
顧雅文二〇〇五「植民地期台湾における開発とマラリアの流行――作られた「悪環境」――」（『社会経済史学』七〇（五））
駒込武一九九六『植民地帝国日本の文化統合』（岩波書店）
――二〇一五『世界史のなかの台湾植民地支配――台南長老教中学校からの視座――』（岩波書店）
――二〇一四「台湾総督府評議会の人的構成――予備的作業報告――」（檜山幸夫編『歴史のなかの日本と台湾――東アジアの国際政治と台湾史研究――』中国書店）
近藤正己二〇一四「退職植民地官僚と台湾倶楽部、台湾協会――総督政治の周縁――」（近藤正己・北村嘉恵編『内海忠司日記一九四〇―一九四五――総力戦体制下の台湾と植民地官僚――』京都大学学術出版会）
呉聡敏二〇一一「経済発展と社会資本（大租権土地制度の分析）」（老川慶喜・須永徳武・谷ケ城秀吉・立教大学経済学部編『植民地台湾の経済と社会』日本経済評論社）
呉文星二〇〇四「台湾社会と日本　札幌農学校と台湾近代農学の展開」（台湾史研究部会編『日本統治下台湾の支配と展開』中京大学社会科学研究所）
蔡龍保二〇一一a「台湾総督府の土地調査事業と技術者集団の形成――技手階層の役割に着目して――」（老川慶喜・須永徳武・谷ケ城秀吉・立教大学経済学部編『植民地台湾の経済と社会』日本経済評論社）
酒井哲哉編二〇〇六『岩波講座「帝国」日本の学知』第一巻〈「帝国」編成の系譜〉（岩波書店）
佐藤正広二〇〇九「台湾における農家経済調査――比較史的観点から――」（佐藤正広編『農家経済調査の資料論研究――斎藤萬吉調査から大槻改正まで――』一橋大学経済研究所附属社会科学統計情報研究センター）
――二〇一二『帝国日本と統計調査――統治初期台湾の専門家集団――』（岩波書店）
清水美里二〇一五『帝国日本の「開発」と植民地台湾――台湾の嘉南大圳と日月潭発電所――』（有志舍）
末広昭編二〇〇六『岩波講座「帝国」日本の学知』第六巻〈地域研究としてのアジア〉（岩波書店）

杉山伸也編二〇〇六『岩波講座「帝国」日本の学知』第二巻〈「帝国」の経済学〉（岩波書店）
鈴木哲造二〇一四「日本統治下台湾における医師社会の階層構造と学歴主義――台湾総督府医院勤務医の任用過程を題材として――」（檜山幸夫編『歴史のなかの日本と台湾――東アジアの国際政治と台湾史研究――』中国書店）
武井義和二〇一三「東亜同文書院で学んだ台湾人学生について」（馬場毅・許雪姫・謝国興・黄英哲編『近代台湾の経済社会の変遷――日本とのかかわりをめぐって――』東方書店）
田中耕司編二〇〇六『岩波講座「帝国」日本の学知　第七巻　実学としての科学技術』（岩波書店）
陳宛妤二〇一二a「植民地台湾における担保法と社会（一）――日治法院文書の分析を中心に――」（『法学論叢』一七二（一））
――二〇一二b「植民地台湾における担保法と社会（二）――日治法院文書の分析を中心に――」（『法学論叢』一七二（三））
――二〇一三a「植民地台湾における担保法と社会（三）――日治法院文書の分析を中心に――」（『法学論叢』一七三（五））
――二〇一三b「植民地台湾における担保法と社会（四）――日治法院文書の分析を中心に――」（『法学論叢』一七四（二））
――二〇一四「植民地台湾における担保法と社会（五完）――日治法院文書の分析を中心に――」（『法学論叢』一七四（四））
陳培豊二〇〇一『「同化」の同床異夢――日本統治下台湾の国語教育政策の再考――』（三元社）
――二〇一三「歌を聴いて字を識る」（馬場毅・許雪姫・謝国興・黄英哲編『近代台湾の経済社会の変遷――日本とのかかわりをめぐって――』東方書店）
――二〇一二『日本統治と植民地漢文――台湾における漢文の境界と想像――』（三元社）
都留俊太郎二〇一四「日本統治期台湾における篤農家と電動ポンプ灌漑――台中州北斗郡を事例として――」（『史林』九七（三））
涂照彦一九七五『日本帝国主義下の台湾』（東京大学出版会）
冨田哲二〇〇二「台湾総督府国勢調査による言語調査――近代的センサスとしての国勢調査の性格からみた内容とその変化――」（『社会言語学』二）
――二〇〇三「一九〇五年臨時台湾戸口調査が語る台湾社会――種族・言語・教育を中心に――」（『日本台湾学会報』五）
――二〇〇七「数値化された日本語話者――日本統治初期台湾における統計と日本語――」（『社会言語学』七）
――二〇一五「ある台湾語通訳者の活動空間と主体性――市成乙重と日本統治初期台湾――」（楊承淑編『日本統治期台湾

における訳者及び「翻訳」活動――植民地統治と言語文化の錯綜関係――』国立台湾大学出版中心）
中生勝美二〇一六『近代日本の人類学史――帝国と植民地の記憶――』（風響社）
西英昭二〇〇九『『臺灣私法』の成立過程――テキストの層位学的分析を中心に――』（九州大学出版会）
西村一之二〇〇四「台湾東部漁民社会における漁撈技術移転――カジキ突棒漁をめぐる日本人漁民の働き――」（『史境』四八）
――二〇一一「植民統治期台湾における日本人漁民の移動と技術――「移民村」のカジキ突棒漁を例として――」（植野弘子・三尾裕子編『台湾における「植民地」経験――日本認識の生成・変容・断絶――』風響社）
野口真広二〇一五「台湾自治の指導者「楊肇嘉」と早稲田――学問と政治の融合が生み出す自律的思考――」（李成市・劉傑編著『留学生の早稲田――近代日本の知の接触領域――』早稲田大学出版部）
――二〇一七『植民地台湾の自治――自律的空間への意思――』（早稲田大学出版部）
春山明哲二〇〇八『近代日本と台湾――霧社事件・植民地統治政策の研究――』（藤原書店）
檜山幸夫二〇〇四「台湾統治基本法と外地統治機構の形成――六三法の制定と憲法問題――」（台湾史研究部会編『日本統治下台湾の支配と展開』中京大学社会科学研究所）
平井健介二〇一二「日本植民地期台湾における甘蔗用肥料の需給構造の変容（一八九五―一九二九）」（『三田学会雑誌』一〇五（一））
――二〇一五「甘蔗作における「施肥の高度化」」（須永徳武編『植民地台湾の経済基盤と産業』日本経済評論社）
藤井省三・黄英哲・垂水千恵編二〇〇二『台湾の「大東亜戦争」――文学・メディア・文化――』（東京大学出版会）
藤井省三編二〇〇六『岩波講座「帝国」日本の学知』第五巻〈東アジアの文学・言語空間〉（岩波書店）
藤森智子二〇一六『日本統治下台湾の「国語」普及運動――国語講習所の成立とその影響――』（慶應義塾大学出版会）
巫靚二〇一六「日本統治期における台湾人の移動――日中戦争前に中国大陸に留学する台湾人を中心に――」（『人間・環境学』二五）
松田京子二〇〇三『帝国の視線――博覧会と異文化表象――』（吉川弘文館）
――二〇一四『帝国の思考――日本「帝国」と台湾原住民――』（有志舎）
松田吉郎二〇〇四『台湾原住民と日本語教育――日本統治時代台湾原住民教育史研究――』（晃洋書房）

三澤真美恵二〇〇八「台湾映画統治史研究における「帝国」日本「脱中心化」の試み」（黄自進編『東亜世界中的日本政治社会特徴』中央研究院人文社会科学研究中心亜太区域研究専題中心）
――二〇一〇『「帝国」と「祖国」のはざま――植民地期台湾映画人の交渉と越境――』（岩波書店）
谷ケ城秀吉二〇〇八「台湾」（日本植民地研究会編『日本植民地研究の現状と課題』アテネ社）
――二〇一二「書評――湊照宏著『近代台湾の電力産業――植民地工業化と資本市場――』」（『エネルギー史研究』二七）
矢内原忠雄一九二九『帝国主義下の台湾』（岩波書店）
山室信一編二〇〇六『岩波講座「帝国」日本の学知』第八巻〈空間形成と世界認識〉（岩波書店）
山本武利編二〇〇六『岩波講座「帝国」日本の学知』第四巻〈メディアのなかの「帝国」〉（岩波書店）
湯原健一二〇一三「技術系植民地官僚の形成と交流」（馬場毅・許雪姫・謝国興・黄英哲編『近代台湾の経済社会の変遷――日本とのかかわりをめぐって――』東方書店）
楊承淑二〇一五a「訳者の役割とその知識生産活動――日本統治期の台湾における法院通訳小野西洲を例として――」（楊承淑編『日本統治期台湾における訳者及び「翻訳」活動――植民地統治と言語文化の錯綜関係――』国立台湾大学出版中心）
横路啓子二〇一五「日本統治時代台湾の理蕃政策と通訳者――「生蕃近藤」とその周辺を中心に――」（楊承淑編『日本統治期台湾における訳者及び「翻訳」活動――植民地統治と言語文化の錯綜関係――』国立台湾大学出版中心）
藍適斉二〇一五「言語能力がもたらした「罪名」――第二次世界大戦で戦犯となった台湾人通訳――」（楊承淑編『日本統治期台湾における訳者及び「翻訳」活動――植民地統治と言語文化の錯綜関係――』国立台湾大学出版中心）
李承機二〇〇二「植民地統治初期における台湾総督府メディア政策の確立――植民地政権と母国民間人の葛藤――」（『日本台湾学会報』四）
――二〇〇四a「台湾近代メディア史学研究序説――植民地とメディア――」（東京大学大学院博士論文）
――二〇〇五「一九三〇年代台湾における「読者大衆」の出現――新聞市場の競争化から考える植民地のモダニティ――」（呉密察・黄英哲・垂水千恵編『記憶する台湾――帝国との相剋――』東京大学出版会）
――二〇〇六「ラジオ放送と植民地台湾の大衆文化」（貴志俊彦・川島真・孫安石編『戦争・ラジオ・記憶』勉誠出版）
李尚霖二〇一五「台湾植民地時代初期における日本統治と清代官話――「複通訳制」下の台湾官話使用者を中心に――」

（楊承淑編『日本統治期台湾における訳者及び「翻訳」活動――植民地統治と言語文化の錯綜関係――』国立台湾大学出版中心）
劉士永二〇〇一a「台湾における植民地医学の形成とその特質」（見市雅俊編『疾病・開発・帝国医療――アジアにおける病気と医療の歴史学――』東京大学出版会）
劉麟玉二〇〇五『植民地下の台湾における学校唱歌教育の成立と展開』（雄山閣）
林玉茹二〇一一「技術移転から地域開発へ――官営日本人漁業移民事業の展開――」（老川慶喜・須永徳武・谷ケ城秀吉・立教大学経済学部編『植民地台湾の経済と社会』日本経済評論社）
林虹瑛二〇一六「言語接触と植民地――最初の官製「日本語―台湾語」教科書『新日本語言集』を中心に――」（三尾裕子・遠藤央・植野弘子編『帝国日本の記憶――台湾旧南洋群島における外来政権の重層化と脱植民地化――』慶應義塾大学出版会）
若林正丈一九八三『台湾抗日運動史研究』（研文出版）
――二〇一七「「台湾島史」論から「諸帝国の断片」論へ――市民的ナショナリズムの台湾史観一瞥――」（『思想』一一一九）

中国語文献
三澤真美恵二〇〇二『植民地下的「銀幕」――台湾総督府電影政策之研究（一八九五―一九四二）――』（前衛出版社）
卞鳳奎二〇一一『日治時期台湾留学日本医師之探討』（博揚）
王恵珍二〇〇六「植民地作家的文化素養問題――以龍瑛宗為例――」（柳書琴・邱貴芬編『後植民的東亜在地化思考――台湾文学場域――』国立台湾文学館）
――二〇一〇「戦前台湾知識份子閲読私史――以台湾日語作家為中心――」（『台湾文学学報』一六）
王泰升一九九九『台湾日治時期的法律改革』（聯経）（邦訳、王泰升『日本統治時期台湾の法改革』東洋大学アジア文化研究所、二〇一〇年）
――二〇〇四『台湾法律史概論』（元照）
――二〇〇五『台湾法的世紀変革』（元照）

――二〇〇九『跨界的日治法院檔案研究』（台大人文社会高等研究院）
――二〇一五『台湾法律現代化歴程――従「内地延長」到「自主継受」――』（中央研究院台湾史研究所）
古慧雯・呉聡敏二〇〇三「台湾砂糖與甘蔗的産額與産量之估計――一九〇一至一九五三年期――」（『経済論文叢刊』三一（二））
台湾史研究文献類目小組編二〇〇五～二〇一七『台湾史研究文献類目（二〇〇四年～二〇一六年）』（中央研究院台湾史研究所）
石丸雅邦二〇一一「従「台湾総督府公文類纂」看理蕃警察通訳兼掌制度」（国史館台湾文献館整理組編『第六屆台湾総督府檔案学術研討会論文集』国史館台湾文献館）
石婉舜二〇〇八「黒暗時期顕影――皇民化運動下的台湾戯劇――」（石婉舜・柳書琴・許佩賢編『帝国裡的「地方文化」――皇民化時期台湾文化状況――』播種者）
――二〇一〇「植民地版新派劇的創成――「台湾正劇」的美学與政治――」（『戯劇学刊』一二）
――二〇一五「尋歓作楽者的涙滴――戯院、歌仔戯與植民地的観衆――」（李承機・李育霖編『「帝国」在台湾――植民地台湾的時空、知識與情感――』国立台湾大学出版中心）
呂紹理一九九八『水螺響起――日拠時期台湾社会的生活作息――』（遠流出版公司）（邦訳、呂紹理『時間と規律――日本統治期台湾における近代的時間制度導入と生活リズムの変容――』交流協会、二〇〇六年）
――二〇〇五『展示台湾――権力、空間與植民統治的形象表述――』（麦田）
――二〇一六「従螟蛉到螟害――近代台湾的農業虫害及其防治――」（史書美・梅家玲・廖朝陽・陳東升編『知識台湾――台湾理論的可能性――』麦田）
呉文星二〇〇七「京都帝国大学與台湾旧慣調査」（『師大台湾史学報』一）
呉俊瑩二〇一〇『台湾代書的歴史考察』（国立政治大学歴史学系）
――二〇一六「従日治代書業務看台湾人的法律生活」（劉恆奴・曾文亮・劉晏斉編『台湾法律史的探究及其運用』元照）
呉密察二〇〇八「『民俗台湾』発刊的時代背景及其性質」（石婉舜・柳書琴・許佩賢編『帝国裡的「地方文化」――皇民化時期台湾文化状況――』播種者）
呉叡人二〇〇六「福爾摩沙意識型態――試論日本植民統治下台湾民族運動「民族文化」論述的形成（一九一九―一九三七）

――」(『新史学』一七(二))
――二〇〇九「重層土著化的歴史意識――日治後期黄得時與島田謹二的文学史論述之初步比較分析――」(『台湾史研究』一六(三))
李力庸二〇〇九「日治時期台湾産業気象系統之建立與農業運用」(侯坤宏・林蘭芳編『社会経済史的伝承與創新――王樹槐教授八秩栄慶論文集――』稲郷)
――二〇一三「食物與維他命――日記史料中的台湾人営養知識與運用――」(李力庸・張素玢・陳鴻図・林蘭芳編『新眼光――台湾史研究面面観――』稲郷)
李尚霖二〇一〇「試論日治時期日籍基層官僚之双語併用現象――以警察通訳兼掌制度為中心――」(若林正丈・松永正義・薛化元編『跨域青年学者台湾史研究第三集』稲郷)
李承機二〇〇四b「植民地台湾媒体使用語言的重層構造――「民族主義」與「近代性」的分裂――」(若林正丈・呉密察編『跨界的台湾史研究――與東亜史的交錯――』播種者)
李鎧揚二〇一〇「日治時期台湾的教育財政――以初等教育費為探討中心――」(国立政治大学台湾史研究所修士論文)
周婉窈一九九五「台湾人第一次的「国語」経験――析論日治末期的日語運動及其問題――」(『新史学』六(二))
――二〇〇三「台湾公学校制度、教科與教科書総説」(『台湾風物』五三(四))
岡本真希子二〇〇四「植民地統治下台湾的政治経験」(若林正丈・呉密察編『跨界的台湾史研究――與東亜史的交錯――』播種者)
――二〇〇八b「一九四〇年代前半期之台湾総督府官吏」(石婉舜・柳書琴・許佩賢編『帝国裡的「地方文化」――皇民化時期台湾文化状況――』播種者)
――二〇〇八c「日治時期在台湾法院的「通訳」――従『台湾総督府公文類纂』人事関係檔案看台日籍通訳――」(国史館台湾文献館編『第五屆台湾総督府檔案学術研討会論文集』国史館台湾文献館)
林文凱二〇一四「認識與想像台湾的社会経済史――一九二〇―一九三〇年代台湾社会史論争意義之重探――」(『台湾史研究』二一(二))
林玉茹二〇一四「過新年――従伝統到現代台湾節慶生活的交錯與嫁接――」(『台湾史研究』二一(一))
林玫君二〇一一「日治時期台湾小公学校体操講習会之歴史考察――以台北州為例――」(『淡江史学』二三)

林政佑二〇一〇『日治時期台湾監獄制度與実践』（国史館）
林慶弧二〇一六『近代台湾公共図書館的発展（一八九五―一九八一）』（稲郷）
林蘭芳二〇〇九「科技與社会――以日月潭水力発電工程為例（一九一九―一九三四）――」（侯坤宏・林蘭芳編『社会経済史的伝承與創新――王樹槐教授八秩栄慶論文集』稲郷）
――二〇一〇「電力技術者的知識来源與実践――以『台電社報』為主的探討（一九一九―一九四四）――」（『中央大学人文学報』四三）
――二〇一一『工業化的推手――日治時期台湾的電力事業――』（国立政治大学博士論文）
欧素瑛二〇〇五a「近代台湾工業教育之濫觴――以台湾総督府工業講習所為中心――」（『教育資料與研究』一〇四）
――二〇〇五b「戦後初期台湾大学留用的日籍師資」（『国史館学術集刊』六）
――二〇一三「台北帝国大学附属図書館之創設與発展」（林明洲・蕭碧珍編『第七届台湾総督府檔案学術研討会論文集』国史館台湾文献館）
金柏全二〇〇九「台湾実業教育在中日戦争前後之変遷」（『台湾教育史研究会通訊』六一）
――二〇〇八「日治初期台湾的実業教育――比較内地與台湾実業教育政策之沿革変化――」（『台湾教育史研究会通訊』五六）
柳書琴二〇〇八a「帝国空間重塑近衛新体制與台湾地方文化」（石婉舜・柳書琴・許佩賢編『帝国裡的「地方文化」――皇民化時期台湾文化状況――』播種者）
――二〇〇八b「誰的文学?誰的歴史?――日拠末期台湾文壇主題與歴史詮釈之争論――」（石婉舜・柳書琴・許佩賢編『帝国裡的「地方文化」――皇民化時期台湾文化状況――』播種者）
――二〇〇九『荊棘之道――台湾旅日青年的文学活動與文化抗争――』（聯経）
――二〇一五「左翼文化走廊與不転向敘事――台湾日語作家呉坤煌的詩歌與戯劇游撃――」（李承機・李育霖編『「帝国」在台湾――植民地台湾的時空、知識與情感――』国立台湾大学出版中心）
胡家瑜二〇〇四「博覧会與台湾原住民――植民時期的展示政治與「他者」意象――」（『国立台湾大学考古人類学刊』六二）
若林正丈・呉密察編二〇〇四『跨界的台湾史研究――與東亜史的交錯――』（播種者）
范燕秋二〇〇五a「熱帯風土馴化、日本帝国医学與植民地人種論」（『台湾社会研究季刊』五七）

――二〇〇五b『疫病医学與植民地現代性――日治台湾医学史――』(稲郷)
――二〇〇七「帝国政治與医学――日本戦時総動員下的台北帝国大学医学部――」(『師大台湾史学報』一)
――二〇〇八「日記中的医療與体育――從『灌園先生日記』考察林献堂的身体衛生観及其実践――」(許雪姫編『日記與台湾史研究――林献堂先生逝世五〇週年紀念論文集――』中央研究院台湾史研究所)
祝平一一九九九「展望台湾的科技與医療史研究――一個台湾当代知識社群的分析――」(『台湾史研究』四(二))
高淑媛二〇一〇「日本統治末期台湾工業技術人才養成――台南與東北的交会――」(中国社会科学院台湾史研究中心編『日拠時期台湾植民地史学術研討会論文集』九州)
張文薫二〇一四「一九四〇年代台湾日語小説之成立與台北帝国大学」(洪淑苓編『聚焦台湾――作家、媒介與文学史的連結』国立台湾大学出版中心)
張安琪二〇一六「日治初期台湾土地調査事業段階「公業」概念演変」(『国史館館刊』五〇)
張隆志二〇〇六「知識建構、異己再現與統治宣伝――『台湾統治志』(一九〇五)和日本植民論述的濫觴――」(梅家玲編『文化啓蒙與知識生産――跨領域的視野――』麦田)
――二〇〇九「当代台湾史学史論綱」(『台湾史研究』一六(四))
――二〇一〇「拾貝於婆娑洋畔、美麗島間――一個学院台湾史研究者的観察札記――」(『思想』一六)
曹永和二〇〇〇『台湾早期歴史研究続集』(聯経)
曾文亮二〇〇七「台湾漢人祭祀公業問題的歴史考察――植民統治、法律継受與民間習慣之間」(王泰升・劉恆妏編『以台湾為主体的法律史研究』元照)
――二〇一〇「全新的「旧慣」――総督府法院対台湾人家族習慣的改造(一八九八―一九四三)――」(『台湾史研究』第一七(一))
――二〇一五「植民地台湾的弁護士社群與法律職業主義」(李承機・李育霖編『「帝国」在台湾――植民地台湾的時空、知識與情感――』国立台湾大学出版中心)
――二〇一六「日治時期台湾人家族旧慣――由宗法之家朝向戸主之家的多重構造――」(劉恆妏・曾文亮・劉晏斉編『台湾法律史的探究及其運用』元照)
曾品滄二〇一一「從花庁到酒楼――清末至日治初期台湾公共空間的形成與拡展――」(『中国飲食文化』七(一))

――二〇一五「日式料理在台湾――鋤焼（スキヤキ）與台湾智識階層的社群生活（一八九五―一九六〇年代）――」（『台湾史研究』二二（四））
許宏彬二〇〇九「剖析阿片――在地滋味、科技実作與日治初期台湾阿片専売――」（『科技、医療與社会』八）
許佩賢二〇〇五『植民地台湾的近代学校』（遠流）
――二〇一二『太陽旗下的魔法学校――日治台湾新式教育的誕生――』（東村）
――二〇一三a「植民統治下地方青年教師的「発達之路」及其限制――以張式穀的軌跡為中心――」（『新史学』四（三））
――二〇一三b「日治時期台湾的実業補習学校」（『師大台湾史学報』六）
――二〇一四「台湾教育史研究的回顧與展望」（『師大台湾史学報』七）
――二〇一五『植民地台湾近代教育的鏡像――一九三〇年代台湾的教育與社会――』（衛城出版社）
許雪姫二〇〇六「日治時期台湾的通訳」（『輔仁大学歴史学報』一八）
――二〇一〇「台湾史研究三部曲――由鮮学経顕学到険学――」（『思想』一六）
――二〇一二a「台湾語集中顕現的澎湖歴史――由日治時期最早編成的『台湾言語集』、『台湾日用土語集』談起（上）――」（『硓砧石』六九）
――二〇一二b「台湾語集中顕現的澎湖歴史――由日治時期最早編成的『台湾言語集』、『台湾日用土語集』談起（下）――」（『硓砧石』七〇）
――二〇一二c「在「満州国」的台湾人高等官――以大同学院的畢業生為例――」（『台湾史研究』一九（三））
許瓊丰二〇一五「知識推広與植民教化――以台中州立図書館的運作為中心（一九三一―一九三九）――」（『文史台湾学報』九）
陳力航二〇一二「日治時期在廈門的台湾医師與日本医療勢力的発展（一八九五―一九四五）」（『台湾資料研究』三九）
陳玉箴二〇一五「栄養論述與植民統治――日治時期台湾的乳品生産與消費――」（『台湾師大歴史学報』五四）
陳志豪二〇〇六「日治時期台湾的土地調査與「植民知識」的形成――從咸菜硼（新竹関西）的区域個案談起――」（『兩岸発展史研究』二）
陳宛妤二〇一六「台湾日治時期的担保制度與近代金融機構」（劉恆妏・曾文亮・劉晏斉編『台湾法律史的探究及其運用』元照）

陳計堯二〇〇五「「邵族」與「鄒族」――日治時期対日月潭地区原住民的知識建構――」(『国立政治大学民族学報』二四)
陳偉智二〇〇九「自然史、人類学與台湾近代「種族」知識的建構――一個全球概念的地方歴史分析――」(『台湾史研究』一六(四))
――二〇一四『伊能嘉矩――台湾歴史民族誌的展開――』(国立台湾大学出版中心)
陳翠蓮二〇〇八『台湾人的抵抗與認同――一九二〇―一九五〇――』(遠流)
黄美娥二〇〇四「尋找歴史的軌跡――台湾新旧文学的承接與過渡(一八九五―一九二四)――」(『台湾史研究』一一(二))
――二〇〇七『古典台湾――文学史・詩社・作家論――』(国立編訳館)
――二〇〇六「差異/交混、対話/対訳――日治時期台湾伝統文人的身体経験與新国民想像(一八九五―一九三七)――」(『中国文哲研究集刊』二八)
楊承淑二〇一四「訳者的角色與知識生産――以台湾日治時期法院通訳小野西洲為例――」(『編訳論叢』七(一))
――二〇一五b「日治時期的法院高等官通訳――訳者身分的形成及其群体角色――」(国史館台湾文献館整理組編『第八届台湾総督府檔案学術研討会論文集』国史館台湾文献館)
葉淑貞二〇一四『台湾農業経済史之重新詮釈』(国立台湾大学出版中心)
葉碧苓二〇〇九「台北帝国大学與京城帝国大学史学科之比較(一九二六―一九四五)」(『台湾史研究』一六(三))
――二〇一〇『学術先鋒――台北帝国大学與日本南進政策之研究――』(稲郷)
雷祥麟二〇一〇「杜聡明的漢医薬研究之謎――兼論創造価値的整合医学研究――」(『科技、医療與社会』一一)
鳳気至純平二〇一四「日治時期在台日人的台湾歴史像」(国立成功大学博士論文)
劉士永二〇〇一b「「清潔」、「衛生」與「保健」――日治時期台湾社会公共衛生観念之転変――」(『台湾史研究』八)
――二〇一〇「医学、商業與社会想像――日治台湾的漢薬科学化與科学中薬――」(『科技、医療與社会』一一)
劉晏斉二〇一六「日治時期台湾法律中的児童/未成年人――概念的形成及其意義――」(劉恆妏・曾文亮・劉晏斉編『台湾法律史的探究及其運用』元照)
蔡承豪二〇〇九a「「軍刀農政」下的台湾稲作技術改革與地方因応」(『台湾学研究』八)
――二〇〇九b「天工開物――台湾稲作技術変遷之研究――」(国立台湾師範大学博士論文)
蔡思薇二〇一六「日治前期台湾的植物調査(一八九五―一九二一)」(国立政治大学台湾史研究所博士論文)

蔡龍保二〇〇七「日治時期台湾総督府之技術官僚——以土木技師為例——」（『興大歴史学報』一九）
——二〇一〇「日治後期台湾技術協会的成立及其島内調査事業——以『台湾技術協会誌』為中心（一九三六—一九四〇）——」（『国史館館刊』二五）
——二〇一一b「日治初期台湾総督府的技術人力之招募——以土地調査事業為例——」（『国立政治大学歴史学報』三五）
鄭政誠二〇〇四「日治時期的台湾旧慣調査——以臨時台湾旧慣調査会為例——」（洪宜勇編『台湾植民地史学術研討会論文集』海峡）
鄭麗玲二〇〇一「帝国大学在植民地的建立與発展——以台北帝国大学為中心——」（台湾師範大学博士論文）
鄭麗榕二〇一七「林崇智的台湾植物学研究——兼論板橋林家與台湾研究——」（『台湾風物』六七（四））
謝仕淵二〇一一「帝国的体育運動與植民地的現代性——日治時期台湾棒球運動研究——」（台湾師範大学博士論文）
顧雅文二〇〇四「日治時期台湾瘧疾防遏政策——「対人法」？「対蚊法」？——」（『台湾史研究』一一（二））
——二〇一一「日治時期台湾的金鶏納樹栽培與奎寧製薬」（『台湾史研究』一八（三））
——二〇一六「一九三〇—一九六〇年金鶏納與奎寧在台生命史——時空特徴與意義転化——」（『新史学』二七（三））

英語文献

Chen, Yun-ru［陳韻如］, 2013, “Family Law as a Repository of Volksgeist: The Germany-Japan Genealogy,” *Comparative Law Review*, 4
Ching, Leo T. S.［荊子馨］, 2001, *Becoming “Japanese” : Colonial Taiwan and the Politics of Identity Formation*, University of California Press（邦訳、レオ・チン『ビカミング「ジャパニーズ」——植民地台湾におけるアイデンティティ形成のポリティクス——』勁草書房、二〇一七年）
Hu, Fang-yu［胡芳瑜］, 2015, “Taiwanese Homes, Japanese Schools: Han Taiwanese Girls’ Primary Education under Japanese Rule, 1895–1945,”. University of California, Santa Cruz, Ph.D. Dissertation
Ishikawa, Tadashi［石川匡］, 2017, “Human Trafficking and Intra-Imperial Knowledge: Adopted Daughters, Households, and Law in Imperial Japan and Colonial Taiwan, 1919–1935,” *Journal of Women’s History*, 29（3）
Ka, Chih-ming［柯志明］, 1995, *Japanese Colonialism in Taiwan :Land Tenure, Development, and Dependency, 1895–1945,*

Boulder, Co., Westview Press（中国語訳、柯志明『米糖相剋——日本植民主義下台湾的発展與従属——』群学出版社、二〇〇三年）

Ku, Ya-wen［顧雅文］, 2019（forthcoming）, "The production of flood as a Disaster: the Increase of Vulnerability to Flooding in Colonial Taiwan"

Liu, Michael Shi-Yung［劉士永］, 2009, *Prescribing Colonization: the Role of Medical Practice and Policy in Japan-Ruled Taiwan, 1895-1945*, Association for Asian Studies

Tsuru, Shuntaro［都留俊太郎］, 2018, "Embedding Technologies into the Farming Economy: Extension Work of Japanese Sugar Companies in Colonial Taiwan," *East Asian Science, Technology and Society*, 12（1）

第Ⅱ部

植民地化と知の再編

法学者・岡松参太郎の台湾経験と知の射程

――植民地統治と「法の継受」をめぐって――

春山明哲

はじめに

一九一七(大正六)年七月一一日黎明、岡松参太郎は四月に急逝した石坂音四郎を悼んで、「亡友石坂君を挽し併せて其遺著債権法大綱に序す」を書き上げた。以下は、石坂音四郎『債権法大綱』(有斐閣、一九一七年九月)の序の一節である。

嗚呼予は君と同しく私法を専攻し相共に台湾立法に従事し交遊歳を積む、君は実に予か為に心友にして学友たり、又同学にして同僚たり[中略]予か多年乏を台湾旧慣調査の職に承け、次て又台湾旧慣立法の任を帯ふるや、君か外国留学より帰朝するを待ち君を煩はすに其調査及起案を以てし[中略]京都調査事務所の一室、草案の起稿に当りては君か正正の論、堂堂の議、所信一歩を仮さす断案折衷を容れす、一条の法文、論議夜を徹し日を重ぬること稀ならす、又台北法案審議会の議場、法案の討議に臨みては、君長扇卓を叩きて法文の理由を述へ其適用を示し、時に又口角泡を含みて異説を喝破し自見を宣弁す。(1)

岡松参太郎は一八九九(明治三二)年創設された京都帝国大学法科大学の教授(民法講座)に就任するや、児玉源太郎台湾総督、後藤新平民政長官に請われて臨時台湾旧慣調査会の委員・第一部長として「台湾旧慣調査」を主導し、さらに一九〇九（明治四二）年からは第三部長を兼務して「台湾旧慣立法」法案の起草審議にあたった。石坂音四郎も京都帝大法科大学教授で、岡松に請われて旧慣調査の報告書『台湾私法』編纂と立法事業に参加した。立法事業は一九一四（大正三）年八月に終了し、臨時台湾旧慣調査会は一九一九年に解散した。石坂は東京帝大に転じてまもない一九一七（大正六）年に四〇歳で亡くなり、岡松は一九二一（大正一〇）年に、遺著『台湾番族慣習研究』を残して亡くなった。

ここで私が課題としたいことは、岡松参太郎が台湾旧慣調査と立法事業に関与した活動と経験（これをここで「台湾経験」とする）の知的・学術的要素について考察し、それを歴史の中において眺めたときにどのように意味づけられるか（これを「知の射程」と呼ぶ）を検討することにある。その際に、植民地統治と「法の継受」の関係をひとつの視座としてみたいと思う。「法の継受」とは世界史的法現象で、古代ローマ法のドイツ・ゲルマン法における継受、明治期日本の西欧法を基礎とした法典編纂などがその例である。

はじめに、筆者による岡松参太郎研究の来歴にふれたい。一九八八年『台湾近現代史研究』第六号に「台湾旧慣調査と立法構想――岡松参太郎による調査と立案を中心に――」、「法学博士・岡松参太郎と台湾」を執筆し、のち『近代日本と台湾――霧社事件・植民地統治政策の研究――』（藤原書店、二〇〇八年）刊行の際にこれらを収録した。[2] 一九九八年、筆者が当時勤務していた国立国会図書館の仕事として、東京・目白の岡松家で岡松参太郎が残した蔵書・関係文書の調査を行う幸運に恵まれた。翌九九年岡松関係資料が岡松家から一括早稲田大学に寄贈され、浅古弘法学部教授を研究代表者に「岡松参太郎の学問と政策提言に関する研究」が実施された結果、二〇〇八年秋、早稲田大学図書館・早稲田大学東アジア法研究所編集『早稲田大学図書館所蔵　岡松参太郎文書目録』及びマイクロフィルム版が雄松堂より刊行された。[3]

岡松参太郎文書の公開利用が実現したことによって、岡松の「台湾経験」のプロセスをかなり詳細に検討することが可能となった。しかし、資料は膨大でそれなりの方法論が必要となる。本稿では、次の三つの領域における岡松の具体的活動を検討対象とする。

公法的領域：「六三問題」に端を発する明治憲法改正と台湾統治法案への関与
私法的領域：旧慣調査会の運営、『台湾私法』の編纂、台湾親族相続令等の起草審議
法制史・社会学的領域：台湾原住民調査を基礎とした遺著『台湾番族慣習研究』

第一節では、岡松の活動に枠組みと方向性を与えた、いわば環境条件としての「知と権力の構図」を、後藤新平の構想力、岡松の知の組織者としての側面、そして京都帝国大学という「場」について焦点を当てて述べる。第二節では、岡松の意見書を中心に「権力と法」の関係についての岡松の思想に触れ、あわせて参照軸として美濃部達吉の植民地法を瞥見する。第三節では、岡松の調査方法と台湾立法論の特徴、旧慣調査事業の運営と『台湾私法』の編纂プロセスの特色を見る。第四節では法案審査の実例を検討するが、具体的なテーマとしては、台湾社会に広範に存在した商業経営組織である「合股」についての立案、日本民法との関係が大きな問題となった台湾親族相続令の起草審議、台湾の伝統的婚姻慣習である「媳婦」をめぐる論争を取上げる。第五節では、『台湾番族慣習研究』の紹介と、その前提となった台湾総督府の原住民に対する「理蕃政策」と調査前史に触れる。おわりに、検討結果から岡松の「知の射程」について考察を行う(4)。

一　岡松参太郎の「台湾経験」——その知と権力の構図——

(1) 後藤新平の構想

竹内好は後藤新平には「原理の一貫性」があるとして「行政長官として、いつも調査機関を設置している」こ

とを挙げ、台湾旧慣調査の報告書は今でも利用価値がある、としている（『後藤新平月報1』一九六五年七月）。

岡松文書のなかに、後藤新平民政長官から児玉源太郎台湾総督宛の一通の電報が残されている。一九〇〇（明治三三）年一月一一日付けの電報には「岡松本年中嘱託にて従事したし、認可の上は小官帰府の節同行渡台希望」とある。翌一二日、児玉から認可の電報がきた。岡松が後藤に同行して台湾に到着したのは、二月二八日のことである。船の中で、岡松と後藤はじっくりと調査について話す時間を持ったにちがいない。以後二〇年に及ぶ岡松の「台湾経験」の始まりである。岡松にとってはむしろ「後藤経験」といってもよいかも知れない。

岡松は一月三〇日、希望どおり臨時台湾土地調査局（後藤が局長）の嘱託の辞令を受取り、最初の訪台は三月一〇日までの一一日間、二度目は同年七月一四日から八月二五日までの長期滞在となった。「三三年七月最初於台湾作りしもの」とメモした「旧慣調査事項概略」が残されている（この内容は後述する）。後藤は急いでいた。岡松の最初の報告書『台湾旧慣制度調査一斑』が刊行されたのはこの年一一月である。一九〇一（明治三四）年一月の第一五帝国議会に旧慣調査関係予算案を提出するのに間に合わせるためである。その一方で後藤は、「台湾経営談――後藤民政長官の談話――」という形で、『東京日日新聞』一九〇一（明治三四）年一月一日と六日の二回、「台湾経営上旧慣制度の調査を必要とする意見」を発表した。正月元旦のタイミングに談話という分かりやすい形で公表したのである。帝国議会の議員、政府関係者に対する広報戦略でもあった。後藤が組織した台湾研究の学会というべき官民有志による台湾慣習研究会（一九〇〇年一〇月三〇日発足、会長は児玉、後藤は副会長）の機関誌『台湾慣習記事』（第一巻第五号、六号、一九〇一年五月、六月）にも転載されたこの記事の重要性は論を待たないが、筆者が一驚したのは成城大学民俗学研究所の柳田国男文庫でこの記事の別刷りを見出したときである。後藤はパンフレットの形でこの記事を印刷配布したのである。

台湾の我版図に入ってより茲に既に六年〔中略〕守成の策を講ずべきの時分である〔中略〕法制を定めて

人民の権利を確保し生命財産を安固にし国民経済の革新を図り以て国家の実力を増進するということは、所謂守成策の主要なるもの［中略］今日尚益々足らざるを覚えるものは何であるかと云うと、台湾の旧慣制度の調査と云うもの［中略］大凡の慣習のことは明らかになって居るようであるが、之を系統的に学術上より分析綜合の実を用ゆるに非ざれば、決して只属吏の観察し来った所の一時の慣習を集めて以て完成ということは出来ない、それ故に一定の専門家の講究を要するのである。［中略］

帝国の台湾に対する目的、地位の類することは、英国の印度に於ける目的、位置と或る点は略々同じである［中略］英国の印度経営は如何にせしか［中略］マコレー、ビーコック、メーン、スチーブン等の有名なる諸士に嘱託して法典編纂の事業を企て、僅かに十三年にして之を完成した。(5)

後藤は説く。「政府の費用を以て特設機関を置いて、専門学術の士をして是に当らしめるの必要がある」、「今や民法学者として有名なる京都大学の教授岡松参太郎君が之に従事して、既に前に述べたる所の台湾旧慣制度調査一斑なるものが出版せらるるの時期」であると。

一九〇一（明治三四）年一月二九日、第一五回帝国議会衆議院予算委員第一分科会で政府委員として出席した後藤民政長官は、岡松が作成した『台湾旧慣制度調査一斑』を配布し、「当局者から云いますと余程誇るに足るべきものと考えて居ります」と発言している。(6) 旧慣調査費は当初「南清貿易拡張費」の項目に含まれていたが、この予算が全額削除されたあと、改めて独立項目として八万四千百六三円が追加予算として提出され認められた。この金額の大きさは、法科大学の予算三万二千円余、京都帝大全学予算が二八万三千円余（明治二九年度）と比較すると想像がつくだろう。(7) 特筆すべきことは、この報告書が英文に翻訳され、各国領事館などに送られたことである（英文タイトルは "Provisional Report on Investigations of Laws and Customs in the Island of Formosa"）。後藤の議会答弁の言葉(8)を使えば「列国は植民政策で競争して」おり、「帝国の面目」にかけても「内地よりも宜しい」

ほど「植民政策に相当なること」をしなければならない、ことの一環でもあったろう。なお、この英文報告書がめぐりめぐって、ドイツの法学者ヨーゼフ・コーラーの目にとまったことについては、のちに中村哲が「コーラーの観たる台湾の旧慣」(『民俗台湾』四巻三号、一九四四年)に書いている。(9)

(2)「知の組織者」としての岡松参太郎

岡松文書の中には、参太郎の父岡松甕谷の資料が含まれていた。岡松甕谷(一八二〇〜一八九五)は幕末明治前期の儒学者で、豊後高田(現大分県豊後高田市)で熊本藩(細川家)の代官を代々務めた岡松家に生れ、帆足万里のもとで学び、甕谷も熊本藩に仕えている。熊本藩の儒者で時習館訓導の木下犀潭(韡村)の門下でもあった。木下犀潭の門下には井上毅(一八四三〜九五、法制官僚、明治憲法の起草者)、竹添井井(進一郎)らがおり、甕谷の四男匡四郎は井上毅の養子となり、井上家を継いだ。木下犀潭の次男が木下広次で、のち京都帝大初代総長となる。次項で触れるように、参太郎にとって「熊本人脈」はかなり大きな意味を持ったのではなかろうか。

さて、岡松が帝国大学法科大学に入学したのは一八九一(明治二四)年、翌九二年「法典論争」は帝国議会で最大の山場を迎え、五月に貴族院で、六月に衆議院で民法商法の施行は延期となり、法典調査会が設置されている。岡松が法学を学んだ時期は「法」というものが明治国家の将来を決定するような時期だったのである。岡松は法典起草委員のひとり、穂積陳重が自宅で開いた「法理研究会」にも参加している。(10)

岡松は一八九四(明治二七)年七月帝大法科を首席で卒業すると、はやくも一〇月にはエミール・ブートミー著『英米仏比較憲法論』の翻訳(ダイセイの英語版からの重訳)を刊行している。後藤は帝大で岡松と同期だった中村是公の勧めもあり岡松に白羽の矢を立てたらしいが、岡松が民法のほか憲法にも明るかったのも一因かも知れない。

一八九六（明治二九）年五月、岡松の『注釈民法理由』上巻、総則篇が有斐閣から刊行された。穂積陳重、梅謙次郎と並ぶ法典起草委員の富井政章の校閲を得て、刊行後すぐにベストセラーとなったそうだが、岡松自身は四月には欧州留学に出発しているから、実に華やかな学者人生の出発と言えるだろう。開設予定の京都帝国大学法科大学の初代教授陣予定者として、西園寺公望文相みずから自宅で激励したのは、岡松のほか、高根義人、織田萬、井上密の四人である。『穂積歌子日記』には穂積陳重も送別会を開いた記事が見える。[11]

岡松の『注釈民法理由』を参照しつつ、「民法」、「法の継受」、「パンデクテン編成」とはなにかを学ぶのは興味深い。[12]「民法の定義」によれば、ローマの Jus Civile、市民法・国民法に発したローマ民事法の発達は著しく、中世ヨーロッパ諸国は皆これを「継受」した。ドイツの学者は民法を広義に解釈、私法とほぼ同一とする。フランスの学者は狭義に解釈し、民法は私法の一部として商法等の特別法と区別する。岡松の見解では、民法とは普通私法である。「公法と私法の区別」では、一個人と国家の関係／一個人相互の関係、公益に関する法／私益に関する法、国民の一分子としての資格／社会の一員としての資格、という対比がなされる。

「民法の論理的編纂方法」に二種ある。ローマ式＝インスチチュート・システムは三編分類法で、欧州諸国の大半が採用している。人事・物権・訴訟、人事編・財産編・財産取得編という構成である。ドイツ式＝パンデクテン・システムは五編分類法で、ドイツ及び多数の学者が採用している。第一／総則、第二／物権法、第三／債務法、第四／親族法、第五／相続法、である。パンデクテン編成に関する岡松の説明が分かりやすい。

総則：民法中の諸権利に共通の規則、配列の第一
物権：生存、衣食住の需要、自然界の「物」の上に有する権力、法律で保護
債権：他人の助力が必要、如何にして一人が他人のためにある行為をなすか
親族：有機的・永久的関係、婚姻・親子・養子など

相続‥人は必ず死ぬ、その財産をどうするかの方法、末の位置に

岡松の法律観を摘録してみると以下のようである。

法律は社会の反響なるがゆえに、社会の趨勢に随伴せざるべからず

法律沿革の原理　社会は家族制より個人制に進む

ローマ式は、人を基礎とし、家族制の時代に適応

ドイツ式は、権利を以って基礎となし、個人制の時代に適応

「現今の状況は尚ほ家族制より生じたる慣習汎く行われ、概言せば家族制の勢力は個人制を凌駕す可しと雖も、其の進歩の傾向を察すれば、必ずや家族制に復帰するに非ず、益進んで個人制に至るべし」

法典編纂にあたってはドイツ式が適当

新民法は、社会の趨勢と学理の進歩とに対応して、パンデクテン方式を採用

さて、岡松文書を活用した興味深い研究として、田口正樹氏の「岡松参太郎のヨーロッパ留学」（『北大法学論集』六四巻二号、二〇一三年七月）がある。岡松は何を学んだのか、台湾旧慣調査への関与を評価する基礎として、という氏の問題意識による好論文で、詳しく紹介したいが紙幅がない。田口氏の評価によれば、岡松は、ドイツ法を中心にフランス・イタリア等の各国法及びローマ法に関心を持ち、民法以外に公法、刑法など幅広い分野にも興味があり、活動的で好奇心旺盛な性格なので、後藤が台湾旧慣調査という開拓者的事業に岡松をスカウトしたのは適材を射止めたかも知れない、とされている。

岡松は法学者であると同時に「知の組織者」でもあった。台湾旧慣調査の事業がそもそもそのような性格を持っていたし、岡松家に残された膨大な資料・文書は岡松自身の手で整理分類されていた。岡松文書目録の構成は「岡松参太郎の知の世界」といっても過言ではない。また、京都帝大法科大学の欧文図書目録は岡松の作成した

書誌である。[13] さらに、岡松はわが国図書館界のパイオニア的組織である関西文庫協会の協力者でもあり、その機関誌『東壁』には、岡松の「ヨーロッパ専門図書館」についての講演要旨も載っている。[14] 岡松はアーキビストにしてライブラリアンでもあった。いずれ論じてみたいテーマである。

(3) 政策研究の場としての京都帝国大学

京都帝国大学とくにその法科大学の存在が、台湾旧慣調査と立法事業にとって決定的な位置を占めたことは、左記の人々を見るだけでも想像がつくだろう。

岡松参太郎	法科大学教授	民法	第一部長　台湾私法
			第三部長　法案起草審議
織田萬	法科大学教授	行政法	第一部行政科委員　清国行政法
狩野直喜	文科大学教授	支那哲学	第一部行政科委員　清国行政法
石坂音四郎	法科大学教授	民法	第三部　法案起草委員
雉本朗造	法科大学教授	民事訴訟法	第三部　法案起草委員
田島錦治	法科大学教授	経済学	嘱託
勝本勘三郎	法科大学教授	刑法	
佐々木惣一	(のちに、京都帝大教授、行政法)		

ほかに、短期だが、竹田省(商法)、市村光恵(憲法)も嘱託として関与している。

創設まもない京都帝大がいかに「国策」とはいえ、台湾総督府の事業に長期間にわたってその教授陣の参加を許したというのは、現在では理解が難しい面がある。京都帝大創設に尽力した西園寺公望(文部大臣)、文部省専門学務局長から京都帝大初代総長になった木下広次の存在、そして、東京帝大に対抗してこれとは異なる独自の学風（リベラル、教授会の自治、ゼミ重視、卒論等）の確立を目指した教授たちの理解も欠くことができないはずである。

織田萬は一九〇一（明治三四）年一月に法科大学長に就任したのだが、後藤新平から対岸、清国の行政法調査を依頼された。織田自身の述懐「清国行政法調査の苦心」によれば、岡松から内談はあったが、迷っていたところ「民政長官後藤新平さんが、親から弊廬に駕を枉げられ、懇切に私の蹶起を促がされた。さうしてその抱負として語られた所によれば、かゝる事業は今日の支那人には望み難く、又欧米人には到底不可能のものであるから、事業完成の暁には、一面には漢訳にして支那の要人たちに呈示し、他面には欧文にして広く世界の識者に頒布し、いづれの方面にも、これによつて支那の開発が日本人の天職であることを理会《ママ》せしむる意図であるとの事であつた[15]」とある。これも後藤の構想の一部であろう。

織田は木下総長に相談して、文科大学教授に就任予定の狩野直喜に参加を依頼し、法科大学の一室を借り受けて事務所を構えることにした。そして、浅井虎夫、加藤繁、東川徳治、内村邦蔵らに声をかけて調査チームを編成した。以下の事情については、坂野正高「日本人の中国観――織田萬博士の『清国行政法』をめぐって――」に詳しい。前に「熊本人脈」に触れたが、木下広次総長はもとより、狩野直喜も石坂音四郎も熊本出身である。

織田の回想に「法科大学の一室に事務所」を借り受けたとあるが、実は臨時台湾旧慣調査会は京都市内に事務所を設置していた。岡松文書の中に「出張所設置に関する書類」（「京都出張所設置ノ件」、「京都出張所処務規程」等）があり、「京都在勤の岡松部長　編纂事務」のために出張所を設置することとして、台北の調査会本部と京都出張所の間の往復文書の方式案なども定められていた。起案文書は一九〇二（明治三五）年に作成と推定されているから、その頃には「臨時台湾旧慣調査会京都事務所」が設置されたと思われる。家賃年六〇〇円の事務所の所在だが、文書中の書簡から「京都市上京区岡崎町字御所之内（上電三七三七）臨時台湾旧慣調査会京都事務所」と記された封筒を見出した。この事務所は一九一二年頃には、法科大学内の事務所に統合されている。[16]

二　明治憲法改正と台湾統治法

（1）「六三法意見書」と「台湾制度に関する意見書」

一八九五（明治二八）年四月一七日、日清講和（下関）条約調印、台湾及び澎湖諸島は大日本帝国が領有することになったが、「台湾民主国」の独立宣言から始まった台湾各地の抗日武装勢力（当局は「土匪」と呼んだ）の反乱は長く台湾総督府を苦しめた。

一八九六（明治二九）年一月二〇日、「芝山巌事件」について乃木希典が残した書簡の一節に次のようにある。[17]

台湾施政も誠に苦々敷事許り、人民の謀反も無理からぬ事に御座候、乞食が馬をもらひたる如く、飼ふ事も出来ず乗る事も出来ず、此向きに面参り候ば、噛まれ蹴られて、腹を立てたる揚句世間の笑ひ物と相成抔は恥入候次第に御座候

乃木は第三代台湾総督として悪戦苦闘したのであるが、その中で松方正義首相に建議し、児玉源太郎へと引継がれたふたつの提案があった。

ひとつは、「六三問題」の解決方法として、憲法を台湾に施行しない旨を詔勅など天皇の大権作用で明示するか、あるいは、一部の条項を除くの外新付の領土に憲法を適用せざる条項を憲法中に新設し、「適当なる憲法の改正」によって問題を解決するよう希望している。もうひとつは、「本島の旧慣旧制を探り、其の文化に適する制度を整備」し、以って施政の方針を定めるべきだ、という主張である。児玉と後藤はこの乃木の建議の方向で、旧慣調査と立法事業を開始したといえよう。[18]

一九〇一（明治三四）年一〇月二五日、臨時台湾旧慣調査会規則（勅令一九六号）が制定されたすぐあと、同年一一月付けの岡松参太郎による「法律第六十三号ニ関スル意見書」原稿と、これが「明治35年1月29日」付けで活版に付され、内務大臣官房台湾課及び台第四六七号の印が押された文書が「岡松文書」にある。[19]

今ここでこの意見書の内容に詳しく触れる紙幅はないが、「第一の台湾の国法上の地位」で岡松は、「台湾に施行すべき法律命令は憲法の形式に従うを要せさるものにして、天皇は其固有の統治権の発動に依り自由に立法するの大権を有せらるるものとす」とし、法律六三号は違憲ではない、と主張している。興味深いのは「第二　台湾に関する立法の方法」で岡松は、従来の西洋諸国による軍事的国力の伸張や財源的領土の政略など、新領土の土地人民を度外視する政策はできないとし、「台湾の国是は自ずから定まれり、即其人民を啓発し忠良の臣民としその土地を拓殖し豊富の国土と為すに在り」として「国是」を主張していることである。そして、台湾の特殊の習慣の事例として、土地開墾の歴史から生じた「大租権」、親族相続に関する家族制度や養子の慣習、特に「養媳」の例を挙げるなどして、台湾固有の慣習にもとづく「特別の立法」が必要だ、と主張していることである。

ついで、岡松は「台湾ノ制度ニ関スル意見書」を作成した。岡松文書には、「明治三五年夏、児玉総督ノ諮問ニ依リ於台北起案」と岡松自身による注記がなされている。[20]

この意見書の骨子は以下のとおりである。

①憲法の改正、特別制度の創設、台湾と内地を別個の「法域」にする。

②総督の律令権維持、法律・勅令の優位、総督の憲法上の責任の明確化。

③台湾を法人にして、官有財産の維持、公債募集の自由、予算は帝国議会の協賛不要とする。このため「台湾会計法」を制定する。

④総督府評議会に律令議決権と予算議定権を付与、台湾人の名望家を評議員に加えることも考慮する。

これに基づく台湾統治制度の改革の全体像、改正憲法発布の勅語、憲法改正案（第七七条の追加）、台湾統治法案、台湾会計法案については、『近代日本と台湾』所収の関係論文を参照されたい。

（2）岡松の詔勅案と美濃部達吉の植民地法論

岡松は「台湾の制度に関する意見書」を修正する形による「詔勅を以て台湾に特別なる制度を施すを得ることを認むること」及びこれを敷衍する形で「詔勅を以て台湾統治法を定むる件に関する意見」を残している[21]。前者は、憲法に「一条を追加せさるを得ざるに到るは実に当然の事と云ふへし」を削除して、原稿用紙に張り紙したもので、その骨子は、天皇の大権により台湾制を定め、議会の協賛により詔勅を発する、というものである。後者で岡松は憲法論を展開する形で自説を補強している。その要旨は以下のとおりである。

憲法には新領土に関する明文の規定がないので、天皇は憲法の規定に依らず、固有の大権により台湾統治の法を立てることができる。

・台湾に憲法が施行されているかのように説明する従来の政府見解は当を得たるものではない。

・法律第六三号は必要と便宜論から出たもので、台湾に憲法が施行せられていることを決したものではない。

・台湾の国法上の地位を考慮すれば、詔勅によってその統治の基本を定めるべきである。

・ここに詔勅とは、憲法上の勅令ではなく、憲法上制限がない天皇の意思表示である。台湾統治法は天皇の詔勅の形式によって定められるべきである。

岡松の六三法に関する一連の提言、とくに詔勅案の法理については、美濃部達吉（一八七三～一九四八）の憲法・植民地法論を参照軸に考えてみたい。美濃部は一九〇二（明治三五）年一〇月に東京帝国大学法科大学教授に就任、比較法制史講座を担当した。美濃部は「六三問題」に関して「律令ト憲法ノ関係ヲ論ズ」を『法学志林』第七巻第一、三号に発表して以来、植民地と憲法・行政法の関係について一貫した関心を持ち、その憲法学の中に植民地を位置づけたという点で、興味深い存在である。

美濃部は「律令ト憲法ノ関係ヲ論ズ」の中で、おおよそ次のように立論した。凡て法は社会に伴って存在する、憲法は制定当時の領土の社会状態に応じて制定されたので、当然には新領土には行われない、これに対して君主の権力はすでに円満無制限の権力として存在する、六三法により総督に立法権を与えても憲法違反にはならない、したがって、もし台湾に憲法の効力を及ぼすにはその旨の明示または黙示の規定を必要とする、というのである。

さらに美濃部は、「帝国憲法は新領土に行はるるや否や」という一九一一年三月一八日法科大学緑会弁論部の講演の中で、新領土の統治の主義として「同化主義」と「植民地主義」があるとして、憲法が植民地の台湾・朝鮮には行われていないことを主張している。美濃部は憲法を行うとは、国会制度、三権分立、司法権の独立、臣民の権利自由を意味すること、植民地にはこれらがないことを強調したのである。同年五月一八日の法理研究会で美濃部は「日本殖民地法に就いて」報告し、大学に「殖民地法」の講座を設けるべきである、と述べた。その中で美濃部は「土人法」は概ね固有の慣習法から成り立っているので、特別の専門家による研究を必要とする、「内地法と殖民地法との間、又は土人法と内地人法との間に、恰も国際私法のごとき関係を生じ」るので、「一定の法則に随って其の間の衝突を調和する」必要がある、などと言っている。

美濃部の経歴の中で注目されるのは、一九一一年一二月から一九三四年まで、法制局参事官を兼任していることである。岡松らが起草した台湾関係諸法案は法制局に送付されているから、美濃部にも知る機会があったのではなかろうか。

三 『台湾私法』の編纂と「台湾民法典」の立法過程

(1) 岡松の調査方法論

岡松がどのように調査を進めたのかについては岡松文書に残された資料で相当詳しく知ることができる。ここでは、その調査方法論に焦点を当てて三つの資料を取上げてみたい。

第一は、旧慣調査の出発点となったと思われる「旧慣調査事項概略」[22]である。「三三年七月最初於台北作リシモノ」と書き込みがあり、用紙は臨時台湾土地調査局で一四丁である。全体の構成は、総則、物権、親族、相続の四つの部分からなるが、物権の総則の四として、「不動産ニ関スル物権ト見ルヘキモノ」として、所有権、租権、地上権、小作権、賃借権、地役権、質権、抵当権が列挙され、所有権の中に、「田園ニ在リテハ小租戸、宅地ニ在リテハ厝主」、租権の中に「大租権」、「地基租権」、「水租権」などとあり、まず日本民法のパンデクテン編成と民法の規定を参照枠として、台湾の土地慣習の具体例を列挙しようとしたと思われる。この資料の後半は「旧慣制度調査綱目（三十四年）」と書き込みがあり、「財産、甲、不動産ニ関スル権利」に関する調査項目がやや詳しく展開されている。

この大枠の調査事項を基礎として一九〇〇（明治三三）年一一月に作成されたのが、岡松参太郎著の『台湾旧慣制度調査一斑』である。これは「序」によれば、当初は土地、親族、相続についてまとめる予定だったが「第一編土地」を収録し、親族相続は附録としたとある。調査の材料としては、臨時台湾土地調査局の収集した証拠書類、台湾覆審法院及び台北県庁の調査、総督府殖産課の台北県下農家経済調査、同文書課の『台湾蕃人事情』などが列挙されている。前述したように、この冊子は帝国議会の予算審議の際に配られたばかりでなく、英訳されて各国領事館などに送付された。この予備的調査に基づき、臨時台湾旧慣調査会が発足後、土地・親族相続・

債権・商事に関する非常に詳しい調査綱目が作成されている。

岡松の調査方法論を知るのに参考となるのが「大租権の法律的性質を論ず」で、『台湾慣習記事』第一号（一九〇一年一月）、第三号（一九〇一年三月）に掲載されている。これには編者の前文が付いており、台湾の開拓史の中で、開墾に志ある者が官から開墾免許状を取得し、牛種農具を備えて人を招き、開墾者から租穀を徴収した。これを大租といい、免許状取得者を大租戸という。開墾者はこの土地を他人に貸与して小作させ、租穀を得る権利を持ち、これを小租権といい、その開墾者を小租戸という。

岡松はこの「大租権」が物権なのか、債権なのかを論じるのである。岡松は、「法律は人造物」である国の法理観念は必ずしも他国の法理観念を説明するものではない、そもそも物権債権の区別はローマ法の創設に係るもので、ドイツでもゲルマン固有法をローマ的標準によって区別することについては異論が多くある。台湾法律の説明についても問題はあるけれども、日本はローマ法理を採用したので、これに基づいた説明をすることはやむを得ないとして、大租権の法律上の性質を論じている。岡松は、土地調査局が収集した土地契約文書を調査して、大租権が物権ではなく小租戸に対する請求権すなわち債権であることを、英独仏の近世法学を駆使して説明している。その説明は具体的な典拠文献を示して、法律の素人である筆者にもある程度飲み込める。面白いのは法理だけでなく、英法のRent-charge、独法のReallastが大租権に最も近い権利であると指摘していることである。また、岡松は英独仏の法律はもとより、ドイツ各州、オーストリア、オランダ、スイス、スペイン、モンテネグロにいたるまで広く法を参照している。

岡松の解釈は台湾総督府が大租権整理を軸とした土地改革（地租改正）を行う上で、その法理論的武器を与えるものでもあった。ここで、しかし留意しておきたいのは、岡松が「近世法理」と各国の法律を広く「参照」する調査方法である。

(2) 臨時台湾旧慣調査会の運営と『台湾私法』の編纂

一九〇一(明治三四)年一〇月、臨時台湾旧慣調査会規則(勅令第一九六号)が発布され、臨時台湾旧慣調査会(以下、「調査会」とも略記する)が正式に発足した。調査会は台湾総督の監督に属し「法制及農工商経済に関する旧慣」を調査することを任務とし、その構成は、会長(当初、後藤新平民政長官)、部長、委員、補助委員、書記、通訳から成る。当初、公私法制を担当する第一部(部長、岡松参太郎)と農工商経済を担当する第二部(部長、愛久澤直哉)に分けられた。

法制に関する調査は調査事項の綱目を定め、台湾の北部・南部・中部の順に進められた。調査方法としては、清朝の律例・会典等の公文書、および民間の契約文書等の収集に基づく文献調査と、学識経験ある者から農民・漁師にいたるまでの、台湾人からの聴き取り調査が実施された。岡松は大学が休暇に入ると渡台して委員等が提出した調査報告書等を精査し報告書の記述を進めた。

調査会の運営について、岡松文書には膨大な記録が残されているわけであるが、「知」の記録という観点から、その注目すべき点をいくつか挙げておきたい。

第一は、調査綱目自体が詳細なことである。例えば、「親族相続ニ関スル調査綱目二」[23]は四三丁に及ぶ大部なものであるばかりでなく、「親族」の部は、第一総則、第二戸主及び家族、第三婚姻、第四離婚、第五親子、第六親権、第七後見(托孤)との構成のもとに、体系的に調査事項が質問形式で記されている。筆者は台湾独特の婚姻・親子関係である「媳婦」について調べてみたが、第五親子の「乙養女 (イ)媳婦」に「台湾ニ於テハ先ツ媳婦ヲナスノ理由」、「丙媳婦 一性質 媳婦ノ起源、沿革、名称、其目的、其実際ノ有様、利害 二 媳婦ノ要件」と項目が立てられ、さらに「媳婦ノ要件」の見出しのもとに、(イ)媳婦ヲ迎フル者(養親)ノ資格、「年齢ニ拘ラズ媳婦ヲ為スコトヲ得ルカ」以下、五ページにわたり調査事項が列記されている。

記述が前後したが、「媳婦」とは、台湾に於いて他人の女子を家に入れてこれを養う慣習があり、自己の子の婦（妻）となす目的を以って異姓の女子を養うとき、これを媳婦という（『臨時台湾旧慣調査会第一部調査第一回報告書　下巻』二二九頁）。ちなみに、『台湾旧慣制度調査一斑』の英訳版“Provisional Report”では、「養媳」を“adopted daughter”と訳している。

この調査項目の体系性と具体性は、最終報告書の編纂を当初から念頭に置いたことと、現場台湾での実際の調査を補助委員が行い、しかも台湾人漢族系住民に嘱託して調査を進めるという方法を取ったことと関係があるだろう。

このことが第二の注目点に関係する。実は、岡松文書が「発見」されたとき、補助委員が作成した調査報告があると期待されたのである。『台湾旧慣調査事業報告』（臨時台湾旧慣調査会、一九一七年三月。以下、『事業報告』とする。）には、部員が提出した調査書類が列記されており、台北の事務所に提出されたもの一五六件、台中事務所に二三件、台南事務所に一〇九件、計二八八件の報告書タイトルが、その担当者名とともに記されているのである。

ここで、調査会の運営について記しておくと、台湾で作成された報告書に基づく編纂事務を効率的に行うために、調査会第一部の出張所が設置されたのである。『事業報告』には「報告書編纂ノ為ニ出張所ヲ京都ニ設ケタリ」とあって詳細が不明であったが、前述したように岡松文書中に関係文書があり、かなり詳細が判明した。また、これとは別に一九〇三（明治三六）年、第一部に行政科が設置され、清国行政の調査が開始された。この調査には京都帝大の織田萬（法科大学教授）、狩野直喜（文科大学教授）が委員として参加したが、そのための事務所は京都帝大法科大学に置かれた。前述したように、一九一二年頃、京都事務所は法科大学内の事務所と合併した（『事業報告』五一頁）。

京都事務所の役割は報告書編纂のためであるから、補助委員たちが作成した原報告書の相当部分は、この事務所で受理保管し、必要な写しを作り、それらを岡松はじめ、石坂、雉本など京都帝大の委員が閲覧などしたことだろう。原報告書が京都帝大法科大学のどこかに保管された可能性も考えられる。

第三の注目点は、附録参考書の存在である。調査会第一部は『第一回報告書』上下と『第二回報告書』第一巻、第二巻上下に附録参考書を別冊で付け、最後の『台湾私法』では本編の第一巻上中下、第二巻上下、第三巻上下に、計七冊の附録参考書を別冊として刊行している。この附録参考書とは、清朝時代の公文書の写しから、契約文書にいたる収集文書を本文の構成・目次に対応する形で採録し編集したものである。岡松がこれら調査会収集資料の刊行を、本編の作成と同様に重要と考えたことの証左であろう。

調査項目、原調査報告の作成、報告書の数次にわたる編纂、附録参考書の刊行という事業は、まさしく後藤民政長官が求めた「系統的に学術上より分析綜合」することに対しての岡松の回答とみなすことができるのではないか。

四　法案審査会における立法事業

(1)　法案審査会の審議概況

一九〇九（明治四二）年四月二一日、勅令一〇五号を以って臨時台湾旧慣調査会規則が改正されて、同調査会に第三部が設置され、これまでの調査に基づき、台湾総督（児玉から佐久間左馬太に交代していた）の指定した法案を起草審議することとなった。岡松は第三部長をも兼任し、立法事業を指導することになった。新たに法案起草委員が任命されることになり、また、法案審査会が開催されることになった。法案起草委員には、岡松のほか、京都帝大法科大学教授の石坂音四郎、雉本朗造が任命されている。いずれも岡松の推薦によるものである。立法段階での調査会の運営については、石坂の人事を含め、かなり早くから検討されていたようで、岡松文書中には一九〇五（明治三八）年二月二七日付けの後藤から岡松宛の電報が残されている。[24] 知恩院山内福寿院の岡松の住所を宛先とする興味深い電報で後藤は岡松の諸提案に賛意を示し、石坂の起用にも同意している。日露戦争後の台湾経営と人事を想定した後藤の配慮が感じられる。

第一回法案審査会は一九〇九（明治四二）年九月一八日から二三日まで台湾総督官邸で開催された。[25] 議長は本来は民政長官（内田嘉吉）だがこのときは代理の山田新一郎が務めている。起草委員は、岡松、石坂、雉本、手島兵次郎（法院検察官）、眇田熊右衛門（調査会）、他の委員として、尾立維孝（覆審法院検察官長）、石井常英（法院判官）、大津麟平（蕃務総長）、安井勝次（法院判官）、斉藤愛二、片山秀太郎（参事官）などで、総督府官僚、司法官僚には交代がある。

法案審査会の審議状況は、第一回で議事案として「台湾合股令案」が審議されたほか、年次と議事は次のとおりとなっている。第二回、一九一一（明治四四）年、台湾合股令施行規則仮案、台湾祭祀公業令案。第三回、一九一二（大正元）年、台湾祭祀公業令施行規則案、台湾祭祀公業令別案、台湾親族相続令案、台湾不動産令。第四回、一九一三（大正二）年、台湾親族相続令に関する主要問題（石坂委員提出）、不動産物権総則令案、佃・永佃・地基権令案、胎権令案、典権令案。第五回、一九一四（大正三）年、台湾民事令案、台湾親族相続令案、台湾親族相続令施行令案。

（2）　法案審査の事例―その一　台湾合股令案

第一回法案審査会で議事となった「台湾合股令仮案」（明治四一年六月）及び「台湾合股参考立法例」を事例として紹介したい。[26]

これを取上げる理由は、「台湾合股令仮案」の緒論（一）「台湾合股令制定の必要」で一八頁にわたって述べられているように、「本島に於いて数人が資本を合同して商業を営む組織を合股と称す。合股の本島経済上に於ける地位は頗る重要なるものにして、各種の商業にして稍多額の資本を要するものは、合股組織を以て営むもの甚だ多し」とし、「合股組織の良否は本島一般の経済上に影響を及ぼすは云うを俟たず。然るに従来合股は専ら慣習に基けるものなるが故に、其の組織明確ならず、家長の権限定まらず、股東の責任明らかならず、為に紛争を生じ弊害を醸すこと尠からず。特に領台以後に於ける時勢の激変の為に従来の慣習は拘束力を失うに至れるもの多し。故に合股に関し成文法を設けるは目下の急務なりと云わざるべからず」と政策上の必要性を明確に述べていることにある。

そして、立法の方針としては、旧慣を基礎としなければならないが、近代の法理に合致せず、実際に不適当なものもある。また、慣習が画一を欠き不明なものもある。これらの不備の点に関しては、各国の立法を参照しこれを補う必要がある、とする。

また、西欧法制史が参照されているのも興味深い。合股の法理上の性質は、組合あるいは合名会社と最も似ている。組合はローマ法に起源があり、欧州各国の立法の基礎となっている。組合には特有の財産なく、組合員には共有の持分がある。一方、合名会社は中世イタリア南部の家族的商慣習が発達したもので、家族員は家族財産の上に共同的に権利を有する。合名会社の法律上の性質について、各国は一致していない。フランス法系はこれを法人と認めるが、ドイツ法系は認めない。共通点としては、社員は会社の債務に対して「無限の連帯責任」を負担する。これが合名会社の本質である。

以上のように立論し、合股の法理上の性質に関しては、以上各国の立法に関し論及する所と、旧慣に随い判断するときは、合股を以て変形せる組合なり、とするのが最も適当である、と結論づけている。この各国立法の検討の参考として「台湾合股参考立法例」が提出されているが、この資料はドイツ、スイス、フランス、イタリア、イギリスの民法、商法から組合及び合名会社に関する法規を翻訳編集したものであり、また、合股に関する法院の判決例も収録されている。

法案審査会における審議を摘録要約すると議論の特徴の一端が分かる。[27]

安井勝次（地方法院長）：連帯債務を規定すべき。これは判官一致の意見。合股債権者の保護に必要。商法は万国一致の方向。内地台湾の立法の統一を。

石坂音四郎（起草委員、京大教授）：日本民法における合名会社のフランス方式は欠点である。南部、鹿港、嘉義における調査では、連帯債務の観念なし。有限責任とすべし。ゆえに本案は「股份責任」とした。

石井常英（覆審法院長）：法院での判例は連帯債務で一貫している。『台湾慣習記事』の「問答録」にある南部の慣習の解釈は誤り。上内氏の鑑定も最近のもの。旧慣といえるか。

岡松（起草委員）：慣習は不明の点あるも、全島的に連帯責任を通すことは困難。出資額の割合に応じた無限債務がよい。判例は数少なく、旧慣が改まったとはいえない。合股を合名会社と比較するのは当をえない。合股は寧ろ組合、すなわち英国の「パートナーシップ」に類似している。

大津麟平（蕃務総長）：法院の判例は偶発的、調査会は専門機関でその調査は至当である。日本の法律に引き付ける解釈は疑問。本島の統治よろしきを得るには、悪習慣ならざる限りはこれを採用すべき。そうしないと目に見えない所に大攪乱を来たし、国家百年の長計を誤る。

手島兵次郎（起草委員、覆審法院検察官長）：起草にあたって判例は十分検討した。調査報告書［台湾私法］が不十分な場合には、委員みずから各地に行って取り調べ、その結果股份制度を発見したのである。立法は将来を指導するものであるから、必ずしも旧慣に固執する必要はない。

（3） 法案審査の事例―その二　台湾親族相続令案

台湾親族相続令の起草審議は、台湾旧慣の法令化、世界各国の立法例、日本民法との「相互参照」が明確に意識され、資料化されて検討されたという点で、きわめて興味深いものである。ここで我々が目撃するのは、台湾における「法の交差」ともいうべき現象である。

「台湾親族相続法／令第一草案（明治四四年一二月）[28]」は、岡松の書き込みでは「旧慣案」とされているが（法／令、は法を消して令としていることを示した）、起草方針として、「主として台湾旧慣の整理を旨とせり。若し夫れ世界各法系の立法を参酌して、詳細なる規定を設くべきや否やは之を第二草案の問題とす」として、二段階の作業を行ったためである。

「旧慣」の整理を旨とした「第一草案」の資料では、条文の上に通しで注記の欄を設け、『台湾私法』第二巻（下巻）の該当する頁を注記している。例えば、「婚姻より生ずる姻族関係」の上部には二八頁、「貞操の義務、夫権」には三四〇頁、「夫婦財産関係」は三四九頁、「養媳」は四一三頁、という具合である。審査委員は、『台湾私法』を卓上に置けば、該当する事項に対応する『台湾私法』の記述が即座に検索できる仕掛けである。

旧慣と民法の関係についての審査結果も資料化されている。一九一二（大正元）年八月、法案審査会第三回審議の総括では、「親族相続令に於いて従来の慣習を改廃したる主なるもの」として、子女の売断、妾の身分、尊長主婚（婚姻は男女の合意）等、一一項目が列挙されその理由が示されている[29]。

また逆に、日本の「民法の規定に変更を加えたる主なるもの」としては、親族範囲、親等計算法、養媳、家産の均分相続など、旧慣を認めた九項目が記載されている[30]。

なお、一九一三（大正二）年八月二八日〜三〇日の第四回審査会では[31]、石坂起草委員が提案した親族相続令案に関する「主要問題」の審議が先決であるとして、親族の範囲、継母、招夫、家産分割、禁婚親族、夫婦財産制、離婚の原因、養媳縁組、二重の養子、死亡者の養男、家産相続、相続権の一二項目が検討された。これらは台湾旧慣と日本民法とが「交差」する領域と考えられる。

（4） 法案審査の事例—その三 養媳縁組

法案審査会の審査事例でもっとも興味深いもののひとつが「養媳縁組」の問題であった。岡松と石坂との論争が行われたからである。

第四回法案審査会の期間中の一九一三（大正二）年八月三〇日、石坂が提案した「主要問題第八問養媳縁組を認めるべきか」について審査が行われた。例によって摘録要約する。

渡辺啓太（法院判官）：外国に立法例があるか。

岡松参太郎：支那法に認められてあるだけだが、陋習ではない。

楠正秋（参事官）：養媳は妻たる義務を負わせるもので、結婚の事由に反する。削除すべきだ。

岡松：養媳を認めないことにしても、実際には従来通り養媳を為すにより、養女制度によらねばならないこととなる。養女となれば婚姻しないからという理由で離縁はできない。かえって婚姻を強いる結果となる。

石坂：養媳は間接に婚姻を強制することになる。養媳の慣習は陋習である。廃止に賛成。

議長（内田嘉吉民政長官）：楠委員の養媳縁組を認めぬ（規定削除）説より採決する。

このとき、石井（常）、中川友次郎（財務局長）、藤井乾助（法院判官）、渡辺、楠、小林音八（参事官）、石坂の七委員が挙手。

議長：賛成者多数に付き、養媳縁組の規定は削除に決定する。

これで養媳縁組の規定は削除となったのだが、翌年岡松は再審議を求めた。法案審査会第五回、一九一四（大

正三）年八月二七日の審査の摘録要約は以下のとおりである。(32)

岡松起草委員：養媳縁組に関する規定は昨年の会議に於いて否決となったが、支那にては昔より行われ来たれる慣習にて、一朝之を廃するは困難であろう。仮令法律に於いて之を認めないとしても、養女の名義の下に必ず行われるべく、然るに之に対して養女の規定を適用するのは頗る事情に適しない。さればといって、斯かる行為を無効とするのは、是亦酷に失するものと思考せらるるが故に、養媳の規定は是非之を復活したい。

安井委員：養媳なるものは従来悪用されてきた。養媳の自由意思を害する故に復活に反対。

石坂起草委員：復活に反対。

早川弥三郎（法院検察官）：養女とした者を男子と婚姻せしめることは本島人の道徳観念として大いに嫌忌するところ、養媳制度を認める必要がある。

こうして、復活動議は賛成多数にして可決されたのである。この養媳をめぐる岡松・石坂論争の背景には、石坂の思想の革新性があったと思われる。本稿の「はじめに」で引用した岡松の「亡友石坂君を挽し併せて其遺著債権法大綱に序す」で、岡松は次のように書いている。

石坂君は親族法及相続法に造詣する所深く［中略］親族、相続令を立案するや［中略］支那古来の慣習と欧州古今の法制とを調査比照し、支那民族の旧慣を尊重すると同時に文明の法理に抵触せす現代に実施し得へき法律の考案に苦慮し、台湾親族、相続令五百余条を起草し、添ふるに浩瀚綿密なる理由書を以てし［た。］君か方法論と共に殊に親族法、相続法に興味を有せしは、恐くは是各国法制上其民族的特例に富み、沿革的因習を含むもの此部分に若くはなく、君はその理想的純理及革進的自由の観念よりして此部分を以て最も改革を要するものなりと認め［たのである。］

台湾旧慣立法に際して屢次君と親族、相続上の問題を討議したる所を想起し、又君の蔵書中外国文豪の新時代婦人を題目とする著書多きを看、且随時君と「ノラ」、「ナナ」「カチューシャ」「ケーテ」等戯曲上の婦女に関し歓談、戯語せる所を思ひ、追念綜合すれは君は親族法、相続法に関し頗理想的、自由的の思想を懐抱せしものの如く〔以下略〕。

五　台湾原住民族への接近――『台湾番族慣習研究』をめぐって――

(1)『台湾番族慣習研究』執筆刊行の経緯

一九一三(大正二)年一二月、岡松参太郎は京都帝大法科大学教授を退任した。翌一九一四(大正三)年一月、南満洲鉄道株式会社理事も退任した。この時点では臨時台湾旧慣調査会の第三部長として法案審査の仕事が残っていたが、最後の第五回法案審査会が一四年八月一四日から三〇日まで開催されて終了したので、岡松はこの年を以って仕事の一段落を付けたいと考えたのではなかろうか。京都帝大、満鉄、台湾総督府という三つの組織の仕事をいわば兼務することの是非についてそもそも議論があったし、京都、台北、大連の旅程も身体的に大変になってきたのではなかろうか。最初に後藤と一緒に台湾に渡ったのが一九〇〇年二月であるから、それから一四年が経つ。満鉄理事になってからもすでに七年半、岡松も四二歳を越えていた。周囲がどう思うかもあろうが、自身の法学者としての人生の前途に思いを巡らしたとしてもなんの不思議もない。官職を辞してからの岡松の著作を見れば、岡松がどこに向かっていたかが理解できよう。

一九一四年、『法律行為論』が京都法学会、有斐閣から刊行される。一九一六年には『無過失損害賠償責任論』が京都法学会の法律学経済学研究叢書の第八冊として刊行される。いずれも法学の世界で評価の高い作品であり、とくに後者は、一九五三年復刻されるにあたって、我妻栄博士が「無過失損害賠償責任論――岡松博士に続くべきもの――」という「序」を寄せたことで、日本民法学史における不朽の位置を占めるものとなったとされる。また、藤野奈津子氏「岡松参太郎とローマ法研究――『岡松参太郎文書』の手稿からみえてくるもの――」(『千葉商大論叢』四八巻二号、二〇一一年三月)によれば、この時期に岡松はローマ法(刑事法)に関する著述を「世界法」という構想のもとに書き進めていた。岡松の「知の射程」を知る材料である。

さて、このようないわば岡松の本領の中に、一九一七(大正六)年九月から翌年八月にかけて『法学新報』に掲載された「母系主義と台湾生番」[33]が登場し、さらに一九二一(大正一〇)年の岡松の没後『台湾番族慣習研究』全八巻が台湾総督府蕃族調査会の名によって刊行されたことに目がひかれる。(なお、これは岡松の遺著であるにもかかわらず、目録上岡松の著作として取扱われていない。)

この書にかけた岡松の学問的エネルギーには大きなものがあり、彼の「知の射程」を検討する上で、省くことは出来ずまた迂回したくない作品である。

『台湾番族慣習研究』執筆刊行の経緯に触れたい。同書第一巻の「叙言」は、一九一八(大正七)年五月付けの岡松執筆の序文と東川徳治(校正者)の付記からなるが、それによれば経緯はこうであった。

一九〇九(明治四二)年二月、臨時台湾旧慣調査会における漢族の調査が一段落した段階で部員一人を番族調査に充てたことを嚆矢とし、一九一四(大正三)年から一九一七(大正六)年末まで番族調査が行われ、番族の調査報告書七冊、番族図譜二冊が刊行された。岡松は、人類学的調査は門外漢で興味も感じなかったが、大正五年中「法律上に於ける妻の地位」の研究のため、報告書をひも解き、番族の慣習が法制史上尋常ならざる貴重の材料であることを発見、従来の慣習軽視を悔い、法科大学図書館を調べたが泰西学者の研究がまだここに及んでいないことを確認、大正六年晩夏から研究を開始、法学新報に寄稿した、という。

東川徳治の「付記」によれば、一九二一(大正一〇)年、岡松は帝国学士院を代表して渡欧、一〇月帰国。『台湾番族慣習研究』の原稿校正を依頼された東川は仙台から上京。岡松からは「台湾生番の研究は漸く欧州学林の注目する所と為れり。而も此著述は最初の試みにして所謂未是《ママ》〔定〕稿に属す、早晩改修して完成を期せんとす」るので、叙言を送り返してくれとのこと。すぐ送ったが、まもなく岡松は急逝、そのまま掲載することにした、という。

この叙言について、いくつか付記すると、一九〇九年、台湾総督府に蕃務本署が設置され、また臨時台湾旧慣調査会の第一部法制科に蕃族科が設置された。翌一九一〇年、蕃務本署に調査課が設置され、一方佐久間総督によるいわゆる「五ヵ年計画理蕃事業」が開始され一九一四年に終了した。台湾原住民を対象とした人類学的調査は、鳥居龍蔵、伊能嘉矩による調査を嚆矢とし、その後森丑之助が一八年間におよぶ調査を継続した。蕃務総長・大津麟平は臨時台湾旧慣調査会における調査を主導したが、この方針をめぐって、大津は佐久間の軍事優先政策と衝突し、タロコ作戦以前に辞表を提出、内地に帰った。

関口浩氏の「「蕃族調査報告書」の成立――岡松参太郎文書を参照して――」（『成蹊大学一般研究報告』第四六巻第四分冊、二〇一二年四月）によれば、大津の原住民調査の構想は注目すべき内容があった。一九〇九（明治四二）年四月二二日付けの大津から岡松宛の書簡に拠れば、「調査の主眼とする所は法律的方面より蕃人の旧慣を詳悉する事とし度候」。言語の修得が重要だが、担当の小島由道は非常に努力しているので、「蕃語」の調査については総督府の小川尚義に嘱託して小島の調査に協力させたい、などと大津は書いている。大津の構想は広範囲なもので、小島が中堅となって法的調査にあたり、小川尚義が補佐する、伊能嘉矩には「人類学的方面の調査」を委嘱し法的調査の参考材料を提供してもらう、森丑之助には「社会的方面より観察して広く各蕃族の風俗慣習等の異同を調査」して材料を提供してもらう、さらにまだ担当者未定だが、「人情風俗を最も親しく表示する言語を研究」してもらう人物が必要である、という考えを岡松に示している。

さて、「大正六年までに刊行された番族の調査報告書七冊、番族図譜二冊」とはなにか。調査報告書には二系列あって、ひとつは『蕃族調査報告書』（佐山融吉作成のもの）で、いまひとつは『番族慣習調査報告書』（小島由道、河野喜六、安原信三、小林保祥作成のもの）である。なぜ二系列が生じたのか、その異同はなにか、についての笠原政治氏[34]、関口浩氏の検討と考察は興味深いものがあるが、今ここに紹介する紙幅がない。また、完全には解かれていない問題のようである。

ここで留意しておきたいことは、岡松が『台湾番族慣習研究』を執筆するにあたり、森丑之助の『台湾蕃族志』第一巻、及び『台湾蕃族図譜』、一九一七年までに調査会から刊行された『蕃族調査報告書』系列の阿眉（アミ）族、卑南（ピューマ）族、曹（ツォウ）族、紗績（サゼク）族と、『番族慣習調査報告書』系列の第一巻タイヤル族、第二巻アミス族・プユマ族　第三巻サイセット族のほか、一九一八年五月から渡欧前の一九二一年三月までの間に刊行されたもの、及び草稿段階のものも取り寄せて参照し、さらには調査担当者に京都に出張させて聞き取りも行い、「ツォウ」、「タイヤル」、「ブヌン」、「パイワン」、「サリセン」までの情報を可能な限り入手し、付記・追記することにより、本書に反映させようとしたことである。

岡松のこの著作は、一九二〇年当時の台湾原住民調査の「法制史・社会学」的な分析・総合という側面を持っている。そして、進行しつつある理蕃政策による原住民社会の変容を反映しているともいえるのである。

（2）「『台湾番族慣習研究』第一編　番族の概況」——「ガガア／ガヤ」とはなにか

『台湾番族慣習研究』の「第一編　番族の概況」は、「先ず番族の概況を明らかにしたる後にあらざれば其の慣習を引援して以て学理の根拠と為すに適せざることを思い」、「番族の法制的慣習の研究に着手する準備として、番族の個人及び社会の大体を了解するに必要なる程度並びに範囲に於いて通俗的説明を試みる」ために書かれた章であるが、なんと「第一編　番族の概況」のみで、全八巻の半分、第一、二、三、四巻、約二千頁を費やしている。各章の内容は、緒言、総説、心性、生活、経済、社会、法制、となっている。

第二編が第五巻で、本書の中心主題「番族の慣習が、法制史上社会学上忽にすべからざる貴重の材料を供し、千古の疑問を解決するの価値ありと信ずる」として書かれたものであり、次項で触れる。第三編が第六、七、八巻に当てられ、ここでは「第二編に於ける親系、婚姻其他の主義に関する議論の根拠、各種の主義に伴い、又は其主義より生ずべき親族、家族及び婚姻制度の組織、内容を示すと共に、此等諸般の制度の基礎を為す東洋的家族制の真相を明にせんことを期したり」という内容となっているが、本稿では省略した。

はじめに「番」と「蕃」の区別について、岡松の「定義」をみてみよう。岡松は、台湾総督府は「蕃」の字を使用しているようだが、「民族の名称としては「番」を可とするが如し」とする。番の字は「元来未開民族に対し漢人の与へたる其の民族固有の名称」だから、とする。以下、岡松の著作にならい、「番」の字を使用する。

「第一編　番族の概況」の記述の中で取上げたいのは「ガガア／ガヤとはなにか」という点である。その「第五章　社会」の「第一節　社会体制」で、「団結組織の社会体制」が言及されている。団結組織の社会体制とは、昔時において一部落を成す各血族が一団と為り社会を成して特別な団結を形成していたが、部落が拡大するにつれて血族の意義は少なくなっていった。しかし、北番諸族においては団結組織の社会体制が行われ、現在も血族団が基礎となって、その血族団に当たるべき言辞を有している、とする。その例として北部タイヤル族の「ガガア」が挙げられている。「本来は慣習、規則を同じうする者の団体の義」であるという。また、「セーダッカ」の霧社番は北部「タイヤル」族の「ガガア」の如く、全部族を「ケガル、ガヤー」と称すといい、「恰も亦一部族が一血族を成すが如くなれども是全部族が一祭祀団体を成すより此の称あるものなるべく」、「狩猟」を目的とする「狩猟団体」が組織されることも多い、という。「番族」の慣習法、「掟」、またはそれを共通にする集団としての「ガガア」「ガヤア」についての言及が随所にある。

一九三〇年の霧社事件において、蜂起した「セーダッカ」の霧社番の動機、原因に関連しては、小泉鉄が「霧社蕃に於けるガザの研究」（『台湾土俗誌』建設社、一九三三年六月）において、霧社蕃は全一二社で一つのガザ（地方によってはガヤ）をなしている、「ガザとは掟の意味であって、彼らの間の慣習法である。「ガザを犯す」とか「ガザを食う」とかいう言い表し方が行なわれている。その掟を共通にするものの集団そのものをも亦ガザと呼んで居るのである。それ故ガザと云えば、それは慣習制度を意味すると同時にその慣習制度を共通にする共同生活体を指す事になるのである」（同書、一九七頁）と書いている。小泉は武者小路実篤らの『白樺』に参加した文学者で、台湾で原住民調査も行っている。ヘンリー・メインの『古代法』も翻訳した。「ガヤ」は、台湾で製作され日本でも公開された映画『セデック・バレ』における最も重要なキー・ワードになっており、岡松の研究は参考となるのではなかろうか。

「ガガア」の問題を考える際に、より基本的なこととして「番族」の社会とはなにか、という問題がある。岡松は、第二巻の「第五章　社会」で重要な考察を提示している。岡松は、番族の社会集団を見るためには二つの観察点を区別する必要があるとし、客観的な観察と主観的観察を挙げる。

客観的な観察とは、番族の体貌、言語、風俗、伝説等の異同により、系統、種族、支族、部族、部落、番社に区分する集団の分類である。これらは番族の実際状態を基礎とするものではあるが、元来番人に固有なる集団的区別ではない。彼らには「民族、種族の観念あることなく、自己を以て番族の一人なり、又ある種族の一人なりと観念することなく、従って固有の種族名あること稀にして又種族名と為し得べき自称、他称ある場合にも必ずしも一定の称呼を存する限らざるのみならず、其称呼者に其名称が種族名たる自覚あるにあらず」と指摘する。

しかも、行政上の区別としての「番社」も、元来清国政府が理番の目的上番族の部落標準として定めた番界の行政区画で、番人固有の集団ではない、我が政府もまた之を踏襲したのであって、番社の基礎となる部落も「番人固有の社会体の標準」ではないと指摘する。

では主観的観察とはなにか。番人は自尊心強く不羈を喜び拘束を忌み唯我独尊の傾向があるが、家族を形成し、社会の観念を持ち、社会の一員として不羈独立の観念を持っている、とする。そして、番人固有の集団にしてその社会の基礎を為すものとして、部落組織、団結組織、及び党派組織の三つの社会体制を挙げている。ガガアとはこのうちの団結組織、すなわち祭祀、狩猟、犠牲という目的のための集団に関わる法的慣習に関係するようであるが、本稿ではここにとどめておく。

岡松は、佐久間の「理蕃事業」を念頭に置いてであろう、次のような批判を残している。

> 理番の途は番情を察し人道に導くに在り、慢に急を以て彼を付り野獣を以て之を遇し暴力を用て之を圧するは徒に情を激し怨みを深くし、彼等をして死力を尽して敵対を敢てし利害を顧みず服従を肯せしめざるに至り財を費やすこと濫りに多く時を要すること益長きに過ぎざるのみ。（『台湾番族慣習研究』第一巻、二一〇頁）

（3）岡松の研究方法——「第二編　父系主義、母系主義」について

第五巻全体の構成は、叙言、第一章学説及事例、第二章父系主義及母系主義、第三章男女関係、第四章嫁聚婚制及び招婿婚制、第五章父権主義及母権主義、第六章男女の尊卑及び夫婦の主従、となっている。

岡松は「学説及事例」において、一八六一年ヘンリー・メイン（Henry Sumner Maine）が『古代法』（Ancient Law）で「族長制説」を唱道、「人類社会の原則は、ローマの有史以前に存在した族長制であり、長老たる男子を族長とし、族長は専制君主に等しい権力を擁し、これを中心に大家族が組織された」として、その特徴は「男系をして親族関係の基礎とするもので、男系だけで家系が継承された」点にあると主張したことを「論争の発端」として、以下、この説をめぐるハーバート・スペンサー（Herbert Spencer）の批判（『社会学の原理』）、ドナルド・マクレナン（Donald McLennan）の原始的乱婚及び母系親制の説（『族長制説』一八八五年）、ヴェステルマルク（Westermarck）の父系母系混合説（『婚姻進化論』一八九一年）を紹介する。

また「近時の研究」として、バッホーフェン（Bachofen）、コーラー（Kohler）、ポスト（Post）らの研究を紹介し、アリアン民族では、昔時、「女家長制」（Matriachate）が行われ、女系のみによる相続が行われた、との説にも触れている。しかし、言語学者の多くは、母系的家族の確証はえられないと反対した。

岡松は、原始社会の男女関係と婚姻の関係に関する学説の検討も行った上で、それらはいずれも仮定による説であり、実際には「番族の慣習に依り証明せられんとす」とした。

「第二章　父系主義及び母系主義」では、「パイワン」族、「サリセン」族は、父系、母系いずれにも属せず、全く親系主義がない、「アミ」「プユマ」二族には、母系主義が行われている。北番三族「タイヤル」、「セーダッカ」、「サイセット」、「ソォウ」、「ブヌン」には父系主義が行われている、と指摘する。そして、この相違はそれぞれの婚姻形式に拠る、という。すなわち、父系主義を行う各族、北番三族「タイヤル」、「セーダッカ」、「サイセット」、及び「ソォウ」族、「ブヌン」族は、婚姻の本則として「嫁聚婚」を行う。母系主義を採る「アミ」族、「プユマ」族は、「招婿婚」を本則とする。「去家婚」と「合家婚」は、「パイワン」族、「サリセン」族のみに行われる。ここに「去家婚」とは、男女共に家長、嗣子でないときに、男女共にその生家を出て、共同して新たに一家を創立する場合であり、男女共に家長、嗣子のとき相互に他方の家に入り、両属となる場合が「合家婚」である。

岡松は「一種族は各一種の婚姻の形式を慣行し、他の婚姻制を交えず」としているが、この理由については、理解が難しく不明のままとする、と述べている。

なお、「第三章　男女関係」において、岡松は、男女同等は、この民族に通有且つ特有なる思想であって、「社会上、男女は均等の地位を有するを主義とし、父系主義、嫁聚婚制の諸族に於ても男尊女卑の思想なく、又母系主義、招婿婚制の諸族に在りても女尊男卑の観念なし」とし、「第六章　社会上男女の尊卑及び夫婦の主従」では、番族の夫婦関係は、他の東洋民族と大差あるが如く、殊に番婦は一般の東洋婦女の如く、従順、卑屈なるものにあらず。男女同権、夫婦対等の思想は、実に番族の一大特色である、と指摘している。非常に強い印象だったのであろう。

おわりに

おわりに、岡松の「知の射程」について検討を試みておきたい。その「射程距離」を測定する視点は三点、第一は「権力」との関係、第二は「同時代の知」、そして、第三は「現在の知」である。

「権力」との関係という観点からは、岡松の仕事はすべて「未完のプロジェクト」に終わったといえるだろう。「公法の領域」というべき明治憲法の改正、台湾統治法の制定は実現しなかったし、「私法の領域」というべき「台湾民法」の諸法案は法制局まで行ったようだが、その先には進まなかった。「台湾原住民へ接近」についても『慣習研究』が理蕃政策に活用された形跡はない。

第二の、同時代の「知」からする評価・批判はどうだろうか。そもそも憲法改正の企ては公にされていないし、岡松の意見書も公開されていないので、直接の評価も批判も見あたらないが、本稿では美濃部達吉の憲法論・植民地法論を参照した。岡松の詔勅案と美濃部の君主大権の論は、論理構造としては類似している。美濃部が君主大権を太陽に、憲法の規定（による君主の大権の制限）を日傘に例えたように、岡松も大権事項としたのである。「六三問題」が示すように、台湾の領有とは憲法レベルの問題だったのではないか。日清戦争の講和条件として、当時、償金、遼東半島の領有、台湾の領有の三項が要求案件となった。このうち、償金と遼東半島の領有なら憲法レベルの議論は不要だろう。しかし、台湾は人口、面積、社会条件からその存在は比較にならないほど大きい。憲法適用問題もあるが、私の考えでは、明治国家の目標＝大日本帝国のあるべき姿、国家のビジョンが拡散し曖昧になったことが、結果論としてではあるが、重要なことだったのではないか。

同時代の知という視点から「私法領域」はどう評価されただろうか。すでに論じたように、「旧慣立法」の路線は「内地延長」にとって代わられた。法案審査会の議事録を見ると、その段階から法院関係者は旧慣に批判的な発言が多いし、台湾在住の日本人弁護士たちもどちらかというと内地延長派だった。それと考えて見れば、法制局のほうでも台湾親族相続令のような法案を検討する知識も経験もなかったのであろう。さらに大事なこととして、立法機関と手続きの問題があったと考えられる。「台湾法典」を審議する「議会」がないことである。大正期に入り、新しい台湾青年たちが推進した台湾議会設置請願運動の目標は、台湾に関する法と予算の審議機関の設置であった。

「台湾原住民研究」については、同時代よりも時代は下るが、馬淵東一「高砂族に関する社会人類学」（『馬淵東一著作集』第一巻、社会思想社、一九七四年）のコメントを引いておきたい。この中に岡松の『台湾番族慣習研究』に関する言及はあるが、「高砂族に関する研究に関する限り、同博士の研究発足は遅きに失した憾みがあり」、岡松の逝去とともに「台湾における慣習法の調査研究及び編纂刊行のことは終りを告げ」とあり、「我が学界で慣習法研究や社会人類学を含めての広義の比較社会に呈する関心が極めて希薄」であると、馬淵博士は述べている。

台湾原住民研究に着目したのは、ドイツの法学者コーラー（Josef Kohler 一八四九〜一九一九）であった。岡松は留学時にコーラーに師事し、さらに後年コーラーに再会したときに台湾原住民研究の重要性を指摘された、と回想している。

　第三の、現在の知という点からは、王泰升台湾大学法学院教授の『台湾法における日本的要素』（国立台湾大学出版中心、二〇一四年）が挙げられる。とくに、同書第五章岡松参太郎の学説と日本統治前期における台湾民事法の変遷・再論――「慣習立法」モデルの生成・消滅・「再興」では、岡松の仕事が再評価されつつあるようである。日本の台湾統治が終わり、台湾における民主化・本土化が深化した現在、岡松の「遺産」が活用され、再評価される条件が熟したと言え、新たな探究が始まることが期待される。

　岡松の「知の射程」を測定するひとつの里程標として、植民地統治と「法の継受」という視点から記しておきたいことがある。思えば一九八〇年代、戴國煇博士の台湾旧慣調査に関する論文と、「法の継受」という世界史的現象とが私の中で結びついたとき以来、岡松参太郎の名はこの研究空間の中心を占めるものとなった。植民地台湾の台湾統治政策との関連で言えば、近代日本における法典編纂から法整備にいたる「法の継受」の担い手たる屈指の法学エリートとして、台湾における調査と立法にあたっても、「法の継受」のトレーガーとなることが期待されたと思われる。当初、後藤新平の描いた構想では、イギリスのインド統治におけるサー・ヘンリー・サムナー・メインの役割がイメージされていた。

　しかし、岡松がその調査と立法にあたって参照した「法」は、日本民法はもとより、台湾の慣習法であり、大陸古代からの中国法・清国法であり、ドイツ、フランス、イギリスをはじめとする西洋法であった。法案審査会での資料と議論は「法の交差」ともいいうるのではなかろうか。

　これを可能にした岡松の方法の特色をひとつ挙げるとすれば、それは相互に「参照」することによる「知の組織化」という彼の「学風」であった、というのが本稿を書き終えての私の感想である。

（1）岡松参太郎「亡友石坂君を挽し併せて其遺著債権法大綱に序す」（石坂音四郎『債権法大綱』有斐閣、一九一七年）一～三頁。

（2）このほか筆者の関連著作としては、「植民地における「旧慣」と法」（『季刊三千里』第四一号、一九八五年春）、「台湾旧慣調査の歴史的意義」（西川潤ほか編『東アジア新時代の日本と台湾』明石書店、二〇一〇年）所収、「（書評）西英昭著、九州大学出版会『『台湾私法』の成立過程――テキストの層位学的分析を中心に』」（『中国研究月報』第六四巻第六号、二〇一〇年）、伊藤隆・季武嘉也編『近現代日本人物史料情報辞典』（吉川弘文館、二〇〇四年、同第四巻、二〇一一年）の「岡松参太郎」の項目、がある。

（3）岡松文書「発見」後には、浅古教授らによる文書研究会、岡松家の原所在地である大分県豊後高田市への調査旅行、二〇〇三年四月二七日、早稲田大学における法制史学会ミニ・シンポジウム「岡松参太郎の学問と政策提言」、同年六月一四日、日本台湾学会学術大会（於：関西大学）における報告などに参加する機会を得た。

（4）なお、日文研における本稿に関連する研究としては、洪郁如「植民地の法と慣習――台湾社会の女児取引をめぐる諸問題――」（浅野豊美・松田利彦編『植民地帝国日本の法的構造』信山社、二〇〇四年三月、所収）、及び浅野豊美『帝国日本の植民地法制――法域統合と帝国秩序――』（名古屋大学出版会、二〇〇八年）所収の第四章「梅謙次郎と後藤新平――初期台湾法制における法典と慣習――」があるが、本稿では取上げる紙幅がなかった。

（5）後藤新平「台湾経営上旧慣制度の調査を必要とする意見」（『台湾慣習記事』第一巻第五号、六号、一九〇一年五月、六月）。

（6）一九〇一（明治三四）年一月二九日、第一五回帝国議会衆議院予算委員第一分科会会議録第四回、二八頁。同年一月三一日の第五回、二月一日の第六回、二月四日の第七回、三月二〇日の第一三回、同日の予算委員会会議録第一二回に後藤の答弁が記録されている。また、一九〇一（明治三四）年二月二六日、貴族院予算委員会第三分科会議事速記録第二号、同年三月一五日の第三号にも旧慣調査費の審議記録がある。

（7）京都大学七十年史編集委員会編『京都大学七十年史』（京都大学、一九六七年）一七頁。

（8）一九〇一（明治三四）年一月三一日、衆議院予算委員第一分科会会議録第五回、四二、四三頁。

（9）これに関連して、呉豪人「ドイツ人種法学と『台湾私法』の成立」（『台湾史研究』第一四号、一九九七年）、中生勝美「ドイツ比較法学派と台湾旧慣調査」（宮良高弘・森謙二編『歴史と民族における結婚と家族』第一書房、二〇〇〇年、所収）、中生勝美『近代日本の人類学史――帝国と植民地の記憶――』（風響社、二〇一六年）がある。コーラー、ポストなどドイツ法学の影響をどのように評価するかについて、本稿の立場はこれらと異なっている。

（10）穂積重行『穂積歌子日記 一八九〇―一九〇六 明治一法学者の周辺』（みすず書房、一九八九年）二四六頁。

（11）前掲『穂積歌子日記』、明治二九年五月九日、同月一六日の条。なお、明治三五年一〇月一六日、明治三六年六月二六日の条にも岡松の名があり、穂積陳重との交流が分かる。

（12）岡松参太郎『註釈 民法理由』上巻（有斐閣書房、一八九七年）二～一一頁。

（13）山中康行「京都帝国大学法学部欧文図書目録」（『大学図書館研究』第一八号、一九八一年五月）。

（14）『東壁』第一号、関西文庫協会々報摘要、一九〇〇（明治三三）年九月二二日、第四回例会で、岡松は留学中ドイツで見聞した大学図書館の便利さについて講演している。同誌は、同志社大学附属図書館竹林文庫で所蔵している（文書番号四四―一一二―一六、八～九枚目）。

（15）織田萬『法と人』（春秋社松柏館、一九四三年）三一五～三一八頁。

（16）岡松文書、R-19、C44、187-1、187-2、187-3、187-4、「京都出張所設置ノ件」、「京都出張所処務規程」等。R-11、C27/11（報告／京都事務所統一の件および電話処分の件）、R-5、B6/6（書簡／代理請求書類送付の件）。岡松文書の典拠表示については、文書目録の書誌的記述を利用して、マイクロフィルムのリール番号、親番号、子番号の順に記載する。マイクロフィルムにはコマ番号が付されていないため、フィルム検索利用のため目録に番号が付されているが、この論文の注としての識別上は意味がないため、記載しない。文書目録を併用しながら該当資料の検索、同定をお願いしたい。

（17）戴國煇「伊沢修二と後藤新平」（春山明哲・松永正義・胎中千鶴・丸川哲史編『戴國煇著作選Ⅱ 台湾史の探索』みやび出版、二〇一一年）二三六頁より重引用。初出は『朝日ジャーナル』一九七二年五月一二日号。書簡出所、尾崎秀真「台湾四十年史話（四）」（『台湾時報』昭和九年四月号）。

（18）春山「台湾旧慣調査と立法構想」（同『近代日本と台湾――霧社事件・植民地統治政策の研究――』藤原書店、二〇〇八年））二七三頁。

（19）岡松文書、R-17、C41、3-2、3-1。

（20）これはかつて筆者が「後藤新平伯関係文書」（マイクロフィルム版）中にあるのを見出し復刻し、『台湾近現代史研究』第六号（一九八八年）に収録したものである。作成時期を推論したが、岡松文書の存在により前掲『近代日本と台湾』では訂正・補記している。
(21) 岡松文書、R17、C41、4-1「台湾ノ制度ニ関スル意見書」、4-2「詔勅ヲ以テ台湾統治法ヲ定ムル件ニ関スル意見」。
(22) 岡松文書、R-16、C37、3「旧慣調査事項概略」。
(23) 岡松文書、R-11、C28「親族相続ニ関スル調査綱目二」。
(24) 岡松文書、R-19、C44、14-1（電報／旧慣調査会改組の件）。
(25) 法案審査会の議事録は、『臨時台湾旧慣調査会法案審査会第一回会議々事録』の形で、第一回から第五回まで、刊行されている。以下、『法案審査会第一回会議議事録』のように表示する。
(26) 岡松文書、R-25、C54「台湾合股令仮案」（明治四一年六月）、C55「台湾合股参考立法例」。
(27) 『法案審査会第一回会議議事録』明治四二年九月二一日。
(28) 岡松文書、R-12、C30「台湾親族相続令第一草案」。
(29) 岡松文書、R-12、C32、7-1（台湾親族相続令に於ける慣習の改廃点）。
(30) 岡松文書、R-12、C32、7-2（民法の規定への変更点）。
(31) 『法案審査会第四回会議議事録』八～三九頁。
(32) 『法案審査会第五回会議議事録』一〇七頁。
(33) 『法学新報』第二七巻第九、一一号、第二八巻第一～五号、七、八号、一九一七年九、一一月、一九一八年一～五月、七、八月。
(34) 笠原政治「旧慣調査と原住民族の分類」（日本順益台湾原住民研究会編『台湾原住民研究の射程』順益台湾原住民博物館発行、二〇一四年）。
(35) 台湾総督府蕃族調査会『台湾番族慣習研究』の注はここで一括して記す。「番族の概況」第一巻叙言三頁、同本文一頁、「本書の中心主題」第一巻叙言四～五頁、「番と蕃」第一巻三頁、「ガガア、ガヤ」、「団結組織」第二巻一五九～一六三頁、同二六八～二七三頁、「客観的観察と主観的観察」第二巻二一九～二三七頁、「学説及び事例」第五巻三～八二頁、「父系主義及び母系主義」第五巻八三～一一二頁、「夫婦関係」第五巻四九八～五〇五頁。なお引用にあたり、片仮名を平仮名に改め、濁点を補なった。

領台初期の原住民調査

中生勝美

はじめに

日本の旧植民地では、「旧慣調査」と呼ばれる行政機関の調査が、統治の初期段階に実施された。それぞれの時代に、異なる植民地で旧慣調査が行われたが、その調査の必要性、背景は一様でない。一般的に、統治の初期段階での旧慣調査は、それ以前の統治状況を継承するための状況把握であり、次の段階での植民地立法、あるいは日本本土の司法制度とは異なる現地の慣習を司法の準拠基準として採用するための基礎調査、そして統治が確立した後、産業行政と警察行政のための調査と分けることができる。

日本の最初の植民地である台湾では、一八九六年三月に法律第六三号で「台湾に施行すべき法令に関する件」を発令し、日本国内法を直接台湾に施行せず、台湾従来の慣習を考慮した特別立法を必要とすると定めた。さらに後藤新平が台湾総督府の民政長官として赴任して以来、旧慣調査が植民地統治の基礎事業として位置づけられ、その後の植民地調査のモデルとなった。

従来、台湾の旧慣調査は、後藤新平の主導で台湾統治の主要事業の一つとして実施され、京都帝国大学法学部の岡松参太郎を中心に組織された。その内容は、土地制度、台湾私法、清国行政法と並んで、先住民の慣習調査が実施された。台湾旧慣調査は、後藤の台湾統治指針から旧慣尊重の政策により実施され、日本とは異なる社会を統治するため、国内法とは異なる慣習を把握し、異民族を効率的に統治するための便宜的な手段として採用された。植民地立法という観点から、台湾私法、清国行政法は容易に位置づけることができたが、先住民を調査した慣習調査は、前者とは性格が異なるため、台湾旧慣調査を論じた研究では、「人類学的な調査資料」として度外視される傾向がある。(1) 人類学からも、非専門家によって作成された民族誌として、資料の空白地帯に密度の高い情報をもたらして、柳田国男や折口信夫など民俗学者に熱心に読まれたものの、総督府の政策に生かされることもなく、継承もされていなかったことで、その企画自体疑問視する指摘もあるが、(2) なぜこの調査が実施されたのか深く追及された研究はない。

本稿では、これまで論じられることが少なかった『蕃族調査報告書』および『番族慣習調査報告書』を取り上げ、台湾の先住民統治政策の変遷と、その調査の位置づけをめぐって分析を試みたい。

一　台湾の原住民政策

(1)　台湾総督府原住民政策の時代区分

台湾総督府の原住民政策は「理蕃政策」と呼ばれ、大きく分けて次の六つに時期区分する。(3) 各時代で歴代総督の指揮権が関係しているので、時期と総督名を示しておこう。(4)

綏撫時代　一八九五年五月～一八九八年二月　二年八ヵ月
　　一代 樺山、二代 桂、三代 乃木
警備時代　一八九八年二月～一九〇六年四月　八年二ヵ月

四代 児玉
討伐時代　一九〇六年四月～一九一五年五月　九年一ヵ月
五代 佐久間
撫育時代　一九一五年五月～一九三一年一月　一五年八ヵ月
六代 安東、七代 明石、八代 田、九代 内田、一〇代 伊沢、一一代 上山、一二代 川村、一三代 石塚
教化時代　一九三一年一月～一九三六年八月
一四代 太田、一五代 南、一六代 中川
皇民化運動時代　一九三六年九月～一九四五年八月
一七代 小林、一八代 長谷川、一九代 安藤

一八九六年四月一日に施行された台湾総督府撫墾署官制により、各県で撫墾署が設置されたが、殖産局が「撫墾署長心得要項」の中に「八、蕃社名戸口風俗調査ノ事」とあり、その他生活風俗習慣について「精細ナル調査ヲ遂ゲ速ニ蕃地ノ実情ヲ詳ニセンコトヲ望ム」とある。(5) 続いて、同年一〇月に乃木希典が総督に就任した後、民政局殖産部長を通じて各撫墾署長に次の六つの事項、二九項の調査項を通知した。(1)蕃人鎖国的感情ノ矯正、(2)蕃人殺人ノ厳禁、(3)蕃人迷信ノ攪破、(4)蕃人ノ授産並ニ衣食住ノ改良及ビ其ノ知能ノ啓発、(5)蕃地ノ踏査及ビ交通、(6)蕃地開墾及ビ森林産物ノ利用等。二九項目の中には、集落の規模や地形、生活の概況以外に、⑪蕃人ノ疾病、⑭殺人ノ原因ニ関スル事、⑲蕃租ニ関スル事、⑳蕃地ニ於ケル樟脳製造其他事業ニ関スル蕃人トノ契約、㉒宗教的観察などを挙げている。(6) 特に⑭の補足説明に「蕃人ノ土人ヲ殺害スルハ先天的復仇心ニ出ヅルカ又ハ単ニ頭顱ヲ狩リシ勇気ノ彰標トナサントスル名誉的観念ニ由ルカ或ハ一種ノ宗教的原因ニ出ヅルカ最モ探究ヲ要ス」と、この時点で首狩りが単なる紛争の結果だけでなく、宗教的な意味があることも理解している。

(2) 統治直後の原住民調査

一八九七年四月、総督府に各撫墾署長を招聘して諮問会が開催され、乃木総督から「日本人ト蕃人トノ関係ヲ円満ナラシムルハ諸君ノ重大ナル責務」として「馘首ハ諸君ト歎息ヲ同ウスル悪習」と首狩りの根絶に腐心する挨拶があった。この時に拓殖課からの諮問で、一五の撫蕃行政で必要なものとして「蕃語研究者増員並研究方法ノ事」、更に臨時調査掛から清国政府時代の首狩りによる死者の遺族扶助料の旧例なども議題に上がった。(7) こうした議論を受けて、学務課長の伊沢修二は、蕃人教育法に関係する計画を立て、伊能嘉矩と粟野伝之丞に全島の生蕃調査を命じた。(8) 二人は、一八九七年五月から一一月まで全島の原住民地区を踏査し、(9)『台湾蕃人事情』を出版した。(10) この報告書の第四編で教育に重点を置いているのは、調査依頼と関連があったのだが、台湾統治後、最初に原住民の全体像を示したものである。その構成は次の通り。

第一篇蕃俗誌　第一章緒説　第二章各説（第一アタイヤル族　第二ヴオヌム族　第三ツオオ族　第四ツアリセン族　第五スパヨワン族　第六プユマ族　第七アミス族　第八ペイポ族）第三章総説（第一蕃人ノ種類並ニ地理的分布　第二蕃社及戸数人口ノ統計　第三統制的現状　第四土俗　第五慣習　第六生業　第七雑記）

第二篇蕃語誌

第三篇地方誌　第一章緒説　第二章各説（第一台北新竹地方誌　第二南庄地方誌　第三東勢角、大湖地方誌　第四埔里社地方誌　第五嘉義雲林地方誌　第六鳳山地方誌　第七恒春地方誌　第八台東地方誌　第九宜蘭地方誌）

第四篇沿革誌　第一章理蕃沿革史（第一和蘭人ノ理蕃　第二鄭氏ノ理蕃　第三清政府ノ理蕃　第四概説）第二章蕃人教育沿革誌（第一和蘭人ノ蕃人教育　第二支那人ノ蕃人教育）（附）台湾蕃地交渉年表

第五篇結論

この中で、第一篇蕃俗誌の第三章総説の項目が、その後の調査の参考になったと思われる。

地理的分布・蕃社並ニ戸数人口・統制的現状（一、社会的組織・二、酋長ノ統治・（附）刑罰・三、家族組織）・土俗（一、住所・二、衣飾・三、飲食）・慣習（一、結婚・二、生誕・三、疾病・四、埋葬・五、馘首・六、祭祖）・創世的口碑・生業（一、農業・二、狩猟・三、漁魚・四、家禽及ヒ家畜ノ飼養・五、手工・六、織布及ヒ裁縫）

その後、蕃社台帳の様式が定められたのは、一九〇五年である。その調査票の様式は甲乙丙の三表で、甲号に蕃族総称、独立社若しくは大社、小社の名別、蕃社の位置（方位距離）、有力者（総土目・土目・副土目・勢力者）と通事＝通訳の名前と年齢、銃器弾薬の数量、乙号には戸数、人口・出生・死亡・結婚離婚・（男女と総計）、配偶数、壮丁数、丙号には統制（社会組織、酋長統治、刑の種類、治罪の方法）、土俗（居住形態、家屋、共同会所、家畜舎、頭骨架、獣骨架、衣服、装飾、帽の製作法、飲食物の炊煮、飲料水の使用法、酒煙草の製造と嗜好、発火法など）、慣習（誕生児の取り扱い、命名法、結婚法、疫病の種類と治療法、埋葬法、馘首の原因、祭祖の観念、始祖伝承、迷信等）、生業、物産、理蕃沿革、蕃社間交通、外敵に対する結合、蕃政相互の仇敵の有無。この台帳は、一〇年間使用できるような計画で警察本署と支署に設置し、種族、管轄庁ごとに別冊とするなど細かい指示がされていた。(11)

（3）「蕃害」の状況

原住民に対する政策で、台湾統治の初期から解決すべき緊急の課題は首狩りの風習だった。しかし首狩りが深刻化したのは、かえって台湾統治が実質的に軌道に乗り始めた児玉総督の時代からで、その要因は首狩りが単に伝統的な因習だけでなく、日本の統治政策にあった。特に原住民の土地を国有地として取り上げ、そして樟脳事業を進めたことが、原住民の生活を圧迫することになったからであった。これは具体的には次のとおりである。一八九六年一〇月、台湾政府は「官有林野及樟脳製造業取締規則」を交付し「所有権ヲ証明スルヘキ地券又ハ其他ノ確証ナキ山林原野ハ総テ官有トス」（第一条）と定め、原住民の居住地や狩猟地を官有化した。そして官有地の伐木・開墾・製脳を許可制として、重要な輸出品であった樟脳の増産を計るとともに、漢族商人や外国商社への統制を強化して権益の独占化を進めた。一八九九年六月の樟脳専売制の施行に伴い、主要な産地に樟脳局が設置され、施行の翌年には樟脳生産高が一・八倍まで増加している。それと並行して、原住民の襲撃事件が増加している。北村嘉恵は、製脳事業が盛んな地域ほど襲撃事件が多発していたと指摘している。宜蘭庁を例にとると、一九〇〇年以降の製脳場への襲撃が増加し、一九〇三年には被害者の半数が樟脳事業者だった。そこで宜蘭庁長は、製脳地の拡張による狩猟場の浸蝕が襲撃を激化された要因だと認識していた[12]。

表1にまとめたように、日本人の「蕃害」（首狩り被害）は、一九〇〇年に突出して多くなるが、一九〇七年以降は減少している。これは、日本人を襲うと、そのあと理蕃課からの報復があることが判明して、徐々に日本人を避けるようになったことを示している。また、警部補以上の死傷者で、一九一二年が増加しているのは、一九一〇年から始まる五年計画理蕃事業による戦闘が激化したことによる。また別の資料では、一八九五年から一八二九年の三四年間で、「出草」（首狩り）や反攻による殉職者・被害者の総数が六九二四人で、最多は一九一一年の七六一人、その次が一八九八年の五五七人、一八九九年五三一人、一九〇〇年五二五人、一九〇一年五一〇人一九二二年一六人、一九二三年一〇人、一九二四年四人、一九二五年二人、一九二六年九人、一九二八年四人、一九二九年二人と、首狩り禁止の政策が功を奏し減少している。理蕃課の職員の死者は、同じくこの三四年間で四四八人、民間人は四三二六人（そのうち日本人は三六三人、その他は台湾人）。負傷者数は、同じくこの三四年間で四〇九七人で、最も多かったのは一九一一年の五三六人とある[13]。

五年計画理蕃事業は、当時の台湾総督府の重要な収入源であった樟脳の生産拡大と密接な関係がある。樟脳は、防虫剤、かゆみ止めや湿布薬など外用医薬品として現在でも使われているが、かつてはセルロイドの可塑剤として大量に使われていた。二〇世紀に入り、映画が大衆娯楽として急速に発展し、映画フイルムにセルロイド需要

表1 「蕃害」被害統計表

年	内地人		本島人		合計		警備員		隘勇／その他	
	死	傷	死	傷	死	傷	死	傷	死	傷
1896	0	0	63	16	63	16				
1897	0	0	151	15	151	15				
1898	21	8	536	126	557	134				
1899	21	6	510	144	531	150				
1900	95	34	430	81	525	115				
1901	7	2	503	121	510	123				
1902	8	23	303	98	311	121				
1903	4	7	225	53	229	60				
1904	13	9	140	52	153	61	14	4	114	48
1905	29	3	159	25	188	28	14	5	125	42
1906	54	3	81	22	135	25	18	12	91	80
1907	1	0	144	33	145	33	47	46	138	221
1908	1	0	44	6	45	6	19	14	38	32
1909	1	4	73	16	74	20	36	46	80	118
1910	6	2	36	5	38	7	37	48	114	130
1911	4	1	151	29	155	30	73	56	206	123
1912	9	4	146	19	155	24	189	184	417	329

出典：台湾総督府民政部蕃務本署『理蕃概要』（台湾総督府民政部蕃務本署、1912年）第７・８附表より作成。警備員は警視・警部・警部補・巡査・巡査補を総合した人数。

が伸び、世界の樟脳需要を日本が独占的に供給していた。一九二〇年代に入って、セルロイドに代わるプラスチックが発明されるまで、樟脳は台湾総督府の貴重な財源として重視された。そこで一八九九年に台湾樟脳局を設置して、樟脳の専売制度を始めた。一九〇〇年からの一〇年間、樟脳専売の平均収入は三八五万円で、台湾の経常歳入の一九％を占め、樟脳収入はアヘンとならんで台湾総督府の主たる財源になった[14]。

樟脳の製造業者が樟木を取得するため山野に入り、原住民との衝突が繰り返され、専売施行を契機に製脳地の警備と樟木確保に「樟脳警察」を整備し、武力を背景に樟木収奪を強行した。その具体策として一九〇三年の蕃地事務委員会の発足と一九一〇年の五年計画理蕃事業が挙げられるが、一九一〇年からの司法警察の支出は突出して増加した[15]。

「蕃地」とよばれる原住民居住区に対する統治政策が強化された時期に、旧慣調査事業の法制調査・経済調査が一定の成果をあげて転換期を迎え、最後に残された事業として蕃族調査事業が実施された。では、旧慣調査事業の中で、蕃族調査事業をいかに位置づけ、大量に残された報告書の性質をどのように考えればいいのかを検討していこう。

二　岡松参太郎の旧慣調査構想と原住民研究

(1)　台湾旧慣調査会の活動

井出季和太は、旧慣調査の全体の経過を次のようにまとめている[16]。一九〇〇年一二月に総督府で旧慣調査事業を計画する議が起こり、そのため特設期間を設け、岡松に嘱託して一九〇一年臨時台湾旧慣調査会を組織した。調査会は当初第一部を法制、第二部を主として農業商経済に関する旧慣を調査させたが、一九〇六年六月より第一部に法制経済のほかに行政の一課を加え、一九一〇年に実地調査を終了したので、同科第二次事業として生蕃の風俗習慣に関する調査に着手し、便宜上本来の法務科と分けて、特に蕃族科とした。第二部は南清（福建）に関連する農工商経済に関する事項を調査させ、一九〇八年八月から従来整理した材料を取捨し、第一部の事業が完成したので、一九一〇年七月から第三部を設けて法案起草審議を担当させた。

この中で、蕃族調査に関しては、次のように述べている。第一部に属する蕃族科は、一九一〇年以降、二、三部員を調査に従事させたが、その中で殺害されたものを生じ、第一部の編纂事業と第三部の法案起草事務の補助をしたので、調査の進行に支障を出したが、一九一三年から一九一九年九月まで『蕃族調査報告書』七冊、また『番族慣習調査報告書』四冊、及び一九一五年に『蕃族図譜』二冊を出版し、また一九一七年に森丑之助の『台湾蕃族志』第一巻を刊行した。その後、蕃族調査事業は、一九一九年五月に総督府で蕃人の旧慣を調査し、法制審議をするため組織された。台湾旧慣調査会が閉鎖されたのちも、調査未了のものを蕃族調査事業が引き継ぎ、『番族慣習調査報告書』五巻の一、（パイワン族）を一九二〇年、同三と四を一九二一年、一巻後篇（タイヤル族）を一九二〇年、五巻の五を一九二二年に出版し、同年、岡松参太郎の遺著である『台湾番族慣習研究』八冊を刊行した。[17]

（2） 岡松参太郎の台湾法制構想

岡松は一九〇〇年二月から一九一四年までの一五年間、旧慣調査会に従事し、慣習調査と民事商事およびその手続きに関する諸法案の起草を完成した。原住民調査に関して、岡松は晩年になって『台湾番族慣習研究』八巻を執筆しているが、原住民の調査が始まった時には、この調査に対して自らの研究対象とは考えていなかった。岡松は、英独仏の法文献に通じた唯一の学者と評価されており、その主著『注釈民法理由』は、日本の民法の条文に、その立法の参照となった英独仏の民法典を比較対照した画期的な比較法の研究書であった。[18] この研究を通じて、岡松は日本民法が持つ矛盾点を、明確に認識していた。それは日本がドイツ民法第一草案を参照して日本民法を編纂し、さらに第二草案を入手して、フランス法の研究者に起草させたため、フランスの法思想が混入し、ドイツ法にない規程はフランス法を参照して作成したため、首尾一貫性にかけるものとなっていた。岡松は、民法の総則・物権・債権の各条文を、英独仏の民法典と対照したうえで、極めて具体的に法体系の矛盾点を指摘し、その不備を嘆いていた。しかし、岡松は一度立法されると、その改正は容易にできないことを十分認識していたので、インド植民地立法がコモン・ローに基づいて様々な改正をしたので、イギリス本国の条例制定にインド諸法が参照されて改善された事例を挙げて、「台湾の法制を完美ならしめ台湾が内地法に倣ふに非ずして、却て日本内地法をして台湾法を模範とするに到らしめんこと」を目標にしたと表明している[19]。この所信表明は、岡松が台湾旧慣調査の仕事に着手した直後の一九〇〇年に行われた講演記録であるが、ここに岡松が台湾旧慣調査から台湾法制の完備にかける高い志を読み取ることができる。

岡松自身、京都帝国大学教授を兼任したまま南満洲鉄道株式会社（略して満鉄）の理事に任命され、調査部の事務を担当した上に、台湾立法の法案起草の職務に追われ、満鉄理事を辞任する一九一四年まで極めて多忙であった。さらに調査の内容が、「蕃族」調査は人類学を主眼として自分の専門外だとして興味がわかず、法学研究上には利益がないと放置していた。岡松の原住民に対する認識は、その根底に国法上、原住民をいかに扱うかという根本的な問題があった。「生蕃」の国法上の地位をめぐる議論は、すでに田中宏や松田京子がまとめているが、彼らが依拠した原典に当たって経緯を要約しよう[20]。

植民地住民を「帝国臣民」にする法的正当性に関する議論が、台湾を植民地にした直後から『国家学雑誌』の誌上で山田三良の「解除条件説」か、山口弘一の「停止条件説」の二論で交わされた。これは植民地住民の国籍移行という問題について、手続きの論拠として交わされたのだが、最終的に条約交換と同時に無条件で日本帝国臣民となったとされた。しかし一九〇二年に「台湾住民」の中に「生蕃」が含まれるかという点で論争となった。論争の発端は『台湾民報』一九〇二年一一月二〇日の「生蕃問題」に関する投稿募集で、台湾各界の有識者に談話を求める積極的取材から始めた。この時、岡松参太郎は「停止条件説」の立場から、国籍選択の猶予期間終了後、割譲地にとどまる人民を日本政府が「日本帝国臣民」とみなしうる権利を持つが、条約の「住民」とは清国の主権に服従していた住民で、清国統治下で「化外の民」であった「生蕃」は条約の「住民」の範疇に含まれず、服従する者は日本の法律を適用しても差し支えないが、抵抗するときは「国法上より見れば、彼らは野獣にひとしき動物である」として討伐を正当化している。そして岡松は、原住民を日本統治下も「化外の民」として、一定の条件を満たすと日本臣民になることができるが、そうでなければ「何れの国家にも属せざる憐れむべき蕃族である」としている。(21)これに対して、台湾総督府参事官の持地六三郎が「蕃政問題に関する意見書」の中で「解除条件説」の立場から宗主国がすべての植民地住民を「臣民」とみなす権利を有しており、「生蕃」は国際法ではなく、国法上の関係にあると主張した。(22)この論争に『台湾習慣記事』が誌上に「生蕃人の国法上の地位について」で懸賞論文を募集したが、該当者がなく、審査委員となった台湾覆審法院判官の安井勝次が岡松に近い議論展開の論文を寄稿し、「生蕃」は「化外の民」であり「当事国に於いて何等約定する所」ない存在とした。(23)つまり、「生蕃」は法の認定と保護を受けた「人格」を有する存在とは見なされないとして「形状に於いては自然人たることを争ふべからざるも、国法上に於いては野獣と異なる所なし、故に之を討伐し、之を剿滅するは固より国家の権内に属し、殊に生蕃の如く馘首の常習ある人種の公敵に対しては之を保護するの理あるべからず」として、生蕃の討伐を国家権利として正当化している。

(3) 岡松参太郎の原住民調査への関心

岡松が、原住民調査が始まったころ、その調査に関心を示さなかったのは、旧慣調査の対象が漢人および漢人化した「熟番（＝平埔族）」で、「生蕃（＝原住民）」の調査は蕃務本署の仕事だと認識していたからだ。しかし台湾旧慣調査の事業も終わりに近づき、職員に多少時間の余裕を持つものが出たので、「蕃務本署」と協議して一九〇九年二月に職員一人を試験的に「蕃族」の慣習調査に当たらせた。一九一四年に旧慣調査の任務が完成したので、改めて「番族ノ慣習調査」を始め、一九一七年までに調査報告書七冊と図譜二冊を刊行した。(24)

では、岡松はどうして蕃族調査に関心を示したのであろうか。岡松が、その動機を直接書き記しているのは、一九一六年に法律上の妻の地位を研究したとき、「蕃族」に母系主義があると聞き、妻の地位の沿革に参考とするため当該報告書を一読し、その慣習が法制史上、貴重な材料と認識を改め、この調査を軽視したことを後悔し、その後このテーマで論文を執筆したと述懐している。(25) さらに、岡松が満鉄理事を辞任した直後に出版された『原始と古代の法制度』を読んだことがきっかけとなっている。(26) この著作は、岡松の師であったコーラーを中心に、『古代法』を書いたメーンなど、欧米の古代法、未開法の研究者が執筆していたので、岡松は、これを取り寄せたのであろう。当時は、社会進化論の仮説に基づき、原始社会の乱婚より母系制が生まれると議論をされており、台湾原住民の実証的な民族誌データから見れば、あまりに机上の空論を展開していることに岡松は気が付き、改めて蕃族調査を再評価して読み返したのである。岡松は、一九一七年から連載を始める「母系主義ト台湾生蕃」の論文の緒言に、原始社会を乱婚及び母系とする社会進化論の前提に対する疑問を挙げ、①原始社会を乱婚と捉えること、②母系主義と乱婚を結びつけること、③未開社会を母系と結びつけること、④母系主義と母権、父系主義と父権が伴う理由と説明することを否定している。(27) この結論を証明するため、台湾原住民の事例を用いている。社会進化論は、一八世紀末に未開社会を研究する上で「科学的な仮説」として広く受け入れられていたが、世界各地のいわゆる「未開社会」の状況を報告した宣教師・旅行者・植民地官僚の断片的な民族誌データを再構築して作られた仮説は、人類学のフィールドワークによって否定されてきた。

岡松は、台湾原住民の民族誌を用いて、具体的に当時の社会進化論の欠点を批判していた。岡松は、謙虚にも自分は人類学的調査の門外漢で、台湾原住民の調査方針を指導したこともなく、彼らの居住地に足を踏み入れたことがなく、単に旧慣調査の報告書に基づいて記述しているに過ぎないと書いている。(28) しかし、フランスのマルセル・モースも、岡松と同様に実地調査ではなく民族誌の文献資料により優れた人類学の理論を立てており、実際の現地踏査は人類学的研究の必要条件とは言えない。

岡松が、原住民調査に関心を寄せたのは、旧慣調査会の仕事が終わってからであることは間違いない。原住民研究について、実質的な推進者は大津麟平であることは、すでに関口浩の研究でも明らかになっている(後述)。では次に実質的に、どのような経緯で原住民調査が実施されたのかを見ていこう。

三　原住民旧慣調査の企画

(1)　二種類の原住民調査報告

馬淵東一は、『番族慣習調査報告書』と『蕃族調査報告書』が臨時台湾旧慣調査会の出版物でありながら、なぜ二種類のシリーズとして刊行されたのか、「その事情は明らかでない」としながら、前者は慣習法探究が濃厚であるが、後者は一層包括的で、むしろ社会人類学・文化人類学的報告といえるけれども、その違いは「相対的印象の差にとどまる」とコメントしている。(29) 馬淵は、さらに『番族慣習調査報告書』が法学系統出身者を含んでいたと思われるけれども、『蕃族調査報告書』をまとめた佐山融吉は史学科の人で、坪井正五郎は、一八九五年の台湾割譲の時、台湾研究の必要性を力説して経費を特別に出させたので、佐山と森丑之助の実地調査にも有利になったと記している[30]。

坪井の台湾調査の影響は、鳥居龍蔵の台湾調査にも出ている。台湾領有が決まった時、東京帝国大学理科大学は、教授会で、動物、植物、地質、人類の四教授を台湾に派遣して調査するよう決議した。そこで坪井正五郎の要請で鳥居龍蔵が一八九六年一〇月から一二月まで派遣された[31]。これが鳥居にとって初の台湾調査であったが、第二次以降の調査は、坪井が台湾総督府へ「台湾蕃族の科学的調査」をすべきとの意見書を提出し、それが受理されたというので、鳥居龍蔵は総督府の全面的な協力で調査を実施できた[32]。

『番族慣習調査報告書』と『蕃族調査報告書』が内容が類似していて、同じ臨時台湾旧慣調査会から出版されていることに疑問を持ち、二つの報告書からタイヤル族の報告を比較検討した土居平は、内容から見ると、別に二つのシリーズにする必然性はないと結論付けている[33]。関口は、原住民調査の主要な目的を小島由道が中心となって編纂した『番族慣習調査報告書』の法慣習調査であり[34]、佐山融吉が執筆した『蕃族調査報告書』は補助資料に過ぎないと評価している[35]。

このように、二つの報告書が、なぜ重複した時期に、類似した内容で作成されたのか、その理由を述べた資料がないため、これまで推測に基づく評価がされている。しかし岡松参太郎は、この原住民調査を、「法制上の慣習」と「生活上の風俗」とにより担任を異にしたと明示している[36]。そして報告書の中にも、法制上の調査と土俗上の調査の二系統を意識した記述が見受けられる[37]。またツォウ族に関しては、佐山の報告書が先に出たので、小島は、伝説・祭祀・生活状態に関して「重複を避けるため」概略だけ記すると書いている[38]。

河野喜六も、アミ族の調査で、口碑伝説研究は土俗調査の範囲に属し、法律調査の主要な部分を占めるべきでないので、これを専門家の研究考察に譲るけれども、調査の過程で聞いたものを記録して参考にすると、土俗調査との差異を強調しながら、一族の沿革に関する口頭伝承の記録をしている[39]。このように、法制と土俗の二系統の調査であったのに、両者がかなり重複しているのは、同じ原住民調査でありながら、双方があまり調査内容の分担を調整せずに、それぞれが独自に調査を実施したので、結果として似たような報告書になってしまったと思われる。

（2）旧慣調査会の残務事業としての「蕃人旧慣調査」

岡松参太郎によると、台湾旧慣調査の事業は、一九〇九年二月に、職員一人を試みに蕃族の慣習調査に着手させ、一九一三年に漢族系統の旧慣調査が完成してから、台湾総督府は蕃族の調査を本格的に始めさせた。岡松は、明確に原住民の旧慣調査を「法制上の慣習」と「生活上の風俗」の二つに分けたと認識している[40]。

蕃族旧慣調査は、「試み」に着手されたのが一九〇九年であったが、本格的な調査は一九一四年から始まった。最初に小島由道が調査したのはタイヤル族で、その報告書は『番族慣習調査報告書』第一巻として出版され、その序言で、この報告書を岡松ではなく、慣習調査委員の大津麟平に提出したと述べている。そこで関口は、原住民調査を指揮したのが大津であると分析している[41]。大津は、小島の助手として森丑之助を採用するよう岡松に書状を出しており[42]、小島が二度目の調査に出発する直前の一九〇九年四月二二日に、大津は岡松宛てに蕃族調査の概要を知らせている。その要点は①小島が準備調査で成果を上げたこと、②調査の主眼は「法律方面より蕃人の旧慣」を詳細に解明すること、③言語研究が必須であるため、総督府編集官の小川尚義の助力をえること、④今後の「蕃人旧慣調査」は法律関係を小島由道、人類学的調査を伊能嘉矩、社会方面を森丑之助、言語調査は未定という方針で調査を行うべきと進言している[43]。

大津麟平は、一八六五年生まれで一八九〇年に東京帝国大学独法科を卒業し、一八九六年から台湾総督府に勤務し、一九〇六年に警視総長代理、一九〇八年から警視総長兼蕃務課長で、一九〇九年に佐久間総督による総督府官制改革に伴って新設された蕃務本署の総長に就任した。警視総長の時代から旧慣調査会の委員となり、旧慣調査の必要性を深く理解していた。一九一〇年に佐久間総督による「五年計画理蕃事業」が開始され、「討伐」主体の理蕃事業（原住民政策）に異論を唱え、最終的に病気を理由に辞職した。

森丑之助は蕃務本署の調査課で原住民の調査を続けていたが、その部門が一九一三年に原住民の「平定事業」に寄与するところがないという理由で廃止されたので、森は立腹して職を辞し、日本に一度帰国してしまった[44]。森が帰国する前に「台湾蕃族に就て」を講演し、その中で原住民調査と政策に対して大津麟平も自分と同じ思いで帰国したのであろうと言及している[45]。この事情について、大津は帰国後『理蕃策原議』を自費出版しており、その事情を明らかにしている。

台湾原住民旧慣調査が、台湾私法や経済調査の終焉に伴い、その継続発展調査であったことは、一連の資料から明らかである。そして、その指導権を取ったのは、小島由道である。岡松文書の中に「旧慣調査会拡張ニ関スル私見」という無署名の文書がある[46]。これは筆跡から判定して、小島由道が作成したと判断できる。この文書について、関口浩も分析しているが、筆者の見解とは異なる。そこで、改めてこの文書を検討してみたい。

この文書の趣旨は次の通り。旧慣調査の事業が、すでに漢族に関する調査を終わって、それに基づく法案を起草、審議し、残るは「生蕃」の調査を残すのみで、それも一、二年で終わると、旧慣調査会は解散すると言われるが、自分は逆に本会を拡張する意見を持つ。具体的には㈠本島民法案の起草審議、㈡生蕃の調査、㈢南支・南洋群島の調査を挙げている。まず、㈠について、台湾に施行する法律は、将来対岸の中国本土の民も日本の統治下においた場合の模範となるべきで、法案審査会は教育者、銀行家、その他民間の法曹を網羅して慎重に審議する必要があり、わが国で急いで起草審議をして混乱を引き起こしたような轍を踏まないように、総督府が民族を懐柔する方針を誤らないためにも拡張すべきである。㈡生蕃の調査は、人口が少なくても、言語風俗慣習が各地で異なり、文字を有しないため調査を口語に頼り、心理状態を探り、深く権利を表示すべき言語を分析し、その意義を探究するため、漢族調査よりも容易ではない。この資料が、理蕃政策上有効であるばかりか、将来日本が南洋に発展した場合に有益な人類学・社会学・言語学・歴史学の研究に益あり。台湾の生蕃は祖先の地を異にするため、生蕃全部の調査は南洋に散在するマレー人種の調査となり、貴重な研究材料となるはずである。彼らは遠からず固有の風俗言語慣習を喪失するので、各地の理蕃官吏もすでに調査しているが、専門知識を有する委員を拡張すべきである。(三)支那行政法の調査を南支・南洋群島に拡張する案で、第一次世界大戦の後、福建をいかに日本の勢力下におくかという具体的目標と同時に、その地の研究が急務である。そこで支那、つまり中国本土は台湾本島人の習慣を、南洋に関しては生蕃の風俗を比較するため本会の調査員を派遣することができるので、本会の拡張をする理由とする。

関口は、小島が実務能力に優れた『台湾私法』の中心的調査員で、特に「南支那及び馬来諸島の調査」に見られるように、将来を見据えて、旧慣調査会の存在意義を高所大所から考えようとしていると高く評価する。[47] けれども、実際小島の拡大案は入れられず、旧慣調査会に対する岡松案の草案[48]には、「一九一三年(大正二年—原注)度ノ初ノ限リ旧慣調査会ヲ廃止シ法案審査会ヲ設置スルコト」として、同時に審査会職員となる者以外はすべて解職となり、「蕃人調査ハ別ニ蕃人調査委員会ヲ置キ予算モ別ニ請求スルコト」「現今蕃人調査に従事スル者ハ之ヲ蕃人調査委員会ニ引継グコト」とされた。つまり、旧慣調査の調査員である「補助委員」あるいは「嘱託」は、旧慣調査事業という期限付き調査員なので、その事業終了によって、彼らは身分を失った。[49] 小島は、そのリーダー的な役割だったので、旧慣調査事業の完成による「解職」を避けるため、拡大案を進言したものの、岡松が認めた残留事業として原住民調査しか認められなかった。小島の拡大案は、いわば非常勤から常勤身分の獲得を目指したので、その趣旨にはかなり無理がある。

しかし、結果として小島の旧慣調査拡張案は取り入れられず、旧慣調査事業の台湾私法、清国行政法が終了したので、原住民の旧慣調査だけが、残務として継続することになった。小島の報告書は、岡松が「成果が上がった」と評価するだけあり、『台湾私法』の枠組みを使いながら、手際よく報告書をまとめている。そこで着目したいのは、原住民の旧慣調査の目的である。前述した小島の旧慣調査拡張案には、原住民統治の貢献という実利的な側面も言及があるが、その主目的は学術的な資料収集である。つまり台湾私法のような立法を目的とした旧慣調査ではない点である。そもそも、原住民は法律上「人」としての条件を満たしておらず、彼らの旧慣を調査することは、決して立法を目的とするものではない。

しかし、臨時台湾旧慣調査会を一九一九年五月一日で廃止するとき、補助委員、嘱託を一旦免じ、改めて蕃族調査本務の嘱託に任じられている。決定事項として、旧慣調査費の最終年度使用残額は蕃族調査費に使用することを認め、旧慣調査会の残務を蕃族調査会に引継ぐことにした。蕃族調査会規則の第二条では、蕃族調査会の調査に基づき、台湾総督の指定する蕃人に関する法制を審議すると、法律制度を整備する基礎調査である形式をとっている[50]。

前述した大津の想定した蕃族調査概要には、法律・人類学・社会・言語を岡松に進言している。その提言通りに採用されたのが、法律関係の小島由道であり、人類学関係の調査担当に挙げられた伊能嘉矩は、すでに岩手県の実家へ帰省して台湾から離れており、森丑之助も前述した事情で台湾総督府を辞任したため、人類学と社会方面の調査担当者がいなくなったので、旧慣調査会は彼らの代わりとして佐山融吉を採用した。では、まず佐山融吉の『蕃族調査報告書』について分析しよう。

四　佐山融吉の土俗調査――『蕃族調査報告書』――

（1）佐山融吉の経歴

佐山融吉は一九〇四年に早稲田大学を卒業したのち、同年東京帝国大学理科大学人類学科へ入学し、坪井正五郎の指導を受けた最後の世代であった[51]。佐山は、のちに『生蕃伝説集』を出版するが[52]、台湾へ来る前は中学の教員をしながら、一九一〇年に再び東京帝国大学理科大学人類学教室で日本考古学の研究を続けており、人類学の専門教育を受けた調査員であった。佐山融吉の履歴書は、『岡松文書』にもあるが、台湾総督府文書には、旧慣調査会に採用された後の経歴も書いてあるので、こちらを挙げておく。

『履歴書[53]』

氏名　佐山融吉

生年月日　明治十二年二月十八日

原籍　東京市本郷区駒込浅嘉町九十八番地

現住所　東京市赤坂区青山北町七丁目二十八番地

経歴

明治三十二年三月廿五日秋田県第一中学校卒業学力優等品行方正ノ証ヲ受ク

同三十三年九月十日早稲田大学元専門学校文学科史学及英文学科へ入学

同三十七年三月廿五日全科卒業

同年四月廿四日英語科及歴史科中等教員免許状下附セラル

同年七月五日東京帝国大学理科大学人類学科へ入学

同三十九年三月三十日同大学退学
同四十三年一月八日東京帝国大学理科大学人類学教室ニ於テ日本考古学研究ヲ始ム
同四十五年四月研究中

業務

明治三十九年四月二十日愛媛県私立北予中学校へ奉職
同四十一年二月七日同校辞職
同年二月十五日北海道庁立小樽中学校へ奉職六級俸給与セラル
四十二年十一月廿五日北海道庁立小樽中学校辞職
同年同月廿六日東京私立商工中学へ奉職
同四十五年四月同校奉職中
同五月五日臨時台湾旧慣調査補助委員ヲ命ス　為手当一ヶ年九百六十円ヲ給ス
大正元年十二月二十一日年末賞与百円
同二年八月三一日年手当千六十円ヲ給ス
同十二月二十一日年末賞与五百五十円
大正三年十二月二十一日年末賞与五百八十円
同四年三月三十一日年手当千六十円ヲ給ス
同日事務格別勉励ニ付金四百円ヲ賞与ス
同日御用済ニ付本職ヲ免ス

佐山融吉は、早稲田大学で史学および英文を専攻していた。この時期、坪井は早稲田大学へ兼任講師として出講し、人類学を講義していたのだが、佐山はその時の学生だと思われる。馬淵東一は、『蕃族調査報告書』をまとめた佐山融吉について、史学科の人で、一八九五年の台湾割譲の時、坪井正五郎が台湾研究の必要性を力説して経費を特別に出させたので、佐山や森丑之助の実地調査にも有利になったと記している。(54) 佐山の履歴書で注目されるのは、その賞与の多さである。旧慣調査補助委員になってから、一九一三年に一〇六〇円、また一九一五年に特別賞与四〇〇円を拝受している。

これだけの待遇で旧慣調査の仕事をしたあと、一九一五年に一度退職して、台湾の台北州立台北第一中学校、および台北師範学校に勤務している。(55) 佐山は、原住民に関して伝承の本を編集して出版しているが、これは自らが調査した『蕃族調査報告書』、その他の報告書から民間説話を集めただけのもので、特に新たな調査をおこなったものではない。

(2)『蕃族調査報告書』の構成

さて、佐山融吉の『蕃族調査報告書』の原本には、出版の巻数が付けられておらず、再版の時に、便宜的に巻数が付けられたものがある。これを出版年の順序で並べると、表2のようになる。

佐山の調査を時系列に並べると、アミ族の調査が最初であることが分かる。出版は(八)が先であるが、内容から見ると(七)が最初に調査されたものではないかと思われる。なぜならば、表3からも、(七)はそれぞれ一つの社の調査項目が不統一で、かつ少ないものもあり、(八)は調査項目がそろい始めていることにより、(七)は試行錯誤の様子が見られる。佐山が参考にした民族誌は、彼の報告書に引用がないため、明らかでない。佐山が調査する以前に、鳥居龍蔵がヤミ族（現在はタオ族と名称が変更されている）の調査報告を出しているので、それと比較してみよう。(56)

表2 『蕃族調査報告書』の調査概要

(巻数) ※	出版年	調査年月	調査地	調査協力者	その他
(8) 阿眉族 (アミ族)	1913	1913. 6－7	南勢蕃	庁長 蕃務課職員 公学校職員	法律関係は 他の担当者 があり省く
		1911. 10–11	馬蘭 卑南		
(7) 阿眉族 (アミ族)	1914		奇密社 太巴塱社 馬太鞍社 馬里勿社 知伯社 鯉魚尾社 海岸蕃	菊池市次郎(抜仔公学校長) 中野亀逸(元璞石閣警部補) 雲野修治(台東庁石寧埔警部補)	
(6) 武崙族 (ブヌン族)	1915			小牧篤志、山野保直、柯萬水、 柿沼富太郎、松本吉蔵、 宗政太郎、大迫末吉、 岡崎文次郎、山本新作、 佐藤仟侍、池田卯八	
(3) 紗績族 (セデク族)	1917	1916.7	霧社 韜佗 卓犖	赤間富三郎 首藤政蔵 板橋忠七 今村栄次郎 林長次 石川藤五郎 川上清吉	
		1916.1	太魯閣 韜賽 木瓜		
(1) 大么族 (タイヤル族) 前篇	1918			東川福之助、佐藤弥作、遠藤貞衛、 佐藤東七、竹内猛、前岸助太郎、 佐塚愛祐、長久保栄左衛門、 真砂庄三郎、古賀孝平、 林田小太郎、守屋与三郎、 菅原金兵衛、佐藤謙一、 峯留一、大道諦観、浜砂重久	
(2) 大么族 後篇	1920			ヤジッベリヤ(通訳)、坂本三次郎、 石田忠市、熊倉松太郎、田中乙吉、 早乙女由松、岩田甚蔵	
(5) 排彎族 (パイワン族)	1920 (?)			イモハル、王賀宇、スマリヤウ、 羅阿宝、グス、樋口陸郎、下田安次、 宮増丑之助、潘再發、佐田光善、 加藤徳蔵、横峰利八、ラガラン、 ラビラヅ、ブリビル、シババン、 安藤虎吉、潘阿尾、田邊始	
獅設族 (サイシャット族)					
(4) 曾族 (ツォウ族)	1921		阿里山蕃 四社蕃 簡仔霧蕃	中村喜十郎(達邦駐在警部)	土俗調査 備忘録

※原本は番号が付けられていないが、南天書局の再版の時に、便宜的に巻数の番号が付けられた。
この表は、出版の年代順に並べ替えたので、民族名の前に再版の巻数を示した。

鳥居龍蔵『紅頭嶼土俗調査報告』（東京帝国大学、一九〇二年）
一章　頭髪附身体装飾、二章　衣服冠リ物、三章　家屋、四章　食物、五章　食物調理及ビ食器、六章　土器土偶及ビ土物、七章　彫刻及ビ船、八章　発火法、九章　農業及農具、十章　漁業及漁具、十一章　利器附鍛冶術、十二章　武器、十三章　銀及冶銀術、十四章　宗教及ビ埋葬、一五章　雑部

この章立てからも、佐山は同じ東京大学に所属していて、台湾原住民の民族誌の先駆である鳥居の報告書を参考にした形跡がないのは、いかなる理由であろうか。それは、鳥居と佐山の調査時期の違いが大きい。鳥居がヤミ族の調査をした時期は、まだ理蕃課の警官が常駐する以前であり、鳥居は通訳もいない状態で、観察のみでの調査をしている。それに対して、佐山は、現地で警官や現地の学校の教員から情報提供を受けている。つまり、佐山の調査は、日本語教育の普及したアミ族地域から始めており、現地語がある程度わかる通訳が存在したことである。北村嘉恵は原住民地区での蕃童教育所数と駐在所数を分析した表を作成しているが、佐山が調査した一九一三年から一九二一年の間は、急速に蕃童教育所が普及した時期であることが分かる[57]。

つまり佐山の調査は、いわゆる「首狩り」が少ない「南蕃」の地域から調査を始めており、そこにはすでに日本語教育が定着していた。『蕃族調査報告書　奇密社・太巴塱社・馬太鞍社・海岸蕃』でのアミ族の報告書が、他の報告書と異なる点は、唯一これだけに遺跡の報告があることである[58]。佐山は、東京帝国大学で考古学を修めていたので、現地のアミ族がイタイワン社と呼ぶ遺跡の発掘品を旧慣調査会と同時に、東京帝国大学理科大学人類学教室に送っている。

また佐山の報告は、全体的に伝説や民間伝承についての採録が多く、これが法制と土俗の二系統の調査で「土俗調査」の特徴となっている。しかし法制調査でも、集落の由来などは伝承を収録しており、そのため結果として両者が類似した内容になっている。佐山は伝承収集を中心に調査をしていた様子を、アミ族の報告に記録して

8章	9章	10章	11章	12章	13章	14章
人事	身体装飾	遊戯及玩具	歌謡及跳踊	教育附数及 色彩ノ観念	口碑及童話	
人事	身体装飾	遊戯及玩具	歌謡及跳踊	教育附数及 色彩ノ観念	口碑及童話	
人事	身体装飾	教育附及 色ノ観念	口碑及童話			
人事	身体装飾	数及 色ノ観念	童話			
人事	身体装飾	遊戯及玩具	伝説			
人事	身体装飾	歌謡、跳踊	遊戯及玩具	教育及模様数 色彩ノ観念	伝説	
人事	身体装飾	歌謡、跳踊	遊戯、玩具	教育、模様	伝説	
人事	身体装飾	歌謡、跳踊	遊戯、玩具	教育、模様及 数色彩ノ観念	伝説	
人事	身体装飾	歌謡、跳踊	遊戯、玩具	教育、模様及 数色彩ノ観念	伝説	
人事	身体装飾	歌謡、跳踊	遊戯、玩具	模様数及 色彩ノ観念	伝説	
歌謡、 跳踊	遊戯及 玩具	模様数及 色彩の観念	伝説			
人事	身体装飾	遊戯、玩具	歌謡及楽器	教育及数 色の観念	伝説及 童話	

表3 『蕃族調査報告書』の構成

（巻数）	1章	2章	3章	4章	5章	6章	7章
（8）阿眉族 南勢蕃	総説	社会状態	季節行事	宗教	戦闘及媾和	住居	生活状態
（7）阿眉族 奇密社	歴史的口碑	社会状態	季節行事	宗教	馘首	住居	生活状態
（7）阿眉族 奇密分社	社名	階級名	季節行事	宗教	人事	歌謡	口碑及童話
（7）阿眉族 太巴塱社	歴史的口碑	社会状態	季節行事	宗教	戦闘及媾和	住居	生活状態
（7）阿眉族 馬太鞍社	総説	社会状態	季節行事	宗教	戦闘及媾和	住居	生活状態
（7）阿眉族 馬里勿社	概況						
（7）阿眉族 知伯社	概況	童話					
（7）阿眉族 鯉魚尾社	概況	口碑					
（7）阿眉族 海岸蕃	社名	歴史的口碑	社会状態	季節行事	宗教	住居	生活状態
（7）阿眉族 南勢蕃追加	季節行事	宗教	礼法	伝説及童話			
（6）武崙族	総説	社会状態	季節行事	宗教	馘首	住居	生活状態
（3）紗績族	総説	社会状態	季節行事	宗教	馘首	住居	生活状態
（1）大么族 前篇	総説	社会状態	季節行事	宗教	馘首	住居	生活状態
（2）大么族 後篇	総説	社会状態	季節行事	宗教	馘首	住居	生活状態
（5）排彎族	総説	社会状態	季節行事	宗教	馘首	住居	生活状態
（5）獅設族	総説	社会状態	季節行事	宗教	人事	生活状態	身体装飾
（4）曾族	総説	社会状態	季節行事	宗教	戦闘	住居	生活状態

いる[59]。それは馬太鞍社で聞いた移住伝承を元に、その移住ルートをたどって大港口、猫公社、北頭渓社と訪問していることである。しかし、現地では清朝時代に討伐を受けて年配者が亡くなっていたので、昔話を知るものがなかったと記している。他の報告書では、こうした調査の旅程などを記録したものはなく、報告書のスタイルが確立するにしたがって、調査の具体的な記述は省略されていったのだろう。

五　小島由道の法制調査――『番族慣習調査報告書』――

(1)　小島由道の経歴

第一巻のタイヤル族は、前述したように旧慣調査事業の最後に「試みとして」小島由道に調査させて、成果が上がったので、蕃族調査を旧慣調査事業の残務作業として残すことになったのである。蕃族旧慣調査は、「試み」に着手されたのが一九〇九年であったが、本格的な調査は一九一四年である。そこで、後掲の表5にあるように、第一巻をタイヤル族の一編とするが、第二巻もアミ族で第一編と記述するように、全体に不統一が見られるのは、この予備調査と本調査に時間の落差があるからであろう。

『番族慣習調査報告書』で、最も重要な役割を果たしたと考えられる小島由道について、現在判明した範囲のことを記しておく。小島に関しては、履歴書が残されていない。後掲表4で示すように、小島は二巻以外の全調査に関わっている。小島由道は、一九一〇年の「鉱業代理人変更届」という文書に、鉱業人総代として名前が挙がっており、京都府久世郡淀町字新町一四三の住所が書いてある。一九〇三年一〇月一二日に授けられた「退隠料証書」から「京都府士族」、「元台湾公学校教諭」、「慶応元年（一八六五年）五月」生まれで、一九〇三年に第一部の嘱託として旧慣調査会に就職し、一九〇六年七月三〇日付で補助委員になった[60]。『台湾私法』の調査で、小島は「人事親族相続」「宗教」を担当した。台湾総督府文書では、一九〇三年五月九日に、手当一ヶ月六〇円で旧慣調査事業嘱託に採用されている。[61] 一九一〇年八月二四日付で旧慣調査会補助委員を委嘱され年俸一五〇〇円に昇給している。[62] 一九二〇年には、法務部勤務を命じられている。これには蕃族調査会と協議すると添え書きしてある。これは法務部との兼務の辞令で、戸籍制度実施に伴う親族令戸籍令の立法及び旧慣調査の経験を考慮したものだった。[63] その翌年の一九二一年三月三一日付で「御用済ニ付嘱託ヲ解ス」として、小島由道は佐山融吉と並んで嘱託を解かれているが、「事務格別勤励ニ付金二百五十円ヲ賞与ス」として、佐山と同額の勤勉手当を受け取っている。[64]

一九二一年一〇月三日には、戸籍に関する事務を嘱託され、法務部勤務となって、年二五〇〇円を給されることになった。[65] 続けて一九二二年一月三一日付で総督官房参事室勤務を命じられ、この辞令案の添え書きに戸籍事務嘱託で年二五〇〇円を受け取っているが、今回は事務の都合により審議勤務に従事させるため転勤させたとある。[66]「旧慣並旧制度調査ニ関スル事務ヲ嘱託ス、月手当百八十円ヲ給ス、総督官房審議室勤務ヲ命ス」との辞令を受け取っている。[67] 一九二四年一二月一五日に、「年手当三千円ヲ給ス、御用済ニ付嘱託ヲ解ク、右者今回ノ行政整理ニ際シ解嘱致度候ニ付頭書ノ通増給ノ上御発令相仰度此段及稟申候也」として、[68] 台湾での仕事を終えている。

残念ながら、小島由道の個人履歴書は発見できなかったが、一九〇三年の月給六〇円から、最後は総督官房審議室勤務となって年俸三〇〇〇円となる出世をしている。いわば、現場のたたき上げで昇進した能吏で、旧慣調査事業で中心的役割を担ったことが、この履歴からもわかる。特に勤勉手当を、東京帝国大学大学院の学歴がある佐山融吉と並んで支給されていることは、いかに彼が旧慣調査会で顕著な働きをしたかを物語っている。さらに、一九二二年に総督官房参事室勤務を命じられても、旧慣並旧制度調査を嘱託されたのは、『番族慣習調査報告書』の五巻を継続出版する任務を与えられたからである。では次に、小島が担当した法制慣習調査の概要を見てみよう。

(2)『番族慣習調査報告書』の概要

台湾総督府が総力をあげて理蕃政策をおこなっていたのが、「北蕃」と呼ばれたタイヤル族で、「南蕃」はブヌン、ツォウ、パイワン、アミの諸民族であった[69]。タイヤル族は、領台初期から「蕃害」と呼ばれる首狩り事件をおこし、なかなか首狩りの習慣を放棄しなかった民族である。だから『番族慣習調査報告書』第一巻は、当面の課題であるタイヤル族の法制度を分析した報告書になっている。前述したように、この調査事業を積極的に推進したのは、岡松参太郎ではなく大津麟平だったので、大津宛てに報告書が提出されている[70]。

小島にとって、岡松が原住民の調査に対して積極的でなく、かつ台湾私法の旧慣調査事業が完成に近づき、最終段階として蕃族調査が残りの事業である認識はあったので、『台湾私法』の第二編にある人・親族・相続の枠組みに、原住民特有の社会組織である祭祀・狩猟・犠牲に関する項目と、慣習・裁判と平和及び仇敵の関係を付け加えた。そして小島は法制を担当したが、土俗に関しては一九一二年に安原信三[71]を旧慣調査会の雇に任じて担当させている。

タイヤル族は、首狩り対策で、理蕃課を最も悩ませた民族である。けれども、第一巻では、首狩りに関する直接の記述は多くない。首狩りである「出草」の記述は、第六章社会の第二節習慣及び裁判の第二款不法行為及び其制裁の第三項に一〇頁あるだけだ。なぜに首狩りを裁判に位置づけたかと言えば、第一に紛争解決する正当性の可否を判断するための首狩り行為と位置づけているからだ。第一巻では、首狩り行為を、紛争当事者の確執が深く、仲裁が役に立たないとき、裁判すべき機関を持たないので、その是非を争うために武力に訴える方法は古代のヨーロッパで行われた決闘のようなものだとしている。そして首を狩る相手は、紛争当事者と無関係な異民

表4　『番族慣習調査報告書』の調査概要

<table>
<tr><th>巻数</th><th>担当者</th><th>出版年</th><th>調査時期</th><th>場所・民族</th><th>協力者</th><th>その他</th></tr>
<tr><td rowspan="2">1巻</td><td rowspan="2">小島由道
安原信三</td><td rowspan="2">1914</td><td rowspan="2">1909. 2–
1910. 4
1913. 2–3</td><td>たいやる族
大嵙崁番、屈尺番、
渓頭番、からはい番、
大湖番、さうらい番、
くしゃ番、ばいばら番、
まりぱ番</td><td rowspan="2">浅岡誠
（蕃務本署嘱託）
渡邊栄次郎
（本会元通訳、大嵙崁）
中野ヤイツ</td><td rowspan="2">1章 小島担当
2章以下
安原担当</td></tr>
<tr><td>大嵙崁番、屈尺番、
渓頭南番、
まるこわん番、
きなじい番、稍來番、
ぱいぱら番、はっく番、
まりっぱ番、万大社番</td></tr>
<tr><td>2巻</td><td>河野喜六</td><td>1915</td><td>1912. 7–
1913. 11</td><td>［第1編］
花蓮港庁あみす族
［第2編］
台東庁あみす族
［第3編］
台東庁ぷゅま族</td><td></td><td></td></tr>
<tr><td>3巻</td><td>小島由道
安原信三</td><td>1917</td><td>1915. 2</td><td>さいせっと族</td><td>財津久平
（蕃務本署技手）</td><td></td></tr>
<tr><td rowspan="2">4巻</td><td>小島由道</td><td rowspan="2">1918</td><td>1916. 11
1917. 6</td><td>そう族</td><td rowspan="2">浅岡誠
（蕃務本署嘱託）
中村喜十郎
（嘉儀庁警部）
鳥飼源水
（南投庁警部補）</td><td rowspan="2">伝説、祭祀、生活状態は佐山融吉の報告あり、重複避けるため略して漏れたるを補う</td></tr>
<tr><td>河野喜六</td><td>1914. 9</td><td>たぱん番、さあろあ番</td></tr>
<tr><td rowspan="3">5巻ノ1</td><td>小島由道</td><td>1920</td><td>1913
1917
1918</td><td rowspan="3">ぱいわぬ族
阿緱庁
上さりせぬ番、
るかい番、らばる番、
ぶつる番、
北ぱいわぬ番、
ちゃこぼぼこじ番、
ぱるじゃりじゃお番
1門　序説</td><td rowspan="3">地誌概要
浅岡誠
（警務局嘱託）
大場善太郎
（元阿緱庁警部）
三井知造
（元阿緱庁警部補）</td><td rowspan="3"></td></tr>
<tr><td>安原信三</td><td></td><td>1914
1917</td></tr>
<tr><td>小林保祥</td><td></td><td>1917
1918</td></tr>
<tr><td>5巻ノ2</td><td>欠</td><td></td><td></td><td>阿緱庁　その他番</td><td></td><td></td></tr>
<tr><td>5巻ノ3</td><td></td><td>1922</td><td></td><td>1門 序説</td><td></td><td></td></tr>
<tr><td>5巻ノ4</td><td></td><td>1921</td><td></td><td>2門 種族ノ社会状態</td><td></td><td></td></tr>
<tr><td>5巻ノ5</td><td></td><td>1920</td><td></td><td>3門 法制状態続</td><td></td><td></td></tr>
</table>

註1：1巻のタイヤル族の報告書の協力者として言及される中野ヤイツとはYajut Blyah（1885–1932）という女性で、タイヤル語の表記で協力した。彼女は竹角頭社の頭目の娘で、16歳の時に当地の樟脳会社の薬剤師中野忠蔵と結婚し、1904年に台北艋舺公学校で日本語教育を受けたが、その時夫は亡くなってしまった。しかし彼女は学業を続け、国語学校附属女学校という女性の最高学府まで進み、1915年に卒業して、亡くなるまで内横屏蕃語講習所の講師となり、理蕃課職員にタイヤル語の教師をしていた（中央研究院民族学研究所編訳『番族慣習調査報告書』第1巻泰雅族、中央研究院民族学研究所、1996年、7頁）。

2：5巻ノ3、4、5は執筆者が明示されていないが、小島由道が小林保祥と安原信三の土俗調査の報告書をもとに執筆したと考えられる。

[3章　親族] 1節　総説 2節　家 3節　婚姻 4節　養子縁組	[4章　財産] 1節　総説 2節　土地 3節　動産 4節　債権及ヒ契約	[5章　相続] 1節　総説 2節　財産相続 3節　遺言	[6章　社会] 1節　社会体制 2節　慣習及ヒ裁判 3節　平和及ヒ仇敵ノ関係
[3章　親族] 1節　総説 2節　家 3節　婚姻	[4章　財産] 1節　不動産 2節　動産 3節　債権及ヒ契約	[5章　相続] 1節　相続財産 2節　遺言	[6章　番社] 1節　蕃社内部ノ係 2節　番社対外関係
[3章　親族] 1節　総説 2節　家 3節　婚姻	[4章　財産] 1節　不動産 2節　動産 3節　債権及ヒ契約	[5章　相続] 1節　家督相続	[6章　番社] 1節　蕃社内部ノ係 2節　番社対外関係
[3章　親族] 1節　総説 2節　家 3節　婚姻	[4章　財産] 1節　不動産 2節　動産	[5章　相続] 1節　相続財産	[6章　番社] 1節　蕃社内部ノ係 2節　番社外部ノ関係
[3章　親族] 1節　親族関係 2節　家 3節　婚姻 4節　養子縁組	[4章　財産] 1節　物権 2節　債権及ヒ契約	[5章　社会] 1節　社会体制 2節　慣習及ヒ裁判 3節　対外関係	
[3章　親族] 1節　親族関係 2節　家 3節　婚姻 4節　養子縁組	[4章　財産] 1節　物権 2節　債権及ヒ契約	[5章　社会] 1節　社会体制 2節　慣習及ヒ裁判 3節　対外関係	
[3章　社会団体 相互ノ関係] 1節　総説 2節　平和関係 3節　仇敵関係			
	3門　法制状態続 [3章　親族] 1節　親族関係 2節　家 3節　婚姻 4節　親子		

表5　『番族慣習調査報告書』の構成

1巻	1編 たいやる族	［1章　総説］ 1節　種族ノ分布及ヒ沿革 2節　種族ノ体貌及ヒ心性 3節　宗教 4節　生活状態	［2章　人］ 1節　生死 2節　品性
2巻	1編 花蓮湾庁 あみず族	［1章　総説］ 1節　地誌ノ概要 2節　種族ノ分布 3節　種族ノ沿革 4節　口碑伝説 5節　生業	［2章　人］ 1節　出産 2節　品性 3節　姓名 4節　住所及失踪 5節　死亡
2巻	2編 台東庁 あみず族	［1章　風俗］ 1節　生業	［2章　人］ 1節　出生 2節　品性 3節　姓名 4節　住所及失踪 5節　死亡
2巻	3編 台東庁 ぷゆま族	［1章　総説］ 1節　種族ノ沿革 2節　口碑伝説	［2章　人］ 1節　出生 2節　品性 3節　姓名 4節　死亡
3巻	5編 さいせっと族	［1章　総説］ 1節　総説 2節　種族ノ分布及ヒ心性上ノ観察 3節　宗教 4節　生活状態	［2章　人］ 1節　人格 2節　品性
4巻	6編 そう族	［1章　総説］ 1節　種族ノ分布及ヒ沿革 2節　種族ノ体貌上心性上及ヒ言語上ノ観察 2節　宗教 3節　生活状態	［2章　人］ 1節　人格 2節　品性
5ノ1	7編 ぱいわぬ族	1門　序説 ［1章　種族の名称、分布、沿革及伝説］ 1節　種族ノ名称 2節　種族ノ分布 3節　種族ノ沿革 4節　伝説	
5ノ3		1門　序説 ［2章　種族ノ体貌心性言語宗教及ヒ生活状態続］ 4節　宗教 5節　生活状態	
5ノ4			2門　種族ノ社会状態 ［1章　総説］ ［2章　社会団体］ 1節　党 2節　番社及番社団 3節　党ノ聯結
5ノ5			

族なので、対立する双方から犠牲者を出さないので怨恨を残さず、首を獲得できた者が祖先の意に沿うと判断できるというタイヤル族の内的価値観を分析している[72]。第二に、首狩りをされた一族は、その報復のために、相手の首を狩るという理由は、親族の効果として、一族相互の扶養・互助の義務とともに、復讐の義務として記述している[73]。第三に男子の武勇を誇示すると指摘しているが、その具体例として宜蘭庁叭哩沙支庁管内八王囲蕃務官吏駐在所を襲撃されて首を狩られた時、子供の足跡があったので、捜査をすすめると、子供が入れ墨をする成人年齢に達したので、その伯父が首狩りに参加させた事例を紹介している[74]。

大津麟平は、この調査の後に『理蕃策原議』を出版し、首狩りの社会背景に伝統的宗教意識があることを理解していた。これは、この慣習調査事業の成果により、首狩り対策に宗教家を採用したというよりは、それ以前に原住民の宗教を理解する必要性を痛感していた。そこでこの報告書にも、第一章総説第三節に宗教の項目があり、祭祀、医薬・禁圧（タブー）の諸法、占い及び迷信と詳細な伝統宗教に関する記述がある。この中の記述で興味深かったのは、当時タイヤル族が伝染病で最も恐れていたのが天然痘で、罹患者があると全部落をあげて避け、患者に飲料水と食べ物を与えて一人床に伏して自然治癒をまつが、大嵙崁番は台湾人に銀貨を与えて患者の看護をさせたり、梢来番では樹枝を結んで交通を遮断したりした。また一八九〇年に宜蘭庁叭哩沙で清朝撫墾局が渓頭番の一部を移住させ、壮年に耕作を教え子供に文字を教えたが、天然痘が流行して多数の死者を出したので、彼らは異人種と親密にしたので神の怒りに触れたからだと言われ、生き残りは昔の場所に戻ったことを記している[75]。

また「ハウネ」と称する魔鳥の迷信があり、それを飼育して使う「パハウニ」と呼ばれる妖術者がいて、彼が妖術を使って発熱や吐血をおこし、殺すこともできると信じていた。一九一一年一〇月に小島が渓頭番を調査した時、ある人が「パハウニ」の嫌疑を受けて頭目によって殺されたが、被害者親族はそれを冤罪だとして衝突が起きそうになっていた。この妖術に関連する具体例を通訳からも聞いている。[76]

このほか、この報告書で注意をひいたのは、原住民の統治政策として、戦略物資に塩が重要であると指摘している点である。調理に不可欠な塩の欠乏が「彼等ノ最苦痛」とあり、南澳番は海で塩が作れるのだが、隘勇線で封鎖され、南部は敵対する太魯閣番があるため海に出ることができず、食塩は帰順番として人数に応じて毎月給与されていた。[77] また小島由道が台湾私法の親族についても担当した経験があるので、漢族との対比で血縁関係の消滅を記述した部分もある。[78]

この報告書で最も興味深いのは、婦人とその夫、その婦人の兄弟・イトコとの関係で、特に性的な話のタブーについての注意を喚起している点である。例えば婦人の兄弟・イトコの前で、婦人とその夫について「下カカリタル事」つまり性的な話題は慎むべきで、そうした場合は殴打されたり賠償を取られたりすることもあった。彼らの間で、姉妹が兄弟の傍らにいることを知らずに用便をしたり、男女関係の話をして殴打されたりする者が少なからずいた。また日本人、台湾人がタイヤル族の集落に入るときに、お前の妹は美人だとかかわいらしいとほめたり、兄弟がいる場所でその姉妹をからかったり男女関係の話をすると、兄弟は激怒してしまう。また小島が調査をした時、通訳の渡邊のアドバイスで、出産・結婚の調査をするとき「ノッコン」（兄弟と姉妹の関係）「ヤナイ」（兄弟と姉妹の夫との関係）はいないかを確認して、いる場合は退席させて調査をしたという。[79]「ノッコン」は、単に実の兄弟姉妹だけではなく、血縁関係のある一族のすべての男性と女性を指している。

当時、理蕃課の総力を結集して、首狩り対策に苦慮していたことは前述した。そこで、いわゆる「北蕃」と呼ばれた原住民、特にタイヤル族は、守備隊や理蕃課での基礎的な情報収集が、台湾統治直後からおこなわれており、旧慣調査に類似した報告書がある程度蓄積されていた。[80] これらの報告書には、特に治安維持の観点から仇敵関係とか、戦闘や和解の方法について記録していて、第一巻の記述と類似した表現などもあり、小島由道は出典を明示していないけれど、これらを参照して報告書を作成したのではないかと思われる。小島が理蕃課の主要な対策を迫られたタイヤル族を最初に報告したのは、こうした背景があり、その期待に応えたことが岡松もほめるほどの報告内容だったので、蕃族慣習調査事業を旧慣調査の最後の課題として継続することが決定されたともいえよう。

『番族慣習調査報告書』第二巻だけは、河野喜六が担当している。第一編花蓮港庁あみす族、第二編台東庁あみす族、第三編台東庁ぷゅま族と、一九一二年から一九一三年末にかけて調査をしているが、佐山が一九一一年の一〇月から一一月と、一九一三年の六月から七月と、第一巻の小島・安原の調査と、まったく同時期ではないが、かなり近い時期に調査をしている。しかし河野は類似したテーマで調査をしながら、特に小島の調査を参照した形跡はない。

河野喜六は一八八〇年一一月生まれで、本籍は愛媛県喜多郡であり、一九〇一年岡山県立商業学校を卒業したのち、甲府高等学校助教諭となり、同年末に甲府市役所の書記兼私立甲府商業夜学講師となったが、一九〇二年に辞職し、臨時台湾旧慣調査事務を嘱託され、月給四〇円で採用されている[81]。彼は台湾に来てすぐにマラリアに感染し、一九〇五年には一旦退職している[82]。それが一九一二年に再度蕃族旧慣調査の必要上、補助委員に任命されたのは、補助委員の平井又八が、一九一一年三月二四日に花蓮港七脚で帰順していないアミ族に襲われて首を狩られて死亡したので、急遽平井の代わりとして採用されたのである[83]。

河野は農工商経済に関する調査を担当する第二部の調査員だったので、第一編花蓮港庁あみす族と第二編台東庁あみす族の調査で、生業の農業・林業・牧畜・狩猟・漁撈に関する記録に特色がある。ただ、おなじアミ族の報告であるが、第一編と第二編で報告書の構成が異なっているのは、前者が平井の資料を基礎にしているからではないだろうか。前書きでは、全篇を通じて河野が執筆し、真摯に調査をしていることは分かるが、第一編花蓮港庁の報告の方が、法制度の調査として完成度が高いようで、その記述の元になった調査資料が良かったからだと思われる。

いずれにしても、アミ族の報告書は、財産に関する記述にも力を入れているのは、東海岸のアミ族が農業に従事し、土地私有の観念が狩猟採集民とは異なっていたからである。アミ族は狩猟や漁撈もしているが、彼らは早くから農耕に従事し、土地の所有権の観念も明確にあり、土地を貸借もしていた。しかし、同じアミ族でも地域差があり、南勢番系統は親族相互の困窮救済を目的として地代を徴収しないが、馬太鞍、太巴塱社系は、親族間での土地貸借が多いけれど地代を徴収する、と地主と借地人の権利義務についても細かい違いを記録している。[84]

アミ族は、病気治療のためのシャーマニズムが発達しており、佐山の報告書では宗教の部分を注目しているようだが[85]、河野喜六も宗教の報告を書いている。しかし、河野報告は、経済活動や土地の財産権についての記述を重視しているのは、台湾総督府の政策的に、「蕃族」は法人格を認められていないために、土地の所有権がなく、彼らの農地を登記することができないが、農業に従事して土地の売買は行われないにしても、相続による農地の分割や、貸借による地主小作関係があるので、そうした実態をこの報告書では記録している。農耕民のアミ族は、首狩りをやめないタイヤル族とは別の、土地をめぐる経済的関係で台湾総督府の政策と緊張関係をもっていたので、旧慣調査会で経済を担当した河野喜六に委託されたのではないかと思われる。しかし河野喜六は、アミ族調査のほか第四巻のツォウ族調査にも参加しているが、結局は体調不良で一九一六年に辞職している。[86]

第三巻はサイシャット族である。サイシャット族は、台北州に隣接する新竹州の山間部に居住しており、いわば台北に近い地域に住む原住民であるが、首狩りを行い、「蕃害」としてしばしば新聞に報道されていた。彼らの文化はタイヤル族と近かった。例えば入れ墨は、男女とも成人に達した表象として重要で、特に男性は胸の入れ墨は敵の首を二つ以上取った者しか入れることができなかったが、彼らには入れ墨を彫る技術がなく、タイヤル族の集落へ行って専門家に施術してもらっていた[87]。この巻は、タイヤル族の次に調査したこともあり、文化的にも類似点が多いことから、タイヤル族の習慣と対比する記述があり、民族の規模が小さいため、第一巻の枠組みを借りて、その簡易版のように執筆されている。サイシャット族で興味深いのは、新竹の町から近く、山間部には樟脳があり、渓流の流域には水田が開墾されているところである。『番族慣習調査報告書』第三巻にも、この地域は日本統治以前から漢族がこの民族の領域に入り込んで開墾や製脳をいとなみ、サイシャット族の地主に対して地代を収めて借地権を獲得していたと記されている。報告書には、山林の所有を国有に改めたため、製脳社はサイシャット族の許諾を得なくてもいいけれど、原野は彼らの手にあるため、地主と一定の契約を締結する必要があった。しかし、実際は漢族が土地を借りても四、五年で地代を払わないようになり、最終的に土地を横領してしまうことがよくあった[88]。報告書には、漢族の横領の事例とともに、一九〇二年に発生した日本人製脳者を襲った南庄事件について言及しているが、実際はさらに複雑である。

報告書にも触れられるように、サイシャット族は台北に隣接する新竹の山間部に居住する。タイヤル族には地代を取らず、狩猟で取れた獲物と酒で饗応するだけだったが、漢族に貸与した耕作地からは地代を取っていた[89]。しかし、台湾総督府が原住民の土地を国有化したことにより、こうした既得権はなくなってしまった。製脳事業が盛んな地域で襲撃事件が多発していたことは前述したが、新竹のサイシャット族居住区も、宜蘭と同様に一九〇〇年以降の製脳場への襲撃が増加した。その原因は、山林が国有化されたことにより、サイシャット族の既得権であった製脳事業者からの入山料が取れなくなり、かつ彼らが蕃族と規定されて台湾総督府から土地所有権を認められないため、漢族に貸していた地代も、蕃族を理由に支払いが滞るようになったからである。サイシャット族の首狩りが多発した理由は、台湾総督府の理蕃政策がかなり関係しているのだが、『番族慣習調査報告書』には、そうした台湾総督府の政策の問題点について、暗示的な記述はあるものの、正面から批判的な事柄は書かれていない。

『番族慣習調査報告書』第四巻は、ツォウ族の報告書であるが、この巻だけが佐山の報告書に留意して執筆してある。この報告書の前書きによると、佐山と小島が事前に打ち合わせたのではなく、小島がツォウ族の報告書を執筆する以前に佐山が報告書の原稿を提出したからである。ただし、二つの報告書の出版の年を比較すると、佐山の報告書は一九二一年、小島の報告書が一九一七年なので、報告書本体の出版は小島のほうが先であるが、小島は佐山の提出した草稿を見ながら自分の報告書を書いている。

ツォウ族調査では、上述したように河野喜六も一九一四年九月にたぱん番とさあろあ番を調査している。この調査の後、彼は病気を理由に辞任しているが、この調査もマラリアでの体調不良を押しての調査であったのだろう。病弱な彼が調査できたのは、阿里山の森林資源開発で、一九〇六年から建設が始まった山林鉄道が、一九一四年には、ほぼ現在の終点である沼平までの本線が完成し、交通が便利になったからであろう。しかし、彼は調査資料のみを残して辞任したので、この報告書も小島一人が取りまとめることになった。

この報告書で佐山の原稿に言及しているのは、第一章総説の第三節宗教のところだけである。ここで興味深い記述は、さあろあ番の祭祀であるミヤトグルである。これは二年ごとに一回、米の収穫が終了した後に行われる大祭で、河野がパイチアナとカルプガで見聞した儀式のプロセスの記述を採録している(90)。小島は、「佐山氏ノ調査ト比照シ相補足センコトヲ要ス」と述べていている。佐山の記述は、曾族四社蕃のところの「ミヤトゥング」で記述されている(91)。佐山も、この行事は実際に参加して記録したと思えるが、儀礼の記述は明らかに河野のほうが詳しい。

ツォウ族は、呉鳳の戒めにより、早くから首狩りの習慣がなくなったと考えられていたが、小島の報告書では、漢族や平埔族（漢族化した原住民）への首狩りが少ないのは、ただ総督府関係の懲罰を恐れているからにすぎず、首狩りへの願望は潜在的にあることを指摘している[92]。しかし、調査の前、おそらく一九一〇年代から総督府の指導で、ツォウ族に水田農耕を奨励し、土地所有権の概念に変化が起きていることを記録している。特に河野が調査したさおろあ番は、水田を開墾すると、畑と異なり毎年の耕作が可能となるため、開墾をした者の占有の土地になると主張して、土地が一族の共有地であるという伝統観念に挑戦する者が現れた事例を挙げている。最終的には、水田も耕作しないと草原になるので、土地は一族の共有地という意見に落ち着いたが、土地の地主関係を明らかにすることは一族の血縁関係を明らかにせねばならないと、水田の導入による変化の側面を記録している点は興味深い[93]。

(3) 小林保祥のパイワン族調査

『番族慣習調査報告書』第五巻はパイワン族を記録しているが、この報告書で重要な役割を果たしたのが、小林保祥である。第五巻では、小島由道が主たる執筆者ではあるが、内容を見ると、安原信三と小林保祥が残した報告書に基づいて記述した部分が大半であることが分かる。安原信三については、上述したように公文書に限定した資料しか残されていないが、小林は資料がある。さらに彼は台湾旧慣調査会から離れた後も台湾に残り、引き続き南部のパイワン族の地域で暮らしている。一九一九年五月に組織された蕃族調査事業は、蕃人の調査未了のものを引き継ぎ、『番族慣習調査報告書』五巻を一九二〇年と一九二一年に出版し、一九二一年、岡松参太郎の遺著である『台湾番族慣習研究』八巻を出版している。五ノ二は出版されていないが、国分直一は、「匪乱のため」調査が進展しないまま未完に終わったと推測している[94]。五ノ一の報告書の緒言に「一九一四年（大正三年）匪乱ノ後トテ未タ其界内ニ入テ調査ヲ為スニ便ナラサル所アリ」とあって、構成としては五ノ一以外の部落の概況を執筆しようとした。この時期、パイワン族の地域で特に大きな民族反乱がおきたわけではなく、偶発的な衝突や首狩りがおきたにすぎなかったのだが、東海岸のパイワン族の資料が欠落しているので、この部分が執筆できなかったのであろう。

五巻のパイワン族の報告書が出版できたのは、特に小林保祥が残した詳細な報告書があったからである。この報告書は小島由道が蕃族調査事業に残って提出された原稿を編纂して完成させた[95]。小林は、蕃族調査会の仕事を通じてパイワン族に魅了され、引き続き屏東県のパイワン族工芸指導所で一九三八年まで勤務し、退職した後に帰国し、継続してパイワン族の民俗を記述し、柳田国男の序文を付した『高砂族パイワヌの民芸』（三国出版、一九四四年）を出版した。その後執筆した原稿を編集して『パイワン伝説集』（南天書局、一九九八年）が出版された。

小林の履歴は次のとおりである[96]。

一八九三年（〇歳）　一月二六日　東京都文京区駒込西方町に生まれる。父親は医師として台湾に勤務。

一九〇五年（一二歳）牧野富太郎（植物学者）に絵の手ほどきを受ける。

一九〇七年（一四歳）太平洋画研究所に入会。六年間在籍、中村不折、満谷国四郎に師事する。

一九一一年（一八歳）旧制中学卒業、この間台湾に在勤する父のもとへ夏期休暇を利用して旅行し、全島各地を写生する。当時ゴーギャンに憧れていた氏は、台湾の少数民族にひかれる。

一九一三年（二〇歳）堀江芳乃と結婚し台北市に居住。台湾総督府臨時台湾旧慣調査会に就職（後に蕃族調査会と改称）。調査員として高砂族の民俗調査を行ない台湾蕃族調査報告書二四冊と台湾蕃族図譜二冊を編さんする。

一九一六年（二三歳）全国調査の終了と同時に調査会は解散したが[97]、高砂族への愛着が強く、日本民族の源流を探り南方民族の生活習慣をさらに探究するために台湾にとどまる。

一九一七年（二四歳）当該官庁の許可を得て、台湾南部の山岳地帯に住むパイワン族の中に入り[98]、夫人と共に生活し画房を設け、作画とともに、原住民の民俗調査を行う。

一九二〇年（二六歳）高雄州パイワン工芸指導所が設立され[99]、主事として民芸振興に努め、パイワン族の頭目の娘を養女にする。

一九三八年（四四歳）同所を退職し、帰国する。川崎市能満寺に仮寓。

一九四三年（五〇歳）民俗学者柳田国男氏の助力によって「高砂族パイワヌの民芸」を刊行し、続けて「信仰」「生活」「民話」を追刊の予定が戦時の物資不足のため中止となる。「高砂族の生活」F―五〇〇は一九四〇～一九四五年に制作。その後平塚市千石海岸で亡くなるまで、「日本民族は高砂族に黒潮に乗ってやってきたもの」という考えのもとで、パイワン族の生活をテーマにした油彩画を描きつづけた。

一九八四年（九一歳）七月一六日平塚市千石海岸二―一五で死去する。平塚カトリック教会に埋葬される。


小林は、戦後平塚に住み、戦後パイワン族のアマワン部落での生活の様子を、旧慣調査時代に撮影した写真と、その後工芸指導所の主事として一九三八年まで自ら撮影した合計一五四五枚の写真を見ながら油絵を製作した。その写真のごく一部が五巻ノ三に採録されており、また前二著の続編である「高砂族パイワヌの祭と儀式」は、原稿の状態で未発表である。

中央研究院民族学研究所の助手として、『番族慣習調査報告書』の中国語訳を担当した高金豪氏によると、この報告書には貴重な過去の情報が多くあり、現地の地方史を編纂するとき、過去の再現でかなり役に立ったという。ただし報告書にも、頭目の系譜をカタカナ表記したものが原語と対照できない部分が多いという問題があったという[100]。

この第五巻が出版できた経緯に、岡松参太郎の影響があったと思われる。なぜならば、岡松の『台湾番族慣習研究』第一巻の叙言は一九一八年五月二七日の日付があるけれども、文末に一九一九年一月のブヌン族、同年四月のサリセン族（パイワン族の一支族）の社会組織と家族の報告を参考にしたとあり、この部分は後から加筆されている。そして叙言には「訂正にいたらず」とあるが、『台湾番族慣習研究』第二巻の第五章社会第一節社会体制で、パイワン族とサリセン族の党制、つまり社会集団をあつかっており、これは小島由道の論文をもとに書いたとしている。[101]しかし、岡松の論考は小島の論文よりも多くの情報を元に書いているので、明らかに『番族慣習調査報告書』第五巻ノ四として出版する前の原稿を参考にしている。『台湾番族慣習研究』第一巻叙言では、番族調査の事業もまだ完成しておらず、未完の報告書もツォウ族とパイワン族の一部しかないとして、「未刊ノ報告書又ハ特別ナル報告書ニ因リ知リ得タルモノハ参考ニ資スルコトヲ怠ラサルモ本書ノ編述脱稿後ニシテ本論中ニヘ編入スルニ便ナラサルモノ少カラス」として、付記や追記で補充している。『台湾番族慣習研究』第一巻の叙言後に校閲者東川徳治の解説によると、岡松がわずか二年で民法各論続稿を書きながらこの大作を執筆し、一九二一年三月に帝国学士院の代表として渡欧し、一〇月に帰国してから校閲の仕事に従事していたが、「台湾生番ノ研究ハ漸ク欧州学林ノ注目スル所ト為レリ」として、まだ完成稿ではないので、すでに序文も改稿の必要があると言われていた。岡松は急病で亡くなったので、序文も旧稿のままであると注記している。[102]岡松が原住民研究に熱中し、担当者が上京した時にわざわざ聞き取りなどもしているので、岡松の熱意にこたえるべく、小島が未刊のパイワン族の部分を、先に『台法月報』に執筆したと思える。

『番族慣習調査報告書』第五巻ノ四は、小島論文の骨子をもとに報告書が作成されている。岡松は『台湾番族慣習研究』の完成のため、未刊の報告書について、原稿の段階で参照しているようである。岡松の蕃族調査会が出版する報告書を待望していたことが、蕃族調査会の解散後も第五巻の刊行を可能にしたのではないだろうか。また、小林保祥という卓越した調査員が書いた報告書と大量の写真の存在もあり、五巻ノ三は番族慣習調査の中で出色の完成度になっている。

おわりに

『番族慣習調査報告書』と『番族調査報告』は、二〇世紀初頭の台湾原住民の生活習慣に関する膨大な情報源である。また岡松がこの調査に基づいて執筆した『台湾番族慣習研究』は、当時の進化論的人類学を実証資料により批判したものとして、現在でも高く評価できる。

これらの資料や研究が、その後の植民地立法に利用されたわけでもなければ、統治行政に生かされたわけでもない。この調査を実質的に企画立案した大津麟平が原住民の慣習や宗教を理解しようとしたのは、明確に治安維持を目的としたのだった。その意味で、朝鮮総督府が三・一独立運動後に実施した民間信仰をめぐる旧慣調査と類似した性格を持つ。

さらに旧慣調査を対外的な政治宣伝に利用したことについて、興味深い逸話がある。稲葉君山が後藤新平の業績について談話をした中に、水野錬太郎からの話として、フランスのハノイ政庁は、日本が台湾を本格的に統治できるか疑問を持っていたけれども、調査事業が開始され膨大な調査報告が完成したとき、「これはいよいよ日本も本腰だな」と感想を漏らしたという証言を紹介している。[103] 岡松参太郎の追悼文にも、台湾旧慣調査が世界の植民地法制に異彩を放ち、北京政府に懇願されて立法の資料を与え、蘭領東印度（インドネシア）政府の参考にされたとある。[104] 前者は台湾私法、後者は原住民調査に海外から反響があったことを指している。

台湾統治の初期は、抵抗運動が頻繁に起き、治安維持が困難であった。当時の日本政府は、国内産業の近代化と、国民国家の建設を標榜していた。その延長線上に日本は植民地を領有したけれども、西洋諸国からは、日本のような後進国が、はたして植民地経営を成功できるか疑念を持たれていた。日本の近代化を西洋諸国へ宣伝するためにも、台湾の植民地統治を成功させることは、日本の国際的地位の向上に不可欠であった。後藤の「文装的武備」の概念は、対外的にも植民地統治の正当性を西洋諸国に主張したいと考えた戦略である。後藤は、帝国議会から経費の無駄使いだとの批判を封じ込めつつ、「学問の政治利用」に長けた政治家であった。

特に初期の段階で調査報告書を欧文に翻訳して西洋諸国へ配布したことは、日本が台湾の統治に「科学的調査」を実施しているという対外宣伝の役割を果たした。[105] 鳥居龍蔵も、台湾のタオ族（ヤミ族）の調査報告をフランス語で出版している。[106] 世界の学会は日本人研究者の台湾研究に一目置いており、それは、日本が植民地を経営できるほどに「近代化した」証明でもあった。対外的な宣伝効果は極めて付随的なものであるが、これも後藤の戦略の一つであろう。

旧慣調査は、植民地立法の基礎作業と位置づけられて実施された。しかし、旧慣調査の結果調査の成果は、台湾総督府の植民地立法にどこまで反映されたのだろうか。例えば、土地所有の慣習的権利として、宗族の共有財産である「祭祀公業」を管理する立法で活用されたが、全体的な植民地立法としては限定的である。また司法の実践として親族法の分野で、一部は慣習法の法源として利用された。しかし台湾原住民調査は、植民地立法の基礎とする旧慣調査とは異なる性格のものだった。それは、調査のための調査といわれても仕方ないが、台湾統治初期の段階で、原住民統治のために蓄積された理蕃課の仕事を総括する報告書で、あえて言えば警察行政に役立てようとしたものにすぎない。この報告書が、従来立法の基礎資料とした旧慣調査とは性格が異なるため、評価が難しかったのであろう。

台湾旧慣調査は、岡松参太郎、織田萬という学者、そして植民地官僚の大津麟平による、短期的な政策立案ではない調査事業という方針により、政策的意向に左右されない成果をのこした。だからこそ、現在でも貴重な調査記録と評価されるのであるが、原住民の慣習調査に関していえば、かなり偶然が折り重なって遺されたものだと言える。[107]

（1）福島正夫「岡松参太郎博士の台湾旧慣調査と華北農村慣行調査における末松厳太郎博士」（『東洋文化』第二五号、一九五八年）。山根幸夫『論集 近代中国と日本』（山川出版社、一九七六年）一〇八頁。

（2）末成道男「日本における台湾原住民の人類学的研究（一八九五—一九九九）」（『アジア・アフリカ文化研究所研究年報』第三四号、一九九九年）二三頁。

（3）石丸雅邦は、戦後の研究をまとめて、次の五期に分類する。第一期　撫蕃期（一八九五～一九〇三年）、第二期　討蕃期（一九〇三～一九一五年）、第三期　治蕃期（一九一五～一九三〇年）、第四期　育蕃期（一九三〇～一九四五年）。石丸雅邦「蕃地調査員与台北帝国大学高砂族研究員」（行政院原住民委員会編『二〇〇九年度全国原住民研究論文集』行政院原住民委員会、二〇〇九年）、一—八—三。しかしこの区分は、筆者が採用する区分と比較して、武断統治の評価、および皇民化政策以降で時代区分をしている点が異なる。

（4）鈴木秀夫「理蕃政策の変遷と蕃人の生活」（『東洋』第三八巻第九号、一九三五年）一三〇～一三一頁。この論文は、一九三五年に出版されたので、第五期を一九三五年八月までと区分けしていたが、その後は海軍出身の武官である小林躋造と長谷川清が総督となり、南進政策を背景に、台湾で強力に皇民化政策を推進したので、第六期の時期区分を付け加えた。特に皇民化政策は原住民まで及び、伝統的儀式が禁止された。たとえば、パイワン族の五年祭も禁止され、戦後になって復興したところもあれば、それ以降復興されず消滅した集落もある。サイシャット族のパスタアイ（矮霊祭）も一九三七年に禁止命令が出たが、祭祀を主管する長老たちが集まって反対することにして、それまで調査に訪れていた台北帝国大学文政学部土俗・人種学教室の移川子之蔵と宮本延人に再び調査を依頼して、パスタアイは非常に珍しく、絶対廃止すべきではないと新竹知事に進言してもらったおかげで、祭りの続行が可能になった。趙正貴『賽夏族的歴史文化——伝統与変遷——』（新竹県政府文化局、二〇〇九年）七九頁。従って、理蕃政策において皇民化運動での区分は重要であると考えた。

（5）台湾総督府警察本署編『理蕃誌稿』第一巻（青史社、一九八九年、初版一九一八年）一七頁。

（6）同前書、二九～三一頁。

（7）同前書、三五～三九頁。台湾総督府臨時調査掛から伊能嘉矩『台湾蕃政志』（台湾総督府民政部殖産局、一九〇四年）が出版されたが、これは清朝の理蕃政策機関が蓄積した台湾原住民に対する統治政策資料の翻訳であった。

（8）陳偉智『伊能嘉矩——台湾歴史民族誌的展開——』（国立台湾大学出版中心、二〇一四年）七九頁。陳偉智は伊能と

栗野に依頼した理由を、次のように推測している。伊能は一八九六年末に二人で宜蘭を調査した経験があり、伊能は台湾人類学会の活動で人類学の研究を評価されており、粟野は台湾に来る前から博物学者として著名であった。粟野は総督府国語学校助教授、伊能は国語学校第二付属学校教諭であった。同前書、二三九頁。

(9) この時の調査も含めて、日誌が出版されている。森口雄稔編著、伊能嘉矩原著『伊能嘉矩の台湾踏査日記』(台湾風物雑誌社、一九九二年)。

(10) 伊能嘉矩・粟野伝之丞『台湾蕃人事情』(初版一九〇〇年。復刻版、草風館、二〇〇〇年)。

(11) 『理蕃史稿』第一巻、前掲書、三二一~三二四頁。小島麗逸は、前述した一八九六年の撫墾署長へ通知した六つの事項、二九項の調査項が蕃社台帳のもとになったと指摘しているが、蕃地台帳の指示が出された一九〇五年までの間に、原住民に関する情報は、伊能などの調査も公表されて、かなり蓄積されている。しかし蕃地台帳の作成が実効性を持つのは、原住民地域の所轄が一九〇四年に警察行政の業務となってからであることは重要である。小島麗逸「日本帝国主義の台湾山地支配――霧社蜂起事件まで――」(戴国煇編著『台湾霧社蜂起事件―研究と資料―』社会思想社、一九八一年)五二、五五頁。

(12) 北村嘉恵『日本植民地下の台湾原住民教育史』(北海道大学出版会、二〇〇八年)八二~八三頁。

(13) 台湾総督府警務局理蕃課『理蕃概要　昭和五年版』(台湾総督府警務局理蕃課、一九三〇年)一〇~一一頁。

(14) 李文良著、北村嘉恵訳「日本統治初期台湾における「理蕃政策」」(和田春樹他編『岩波講座　東アジア近現代通史』第三巻、岩波書店、二〇一〇年)一八二頁。平井廣一「日清・日露戦後の台湾植民地財政と専売事業――阿片と樟脳を中心に――」(『土地制度史学』第一二九号、一九九〇年)二八~二九頁。

(15) 平井廣一、前掲論文、二三、二八、三一頁。

(16) 井出季和太『講和会議と台湾の帰趨』(雨田居、一九五〇年)一四三頁。

(17) 同前書、一四六~一四八頁。

(18) 牧野英一「故岡松博士の憶ひ出」(『法学士林』第二三巻第二号、一九二二年)一二二~一二三頁。

(19) 岡松参太郎「日本民法の欠点を論じて台湾立法に対する希望に及ぶ」(『台湾慣習記事』第五巻第三号、一九〇一年)一九五~二〇八頁。

(20) 田中宏「台湾総督府の対人把握策と高山族」(戴国煇編著『台湾霧社蜂起事件―研究と資料―』前掲書)一二三~一

二五頁。松田京子『帝国の思考――日本「帝国」と台湾原住民――』(有志社、二〇一四年)一〇一〜一〇九頁。ここでは松田の依拠した原典に基づいた記述であり、松田の要約ではない。

(21)「生蕃問題　岡松法学博士の談話(生蕃の国法上の地位)」(『台湾民報』一九〇三年一月二八日、二九日)。

(22)持地六三郎「蕃政に問題に関する意見書」(『理蕃誌稿』第一編、前掲書)二九〇〜二九一頁。

(23)安井勝次「生蕃人の国法上の地位に就て」(『台湾慣習記事』第七巻第一号、一九〇七年)。

(24)岡松参太郎『台湾番族慣習研究』第一巻(南天書局、一九七六年、初版一九二一年)叙言一頁。岡松参太郎「母系主義ト台湾生蕃」(『法学新報』第二七巻第一一号)三一頁。

(25)同前書。

(26)Kocourek and Wigmore ed. 1915. *Primitive and Ancient Legal Institutions* (Boston. Little, Brown and Company)

(27)岡松参太郎「母系主義ト台湾生蕃」(『法学新報』第二七巻第九号)三八頁。

(28)岡松参太郎「母系主義ト台湾生蕃」(『法学新報』第二七巻第一一号)三三頁。

(29)馬淵東一「高砂族に関する社会人類学」(『馬淵東一著作集』第一巻、社会評論社、一九七四年)四五〇頁。

(30)馬淵東一、同前書、四五四〜四五五頁。馬淵は、いなかる資料に基づき指摘をしたのか明示していない。馬淵が台北帝国大学にいた時に、南方土俗学会研究会の一九三七年五月一四日に、大里武八郎と坪田真申に「臨時台湾旧慣調査会に就て」という座談会があったので、こうしたところで、関係者からの話を聞いたことが考えられる。

(31)鳥居龍蔵全集『ある老学徒の手記』(一九五三年)(『鳥居龍蔵全集』第一二巻、朝日新聞社、一九七六年所収)一九〇頁。東京大学から派遣された研究者の受け入れをした森丑之助は、坪井正五郎が一八九五年の台湾割譲で、学術調査の必要性を主張して、理科大学より人類学で鳥居龍蔵、地質学で小藤文次郎、山崎直方、動物学で多田綱輔、農科から本多静六、右田半四郎、文科より歴史学の人が来たと述べている。森丑之助「台湾蕃族に就て」(『台湾蕃族志』南天書局、一九九六年、初版一九一七年)三頁。

(32)藤崎済之助『台湾の蕃族』(国史刊行会、一九三〇年)五三七頁。

(33)土居平「台湾高砂族の研究――高砂族の研究史と分類(二)――」(『九州大学医療技術短期大学部紀要』第一四号、一九八七年)六五頁。

(34)本文でも触れたが、岡松は原住民の調査に対して関与はしていないというが、法制上の調査が「蕃族」を使っていないのは、岡松の「「番」トハ古昔ノ支那大陸ニ於テ北狄南蛮東夷西戎ト謂ヘルカ如ク漢人カ一定ノ民族ニ与ヘタル固有ノ名称ニシテ「番」ハ決シテ蕃又ハ蛮ニアラザルナリ」という意見が反映されている。岡松参太郎「母系主義ト台湾生蕃」(『法学新報』第二七巻第一一号、一九一七年)二〇頁。同趣旨の記述が、岡松参太郎『台湾番族慣習研究』第一巻の冒頭にも見られる。

(35) 関口浩「『蕃族調査報告書』の成立——岡松参太郎文書を参照して——」(『成蹊大学一般研究報告』第四六巻、二〇一二年)四〇頁。

(36) 岡松参太郎「母系主義ト台湾生蕃」(『法学新報』第二七巻第一一号)三一頁。

(37) 例えば、河野喜六が担当した花蓮アミ族の報告書には、「口碑伝説ノ研究ハ土俗調査ノ範囲ニ属シ該調査ノ主要ナル部分ヲ占ムルヘキモノナレハ之ヲ専門家ノ研究考覈ニ譲リタルモ調査ノ順序上聞キ得タル所ヲ記シテ参考ニ資ス」(臨時台湾旧慣調査会第一部編『番族慣習調査報告書』第二巻、臨時台湾旧慣調査会、一九一五年)八頁。

(38) 臨時台湾旧慣調査会第一部編『番族慣習調査報告書』第四巻、小島由道序文。

(39) 臨時台湾旧慣調査会第一部編『番族慣習調査報告書』第二巻、前掲、八頁。

(40) 岡松参太郎「母系主義ト台湾生蕃」(『法学新報』第二七巻第一一号)三一頁。

(41) 関口浩、前掲論文、一八頁。

(42) 「報告/殖産局森丑之助を小嶋の助手として蕃務課に兼務させる件、江崎金吾採用の件など」(『岡松文書』C一八—三)。

(43) 関口浩、前掲論文、一九頁。「報告/蕃人旧慣調査の件」(『岡松文書』C二四—四)。

(44) 笠原政治「師・友人・訪問者たち」(楊南郡著、笠原政治・宮岡真央子・宮崎聖子編訳『幻の人類学者　森丑之助』風響社、二〇〇五年)一二四頁。

(45) 楊南郡著(笠原政治・宮岡真央子・宮崎聖子編訳『幻の人類学者　森丑之助』前掲書)一一三頁。

(46) 『岡松文書』C四四、一七八—二。

(47) 関口浩、前掲論文、三〇頁。

(48) 『岡松文書』C四四、一七九—二。

(49) 岡松が台湾の旧慣調査会を解散し、調査委員を解職にしたことは、単に事業終了で調査員を整理したのではない。前述したように、一九〇七年に後藤新平は台湾総督府民政長官を辞任して満鉄総裁に就任し、岡松参太郎は京都帝国大学教授を兼任したまま満鉄理事に任命され、調査部の事務を担当した。満鉄では、台湾の土地旧慣調査を満洲まで延長しようとしており、満鉄の旧慣調査部には、台湾総督府の旧慣調査会の花岡伊之作や眇田熊右衛門などを転任させている。眇田熊右衛門は、岡松の期待に応えて、満鉄の旧慣調査部に赴任し、わずか一ヶ月で調査もせず土地旧慣調査の「租」（賃貸）の巻を書き上げて、満鉄調査員を驚かせた。天海謙三郎「中国旧慣の調査について――天海謙三郎をめぐる座談会――」（天海謙三郎『中国土地文書の研究』勁草書房、一九六六年）七九五、八一七頁。眇田は、台湾総督府の旧慣調査会で、中国の契約法全体を把握しながら台湾の旧慣調査会で仕事をしていたので、満洲の旧慣調査もその応用で書けたのであろう。

(50)『台湾総督府档案』第二九八二冊第一五三件。

(51) 坪井が東京専門学校（現早稲田大学）で講義をするようになったのは一八九六年からで、「人類学」の課外授業を持つようになり、一八九八年九月から正式に「考古学」と「人類学」の講師を担当した。川村伸秀『坪井正五郎　日本で最初の人類学者』（弘文堂、二〇一三年）一七二頁。佐山融吉の経歴から、彼が早稲田大学に在学していた時の学生で、その経緯で東京大学の大学院に進んだのだと思われる。

(52) 佐山融吉・大西吉寿『生蕃伝説集』（南天書局、一九九六年、初版一九二三年）。

(53)『台湾総督府档案』第二五八六冊第六四件三～四張。台湾旧慣調査会に奉職する前の履歴書は、『岡松文書』C四四―一〇一にもある。

(54) 馬淵東一、前掲論文、四五四～四五五頁。

(55) 一九二二年に両校の教諭として職員録に名前が出ている。

(56) 佐山と小島のいずれも、ヤミ族の報告書はない。その理由を明示した資料はないが、おそらく鳥居の民族誌があるので、それ以上のものは書けないと考えたのではないだろうか。さらに、ヤミ族はタイヤル族やブヌン族のように首狩りの習慣はなく、また離島に住んでいるため、東海岸のアミ族のような土地関係をめぐって問題を起こすこともないため、治安上も経済的にも、統治政策として重要性がなかったことも蕃族調査の対象から外されたのではないかと思われる。

(57) 北村嘉恵は、一八九五年から一九〇七年までの蕃童教育所の開設場所を示した地図を作成しているが、これには、東海岸南部のアミ族地帯に、早い時期から開設されている蕃童教育所が集中していることを示している。北村嘉恵、前掲書、七一頁。

(58) 臨時台湾旧慣調査会編『蕃族調査報告書　奇密社・太巴塱社・馬太鞍社・海岸蕃』(臨時台湾旧慣調査会、一九一四年)二一八～二二一頁。

(59) 同前書、二四四～二四五頁。

(60)『岡松文書』C六、九―三。一九一〇年の「鉱業代理人変更届」という文書に、鉱業人総代として小島由道の名前が挙がっており、京都府久世郡淀町字新町一四三の住所が書いてある。『台湾総督府档案』第一六八九冊第六件一～二張。嘱託であるため、副職として兼務ができたのであろうか。

(61)『台湾総督府档案』第九一二冊第二二件一～二張。

(62)『台湾総督府档案』第一七二六冊第四件一～二張。

(63)『台湾総督府档案』第三〇九九冊第二〇件一～二張。

(64)『台湾総督府档案』第三二〇三冊第九二件一～二張。

(65)『台湾総督府档案』第三二〇三冊第九一件一～二張。

(66)『台湾総督府档案』第三四五二冊第三七件一～二張。

(67)『台湾総督府档案』第四〇〇七冊第二件一～二張。

(68)『台湾総督府档案』第一〇三二七冊第一八件七張。

(69) 森丑之助「台湾蕃族に就て」前掲書、九頁。

(70) 関口浩、前掲論文、一八頁。

(71) 安原信三に関する公文書は、『台湾総督府档案』になく、台湾総督府専売局に若干資料がある。これによると、一八八七年五月七日東京市生まれで、東京士族出身、一九〇一年九月に就職してから一九〇八年七月に退職するまで専売局経理課に勤務していた。中央研究院台湾史研究所档案館台湾史档案資料系統「自明治四〇年至大正五年履歴調査事項自ナ至ヤ〈五冊ノ内三〉、同明治四二年元在官社履歴(一)」二〇一八年二月六日閲覧。

(72) 臨時台湾旧慣調査会第一部編『番族慣習調査報告書』第一巻(臨時台湾旧慣調査会、一九一五年)三六〇～三六一頁。

(73) 同前書、一九三頁。

(74) 同前書、三六二頁。

(75) 同前書、六八～六九頁。
(76) 同前書、八三頁。
(77) 同前書、一二四～一二五頁。
(78) 漢族下層社会でおこなわれた金銭の支払で親族関係を消滅させる「売断」という習慣は、タイヤル族にないと記述している。同前書、一八五頁。
(79) 同前書、一九三～一九四頁。
(80) 筆者が収集した資料に「台湾守備混生第二旅団管内蕃状一班」(一九〇六年)がある。これは手書きの報告書で、前書きは旅団長の佐治為善の名前で、管内蕃状を調査し概況を知ることは守備隊将校に必要であることを認め、同年四月に各地を調査し、調査事項を五〇件に選定して、各庁長に調査を依頼したとある。
(81) 『台湾総督府档案』第七九八冊第五三件一～二張。
(82) 辞職願の診断書では、一九〇一年以来マラリアに罹患したと書いてあるが、履歴書では一九〇二年一〇月二日付けで旧慣調査会に奉職しているので、就任前に台湾へ来たときマラリアに感染したのかもしれない。『台湾総督府档案』第一一三〇冊第六三件一～三張。
(83) 「花蓮港七脚川未帰順蕃ノ兇行」(『理蕃誌稿』第二巻、一九二一年)二三三頁。河野の職員採用内申案にも、平井の後任として河野を採用する必要があると明記している。『台湾総督府档案』第二〇六三冊第五四件一～五張。
(84) 臨時台湾旧慣調査会第一部編『番族慣習調査報告書』第二巻、前掲書、一二八頁。
(85) アミ族のシャーマンはシワカサイと呼ばれ、近年のフィールドワークでもシャーマンを中心とする研究がある。原英子『台湾アミ族の宗教世界』(九州大学出版会、二〇〇〇年)。佐山もシワカサイに着目して報告している。臨時台湾旧慣調査会『蕃族調査報告書　奇密社・太巴塱社・馬太鞍社・海岸蕃』前掲書、三九、二七三～二七八頁。
(86) 『台湾総督府档案』第二五八五冊第六二件一～四張。
(87) 臨時台湾旧慣調査会第一部編『番族慣習調査報告書』第三巻(臨時台湾旧慣調査会、一九一七年)五四頁。
(88) 同前書、一五六頁。
(89) 同前書、一五四～一五五頁。
(90) 臨時台湾旧慣調査会第一部編『番族慣習調査報告書』第四巻(臨時台湾旧慣調査会、一九一八年)八一～八五頁。

(91) 臨時台湾旧慣調査会第一部編『蕃族調査報告書　曽族阿里山蕃・同四社蕃・同簡仔蕃』(臨時台湾旧慣調査会、一九二一年)一三二～一三六頁。

(92) 臨時台湾旧慣調査会第一部編『番族慣習調査報告書』第四巻、前掲書、三〇頁。

(93) 同前書、二一〇～二一四頁。

(94) 国分直一『東アジア地中海の道』(慶友社、一九九五年)三一八頁。

(95) 臨時台湾旧慣調査会第一部編『番族慣習調査報告書』第五巻ノ一(臨時台湾旧慣調査会、一九二〇年)、緒言一頁。

(96) 平塚市美術館所蔵。森田英之編。原文は手書きで、元号と西暦が併記してあるが、本稿では西暦のみを記す。国立民族学博物館にも、小林の自筆の履歴書があるけれど、平塚市美術館資料のほうが詳しいので、こちらを紹介する。

(97) 国立民族学博物館が所蔵している小林保祥自筆の履歴書(一九七八年作成)にも、一九一七年に旧慣調査会を退職したように書いている。しかし台湾総督府公文書には、一九二〇年六月付の小林本人の辞職願、辞令案として一九二〇年一月一日付「雇　小林保祥　事務格別勉励ニ付金六十円ヲ賞与ス　依頼雇ヲ免ス」がある。実際の内申では一〇〇円を賞与され、小林の報告書が高く評価されたことが窺える。またこの内申で、小林は蕃族調査会通訳と総督府雇の肩書があり、「大正六年一月元旧慣調査会雇為命同会廃止ト同時ニ総督府雇為命以来今日マテ勤続職務ニ精励シ勤労少尠ニ付解雇ト同時ニ前書ノ通賞与ノ詮議相成度候右内申ス　大正九年六月二八日　蕃族調査会長　下村宏　台湾総督男爵　田健次郎殿」(『台湾総督府档案』三一〇五冊三八件一～三張)。

(98) 自筆の履歴書には、その場所を高雄州潮郡ライ社と記述している。

(99) 自筆の履歴書には、その場所をライ社に隣接するアマワン社と記述。

(100) 二〇一八年二月一〇日調査。屏東のパイワン族地域では、まず部落史を編纂して、それを総合して郷志を編纂している。高金豪氏の資料提供で、『番族慣習調査報告書』五巻がかなり活用されていて、現地のオーラルヒストリーによる検証も進んでいる。台湾原住民族文化永続発展協会編『泰武郷志』(屏東県泰武郷公所、二〇一四年)。

(101) 岡松参太郎『台湾番族慣習研究』第二巻、三七一～四六六頁。小島由道「恒春番の社会体制　其一～四」(『台法月報』第一二巻第四号～第七号、一九一八年)。

(102) 岡松は帝国学士院代表としてベルギーで開催された万国学士院連合大会に出席して、一九二一年一〇月帰国した後に発病し、一二月一五日に亡くなっている。「岡松博士追悼会に於ける賀来総務長官の弔辞」(『台湾時報』第三一号、一

九二二年）一九八頁。片岡秀太朗「岡松博士の大著「台湾番族慣習研究」出づ」（『台湾時報』第三四号、一九二一年）六頁。

(103) 稲葉君山『後藤新平伯と満洲歴史調査部』（南満洲鉄道株式会社、一九三九年）七頁。

(104) 片岡秀太郎「岡松博士と台湾の立法」（『台湾時報』第三一号、一九二二年）二二～二三頁。

(105) 一九四〇年になってからであるが、万国学士院連合会が「インドネシア慣習法辞典」編纂を企画した際に、日本の研究者が台湾の民族学的研究を分担することになった。帝国学士院東亜諸民族調査室編『東亜諸民族調査事業報告　昭和一五年度』（帝国学士院、一九四〇年）一～二頁。

(106) Torii Ryuzo, Etudes Anthropologiques. Les Aborigenese de Formosa, *Journal of the College of Science*, Imperial University Tokyo. Japan, 1910, Vol.28, no.6. この本の内容は、前述した鳥居龍蔵『紅頭嶼土俗調査報告』の翻訳とは異なり、台湾原住民調査の写真の解説、およびヤミ族の形質人類学による分析が主体である。

(107) この二つの旧慣調査は、人類学的な報告なのであるが、近年出版される台湾原住民の民族誌を見ても、その利用は限定的であるのは残念である。しかし、これらが中国語に翻訳されたので、調査地の地方志などで利用され始めたのが、近年の新しい傾向である。

俳文学、知識、植民統治の交錯
――『台湾歳時記』の編纂とその植物知識の系譜――

顔杏如

はじめに――風景と知識：「歳時記」を手がかりとして――

一九一〇年、植民地台湾で日本統治下唯一の、台湾の行事、季節風物を収集した俳諧歳時記――『台湾歳時記』が出版された(1)。

歳時記は、中国の古歳時記『四民月令』、『荊楚歳時記』等、年中行事暦を起源としている。日本はその影響を受けながら、一方で和歌、連歌、俳諧など短詩型文学の文脈の中で、独自に「詩歌暦」として発展させていく。近世俳諧の成立とともに、季語を網羅した歳時記が出現する(2)。

俳句創作において歳時記は重要な参考書となる。一般的には、季節ごとに季語を採録、天文、人事、動物、植物等の分類を行い、それに説明を加える体裁がとられている。そのため、歳時記は地方の四季風物の集大成といってもよく、編纂者がどのように季節の時間秩序に従って土地の風物を配列・解釈し、また事物と土地の関係を理解したのかがよく表現されている。同時に、そこには編纂者の風物に対する認識、事物に関する知識が反映されることになる。

百年前に植民者によって書かれた風土記録である『台湾歳時記』に関しては、すでに先行研究がある。沈美雪は、これが日本以外の地域では初めての歳時記であり、俳壇史上に大きな意義をもつものだと指摘し、また、「台湾趣味」追求を目的とした同書は、台湾の庶民生活や自然文化への関心を伝えるものだとして、台湾風土に立脚しながら季題の解説をした歳時記だと評価している(3)。ただ、沈論文は『台湾歳時記』を植民地俳壇の動向という文脈から考えるのみで、単一のテクストから議論を広げておらず、テクストのつくりだされた外部環境や作者がおかれた多重的な場については考慮していない。

『台湾歳時記』をひもとくと、確かに目録の季題には台湾特有の風物があふれており、編纂者が「台湾趣味」を季題選択の基準にしていたことがうかがえる。だが、その背後にはいくつかの問題が隠されている。「台湾趣味」がどのような構造によって形成され、その生成過程はいかなるものであったのか。その背後にはどのようなまなざし、知識が存在し、「台湾趣味」を形成したのか。またそれは台湾社会や日本帝国の植民地統治との間にどのような関係があったのか。これらの問題を射程に入れて考えた場合、『台湾歳時記』は単なる台湾風土に立脚した俳句歳時記といえるだろうか、あるいは多重的な要素、軌跡が交錯したものとなるのだろうか。本稿は植物の季題に焦点を当て、「台湾趣味」と見なされた台湾の風土記録と知識、権力の関係を検討し、『台湾歳時記』の性質、知識系譜をあらためて考えてみたい。

具体的には、『台湾歳時記』編纂の過程で、編纂者である小林里平はどのような時空、社会環境に身をおき、それがどのように知識系譜の形成に影響を与えたのかを考察したい。その際、筆者は小林里平をめぐる歴史状況、経験、人的ネットワーク、読書習慣等を手がかりとする。どのような時空、磁場の中で小林が『台湾歳時記』を書くことになったのかを考えると同時に、小林にどのような地位、経歴があり、それにより彼がどのような知識体系、枠組みに置かれ、『台湾歳時記』の編纂にいかなる影響を与えることになったのかを考える。編纂者と出版背景を明らかにした後、書籍の内容に焦点を当て、植物季題についての知識源と系譜を考える。植物の記述、分類方法を考察し、小林の用いた参考文献が書中で演じた役割、知識の系譜における作者、時代との関係にも論及する。(4)

この議論は構造的な問題にも関わってくる。日本統治初期に台湾にやってきた日本人は、台湾の風景にどのようなまなざしを向け、記述したのか、そのまなざしの背後には、どのような知識、視線が存在し、その知識はどこから得られたのか。それは植民地社会、日本帝国の統治との間にどのような相互関係があったのか、といった問題である。

『台湾歳時記』の形成過程及びその内容がもたらす多くの手がかりを考察し、それを通じて、日本統治初期在台日本人のいう「台湾趣味」の背後にある、知識、視線、権力の相互関係、また植民地の在地知識、近代の植物学と植民地政府の統治施策がどのような交錯関係にあったのかの分析を試みる。これらの問題を考えることは、植民者／移動者と空間、風景、知識の相互関係だけでなく、日本統治初期の知識流通、吸収、再生産を理解する手がかりともなる。

一　編纂の背景

歳時記の編纂は、時代、地域によって異なる背景、意義を有している。中国の歳時記に関して言えば、もともと授時意識によるものであったが、時代とともに為政者の農事暦、生活規範の参考としての性格から、生活習俗の記述へと変わっていった。(5) それでは、日本の植民地統治の開始から一五年目に刊行された『台湾歳時記』などのような背景で編纂され、どのような時代の風潮と要求を反映し、いかなる意味をもったのだろうか。

（1） 俳句の越境と「台湾趣味」の主張

日本の植民統治につれて日本人の移動により、台湾でも俳壇が徐々に形成され発展していくが、植民地に越境した俳句は難題に直面することになる。それは、台湾の季節感、特色をいかに捉えるかということであった。[6] 一九〇五年、小松吉久[7]は『台湾慣習記事』に「殖民地文学（台湾趣味の発揮）」を発表、植民地の風土、気候、人情、習俗は日本内地と異なるため、文学面でも独自の趣味、特色を発揮するべきと主張した。[8] 小松の「台湾趣味」に関わる主張は、俳句だけでなく、植民地文学全体を対象としたものであったが、俳壇でも大きな反響を呼んだ。その議論は当時の台湾での俳句創作における季題の混乱、日本内地の風物や題材を踏襲、台湾独自の素材が開発されていないといった批判に集中している。[9]

一九〇六年九月、『台湾日日新報』上で李坪（小林里平）の「水引草」が連載され、台湾の季題景物が目新しい詩材として紹介された。[10] これはちょうど小松吉久が「殖民地文学」を提起、俳壇で「台湾趣味」についての議論が起こった時期にあたる。「水引草」で言及された季題はその後ほとんどが『台湾歳時記』に収録されることになる。[11]

一九一〇年の『台湾歳時記』出版にあたっては、正岡子規門下の「双璧」の一人といわれた河東碧梧桐が序を寄せている。

> 沖縄台湾の如き風土の異なる地方の季題趣味問題は遂に俳句上の大問題である。李坪子が先づこの大問題に指を染めて台湾歳時記を編むといふ。台湾に住む俳人の為めに幾分の参考となり、事物の統一を欠く内地人に台湾の特色を紹介するといふ事の外に台湾の季題趣味の解決に資する第一着手として、其の労を多とせざるを得ぬ。[12]（傍線は筆者による）

上記の引用には当時の在台俳人の創作に際しての難題、及び『台湾歳時記』編纂の目的が明らかにされている。

それは風土の異なる台湾での俳句作りがいかに「季題」を運用し、台湾の特色を表現するかということであった。

編者の小林は「凡例」において、「本書の目的は人事、動物、植物の三部類中台湾に特殊なる行事季物を蒐集説明するにあり」として、上記三部に限るのは「天文、地理の如きは内地と略同一にして、殆んど台湾特有と認むべきものあらざればなり」と説明している。また、選択の基準には、「仮令台地に特殊のものと雖も、既に内地の歳時記類に記載説明しあるものは概ね之を略す、但し台地に見るもの、其説明する所と全く異なるものは間々之を再説す」る旨も記している[13]。台湾の天文や地理が日本と同一であるとは言えないが、上記の説明が示すように、『台湾歳時記』の季題選択は、「台湾特有」を基準としていた。『台湾歳時記』が「台湾特有」を重視したことは、文壇、俳壇に起こった「台湾趣味」の主張、期待に応えたものであり、こうした期待から行われた試みであり実践であったといえよう。

(2) 「知識」を方法として

とはいえ、一歩進めて考えてみると、いかに「台湾趣味」を感じ、発掘し、その主張を実践するのかという疑問が残る。小松は論説の中で「実地に殖民地の事情を会得」し、自然や動物、植物、人事に詳細な観察を加え、それを「領得し、研究し、咀嚼」することを強調している。また人事に関しては、実地での観察だけでなく、さらに「口碑、伝説、旧記等によって、事相の淵源を尋ぬる」必要があるとした[14]。

小松の「台湾趣味」の主張にこたえ、『台湾日日新報』には「台湾趣味と俳句」という記事が掲載されるが、そこでも風土気候の異なる土地にあって、台湾趣味を発揮すべきことを強調されている。この文章の作者であり俳人でもある不耳[15]は、台湾趣味発揮のためには、自然や人事を細かく観察し、また旧記、伝説、口碑の調査によって、四季の花鳥草獣、人事の制度、慣習などの名称や性質を理解する必要があると指摘した。その名称や性質が理解できなければ、事物の趣味とそれが形作る自然美を感得することはできないと考えたのである。また、文中では詩人にも「科学的智識」が必要で、動植物の名称や性質の理解には、植物図鑑等が必須だとした。最後に、従来の歳時記は無味乾燥であるから修正の必要があること、台湾の気候が日本内地と異なっていること等を理由として、台湾趣味を発揮できる台湾歳時記の編纂を提唱している。(16)

以上のように、小松も不耳も、「台湾趣味」を表現できるのは自然と人事だとし、実践の方法に関しては実地観察、口承、文献の調査を挙げている。ただ小松の考えを踏襲しながらも、不耳は実践方法をより具体化し、名称や性質の把握および「科学的智識」にも言及している。小松の主張にしろ俳壇で起こった議論にしろ、「観察」、「調査」を手段、方法として再三強調していることがわかる。このことは、「台湾趣味」が目の前の物を描いただけで成立するものではなく、日本と台湾両地の差異を区別することにあり、観察、調査、理解した上ではじめて成り立つものであることを意味している。換言すれば、「知識」が不可欠なものだったのである。

また、写生派俳人である服部烏亭は、当時の俳句に台湾趣味が欠けている理由として、「人情風俗に慣熟せざること」、「名称を多く知らざること」、「趣味が各人に普遍ならざること」、「台湾称呼の内日本語系と調和せざるもの多きこと」等を挙げている。(17)「人情風俗に慣熟せざること」、「名称を多く知らざること」というのは小松、不耳の見方とも一致しているが、それぞれが台湾理解、固有名称の知識の必要性を感じていたことを意味している。「趣味が各人に普遍ならざること」というのは知識、理解の「共有」、「共通性」に関わるものである。また「台湾称呼の内日本語系と調和せざるもの多きこと」というのは、帝国日本と植民地台湾がそれぞれ使用する言語と言葉が指す文化の中身が異なることとも関わってくる。歳時記の編纂は、「季題」に特定の認識、知識を付与する過程であった。碧梧桐が「事物の統一を欠く内地人に台湾の特色を紹介するといふ」と序で述べたように、『台湾歳時記』の編纂によって、在台日本人が台湾の事物に関する共同認識を持つ基盤を提供し、同時に、俳句創作における読者と作者の間の「共通の場」が構築されたのである。

総じていえば、文壇、俳壇で「台湾趣味」を打ちだすことが主張された背景には、台湾の自然や人事の名称、性質を含む台湾についての「知識」の獲得が絶えずに強調され、台湾趣味を発揮する一方法とされたのである。小林里平の『台湾歳時記』はこのような「台湾趣味」の追求と、名称・知識の把握をそのための方法とする発想のもとで生まれた。「台湾趣味」に応える実践の一つでもあったのである。

(3) 多重的な社会的ネットワーク――作者小林里平の背景と経歴――

小松吉久の「殖民地文学」及びその後の一連の議論から、「台湾趣味」の背後には「知識」、「調査」を求める動向が存在していたことがわかる。一方で、『台湾歳時記』編纂者の経歴も、その知識、価値観を反映し、同書の内容を左右するファクターとなる。ここでは、編纂者小林里平の背景、経歴を通して、同書をめぐる知識ネットワーク及びその周辺を探ってみたい。

小林里平は俳号を李坪という。句会出席の記録を見ると、遅くとも一九〇〇年の秋には渡台、その後「南蛮会」、「竹風吟壇」といった俳句結社に参加していた。一九〇四年、台湾最初の俳誌『相思樹』が創刊されたが、李坪はその会員であり、「当季雑詠」の評者を担当したこともある。その後『相思樹』の分裂により、一九〇七年には同誌を離れ、『緑珊瑚』を創刊した。同誌は一九〇八年一〇月河東碧梧桐来台後、季節感を捨て、自由律俳句を採用するようになるが、南方趣味の主張は依然続けていた[18]。一九一〇年『台湾歳時記』刊行後は、小林が『台湾日日新報』、『実業之台湾』、『台湾』等、新聞雑誌の俳句欄の評者となった。ここから日本統治初期台湾俳壇における小林の知名度、影響力がうかがえる[19]。

俳人である以外に、『台湾総督府職員録』によれば、小林里平は埼玉県出身、一九〇二年からその職歴をたどることができる。一九〇二年に覆審法院の嘱託、一九〇三年に台北地方法院の嘱託に移転し、一九〇五年からは書記に転任して一九一九年まで勤めている。法院での仕事のほかに、一九〇二年から一九一一年までは「台湾旧慣調査会」でも嘱託として働いている。給与に関しては、法院嘱託のときは「月手当」しかなく、一九〇五年に書記になって以降は六級俸から徐々に昇給、一九一九年には三級俸となっている。旧慣調査会の嘱託の仕事に関しては、終始「月手当」となっている[20]。

「臨時台湾旧慣調査会」は旧慣調査の専門機関として一九〇一年に設立、その目的は訴訟に関する民、商、人事、慣習等の慣習法を調査することにあり、司法、行政、立法の必要に応えるためである。ただ、旧慣に関わる調査はそれ以前から始められていた。一九〇〇年、民政部法務課内に「台湾慣習研究会」が設置され、信仰、歳時祭祀、生命儀礼などの台湾の風俗習慣の調査を行った。調査の結果は機関誌『台湾慣習記事』に掲載されるが、同誌は一九〇七年の解散まで、七巻八〇号が発行された[21]。小林の旧慣調査への参与はこの時点まで遡ることができる。一九〇一年一月『台湾慣習記事』創刊から、小林は編集主任として勤め、自らも多くの投稿をしている[22]。また、『台湾慣習記事』は一九〇六年八月から俳句を掲載しており、九月からは俳句専門の「南竇句観」欄を設置している。編集主任の小林が、自らの趣味たる俳句を「公」の場に持ち込んだと考えられる[23]。

『台湾慣習記事』編集のほかに、小林の著作からは、「嘱託」、「書記」としての彼が、法院や臨時台湾旧慣調査会内部でどのような仕事をしていたのかがうかがえる。

一九〇二年、小林は伊能嘉矩と共に『台湾年表』を編纂、一九〇三年と一九〇七年に増補版が再版された同書は、初歩的な台湾情報の集成的な性格を持っている[24]。その後、小林は『支那時文契字訓解』(一九〇五年)、『台湾年月誌』(一九〇九年)をも編纂している。前者は旧慣調査会嘱託の立場で編纂したもので、内容は財産権関連の契字解説である。台北地方法院の職員たちの講演をまとめたもので、台湾登記法、台湾公証規則実施の準備の一環として出されたものである。後者は『台湾年表』絶版後に編まれ、『台湾年表』を参考としてそこに増補を加えたものである。当時小林は『法院月報』の編集を担当しており、同書も法院月報発行所から出版された[25]。以上は、これらの著作が法院や旧慣調査の仕事と密接に関わっていたことを示している。

『台湾総督府職員録』の官職、給与記録、及び残された著作からは、小林が、巨大な官僚機構の中では一介の中下級官吏であったこと、記録、書類整理を行うと同時に、政府の委託を受け任務を遂行していたことがわかる。つまり、小林は大きな調査組織のなかで任務を行い、膨大な資料を整理していた一人であった。組織の上層部や責任者というより、内部の実行者ないしサポート役だったのである。そのため、小林は旧慣調査の責任者であった岡松参太郎や愛久澤直哉のように企画をしたり決定権をもったりしたわけではなかったが、旧慣調査の資料整理の一員として、多くの記録を残している。興味深いのは、小林とともに『台湾年表』を編纂した伊能嘉矩が、日本統治時代の台湾史においてよく知られている人物となったのに対し、小林が今日ほとんど知られていないという点である。対照的に、日本統治初期においては、小林は現在のように無名ではなく、伊能嘉矩と並び「本島研究者の「二幅対」」とまで評されもした[26]。

こうした小林の経歴は伊能を思い起こさせる。陳偉智は今日にも影響を及ぼしている伊能の種族分類を論じ、伊能が総督府官僚と東京人類学会会員の二重の身分をもつことで、総督府の「蕃情」に関する知識と人類学という二つの知識ネットワークの中に身をおいていたと指摘している[27]。小林においても、伊能と同様、メディアや、旧慣調査の成果としての『台湾慣習記事』を含む彼の所属した「旧慣」知識ネットワークが、その知識生産を左右していたことがうかがえる[28]。『台湾歳時記』中の「人事」の季題を見ると、その多くが『台湾慣習記事』掲載の小林本人及び同僚による調査結果を援用したものであることがわかる。一例を挙げると、一九〇一年の旧正月に小林は艋舺、大稲埕（訳注：台北の台湾人居住地域）といった町の「歳の市」を視察し、売られていた商品の記録を『台湾慣習記事』に発表したが、『台湾歳時記』の「春之部」の「人事」の季題には歳の市で見た「春聯」、「焼金」が含まれている。また「春聯」、「賭戯」の内容はそれぞれ『台湾慣習記事』掲載の鉅鹿赫太郎《おうがかくたろう》の「新編年中行事（一）」、藤村源太郎「台湾の賭博」を踏襲しつつ参考にし、記述の仕方も同様である。[29] 小林は、台湾風俗人情の観察を通して台湾の風景を切り取り、旧慣調査の知識を『台湾歳時記』の人事、風物の記述に転換したことになる。『台湾慣習記事』掲載の調査結果は研究会メンバーの共有の知識、情報、認識となり、小林の文芸趣味である俳句と結合し、それが『台湾歳時記』の季題紹介に用いられたのである。小林は公的には行政官吏、旧慣調査の参加者として、私的には俳句の創作に情熱を注いだ。官吏と俳人の二重の身分が『台湾歳時記』の内容にも反映された。同書は、旧慣調査と俳句の越境、両者が結合してできた産物といえる。

注目すべきは、「台湾趣味」を提唱した前述の小松吉久も、台湾慣習研究会のメンバー（幹事）であり、庶務や編纂事務を担当していたことである。[30]「台湾趣味」が台湾慣習研究会のメンバーから同会の機関誌で提起され、同会メンバーの小林里平によって実践されたことを考えると、文学／俳句の越境後、それが異地の風物、異国情趣追求の方向に転換しただけでなく、理解や調査を通して知識を掌握するという植民統治のロジックも文学創作に応用され、「台湾趣味」を示す具体的な手段・方法とされたことがわかる。

他方、職務上の経歴だけでなく、小林個人の思想背景、人的ネットワークも注目に値する。『台湾歳時記』は東京の政教社から出版されているが、一九二〇年代、政教社の機関誌『日本及日本人』にも小林の文章が掲載されている。[31] 政教社は明治中期から大正期の国粋主義者による思想、文化団体であり、明治政府の欧化路線、条約改正に対する消極的な態度を批判、日清戦争支持の論陣を張り、対外的には国権主義の立場をとっていた。[32]

また、一九〇七年に陸羯南が死去した際、小林は『台湾日日新報』にその逸事を書き、陸を二〇年来の恩師と記している。[33] 一九〇九年、正岡子規の命日にも、同紙において植物の名称をめぐる子規との対話を回顧し、故人をしのんでいる[34]。陸羯南は明治中期の著名な新聞記者、評論家で、一八八九年新聞『日本』を創刊、国民主義の立場から政府の皮相な欧化主義を批判、思想的には政教社の機関誌『日本人』の国粋主義と軌を一にしている。『日本』は文学欄で漢詩、短歌、俳句等の伝統文学を推進、正岡子規、河東碧梧桐の文学活動の拠点ともなっていた[35]。

渡台以前から陸羯南、正岡子規と交流があり、また『台湾歳時記』が政教社から出版されたことを見ても、小林の思想、人的ネットワークは、国権主義と密接な関係にあったと考えられる。『台湾歳時記』の出版にも、帝国列強に肩を並べ、新領土を理解しようという国権主義者の情熱がこめられていたと推測することができる。編纂者小林の意識、知識、価値観が形成され、書籍／知識が生み出された背後には、「外地」に身をおく俳人、植民地の旧慣調査メンバー、帝国における国権主義者といった多重的な身分と、その周辺の社会ネットワークが多重的文脈となって織り重なっているのである。

二 「近代」との錯綜――近代植物学の系譜――

『台湾歳時記』は春夏秋冬の四部構成、それぞれが「人事」、「動物」、「植物」の三項に分けられ、二一六個の季題が収録、内訳は人事九二項、植物一〇二項、動物が二二項である。人事の季題は台湾人の祭礼、年中行事を中心としており、まさに旧慣調査、慣習研究の対象、中身であった。この点からも『台湾歳時記』が俳句の越境と旧慣調査の相互作用によって生まれたものであることが確認できる。

一方で注意を引くのは、植物の季題が一〇二項に及び、小林の職務に関連する「人事」よりも多い点である。植物学者でもない小林は、植物に関する知識をどこから得たのか、どのように台湾の植物を知り、俳材の選択を行ったのだろうか。

『台湾歳時記』の植物紹介を読むと、季題執筆にあたり小林が多くの書籍を参照していたことがわかる。その参考書籍から異なる四つの知識の源泉が見えてくる。一つは清代の方志、詩集、例えば『台湾府志』[36]、『台海采風図』、『諸羅県志』、『赤嵌筆談』、宦遊詩人の詩作等である。二つ目は江戸時代以来の本草学とそれにかかわる図譜等、『和漢三才図会』、『大和本草』、『和名抄』、『俳諧歳時記』、『園芸文庫』などである。三つ目は近代の植物学知識で、『実用植物図説』、『殖産局苗圃苗木代価目録』、『台湾重要農作物調査』、『台東殖民地予察報文』、植物学者の講演などがあげられる。四つ目は旧慣調査に関わる直接的な観察と生活体験である。上記の知識源を大きく分けると、前二者は「伝統」的知識系譜、後二者は「近代」の科学知識、植民地統治策と関係のあるものといえよう。小林はこれら異なる系譜の知識をどのように用い、『台湾歳時記』に反映させたのだろうか。そして、それぞれがどのような役割を担い、どのように『台湾歳時記』の内容を形成、構成したのだろうか。

(1) 近代植物学知識の利用——分類体系と記述方式——

まず、「植物」の季題を紹介する際に、『台湾歳時記』がどのような形式で植物の形態を記述したのか、またその時用いた知識体系がいかなるものなのかについて見ていきたい。

ここでは「夏之部」の「植物」の季題の一つである「緑珊瑚」を例に、その描写方法について具体的に見てみる。

緑珊瑚《台湾名》緑珊瑚《リヨクザンゴオ》《異名》覇王樹、緑玉樹、仙人掌、シヤボテン、蟹シヤボテン《科名》仙人掌科

緑珊瑚は仙人掌の異名であつて、種類は沢山あるが、一番多いのは肉質長葉にして倒卵状を為したるもの及び扁平笏状荒角棒状を為したるものと、一種蔓生にして樹木土塀などに纏繞して居るものとである。何れも鋭利なる多数の刺を有するを以て、土人は能く籬用として植ゑて居るのである、夏に至り刺腋より大形白

色の螺旋状花を開くのである。〔後略〕(37)

全般的に言えば、『台湾歳時記』の植物に関する記述は、上記緑珊瑚の例が示すように、まず日本語の名称、その後「台湾名」をカタカナによる台湾語発音とともに表記、さらに「異名」を記し、最後に近代植物学上の分類である「科名」も明記している。これら基本情報の後に、その特色や形状を記述している。

全体の記述方法以外に目を引くのは、小林の採用する「科」の分類と植物形状に対する描写方法が、近代植物学知識の範疇に属する点である。全一〇二項の植物季題のうち、「科名」が記されていないのは植物そのものではなく、人事や地方風物の特性も持ち合わせている「緑肥」、「包種茶」、「夏之新米」、「熟柿」、「渋抜柿」、「伏稲」の六項目のみである(38)。名称の項目にその植物の科名を明記しているほか、植物形状の描写にも、近代植物学共通の固有名詞、形容詞が用いられている。「倒卵状」、「扁平笏状」で葉の特徴を形容したり、花の形を「螺旋状」と表現しているのはその一例である。また同じ「夏之部」の季題である「桄榔」も同様の形式で紹介している。

光榔《台湾名》光榔子《コンロンチー》（異名）つぐくろつぐ、蘇鉄椰子、槺榔《科名》棕櫚科
光榔は本島山地至る所に野生し、椰子に似たる木本にして、高さ二丈余に達するものもあるが、大抵は一丈前後である、葉は多数の小葉より成れる羽状複葉である、花は単姓《ママ》〔性〕で、雌雄花共一株に生ずるのである。〔後略〕(39)

桄榔の紹介も同様に「科名」を記しながら、葉の形状を「羽状複葉」と形容し、「単性花」や「雌雄花共一株」と花の構造を描写している。これらの例からわかるように、小林は『台湾歳時記』において植物の形態を説明する際、葉、花、種子の形状、構造、配列関係、個体の特徴等に注目しており、その知識体系は近代の植物学の知識が基盤になっているのである。

清代方志の記載と対照すると、『台湾歳時記』の植物形状描写の知識系譜がより明確になる。『重修台湾府志』を例に取れば、緑珊瑚と桄榔はともに巻一八「物産」の「草木」の下「木之属」に記されている[40]。その「附考」には緑珊瑚について「別名緑玉樹という。枝が多く花は咲かない。葉には光沢があることから、その名がつけられた、ルソンから移植された」とあり、張鷺洲（張湄）の詩が付記されている。桄榔については「幹はまっすぐで、花が落ちると葉をつける。丈夫で紋が多く、器として使える」、「桄榔樹は栟櫚に似て、樹皮の屑は麪のようである。幹は竹のようで、紫黒色で、紋がある」[41]。ここからわかるように、方志の植物描写は外観、用途、言い伝えを重視、葉や花の形状、構造について統一的な描写、分類はなされていない。興味深いのは、同一の植物も異なる部位、成長の過程によって、異なる分類がされている点である。桄榔は「木之属」なのに、桄榔子は「果之属」に分類されているが[42]、これはその形状や用途が異なっていたためであろう。

伝統的な方志や本草学は植物をその形状、特性、あるいは人間との関係によって分類し、またそれにまつわる伝承なども記録していた[43]。方志では、植物は通常「物産」志すなわち土地の産物に列記され、その用途に主眼が置かれていた。「物産」はさらに「稲、麦、黍、稷、菽、蔬、果、布、貨、薬、竹、木、花、草、畜、羽、毛、鱗、介、虫」等の部門に分類、記述される[44]。ここからも、その分類が生活経験、形状や用途によって分類され、その根拠も人間との関係にあったことがわかる。それに対して、近代植物学の分類は、植物そのものの構造、生長状態によっており、両者の知識の型、分類方法は全く異なっていたのである。

小林も『台湾歳時記』で植物の効用や食用方法等を記したり、方志収録の漢詩を引用してはいるものの、植物形態の紹介は、方志の知識体系ではなく、近代植物学に基づいて行っている。

(2) 近代植物学知識の共有と受容

小林が「羽状複葉」や「単性花」等の語彙を用いて植物の特徴を形容している点について、もう一つ疑問が生じる。これらの言葉は近代植物学の基礎知識がなければ理解が難しい。では、編纂者小林および読者である俳人たちはこうした植物学の知識を共有していたのであろうか。その知識はどこから得られたものなのか。

『台湾歳時記』の中で、小林は紙幅を割いて「檀特」と「カンナ」が同じものかどうか解説しているが、そこで「斎田博士」の『実用植物図説』という書を引用している。[45] 斎田とは斎田功太郎(一八五九~一九二四年)のことで、明治大正期の植物学者である。その著書『内外実用植物図説』は、一般向けの植物参考書で、「中等及び初等程度」、「実業家」、「一般研究者」等を想定して書かれた。[46] 目次に続いて、同書が採用する「エングレル氏自然分類[47]」一覧が列記され、さらに「術語の図解」では図説によって、根、茎、葉、花、果の種類、構造や生長状態を解説、「羽状複葉」や「単性花」といった語彙についても説明を加えている。[48] これらの手がかりから推測されるのは、当時の植物学に関する著作が、近代植物学知識の普及に大きな役割を果たしていたという事実である。

同じ時期、こうしたさまざまな植物参考書が日本本土、植民地台湾で流布していた。『有用植物図書』、『新編植物図説』、『はな』等、「植物形態図解」や「植物自然分類表」が付されたものもあった。[49] 文学と近代植物学の知識を融合して広く読まれた『はな』(一九〇二年初版)を例にとれば、同書は葉の形状や花の構造といった植物の基本構造や分類を紹介している。葉の形状の解説では、小林も使用した「羽状複葉」、「倒卵形」といった語彙が使われ、花蕊を持つものを単性花、両性花、雌雄同株、雌雄異株に分類し、それぞれ図を用いて解説している。一九一〇年の時点ですでに「台湾の花言葉」が加えられた増補第五版が出版されていることから、この本の人気がうかがえるであろう。[50] 第五版巻末には各界の紹介や批評が付されているが、学術的な『植物学雑誌』や多くの日刊紙、地方新聞等も含まれていることから、読者は科学者・研究者に限らず、知識人、さらには一般の識字階級にも及んでいたことがわかる。[51]『台湾歳時記』は『はな』には言及していないものの、その知識体系は、種子、葉、花の形状、構造、配列を描写、「科名」を記載する『はな』と同様の近代植物学の知識である。

植物各部位の形状、構造、配列を描写する言葉は、近代植物学の基礎知識がなければ理解することは難しい。したがって、編纂者の小林里平だけでなく、『台湾歳時記』を参照して俳句を創作した俳人たちも、一定の基礎知識を有していなければ、同書が用いる専門用語を理解することはできない。上述したさまざまな手がかりから、近代植物学の関連書籍が知識普及に重要な役割を果たしていたことは想像にかたくない。

『台湾歳時記』刊行以前の一九〇六年、小林里平は『台湾日日新報』に季語、俳材を紹介するコラム「水引草」を連載していたが、「カンナ」を解説した一文に対し、異議を唱える読者の投稿が寄せられる（一九一〇年『台湾歳時記』出版の際、わざわざ紙幅を割いて「檀特」と「カンナ」の相違を解説したのはこのためである）。その投書の内容から、近代植物学の知識が浸透する軌跡をうかがうことを試みよう。

小林は「水引草」で『和漢三才図会』にもとづき、台湾で「美人蕉」と呼ばれる「カンナ」が日本内地の「檀特」であると同定した。[52]数日後の読者の投書は、両者は異なるものだとして、小林の見解の誤りを指摘し、以下のように述べている。

〔前略〕多少植物学の智識を有する人は分類学が其根拠を花弁、雨蕊、種子等の微細の点に置くものなるを知るべし又其分類は科より属に属より種に分派するものなるを知るべし今日の植物学に関する書籍に於てカンナと檀特を同一物なりとしたるもの吾人未だ之を見ず〔後略〕

由来俳人の科学に関する智識の乏しきより識者の譏笑を招くもの往々にしてあり是れ俳句を学ぶもの、大に留意すべき点なりと信ず豈独り李坪君のカンナに就てのみ云はんや[53]

この論争はその後「川上学士の断案に依つて結局カンナは檀特の一種」ということで決着がついた。[54]この「川上」とは川上瀧彌（一八七一～一九一五年）のことで、札幌農学校を卒業の後、一九〇三年から台湾総督府に勤務した。台湾植物学の先駆者であり、多くの植物に川上の名が冠せられている。[55]幅広い支持を集めた前述の『はな』は、この川上と後輩森広によるものである。[56]ほかにも『台湾植物目録』（一九一〇年）、『椰子の葉陰』（一九一五年）といった著作もある。[57]実は、『台湾歳時記』で小林が最も多く引用しているのも、この川上瀧彌の著作である（詳細は後述）。

この小さな論争は、俳句の創作の上で理性や科学の重要性が再三強調され、その中で植物学者としての川上瀧彌が権威、影響力を発揮したことをあらためて証明する一方、民間における近代植物学書籍の出現とその知識がいかに浸透していたのかを物語るエピソードである。これら知識の共有、受容によって、『台湾歳時記』の作者と読者の間で、植物知識系譜の基礎が形成されたのである。

（3）日本統治初期の植物調査と『台湾歳時記』

日本帝国をまたいで広がる近代植物学の基礎的知識の拡大以外に、このテクストの内在的な知識系譜が、またどのようにそれを生成した植民地社会と連動するのか。『台湾歳時記』が完成し出版された一九一〇年は、台湾における植民地統治が始まって一五年目のことである。当時の植物調査はどのようなもので、それが『台湾歳時記』にいかなる影響を与えたのだろうか。

『台湾歳時記』において近代植物学の知識が披瀝されている部分では、『実用植物図説』以外に、『殖産局苗圃苗木代価目録』、『台東殖民地予察報文』、『台湾重要農作物調査』、ヘンリー（Henry）氏の『台湾植物目録』等が引用されている。また上記の書名だけでなく、川上、芳賀といった人名で引用されることもある。これら書籍や人物は、ちょうど『台湾歳時記』完成の頃の、植民地台湾における植物調査の状況がいかなるものであったのかを示している。

台湾における近代植物学の始まりは、清末の開港前後まで遡ることができる。当時の西洋の植物採集家、税関職員の調査・採集の成果は、植民統治期に入ってから、日本人植物学者の貴重な参考資料、研究の基礎となった[58]。中でも重要なのが、オーガスティン・ヘンリー（Augustine Henry）である。ヘンリーは一八八一年に清国へ赴き税関に勤務し、そこで植物採集を始める。一八九二年から一八九五年までは台湾へ転任し打狗（高雄）税関で医官として、打狗、打狗山（寿山）、屛東の万金庄、台北淡水、台南安平等で植物を採集し、多くの標本をイギリスの王立植物園であるキューガーデンに寄贈した。一八九六年にはその採集調査を基礎として、さらにそれまでの西洋人の採集成果をまとめる形で *Transactions of the Asiatic Society of Japan*（アジア協会会報）に〝A List of Plants from Formosa（台湾植物目録）〟を発表するが、そこには一四二八種類の植物を記載し、さらに俗名を付記している[59]。

台湾植物学界で大きな影響力を持った川上瀧彌も、台湾植物研究に関する講演や文章の中で、しばしばヘンリーに言及している[60]。一九一〇年、川上編纂・殖産局出版の『台湾植物目録』が世に出される。同書は一九一〇年までの植物採集・調査の結果をあらためて整理したもので、「領台以前欧米人ノ採集」と領台後日本人植物学者の学術調査、新種発見、関連の叙述が含まれている。同書の編纂に当たっても川上はヘンリーの著作を参照、さらに「緒言」ではヘンリーのことを「台湾植物研究者唯一ノ指南車」と賞賛している[61]。一九三〇年ヘンリー死去の際には、植物学者金平亮三、山田金治が『台湾博物学会会報』にヘンリーの経歴と台湾植物調査に対する貢献を紹介し、その死を悼んでいることからも[62]、日本の植物学界に与えた影響の大きさがうかがえる。

『台湾歳時記』で水芋を解説する際、小林は川上が『農事報』で発表した台湾の芋の種類及び名称を紹介した文章を引用しているが、その内容はヘンリーの著作を参考にしており、小林も「ヘンリー氏台湾植物目録に記載あり」と川上の著作を引用している[63]。小林が実際に英語で書かれたヘンリーの「台湾植物目録」を読んだとは限らないが、確かなのは、川上の文章を通じてその書名を記載し内容を転載していることである。つまり、一九世紀の異国で探検し採集する風潮のもと展開された植物採集の成果が、日本統治初期の植物研究の基礎となり、さらに植物学知識の伝播につれて、俳句創作における科学、理性を強調した「台湾趣味」と交錯し、これらの知識が『台湾歳時記』に取りこまれ再現されたのである。

一方、日本統治初期に行われた台湾の植物調査は、植民地統治の参考にもされた[64]。調査初期には、経済的価値のある「有用」植物を重視、殖育計画が立案された。造林、街路樹の育成や樹木研究を目的として、一八九五年一二月に台北南門外に苗圃、一九〇二年には恒春熱帯植物殖育場を設立し、この二箇所が台湾林学試験の中心となった[65]。一九〇四年には、総督府殖産局長の新渡戸稲造が「有用植物調査係」を設置した[66]。『台湾歳時記』で引用される『台湾重要農作物調査』はまさにこの「有用」作物調査の成果の一つである[67]。また、苗圃は「公衆の植物知識普及」を目的として、一九〇五年から一般に開放して苗木も販売し、台湾最初の教育と娯楽を兼ねた近代公園となった[68]。小林は『台湾歳時記』の中で、『殖産局苗圃苗木代価目録』のような植物園が提供した情報も参照しており[69]、また自身が苗圃で見聞した植物も記録している[70]。これらの手がかりから、有用植物調査の成果および展示、教育機能を備えた苗圃やその植物知識の伝播も、『台湾歳時記』に影響を与えていることがわかる。

また、『台東殖民地予察報文』は博物学者田代安定（一八五六〜一九二八年）が台湾総督府に提出した覆命書である。統治初期に展開された台湾東部の調査報告で、地理、住民、農業等の状況を含めた、東台湾の発展、移民村建設のための参考資料として提出され、経済的用途に重きを置いた構成になっている[71]。

以上のように、小林が用いた近代的植物学知識とは、殖産、植民統治の要求／思考のもと展開された植物調査の成果であった。小林が殖産、植民統治の目的により生まれたこれらの知識を用いるとき、植民統治の枠組みで形成されたまなざしや知識の影響と無縁ではありえない。したがって、「台湾風土に立脚」という視点でのみ『台湾歳時記』の内容や特性を考えてしまっては、これら知識と叙述の背後にある植民地権力の作用の痕跡を単純化することにつながってしまうのである。

（4） 植物学者の視線の作用

『台湾歳時記』は近代植物学の知識だけでなく、台湾の風景を見つめるまなざしにおいても、近代植物学者の影響を受けている。

小林は『台湾歳時記』の中でしばしば川上瀧彌の講演を引用している。例を挙げると「緑珊瑚」、「漂木／マングローブ（紅樹林）」、「光榔」、「真菰の芽」等で、「川上談」の注記がされたり、川上が「台湾の地方代表植物景色」[72]に選定したことに言及している。

川上の講演や著作は雑誌に転載されることが多かったが、非植物学者にとっては、学術的な植物学専門書よりも講演のほうがより親しみやすく分かりやすいものだった。こうした分かりやすい媒体を通じて、その調査の成果やまなざしが、植物研究者以外の在台日本人による台湾風景の見方にも影響を与えている。

例を挙げれば、『台湾教育会雑誌』[73]にはしばしば川上の文章や講演速記が掲載されるが、内容は台湾の有用植物、高山植物、植物調査、旅行談等多岐にわたり、さらに漢文に翻訳されることもあった。この雑誌の読者が教育、行政の関係者であったことを考慮に入れると、その知識の流通範囲も推測することができる。一九〇九年『台湾教育会雑誌』は「台湾の植物」と題する文章を連載するが、中身は川上の講演の抄録である。[74]講演の中で、川上は台湾の植物の景色を「野生の種類」と「人の手を懸けました植物の景色」に分類、野生の部分では「自分の心付きました所」を打狗の緑珊瑚、打狗の紅樹林（マングローブ）、鵝鑾鼻の桄榔等に選定しているが、これらは即ち小林が引用している部分である。言い換えれば、『台湾歳時記』編纂にあたって、小林のまなざしは川上の影響を受けているのである。

ついでに付け加えると、知識、まなざしにおいて川上瀧彌が小林にもたらした影響は、講演、文章を通じてだけではなく、両者の実際の交流も含まれていると考えられる[75]。とはいえ、川上の重要な研究成果は高山植物であり、雑誌でも高山植物を紹介した文章が多い。それに対し、『台湾歳時記』は平地の日常生活、漢人街の植物が関心の中心であり、高山植物はその範囲外である。この点は小林の任務である旧慣調査と関係があるだろう。

三　伝統との交錯――方志、本草学との関係――

(1) 清代の方志――継承と断裂――

意外なことに、『台湾歳時記』で引用される書籍を多い順に並べると、清代の文献、近代の植物学関連、江戸時代以来の本草学という順になっている。ただし、前述したように植物の分類、形状の説明には近代植物学の知識体系が用いられているが、その際は引用という形として表れていない。それでは、伝統的「知識」はどのような状況で用いられ、いかなる役割を担ったのであろうか。

小林は旧慣調査会の「囑託」、法院の「書記」及び台湾慣習研究会のメンバーという身分にあり、『台湾慣習記事』編集以外に、その職務と著作は清代文献の整理と密接な関係にあった。一九〇三年に再版された『台湾年表附形勢便覧』には、台湾関連の書物が小林と伊能によって整理されているが、そこには約二〇〇冊の方志、詩集等、清代の文献が収録されている[76]。『台湾歳時記』が引用、転載した『台湾府志』、『台海采風図』、『諸羅県志』、『赤嵌筆談』等も含まれており、同書の知識源と旧慣調査の関係を示している。

小林が清代の方志を引用するのは以下の四つの場合である。(一)植物の名称や出身地を説明するとき。例えば仙丹、馬茶花、檀特がそれである。(77)（二）言い伝えの収録。月橘（異名：七里香）、波羅蜜等が挙げられる。(78)（三）台湾人の植物利用方法の記載。例えば、『赤嵌筆談』を引用し、マンゴーの食べ方や荊毬（金合歓）による囲い作り等を説明している。(79)（四）方志の誤りを指摘するとき。例えば「台湾志」では「番花」と「貝多羅樹」を混同しているが、実際は別物であるとの指摘がなされている。(80)また、「檀特」の紹介では、「美人蕉」を「花芭蕉」、「蓮蕉」を「檀特」としているが、両者は別物で、『台海采風図』では蓮蕉と美人蕉の特徴を反対に記載しており、『諸羅県志』はその誤りを正していること等である。(81)

名称の由来を解説する際には、常に言い伝えと深く関連するが、(82)それも根拠のないものだけでなく、人々が実際に植物を利用した経験が記されている場合もある。例えば、七里香については『台湾府志』を抄訳して「能く烟瘴を避く、之を植る所の地、蝿蚋生せず、台産也」としている。(83)波羅蜜の解説では、『広東志』を引用して「以《テ》二銀針一釘《ス》レ腰《ニ》即結《フ》レ実《ヲ》。成実《ハ》乃花、然常《ニ》不レ作《サ》レ花《ヲ》。故《ニ》仏氏以二優鉢曇花《ヲ》一為《ス》レ難《ト》レ得。……十砍十実《ヲ》一。故《ニ》一《ニ》名《ク》二刀生果《ト》一」と記している。(84)今日の植物学の知識から見れば、七里香には蚊除けの効果があるし、また植物は生命の危機を感じると何とかして次世代を残そうとする性質があることがわかっている。方志の記載は、人々の間で伝わる生活の経験や知識を記録したものといえる。こうした生活経験が漢籍の整理を通して、『台湾歳時記』にも反映されたのである。

（2）清代官遊詩人の視線

『台湾歳時記』は清代の文献を参考にして、植物に関する言い伝え、台湾人の植物利用法を記録した以外に、植物風景を見つめるまなざしの面でも、清代文人の影響を受けている。というのは、小林が最も多く引用している清代文献は詩作なのである。これらの詩作品は多くの場合、孫元衡、范浣浦、張鷺洲といった作者名のみで、

『赤嵌集』、『婆娑洋集』といった詩集の名称を記していることはごく少なくて、おそらく間接的に『台湾府志』から転載したものが多いと思われる。[85] 中でも、最も多く引かれるのが孫元衡の詩である。

孫元衡は清帝国がまだ台湾を確実に掌握していない時代に来台した、最初の宦遊詩人である。その作品には台南から北上する過程で目にした集落、市街や各地の気候、物産、動植物、民間伝説、また台湾先住民の生活やその空間の特色等が記録されており、その内容、数量とも、後にやってくる宦遊詩人で彼に及ぶものはない。[86] 施懿琳によれば、孫はハイビスカスのような鮮やかな紅色の花びらを描くのを好み、色彩の描写によって、視覚的に炎熱を表現し、また暑気払いによく食された果物ライチによって、読者に暑熱のイメージを連想させたという。こうした風物の描写により、珍しい南国の風情を強調したのである。実際に、紅色が鮮やかなハイビスカス、赤桐、石榴、暑気や瘴気を払うライチ、スイカ、檳榔は宦遊詩人が酷暑と結びつけて描く対象となることが多かった。[87]

小林は「夏之部」の植物でハイビスカスやライチを紹介する際は、孫元衡、范浣浦の詩、[88] 秋の部の「檳榔子」では孫元衡と張鷺洲の詩作を引用している。[89] ここからわかるように、『台湾歳時記』編纂にあたって、小林は旧籍の整理を通じて、清代の宦遊文人の視線をも取り込んでいるのである。

（3） 本草学との間の断裂

『台湾歳時記』には伝統的な日本の知識系譜、江戸時代以来の本草学、博物学、園芸文化等の痕跡も見られるが、その数は最も少ない。この知識系譜に属する書籍には『和漢三才図会』[90]、『和名抄』[91]、『大和本草』[92]、『俳諧歳時記』、『園芸文庫』[93] 等がある。

江戸時代、中国の儒学、特に朱子学の「格物致知」の影響により、「博物」が流行し、本草学も日本に輸入される。また、長期にわたる平和な治世下で、町人文化が花開き、事物を系統的に分類、記述した図譜がブームとなった。こうした複数の文脈が交錯することで、江戸時代の本草学、博物学は大きな発展を遂げる。[94]

小林里平が『台湾歳時記』編纂の際に参考にした『和名抄』『和漢三才図会』は江戸時代の百科事典であった。『和漢三才図会』を例にとれば、天、地、人の事物を蒐集し、図入りで説明を加えた、まさに百科事典的な書物である。[95]中国の影響を受けたとはいえ、事物の分類に関しては、日本特有の環境を考慮して、独自の特色が見られる。植物の部分に関していえば、編纂方法は基本的に伝統的な本草学の精神を踏襲して、用途、人間との関係等によって分類しており、特に薬に用いた際の効能に重点を置いている。[96]この点では、『台湾歳時記』の植物に関する記述、分類は『和漢三才図会』と異なっており、両者の知識系譜は断絶していたといえる。

それでは、小林はどのような場合にこれらの書物に言及したのであろうか。一つは、日本本土に存在はするものの希少だが、台湾ではよく見られる場合（例えば茶蘭）、記載のある日本の文献に言及している。もう一つは、日本にも存在するが、「弁別」のために、日台両地の名称、品種上の差異を解説する場合である。[97]

特筆すべきは、『和漢三才図会』に外来植物として「夷果類」に分類されているライチ、檳榔、椰子[98]等の記載もあるが、『台湾歳時記』では全く触れていない点である。つまり、熱帯風景に対するまなざしについては、江戸の文人ではなく、清代文人の影響を多分に受けているのである。俳句という日本的色彩の濃い文芸の性質からいえば、この現象は「他者」のまなざしをそこに導入したものといえる。

四　伝統と近代の間

（1）　植物知識の軌跡――伝統から近代へ――

『台湾歳時記』の知識体系、特に植物の形態の記述に関しては、清代の方志、江戸の本草学と断絶関係を呈しているが、これは日本統治期の当初から存在していたわけではなく、漸進的な変容の過程を経たものである。『台湾歳時記』刊行前における『台湾慣習記事』での台湾植物の紹介、『台湾日日新報』に連載されたコラム「水引草」、「俳壇小語」はその知識蓄積の過程であり、とくに「水引草」、「俳壇小語」に関してはほぼ全て『台湾歳時記』に収録されているため、この一〇年間における植物の紹介方法、内容の変化を比較することで、編纂過程における知識体系の転換とその軌跡をたどることができる。

一九〇一年の時点で、小林が編集主任を務める『台湾慣習記事』で発表した植物に関する記述・知識は清代の方志を参考にしたものが主で、その言い伝えを転載・記録したものであった。以下「緑珊瑚」に関する記述を例に考えてみたい。一九〇一年『台湾慣習記事』は巻頭の写真を登載して以下の記事を掲載している。

縁《ママ》［緑］珊瑚は、一に縁《ママ》［緑］玉樹といひ、亦台湾に於ける植物界の一特色を為しつつあるものとす、旧記に曰く、

多椏枝、而無花葉、光潤雅与名称、種自呂宋来。

乾隆五六年の巡台御史たりし、張眉《ママ》（字は鷺洲）は、其の著瀛州百詠の中に、詠じて曰く、

一種可人縁《ママ》［籬］落下。家々齋《ママ》［齊］挿縁《ママ》［緑］珊瑚。
想従海底捜羅日。長就苔痕潤不枯。

吟じ得て亦其の光景を尽せりと謂ふべし、而して旧記の言へる如く、其の種元と呂宋より来るとせば台湾と呂宋との交通、実に年久しく、其の風物の伝入、亦著しきものあるの証と為すべし、緑珊瑚の此の特色は古来応用せられて、郡邑の囲牆に供せられたりき、旧記に又曰く、

台湾府城……乾隆二十四年、知県夏瑚、於刺竹外、更植緑珊瑚、環護木柵云々[99]。

引用からわかるように、緑珊瑚に対する理解、紹介は清代方志の知識や伝承あるいは宦遊詩人の詩作をほぼその

まま踏襲している。

前述した『台湾歳時記』の「緑珊瑚」の解説と比較すれば、『台湾歳時記』における植物の形状、構造の紹介は、方志によるものではなく近代植物学の描写方式を採用していることがわかり、呂宋由来という言い伝えも記載されていない。張鷺洲の詩は引用しているものの、そこに近代植物学の知識、植物学の学者のまなざしを加えている。

［前略］折れると白い汁が出る、土人は其汁が目に這入ると目が潰れるといふので非常に恐れて居るが、其実、此の白液は海底電線用の無弾力護謨の一種たるグタヘルカを含有して居る有用物である、曽て川上技師は「台湾の地方代表植物景色」なるものを選定したとき、打狗の緑珊瑚なる一項を挙げられて居たが、全く其通りで、実に此の景色は台湾の外、寧ろ打狗の外見ることの出来ない珍しい景色である。(100)

上記の小林の記述は、実は『台湾教育会雑誌』に掲載された川上瀧彌の講演をそのまま転載したものである。(101)『台湾慣習記事』と『台湾歳時記』の同一の植物の紹介から、小林の知識体系の変化、伝統的な知識体系から近代の植物学知識への転換が見てとれる。

とはいえ、このような変化は跳躍的に生じたものではなく、徐々に蓄積、転換したものであった。『台湾歳時記』の一部は、一九〇六年九月から一九〇七年五月まで『台湾日日新報』に四二回にわたって連載された「水引草」をもとに、増補、削除して書かれている。「水引草」に紹介された植物は一四項目しかなく、人事の二七項目に遠く及ばず、旧慣調査に従事していた小林がこの時点で「植物」より「人事」に関する知識に通じていたことがうかがえる。「水引草」では、植物の記述は、それが多く見られる場所、用途、台湾人の慣習、日本と台湾の名称の差異等、日常生活の観察によって得られる内容及び旧籍の記載が多かった。引用されたのは『群芳譜』、『台海采風図』、『蘇頌図経』等の漢籍、および『和漢三才図会』、『大和本草』、『俳諧歳時記』等の江戸期の文献で、『台湾歳時記』と大差ない。だが引用の比率に関しては、数量、内容とも『台湾歳時記』よりはるかに多い。また、「水引草」では、近代植物学式の分類や構造の描写はほとんど見られない[102]。連載時の内容が『台湾歳時記』に用いられる際には、経験的観察、方志に掲載される慣習の描写等の多くがそのままであったが、参考にしたり引用したりした文献名は時に省略され、植物そのものの形態の描写は近代植物学にもとづく記述に変更されているのである[103]。

一九〇九年から、『台湾日日新報』には「俳壇小語」欄が設けられ、数名の俳人が交代で執筆した。内容は俳壇の近況、俳句創作に関する話題等である。李坪も寄稿者の一人で、旅行記、見聞を書いているが、「水引草」のスタイルをも踏襲して台湾特有の俳材風物を紹介しており、そのなか、マンゴー、ハイビスカス、龍眼、釈迦頭といった植物の比率が明らかに増加している[104]。「俳壇小語」に発表された植物関連の季題は『台湾歳時記』にも収録され、その内容はほぼ変らない[105]。

「俳壇小語」の植物解説は、その多くが小林自身の経験、観察にもとづいていた。また、植物の記述の仕方は、既に近代植物学的な記述に変わり、『台湾府志』を除いては、他の漢籍、江戸の本草学の姿も消えている。『台湾歳時記』刊行時には、植物に関する季題は、「水引草」の一四項目から一〇二項目へと増加している。

この変化から読み取れるのは、『台湾歳時記』刊行の一九一〇年以前、台湾植物の知識は清代方志、江戸本草学を継承しながら、同時に伝統から近代植物学へと転換していく過渡期にあったということである。『台湾慣習記事』「水引草」「俳壇小語」から『台湾歳時記』にいたる内容の変化は、台湾植物調査の進展の証左ともいえる。こうした交錯と転換の痕跡が『台湾歳時記』刊行の過程に明確に刻印されているのである。

（2） 踏査の収穫――植民統治と在地知識の交錯――

『台湾歳時記』の編纂にあたっては、近代植物学の研究調査の成果、及び清代、江戸期の文献だけでなく、小林自身の経験、観察、実地踏査も、同書の内容を左右する要因の一つとなっている。『台湾歳時記』出版半年前の一九一〇年一月、小林は台南、打狗、阿猴（現在の屏東）等、南部各地を巡り、その見聞を『台湾日日新報』に寄稿している。タイトルは全てこの旅行で見聞し、小林が書き残す必要があると考えた植物名、例えば「釈迦果と楊桃」「紅樹林（マングローブ）」「樹豆」「緑珊瑚」「波羅蜜樹」「桄榔」等である(106)。これらはみな紀行文の形で書かれているが、一部は『台湾歳時記』にも収録された。この南部旅行は、『台湾歳時記』の出版準備として、題材蒐集のために行われたと考えられる。

こうした紀行文からうかがえるのは、小林の植物に関する知識の一部は、自らの旅行や踏査から得られたものであるということである。旅行・踏査の過程で、小林は習慣的に地元の人々の生活を観察し情報収集を行っていた。地方の富豪の家に宿泊した際には、その庭園を観察し、伝説上の巨木の場所を車引きに聞いたりしている(107)。また、その土地に住む案内の俳人を通じて、当地の植物の利用について話を聞いたり、新渡戸稲造の船に同乗してその寓居を訪ねたりしていることから、こうした交流を通じて研究者の情報や知識を取りいれていたと考えられる(108)。

小林の踏査の過程は、再度私たちに総督府官僚であった伊能嘉矩を思い起こさせる。陳偉智によれば、伊能がフィールドワークを行った際に利用した社会関係は、日本の植民主義構造に依拠したものであり、多くの仲介者の協力を得られたのも、不対等な植民地状況にあればこそであったという(109)。官吏であり旧慣調査のメンバーでもあった小林が踏査の中で得ることのできた協力や情報も、こうした植民地状況と密接な関係にあった。さらに、小林の公私にわたる交友関係、官吏、俳人の社会的なネットワークもそれに一役買っていたのである。

一方、小林が踏査で得た情報や台湾人の植物利用に関する記述は、現地の知識の記録といえるが、そこには自任「文明者」のまなざしが含まれることが多かった。『台湾歳時記』で「光榔」を解説する際には、まず近代植物学の知識によって植物を描写し「汁液からは砂糖が出来、幹の髄部からは澱粉が出来る」という情報を提供してから、次いで「本島人は葉を以て箒又は縄を作るに過ぎない」、「土人は此実の多少を以て年の豊凶を卜し、若し其実にして多き年は豊年として居る」と記載している。こうして、台湾人の「無知」の姿、そして、日本人の眼には台湾人の信仰、事物の見方が「迷信」と映っていたことを示している。[110] また、前述の緑珊瑚の引用文中にも、台湾人の「無知」、すなわち、折れた枝から出る白い汁への恐怖、と対照させつつ、近代の植物学的知識――有用物質グタヘルカ――に言及している。

小林の踏査は、旧慣調査会メンバーとしての身分で行ったものであったために、台湾人から情報を収集する習慣が身についていたのであろう。旧慣調査は日本植民地統治の近代統治技術の一つであると同時に、当地の知識を記録するものであり、近代と伝統の二重の要素が混在したものであったといえる。『台湾歳時記』に書き込まれた風物の叙述は、調査で得た現地の知識、調査の過程に見え隠れする権力、「無知」や「迷信」等「非文明」的なものに対するまなざしが交錯するものだったのである。

おわりに

『台湾歳時記』が出版されると、俳人たちの間で話題となり、さまざまな反響を呼んでいた。例えば、句会において『台湾歳時記』から作句の「課題」が選択されるようになった。[111] また、西岡英夫[112]が『台湾歳時記』刊行後まもなく、その感想を『台湾日日新報』に寄稿している。彼は、俳句は「地方的趣味」であり、地方趣味の開発には特殊な歳時記が必要だとしており、『台湾歳時記』が台湾での日が浅い読者を導き「台湾趣味」を理解する最良の書だと評価している。[113] 西岡は一九二〇年代から俳誌『ゆうかり』に「台湾俳材解説」を連載するが、そこでも『台湾歳時記』が重要な参考書となり、内容の多くも同書に依拠している。[114] こうした現象は、『台湾歳時記』が一種の手引きのような参考書となり、見たことのない風物を調べ、理解するのに用いられただけでなく、俳人の作句や台湾の風土に対する認識にも影響を与えたことを意味する。実際、俳人たちの間で反響を呼んだだけでなく、『台湾歳時記』は台湾を研究する「風土誌」と思われ、台湾趣味を教える教材として採用する学校もあった。[115] 出版後の反響からわかるように、『台湾歳時記』は在台俳人の間で、台湾の事物への理解の共通基盤を作り上げ、その後の日本人が台湾を見つめるまなざしや台湾風物への理解にも影響を与えたのである。

　このような当時にあって多大な影響を与えた歳時記は、特殊な時代の脈絡の中で出版され、重層的な知識とまなざしが折り重なって成立した。『台湾歳時記』の出版背景は、日本帝国の視点から見れば、国権主義者の新領地理解への情熱にあふれたものであり、一方で植民地台湾から見るなら、植民地へと越境した俳句を、在台俳人が「台湾趣味」を追求し具体化する試みであった。この二つが同書誕生の二重の磁場となった。そして「台湾趣味」追求の背後では、知識の理解・調査・把握がその手段となることが常に強調されていた。「知識」の強調は、まさに植民統治の論理と軌を一にするものであった。編纂者の小林里平は、官吏・俳人・旧慣調査メンバー・国権主義者といった複数の顔を持っており、それぞれの脈絡の交錯点上で、また同時にその時代の思潮の影響を受けながら、このような思考方式を複製したのである。

　『台湾歳時記』そのものは知識生産の形態の一つであるが、植物の知識に関していえば、編纂者の小林が演じたのは研究者、知識構築者ではなく、知識再現者の役割であった。小林の植物季語の解説には当時の植物に関する知識の流通、吸収、再生産が屈折した形で提示されている。『台湾歳時記』の植物季題を見てみると、多数の顔を持っていた小林が、さまざまな知識系譜やまなざしの影響を受けていたことがわかる。それは清代の方志、詩、江戸時代以来の本草学、博物学、近代の植物学、及び台湾ローカルの知識を包括するものであった。これらの知識とまなざしの相互交錯が同書に融けこみ、小林の目指した「台湾趣味」が構築され、『台湾歳時記』の容貌を決定づけたのである。

けれども、『台湾歳時記』の刊行過程をたどってみると、こうした交錯の要素もそれぞれ消長の過程を経ていたことがわかる。時間の変化から言えば、近代植物調査の進展に従い、植物形態の記述に関しては、清代や江戸期の知識体系との間には徐々に断絶が生じ、近代植物学の記述、分類がその標準となっていく。まなざしの面では、清代宦遊詩人と近代植物学者の視点が入り交じるが、前者は旧慣調査における旧籍整理を媒介として、後者はその後の植物調査の進展により影響が大きくなっていく。

小林里平が編集主任を務めた『台湾慣習記事』の記事や新聞に連載された「水引草」といった初期の文章に比べ、『台湾歳時記』では清代の方志や江戸期の本草学の引用が明らかに減少し、逆に川上瀧彌ら近代植物学者の論考が大幅に増加している。また、江戸時代の本草学は、知識においてもまなざしにおいても、『台湾歳時記』との間に大きな溝が見られる。こうした過程でうかがえるのは、近代植物学の知識は書籍や植物園、研究者の講演によって伝播、拡散され、「台湾の植物風景」を形成し、植物に対する従来の認識に取って代わるだけでなく、さまざまなジャンルの風景描写、叙述にも影響を与えたという点である。『台湾歳時記』はまさにその一冊となった。

一方で、旧慣調査の影響により、小林は実地踏査を通じて台湾人の植物利用を記録したが、さらに現地の知識も彼の植物知識の一部をなした。植民統治と密接なかかわりを持つ旧慣調査が獲得した知識や記録の背後には、実地踏査の陰に見え隠れする権力と「非文明」を見つめるまなざしが潜んでいる。

注目すべきは、上述のさまざまな文脈で生まれた植物知識は、殖産、植民統治の要求／思考で進められた調査の成果であったことである。そのため、『台湾歳時記』の編纂者小林里平、あるいは読者がこうした知識を用いつつ「台湾趣味」を表現する際、こうした知識により形成された風景叙事も、植民統治の枠組みが構築したまなざしや知識の影響と無縁ではなかった。従って、『台湾歳時記』が表現する「台湾趣味」は、「台湾風土に立脚」したものであるだけでなく、その背後には植民権力、及びその下で生産、交錯する伝統と近代の知識の系譜が折り重なっていたのである。

（原文：中国語　翻訳：鳳気至純平）

（1）小林里平『台湾歳時記』（政教社、一九一〇年）。

（2）最も早く「季節と関係のある語彙」を四季別に整理分類、解説し歳時記と命名したのは曲亭馬琴の『俳諧歳時記』（河内屋太郎、一八〇三年）で、後の歳時記の多くはこの体裁をもとに調整を行ったものである。東聖子「コラム江戸時代の歳時記概観――江戸時代の「季寄せ」四季の詞の増大化――」（東聖子・藤原マリ子編『国際歳時記における比較研究』笠間書店、二〇一二年）一一七～一一九頁、東聖子「『増山井』における詩的世界認識の方法――和漢と古今の接点――」（同前書）一二〇～一三八頁。

（3）沈美雪「小林李坪の『台湾歳時記』――台湾の風土を見つめた日本語の俳句歳時記――」（『淡江日本論叢』第二二期、二〇一〇年一二月）四九～七二頁（以下「沈論文ａ」）、沈美雪「俳句における『台湾趣味』の形成――明治期台湾における俳句の受容と展開を通して――」（『台湾日本語文学報』第二五期、二〇〇九年六月）五三～七七頁（以下「沈論文ｂ」）。

（4）沈美雪の論文は、小林李坪が「水引草」で多くの文献を引用している点に言及しているが、これらの文献の知識上に関わる問題や、諸文献と作者・時代との関係は検討されていない。沈論文ａ、六六～七七頁。沈論文ｂ、七四頁。

（5）守屋美都雄によれば、秦の呂不韋『呂氏春秋』一二紀の首章と『礼記』「月令」は為政者の授時思想の産物で、毎月の気候、行事を記録した月令様式の文献である。後漢の崔寔の『四民月令』は歳時記型の農業指針で、月令、儒教主義的な性格を備えているものの、事実描写の歳時記に変化してきた。また、南朝梁の宗懍『荊楚歳時記』は従来の歳時記の五行思想、儒教主義等を切り捨て、天子や豪族の「命令」的意味を持つ「月令」観念も払拭し、生活の実像を描写しはじめ、庶民的傾向が濃厚になってきた。守屋美都雄「解題」（『荊楚歳時記：中国民俗の歴史的研究 校註』帝国書院、一九五〇年）一～一七頁、守屋美都雄『中国古歳時記の研究』（帝国書院、一九六三年）。

（6）ここでいう難題は二つの意味を持っている。一つは時間秩序の把握であり、即ち日本の風土気候と異なる台湾の四季をどう理解するのかということであり、二つ目は、いかに台湾の特色を強調し台湾の特殊性を表現するかということである。前者に関しては、在台俳人は日本統治初期から絶えずに季節感の混乱について議論している。一九二〇年代になると、日本本土を中心とした時間秩序を捨てようという動きも見られた。後者については、リアリズムあるいは台湾趣味を主張する動向が現れた。顔杏如「従『常夏』到『四季』——日治時期在台俳人眼中的季節感与生活写実（一八九五～一九三六）——」（『台湾文学研究集刊』第一五期、二〇一四年二月）四一～八四頁。

（7）小松吉久、一八六七年生まれ。幼い頃から藩塾で漢文を学ぶ。一八九六年に渡台、台湾総督府総務部秘書課、総督官房文書課の属員を歴任、一八九八～一九〇一年民政部法務課の属員、一九〇二～一九〇七年台北監獄典獄、その後いくつかの転任を経て一九〇九～一九一九年に宜蘭庁長を務めた。その後新竹州、台北州協議員、台湾総督府評議会員等を歴任、一九三七年まで台湾総督府職員録に記録が見られる。また、一九二〇年には実業界にも進出、台湾炭業株式会社社長、朝日製糖株式会社社長等も歴任する。中央研究院台湾史研究所『台湾総督府職員録系統』http://who.ith.sinica.edu.tw/mpView.action、二〇一八年九月六日閲覧。興南新聞社編『台湾人士鑑』（興南新聞社、一九四三年）一三二頁。

（8）小松吉久「殖民地文学（台湾趣味の発揮）」（『台湾慣習記事』第五巻第一〇号、一九〇五年一〇月一三日）一～五頁。

（9）俳壇での討論については沈論文b、五三～七七頁。

（10）李坪「水引草（一）」（『台湾日日新報』一九〇六年九月一二日(三)）。

（11）連載する「水引草」は、詩の題材となる季節の風物を四八個紹介しているが、そのうち四四個は『台湾歳時記』に編入し、数項の名称を変更したのみである。沈美雪は「水引草」の季題のうち『台湾歳時記』に編入された項目を一覧表に整理している。沈の表を参考に『台湾日日新報』の原文をもとに若干の修正を行ったところ、『台湾歳時記』に収録されたのは、乞巧奠、盂蘭盆、放水灯、稲、稲打ち、田蓑、釈奠、関帝祭、春聯、噴春、揺銭樹、炮仔、送神、長年蔗、春飯、長年菜、飯春花、春銭、甜茶、接神、賭博、火籠、頭布、帕巾、烏巾、召君眉、嵌耳、開山神社祭、苗代囲ふ、椰子、紅竹、蒲草。収録されなかったのは摂待、苦楝の実、子規忌、カンナ、添水、頭布である（沈の表には子規忌、紅竹、蓮草等が記載されていない)。沈論文a、五五~五七頁、表一。
(12) 碧梧桐「序」(小林、前掲書)。
(13) 小林、前掲書、凡例一~二頁。
(14) 小松、前掲文。
(15) 山田不耳は俳誌『相思樹』の俳人。沈論文b、五六頁。
(16) 不耳「台湾趣味と俳句」(『台湾日日新報』一九〇五年一〇月二八日(八))。
(17) 島田謹二『華麗島文学志――日本詩人の台湾体験――』(明治書院、一九九五年)二〇四~二〇六頁。
(18) 『相思樹』は「竹風吟壇」の俳人によって創設された台湾初の俳誌。沈美雪「『相思樹』小考――台湾最初の俳誌をめぐって――」(『日本台湾学会報』第一一号、二〇〇九年五月)二三三~二四六頁、沈論文a、四九~七二頁、島田、前掲書、二〇四~二一〇頁。
(19) 関連資料は多数あるため、ここでは数例のみ挙げる。李坪選「雑吟」(『台湾日日新報』一九一〇年六月三〇日(一))、李坪選「課題 討蕃隊」(同前、一九一〇年七月一日(一))、李坪選「俳句」(『実業之台湾』第六号、一九一〇年二月)五〇~五一頁。李坪選「実業俳壇」(『実業之台湾』第二六号、一九一一年一一月)四六~四七頁。李坪選「俳句」(『台湾』第一号、一九一〇年一一月)六二頁、李坪選「台湾俳壇」(『台湾』第二巻第一二号、一九一二年三月)五二頁。
(20) 中央研究院台湾史研究所、前掲データベース。一九〇三年には台北地方法院の嘱託のほか、覆審法院の嘱託も兼務している。
(21) 鄭政誠「日治時期的台湾旧慣調査――以臨時台湾旧慣調査会為例――」(『台湾殖民地史学術研討会論文集』海峡学術、二〇〇四年)七四~一三〇頁。
(22) 「会報」(『台湾慣習記事』第一巻第一号、一九〇一年一月)七〇頁。
(23) 「夏十四題」(『台湾慣習記事』第六巻第八号、一九〇六年八月)五九~六一頁。「南實句観」(同前、第六巻第九号、一九〇六年九月)七一~七三頁。
(24) 年表はオランダ占領時代から始まり、「年表」の後ろには「形勢便覧」が収録されている。「形勢便覧」は度量衡の換算、統計(行政区画、戸口等)、名称類集(歳時、年中行事、人事名数等)、台湾関連の漢、和、洋籍、名所旧跡等含む。台湾慣習研究会『台湾年表』(台湾慣習研究会、一九〇二年)、台湾慣習研究会『台湾年表』(台湾慣習研究会、一九〇

七年)、小林里平・伊能嘉矩編『台湾年表』(台湾日日新報、一九〇三年増補再版〈本稿は復刻版、成文、一九八五年、を参照〉)。
(25) 小林里平編『支那時文契字訓解』(日本物産会社、一九〇五年)、同編纂『台湾年月誌』(台湾総督府民政部総務局法院月報発行所、一九〇九年)。
(26) 句若翁「俳壇小語」(『台湾日日新報』一九一〇年二月一日(四))。
(27) 陳偉智『伊能嘉矩――台湾歴史民族誌的展開――』(国立台湾大学出版会、二〇一四年)三三~六〇頁。
(28) とはいえ、後述する植物学の知識において、小林とここで述べる伊能の状況とは大きく異なる。小林は植物学において第一線の研究者、知識構築者ではなく、知識の再現者であった。植物季語の関連論考が映し出すのは当時の植物関連知識の流通、吸収、再生産である。
(29) 李坪「土人の歳の市」(『台湾慣習記事』第一巻第三号、一九〇一年三月)六七~七〇頁。鉅鹿赫太郎「新編年中行事(一)」(同前、第一巻第一号、一九〇一年一月)四七~五二頁、藤村源太郎「台湾の賭博」(同前、第七巻第二号、一九〇七年二月)一八~三二頁。
(30) 「会報」(『台湾慣習記事』第一巻第一号、一九〇一年一月)六七~七〇頁。幹事会は「覆審法院」で開かれていることから、同会と法院の関係がうかがえる。
(31) 小林里平「支那司法制度調査と国民外交」(『日本及日本人』第一〇五号、一九二六年八月)七~一〇頁。同「新御陵墓敷地と先住民族との因縁」(同前、第一一六号、一九二七年一月)一八九~一九〇頁。
(32) 一八八八年に志賀重昂、三宅雪嶺等によって創設され機関誌『日本人』を発行した。一九〇七年同傾向の『日本』を吸収、『日本及日本人』と改名した。中野目徹『政教社の研究』(思文閣出版、一九九三年)。
(33) 李坪「故羯南先生逸事」(『台湾日日新報』一九〇七年九月一一日(一))。
(34) 李坪「手向草」(『台湾日日新報』一九〇九年九月一九日(六))。
(35) 陸羯南(一八五七~一九〇七年)、本名は実。津軽藩出身、明治中後期のジャーナリスト。新聞『日本』を創刊、『羯南文集』、『近事政論考』等がある。佐藤能丸『明治ナショナリズムの研究――政教社の成立とその周辺――』(芙蓉書房、一九九八年)。
(36) 『台湾府志』は六種の版本が刊行されている。年代順に一六八九年蔣毓英の『台湾府志』、一六九六年高拱乾の『台湾府志』、一七一八年周元文の『重修台湾府志』、一七四一年劉良璧の『重修福建台湾府志』、一七四七年范咸の『重修台湾府志』、そして一七六三年余文儀の『続修台湾府志』である。『台湾歳時記』と対比すると、重複箇所の多さから小林が援用したのは范咸の『重修台湾府志』か余文儀の『続修台湾府志』と思われる。范咸『重修台湾府志』（台湾文献叢刊第一〇五種、台湾銀行経済研究室、一九六二年）、余文儀『続修台湾府志』（台湾文献叢刊第一二一種、台湾銀行経済研究室、一九六二年）。

(37) 小林、前掲書、一五八～一五九頁。

(38) 同前、八五、一八四、一九三、二五九～二六一頁。

(39) 同前、一八七～一八八頁。

(40) 范咸、前掲書、巻一八、五一六頁。

(41) 同前、五一七頁。

(42) 同前、五〇八頁。

(43) 西村三郎『文明のなかの博物学(上)』（紀伊国屋書店、一九九九年）一二六～一二七頁。

(44) 施懿琳「憂鬱的南方――孫元衡『赤嵌集』的台湾物候書写及其内在情蘊――」（『成大中文学報』第一五期、二〇〇六年一二月）一〇七～一三五頁。

(45) 小林、前掲書、二二三頁。正式な書名は『内外実用植物図説』。

(46) 斎田功太郎・佐藤礼介『内外実用植物図説』（大日本図書、一九〇七年）。

(47) ハインリヒ・グスタフ・アドルフ・エングラー（Heinrich Gustav Adolf Engler、一八四四～一九三〇年）。ドイツの植物学者、植物分類学と植物地理学で大きな成果を挙げた。植物分類体系の「新エングラー体系」は現在も利用されている。一八九二年に *Syllabus der Pflanzenfamilien*（植物分類提要）（Berlin : Borntraeger, 1912）を刊行、同書は東京植物学会出版の『植物學雜誌』第二一五号（一九〇四年、二五四頁）で紹介されている。

(48) 斎田功太郎・佐藤礼介編「術語の図解」（斎田・佐藤、前掲書）一～九頁。

(49) 田中芳男・小野職愨撰、服務雪齋絵『有用植物図説』（大日本農会、一九〇三年）、阪庭清一郎、萱場柔寿郎『新編植物図説』（松栄堂、一九〇八年）、川上瀧彌・森広著、飯田雄太郎・藤島武二画『はな』（裳華房、一九一〇年〈初版一九〇二年〉）。

(50) 川上・森、前掲書、緒言一～一二頁、一四～二四頁。
(51) 同前、はな批評一～二〇頁。
(52) 李坪「水引草（八）」（『台湾日日新報』一九〇六年九月二六日(三)）。
(53) 霞堤「李坪君のカンナに就て」（『台湾日日新報』一九〇六年九月二九日(三)）。
(54) 「日日草」（『台湾日日新報』一九〇六年一〇月二日(五)）。
(55) 呉明勇「日治時期台湾総督府中央研究所林業部之研究（一九二一～一九三九）――以研究事業及其系譜為中心――」（国立台湾師範大学歴史学系博士論文、二〇〇六年）一二頁。
(56) 森広は川上の札幌農学校の一年後輩。『はな』は出版後大きな話題を呼び、川上を一躍有名にした。欧陽盛之、李子寧「百年追思――従素木得一遥想川上館長開創的博物館年代――」（『台湾博物』一二七、二〇一五年九月）六～一九頁。
(57) 川上瀧彌『台湾植物目録』（台湾総督府民政部殖産局、一九一〇年）、同『椰子の葉蔭』（六盟館、一九一五年）。
(58) 西洋人の台湾における植物採集については、呉永華『台湾植物探険――一九世紀西方人在台湾採集植物的故事――』（晨星、一九九九年）、張静宜『台湾博物大調査』（台湾書房、二〇一〇年）五一～六二頁。
(59) オーガスティン・ヘンリー（Augustine Henry、一八五七～一九三〇年）、イギリス人、漢字名は「韓爾礼」。その経歴や採集の成果については呉永華前掲書、二二三～二五八頁、張静宜、前掲書、五五～五六頁。なお、"A List of plants from Formosa"（*Transactions of the Asiatic Society of Japan*, No.24, 1896, pp.1-118.）は日本統治時代「台湾植物目録」と訳されることが多かった。現在の研究者は日本統治期の訳名を踏襲するもの（呉永華、張静宜等）と、「福爾摩沙植物名録」と翻訳するもの（国立台湾大学植物標本館（二〇一二年）、台湾植物資訊整合査詢系統、http://tai2.ntu.edu.tw、二〇一八年九月六日閲覧）がある。
(60) 川上瀧彌「新高山頂の植物」（『台湾教育会雑誌』第四七号、一九〇六年二月）八～一四頁、同「台湾の植物」（『台湾教育会雑誌』第八九号、一九〇九年八月）一一～一八頁。
(61) 川上瀧彌「緒言」（『台湾植物目録（A LIST OF PLANTS OF FORMOSA）』（台湾総督府民政部殖産局、一九一〇年）一～七頁。
(62) 呉永華、前掲書、二三一～二三三頁。
(63) 小林、前掲書、二五四～二五五頁。

(64) 東京帝国大学の植物学者は日本の台湾領有直後から台湾での調査を始めた。一八九六年牧野富太郎、大渡忠太郎、内山富次郎による「植物調査採集係」、一九〇〇年の早田文蔵、一九〇三年「台湾植物」を専攻する大学院生等が挙げられる。呉文星「東京帝国大学与台湾『学術探検』之展開」（黄富三編『台湾史研究一〇〇年――回顧与研究――』中央研究院台湾史研究所、一九九七年初版）二三～四〇頁、范燕秋「日治初期的台湾博物学会――日本博物学家与台湾自然史的建構――」（『師大台湾史学報』第五期、二〇一二年一二月）三～三九頁。一九〇六年に早田文蔵が出版した『台湾植物誌』は台湾で採集したものを東京帝国大学植物学研究室で分類、研究した成果であるが、英文で書かれたため、小林に読まれることはなかったようで、『台湾歳時記』には登場しない。

(65) 呉明勇、前掲論文、一八頁。

(66) 范燕秋、前掲論文、三～三九頁。

(67) 台湾総督府農事試験場『台湾重要農作物調査一～三編』（台湾総督府農事試験場、一九〇六年）。付言すると、川上の『台湾植物目録』も有用植物調査の成果の一つである（范燕秋、前掲論文、三～三九頁）。だが『台湾植物目録』の出版は一九一〇年であり、小林が参考にすることはなかったらしく、『台湾歳時記』では言及されていない。

(68) 呉明勇「近代台湾林学実験起源地――台北『苗圃』之建立与経営――」（『台北文献』（直字）第一六四期、二〇〇八年六月）四九～一〇七頁。苗圃は一九二一年に「植物園」と改称。

(69) 例えば珊瑚刺桐、鷹爪花、檀特。小林、前掲書、七四、一四六、二二二頁。

(70) 例えば相思樹、桃金嬢。同前、七六、八三頁。

(71) 陳偉智「田代安定与『台東殖民地予察報文』――殖民主義、知識建構与東部台湾的再現政治――」（『東台湾研究』第三期、一九九八年）一〇三～一四六頁。田代安定は一八九五年四月軍隊に従い渡台、総督府民政局で勤務した。一八九六年から台東の調査に着手、一八九七年に復命書の形で調査結果を殖産課に提出、その後一九〇〇年に殖産課から『台東殖民地予察報文』の名で出版された。田代は伊能嘉矩と共に北部の平地原住民平埔族の調査を行うと同時に、清代文献の熱帯植物に関する記録を整理した。一九〇二年に恒春熱帯植物殖育場を設立し、熱帯植物の研究に注力した。

(72) 小林、前掲書、一五八～一五九、一六四～一六六、一八七～一八九、二三九～二四三頁。

(73) 台湾教育会の機関誌、同会の趣旨は教育学術の研究調査、同業者の意見交流で、メンバーは教育関係者が多数を占めた。

(74) 川上瀧彌「台湾の植物」(『台湾教育会雑誌』第八九号、一九〇九年八月)一一～一八頁、同「台湾の植物」(同前、第九〇号、一九〇九年九月)六～一五頁、同「台湾の植物(三)」(同前、第九一号、一九〇九年一〇月)七～二〇頁、同「台湾の植物(四)」(同前、第九二号、一九〇九年一一月)八～二二頁、同「台湾の植物(五)」(同前、第九三号、一九〇九年一二月)八～一七頁。

(75) 李坪「手向草」(『台湾日日新報』一九〇九年九月一九日(六))。小林は台北居住後、川上農学士と交流があることに言及している。

(76) 小林・伊能、前掲書、六〇～六八頁。

(77) 小林、前掲書、一四八、二一八～二二四、二二七～二二八頁。

(78) 小林、前掲書、一六八～一六九、一八五～一八七頁。

(79) 小林、前掲書、一七七、二一六頁。『台湾歳時記』では『赤嵌筆談』に載せているマンゴーの種類、食用と料理方式を記しているが、これは『重修台湾府志』か『続修台湾府志』から転引した可能性が高い。というのは、この両書にも同じ記述があり、しかも「赤嵌筆談」と表記しているからである。范咸、前掲書、五一三頁、余文儀、前掲書、六一三頁。

(80) 小林、前掲書、一五〇頁。「台湾志」とは『重修台湾府志』か『続修台湾府志』のことであろう。両書とも「貝多羅花、木本、種自西洋。葉似枇杷、梵僧用以写経。枝皆三叉、花弁六出、香似梔子。台人但称為番花。不知為貝多羅也」の記載がある。范咸『重修台湾府志』巻一八、物産(二)/草木/花之属/附考、五〇三頁。余文儀『続修台湾府志』巻一八、物産(二)/草木/花之属/附考、六〇三頁。

(81) 小林、前掲書、二一八～二二四頁。

(82) 例を挙げると、小林は仙丹の名称の由来を訓読体によって引用している。原文は「仙丹花、色紅、一朶包花蕊、似繡毬花、無香。自四月開至八月、爛熳如霞彩。種出粤東潮州之仙丹山。世伝昔有黄氏女経過、遺落鬢插紅弁、後満山皆発此花、故名」。小林、前掲書、一四九頁。范咸『重修台湾府志』巻一八、物産(二)/草木/花之属/附考、五〇七頁。余文儀『続修台湾府志』巻一八、物産(二)/草木/花之属/附考、六〇七頁。

(83) 小林、前掲書、一六八～一六九頁。范咸『重修台湾府志』巻一八、物産(二)/草木/花之属/附考、五〇七頁。余文儀『続修台湾府志』巻一八、物産(二)/草木/花之属/附考、六〇七頁。

(84) 小林、前掲書、一八六頁。訓読体で引用。『重修台湾府志』、『続修台湾府志』いずれにも同内容の記載があり、どちらも「広東志」を引用しているため、小林が台湾の方志より転載したことが推測される。范咸『重修台湾府志』巻一八、物産(二)／草木／果之属／附考、五一一頁。余文儀『続修台湾府志』巻一八、物産(二)／草木／果之属／附考、六一一頁。

(85) 小林の引用する詩は『重修台湾府志』、『続修台湾府志』いずれにも記載がある。前述の七里香の解説のすぐ後ろに范浣浦の詩を引用している。叙述法からわかるように、『台湾府志』より直接転載したものである。小林、前掲書、一六八〜一六九頁。范咸『重修台湾府志』巻一八、物産(二)／草木／花之属／附考、五〇七頁。余文儀『続修台湾府志』巻一八、物産(二)／草木／花之属／附考、六〇七頁。

(86) 孫元衡(一六六一〜?)安徽の人、清康熙年間(一七〇五年)に来台、一七〇九年まで「海防同知」を務めた。『赤嵌集』は在台期間中の詩三六〇首を集めた。呉炳輝「孫元衡『赤嵌集』詩中的台湾風土」(『明新学報』第三一期、二〇〇五年一〇月)一〜一八頁。施懿琳、前掲論文、一〇七〜一三五頁。

(87) 施懿琳、前掲論文、一二〇〜一二三頁。

(88) 小林、前掲書、一三九、一七五頁。

(89) 同前、二四五頁。

(90) 江戸時代の図入りの百科事典、大坂の医者寺島良安によって編纂、一七一二年に大坂杏林堂から刊行された。全一〇五巻八一冊、体裁は明の王圻『三才図会』にならったもので、現在も多くの版本が残されている。版本により『和漢三才図会』、『倭漢三才図会』等の表記がなされている。寺島良安『和漢三才図会』(杏林堂、一七一三年)。寺島良安編、島田勇雄等訳注『和漢三才図会』(平凡社、一九八五〜一九九一年)。

(91) 「和名類聚抄」の略称、版本により「倭名類聚抄」「和名類聚抄」等の名称がある。平安中期の編纂(九三一〜九三八年)、意義分類体の和漢辞典であり、一種の百科事典でもある。漢語の出処、字音、和名を解説、和名は万葉仮名によって表記されている。源順撰、中田祝夫編『倭名類聚抄—元和三年古活字版・二〇巻本：附関係資料集』(勉誠社、一九七八年)。

(92) 江戸時代の著名な本草学者貝原益軒一七〇八年の著書。明の李時珍の『本草綱目』をもとに、日本の見聞知識を加えた、博物学の色彩を帯びている。「大倭本草」とも表記される。貝原益軒『大倭本草』(永田調兵衛、一七〇九年)、貝

原篤信原著、白井光太郎考註『大和本草』（春陽堂、一九三二～一九三六年）、大場秀章『江戸の植物学』（東京大学出版会、一九九七年）九～三八頁。

(93) 前田曙山『園芸文庫　第壹巻～第一二巻』（春陽堂、一九〇三～一九〇五年）。前田曙山（一八七二～一九四一年）は本名次郎、小説家。園芸関連の著作も多い。『園芸文庫』は自身の栽培経験を記した、植物鑑賞の園芸書。

(94) 西村、前掲書、九八～一八五頁。

(95) 同前、一一六頁。

(96) 同前、一二六頁。

(97) 小林、前掲書、一四二～一四三、一七一～一七四、二一八～二二四頁。

(98) 寺島良安編・島田勇雄等訳『（東洋文庫五二一）和漢三才図会　一六』（平凡社、一九九〇年）三一～三六頁（巻第八八夷果類）。

(99) 「緑珊瑚の解」（『台湾慣習記事』第一巻第七号、一九〇一年七月）四九頁。

(100) 小林、前掲書、一五八～一六〇頁。

(101) 川上瀧彌「台湾の植物(三)」（『台湾教育会雑誌』第九一号、一九〇九年一〇月）一三頁。

(102) 「檳榔子」を紹介するさいに「棕櫚科」を言及したのが数少ない例である。李坪「水引草(一二)」（『台湾日日新報』一九〇六年一〇月一四日(三)）。

(103) 李坪「水引草(一九)」（『台湾日日新報』一九〇六年一一月一三日(三)）、同「水引草(二六)」（同前、一九〇六年一二月二二日(三)）、小林、前掲書、二三六～二三七、二四三頁。

(104) 例を挙げると、李坪「俳壇小語(一一三)」（一九〇九年七月一六日(四)）、同「俳壇小語(一二四)」（一九〇九年七月三〇日(四)）、同「俳壇小語(一三〇)」（一九〇九年八月六日(四)）、同「俳壇小語(一五七)」（一九〇九年九月一〇日(四)）、同「俳壇小語(一九七)」（一九〇九年一一月一三日(四)）、同「俳壇小語(二〇〇)」（一九〇九年一一月一七日(四)）、同「俳壇小語(二〇二)」（一九〇九年一一月二一日(四)）、以上全て『台湾日日新報』。

(105) 『台湾歳時記』の「ハイビスカス」、「ライチ」の紹介では、范浣浦、孫元衡の詩を加えている。

(106) 李坪「釈迦果と楊桃」（『台湾日日新報』一九一〇年二月四日(四)）、同「樹豆」（同前、一九一〇年二月五日(四)）、同「マングローブ」（同前、一九一〇年二月六日(四)）、同「緑珊瑚」（同前、一九一〇年二月八日(四)）、同「波羅蜜樹」（同前、一九一〇年二月一一日（四））、同「枇榔」（同前、一九一〇年二月一三日（四））。
(107) 李坪「釈迦果と楊桃」（『台湾日日新報』一九一〇年二月四日（四））、同「波蘿蜜樹」（同前、一九一〇年二月一一日（四））。
(108) 李坪「樹豆」（『台湾日日新報』一九一〇年二月五日（四））、李坪「緑珊瑚」（同前、一九一〇年二月八日（四））。
(109) 陳偉智、前掲書、一三二～一四四頁。
(110) 小林、前掲書、一八八頁。
(111) 一例を挙げると、『台湾歳時記』出版直後、ある句会が『台湾歳時記』を参考に「パイナップル」の季題で作句を行っている。「青圃会」（『台湾日日新報』一九一〇年七月一九日（一））。
(112) 西岡英夫（一八七九～?）、別号は石蘭居。早稲田大学政治経済科卒業後、報知新聞社に入社。大正初期に渡台、台湾銀行に務めた後実業界に進出。郷土的色彩、漢族、原住民の風俗やその伝承に関心を持つ。童話研究家として著名。游佩芸『日治時期台湾的児童文化』（玉山社、二〇〇七年）一五四～一六六頁。
(113) 塘翠「台湾歳時記を読む」（『台湾日日新報』一九一〇年七月一七日（四））。
(114) 「台湾俳材解説」は一九二二年八月から一九三三年八月まで当時最も重要な俳誌『ゆうかり』に計三一回連載された。第一回は石蘭居主人「台湾俳材解説（其一）」（『ゆうかり』第二巻第七号、一九二二年七月）三〇～三一頁、最終回は「台湾俳材解説（三一）」（同前、第一三巻第八号、一九三三年八月）一三頁。
(115) 『法院月報』の「新刊紹介」で『台湾歳時記』が紹介されている。それによれば同書は俳人の参考書であるだけでなく、台湾風土の研究書でもあり、桃園庁内の学校では、学生に台湾趣味を学ばせる参考書として採用されたという。「新刊紹介」（『法院月報』第四巻第八号、一九一〇年八月）九一頁。

〔附記〕 本稿は『台湾風物』（第六六巻第三期、二〇一六年九月、六一～一〇七頁）で発表したものに若干添削を加えたものである。執筆の過程では、国際日本文化研究センター「植民地帝国日本における知と権力」共同研究班と国立台湾大学学術領域全面提昇計画「跨文化与跨媒体的転訳研究」チームの皆様から多くの貴重なご意見を頂戴いたしました。ここに記して感謝の意を表します。

日本統治期における台湾人家族法と植民地統合問題

曾　文亮

はじめに

台湾法制の近代化の過程は、日本の植民地統治の影響を大きく受けている。だが、台湾人家族法に関しては、法制度の面では最後まで日本の家族法が適用されることはなかった。統治初期の特別主義の方針のもとで旧慣に準じて定められた時代から、一九二三年民商法を内地法制に依拠するとした同化政策の時代まで、家族法制は民商法の内地延長の範囲外に置かれていた。その後一九三〇年代末期になると、皇民化運動の進展にともない、台湾人家族法制の修正案が提出されたが、最終的な立法はなされなかった。もっとも、法制上の変化は明確ではなかったものの、そのことは台湾人家族制度が明治家族法の影響を受けなかったことを意味するわけではない。

日本家族制度の変遷を分析した依田精一は、家族制度は現実の家族制度、理念上の家族制度、そして法典上の家族制度という三つに分けられると述べたことがある。明治家族法が制定された際、明治憲法に示された天皇国体の家族主義の影響により、明治家族法には近代の個人家族観と日本固有の家族観が並存する二元体制が形成された。このような法制内部の複雑性は、法典の変動には反映されないが、歴史的に大きな変動が起こった際には、二つの家族観の激しい衝突を見ることができる(1)。

これと似た状況は台湾人の家族法制が変容する過程にもみられる。異なる時期に行われた台湾人家族法制の立案過程からは、植民地統治者と被植民者の政治的対立のみならず、異なる家族観同士の競争と衝突をも見ることができる。これら家族観の違いは、基本的に植民者側の明治家族法の家族観と被植民者である台湾人固有の家族観との相違に現れたものの、明治家族法そのものが日本固有の家族観と近代家族観からなる二元体制であったため、台湾では事実上三つの異なる家族観が角逐していたことになる。本論の目的は、台湾人家族法制の変遷過程から、これら異なる家族観が互いにどのように競合し、あるいは植民地統治下の帝国統合あるいは植民者に対する抵抗過程において結合し、そこからそれぞれ異なる台湾人家族法制の理論を生み出したかを検討することである。

以下、時代ごとに出現した家族観を二つに分けて論じる。第一節では一八九五年から一九二〇年代までの台湾人家族制度の統合と抵抗の過程を追う。統合の過程には、特別統治時期の旧慣立法と同化政策下の民商法内地延長の時代が含まれるが、両者はともに近代家族観をその理論的基礎においていた。抵抗は一九二〇年代政策の転換を契機として出現したが、反対する声は台湾人固有の家族観及び民族的立場の近代的家族観の双方から起こった。第二節では一九三〇年代以降の台湾人家族制度に対する統合を論じる。帝国の政治状況の変化から生まれた、天皇制国家理論の国体家族観を結合した統合理論だが、被植民者及び植民者内部からの二重の挑戦を受けることになる。最後結論の部分では、これら家族観の衝突の背後にある意味をあらためて問い直す。

一　近代家族観による台湾人家族制度の統合

日本統治期の台湾統治政策に関しては、一貫して同化か特別統治かの論争が続いていたが、実際は両者を折衷した漸進的同化政策を基調としながら、状況によって特別統治に傾いたり、同化政策に傾いたりを繰り返していた。統治初期においては、台湾の人種、文化の特殊性、また接収の過程で武装勢力の抵抗を受けたことから、一八九六年四月の民政体制下では特別法制を採用した。一八九八年には、さらに民商法制に関して内地人、台湾人の区分を明らかにし、異なる法制を採用し、一九二三年には法制の一定程度の統合が行われるが、台湾人の親族継承に関しては引き続き固有の習慣に準じるとした。だが台湾人の家族制度のうちどれが「法」的性質を有するかについては、法学者や法院の発見を経なければ、法的効力を持つことはなかった。そのため、台湾人の家族制度が最初に直面したのは、「法律化過程」によって帝国法制に取り込まれることだったのである。

（1）特別統治政策下の台湾人家族制度法制化

一八九八年に確立された特別統治主義方針により、台湾人の家族に関する事項は日本の民法ではなく台湾の旧慣に準じることが確定する。さらに総督府は台湾において旧慣による立法を目指したため、台湾人の家族旧慣をどのように体系的に理解するかが、急務となった。一九〇一年、京都帝国大学法学教授岡松参太郎を中心とした台湾旧慣調査会が台北で設立される。同会は台湾民商事旧慣の調査と法案起草を担当し、また台湾人の家族旧慣に関する体系的な調査、検討を始めた。

旧慣調査会は一〇年の歳月をかけて台湾各地の民商旧慣の調査を行い、三部の調査報告を提出している。そのうち第三回の旧慣報告では、各地の旧慣の共通点を重視、台湾民商事習慣の法規範となり、そのため『台湾私法』とも呼ばれている。[2]『台湾私法』は台湾社会の民商事習慣を財産、人事、商事の三つに区分し、財産旧慣においては各種財産の主体と客体との関係を分析した。人事編では個人、家族及び宗族の法律的地位について論じ、商事編では旧慣にある諸商行為や商業習慣の法律的意義について分析した。一方で、旧慣調査会も旧慣の全てを近代のヨーロッパ法によって解釈することは不可能であると認識していたため、旧慣の用語や概念を極力保存するように努めた[3]。

このような方法によって、旧慣調査会では伝統家族制度において最も重要な家族、宗族、宗祧、家産といった旧慣だけでなく、近代家族法が重視する個人も調査の対象に加え、個人、家族、宗族の三つのレベルに分けて分析を行った。個人の部分では、出生から死亡までの各種儀式、習慣を整理、家族集団に関しては、その法律的地位を認めるとともに、家族内部の権力関係及び家産問題を詳細に検討し、家産を家父長個人所有のものと解釈し、家父長死亡後は家産の継承が発生するとした[4]。宗族集団に関しては、旧慣調査会は祭祀活動、宗族集団、公業財産の三つに分け、それぞれ別の章に分けて検討が加えられている。そこでは宗族集団の法律的地位は否定されたが、宗族財産とその他公業は特殊主体の財産関係とみなされ、その組織、発展の強弱によって、主体的地位を有する集団所有（組織性が強く、発展程度の高い宗族）と集団的性格の弱い（宗族発展の初期段階にある）祭祀公業に区分された[5]。

旧慣調査会以外に、総督府法院も同じく近代家族観によって台湾人の家族制度統合を目指していた。裁判の際旧慣を参照する必要があったため、旧慣調査会設立以前に、すでに有志による旧慣研究機関として慣習研究会を自前で組織し、機関誌『台湾慣習記事』を発行していた。一九〇一年から、総督府法院では台湾人の家族旧慣理解のために、台湾の地方士紳に対する聞き取りを始める。この聞き取り作業は、台北、台中、台南の三つの地方法院で実施され、一九〇一年から一九〇四年まで七〇回以上行われ、その内容は『台湾慣習記事』に掲載された。旧慣調査会の目的が法典の編纂にあったのに対し、総督府法院の裁判官による調査の目的は、法による判断を行うにあたっての法の中身を知ることにあったため、方法的には、判決の根拠となりうる事項をより重視していた。さらに、旧慣の解釈の上でも、明治家族法の枠組みをより参考にして、親族、婚姻、養子縁組、親子、監護、継承といった区分を行った。[6] また、総督府法院ではこれら旧慣聞き取りの成果を体系化して整理する作業は行わなかったため、その聞き取りに記録されているのは、法院が興味を持った問題、及びそれに対する台湾人の回答である。

旧慣調査会と総督府法院は調査目的が異なり、また台湾人の家族旧慣に対する関心の所在も異なっていたが、いずれも台湾人の家族旧慣を解釈する際に近代の個人主義的家族観をその参考座標としていた点では同様である。この共通の基礎の上で、一九一〇年代に展開された旧慣立法事業において、両者は時に競合関係、時に協力関係を築きながらこの任務を完成する。ここでいう協力とは、旧慣立法事業の中で、両者がそれぞれ起草者、審査者の任務を担ったことを指す。また競合関係とは、起草委員を務めた帝大教授が旧慣と法律の進歩性を兼備したものを目指したのに対し、[7] 審査委員を務めた法院長たちは、内外地法制の統一を第一に考え、台湾法制に多くの独自性が存在するのを好まなかった点を指している。

結果的に法案審査の過程中、両者は法典上の用語からして意見の食い違いを見せ始めることになった。[8] 具体的な条文審査の段階で、審査委員会が修正案を提出したのは、そのほとんどが旧慣を採用した条文、親族の範囲や親等計算に関するものであった。[9] 一方で旧慣を採用せず、また直接日本の民法に従った規定、親権、監護、親族会議、扶養、遺言、遺留分などについては、基本的に原案がそのまま維持された。[10] また、「台湾戸籍令」も台湾漢人の習慣とは関わりがなかったため、速やかに審査を通過した。[11] 法案審査過程の意見交換や通過した法案から、両者の近代家族観の公約数が形成されたのである。

特別統治主義の下で展開された旧慣立法作業は、台湾人固有法の歴史材料の発掘、整理を前提として行われた。サヴィニー（Savigny）の歴史法学の観点によれば、この作業は台湾人法学者によって担われるべきものであった。[12] だが、植民地という状況の中で、旧慣の概念化／体系化、法典編纂といった作業は事実上植民者側の法律家の手により代行されることになる。彼ら学者や司法官が旧慣立法に携わった目的は、母国法典の改良、またこれを機会とした内外地法制の一元化にあり、したがって主に植民地統治政策を考慮したものであって、台湾人の民族運動とは無関係であった[13]。旧慣立法事業が植民地統治政策の一環である以上、最終的な成功の可否も母国の政策に委ねられており、法案の立場や優劣とは無関係であった[14]。一九一四年、旧慣法案は内地に送られるが、様々な障害にあい、一九一八年には再起草を求められ、内容を簡潔化する方向で修正が進められるが、結局植民統治政策の転換により廃案となってしまった[15]。

(2) 同化政策下の台湾人家族法制内地化の問題

一九一八年、日本の台湾統治政策方針が特別統治から同化政策へと転換されると、総督府旧慣立法政策はここに失敗に終わることとなった。しかし、近代家族観と台湾人家族制度を統合しようとする試みがここで終止符を打たれたわけではなく、明治家族法をもって旧慣法案を変えることが、統合政策の基礎となっただけであった。これこそが、いわゆる民商法における内地延長主義である。

①明治家族法による台湾人家族制度統合の失敗

一九一八年、同化政策を主張する原敬が首相に就任すると、民商法における内地延長主義という政策のもと、総督府法院の「内外地法制一元化」の主張が同会の植民地法制編纂という方針に代わって、台湾人家族法制の新たな方向性となる。とはいえ、一九二一年法三号の制定は、同化政策が実際は依然特別統治主義との間の相互妥協を必要としたことを示している。一九二一年後半に始まった民商法の内地延長政策は、それが及ぼす範囲が、明法三号のように母国と台湾の間の統治体制の問題にとどまらず、台湾人社会の統合にも関わっていたために、明治家族法を台湾で施行する際の障害は、植民者内部の派閥闘争だけでなく、台湾人の主張も初めて政策の推進過程からみられるようになった。

総督府が民商法内地延長政策を推し進める過程のなかで、まず総督府高等法院の長谷野格の率いる法令調査会は、明治家族法の統合対象は、旧慣調査／立法が選択した法律事項であるとし、親族継承、祭祀公業旧慣は含むが、法律の範囲外とされた習俗事項は除外すると決めた。また、民商法内地延長の議案は立法手続きに入る前に、新たに設立された総督府評議会の諮問にかけられることになる。評議会の諮問では、法案の中で祭祀公業制度消滅を提案しているとして、台湾人評議員の強い反発を招いた[16]。これはもちろん、祭祀公業制度が台湾人家族制度の核心である祖先祭祀、宗祧継承の観念に関わる制度であるためである。ただ、この祭祀公業廃止については、誤解であった可能性が高い。総督府の原案では祭祀公業を民法の法人制度の中で管理することで、法律上は旧慣の形式で存在する祭祀公業を消滅させようというものであったからである。ところが、台湾人評議員は翻訳の問題か、また法律上の消滅の意義を知らなかったためか、現実の社会からの消滅を意味すると考えたのである。実際、台湾人の宗祧家族観に由来する問題には、台湾人の家産継承と日本の民法にある家督継承の差異というものもあった。これに対しても、総督府は例外規定を設けるという方向で考えていたのである。

民商法内地延長に対する台湾人の反対は、評議会の台湾人評議員だけでなく、一九二〇年代初期、東京にいた台湾人留学生をも巻き込んでいた。彼らは第一次大戦後の民族自決の潮流の中で、台湾人の自主独立呼びかけを目的として『台湾青年』を発行、世界各地の思潮を紹介、台湾人の文明思想啓発を行なっていた[17]。内地延長政策が総督府から評議会に提出されると、『台湾青年』にも内地延長主義下の民商法延長政策について論じる文章が掲載される。鄭松筠は鄭雪嶺の筆名で発表した民商法施行に関する文章では、例外を設けるべき理由を三つ挙げている。明治維新の法律継受経験も参酌すべきこと、法律は民情に準ずるべきであり台湾の旧慣も全く無価値というわけではないこと、長所短所を併せ持つ習慣法に対し立法は適度な折衷を行うべきこと、というものであった。[18]

また記者という筆名で発表された文章では、民商法施行にあたっては例外を設けるべきだとより明確に主張されている。この論者はまず、民法の総則、物権、債編には大きな問題はないが、親族継承については問題ありと指摘する。なぜなら「親族関係と相続関係は民族の人情風習の大部分を占めるものであって、民族の異なる以上親族相続に関することにも各特色の存すべきは蓋し自然である」からであった。次に、作者は日本を例として、日本の民法も親族継承の二編だけは大和民族の固有的色彩を温存しているのは、「法は必ず現実の社会に根拠を有せざるべからずと云う根本原則から由来している」からである、と主張する。[19] 最後に、台湾の親族継承法制と日本の差異を分析、日本の親族継承法が台湾には適合しないことを証明した。一九二二年六月の第三回評議会において、総督府が提出した例外設置草案では、親族の範囲は民法の親族編に準じて決定すると改められる。林呈禄は再び文章を発表して、その不当を指摘し、台湾人の親族旧慣と日本民法の親族定義の詳細な比較を行なった。[20]

当時の民商法内地延長政策提案に対する、林呈禄と鄭松筠を代表とする台湾青年の見解は、明治家族法の直接的引用には反対しているものの、漢人の宗祧家族観や祭祀公業の全面的な採用を主張するものでもなく、ここから彼らの家族法に対する想像も近代家族観の影響を受けていたことが見て取れる。林と鄭は家族法と社会民情の関係を強調し、林はさらにその社会民情を民族文化のレベルにまで高め、家族法と民族性が密接な関係にあることを考慮して明治家族法を排除すべきだと主張した。このような立場はドイツの歴史法学派の主張と一致しており、また明治家族法の立法過程で日本の固有家族観が強調されたこととも一致していたのである。[21]

総督府の家族法制内地延長政策が台湾人の強い反発を招いたことは、この問題が台湾人のアイデンティティの核心に触れるものであったことを示しているが、そのことは統治協力派の辜顕栄まで反対の声をあげたことにも見てとれる。[22] ただ、辜顕栄ら台湾人評議員の反対の根拠は、台湾人固有の家族観にある淳風美俗論であり、近代的家族観とは無関係である。総督府が最終的に提案した方法は、親族継承と祭祀公業を全て民商法の適用範囲外とするというものだったが、これは台湾人評議員の要求を大きく超え、逆に台湾人知識人青年の主張に符合するものであった。

言うまでもなく、総督府が例外範囲を拡大したのは、台湾人青年の主張を受け入れたからではない。とはいえ、この転換の要因が全て台湾人評議員の反対によるものだったわけでもなく、他のファクターも存在していた。その一つが台湾の戸籍行政問題である。明治家族法制において、家族法の定着は戸籍制度によった。そのため、台湾で家族法を実施するためには、必然的に戸籍制度の実施が必要となった。ところが、総督府がこの問題について警察部門に照会し、また各州庁の戸籍行政担当にその可否を尋ねたところ、得られた答えは消極的なものだった[23]。また一方では、一部を例外とする制度はあまりにも複雑で、法制統合の観点から見てもその実行は容易ではなかった。特に、戸籍制度は政治的には民族の境界線の作用も有していた。日本帝国の民族差別政策は、漸進的同化のスローガンのもとにおいても民族差別を維持する必要があった。そのため、一九一〇年代後半の共通法制定にあたっては、戸籍制度を通じて異なる民族、法域を結合し、それによって帝国の法律秩序を確立したのである[24]。台湾人家族法制の内地化は、こうした民族の境界線、差別空間の維持にも影響を与える可能性があった。

その結果、民商法制の内地延長政策が台湾人家族法制に与えた影響はどのようなものとなったか。旧慣規定によって律令から勅令へと変わったこと（法令規定依拠へと変更）を除けば、依然として、実質的には総督府法院の裁判官たちが個々の案件によって家族旧慣の内容を判断することに変わりはなかった。ただ、旧慣調査会の解散によって、総督府法院は内外の法制一元化の傾向をより強めるようになる。一九三〇年代に総督府法院姉歯松平の手により出版された台湾人親族継承旧慣と祭祀公業、特別法に関する著作は、その集大成といってよいであろう[25]。

②台湾人から見た家族固有法の解釈

一九二〇年代の台湾青年知識人は、民族的観点から旧慣立法を主張したが、誰が立法を行うかについては、台湾人でなければならないとは考えておらず、旧慣調査会の行った台湾旧慣研究にも概ね好意的だった。一九二三年新民商法制施行後、台湾人家族旧慣の解釈権は、依然として植民者側の手に握られており、それに対して台湾人青年も特に疑問、批判を投げかけることはなかったのである。サヴィニーの歴史法学理論において、民族の立法は、法学者が旧慣を概念化、体系化しなければ進めることはできないと述べられている。台湾の状況はまさにこのように民族精神を代表する人物を欠いていたのであり、そのため、旧慣の解釈でも植民者側の法学者に頼らざるを得なかった。

こうした状況は一九三〇年代になってようやく変化の兆しを見せる。一九三〇年代初期に東京帝国大学法学部、大学院で学び一九三五年に帰台した後、弁護士となった戴炎輝は、大学院時代から当時法制史の大家であった中田薫に学び、台湾家族集団法制について研究した。戴はゲルマン法学の集団法理論を通じて、台湾の家産制度、婚姻制度、親子制度、祭祀公業、神明会、村庄や村庄廟に関する研究を行い、台湾人による台湾法律史の資料蒐集、研究に先鞭をつけた(26)。

戴炎輝による台湾人固有の家族法制の研究は、方法や理論の枠組みの上では中田の啓発を大きく受けたものだが、その研究が意識していたのは日本内地ではなく、台湾の家族旧慣研究者たちであった。前述したように、旧慣調査会の研究は、主にローマ法式の個人主義的近代家族法の枠組みを参考に、台湾人の家族習慣を分類、法律概念化、体系化して、さらにそれを家族旧慣、公業旧慣、法律外習俗に分類したものであった。家族旧慣については、家産集団の法律的地位を否定、また公業旧慣に関してはローマ法の法人論によってその人格要件を分析した(27)。その結果、いわゆる台湾人家族の旧慣は、形式的にも実質的にも、台湾人固有の家族制度の姿とは異なったものになってしまったのである。

戴炎輝は、旧慣調査会を中心とする日本人研究者の台湾旧慣研究が、民族文化、言語の差異から必然的に問題を抱えることになると考えていた。たとえば、ヒト、モノ、コトに対する誤った理解から独断的な偏見に陥ってしまうような状況がある[28]。また、「『台湾私法』は学術的な著作であるため、作者の主観や、台湾語や法律習慣、また周辺の知識の不足による独断や誤解に陥っている可能性がある」とも述べている[29]。日本人研究者に対する戴炎輝の批判は、二〇世紀初頭土人法研究に関するドイツ学界の観点と図らずも一致している[30]。固有法の研究は民族文化や言語の認識に関わるため、異民族による固有法研究は、自民族が自ら行う研究より優れたものにはならない。戴炎輝はその研究の中で、旧慣調査会や総督府法院の台湾旧慣に関する解釈の誤りを何度も指摘している[31]。

重要なのは、戴炎輝が集団法の観点から行なった台湾人家族制度、社会集団の研究は、家族集団内部の関係、祖先祭祀集団、神明会から地方の村、庄及び村廟、庄廟まで、私法の範囲を超えて、また財産権のみの討論にもとどまらない点である[32]。なぜなら、個人主義的観点に頼らない規範枠組によって、より完全な形で台湾人固有の家族集団の姿を残すことができるからである。つまり、戴炎輝の台湾固有法研究は、もう一つの学説による家族旧慣観点であるだけでなく、台湾人が植民者と競合する形で自らの家族旧慣の解釈権争奪を行なったという意義をもつ。一九二〇年代台湾青年知識人の家族法立法の主張と照らしあわせてみるなら、戴の研究はまさにサヴィニーの言う民族立法の準備段階としての法学研究であった。それは一九二〇年代台湾民族主義者が家族立法を論じた際に欠けていた民族法学家の出現を意味したのである。ただ、戴炎輝が登場したのは一九三〇年代半ば、台湾の民族主義運動が終結した後であった。この点で、戴は遅れてきた歴史法学家であったといえよう[33]。

二　国体家族観による台湾人家族制度の統合

日本統治初期の旧慣調査会から一九三〇年代戴炎輝法学の出現まで、台湾人家族法制の討論をめぐっては、総督府の旧慣立法や民商法内地延長政策、さらには台湾人の戴炎輝の主張にいたるまで、近代家族観の範疇を超えるものではなかった。だが戴炎輝理論の出現と時を同じくして、もう一つ、台湾人家族制度の内地化の声が徐々に高まってきた。さらに、この理論は明治家族法中の近代家族観からではなく、天皇制国家理念と結びついた、イエ・国の一体化滅私奉公を強調する国体家族観であったのである。

(1)　国体家族観による祭祀公業制度の統合

国体家族観がイエ・国一体化を強調しているという点は、一八九〇年代に穂積八束の提出した家族国家観の理念に通じるものの、国体家族観はより徹底的に近代家族観に対抗していた。一九三〇年代の国体明徴運動の下、イエ・国一体化を強調する家族観は、家族生活を国民生活の基本とし、家族生活を通じて、祖先の遺志を継ぎそれを子孫に伝えるというのである。このような国体家族観と近代家族観の最大の違いは、国体家族観では個人、家族の国家全体における役割を強調、それぞれが相応の義務を果たすことで、国体の完成に参加することが求められた点にある。したがって、個人の主体的地位は否定され、滅私奉公が法律の領域でも実践されたのである。(34)

国体家族観で強調される親子関係、無限の連続性をもつ家族観念は、台湾人固有の家族観と類似している。ところが、台湾人の家族制度は日本統治の旧慣法制化を経て、宗祧と祖先祭祀の部分が家族旧慣法から排除され、特殊財産旧慣である祭祀公業制度の範疇に分類されていた。そのため国体家族観と台湾人家族制度の最も近い部分は、台湾人の祭祀公業制度となった。この点については、一九二〇年代初期に総督府法制官僚がすでに関心を向けていた。当時台湾台中地方法院検察官長であった上内恒三郎は、民商法施行を祝賀する文章の中で、日本の国体観が明治家族法の中で実体を伴った支持を受けていないとして、実体的基礎を有する台湾の公業制度を日本内地に導入し、それによって日本の祖先教が実体的基礎を備えることができるよう主張している[35]。

台湾人祭祀公業の実体的存在に国体家族観に欠けているものを見出した上内であるが、祭祀公業をどのように国体家族観の中に取り込むかについては説明していない。駒込武は日本帝国の異民族支配の教義を考察した研究において、台湾人の家族制度、特に祭祀公業の存在を、台湾漢人社会に日本近代天皇制が容易に浸透しえなかった主因と指摘している[36]。駒込は近代天皇制と台湾漢人民間信仰の対立に言及した際、一九三〇年代台北帝国大学教授坂義彦の国体と祭祀公業に関する研究を引用しつつ、家族国家に対する祭祀公業の強大な抵抗力を論証している[37]。だが、駒込は触れていないが、坂がこの文章を書いた目的は、まさに日本国体による台湾人家族制度の統合問題の解決だったのである[38]。

国体が台湾人の祭祀公業をいかに統合するかについて、坂は祖先祭祀、国体、祭祀公業の三つに分けて論じている[39]。血族集団結束のための祖先祭祀の作用を簡単に紹介したのち、坂は国体と祖先祭祀の関係、国体が祭祀公業を統合する難しさについて論じる。坂の見解では、日本の祖先祭祀と台湾の祭祀公業の最大の違いは、日本の国民と統治者が祭祀する祖先が共通であるのに対し、台湾の祭祀公業が祭祀を行う祖先は、同姓のみであり、共通の祖先を見つけるのは難しく、ましてや内地人と共通の祖先となるとなおさらであった。台湾における祭祀の連続は、他系統との縦の連結を強化するのみであったから、同胞として日本人との横のつながりを作り出すことは困難で、祖先祭祀から皇室と国民のような縦横の一体同心の関係を導き出すことは不可能であった[40]。

次いで、坂はこの問題の解決方法を提案する。それは国体観念下の神社祭祀を利用して祭祀公業を統合するというものであった。坂は朝鮮における日本の民族統合理論（朝鮮神宮で日本民族の二神だけでなく、朝鮮国創造の神も祀った）を参考に、台湾には朝鮮のような国土創造の神はないが、神社の多義性を利用して目的を達成するよう提案したのである。坂によれば、神社とは、国家の宗祀として国民に神社尊崇の義務を持たせるだけでなく、国民の崇敬の対象を作り出す意義も備えていた。さらに、このような国民崇敬の対象は人それぞれ、宗教信仰、道徳礼儀、祖先崇拝に基づいて決定された。そのため、国土創造の神のいない台湾でも、この国民崇敬対象の自由性を利用、祖先崇拝を神社祭祀のシステムに組み込むことで統合の効果を発揮できると、坂は考えたのである。(41)この理論によれば、祭祀公業の祖先祭祀の意義は、神社祭祀により代役可能で、祭祀公業はその必要性を失い廃止できるということになる。(42)

一九三〇年代後半に相次いで展開される皇民化運動では、正庁改善、寺廟整理など、台湾人の精神信仰に対する直接的な改造が行われ、台湾を日本内地と同質の社会にせんとする施策がなされた。正庁改善とは、日本国体精神の象徴である神棚や神社の大麻を台湾人の祖先牌位の代わりに飾るというものであり、台湾人家族制度を天皇制家族国家の中に取り込むという意味を持っていた。(43)地方政府から始められたこの運動は、徐々に祭祀公業へも波及していく。(44)一九三八年六月二三日の『台湾日日新報』には、祭祀公業が皇民化運動の障害になるという文章が掲載され、(45)一九三九年には屏東郡で祭祀公業整理、一庄一神社運動が展開される。(46)これらは全て坂の国体統合理論と軌を一にするものだったのである。

(2)　国体家族観による台湾人家族制度統合の限界性

坂義彦の理論は、国体家族観は祖先祭祀と神社の結合を利用することで、台湾人家族制度の統合が達成されるというものであった。だが前述したように、日本統治期の祭祀公業がかかわる宗祧概念は、台湾人固有の家族観の核心的部分ではあったものの、日本統治期の法制改革のもとで、家族法制の範疇から排除されてしまう。したがって、国体家族観がはたして台湾人家族制度に対して統合的役割を果たせるかどうかは、まだ定かではなかった国体家族観の強調するイエ・国一体、滅私奉公によって、近代的家族観における個人主体、権利保障原則を代替しうるかという問題を考慮せねばならなかったのである。この点に関していえば、植民地家族法の問題であっただけでなく、戦争期の明治家族法の改革からも見られた。

①国体家族観に対する台湾人の異なる理解と期待

坂が国体家族観と祭祀公業の統合理論を提起した当時、台北帝大では、台湾人鍾壁輝も副手の立場から、家族制度と祭祀制度に関して多くの文章を発表している。鍾壁輝は屏東出身、父親は一九二〇年代に屏東地方の下層官僚を務めていたから、家系的には植民地協力者の色彩のある人物である。鍾壁輝は幼い頃漢文を学んだことはあったが、基本的には日本語教育のもとで育った。一九二九年台北帝大に入学した年、ちょうど坂義彦も台北帝大に赴任している。一九三二年卒業後も台北帝大に残り、刑法教授安平政吉の副手、一九四〇年に安平が台湾を離れる前には助手に昇進していた。だが、翌年には図書館に配置転換され、その翌年には台北帝大を辞職して、新聞社に就職し海南島に活動の場を移した[47]。

一九三四年に発表した「家族制度を尊重したい」の中で、鍾は東洋民族と西洋の精神文明における違いは、家族主義と個人主義の対立だと指摘し、家族制度を東洋社会の基本単位として保存すべきだと主張する。次に家族制度尊重の立場から、三つの点について呼びかける。それは本源回帰すなわち家族制度への回帰――とりわけ血統純粋の尊重、男系本位など台湾人固有の家族観への回帰である[48]。また別の文章では、家族制度の核心である祖先祭祀と東洋民族の関係について論じている[49]。東洋的価値を肯定しながら西洋文明を批判し、また家族制度の核心を祖先祭祀に置く考え方は、坂と変わるところがないものであり、一九三〇年代のアジア主義、国体家族観による家族制度の考え方とも符合するものである[50]。植民地政策理論の提供者としての台北帝大という地位を念頭に置くなら、鍾は最高でも助手の身分だったとはいえ、その家族制度も台北帝大の学風の影響を受けていたと考えられるだろう(51)。

とはいえ、鍾と日本人との間には明確に民族的境界線が引かれていた。その境界線により、鍾は台北帝大の中で差別を受けていたが、同時に家族制度の核心である祖先祭祀の根本を論じる際に、日本人研究者と明らかに異なる結論に達している。鍾は祖先祭祀が重要なのは、国体家族論者のいう治国の根本としての役割のほか、中国伝統の孝道の延長としての性格も備えているからだとする。孝の観念のもとで、東洋家族制度は祖先祭祀を本とし、婚姻はそれを補助する役割に過ぎないため、夫妻本位である西洋の婚姻とは異なると考えた(52)。鍾はこの論点により家族批判論者に反論、彼らを西洋個人主義思想の影響を受けたものだとし、家族制度を陋習と考えるのは、敬愛の心に発する祖先祭祀を霊魂への畏怖とみなしたことによるものだと指摘した。一方で、鍾は中国の弱体化が祖先伝統の崇敬が原因とする考え方にも反発し、孝の観念が新思想の影響により希薄化したことこそが、中国没落の主要な原因だと考えた(53)。

上述した家族制度に関する鍾の論点をまとめれば、その出発点は一九三〇年代の国体国家観、東洋民族論、日本固有家族法における祖先祭祀文明論などの影響を受けていたことがわかるが、その東洋家族制度の認識、具体的制度の討論からは、儒家経典思想や台湾家族制度の浸透も見て取ることができる。つまり、東洋民族の観点からの鍾の家族制度研究には、植民者と被植民者の優劣という観点は見られず、儒家すなわち東洋の観点から、儒家／漢人家族制度の肯定論が見て取れるのである。

同じ台北帝大教職員の研究でありながら、坂の祭祀公業、国体の研究では、台湾人の祖先祭祀を日本神社祭祀に統合、台湾の祭祀公業はすぐに廃止可能という論点が提起された(54)。この結論は日本帝国とその他の地域の中心／周縁という関係を示したものであり、そこには日本の帝国制度による他地域の家族制度統合の問題が存在していた。だが、鍾の見解では、東洋民族という概念によって、台湾、中国のみでなく、日本の存在も解消されることになるのである。

②近代家族観に対する総督府法院の堅持

国体家族観による台湾人家族制度の統合のもう一つの重要問題は、いかにして国体家族観が理想とするイエ・国一体、滅私奉公という集団主義家族観を、長い間近代家族観の影響を受けてきた台湾人家族旧慣のなかに浸透させるかであった。この点に関しては、当時植民地司法制度の代表者と言える、高等法院長伴野喜四郎の考えを通じて分析してみたい。

伴野は一九〇八年に東京帝大法科を卒業した後、一九一八年七月に来台し高等法院覆審部判官に就任、一九三二年から台北地方法院長、高等法院検察官長を歴任、一九三七年一二月に高等法院長に昇進、一九四二年初めに退官後は弁護士となった(55)。伴野の来台後すぐ民商法の内地延長主義が施行されることになるが、伴野自身、祭祀公業廃止論を発表したことがあり、また民商法施行後は迅速に明治家族法を実施するよう呼びかけている(56)。一九三五年ジュノー号事件が発生すると、当時高等法院検察官長の地位にあった伴野は、台南地方法院が地方の民情の影響（主に軍部からの圧力）を受けているとして、この案件を台北で管轄することとする(57)。伴野は日本統治期後期における台湾実務法曹家であったと言える(58)。

一九三八年一一月、伴野は台北放送局の要請を受けて、時局に関する法律問題について講演を行うが、その主題は皇民化運動において台湾人親族継承法をどのように整備するかという問題であった。伴野はまず、皇民化運動の目的が内台差別打破、内台融和促進、台湾人が内地人と同じ言語、風俗習慣、思想を共有する点にあることを評価する。そして台湾人家族法を維持した場合、台湾人の私法生活の障害になるだけでなく、内台一体という皇民化運動の目的も達成できないとした。そして、その解決のためには、法制を整備し、民法に準じることが難しい習慣以外は、すべて民法の親族継承編に従うようにすることが、内地人と本当人の風俗習慣統一につながり、皇民化への道となると主張したのである。[59] 伴野の主張は一九二九年に発表した論文の観点と軌を一にしている。つまり、皇民化運動期にあっても、伴野の台湾人家族法制に対する立場は従来と変わることなく、イエ・国一体、滅私奉公の国体家族観ではなく、明治家族法における近代的家族観によって台湾人の家族制度を統合することを主張していたのである。

伴野の法律制度に対する重視は、一九四〇年に行われた司法制度新体制に関する別の講演からも看取することができる。[60] 講演の中で、伴野は昭和維新下での司法制度が新体制運動の精神を考慮に入れるべきだと認めながら、実践の上では困難が伴うと指摘する。その理由は、日本の法律制度が自由主義経済、自由人権の保障を基礎としており、新体制下の滅私奉公の精神に抵触するためであった。司法制度は完全に法律の支配を受けていたため、司法制度を新体制に従わせるためには、まず法律の根本的な修正が必要だった。[61] 裁判官として、国策の精神に配慮、法律に対して異なる解釈を行なったものの、それが国家の法を超越することはできないとして、伴野は児島惟謙の例を挙げて、司法事務がいかに徹底して法律の支配を受けているかを説明する。そこから最後に、法律を変えなければ、改革を行うことは不可能であるという結論を導き出すのである。[62]

日本統治期の植民地法学者を分析した呉豪人は、日本統治中期から戦争期にかけては、実務法曹家主導の時代であり、また当時の実務法曹家の最大の特色の一つが、近代法治主義の原則に従い、天皇の司法権を保護することであったと指摘している。そのため、彼らにとって法律の原則を無視する戦争期の皇国法学や軍部は耐えがたい存在であった。[63] 戦争期における国体家族観、司法体制改革に関する伴野の発言は、まさにこのような実務法曹家の具体例であった。この時期の総督府法院の判決にも、伴野の観点が反映されている。この時期日本民法の概念を引用した案件が増加していたが、それは近代家族観を法理援用したものが多かった。[64] 一九四〇年代初期の

『台法月報』にも、中川善之助の統体論を引用した総督府法院判官の家族法に関する論文が掲載されている[65]。つまり、個人の主体は、国体家族観が勢力を増す時代にあっても、法院の認定する台湾人家族の旧慣から最後までその姿を消すことはなかったのである。

おわりに

日本統治期の台湾家族法制は、最後まで明治家族法制を直接適用することはなかったが、それは台湾人家族制度、とりわけ家族法制の中身や家族理論の競合という点でほとんど変化がなかったことを意味するわけではない。一八九八年の民商法制は、地方慣例＝旧慣を原則としていたが、旧慣立法のために設立された旧慣調査会にしろ、総督府法院の個別審判にしろ、近代的家族観の影響を受けていた。台湾人の固有家族制度をあらためて近代家族観の理念により家族法律事項、祭祀公業及び非法律事項である民間習俗に区分したのである。ただ、旧慣調査会と総督府法院には立場の違いがあり、近代的家族観の運用にも差異が存在した。旧慣調査会は立法を考慮、近代法学体系により台湾人家族習慣の概念化、体系化を行なった。総督府法院の目的は個別の案件解決であったから、台湾人家族旧慣の解釈の範囲には限界があり、また明治家族法を直接参考にする傾向があった。

一九二〇年代に入ると、植民地統治政策が法制内地延長主義へと転換したため、旧慣立法は失敗に終わる。だが、民商法内地延長の政策下でも、台湾人家族法制は民法適用の範囲外に置かれる。この時の民商法制内地延長政策の実施に、植民統治政策における同化政策の特別主義に対する勝利が反映されているが、その背後に関わっていた家族観は、どちらも近代個人主義的家族観であった。この時の政策論争中には初めて台湾人による家族法制観も登場する。その基本的立場は旧慣立法と近かったが、その内容は独自の理論を欠いたままであった。この欠落が埋められるのは、一九三〇年代半ば台湾人法律家戴炎輝が登場してからである。戴はゲルマン法学の観点から台湾人の固有家族法研究を行い、旧慣調査会と総督府法院の見解を批判する。それによって、台湾人の民法反対論は理論的対抗の段階にまで到達したのである。また、戴炎輝の研究は、台湾人知識人青年の主張に欠けていた法学と立法の連結も補うことになる。だが、戴の出現は台湾人民族運動終結の時期にあたっていたため、遅れてきた歴史法学者となってしまう。

一九三〇年代台湾人民族運動の終結は、日本国内の政治情勢の変化とも関係がある。天皇政治が徐々に立憲政治に取って代わり、明治家族法における固有家族観が国体論者と結合、イエ・国一体、滅私奉公の国体家族観へと発展する。そしてこの国体家族観は植民地台湾を統合する鍵となる家族法理論にもなっていくのである。一九三〇年代台湾に登場した国体と祭祀公業の統合論は、この趨勢を反映している。ただ、国体家族観は台湾で順調にその発展を遂げたわけではない。一方で、国体家族観と東洋民族論の影響を受けた台湾人は、家族制度の東洋的価値観、及び祖先祭祀の重要性を説くが、祖先祭祀の重要性の基礎に言及した際には、儒家孝道と天皇国体を並列に論じ、そのため東洋民族内部における日本民族の優位性は解消され、東洋諸民族の平等的地位が強調される結果となる。また一方で、この国体家族観を基礎とする理論は実務法曹家の批判も受け、祭祀公業以外の台湾人家族旧慣に適用されることはなかった。

総じて言えば、日本の家族法制が台湾人家族制度を統合する過程では、日本内部の近代的家族観と固有家族観の競合関係だけでなく、一九二〇年代以降は、台湾人の観点による家族観出現のため、相互の競合関係がより複雑な様相を見せる。日本内部の近代と固有の争い以外に、日本人家族観に対する台湾人の挑戦も加わったのである。台湾青年から戴炎輝、鍾壁輝の例が示すように、日本統治期の台湾では、家族法制だけでなく、台湾人の家族法研究もその影響を大きく受けていた。ただ、近代的家族観、国体家族観いずれの研究も植民地法学家の影響を受けながらも、台湾人の台湾人家族制度に対する見方は、植民者とは異なる観点、見解を提示していたのであった。

（原文：中国語　翻訳：鳳気至純平）

（1）依田精一『家族思想と家族法の歴史』（吉川弘文館、二〇〇四年）四～五頁。

（2）旧慣調査会は一九〇一年から調査を開始、前後参加の調査報告を発表、一九〇三年第一回、一九〇六年第二回、及び一九〇九～一九一一年にかけて出版した第三回報告書である。そのうち第三回報告書が最も詳しく完成されたもので、参考資料も付録されている。臨時台湾旧慣調査会『第三回報告書』（全一三冊、一九〇九～一九一一年）を参照。

（3）岡松参太郎はその大租研究の中で、近代法学の方法を運用して大租制度の研究を行なったことについて、日本ですでにローマ法を採用しているために、台湾法律の研究においてもローマ法を用いざるを得なかったと弁明している。岡松参太郎「大租權の法律上の性質」参照（呉豪人「岡松參太郎論――殖民地法学者的近代性認識――」（『戰鬥的法律人』元照出版公司、二〇〇四年、五四五頁より再引用）。

（4）臨時台湾旧慣調査会『台湾私法』第二巻下冊（臨時台湾旧慣調査会、一九一〇年）一七九～二三六、五四六～五九二頁。

（5）旧慣調査会の祭祀公業に関する討論は、臨時台湾旧慣調査会『台湾私法』第一巻下冊（一九一〇年）、三九二～四四〇頁を参照。

（6）この点については、総督府法官が書いた台湾旧慣に関する文章にも見られる。以下を参照、小林里平「本島親族制度の大要」（『法院月報』第二巻第一〇号、一九〇八年）四九～五三頁。高田富藏「本島婚姻制度の大要」（同前、第二巻第一〇号、一九〇八年）五四～六〇頁。藤井乾助「本島養子制度の大要」（同前、第二巻第一〇号、一九〇八年）六七～七六頁。上内恒三郎「本島相続制度の大要」（同前、第二巻第一〇号、一九〇八年）六七～七六頁。

（7）岡松参太郎は、旧慣調査期間中にすでに台湾旧慣立法への期待を表明している。インドにおけるイギリスの立法事業が最終的にイギリス立法改良の規範となったように、台湾の旧慣立法事業も最後は日本の内地民法に影響を与えることを期待していたのである。そのため、法典構造上は明治家族法に倣ったが、内容を見ると旧慣を残したものや、若干の修正を施したものが多かった。具体的な内容については旧慣調査会『親族相続法第二草案』を参照。

（8）第一回の審査会において、覆審法院長石井常英と検察官長尾立維孝は、法令の対象に内地人が含まれる以上、内地の法律用語を主に用いるべきであり、適当な用語が見つからない時にのみ、土語を使用するべきと考えた。だが岡松は、旧慣立法なのだから、必然的に土語を主に用いるべきであり、適当な言葉がない場合のみ、内地の用語を採用するべきだとした。臨時台湾旧慣調査会『法案審査会第一回会議議事録』五〜一一頁、岡松参太郎、尾立維孝、石井常英等の発言記録を参照。

（9）石井常英覆審法院長は第三回審査会議において、親族の範囲は日本民法と同様の規定を採用する提案をした。また第四回審査会では、新たに加わった審査委員渡辺啓太も同様の意見を述べ、同じく新たに加わった台南地方法院長藤井乾助の賛同をえた。臨時台湾旧慣調査会『法案審査会第三回会議議事録』一三〜一五頁、『法案審査会第四回会議議事録』九〜一一頁を参照。

（10）臨時台湾旧慣調査会『法案審査会第三回会議議事録』七四〜七九、九三〜九九頁、参照。

（11）同前書、七二〜七四頁。

（12）呉豪人『殖民地的法学者――「現代」楽園的漫遊者群像――』（台大出版中心、二〇一七年）一四頁、参照。

（13）呉豪人、同前書、一〇〜一一頁、参照。

（14）王泰升「再訪岡松参太郎学説与日治前期民事法変遷」（『具有歴史思維的法学――結合台湾法律社会史与法律論證――』元照出版公司、二〇一〇年）一九九〜二〇五頁、参照。

（15）旧慣立法事業の失敗の主な要因は、帝国の政治情勢の変動であり、旧慣法案の優劣とは無関係である。このことは旧慣法案の内容の多くが司法実務に採用されたことからもわかる。学説、立法、司法と国家の役割、立場の差異については王泰升、同前論文、一九三〜二〇五頁を参照。

（16）台湾総督府評議会『第二回台湾総督府評議会会議紀録』（一九二一年）四七〜八八頁を参照。

（17）一九二〇年創刊時は『台湾青年』、その後一九二二年に『台湾』、一九二五年からは『台湾民報』と改名した。

（18）第三の理由について、鄭松筠はさらに、伝統的な中国の法律は倫理道徳を基礎に人民の自由を尊重しているが、時効制度、禁治産制度、妻の能力、物権種類、成年年齢や婚姻年齢が早すぎるなどの欠点もあると指摘している。鄭雪嶺（鄭松筠）「就民商法施行而言」（『台湾青年』漢文之部、第三巻第四号、一九二一年）一七〜二一頁を参照。

（19）記者（林呈禄）「施行民法商法宜置除外例」（『台湾青年』漢文之部、第三巻第四号、一九二一年）二一〜二六頁、特に二四頁を参照。

(20) 記者（林呈祿）「民法の親族規定を台湾人に適用する法案の疑義」（『台湾青年』和文之部、第三巻第六号、一九二一年）二一〜三五頁、参照。

(21) 林呈祿のこの見解の背後には、ドイツ歴史法学思想の東アジアへの伝播過程が関わってくる。詳細は Yun-Run Chen, "The Emergence of Family Law in Colonial Taiwan: A Genealogical Perspective", Dissertation of Harvard Law School, May 2013. を参照。

(22) 台湾総督府評議会『第二回台湾総督府評議会会議紀録』四七〜四八頁。

(23) 栗原純「日本植民地時代台湾における戸籍制度の成立――戸口規則の戸籍制度への転用について――」（台湾史研究部会編『日本統治下台湾の支配と展開』中京大学社会科学研究所、二〇〇四年、三〇八〜三一三頁）を参照。

(24) 浅野豊美「植民地での条約改正と日本帝国の法的形成」（同『帝国日本の植民地法制――法域統合と帝国秩序――』名古屋大学出版会、二〇〇八年）八五〜一八〇頁参照。

(25) 姉歯松平『本島人ノミニ関スル親続法並相続法ノ大要』（台法月報發行所、一九三八年）参照。

(26) 戴炎輝の著作目録は、中國法制史学会、財団法人戴炎輝文教基金会編印『戴炎輝先生追思文集、著作目錄』（財団法人戴炎輝文教基金会、二〇〇三年）一五三〜一七〇頁。

(27) 例えば、臨時台湾旧慣調査会、前掲『台湾私法』第一巻下冊、三九二〜四七一頁。姉歯松平『祭祀公業並台湾ニ於ケル特殊法律ノ研究』（台法月報發行所、一九三四年）一〜一七三頁。

(28) 田井輝雄「台湾研究の意義(中)」（『興南新聞』一九四四年三月五日）。

(29) 田井輝雄「台湾の旧慣と団體所有名義土地に關する若干の問題」（『台湾公論』一九四三年五月号）九四〜九五頁。

(30) 『法院月報』（『台法月報』前身）の一九〇八年一〇月号には、ドイツの学会が土人法研究について論じた文章の訳稿が掲載されている。それによれば、ドイツの学者マインホーフは、土人法資料の調査には、土語や統治の生活に精通した者の助けが必要であり、研究にあたっては、法律家、人類学者、言語学者が共同で行うことが望ましいと述べている。訳者不詳「獨逸土人法の研究及制定」（『法院月報』第二巻第一〇号、一九〇八年一〇月）八六頁。

(31) 一例を挙げると、祭祀公業の債務が派下の債務問題であるかについて『台湾私法』の調査の不備を指摘、また婿入り婚に関する研究に関して「接面女」の矛盾を指摘している。戴炎輝「祭田又は祭祀公業」（『法学協会雑誌』第五四巻第

一一号、一九三六年一一月）一一六頁、同「招婿婚に就て」（『台法月報』第三二巻第五号、一九三八年五月）四〇～四一頁。

(32) 戴炎輝「祭田又は祭祀公業」（『法学協会雑誌』第五四巻第一〇号、一九三六年一〇月）九三～一二二頁、同（第五四巻一一号、一九三六年一一月）九九～一三一頁。

(33) 呉豪人は戴炎輝の祭祀公業に関する学説には、異民族による法律統一に抵抗する隠れた民族アイデンティティの立場が見られるとする。また呉豪人はさらに、戴炎輝が当地の家族制度を「民族アイデンティティの素材として、現代化の思考を加えた」時、台湾の民族運動はすでに瓦解していたため、戴は「本土もしくは民族法律モダニティの論述」を発展させることができず「戴炎輝は遅れてきた民族主義者」となったとしている。祭祀公業を民族アイデンティティの基礎に置こうという試みは、一種の「民族主義なき民族法学」であった。呉豪人、前掲書、一〇四～一〇五、一一二～一一三頁。同「導論：立法者之書」（同前書、所収）xxxviii～xxxix を参照。

(34) 依田、前掲書、一一三～一一五、一三八～一四一頁を参照。

(35) 上内恒三郎「二大法典の施行を祝す」（『台法月報』第一七巻第一号、一九二三年）四四頁。

(36) 駒込武「異民族支配の〈教義〉――台湾漢族の民間信仰と近代天皇制のあいだ――」（『岩波講座　近代日本と植民地四』統合と支配の論理』岩波書店、一九九三年）一三八、一四六頁。

(37) 駒込、同前論文、一四六頁。

(38) 坂義彦は一八九二年生まれ、一九二三年に京都帝大を卒業後、一九二六年来台、総督府高等学校教授に就任、在外研究員の身分で英、独、米等に留学、一九二八年一二月に台北帝大助教授に就任、翌年四月には教授に昇進、一九三八年五月依願免官となった。坂が働いた台北帝大は、もともと国策大学としての性格があり、また坂本人が一九三二年から総督府法令調査委員会委員も務めたため、その研究は総督府の政策に学問的な基礎を提供する意味を持っていた。

(39) 坂義彦『祭祀公業の基本問題』（台北帝国大学文政学部、一九三六年）一一五～一三〇頁。

(40) 坂、同前書、一一五～一二二頁。

(41) 坂、同前書、一二九～一三〇頁。

(42) この点については、坂、同前書、一六七～一六九頁を参照。

(43) 加村政治「本島人家庭の所謂「正廳」改善に就て」（『台湾地方行政』第四巻第三号、一九三八年三月）四八～六四頁を参照。

(44) 増田福太郎「本島の寺廟と迷信及陋習に就て」(『社会事業の友』第一〇〇号、一九三七年三月)二〜一二頁。

(45)「皇民化運動の障礙物は」(『台湾日日新報』一九三八年六月二三日、四版)。

(46) 一例を挙げると、一九三九年には、屏東郡は寺廟と祭祀公業の整備によって一庄一神社を行うという記事が掲載されている。「一庄に一神社 寺廟や祭祀公業を整理して 屏東郡が來年中に建立」(『台湾日日新報』一九三九年九月一〇日、五版)。

(47) 鍾壁輝の経歴については不明な点が多い。本論は鍾の回想文である「昔は忘れ難い」(『台法月報』第三四巻第四号、一九四〇年四月)一一九〜一六〇頁を参照した。

(48) 鍾壁輝「家族制度を尊重したい」(『台法月報』第二八巻第二号、一九三四年二月)八六〜八八頁、同、第二八巻第三号(一九三四年三月)八六〜八九頁、同、第二八巻第四号(一九三四年四月)四九〜五一頁。

(49) 鍾壁輝「『祖先祭祀』(崇拜)と我が東洋民族」(『台法月報』第三〇巻一一号〜三一巻第八号、一九三六年一一月〜一九三七年八月)。

(50) S. Saaler, "Pan-Asianism in modern Japanese history: overcoming the nation, creating a region, forging an empire", S. Saaler & J. V. Koschmann ed., *Pan-Asianism in Modern Japanese History: Colonialism, Regionalism and Borders* New York: Routledge, 2007, pp.11-15.

(51) 当時の台北帝大教授による家族制度研究は、前述の坂義彦以外に、宮崎孝治郎が一九四〇年に発表した漢人族産制度の研究があり、文中で直接これは総督府の政策課題であると指摘されている。宮崎孝治郎『生態支那家族制度と其の族産制』(有斐閣、一九四二年)を参照。

(52) 鍾壁輝「『祖先祭祀』(崇拜)と我が東洋民族」二(『台法月報』第三〇巻第一二号、一九三六年一二月)五八〜六二頁。

(53) 鍾壁輝「『祖先祭祀』(崇拜)と我が東洋民族」三(『台法月報』第三一巻第一号、一九三七年一月)七九〜八〇頁を参照。

(54) 坂、前掲書、一一五〜一三〇頁。

(55) 伴野喜四郎の経歴は『台湾人士鑑』(興南新聞社、一九四三年)二八六頁。

(56) 伴野喜四郎「公業廢止論」(『台法月報』一九二一年九月号、一一月号)、同「除外例を設けて民法親族篇相続篇を本

島人に適用するの急務なることを論す」（『台法月報』一九二九年一月号～五月号）。

(57) 呉豪人、前掲書、一七七頁。

(58) 日本統治期台湾実務法書家の姿については、呉豪人、前掲書、一六五、一七三、二〇六～二〇七頁を参照。

(59) 伴野喜四郎「本島人の皇民化運動より観たる親族並相続法規の整備に就て」（『台法月報』第三二巻第一二号、一九三八年一二月）一～五頁。

(60) 伴野喜四郎「司法制度の新體制に就て」（『台法月報』第三四巻一一号、一九四〇年一一月）七九～八三頁。

(61) 伴野、同前、八〇頁。

(62) 伴野、同前、八一～八二頁。

(63) 呉豪人、前掲書、一七六～一七八頁。

(64) 関連の案件は当時の高等法院の判例に見ることができる。小森恵編『覆審・高等法院判例一二』（文生書院、一九九五年）。

(65) 後藤寛治「未取得戸主同意的婚姻之效力研究」（『台法月報』第三六巻第一号、一九四二年）参照。後藤論文の重点は、戸主と婚姻当事者の二つの主体の間で、戸主の権威の影響力がどれほど大きいかという問題、つまり戸主家族制と近代的家族制の間のパワーバランスに置かれている。その点から言えば、中川善之助が家族法学で提起した統体論は、当時最も有力な学説であった。

「帝国」としての民法学へ――京城帝国大学の民法学者を中心に――

岡崎まゆみ

はじめに

京城帝国大学（以下、京城帝大）法文学部、なかでも「法科」の意義は、これまで帝国日本における「植民地大学」の意義とともに論じられてきた。特に近時の研究動向として重要と思われるのは、法文学部はもとより京城帝国大の創設前夜から京城帝大草創期における人事や学内政情を詳らかにした松田利彦氏[1]、法文学部に在籍した教員の〈朝鮮的なるもの〉への研究志向を取り上げ、法文学部教員の研究が「国家のための学問」すなわち植民地主義の理論的肯定に資する役割を果たしたと評価した鄭圭永氏[2]、他方法文学部に在籍した学生動向に焦点を当て、朝鮮人学生の「社会的回路」としての機能（具体的には、高等文官試験の合格者を多数輩出した機能）に注目した通堂あゆみ氏[3]による各研究である。

これらの研究に共通するのは、朝鮮近代史の文脈の中で、京城帝大法文学部の運営効果が「統治された朝鮮」においていどのように生じるか、というところに着地点を見出している点であろう。とりわけ通堂氏は、法文学部による「知」の創出と再生産が植民地の権力構造にどのように融和し機能したか、「総督府の統治政策と関連する大学教官の研究活動にばかり注目」すれば、「京城帝大を「国家のための学問研究を行う国策大学」と性格規定」してしまうドグマに陥る危険を指摘している。(4) さらに松田氏は次のような問いを投げかけている。すなわち、「京城帝大教員が、朝鮮で（あるいはその朝鮮研究において）何をしてきたかはこれまでしばしば論じられてきた。しかし、彼らの「朝鮮へのコミットメント」のみならず、その裏にある「朝鮮へのノンコミットメント」という心性も今後問われねばならないのではないだろうか」（傍点―原文のまま）(5) と。後述するが、松田氏が指摘する「心性」の直接的な意味は、おそらく、当時法文学部に赴任した内地人教員たちが吐露した植民地（あるいはその民族）に対する剝き出しの「差別意識や忌避感情」(6) を指しているのだろう。

　このような指摘を踏まえつつ、ここでは、その「朝鮮へのノンコミットメント」を生んだ「心性」の解釈を、敢えて拡げて、「朝鮮へのノンコミットメント」が必ずしも剝き出しの「差別意識や忌避感情」といった動機からではなく、学術的観点からの「朝鮮へのコミットメント」の必要性を持ち得なかった「法科」の民法学者たちに焦点を当ててみようと思う。もっともその前提として、後に詳述するように、朝鮮では民事法に関して独自の法典が編纂されず、「朝鮮民事令」第一条による内地民法の原則「依用」と、第一一条による家族法関係の朝鮮在来の「慣習」を併用するという二元的な法体系が定められたこと(7)を念頭に置いておく必要がある。

　本稿では、第一に京城帝大に赴任した民法学者をめぐる採用人事の特徴を踏まえ、彼らが朝鮮で行った民法研究や判例研究の内容的傾向や特徴を考察する。特に朝鮮で展開された彼らによる法学の「知」の営みと、それによってもたらされた「帝国」空間の構造化に注目する。第二に、そのようにして「帝国」空間が構造化されることによって、法理論上の「法域」を超えて、朝鮮における法学の「知」が内地（あるいは戦後日本の）民法学に接続した可能性を指摘する。京城帝大で展開された民法学をめぐる「知」は、一見すると朝鮮に対する差別的・権力的視線を没した「朝鮮へのノンコミットメント」を体現するものであったにも拘らず、実際には、そうした

「ノンコミットメント」という態度こそ、より深刻な「帝国」の権力構造をもたらしたことについて以下で考えてゆく。

一　京城帝大の「民法学者」

京城帝大法文学部の「法科」教員による「朝鮮へのコミットメント」という側面では、清宮四郎や尾高朝雄、松岡修太郎等に注目した石川健治氏[8]や金昌禄氏[9]による研究で指摘されているように、「京城学派」ともいうべき法文学部の公法研究が、「植民地大学」における研究成果として一定の国策的限界を認めざるを得ないながらも、異彩を放ちながら展開されていた。一方、法文学部の私法研究は、公法研究とは趣が異なっていた。筆者はかつて、京城帝大における私法研究、とりわけ朝鮮家族法制研究（なかでも「慣習」研究）が著しく乏しく、当該分野の研究の大部分は、法律実務家によって担われていたことを指摘した[10]が、もっともその要因として、法文学部の民法学者の多くが、時代的な学問的風潮から財産法制を主たる専門分野としていたことが挙げられる。

さて、当時そうした法文学部「法科」の教員人事において直面していた問題について、安田幹太は自身の経験を踏まえながら次のように回顧している。「私は、城大に本科三年次生のできた昭和三年四月東京地方裁判所判事から転じて民法民事訴訟法第三講座担任助教授となって赴任した。従前東京、京都の両帝大にだけあった法科が、四、五年の間に東北、九州、台湾と相ついで新設され、研究室で本格的に要請された法科教官の候補者が種切れとなったところから、裁判官の片手間に学者の真似事をやっていると言うことで私に誘いがかかったというわけである。助教授の肩書は貰ったが急増の間に合わせに駆り出された、いわばアマからプロに移籍されたばかりの新前である、始《ママ》めての講義を準備する側ら自分自身の学問をイロハの基本から造り上げると言うことは大変な重荷であった。けれ共、同僚の大半が同じような転向組だったので私共は互に励まし合い乍ら必死の努力を傾けた」[11]と。一九二三（大正一二）年東北帝国大学、一九二四（大正一三）年九州帝国大学にそれぞれ法文学部が、一九二八（昭和三）年台北帝国大学に文政学部が設置されたため、京城帝大に配置するための教員に窮していた、というのである。

以下では、こうした人材確保難のなかで京城に赴くこととなった代表的な民法学者の来歴（京城時代まで）を列挙し、簡単に確認しておく。まず、上述の安田幹太である。安田は一九〇〇（明治三三）年生まれ、一九二三年に東京帝国大学法学部を卒業し、同年三菱銀行に入行後退職、司法官試補となり、一九二八年から京城帝大の助教授に任じられた。もっとも、一九三〇（昭和五）年からは欧米留学を経験しており、実際に京城帝大で民法民事訴訟法第三講座を受け持ったのは、一九三二（昭和七）年のことであった。[12]その後、一九三九（昭和一四）年に当時南次郎総督就任に伴って学務局参事となった塩原時三郎による、いわゆる「城大征伐」をきっかけに同大教授を退き[13]、京城で弁護士事務所を開業している。

京城帝大法文学部の黎明期、安田と同時期に採用された「法科」教員は、実務家からの採用が多く（人材不足であったからそうならざるを得なかったとも言える）、これは内地の帝国大学や、同じ京城帝大法文学部の「文科」における採用方針とは異なる傾向であったという。[14]なおこの傾向は、公法よりも私法の担当教員採用において顕著に見られた。

さて、安田が朝鮮へ赴くより先に、京城帝大には既に二人の民法・民事訴訟法講座の担当者が着任していた。松坂佐一と藤田東三である。松坂は一八九八（明治三一）年生まれ、病気療養のため一年間の休学を経て一九二三（大正一二）年に東京帝国大学を卒業、同年第一銀行に就職・退職し、一九二七（昭和二）年に京城帝大助教授に任じられ、民法・民事訴訟法第二講座を分担した。翌年には二年間の欧米留学に出発し、帰国後教授に昇格して一九三一（昭和六）年からは同講座の担当となり、一九四六（昭和二一）年「昭和二一年勅令第二八七号」により自然退官となるまで法文学部に籍を置いた。一方、藤田東三は松坂より二歳年長で一八九六（明治二九）年生まれ、一九二三（大正一二）年に東京帝国大学法学部を卒業し、同年より東京帝国大学助手を経て、一九二六（昭和元）年に京城帝大助教授として民法・民事訴訟法第一講座を受け持つことになった。なお、藤田は松坂と東京府立一中の同窓生でもあった[15]。

藤田は安田と同年に京城帝大を辞している。退官理由は安田と同様、「城大征伐」に抗してのことだったのかは判然としないが、いずれにせよその後空席となった二つのポスト、すなわち民法・民事訴訟法第一、三講座に充当されたのが、有泉亨と山中康雄であった。有泉は一九〇六（明治三九）年生まれ、一九三一（昭和七）年に東京帝国大学法学部を卒業後、同年東京帝国大学法学部助手になり、助手任期が満了した後、我妻栄の誘いに応じて、一九四〇（昭和一五）年に京城帝大助教授として民法・民事訴訟法第一講座の担当となった。また有泉より二歳年下の山中は、一九〇八（明治四一）年生まれ、一九三五（昭和一〇）年に東京帝大法学部を卒業、同年東京帝大法学部助手に任じられる。その後司法官試補として神戸で事務修習を終えた後、京都地方裁判所判事を経て、やはり直接には我妻栄の誘いによって一九四〇年に京城帝大に着任した。

山中は、自身の採用経緯について次のように回顧している。「亡き我妻栄先生は、頭がマルキシズム社会科学の方にむいていて、解釈法学にまるで駄目だった私を東大法学部助手に採用してくださり、助手論文「解除の遡及効」の草稿に御叱正をいただき、京都で裁判官生活をしていた私を京城帝大助教授にご推薦してくださり、またそのさい、「君は何よりも学者に向いている」という部厚い速達を京都で裁判官をしていた私にくださって［中略］私が京城帝大に赴任できたのは、我妻先生のおかげであると同時に京城帝大の民法の教授であられた松坂佐一先生が私を選んでくださったからである。松坂先生は、「私は研究生活の経験がないから」と、一緒に京城帝大に赴任した先輩有泉氏と私が助手生活をしたことを羨む言葉もよくもらされたが［中略］先生は、私を可愛がってくださり（この点では、私は安田幹太先生と栗原一男先生を忘れることはできない―原註）のち、名古屋大学法学部に私を迎えるために動いてくださったのも、先生であった。[16]」というように、山中の法文学部採用は、我妻の手引きと松坂による人選によるものだった。なお、山中の回顧に登場する栗原一男も、やはり裁判官から転任してきた人物で、一九三四（昭和九）年より京城帝大教授として民法・民事訴訟法第四講座を担当していた。栗原の採用人事については、本来、戒能通孝を当該講座担当の本命候補として教授会で決定していたところ、当時京城帝大総長であった山田三良によってその決定を覆され、急遽その代替として栗原が京城帝大への招聘に応じたという、物議を呼んだ経緯があった。[17]

戒能の例のように、すべての人事が穏便に進められたわけではなかったにせよ、あるいは本音では「恩師への義理」から朝鮮への赴任を半ば選択の余地なく決めざるを得なかったにせよ、[18]結果として、京城に渡った民法学者たちは比較的和気藹々と自由な研究生活を送っていたのではないだろうか。[19]また他方で、例えば有泉が戦後に発表した「朝鮮婚姻法の近代化」という論攷（後述）は、京城帝大の学生の文化活動の一つとして組織された「社会調査部法律班」の所産であり、「朝鮮籍」の二人の学生による資料調査の賜物であるとも有泉自身が述懐しているように、[20]朝鮮人に対する民族的な忌避感情なるものが、必ずしも学問空間としての法文学部全体に共有されていたわけではなかったように思える。それはもしかすると、「法科」の民法学者たちが、比較的若い世代によって構成されていた採用事情に起因しているのかもしれない。確かに、既に松田氏が雑誌『朝鮮及満州』の記事に基づいて指摘しているように、京城帝大の学界評は総じて芳しいものではなく、むしろ「朝鮮落ち」といって、内地の各帝大の中堅教授陣は京城帝大への赴任を拒むことが少なくなかった。[21]もっともこうした言説は、「比較的学問が深いと言うが、基礎的に研究しつ、永い間学究生活のみをしてゐたといふ自負心」の強い「輸入組」を擁した「文科」には妥当したであろうが、もともと研究畑以外からの採用者が多かった「法科」の民法学者にとっては、「永い間学究生活のみをしてゐたといふ自負心」が前面に出ることはもとよりなかった。ただしこのことが、京城時代の彼らの研究活動において、朝鮮に対する権力的な視線を忘れさせたわけではなかった。

二　京城帝大における民法研究の動向

次に、京城につどった新進気鋭の民法学者たちが展開した研究動向を見てみよう。京城帝大の黎明期、特に法文学部の教員リクルート過程について、松田氏は「恩師への義理で京城帝大に赴任した新任教員たちは、当然のことながら朝鮮への積極的な関心や朝鮮研究を志向する内発的動機を持っていたとは限らなかった[22]」と指摘しているが、前出の民法学者のうち松坂佐一こそ、その指摘がぴったり当てはまるように思われる。当該時期の松坂の論攷は、「朝鮮」あるいは「外地」研究への志向が一切見られないものであった。松坂が在外研究から帰国後まもなく発表したのは、履行補助者の過失に対する債務者の契約上の責任範囲について論じた「羅馬法に於ける履行補助者の過失による債務者の責任について[23]」（一九三二年）であり、その後「履行補助者の過失による債務者の責任の史的変遷」「同(二・完)[24]」（一九三六年）、「履行補助者の過失に因る債務者の責任(一)」「同(二)」「同(三)[25]」（一九三七年）が続いた（後年、以上の三編がまとめられ、松坂の最初の単著として一九三九年に岩波書店から出版された[26]）。さらにこの間、債権者代位権および詐害行為取消権の研究にも着手し、履行補助者に関する研究と同様、ヨーロッパ制度史との比較を踏まえながら「債権者代位権——日仏の判例を顧みつつ」（一九三五年）、「Actio Pauliana の史的変遷と債務者の受働的適格とに就て(一)」「同(二)」「同(三・完)」（一九四三年）を発表した[27]。契約法を専門分野とした松坂において、自身の関心上、〈朝鮮的なるもの〉を顧みる余地はまったくなかったのである。

松坂と同様の研究傾向にあったのが、山中康雄であった。東京帝大での助手論文は、民法上の解除について論じたが[28]、京城で最初に発表したのは、供託の直接的効果の射程と債権の消滅との関係について論じた「弁済代用の供託の本質[29]」(一九四一年)であった。また同年、双務契約あるいは継続的債権関係等の契約関係の類型化を企図し、その準備議論として位置づけられた「純粋構造形式より見たる債権関係の二形態[30]」を、さらに続編として「双方的債権関係における対価的牽連性の二実現方法について」(一九四三年)を発表した。また山中はいわゆる「身分法」についても言及しており、「身分法の構造と性格――とくに財産法体系との関連を問題として[31]」(一九四二年)では、純粋な「親族身分法」は財産法体系との関係では人および行為の効果とのみ関連を持ち、契約法秩序とは接触しないことを論じている。山中においても、彼の研究テーマが契約法を射程とする限り、〈朝鮮的なるもの〉への関心は全く向けられなかった。両者の研究を通じて重要なことは、彼らが〈朝鮮的なるもの〉への関心あるいは植民地支配に対する現実的な国策的配慮を介することなく、単に内地からの地理的延長線上に朝鮮を位置づけ、その上で朝鮮に対する「ノン、コミットメント」の態度で研究を行っても、京城帝大での民法学をめぐる学問空間は成立しえたということである。

一方で藤田東三の研究は、松坂や山中とは正反対の性格のものであった。東京帝大助手時代には「自助売却を論ず[32]」(一九二四年)とする財産法上の問題を扱っていたのに対し、京城帝大では、一貫して朝鮮家族法を主題として扱い、「朝鮮親族法」「同(一)~(六・完)[33]」(一九三〇~三二年)および「朝鮮相続法(朝鮮親族法続編)――主として朝鮮高等法院判例を中心に[34]」(一九三三年)を発表した[35]。冒頭で触れたように、植民地朝鮮では家族に関する事項の法源は原則として「慣習」に依拠したことから、家族法の条文自体は基本的には存在しなかった。そうした中で藤田は、(明治民法の規定に準じた)家族に関する事項の論点ごとに、高等法院判例ほか、各種行政文書を集積して、いわばコンメンタールの役割を果たすような論攷[36]を発表した。こうした藤田の叙述スタイルは、むしろ当時の裁判官らが裁判実務に供するために自ら家族法研究に取り組み発表していたものに類している。

研究対象として〈朝鮮的なるもの〉への関心を全く向けなかった松坂や山中、逆に〈朝鮮的なるもの〉への関心に終始した藤田と異なり、安田幹太は両者それぞれに関心を向けた。安田の京城時代における最初の研究成果は、一七世紀以降ヨーロッパの法概念・規範論の理論的展開を概観した「法律解釈における主知と主意」[37]（一九二八年）であった。その後、実質的衡平性を担保するための調停制度を説く「私法転化の段階としての調停（一）〜（四・完）」[38]（一九三三年）のほか、「法律学と裁判（一）（二）」[39]（同年）、「債権契約と意思の表示（一）〜（三）」[40]（一九三四年）、「先占拾得発見による動産所有取得の民法理論（一）〜（四）」[41]（一九三四〜三五年）、「家屋と敷地の法律関係」（一九三五年）[42]、「権利の二義（一）〜（四）」[43]（一九三九年）等、法哲学的関心に寄りながら財産法を中心とする研究を発表した一方で、「民法における子の概念（一）〜（三・完）」[44]（一九三六年）、「相続回復請求権の本質（一）〜（三・完）」[45]（一九三六年）、「実子」[46]（一九三七年）、「遺言の執行」[47]（一九三八年）といった、家族法関係の論攷も発表した。もっとも、ここで掲げた論攷はいずれも内地の家族法を対象とし、〈朝鮮的なるもの〉、あるいは朝鮮の家族制度をめぐる「慣習」に言及したものではない。ただし、一九四〇年（前年に京城帝大を辞職しているが）雑誌『朝鮮』で、安田は朝鮮人の法意識について次のように言及していたことは注目される。

文化低き社会に於ては、智識階級為政者が政策的に必要と考へたる所の物を無智なる一般民衆に遵奉せしうる為めに、之を一般衆愚の信仰する神の意思に仮託し、神意の絶対的服従を要求する道徳的原理なりとして民衆の盲目的信仰に迄教へ込む事を常とする。此常例に倣ひ、朝鮮の前述の旧慣、姓不変の原理と同姓不婚、異姓養子の二大原則は、儒教に於ける聖賢の教ふる人倫の大道として、一般民衆に根強き信仰となる迄教へ込まれたものであった。［中略］

併し乍ら、一度近代文化の啓蒙に浴したる合理性の眼光を以て直視する時、其盲信の如何に不合理なるかは瞭然たる事言を俟たぬ。［中略］

姓は不可変、同姓不婚、異姓不養の原理原則は即ち宗族制度が其制度の存立の基礎要件として要求したるものに過ぎず、此要求が常例に従つて絶対的道徳律なるかの如く教へられたるに過ぎず、之を以て絶対不変の人倫の大道なるかの如く信ずるのは誤謬である。〔中略〕

個人の独立と自由の認められなかつた時代は過ぎた。宗族は分解した。宗族を構成したる個人は夫々独立の人格を認めらるゝに至つた。〔中略〕

かくの如く看来る時、旧慣を無反省に踏襲して現代に及ぶ、朝鮮親族相続法上の姓不変、同姓不婚、異姓不養の原理原則が今日之を存続せしむ可き合理的理由を有せず、寧ろ今日の時勢に適合せざるものとして之を廃止すべき充分明白なる理由有るものなる事は争ふ余地を残さない。朝鮮人間の保守的階級に属する者と雖も今日既に此事を認め、此の如き時代に適合せざる旧慣による原則の撤廃を要望する者少からざる状態にある。此勢に鑑み、最近総督府は制令を以て従来の朝鮮民事令を改正し、以上の旧慣の三原則中の二点を廃止するに至つた。此朝鮮民事令の改正は実に朝鮮千年の慣習を廃棄したる画期的意義を有する〔の〕であつた。(48)

ここでは、朝鮮を「文化低き社会」と位置づけ、姓不変、同姓不婚、異姓不養という原理原則が宗族制度の存立要件に過ぎず、朝鮮人が「絶対不変の人倫の大道」であるかのように盲信することは誤謬であるとし、また「一度近代文化の啓蒙に浴したる合理性の眼光を以て直視する」、すなわち朝鮮社会と対置された近代文化の担い手である内地の法に照らせば、「旧慣」を無反省に踏襲して存続させる合理的理由はなく、今日の時勢に適合しないものであるから、廃止すべきだと主張している。このように、松坂や藤田、山中のように研究対象としての朝鮮への一貫した態度でなくして、安田に見られるような京城時代における〈朝鮮的なるもの〉への無関心と、朝鮮家族法制へ向けられた意識的な差別的視線を併せ持った研究傾向は、一見すると二面的で日和見的な態度とも受けとれる。

なお、こうした傾向は有泉亨も同様であった。有泉は、京城帝大に在職したおよそ五年の間に、中世イングランドの動産所有権および動産侵害の歴史的展開を分析した「英国動産法に於ける占有と所有――その史的素描（一）（二）」[49]（一九四〇年）、やはりイングランドの不法行為法史を中心に扱った「不法行為理論の操作的構成」[50]（一九四一年）、物権および債権の接触域について論じた「物権行為論の意義について――特に売買における所有権の移転を中心として」[51]（一九四三年）を発表した[52]。さらに戦後まもなく発表された論攷で、植民地司法や戸籍行政等を通じて朝鮮の家族秩序が宗族的から個人主義的に変質した過程を論じた「朝鮮婚姻法の近代化」[53]（一九四八年）および「朝鮮の養子制度」[54]（一九五二年）があるが、敗戦・引揚げの時代的混乱によって刊行が遅れたものの、もともと京城時代にこの二編の論文構想が打ち立てられていたことを有泉自身が回想している[55]。注目したいのは、この二編に見られる有泉の「朝鮮認識」である。

今日われわれが当面している身分法改正（筆者註――一九四七年の民法改正）はこの（「身分制度の順調な近代化」―原注）おくれを取戻す重要な一つの段階をなすわけで有る。この際朝鮮が、近代化において相対的にはとも角一歩先んじていた日本との接触において、どのようにその身分法の近代化の道を歩いたかは、われわれにとつて全く興味のないことではあるまい。［中略］

われわれは、司法（特に戸籍）行政及び立法によつて朝鮮の身分法の近代化が推し進められていくあらましを見た。その場合次第に個人が家族的統制の中から、家族が宗族的統制の中から、解放されて出てくることを知つた。しかしこの発展の基礎に横わつてその方向を決しているもの、更に遡つてこれを逆に言えば、朝鮮の身分法にこのような停滞とおくれをもたらしたものは何であろうか[56]

朝鮮における養子制度は、養子というに値するかを疑わせるほどに、祭祀法ないし宗族法の影響を強く受けている。いや、むしろ祭祀相続の法そのものであつて、〔中略〕このような養子制度が全く固定していて――近代化のきざしさえも具えないというわけではないが〔有泉による註―婚姻法の近代化と比べた場合に、養子法の方がかなり足どりが遅いように思われる。〕――、朝鮮人の、特に上流階級の身分法意識を支配する極めて厳格の男系尊重と、本末、尊卑の区別のやかましい形式的な宗族法とは容易に抜くことができないもののように考えられた[57]

まず前半に引用した文章では、戦後日本における家族法改正の資料に供するため、「近代化において相対的にはとも角一歩」うしろにあった植民地期朝鮮における婚姻法の「近代化」過程を分析するのだといっている。有泉はそれを戦後日本の「おくれ」を取り戻すためとしながらも、翻せば、朝鮮における「慣習」に基づいた従来的な家族法の枠組みを「停滞とおくれ」の所産であると認識していることがわかる。さらに後半に引用した文章でも、「祭祀法ないし宗族法の影響を強く受けている」養子制度には「近代化のきざしさえも具えないというわけではない」として、やはり「近代化」に対する朝鮮の「おくれ」を強調しているように思われる。安田や有泉に見られた〈朝鮮的なるもの〉への無関心な研究傾向と、意識的に朝鮮家族法制へ向けられた権力的な視線に依拠した研究傾向は、二面的で日和見的な態度が単に同居しているだけなのだろうか。それとも、この二面的な態度の基底にも、なんらかの共通性があるのだろうか。

三　京城帝大における判例研究――「民事判例研究会」――

民法学者の研究活動には、論文執筆のほかに判例研究が欠かせない。京城帝大法文学部の「法科」の民法学者も、例に漏れず判例の評釈に熱心に取り組んでいたことは、後年にまとめられた彼らの著作目録[58]をみれば一目瞭然である[59]。ところで、彼らの著作目録に見られる判例研究は、もっぱら内地の判例を対象としたものばかりである。しかし他方で、京城帝大の創設以降、「法科」のなかでは大小様々な研究会が開催され[60]、特に「早く作られて、長い活動を続け終戦迄に及んだ」民事判例研究会という、朝鮮高等法院判決を評釈対象とした研究会が開催されていたことはすでに知られている[61]。

その名称から連想されるように、民事判例研究会は一九二一（大正一〇）年以来、東京帝国大学法学部の民法研究室にて『大審院民事判決録』の逐次的な評釈を行っていた「民事法判例研究会」を模して始められたようだ。東京帝大の民事法判例研究会では、とりわけ事案の具体的事実と判決が言明した「具体的判断」との関係が重視された。したがって、ここで評釈され活字化された「判旨」は、必ずしも判決録のものと同一ではなかった。また各人の判例研究において、当該判決と他の判決、あるいは諸学者の学説を引用・比照しながら、「実際上の問題を解決する作用」を考慮することが求められ、「法そのものの生ける姿」の把握が努められた[62]。この方針は、京城帝大の民事判例研究会にも受け継がれていた。

さて、京城帝大の民事判例研究会の活動について、その全容は未だ判然としないが、現在のところ一九四〇年から二年強の間に刊行された『京城帝国大学 法学会論集』第一二冊第一号から第一四冊第四号まで各号に掲載された判例研究記事の限りで、その活動の一端を垣間見ることができる（表1）。

判例評釈の手順は、①評釈のタイトル、②判決情報、③判例要旨、④事実、⑤上告理由、⑥判決理由、⑦参照条文、⑧研究、⑨執筆者名の順に記述されており、東京帝大における民事法判例研究会と同様、『朝鮮高等法院判決録』で読み取れる情報から、評者が内容をまとめ直して記述するスタイルが採用された。一方、評釈対象とされた判決の内容をみると、当時の「法科」教員の各専門分野に従って、民法のうち財産法および商法（経済法）を主として扱っていたことが窺えるが、それ以外に特に一貫した傾向は認められない。

表1　京城帝大の民事判例研究会における評釈タイトル一覧（一九四〇～一九四二年）

判例評釈のタイトル	取り上げた判決情報	評者
（1）取引所に於ける売買取引と非会員の為したる行為の効力	昭和十四年民上第六三五号、昭和十五年二月九日民事部判決、「配当異議事件」、棄却	西原寛一
（2）登記請求権の本質——無原因登記の抹消請求権	昭和十四年民上第六八五号、昭和十五年三月五日判決、「林野所有権移転登記抹消請求事件」、棄却	有泉　亨
（3）手形の人的抗弁とその対抗を受くる者	昭和十五年民上第六五号、昭和十五年四月二日民事部判決、「約束手形金請求事件」、棄却	竹井　廉
（4）特別利害関係を有する株主と定足数	昭和十四年民上第五九七号、昭和十五年二月二十日民事部判決、「株主総会決議無効事件」、棄却	徳山進一
（5）第三者のためにする契約における受益の意思表示以前の第三者の権利の譲渡性	昭和十四年民上第六一六号、昭和十五年三月十九日民事部判決、「土地抵当権設定登記抹消請求事件」、破棄差戻	山中康雄
（6）将来の債権の譲渡——買主たる地位の移転	昭和十四年民上第六八三号、昭和十五年五月三十一日判決、「違約金請求事件」、棄却	有泉　亨
（7）抵当不動産の第三取得者は競落人に対して担保責任を負ふか【内外地新判例】	昭和十五年民上第四二〇号、昭和十五年十一月二十二日判決、「代金返還並損害賠償請求事件」、棄却	有泉　亨
（8）金銭債権の仮差押と第三債務者の履行遅滞	昭和十五年民上第二六八号、昭和十五年十月四日民事部判決、「損害賠償請求事件」、破棄差戻	山中康雄
（9）債務不履行と競合する不法行為と民法第五〇九条	昭和十五年民上第三五五号至第三五七号、昭和十五年十月八日判決、「損害賠償請求事件」、棄却	山中康雄
（10）有価証券現物問屋との取引の性質	昭和十五年民上第一三号、昭和十五年五月十日判決、「損害賠償請求事件」、破棄差戻	竹井　廉

(11) 価格等統制令に基く統制価格を超ゆる価格を以て為したる契約の効力【内外地新判例】	昭和十五年民上第四四六号、昭和十五年十二月二十日民事部判決、「裸麦引渡請求事件」、棄却	西原寛一
(12) 控訴審に於ける原告の請求の拡張と貼用印紙——取消の結果と同時履行	昭和十五年民上第五六四号、昭和十六年四月八日民事部判決、「抵当権設定登記回復登記請求事件」、棄却	山中康雄
(13) 不動産の二重譲渡における第二の買主及び仲介者と不法行為の成立	昭和十五年民上第七一六号、昭和十六年六月六日判決、「損害賠償請求事件」、一部破棄差戻	有泉　亨
(14) 特定の営業開始の準備行為と商行為	昭和十五年民上第七〇四号、昭和十六年四月十一日民事部判決、「売掛代金請求事件」、棄却	西原寛一
(15) 所有権の行使が濫用となる場合	昭和十六年民上第一四〇号、昭和十六年七月二十九日民事部判決、「原状回復請求事件」、棄却	山中康雄
(16) 約束手形の裏書の署名と拒絶証書不要文句の署名との兼用	昭和十五年民上第六八五号、昭和十六年三月二十八日民事部判決、「約束手形請求事件」、棄却	竹井　廉
(17) 未成年者の監護義務者の過失と民法七二二条第二項の適用【内外地新判例】	昭和十六年民上第一三三号三七二号、昭和十六年十一月十四日民事部判決、「損害賠償請求事件」、棄却	有泉　亨
(18) 鉱業登録の抹消請求と被告の適格——登記請求権の本質	昭和十六年民上第四七号、昭和十六年六月二十四日民事部判決、「鉱業権移転登記抹消請求事件」、棄却	有泉　亨
(19) 昭和十二年朝鮮総督府令第一二七号により統制せらるる重油を必要とする船舶の賃貸借と賃貸人の義務	昭和十五年民上第七六八号、昭和十六年六月六日民事部判決、「損害賠償請求事件」、破棄差戻	竹井　廉
(20) 全部につき負担部分を有する連帯債務者のための消滅時効完成と他の連帯債務者の免責	昭和十六年民上第六五一号、昭和十七年四月十四日民事部判決、「貸金請求事件」、棄却	山中康雄
(21) 歴代戸主中に異姓者ある場合と死後養子の適格——改正民事令施行前に為されたる異姓養子縁組の効力 ※慣習	昭和十七年民上第二一〇号、昭和十七年七月二十四日民事部判決、「養子縁組無効確認請求事件」、棄却	有泉　亨

さて、現在筆者の手元にある二一の判例評釈のうち、内外地において「新判例」であるとされたものが三件、また朝鮮家族法の「慣習」に関するものが一件ある。試みに、これらのうち、本稿では表1の(17)および(21)の、有泉による評釈をそれぞれ取り上げ、京城帝大の民法学者が高等法院判決にどのような眼差しを向け、評価を与えていたか、その一端を考察する。

まず(17)について。事案の概要は次のようなものであった。Xは長男A(九歳)に用達を命じ、これに次男・B(六歳)を連れて行かせた。A・Bはその途中、家から五~六町離れた道路(幅二六尺)を両側に分かれて歩いていたところ、後ろからCの運転する貨物自動車が走ってきたためBはAの方へ駆け寄った。そのため当該自動車に轢き倒されて重傷をおい、十数日後に死亡した。そこでXはCの雇傭主Y(貨物運輸業者)に対し、①Bの治療費として三〇余円、②X自身に対する慰謝料として五〇〇円、③負傷後死亡までの十数日間生存していたBに対する慰謝料として二〇〇〇円、あるいはこれが認められない場合には、Bの余命四九年のうち、一八歳より労働可能とみなし、三一年間分を逸失利益として二〇〇〇円(XはBの遺産相続人として相続している)を損害として請求した。これに対して原審は、①は第一審で確定しているため問題なしとし、②も認定したが、③については前段のBによる慰謝料請求権を認めず、後段の逸失利益を認めた。ただし、②と③については、事故発生場所の交通量やXがA・Bに用達に行かせた距離等を勘案し原告Xにも過失があったと認定し、民法七二二条二項を適用して、②については一〇〇円、③については実損害二一三六円と算出しながらも一〇〇〇円に減額した(X・Y双方より上告)。

高等法院はこれに対して、「按スルニ民法第七二二条第二項ニ所謂「被害者ノ過失アリタルトキ」トハ行為ノ責任ヲ弁護スルニ足ルヘキ知能ヲ具ヘサル未成年者ノ被害ニ付監督義務者ニ過失アリタルトキヲ包含スルモノト解スルヲ相当トス。蓋シ斯ル未成年者ハ監督義務者ノ監護統率ノ下ニ監督義務者ト共同生活ヲ為シ監督義務者ヲ通ジテ社会生活ノ利益ヲ享受シ居レルモノナル以上監督義務者ハ未成年者ト同一立場ニ於テ之ニ対スル損害拡大ヲ防止スヘキ義務アルモノト謂フヘク従テ第三者ノ加害ニ因リテ未成年者ニ生スル被害ニ付監督義務者ニ於テ損害ノ発生拡大ニ関シテ過失アリタルトキハ之ヲ以テ被害者ニ過失アリタルトキ該当スルモノトシテ損害賠償ノ額ヲ定ムルニ付斟酌シ得ルモノト為スハ同規定ノ精神タル社会公平ノ理念ニ適合スヘキヲ以テナリ」と判示した。

本件で問題とされた民法七二二条二項のいう「被害者」について、当時ここに被害者の費用者が含まれることは、学説・判例上一致した見解だった(63)。ところが、本件のような被害者が無能力者である場合の監護義務者の過失に当該条文を適用すべきかについては、内地において見解が分かれており、一応肯定するものが多数説であったが、否定説も少なくなかった。さらに大審院の立場は、無能力者の負傷・死亡を理由とする監督義務者自身の慰謝料請求について、当該監督義務者の過失を斟酌すべきこと〔本件では②に該当〕は別として(64)、無能力者が被った損害の算定では否定していた(65)。

このように解釈が錯綜する中、有泉亨は本判決を取り上げて、「社会公平の理念」を問題の本質と捉えた朝鮮高等法院の当該判断に、「幼児自身にとつては監護者の過失を斟酌されることは不利に相違ないが、全然監護者の過失のみによつて〔中略〕不具になつたやうな場合を考へ合せれば、第三者の過失に監護者の過失が競合してゐる場合にこれを斟酌されてもやむを得ないと考へられる。そして又、損害賠償請求の当事者として幼児が出てゐる場合にも、得られた賠償金は実は監護者の利益に帰するのが常である〔中略〕ことを思ふと、ことに本件のやうに監護者が幼児の損害賠償請求権を相続してゐる事案においては、監護者自身の過失を斟酌しないのは公平の理念に反する」と解説し、本判決が「内外地を通じての新判例」であるとして、判旨に賛意を寄せている(66)。

さて、有泉はこの判例評釈のなかでごく自然に「内外地を通じての新判例」と評すが、厳密に言えば、この言い方は奇異なことのように思える。それというのも、冒頭で述べたように、確かに朝鮮では内地民法が「依用」

されていたが、あくまで内地と朝鮮は別個の「法域(67)」を形成していたことから、理論的には朝鮮における判例は朝鮮でのみ通用し、内地における大審院判例とひと括りに語られるべきものではないし、そうであれば、朝鮮高等法院判例の評釈を内地法学者の学説は格別、過去の大審院の態度と比照して論じることは本来的には筋違いだったはずである。それにも拘らず、（この有泉の評釈のみならず、民事判例研究会の評釈全体にいえることだが）「法域」を度外視した評釈方法は、事実上の法適用の観点から「同一規定は同一解釈となる」という暗黙の前提があってこそ、可能になるものであった。すなわち、内地との同一規定をめぐって下された朝鮮高等法院判決の評価は、大審院を基準として評価されたものであること、また京城帝大の民法学自体が、みずからを内地の学問空間の地理的延長線上に位置づけ、朝鮮独自の学問空間を形成することなしに――〈朝鮮的なるもの〉への考慮なくして――朝鮮高等法院判決を評価していたことが看取されるのである。

しかし他方で、単に内地の地理的延長線上の事柄として見做すことができなかったのが、朝鮮の家族制度をめぐる「慣習」であった。そこで(21)の評釈について見てみよう。

この事案の概要は次の通り。宦官であるAには子がなかったため、Bを養子とし、さらにBはCを、CはDを養子とした（B・C・Dはいずれも養親に対して異姓であった。実際に養子縁組が行われた年月日は不明）。ところが一九一五（大正四）年の「民籍事務取扱ニ関スル件」（官通牒二四〇号）および一九二三（大正一二）年の朝鮮民事令改正で、（同姓養子であることを原則として）養子縁組は届出をもって効力を有するとされたため、異姓養子であったCとDの養子縁組手続は行われなかった。その後、一九四〇（昭和一五）年に実施された朝鮮民事令改正で、生前養子に関する限り異姓養子が認められたことを機に、Dの縁組手続を訴外Zに委任していたところ、手続未了の間に養親たるCが死亡してしまった。死後養子の縁組手続の場合はなお同姓でなければならないことになっていたことから、再びCとDの養子縁組の手続は反故となっていたところ、亡Bの遺妻同意の上、CとDの養子縁組の手続をなし、DがCを相続し戸主となったことにつき、亡Cの遺妻がこれを遺憾としてDの死後養子縁組の無効確認を求めた事件である（一審、二審とも原告である亡Cの遺妻が敗訴）。これに対して高等法院は次のように判示した。すなわち、「按スルニ歴代戸主中ニ異姓者アル家ニ於テハ死後養子ハ必シモ養親ト姓ヲ同シクスルコトヲ要セス歴代男戸主ノ何レカト同本同姓ノ者タルヲ以テ足ルコト朝鮮ニ於ケル慣習ナルトコロ宦官家ニ在リテハ往時他姓ノ者ヲ以テ養子ト為スコトヲ得タリ〔中略〕今日既ニ少トモ宦官家ニ在リテハ歴代戸主中ニ異姓者アルヘキコトハ容易ニ想像シ得ルトコロナリ〔下略〕」として、宦官家の異姓養子をめぐる取り扱いを緩やかに解するのが妥当とした。

この事例を取り上げた有泉は判旨に賛同しつつも、「しかし私は高等法院がどこからこのやうな「慣習」認定の資料を得られたかを不思議とする。「歴代男戸主中ニ異姓者アル家」は宦官家を除いては殆んど考へられない。仮に何かの間違ひであつたとしてもそれが「慣習」になるほどのものとは到底想像もできない。しかも「宦官家ニ在リテハ往時他姓ノ者ヲ以テ養子ト為スコトヲ得タリ」とは高等法院が〔中略〕述べる所であり、何も「歴代男戸主ノ何レカト同本同姓ノ者」である必要はなかつたのである。尤も判旨は〔中略〕「慣習」ではなくて一方に異姓養子を認めながら、他方死後養子について同姓養子を要求してゐる民事令の規定の「解釈」であらう」と、高等法院による「慣習」の認定過程に批判を向けた。実はこうした有泉の反応にこそ、京城帝大の民法学者による「慣習」に対する関心を遠ざけた背景が反映されているのではないだろうか。すなわち、有泉が本件で指摘するように、朝鮮高等法院で「慣習」とされるものは、一般に想起されるcustomとしての慣習ではなく、実際には「慣習」を枕詞とする、裁判官による事実上の「解釈」であると理解されていた。しかもその「解釈」の妥当性は、朝鮮民事令第一一条に基づいてあくまで朝鮮域内に留まるものであり、「法域」を超えるダイナミズムを持ち得なかった。京城帝大の民法学者が、京城帝大を内地の学問空間の地理的延長線上にあるものとして捉える限り、裁判官の「解釈」に傾いた朝鮮家族法の「慣習」研究は、民法学者にとって「朝鮮へのコミットメント」を促すだけの積極的な学問的動機にはなり得なかったのである。

四　「法域」を超えて――高等法院判決の内地・戦後法学界への還流――

京城帝大の民法学者による研究動向や民事判例研究会での判例評釈の特徴から、京城帝大における民法学（特に財産法研究に顕著）という学問空間が、内地法学界への統合を志向していたことが窺われる。学問としての法学に限らず、朝鮮における法をめぐる「知」全体は、時期的な強弱はあれ、基本的に内外地の司法権統一・法規解釈の統一を希求しており、それはとりわけ一九三〇年以降に大きな潮流として現れたが、この場合の司法権統一・法規解釈統一に向けた運動は、主として法律実務家を中心としたものであり[68]、「法科」の民法学者にあっては、そうした潮流に触れて形成された統合志向ではなく、むしろ彼らの法学者としての「出自」ゆえに、内外地の法をめぐる「知」の統合は所与のものとして当然視されていたのだろう。

本稿ではここまで、京城帝大の民法学者に注目し、彼らの志向が「法域」を度外視した、朝鮮の内地法学界への統合――意識的・無意識的とを問わず、朝鮮で内地同然に民法学が展開されること――にあったことを、彼らの研究動向を通じて考察してきた。他方で、内地の民法学者もまた同様に、朝鮮が、「法域」を超えて当然に内地同然の民法学が展開されうる、「帝国」の学問空間の一部であると認識していたことも看過できない。京城帝大の民法学者による研究が、同時代的に内地へ、さらに戦後日本の法学界再編へ影響を及ぼした可能性は少なからずあろう。まずここでは、同時代の内地、あるいは戦後日本の民法学への影響をより直截的に測るための準備作業として、内地の法学界が朝鮮高等法院判決をどのように受容したかを見てみよう[69]。本稿では試みに、法学者や法律実務家が用いる最もポピュラーな民法コンメンタールとして定評がある、『新版注釈民法』（全二八巻）[70]に、

「判決例」としてどのように朝鮮高等法院判決が引用されているかを列挙する。『新版注釈民法』での引用事案は、表2の通りである。

表2 『新版注釈民法』における朝鮮高等法院判決の引用箇所

判決情報（カッコ内は『朝鮮高等法院判決録』の記載情報）	判決要旨[i]	判決結果	『新版注釈民法』及びその典拠元
大正一四年民上第二一七号、同年九月二十九日民事部判決（判決録第一二巻三一六頁以下「貸金請求事件」）	一種又ハ数種ノ営業ヲ許サレタル未成年者ハ其ノ営業ニ関シ成年者ト同一ノ能力ヲ有スルモノナレハ其ノ営業ニ関シ為シタル行為ハ之ヲ取消スヲ得タルハ勿論ナリ而シテ右ニ所謂営業ニ関スル行為トハ営業自身ニ属スヘキ取引ノミニ限局スヘキニ非サルモ又苟モ営業ニ関連ヲ有スル総テノ場合ヲ包含スルモノト為スハ非ナリ果シテ営業ニ関スル行為ナルヤ否ヤハ社会取引ノ常態ニ鑑ミ宜シク客観的標準ニ依リ之ヲ決スヘク単ニ未成年者又ハ相手方ノ主観ニ依リテ営業トノ間ニ関連ヲ組成スル場合ノ如キハ之ヲ除外スルヲ以テ立法ノ精神ニ適応シタルモノト謂フヘシ	破棄差戻	総則（一）六条（二六五頁）・『評論』[ii]十四巻民法九二四頁
昭和七年民上第六三二号、昭和八年二月三日民事部判決（判決録第二〇巻三六頁以下「扶養料請求事件」）	一、妻カ夫ノ虐待ニ因テ同居スルコト能ハサルカ故ニ別居シテ扶養料ヲ請求シタル場合ニハ夫ハ同居ヲ請求スルコトヲ得ス他ニ適当ナル扶養ノ方法ヲ指定シテ其ノ義務ノ履行ヲ提供スルニ非サレハ其ノ義務ヲ免ルコト能ハス 一、請求ヲ受ケテ履行セサル過去ノ扶養義務ノ履行ハ扶養料ノ支払ニ依ルノ外ナシ 一、夫婦不和ノ原因カ何レノ責ニ帰スヘキトキト雖モ同居ニ堪エサル状態ニ在ルトキハ別居シテ扶養料ノ請求ヲナスコトヲ得	上告棄却	総則（一）一条（一七七頁）・『評論』二二巻民法三一二頁
昭和四年民上第三七号、同年四月十九日民事部判決（判決録第一六巻八〇頁以下「約束手形金請求事件」）	商法第四六二条ノ規定ハ被裏書人ノ手形上ノ権利取得ヲ前提トシテ其権利ノ範囲ヲ縮小スル趣旨タルニ過キス畢竟同法第四百四十条ノ規定ノ適用ヲ排除スル趣旨ニ出テタルニ過キスシテ虚偽ノ意思表示ニ関スル民法第九十四条第二項ノ規定ノ適用ヲ排除スル趣旨ニ出テタルモノニ非ス	破棄差戻	総則（三）九四条（三五〇頁）『評論』一八巻商四七五頁
昭和十二年民上第二六六号、同年十一月十二日民事部判決（判決録第二四巻三七三頁	無償通行権ヲ規定シタル民法第二百十三条ハ止タ直接ノ分割者ノ間又ハ一部譲渡ノ当事者間ニノミ適用アルモノト解スヘキカ故ニ被通行地ノ特定承	破棄差戻	物権（一）二一三条（三四一頁）・『評論』

以下「債権確認請求事件」）	継人ニ対シ従前ノ無償通行権ヲ以テ対抗シ得サルモノトス		二七巻民法一一二頁
昭和十七年民上第四八三号、同年十二月二十八日民事部判決（判決録第二九巻二三六頁以下「土地所有権確認請求事件」）	占有ノ要件タル所持ハ物カ或ル人ノ事実的支配ニ属スル状態ニシテ如何ナル事実アラハ事実的支配ノ得喪アリタルモノト為スヘキカハ各場合ノ実情ニ応シ社会ノ通念ニ従ヒテ之ヲ決スヘキモノトス	破棄差戻	物権(一)一八〇条（一六頁）・『評論』三二巻民法一五二頁
昭和二年民上第五〇七号、昭和三年二月二十八日民事部判決（判決録第一五巻五三頁以下「土地所有権移転登記抹消請求事件」）	民法第四百二十三条ニ依ル代位権ノ行使ハ債権者自己ノ名ニ於テ債務者ノ権利ヲ行使スルモノナルニ依リ第三者ハ債務者ニ対スルト同シク債権者ニ対シテモ契約解除ノ意思表示ヲ為スコトヲ得	破棄差戻	債権(一)Ⅱ四二三条（七五〇頁）・『評論』一七巻民法五六一頁
大正十一年民上第二一一号、同年八月二十五日判決（判決録第九巻三二五頁以下「貸借金請求ノ件」）	一、消費貸借ノ予約ハ諾成契約ニシテ予約者ハ契約ノ趣旨ニ従ヒ契約ノ目的物タル金銭其他ノ代替物ヲ引渡シ消費貸借ヲ成立セシムル債務ヲ負担スルモノトス（上告理由第一点） 一、予約者カ債務ノ履行ヲ為ササルトキハ相手方ハ債務ノ不履行ニ関スル一般ノ原則ニ従ヒ其履行ヲ強制スルコトヲ得ヘキモノトス（仝） 一、契約ニ依リ当事者ノ一方カ第三者ニ対シ或給付ヲ為スコトヲ約シタル場合ニ於テ第三者カ契約ノ利益ヲ享受スルノ意思ヲ表示シ第三者ノ権利発生シタルトキハ爾後当事者ハ双方ノ合意ヲ以テ契約ヲ解除シ第三者ノ権利ヲ消滅セシムルコトヲ得サルモノトス（仝第二点）	上告棄却	債権(四)五四五条（七四〇頁）・『評論』十一巻八五七頁
大正十五年民上第八三号、同年五月十四日民事部判決（判決録第一三巻一一一頁以下「契約金並籾代金請求事件」）	所謂定期契約即民法第五四二条所定ノ一定ノ日時又ハ一定ノ期間内ニ履行ヲ為スニ非サレハ契約ヲ為シタル目的ヲ達スルコト能ハサル場合ノ契約トハ汎ク一定ノ日時又ハ一定ノ期間内ニ履行セラルルコトカ特ニ契約締結ノ要件トセラルル場合ノ契約ヲ意味シ単ニ其ノ日時期間内ニ履行セラレサルトキハ之カ為ニ履行不能ヲ生スル場合ニ於ケル契約ノミナラス尚一定ノ日時期間内ニ履行セラルルコトカ当事者間ニ当該契約ヲ締結スルノ動機ヲ為シタル場合ニ於ケル契約ヲモ包含スルモノトス	上告棄却	債権(四)五四二条（八五四頁：補訂版）・『評論』一五巻民法六七一頁
昭和十七年民上第二一九号、同年八月三十一日民事部判決（判決録第二九巻一二七頁以下「損害賠償請求事件」）	解除権ヲ有スル買主カ売主ヨリ債務ノ履行トシテ引渡ヲ受ケタル物ヲ他ニ譲渡シテ回収スルコト能ハサルニ至リシトキハ解除権ハ消滅スルモノトス	破棄差戻	債権(四)五四八条（九〇五頁：補訂版）・『評論』三一巻民法四九七頁
	一、消費貸借ノ予約ハ諾成契約ニシテ予約者ハ契約ノ趣旨ニ従ヒ契約ノ目的物タル金銭其他ノ代替物ヲ引渡シ消費貸借ヲ成立セシムル債務ヲ負担ス		

大正十一年民上第二一一号、同年八月二十五日判決（判決録第九巻三一五頁以下「貸借金請求ノ件」）	ルモノトス（上告理由第一点） 一、予約者カ債務ノ履行ヲ為ササルトキハ相手方ハ債務ノ不履行ニ関スル一般ノ原則ニ従ヒ其履行ヲ強制スルコトヲ得ヘキモノトス（仝） 一、契約ニ依リ当事者ノ一方カ第三者ニ対シ或給付ヲ為スコトヲ約シタル場合ニ於テ第三者カ契約ノ利益ヲ享受スルノ意思ヲ表示シ第三者ノ権利発生シタルトキハ爾後当事者ハ双方ノ合意ヲ以テ契約ヲ解除シ第三者ノ権利ヲ消滅セシムルコトヲ得サルモノトス（仝第二点）	上告棄却	債権(六)五八九条（三一五頁）・『評論』一一巻民法八五七頁
昭和四年民上二七八号、同年九月二十七日民事部判決（判決録第一六巻二三七頁以下「預金請求事件」）	消費貸借ハ借主ノ信用ヲ基礎トスルモノナルカ故ニ其ノ予約ニ基ク権利ハ譲渡スルコトヲ得サルモノトス	破棄自判	債権(六)五八九条（三六頁）・『評論』一九巻民法六六四頁
大正十四年民上一七六号、同年八月二十一日民事部判決（判決録第一二巻三六一頁以下「自動自転車返還請求事件」）	自動自転車ノ修理ヲ業トスルモノカ修理ノ為他人ヨリ自動自転車ノ寄託ヲ受ケタル場合ニ於テ其ノ使用人ノ過失ニ因リ該物件ヲ消失セシメ返還不能ト為リタルトキハ斯カル使用人ヲ使役スルコトカ受託者ノ過失ニ帰スルヲ以テ返還不能ハ結局受託者ノ過失ニ因リ生シタルモノトス	上告棄却	債権(七)六六二条（三六一頁）・『評論』一四巻民法九三四頁等
昭和十五年民上一五二号、同年六月二十五日民事部判決（判決録第二七巻一二八頁以下「於音金支払請求事件」）	堤防築造工事ヲ請負ヒタル者カ仕事ヲ完成シテ其ノ目的物ヲ注文者ニ引渡シタル後旬日を出テスシテ該堤防ノ決壊ヲ生シタルトキハ仕事ノ目的物ニ瑕疵アリタルモノト推認スヘキモノトス	破棄差戻	債権(七)六三七条（一五四頁）・『評論』二九巻民法九六一頁
大正十五年民上第四四二号、同年九月二十八日民事部判決（判決録第一三巻二七六頁以下「出資金返還並利益金配当請求事件」）	一、組合員ノ一人カ出資義務ヲ履行セサルモ其ノ者ノ為ニ利益配当請求権ノ発生ヲ妨クルコト無シ 一、組合ノ事業完成シタル場合ニ於テハ清算ノ手続ヲ為スヘキヲ通例トスレトモ既ニ事業ハ完成シテ遂行スヘキ現務ナク又事業経営ノ為要シタル物ノ処分其ノ他組合ノ債務ノ取立債務ノ弁済等組合ノ業務トシテ処理ヲ要スルモノナク単ニ残余財産ノ分配ヲ画スニ過キサル場合ニ於テ其ノ分配額ニ付争アルトキハ直ニ訴ニ依リ利益配当額算定ノ基礎トナルヘキ残余財産ノ状態ヲ明カニシテ分配スヘキ利益金ノ請求ヲ為スコトヲ妨ケス	上告棄却	債権(八)六六九、六八五条（九三、一八七頁）・『評論』一五巻民法一一六二頁
昭和五年七月二十八日刑事部判決（判決録未登載）	甲カ乙ニ資金ヲ提供シテ同人ニ対シ丙トノ賭博行為一切ヲ一任シタル場合ニ於テハ他ニ特別ノ事情存セサル限リ其ノ交付シタル賭博資金ハ交付ト同時ニ乙ノ所有ニ帰シタルモノナルヲ以テ乙カ之ヲ擅ニ処分スルモ横領罪ヲ構成セサルモノトス	破棄差戻	債権(九)七〇八条（七〇三頁）・『評論』一九巻刑法二四八頁

昭和十年民上第六一四号、昭和十一年三月十三日民事部判決（判決録第二三巻八八頁以下「＊事件名不明」）	原被告間ノ本件契約ハ原告ニ於テ妾ヲ蓄ヘ妻タル被告ニ対シ同居ニ堪エサル虐待ヲ加ヘタル為自然当事者間ノ離婚ヲ予想セラルルニ至リタルヲ以テ被告ハ離婚後ノ生活資料ニ充ツル為原告ニ対シ原被告ノ共稼ニ因リテ得タル財産ノ半額ニ相当スル本件土地ノ分異ヲ求メ原告亦之ヲ諒トシ茲ニ之ヲ締結スルニ至レルモノナルコトハ原判決ニ依リ明ナリ則チ本件契約ハ予想セル離婚後ノ被告ノ生活ヲ保証スル為共稼ニ因リテ得タル財産ヲ分与セルモノナルカ故ニ其ノ事情ノ変更前ニ分与者原告ノ一方行為ニ依リ其ノ効果ヲ覆滅スルヲ許スヘカラサル筋合ナルノミナラス現ニ被告ヨリ原告ニ対スル離婚請求ノ訴訟進行中ナルコトニ付争ナク原告ノ責ニ帰スヘキ離婚事由ノ存スルコト前叙ノ事実関係ニヨリ明ナル本件ニ於テハ原被告ハ啻ニ婚姻解消ノ道程ニ在ルモノト謂フヘク斯ル場合ニ於テハ婚姻継続中ニ限リテ認メラルル取消権ノ如キハ自ラ其ノ行使ヲ制限セラルルモノト解スルヲ相当トスヘク尚原告ニ取消権アリトシ予想セル離婚ニ備ヘテ分与セル生活資料ヲ被告ヨリ奪フノ結果ヲ認メムトスルカ如キハ社会観念上正当ナルモノニ非ス然レハ其ノ婚姻中ノ契約ナルコトニ依リテ原告ヨリ本件契約ノ取消ヲ為スカ如キハ権利トシテ慣習ノ認ムルトコロニ非ス其ノ権利行使ノ外観ヲ存スルニ於テ所謂権利濫用ノ行為タルニ過キサルモノトス	上告棄却	親族（一）七五四条（三八八頁）・『朝鮮司法協会雑誌』一五巻四号七九頁
昭和四年民上第二四六号、同年七月五日民事部判決（判決録第一六巻一六九頁以下「土地所有権移転登記抹消手続履行請求事件」）	第三者カ未成年者ニ贈与シタル財産ニ付管理人アルトキハ其財産ハ親権者ノ管理ニ属セス親権者ノ之ニ対スル処分行為ハ代理人カ代理権ヲ踰越シテ為シタル行為ニ該当シ民法第百条ノ適用アルモノトス	上告棄却	親族（五）八三〇条（一六九頁）・『評論』一八巻民法一一二六頁
昭和五年刑上第一〇六号、同年九月十八日刑事部判決（判決録第一七巻八六頁以下「私文書偽造行使公正証書原本不実記載行使詐欺被告事件」）	第三者カ他人ノ子ニ無償ニテ財産ヲ与フル場合ニ之ヲ親権ヲ行フ父又ハ母ノ管理ニ属セシメサルカ為ニハ第三者カ子ニ対シ財産贈与ノ意思表示ト同時ニ之ニ附随シテ其ノ父又ハ母ヲシテ該財産ヲ管理セシメサル意思ヲ表示スレハ足リ敢テ其ノ父又ハ母自身ニ対シ斯ル意思ヲ表示スルノ要ナキモノトス	上告棄却	親族（五）八三〇条（一六八頁）・『評論』二〇巻民法三三二頁

［i］判決要旨は、原則として『朝鮮高等法院判決録』掲載のものに依拠した。

［ii］高窪喜八郎『法律〔学説・判例〕評論全集』（法律評論社、一九一七年～）を示す。

ここで取り上げられた朝鮮高等法院判決の内容的な共通性は見当たらない。ただし、朝鮮高等法院を戦前内地の控訴院と同等レベルの司法機関として扱っており、一般に「判例」と呼びながら、事実上高等法院判決を大審院判決の下に位置づけている、という『新版注釈民法』の編者の意識は概ね一致している。このことは、朝鮮高等法院が「法域」を超えた事実上の大審院下の裁判所であったという認識、したがって「同一規定であれば同一解釈になる」はずであるとする暗黙の前提、（実数は少ないとしても）そこにおける解釈をめぐる内地への事実上の適用可能性（還流）が、戦前の内地民法学界はもとより、戦後日本の民法学界にも静かに引き継がれていることを物語っている。なお紙幅の関係上、本稿では『新版注釈民法』での引用事案を列挙するにとどまり、「還流」の具体的な事例分析を記すことが叶わなかった。検討を重ねて他稿を期したい。

おわりに

植民地（本稿では朝鮮を例とした）の民法学が、「法域」を超えて「帝国」域内を錯綜し、やがてそれを回収しながら内地の民法学が展開される点に注目するならば、それは「帝国」としての民法学と言い表すことができよう。朝鮮では現地「慣習」の併用と内地民法の「依用」による二元的な民事法体系を採用したために、京城帝大における民法学は、一方では〈朝鮮的なるもの〉への意識的な差別的視線と、他方では無意識的に生じた〈朝鮮的なるもの〉への無関心とを同時に内包する学問空間の中で展開された。一見すると、反対のベクトルを向く〈朝鮮的なるもの〉へのこの二面的な態度は、しかし終局的には、いずれも朝鮮における法学をめぐる「知」が「帝国」の権力構造を明らかにする場面で交差する。すなわち、朝鮮に対して意識的に向けられた差別的視線による法学研究（特に朝鮮家族法研究に顕著）においては、その研究動機がそのまま植民地「権力」を露わにするものとなり、他方で、「法域」を度外視した内地へのダイレクトな統合志向の裏面として表れた無意識的な〈朝鮮なるもの〉への無関心もまた、朝鮮という独立した学問空間を認めない点で、無言のうちに植民地「権力」を露わにすることになったのである――とりわけ後者は、手続きを踏まない、無意識的で観念的な統合であるがゆえに、翻ってより強力で没しがたい「権力」になり得たのかもしれない。筆者がこれまで夙に指摘してきた京城帝大の民法学者における朝鮮「慣習」への関心の低さは、「慣習」自体の魅力よりも、それが「法域」を超えることができず、したがって内地の学問空間に接続できない性格ゆえのことだったのではないだろうか。

その反対に、内地の学問空間と接続可能であった「帝国」としての民法学の一面は、同時代の内地のみならず、戦後日本の民法学にも受け継がれていること――植民地における法の展開が決して日本の「過去」ではないこと――を、最後に改めて指摘したい。本稿では、京城帝大の法学者による各論攷や判例評釈、また翻って内地における朝鮮の法の「知」の受容について、法理論的な観点から十分な検討を行えなかった。この点については他稿を期したい。

（1）松田利彦「京城帝国大学の創設」（酒井哲哉・松田利彦編『帝国日本と植民地大学』ゆまに書房、二〇一四年）。
（2）鄭圭永「京城帝国大学に見る戦前日本の高等教育と国家」（東京大学大学院教育学研究科博士学位論文、一九九五年）。
（3）通堂あゆみ「京城帝国大学法文学部の再検討――法科系学科の組織・人事・学生動向を中心に――」（『史学雑誌』第一一七巻第二号、二〇〇八年）。
（4）通堂、同前、五九頁。
（5）松田、前掲論文、一三九～一四〇頁。
（6）松田、前掲論文、一二三頁。
（7）朝鮮民事令（一九一二年）では、第一条「民事ニ関スル事項ハ本令其ノ他ノ法令ニ特別ノ規定アル場合ヲ除クノ外左ノ法律ニ依ル」、また第一一条「第一条ノ法律中能力、親族及相続ニ関スル規定ハ朝鮮人之ヲ適用セス」と規定し、原則として民事法（とくに財産関係について）は内地民法を「依用」（「一つの法令において、その規定すべき事項の内容について、該法令みづから規定せず、他の法令の規定内容に依るべき旨を定めることをいふ」（清宮四郎「外地における「法律の依用」について」『京城法学会論集』第一二冊第一号、一九四一年、五八〜五九頁）としながらも、親族・相続関係については、朝鮮在来の「慣習」を法源とする、二元的な民事法体系を採用した。

（8）石川健治「コスモス——京城学派公法学の光芒——」（『岩波講座「帝国」日本の学知』第一巻、岩波書店、二〇〇六年）、同「「京城」の清宮四郎——『外地法序説』への道——」（酒井哲哉・松田利彦編、前掲書、所収）。

（9）金昌禄「尾高朝雄と植民地朝鮮」（酒井・松田編、前掲書、所収）。

（10）拙稿「総督府判事・野村調太郎の法思想と裁判実務への影響——法院記録保存所所蔵・光復前民事判決原本を通して考える——」（松田利彦・岡崎まゆみ編『植民地裁判資料の活用』国際日本文化研究センター、二〇一五年）。

（11）安田幹太「〈特別寄稿〉城大の憶い出」（京城帝国大学創立五十周年記念誌編集委員会『紺碧遥かに』京城帝国大学同窓会、一九七四年）一一一頁。

（12）安田の欧米留学中は、津曲蔵之丞が同講座を担当した（『東北学院大学論集　法律学』第二号、一九七〇年、一三五頁。および『京城帝国大学一覧』昭和四年）。

（13）安田、前掲論文、一一四〜一一五頁。

（14）通堂、前掲論文、七〇〜七一頁。

（15）松坂佐一「京城帝大の日比谷雀」（『日比谷雀——東京府立第一中学校卒業二十周年記念——』一水会、一九三六年）二〇六頁。

（16）山中康雄『法学——資本制社会の法と市民的イデオロギイ——』（法律文化社、一九七六年）二〜三頁。

（17）安田、前掲論文、一一三頁。

（18）この点については、松田、前掲論文、一二三頁参照。

（19）例えば、安田は戒能人事が覆った際には、山田三良に直談判して衝突したことを告白しているが、結果として「上海事変につぐ満州事変と騒然たる時代に、私共は栗原氏を長老に立ててその円熟した楫取りに従って安心して学問に専念できた。此時栗原さんを迎え得たことは城大の為には勿論、私個人にとっても此上ない幸いであった」と述懐し、山中康雄にあっては「私にとつては、両先生（栗原、松坂—引用者）はお父さんであり、有泉・祖川（祖川武夫—引用者）の両君は私の兄さんであった。この懐しい気持は、非常に愉快に勉強させて下さり、またいろいろと御指導を得た諸先生の多い京城帝大法文学部と結びついて、今も深く私の心に残っている。」と述べている（山中康雄「松坂先生のこと」、契約法体系刊行委員会編『契約法体系Ⅰ（契約総論）』有斐閣、一九六二年、三六三頁）。

(20) 有泉亨「《特別寄稿》社会調査部法律班のこと」（前掲『紺碧遥かに』三二七～三二八頁）、「有泉教授還暦記念座談会有泉先生の学問をめぐって」（『社会科学研究所』第一八巻第一号、一九六六年）一九二～一九三頁。

(21) 松田、前掲論文、一二三～一二四頁。

(22) 松田、前掲論文、一二三頁。

(23) 『京城帝国大学法文学会第一部論纂 第五冊』（刀江書院、一九三二年）所収。

(24) 『私法協会雑誌』第一五巻第八、九号（一九三六年）所収。

(25) 『民商法雑誌』第五巻第四・五・六号（一九三七年）所収。

(26) 松坂佐一『履行補助者の研究――履行補助者の過失に因る債務者の責任――』（岩波書店、一九三九年）。

(27) 『民商法雑誌』第一八巻第二、四、五号（一九四三年）所収。

(28) 山中康雄「解除の遡及効」（『法学協会雑誌』第五五巻第一～三号、一九三七年）。なおこの内容は、戦後『解除の効果 総合判例研究叢書民法〈一〇〉』（有斐閣、一九五八年）に反映されている。

(29) 『法曹会雑誌』第一九巻第五～八号（一九四一年）所収。なおこの内容は、戦後『供託論』（勁草書房、一九五二年）として刊行された。

(30) 『京城帝国大学法学会論集』第一三冊第一号（一九四一年）所収。

(31) 『法律時報』第一五巻第一、三～五、八号（一九四二年）所収。

(32) 『法学協会雑誌』第四二巻第一〇号（一九二四年）所収。

(33) 『法学協会雑誌』第四八巻第八、一〇号、第四九巻第四、六、一二号、第五〇巻第二号所収。

(34) 『京城帝国大学法文学会第一部論集 第五冊法学論纂』（刀江書院、一九三二年）所収。なお註(24)と併せて、『朝鮮親族相続法――主として朝鮮高等法院判例を中心に――』（大阪屋号書店、一九三三年）として刊行された。

(35) このほか、既出論文の要点をまとめた「朝鮮相続制度の特徴」（穂積重遠・中川善之助編『家族制度全集 史論編5 相続』河出書房、一九三八年所収）がある。

(36) 本文に掲げた二編のほか、特に婚姻の成立・効果について「朝鮮婚姻法」（台北比較法学会編『比較婚姻法』第一部および第二部、岩波書店、一九三七年および一九四二年にそれぞれ所収）がある。また婚姻に関しては、朝鮮王朝期の法史に言及したものがある（『李朝実録 朝鮮婚姻考』大同印書館、一九四一年）。
(37)『京城帝国大学法文学会第一部論集 第三冊』（刀江書院、一九三三年）所収。
(38)『法学協会雑誌』第五一巻第四～七号（一九三三年）所収。
(39)『司法協会雑誌』第一二巻第一一、一二号（一九三三年）所収。
(40)『法曹界雑誌』第一二巻第八～一〇号（一九三四年）所収。
(41)『司法協会雑誌』第一三巻第一一、一二号、第一四巻第二号（一九三四～三五年）所収。
(42)『京城帝国大学法文学会第一部論集 第八冊』（刀江書院、一九三五年）所収。
(43)『法学志林』第四一巻第一号（一九三九年）所収。
(44)『民商法雑誌』第三巻第二、三号（一九三六年）所収。
(45)『司法協会雑誌』第一五巻第三～五号（一九三六年）所収。なお、前掲註(38、40、41、43、45)の論考については、後に安田幹太『民法論文集』上・下巻（八幡大学社会文化研究所、一九七〇年）に再録されている。
(46)穂積重遠、中川善之助編『家族制度全集 法律編第三巻（親子）』（河出書房、一九三七年）所収。
(47)穂積重遠、中川善之助編『家族制度全集 法律編第五巻（相続）』（河出書房、一九三八年）所収。
(48)安田幹太「朝鮮に於ける家族制度の変遷」（『朝鮮』第二九六号、一九四〇年）一〇～一三頁。
(49)『法学協会雑誌』第五八巻第二、三号（一九四〇年）所収。
(50)『京城帝国大学 法学会論集』第一二冊第二号（一九四一年）所収。
(51)『京城帝国大学 法学会論集』第一四冊第三号（一九四三年）所収。
(52)なお、有泉の「朝鮮経験」が戦後有泉法学の基礎をなしたとする観点から石井保雄氏の分析がある（「有泉亨における争議行為の違法性素巨核構成――戦後労働法学の一断面――」『獨協法学』第七五号、二〇〇八年）。
(53)『社会科学研究』第二号（一九四八年）所収。
(54)『家族法の諸問題――穂積先生追悼論文集――』（有斐閣、一九五二年）所収。
(55)「朝鮮婚姻法の近代化」は、昭和一九年頃に「京城地方法院の訴訟記録を使って――つまり一次資料によって――大正のはじめから、日本民法の規定が朝鮮に依用されるまでの婚姻関係の変遷をたどってみよう」として、「数少ない学生の中から二人（いずれも朝鮮籍）ほど手伝ってくれるという者が現われて、日韓併合（実質的には大正の初年）から日本民法の親族編が朝鮮に依用された大正十年までの離婚事件の記録の要旨を全て書き写してくれた」ものがもととなって執筆された（前掲「《特別寄稿》社会調査部法律班のこと」三二八頁）。また「朝鮮の養子制度」は昭和一八年頃に書かれた原稿に手を加えたものであることが論文冒頭に示されている（有泉亨「朝鮮の養子制度」『家族法の諸問題―穂積先生追悼論文集』有斐閣、一九五二年、二八一頁）。

(56) 有泉亨「朝鮮婚姻法の近代化」（『社会科学研究』第二号、一九四八年）七六～七七頁、八四頁。

(57) 前掲、有泉「朝鮮の養子制度」三〇二～三〇三頁。

(58) 例えば、松坂佐一については前掲書、『契約法体系Ⅰ（契約総論）』、安田幹太については安田、前掲書を参照のこと。また山中康雄については黒木三郎編集代表『近代法と現代法――山中康雄教授還暦記念――』（法律文化社、一九七三年）、有泉亨については沼田稲次郎編集代表『労働法の解釈理論』（有斐閣、一九七六年）をそれぞれ参照されたい。

(59) とりわけ安田幹太は一九三五（昭和一〇）～一九三九（昭和一四）年間に内地の『民商法雑誌』に熱心に寄稿している。内容は、詐害行為取消の効果や代理行為、贈与、連帯債務に関するものなど、多岐に渡っている。

(60) 国際関係調査会や法律研究会（のち法学研究会に改称）、イェーリング著『ローマ法の精神』の輪読会、ヘーゲル研究会等があった（前掲『紺碧遥かに』一四三頁、石川、前掲論文「コスモス」一九三頁）。

(61) 田川孝三「京城帝国大学法文学部と朝鮮文化」（前掲『紺碧遥かに』）一四三頁。

(62) 民法判例研究会『判例民法 大正十年度』（有斐閣、一九二三年）序文及び、民事法判例研究会『判例民事法 大正十二年度』（有斐閣、一九二五年）序文を参照。

(63) 学説では、岡松参太郎『無過失損害賠償責任論』（有斐閣、一九一六年）五〇九頁、鳩山秀夫『日本債権法 各論下巻』（岩波書店、一九二四年）九四四頁等。判例では、大判大正九年六月十五日民録八八四頁、大判昭和十二年十一月三十日民集一八九六頁。

(64) 大判昭和三年八月一日民集一六八三頁。

(65) 大判大正四年六月一日民録九三九頁、大判大正四年十月十三日民録一六八三頁等。

(66) もっとも、監護義務者の過失を斟酌する根拠として、未成年（無能力）者および監護義務者と相手方を「うちとそと」の関係に位置づけ、特に無能力者と監護義務者の関係を家団として捉える余地があることを指摘している点は興味深い（六〇二頁）。

(67)「法域」をめぐる議論は、例えば浅野豊美「国際秩序と帝国秩序をめぐる日本帝国再編の構造」（浅野豊美・松田利彦編『植民地帝国日本の法的展開』信山社、二〇〇四年、所収）や同「植民地での条約改正と日本帝国の法的形成」（浅野豊美・松田利彦編『植民地帝国日本の法的構造』信山社、二〇〇四年、所収）のほか、文竣瑛「植民地司法制度の形成と帝国への拡散」（同前、所収）、石川、前掲「「京城」の清宮四郎」三五二頁以下が示唆に富む。

(68)内外地司法権の統一をめぐる議論活発化については、特に在朝鮮弁護士の視点から考察したものとして拙稿「外地・朝鮮の内地人弁護士による朝鮮認識（二）――一九二〇年代『東亜法制新聞』にみる――」（『法史学研究会会報』第一九号、二〇一五年）、加えて裁判官の視点から言及したものとして、拙稿「帝国日本における植民地司法に関する研究――一九一〇～一九三九年間における朝鮮の民事判決を中心に――」（明治大学大学院法学研究科博士学位論文、二〇一七年）一九〇頁以下、また実際の裁判において内外地の同一法規に対する同一解釈につき舌戦が繰り広げられた刑事事件を取り上げた、拙稿「植民地期朝鮮の談合入札有罪判決に関する考察――司法判断における内鮮間の関係性をめぐって――」（『帯広畜産大学学術研究報告』第三七巻、二〇一六年）がある。

(69)朝鮮高等法院判決はじめ、外地裁判所における判決が内地・戦後日本においてどのように受容されたかという観点から、七戸克彦「旧・外地裁判所判例の今日的意義・序論――活きている台湾高等法院・関東高等法院・朝鮮高等法院判決――」（『法政研究』第七九巻第三号、二〇一二年）がある。

(70)『注釈民法』全二六巻（有斐閣、一九六四年～）の改訂版として、一九八八年より刊行が開始された。ただし、第五、八、一一、一二、一九、二〇巻は刊行中止となっている。なお近時の民法学の理論的展開や債権法改正、法科大学院の発足等の状況を踏まえて、二〇一七年より新たな民法コンメンタール『新注釈民法』全二〇巻の刊行が始まった。従来の『注釈民法』『新版注釈民法』との重複を避けた編集方針とのことであり、引用される判例・裁判例も比較的新しいものとなるだろうから、「過去」の外地裁判所の判決が引用される機会は『新版注釈民法』に比べて激減するだろう。とはいえ、『新版注釈民法』の学問的実務的価値が損なわれることはないため、ここで試みに『新版注釈民法』を資料とすることも無意味ではないものと思われる。

第Ⅲ部

植民地官僚の知と植民地在留日本人の知

高等農林学校と植民地の知
——鹿児島高等農林学校での田代安定の講義を中心に——

やまだあつし

はじめに

日本統治期台湾の総督府農業技術官僚、すなわち総督府殖産局（農政や林野）や専売局（樟脳専売、酒専売）の技師・技手はどのような知を学校で得て、台湾へと赴任したのだろうか。台湾総督府の農業技術官僚は、特定の学校出身者が多くを占めていたが、それら技術官僚を輩出した学校は、どのような植民地に関する知を学生に与えていたのだろうか。特に台湾と関連するいわゆる「南方」「熱帯」の知はどのように教えられたのだろうか。その教育に、台湾総督府の技術官僚が有していた知は、どうかかわったのだろうか。本論は、鹿児島高等農林学校（一九〇八年開校、現・鹿児島大学農学部）と台湾総督府との知の交流の一環を、同校で講師として教鞭をとった田代安定（台湾総督府殖産局技師）の講義から読み解く。

鹿児島高等農林学校は、一九一〇年代前半において日本で四校のみ存在した官立高等農業教育機関の一つであり、[1]台湾総督府の農業技術官僚を輩出した学校の一つでもあった。[2]多い年は卒業生の一割を台湾へ送っていた。しかしながら、北海道帝国大学（前身は札幌農学校、次いで東北帝国大学農科大学、現・北海道大学農学部）や東京帝

図1　晩年の田代安定
出典：鹿児島高等農林学校同窓会『あらた』第19号

国大学農科大学（前身は、駒場農学校と東京山林学校と東京農林学校、後に東京帝国大学農学部を経て、現・東京大学農学部）と比べ、その教育や卒業生に関する研究は進展していない。例えば、台湾における北海道帝国大学卒業生については、全体像については呉文星らの研究があり、個々の卒業生についても「蓬莱米の父」磯永吉のように今日でも知られている人物がいる。[3] 一方、鹿児島高等農林学校の卒業生については、鹿児島大学農学部あらた同窓会（同校卒業生と鹿児島大学農学部卒業生の連合同窓会）の刊行物で言及される程度である。[4]

また田代安定は、八重山研究の先駆者そして台湾での植物研究の先駆者として、近年多くの研究者が注目するようになった。[5] 二〇一七年には一般向けの伝記が新たに刊行されている。[6] それら研究の幾つかにおいて、田代が鹿児島高等農林学校で講義を行ったことが記されている。調査と台湾での植物園（恒春熱帯植物殖育場、今の墾丁国家森林遊楽区）建設に明け暮れた田代にとって、鹿児島での講義は、調査や植物園運営の報告書以外で後進たちにその該博な知識を系統立てて伝えることのできた唯一の機会であった。しかしながら、どのような講義であったかは分析されていない。唯一、鹿児島高等農林学校卒業生であった蟹江松雄[7]が、開校初期は田代安定以外にも「南方」「熱帯」に関する講義があり、農芸化学では神谷俊一[8]など、田代らの教えを受けた世代からも台湾で活躍した卒業生が出たことを指摘している。貴重な指摘ではあるが、これも存在と関連の指摘に留まり、田代が具体的に何を講義したのか、学生たちは田代らから何を学んだのかには触れていない。

よって本論は、学校と植民地の知との関係を分析するだけでなく、鹿児島高等農林学校の学校史研究や田代安定研究にも寄与するものである。

一　鹿児島高等農林学校と「南方」「熱帯」

（1）玉利喜造初代校長と「南方」「熱帯」

鹿児島高等農林学校はどのような学校であったのか。初代校長であった玉利喜造（一八五六〜一九三一年。校長としての任期は一九〇九〜一九二二年）の伝記である『玉利喜造先生伝』（玉利喜造先生伝記編纂事業会、一九七四年）を読むと、弟子や孫弟子による没後四〇年余の伝記であることを割り引いても、玉利校長の学校運営に顕著な特徴が見いだせる。一つはしばしば「古武士」と称される謹厳かつ好意的に論じられてはいるものの独裁的な学校運営である。伝記中には、教官であろうが学生であろうが、玉利校長に叱られた話や厳しく処分された話に溢れている(9)。

もう一つは「南方」「熱帯」への多大な関心である。『玉利喜造先生伝』は一〇六〜一一八頁に玉利喜造「既往十年間の成績」（原掲載は『校友会報』特別号、一九二〇年三月）の全文を引いているが、そこでは「我が校の一大眼目とせる南方発展」（一〇七頁）、「佐多の官有林野実測三一六町四反八畝歩を農林実習地として引継を受けたるをもって、この地所には主として暖熱地の植物を栽植するの目的をもって、台湾より香蕉、鳳梨をはじめ、葛欝金（アロールート）、サイザルヘンプ等熱帯植物を取り寄せて試植」（一〇七頁、香蕉はバナナ、鳳梨はパイナップル）、「佐多において熱帯植物栽培の不結果なりし顚末は前陳せる如く

図２　鹿児島高等農林学校風景　出典：『開校二十五周年記念　鹿児島高等農林学校沿革誌』

なるが、是をもって当校が内地において熱帯植物を栽植せんとの企図は決して廃したるにあらず。先年より指宿村内において火山性暖熱地を利用してこれに充てんと目論見」(一〇九頁)、「当校は此の講堂の階上に南洋の動植物類を陳列して南洋陳列所と称する」(一一五頁)、「当校は位置の関係より南方に多く発展するは云ふまでもなき儀なる」(一一八頁)と、玉利校長が随所に「南方」「熱帯」について言及し、学校の南方発展に注目していることを表明していた。一九一一年制定の校歌も冒頭の「緑したたる南洋の　天地は近し君知るや」で学校が「南洋」に近いことを歌い上げていた。[10]「南方」「熱帯」への取り組みは必ずしも順調ではなく、「既往十年間の成績」にある通り、台湾から取り寄せて佐多実習地に植えた植物は「不結果」であったが、玉利校長はそれに挫けていなかった。

(2)　玉利校長時代の授業科目における「南方」「熱帯」

前項の通り、鹿児島高等農林学校は玉利校長による独裁的運営がなされ、そして玉利は「南方」や「熱帯」に強い関心を寄せていた。では玉利時代の鹿児島高等農林学校の教育の中で、「南方」「熱帯」と関連あるものは何があったのだろうか。高等農林学校の教育は、授業と実習、そして修学旅行を主なものとするが、本項では授業科目とその担当者から分析してみたい。[11]

図3　玉利喜造
出典：『開校二十五周年記念　鹿児島高等農林学校沿革誌』

同校の授業科目と担当者は各年度の『鹿児島高等農林学校一覧』で確認することができる。最初に今日で言うところの「完成年度」、すなわち全学年全科目が揃った年のカリキュラムを見たい。同校の「完成年度」を示す一覧は、『自明治四四年至明治四五年版』(一九一一〜一九一二年)である。農学科、林学科と二学科それぞれ以下のような科目が並ぶ[12]。

農学科:修身、作物学、園芸学、地質学及土壌学、肥料学、農業工学、測量学、畜産学、養蚕学、農産製造学、農業経済学及農政学、殖民政策、法律及経済学、物理学及気象学、化学、分析化学、動物学及昆虫学、植物学及植物病理学、生理化学、細菌学、林学大意、教育学、外国語、体操、実習

林学科:修身、造林学及森林保護、森林数学及経理、森林利用学及林産製造学、森林土木学、経済学、財政学、森林政策及木材商況、森林行政学及現行法規、法律及行政大意、数学、森林測量学、物理学及気象学、化学及分析、森林動物学及昆虫学、森林植物学、地質学及土壌学、狩猟、農学大意、外国語、体操、森林事務見習、実習及演習

以上の科目中、一目で「南方」「熱帯」との関連がわかりやすいものは、農学科の「殖民政策」であろう。担当者は「職員」欄の一二三頁に「講師　殖民政策　松岡正男」とある。「講師」は今の言葉で非常勤講師である。この年度以前の一覧ではその名前を見つけることができないので、この年度から就任したと推測できる。松岡は京城日報社長などを歴任するとともに、一九一一年から一九一五年まで台湾総督府の嘱託を務めており、「殖民政策」を、そして「南方」「熱帯」を論じるのにふさわしい人材であった[13]。

「殖民政策」以外にも、「南方」「熱帯」と無縁でない科目がある。まずは農学科林学科ともにある「地質学及土壌学」と農学科の「肥料学」である。担当者は「職員」欄一二一頁「教授　土壌学、肥料学、化学、分析化学、生理化学　農学士　竹内徳三郎」と、一二二頁「講師　土壌学、肥料学　農学博士　恒藤規隆」である。恒藤規隆に注目したい。農商務省肥料砿物調査所の元所長であった彼は、ラサ島のリン鉱石(リン肥料になる)採取を目的として、一九一一年二月にラサ島燐鉱合資会社(今のラサ工業)を設立した[14]。ラサ島は今、沖大東島として沖

縄県島尻郡北大東村に属するが、一九〇〇年になってから日本領に編入された島であった。[15] 恒藤は（科目名こそ記載されていないものの）鹿児島高等農林学校開学当初の『自明治四二年至明治四三年版』（一九〇九～一九一〇年）から講師欄に名前があり（九一頁）、鹿児島高等農林学校最初の非常勤講師であった。

さらに一二三頁には「講師　植物学　台湾総督府技師　田代安定」の記述が「講師　農学　朝鮮総督府勧業模範場技師　農学士　三浦直次郎」の記述とともにある。ともに植民地の農業技術官僚でこの年度から講師として招聘されている。「植物学」は農学科に「植物学及植物病理学」があるが、田代の講義は後述の通り一般の「植物学」とは異なっていた。三浦の「農学」は、現時点では詳細不明である。

その後の彼ら四人の講師たちの動静については、「旧教職員一覧」（鹿児島大学農学部あらた同窓会『「あらた」七拾五年の歩み――鹿児島大学農学部開学七五周年記念誌――』、一九八五年）七三六～七四七頁に整理された形で以下のように記載されている（元号は西暦に直した）。

松岡正男　就任　一九一一年一〇月三一日
　　　　　退任　一九一五年六月十六日
　　　　　担当科目　植民政策
松岡正男　就任　一九一八年九月十二日
　　　　　退任　一九二八年一月三一日
　　　　　担当科目　植民政策
恒藤規隆　就任　一九一一年
　　　　　退任　一九三八年一二月六日　没
　　　　　担当科目　地質学、土壌学、肥料学

田代安定　就任　一九一一年四月四日
　　　　　退任　一九一六年三月三一日
　　　　　担当科目　熱帯植物学
三浦直次郎　就任　一九一一年九月五日
　　　　　退任　一九一五年三月三一日
　　　　　担当科目　農学

恒藤は（『鹿児島高等農林学校一覧』とは就任年に違いがあるものの）一九三八年に没するまで長期にわたり講師を務めていた。松岡も中断はあるものの長い。一方、田代と三浦は四、五年間である。

『鹿児島高等農林学校一覧』各年度からもう少し科目と担当者の変遷を見てみよう。長期間担当した二人のうち、恒藤は『鹿児島高等農林学校一覧』でも確認できる限り、継続して「土壌学」や「肥料学」を担当していた。松岡の「殖民政策」が「植民政策」に変わったのは『大正八年至九年版』（一九一九～一九二〇年）である。「植民政策」に変わる前後からは「教授　殖民政策　農業経済及農政　図書館主事　農学士　小出満二」や「教授　農業経済及農政　農学総論　植民政策　農学士　吉田安喜雄」という専任教官も担当に加わっている。開講数の増加や講義内容の充実を推測できよう。

短期間担当した二人のうち、田代は科目が『自大正二年至三年版』（一九一三～一九一四年）で「熱帯植物学」と変わり（四三頁）、『自大正三年至四年版』（一九一四～一九一五年）の一四八頁に出現するのを限りとして見えなくなる。すなわち『自大正元年至二年版』を含め、五年度にわたり出講したことになる。三浦は『大正二年至三年版』（一九一三～一九一四年）で朝鮮総督府勧業模範場技師の肩書が外れて農学士のみになり（一四三頁）、田代同様に『自大正三年至四年版』（一九一四～一九一五年）の一四八頁に出現するのを限りとして見えなくなる。

では短期間担当した二人の科目はどうなったのだろうか。三浦の科目は一般的名称のため一覧から継承関係を追うのは難しいので、田代の科目を追おう。田代退任後少し間を置いた『自大正七年至八年版』（一九一八～一九一九年）に「教授　作物学、農場実習、熱帯農学　農場主事　農学士　谷口熊之助」として、「熱帯農学」を専任教官が担当という記述が出現する（九六頁）。続いて『自大正九年至一〇年版』（一九二〇～一九二一年）からは谷口の在外研究に伴い、「教授　園芸学　農業工学　熱帯農学　農学士　草野嶽男」として「熱帯農学」を別の専任教官が担当している（一一一頁）。玉利の校長退職後だが、『自大正十二年至十三年版』（一九二三～一九二四年）になると「教授　造林及森林保護学　林産製造学　狩猟　英語　熱帯林学　学生課長　評議員　林学士　淵野旭子」として「熱帯林学」という科目も出現する（八三頁）。また「熱帯農学」は谷口熊之助も担当に戻り、草野嶽男と二人担当になっている（八四頁）。要するに、田代の「熱帯植物学」は、そのまま名称が継承されたわけでなく、かつ田代が去ってから少し間を置いてはいるものの「熱帯農学」「熱帯林学」として専任教官に受け継がれていた。

以上から、鹿児島高等農林学校の「南方」「熱帯」と関連する科目は、科目名は一般的だが担当者に特色がある「土壌学」「肥料学」を除くと「殖民政策」と「熱帯植物学」そして「熱帯農学」「熱帯林学」であるとわかる。これらの科目は、他の高等農業教育機関と比べた場合、鹿児島高等農林学校の特色だったのだろうか。一九一一年時点において、盛岡高等農林学校には「殖民政策」に類する科目も担当者もいない。東北帝国大学農科大学には「殖民学」があり、東京帝国大学農科大学には「殖民政策」に類する科目こそないものの、新渡戸稲造がいた。「熱帯植物学」に類する科目は、三校とも見当たらない。一九二〇年頃になると、北海道帝国大学や東京帝国大学農学部はもちろん、盛岡高等農林学校やこの時期に続々設置される各高等農林学校において「殖民政策」に類する科目は必ず設置されている。一方、「熱帯農学」や「熱帯林学」に類する科目は、北海道帝国大学や東京帝国大学農学部には開設されるが、盛岡を含め他の高等農林学校には設置されていない。よって、鹿児島高等農林学校の「南方」「熱帯」と関連する科目の特色としては、高等農林学校としては唯一「熱帯植物学」そして「熱帯農学」「熱帯林学」という熱帯植物に関する講義を設置し、かつ早期に「殖民政策」を開設していたことである。その中でも「熱帯植物学」は、帝国大学にも先駆けて設置されており、特筆に値した。

二　田代安定の鹿児島高等農林学校における講義

(1)　田代安定はいつ鹿児島高等農林学校で講義したか

田代安定が鹿児島高等農林学校で講じた「植物学」「熱帯植物学」の、田代自身による講義ノートが、台湾大学図書館に現存している。田代の死後、台北市内に功績表彰記念碑が設立され、一九三〇年には伝記『田代安定翁』も刊行された（永山規矩雄編、故田代安定翁功績表彰記念碑建設発起人発行）。さらに次節に後述する松崎直枝の手を介して、日記や講義ノートを含む田代の蔵書が、台北帝国大学へ寄贈された[16]。この蔵書が戦後に台湾大学へと引き継がれたものである。今日、田代の蔵書を台湾大学は田代安定文庫として整理し、田代の自著部分を画像ファイルとしてＷＥＢ上で公開している。講義ノートもＷＥＢ上で閲覧できる（http://cdm.lib.ntu.edu.tw/cdm/search/collection/Tashiro 二〇一八年八月一日確認）。

「はじめに」で述べた通り、田代安定研究は近年盛んになったにもかかわらず、鹿児島高等農林学校での講義内容についての研究は見当たらない。ＷＥＢでの講義ノートの説明も註(19)に記した例が示す通り、問題が多い。よって本節は田代が鹿児島高等農林学校でどのような講義をしたのか、それは台湾のどの知識を基にしているのかを、講義ノートの分析から明らかにしたい。

最初に、田代安定は鹿児島高等農林学校で何回出講したのかを、確認したい。前述の『鹿児島高等農林学校一覧』の分析から、開講当初の五年間に講師を務めていたことがわかるが、具体的にいつ出講したのだろうか。

『田代安定翁』一～二〇頁には「田代安定翁小伝」という履歴書が、田代自身の註釈（翁自註と表記）付で掲載されている。その一四頁から一六頁にかけて、鹿児島高等農林学校関係の記述が次の通り散見される。

明治四四年四月四日　講師を嘱託す、年手当三百円給与（鹿児島高等農林学校）

明治四四年一〇月二七日　鹿児島県へ出張を命す（台湾総督府）

　翁自註　高等農林学校兼用、農学科熱帯農業講師担任

明治四四年一二月二五日　自今年手当金四百円給与（鹿児島高等農林学校）

大正二年六月三日　鹿児島県へ出張を命す（台湾総督府）

　翁自註　高等農林学校兼用、農学科熱帯農業講師担任

大正三年四月八日　林業竝林産利用状況調査の為東京、京都、大阪、神奈川、千葉、兵庫の三府三県下へ出張を命す（台湾総督府）

大正三年五月一五日　東京外二府三県へ出張の序を以て鹿児島県下へ出張を命す（台湾総督府）

　翁自註　高等農林学校兼用農学科熱帯農業講師担任

大正四年二月二七日　三級俸下賜（台湾総督府）

同日　依願免本官（内閣）

大正四年三月一八日　林業に関する事務を嘱託す（台湾総督府）

為手当一箇月金貳百円を給す

同日　民政部殖産局勤務を命す（同上）

同日　林務課勤務を命す（殖産局）

大正四年四月八日　林業試験場兼務を命す（殖産局）

大正四年四月二八日　商工課兼務を命す（同上）

大正四年五月一二日　鹿児島県下へ出張を命す（同上）

翁自註　高等農林学校兼用農学科熱帯農業講師担任

大正五年三月三〇日　講師嘱託を解く（鹿児島高等農林学校）

以上によれば、田代の鹿児島高等農林学校への出講は、第一回が明治四四（一九一一）年一〇月末、第二回が大正二（一九一三）年六月、第三回が大正三（一九一四）年五月、第四回が大正四（一九一五）年五月の合計四回、何れも鹿児島県へ出張命令という形で行われている。この出張は、総督府官吏の任免とともに出張の記載がある『台湾総督府報』各号からも裏付けることができる。[17] 台湾総督府技師であった田代にとって、本務を離れ台湾を離れて鹿児島まで講師として出講するには、出張という形にて集中講義で行うことしかあり得ないことを考慮すれば、田代の出講は合計四回と結論づけて良い。

（2）田代安定の鹿児島高等農林学校講義ノート分析

台湾大学の田代安定文庫の目録から確認できる鹿児島高等農林関連の資料は、目録上の文書名と識別号（NまたはPと数字三桁）で示すと以下の通りである（識別号の順による）。[18] 何れもWEB上で全文閲覧できる。

日記　三文書

「天剣手簿　第四回入鹿児日誌巻一」（N〇三八）

「第三回入鹿児日誌巻一」（N一八〇）

「帰麑日誌巻一」（N二〇六）

講義ノート　一四文書

「林科ノ部　熱帯植物講話備忘録」（N〇四五）

「熱帯植物講話原稿巻二」（N一二七）

「熱帯経済植物利用秘録」（N一二八）

「鹿児島高等農林学校第四回講義原稿

鹿児島高等農林学校第四回講話録巻一」（N一八一）

「鹿児島高等農林学校講義原稿　第三級」（N一八二）

「鹿児島高等農林学校講話録　林科講話ノ部

熱帯植物各用部門　第十門　各用材植物」（N一八三）

「鹿児島高等農林学校講話録巻二　林業植物ノ部第二級　竹及籐属」（N一八四）

「大正三年六月講話録巻二」（N一八五）

「鹿児島高等農林学校講話録巻二　飲料植物ノ部」（N一八六）

「鹿児島高等農林学校講話録巻一補充」（N一八七）

「第三回講話録　澱粉植物」（N一八八）

「鹿児島高等農林学校講話録　農科講話ノ部

熱帯植物各用部門　第三門　飲料植物」（N一九〇）

「タピオカ　サゴ　ココ椰子　綿[19]」（N一九五）

「鹿児島高等農林学校　講義原稿」（N二〇〇）

鹿児島高等農林学校の用紙に執筆された清書原稿　一文書

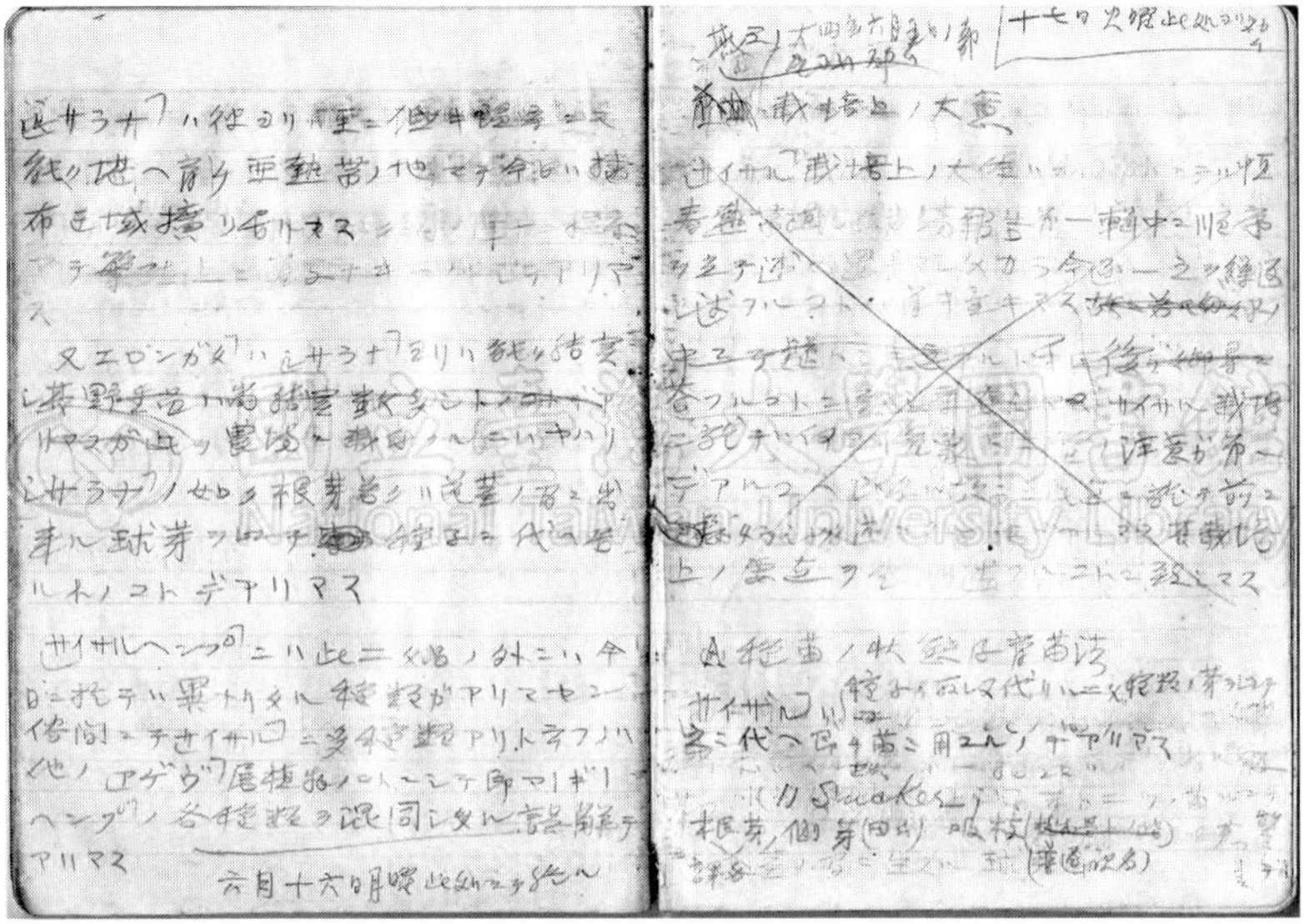

図４　田代安定の講義ノート（Ｎ127　画像47枚目）　出典：台湾大学田代安定文庫

「熱帯及暖帯特殊経済農業植物　繊維植物之部」（Ｐ〇三四）

これらの資料をどのように整理したら、田代の鹿児島高等農林学校での講義内容を理解できるであろうか。手掛かりになるのは、講義ノート上に散見される日付や回数と講義ノート間の内容の関連である。日付や回数について、例えばＮ一八二は、画像七五枚目に「十一月二十二日ノ部」、Ｎ二〇〇は画像二八枚目に「十一月十五日」と記入があり、どちらも一〇月末に出張を命じられた第一回（一九一一年）の講義ノートだとわかる。Ｎ一八一はノートの表紙（画像一枚目）に「第四回」と回数が記載されており、一九一五年のものである。ノート中には複数の回で使用されたものもある。例えばＮ一二七の画像四七枚目（図４）には、「六月十六日月曜此処ニテ終ル　十七日火曜此処ヨリ初ム」の記述と「大四年六月五日ノ部ココヨリ初ム」の記述がともに存在する。六月一六日が月曜日で一七日が火曜日なのは四回のうち一九一三年（第二回）だけであり、大四年とは一九一五年（第四回）であるので、Ｎ一二七は少なくともこの二回で使用されたことがわかる。また複数の講義ノートが平行して使用されている例もある。例えばN一八八は、表紙（画像一枚目）に「第三回講話録　澱粉植物　大正三年六月二十日以降」とあり、一九一四年の講義ノートであることがわかるが、画像一〇枚目には「五月二十七日ハ繁殖法ノ央マデ」や「二十八日ノ部」とあり、六月二十日以降と記された表紙と矛盾している。この箇所はN一八一の話の流れと対応しており、N一八一に従って講義をし、五月二七日と二八日（後述のように一九一五年の五月二七日と二八日である）はN一八八の画像一〇枚目付近を講じ、その後再びN一八一に戻れば話も日付も繋がるようになっている。他にN〇四五は、画像二六枚目まではN一八四とほぼ同じで、画像二七枚目からはN一八三とほぼ同じである。ただしN〇四五が鉛筆書きなのに対しN一八三とN一八四はペン書きであるので、N〇四五を下書きとして、清書するときN一八三とN一八四に分割されたと考えるべきであろう。

全ノート・全頁の内容翻刻と相互関係を論じるのは枚数の関係もあり別稿に譲るとして、結論を述べると以下の通りである。

第一回（一九一一年）

第一回に田代が使用したノートのうち、最初に使用したものは見当たらない。N二〇六の画像七枚目の記述や「彙報」（『台湾総督府報』第三三六七号）の記述により、一一月四日(土)に台湾を出発した田代は、一〇日(金)か一一日(土)から講義を開始したと推測できる。現存する第一回講義のノート中、最初に使用したと推測できるのは、N二〇〇である。N二〇〇には、「十一月十五日」の記述が画像二八枚目、「十四日」の記述が画像二一枚目と二四枚目にある。さらに画像一六枚目には「一昨日ハナシカケノロウプ繊維ノツヅキ」とあるので、一一月一一日(土)はロウプ繊維を講じる途中で終え、日曜を挟んで一三日(月)に画像一六枚目から講義を再開したと推測できる。N二〇〇は、繊維植物の途中から記載されているので、田代は繊維植物から講義を始めたはずである。

N二〇〇はまず繊維植物を「第一類　ロウプ用繊維　第二類　織物及細索用繊維　第三類　苞毛繊維　第四類　帽子及組物用繊維　第五類　箒子包袋物用繊維　第六類　綿花繊維　第七類　塡塞料及手芸原料　第八類　籃篭雑器用繊維　第九類　刷毛用繊維　第十類　製紙用繊維」に一〇分類し（画像一六枚目）、ロウプ用繊維の続きを講じた後、「第二類　織物及細索繊維」「沖縄糸バセウ」「（二）パインアップル繊維」「其四　帽子及組物用繊維」「（二）林投」「第3　蓆及包袋類」「第八類　籃篭雑繊維」「（四）アンピラ」「（二）月桃草（ゲットウ）即砂仁」「（二）椰子科植物（是ニ於テハ第八類）」「（二）サバルANDマリファ」「（4）ラフィア」「第六類　綿花繊維　本名　冠毛繊維」「第五類　蓆及包袋類」「（一）アンピラ」「第五類　蓆及包袋類用繊維ノツヅキ　及第八類　籃篭雑器用繊維」「（2）月桃草（ゲットウ）即砂仁」「（三）椰子科植物葉及幹茎ノ利用」「（二）ニパ」「（4）サバル」「第七類　塡塞料及手芸料繊維」と記述が続く。失われた最初の講義ノートを補足するノートだったようで、記述の順番は乱れ、項目だけで内容の無い頁もあるが、繊維植物についての講義であることはわかる。

一一月下旬は、三冊目のノートとしてN一八二を使って澱粉植物を講じた。N一八二は前述の通り、一一月二一日（火）と二二日（水）の記述がある。澱粉植物の中でも田代が重視したアロウルートについては、「（二）植付季節」「（三）距離面積ノ関係」「（四）栽培法」「（五）除草手入」「（六）収穫量」「（七）製粉方法」「澱粉ノ歩留リ」「（八）澱粉ノ用途」として栽培法と澱粉の製造を順序立てて詳細に記述している。[20]

一二月になって、N一九〇を使ってまずはコーヒーについて「第三章　栽培法」を中心として詳細に講じ、次いで熱帯果物を一二月一五日（金）頃まで講じた。熱帯果物は、「（一）パインアップル」は詳細であり、「4　龍眼」もやや詳細だが、マンゴなど他の果物は簡略である。N一九〇は、画像一四枚目に「四日ノ分」、同三二枚目に「七日講語ノ分」、同三九枚目に「九日ノ部是ヨリ以下　以上八日マデニ講話済」、同四九枚目に「十二月十一日ノ部」、同六〇枚目に「十三日ノ部」、同七〇枚目に「十四日ノ部」、同七五枚目に「十四日此処ニテ終ル拾五日ノ部」と一二月中の講義の日々の進行状況を記入してある。同二〇枚目には「何分私ノ滞在日数ニモ限リカアリマシテ此度ハ熱帯各用植物ノ全部ヲ到底此序ニテ述ベ尽スコトハ不可能ノコトデアリマス」ともあり、残った講義時間数を睨みながら、講義を進めていたことがわかる。

また一二月には農科（農学科）とは別に、N一八四を使って林科（林学科）に対して竹や籐を講じ、続いてN一八三を使って、美術用材となる木を一二月一一日(月)頃まで講じた。N〇四五は前述の通り、N一八三とN一八四の下書きである。N一八四は、画像三枚目に「十二月一日ヨリ　(二)台湾ノ竹類　私ハ当校ノ嘱託ヲ受ケテ今日カラ林科ノ一部ニ就テ御話ヲスルコトニナリマシタ」とあり、林学科の講義が一二月一日(金)から始まったことを記している。N一八三がこの年の講義ノートと推測できるのは、N一八四に続く内容であることと、ノート表紙の書き方が、N一九〇（こちらは農学科）やN一八四の各表紙と同じ記述方式で書かれているからである。

結局、第一回は農学科で一ヶ月余りにわたり繊維植物およびコーヒーと熱帯果物を、林学科で一〇日余り竹や籐と美術用材を講じた。田代が台湾総督府に帰府したのは、「彙報」（『台湾総督府報』第三四〇七号）の記述によれば、一二月二七日(水)であった。

第二回（一九一三年）

田代は、六月一〇日(火)から講義を開始した[21]。最初はN一二七を使ったと推測される。画像一七枚目には「以上六月十日此処マデ終ル」という記述もある。田代は画像一〇枚目で繊維植物を「第一類　綱索用繊維」から「第十類　塡塞料繊維（即　抱質綿及海綿状繊維）」までに分類して概要を述べた後、綱索用繊維として「(1)マニラヘンプ」から解説を始めた。今回も繊維植物は一〇分類であるが、一九一一年とは分類の順番や細部が異なっている。マニラヘンプの次は「第二　紅頭嶼アバカ」を解説している。画像三二枚目では「昨年再ビ紅頭嶼ニ行キ」の記述があり、一九一二年に紅頭嶼（今の蘭嶼）で田代が行った調査の成果を取り入れている。その後もＮ一二七を使って、六月一六日(月)にも講義をした（前述の通り、六月一六日が月曜日なのは一九一三年である）。一六日時点では「(3)サイザルヘンプ」を講じ、その後も繊維植物の講義を続けた。画像八九枚目より、六月二八日(土)以降まで続けていることは確かである。二八日時点では「(5)月桃草」を講じている。後述の台湾総督府帰府から考えて、七月上旬に講義は終わっているので、Ｎ一二七を講義全期間にわたり使ったようである。各繊維植物についてては栽培法や収穫法だけでなく、世界の需要状況や気温・土質・風・湿度にも言及がある。Ｎ一二八はＮ一二七を整理したものであるが、画像五五枚目に「昨大正元年八月初旬」とあって、大正元（一九一二）年の翌年であることを示す以外、日時等の書き込みはない。またＮ一八四などを（一九一一年同様に）使用した可能性はあるが、断定はできない[22]。

結局、第二回は農学科で一ヶ月弱にわたり繊維植物について、最新の調査成果をも取り入れながら詳細な講義をしたことは確かである。田代が台湾総督府に帰府したのは、「彙報」（『台湾総督府報』第二七〇号）の記述によれば、七月一三日(日)であった。

第三回（一九一四年）

田代は、五月二四日(日)から講義を開始し、六月三〇日(火)に終えた[23]。五月二四日と記載されているノートは、Ｎ一八一（画像二一枚目）とＮ一八六（画像一五枚目）がある。どちらも二四日は、コーヒーについて「気象土質」を講じてから「第四章　栽培法」に入っているが、記述は違う。後述の通りＮ一八一は画像七枚目から第四回の講義ノートであると断定でき、かつ他のノートの存在を前提として項目だけあって空白となっている頁があるので、第三回はＮ一八六を使い、第四回はＮ一八六などの存在を前提にＮ一八一を作成したと推測したい。なおコーヒーの記述自体は第一回で使用したＮ一九〇がより詳細であり、かつＮ一八一とＮ一八六が鉛筆書きなのに対しN一九〇はコーヒーの部分に限りペン書きなので、第三回・第四回ともN一九〇も手元に置いていたかも知れない。

コーヒーを講じた後、六月六日(土)からは**N一八五**を使って、纖維植物の講義を始めた。**N一八五**は「大正三年六月講話録巻一」とある表紙(画像一枚目)や目次の後、本文の最初である画像五枚目に「大正三年六月六日」とある。N一八五の纖維植物の分類は、N二〇〇やN一二七とも異なり、「第一門　纖維料植物　第一類　マニラロープ　第二類　紅頭嶼糸バセウ　第三類　沖縄糸バセウ　第四類　サイサルヘンプ　第五類　マーゲーヘンプ　第六類　アウリチウスヘンプ　第七類　チトセラン　第八類　ニューゼーランドフラクス　第九類　パインアツプル纖維　第九類　苧麻即ラミー　第十類　黄麻　帽子原料　(一)パナマ帽草　(二)林投　(三)シュロノ葉(四)ビナウノ葉」となっている(目次となっている画像三・四枚目)。なお**N一八五**のノートは講義の要点だけを記しており、細部は前述の**N一八七**などで補ったと推測される。**N一八七**は、表紙(画像一枚目)に「鹿児島高等農林学校講話録巻一補充」とあり、内容も「サイザルノツヅキ」(画像四枚目)とあって、サイザルヘンプなどで追加部分を講じている。

六月二〇日(土)からは前述の通り**N一八八**を使用して澱粉植物を講じた。主な内容はアロウルートである。第一回でアロウルートを講じるのに使用したN一八二と比べ、より詳細になっている。

N一八〇はこの回の鹿児島入りの日記である。画像二六枚目には講義時間の記載があり、今日の一般の集中講義と違い、通常講義の合間を縫う形で、月曜日は二時間目と四時間目、火曜日は二時間目、水曜日は二時間目と三時間目、木曜日は一時間目、金曜日は五時間目、土曜日は二時間目と三時間目、というように開講されていたことがわかる。

結局、第三回はコーヒーと纖維植物と澱粉植物についての一ヶ月余りの講義であった。田代が台湾総督府に帰府したのは、「彙報」（『台湾総督府報』第第五三二号）の記述によれば、七月六日(日)であった。

第四回（一九一五年）

田代は、五月二二日(土)から講義を開始した[24]。画像一枚目に「大正四年五月起　天剣手簿　第四回入鹿児日誌巻一　此主　田代安定」とあり、この回の日記であることが明らかなN〇三八にも、画像三〇枚目に「二十二日土曜　今日ヨリ農林学校講話ニ取掛ル　午前七時出校八時ヨリ開講ス」とあり、(五月)二二日開講とわかる。最初はN一八一を使ったと推測できる。N一八一の画像七枚目には「鹿児島高等農林学校第四回講話録巻一　熱帯植物大意　私ハ今日カラ熱帯植物ノ講話ニ取掛リマス」とある。N一八一は熱帯経済植物を講義対象とした。具体的には「林業：普通農作物：ダケハ除」いた「(一)飲料植物　(二)澱粉植物　(三)繊維植物　(四)果実各品(五)油料植物　(六)特殊熱帯植物　樹脂（ゴム）薬用香料等」を講じると画像八枚目で述べ、最初に(一)飲料植物としてコーヒーを講じ、次に(二)澱粉植物としてアロウルートとタピオカを講じた。N一八一は既存ノートの存在を前提としており、N一八五を併用した他、前述の通り五月二七日(木)と二八日(金)はN一八八のアロウルートの記述の一部を用いた。六月一日(火)には再びN一八一に戻ってノート最後、タピオカの「第四章　製粉仕上法」まで講じている。

N一八一の次に使用されたのは、N一九五である。N一九五は画像四枚目に「タピオカノツヅキ　第四章　製粉法ノ中」、五枚目に「鹿児島高等農林学校第四回講話録巻二　第二門澱粉植物ノ続キ　第三類　タピオカ　第五章　生根ノ利用法」とあって、N一八一に続くものであることがわかる。恐らくは六月一日午後と六月二日(水)にN一九五の画像一六枚目まで講じ、ソテツ澱粉にも言及したはずである。

N一九五も既存ノートの存在を前提としており、(三)繊維植物は、前述の通りN一二七を用いて、マニラヘンプ、紅頭嶼アバカ、サイザルヘンプを講じた。画像一七枚目から、六月三日(木)にはN一二七に入っていることがわかり、前述の通り画像四七枚目から、六月五日(土)もN一二七を使用している。その後六月七日(月)に再びN一九五に戻って、画像三九枚目以降でサイザルヘンプの補足やマーギーヘンプの補足を行っている。(四)果実各品は飛ばして、次は「第四門　油料植物」として、N一九五の画像一七枚目からココヤシと油椰子を講じている。(六)特殊熱帯植物についても対応するノートがない。

結局、第四回は田代なりの「熱帯経済植物」とは何かを広く講じたと推測できる。以上の各回に一度も出てこなかったP〇三四は、「特殊経済熱帯植物」という言葉を作り、その中で「纎維植物之部」を記述した清書稿である。画像一六枚目の「輸出額」に「大正二年度」の数字があるので、五月の講義に使用可能なのは一九一五年だけであると推測できるが、講義に用いた形跡（書き込み等）はない。

以上の四回を整理すると、田代の講義が台湾のどの知識を用いていたかだけでなく、講義体系の整理進展の具合も理解できる。台湾の知識は、田代の献言により創設され、田代が初代の場長を務めた台湾南端（熱帯気候区に位置する）の恒春熱帯植物殖育場の知識が広く（第一回は竹や籐や美術用材まで）、深く（栽培法や収穫法だけでなく、世界の需要状況や気温・土質・風・湿度にも言及する）展開されている。田代が第一回講義を行った一九一一年はちょうど『恒春熱帯植物殖育場事業報告』第一輯（纎維植物）と第二輯（纎維澱粉及飲料植物）が刊行された年である。続けて翌一九一二年は第三輯（油料及染料鞣革植物）が刊行されている（鞣革は、なめしがわ）。これら事業報告は、主として植物殖育場への移植試験報告であって講義そのままではないが、田代の講義知識の源の一端を知る手掛かりになるであろう。また植物殖育場の知識だけでなく、上陸調査した紅頭嶼での知識もさっそく用いられている。

講義体系の整理進展については、第一回は纎維植物や澱粉植物だけでなく美術用材にも広く言及していたが、

第二回は繊維植物の内容を充実させる方向に転換した。第三回では講義内容がコーヒー（飲料植物）・繊維植物・澱粉植物に整理される。最後の第四回では講義全体での狙いを「熱帯経済植物」の講義であると最初に述べて、飲料植物・繊維植物・澱粉植物を中心としながらも、体系化しようとした。

田代がこの四回の講義をもととした書籍を刊行することは無かった。しかしながら受講した鹿児島高等農林学校の学生、特に第四回を受講した学生、そして後述の通り、その講義を筆記したノートを読んだ学生に対して、「熱帯植物学」とは単に熱帯の植物を紹介する学問ではなく、熱帯の植物のうち商品化の進んでいるものを論じることで、プランテーションのような熱帯での企業的農業経営に資する知識を得る学問であるという、田代のメッセージが届いたことであろう。

（3）田代安定「熱帯植物学」の後継講義

前述の通り、鹿児島高等農林学校の初期の「南方」「熱帯」植民地を代表する科目に、田代安定の「熱帯植物学」があった。この科目は、田代の総督府技師としての実務経験、特に恒春熱帯植物殖育場での経験が基になったものであった。田代が講師を解かれると後を継ぐ教員は現れず、「熱帯植物学」という科目は消えた。ところが前節で指摘したように、一九一八年から専任教官によって「熱帯農学」が開設され、続いて「熱帯林学」も開設された。これら科目の担当者たちはその経歴をみる限り、熱帯を訪問した経験はあっても、田代のように熱帯で深く経験を積み重ねたわけではない。では、各担当教官はどのようにして「熱帯」に関する教育の基礎を得たのであろうか。

その答は、一九一八年に鹿児島高等農林学校に設置された指宿植物試験場である。[25] 玉利初代校長が前述「既往十年間の成績」にて「当校が内地において熱帯植物を栽植せんとの企図は決して廃したるにあらず。指宿村内において火山性暖熱地を利用してこれに充てんと目論見」たものが形となった。同試験場は、指宿温泉の温泉熱を利用した農業研究が行われた。研究の中心は、温泉熱を利用した小ナスなどの促成栽培（および販売市場開拓、価格調査、出荷荷造りおよび輸送方法の工夫による産地形成）であり、多数の栽培温床（地面からの高さ九〇センチ）が場内に設置されたが、温室（高さ五・四メートル）も設置された。そして、台湾を含む各地の植物一四〇種類が温室を含む試験場内に移植された。大正末期に移植された植物のリストが一部残っていて、温室内にはアラビアコーヒーなど四五種類、露地にはワシントニヤ糸椰子など五八種類が記載されている。

他の高等農業教育機関を見れば、一八七八年に開拓使の札幌温室が札幌農学校に移管され[26]、一九〇三年には東京帝国大学理科大学附属植物園（現・東京大学大学院理学系研究科附属 小石川植物園）に温室が設置されていた。高等農業教育機関ではないが、一九〇三年に大阪・天王寺で開催された第五回内国勧業博覧会にも温室が設置された[27]。しかしながら、高等農林学校においては鹿児島高等農林学校が最初に温室を設置した[28]。

さらに鹿児島高等農林学校は、単なる（台湾産を含む）熱帯植物の展示施設、いわばガラス箱の中の小さな疑似熱帯として熱帯植物を紹介するために温室を使うだけではなかった。温泉熱を利用した促成栽培による産地形成を行い、地域農業への成果還元を行うという点でこの時期においては先端的な施設であった。前述の「熱帯農学」担当教官中、草野嶽男は一九二一年以来、長らく試験場の施設長を務めていた。

「熱帯農学」や「熱帯林学」の講義ノートは管見の限り現存しないが、田代の「熱帯植物学」とは別物と推測して間違いないであろう。とはいえ、産地形成による地域農業への成果還元など、「熱帯農学」や「熱帯林学」には独自の教育研究上の意味を有していた。そして経済植物による農業経営という観点からは、田代の「熱帯植物学」を幾許かは継承していた。

三　鹿児島高等農林学校学生から見た田代安定の講義

田代安定は前節の通り、開校初期の五年間だけ非常勤講師を務めたに過ぎない。しかしながらその死（一九二八年三月一五日）に際して、鹿児島高等農林学校同窓会『あらた』第一九号は特集記事を組み、何人かの同窓生が回想を寄せた[29]。元・学生たちはなぜ田代を慕ったのだろうか。

『あらた』第一九号の特集記事を見てみよう。玉利長助は林学科第一期生で、一九二八年には測量学、造林及森林保護学の助教授であった[30]。玉利長助「田代安定先生を憶う」（一～二頁）は、以下のように記している。

丁度明治四十四（引用注：一九一一）年夏と思ふ、当時博学で有名な殊に熱帯植物に通暁せらるゝと云ふ先生開講の予告あつて間もなく教壇に就かれたのが五尺内外の矮小な色の浅黒い然し緊張した健康そうな先生である。

質素なる洋服、謙譲なる御態度、並に其の矮小な体躯は当時学者として行政官として名声赫々たる高官として首肯し得ない質朴さである。更に吾人の期待に反したのは其講義であつた。外容に似ず雄弁たる人は少なくない。先生も又開口一番滔々数万言聴者を魅する講義の徹底さを予期したのであるが、予想は全々外れて俯《マ》同《マ》き勝で声が低い。雑音がある、興味ない輩には退屈を禁じ得なかつたかと思ふ。（一～二頁）

として、質朴な小男で講義は迫力が無く、興味のない学生は退屈を禁じ得なかっただろうと記す。普通ならば、そのような講師が慕われるはずもない。その謎は、玉利長助の次の文章で解ける。

先生は教壇の雄でなく、座談的平和な処に得手があつたかと思ふ、訥々要を得ざるが如きも筆を呵すれば千言立所に成る（二頁）

田代は講義より座談が得意であろうと、玉利長助は評している。講義についても、問題点はうつむき勝ちで声が低い、つまり聞き取りづらいことと、雑音がある、おそらく「あー」「うー」などの言葉癖が強かったことにある。講義内容そのものについて、玉利長助は文章にすれば千言たちどころに成る、要するに文章にすれば内容が際立って優れているものであったと評している。

この文章と座談に感銘したのが、松崎直枝である。松崎は「田代安定先生の事ども」（二一～二三頁）という長文で、田代の人物と事績を事細かに記しているが、その冒頭近くは以下の通りである。

三年になつてからの講義であつたので自分は病弱三年の講義を聞かずに退学したので直接先生の講義は聞かなかつたが樋口光雄氏が筆記した手帳は今も自分の手許に残つて居る。直接先生の話を一番長く伺つたのは先年台湾旅行をした時で林科の中村、鵜野両氏と東京から同伴して更に駅まで迎えてくれた松本氏と三人して先生の寓居を正月三日に驚かした時である。（二一～二三頁）

松崎は講義を聞いたのではなく、受講者の樋口（農学科第四期生、正しくは樋口三雄）が筆記した手帳により、文章で田代に触れた。樋口がどの程度、田代の講義内容を筆記できたかは不明だが、きちんと筆記できていれば玉利長助が評したように優れた講義ノートだったはずである。そして、はるか後日になって中村（林学科の中村は複数いるが、田代の講義を受講できた開校初期の世代にはいない）と鵜野（林学科の鵜野は、第九期生の鵜野満男のみ）という、これまた田代の講義を聞くことができなかった世代とともに田代宅を訪れ、長時間にわたり田代の話（座談）を聞いている。わざわざ記すことを見ると印象的だったようである。

玉利長助のように講義を直接聴いた世代だけでなく、松崎のように文章と座談で田代に触れた世代の元・学生たちも、田代を慕っていた。松崎は別の文章で、そのような元・学生を、田代に心酔したという意味なのか「田代宗」とまで記していた[31]。

おわりに

創立期の鹿児島高等農林学校は、「南方」や「熱帯」に強い関心を持った玉利校長の下で台湾総督府殖産局から田代安定を講師として招いた。田代は、当時の日本の高等農業教育機関では帝国大学を含めて唯一であった「熱帯植物学」講義を、殖産局での経験や長年の「南方」「熱帯」経験をもとに講じた。その講義や講義ノートそして座談からは、「田代宗」と言われるまでの心酔した元・学生を生み出していた。

田代の講義は、五年間に四回、それぞれ約一ヶ月開講されたが、同じ熱帯植物を取り扱う講義であっても、広く講じた一九一一年の講義から、熱帯経済植物とは何かを講じた一九一五年まで、その内容は進化を続けていた。田代にとっても、「南方」や「熱帯」の知とは第一回講義時点で完成されたものではなく、講義を通して田代自身が探究を続けるものであった。

鹿児島高等農林学校の「南方」や「熱帯」関連の講義は、田代安定の「熱帯植物学」以外にも、恒藤規隆の「肥料学」や「土壌学」、松岡正男の「殖民政策」があった。さらに田代退任後は、田代の講義そのままでは無かったが「熱帯農学」「熱帯林学」という講義が、指宿植物試験場を活用して講じられた。これら高等農林学校としては先端的な講義内容を、鹿児島高等農林学校は玉利校長時代も後継校長たちの時代も学生に教え続け、「南方」や「熱帯」の特色を保ち続けた。

田代らの「南方」や「熱帯」の知を学んだ鹿児島高等農林学校の学生たちは、その知をどう生かしたであろうか。実際に「南方」「熱帯」に就職した卒業生は限られ、多くても卒業生の一割程度であった。また、学校で学んだ知をそのまま仕事に生かせるとは限らないのは、今も昔も変わらない。台湾へ行って農業技術官僚になった鹿児島高等農林学校卒業生は、農芸化学を学んだ者は台湾総督府中央研究所で醸造研究に従事し、農学科・林学科の多くは農林関係の現地所長や作業の監督指揮にあたっていた[32]。そこでは田代の「熱帯植物学」のような用途から種類から栽培法から経済価値までの様々な豊富な植物の知識を生かすのは難しかった。まして田代の知に積み重ねて、さらなる「南方」や「熱帯」の知を台湾に、さらに鹿児島を含む日本に還元するのは至難であった。とはいえ、田代の講義を受講した世代から、その至難な知の挑戦に挑んで成功した者がいたことを最後に述べておきたい。その卒業生は「はじめに」で蟹江が指摘した、農学科第二期生で農芸化学を学んだ神谷俊一であった。神谷は卒業後、台湾総督府中央研究所にて醸造を研究、そして総督府専売局酒課の技師として、台湾総督府の酒専売を支えた。彼が台湾に、そして日本にさらなる「南方」や「熱帯」の知を還元したのも、醸造を通じてであった。酒課の課題であった米酒（台湾人が愛飲）醸造法改良のヒントを、ベトナムでの視察から見出した神谷は、カビを利用したアミロ式醸造法を開発、これは台湾の醸造法を変えただけでなく、日本での工業用アルコール大量生産への道を開いた[33]。神谷の「南方」「熱帯」は、田代の「南方」「熱帯」とは違うものであったにしても、田代流の経験と観察に基づく知の一端を、神谷も醸造において受け継いでいた。

（1）　他の四校は、東京帝国大学農科大学、東北帝国大学農科大学、盛岡高等農林学校（現・岩手大学農学部）。蚕糸を含めれば他に、上田蚕糸専門学校（現・信州大学繊維学部）、東京高等蚕糸学校（現・東京農工大学）、京都高等蚕業学校（現・京都工芸繊維大学）があった。なお九州帝国大学に農学部が設置されるのは一九一九年、朝鮮の水原高等農林学校設置は一九一八年、台湾総督府農林専門学校設置は一九一九年、鳥取・三重・宇都宮・岐阜・宮崎に高等農林学校が設置されるのは一九二〇年代前半である。

（2）　昭和一五（一九四〇）年一一月一五日現在の『同窓会員名簿』には、二六〇人の死亡者と、二五七人の入営又は出征者を除いて、二〇一二人の現在者が記載されている。そのうち台湾在住者は二〇二～二二四頁の「同窓生地方別」によれば、台北四六人、台中二九人、台南二九人、新竹一三人、高雄一二人、花蓮港七人、台東三人、合計一三九人であり、入営又は出征者を除く現在者の七％弱にのぼる。

（3）呉文星「台湾社会と日本――札幌農学校と台湾近代農学の展開――」（中京大学社会科学研究所台湾史部会編『日本統治下台湾の支配と展開』二〇〇四年）四七九～五二二頁や、山本美穂子「台湾へ渡った北大農学部卒業生たち」（『北海道大学 大学文書館年報』第六号、二〇一一年三月）一五～四一頁を参照。

（4）例えば、鹿児島大学農学部あらた同窓会編『「あらた」七拾五年の歩み　鹿児島大学農学部開学七五周年記念誌』（一九八五年）は、四〇二～四〇九頁に「台湾に於ける同窓生の活動」「台湾での林学科卒業生の動静」「台湾における同窓生の想い出」を掲載しているが、一〇〇名以上の卒業生が台湾で活躍した割に、卒業生で今日の台湾にて知られている人物は見当たらない。

（5）二一世紀に日本語で刊行された論文などで、題名に田代安定が入っているものだけでも以下がある（刊行年順）。

山口守人「沖縄縣下八重山群島急務意見目録（翻刻篇）取調主任 田代安定」（『熊本大学総合科目研究報告』第五号、二〇〇二年三月）一～一二頁

三木健「台湾に田代安定の資料を訪ねて――幻の旧慣調査報告書の出現――」（『沖縄大学地域研究所年報』第一九号、二〇〇五年一二月）一六八～一七一頁

齊藤郁子「田代安定の学問と資料」（法政大学『沖縄文化研究』第三二号、二〇〇六年三月）二七五～三二二頁

南雲清二・岡部俊一・佐々木陽平・滝戸道夫・（故）伊澤一男「キナノキ導入と栽培の足跡をたどる――田代安定とのかかわり――」（『日本植物園協会誌』第四四号、二〇一〇年三月）八九～九六頁

柳本通彦「田代安定と「駐台三十年自叙誌」」（『沖縄大学地域研究所彙報』第六号（台湾特集）、二〇一〇年）七二～七四頁

三木健「田代安定「駐台三十年自叙誌」余滴――天野鉄夫と『蔓草菴資料』のこと――」（『沖縄大学地域研究所彙報』第六号〈台湾特集〉、二〇一〇年）八八～九〇頁

中生勝美「田代安定伝序説――人類学前史としての応用博物学――」（東洋英和女学院大学『現代史研究』第七号、二〇一一年三月）一二九～一六四頁

国吉まこも「一八九五年田代安定の八重山調査と沖縄県の尖閣諸島調査」（沖縄大学『地域研究』第一〇号、二〇一二年九月）一一～二四頁

大浜郁子「田代安定にみる恒春と八重山――「牡丹社事件」と熱帯植物殖育場設置の関連を中心に――」（台湾・

国立政治大学民族学系『民族学界』第三一号、二〇一三年四月）二一九～二四六頁
大浜郁子「田代安定はなぜ沖縄から台湾へ異動したのか――田代による「旧慣」調査の前提として――」（台湾・国史館台湾文献館『第七届台湾総督府档案学術研討会論文集』、二〇一三年）四四九～四六二頁
安渓遊地、安渓貴子、弓削政己他「国立台湾大学図書館・田代安定文庫の奄美史料――『南島雑話』関連資料を中心に――」（『南島史学』第八二号、二〇一四年一二月）一～一九頁
大浜郁子「田代安定にみる沖縄と台湾における「旧慣」調査と統治政策の形成」（台湾・国史館台湾文献館『第九届台湾総督府档案学術研討会論文集』、二〇一七年）三〇五～三二九頁

（6）名越護『南島植物学、民俗学の泰斗 田代安定』（南方新社、二〇一七年）。田代の伝記を掲載した近年の一般書は他に、柳本通彦『明治の冒険科学者たち――新天地・台湾にかけた夢――』（新潮新書、二〇〇五年）がある。ただし柳本の著書は田代単独の伝記ではなく、伊能嘉矩と森丑之助との合伝である。

（7）蟹江松雄「「鹿児島高等農林」と農芸化学――二――鹿児島高等農林学校における農芸化学の歩み」（『日本農芸化学会誌 生命・食糧・環境』第五七巻第四号、一九八三年四月）三八九～三九六頁。蟹江は執筆時、鹿児島大学名誉教授であった。

（8）神谷俊一は農学科第二期生で、農芸化学を学んだ。台湾総督府中央研究所技手を経て総督府専売局技師となり、台湾の酒専売を技術面から支え、一九三六年の危篤時に高等官二等となった。他に台湾で高等官二等にまで出世した卒業生は、台北帝国大学農学部教授として育種学を講じた安田貞雄（農学科第一〇期生）だけであった。なお神谷の追悼文集を兼ねた伝記に、中澤亮治編『神谷俊一君』（一九三七年）がある。

（9）あらた同窓会の刊行物にも再三にわたり掲載される逸話に、林学科第一期生への処分がある。卒業直前の視察旅行の帰途に慰安会を催したところ、そこでの飲酒が玉利校長の逆鱗に触れ、首謀者四人は、席次一番で卒業するはずの級長が七番、二番の副級長（日本国憲法公布時に、内務大臣として副署することになる大村清一）が一五番、残り二人は一人が末席で卒業、もう一人は留年となった。懇親会は林学科教授同席であり、農学科教授たちも学生を擁護したにも関わらず、玉利は聞き入れなかった。この逸話は『玉利喜造先生伝』でも二〇二頁、二〇四頁、二九四～二九五頁、二九九～三〇〇頁で留年した当事者を含め、複数の著者から言及されている。

（10）「校旗及校歌」（『開校二十五周年記念 鹿児島高等農林学校沿革誌』一九三四年）目次前の第三図版。『玉利喜造先生

伝』一〇〇頁にも載る。

(11) 鹿児島高等農林学校の修学旅行については、やまだあつし「鹿児島高等農林学校からみた台湾・沖縄・朝鮮」(『翰林日本学』第二九巻第九号、二〇一七年一月)二一一〜二二八頁の第三章「鹿児島高等農林学校の修学旅行と台湾・沖縄・朝鮮」で簡単な紹介を行った。

(12) 三二一〜三六頁。科目は、正確には学年別に授業時数を加えて記すべきだが、ここでは略記した。

(13)『鹿児島新聞』一九一三年五月九日付には、「松岡農林校講師」として、松岡正男の紹介記事が以下の通り記載されている。

鹿児島高等農林学校講師を兼職せる台湾総督府嘱託松岡正男氏は客歳南満に於る移民状態視察を了し今春渡台したるが今八日入港の郵船信濃丸にて皈来門司に上陸し鹿児島に赴きたるが氏は一ヶ月間の豫定を以て鹿児島高等農林学校に於て殖民学の講義を為す筈なりと云ふ

(14) ラサ工業はHPの「ラサ工業ってどんな会社?」の「歩み編」などで恒藤の活躍を紹介している。http://www.rasa.co.jp/what_is_rasa/ayumihen/ayumihen.html (二〇一八年九月一日確認)。

(15) 明治三三年・内甲二三三号「沖縄県島尻郡南大東島ヲ距ル南約八十七海里ニ在ル無人島ヲ沖大東島ト名ツケ同郡大東島ノ区域ニ編入ス」(一九〇〇年九月三〇日・閣議決定)。

(16) 松崎直枝によって、田代安定の蔵書が台北帝国大学へと寄贈された経緯は、松崎直枝「田代先生の事ども」(鹿児島高等農林学校同窓会『あらた』第二二号、一九三一年八月)三八〜七一頁に詳しい。

(17) 該当する『台湾総督府報』の号数と刊行日は以下の通り。第一回出張は、第三三六一号(一九一一年一〇月三一日)、第三三六七号(同年一一月八日)、第三四〇七号(同年一二月二九日)。第二回出張は、第二三八号(一九一三年六月七日)、第二七〇号(同年七月一七日)。第三回出張は、第四六二号(一九一四年四月一〇日)、第五三一号(同年七月九日)。嘱託となって官吏から外れた後の第四回出張については、『台湾総督府報』に掲載されていない。

(18) N〇一六「大正二年日記」も一九一三年六月からの第二回講義と日程が重なるが、講義内容に触れている個所はない。

(19) 目録上の文書名は「棉、椰子、オユ、ココ、タピオカ」。表紙(画像一枚目)の縦書きの記述を左から読んだものだが、ノート内の記述はタピオカが先であり、他の田代の手書き資料の書き方からも、縦書きは右から読むのが正解と判断する。田代の「サ」は「オ」と紛らわしいが、ノート内で記述されているのはサゴである。

(20) アロウルート（葛鬱金）の記述順序は、P〇三二「葛鬱金移植試験報文　第二巻」と共通する。なお、P〇三二は一九一〇年に作成されたと推測される。

(21) 「本校記事」（鹿児島高等農林学校校友会『校友会報』第二号、一九一四年八月）一二三頁に一九一三年の事項として「一、仝年六月十日田代講師来校本日より授業を開始す。」とある。田代の講義終了が何日かは記載されていないが、翌月には「一、仝年七月十一日午前十時より得業式を挙行す。」として、三年生が得業、すなわち卒業してしまうので、それまでには終了したであろう。

(22) N一八四の画像二枚目には「鹿児島高等農林学校　講話録　林業植物ノ部第二綴　竹及籐属　明治四十五年ノ部」とある。明治四五（一九一二）年に、田代は鹿児島に来ておらず、この記述は変だが、N一八四を一九一一年の講義の後で、次の鹿児島高等農林の講義のために改定しようとしたことはうかがえる。

(23) 「本校記事」（『校友会報』第三号、一九一五年五月）六三頁に一九一四年の事項として「一、大正三年六月六日本日より田代講師の授業開始す」と「一、仝年六月三十日田代講師の講義本日を以て終了せり」とある。

(24) 「本校記事」（『校友会報』第四号、一九一六年九月）六一頁に一九一五年の事項として「一、仝年五月二十二日　土曜日　曇　田代講師本日より授業開始」とある。田代の講義終了が何日かは記載されていないが、七月一一日が得業式、すなわち卒業式なので、それまでには終了したであろう。

(25) 指宿植物試験場については、『鹿児島高等農林専門学校指宿植物試験場温泉熱利用促成栽培試験報告』（一九二六年）と、石畑清武「指宿の温泉熱利用農業の振興」（『鹿児島大学農学部農場研究報告』第二五巻、二〇〇〇年三月）一一〜五〇頁が詳しい。

(26) 「温室農学校所轄」明治十一年二月七日　開拓使本庁内第六号達（『開拓使事業報告』附属「布令類聚」下編十四丁、一八八五年）。

(27) 『第五回内国勧業博覧会要覧　上巻』（同要覧発行所、一九〇三年）二四一〜二四二頁。

(28) 盛岡高等農林学校に温室が設置されたのは、一九三六年（繋温泉にて熱利用実習温室を設置）で、岐阜高等農林学校で温室が設置されたのは、一九二七年（普通の温室）であった。

(29) 「故田代安定谷山国隆両先生追悼録」（『あらた』第一九号、一九二九年二月）。第一九号本文と別に一〜四八まで頁が打たれ、うち一〜四一頁が田代安定先生追悼である。

(30) 玉利長助の肩書と担当科目は、『鹿児島高等農林学校一覧』(自昭和三年至四年版、一九二八〜一九二九年)九七頁「職員」欄の「助教授」の項目による。また玉利長助ほかこの章の鹿児島高等農林学校卒業生についての情報は、同じく『自昭和三年至四年版』一四二〜二〇〇頁「卒業生」欄による。

(31) 松崎前掲「田代先生の事ども」三九頁。

(32) 鹿児島大学農学部あらた同窓会編、前掲書、四〇二〜四〇九頁。

(33) 神谷のアミロ法醸造やアルコール製造の論文は、『台湾総督府研究所報告』『日本農芸化学会誌』『醸造学雑誌』『燃料協会誌』に掲載された。それらは神谷の没後、前掲『神谷俊一君』に収録された。

〔附記〕 本論は、名古屋市立大学・平成二八年度特別研究奨励費による研究成果の一部である。

農村振興運動と八尋生男の政策思想

本間千景

はじめに

本稿の課題は、植民地期朝鮮において韓国「併合」直後から戦時期にわたり朝鮮農政に携わった八尋生男の政策思想を浮き彫りにすることである。

八尋生男は一八八一年六月福岡県御笠町（現福岡県筑紫野市）に生まれた。一九〇七年東京帝国大学農科大学を卒業したが、在学中に政府の委託事業である耕地整理講習[1]を受けている。東京帝大卒業後熊本県技師となり、「併合」の一年後、朝鮮総督府農商工部殖産局農務課技師として朝鮮に赴任する。一九一八年全羅北道技師となり、一九二二年には全羅北道内務部農務課課長、全羅北道種苗場長、全羅北道恩賜原蚕種製造所長、全羅北道蚕業取締所長を兼任、一九二四年には朝鮮総督府殖産局土地改良課技師、京畿道内務部農務課課長、京畿道種苗場長を兼任、一九二六年からは加えて京城製糸場場長を兼任、一九二七年にはさらに朝鮮総督府専売局京城専売支局技師を兼任、一九二九年には朝鮮総督府土地改良部技師を兼任、一九三一年にはさらに京畿道産業部農務課課長を兼任し、同年一二月に退官、翌一九三二年から朝鮮総督府嘱託となった。朝鮮総督府職員録には一九四二年まで名前が掲載されている。日本への帰国が、敗戦により朝鮮半島が解放される前なのか、解放後なのかは定かでないが、一九五二年故郷の御笠村の村史を執筆しており、一九七二年には一九三〇年代朝鮮における農村振興運動について、友邦協会のインタビューに応えている。

農村振興運動の先行研究については、多くの蓄積があるが[2]、八尋の政策立案そのものについての研究は、わずかである。宮田節子の研究[3]では、農村振興運動当時の朝鮮において、年々高率化していく小作料こそが、小作農にとって最も大きな負担となっていたにもかかわらず、政策立案者の八尋がそれには一切手を付けずして、小作農を救済しようとした運動そのものを、厳しく批判している。

筆者は小作料の問題について、朝鮮内の問題だけではなく、日本内地の状況を見て比較検討する必要があると考える。日本内地において小作料は、現物納の場合と現金で支払われる場合があり、一九三〇年代内地における小作料の割合は収穫の五割程度であった[4]。一方、朝鮮の小作慣習では、多くの場合小作料は収穫物により徴収されており、その割合は地方により異なるが四～六割であった[5]。小作料の割合は内地と朝鮮では似通っており、内地でも農務技師であった八尋は、おそらくこの問題に手をつけることは考えていなかったのであろう。また、朝鮮においては地主が離れた所有地の小作農の管理および小作料徴収を担当する舎音が存在したが、八尋はこの舎音による小作農の搾取の問題を認識しつつも、これにも着手しなかった[6]。その代わり八尋は、種籾の分が毎年借金として膨れ上がっていくことが問題であり、それを解消していく方法として「少いがしかし年中不断の収入を見るやうに仕事を考へる[7]」ことを推進した。具体的には、養蚕、養鶏、養豚、畜牛、叺織、縄綯に販売用野菜を加え小作料負担のない副業の多角化を図ることで、米作のみの場合と比べ、収入全体に対する小作料負担の割合が減り、安定的な現金収入も得られる。また、鶏糞を採集利用して堆肥を作ることにより、金肥購入負担も軽減される。こうした「多角形農業」が、小作農の収入源増加に繋がると八尋は考えていた。

早川和彦は、八尋が京畿道農務課長時代、普通学校を卒業しても職に就かない若者たちを対象に推進した普通学校卒業生指導と農村振興運動との関連性に着目し、「八尋が『卒業生指導』実施のなかで培った、個別の年間計画と月ごとの計画をもとにした具体的営農指導のほか、精神指導を重視しつつ、多角的経営で余剰労力の完全消化をめざせば、自作自給が達成でき、現金収支の均衡と負債の根絶ができるというノウハウ」をモデルに、八尋が農村振興運動における農家更生計画を樹立したとし、従来の総督府のイニシアティブを前提とした研究を否定している(8)。筆者は、八尋が卒業生指導を立案し、その経験をもとに農村振興運動における立案を担当したことについて異論はない。農村振興運動の指針、農科現況調査書の作成など、八尋は実質的な立案を担っていた。これは農村振興運動の立ち上げの段階で、事務方を担当していた山口盛の回想(9)により確認することができる。ただし、早川も触れているように、日本内地における農山漁村経済更生計画の方針と朝鮮における農村振興運動との政策の関連があったのか、それとも朝鮮独自＝政策立案者である八尋独自の政策プランだったのか、具体的に検討する必要がある。

また、八尋が招聘に関わった農村振興運動のイデオローグであった山崎延吉との関わりやその思想的な影響があったのか、これについても検討する必要があるだろう。

このように、八尋の政策立案についての研究は、朝鮮総督府嘱託時代の農村振興運動の政策に関するものが主であるといえる。しかしながら、八尋が朝鮮農業をどのように見ていたか、またその眼差しは時代とともに変化していたのか、あるいは一貫していたのかについては、これまで研究されてこなかった。

さらに、宮田も早川も、農村振興運動の展開過程で八尋が尽力した「文盲退治」——識字教育については言及していない。一九三〇年代の植民地朝鮮と日本内地との決定的な違いは、非識字率の高さであった。日本内地では義務教育制度が一般に定着しており、日本内地における非識字率はかなり低かったと考えられる。一方、周知のとおり植民地朝鮮において義務教育制度は導入されておらず、就学率の低さはもとより、非識字率の高さが、農村振興運動を推進していく上で喫緊の課題となっていた。この問題に八尋がどのように対応したのかについて検討する必要がある。

以上に述べた検討課題について、本稿ではまず、日本内地の農山漁村経済更生運動と朝鮮における農山漁村振興運動との関連性について考察する。日本内地においては、従来の農家への指導から村単位への指導へと方針を転換している。逆に朝鮮においては、邑面への指導から農家へ転換している。それが、八尋の農村振興運動方針立案とどのように関連していたのか、あるいは関連していなかったのか検討する。

第二に、日本内地では行われず、朝鮮でのみ展開された農民に対する識字教育の展開について考察する。一九二〇年代には、農民団体、社会主義運動、また朝鮮日報など言論機関によるハングル普及運動など、民間の農民運動や識字運動が盛んに行われていたが、朝鮮総督府主導の農村振興運動の展開に伴い、民間におけるこれらの運動は排除されていった。これに代わり総督府の方針の下、各道において識字教育と農村振興運動の趣旨理解のため、夜学や講習会が催された。この非識字率の問題について、八尋がどのような方策を打ち出したのかについて検討する。

第三に、農村振興運動推進にあたり、八尋は指導の目標として「物心一如（元）」を掲げていたが、「物心一如」とは何を意味するのか、それは朝鮮においても農民講習所など各地で講演を行った山崎延吉の農民道と関連があったのかどうかについて考察する。山崎は八尋と同じく東京帝国大学農科大学の出身で、安城農業学校校長や愛知用水の建設に尽力した。また農業私塾である神風義塾を設立するなど、日本内地における農業実践の第一人者であった。山崎は農村振興運動以前にも朝鮮を訪れていたが、農村振興運動では朝鮮総督府の嘱託となり、何度も朝鮮を訪れ、その度に二〜三週間滞在しては、朝鮮各地で農村振興運動指導者の精神面指導＝農民道を講演して回った。八尋は山崎の講演や農村訪問にも同行していたが、果たして山崎の思想は八尋の政策立案にどれほどの影響を与えたのか、あるいはさほど影響はなかったのか、検討したい。

八尋は主に雑誌に多くの文章を残しており、その著述の大半は農村振興運動期に集中している。政策立案者として、その趣旨を広め、理解させることに腐心したようである。本稿では、これら八尋の著述を中心に分析、考察する。

これらの課題の検討を通して、時間の横軸として、日本内地の農村経済更生運動と朝鮮の農村振興運動との関連、さらに内地の政策が朝鮮における八尋の政策立案に影響があったのかなかったのか、また時間の縦軸の観点から八尋の指導方針がどのように変化していったのかが明らかになるであろう。

一　農村経済更生運動と農村振興運動

(1)　運動の対象

日本内地における農村経済更生運動は、一九二〇年代後半の世界恐慌に端を発した農業恐慌により荒廃した農村の立て直しを図るため、官が主導した運動である。一九三二年九月農林省官制改正により農林省に経済更生部を設置（一九四一年一月廃止）、同年一一月、農林省は「農山漁村経済更生計画樹立方針[10]」を発表、「経営組織ヲ複雑化シテ金銭収入ノ回数ノ増加ヲ図リ、其ノ他各般ノ共同施設ノ普及充実ニ努メ貯金ノ励行、負債ノ整理、予算生活ノ実行、諸負担ノ適正、冗費ノ防止、農村ニ於ケル過剰人口ノ適当ナル処理等ノ計画ヲ実行シ以テ農業経済ノ改善ニ努力スルコトヲ要ス[11]」とした。これと呼応するように、朝鮮においても一九三二年一〇月、政務総監通牒「農山漁村ノ振興ニ関スル件」により、道、郡島、邑面に農村振興委員会[12]が組織され、翌三三年三月「農山漁村振興計画実施ニ関スル件[13]」が各道知事宛に通牒された。農家更生計画樹立方針として、「一、計画は農家個々の経済更生の具体的方策を本体とすると共に其の精神生活的意義を充分闡明ならしむること、二、計画は各戸所在労力の完全なる消化を目標とし其の作業能率の増進を図ると共に可及的多角形的に利用し彼是有機的に綜合統制し一事一業に偏せしめざること、三、計画は自給自足を本則とし漫に企業的営利本位の計画に陥らざること、四、計画は地方の現状に鑑み食糧の充実、金銭経済収支の均衡、負債の根絶の三点を目標とし年次計画を樹立すること[14]」の四つを掲げた。

日本内地の農村経済更生運動と朝鮮の農村振興運動は、双方とも運動名称に「農村」と冠しているが、実は内地と朝鮮では運動の単位が異なっている。内地の農村経済更生運動は、運動の単位は「村」＝共同体であり、朝鮮の場合「農村」としているが、指導の単位は「農家」であった。内地においては、それまで農村運動というのは農家個々に直接働きかけるものであったが、農村経済更生運動では「農村といふ農家の集団に働きかける―個々の農家には農村を通じて間接的に働きかける―運動[15]」と運動の単位が変わったのである。では、もともと個々の農家に指導していたものをなぜ「農村という農家の集団」を対象としたのであろうか。

当時、京都帝国大学農学部教授大槻正男によれば、農家経済逼迫の原因は、第一次世界大戦当時および以後数年の未曾有の好況、外地米移入による内地米価格の圧迫、世界経済恐慌と人絹生産の発達による繭価格の下落などにより農家所得が減少した。負債が増加しないように収支の均衡を得るようにしなければならないが、その場合考え得る方法としては、一方においては生活程度の低下を図ることと、他方には農家所得の増大を図ることとの外に途がない。しかしながら、当時の状況では両方とも困難であった。特に、「農家個々が、之を孤立的に行ふに於ては殆ど不可能事であると云つてよいと思ひます。だが、農家が協同して集団として之を行ふ場合には、何とかその実現の可能性が考へられるのであります[16]」と述べている。現状を改善するためには、農家が協同してこそ実現可能というのである。では、なぜ朝鮮では、運動の単位が農家なのであろうか。

その原因として考えられるのは、非識字率の問題である。農家が共同して負債を増加させず、収入の均衡を得るためには、共同体で決められた共通ルールの下で家計整理を行うことが基本であろう。共通の家計簿あるいは現金出納帳や、共通の農業簿記方式[17]での記帳が必要となる。家計整理と一口に言うが、そのためには文字の読み書きと四則程度ができることが前提となる。前述のとおり、日本内地では一九二〇～三〇年代はすでに義務教育制度が普及し、就学率は九九％以上であった。詳しくは後述するが、朝鮮においては農村振興運動を推進するにあたり、非識字率の高さが問題となっており、まずは文字の読み書きと数字の表記ができるように指導することが喫緊の課題であった。このような状況で邑・面を単位とした農村振興策を立ち上げるのは不可能である。それゆえ、個々の農家を単位とした指導が必要だったのではないだろうか。

ところで、もう一つ別の観点から困窮農家の救済のための家計整理という問題を考えてみたい。一九二〇年代後半、八尋が京畿道農務課長時代に京畿道で始められた普通学校卒業生指導の経験があるのではないかという点である。

普通学校卒業生指導とは、普通学校を卒業するも職に就かない卒業生たちを対象に二～三年の間、母校の教員や校長が農業指導をするものである[18]。八尋は卒業生指導における家計整理の指導について、次のように述べている。

朝鮮農家といはず内地農家に於ても家計整理は急務である。〔中略〕朝鮮に於ては〔中略〕吾人が農村に出入りして見聞するところでは借金のない家は無いといつてよい。而もそれが年五六割の高利債であるから、農家千日の労苦はその利子を払ふに過ぎない。利払生活と私はそれを呼んでゐるが、稼げども〳〵貧乏は追ひつく悲惨な態である。〔中略〕年次計画をたて、遂行する。〔中略〕併し乍らこの計画樹立には農家経営全般につき資料を必要とする上、一家勤労の徹底如何といふことが大に係るので直ちに出来るものではないので、指導に於ても当初に於ては考へられない。[19]

これを見ると、年次計画を立てるために農家経営全体についての資料が必要な上に、一家勤労徹底によるところが大いに関わるため、卒業生指導の初期段階ではそこまでは考えられないという。しかし、最初にまず家計調査をしなければ、計画そのものが成り立たない。卒業生指導を立案し、当初から直接かかわっていた八尋にとって、卒業生指導の初期段階では適切な家計整理は不可能との限界を感じていたのではないだろうか。つまり、中堅人物の養成としての卒業生指導の限界ではなく、負債を抱えた困窮農家の家計整理という観点での限界ということである。普通学校卒業生指導は指定校の教員が行う。学校教員という立場で各農家個々の農業経営状況を逐一把握するというのは教員としても負担であろう。各農家の農業経営状況を把握する作業は、家計簿記帳の方法や堆肥の作り方、副業の奨励などといった技術的な指導とは違い、家計や負債状況という微妙な問題については、調査する側もされる側も精神的な負担を伴う。

だが、これが総督府の政策となればどうだろうか。農村振興運動において、面事務所や金融組合職員など、農家現況調査書作成の担当者が指定農家を訪問し、役所の指示に従って受けるべき調査として資料作成に応じる。八尋は政策立案にあたり、家族構成、借金の有無、不足食糧の量、余剰労力などの数字的把握を第一に考えた。卒業生指導はあくまでも卒業生に対する指導であり、指導生の家族全体を最初から巻き込むことは難しかったのではないだろうか。卒業生指導では踏み込めなかった領域に、政策の名の下に踏み込んだのは、京畿道農政課長として卒業生指導を立案しながらも、肝心な家計整理の指導に至らなかった限界を感じていたからではなかったかと推察される。

（2）農家に対する調査内容

前項で見たように日本内地と朝鮮とは、指導の単位が異なるが、内地においても戸別調査は行われ、それを収集・照合して当該農山漁村の経済事業を検討、指導する。それゆえ、内地においても戸別調査の項目は多岐にわたる。しかしながら、具体的な調査項目について『農山漁村経済更生計画樹立方針』には提示されていない。一九三三年三月農林省経済更生部から出版配布された『農山漁村経済更生計画基本調査事例』（以下『基本調査事例』と略す）には、兵庫県、愛知県、新潟県、岐阜県の基本調査と、長野県の町村経済計画および農科経営計画が掲載されている。これは「各道府県農山漁村経済更生計画書樹立の為の基本調査様式につき執務上参考となるべき事例を編集したもの」である。その緒言には「計画の樹立実行の第一歩は現状の正確なる認識批判に在るを以て少なくとも町村及び各戸農山漁家の経済状態を判断し得るに足る資料は之を調査するを要」し、「部落調査員は戸別申告の指導取纏め又は戸別聴取、実地認定等の調査に当る。〔中略〕極力農山漁家各個の経済の覚悟を究明するは従来の例に観ざる所であつて今回の農山漁村経済更生計画基本調査の特色とする所」とある[20]。

肝心の戸別調査の項目は「家族従業者数、兼業副業関係、土地利用状況、雇はれ労力及雇入労力、負債及預金状況、生産物数量販売方法、生計用品経営用品の自給購入状況、現金収入支出の調査等が主なるものである[21]」と枠組みだけ提示されており、細目については各道府県に任されているようである。

表1は朝鮮における農家現況調査書の調査項目と、『基本調査事例』の各県調査項目をまとめたものである。日本内地における調査項目と農家現況調査書の項目を見てみると、労力や収支状況及び負債状況など、重なっている項目もあるが、朝鮮の農村振興運動推進に当たり、八尋が立案した農家現況調査書は、日本内地における戸別調査を参考にしたとは言い難い。

さらに、日本内地では各府県により、調査表や調査項目は異なっている。これでは、調査項目について内地全体の統計はとれない。村単位の指導であるから、その必要はないともいえるが、一方、朝鮮においては、農家現況調査書、年中行事表、五か年計画表の書式を統一し、朝鮮全体を同一基準で把握できるようになっている点、内地とは異なっている。朝鮮は地域として統計の統一性を図ったのではないだろうか。あるいは、統一せざるを得ない朝鮮独自の事情というのがあったのではないだろうか。この点については次節で詳述する。

表1　朝鮮および内地四県における調査項目

農家現況調査書	基本調査			
朝　鮮	兵　庫	愛　知	新　潟	岐　阜
一 家族調	一 人口、戸数、職業	一 概況	一 地方概況	Ⅰ 公経済ニ関スル事項
続柄	戸口増減の状況	1．調査要旨	1．位置	一 共通的事項
姓名	職業別戸数	2．町村勢概況	2．地勢及土性	1．市町村収支
年齢	自小作別戸数	3．農耕地山林並ニ漁場ノ概況	3．気候	2．市町村重要費目別歳入出
労働能力	二 土地	4．地質	4．交通	3．戸数割納税者階級別調
健康、教育程度其ノ他	所有別土地反別	5．所有別土地面積	5．部落	二 収入増加ニ関スル事項
二 年雇調	土地所有の他町村関係	6．土地所有ノ他町村関係	6．産業組合、農業倉庫ノ有無成績ノ大要	1．市町村有財産
年齢	土地所有並耕作の反別戸数	7．耕作地ノ他町村関係	7．出荷組合ノ有無成績ノ大要	2．部落有財産
労働能力	土地利用状況	8．人口世帯数及其ノ増減	8．資金ノ過不足状況及調達方法	3．市町村税額及課率
雇入年月日 同期間	三 労力	9．職業別世帯数	9．農業一般	4．市町村税収入成績
給与	農山漁家の所在労力	二 経営事項	10．主ナル農産物ノ取引方法及仕向先	三 経費節約ニ関スル事項
現金	他町村よりの雇入労力	1．利用別土地面積	11．其他	1．教育施設
現品	雇はれ労力	2．経営組織別世帯数	二 土地	2．補助及寄付
三 季節雇、臨時雇調	農山漁業の月別所要労力	3．耕作面積別世帯数	1．民有、公有、国有別土地面積	3．市町村債

区別（季節雇、臨時雇）	月別労力の過不足状況	4．労力	2．利用別土地面積	4．市町村債償還年次額
男女ノ別	四 経営資料	イ．町村外ヨリ雇入人数	3．耕地ノ整理及作付作物ノ整理変更ヲ要スル面積	5．基本財産繰入金
人員	金肥購入額	ロ．町村外ヘ雇ハレタル人数	4．所有土地面積並ニ現在経営セル耕地面積	6．基本財産積戻年次額
雇入時期	農山漁業生産物其他要自給物購入額	ハ．年齢別ニヨル従業者ト職業トノ関係	5．土地所有ト地町村トノ関係	四 諸施設ノ整備改善ニ関スル事項
給与	五 生産販売額	ニ．主要農林水産業ニ対スル月別所要労力	三 人口、世帯、職業、従業者其他	1．公営事業
現金	耕種反別と生産販売額	ホ．月別労力ノ過不足状況	1．職業別世帯数、現住人口並ニ従業者数	2．各種団体
現品	養蚕	5．農具及漁具	2．地主、自小作別世帯数並ニ所有土地反別	Ⅱ 私経済ニ関スル事項
四 兼業調	イ．掃立数量と繭販売額	6．肥料	3．耕作面積別世帯数	一 市町村勢ノ概要ニ関スル事項
従事者	ロ．桑園反別並収葉量	イ．自給肥料生産量	4．農家ノ労力需給ノ関係	1．位置及地勢
創始ノ年	養畜管理数量と生産販売額	ロ．金肥購入額	5．転業及帰農者数	2．区域
生産、収入ノ状況	山林反別と生産販売額	7．飼料及副業原料高	6．大農具	3．面積及広袤
従事期間	漁獲物販売高	8．牛馬耕作反別	7．畜力	4．交通
五 耕地、林野、垈等調	加工生産物の販売額	9．共同設備	四 生産	5．戸口
種別	農山漁家の主なる生産販売並収入総額	10．共同作業状況	1．主要農作物作付面積、掃立量、飼育頭数	二 金融ニ関スル事項
耕地面積	六 生活費	三 生産	2．農家産物生産数量並ニ価額	2．金融機関
貸し付け面積	農山漁家の経常費	1．耕種	3．自給肥料生産状況	3．金利
所有面積	農山漁家の臨時費	イ．農産物栽培反別ニ産額	4．副業種類別生産数量及価額	三 負債ニ関スル事項
畦畔、傾斜地利用状況	七 金融、貸借、負担	ロ．栽培概要	五 収支状況	1．負債
垈	金融	2．養蚕	1．収入	2．負債原因
土地利用所見	貸借	イ．戸数	2．支出	3．要整理負債

六 農作物生産高調	負担	ロ.養蚕掃立数並ニ価額	六 資金融通状況	4.債権
種別	八 各種機関並団体の活動状況	ハ.種類別桑園反別並ニ産額	1.資金及負債	四 生産ニ関スル事項
作付反別	附 戸別申告用紙	ニ.蚕期別生産状況	2.利率	1.土地所有関係
収獲高		3.養畜	3.農家負債状況	2.耕地面積
反当数量		イ.戸数	七 農業団体各種機関	3.土地耕作関係
作柄		ロ.家畜飼養数量並ニ価額	1.各種産業団体	4.小作料
附近ノ反当収量		ハ.家畜別飼料給与量	2.自治機関	5.土地売買価格
七 自給肥料生産調		ニ.家畜一日当飼料給与標準	3.教育機関	6.耕地拡張改良
堆肥		4.山林	4.社会的団体	7.用排水利
緑肥		イ.林産物数量並ニ価額	八 其他	8.桑園面積収桑量
草木灰		5.水産	1.村内主生産物価格及農業其他労働賃銀	9.労力ノ過不足
下肥		イ.水産物数量並ニ価額	2.田畑山林売買及小作料	10.動力ノ利用
鶏糞		6.農林水産物加工	3.各階級ノ冠婚葬祭状況	11.畜力ノ利用
蚕沙		イ.加工物数量並ニ価額	九 漁村基本調査項目	12.労賃
八 畜産調		ロ.生産方法	一 概況	13.生産物加工
現在数		7.工賃副業	1.地勢	14.規格統一
最近一ヶ年間ノ生産及販売状況		イ.数量並ニ工賃	2.戸口	15.生産物
飼料不足の状況		8.全生産額	3.漁業組合	16.生産的共同施設
九 養蚕調		9.経営費	4.漁業種類並漁期	17.販売的共同諸施設
桑田区別		イ.農林業経営費	5.漁船	18.経営ノ複雑化
桑田反別		ロ.水産業経営費	6.漁業権	19.各種産業的組合団体
植付ノ年		10.一世帯当農林水産業収支	7.生産額	20.自作農ノ創設及維持
生育ノ良否		四 経済的事項	8.地区内土地ノ面積	五 消費ニ関スル事項

掃立数量		1．生産物販売額	9．水産業所要品並日用品供給状況	1．家計費
生産数量（貫）		2．生活資料購入額	10．漁獲物ノ処理及取引状況	2．結婚費
販売価格		3．負担	11．漁業出稼	3．葬儀費
作柄及屑繭処理状況		4．貸借	二　収支状況	4．年中行事
十　農産加工、林産、水産其ノ他調（最近一ヶ年間）		5．頼母子講	一　収入	5．其ノ他
生産数量		6．産業組合	イ．漁業種類別漁獲高	
販売（数量、価額）		7．農業倉庫	ロ．水産製造物	
主ナル従事者		8．出荷組合	ハ．水産養殖	
原料需給状況		五　社会的事項	ニ．副業収入	
十一　現金収入調		1．土地所有面積別世帯数	ホ．其他ノ収入	
種別		2．自小作別面積	二　支出	
数量		3．自小作別戸数移動状況	イ．生産費	
金額		4．小作料土地貸借価額並ニ売買価額	ロ．公租	
備考		5．地主小作関係	ハ．公課	
十二　現金支出調		6．生活改善	ニ．家事支出	
種別		イ．冠婚葬祭並ニ其ノ他ノ祝典費	三　差引	
数量		7．娯楽	三　金融状況	
金額		六　農山漁村振興ニ関スル施設	一　預金及貸付金	
自給自足、消費、節約ノ程度及方法要旨		1．農林水産ニ関スル教育ヲ受ケタルモノノ数	二　負債	
十三　負債調		2．青年教育ノ状況	三　利率	
債権者		3．町村ノ施設	四　其ノ他	
金額		4．町村農会及各種産業団体ノ施設	一　教育費及就学状況	

利率
借入年月日
期間
備考
十四 預金、貸金調
債務者
金額
利率
預入貸付年月日
期間
備考
十五 食糧不足調(穀類、蔬菜購入、借入調)(最近一ヶ年間)
種別
購入・借入
数量
借入先
利率
借入年月日期間
備考
十六 穀物現物受払、貸付使用残等調(最近一ヶ年間)
種別
数量
摘要
十七 労力調
余剰労力ノ調査
余剰労力ノ消化

	5．農林水産関係小組合ノ施設	二 納税状況	
		附 農村基本調査戸表	

典拠：朝鮮総督府「農家現況調査書」(『農村更生の指針』、1934年) および農林省経済更生部『農山漁村経済更生計画基本調査事例』(1933年) より作成。

二　農村振興運動における「文盲退治」と識字教育

（1）非識字率の問題

前述のとおり、一九三〇年代の日本内地と朝鮮において、政府が農村更生運動を推進していくうえで、最も大きな状況の違いは、文字の普及すなわち識字率の問題であった。一九二〇〜三〇年代日本内地では、義務教育制度がほぼ行き渡り就学率は九九％であった[22]。一方朝鮮においては、周知のとおり日本の敗戦により植民地朝鮮が解放されるまで、義務教育制度が導入されることはなかった。

『昭和五年度国勢調査』によれば、朝鮮各道の非識字率は表2のとおりである。

表2　各道朝鮮人非識字率（％）

道	男	女	道	男	女
京畿道	58	84	黄海道	57	93
忠清北道	70	92	平安南道	50	90
忠清南道	67	90	平安北道	54	93
全羅北道	67	91	江原道	67	95
全羅南道	66	94	咸鏡南道	60	95
慶尚北道	75	92	咸鏡北道	57	94
慶尚南道	72	94	全道平均	63	92

出典：昭和五年各道『朝鮮国勢調査』より作成。

これを見ると、朝鮮南部の農業が盛んな地域の男性非識字率は六〇〜七〇％代となっており、朝鮮北部および京畿道の五〇〜六〇％に比べ、高くなっている。女子の非識字率は京畿道以外いずれも九〇％を超えている。

農村における非識字率の問題は、民間でも深刻に受け止められていた。社会主義農民運動による「文盲退治」[23]、天道教との関係が深い朝鮮農民社の識字運動[24]、新聞社によるハングル普及運動[25]など、さまざまな団体が農民の識字教育を積極的に推進した。

（2）農村振興運動における識字教育

では、農村振興運動では、農村の非識字率問題にどのように取り組んだのか、見ていくことにしよう。

八尋も当然朝鮮の「文盲退治」問題を「農家更生計画の実行準備としては先以て文盲退治が緊急であ」り、「文盲退治は今日の朝鮮農村に於ける重要かつ緊急な社会事業」と捉えている。一九三四年総督府は二年制の簡易学校を設立し、「文盲退治」に取り組んだ。しかしながら、この簡易学校にも就学できない児童もおり、すでに就学年齢を過ぎ、家事や農作業に従事している大人は通えない。

農村振興運動の推進にあたり、「文盲退治」は全鮮を挙げて取り組むべき課題であった。まず京畿道で講習や夜学で使用するためのテキスト『京畿道農民読本全』が発行され、順次各邑面に配布された。これに続き、他道でもテキストが編纂され、識字教育が広がっていった(26)。

八尋は一九三六年の第四次更生計画において、これまでの識字教育とは異なり「一般的の読書算の教授とせず、特に家計簿の記帳に必要なる読、書、算の教授とすることであり〔中略〕一日も早く家計簿の自筆記帳が出来るやうにしたい(27)」と述べている。

斯くて来るべき更生計画実施にあたり、家計簿を自筆記入するを得しめ、現在の如く代筆に依る指導者の世話を省き、指導の力を他に利用して指導能率の増進を図りたいものであります。又講習、夜学の効果を記帳によつて直ちにその生活の上に表はすことが出来るに依つて教へればスグ役に立つ、有難いことであると之を感謝し、記帳力が進めば進むだけ更に他の新らしい文字を知りたいと読書算講習への希望が出で来り、こゝに文盲退治として一歩する訳で、かくして啓盲《ママ》運動が根強く行くのであります(28)。

では、具体的にどのような指導をしたのであろうか。この問題に関しては、八尋自身が何度もその方法を示しているので、詳しく見ていこう。

（3）家計簿記帳準備のための「速成主義の算数講習」(29)

八尋の家計簿記帳講習の特徴は、数字の導入に図を用いて説明することである。まず数字の一から十までと百を教える。図1は八尋が提案する数字の講習方法である。これと同じ図を講習生に刷って配布する。教師は하나、둘、셋（一つ、二つ、三つ）と数えさせ、하나の場合は一の字を教え、둘のときは二の字をというようにして十まで教え、数字の書き方を練習し、次に百を教え、次に数字の組み合わせを教えるという要領である。簡単な加算、減算であればこの図で教えることができるという。更生指導農家の一年の収支がおおむね百を超えないため、千、万は導入しないようである。また、ある部落では七十以上数えることができなかった婦人があったとの例も挙げられている。

第三段階として、金額や月日の書き方を教える。ここでも図が提示されている（図2）が、やや繁雑な印象で

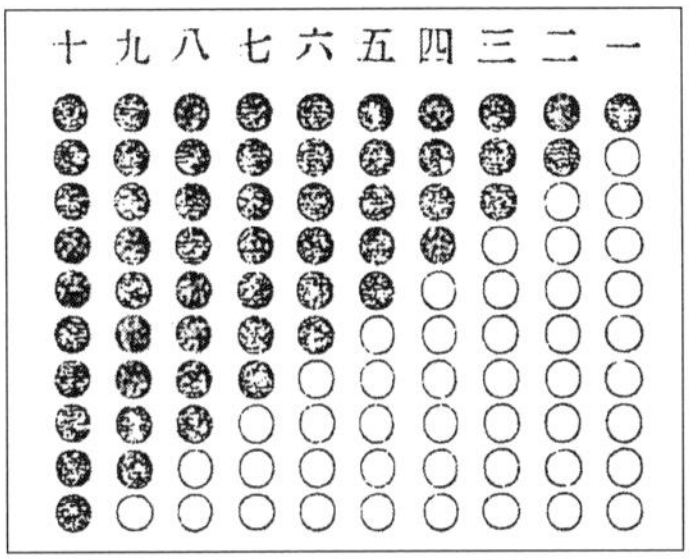

図1

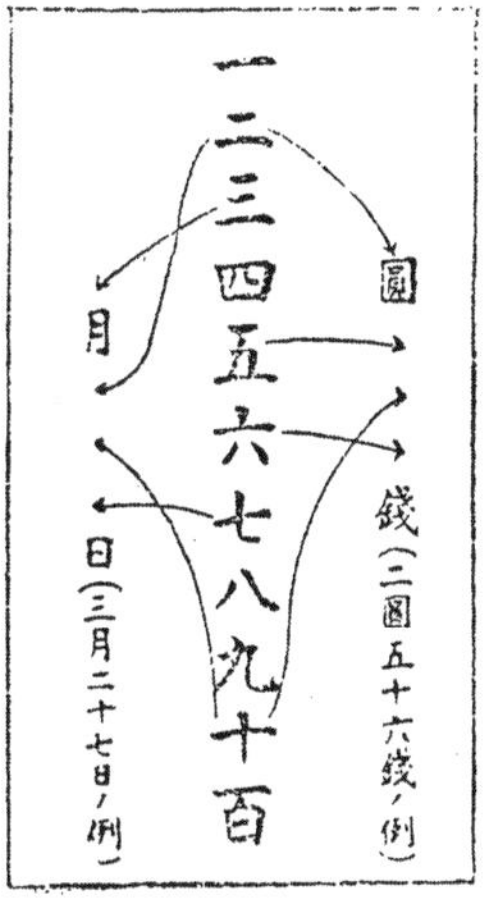

図2

図3

図1～6　家計簿記帳図
出典：八尋生男「第四次更正計画の準備工作」
（『自力更生彙報』第28号、1935年12月20日）より

ある。第四段階としては、大福帳式記帳方法で、書き流し式で記入する。例えば、五月六日、一円三十八銭のように記帳させる。そして第五段階として、簿記式記帳に移り、図3のように、縦書きで記入していく。

数字を学習した後で、文字＝ハングルに移るが、文字のみを学習して単語に移るという方法は採らず、八尋の方法は第一に家計簿記帳に最も必要なものから先に教えるというものであった。「売るものでは籾、大豆、卵、叺などの書き方、又買ふものでは酒、煙草、石油などの書き方を先にするのがその速成の要領」である。次に別図を準備し、例えば煙草、石油、酒の図とそれぞれ対応するハングルを表記し、ハングルを教えるというやり方である（図4）。また、同じような形で大きさの違うもの――例えば、白米、粟、麦は粒の大きさや色で区別する（図5、6）。

これらの図を「図解名称表」として作成し、講習生に配布する。前述の数字理解のための図と、この「図解名称表」二枚を見ながら、家計簿記帳に慣れていくということである。しかも、数字も文字も完全に覚える必要なくして家計簿が書けるという方法は、覚えられないという講習生の精神的負担を取り除くことができる。数字と

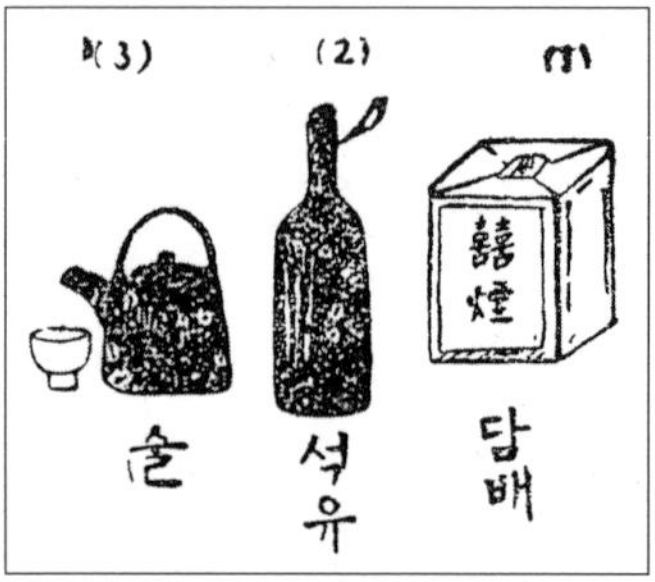

図4

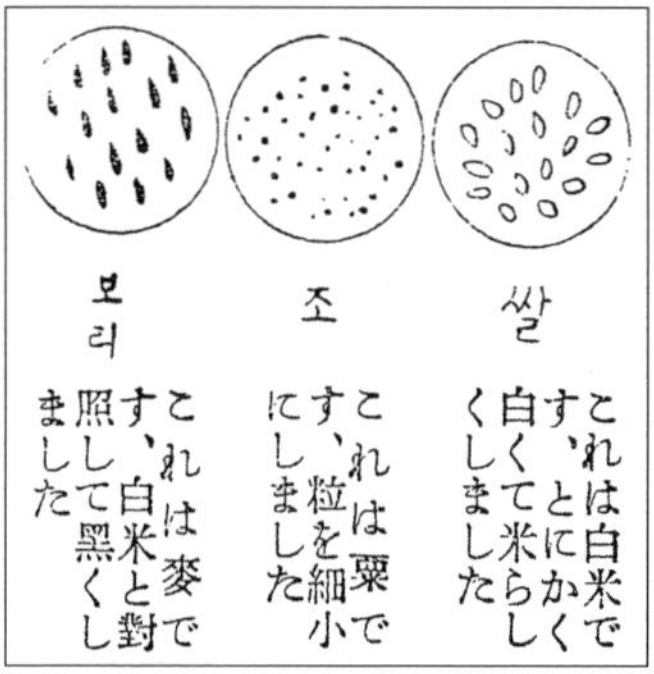

図5

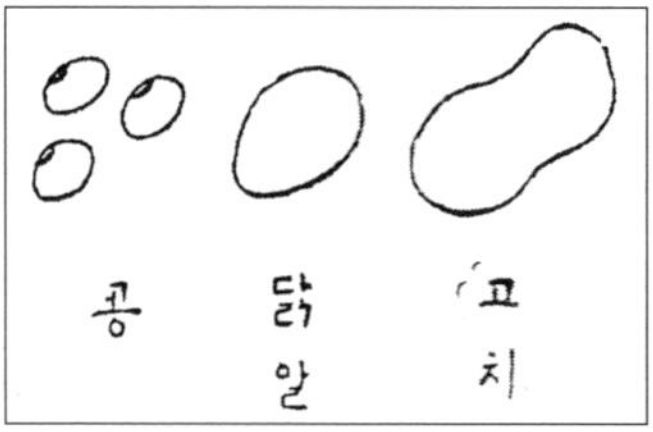

図6

文字の習得が求められてはいるが、講習の目的はあくまでも家計簿記帳にある、ということである。

八尋講述『農家更生読本』には前述した数字理解のための別図（図2）とそれに関する解説はなく、文字導入の解説にも図4、5はない。この家計簿記帳を八尋は「できれば主婦をして記帳整理せしめたい」[30]としている。

このように「家計簿記帳の予備訓練を計画樹立二年前より行ひその計画樹立前年には本格の記帳をなさしむこと、なれば計画樹立上此上なき資料となる（準備指導）」[31]計画だったようである。まず、一年目の農閑期に前述のように図により数字と文字を習得し、二年目には本格的に文字による記帳を学び、正式なものではなく「現金収支控帳」のようなものを書いてみるということであろうか。こうして家計簿記入の事前準備をした上で、現況調査に臨むわけだが、調査の前に調査対象である農家はもちろんのこと、部落の人々に農村振興運動の趣旨を理解させなければならないと八尋は述べている。講習会などの講話において、農家窮乏の状況を予め調査し、それを材料として、①なぜ食糧が不足しているか、②現金の収支が合わないのか、③なぜ負債があるのか、そして如何にしてこの窮乏を切り抜けるかを教え、更生計画の必要性を痛感せしめなければならないということだ[32]。

八尋は従来各道の講習会や夜学で行われていた識字教育に疑問を抱いていた。各道において農閑期に習得できるよう簡易な読本を編纂し、それを夜学や講習会で使用し文字教育を行っていたが、それが必ずしも現況調査の基になる家計簿記帳に結び付くような内容ではなかったからである[33]。だからこそ、生活に密着した、現金出納帳に記入されるような単語をまず習得し、すぐに記帳できるような方法を自ら提示したのである。では、なぜ八尋は夜学や講習会指導者にこのような方法を繰り返し提示したのだろう。実は、一九三五年三月一六日に発せられた政務総監通牒「農山漁村振興上留意すべき要項」で、次のような問題点が指摘されている。

農村振興上更生指導部落に於ける文盲者の啓発を急務とし或は経営主又は主婦或は青少年等に対し夜学其の他の方法に依り速成的に実施せる向少からず。右は適切なる着想工夫と認めらるるも之が実施方法に至りては往々にして程度高く徒に受講者の負担を重からしめ苦心多きに比し実用之に伴はざる憾あるを以て自今之が実施に当りては農家の実情に即して簡易且卑近なる事項の会得を眼目とし差向き諺文にて更生計画を読み且家計簿の記帳をなし得る程度に最小限度の時間と労力とを以て速成実施方考慮せられたし(34)。

つまり、短期にいろいろと詰め込みすぎて、受講者が負担に苦しむ割には実用的ではないということである。例えば、農村振興運動が展開される中、最も早いタイミングで出版された京畿道編『京畿道農民読本全』(一九三三年)は短期間に文字を習得するにはあまりにも内容が多く、しかも家計簿記帳や簡単な算術に関する記述はなく、多くが読物で構成されており、実践的ではなかった(35)。農民が文字を読み書きでき、簡単な計算ができるようにするのは、あくまで農村振興運動推進のスピードを上げ、短期間で多くの農家に更生計画を指導していくための手段であった。そして「家計簿は主婦で(36)」というスローガンの下、従来指導員たちが代筆していた労力を他の指導に転用すべく、特に女性の識字教育が急がれた(37)。

三　八尋生男の農道精神

(1)　京畿道農政課長時代の八尋生男と山崎延吉

農村振興運動が始まる以前の一九二八年二月、八尋は卒業生指導を実施している普通学校校長八名を引率して、山形県立自治講習所を訪問している。

山崎延吉は山形県立自治講習所について、「山形県に於ては、大正天皇御即位記念事業として、農村青年の特殊な教育道場を思ひ立ち、主任となるべき人を物色し、遂に自分の学校に勤めて居つた、加藤完治氏を迎ふる事となり、山形県より藤井学務課長が、自分の諒解を求めて来られたので、その趣意を聞き、その目的を知り、自分も共鳴し、加藤氏を割愛することに決心をした。〔中略〕学校としては、文部省の監督を受けねばならず、県に於ける、学務係の干渉を受けねばならぬので、自由なる教育を行ふことが出来ぬ憾みがあるので、山形県ではこれを自治講習所と、特に命名をしたのである。さうして日本精神は、筧克彦先生の古神道に依りて呼び起し、故山田治郎吉先生の武道に依りて、之を鍛へる事とし、農業の本質は農場に働く事によつて、体得せしむる事としたのである」(38)と述べている。

八尋は、朝鮮の京城ホテルで行われた座談会で、この学校を次のように評している。

　私は二月六日でしたが、京畿道で卒業生指導学校といふものを作つてをる学校の校長八人を連れてあなた（加藤完治：筆者注）の農場を視察に参つたのですが、そのとき丁度加藤さんはお留守でした。生徒もゐなかつたですけれども、又仕事も別に何もしてゐない。あとで感想を聞いてみると予て少し説明は聞いてをつたが、実際来てみると兎に角不思議な学校だと思つたですね。ずつと広つぱでせう。さうして生徒の数が僅かですね。どうしてこれだけやつて行くかといふ。そして名古屋君でしたか職員がをりました。いか《ママ》足袋（地下足袋か？：筆者注）をはいて兎に角あれだけの所に草も生さないで始終働いてをる。中を見ると駒場の実科を出た人がをる。あなたはどうしてこの学校にをるかと聞くと研究に来てゐるといふ、何でも雪解でありまして、道の悪いところをぐる〳〵周りまして、寄宿舎のところに、行くと農村のかなりの人がをる。親父さんがをる。それから、学校に相談に来たと言ふ人がをる。そこへ甲斐々々しい風をした青年が一人はいつて来た。今恰度家が閑だから学校に勉強に来たと言つてましたが、家が閑だから学校に来たといふ。如何にも家庭的なのに皆が感心いたしました。学校を去つて後は学校なんかにめつたに行かんのが普通だのに、暇だから遊びに来たといふことを聞いただけでも皆感心したですねえ。自炊をやつて漬物を一切作る。これは兎に角非常に変わつた学校だといふ。［中略］教科書はどうであるかと聞いても何もないといふんですねえ(39)。

これによると、八尋は加藤完治の運営する山形県立自治講習所について、生徒、職員、農村の人々、駒場の実科（東京帝大農学部）を出た人、家が閑だから学校に遊びに来た学生など、この学校に集まる人々とそれを受け入れる学校の雰囲気や、教科書もないという教育方針に驚いている。当時総督府殖産局農務課長渡邊豊日子が「僕もあそこの時間割を見せて呉れと、とんだことを言ふたことがあつた」と続くと、加藤は「授業は朝つぱらからやることもあり一向やらぬこともある。実習ばかりやることもあります」と応える[40]。中盤では、加藤が山形自治講習所を運営するに至る経緯が語られ、後半最後の部分では、山崎と加藤が、筧克彦を中心として、山崎、加藤完治、守屋栄夫、石黒英彦などとの関係について語り始める。山崎が「筧先生は加藤君を最も信頼してをる人です[41]」と述べると、加藤は、「農民と云ふより以外に、自分の進むべき途がない。ずいぶん煩悶したんですが、先生［山崎：筆者注］に教へられて筧先生に会つてバツタリ考へが変つて了つた。それまでは実に極端でわるければ無政府主義になつてをつたか何になつておつたか分らない。［中略］けれども筧博士の教を受けてから、それから日本人といふことに目醒めたです。その後一貫してゐます[42]」と応えている。

この座談会のタイトルは「朝鮮農事座談会」だが、朝鮮における農業については、八尋以外あまり触れておらず、話題の中心は、山形県立自治講習所と筧克彦を中心とした山崎、加藤の談話である。この座談会を掲載した『弥栄』という雑誌は筧克彦を中心とした一笑会が発行しているため、このような内容となっているのであろう。山崎と加藤以外の発言は、八尋と渡邊、足立のみである。

山崎が校長を務める安城農業学校、加藤完治が運営する自治講習所について、八尋が関心を持っていることは間違いない。わざわざ卒業生指導校の校長を引率して朝鮮の京畿道から山形県まで訪れているのだ。ただし、この時点では八尋は運営方針には感銘を受けているが、その精神＝筧神道については言及していない。もしその精神に共鳴しているとすれば、この雑誌『弥栄』において、その部分が割愛されることはないだろう。

（2）農村振興運動における思想的基軸――農民道とは何か――

一九三三年、山崎は著書『農民道』を出版した。日本内地の農村経済更生運動推進にあたり、これまでの山崎の考えをまとめたものといっていいであろう。山崎は農民道を語る上で、まず日本をどのような国であるかについて語っている。

我国は実行の国であつた。仁義を置かずして仁義行はれ、忠孝を説かずして忠孝行はれ、博愛と云はずして博愛を行ふた国は、我が日本であり、其の民族は我が大和民族であつた。西隣りの支那は仁義を説いた国であるが、我日本を目して君子国と称したではないか。印度の佛教が我国に渡来して其の光を放ち、猶太の基督教が我国に伝はつて甦つたと云はれて居るではないか。[43]

ここで山崎は、日本人が儒教を知る前から仁義忠孝を実践し、キリスト教を知る前から博愛を知っていたとして、大和民族の「優秀性」を主張する。

農民道は大和魂が職務の上に現はるゝ所に認められ、活動に明示されて闡明するものである。故に我が大和魂の表現が農民道であり、其の活動が農民道であるとする。之れ、特に農民道と我が大和魂と題して、講説を試みたる所以である。而も、我田引水の説をなすに非ずして斯くあるべきを斯くありとするに過ぎないのである。[44]

山崎の農民道は皇国思想と深く結びついており、山崎が深く信奉している筧克彦の皇国思想、いわゆる筧神道の影響を強く受けている。また山形県立自治講習所、国民高等学校や後述する岩手の六原道場など、筧の弟子たちによる筧神道を精神的支柱とした農業実践場が各地に開かれ、青年農民が農業実践と精神鍛錬を受けていた。ちなみに、山崎は昭和天皇に対し、農事に関する御進講の経験がある。

雑誌『文教の朝鮮』の卒業生指導座談会で、京畿道視学森武彦は「農民道とは何であるか所謂農業を楽しみ農村を愛させるのであります[45]」と述べている。森の農民道とは農業による郷土愛の育成ということになる。同じ座談会で、朝鮮総督府内務局嘱託李覚鐘も「愛国心、民族愛といつたやうな考へを、郷土愛のところにもつて行つて自分の村をよくする。部落、村洞をよくするといふ風になり得ると思ふのです[46]」と、同様に郷土愛に結びつけている。また、京畿道知事渡邊忍は李の発言に対し「「郷党の善人」を作るといふ意味に指導の精神をおいたら、朝鮮の人は満足できないだらうか。国民教育も郷党の善人を作るといふ意味で宜いと思つてゐる[47]」と述べている。大和民族を全面に押し出した山崎延吉の農民道をそのまま朝鮮に適用すれば「愛国心、民族愛」が、朝鮮民族としての民族愛を喚起し、独立運動や騒擾に繋がることを危惧していることが窺える。それを「郷土愛」という身近な範囲にとどめ、「郷党の善人を作る」というところに目標を置いて指導することで、朝鮮人は満足しないだろうかというのである。一九三一年のこの場面では、非常に注意深く朝鮮人の民族愛に対する警戒と対策について語られている。

では、八尋は山崎が提唱していた農民道について、どのようにとらえていたのであろうか。この座談会の翌一九三二年一一月時点での八尋の文章を見てみよう。

指導に方りては常に物心一元的指導をなしてゐるからその間農民道に関しては実践し来つ《マ》で《マ》ゐることである。実際公民的教養は前掲栗谷先生の言の如く一の徳教である。農民生活を離れた公民道徳はない、然らば指導が農民道に及ぶ以上その公民養成に至るのは当然である。公民的訓練の目標とするところは、国民教育の訓練の目標に包含せらるゝものであるが、特に公共生活方面に必要な徳目を陶冶するのである。即同情、自治、協同、正義、献身、犠牲等の諸徳の涵養である[48]。

ここで八尋は農民道という言葉は用いているが、農民道に関する具体的な言及はない。「物心一元」の心の部分は、「同情、自治、協同、正義、献身、犠牲等の諸徳の涵養」ということになろうか。八尋の考えは農民道＝

公民養成ということであろうか。これは山崎の農民道の一部をエッセンスとして切り取り、朝鮮農民の指導になじむよう解釈して提示しているように見える。

また八尋は、普通学校卒業生指導は「村のためになる人、村のやくにたつ青年」を作るのであり、「事を成すのではない人をつくる」[49]のを指導の目標としていた。

さらに「卒業生が勤勉力行、独立自営の人となり、家庭人として公民として完成せらる丶のは実に修身である、指導生を中心として全家勤労をする、治産興業する、小作から自作になる、明い家庭が成るのは実に斉家である、一家斉へられて隣保自省又風を改め、良俗美風起り、公共の施設進み来る之れ実に治国の事象である。一地方はこの優良部落を細胞として改善せられ発達しこ丶に経済的にも精神的にも進歩した村ができる地方と化する之れ正に天下平也である」[50]とし、山崎の農民道のイデオロギー＝皇道精神を持ち込まず、『大学』の八条目の修身斉家治国平天下により卒業生指導の趣旨をまとめている。さらに「私は農村の振興は農村生活者の郷土愛から出来るものである―と信じてゐる。要之、卒業生指導も郷土愛への精進である」[51]としており、農村振興運動の基本精神が勤倹貯蓄、勤労愛好、郷土愛といった儒教思想に基づいていることを示している。これは日露戦争後の日本内地における地方改良運動と似通っている。朝鮮農民にとって、儒教思想に基づいたスローガンは受け入れやすいだろう。『自力更生彙報』にもこれに基づいた二宮尊徳の言葉や事績に関する記述が多い。

確認であるが、ここで見てきた八尋の文章は、一九三二年一一月に掲載されたものである。前年、八尋は定年により退職し、翌三二年春にはその農務官僚としての経験と手腕をかわれ、朝鮮総督府嘱託となり農村振興運動方針に即した政策立案に取り組んでいる。山崎延吉も、朝鮮において農村振興運動が始動すると同時に、朝鮮総督府嘱託として招かれ、同じく朝鮮総督府嘱託となった八尋生男の案内のもと、朝鮮全土を行脚した。山崎は二〜三週間朝鮮に滞在し、青年農民や振興運動の指導者に向け講演を行った。つまり、八尋は山崎の農民道については講演も聞き、もちろん著作も読んでいたはずである。宇垣総督の旗振りの下、農村振興運動推進にあたり、山崎を推薦し、連絡をとったのは、ほかでもない八尋であった。その八尋が、農民道について語る時、山崎の農民道＝皇国精神には触れず、卒業生指導方針を儒教の世界観で語っているという点、注目すべきであろう。

(3) 農村振興運動における八尋の「農民道」観

山崎延吉の著書『農民道』は一九三三年に出版され、朝鮮では翌年朝鮮語訳『鮮訳農民道』が出版された。宇垣一成が題字を揮毫していることから、朝鮮語訳出版は総督の御墨付と言えるだろう。

朝鮮語訳版では、各章で原文から削除された部分や、逆に文章が加えられている部分もある。たとえば、削除されている部分は、日本の政治制度（普通選挙）、和歌、いくつか挙げられている事例の一部割愛、自由独立に関する記述、軍人勅諭の引用などである。加筆部分は、章末にまとめとしての一〜二行と「二宮翁報徳」の数か所であり、いずれも全体的な割合としては小さい。八尋を含む朝鮮総督府関係者たちが、山崎の農民道＝皇道精神に関する表現をさけ、儒教精神に基づいて切り取られ共有されていたエッセンスを示してきたのであるが、『鮮訳農民道』では、山崎の農民道＝皇道精神についての核心部分（第九章皇国精神ト農民道）はそのまま翻訳されている（一部削除）。

大幅に削除されている部分は、「第一五章　国力の進展と農民道」と「第一六章　国防と農民道」の二章分全文である。特に第一五章全体は朝鮮および満洲への移民奨励に関する章である。その一部をここに引用しておこう。

　朝鮮を合邦以来、鮮人が内地に来る機会を得て、無暗矢鱈に来る。而も内地人が朝鮮に行くことは相変らず少い。鮮人に職を与へ、鮮人を向上せしむるは勿論大切であるが、それでは朝鮮の経営は進捗しない。特に、人口食糧問題が喧しい今日、而して遊民徒食の処置に困り、失業者の処分に苦心する折柄、朝鮮の開発を閑却するは、以ての外の曲事である。朝鮮の開発は多くの方面を有するも、特に農業を以て開発する方面が多いのである。農業者の増加につれて、他の職業が追従すべきである。されば朝鮮開発に付て遠大の計画が樹立されねばならぬことは勿論であるが、先決問題は、我が国家の興隆、我が国力の増大、我が国運の進展に殉ずる覚悟を以て、朝鮮経営の事に進出する人を出来すことである。〔中略〕小作者を間引いて、共に朝鮮の開発に方向変換をなさしむる策を講ぜねばならぬ。然らざれば、徒に都市集中の弊を助成し、失業者の群れを多くするばかりである。[52]

これを見ると、内地の耕作地不足を朝鮮移民で解消しようというういわば農民道実践の最終目標の部分が、朝鮮語訳では削除されている。『鮮訳農民道』は帝国地方行政学会朝鮮本部が発行しているが、この本を読むことが出来る朝鮮農民の反応を想像すれば、章全体の削除は当然の措置であろう。

では、朝鮮総督府嘱託となり、実際に農村振興運動が動きだしてからの八尋の言説はどのように変化したのか、あるいはしなかったのであろうか。

一九三七年三月二〇日付『自力更生彙報』で八尋は、農民訓練所における農業経営の指導として「其の指導が物心一元的に行はれ以て経営の基調たるべき農道精神が陶冶せられねばならぬ[53]」とあり、また「郷土農業」という語も登場する。しかし、物心一元、農道精神、郷土農業についての言及はないが、次号では農道精神について次のように述べている。

健全なる農道精神を体得せる青年を我等は待望して居る、口の人でない腕の人を待望して居る。真に農業の本質を理解し、農道に立脚した人生観をもつた青年を待望してゐる。修身斉家を真に遂げ得る青年、進んでは部落開発の為、更に地方振興の為真に実行力ある青年を待望してゐる。〔中略〕実習を通しての農道精神の体得―之が訓練上物心一如の指導となつて顕はれる。〔中略〕道を行へば禄自らその中に在るやうに、物と心とが一元となつて働かねばならぬ、即ち農道精神を基調としたる経済活動の指導を要望するのである。之れ物心一如の指導を緊要とする所以である。[54]

ここでも、やはり八尋は農道精神の体得を「修身斉家」で説明しており、一九三二年当時と変わりなく、八尋の中では一貫している。また物心一元は農道精神を基調とした経済活動という理解である。では、農民道についてはどうであろうか。同じく『自力更生彙報』では、「農民道の実践」について述べているが、具体的な説明はなく、前述の山崎の著書『農民道』により、全朝鮮で講演されたことに言及しているだけである。また「実習によりて体得すべき精神それは農道精神であり農民道である」とし、農道精神＝農民道という図式になっている。そして、実習指導の在り方について、①自重心の啓培②労働尊重③理想信念の確立④進歩進取⑤共同協調⑥感謝報恩と自主自立を挙げている。これらはいずれも『農民道』の各章でまとめられていることであり、山崎の農民道を忠実に踏襲している。[55]ただ一点、「皇国精神と農民道」を除いて。八尋は一九三七年五月の時点にあって、『農民道』から皇国精神を丁寧に排除しているように見える。

(4) 六原道場への朝鮮人青年派遣

一九三八〜三九年頃、八尋は岩手県六原道場へ朝鮮の農民道場指導者を送り、一か月練成させた。六原道場は、一九三二年九月、同県金ヶ崎町六原の陸軍軍馬補充部支部跡地に設立された。当時の岩手県知事は石黒英彦である。石黒は、一九三一年一二月に岩手に赴任し、まもなく六原道場設立に着手したとみられる。前述のとおり、石黒は筧克彦の門弟であり、朝鮮総督府事務官、内務局地方課長、警察部長を歴任している。六原道場は日本精神を高揚し、困苦欠乏に耐え、大自然を開拓する青年を育成することを目標としていた。六原道場の設立目的は次のとおりである。

六原道場は、県下青年男女を訓育して専ら信念と実力との啓培に努め、依つて祖先伝来の日本精神を体現し、入りては地方風教の作興及地方産業の進展に尽し、出ては新領土及海外への発展を図り、以て本県の振興と皇国の興隆とに貢献する地方中堅人物を養成するを目的とす。[56]

八尋は、六原道場に朝鮮から青年を送り込むことになった経緯について、のちのインタビューで次のように述べている。

ところで、この時局によって農村振興運動が意外な収穫を得たんです。それは内地においてその頃青年の練成がとても盛んで、岩手県に青年道場がありまして、陸軍中将が所長で非常に力強い指導をしておりました。日本で評判の青年道場でした。その評判が朝鮮にも聞こえてきました。朝鮮では相当長い間、農民道場的なものをやっておりましたから、その指導者をそういうすばらしい所に連れて行って、練成をしたら役に立つだろうという話が起ったのです。それはいいことだ、となって少なくとも一か月はやろうと予算をもらって計画をした。私が岩手県に下打ち合せに行ってみると、日本神道的な訓練で筧俊成《ママ》という非常に神道に熱心な大学の先生がおられて、筧神道を朝の行事などすべてにとりこんで精神修養の糧にしてやっているんです。私はいつも朝鮮では大いにやっておりましたからこれは面白いと思うわけです。それから相談して五十人を一か月間入れてもらうことにしたんです。各道から適当者を集めて乗り込んだんです。［中略］青年を六原道場にやってよかったから、今度は婦人をやろうということになり二回やりました。青年も二回、婦人も二回、五十人ずつでした。［中略］私が行ったときにはいわゆる筧神道の行をやるんです。あれは日本のダンスです。それを向こうの婦人講習生と一緒になってやるんです。[57]

このインタビューから、六原道場の練成に対する評判が朝鮮にも伝わっており、朝鮮の農民講習所や青年道場でも行われていた朝の行事での精神修養が筧神道の「ダンス」＝日本体操《やまとばたらき》と通じており、八尋がこれを「面白い」と思い、朝鮮から六原道場に青年を送り込んだのちに婦人も送りこみ、訓練したということがわかる。朝鮮の農民講習所での修練は、山崎延吉の構想・指導に基づくものであろう。八尋は前述のとおり、雑誌等の文章では「農民道」の解釈について表現に気を遣っているが、山崎の農民道、ひいてはその精神の源である筧神道に対して、むしろ親しみと共感を抱いているようにみられる。八尋はこの六原道場への派遣訓練の結果、朝鮮に帰ってからの活動が「農村振興運動にいろいろいいものがあった」とし、「内鮮融和」に非常に役に立ったと評価している(58)。

さらに、内地では戦争遂行のためには食糧増産が絶対であるにもかかわらず、徴兵により農村の人手不足が問題となり、朝鮮に応援の依頼がくるようになると、八尋は朝鮮から熊本、宮崎、佐賀、大分など九州をはじめ、茨城などあちこちに朝鮮から青年農民を農村援助のため派遣した。八尋は受け入れ先の担当者との打ち合わせの際、いろいろと条件をつけたが、人手が足りないため、どんなことでも受け入れたという(59)。農村での生活は一か月ほど続いたが、八尋はこの経験が朝鮮人青年たちにとっては、内地農家の「働き具合、農具などが朝鮮よりも進んでおり、農業練習に行ったと同じ」と述べている。結局、六原道場への青年・婦人派遣も、内地農家への青年派遣も、八尋にとってはひとえに朝鮮の農村振興にプラスになるという考えであったと推察される。それが結果的に内地農村の人手不足に一役買い、「内鮮一体」の一つの事例となったということであろう。

(5) 一九四〇年代八尋の「物心一如」

一九四〇年代になり、八尋は農道精神を「たねをまく心、ものを活かす心」とし、「農道精神を修練することはまた日本精神を修練することである、皇国農民として諸君が腕を磨き魂を磨くのはとりも直さず皇国臣民としての人格の練成である」[60]と述べているが、これは山崎の農民道とそれほど区別はないように考えられる。前述のように、八尋はこれまで朝鮮において、農民道を愛国心に結び付けるのではなく、郷土愛に止めていたのであるが、それを払拭し「皇国農民」＝愛国心への結実を目指しているように推察される。皇民化政策が推進され、郷土愛に止める必要などないということであろう。

皇国臣民たれ。さうするにはかく〳〵精神的に目覚めよと呼びかけるが、それを実際生活の上に表はすやうに具体的に指導しなければ其の指導は全きを得ない。皇国臣民化は出来ない。実際生活とは精神、経済（物心）一如の生活をいふ。経済を離れて生活なく、精神と離れた生活もない。然らば単なる精神指導で了らずそれが経済と一如となるやう精神指導を経済生活へ融合せしむるの指導が肝要である。［中略］良い農民即良い国民である。自分の分担である農業を通じて国家に奉公するところに忠良有為な臣民がある。だから我等は更生指導農家をして良い農家たらしむるのが第一要義である。そこに皇国臣民化は自ら出来るのである。[61]

これを見ると、結局これまで八尋が言い続けてきた「物心一如」は変わっていない。しかし、その目標とするところが「農業による郷土愛の育成」から「皇国臣民の育成」へと変化している。さらに八尋は一九三九年八月生業報国講習会の講演で、次のように述べている。

国民精神総動員聯盟の運動は、時局に鑑み急速に日本精神を昂揚、半島民衆の皇国臣民化を図り、挙行一致の体制を堅確にするを以て目的とする精神運動なること、［中略］時局に即して、半島に於て大いに日本精神を昂揚する、半島大衆を皇国臣民化する、而も急速にこれを実現し以て挙国一致の態勢をしつかりと築き上げて行かう、さういふ精神運動が総動員聯盟の運動であります、而して農山漁村の振興は精神的基調の上に農山漁家の経済更生を図り、以て忠良なる皇国臣民を育成するを最終の目的とする、物心一如の運動であること、尚その精神的指導に付ては、一層連盟の指導原理の目標に順応誘導すること、斯くの如く農山漁村振興運動は単なる精神運動ではない、物心即ち経済的精神的一如の指導をするのでありまして、之は昭和八年の政務総監通牒にはつきりと出てゐる、［中略］この運動に依つて本当に百姓らしい百姓、真に皇国の農民として働きその使命を果すその人にしたい、斯ういふことであります(62)。

ここでは、国民精神総動員運動の趣旨を称賛した上で、農村振興運動は「物心一如」の運動であり、真の皇国農民へと導くと、農村振興運動の意義を強調している。農村振興運動がその目的を変えながら終焉を迎えつつあるこの時期、農務官僚として長年朝鮮農政に携わってきた八尋生男にとって、物心一如こそが、なんとしても農村振興運動の火を絶やさないという矜持であったのかも知れない。

八尋の言う物心一如は「修身斉家」の儒教的理念に基づく農道精神を持った青年が経済活動を行うことであった。しかしここでは、物心一如の指導は、日中戦争を経た一九三九年八月の時点でも農村振興運動の当初から変わっていないと述べている。つまり、八尋の中では精神運動の理念そのものの変化が問題なのではなく、指導理念に順応し、農業実践を通して経済活動を行うこと、この二つが一つになってこそ真の農民だということではなかったのだろうか。

おわりに

以上、農村振興運動と日本内地の農村経済更生運動がどのように関連し、政策立案者であった八尋生男の指導方針がどのようなものであったのかを見てきた。以下整理すると次の通りである。

第一に、日本内地の農村経済更生運動は、運動の単位は「村」＝共同体であり、朝鮮の場合「農村」としているが、指導の単位は「農家」であった。農村経済更生運動では農村という農家の集団に働きかけ、個々の農家は農村を通じて間接的に働きかける運動であった。また、内地の基礎調査項目と、朝鮮の農家現況調査書の調査項目は共通項目もあるが異なる項目も多く、さらに、内地では各道府県単位で調査項目も異なっており、八尋が朝鮮の農村振興運動の方針立案にあたり、内地の方法を参考にし、影響を受けたとは言い難い。

第二に、本稿では朝鮮で運動の単位が農家となった原因として、就学率の問題＝非識字率の高さの問題を指摘した。共通の家計簿あるいは現金出納帳を記入するためには、文字の読み書きや数字の表記ができることが必要であったが、朝鮮における非識字率の高さは、大きな壁であった。一九二〇年代には民間による識字教育が盛んであったが、農村振興運動推進の過程でこれらを排除しつつ、総督府の主導により識字教育を展開していった。しかしながら、各道による識字教育は八尋の思うようなものではなかった。八尋にとってあくまでも、農民への識字教育は、教育的観点ではなく、農村振興運動を効率よく推進するための手段に過ぎなかった。従来、指導員たちが代筆していた労力を他の指導に転用すべく、特に女性への識字教育を急いだ。

第三に、八尋の農道精神についてだが、基本的に精神的側面と経済的側面の充実である「物心一如」の指導方針に揺るぎはなかった。しかし心的側面の解釈は朝鮮の置かれた社会的な状況により、変遷していった。当初は、修身斉家の儒教徳目により郷土愛の育成に止められており、山崎延吉の農民道への具体的な言及は避けていた。日中戦争が始まり、一九三〇年代末になると、八尋は精神的側面については国民精神総動員運動の指導に順応誘導しつつも、物的側面においては農村振興運動がその指導にあたり、結果として「皇国の農民」を指導育成するに至った。

最後に、本稿では、山崎延吉の農民道に対して、八尋が言及を控えていた点については指摘したが、山崎をはじめとする筧克彦に連なる人々の農業実践には高い関心を示していたことも事実である。八尋が筧神道にどれほど関心があったかわからないが、朝鮮人の満洲移民などについてどのように考えていたのか明らかにできれば、さらに八尋の朝鮮農業観を検討できるであろう。今後の課題としたい。

（1）一八九九年の耕地整理法制定により、全国的に耕地整理事業を推進するため耕地整理技術者の養成が急務となった。そこで農商務省は一九〇五年、大日本農学会附属私立東京高等農学校（現東京農業大学）に第三種開墾及び耕地整理技術員講習部を、次いで一九〇六年東京帝国大学農科大学に第一種、第二種耕地整理講習部をそれぞれ委託した。この講習の目的は、耕地の拡張や整理を行うにあたっての技術上の知識と、法手続きを伴う繁雑な事務上の知識およびその手続きを習得させることにあった。中村好男「大学における卒業生への技術者継続教育の取り組みとキャリアアップの現状」（平成二六年農業農村工学会大会講演要旨集）一二頁、内藤利貞「農業土木教育のあゆみ」（『創立三十周年記念・農業土木研究』第二七巻第五号）三四五頁。

（2）金英喜『일제 시대 농촌 통제 정책 연구』（景仁文化社、二〇〇三年）、青野正明「植民地朝鮮における農村再編成政策の位置付け――農村振興運動期を中心に――」（『朝鮮学報』第一三六輯、一九九〇年七月）、同「朝鮮総督府の農村振興運動期における神社政策――「心田開発」政策に関連して――」（『国際文化論集』第三七号、二〇〇七年一二月）、同「植民地朝鮮における農村振興運動期の「敬神崇祖」――朝鮮総督府の神社政策に関連して――」（『桃山学院大学総合研究所紀要』第三三巻第一号、二〇〇八年三月）、板垣竜太「解説」（『自力更生彙報』第六巻、ゆまに書房、二〇〇七年）、同『朝鮮近代の歴史民族誌　慶北尚州の植民地経験』（明石書店、二〇〇八年）、同「朝鮮の地域社会と民衆」（『岩波講座　東アジア近現代通史五　新秩序の模索一九三〇年代』岩波書店、二〇一一年）、李明実「日本統治期における朝鮮総督府の「卒業生指導」」（『筑波大学教育学系論集』第二二巻第一号、一九九七年一〇月）、李正連『韓国社会教育の起源と展開　大韓帝国末期から植民地時代までを中心に』（大学教育出版、二〇〇八年）、富田晶子「農村振興運動下の中堅人物の養成――準戦時体制期を中心に――」（『朝鮮史研究会論文集』第一八集、一九八一年三月）、松本武祝「一九三〇年代朝鮮における農村振興運動――植民地権力による農民の組織化過程――」（『商経論叢』第三二巻第三号、一九九六年一二月）、文鐘鐵「日帝農村振興運動下의　教育活動研究」（中央大学校大学院博士学位請求論文、一九九五年六月）、尹素英「一九三〇年代植民地朝鮮における新教育運動の変容――簡易学校を中心に――」（『植民地教育史研究年報』第一五号、二〇一二年）、古川宣子「植民地期朝鮮の簡易学校――制度導入とその普及を中心に――」（『大東文化大学紀要』第五五号〈社会科学〉、二〇一七年三月）、尹恵順「韓国近代の青少年教育政策に関する研究――

「普通学校卒業生指導」を中心に」(『社会システム研究』第五号、二〇〇二年三月)、佐藤幸也「農山漁村経済更生運動に見る農民教育の分析――昭和恐慌下の農村における「中堅人物」養成を中心として――」(『岩手大学教育学部研究年報』第六五号、二〇〇六年二月)。

(3) 宮田節子「朝鮮における『農村振興運動』――一九三〇年代日本ファシズムの朝鮮における展開――」(『季刊現代史』通巻第二号、一九七三年)。

(4) 農林省農務局『小作事情調査』(一九三八年)二二一～二二三頁。
農林省農務局『小作委員会と其の事業の概要』(一九三四年)には、委員会の事業として、農会、小作人会、地主会の三者により委員を選出、委員会を設置し協議の末、小作料改定に至った事例が掲載されている。日本内地においては一九三〇年代半ばには、このように個々の地主と小作人との契約ではなく、小作委員会が問題を提起し、農会や地主との協議により、問題を解決していたケースがあった。

(5) 朝鮮総督府『朝鮮の小作慣習』(一九二九年)二一四～二一五頁。

(6) 八尋生男「舎音論」(『朝鮮農会報』第一〇巻第五号、一九一六年一月二五日)二六頁。

(7) 八尋生男「卒業生指導と農村振興策(二)」(『府邑面雑誌』第二巻第九号、一九三二年九月)一六頁。

(8) 早川和彦「植民地期朝鮮における普通学校「卒業生指導」と農務官僚八尋生男」(横浜国立大学大学院教育学研究科修士論文、二〇一五年)。

(9) 山口盛「宇垣総督の農村振興運動」(友邦協会編『朝鮮近代史料研究 友邦シリーズ』第七巻、クレス出版、二〇〇一年)。

(10) 農林省「農山漁村経済更生計画樹立方針」(一九三二年一二月二日)。

(11) 同前、一三頁。

(12) 農村振興委員会は、朝鮮における農山漁村の振興に関する方針施設及び統制に関する重要事項を審議する。朝鮮総督府農村振興委員会を筆頭に、道・郡島・邑面農村振興委員会が設置された。朝鮮総督府「朝鮮に於ける農山漁村振興運動」一九三四年一月、一八～二二頁(『戦前・戦中期アジア研究資料1 植民地社会事業関係資料集〔朝鮮編〕27 社会事業政策「経済更生と社会教化」――農山漁村振興運動と農村社会事業3――』近現代資料刊行会、二〇〇〇年所収)。

(13) 一九三三年三月七日政務総監各道知事宛。

(14)「農山漁村振興計画実施に関する件」（朝鮮総督府編『農村更生の指針』一九三四年七月）二〇～二三頁。
(15)大槻正男「第五課　農村更生と農業簿記」（社団法人農村更生協会編『農村更生読本』一九三六年初版、一九三八年四版）五八頁。
(16)同前、六〇～六一頁。
(17)内地における農村経済更生運動時には、京大式簿記と帝国農会式簿記の二つが主流であった。
(18)八尋生男と卒業生指導については、早川、前掲「植民地期朝鮮における普通学校「卒業生指導」と農務官僚八尋生男」を参照されたい。
(19)八尋生男「卒業生指導と農村振興策(三)」（『府邑面雑誌』第二巻第一一号、一九三二年一一月）五六頁。
(20)農林省経済更生部『農山漁村経済更生計画基本調査事例』（経済更生計画資料第五号、一九三三年三月）一～三頁。
(21)同前、三頁。
(22)『日本近代教育史事典』（平凡社、一九七一年）一七五頁。
(23)飛田雄一『日帝下の朝鮮農民運動』（未来社、一九九一年）。
(24)金子満「朝鮮植民地における文化支配への抵抗運動に関する歴史的検討――一九二〇年代の朝鮮農民社による「文盲退治運動」（文解教育運動）を中心に――」（『社会文化研究』第六号、二〇〇三年）。
(25)新聞社によるハングル普及運動については、崔誠姫「植民地期朝鮮におけるハングル普及運動――朝鮮日報社の「帰郷学生文字普及班」を中心に――」（『史論』第六〇号、二〇〇七年）、同「植民地期朝鮮における東亜日報社の「ヴ・ナロード運動」（一九三一年～一九三四年）」（『日韓相互認識』第二号、二〇〇九年）を参照されたい。
(26)農村振興運動において各道で編纂されたテキストの内容分析に関しては、拙稿「植民地朝鮮における農村振興運動と新教育」『日本植民地・占領地教科書と「新教育」に関する総合的研究～学校教育と社会教育から』（課題番号22330207）平成二二～二四年度科学研究費補助金（基盤研究（B）（一般））研究成果報告書、研究代表者西尾達雄）、「一九三〇年代農村振興運動と農民教育――京畿道編『京畿道農民読本全』を中心に――」（『植民地教育と身体　植民地教育史研究年報17』二〇一四年）を参照されたい。
(27)八尋生男「第四次更生計画の準備工作」（『自力更生彙報』第二八号、一九三五年一二月二〇日）九頁。
(28)同前。

(29) 同前、九〜一〇頁(図1〜図6の典拠も同)。
(30) 朝鮮総督府(朝鮮総督府嘱託八尋生男講述)『農家更生読本』(一九三六年)一七六頁。
(31) 同前、一七六〜一七七頁。
(32) 八尋、前掲「第四次更生計画の準備工作」一〇頁。
(33) 同前、九頁。
(34) 増田収作「農村振興と文盲啓発」(『自力更生彙報』第二一号、一九三五年五月二〇日)一八頁。
(35) 本間千景「一九三〇年代農村振興運動と農民教育――京畿道編『京畿道農民読本全』を中心に――」(前掲註26)。
(36) 八尋生男「農村振興と青年団の活動」(『自力更生彙報』第三三号、一九三六年五月二〇日)七頁。
(37) 八尋生男「農家更生読本の使用について」(『自力更生彙報』三四号、一九三六年六月二〇日)五頁。
(38) 山崎延吉『我農生回顧録』(一九三五年)二〇九〜二一〇頁。
(39) 「朝鮮農事座談会速記録(二)」(『弥栄』第七五号、一九二八年八月)、二六〜二七頁。この座談会は一九二八年六月一日、朝鮮の京城ホテルにおいて行われた。出席者は、山崎延吉、加藤完治を中心に、藤井寛太郎、韓相龍、加藤茂苞、天日常次郎、富田儀作、賀田直治、渡邊豊日子、足立丈次郎、池田泰治郎、石塚峻、八尋生男、萩原彦三、中村孝二郎、山本尋己、以上一六名。
(40) 同前、二七〜二八頁。
(41) 同前、二八頁。
(42) 同前、四〇頁。
(43) 山崎延吉『農民道』(一九三三年)八七〜八八頁。
(44) 同前、九一頁。
(45) 「卒業生指導座談会」(『文教の朝鮮』第六九号、一九三一年五月)六九頁。
(46) 同前、七二頁。
(47) 同前、七三頁。
(48) 八尋、前掲「卒業生指導と農村振興策(三)」五八頁。
(49) 同前、五八頁。

(50) 同前、六三頁。
(51) 同前、六七頁。
(52) 山崎、前掲『農民道』、一六二～一六三頁。
(53) 八尋生男「農民訓練所に於ける農業経営実習(一)」(『自力更生彙報』第四三号、一九三七年三月二〇日)九頁。
(54) 八尋生男「農民訓練所に於ける農業経営実習(二)」(『自力更生彙報』第四四号、一九三七年四月二〇日)三～四頁。
(55) 八尋生男「農民訓練所に於ける農業経営実習(三)」(『自力更生彙報』第四五号、一九三七年五月二〇日)七～八頁。
(56) 伊藤金次郎『六原道場』(協同公社出版部、一九四三年)、五～六頁。
(57) 八尋生男「朝鮮における農村振興を語る」(『朝鮮近代史料研究―友邦シリーズ第七巻農業』クレス出版、二〇〇一年)二四～二六頁。
(58) 同前、二五頁、二七頁。
(59) 同前、二六頁。
(60) 八尋生男「農民道場の生活」(『自力更生彙報』第六七号、一九三九年四月二〇日)一一頁。
(61) 八尋生男「物心一如として顕はるゝ農村振興運動」(『自力更生彙報』第七六号、一九四〇年一月二〇日)二一、二三頁。
(62) 八尋生男「農村指導の実際」(朝鮮総督府『昭和十四年八月　農村振興指導者第一回生業報国講習会速記録』一九四〇年三月)四二九、四三一～四三二頁。

日本統治期台湾総督府における技術官僚の出自と活動分析
——土木技師を例として——

蔡　龍　保

はじめに

日本は後発植民地帝国であり、近代以前に植民地を統治したことはなかったが、明治維新を成し遂げ、殖産興業を通じて得た自らの近代化経験を植民地統治の武器とした。日本の近代化過程では、近代的官僚制度の成立および近代的官僚の養成が重要な役割を果たした。岡本真希子は著書『植民地官僚の政治史——朝鮮・台湾総督府と帝国日本——』において、主として植民地官僚に関する諸制度、高等官僚人材とその異動を扱ったが、民族問題と植民地官僚制度の複雑な関係についても論じている[1]。また、松田利彦・やまだあつし編著『日本の朝鮮・台湾支配と植民地官僚』は、課題として植民地官僚の出身系統、植民地官僚と政策の形成、植民地官僚のメンタリティーと政策思想、植民地官僚の人事任用とその異動を取り上げ、これらの問題に関する共同研究の成果をまとめている[2]。筆者の関心は、さまざまな近代化施設の整備に深く携わった技術官僚にある。彼らは近代化を推進した。交通と土木部門についていえば、日本統治期における築港・鉄道・道路・電信・電力・上下水道・都市計画・水利工事などのインフラストラクチャーの推進が、台湾総督府の統治基盤を確立し、台湾全体を近代化へと向かわせた。

台湾総督府における各部門の技術官僚は、総督府の植民地政策のもと、いかなる役割を果たそうとしたのか。技術官僚集団の素質、仕事の内容、さらには活動の実態はいかなるものだったのか。植民地統治の動きに直接影響を及ぼすこうした問題は、深く探求するに値する。近年、技術官僚を中心に近代的インフラ施設について研究した成果は陸続と出されており、例えば、嘉南大圳の建設における八田與一[3]、衛生事業推進者であるバルトン[4]、台湾電力会社のエンジニアである大越大蔵[5]、縦貫鉄道建設での長谷川謹介[6]、土木・建築・営繕事業に努めた長尾半平[7]、基隆築港推進者である川上浩二郎[8]についての研究を挙げることができる。しかし、台湾総督府内の特定の部門に焦点を当てて技術官僚を論じた研究はまだ少ない[9]。そこで、本稿では道路事業を担当した土木技師を対象

主管事務
道路、水道、排水、総督府及び各県官庁等将来実施するべき重要要綱の列挙、設計、調査
1．道路橋梁、河川、港湾調査、築港、水道、排水及び水面の埋め立て等直轄の土木工事の実施に関する事項 2．地方庁の土木工事監督に関する事項
1．直轄の工事に関する事項 2．各官庁の土木工事監督に関する事項
1．直轄の工事に関する事項 2．各官庁その他公共の土木工事監督に関する事項
1．土木工事の計画施工に関する事項 2．土木に属する技術に関する事項
1．道路、上水、下水、港湾、河川、運河及び埤圳その他土木工事に関する事項 2．土木に属する技術に関する事項
1．道路、上水、下水、港湾、河川、運河及び埤圳その他土木工事に関する事項 2．土木に属する技術に関する事項
1．道路、上水、下水、港湾、河川、運河及び埤圳その他土木工事に関する事項 2．土木に属する技術に関する事項
1．道路橋梁に関する事項 2．港湾の工事に関する事項 3．港湾の計画及び設備の調査に関する事項 4．運河に関する事項
道路、橋梁に関する事項
道路橋梁、河川、都市計画、水下水及び工業用水、国立公園、大甲渓開発、水害予防組合等に関する事項

表１　総督府の道路事業における主管部局人員、主管事務沿革表

部門別＼項目	長　官	技　師
民政局内務部土木課 1895.5-1896.4	課長竹下康之（事務官）	杉山輯吉、牧野実、磯田勇治、滝山勉ら陸軍省或は台湾総督府雇員で来台。
民政局臨時土木部 1896.5-1897.1	代理部長山口宗義（事務官） 部長高津慎（事務官） 課長山下三次（事務官）	杉山輯吉、牧野実、磯田勇治、秋吉金徳、堀池好之助、滝山勉、十川嘉太郎
財務局土木課 1897.11-1898.6	課長高津慎（事務官）	渋谷競多、高津慎、小原益知、磯田勇治、堀池好之助
民政部土木課 1898.7-1901.11	課長長尾半平	高津慎、高橋辰次郎、浜野弥四郎、福田東吾、田島穧造、川上浩二郎、十川嘉太郎、野村一郎、青山重遠、片岡浅次郎、大沢正業
民政部土木局土木課 1901.11-1909.10	土木局代理局長長尾半平 土木課長高橋辰次郎	高橋辰次郎、浜野弥四郎、川上浩二郎、十川嘉太郎、清水一徳、山形要助、山路魁太郎、青山重遠
土木部工務課 1909.10-1911.10	土木部長大島久満次 土木部次長長尾半平 工務課長高橋辰次郎 土木部長内田嘉吉 土木部次長高橋辰次郎 工務課長徳見常雄	高橋辰次郎、浜野弥四郎、徳見常雄、川上浩二郎、十川嘉太郎、清水一徳、張令紀、大越大蔵、堀内広助、田上郷吉、庄野巻治、三浦慶次、堀見末子、三木鹿三郎、小川亮吉、中西義栄、国弘長重
民政部土木局土木課 1911.10-1919.8	土木部代理局長高橋辰次郎 土木課長徳見常雄 （後由参事官賀来佐賀太郎） 土木局長角源泉（事務官） 土木局技師高橋辰次郎 土木課長山形要助	徳見常雄、浜野弥四郎、庄野巻治、池田季苗、三木鹿三郎、大越大蔵、十川嘉太郎、堀見末子、山形要助、八田與一、白石誠夫、前田兼雄、蔵成信一、渡部英太郎、高山繁節、高橋甚也、関野謙三、納富耕介、久布白兼治
土木局土木課 1919.8-1924.12	局長相賀照郷（事務官） 土木課長山形要助 局長山形要助 土木課長池田季苗 代理局長相賀照郷 土木課長田賀奈良吉	山形要助、渡部英太郎、張令紀、池田季苗、松本虎太、八田與一、高橋甚也、関野謙三、白石誠夫、前田兼雄、蔵成信一、納富耕介、宇都宮無垢介、山下繁造、白木原民次、岩淵恕、筒井丑太郎、市川純一郎、狩野三郎、磯田謙雄、図子武八、五十嵐大輔、北川幸三郎、若杉直、白石方亮
交通局道路港湾課 1924.12-1942.10	課長池田季苗 課長松本虎太 課長山下繁造	池田季苗、北川幸三郎、市川純一郎、篠原国憲、永田年、山田北男、藤村孜郎、吉村善臣、斎藤四郎、鈴置良一、諸岡明七、上原恵迪、園田省吾、小山三郎、森元一、村上義彦、若槻章一、鳥山貞雄、赤津徳、永淵光次、福田義信、松井時治、上原栄人、今野覚治
国土局道路課 1942.11-1943.11	課長北川幸三郎	北川幸三郎、鈴木進一郎、白木原民次、山田北男、諸岡明七、森元一
鉱工局土木課 1943.11-	課長大田周夫（書記官）	浜田正彦、磯田謙雄、北川幸三郎、白木原民次、山田北男、森志計理、早川透、松下寛、諸岡明七、水尻倉太郎、川上謙太郎、中村網、大江二郎、四十万小祐、藤井隆、牧野八郎、出口一重、若槻章一、向井治吉、鳥山貞雄、塩隆義、上原栄人、今野覚治、久原中吾、梅沢友二郎、大橋清人

出典：台湾総督府道路港湾課『台湾の道路』（江里口商会印刷部、1935年）13～14頁
；謝鴻嶷・林品桐・陳文添編訳「一台湾総督府臨時条例」（『台湾総督府檔案中訳本』第１輯、明治28年甲種永久、第１巻、台湾省文献委員会、1992年）183～185頁
；謝鴻嶷・林品桐・陳文添編訳「一五　弁公庁秘書課掌管之事務」（前掲『台湾総督府檔案中訳本』第１輯、28年甲種永久、第３巻）218頁
；台湾総督府民政部文書課、『台湾総督府事務成績提要（二）』（台湾日日新報社、1898年）190頁
；三浦磐雄「台湾の道路（其の一）」（『道路の改良』第18巻第４号、1936年）104～105頁
；台湾総督府国土局土木課『台湾総督府国土局主管土木事業概要』（光明社商会印刷所、1943年）３頁
；「督府決戦機構本決り」（『台湾日日新報』1943年12月１日、第15716号、１版）
；「本島の最近進歩（十七）」（『台湾日日新報』1903年12月19日、第1691号、１版）。

に考察することとしたい。

総督府官制は日本国内（「内地」。以下、カッコを省略する）のそれ同様、文官を高等官と判任官の二つに大別している。親任官以外の高等官は一等から八等までに分かれており、親任官および一等・二等の高等官を勅任官、三等から八等までの高等官を奏任官と呼ぶ[10]。本稿では道路事業を担当する奏任官以上の技師を中心に、その出身・学歴・経歴・昇進・活動の概況に分析を加えることで、台湾における道路事業を発展させる彼らの専門・素質・役割・任務の時系列的変化を明らかにし、考察したい。また、事業の発展段階および行政運営の特徴に即して、行政官僚主導期（一八九五年五月～一八九八年六月）、技術官僚主導期（一八九八年七月～一九二四年一二月）、交通政策転換期（一九二四年一二月～一九四五年）の大きく三つの時期に区分して、技術官僚の異動を論じるとともに、戦後初期における留用を概観することとする。総督府における土木部門の技術官僚の事例研究を通じて、技術官僚がいかに植民地統治に密接に関与したか、そして、それが戦後国民政府の接収・復興にどのような影を落としたかを探ってみる。

一　行政官僚主導期における技師の構成とその特色（一八九五年五月～一八九八年六月）

この時期、総督府による統治は民政から軍政に戻り、その後再び民政へと回帰する、いわば過渡的発展期にあった。道路事業も、順に民政局内務部土木課・民政局臨時土木部・財務局土木課の管轄下に置かれた。道路事業は独立した部門の下に置かれるのではなく、橋梁・河川・港湾調査・築港・水道・排水・干拓などの工事同様、土木部門の下に置かれたため、技師たちは多種多様な仕事に当たらなければならなかった。ここで注目すべきは、この時期に土木部門を率いた竹下康之・山口宗義・高津慎・山下三次らが土木畑出身でなく、むしろ行政事務に当たる事務官だったことである[11]。土木部門で技術者が先頭に立って率いる体制がまだ確立されなかったことは、この時期に見られる特色の一つである。以下、この時期の技師の特徴についてまとめる（詳細は、本稿末尾の附表を参照されたい）。

（1）学歴分析

学歴という視点から見ると、日本の土木技術が自立する歩みが浮き彫りになってくる。すなわち、日本における土木技術人材の養成は、最初の段階では外国人の指導のもとに行われた。一八七〇年から一八八五年まで、日本国内において工部省が雇った五八〇人の外国人技術者は、イギリス人の占める割合が優に八〇%に達した。日本はこれらイギリス人技術者に代わる自国民技術者の養成のため、一八七一年にイギリス人技師のモレル（Edmund Morel）の建言を受けて、工部省において工学寮（「鉄道」、「鉱山」、「電信」、「灯塔」、「工作」などの学寮からなる）を設置することにし、これと同時に旧延岡藩邸（虎の門）内に工学校を設置した。一八七七年一月、工学寮が廃止され、工学校も工部大学校に改称された。一八八六年三月には、工部大学校は東京大学工芸学部と合併、東京帝国大学工科大学となった[12]。

日本が自ら育てた土木技術者は、官庁が雇った外国人技術者に取って代わっただけでなく、一八八〇年代後半に日本国内に第一次鉄道建設ブームが起こると、官庁に勤務した土木技術分野の人材は民間の土木会社や鉄道会社へ転職していった[13]。日清戦争直後に起きた第二次鉄道建設ブームも、土木技術者が民間の会社に入って活躍することを後押しすることになるが、時まさに日本が台湾を領有する折であり、これにともない大量の土木技術者が台湾に渡航することになった。こうして日本人土木技術者の台湾への進出が幕を開けたのである。この時期に渡台した土木技師としては、工部省電信寮出身の滝山勉・工部大学校土木科出身の杉山輯吉（第一期生）・渋谷競多（第二期生）・牧野実（第七期生）があり、ここから日本が育てた第一世代の土木技術者が活躍の舞台を日本から植民地台湾に求めたことが読み取れる。

（2） 軍との関係

この時期、技師は軍と密接な関係をもっていた。一八九五年五月、台湾総督府臨時条例にもとづいて設立した民政機関は、台北でしか機能していなかったため、一八九五年八月に台湾総督府条例が実施され軍政が敷かれた[14]。総督府の官僚組織は文官の一〜二人を除いて、他はすべて陸軍省の雇員で、その人事の任命は大本営が握っていた。当時、総督府は事務員を任命する際、陸軍省に稟議をしなければならなかったが、任命に急を要する場合には事務嘱託という名義で人事を発令した。一八九六年七月二三日、台湾事務局の決議を受けて、台湾に派遣された陸軍省雇員は総督府雇員に任命され、また、新たに採用される者に関しては総督府が委任状を与えることになった。九月八日、在職満二か月の、今後も引き続き勤務する成績優秀な職員については、俸給を増加するか嘱託を雇員にすることにした[15]。この時期における技師は、陸軍省雇員で渡台した者として杉山輯吉、牧野実の例、台湾総督府雇員の名義で着任した者として磯田勇治、滝山勉の例が挙げられる。このほか、海軍から支援に派遣された者として、堀池好之助、渋谷競多、小原益知の例が挙げられる。

（3） 日本内地で土木の経験を有した人物が多数

多くの技師は台湾渡航前、長年にわたり中央官庁や地方官庁、あるいは業界で土木の経験を積んでいた。杉山輯吉（鉱山局→長野県→農商務省）・牧野実（高知県→山形県技師）・磯田勇治（勧農局→内務省→農商務省→長野県→茨城県→鹿児島県→大分県、長年道路開鑿事業に従事）・秋吉金徳（兵庫県技師）・滝山勉（工部省→逓信省の各局）・渋谷競多（沖縄県技師）・十川嘉太郎（北海道庁土木課技手、函館区役所水道係職員、大社両山鉄道会社創立事務所技師）・小原益知（滋賀県技師）などの例を挙げることができる。このうち、とりわけ杉山輯吉と磯田勇治は多彩な経験の持ち主であり、日本統治初期台湾における道路事業の中心人物となる。

（4） 風紀の乱れ・品行の悪さ

この時期の技術者は、風紀が乱れており、専門性に欠け、かつ品行も悪かったために、しばしば懲戒処分を受けていた。当時の新聞や雑誌、評論では、日本統治初期に台湾に来ていた日本人の質が良くないという点で見解が一致していた。『台湾協会会報』では、後藤新平も「台湾へ行った宗教家、民間人、官吏等の質の悪さが統治の一番のガンだ。容姿に劣り、品行に劣り、生活態度に劣る。渡台日本人は本島人に比べて決して優れてはいない」と語っている[16]。また、「台湾は内地人の掃き溜めなり、定期船は糞船と同じ、瓦礫の中に時に名玉の混入は希有のこと、台湾では内地で塵埃の如き安物も内地人なるが故に高い。総督府は一大廃物利用所なり、毎年の冗費淘汰で紙屑的な人間を島内にばらまく。内地で受けたことのない収入と地位を得て酒色に沈淪、風俗を頽廃さす[17]」と正面から批判する者までいた。

一八九六年、民政局臨時土木部技師の杉山輯吉、牧野実および技手の田口伊平、増田又七、堀江長八の五人が当たった台北城内外の排水工事においては、一八九七年に北門外で崩壊事件が発生した。その原因は設計粗漏および監督の不注意にあったとされ、杉山と牧野は懲戒を受けることになった[18]。その後、この二人は基隆築港調査委員の職も免ぜられた。同年一〇月には委員長の角田秀松は欠員を埋めようとし、急遽その後任に臨時土木部技師の渋谷競多および台北測候所技手の近藤久次郎を任命した[19]。また、一八九七年五月一〇日、民政局臨時土木部技師の牧野実および技手の小林克衛は、詐欺取材被告事件で台北地方裁判所に拘留された[20]。同月一五日、同部技師の杉山輯吉および事務嘱託の宮口次郎も、詐欺取材被告事件で台北地方裁判所に拘留された[21]。さらに、一八九八年八月、民政局技師の滝山勉は収賄の嫌疑で投獄された[22]。この時期、技師八人のうち、少なくとも三人が汚職事件に関係しており、その割合はかなり高いといえよう。当時衆議院議員だった鈴木充美でさえ、「この臨時土木部が実に言うべからざる弊害の蟠って居る一番の局所と思う、一番金儲けのし易い部局であります」と述べているほどであった[23]。汚職事件が多発した結果、逮捕された臨時土木部の職員は三〇余名に上り、その弊害がいかに深刻だったかが窺われる[24]。

(5) 継続から断絶へ

技師の人事は途中で継続から断絶へと一変した。すなわち、軍政時期の民政局内務部土木課の人員と民政時期臨時土木部の技師・嘱託・技手を比較すると、臨時土木部の技師六名のうち、杉山輯吉・牧野実・磯田勇治・滝山勉らは軍政時期中に雇員・嘱託・課員という形で台湾に来ていたこと、嘱託一一名のうち八名に加え、技手三二名のうち二七名は軍政時期後も現職にとどまっていたことがわかる[25]。このように軍政時期より、日本は各種の土木事業の展開のために人材を積極的に投入しており、彼らは後に設立された臨時土木部にも引き続き在職することになったのである[26]。

財務局土木課が専管する道路事務はそれまでと変わることなく、職員には臨時土木部時代からの職員が多かった。すなわち、技師五名のうち三名、嘱託一五名のうち八名、技手三〇名のうち一五名がもと臨時土木部の職員であった[27]。つまり、軍政時期から財務局土木課期まで人事の継続性は明確に見て取れる。しかし、かかる状況は後藤新平が民政長官、そして長尾半平が土木課長に就任した後に大きく変わり、人事は継続どころか断絶してしまう現象が起きるに至った。

二　技術官僚主導期における構造変化と活動分析（一八九八年七月〜一九二四年一二月）

日本統治初期において、樺山資紀、桂太郎、乃木希典と三人の台湾総督はその任期中に各地の抗日運動を鎮圧できず、よって開発事業を行えなかった。後藤新平は高圧的統治政策は中止すべきとして、これに代わって「旧慣尊重」、「生物学原理」にもとづいた植民地統治を主張し、第四代総督児玉源太郎に抜擢されて台湾総督府民政長官に就任した。後藤新平は、日本帝国最初の植民地たる台湾の経営に力を注ぎ、独特な政治手腕を発揮しつつ、日本内地から有能な技術官僚を抜擢した。例えば、旧慣調査に岡松参太郎、土地調査に中村是公、産業に新渡戸稲造、衛生に高木友枝、鉄道に長谷川謹介、土木建築営繕事業に長尾半平を、それぞれ登用し責任者とした(28)。

後藤新平の民政長官就任後、各部門で技術官僚が主役になったことが、この段階の重要な特色と考えられる。制度面にしても、人事の採用にしても、技術官僚の活動にしても、この段階ならではの特徴が見られる。土木部門のトップを見ると、長尾半平が民政部土木課長になってから、基本的に土木部門はプロの技術官僚が主導している。土木部時代において部長は民政長官が務めたが、実質の運営者は次長を務める技師であった。この時期、道路事業は独立した部門がまだ設置されない状態で、前の時期同様、橋梁・河川・港湾調査・築港・水道・電気・水力・排水および水面の埋め立てなどの工事とともに同じ土木部門に所属していたが、臨時台湾基隆築港局・電気作業所・臨時台湾工事部などの臨時的組織ができたため、しばらくの間業務が分割されて、これらの組織への人的支援が行われていた。次の段階に入ると、道路港湾課（同課には道路係が置かれた）ができており、道路事業は新しい段階にむけて発展していくことになる。以下、この時期における技師の特徴について整理し分析する（詳細は、本稿末尾の附表を参照されたい）。

（1） 人員の淘汰・長年勤続・継続性

児玉・後藤時代、長尾が民政部土木課長に就任すると、それまでの技師集団は高津慎を除き、ほぼ全員が入れ替わってしまった。高津も一九〇〇年に退官したので、民政部土木課では、トップから技師集団まで、それまでの人事の継続性が完全に断たれ、土木課技師はすべて長尾が抜擢した新人となった。

また、この時期の人事は以前とは異なり、勤続年数が長く継続性が高くなったことが見てとれる。渡台時と退職時が明確に確認できる技師五〇人の勤続年数を見ると、平均勤続年数は二〇年にまで達しており、このうち、庄野巻治、八田與一、渡部英太郎、前田兼雄、久布白兼治、松本虎太、山下繁造、白木原民次、磯田謙雄、市川純一郎、図子武八、北川幸三郎、森元一らのように、勤続年数は二五年以上に達している。これら台湾経験の長い技師は後に台湾総督府土木部門における重要な中心人物となっていき、総督府土木部で多くの土木事業を次々に推進していくことになる。

（2） 新人の登用および学閥の形成

民政部土木課では、課長の長尾半平が総督府内の他部門から人材を物色し、臨時陸軍建築部の福田東吾・片岡浅次郎・田島穧造・野村一郎、および民政局衛生課の浜野弥四郎らを抜擢した。一方、長尾は東大土木科卒の先輩である川上浩二郎および同窓の高橋辰次郎を引き立てた。すなわち、長尾は民政部土木局長代理として、高橋辰次郎を土木課長に抜擢したほか、新たに東大土木科卒の先輩の清水一徳・山形要助・山路魁太郎を土木課に任用し、その結果、土木課の技師八名のうち、六名が東大土木科卒となり、学閥が形成されている。さらに、同部門のトップのポストは長尾をはじめ、高橋辰次郎・徳見常雄・山形要助に至るまで、ずっと東大土木出身者が占めており、かかる状況は、一九二〇年七月に京大土木科卒の池田季苗が民政部土木局土木課長に就任するまでは、変わらなかった。

この段階（一八九八年七月～一九二四年一二月まで。民政部土木課、民政部土木局土木課、土木部工務課、民政部土木局土木課、土木局土木課）における技師五四名の学歴構成は、東大出身者二四名（うち一九名は土木科卒）、京大出身者九名（うち七名は土木科卒）、九大出身者一名、高等工業学校出身者四名、他校四名、出身校不明一一名であった。出身校不明の一一名を除外すると、東大出身者五六％、京大出身者二一％、九大出身者二％となっており、東大・京大・九大などの帝国大学出身者は全体の七九％を占めている。以上のとおり、土木部門では、長尾半平はトップ就任後、大々的に人事の異動を行い東大卒が主導するエリート技術者集団を形成した。こうした土木課における人事の大きな変化は、長谷川謹介主導下の鉄道部ときわめて似ている。(29)

（3）帝大出身者の活躍

工部省工学寮あるいは工部大学校土木科出身の技師が多かった前の時期に比して、この時期、技師の約七九％は帝国大学出身となった。そのような意味では、帝国大学は植民地経営に要する人材の主な育成機関となっていた。また、前時期における技師の多くは渡台前に中央政府あるいは地方での勤務経験を有したのに対し、この時期は、卒業と同時に台湾に就職するケースが多くなった。採用者のうち、張令紀のみは大学卒業後すぐ技師に任用されたが、他は技手からキャリアを始めた。東大や京大出身のような高学歴者であれば、例えば、国弘長重（二年）・山下繁造（二年）・磯田謙雄（二年）・図子武八（二年）・五十嵐大輔（二年）・北川幸三郎（二年）・納富耕介（三年）・松本虎太（三年）・八田與一（四年）・高橋甚也（四年）・前田兼雄（五年）らのように、大体二年間で技手から技師に昇進しえたし、三～五年かけて技師になった者も少数ながらいた。普通高工を卒業した者については、例えば、三浦慶次（八年）・三木鹿三郎（八年）・久布白兼治（一〇年）・市川純一郎（一〇年）らは専門も学歴も足りず、それを補うために経験を積み重ねなければならず、技師に昇進するのに約八～一〇年かかっている。

新卒を採用するということは、日本が国内の帝国大学などの機関で育成された人材に深い信頼感をもっていたこと、卒業生自身も植民地台湾で才能を発揮することを望んだことを示している。それは、一九〇二年、東京帝大の法科教授・戸水寛人が語った言葉の中に如実に見ることができる。戸水は、「あらゆる方面の人材を養成することは、方今の急務であって、これが需要の途は、有り余るほどにある。国内の有様ばかりで言えば、それほどたくさんに卒業生をだしても、用い場所は、決してわが国内に限るわけではなく、たとえば今幾千幾百の工学士が出た所で、これを東洋の各方面に輸出するとすれば、支那だけでも、起こすべき事業に困らぬだろう」と述べた。隣国、アジアへの侵略は、国家の殖産興業に合わせて、先兵としての工学士を必要とした。工学士は、時代の「花形」になっていた[30]。

（4） 事務多忙な土木技師

この時期、児玉・後藤は道路・鉄道・築港・埤圳などの事業を積極的に展開した。技術者が足りないなかで、技師および技手はいくつも兼職して奔走することになった。彼らの主な活動および任務は以下のとおりである。

①中央における各土木部門間相互の支援

一例を挙げると、一九〇一年、鉄道部は事業遂行の際、河川を調査するにあたって、部内には専門家がいないため土木課に協力を要請した。その結果、土木課技師兼臨時台湾基隆築港局技師の高橋辰次郎は、鉄道部技師を兼任することになった[31]。一九一九年四月、台湾総督府作業所では、事業上の必要により、作業所所長の国弘長重は、高橋甚也（臨時台湾総督府工事部技師兼台湾総督府民政部土木局技師）が台湾総督府作業所技師をも兼任することを希望し、工事部長および土木局長に相談したところ、その同意を得られた[32]。

さらに組織・部門を全体的に見ると、一九〇〇年の臨時台湾基隆築港局の成立を受け、臨時台湾基隆築港局官制に基づき、局長一人・専任事務官一人・専任技師六人・専任書記一五人・専任技手二〇人・専任通訳三人を置く予定だった。ところが、当初、実際には技師が四人しかおらず、うち二人が兼任技師で、技手もわずか八人に過ぎず、うち一人が兼任だった。書記もわずか四人で、うち一人がやはり兼任であった(33)。このように、官制に定められた定員にはほど遠く当時の人材不足がわかる。ここで注目すべきは、前述した技師四人とも支援のために土木課から同局に転じたこと、技手八名のうち七名に加え、書記四名のうち一名が同じく支援のために土木課から同局に転じたことである。一部の人員は、臨時台湾基隆築港局に転じたものの、土木課での本来の職務を兼ね続けた(34)。また、一九一九年時点で、土木局土木課における技師一九名のうち、一三名が鉄道部・工事部・営繕課・作業所・殖産局など、総督府内の他の土木部門の職務を兼ねており、兼職の割合は六八％に達していた(35)。

②土木関係の委員会への参加

この時期、土木部門が中心的役割を担う委員会が多数存在した。よって、当然のことながら各委員会には専門の技師の参加が求められた。例えば、中央衛生委員会、市区計画委員会、水利委員会、衛生および土木調査委員会、河川調査委員会、官設埤圳補償審査委員会などに、土木技師が参加している。

③地方における土木事業に対する協力

この時期、各地方では、計画していた道路・埤圳・建築・その他の公共土木事業が数多くあり、これら工事の円滑な進捗のため、総督府技師および技術者は時間が許すかぎり、地方からの要望に応えて支援に出かけることになった。営繕土木費支弁の事業の場合は、技術人員が配置されるが、地方税や公共団体の費用あるいは協議費などによる支弁の土木事業計画の場合、配置されない。どちらかというと、技術人員の指揮がある場合の方が、工事がうまく進んだと思われる(36)。また、技術人員は時間に余裕があれば、地方において産業界を支援することもあった。例えば、一八九九年、株式会社台湾銀行は、事務所・社宅などの新設工事の際、適切な技術者を民間から招くことができず、そのため台湾総督府に支援を求めた。総督府民政部土木課技師の福田東吾に、一ケ月一〇〇円の報酬で、公務以外の時間で建築工事に協力してほしいという要請であった。総督はこれを長尾土木課長に伝え、諸般の事情を勘案した。この結果、総督府は同課の業務に支障をきたさないと判断して、この案に同意した。[37]このほか、福田は嘱託の形で台北監獄の新設工事を支援したこともある。[38]

④軍の特殊任務に対する支援

一八九九年、台湾総督府海軍参謀長の黒岡帯刀は、戦時あるいは有事の際に備え、本島の防禦に周到な計画が必要と考えていた。こうした事業は技師・技手の支援を必要とした。そのため、同年四月、黒岡は総督府民政長官の後藤新平に対し、海軍幕僚戦時補充人員として、同部土木課から技師一名・技手五名を派遣するよう支援を求めた。これを受けて、民政部土木課はさっそく翌月に技師の浜野弥四郎および技手の小出周太郎・小島敬三郎・松村茂・中本寅蔵・井上賢二を支援に派遣した。[39]

なお、この時期には、多くの土木事業が同時進行的に行われており、加えて、土木部門がまだ細分化されていなかったため、技術者は港湾・道路・河川・上下水道・埤圳などの工事に同時に携わらなければならなかった。このように人手が足りないなか、技術者は中央における土木機関および関連委員会の要職を兼ねるだけでなく、時間に余裕があれば地方における土木事業にも支援を行い、場合によっては軍などの特殊任務に従事するなど多忙を極めた。そのためかもしれないが、土木技術者には病気を理由に辞めた人が数多く存在する。その病名は脳神経衰弱症、慢性腸チフス、マラリア、アメーバ赤痢、肺尖浸潤、脳溢血、腎臓萎縮、血圧亢進症であり、このうち、脳神経衰弱患者が最も多く（約七六%）、土木技術人員によく見られる職業病だったと言えよう。

⑤海外での調査活動

技術集団による各種調査活動と、総督府の各種土木政策の形成・推進は、実は密接な関係があり、そうした頻繁な海外での調査活動の主な目的としては次の二つがあげられる。

a　問題題解決あるいは爾後の土木工事推進のための参考調査

日本内地においては、土木技術は自立できるレベルにあったものの、台湾のような特殊な自然環境で土木事業を進める際には、これに対応しうる特殊な技術が不可欠である。このため、日本内地での経験あるいは外国の経験・技術を直接に台湾での土木工事に用いた場合、いつも技術的失敗に終わった[40]。島内の調査のみでは、工事上の諸問題を適切に解決できないこともあり、そうした場合は、技師は、日本内地に戻り関連工事の経験を吸収したり、さらには海外視察を命じられ欧米のような先進国に範を求めることもあった。列強から植民地経営の経験を学ぶために、技師が英領インド・エジプト、仏領アルジェリア、蘭領ジャワなどの植民地に視察に出張することはしばしばあった。

視察の内容を見ると、港湾・上下水道・水利・埤圳・灌漑排水・道路河川・衛生など、個々の事業を調査するとともに、広範囲にわたる土木事業全体についての調査も行っていた。なかでも港湾事業をターゲットにした調査が最も多く、道路に関する調査は少数にすぎない。それは、築港事業が土木工事のなかでも困難な事業で、多くの場合、先進国の経験を取り入れる必要があったためである。また、この時期は道路事業がまだ積極的に行われていなかったことにもよるように思われる。すなわち、道路の築造は伝統の旧式な道路の域を脱していなかったため、技術的困難を抱えていたわけではなかったのである。

b　帝国拡張に対する協力

第二代総督桂太郎は、台湾統治と対岸（華南）経営を一体のものと考えており、したがって台湾領有は植民地政策の終点でなく、むしろ帝国の南進政策の起点と捉えていた。第四代総督児玉源太郎は、この桂太郎の構想をさらに敷衍して具体化し、一八九九年六月に「台湾統治ノ既往及将来ニ関スル覚書」を提出している[41]。この覚書から、児玉が、土木および公共工事を拡張することは帝国の影響力を広めるための一方策と位置づけたことがうかがえる。事実、その後の展開は計画に沿って飛躍的に進んでいく。台湾総督府鉄道部は潮汕鉄道の設計および敷設を行ったほか[42]、水面下で技術者を派遣して華南での調査を行わせた。すなわち、総督府は、一九一三年に民政部土木局土木課技師の十川嘉太郎を中国・福建省に派遣し、龍巌煤田の調査を行わせた。ついで、一九一七年に民政部土木局土木課技手の松本円次郎を中国・広東省に派遣し、河南水道について調査、実測、設計させた。それから、一九一九年、民政部土木局土木課技師の堀見末子を中国・雲南省に派遣して、油田の探査を行わせた（詳細は附表を参照）。堀見は、後年次のように回想している。すなわち、「私たちの出張命令は、『支那福建省、広東（広州）、英領香港、仏領印度支那、雲南省に出張を命ず。』というものだった。命令は総督の特別命令で、なるべく秘密にということだったから、民政長官も他の高官も詳しいことは、知らなかった」とする[43]。

三　交通政策転換期における構造変化と南進支援（一九二四年一二月〜一九四五年）

一九二〇年代後期になると、台湾総督府は鉄道・築港・道路など交通事業にかかわる政策を見直した。すなわち、一九二五年に生野団六が交通局長になったのち、鉄道政策は「改主建従」に移行することになる。国有鉄道は、一九二六年から一九三六年までの間に新線の建設が行われなかったことが示すように、創業・拡張の時代を乗り越えて、改良の時代に入ったのである。総督府交通局は、往年の台湾一周鉄道計画をしばらく棚上げして、これに代わるものとして自動車網の整備を図ろうとした。「鉄道万能」の時代が終わりを告げ、時代は自動車利用に移っている。それまでの鉄道と港湾を両輪とした体制が打破されて、道路が重要交通網の一環として、鉄道ならびに港湾の発展とともに広がっていく。[44] 交通局内に道路港湾課が設けられたことが、その顕著な証左である。道路港湾課のなかには、庶務係・経理係・道路係・港湾係・第一工事係・第二工事係などの係が設置され、それぞれ道路橋梁・港湾・運河などに関する業務を担当したことからもわかるように、土木部門における業務の細分化が一層進んだ。時局の進展につれて、一九三七年一一月、帝国海軍による金門島の占領をはじめ、南進支援は頻繁になり、その後、国土計画の観点が強く反映された結果、一九四二年に国土局の新設に際し初めて同局の中に道路課が設置された。ここに道路事業を司る部門が出現したのである。このような時代の変化に対応し、技術者の出身や構成・任務・活動はどう変わったのか。この点は、さらなる分析・探求に値する（詳しくは附表を参照）。

（1） 出自の変化

前期の上層部は、ほとんど東京帝大土木出身の者によって独占されていたのに対し、この時期は京都帝大土木出身の池田季苗および松本虎太が上層部に上り詰めた。この時期前後における技師の継続性を見ると、道路港湾課期における技師二六名のうち、池田季苗・松本虎太・山下繁造・北川幸三郎・市川純一郎の五名だけが従前どおり在任し続けている。この事実から、この間に大幅な人事異動が行われたことがわかる。一九二〇年から一九二四年にかけ、技師の中には退職・辞職する風潮が現れ、計一三名の技師が道路港湾課設立前に辞職したため、これらのポストをいかに埋めるかが大きな問題となっていた。

そこで、総督府は、台湾電力や埤圳組合、土木課、鉄道部などの土木関連の機関に協力を求めたほか、さらに日本内地から山田北男（名古屋高工）・鈴置良一（名古屋高工）・斎藤四郎（東大土木）の三人を新たに採用したものの、それでも定員に満たなかった。一九二三年九月の関東大震災後の数年間は、日本内地で帝都復興事業が全力で行われており、土木関連領域における専門の技術者の募集が一層困難となっていたのである。そのような中で、[45]

総督府がとった方策は、経験豊富なベテランの技手を次々と技師に昇進させることであった。また、日本内地では重工業・化学工業が発展し、一九二〇年には数多くの高等工業学校が増設された結果[46]、従前のように東大卒を頂点とする技師集団は質的に変化することになった。道路港湾課期を通して、一四名の技手は技師に昇進して、空席だった技師職を埋めることができた。こうして昇進した一四名の技師のうち、吉村善臣・藤村孜郎・永田年の三人だけが帝大出身で、他はすべて高工出身であったことから、東大卒が主導してきた技師集団には質的な変化が起きた。道路港湾課時期における技師二六人のうち、一〇人が帝大出身（東大五人・京大四人・九大一人）で、他は高工の学歴を持つものであった。前時期においては帝大出身の技師が七九％（東大五六％・京大二一％・九大二％）だったのに対し、この時期では帝大出身者はわずか三八％にすぎず、逆に高工出身者が絶対的多数を占めるようになったのである。

（2）専門の道路技師の積極的な招聘

土木課から道路港湾課をへて国土局に至るまでの発展は、道路事業の専門化そのものを象徴する、伝統的な旧式の道路から近代的道路への歩みでもあった。そのため、この段階の道路事業は、土木分野の人材の能力だけでは賄えず、専門の道路舗装技師の積極的な招聘が必要となった。篠原国憲[47]・永田年・藤村孜郎[48]・山田北男[49]・吉村善臣[50]・諸岡明七[51]・園田省吾[52]・森元一[53]・赤津徳[54]・鳥山貞雄[55]・今野覚治[56]らの任用あるいは昇進は、新規道路事業発展のための人事そのものにほかならない。篠原国憲を例にとると、一九二六年八月に台湾電力株式会社技師から台湾総督府交通局道路港湾課技師に転任してから、縦貫道路測量主任・道路港湾課調査係係長兼監査係技師・舗装試験工事主任・道路材料試験調査主任等を歴任し、新規道路事業の推進に尽力した。

（3） 戦時期における南進支援

時局の進展につれて、南進における台湾の地位がさらに重要になってきたことにともない、総督府の各部門は国策に全面的に協力することになった。南支・南洋への派遣員は特殊任務を遂行することもあった。なかんずく技術者による南進支援は非常に重要な一環をなしていた。すなわち、交通部門については、台湾総督府交通局内の逓信部・鉄道部・道路港湾課が、軍の要請に応えて多くの人材を現地に派遣し、各種調査を行わせたり、諸般の事業を支援させたりした。表2からうかがえるように、台湾総督府道路港湾課は、軍の要請にもとづいて、一九三八年六月から一九四一年七月までの間、技師・技手・雇員・工手・工夫・鳶職・汽罐夫・水夫・人夫・書記等を、厦門島・金門島・汕頭・海南島・仏領インドシナ[57]などに派遣することで、積極的に日本帝国の南進計画を支援していた。以下、華南の厦門・海南島、そして南洋の仏領インドシナにつき、それぞれ具体例を取り上げて、台湾総督府道路港湾課による南進支援を検討する。

①華南への支援

一九三八年五月一〇日、日本海軍は厦門を占領した直後、台湾総督府に協力を要請し、これとともに両者は支援内容についての会議を開いた。五月一四日、海軍からは南支艦隊・厦門陸戦隊・海軍省の代表・軍令部の代表および台北駐在海軍武官、外務省からは厦門総領事、台湾総督府からは事務官の木原円次が派遣され、三者は厦門の応急策について協議した。会議では、海軍が事前に提議したとおり、台湾総督府が職員を派遣して民政に関わる事項を当たらせること、各方面に協力することが決定された。これをうけて、台湾総督府はただちに五月二六日に各分野の専門家と技術者を集めて、現地に官民連合調査団を派遣した。政治・文教・経済・産業・財政・金融・交通（鉄道・道路・港湾など）・逓信（電気・電信・電話・郵便・放送・飛行場）・都市計画・水道・製氷・運送・市場・物資供給・住民復帰・情報宣伝・華僑対策・敵産処理など、厦門統治に関わる課題について基礎的調

厦門	1939. 3. 6	1939. 8.25	工夫	木脇紀夫	
厦門	1939. 3. 6	1939. 8.25	水夫	中村万太郎	
厦門	1939. 3. 6	1939. 8.25	臨時水夫	宮良長祐	
厦門	1939. 3. 6	1939. 7.13	臨時人夫	尤吉森	
厦門	1939. 3. 6	1939. 8.25	臨時鳶職	李深恩	
厦門	1939.12.19	1940. 6.10	電工	花谷新一	
厦門	1939.12.19	1940. 6.10	臨時臨潜	黄連登	
厦門	1940. 1.11	1940. 6.10	臨時人夫	張阿波	
厦門	1940. 1.11	1940. 6.10	臨時人夫	呉松根	
汕頭	1939. 8. 4	1939. 8.25	技師	吉村善臣	
汕頭	1939. 9.19	1939.10.13	技師	吉村善臣	
汕頭	1940. 3.13	1941. 3.15	雇	黒川政吉	
汕頭	1940. 3.13	1942. 1. 6	汽罐夫	山中金蔵	
汕頭	1941. 3.26	1942. 1. 6	雇	三木弥吉	
汕頭	1940. 3.13	1941. 3.15	鳶職	武富省三	
汕頭	1940. 3.13	1940. 7.19	工夫	堀田誠	
汕頭	1941. 4. 6	1941. 4.21	書記	武市績	
汕頭	1941. 4. 6	1941. 4.21	書記	斎藤貞照	
汕頭	1939. 8. 4	1939. 8.25	技手	上原栄人	
汕頭	1939. 4. 6	1941. 4.21	技師	永淵光次	
汕頭	1939. 2.17	1939. 2.26	技師	篠原国憲	
厦門	1939. 2.17	1939. 3.24	技手	鳥山貞雄	
厦門	1939. 2.26	1939. 3.24	技手	安藤満	
厦門	1939. 2.26	1939. 3.24	工手	鎌田治	
厦門	1939. 2.26	1939. 3.24	工夫	富田義人	
厦門	1939. 2.26	1939. 3.24	工夫	王灶生	
海南島	1939. 4.17	1939. 6. 2	技師	篠原国憲	海軍省嘱託
海南島	1939. 4.17	1939. 6. 2	技手	今野覚治	海軍省嘱託
海南島	1939. 4.18	1939. 6. 8	技師	山下繁造	海軍省嘱託
海南島	1939. 4.18	1939. 6. 8	技手	川村卯三郎	海軍省嘱託
仏領インドシナ	1941. 2. 8	1941. 4.10	技師	篠原国憲	海軍省嘱託
仏領インドシナ	1941. 2. 8	1941. 4.10	技手	石川昭	海軍省嘱託
仏領インドシナ	1941. 5.13	1941. 7. 2	技師	山下繁造	海軍省嘱託
仏領インドシナ	1941. 5.13	1941. 6.18	技手	川村卯三郎	死亡
広東	1938.11. 8	1939. 4.29	技師	大塚成	死亡

出典：台湾総督府外事部「南支及南方派遣人員表」(『支那事変大東亜戦争ニ伴フ対南方施策状況』1943年12月、105～109頁)。

表2　台湾総督府交通局道路港湾課の華南及び南方への派遣一覧

派遣地	出発日	帰還日	官職、資格	氏名	備考
厦門島、金門島	1938. 5. 26	1938. 6. 4	技師	図子武八	
厦門島、金門島	1938. 5. 26	1938. 6. 11	技手	高木豊作	
厦門	1939. 12. 11	1939. 12. 16	技手	図子武八	
厦門	1938. 7. 8	1938. 7. 17	技手	吉村善臣	
厦門	1938. 11. 4	1938. 11. 12	技手	吉村善臣	
厦門	1939. 3. 6	1939. 3. 20	技手	吉村善臣	
厦門	1939. 4. 20	1939. 5. 8	技手	吉村善臣	
厦門	1939. 7. 4	1939. 7. 16	技手	吉村善臣	
厦門	1939. 11. 17	1939. 11. 24	技手	吉村善臣	
厦門	1939. 12. 4	1939. 12. 16	技手	吉村善臣	
厦門	1940. 2. 11	1940. 2. 17	技手	吉村善臣	
厦門	1938. 11. 4	1938. 11. 12	工手	大工栄蔵	
厦門	1939. 3. 6	1939. 6. 10	工手	大工栄蔵	
厦門	1939. 3. 6	1939. 6. 10	工手	古荘晃	
厦門	1938. 7. 8	1938. 7. 23	工手	竹下六都夫	
厦門	1938. 7. 8	1938. 7. 17	技手	長谷川栄	
厦門	1939. 5. 28	1939. 6. 5	技手	長谷川栄	
厦門	1940. 1. 11	1940. 1. 16	技手	長谷川栄	
厦門	1938. 7. 8	1938. 7. 23	工夫	三木弥吉	
厦門	1938. 7. 8	1938. 7. 23	工夫	岡田甚平	
厦門	1938. 7. 8	1938. 7. 23	工夫	野田重三郎	
厦門	1938. 7. 8	1938. 7. 23	雇職	三反田貞蔵	
厦門	1938. 7. 8	1938. 7. 23	臨時雇職	蔡寿生	
厦門	1939. 3. 6	1939. 5. 27	臨時雇職	翁仁慶	
厦門	1939. 9. 11	1939. 10. 8	臨時汽罐夫	原田義明	
厦門	1939. 9. 11	1939. 10. 8	左官	原田乙松	
厦門	1939. 9. 11	1939. 10. 8	臨時左官	李福来	
厦門	1939. 9. 11	1939. 10. 8	臨時左官	林明波	
厦門	1939. 3. 6	1939. 8. 25	雇職	矢野常一	
厦門	1939. 12. 9	1940. 6. 10	雇職	矢野常一	
厦門	1939. 6. 10	1940. 6. 10	工夫兼潜水夫	石崎寿平	
厦門	1940. 1. 11	1940. 6. 10	工夫兼潜水夫	小林国平	
厦門	1940. 1. 11	1940. 6. 10	工夫兼潜水夫	石田房松	
厦門	1939. 12. 19	1940. 6. 10	工夫兼潜水夫	佐藤槇男	
厦門	1939. 6. 1	1940. 6. 10	大工	木口菊松	
厦門	1939. 3. 6	1939. 8. 25	汽罐夫	島利三郎	

査を展開したのである。これと同時に、電気・水道・電話など復旧が急がれる施設建設にただちに着手した。

交通施設の復旧に関しても、総督府交通局鉄道部は専門家を派遣して、さまざまな調査を行わせた。六月八日、乗用車二台・バス二台・トラック二台に加え、必要とされる人員および機材を台北から調達し、事務所と車庫を設置し、直ちに事業を開始した。道路港湾に関しては、軍は大阪商船株式会社に対し厦門島で桟橋を建設することを命じたが、同社は台湾総督府に設計を依頼してきた。総督府は、交通局道路港湾課長の松本虎太と交通局基隆築港所長の図子武八を派遣して、まず図上計画を作成、次いで測量調査計画を完成させた。一九三八年七月八日、同府は交通局道路港湾課技師の吉村善臣を主任に任命し、九人からなる測量調査隊の一行は調査に出発した。その後、調査を踏まえた計画書が大阪商船および軍に提出されることになった。工事の進行中、台湾総督府は現場を指導・監督する責任者であった。一九三九年三月六日、同府は吉村善臣技師ら一〇人を現場に派遣して、同年一二月一三日には終了予定の工事を完成させた[58]。

海軍は、海南島についても基礎的調査の方針を定め、次の五項目について調査を行った。(1)農産・畜産および特産物関係、(2)土地関係、(3)塩業関係、(4)港湾関係、(5)都市計画および道路関係であった。一九三九年四月一七日、台湾総督府は交通局道路港湾課技師の篠原国憲と技手の今野覚治を海南島に派遣して、道路計画を立てさせた。港湾の調査に関しては、海軍水路部、内務省、それから台湾総督府の技術者からなる連合調査団のほか、台湾総督府からは、四月一八日に交通局鉄道部参事の鶴為彦（自動車課長）・高雄築港出張所所長の山下繁造技師・同所の川村卯三郎技手・医師二名が派遣された。さらに、水産試験船照南丸を提供して、楡林や清瀾、海口、新英などの主な港湾の調査に当たらせた[59]。

②南洋への支援

前述の華南への支援以外に、台湾総督府は軍の要請のもとに、南洋に対しても各種の支援を積極的に展開した。

すなわち、日本軍が一九四〇年九月二二日に仏領インドシナに進駐した後、台湾運輸会社から社員五八人が派遣され運輸関係要員を、塩水港製糖会社から社員三人が派遣されて糖業関係要員をそれぞれ担当することになり、さらに台湾労務奉公団から労働者一、〇〇〇人が派遣されて軍の施設の設営に協力する。このほか、「南方協会調査班」・「仏印資源調査団」・「黄麻調査員」らを派遣して、各種の調査を行わせることで、統治および軍事をスムーズに展開させた。

軍は仏領インドシナで道路港湾築造計画を実施するため、台湾総督府からの人的支援を求めている。すなわち、一九四一年二月八日、総督府は交通局道路港湾課技師の篠原国憲および技手の石川昭を派遣した。この二人は海軍省嘱託という肩書きで現地で各種調査を行い、四月一〇日に帰台した。また、三月一三日には、総督府は交通局高雄築港出張所技師の山下繁造および同所技手の川村卯三郎を派遣した。この二人は海軍省嘱託という形で現地で調査任務を行ったが、山下技師は七月二日に帰台し、他方、川村技手は六月一八日に死亡した(60)。

台湾総督府の土木技術官僚は、軍の要請により南進に関わる各種の計画に積極的に関与していく。総督府の各部門における技術者は、各自の専門に即して、性質の異なる軍の任務に取り組むことになった。すなわち、道路港湾課所属の技師・技手・書記・雇員・工手・鳶職・汽罐夫・水夫・人夫らは、日本軍が華南および南洋を占領した直後いち早く当該地域に渡り、道路港湾課の調査や設計、さらには工事の監督や執行などの任務を支援した。

四　技術官僚の移動・その限界・戦後初期の留用

(1)　ヒトの移動

日本統治期五〇年間における土木技術者の日本帝国内での移動を見ると、前述の第二段階以降、土木技術者は台湾で長く勤務する傾向が強くなった。そのため、台湾から朝鮮・満洲・南洋庁などの植民地へ転職した者は非常に少なく、朝鮮にわたり朝鮮公立実業学校長を務めた牧野実と、満洲に赴任し関東州民政署技師を務めた山路魁太郎の二例しか見られない。これとは対照的に、台湾総督府を退職後、日本に戻り再就職する者は少なくなかった。二二名のうち、八名（三六％）が県市水道局・電気局・営繕課など地方の土木部門で、あるいは鉄道院・商工省・内務省など中央の土木部門で官職を務めており、一〇名（四六％）が杉山土木工務所・大湊興業株式会社・大倉組土木部・日本通運・真柄組・電源開発株式会社・東京渡辺製鋼所・葵建設研究所・東京湾土地株式会社など土木交通業界に入り、二名（九％）が教育界に入り（堀池好之助は京都工芸学校教授、北川幸三郎は立命館大学工学部教授を務める）、残りの二名（九％）は一人が陸軍技師に、もう一人が海軍技師に転任した。一方、退職後に台湾の産業界に転身する者もあった。例えば、大越大蔵・庄野巻治・国弘長重・高山繁節・松本虎太・田賀奈良吉らは台湾電力に入り、池田季苗は日本石油台湾販売店長となっている。このほか、企業を起こす者もあり、例えば、岩淵恕は、退官後に自動車学校長を務め、土木請負業および岩淵金網工業も経営していた。

また、日本人士族および平民の植民地での活動も注目に値しよう。日本維新政府『百官履歴』によると、高級官吏四九八名のうち、皇族八名・華族八三名・士族三九九名・平民三名というように、近代日本は士族支配の時代といえる。(61) 戦前台湾における土木技術者の出身を見ると、士族は約五一％、平民は四九％を占め、おおよそ半々であった。(62) その意味で、明治維新から一九四五年まで、日本の元士族は新しい教育を受けることで社会的地位を維持でき、平民も新しい教育によって社会的地位を向上させていった、ということができる。しかも両者とも、海外雄飛の気運が高まるなか、海外の植民地で活躍するようになったのである。

（2）人材養成の限界

日本統治時代、工業講習所や工業関係の職業学校、官庁付属の教習所など、初級の技術者育成のための施設が相次いで設立された[63]。工業講習所では、一九一七年になってはじめて「木工建築科」が設置されたが、同科は土木および建築からなっている。一九一八年七月には、「台湾総督府工業学校官制」(勅令第二八七号)が発布され、これにより新たに設立された台湾総督府工業学校には、機械・応用化学および土木の三科が設置され、日本人学生を対象とした。同年一〇月には、「台湾総督府工業学校規則」(府令第七五号)が制定された。一九一九年四月、工業講習所が台湾公立台北工業学校と改称した。一九二一年四月、「台湾実業学校官制」が発布され、「台湾工業学校規則」(府令第九〇号)も新たに制定され、これにより台湾総督府工業学校は台北州立台北第一工業学校、台湾公立台北工業学校は台北州立台北第二工業学校とそれぞれ改称した。両校は一九二三年に合併されて、台北州立台北工業学校と改称した[64]。同校は、一九三八年以降台中州・花蓮港庁・台南州・高雄州・新竹州に中等工業学校が設立されるまで、台湾における唯一の正規の中等工業学校であった[65]。

日本内地では一八九九年に工業学校規定、実業学校令が発布されていたにもかかわらず、台湾では工業学校官制および規則が一九年遅れ、実業学校官制が二二年遅れで発布されたため、中等工業学校はずっと一校しかなかった。日本帝国は、台湾において教育政策上の差別に基づき、中高等の土木・工業技術者を育成していなかったが、日本国内の技術者から見ると台湾は活躍の舞台を求める場所となったのである。一九三〇年代以降、植民地政策が「工業台湾」・「農業南洋」に変わりつつ、総督府による台湾「工業化」政策の推進にともない、技術者の需要も高まった。そのため、総督府は一九三〇年代以降積極的に工業関係の学校を設置するに至った。すなわち、一九三一年に台南高等工業学校を設置して高級の技術者を育成しはじめ、戦時期に入ると、一九三八年以降、各地で続々と中級の技術者の育成を目的とする中等工業学校が設立された。台北帝大工学部の設置は、一九四三年になって初めて実現した。このことは、日本国内が困難な状況になり、台湾を支援することができなくなったその瞬間、台湾での技術者育成が本格的に開始されたことを意味する[66]。しかし、台南高等工業学校が新設校だったこともあり、台北帝大工学部も卒業生を出すことなく日本の敗戦を迎えたため、日本統治期台湾総督府における土木部門には、実際には台南高工および台北帝大の出身者は一人もいない。

朝鮮総督府が一九一六年に京城工業専門学校（一九二二年に京城高等工業学校と改称した）を設立したのに対し、台湾総督府は一九三一年になってようやく台南高等工業学校を設置した。京城高等工業学校における朝鮮人対日本人比が約一対二だったのに対し[67]、台南高等工業学校における台湾人対日本人比は約一対四であった[68]。また、朝鮮総督府が一九三八年四月に京城帝大理工学部の開設を認可し、予科生の募集を開始したのに対し[69]、台北帝大工学部は一九四三年になってようやく設置された。それゆえ、一九四五年までに朝鮮総督府では朝鮮人八名が土木技師に昇任したのに対し[70]、台湾総督府では台湾人土木技師は一人もいなかった。

（3）戦後初期の留用の概況

日本統治期台湾総督府の土木技師が全員日本内地の高等教育機関で育った日本人の人材だったことは、戦後国民政府の接収作業を困難にした。国府は日本人技師および技手を留用せざるを得ない状況にあり、これによって過渡期を辛うじて乗り越えた。行政長官公署は台湾を正式に接収した後、現実的要請から大量の日本人を留用する政策をとった。これにより、人事室は「台湾省行政長官公署暨所属機関徴用日籍員工暫行弁法」を定めた。各事業部門が日本人職員を徴用する際の基準は以下の通りである。第一に、事業を中断してはならないが、技能を有した日本人に代わる適任者がいない場合。第二に、日本人の有する技術がわが国に無い場合。第三に、徴用しないと処理できない業務の場合。第四に、特殊な状況に対応すべく徴用が必要な場合。このように、中国大陸での徴用日籍員工通則に即して在台日本人を留用しながらも、台湾の特殊な状況を理由に徴用の範囲を拡大した。その結果、技術部門にとどまらず、普通の行政機関も、業務上の需要を理由に日本人行政職員を留用することになった。[71]

行政長官公署施政総報告によれば、一九四七年三月末で公署の職員数は四〇、八五八人で、その内訳は台湾人三一、〇七〇人（七六・〇六％）・外省人二、六四二人（六・四八％）・日本人七、一三九人（一七・四六％、家族を含めると合計二七、二二七人）となっている。留用された日本人のなかでは、農林工鉱業関係の技術者（五八％）が最も多く、交通通信関係の技術者（一七％）がこれに次ぐ。以下、衛生や地政、警察関係の職員（一〇％）・金融財政関係の職員（九％）・学術研究に携わる者（六％）となっている。[72] また、道路事業を司る総督府鉱工局の技師一一名、技手一〇名および嘱託一名は、台湾省行政長官公署工礦処または公共工程局によって留用された。すなわち、技師の長屋裕・木下勇次・宇坪善太郎・和田恭孝は工礦処の技師、専員、技正を務めた。技師の北川幸三郎・今野覚治・上原栄人・鳥山貞雄は公共工程局の工程師・副工程師となった。磯田謙雄は農林処農田水利局によって留用されて技正を務めていた。[73] 以上のように、総督府は台湾での人材育成に関心を払わず、その結果、植民地時代から戦後への技術は継承されず断絶の様相を呈した。

おわりに

後発帝国主義国の日本帝国は、明治維新・殖産興業を通じて得られた近代化経験を植民地統治の武器とした。その際、西洋の近代的科学技術を修得した技術官僚は、植民地で日本の近代化経験を拡散させる役割を果たした。明治維新から一九四五年までの間、日本の士族が新しい教育を受けることにより社会的な地位を維持したこと、ごく普通の平民もまた新式教育を通じて社会的な地位を向上させたことがうかがえ、ともに海外雄飛の気運が高まるなか海外の植民地で活躍した。長いスパンから見ると道路事業に携わる土木技師の出身と質には、段階的な目的、政策、日本内地の政局により変化があったことがわかる。すなわち、行政官僚主導期（一八九五年五月〜一八九八年六月）における土木技師は、工部省工学寮・工部大学校卒業であり、日本が自ら育成した第一世代の技術者ということができる。彼らは陸軍省雇員・台湾総督府雇員・海軍技師などの身分で台湾に渡航した。彼らは台湾渡航以前に、中央政府や地方官庁あるいは土木業界で長年実務経験を積んでいだが、この行政官僚領政期においては、技術者の風紀は乱れていた。彼らは専門性に欠け、品行も悪く、汚職事件が頻発した。それが、技術官僚主導期（一八九八年七月〜一九二四年一二月）に入ると、長尾半平が技術官僚として手腕を発揮し、それまでの技師のほぼ全員を淘汰することで、大規模な人事転換を断行した。さらに、長尾は東大土木科出身の先輩や後輩を引き立てることで学閥勢力を形成しながら、東大出身者で固めたエリート技術者集団を誕生させた。交通政策転換期（一九二四年一二月〜一九四五年）に入ると、「鉄道万能」の時代が終わり、道路事業は大きく発展した。新しい道路事業を進めていくために、近代的道路舗装に長けた技師が積極的に採用された。しかし、関東大震災後の数年間は、日本内地では帝都復興事業が集中的に行われていたこともあり、土木関連の分野の専門的技術者の募集は困難であった。総督府は新人を募集するのみならず、長年経験を積み重ねてきた技手を技師に昇進させたが、その結果、東大卒を頂点とする帝大技師集団に変化が生じた。道路港湾課における技師集団の場合、帝大出身者は三八％を占めたにすぎず、高工出身者が絶対多数を占めるようになった。

また、長い間に土木部門はまだ細分化されておらず、土木技師の仕事は多岐にわたり負担が大きかったため、技師たちの疲弊をもたらした。人手不足のなか、技術者は中央の土木機構・関連組織・委員会の職を兼ね、時間に余裕があれば地方の土木事業も支援した。さらに、技師集団は国策に応じて特殊な任務も支援しなければならなかった。学知は帝大あるいは高工の技術者を通じて植民地統治の利器になり、平時と戦時の計画・実行の両面で、日本の国策および総督府の植民政策と密接な関係を有した。日本統治期五〇年間の土木技術者を、日本帝国内における異動という観点から見ると、退職後、朝鮮や満洲南洋庁など他の植民地に転出した者は少数であるが、台湾に留まって業界に転身した者と日本内地に戻って再就職した者は少なからずいた。第一段階では台湾での在職日数が短かったが、次の第二段階に入ると、在職期間が長期化する傾向があり、土着化の傾向が強いことは、日本の植民地統治の特色あるいは強みの一つになり、学知の役割も、最大限に発揮された。

日本統治期においては、土木技術者を育成する高等教育機関の設置はきわめて遅かったため、台湾総督府の土木部門には、台湾で育った技師は一人もおらず、全員が日本内地の高等教育機関で学んだ人材で占められていた。こうした人事構造は戦後における国民政府の接収を困難にし、国府は日本人技師および技手を留用せざるを得なかった。植民地時代から戦後への技術の継承は順調に進んだとは言いがたい。朝鮮と対照してみると、両植民地の位置づけ、母国との分業構造、差別的な教育により、土木人材面での断絶は、台湾においてより顕著であり、両植民地の微妙な違いが端的に表れている。

(1) 岡本真希子『植民地官僚の政治史――朝鮮・台湾総督府と帝国日本――』(三元社、二〇〇八年)。
(2) 松田利彦編『日本の朝鮮・台湾支配と植民地官僚』(思文閣出版、二〇〇九年)。
(3) 八田與一に関しては、以下のような研究が蓄積されてきた。古川勝三『台湾を愛した日本人――嘉南大圳の父八田與一の生涯――』(青葉図書、一九八九年)、斎藤充功『百年ダムを造った男――土木技師八田與一の生涯――』(時事通信社、一九九七年)、陳鴻図「嘉南大圳研究(一九〇一~一九九三)――水利、組織與環境的互動歴程――」(国立政治大学歴史学系博士論文、二〇〇一年)、黄昭堂編『八田與一研究』(財団法人現代文化基金会、二〇〇二年)など。
(4) 呂哲奇「日治時期台湾衛生工程顧問技師爸爾登對台湾城市近代化影響之研究」(私立中原大学建築系研究所碩士論文、一九九九年一月)。
(5) 呉政憲「大越大蔵與台電」(『台湾歴史学会通訊』第六期、一九九八年三月)。
(6) 拙稿「長谷川謹介與日治時期台湾鉄路的発展」(『国史館学術集刊』第六期、二〇〇五年九月)六一~一〇八頁。
(7) 黄俊銘「長尾半平與日據初期的營繕組織」(『建築学報』第一期、一九九〇年三月)一五三~一六四頁。

（8）陳凱雯「技師川上浩二郎與基隆築港（一八九九―一九一六）」（『台湾学研究』第一六期）七一～九九頁。
（9）呉文星「札幌農学校と台湾近代農学の展開――台湾総督府農事試験場を中心として――」（台湾史研究部会編『日本統治下台湾の支配と展開』中京大学社会科学研究所、二〇〇四年）四八一～五二二頁。
（10）台湾総督府『台湾総督府及所属官署職員録』（台湾日日新報社、一九〇三年）一～六頁。
（11）「本島の最近進歩（十七）」（『台湾日日新報』一九〇三年一二月一九日、第一六九一号、一版）。
（12）工学会『明治工業史土木篇』（工学会明治工業史発行所、一九二九年）一一〇五～一一〇六頁。
（13）中村尚史「鉄道技術者集団の形成と工部大学校」（鈴木淳編『工部省とその時代』山川出版社、二〇〇二年）一〇八～一一四頁。
（14）王泰升『台湾日治時期的法律改革』（聯經、一九九九年）六六～六七頁。
（15）台湾総督府民政局『台湾総督府事務成績提要（一）』（秀英舍、一八九七年）七～八頁。
（16）『台湾協会会報』第二号（一八九八年一一月。竹中信子『植民地台湾の日本女性生活史』明治篇、田畑書店、一九九五年、四九頁より再引）。
（17）竹中、同前、一二〇頁。
（18）「杉山輯吉外一名（牧野実）非職ニ付懲戒留置」（『台湾総督府公文類纂』第一四六冊、第一九号、乙種永久保存、一八九七年七月二日）。
（19）「技師渋谷競多基隆築港調査委員ヲ命ス」（『台湾総督府公文類纂』第二三一冊、第一一号、甲種永久保存（進退追加）、一八九八年一〇月九日）。
（20）「有信著牧野実外一名（小林克衛）拘留報告」（『台湾総督府公文類纂』第一二五冊、第三二号、甲種永久保存、一八九七年五月一七日）。
（21）「（臨時土木部）技師杉山輯吉非職ヲ命ス」（『台湾総督府公文類纂』第二二五冊、第一六号、甲種永久保存（進退追加）、一八九七年五月一八日）。
（22）「元技師滝山勉在職中不都合ノ有無間合ニ対シ逓信大臣秘書官ニ回答」（『台湾総督府公文類纂』第四五九冊、第三三件、進退追加、一八九九年六月一四日）。
（23）鈴木充美『台湾政況報告』（鈴木充美、一八九七年）五九頁。

(24)　檜山幸夫「台湾統治の機構改革と官紀振粛問題――明治三十年の台湾統治――」(中京大学社会科学研究所台湾総督府文書目録編纂委員会編『台湾総督府文書目録』第二巻、ゆまに書房、一九九五年)。
(25)　高野義夫『旧植民地人事総覧』台湾編一(日本図書センター、一九九七年)一七頁。謝鴻嶷、林品桐ほか編訳『台湾総督府檔案中譯本』第四輯(台湾省文献委員会、一九九四年)四二一～四六七頁。
(26)　高野、前掲書、一七頁。
(27)　同前、一七、六四頁。
(28)　黄俊銘、前掲「長尾半平與日據初期的營繕組織」一五三～一五四頁。
(29)　鉄道部では、長谷川謹介が人事転換を断行した結果、人事は途中で継続から断絶へと変わった。学歴構成は、東大出身者五七%・京大出身者一九%・その他二四%であった。東大と京大などの一流大学の出身者は七六%にまで達しており、質の高いエリート集団が誕生したのである。詳しくは、拙稿、前掲「長谷川謹介與日治時期台湾鉄路的発展」(六一～一〇八頁)を参照。
(30)　又吉盛清『日本植民地下の台湾と沖縄』(沖縄あき書房、一九九〇年)二〇三～二〇四頁。
(31)　「総督府技師兼臨時台湾基隆築港局技師正大位高橋辰次郎兼台湾総督府鉄道部技師」(『台湾総督府公文類纂』第六八七冊、第二三件、進退追加、一九〇一年四月二七日)。
(32)　「〔工事部技師兼府技師〕高橋甚也(兼任府作業所技師)」(『台湾総督府公文類纂』第二九七四冊、第七件、永久進退、一九一九年五月一日)。
(33)　高野、前掲『旧植民政人事総覧』台湾編一、二五九～二九六頁。
(34)　「技師長尾半平外三名基隆築港局技師兼任ニ今井周三郎基隆築港事務官ニ兼任」(『台湾総督府公文類纂』第五七九冊、第一七件、進退追加、一九〇〇年一二月二五日)。
(35)　高野、前掲『旧植民政人事総覧』台湾編四、二〇五頁。
(36)　「土木事業術員の派遣」(『台湾日日新報』一九〇四年五月五日、第一八〇二号、第二版)。
(37)　「技師福田東吾ニ建築事務嘱託ノ儀出願差支ナキ旨通達ノ件」(『台湾総督府公文類纂』第四四八冊、第一四件、永久追加、一八九九年一二月二五日)。
(38)　「台北監獄新営工事監督嘱託福田東吾御用済ニ付キ監督嘱託ヲ解ク」(『台湾総督府公文類纂』第七九〇冊、第二五件、進退追加、一九〇二年五月一四日)。

(39) 「技師浜野弥四郎外五人海軍幕僚載時充員ニ充ク」(『台湾総督府公文類纂』第四五八冊、第一五件、進退追加、一八九九年五月二二日)。

(40) 木土局『台湾総督府土木事業概要』(一九二四年)四~五頁。

(41) 鶴見祐輔『正伝後藤新平』第三巻(台湾時代)(藤原書店、二〇〇四年)四九一~六四三頁。

(42) 拙稿、前掲「長谷川謹介與日治時期台湾鉄路的発展」七五~七六頁。

(43) 堀見末子『堀見末子技師——台湾土木の功労者——』(三秀舎、一九九〇年)三六三~三六五頁。

(44) このような発展過程は、世界共通の現象である。欧米・日本国内はこうした過渡期を経験したが、台湾も例外ではない。鉄道と自動車運輸の間の機能・役割の調整は、同時期の重要な課題となっていた。詳しくは、大槻信治「交通上より見たる台湾」(『泛交通』第一四巻第六号、昭和一四〈一九三九〉年六月)三五~四〇頁。拙著『殖民統治之基礎工程——日治時期台湾道路事業之研究 一八九五—一九四五——』(国立台湾師範大学歴史学系専刊(三三)、国立台湾師範大学、二〇〇八年)二四頁。

(45) 「篠原国憲(任府交通局技師、俸給)」(『台湾総督府公文類纂』第三巻甲、第四〇四八冊、第三〇件、一九二六年八月一日)。

(46) 安倍誠「日本の産業発展と技術者」(佐藤幸人・安倍蔵・大原盛樹『技術者と産業発展』アジア経済研究所、二〇〇九年)二~三頁。

(47) 前掲「篠原国憲(任府交通局技師、俸給)」。

(48) 「〔交通局技手兼台北市技手〕藤村孜郎(任府交通局技師、俸給)」(『台湾総督府公文類纂』第四巻甲、第四〇五〇冊、第一八件、一九二六年一〇月一日)。

(49) 「山田北男(任府交通局技師、俸給)」(『台湾総督府公文類纂』第一〇〇四六冊、第四二件、一九二七年二月一日)。

(50) 「吉村善臣(任交通局技師、俸給)」(『台湾総督府公文類纂』第一〇〇五六冊、第九〇件、一九二九年五月一日)。

(51) 「美濃部良晴、木原斉次郎、鈴置良一、諸岡明七(任交通局技師、俸給)」(『台湾総督府公文類纂』第一〇〇五八冊、第七六件、一九二九年一二月一日)。

(52) 「園田省吾(任交通局技師 七ノ八)」(『台湾総督府公文類纂』第一〇〇八四冊、第四四件、一九三五年一〇月一日)。

(53) 「森元一(任台湾総督府交通局技師 叙高等官六等 八級俸下賜)」(『台湾総督府公文類纂』第一〇〇八九冊、第五〇件、一九三七年二月一日)。
(54) 「福田義信、赤津徳、永淵光次、長谷川栄(任台湾総督府交通局技師 七等)」(『台湾総督府公文類纂』第一〇一〇四冊、第五二件、一九四〇年五月一日)。
(55) 「鳥山貞雄(任台湾総督府交通局技師 叙高等官七等 九級俸下賜)」(『台湾総督府公文類纂』第一〇〇九九冊、第五〇件、一九三九年九月一日)。
(56) 「今野覚治(任府交通局技師 七ノ九)」(『台湾総督府公文類纂』第一〇一一四冊、第四八件、一九四一年九月一日)。
(57) 東南アジアにおけるフランス植民地の一部で、現在のベトナム・ラオス・カンボジアにあたる。連邦制をとっており、首都がハノイに置かれていた。
(58) 台湾総督府外事部『支那事変大東亜戦争ニ伴フ対南方施策状況』(一九四三年)六〇~七〇、一三四~一三五頁。
(59) 同前、一〇九、二一四~二一五頁。
(60) 同前、三五九~三六七頁。
(61) 林明徳『日本近代史』(三民書局、一九九六年)三〇八~三〇九頁。
(62) 日本統治初期から中期までの鉄道部技師の場合、その出身について分析した結果、士族は五七%、平民は四三%であり、本文中の土木技術者の数値と大差ない。詳しくは、拙稿、前掲「長谷川謹介與日治時期台湾鉄路的発展」七四頁、を参照せよ。
(63) 黄秀政・張勝彦・呉文星『台湾史』(五南出版社、二〇〇二年)二一四~二一五頁。
(64) 鄭麗玲『台湾第一所工業学校――従台北工業学校到台北工専(一九一二―一九六八)――』(稻郷出版社、二〇一二年)一三~一九頁。吉野秀公『台湾教育史』(台湾日日新報社、一九二七年)三四三~三四五頁。
(65) なお、「工業学校」の名を冠しない私立台湾商工学校(一九一七年設置)および嘉義工業伝習所(一九一八年設置)があった。詳しくは、鄭麗玲、前掲書、二〇、二一六~二二四頁、を参照。
(66) 拙稿「日治時期台湾総督府土木局営繕課建築人才的来源及其建樹――以尾辻国吉為例――」(『台湾史研究』第二二巻第三期、二〇一五年九月)五一~九六頁。
(67) 一九三九年出版の『朝鮮技術家名簿』によると、京城高工出身の朝鮮人技術者は二〇六人、日本人は四〇八人だったことがわかる。詳しくは、李吉魯「近代朝鮮における技術者養成の一考察――『朝鮮技術家名簿』を手がかりとして――」（『教育学雑誌』第三九号、二〇〇四年）九五～一〇四頁を参照。

(68) 王耀徳「日治時期台南高等工業学校之入学問題與族群關係」（『台湾史研究』巻一六期第二号、二〇〇九年六月）二三～六二頁。

(69) 李吉魯「植民地朝鮮の高等工業教育に関する一考察」（『教育学雑誌』第四〇号、二〇〇五年三月）一五～三二頁。

(70) 崔静姸・中井祐「朝鮮総督府における韓国人土木技術者の仕事」（『土木史研究 講演集』第二八集、二〇〇八年）三～二六頁。

(71) 呉文星「戦後初年在台日本人留用政策初探」（『台湾師大歴史学報』第三三期、二〇〇五年六月）二六九～二七五頁。

(72) 同前、二八一頁。

(73) 河原功『台湾引揚・留用記録』第八巻（ゆまに書房、一九九八年）二〇八～二〇九、二三九頁。

〔附記〕 本論文は「日治時期台湾総督府之技術官僚――以土木技師為例――」（『興大歴史学報』第一九期、二〇〇七年一一月）を加筆・修正したものである。

附表　土木技師の学歴・経歴一覧表

項目／氏名	出身 学歴	経　　歴	在台／ 在職期間
高津　慎 1840. 11. 22-?	山口県 士族	1872. 2兵部省九等官、3月陸軍省九等官、1873. 7補陸軍省八等官、1874. 9太政官陸軍会計軍吏、1876. 10免本官。 1877. 9熊本県三等警部、1881. 11熊本県一等属。 1884. 1和歌山県一等属、1886. 8和歌山県属、書記官。 1890. 1三重県書記官、10月三重県参事官、12月奏任官三等、1891. 11高等官七等、同月29日叙勲六等賜瑞宝章、1894. 3依願免本官。 1896. 8台湾総督府民政局臨時土木部長、1897. 6台湾総督府民政局臨時土木部技師兼部長、叙高等官六等、10月台湾総督府事務官。 1899. 2澎湖庁長、叙高等官五等、1900. 12依願免官。	1896-1900 在職5年
杉山輯吉 1855. 8. 25- 1933. 9. 26	沼津藩 士族 工部大学校 土木科1期生	1877工部大学校土木工学科6年、信越本線碓氷線「逢坂山隧道」工事に参与、1879. 11工部大学校卒、鉱山局8等技手。 1882-1884長野県道路開削委員、農商務省御用掛、藤田組に転職、大阪駅改築、呉軍港築港に参与。 1887. 4日本土木会社に転職。 1888東京に設計事務所を設立、1892工業視察のため、ロシア、朝鮮、中国に出張。 1896. 2陸軍省雇員で来台、民政局臨時土木部技師兼基隆築港調査委員、台北市区計画委員、1897汚職で停職。 1888『川河改修要件、砕石道路築造法』著書。 1901杉山土木工務所を設立、土木工事の設計、監督に従事。	1896-1897 在台2年
牧野　実	工部大学校 土木科第7期生	1886. 5工部大学校卒、高知県技師、1893-1896山形県技師。 1896. 2陸軍省雇員で来台、民政局臨時土木部技師兼基隆築港調査委員、1897北門外工事崩壊事件で懲戒、5月詐欺で台北地方法院に拘留。 1942朝鮮公立実業学校校長兼教諭。	1896-1897 在職2年
磯田勇治 1852. 12. 4-?	大分県 士族	1880. 5内務省勧農局九等属、1881. 2内務省安積疏水掛八等属、4月農商務省書記局八等属、7月福島県猪苗代湖疏水事業で特別勉励、11月農商務省七等属。 1883. 6長野県土木課整理掛兼治水修路掛五等属、7月道路開鑿委員、12月官報報告事務、12月代理土木課長。 1885. 11茨城県土木治水掛及道路掛五等属、11月検査掛及設計係、工事係、1886. 4三尾運河開鑿調査委員、土木課副課長、5月四等属、7月叙判任官四等。 1886. 8鹿児島県土木課属、11月第二部土木課長、1887. 5第二部道路開鑿掛並兼任第二部土木課長、11月鹿児島県四等技手、1888. 5兼道路開鑿掛工事主任、1889. 10第二部道路開鑿掛首席員、1890. 5鹿児島県三等技手、10月鹿児島県五等技師、1891. 5鹿児島県内務第二課長兼	1895-1898 在職4年

		任、11月臨時博覧会事務委員兼任。 1894. 3大分県吏員に転任。 1895. 8台湾総督府内務部雇員、9月宜蘭地区出張、1896. 4民政局技師、5月臨時土木部技師心得、6月民政局臨時土木部技師、1897. 4当該年度開鑿道路設計主任、11月財務局土木課六等技師、1898. 1土木課長代理課長、11月依願免官（高等官五等）。	
秋吉金徳		兵庫県技師。 1897民政局臨時土木部技師。	1897–?
堀池好之助	京都 東大建築科	1896東京帝国大学工学部建築学科卒、1897台湾総督府民政局臨時土木部技師、1898財務局土木課技師。 1899横須賀海軍経理部建築科科員海軍技師、1902予備陸軍歩兵少尉除役、京都高等工芸学校教授。	1896–1898 在台3年
滝山　勉 1857. 4. 8–?	東京府 士族 工部省電信寮 技術見習 電信局電気試験 専門生徒	1873. 4工部省電信寮技術等外見習下級、5月横浜局出張、7月小倉局に赴任、11月電信寮技術等外見習中級、1874. 4電信寮技術等外見習上級、7月長崎局に転職、12月電信寮技術二等見習下級、1875. 7月電信寮技術二等見習中級、24日赤羽局に転職、12月神戸局に転職、1876. 7電信寮技術二等見習上級、1877. 2工部省十等技手三級、6月工部省十等技手二級、7月熊本分局出張、8月鹿児島分局出張、9月加治水分局出張。 1878. 2中央局に転職、7月工部九等技手三級、1879. 2電信局電気試験専門生徒、3月工部省九等技手、9月電信局建築掛勤務。 1882. 10赤羽観象台に転職、1883. 2神戸局に転職、11月西部中央局勤務、12月工部省八等技手、1885. 12工部省七等技手。 1886. 5逓信省叙判任官七等技手、7月大坂電信分局試験掛兼送受掛勤務、1888. 1大坂電信分局主事、1888. 4金沢逓信管理局電信建築技手、1889. 5代理建築長、1890. 8逓信省名古屋電信建築署技手、1895. 6賞勲局下賜叙勲八等瑞宝章。 1895. 8台湾総督府雇員、9月臨時台湾兵站電信部建築部長。 1896. 4台湾総督府民政局臨時土木部技師、6月日露戦争の戦功により七等青色桐葉章柔金百円、7月任通信部電信建築監督。 1897. 11官制改革により廃官、1898. 8収賄で入監、12月不起訴。 1899. 6打狗郵便電信建築主任臨時取扱。	1895–?
渋谷競多	群馬県 工部大学校 土木科2期生	1880東大土木科卒、1890海軍技師、沖縄県技師。 1897台湾総督府民政局臨時土木部技師、10月臨時土木部土木課長兼基隆築港委員、11月財務局土木課技師。 1898沖縄県技師、1909辞職。	1897–1898 在台2年
十川嘉太郎 1868. 7. 15– 1938. 1. 5	山口県 士族	1892札幌農学校工学科卒、1893. 3北海道庁土木課見習技手、5月北海道庁土木課技手、1894. 7函館区役所水道係職員。 1896. 12大社両山鉄道会社創立事務所技師。 1897台湾総督府民政局臨時土木部技師、1899民政部土木課技師、1900臨時台湾基隆築港局	1897–1916 在台20年

	札幌農学校 工学科	技師兼民政部土木課技師、1907.1臨時台湾糖務局灌漑及排水設施嘱託、1908臨時台湾工事部水利課技師兼民政部土木局臨時水道課技師、1912河川調査会委員、同年福建省調査出張、1913中国福建省龍巌煤田調査、1914臨時台湾総督府工事部技師兼民政部土木局土木課技師。 1916退職、日本で顧問技師担当、1936『顧台』を著書。	
小原益知	東京 東大造家学科	1881東大造家学科卒、滋賀県一等技手、1887滋賀県技師。 海軍技師（1896免除）。 1897台湾総督府財務局土木課技師、1898免職。	1897–1898 在職２年
長尾半平 1865.7– 1936.6	新潟県 東大土木科	1891.7東大工科大学土木科卒、内務省土木監督署技師試補、1893.11土木監督技師。 1895.9山形県技師、土木課長、.11月宮城県出張、1896.2東京、京都出張、1896.6神奈川県出張、1897.7東京府、福島県、宮城県、秋田県出張。 1897.8埼玉県土木課長に転任、1898.1官舎管理事務委員、河川法施行委員長、２月道路調査委員長、４月土木吏員銓衡委員、埼玉地方森林会議員。 1898.11台湾総督府民政局土木課技師に転任、1899.1民政部土木課長、1900台湾中央衛生会委員兼任、1900蘭領ジャワ、英領インド、エジプト、アルジェリア、欧米など各地の港湾を視察、1900.8臨時台湾基隆築港局技師兼任。 1902台湾総督府民政部土木局局長心得、臨時台湾基隆築港局技師兼任、台湾中央衛生会委員、1903年台北基隆市区計画委員兼任、1904台北電気作業所技術長兼任、1906台北市街給水調査委員、台北電気作業所長、1907律令審議会会員、台湾総督府庁舎建築設計審査委員。 1908台湾総督府民政部土木局水利課長、臨時防疫委員、水利委員会幹事、1909.10土木局長心得、1910土木部次長。 1910.9日本任鉄道院技師、1910鉄道院総裁官房監査課勤務、1911鉄道博物館掛長、1911港湾調査会臨時委員、1913.1鉄道管理部長、鉄道会議議員及び幹事、1913.5九州管理局長、1918、1919鉄道省理事（シベリア、北満出張）。 1921.9東京市電気局長、1930.5衆議院議員、1932.7日本水道株式会社社長、1934株式会社教文館取締役会長、和光学園園長、1936.6京城朝鮮総督府、逝去。	1898–1910 在台13年
福田東吾		1889文部技師補、1893文部技師、1897臨時陸軍建築部技師。 1899台湾総督府民政部土木課技師、1900.1中央衛生会臨時委員、1902陸軍技師兼台湾総督府民政部土木局土木課技師、株式会社台湾銀行建築工事、台北監獄新築工事。 1906陸軍技師に転任。	1899–1906 在台８年
浜野弥四郎 1869.9.9– 1932.12.30	千葉県 平民 東大土木科	1896東大土木科卒、９月台湾総督府民政局衛生課技師、1899民政局土木課事務官、台湾中央衛生会委員兼任。 1900.6台北県土木課長、台湾総督府民政部土木課技師、台湾中央衛生会委員兼任、1901台湾総督府民政局土木課事務官、台湾中央衛生会委員、台北基隆市区計画委員兼任。 1902年任台湾総督府民政部土木課技師兼任台湾中央衛生会委員、台北基隆市区計画委員、1903台北庁衛生及土及び土木調査委員会顧問、1904台北市街給水調査委員兼任。 1906台湾総督府民政部土木局臨時水道課技師、1907欧米各国視察、1909臨時台湾総督府工事	1896–1919 在台24年

		部技師兼任、1910土木部工務課技師兼台北基隆市区計画委員、1911. 10作業所技師兼任、1912民政部土木局土木課技師兼作業所水道課長、1913通信局工務課技師兼任、1918作業所水道課技師兼任、10月臨時台湾総督府工事部技師兼任、1919. 3マラリア後神経衰弱症で退官。 帰国後、神戸市等の水道局勤務、1932病気で逝去。	
高橋辰次郎 1868. 8. 1– 1937. 12	岐阜県 士族 東大土木科	1891. 7東京帝大工科大学卒、９月内務省土木監督署技師試補、1893. 11内務省土木監督署技師、1897工事部事務兼任、石黒博士の河川調査に参与、富士川改修工事担当、栃木、山梨両県土木工事嘱託。 1899. 8台湾総督府民政部土木課技師、1900. 8臨時台湾基隆築港局技師兼任、1901臨時台湾基隆築港局工務課長、鉄道部技師兼任。 1902台湾総督府民政部土木局土木課技師兼台北基隆市区計画委員、台湾関税及出港税訴願審査委員、鉄道部打狗出張所技師、臨時台湾基隆築港局技師、1904台湾中央衛生会委員、鉄道部技師兼任、1905臨時台湾基隆築港局工務課技師兼任、1905欧米土木関係調査、1906民政部土木局土木課長兼臨時台湾基隆築港局工務課長、台北基隆市区計画委員、台湾関税及出港税訴願審査委員、台北市街給水調査委員、1907民政部土木局臨時水道課技師兼任、1908水利課水利委員、民政部土木局臨時水道課長、臨時台湾工事部技師兼任。 1909台北水道事務所長、臨時台湾工事部築港課長兼民政部土木局土木課長、民政部土木局臨時水道課長、台北基隆市区計画委員、台湾関税及出港税訴願審査委員、水利課水利委員。 1910台湾総督府土木部工務課長兼台北基隆市区計画委員、台湾関税及び出港税訴願審査委員、1911土木部次長兼市区計画委員、移民事務所委員、水利委員。 1912台湾総督府土木局長心得兼律令審議会員、臨時台湾総督府工事部長、市区計画委員会委員、官設埤圳補償審査委員会委員、1913河川調査委員会委員兼任、1914米国及び英領カナダ出張、1914蕃地生産調査会委員兼任。 1915年任臨時台湾総督府工事部長兼任台湾中央衛生会委員、市区計画委員会委員、官設埤圳補償審査委員会委員、河川調査委員会委員。 1916台湾総督府作業所長、1919. 8神経衰弱症兼慢性腸炎で退官。 1919帰国、工学博士学位取得、実業界に進出、1935青森県大湊興業株式会社取締役社長、東京湾土地株式会社事務取締役、1937. 12病気で逝去。	1899–1919 在台21年
大沢正業		逓信省航路標識管理所技手。 1898台湾総督府民政部通信課技師、1899民政部土木課技師、1900. 12依願免官。	1898–1900 在職３年
川上浩二郎 1873. 6– 1933. 3. 29	新潟県 東大土木科	1898. 7東大土木科卒、農商務省福岡鉱山監督署技手。 1899. 7台湾総督府臨時台湾基隆築港局技師に転任、1901. 12–1903. 11港湾工事の調査のため英領インド、蘭領ジャワ及び欧米各国出張。 1908. 7臨時台湾総督府工事部技師、1909. 10総督府民政部土木課技師、1911. 6勲六等瑞宝章、1912. 7「基隆港の岸壁を論ず」の論文で工学博士学位取得。 1916病気で依願免官、帰国後、博多湾築港設計に参与。	1899–1916 在職18年

野村一郎 1872–1942	山口県 士族 東大造家学科	1895東大造家学科卒、1895.12近衛歩兵第二聯隊第四中隊陸軍一年志願兵、1897.12陸軍歩兵一等軍曹、臨時陸軍建築部技師。 1899台湾総督府民政部土木課技師、1900台北駅舎第一回工事設計、総督府官邸第一回工事設計、1903台湾銀行第一回工事設計。 1909土木部技師、欧米出張、1911臨時台湾総督府工事部技師兼民政部土木局営繕課長、1915台北博物館設計、脚気で依願免官。 帰国後、1945名古屋帝大博士学位授与。	1899–1915 在台17年
片岡浅次郎		臨時陸軍建築部技手。 台湾総督府事務嘱託、1899.6民政部土木課技師。	
田島穧造 1870.2.22– 1917.1.30	東京 東大造家学科	1892.7東大造家学科卒、日本銀行建築事務所勤務、民間建築の設計及び監督に従事、1896臨時陸軍省建築委員、陸軍省技師、1898陸軍省御用掛。 1900台湾総督府民政部土木課技師に転任、1902.4民政部土木局営繕課長、1904.1海外出張、1906.5依願免官。 1910東京市営繕課長、新大橋、鍛冶橋、呉服橋の装飾に従事、1913代表作である四谷見付橋の装飾設計竣工。	1900–1906 在職７年
青山重遠		1901台湾総督府民政部土木課技師、1902臨時台湾基隆築港局技師兼民政部土木課技師、1903.10灯台の建設のため彭佳嶼出張、1905.3依願免官。	1901–1905 在職５年
清水一徳	長野県 東大土木科	1897東大土木科卒、内務省土木局勤務。 1902台湾総督府民政部土木局土木課技師、1909東京府など七県灌漑用水諸工事視察、1910工務課技師、1911土木部技師。 1911帰国後、内務省土木局技師、1922埼玉県技師、1960名古屋大学博士学位授与。	1902–1911 在台10年
山形要助 1873.2.9– 1934.12.13	東京府 東大土木科	1898東大土木科卒、長野県技師。 1901.11台湾総督府技師、12月臨時台湾基隆築港局工務課技師兼民政部土木局土木課技師。 1908.7臨時台湾工事部技師（打狗支部長）兼民政部土木局土木課技師、1909.10土木部技師、1910.12叙勲六等授瑞宝章、1910土木部打狗出張所長、1912臨時台湾総督府工事部打狗出張所長、1913欧米諸国出張、1914.12叙勲五等授瑞宝章、1915臨時台湾総督府工事部工務課技師兼民政部土木局土木課長。 1916.9免本官、民政部土木局土木課長専任、10月臨時台湾総督府工事部工務課長、市区計画委員会委員、官設埤圳補償審査委員会委員、河川調査委員会委員兼幹事兼任、欧米諸港水陸連絡設備調査のため出張、1917.2叙勲四等授瑞宝章。 1919打狗築港研究に関する論文で工学博士学位取得、1920.9土木局長、叙高等官二等、台湾電力株式会社監理官、官設埤圳補償審査委員会委員、河川調査委員会委員兼幹事、市区計画委員会委員、河川調査委員会委員、台湾中央衛生会、1921.3叙勲三等授瑞宝章、９月叙高等官一等、10月脳神経衰弱症で依願免本官。 1924帰国後、合資会社福沢土木事務所長、1925天龍川電力会社取締役。	1901–1923 在台23年

山路魁太郎 ?-1933. 9. 23	福岡県 士族 東大土木科	1899東大土木科卒、兵庫県技師。 1901台中県技師に転任、1902民政部土木局土木課技師。 1905関東州民政署技師に転任、1908関東都督府技師。	1901-1905 在台 5 年
徳見常雄 1873-1926. 9. 23	長崎県 平民 東大土木科	1896. 7 東大土木科卒、大学院進学、京都鉄道株式会社技士、1897. 9第三高等学校工学部講師、1898. 7大学院研究科修了、1899. 4京都帝国大学理工科大学講師。 1900臨時台湾土地調査局測量課技師（課長)、1901調査測量技手の募集のため、山口、広島、岡山、東京府、福岡、熊本、佐賀出張、1901. 7高知県水利事業視察、1902インド調査サトウキビ園灌漑工事視察、1905財務局税務課技師兼任。 1905民政部土木局土木課技師兼民政部財務局税務課技師、1908水利委員兼任、1908臨時台湾工事部技師、欧米諸国及びエジプト出張。 1909臨時台湾工事部水利課長、1910土木部工務課技師兼水利委員、1911土木部工務課長兼水利委員、市区計画委員、臨時防疫委員、官設埤圳補償審査委員会幹事。 1912臨時台湾総督府工事部工務課長兼民政部土木局土木課長、市区計画委員、臨時防疫委員、官設埤圳補償審査委員会幹事、 7 月河川調査員、1913脚気で依願免官。 帰国後大倉組土木部勤務。	1900-1913 在台14年
大越大蔵 1873. 1. 16- 1928. 8. 20	栃木県 平民 東大電気科	1898東大電気科卒、12月一年志願兵で鉄道大隊入隊、1899. 11陸軍工兵軍曹、1901. 3陸軍工兵少尉、1903鉄道大隊補充中隊、1904. 11陸軍築城部澎湖島支部工兵中尉、1906. 4日露戦争の戦功で叙勲六等単光旭日章及び250円。 1906. 4台湾総督府民政部土木局土木課技師、1907. 5電気作業所技師兼民政部土木局土木課技師、1908. 7臨時台湾工事部技師兼民政部土木局土木課技師、1909. 10土木部技師、1911. 10電気作業所技師兼臨時台湾総督府工事部技師、1911欧米諸国出張。 1913. 4臨時台湾総督府工事部技師兼民政部土木局土木課技師、電気作業所技師、1915. 11大礼記念章、1919. 5民政部土木局土木課技師専任、1919. 7神経衰弱症で依願免官、台湾電力株式会社理事に転任、1928. 8脳溢血で逝去。	1906-1928 在台23年
張 令紀 1869. 2. 28- 1922. 12. 25	山口 士族 京大土木科	1900京大土木科卒、1900台湾総督府鉄道部工務課技師、1913臨時台湾総督府工事部技師、1918欧米諸国視察、1920北米合衆国の灌漑及び排水工事の視察復命書執筆。 1920民政部土木局土木課技師、 7 月肺病で辞官、1922. 12肺病で逝去。	1900-1920 在職21年
堀内広助 1870. 11. 9-?	東京市 平民	1903. 9台湾総督府技師兼台湾総督府海事官、1905. 2台湾総督府海事官兼台湾総督府技師、1909. 10土木部工務課技師兼海事官。 1915. 1海事官兼土木部工務課技師、11月大礼記念章、1917. 3土木部工務課技師兼海事官、1919. 12海軍予備機関中尉、1920. 9アメーバ赤痢疾で依願免官。	1903-1920 在職18年
田上郷吉 1874. 7. 30-?		1906. 10台湾総督府海事官、1910工務課技師兼任、本島沿岸視察。 1912. 1台湾総督府工事部技師、 2 月船舶検査、海員審判及びその他のため神戸等四地視察、1917神経衰弱症及び胃酸欠乏症で依願免官。	1906-1917 在職12年

庄野巻治	徳島県 平民 第三高等学校 工学部	1898.8任農商務省技手、1900.7依願免本官。 1901.9台湾総督府土木局土木課技手、1903.5臨時台湾基隆築港局技手兼民政局土木課技手。 1903.3民政部土木局土木課技手、1904.6臨時台湾基隆築港局技手兼民政部土木局土木課技手、1905.4専任民政部土木局土木課技手、1907.10民政部土木局土木課技師、1908.7臨時台湾工事部水利課技師、1910土木部工務課技師、1911.10民政部土木局土木課技師、1912河川調査委員、1917兼臨時台湾総督府工事部技師、1919.7右肺尖浸潤兼神経衰弱症で依願免本官。 台湾電力株式会社土木課長、1925.3帰国。	1901–1925 在台25年
三浦慶次 1873.3.28–?	山形県 士族 京都第三高等学校工学部土木工学科	1899.7京都第三高等学校工学部土木工学科卒、8月台湾総督府民政部土木局技手、1904.6台南庁総務課技手、1907.6台湾総督府土木局臨時水道課技手、10月臨時水道課技師。 1909.10土木部工務課技師兼台北庁技師、1911.10免本官専任台北庁技師、1916.6叙勲6等授瑞宝章、1916.10肺尖結核兼脳神経衰弱症で依願免本官。	1899–1916 在職18年
堀見末子 1876–1966	高知県 東大土木科	1902.7東大土木科卒、東京市区改正委員会嘱託。 1904.8アメリカのワデル・ヘドリック工務所勤務、6年間土木工事の設計と施工に従事。 1909臨時台湾工事部嘱託、1909.10土木施設を視察のためイギリス、フランス、ドイツ、イタリア、オーストリア、ハンガリー等歴訪、1910.3帰国。 1911.4台湾総督府土木部工務課技師兼臨時台湾総督府工事部技師、1914工事部技師兼民政部土木局土木課技師、1919.3明石元二郎総督の命により中国雲南省油田視察。 1919.7休職、台湾電力株式会社技師長に転任、1920.9神経衰弱症で退官、1921.1日月潭水力発電所工事を指揮、監督。 1925.3帰国、1928.8日月潭水力発電所工事再開のため渡台指導、1966.2逝去。	1909–1925 在台17年
三木鹿三郎 1877.12.24–?	島根県 平民 東京工業学校 電気科 電気機械分科	1900.8東京工業学校電気科電気機械分科卒、台湾総督府専売局製薬所電気事務嘱託、1901.11専売局製薬課技手、1906.4台湾総督府専売局製造課技手、1907.5電気作業所技手、1908.7臨時台湾工事部技手。 1909.10土木部工務課技手、12月土木部工務課技師。 1911.3臨時台湾総督府工事部工務課技師兼作業所技師、1912.2兼民政部土木局土木課技師、1913.4作業所技師兼民政部土木局土木課技師、1917.2兼営林局技師、1918.12叙勲六等瑞宝章授与、1919.7専任作業所技師、同月依願免官。	1900–1919 在職20年
小川亮吉		1906台北電気作業所工務課技術員、1907電気作業所電気課嘱託、1909工事部水利課嘱託、1910土木部工務課基隆出張所技師、1911作業所技師、1913病気で退官。	
中西義栄 1881.7.29–?	東京府 平民 東大船用機関科	1905東大船用機関科卒、長崎三菱造船所勤務。 1910.7台湾総督府土木部工務課技師、1911.10臨時台湾総督府工事部技師、1913土木局営繕課技師、蕃務本署理蕃課 技師、1915.11大礼記念章、1916臨時台湾総督府工事部工務課技師兼民政部土木局土木課技師、1919.5土木局営繕課技師、1921.3神経衰弱症及び神経性胃弱で依願免官。	1910–1921 在職22年

国弘長重 1881. 4. 5–?	山口県 平民 京大電気科	1908. 11京大電気科卒、12月一年志願兵で電信大隊入隊、1909. 11陸軍工兵軍曹予備役。 1910. 11台湾総督府土木部技師、1911. 10台湾総督府作業所技師。 1912. 2陸軍工兵少尉、7月兼臨時台湾総督府工事部技師。 1919. 7台湾総督府技師兼任台湾総督府作業所技師、1913作業所打狗出張所技師、1914臨時台湾総督府工事部工務課 技師、1918兼民政部土木局土木課技師。 1920. 9神経衰弱症で退官、台湾電力会社技師長、1929–1931台湾電力株式会社理事、1931理事辞退。	1910–1931 在職22年
池田季苗 1881. 12–?	京都府 京大土木科	1906. 9京大土木科卒、鹿児島県農業技師。 1911台湾総督府土木部技師、1912工事部技師兼民政部土木局土木課任技師、1917市区計画委員兼任、1918道路及び河川調査のため、英領北ボルネオ、海峡植民地、マレー半島、オランダ領東インド諸島出張、1919土木課長心得、1920民政部土木局土木課長、1922土木局港湾課長、1925交通局道路港湾課長、河川調査委員会委員、水利委員会委員、1927台湾電力株式会社監理官、市区計画委員会委員。 1932退官後、日本石油台湾販売店長に転任。	1911–1932 在職22年
八田與一 1886. 2– 1942. 5	石川県 東大土木科	1910. 7東大土木科卒、8月台湾総督府土木部技手、1914民政部土木局土木課技師、1916衛生工事調査のため、フィリピン、香港、汕頭及び厦門、英領ボルネオ、セレベス、ジャワ、シンガポール等出張、1920. 9マラリアで退官。 1921. 11嘉南大圳組合監督課長兼工事課長、12月兼嘉南大圳烏山頭出張所長、1922北米、英領カナダ、メキシコ出張。 1928内務局土木課勤務、水利委員会委員兼任。 1941台湾総督府技師、満洲、中華民国出張、1942南方資源調査の時殉職。	1910–1942 在台33年
渡部英太郎 1871. 4. 29–?	東京市 士族 東大土木科	1895. 7東大土木科卒、日本鉄道会社勤務。 1899. 4臨時台湾鉄道敷設部技師、1899. 11台湾総督府鉄道部工務課技師、1902台北改良線事務所長、1904鉄道部工務課設計掛長、保線掛長、営繕掛長、台北保線事務所長兼任、1905台北基隆市区計画委員兼任、1906鉄道部打狗出張所長、1909. 2厦門、汕頭、潮州、広東、マカオ、香港出張、1913鉄道部工務課長、1914市区計画臨時委員、1917民政部土木局土木課任技師兼任、1920鉄道部長心得、1921市区計画委員会臨時委員、1923. 2神経衰弱症で依願免官。	1899–1923 在職25年
高橋甚也 1884. 7. 10– 1975	宮城県 平民 京大土木科	1912. 7京大土木科卒、8月台湾総督府民政部土木局技手河川行政担当、1913. 8臨時台湾総督府工事部工務課技手、1915. 11大礼記念章、1916. 1臨時台湾総督府工事部工務課技師、8月民政部土木局土木課技師兼任、1920東京、京都、兵庫、宮城出張。 1923東京市役所下水道部門担当、1928欧米の下水道視察、1936土木局技術長、1937東京市水道局長。 1942上海水道会社、華中水電会社総経理。 1945敗戦帰国、1946仙台市助役、宮城県建築審査会委員、宮城県住宅運営委員会委員、宮城県都市計画協会、日本水道協会名誉会員。	1912–1923 在台12年

白石誠夫	愛媛県 平民 京大土木科	1912京都帝国大学理工科大学土木工学科卒、1916台湾総督府民政部土木局土木課技師兼臨時台湾総督府工事部技手、1917工事部技師兼土木局土木課技師、1920民政部土木局土木課技師。 1920.10海軍技師に転任、昭和初年病気で逝去。	1916–1920 在職5年
前田兼雄 1884.10–?	鹿児島県 東大土木科	1912東大土木科卒、1912.7臨時台湾総督府工事部工務課技手、1912.8民政部土木局技手、1917工事部技師兼土木局土木課技師、1920土木局設計係長、1920土木局土木課技師、1922.2台北州内務部土木課長兼民政部土木局土木課技師、1922.5市区計画臨時委員兼任、1934『花灯吟稿』著書、1937.5台湾都市計画委員会幹事、1940.10台湾都市計画台北地方委員会幹事。 1945まで台北州技師。	1912–1945 在台34年
蔵成信一 1881.12.28–?	山口県 平民 京大 機械科	1910.7京都大学理工科大学機械工学科卒、1911.2任中央製糖株式会社技術員。 1913.3任台湾総督府民政部土木局技手、12月任臨時台湾総督府工事部技手、兼任台湾総督府民政部土木局技手、1914.3任木材防腐工場工事主任、6月任代理場長、1915.11依同年勅令第154号大礼記念章。 1916.3任台湾勧業共進会事務員、1917.3任台湾総督府民政部土木局繕課技師兼任土木課技師、1922任民政部土木局土木課技師、任嘉南大圳技師、任烏山頭出張所機械係長、1922北米、英領カナダ、メキシコに出張、11月奉命休職、1923マラリア併発脳神経衰弱症で、依願免官。	1913–1923 在職11年
高山節繁 1875.9.9–?	東京市 士族 東大土木科	1902.7東大土木科卒、10月札幌農学校教授、1907.9東北帝国大学農科大学土木工学科教授。 1912.5台湾総督府阿里山作業所技師、1915.7営林局嘉義出張所技師、1918民政部土木局土木課技師、1919.1臨時台湾総督府工事部師兼任、7月脳神経衰弱症で依願免官。 台湾電力株式会社運輸課長に転任。	1912–1919 在職8年
関野謙三 1875.10.16–?	東京府 士族 東大農科	1907.7東大農科卒、8月栃木県立農学校教諭、1908.11三重県立農学校教諭、1910福島県立蚕業学校教諭。 1917.7渡台、1918.8臨時台湾総督府工事部技手兼民政部土木局土木課技師、1919.5殖産局技師兼民政部土木局土木課技師、1920民政部土木局土木課技師、1924.11依願免本官。 台中市産業主事に転任、1925.12中部台湾共進会事務委員、1926.1台中市協議会参与員、9月台湾産業技師、台中州産業技師、1927.8第1回台中州農事講習会講師、1928.5第2回台中州農事講習会講師、1928.8花蓮港庁産業技師、花蓮港庁花蓮港農業補習学校嘱託、1932脳神経衰弱で依願免官。	1917–1932 在職16年
納富耕介 1891–?	佐賀県 士族 東大土木科	1915.7東大土木科卒、1915.8臨時台湾総督府工事部技手、11月大礼記念章、1915.12輜重輸卒で輜重兵第18大隊入隊、1916.2除隊、3月復職、1917.7八塊厝中壢付近埤圳第四号隧道及暗渠開渠工程監督用物品取扱主任、1918.5民政部土木局土木課技師兼任臨時台湾総督府工事部技師、1919.9民政部土木局土木課技師、10月台湾電力株式会社監理官付、1920.4八塊厝中壢付近埤圳工事主任、1922.7依願免本官。 1922.8大同電力株式会社技師、1924.3天龍川電力株式会社創立事務所技術員に転任、1926.2	1915–1937 在職23年

		依願免技術員。 1926.7高雄州内務部土木課長、1937.5台湾都市計画委員会幹事、6月依願免官。	
久布白兼治 1886.2.8-?	佐賀県 士族 熊本第五高等学校 工業部 土木学科	1908.7熊本第五高等学校工業部土木学科卒、臨時基隆築港局技手、臨時台湾工事部技手、土木部技手、1911.10臨時台湾総督府工事部技手、1915大礼記念章、1918民政部土木課技師兼任、1919.5脳出血で依願免官。 1919.8台湾電力株式会社技師。 1924.6新竹州内務部土木課長、1933巡査懲戒予備委員、1935新竹州震災復興委員会委員、土木部長兼建築部長、1937.5台湾都市計画委員会幹事、1938.4台南州土木課長、1939脳出血で退官、新竹州購買組合長。	1908-1939 在職32年
宇都宮無垢介 1868.11.20-?	愛知県 士族 第三高等中学 予科卒業 本科中退	1894陸軍省測図手（雇員）、1895.12日中戦争の戦功で賞金40円。 1896.9鹿児島県庁内務部第二課雇員、1897.3鹿児島県庁技術雇員、4月鹿児島県庁第五土木監督区事務所勤務。 1897.5海軍省横須賀鎮守府建築科技手、1903.11横須賀海軍経理部建築科勤務、1905旅順口海軍主計部勤務、1906.4日露戦争の戦功で勲七等青色桐葉章及び賞金250円、軍記章。 1911.1台中庁公共埤圳聯合会技師、8月工務係長、理事、1912.12台湾総督府民政部土木局嘱託、1913.3臨時台湾総督府工事部嘱託、6月臨時台湾総督府工事部工務課技手、1914衛生委員、1915大礼記念章、1916.4台湾勧業共進会審査部審査係審査員、1917.7民政部土木局土木課技手、1918私立台湾商工学校講師、民政部土木局土木課技師、1922台南州土木課長、1924依願免官。	1911-1924 在職14年
松本虎太 1879.10- 1959.7	香川県 平民 京大土木科	1906.3京大土木科卒、1906.4台湾基隆築港局技手、1907.2から1年半欧米留学、1908.7臨時台湾総督府工事部技師、1909.10土木部技師、1916.12基隆築港所長。 1917.2-1919.3鉄筋コンクリートと海水の関係を研究のため、アメリカ出張、1919.6民政部土木局土木課技師、1920土木局基隆出張所長兼土木課技師、1924.12交通局基隆築港出張所長、1925.2中国、香港出張、1927.2内務局土木課技師、1932.7道路港湾課長兼基隆築港出張所長、1933.5高等海員審判所審判官、1935.7都市計画法施行準備委員会委員、1936.1東部開発調査委員会委員、1937.1山地開発調査会委員、1937.5台湾都市計画委員会委員、1941退官。 1942.2台湾電力株式会社理事、建設局長兼建設局技術部長、1943台湾電力株式会社副社長、1945台湾電力株式会社社長、1945.8日本敗戦後、台電顧問担当。 1947帰国、1951陶村村長、1954初任綾南町長、1959病気で逝去。	1906-1947 在台42年
山下繁造 1892.4-?	石川県 東大土木科	1917.7東大土木科卒、台湾総督府工事部技手、1919.9民政部土木局土木課技師、1924.12交通局基隆築港出張所技師、1930.1欧米各地港湾視察出張、1931.1高雄築港出張所長、1940.10台湾都市計画高雄地方委員会委員、1941-1945交通局港湾課長。 1945帰国、日本通運勤務。	1917-1945 在台29年

白木原民次 1892. 8-?	大分県 九州帝大土木科	1913. 7九大土木科卒、1917. 8台湾総督府民政部土木課技手、1919. 9土木局土木課技師、1923. 7嘉南大圳組合技師、アメリカ、英領カナダ、メキシコ出張、1929. 5内務局土木課技師、屏東治水事務主事、屏東治水事務所長、1942国土局道路課技師、1943-1945鉱工局土木課技師。	1917-1945 在台29年
岩淵　恕 1875-?	岩手県 工手学校 土木科	1903. 2宜蘭庁総務課技手、土木係主任、1907. 5土木係長、1910. 6阿里山作業所技手、1919. 9土木局土木課技手、10月台湾電力株式会社監理官、1920土木局土木課技師。 1921. 1台中州土木課長。 1924退官後、自動車学校長、土木請負業測量、設計土木技師、岩淵金網工業（図紙機械販売、工事材料供給）	1903-1924 在職22年
磯田謙雄 1882. 5-?	石川県 士族 東大土木科	1918. 7東大土木科卒、1918. 8台湾総督府民政部土木局土木課技手、1920. 9民政部土木局土木課技師、1922. 4八塊厝中壢付近埤圳導水路工事主任、1923. 1八塊厝中壢付近埤圳第３号隧道及第４号隧道災害復旧工事主任、５月大嵙崁渓流量調査主任、６月大嵙崁渓流域埤圳用水量調査主任、1924. 12台南州内務部土木課長、1925. 12州通常協議会参与、1936. 7内務局頭前渓治水工程主任技師。 1939興亜院技師、1941第二遣支艦隊事務解嘱及び海南警備府事務。 1942台湾総督府国土局技師、1943-1945鉱工局土木課技師。 1945-1947台湾省行政長官公署農林処農田水利局技正。 帰国後、真柄組相談役土木部長。	1918-1947 在台30年
狩野三郎 1885. 8. 26-?	山形県 士族	1906. 12陸軍一年志願兵で工兵第八大隊入隊、1907. 8陸軍工兵伍長、11月除役。 1908. 11渡台、12月臨時台湾工事部技手、1909. 10台湾総督府土木部技手、12月陸軍工兵少尉、1911. 10臨時台湾総督府工事部技手、1913. 7台北庁技手兼任、1920. 9民政部土木局土木課技師、1921. 12神経衰弱症で依願免本官。	1908-1921 在職14年
松本円次郎 1879. 7. 18-?	三重県 平民 三重県私立 愛志社	1897. 1三重県私立愛志社で実地測量及び製図学を研究、1899. 7修業証書取得、1899. 7三重県雇員（木曾川河川台帳製作）、1900. 8三重県工手補（国県道路の測量及び設計）、1901. 6三重県工手（国県道路及び宇治山田町両宮街道の測量及び設計）、1902. 1県管内各河川測量、10月内務省雇員（河川台帳調査製作）。 1906. 3清朝営口大日本軍政署雇員（遼河護岸工事及び新市街市区改正、道路下水工事に従事）、1906. 11-1908. 5清国政府招聘で営口市街道路及び下水工事担当。 1909. 3臨時台湾工事部水利課技手、５月台北水道事務所技術員兼任、８月日本国内耕地整理状況調査のため、東京市、三重県出張、1910台北市区改正事務所主任、1911年通信局職務兼任、1911台北幹線暗渠工事及び道路下水工事従事、10月作業所水道課技手兼土木局土木課技手、1912台北南幹線暗渠、市街道路下水及び水道鉄管敷設工事従事、1913台北護岸及び下水工事従事、1914. 3土木局土木課技手兼作業所技手、台北市街道路、水道鉄管敷設工事及び陸軍委託簡易水道計画設計従事、1915台湾勧業共進会事務員、1916台北水道鉄管敷設工事、愛国婦人会台湾支部の依頼で温泉引用の実地測量及び設計従事、1917河南水道調査の実測と設計のため、中国広東省出張、1918. 8台北庁台北水道事務所水道係長、1919台北水道水源	1909-1926 在職18年

		地保護工事及び市街鉄管敷設工事担当、10月福島県出張、1920. 7民政部土木局土木課技師、1920. 10神経衰弱症で依願免官。 1922. 3台中市庶務課土木係長兼水道係長、1923. 1市協議会参与委員、1926依願免官。	
中村武夫 1873. 10. 1-?	静岡県 平民	1902. 3-1904. 5臨時台湾基隆築港局技手、1904. 6台湾総督府鉄道部技手兼任（打狗停車場拡張工事設計担当）、1908. 11工事部技手、1909. 6浚渫工事主任、打狗築港第一期工事計画参与、1919. 12民政部土木局土木課技師、1921. 2マラリア悪液質兼脳神経衰弱で依願免官。 帰国後、1941商工省工務官、1955徳島大学学位授与、1961慶応義塾大学学位授与、1962九州大学学位授与。	1902-1921 在職20年
筒井丑太郎 1876. 3. 6-?	高知県 平民	1899. 9渡台、台湾総督府民政部土木課技手、1900. 8臨時台湾基隆築港局技手、1904土木局土木課技手兼任、1907臨時台湾基隆築港局技師、1908. 7臨時台湾工事部技師、1909. 10土木部技師、1911. 10臨時台湾総督府工事部技師、1919欧米諸国出張、1919. 5土木局土木課長、1922慢性マラリアで依願免官。	1899-1922 在職24年
市川純一郎 1886. 6. 17-?	秋田県 平民 仙台高工 土木工学科	1910. 3仙台高工土木工学科卒、 9月台湾総督府土木部工務課雇員、1911. 3土木部技手、10月土木局土木課技手兼臨時台湾総督府工事部工務課技手、1913. 8臨時台湾総督府工事部工務課技手、1915. 11大礼記念章、1917. 7八塊厝中壢付近埤圳第三号隧道工事監督用物品取扱主任、12月八塊厝中壢付近埤圳第二号、第三号隧道間水橋架設工事用物品取扱主任、1919. 1民政部土木局土木課技手兼任、1920. 9台北市庶務課技師、1921. 10市区計画時委員、1922. 8東京、大阪、新潟、秋田、愛知、福岡出張。 1924. 12台中州技師、1925. 3水利事業に貢献あり賞金400円獲得。 1927. 3交通局道路港湾課港湾係長兼道路係技師、基隆、七堵間縦貫道路改修工事主任、台湾北管内災害復旧工事主任、 8月頭前渓架橋工事主任、紅毛田渓架橋工事主任、1928. 7草濫橋付近路面輾圧工事主任、 8月鳳山渓架橋工事主任、叙勲六等瑞宝章、10月道路港湾課長心得、11月大礼記念章授与、1929. 4東京、兵庫、静岡、宮城、秋田、香川、高知、愛媛、大分、福岡各府県出張、 6月縦貫道路桃園. 新竹間改修工事主任、12月道路港湾課第二工事係長、1930. 10道路港湾課長心得、1934東京、京都、大阪、神奈川、兵庫、千葉、静岡、宮城、秋田、岡山、広島、山口各府県出張、1935. 10震災復興事務に献身慰労金50円獲得、1936. 9中華民国、マカオ、仏領インドシナ、タイ、英領香港、マレー、ボルネオ、オランダ領東インド、フィリピン出張、1937. 2道路港湾課長心得、1937. 11腎臓萎縮で依願免官。	1910-1937 在職28年
田賀奈良吉 1871. 12. 13- 1935. 12. 26	東京府 士族 東京帝大 工科大学 工学科	1898. 7東京帝大工科大学卒、内務省土木監督署技手、1900. 4内務省第五区土木監督署技師、1900. 9徳島県技師、1907. 7内務省大阪出張所技師、1918. 5内務省土木局技術課技師、1918. 7埼玉県内務部土木課長。 1922. 1台湾総督府土木局技師、赴任途中に門司築港視察、1922. 2土木局土木課長、市区計画委員、台湾電力株式会社監理官、1924. 7米国出張、1925. 9兼交通局逓信部技師、河川調査委員会委員、1926. 4叙勲三等授瑞宝章、1926. 11病気で退官。 退官後、台湾電力株式会社顧問担当。	1922-1926 在職 5 年

図子武八 1893.10.31-?	香川県 東大土木科	1920東大土木科卒、台湾総督府土木局土木課技手、1922.4民政部土木局土木課兼基隆出張所技師、1924.12交通局高雄築港出張所技師、1931.7交通局基隆出張所技師、高雄、花蓮港出張所工事主任、1933.8土木事業視査のため欧米諸国、エジプト出張、1935.4基隆港出張所長、1940.10台湾都市計画台中地方委員会委員、『花蓮港築港計画の水深に就いて』著書、1940-1945交通局新高築港出張所長。	1920-1945 在職26年
五十嵐大輔 1894.3.20-	山形県　平民 東大土木科	1920.7東大土木科卒、台湾総督府民政部土木局土木課技手、1922民政部土木局土木課技師、1925河川調査委員会委員、台湾電力株式会社監理官、1927依願免官。	1920-1927 在職８年
北川幸三郎 1895.9.11-?	京都府 京大土木科	1920.7京大土木科卒、８月台湾総督府民政部土木局土木課技手。1921.2私立台湾商工学校教務嘱託。 1922.4民政部土木局土木課技師、1923.6台湾電力株式会社監理官、1924.12交通局道路港湾課技師、1931.6欧米諸国出張、1942.10国土局道路課長、1943-1945鉱工局土木課技師。 1945-1947台湾省行政長官公署工鉱処公共工程局正工程師。 帰国後、立命館大学工学部教授。	1920-1947 在職28年
若杉　直	新潟県 京大土木科	1918京大土木科卒、埼玉県産業技師。 1923台湾総督府民政部土木局土木課技師、1924.11依願免官。	1923-1924 在職２年
白石方亮		1924.4任民政部土木局営繕課技師兼土木課技師、７月任電力会社監理官、11月依願免官。	
篠原国憲 1894.10.18-	鹿児島県 士族 東大土木科	1918.12東大土木科卒、1919.4浅野同族株式会社技師。 1919.9渡台、台湾電力株式会社建設部技手、1920.3台湾電力株式会社建設部技師、1924.7庶務課技師兼任。 1926.8台湾総督府交通局道路港湾課技師、1926.9縦貫道路測量主任、1926.10交通局道路港湾課調査係長兼監査係技師、1928.8東京、大阪、千葉、神奈川、静岡、岐阜、富山、兵庫、山口、福岡、鹿児島等２府９県出張、1928.11大礼記念章授与、1929交通局鋪装試験工事主任、1929.4交通局道路材料試験調査主任、1929.5明治橋架設工事主任、1929.12交通局道路港湾課道路係長兼任港湾係長、1930.2逓信部電気課技師兼任、1932.8理蕃講習会講師（担当科目「道路架橋」）、1935.6欧米諸国及びエジプト出張、1936.3帰国途中、東京、京都、大阪、神奈川、兵庫、愛知、静岡、福岡、熊本各府県出張、1937.11交通局道路港湾課第二工事係長心得、1938.7台湾神社臨時造営事務局技師兼任、1939.1山地開発調査委員会交通専門調査員、1940.10台湾都市計画委員会幹事、台湾都市計画委員会台北、新竹、台中、台南、高雄、台東、花蓮地方委員会委員、1941-1943交通局高雄築港出張所長、1944-1945高雄港務局築港部長、工事課長。	1919-1945 在台27年
永田　年	福岡県 東大土木科	1922.3東大土木科卒、台湾総督府土木局高雄出張所技手、1924.12交通局道路港湾課技手、1926.8交通局道路港湾課技師。 1927.3帰国、内務省技師、1936京都鴨川改修事務所初代所長。 1939満洲国交通部技正兼遼河治水調査処長。 1940帰国後、東北振興電力会社、1941日本送電会社勤務。	1922-1927 在台６年

		1951北海道電力副社長、1952電源開発会社理事、1953電源開発会社佐久間建設所長、電源開発顧問、国際大ダム会議副総裁、日本大ダム会議会社等歴任、1961土木学会長、1962東京大学博士学位授与。	
藤村孜郎 1896. 9. 28–?	山口県 士族 京大機械科	1922. 7京大機械科卒、８月台湾総督府土木局土木課技手、1922台湾総督府技手及び師範学校教諭、1923. 3台北市技手兼任、1924. 12交通局逓信部庶務課技手、1925. 1道路港湾課技手兼任、1926. 4逓信部海事課船舶掛技手兼任、1926. 10交通局道路港湾課技師、1927. 1台電監理官、1929. 1内務局土木課技師兼任、1935. 8道路港湾課兼基隆築港出張所技師、1936欧米出張、1939依願免本官。 帰国後、東京渡辺製鋼所勤務。	1922–1939 在職18年
山田北男 1891. 5. 17–?	新潟県 平民 名古屋高工土木科	1913. 3名古屋高工土木科卒、８月兵庫県土木技手、1920. 9兵庫県道路技手兼土木技手、1925. 4兵庫県山崎工営所勤務、1925. 8兵庫県土木技師兼道路技師。 1927. 2台湾総督府交通局道路港湾課技師、1942. 11国土局道路課技師、1943–1945鉱工局土木課技師。	1927–1945 在職19年
吉村善臣 1902. 5. 15–?	福岡県 士族 九州帝大 土木科	1926. 3九州帝大土木科卒、４月台湾総督府交通局道路港湾課技手、12月文官分限令第11条第１項第４号により休職、1927. 3復職、1929. 5交通局道路港湾課基隆築港出張所技師、1940道路港湾課基隆築港出張所長、10月台湾都市計画台北地方委員会委員、1943『基隆港に於ける港湾荷役力増強対策』著書、1943–1945基隆港務局築港部長、工事課長。	1926–1945 在職20年
諸岡明七 1894. 4. 18–	佐賀県 平民 熊本高工 土木科	1915. 7熊本高工土木科卒、12月台中庁庶務課雇員、1918. 3台中庁庶務課技手、台中庁公共埤圳聯合会技手、1918. 7台北庁庶務課技手、1920. 9内務局土木課台北州技手、1922. 8病気で依願免本官。 1922. 8公共埤圳嘉南大圳組合土木課技術員、1926. 3公共埤圳嘉南大圳組合土木課技師、1929. 5公共埤圳嘉南大圳組合幹線係長、1929. 12交通局道路港湾第一工事係技師、1942. 11国土局道路課長、1943–1945鉱工局土木課技師。	1915–1945 在職31年
鈴置良一 1893. 5. 4–?	愛知県 平民 名古屋高工 建築科	1915. 3名古屋高工建築科卒、1915. 4逓信省工務課航路標識管理所技手、1915. 8航路標識看守業務伝習所教官、1918. 9浅野造船所建築課建築係、1919. 7浅野同族会社技手、1920. 3依願退社、1920. 4中栄橋事務所勤務。 1920. 9逓信省経理局営繕課員、1920. 11逓信省経理局営繕課員及び臨時電信電話建設局技手、1924. 5逓信省経理局技手、1924. 6第一土地建物株式会社勤務。 1925. 10渡台、台湾土地建物株式会社技師、1929. 8退社。 1929. 8台湾総督府交通局基隆築港出張所以及び道路港湾課技師、1929. 10東京、神奈川、兵庫、福岡各府県出張、1930. 6埠頭庁舎工事主任、営繕工事主任、1934. 4逓信部庶務課技師兼任、1934. 10逓信部庶務課技師、1936官房営繕課技師兼交通局逓信部庶務課技師（台北電信局、嘉義電信局を設計）、1937. 1交通局逓信部技師、1939依願免本官、1941台湾電力に転職。 1945帰国後、葵建設研究所勤務。	1925–1945 在台21年

斎藤四郎 1893. 11. 19–?	栃木県 士族 東大土木科	1919. 7東大土木科卒、大蔵省大臣官房臨時建築課神戸出張所雇員、1921. 1大蔵省技師、1923神戸出張所土木工場主任、1924. 5依願免本官、神戸市港湾部技師に転任、1925. 2都市計画部工務課技師兼任、1925. 3臨時神戸築港陸上設備調査会幹事。 1931台湾総督府交通局道路港湾課技師、1932『安平港調査記』著書、1935依願免官。 1960大阪市立大学博士学位授与。	1931–1935 在職５年
上原恵迪 1883. 10. 23–?	沖縄県　士族 熊本高工土木科	1912台湾総督府鉄道部技手、陸軍工兵軍曹、1921. 3鉄道部技師、1922台東鉄路収購接収官吏、1931交通局道路港湾課技師、1932. 8脳神経衰弱症で依願免官。	1912–1932 在職21年
園田省吾 1896. 2. 20–?	東京府 平民 北海道帝大附属 土木専門部	1920. 6北海道帝国大学附属土木専門部卒、鉄道省北海道建設事務所雇員、1921. 12鉄道省北海道建設事務所技手、1924. 11依願免官。 1924. 12復興局東京第二出張所雇員に転任、1925. 3復興局東京第二出張所技手。 1929. 2台湾総督府交通局道路港湾課技手、1933. 2縦貫道路改修工事監督費所属物品取扱主任、1933. 12縦貫道路大恵橋石牛渓間改修工事主任、大湖口渓架橋工事主任、1934. 4道路港湾課第一工事係、1934. 5宜蘭濁水渓架橋工事主任、1935. 7台北、基隆間道路改良工事主任、1935. 10交通局道路港湾課技師、1937. 4収賄罪で文官分限令第11条第１項第２号により休職。	1929–1937 在職９年
小山三郎 1885. 3–?	東京府 東大土木科	1909. 7東大土木科卒、台湾総督府鉄道部工務課技手、1910. 4阿里山作業所技手、1911. 4阿里山作業所技師、1912鉄道部技師、1919鉄道部宜蘭出張所長、191910欧米出張、1923. 2工務課監督課長兼保線掛長、1924. 12交通局汽車課長、1926. 9鉄道部運転課長、花蓮港鉄道出張所長、1928. 12鉄道部改良課長、1929. 9市区計画委員会委員、1930. 11交通局鉄道職員共済組合審査会審査委員兼高雄改良事務所事務取扱、1931. 12工務課長兼任、1935. 7都市計画法施行準備委員会委員兼任、道路港湾課技師、1937. 2台湾防衛委員会幹事、1937. 5台湾都市計画委員会委員、1938. 5血圧亢進症で転地療養、依願免官。	1909–1938 在台30年
森元一 1892. 2. 10–?	鹿児島 平民 工手学校 土木科	1904. 1渡台、４月入学私立成淵学校、1908. 4台湾総督府民政部傭員。 1909. 2工手学校入学、1911. 7工手学校卒。 1911. 8渡台、台湾総督府土木部工務課雇員、1911. 10土木局土木課雇員、1916. 9民政部土木局土木課技手、1924. 12交通局道路港湾課技手、1925. 1内務局技手兼任、1926. 10交通局道路港湾課道路係技手、1928. 11大礼記念章、1929. 12交通局道路港湾課第二工事係技手、1930. 1頭前渓架橋工事及び縦貫道路頭前渓、新竹間改修工事主任、1931. 4縦貫道路石年渓、斗南間改修工事主任、1931. 6過溝橋架設工事主任、1931. 6縦貫道路斗南、大林間暗渠改修工事主任、1931. 11縦貫道路大恵橋石牛渓間改修工事主任、1932. 9大湖口渓架橋工事主任、1932. 12縦貫道路改修工事監督費所属物品取扱主任、1933. 10叙勲８等授瑞宝章、1934. 7福岡、佐賀、熊本、鹿児島各県出張、1935. 10震災復興事務尽力で慰労金25円、1937–1942交通局道路港湾課技師、1943依願免官。	1904–1943 在職39年
村上義彦	大分県	1934台湾総督府交通局道路港湾課技手、1937道路港湾課技師、1939交通局基隆築港出張所技師、1944海務部新高築港出張所技師。	1934–1945 在職22年

若槻章一 1905. 8. 29–?	徳島県 士族 徳島高工 土木科	1926. 3徳島高工土木工学科卒、４月渡台、台湾総督府交通局道路港湾課道路係技手、1927. 12第一工事係技手、1930. 5第二工事係技手兼第一工事係技手、1933. 7縦貫道路後龍渓付近改修工事主任、1934. 4縦貫道路台南、高雄間橋梁拡張工事細部測量主任、10月縦貫道路路竹、岡山間測量主任、12月縦貫道路台南州界、高雄間橋梁拡張工事主任、1935. 10路竹、岡山間改修工事主任、1937東京、神奈川、兵庫、岐阜、徳島、香川各府県出張、1938交通局道路港湾課技師、1942国土局技師、1943–1945鉱工局土木課技師。	1926–1945 在職20年
鳥山貞雄 1904. 3. 15–?	宮城県 仙台高工 土木科	1926. 3仙台高工土木科卒、４月渡台、台湾総督府交通局道路港湾課雇員、1926. 7交通局道路港湾課技手、10月道路係技手、1929. 12第二工事係技手、1930. 1鳳山渓架橋工事及び縦貫道路新大曲駅付近鳳山渓間改修工事主任、1931. 4過溝橋架設工事主任、1931. 11大甲渓架橋工事主任、1932. 10沙鹿公館間土留、側溝及び其他工事主任、1933. 3大甲、清水間橋梁暗渠及び其他工事主任、1933. 8大安渓架橋工事主任、1933. 12大安渓付近大甲間改修工事主任、1934. 4縦貫道路大安渓、新竹州界間細部測量主任、1934. 10縦貫道路新竹州界．大安間橋梁暗渠工事主任、1934. 12縦貫道路大甲．豊原間橋梁拡張工事細部測量主任、1935. 10下淡渓架橋工事主任、1939. 3交通局道路港湾課港湾係技手兼第二工事係技手、1939. 5縦貫道路楠梓、高雄間路線変更測量主任、９月交通局道路港湾課技師、1942国土局技師、1943–1945鉱工局土木課技師。 1945–1947台湾省行政長官公署工鉱処公共工程局勤務。	1926–1947 在職22年
赤津　徳 1906. 3. 20–?	茨城県 山梨高工 土木科	1929. 3山梨高工土木科卒、台湾総督府交通局道路港湾課道路係技手、1929. 12道路港湾課道路係第一工事係技手、1935. 5虷子崙渓架橋及び其他工事主任及び大竹高渓架橋工事主任、1937. 3道路港湾課第二工事係技手兼第一工事係技手、1938. 4大武橋左岸取合道工事主任、大竹高橋取合道工事主任、阿塱衛渓架橋工事主任、1939. 3道路港湾課第一工事係技手、1939. 4阿塱衛渓知本渓間道路改修工事主任、1940. 1楓港、台東道災害復旧工事主任、1940. 5道路港湾課技師、1942交通局高雄築港出張所技師、1943–1945高雄港務局技師。	1929–1945 在職17年
永淵光次	佐賀県 徳島高工 土木科	1924. 4県立鹿児島工業学校機械科卒、門司鉄道局技術雇員。 1929. 3徳島高工土木科卒、４月台湾総督府交通局高雄築港出張所工手、1929. 11高雄築港出張所技手、1940. 5交通局道路港湾課技師兼基隆築港出張所技師、194–1943交通局新高築港出張所技師。	1929–1943 在職15年
福田義信 1906. 6. 16–?	徳島県 徳島高工 土木科	1927. 3徳島高工土木科卒、４月徳島市役所水道部工務課助手、1927. 8今治市技手。 1928台湾総督府交通局高雄築港出張所工手、1929. 4交通局高雄築港出張所技手、1932. 4交通局基隆築港出張所技手、1940. 2交通局花蓮港埠頭出張所技手、５月交通局花蓮港埠頭出張所技師、1942交通局道路港湾課技師。	1927–1942 在職16年
松井時治 1902. 10. 31–?	京都府 金沢高工 機械科	1925. 3金沢高工機械科卒業、５月渡台、台湾総督府交通局高雄築港所工手、1926. 7交通局道路港湾課技手、10月道路港湾課調査係技手、1929. 12道路港湾課道路係技手兼港湾係技手、1930. 3台北市土木水道課技手兼任、1932. 5鉄道部工作課技手兼道路港湾課技手、５月道路港湾課港湾係技手兼道路係技手、1936. 3港湾係技手兼任道路係技手、第一工事係技手、第二工	1925–1945 在職21年

		事係技手、1939.8基隆築港出張所技手兼鉄道部工作課技手、1941.3交通局道路港湾課技師、1942交通局基隆築港出張所技師、1943-1945基隆港務局工事課技師。	
上原栄人 1909.1.5-	兵庫県 熊本高工土木科 東京工業大学 建築学科	1929.3熊本高工土木科卒、1929.4九州電気軌道株式会社、1930.4東京工業大学建築学科入学。 1931.3退学後渡台、台湾総督府交通局基隆築港出張所工務係雇員、1932.3交通局基隆築港出張所技手、1941.3道路港湾課技師、1942国土局技師、1943-1945鉱工局土木課技師。 1945-1947台湾省行政長官公署工鉱処公共工程局副工程師。	1931-1947 在職17年
今野覚治 1905.1.4-?	宮城県 仙台高 工土木科	1929.4仙台高工土木科卒、渡台、台湾総督府交通局道路港湾課道路係技手、1929.12交通局道路港湾課第二工事係技手、1931.4縦貫道路南港橋付近改修工事主任、1932.10中港渓、淡文湖間改修工事主任、1934.4縦貫道路通霄、台中州界間細部測量主任、1934.11縦貫道路五里牌附近台中州界間改修工事主任、1935.11苑裡付近台中州界間土工工事主任、1936.3台中大肚橋間橋梁拡張及び其他工事主任、1937.7東京、長崎、静岡、岐阜、宮城各府県出張。 1939.4海軍事務嘱託、中華民国広東省海南島出張、1939.8興亜院厦門連絡部技手に転任。 1941.9台湾総督府交通局道路港湾課技師、1942国土局技師、1943-1945鉱工局土木課技師。 1945-1947台湾省行政長官公署工鉱処公共工程局副工程師。	1929-1947 在職19年
鈴木進一郎 1894.7.20-?	福井県 平民 北海道帝大 農学部農学科	1920.7北海道帝国大学農学部卒、8月台湾総督府殖産局技手、1923.7殖産局農務課兼糖務課技師、1928.2第五回地方改良講習会講師、1933.8殖産局商工課技師兼任、1935.3養蚕所長兼任、1936.1東部開発調査委員会幹事、陸軍少尉道路技師兼土木技師、10月殖産局米穀課技師兼任、1937.1農村中堅青年指導講習会講師、農村指導者講習会講師兼任、1938.3地理課技師兼任、9月農業教員講習会講師、1939.7米穀局米政課技師兼任、9月山地開発調査委員会交通専門調査員、1942国土局道路課技師兼任、1943海軍技師、1943-1945農商局農務課技師。	1920-1945 在職26年

註1：「在台職期間」欄には原則的に在台期間を摘出し、離台年が分からない場合は離職年を採用、両方とも分からない場合は？マークを打つ。
2：戦後に台湾省行政長官公署に留用された者の離台年が分からない場合は、資料に基づき確認できる在職年を採用する。

出典：『台湾総督府公文類纂』「元澎湖庁長高津慎恩給」明治34.5.17、605冊、4件
;「長尾半平技師ニ任叙」明治31（1898）.10.22、335冊、38件
;「片岡浅次郎総督府事務ヲ嘱託ス」明治31.11.21、335冊、48件
;「元技師滝山勉在職中不都合ノ有無問合ニ対シ逓信大臣秘書官ニ回答」明治32.6.14、459冊、33件
;「技師福田東吾ニ建築事務嘱託ノ儀出願差支ナキ旨通達ノ件」明治32.12.25、448冊、14件
;「技師大沢正業外技手嘱託雇等十一名土木課勤務通信課兼務ヲ命ス」明治32.4.1、455冊、12件
;「川上浩二郎任技師」明治32.7.19、461冊、67件
;「[工事部技師] 川上浩二郎（免官）」大正5.10.1、2575冊、20件、10巻
;「徳見常雄任臨時台湾土地調査局技師」明治32.11.4、469冊、13件
;「田島穧造台湾総督府技師ニ任用ス」明治33.10.27、576冊、41件

;「三木鹿三郎総督府製薬所事務ヲ嘱託ス」明治33. 10. 5、575冊、44件
;「製薬所嘱託三木鹿三郎電気事務ヲ嘱託ス」明治33. 10. 30、576冊、54件
;「[作業所技師兼府技師、営林局技師] 三木鹿三郎（賞与、退官、休職、勤労者）」大正8. 8. 1、2977冊、 2 件
;「築港局技師川上浩二郎英領印度蘭領爪哇及欧米各国同上」明治34. 12. 26、681冊、46件
;「兵庫県技師従七位山路魁太郎台中県技師ニ任ス」明治34. 7. 5、691冊、11件
;「台北監獄新営工事監督嘱託福田東吾御用済ニ付キ監督嘱託ヲ解ク」明治35. 5. 14、790冊、25件
;「台湾総督府技師浜野弥四郎外二名台北庁衛生及ヒ土木調査委員会顧問ヲ嘱託」明治36. 10. 19、923冊、 8 件
;「庄野巻治外二名台湾総督府技手ニ任セラレ民政部土木局勤務ヲ命ス」明治36. 3. 31、908冊、42件
;「十川嘉太郎技師ニ任叙」明治30. 10. 5、231冊、 7 件
;「恩給証書下付（十川嘉太郎）」大正5. 6. 1、 2 巻、2477冊、12件
;「滝山勉へ恩給証書下付」明治31. 4. 10、265冊、11件
;「磯田勇治へ恩給証書下付」明治31. 7. 12、256冊、16件
;「[府技師] 張令紀（叙等退官）」大正9. 9. 1、3093冊、15件
;「[府技師] 国弘長重（免官）」大正9. 9. 1、3093冊、15件
;「[府技師] 八田与一（退官、賞与）」大正9. 11. 1、3095冊、14件
;「[休職府技師] 堀見末子（退官）」大正9. 10. 1、3094冊、22件
;「浜野弥四郎恩給上申」大正9. 9. 1、2916冊、10件；「高橋辰次郎恩給上申」大正9. 121、2917冊、18件
;「[府技師] 高橋辰次郎（昇級、免官）」大正9. 8. 1、2977冊、 1 件
;「大越大蔵恩給上申」大正9. 12. 1、2919冊、10件
;「庄野巻治恩給上申」大正9. 12. 1、2917冊、19件
;「[府技師] 高山節繁、庄野巻治（免官、昇級）」大正8. 7. 1、2976冊、46件
;「三木鹿三郎恩給上申」大正9. 1. 1、2919冊、22件
;［工事部技師兼府技師］高橋甚也（兼任府作業所技師）」大正8. 5. 1、2974冊、 7 件
;「[府技手] 宇都宮無垢介（任府技師）」大正8. 10. 1、2879冊、22件
;「[元府州技師] 宇都宮無垢介普通恩給証書下賜」大正14. 7. 1、3878冊、13件、14巻
;「恩給証書下付（山形要助）」大正11. 1. 1、3141冊、17件
;「恩給証書下付（堀内広助）」大正10. 6. 1、3136冊、12件
;「恩給証書下付（中西義栄）」大正10. 7. 10、3137冊、17件
;「阿里山作業所技師小山三郎（任鉄道部技師）」大正元. 8. 1、 7 巻、2057冊、19件
;「[雇] 森元一（任府技手）」大正5. 9. 1、 9 巻甲、2588冊、81件
;「台中庁技手諸岡明七（任台北庁技手）」大正7. 7. 1、 7 巻、2889冊、 7 件
;「[府技手] 北川幸三郎、図子武八、五十嵐大輔（任台湾総督府技手）」大正9. 8. 1、 8 巻 1 、3107冊、42件

;「鈴木進一郎任台湾総督府技手」大正9.8.1、８巻２、3107冊、65件
;「[府鉄道部技手］上原恵迪（任府鉄道部技師)」大正10.3.1、２巻、3191冊、13件
;「[埼玉県技師］田賀奈良吉（[任府技師］、土木局勤務)」大正11.1.1、１巻、3444冊、２件
;「[技師］田賀奈良吉（市区計画委員命)」大正11.1.1、１巻、3444冊、18件
;「[技師］田賀奈良吉（土木局土木課長命)」大正11.2.1、１巻、3444冊、37件
;「永田年（任総督府技手附俸給認可)」大正11.4.1、３巻、3454冊、51件
;「[鉄道部技師］上原恵迪（鉄道買収ニ関スル物件引継立会官吏)」大正11.4.1、３巻、3446冊、27件
;「若杉直（任府技師)」大正12.6.1、３巻２、3743冊、61件
;「[府技手］鈴木進一郎（任府技師)」大正12.7.1、３巻２、3743冊、61件
;「[府技師］五十嵐大輔外七人（河川調査委員会委員ヲ命ス)」大正14.3.1、２巻、4001冊、10件
;「[総督府技師］五十嵐大輔（台湾電力株式会社監理官付ヲ命ス)」大正14.3.1、２巻、4001冊、25件
;「[府技師］五十嵐大輔（免本官)」大正15.7.1、３巻甲、4048冊、15件
;「篠原国憲（任府交通局技師、俸給)」大正 15.8.1、３巻甲、4048冊、30件
;「[交通局技手兼台北市技手］藤村孜郎（任府交通局技師、俸給)」大正15.10.1、４巻甲、4050冊、18件
;「[交通局技手］森元一（兼任府技手)」大正 14.1.1、１巻１、4007冊、10件
;「[交通局技手兼府技手］森元一（免兼官)」大正 14.11.1、５巻、4012冊、29件
;「田賀奈良吉（陞等、免本官並兼官、俸給)」昭和2.1.1、10046冊、11件
;「篠原国憲（理蕃講習会講師ヲ命ス)」昭和7.8.1、10071冊、78件
;「永田年（賞与)」昭和7.3.1、10046冊、105件
;「永田年（賞与)」昭和8.5.1、10074冊、76件
;「山田北男（任府交通局技師、俸給)」昭和2.2.1、10046冊、42件
;「吉村善臣（任交通局技師、俸給)」昭和4.5.1、10056冊、90件
;「美濃部良晴、木原斉次郎、鈴置良一、諸岡明七（任交通局技師、俸給)」昭和4.12.1、10058冊、76件
;「斎藤四郎（任交通局技師、俸給)」昭和5.5.1、10060冊、77件
;「園田省吾（任交通局技師、七ノ八)」昭和10.10.1、10084冊、44件
;「小山三郎（市区計画委員会委員ヲ命ス)」昭和4.9.1、10057冊、119件
;「小山三郎（外四名）（交通局鉄道職員共済組合審査会審査委員ヲ命ス)」昭和5.11.1、10062冊、44件
;「松本虎太、小山三郎、中嶋一郎、山本真平（都市計画法施行準備委員会委員ヲ命ス)」昭和10.7.1、10083冊、30件
;「東部開発調査委員会委員其他任命ノ件」昭和11.1.1、10085冊、16件
;「台湾都市計画地方委員会委員、臨時委員、幹事任命ノ件)」昭和15.10.1、10107冊、A16件
;「篠原国憲（兼任台湾総督府技師、叙高等官三等、台湾神社臨時造営事務局勤務ヲ命ス)」昭和13.7.1、10094冊、49件
;「篠原国憲（台湾総督府山地開発調査委員会交通専門調査員ヲ命ス)」昭和14.1.1、10096冊、13件

;「篠原国憲（陞等、四級）」昭和16. 10. 1、10115冊、44件
;「藤村孜郎（依願免本官、三級俸下賜、賞与）」昭和14. 9. 1、10199冊、35件
;「鈴置良一（任台湾総督府技師兼台湾総督府交通局技師、叙高等官五等）」昭和11. 12. 1、10099冊、135件
;「鈴置良一（免本官、専任交通局技師、五級俸下賜）」昭和13. 1. 1、10092冊、44件
;「園田省吾（文官分限令第十一条第一項第二号ニ依リ休職ヲ命ス）」昭和12. 4. 1、10090冊、10件
;「台湾防衛委員会委員、幹事、書記ノ任命）」昭和12. 2. 1、10089冊、56件
;「小山三郎（台湾都市計画委員会委員ヲ命ス）」昭和12. 5. 1、10090冊、91件
;「小山三郎（一級俸下賜）」昭和13. 5. 1、10093冊、139件
;「森元一（任台湾総督府交通局技師、叙高等官六等、八級俸下賜）」昭和12. 2. 1、10089冊、50件
;「福田義信、赤津徳、永淵光次、長谷川栄（任台湾総督府交通局技師、七等）」昭和 15. 5. 1、10104冊、52件
;「鳥山貞雄（任台湾総督府交通局技師、叙高等官七等、九級俸下賜）」昭和14. 9. 1、10099冊、50件
;「松井時治　外一名（任府交通局技師）、「叙高等官七等、松井時治九級俸、上原栄八十級俸下賜）」昭和16. 3. 1、10110冊、18件
;「今野覚治（任府交通局技師、七ノ九）」昭和16. 9. 1、10114冊、48件
;「鈴木進一郎（殖産局米穀課兼務ヲ命ス）」昭和11. 10. 1、10088冊、42件
;「鈴木進一郎（昭和十二年度農村指導者講習会講師ヲ命ス）」昭和13. 2. 1、10092冊、51件
;「鈴木進一郎（内務局地理課兼務ヲ命ス）」昭和13. 2. 1、10092冊、69件
;「鈴木進一郎（昭和十三年度農業教員講習会講師ヲ命ス）」昭和13. 8. 1、10094冊、110件
;「鈴木進一郎（米穀局米政課兼務ヲ命ス）」昭和14. 7. 1、10098冊、46件
;「鈴木進一郎（第五回地方改良講習会講師ヲ命ス）」昭和3. 2. 1、10217冊、40件
;「若杉直外二十一名（昇級、免官）」大正13. 12. 1、10323冊、７件
;「上原恵迪（陞等、俸給）」昭和7. 3. 1、10336冊、13件
;「[府技師]狩野三郎（陞等、退官）」大正10. 12. 1、９巻、3199冊、18件
;「恩給証書下付（狩野三郎）」大正11. 4. 1、２巻、3265冊、19件
;「恩給証書下付（三浦慶次）」大正16. 1. 1、７巻、2482冊、８件
;「恩給証書下付（筒井丑太郎）」大正11. 6. 1、４巻、3267冊、13件
;「[府技師]筒井丑太郎（免官）」大正11. 2. 1、１巻、3444冊、33件
;「[府技手]中村武夫（任技師、退官、賞与）」大正10. 2. 1、１巻、3190冊、50件
;「[府技手]松本円次郎（任府技師、退官、賞与）」大正9. 10. 1、８巻、3094冊、18件
;「松本円次郎陞六等待遇、願ニ依リ免本職」大正15. 10. 1、4051冊、50件、４巻乙
;「非職臨時陸軍建築部技手片岡浅治郎任技師」明治32. 6. 30、460冊、13件
;「臨時陸軍建築部技師従七位野村一郎任府技師」明治32. 10. 18、467冊、46件
;「恩給証書下付（野村一郎）」大正3. 7. 1、６巻、2217冊、１件

‥「技師徳見常雄山口、広島、岡山及東京府へ出張命セラル」明治34.1.1、164巻、4356冊、62件
‥「技師徳見常雄福岡、熊本、佐賀ノ三県ヘ出張命セラル」明治34.3.1、164巻、4356冊、62件
‥「技師徳見常雄高知県ヘ出張命セラル」明治34.7.1、164巻、4356冊、69件
‥「徳見常雄恩給証書送付（兵庫県）」大正2.8.1、9巻、2096冊、5件
‥「田上郷吉総督府海事官ニ任用ノ件」明治39.10.24、1237冊、4件
‥「八田與一（任総督府技師、俸給、勤務）」昭和5.8.1、10061冊、55件
‥「[府技師] 蔵成信一（任府技師）」大正6.3.1、2巻、2744冊、6件
‥「関野謙三（任府技師、叙高等官三等、依願免官）」昭和7.3.1、10068冊、69件
‥「関野謙三（嘱託、殖産局勤務）」昭和7.3.1、10232冊、107件
‥「納富耕介（任府地方技師、俸給、勤務）」大正15.7.1、3巻甲、4048冊、17件
‥「久布白兼治（兼任台湾総督府技師、叙高等官二等、依願免兼官、一級俸下賜、事務格別勉励ニ付金二千五百三十円ヲ賞与ス、依願免本官）」昭和14.12.1、10100冊、99件
‥「松本虎太（兼任府技師）」昭和2.2.1、10046冊、47件
‥「磯田謙雄（任興亜院技師、叙高等官三等）」昭和14.4.1、10097冊、33件
‥「磯田謙雄（任総督府技師、俸給、勤務）」昭和2.10.1、10049冊、8件
‥「若槻章一（任台湾総督府交通局技師、叙高等官七等、九級俸下賜）」昭和12.12.1、10091冊、132件
‥「恩給証書下付（国弘長重）」大正10.2.1、3012冊、4件、7巻
‥「[府技師] 池田季苗（市区計画委員）」大正6.9.1、2748冊、11件、6巻
‥「[技師] 池田季苗（土木局港湾課長兼務命）」大正11.5.1、3446冊、60件、3巻
‥「[府技師] 池田季苗（[土木局土木課長] 不在中代理）」大正8.11.1、2979冊、51件、8巻
‥「池田季苗水利委員会委員ヲ命ス」大正14.2.1、4000冊、67件、1巻
‥「[交通局技師] 池田季苗（河川調査委員会委員ヲ命ス）」大正14.3.1、4001冊、10件、2巻
‥「池田季苗（電力株式会社監理官ヲ命ス）」昭和2.1.1、10046冊、17件
‥「池田季苗（市区計画委員会委員ヲ命ス）」昭和2.9.1、10048冊、105件
‥「池田季苗（依願免本官）」昭和6.12、10336冊、14件
‥「恩給証書下付（渡部英太郎）」大正12.10.1、3553冊、27件、4巻
‥「[府技師兼中央研究所技師] 蔵成信一（休職ヲ命ス）」大正12.8.1、3451冊、44件、8巻
‥「[休職府技師兼府中央研究所技師] 蔵成信一（依願免本官）」大正12.8.1、3745冊、22件、4巻1
‥「恩給証書下付（高山節繁）」大正9.4.1、3007冊、20件、2巻
‥「市川純一郎（四級俸下賜、事務格別勉励ニ付金五三〇〇円ヲ賞与ス）」昭和12.11.1、10091冊、109件
‥「斎藤四郎（休職、賞与、陞等、昇級）」昭和10.9.1、10083冊、121件
‥『公文雑纂』「台湾総督府技師森元一賞与ノ件」昭和18、26巻、内閣26、各庁高等官賞9（軍需省〜帝国議会）、昭和18.1.16

;『壹大日記』「召集免除の件外五件」明治35. 9;「台湾航路標識建設位置測量員出張の件」明治28. 6
;台湾総督府『台湾総督府及所属官署職員録』(台湾日日新報社、1944年)
;東京帝国大学『東京帝国大学卒業生名簿』(東京帝国大学、1939年);京都帝国大学『京都帝国大学卒業生名簿』(京都帝国大学、1936年)
;北海道帝国大学『北海道帝国大学卒業生名簿』(北海道帝国大学、1930年);『木葉会名簿』大園市蔵『台湾人物誌』(谷沢書店、1916年)
;大沢貞吉『台湾関係人名簿』(愛光新聞社、1959年);橋本白水『台湾統治と其功労者』(南国出版協会、1930年)
;谷元二『大衆人事録』(帝国秘密探偵社、1940年);太田肥洲、『新台湾を支配する人物と産業史』(台湾評論社、1940年)
;台湾新民報社調査部『台湾人士鑑』昭和9、昭和12年版(台湾新民報社);興南新聞社『台湾人士鑑』(興南新聞社、1943年)
;新高新報社、『台湾紳士名鑑』(新高新報社、1937年);台湾大観社編『最近の南部台湾』(台湾大観社、1923年)
;大園市蔵『台湾人事態勢と事業界』(大園市蔵、1942年);大園市蔵『台湾の中心人物』(日本植民地批判社、1935年)
;台湾新聞社『台湾実業名鑑』(台湾新聞社、1934年);安藤元節『台湾大観』(日本合同通信社、1932年)
;泉風浪『台中州大観』(出版社不詳、1922年);菅武雄『新竹州の情勢と人物』(出版社不詳、1938年)
;台南新報社編『南部台湾紳士録』(台南新報社、1907年);顧力仁編『台湾歴史人物小伝』(国家図書館、2002年)
;十川嘉太郎『顧台』(東京印刷株式会社、1936年)
;京大土木100周年記念事業実行委員会『京大土木百年人物史』(京都大学大学院工学研究科土木系教室、1997年)
;野依秀市『大正人名辞典Ⅲ』中巻(天沼印刷所、1930年);古林亀治郎『明治人名辞典』(日本現今人名辞典発行所、1987年)
;河原功『台湾引揚・留用記録』第8巻(ゆまに書房、1998年)
;呂哲奇「日治時期台湾衛生工程顧問技師爸爾登對台湾城市近代化影響之研究」(私立中原大学建築学系碩士論文、1991年1月)212–220頁
;堀見末子『堀見末子技師——台湾土木の功労者——』(三秀舎、1990年)
;蔡龍保「長谷川謹介與日治時期台湾鉄路的発展」『国史館学術集刊』6期(2005年9月)61–108頁
;中村尚史「鉄道技術集団の形成と工部大学校」『工部省とその時代』(山川出版社、2002年)95–116頁
;藤井肇男『土木人物事典』(アテネ書房、2004年)
;呉政憲「新能源時代:近代台湾電力発展(1895–1945)」国立台湾師範大学歴史学系博士論文(2003年6月)
;『台湾日日新報』「十川技師派赴米国」明治40. 1. 23、2616号、2版

雑誌『朝鮮仏教』誌上に見る日朝仏教の葛藤
──一九二〇年代後半を中心に──

川瀬貴也

はじめに

植民地朝鮮における朝鮮総督府の宗教政策については近年研究が進展し[1]、当時の政策過程や各教団・宗派の植民地布教の実態、そしてそれに携わった「現場」の宗教人たちの声も拾われているところである。特にこの分野に関しては、「神道」がいかなる位置を植民地において占めていたかを問う研究[2]や、一九三〇年代後半からの「神社参拝」に抵抗したキリスト教の動向などがこれまでも研究されてきた[3]。しかし「日本仏教」に関しては、植民地布教の実質的な「失敗」、つまり現地人たる朝鮮人に布教の成果が上げられなかったこと（日本仏教の直接の「後継者」が現在の旧植民地で見られないこと）や、仏教宗派に残存していた植民地に対する差別意識[4]などによって研究が立ち後れたことは否めない。また「朝鮮仏教」そのものに関しても、日本の学界の関心は前近代に集中する傾向があり[5]、日本語で読める通史にしても近代の朝鮮仏教に関する情報は限られてきた[6]。そして、近代日本における仏教それ自体に関しても、近年は高い関心が持たれつつあるが[7]、以前はそれほど研究者も注目しておらず、勢い植民地での経験に関する研究もそれほど多くはなかったのが実情である。

そのような研究状況を踏まえ、本稿ではまず植民地朝鮮における宗教政策、就中対仏教政策の概略を述べた後、当時の日朝仏教の活動についても言及し、一九二〇年代から三〇年代にかけて朝鮮で発行されていた『朝鮮仏教』という雑誌の記事をいくつか取り上げ、そこに現れている当時の日朝仏教の葛藤、交渉、イデオロギーに対しての分析を行いたいと思う。紙幅の関係上、一九二〇年代中葉から後半に発行されたものを中心として扱うこととする。

一　朝鮮総督府の対仏教政策の概略――仏教関連法令と仏教利用策――

（1）朝鮮総督府の宗教法令

まず、朝鮮総督府が発布した宗教法令として、「寺刹令（一九一一年）」と「布教規則（一九一五年）」が最も重要なものである事は論を俟たない[8]。寺刹令の内容を概観すれば、その柱は、朝鮮寺院の併合、移転・廃止・名称の変更及び寺院の財産に関しての処分などに対して、全て朝鮮総督の許可を必要とする内容であった。これは寺院に対する朝鮮総督の介入を主眼としたものであったと評せる。また「寺刹令施行規則」も発布され「寺刹令」と同日施行されたが、この施行規則の内容は、まず朝鮮内の大寺三十を三十本山として指定し（第二条）、その住持の就任については任期を三年とし（第四条）、朝鮮総督の認可を受けるべき事が定められ、全国一三〇〇余りの寺院と三十本山（後に三十一本山）との本末関係を規定し、トップダウンの管理が行き届くことを眼目としたものであった。これは朝鮮仏教を日本仏教の末寺として押さえさせるより、総督府の一元的な管理の下、朝鮮民衆の人心安定に利用した方がよいと判断したものであった。実は日露戦争後に日本の朝鮮支配権が明確になると、日本仏教各宗派は朝鮮半島に渡り、朝鮮寺院を末寺化する動きを見せ、政治的、経済的庇護を受けたいと思う朝鮮仏教側も相当その動きに応じたのだが、却って各所で混乱が生じた。そのような経験を背景にした朝鮮仏教と日本仏教を分割管理するという総督府の方針は、日本仏教の布教活動の対象が朝鮮人よりも、在留邦人主体となる契機にもなったであろう。(9) 寺刹令発布時の総督であった寺内正毅は、「布教規則」発布の年に、以下のような「訓示」を残している。

ドウゾ人間ノ安心立命ヲ支配スル宗教家トシテ十分尽力ヲ願ヒタイ、朝鮮ノ仏教ハ内地ノ仏教家ノ研究シタ程度ヨリ余程後レテ居ル様テアルカ幸今回各本山住持カ集合セラレタコトテアルカラ能ク申合セテ之カ研究ノ方法ヲ講シテ貰ヒタイ、之レ即国家ニ対スル僧侶ノ義務デアラウト思フ〔中略〕尚各本山ニハ夫夫寺法カ出来テ一通リ規律モ付イタコトテアルカラ宗教ノ順序トシテ之レヨリ朝鮮人ノ内仏教ニ帰依シタ者ニ仏教ニ依リ安心立命ヲ得セシムル様ニシナクテハナラヌノテアルカ夫レニハ寺刹ニ止住スル僧侶ハ能ク寺法ヲ守リ品格ヲ高潔ニシ仏教ノ宣伝者トシテ恥シカラヌ丈ノ修養ヲ積マナケレハナラナイ。(10)

この発言に見られるのは、まず朝鮮仏教が「内地」より遅れた存在であること、朝鮮仏教が「民心安定」に寄与して欲しいとの願望であろう。そしてここで注意しておきたいのは、後述することになるが「遅れた朝鮮仏教」と「進んだ日本仏教」という二項対立図式は日本側のみならず、朝鮮側にも内面化され、それに沿うような形で朝鮮仏教の内部改革や、日本仏教との協調などに繋がっていく、ということである。行政のトップであった寺内も、そのようなイメージをこの時期に既に持っていたことが分かる。

(2) 朝鮮総督府の仏教利用策の「ロードマップ」

三・一独立運動後に、斎藤実総督の下で展開された文化政治期の政策については、既存の研究でも、憲兵中心の治安維持政策から、警察力を増員することへ移行し、出版や言論の一定の自由を認めながらも、対日協力者を養成する方針であったことがくりかえし指摘されているが、(11) 対仏教政策においてはどうだったのかを確認したい。

文化政治当時の日本仏教諸宗派の活動は、基本的には法令の枠組みの中で穏健な布教活動および社会事業を行うものであった。代表的な「社会事業」としては、一九世紀末まで遡ることができる日本語学校の運営[12]や、真宗大谷派の「向上会館」[13]が代表的なものであるが、実は文化政治期の対仏教政策の「ロードマップ」とも言うべき文書が存在している。それは一九二〇年に書かれた秘密文書（長谷川好道前総督から斎藤新総督への引き継ぎ書の一つ）であるが、一部分を抜粋してみよう。

一．宗教的社会運動仏教

仏教ハ李朝五百年ノ圧迫ヲ受ケ社会的勢力ヲ失墜セルノ観アルモ民間ニハ相当ナル信仰的勢力ヲ保有スルヲ以テ之ヲ復興シテ之ノ上ニ国民信仰ノ帰趣ヲ築クノ最モ大切ナルヲ信ス然レトモ現今ノ仏教界ノ如ク朝鮮僧侶ニ一任シテ之ガ復興ヲ図ラントスルハ百年河清ヲ待ツニ等シキヲ以テ日鮮人ノ携提ニ依リ仏教的社会運動ヲ起サシメサル可カラス之カ為ニハ寺刹令改正及ヒ仏教振興ノ機関ヲ設クル必要アリ其大要左ノ如シ

一．寺刹令ヲ改正シテ京城ニ総本山ヲ置キ之ヲシテ三十本山ヲ統轄セシムルノ制度トナスコト

一．総本山ニハ管長ヲ置キ親日主義者ヲ以テ之ニ充ツルコト

一．仏教振興ヲ促進スルヲ以テ目的トスル団体ヲ設ケ之ヲ以テ総本山ノ擁護機関タラシムルコト

一．上述ノ団体ハ本部ヲ京城総本山内ニ置キ支部ヲ各本山所在地ニ置キ其会長ハ居士中親日主義ナル有徳ノ士ヲ以テ之ニ充ツ

一．如上団体ノ事業トスル所ハ左ノ如シ

一．一般人民ノ教化

二．罪人ノ感化

三．慈善事業

四．其他

一．総本山並各本山及仏教団体ニハ相談役トシテ人格アル内地人ノ顧問ヲ置クコト[14]（傍線—引用者）。

この文書で判るように、まず朝鮮王朝で勢力を失ったとは言え、朝鮮仏教が依然として保持している朝鮮人への教化力に対する期待（ただし朝鮮仏教の自主性に任せるのではなく、日本仏教との提携で社会運動を起こさせることも明記されている）、三十本山を統轄する総本山を京城（ソウル）に設置し、より強力なトップダウンの制度を構想していたこと、仏教を振興する外郭団体の設置や親日的な人材の育成、日本人顧問の採用など、その「利用方針」が当初からあからさまに記されているのが分かる。「罪人の感化」「慈善活動」など様々な社会活動を慫慂していることにも注目させられる。事実、一九二〇年代以降の総督府の宗教政策は、この文書がロードマップとなり、そのまま反映されたものと見て差し支えない。次節で、この「ロードマップ」に従ってどのような活動がなされたかを見ていくことにしよう。

二　植民地期の日朝仏教の概略——文化政治期以降——

（1）日本仏教関連団体の朝鮮での活動

まず、前述の「ロードマップ」には、「仏教振興ノ機関ヲ設クル必要アリ」と挙げられていたが、その活動を担ったと思しい日本側の団体として、「仏教朝鮮協会」[15]を取り上げよう。この「仏教朝鮮協会」は一九一九年に発足し、「内地」の有志によって宗派を越えて、朝鮮仏教との提携を目指して結成された団体であった。中心になったのは、仏教学者としても著名な椎尾弁匡（浄土宗、一八七六～一九七一年）であった。この団体は学者による講演会や在日朝鮮人支援活動、朝鮮人学生の寄宿舎などの運営も行ったようだが、大きな成果を得られなかった模様で、それほど目立つ活動成果を残せてはいない[16]。

もう一つ挙げねばならないのが、「朝鮮仏教大会[17]」である。この団体は一九二二年に正式発足し、後に「朝鮮仏教団」と改称するが、雑誌『朝鮮仏教』を発行する母体となった団体であった。この「朝鮮仏教大会」の発起人は、京城で丁字屋百貨店を経営し事業家として成功した小林源六という人物であった。三重県津市出身で熱心な仏教徒（真宗門徒）であった彼は、李元錫という人物の仏教による朝鮮人の指導の志に共感し[18]、私財を投じて一九二〇年に「朝鮮仏教大会」を結成し、一九二二年一一月に京城にて各界要人を顧問に招聘し、正式にこの団体を発足させた。同会顧問には李完用を招聘し、他にも朝鮮貴族や有力者が顧問に名を連ねている（清浦奎吾、徳川家達、渋沢栄一、下岡忠治朝鮮総督府政務総監、朴泳孝、閔泳綺など）。この団体は、基本的に「俗人主義（仏教宗派が経営しない）」の方針を採り、結成当初の朝鮮仏教大会は例会や講演会、敬老会、共同墓地での法要などが主な活動であった。そしてこの団体の機関誌『朝鮮仏教』が一九二四年から発行され、一九二五年には会の名称を「財団法人朝鮮仏教団」と変更することが決議された[19]。さて、この誌名にある「朝鮮仏教」は民族的な「朝鮮仏教」ではなく、「朝鮮という地理的な範囲で活動する仏教（当時の言葉で言えば「内鮮仏教」）」の謂で編集されていた。これは「普遍性」「通有性」を主張する「帝国」における仏教のあり方[20]を表象していたとも評せるだろう。

（2）朝鮮仏教界の対応

さて、朝鮮仏教界では、文化政治期も総督府の施行した「寺刹令体制」に従順か否か、そして日本仏教からもたらされた妻帯、肉食を実践したか否かという対立が利用された。総督府によって助長されたこの内部分裂は、解放後も「比丘僧対妻帯僧」の分裂のように尾を引きずることとなったが[21]、ここでは朝鮮仏教界の総督府の「介入」への対応を簡単にまとめておこう。

朝鮮仏教界は「三十本山連合事務所体制（一九一五年）」から「財団法人朝鮮仏教中央教務院（一九二二年発足）」

へと移行したが、この中央教務院が成立するまでに、朝鮮仏教界では内紛が相次いだ。それは簡単にいえば、一九二〇年代は既得権を守ろうとする住持階層と、それに対抗する青年僧たちが対立していた時代であり、別言すれば青年僧グループによる「内部改革」の動き（布教、教育事業への熱意）が盛んな時代であった。その代表的な事件が、一九二二年四月一九日に革新派僧侶が二二八四名の連名で「寺刹令廃止」を求める建白書を総督府に提出した事件であるが、これを総督府は完全に黙殺した[22]。

朝鮮総督府学務局は、上記のような朝鮮仏教界の内紛を見て、一九二二年五月に「三十本山住持会」を開催し、その席上で新しい統一機関を設立して事業を進めるように指示した。結局朝鮮仏教界は「朝鮮仏教中央教務院」という統轄機関を設立することとなり、同年一二月に総督府から財団法人の認可を受けた。この「中央教務院」に対抗していた僧侶グループの「総務院」も、一九二四年には吸収合併された。

もう一つ、総督府から朝鮮仏教界への介入として、時期は下るが一九三〇年代後半に総本山設立の慫慂をしたことが挙げられる[23]。これは総督府が、より強力なトップダウンの仏教統轄機関の必要性を考えていたことから始まったことだが、朝鮮仏教側も、一九二〇年代以降、朝鮮仏教の自主性の回復や統一を構想してきたこともあり、総督府のこの介入に敢えて乗ることになった。これはある意味、総督府と朝鮮仏教の「同床異夢」と言い得る状況であった。そして一九三八年一〇月に新たな総本山が完成した。名称は太古寺（現在の曹渓寺）であり、朝鮮仏教全体の宗名は「朝鮮仏教禅教両宗」から「曹渓宗」と一九四一年に変更された。つまり、現在の韓国仏教の「原型」とも言えるものは、植民地時代の末期に形成されたのである。このような時代背景で発行されていた雑誌が、以下で紹介する『朝鮮仏教』であった。

三　雑誌『朝鮮仏教』について

（1）『朝鮮仏教』の基礎情報──中村健太郎のプロフィール──

ここで改めて、この『朝鮮仏教』という雑誌[24]の基礎情報をまとめておこう。この雑誌は一九二四年五月に創刊され、今のところ、今回私が使用した影印復刻版では一九三六年六月発行の一二一号までが収録されている。形態はしばしば変更され、創刊号から一二号、一〇一号から一一五号まではタブロイド形式、一三号から一〇〇号、そして一一六号以降は菊判雑誌となっている。ただし、復刻版には欠号が多く、何号で廃刊になったのかということも不詳であるが、少なくとも一九三八年発行の一三六号までは発行されていたらしい（その号は金沢大学附属図書館所蔵）[25]。影印復刻されているのは創刊号から七九号、八五号から一一五号、一一七号、一一八号、一二一号である。タブロイド形式の一二号までは諺文（朝鮮語）の記事もあったが、一三号からは切り離された[26]が、その切り離された朝鮮語版は未確認のままである。ただし、一三号以降も、時々朝鮮語の記事や投稿も掲載されることがあった。発行元は、先述した通り朝鮮仏教社（朝鮮仏教大会→財団法人朝鮮仏教団の下部組織）であり、主幹は中村健太郎（三笑）という人物で、主筆は川村十二郎（五峰）という人物であった。

ここで主幹であった中村健太郎について、簡単に彼の自伝[27]をもとに略歴を振り返っておこう。中村は熊本県熊本市出身で一八八三年に生まれた。済々黌在学中から朝鮮に興味を持ち朝鮮語を習い、一八九九年に熊本県派遣の留学生（第二期生）として朝鮮に渡ったという[28]。これが彼の長い朝鮮生活のスタートとなる。彼は三年間の留学を終えたが、留学生はそのまま朝鮮で就職する義務があったので、中村も帰国せず、平壌の日本語学校の教員となった。その後、他の私立学校の日本語教師や京釜鉄道などを経て、日露戦争時に漢城新報社に転職している[29]。当時漢城新報は日本語文と朝鮮語文の二種類を発行していたが、彼は朝鮮文の主幹として迎えられた。彼がジャーナリズム界に深く関わっていくのはこれ以降と思われる。一九〇五年に統監府が置かれ、そこから韓国政府に派遣される警務顧問に中村は翻訳官として抜擢され、各道からの報告書の翻訳や、朝鮮文新聞の検閲に関わったという。[30] 彼は朝鮮総督府が開設されたとき一旦退職したが、寺内正毅の肝煎りで、徳富蘇峰が総督府機関紙の京城日報の経営に関わることになると、同じ熊本県出身者ということもあり、今度は蘇峰にスカウトされた。蘇峰は国民新聞からまず吉野太左衛門を社長として京城に派遣し、その一年後には国民新聞副社長だった阿部充家（号は無仏）が二代目社長に就任した。中村によると

阿部無仏氏は、鎌倉円覚寺の釈宗演禅師について、禅道に徹した人であったから、朝鮮仏教の振興に力を入れ、朝鮮仏教界は大に振興して数年後に、その面目を一新した功績は、特筆すべきものがあった。[31]

と述べているとおり、阿部が熱心な在家仏教徒であったことはよく知られており、中村の以降の活動に大きな影響を与えたと思われる。また「三十一本山住持は、総督招待がすむと必ず無仏社長を訪ねた。そのときは、わたしがいつも通訳兼接待をつとめた[32]」とも証言しており、阿部が仏教界と総督府を結ぶパイプの役割をしていたこともうかがわれる。

彼はその朝鮮語の能力を買われ、次は徳富蘇峰の推薦で毎日申報（朝鮮文）の主宰となった[33]が、その後も阿部充家との関係は続き、一九一四年の暮れ、水原《スウオン》の龍珠寺（三十一本山の一つ）の住持姜大蓮から招待され、ともに赴いている。ここでの経験により、中村は朝鮮の仏教の研究を進めたいと思い、阿部にも相談し、京城妙心寺別院の後藤瑞巖を紹介され、後押しされたと述べている。[34] そしてこの妙心寺別院に、日本人の有力者が集うようになり、中村も「三笑」という号を授けられたとある。[35] このような在家仏教徒のネットワークが、後の「朝鮮仏教大会（朝鮮仏教団）」の発足に繋がっていったのであろう。

中村の自伝に書かれていることでもう一つ示唆的なことは、彼が「内鮮融和」を掲げた団体「同民会」に深く

関わっていたことである。[36]これは斎藤実総督の肝煎りで民間有力者の協力と資金で一九二四年六月に組織された団体であり、[37]中村は丁字屋百貨店社長の小林源六から「仏教の信仰による内鮮の精神的結合は、同民会の運動に拍車かくるに効果的であろう[38]」と慫慂されたとも述べており、この同民会での活動が有力者をバックにした朝鮮仏教団の運動に接続したことも推測できる。[39]

以上述べたように、中村健太郎という朝鮮に渡り何らかの活躍をしたいと思っていた人物が、朝鮮語の能力から有力者に重用され、「内鮮融和」の運動に深く関わっていき、そこから生まれたのが「朝鮮仏教団」や「同民会」であり、彼が健筆をふるったのが、以下で検証する『朝鮮仏教』という雑誌だったのである。

(2) 創刊初期の記事から――「朝鮮仏教」「日本仏教」のイメージ――

以下では、雑誌『朝鮮仏教』の中から、いくつか興味深い特集号や記事を引用しつつ、この雑誌の性格並びに、当時の日朝仏教の関係者たちがどのような「仏教観」を保持し、その葛藤がいかなるものであったかを検証していく。あらかじめ結論めいたことを言っておくと、当然それぞれ「他者像」「自画像」がある一方で、日本から輸出された「日本仏教」が朝鮮側に受容(内面化)されたり、もしくは否定されたりするプロセスの中で、「朝鮮仏教」のイメージが再帰的に形作られていったことを跡づける作業になるだろう。

まず、創刊号冒頭の「発刊の辞」を見てみよう。少し長いが、この雑誌の発刊の目的が以下のように明確に述べられている。

世間の人は、半島に於ける仏教界は、全く萎靡不振に陥つてゐるものと考へて居ります。随つて仏教は、人心の教化指導の能力なきものと考へられて居ります。事実は果して然うでありませう乎。私は決して然うとは思はないのであります。[中略]是れ取りも直さず仏教界の事情を報道する機関がなく仮令相当の活躍をして居つてもそれが世人に知られないからであると思います。〔中略〕第一は半島に於ける仏教界の消息を報道することであります。三十本山の活躍は勿論内地の仏教にして半島内に活躍しつつある状況を紹介したいと思います。第二には、古来の仏教が半島文化の上に貢献した処は頗る偉大なるものでありますが、これが今日に於いては全く顧みられない有様でありますから、此事に就て、仏教が半島の文化史上没却することの出来ぬ至重の関係あることを闡明したいと思います。第三には、内地の仏教は、元来半島から伝へられたものでありまして、半島の仏教は、即ち内地仏教の為には親筋に当るのであります。然るに現今に於ては、内地の仏教独り盛になつて、半島の仏教は却つて衰微して仕舞ました。それに就て朝鮮の仏教と内地の仏教とには、如何なる関係があり、其の盛衰の原因は何処にあるかと云ふことを研鑽して見たいと思ふのでありま す。第四には、朝鮮の仏教には、朝鮮の仏教としての特長が自然に備わつてゐると考へられますが、今では只だ朝鮮の仏教は全く詰らない者のやうに世人から考へられているからその誤解を打破したいと思います。第五には、朝鮮現在の仏教は、僧侶の仏教の如くなつてゐて民衆とは更に没交渉になつてゐますから、仏教の民衆化に向つて努力したいと思います。[40]（傍線―引用者）

ここに現れているように、まずは朝鮮半島における仏教が衰微していて、それに比べて日本仏教が盛んであるとの現状認識が示されている。しかし、朝鮮半島における仏教の文化的遺産、教化に関する潜在的能力を明らかにしたいとも述べており、「仏教は朝鮮から伝えられ、今衰えている朝鮮仏教を復興させるのは日本仏教の務めであり恩返し」というような言い方も現れている。私はこのような仏教という共通項を媒介にした連帯や親近感を表明する言説を「仏教（的）アジア主義[41]」と呼びたいと思うが、ここにはその典型例が現れている。そして、私が最も重要と思うのは、末尾の箇所、すなわち日本仏教＝民衆的、朝鮮仏教＝隠遁的（非社会的）という言説である。これと同様の表現はこの後も多く見られ、朝鮮仏教側がそれを受け入れる形で「仏教の近代化」の基調となっていく。同様の言説は、創刊して三年後の誌面にも見られる。

朝鮮の仏教は、山林仏教、隠遁仏教となつてしまつた。民衆とは、全く何等の関係のない僧侶独特の仏教となつた。内地より渡来せるものは、僅かに一二朝鮮人側の布教に手を染めをれる外は、皆悉く内地人側の仏事供養等に奔走するのみである。斯かる状態の仏教をして二千万の大衆と密接なる関係を保たしむ気運に向つて突進せんとしつゝあるのである。(42)

ここでは朝鮮仏教に対する評価は三年前と変化がないが、日本仏教が朝鮮人布教事業を行わないことにも苦言を呈していることが注目される。(43)中村の目には、「内鮮融和」に日本仏教が貢献していないと映ったのであろう。なお、この創刊号には斎藤実総督、大谷光演（真宗大谷派法主）、大西良慶（法相宗管長）、黒板勝美（東京帝国大学教授、文学博士）、阿部充家（国民新聞副社長）らが「祝発刊」と名前を連ねている。(44)

創刊号には、後に「親日僧」の代表格と見なされる李晦光も文を寄せているが、彼は、

余は思ふに朝鮮仏教を山中より世間に出し之を社会化して、仏教は民衆の仏教にして之を僧侶に局限せるものに非ざる事を高叫し、仏教界の言論を世間に輸出し、世間の言論を仏教界に輸入させるための言論機関や新聞、雑誌等の事業を施設して相互間の意味を相通じ道徳を以て為本とし、一世を同化するの資格を養成して尊卑貴賤を問はず四流入海、同一鹹味としなければならぬ。(45)

と述べており、先に引用した「発刊の辞」同様、朝鮮仏教が「山中」にあって社会性を喪失しており、「朝鮮仏教の近代化」を高唱しているのが読み取れよう。このように、「朝鮮仏教の非社会性」の観念や「仏教の近代化」は日本側の「押しつけ」から生じたかも知れないが、朝鮮仏教側にある種の「反省」を伴って、深く内面化されていたことが推測される。

もう一つ、日本人の「朝鮮仏教観」の典型とも言えるものを引用してみよう。

凡そ内地人が朝鮮開発の為、今日努力しつつある有ゆる方面に於て、朝鮮をして内地の延長たらしめ、若くは内地文化の翻訳的移植を以て満足せんとする傾向のあるのは慨すべきであると思ふ。殊に宗教の如き、内的生命の内証自覚に因る、精神的帰趨を終局の目的とする事柄に於て、形式的翻訳移植を以て、其表面を粉飾し、以て能事畢れりとするが如きことあらば、其は単に労して何等の効果がないのみならず、却つて朝鮮開発の進展を阻害するものではあるまいか。〔中略〕朝鮮は終に仏教を自己のものたらしむることが出来なかつた。〔中略〕新しき朝鮮仏教の興隆を図るには、新しき朝鮮仏教の樹立が必要である(46)。

これは朝鮮鉄道協会主事の岩本という人物の文章であるが、日本仏教の移植、一種の「内地延長主義」を批判しつつも、朝鮮は仏教を我がものにできず、朝鮮文化は形式主義であると見なす本質主義がその骨子である。このような「朝鮮仏教には独自性がない」とする言説は、京城帝国大学の高橋亨などにも見られた、当時としてはある意味「ありふれた」言説であった(47)。

中村健太郎自身は、朝鮮仏教の不振の理由を以下のように述べていた。

彼等は只だ朝夕釈尊を礼拝すれば、僧侶の能事足れりと考へてゐるやうであるが、それだけでは決して信仰は起らない。法は行はれない。祖師や開山に対する尊崇の念は、少なくとも僧侶たるものゝ中心精神でなければならぬ。僧侶諸師にして此点を看却するならば、如何なる振興策も、恐らくは徒労に帰するであらう。〔中略〕六堂崔南善君は、歴史の大家にして、又仏教の権威でもあるが、其の新年所感を見れば、君も亦朝鮮仏教衰微の主因が、一般僧侶の祖先の大恩至徳を報謝する誠の乏しきにあることを看破してゐる。〔中略〕然るに今回図らずも、一の好消息に接した。それは六堂崔南善君の大覚国師(48)慶讃会の提唱である(49)。

朝鮮仏教には、日本仏教のような「祖師崇拝」がないのを朝鮮仏教の不振の原因としている。日本仏教は最澄、空海から始まり、いわゆる「鎌倉新仏教」は特にそれぞれの宗祖を崇拝する傾向が強いが、それが勢い「日本独自の仏教の発達」「簡素な教えにより民衆に開かれた仏教」という言説となり[50]、先程見たような「朝鮮仏教」と比較してその優越性を誇る、という文化ナショナリズム的言説となっていることに注意したい。また、この文章では、朝鮮民俗学の鼻祖である崔南善の動きも紹介されているのが目を引く。崔南善の意図はこの文章からだけでは判定できないが、もしかしたら、日本仏教の宗祖、祖師崇拝の「やり方」を模倣しようとしたのかもしれない。

日本仏教はなかば揶揄的に「葬式仏教」と呼ばれることもあるが、『朝鮮仏教』誌上では、朝鮮の儒教式の葬儀を仏教式に改めさせる計画が初期から唱えられていた。

葬式及び墓地の改善

イ　現在朝鮮人の葬儀は儒教の儀式に依り多額の費用を要するの風あり会員には仏式に依り出来るだけ費用の節約をなさしめんとす（現ニ本会ニ於テハ仏式ノ葬儀ヲ営ミツツアリ）

ロ　朝鮮人は風水説を信じ吉凶禍福は墓地の好悪より来るものとし墓地の為には生命を賭するも尚ほ辞せざるの風あり依て本会にては此弊風を矯正し共同墓地の観念を涵養する為一定の地域に完全なる墓地を設定すること[51]

朝鮮総督府自身が、風水説などを「非生産的」と見なし、朝鮮人の墓制に介入しようとしたことはつとに知られているが[52]、この朝鮮仏教団も、どこまでその試みが実施されたのは不明だが、「文明国」の宗主国として同様の傾向を持っていたことは興味を引く。

（3）　肉食妻帯論争について——日朝仏教の論争のアリーナ——

本項では、日本仏教が朝鮮仏教に「輸出」した最大の論点である「肉食妻帯（朝鮮語では帯妻食肉 대처식육 とな

る)」に関して、『朝鮮仏教』誌上でどのような論戦が繰り広げられたかを見てみよう。この雑誌においてこの問題に関する特集が組まれたのは一九二六年であるが[53]、まず以下のように、各方面に投稿が呼びかけられた。

「僧侶肉喰妻帯の可否」

半島の仏教界にも、時代思潮の大濤が押し寄せて来た。現下朝鮮に於て、従前三十本山の住職たる者は、戒律を厳持する清僧で無ければならぬと云ふことが、寺法の明文に規定されて居つたのであるが、近来追々内地留学出身の青年僧侶が帰来して、それぞれ故山に入る者が多くなつた事も近因をなし、内密に婦女を蓄へ、僧戒を紊る者が増加するので、寧ろ寺法を更改して肉喰妻帯を公許すべしと主張する者尠なからず。本山側から、当局の諒解を求むる運動をなすに至り、之に対し禅界の有力者たる白龍城師を中心とする百余名の僧侶は、奮然蹶起して、是が反対運動を試みると云ふ状態にまで立ち至つたのである。

僧侶に肉喰妻帯を公許するが、果して是乎、せざるが、非乎。乞ふ、満天下の僧俗諸賢、各位の抱懐せらるゝ処を、堂々本誌上に披瀝論議せされよ![54]

ここで注目される点は、特に「内地」に留学した朝鮮人僧侶の中に「肉食妻帯」僧が出てきたと記されていることであろう。つまり、留学僧はある意味「見習うべき(近代的)仏教」の形態として、この肉食妻帯を受容したという側面があるのではないか。もちろん、戒律の点から言えば本来は問題にならないが、妻帯して子孫を作り、寺院を受け継がせるという日本仏教の実情を目の当たりにした留学僧がこの風習を持ち込み、本山側も、一部ではあろうが「時代の流れ」としてその公許を求める動きを見せていたのである。それに対する反論として、白龍城らの請願運動についてもこの呼びかけ文では言及している。白龍城たち有志は朝鮮総督府当局に肉食妻帯禁止の建白書を提出し、そのことが新聞記事(『東亜日報』一九二六年五月一九日)にもなっていた[55]。『朝鮮仏教』第二七号(一九二六年七月)から第二九号(一九二六年九月)の三回にわたって、「朝鮮僧侶肉食妻帯問題批判」とのタイトルで、日朝の僧侶、信徒から投稿された意見が掲載された（一部朝鮮語もあり）。賛成、反対双方の意見が掲載されており、当時の日朝仏教の「言論のアリーナ」として機能した数少ない事例とも言えよう。概して日本人側は、浄土真宗の例などを持ち出して肯定的であり(56)（そもそも、肉食妻帯を公的に否定する宗派はなかったのだから当然だが）、朝鮮人側は大半が戒律から反対の意見を出している。ただし、朝鮮人僧侶にも、肉食妻帯に肯定的な意見を持つ者が散見できるのも重要である。

まず、この雑誌の主筆であった川村五峰は巻頭言で以下のように述べている。

> 朝鮮僧侶の、肉喰妻帯の可否批判は、本号内鮮諸名士及び学務当局の高見釈明によりて、略々問題の内容と、賛否両派の思想的傾向を窺ひ知ることが出来やうと思ふ。［中略］唯朝鮮に於ては、従来僧侶が活社会とは全く没交渉の圏外に排斥され来つた結果、斯のやうな事相に対しても、朝鮮の人達は案外、吾不関焉として一向興味を喚起さ《ママ》ぬかも知れぬけれども、内地の仏教徒としては、決して冷眼すべき些事ではなく、過去に於ける仏教界の先輩達が、無限の煩悶苦悩を経験したる問題であるだけ、それだけ、有意義であり、且つ興味ある問題であること丶思ふ。
>
> それは実に、僧侶と肉と女=《ママ》の公認といふ現実の事相よりも、天下晴れて、公然と肉と女を有ち得るやうになつた朝鮮の僧侶等が、今後果たして何うするであらうか、と云ふ大なる謎で無ければならぬ。吾々は暫くその成行を凝視しやうと思ふ。(57)

川村はまず明確に僧侶の肉食妻帯を肯定しており、それを受け入れるであろう朝鮮仏教界がどのように変化するのかを見守りたい、との所感を述べている。中村も「然るに今日の住持は、事実肉を喰み女を蓄へざるものは甚だ稀にして、既に戒法を犯してゐる」のであり「この問題に就て、当局は既に其の必要を認められ、従来一の障害となつてゐた寺法の一部改正を認め、妻帯者が本山住持たることを得るに至つたと伝へられたのである。随つて朝鮮僧侶の肉喰妻帯は、今や法規の上に於ても、全く差支なきものとなつたのである」[58]との見解を述べている。総督府当局も、朝鮮仏教側から肉食妻帯を認めるようにとの「希望」があったので、それに応じたまでとの姿勢を見せていた[59]。曹洞宗の京城別院にいたある僧侶は

若し妻帯を許して、自分の子供を僧侶に仕立てることになれば可なり素質の良好なものも得られ、又学資金をかけるにしても、他所の子供であれば力が入らぬこともあるが、我が子となれば充分力を入れて養成するであらうし、子供も又僧侶の家に出でたことを自覚すれば、自然父の名を穢さないやうに努力することになるから、将来は名僧知識も現れることになるであらう。かういふ方面から言ふも、朝鮮人僧侶に妻帯を許すことは、沈衰せる朝鮮仏教の振興を計る上に於ても得策ではあるまいか[60]。

と、寺院の継承において、妻帯して子孫を作るべしと述べている。なお、済州島において行われた「仏式結婚式」についての記事も存在する[61]。この仏式結婚も「山林宗教より民衆宗教へ」という文脈で解釈されていた。

このような日本側の意見に対して、当然ながら朝鮮人僧侶からは、戒律を元に反論が起こった。例えば

仏教を奉ずる者は、飽くまでも、仏戒を厳持すべきは当然であつて断じて許すことは出来ぬ、今に及んで自から此の尊き仏戒を汚して恬然恥ぢないのは誠慨嘆すべきである。もし強ひて肉を喰らひ、婦女を養はんと欲するならば、須らく仏弟子たる僧位を返却して、而して後に公然之を行ふべきであると思ふ[62]。

という意見や、

然るに目下朝鮮仏教界に於いては、仏法を違反し、破戒を敢行して、しかも僧侶として仏弟子として横行してゐる。第一肉を喰ひ妻を持つ者其の数を知らない程僧侶の大多数を占めてゐて、却つて修行と戒行を厳守する者を駆逐肉薄するの情態にある[63]。

という実情を訴えたものや、留学僧の堕落を嘆く

学生たちが卒業帰郷しては、先づ肉食妻帯と寺刹廃止論を力説し、極端には仏教の背信行為に出るものもある。是こそ、養虎為患であり、害虫が穀物より出来て反つて穀物を害すると異ふ所がない[64]。という主張がその典型例である。また、長年日本に居住し、「内地仏教」を視察した上で、僧侶の結婚に反対した朝鮮人の意見も掲載されていた[65]。

しかしその一方、肉食妻帯を「若しも僧侶と云つて、肉を禁じ妻を持たないと云ふならば、烏が孔雀になろーと同様で、甚だ不自然極まる妄論であり時代錯誤の愚論である[66]」と全面的に肯定したり、浄土真宗の僧侶となった立場から肯定したり[67]（これはかなり特殊な例だが）、もしくは肉食妻帯への反対自体にそれほどの意義を認めない朝鮮人も存在した。

白龍城氏一派の建白書に就いては、私としては何も言ひたくもなく、また論ずべき何等の価値も有しない問題である。又教界に与論を喚起をせしめる様なものでもない。といふのは、この問題に対しては、当局に建白書まで提出する必要もなく、僧侶自ら慎むべき問題で結局は、個人の自由であるのである。肉喰妻帯を以つて朝鮮仏教の衰退の原因ともなり、又此の禁止によつて復興するものでもない。尚仏教は今や社会化し民衆化して来た。過去の或時代の如き僧侶自身のみの仏教ではなく一般的の信仰となり普通的な宗教とならねばならぬ。肉喰妻帯の禁止等いはなくしても、僧侶として、清き信仰と修行する者には必ず、自分の良心の命名《ママ》（命令？——引用者註）があるはずである[68]。

ここでも「近代化」「民衆化」という言葉が使用され、朝鮮仏教がその方向に進んでいくべきであるとの考え方が示されている。信仰の在り方自体も「戒律を守る」というような「実践」よりも、個々人の内面の信仰の方が重要であるという、近代的な宗教概念の影響が垣間見られる[69]。「過去の或時代の如き僧侶自身のみの仏教ではなく一般的の信仰となり普通的な宗教とならねばならぬ」というような言葉遣いを見るとき我々は、植民地において、最初宗主国は植民地に「宗教」もしくは宗教という名に値するものはないと現地の宗教の存在を否定しながら、支配が本格的になった時、現地の宗教を「発見」し、それが統治権力との関わりの中で政策に組み込まれるものだというチデスターの指摘を思い出すべきかも知れない(70)。朝鮮人である語り手は、近代に相応しい「宗教」を模索し、それは彼が意識するしないに関わりなく、統治権力の支配の正統性に手を貸すことになるのである。

なお、この時期、朝鮮人僧侶から出された「肉食妻帯」に関する議論で最も有名かつ影響力があったのは、韓龍雲（一八七九～一九四四年）のものであろう。韓龍雲とともに、三・一独立運動の仏教側代表者であった白龍城の肉食妻帯への反対運動については前述の通りだが、韓龍雲の僧侶の妻帯に対する考えは対照的である。彼は早くも一九一〇年に僧侶の結婚を「仏教復興の一方策」として許可するように中枢院の金允植議長と朝鮮統監であった寺内正毅に求める請願書を起草している(71)。この動きは日本人側も驚きを持って受け止めたらしく、高橋亨もこの韓龍雲の「事件」を

李朝末年僧侶ノ戒行益々低下シ、日本僧侶トノ接触及日本僧侶界ノ実状ノ知ラルルニ従ヒ、蓄妻ニ対スル僧侶ノ持戒的価値観念ニ変化ヲ生ジ、又実ニ窃《ひそか》ニ蓄妻スル僧侶数漸加シ、終ニ公然妻帯解禁ヲ当路ニ向テ請願スル者アルニ至レリ。隆熙四年三月（明治四十三年）僧界ノ新人百潭寺ノ韓龍雲是議ヲ以テ中枢院ニ建議シ又統監府ニ建白セリ。其ノ大意、僧尼ノ禁嫁娶ハ人口蓄殖ヲ妨グ。僧尼嫁娶シテ一家ヲ成シ生産ニ勤メテ恒産アル人トナレバ仏教、勢ヲ発展セシムルニ大ニ有効ナリ(72)

と書き留めている。韓龍雲が西洋思想や社会進化論を摂取していたことはよく指摘されているが(73)、彼が早い時期から主張していた僧侶の妻帯問題も、「仏教の近代化の一環」としての婚姻という文脈であったのは明らかである。

（4）「迷信」という語り

最後に「迷信打破号[74]」と題された特集号を中心に、この雑誌において「迷信」がいかに扱われたかを確認してみよう。この号も、先程の「朝鮮僧侶肉食妻帯問題批判」同様、誌上で投稿を呼びかけて編集されたものである。その呼びかけ文は以下の通りである。

> 迷信の起因が果たして何れに根ざすのであらうか。富者、識者には富者識者の迷信があり、貧者、無学者には、貧者、無学者の迷信がある。また男子にも女子にも貴族にも、プロにもブルにも、それぞれ何等かの迷信に囚はれ、迷信に煩はされぬ者はないであらう。啻《ただ》に丙午の女ばかりではない。そして是がために、幾多の恐るべく悲しむべき禍害を招くものが尠なくないであらう。我々は迷信に就いて、慎重に考察討究を遂げ、吾々の世界に於ける浅間しき迷信の打破に向つて邁進せんとする者である[75]。

そもそも宗主国は植民地の「信仰」に対して、啓蒙すべき「迷信」であるとレッテルを貼ることは容易に想像できるが[76]、『朝鮮仏教』誌はそのような啓蒙的な姿勢のみならず、「各自真の信仰に入り、如何な迷信、如何なる悪魔にも囚へられず、冒されざる堅固なる信念を以て世に処して行くことが、すなわち迷信打破の最上の方法ではあるまいか[77]」と唱えていた。歴史家の稲葉君山は

> 凡そ迷信は社会的不安から多く生ずるものである、故に前に述べた如き巫風の相当行はれることは、我々の必ずしも名誉であると思はない、社会が安定し、人々の心が平和的に秩序づけられるならば、これらの風は相当に終息するのではあるまいか[78]。

と、宗主国人らしい「常識論」を述べているが、このようなシャーマニズムに対する眼差しは、後に村山智順が編集した『朝鮮の巫覡』（朝鮮総督府、一九三二年）での「シャーマニズムを進歩の度合いが劣った宗教と見なす」視点と「迷信とは言え、社会の安定に寄与する機能があることを認める」視点と通底するものがある[79]。なお、シ

ャーマニズムのみならず、新宗教（当時の言葉では類似宗教）も批判の対象となっている。(80)
この号でもう一つ興味深い記事を挙げるとすれば、天理教がやり玉に挙がっていることである。

　現今朝鮮に於いて、一番多数の教徒を抱擁するものは基督教で、其の次は仏教、其の次は天道教、其の次は天理教という具合になつてゐます。［中略］

　京城では近年破竹の勢で其の教線を拡張しつゝあるのは、天理教であります。天理教の布教所や、布教派出所のやうなものが、あちこち沢山見受けられ、そこに往て見ると太鼓を鳴らし柝《たく》（拍子木──引用者註）を撃ち、手やう目やうで「悪しきを攘ふて助け玉へ天理王のミコト」てなことを云て、幾十百の信徒が集まつてゐます。

　私はそれを見て、涙を流したのであります、日本人は朝鮮人を迷信の民族だとよく云ひますが、文明人として威張つて居る日本人が此の有様は何事だと、覚えず落涙したのでした。(81)

このように、当時天理教は積極的に朝鮮布教に邁進していたのだが、(82)「先進国」たる日本から「迷信」を持って来ていると嘆く日本人、という図式である。実際、天理教は朝鮮において、いわば巫堂《ムーダン》のような存在と見なされていたことも事実であるが、(83)金泰勲は天理教式の葬儀などの「近代になって作られた諸儀礼」に新しさを感じ、それが一種の魅力となったのではないかと考察している。(84)今はそれを確認することはできないが、天理教の信仰の継承(85)を考える時に非常に示唆的な見解であろう。

天理教の流行を嘆く一方で、当の「日本仏教」に迷信が紛れていることを嘆く論説も掲載されている。

　此の仏教の中にも幾多の迷信が混入されてゐることはどうした訳であらう。殊に日本仏教として独自の発展をとげた、天台、真言、日蓮、曹洞の各宗派の中に、それ等が最も多いのは、仏教としての大なる矛盾でなければならない。［中略］是等は教理の上より見て正しく異端であり外道であつて、仏教の根本義を破壊することと、まことに至大である。よろしく断の一字を以て一掃すべきである。(86)いわゆる祈禱などを否定し、教理や内面の信仰を重視するこのような「仏教観」も、近代の産物であることは言うを俟たないであろう。(87)このような論説にも、当時の『朝鮮仏教』誌に関わった人々が持っていた「(近代)仏教観」が端なくも現れている。

おわりに

ここまで、植民地朝鮮における対仏教政策と、ある意味その一環として創刊された『朝鮮仏教』誌のいくつかの記事を取り上げ、そのイデオロギー分析を行ってきたが、以下では近年の研究動向を紹介しつつ、残された課題を挙げたいと思う。

まず、朝鮮の近代仏教に関する研究が日本において手薄であったのは「はじめに」で述べた通りだが、韓国における研究にも、既にいくつかの変化が指摘されている。まず挙げられるのは、植民地時代の行動に対する「親日」と「抗日」という単純な二分法を見直す動き(88)が挙げられよう。例えば、韓国における近代仏教史研究を牽引してきた金光植は、寺刹令に対する朝鮮仏教界の姿勢と対応を「抵抗路線」と「仏教近代化路線」に区分している。(89)金光植の主張を要約すると、「親日仏教」というレッテル張りだけでは、教団を自主的に改革し、教勢を拡張しようとした営為(つまり「大衆化」)までも否定しかねない、との指摘と言えるだろう。韓相吉も、仏教の近代化を推し進める過程で、朝鮮仏教界が日本を参照点にしてしまったがために、結局は寺刹令体制に隷属し、ある意味個々人の意志とは裏腹に「親日仏教」となってしまったことを強調している。(90)また、趙性澤も同様の問題意識を持ち、これまでの韓国近代仏教史研究の民族主義的な記述を批判し、ライバルであるキリスト教や日本仏教を、近代化や大衆化の「モデル」とせざるを得なかった朝鮮仏教界の「ジレンマ」を強調している。(91)これは、日本仏教を意識しながらの、朝鮮仏教というアイデンティティの確立過程のジレンマとも言い得るであろう。また、同時代の日本仏教も当然ナショナリズムとは無縁ではなかったが、ナショナリズムと仏教の関係は広くアジア全体で考えるべき問題でもあろう[92]。

そして朝鮮にもたらされた「近代的仏教」の内実の問題は、肉食妻帯に限らず、もっと射程を拡げて考察するべきものであろう。例えば、本文でも指摘したように、個人の内心を重視するような宗教観から来るビリーフ中心の仏教観や、政治と一定の距離を取る「政教分離」に関する考え方、そして仏教学などの近代的学知[93]との関係などである。朝鮮仏教に関する「政教分離」論は、韓龍雲が『朝鮮仏教維新論』で早い時期から論じているが[94]、これは「政教分離」思想を元にした「政治からの撤退」とも繋がる問題であり、同時代の天道教の政教分離論とも比較されるべき論点であろう[95]。

また、岡田浩樹は「コラボレーターとしての僧侶」の役割を指摘している[96]。植民地期の記録に表れる「堕落した朝鮮僧侶」というのは、実は民衆の要求に応えてきた事判僧のことであり、この事判僧が母体となって、植民地支配における複雑なコラボレーターの役目を果たし、それが韓国仏教の「ポストコロニアル」問題の淵源となっていることを岡田は強調している。このように、否応なく日本仏教が解放後の韓国仏教界に与えた影響を考えることは今後もっと必要になって来るであろう。

今回取り上げた記事は、ごく限られたものである。今後、雑誌『朝鮮仏教』のより進んだ検討、具体的には一九三〇年代を中心に、雑誌が廃刊になるまでにどのような記事が載せられ、どのような人物が執筆、協力したかという精緻な分析は他日を期したい。

（1） 例えば植民地朝鮮における神道政策に関しては、菅浩二『日本統治下の海外神社――朝鮮神宮・台湾神宮と祭神

――』（弘文堂、二〇〇四年）、山口公一『植民地期朝鮮における神社政策と朝鮮社会』（一橋大学大学院社会学研究科博士論文、二〇〇六年）などを参照。植民地朝鮮における「宗教概念」や、仏教の社会活動などの諸相に関する論文をまとめたものとして、磯前順一・尹海東編『植民地朝鮮と宗教――帝国史・国家神道・固有信仰――』（三元社、二〇一三年）を参照。韓国においては、各宗教における対応などを記述する研究が目立つ。윤이흠『일제의 한국민족종교 말살책――그 정책의 실상과 자료――』（고려한림원、一九九七年）、윤선자『일제의 종교정책과 천주교회』（景仁文化社、二〇〇一年）김순석『일제시대 조선총독부의 불교정책과 불교계의 대응』（景仁文化社、二〇〇三年）などを参照。

（2）都市計画や建築史の立場からの研究として、青井哲人『植民地神社と帝国日本』（吉川弘文館、二〇〇五年）を参照。樋浦郷子は、初等教育を回路とした植民地朝鮮の国家神道政策を論じている。樋浦郷子『神社・学校・植民地――逆機能する朝鮮支配――』（京都大学学術出版会、二〇一三年）を参照。地域社会における「神道」の利用のされ方については青野正明『帝国神道の形成――植民地朝鮮と国家神道の論理――』（岩波書店、二〇一五年）を参照。

（3）韓国基督教歴史研究所（韓晳曦・蔵田雅彦監訳）『韓国キリスト教の受難と抵抗――韓国キリスト教史一九一九―四五――』（新教出版社、一九九五年）、李省展『アメリカ人宣教師と朝鮮の近代――ミッションスクールの生成と植民地下の葛藤――』（社会評論社、二〇〇六年）、徐正敏『日韓キリスト教関係史研究』（日本キリスト教出版局、二〇〇九年）などを参照。

（4）仏教宗派に残存していた植民地に対する優越意識に関しての象徴的な事件としては、曹洞宗海外布教伝道史編纂委員会編『曹洞宗海外布教伝道史』（曹洞宗宗務庁、一九八〇年）の絶版事件が挙げられる。これは題名の通り、曹洞宗が戦前戦後、旧植民地やアメリカなどで行った活動をまとめたものだが、その記述に植民地支配に対する反省が見られない点などが内外から批判を浴び、一九九二年に回収絶版にした、というものである。その顛末については、曹洞宗人権擁護推進本部『『曹洞宗海外開教伝道史』回収について』（曹洞宗総務庁、一九九三年）を参照。

（5）한국유락학생인도학불교학연구회 엮음『일본의 한국불교 연구동향――一九〇〇년에서 二〇〇〇년까지、그 역사와 전망――』（蔵経閣、二〇〇一年）参照。

（6）戦後の日本人による朝鮮仏教の通史は、鎌田茂雄のものを嚆矢とするが、鎌田の書も高麗朝までの記述が過半を占めている。鎌田茂雄『朝鮮仏教史』（東京大学出版会、一九八七年）参照。最近では翻訳書だが、金龍泰（蓑輪顕量監訳・佐藤厚訳）『韓国仏教史』（春秋社、二〇一七年）が刊行され、近現代の韓国（朝鮮）仏教について比較的幅広い記述がなされている。

（7）「近代仏教」に関する研究の流れや、さまざまなトピックに関しては、大谷栄一・吉永進一・近藤俊太郎編『近代仏教スタディーズ――仏教から見たもうひとつの近代――』（法藏館、二〇一六年）が参考になる。

（8）各法令の性格については、拙稿「植民地期朝鮮における宗教政策――各法令の性格をめぐって――」（京都仏教会監修『宗教と国家』上巻、法藏館、二〇〇八年）参照。

（9）中西直樹『植民地朝鮮と日本仏教』（三人社、二〇一三年）一一頁。

（10）「三十本山住持ニ対スル訓示概要」大正四（一九一五）年一月二日（水野直樹編『朝鮮総督諭告・訓示集成』第一巻、緑蔭書房、二〇〇一年）二八五～二八六頁。

（11）文化政治期の「親日分子」養成については、姜東鎮『日本の朝鮮支配政策史研究』（東京大学出版会、一九七九年）参照。

（12）稲葉継雄『旧韓末「日語学校」の研究』（九州大学出版会、一九九七年）一八四～二三二頁。

（13）向上会館のような日本仏教の植民地朝鮮における社会事業についての総合的研究として、諸点淑『東アジア植民地における日本宗教の「近代」――植民地朝鮮における日本仏教の社会事業を事例として――』（立命館大学博士論文、二〇〇八年）参照。この「向上会館」は、一九二二年に朝鮮人の教育機関として作られたもので、その内訳は当初「宗教部」「修学部」「産業伝習部」という三部門であった。「宗教部」は真宗教義の宣伝を、「修学部」ではいわゆる実業教育（夜学）を、「産業伝習部」では洋服や洋靴の技能教育をおこなっていた。その設立のきっかけは「時恰も大正八年三月、全鮮に亘りて朝鮮独立運動の蜂起するや、その軽挙その妄動は正しく宗教的訓練の欠乏に因るものと観察し、常に知己の人々に対して教化機関設立の急務を慫慂するところがあつた」（朝鮮開教監督部編『朝鮮開教五十年史』大谷派本願寺朝鮮開教監督部、京城、一九二七年、一八一頁）とあるように、三・一独立運動が宗教界に与えた「トラウマ」と、このような社会事業によって民心を安定させ、朝鮮総督府に存在意義を示すためだったことがうかがわれる。

（14）「朝鮮民族運動ニ対スル対策」（『斎藤實文書』第九巻〈民族運動・朝鮮総督時代関係資料〉高麗書林、一九九〇年）一四九～一五一頁。

（15）この団体をはじめとする一九二〇年代、三〇年代の日朝仏教の動向については、拙稿「植民地朝鮮における宗教政策と日朝仏教――一九二〇年代から三〇年代を中心に――」(『宗教研究』第三八三号、二〇一五年九月)参照。
(16) 中西、前掲書、一七八頁。
(17) この団体についての先行研究として中西、前掲書、第四章、김순석「朝鮮佛教團研究」(『한국독립운동사연구』第九集、一九九五年)、参照。なお、この김순석(金淳碩)の論文は、後に同『한국 근현대 불교사의 재발견』(景仁文化社、二〇一四年)に所収。
(18) このことは、小林自身の回顧による。小林源六「朝鮮に住み、朝鮮の米を食む私の感謝生活」(『朝鮮仏教』第一四号、一九二五年六月)一〇～一一頁。
(19) 前田昇「朝鮮仏教大会の名称変更に就て――朝鮮仏教団と改称――」(『朝鮮仏教』第一二号、一九二五年四月)三頁。
(20) 金泰勲「『朝鮮仏教』の成立」(末木文美士他編『ブッダの変貌』法蔵館、二〇一四年)三一六頁。
(21) 김순석、前掲『일제시대 조선총독부의 불교정책과 불교계의 대응』一〇〇頁。
(22) 「寺刹令의 弊端을 말하고 불교계의 부르지저 이천이빅명의 유신회원이 當局에 建白書를 提出」(『東亜日報』一九二二年四月二一日)。金光植編(東アジア仏教運動史研究会訳)『韓国仏教一〇〇年 朝鮮・韓国仏教史図録』(皓星社、二〇一四年)九三頁。
(23) 김광식「일제하 佛教界의 総本山 建設運動과 曹渓宗」(同『韓國近代佛教史研究』민족사、一九九六年)参照。
(24) 『朝鮮仏教』は韓国の民族社から一九九六年に影印復刻されている(韓國近現代佛教資料全集二五～三六)。本稿で使用したのも、この影印復刻版である。この雑誌や主幹であった中村健太郎(三笑)についての研究は少ないが、近年のもので、岩谷めぐみ「植民地時代の雑誌『朝鮮仏教』をめぐって――朝鮮総督府との関係――」(『立教大学日本文学』第一一一号、二〇一四年一月)、孫知慧「植民地朝鮮における中村健太郎と朝鮮仏教団の活動とその意義」(『東アジア文化交渉研究』第九号、二〇一六年三月)、김순석、前掲『한국 근현대 불교사의 재발견』第一部第四章「一九三〇년대 전반기 在朝鮮 일본 불교계의 동향――『朝鮮佛教』誌에 나타난 활동을 중심으로――」が存在する。
(25) 『朝鮮仏教』はそれほど数は多くないが、日本全国の大学附属図書館に点在しており、韓国での復刻版にない号もいくつか確認できる(具体的には東京大学、駒澤大学、金沢大学、高野山大学などの図書館が所蔵している)。この情報をご教示くださったのは、大澤広嗣氏(文化庁文化部宗務課)である。ここに記して感謝する。
(26) 「編集後記」(『朝鮮仏教』第一三号、一九二五年五月)。この編集後記で「これまでの新聞型――これも名残惜しいのですけれども――を改めて菊判の雑誌型にすることに決定いたしました。そして諺文の方はこれと引き離して別に発行することになりました」とある。
(27) 中村健太郎『朝鮮生活五十年』(青潮社、一九六九年)。この自伝にはいくつかの事実誤認や年代の記憶違いなども散見できるが、以下では主に彼の朝鮮における活動の背景や、その「自意識」を中心に見ていく。
(28) 同前、一〇～一一頁。
(29) 同前、三九頁。
(30) 同前、四四頁
(31) 同前、五一頁
(32) 同前、五四頁。
(33) 同前、五七頁。彼は一九二二年八月に毎日申報を辞職したあとは朝鮮総督府警務局嘱託として、一九四一年まで務めた。朝鮮総督府編『朝鮮総督府及所属官署職員録』一九二三～一九四一年度、参照。
(34) 同前、六三頁。
(35) 同前、六六頁。
(36) 同前、八三～九三頁。
(37) 同民会については、内田じゅん「植民地期朝鮮における同化政策と在朝日本人――同民会を事例として――」(『朝鮮史研究会論文集』第四一集、二〇〇三年一〇月)参照。
(38) 中村、前掲書、九三頁。
(39) 中西、前掲書、一八三頁。
(40) 「創刊の辞」(『朝鮮仏教』創刊号、一九二四年五月)一頁。
(41) 木場明志「近代における日本仏教のアジア伝道」(『日本の仏教』第二号、一九九五年)二二三頁。大谷栄一『近代仏教という視座――戦争・アジア・社会主義――』(ぺりかん社、二〇一二年)一七七～一八一頁。
(42) 中村三笑「創刊第三周年の記念日を迎へて」(『朝鮮仏教』第三七号、一九二七年五月号)四頁。
(43) 朝鮮人からも、日本仏教が朝鮮人布教に力を傾注しないことへ批判が出ていた。金連聲「日本仏教各宗の開教使達!鮮人教化の為に眼醒めて頂きたい」(『朝鮮仏教』第四一号、一九二七年九月)。

(44)『朝鮮仏教』創刊号、一〇頁。
(45)李晦光「朝鮮仏教の復興に就て」(『朝鮮仏教』創刊号)四頁。
(46)岩本撫樽「現代に於ける朝鮮仏教の救済力に就て」(『朝鮮仏教』第一三号、一九二五年五月)一九〜二二頁。
(47)拙著『植民地朝鮮の宗教と学知——帝国日本の眼差しの構築——』(青弓社、二〇〇九年)第四章、参照。
(48)高麗時代の高僧、義天(一〇五五〜一一〇一年)のこと。
(49)中村三笑「朝鮮仏教衰微の主因」(『朝鮮仏教』第二二号、一九二六年二月)八〜一〇頁。
(50)近年、このような「鎌倉新仏教中心史観」は、主に黒田俊雄以降の「顕密体制論」などにより批判の対象となっているが、例えば京都帝国大学西洋史講座教授だった原勝郎の「東西の宗教改革」(初出一九一一年、同『日本中世史之研究』同文館、一九二九年所収)においては、ルターやカルヴァンの宗教改革に比肩するものとして、法然らの活動が高く評価され、そのような新仏教が興隆してきた時代を「中世」と名指した。つまり、原の文明論的な中世像(武士が台頭し、日本仏教の代表格たる鎌倉新仏教が興隆し、中国文明のくびきを逃れて自立した日本文化、というイメージ)は、当時日露戦争に勝利し、ナショナリズムが高揚した時代のなかで育まれた「国民論」の性格も併せ持っていたと言えよう。このことについては、上島享『日本中世社会の形成と王権』(名古屋大学出版会、二〇一〇年)二〜一〇頁、参照。ついでに言うと、私は「仏教の隆盛した中世」「仏教が衰退した近世」という歴史学でもよく見られた区分が、日本と朝鮮で分け持たれていて彼らの「日本仏教観」「朝鮮仏教観」(自画像でもあり他者像でもある)に影響を与えていた可能性があると推測している。
(51)「仏教大会実行案」(『朝鮮仏教』第八号、一九二四年一二月)一一頁。
(52)一九二〇年代から「火葬する日本人」「土葬する朝鮮人」との文明論的対比がなされたことについては、高村竜平「葬送の文明論——植民地朝鮮における土葬と火葬——」(池田浩士編『大東亜共栄圏の文化建設』人文書院、二〇〇七年)参照。
(53)この一九二六年に注目した論考として、金光植「1926년 불교계의 帯妻食肉論과 白龍城의 建白書」(同『韓國近代佛教의 現實認識』民族社、一九九八年)が存在する。
(54)『朝鮮仏教』第二六号(一九二六年六月)二三頁。
(55)白龍城(一八六四〜一九四〇年)は「三・一独立運動」の時の「民族代表」の一人。金光植編(東アジア仏教運動史

研究会訳）『韓国仏教一〇〇年』（皓星社、二〇一四年）一〇一頁。
(56) 佐藤稠松「親鸞とルーテル」（『朝鮮仏教』第二八号、一九二六年八月）一三〜一五頁。
(57) （川村）五峰「僧侶＝肉＝女」（『朝鮮仏教』第二七号、一九二六年七月）一頁。
(58) 中村三笑「朝鮮僧侶の肉喰妻帯に就て」、同前、三〜五頁。
(59) 俞（兪）萬兼「宗教行政の立場から」、同前、三一〜三二頁。俞は当時の総督府学務局宗教課長。兪吉濬の息子で東京帝国大学出身の官僚。
(60) 五十嵐絶「朝鮮僧界の人物払底を救ふの道」、同前、一五頁。
(61) 「仏式結婚の盛行――済州島で行はれた仏結婚――」（『朝鮮仏教』第三九号、一九二七年七月）口絵写真及び四二〜四三頁。
(62) 任海峰「須らく僧位を捨てよ――仏戒を汚すの行為は許すべからず――」、同前、一二頁。
(63) 金蓮湖・朴大奎「彼等は全鮮仏教の病毒である」（『朝鮮仏教』第二八号、一九二六年八月）二四頁。
(64) 英虎「噫、朝鮮仏教の末路（承前）」（『朝鮮仏教』第二九号、一九二六年九月）二四頁。
(65) 金文致「妻が欲しくば還俗せよ（上）――内地仏教僧の醜き姿を直視して――」（『朝鮮仏教』第三六号、一九二七年四月）、同「妻が欲しくば還俗せよ（下）――内地仏教僧の醜き姿を直視して――」（『朝鮮仏教』第三七号、一九二七年五月）。
(66) 洪鎭赫「朝鮮仏教の復興は時代的覚醒と僧侶の人格向上に在る」（『朝鮮仏教』第二七号）二〇頁。
(67) 金連聲「何んと尊い問題であらうか――私は朝鮮僧侶の肉食妻帯の実現を渇望します――」、同前、二七〜二八頁。この人物は「京城本派本願寺別院」に所属していた。
(68) 李混惺「朝鮮仏教の興廃とは何の関係もない」（『朝鮮仏教』第二七号、一九二六年七月）一三〜一四頁。
(69) 近代における宗教概念に関し、プラクティス practice（実践）に対するビリーフ belief（信仰）の優越は数多くの論者によって指摘されているが、諸説を概観したものとして、星野靖二『近代日本の宗教概念――宗教者の言葉と近代――』（有志舎、二〇一二年）第一章、参照。
(70) デイヴィッド・チデスター（沈善瑛・西村明訳）『サベッジ・システム――植民地主義と比較宗教――』（青木書店、二〇一〇年）二四〜三五頁。

（71）김순석、前掲『한국 근현대 불교사의 재발견』一八〇～一八二頁。韓龍雲、李元燮訳『朝鮮佛教維新論』（一九一三年、復刻、民族社、一九八三年）一二五～一三〇頁。

（72）高橋亨『李朝仏教』（国書刊行会、一九七三年）九五一～九五二頁。

（73）김순석、前掲『한국 근현대 불교사의 재발견』一六三頁。

（74）『朝鮮仏教』第三〇号（一九二六年一〇月）。この号には大本教批判で有名だった富士川游、キリスト教牧師で当時同志社総長だった海老名弾正（彼の弟子の渡瀬常吉は日本組合教会の朝鮮伝道のトップだった）、三・一独立運動時の「民族代表」クリスチャンの一人の李昇薫などの著名人が寄稿している。

（75）「迷信打破寄稿を歓迎す」（『朝鮮仏教』第二八号、一九二六年八月）二一頁。

（76）植民地朝鮮において「迷信」や「民間信仰」がどのように語られ、イメージされたかについては、拙稿「近代朝鮮における「宗教」ならざるもの――啓蒙と統治との関係を中心に――」（江川純一・久保田浩編『「呪術」の呪縛』上巻、リトン、二〇一五年）参照。

（77）中村三笑「迷信群中迷信に超越せよ」（『朝鮮仏教』第三〇号）四頁。

（78）稲葉君山「巫子に対する信仰」同前、二五頁。

（79）前掲拙稿註(76)論文、一九七～一九八頁。

（80）曹《ママ》（曺）秉相「京城は迷信跋扈の都」（『朝鮮仏教』第三〇号、一九二六年一〇月）三五～三六頁。

（81）草莽学人「迷信を捨てて正信に働け」同前、二七～二八頁。

（82）天理教の朝鮮布教の概略については、拙稿「植民地朝鮮における天理教の布教について――機関誌『みちのとも』を中心に――」（『翰林日本學』第二五輯、二〇一四年一二月）参照。

（83）李元範『日本の近代化と民衆宗教――近代天理教運動の社会史的考察――』（東京大学博士論文、一九九五年）一四七頁。

（84）金泰勲『「淫祠邪教」から「世界宗教」へ――天理教の近代体験――』（立命館大学博士論文、二〇一一年）一一五頁。

（85）解放後の韓国社会における天理教の信仰継承については、陳宗炫『韓国における日系新宗教の受容に関する宗教社会学的研究――天理教を事例として――』（東北大学博士論文、二〇一七年）参照。

（86）「仏教と迷信」（『朝鮮仏教』第三〇号、一九二六年一〇月）二九～三〇頁。この記事は『教友新聞』という新聞からの転載のようである（日付は不詳）。

(87) 大谷、前掲書、一六～二〇頁、参照。

(88) 近年の韓国における近代仏教史の問題については、金泰勲、前掲「「朝鮮仏教」の成立」二九五～三一〇頁、参照。

(89) 김광식「사찰령의 불교계 수용과 대응」（『민족불교의 이상과 현실』도피안사、서울、二〇〇七年）。

(90) 韓相吉（川瀬貴也訳）「近代韓国仏教への日本仏教の影響」（『季刊日本思想史』第七五号、二〇〇九年、ぺりかん社）、六八頁。

(91) 조성택「근대한국불교사 기술의 문제――민족주의적 역사 기술에 관한 비판――」（『民族文化研究』第五三号、二〇一〇年）。

(92) アジアの近代仏教とナショナリズムに関しては、大谷栄一「アジアの仏教ナショナリズムの比較分析」（末木文美士編『国際研究集会報告書（近代と仏教）』第四一集、国際日本文化研究センター、二〇一二年）参照。

(93) 朝鮮仏教研究者の第一人者であった高橋亨の学問の性格については、前掲、拙著、第四章、参照。太平洋戦争期の東南アジア方面での学者、僧侶の活動については、大澤広嗣『戦時下の日本仏教と南方地域』（法蔵館、二〇一五年）、中国仏教と日本仏教の関係については、エリック・シッケタンツ『堕落と復興の近代中国仏教――日本仏教との邂逅とその歴史像の構築――』（法蔵館、二〇一六年）参照。

(94) 韓龍雲の政教分離論の変遷に関しては、김순석、前掲『한국 근현대 불교사의 재발견』一八九～二一三頁。

(95) 拙稿「植民地朝鮮における「宗教」と「政治」――天道教の動向を中心に――」（湯山トミ子・宇野重昭編『アジアからの世界史像の構築』東方書店、二〇一四年）二七六～二七七頁。

(96) 岡田浩樹「アンビバレント（二律背反）な近代性（modernity）――植民地期における朝鮮仏教と日本仏教の「交感」――」（『アジア研究（静岡大学人文社会科学部）』別冊三、二〇一五年）一七～一八頁。

女性植民者と帝国の「知」——台湾における田中きわの——

宮崎聖子

はじめに

本稿では、帝国日本の植民地、台湾における知識人女性田中きわの（極野）（一八九一～一九四〇年）の半生を明らかにした上で、「内地人」（歴史的用語として用いる。以下、カッコ省略）女性と帝国をめぐる「知」について検討する。ここでいう内地人女性はいわゆる女性植民者を指すわけであるが、台湾に在住した日本女性の研究は少ない。ここでは民間人の田中きわのの活動とそれが社会に果たした役割について述べ、民族やジェンダー、階級の関連を検討する。なお、きわのの名前は「極野」としている場合もあるが、特に断りのない場合、本稿では原則として「きわの」と表記する。

帝国日本の植民地における高級官吏を除いた内地人については朝鮮のほうで研究が進んでいるが、台湾に関しては多いとは言えない。朝鮮で活動した日本人について分析したものには木村［一九八九］、高崎［二〇〇二］や日本人教員をとりあげた稲葉［二〇〇一］(1)等の研究が挙げられる。台湾では商工業者や民間人の活動として波形［一九九七］(2)、岡本［二〇一〇］(3)、清水［二〇一二］(4)の研究が挙げられ、内地人の中にも多様性があることが分かる。

「アジア太平洋における移民と植民」という視点から朝鮮と台湾への日本人移民／植民者について検討した塩出［二〇一五］の研究は、移民と植民の両者を射程に入れて分析している点で新しい(5)。ただ男性優位であった植民地の内地人をめぐる記述はやはり男性が中心であり、女性の研究は多くはない(6)。

写真1　田中きわの（極野）
（田中正氏提供）

植民地の内地人女性を扱ったものの中には、文学の視点から台湾育ちの女性作家真杉静枝を取り上げた李文茹［二〇〇三］の研究(7)や、朝鮮で女子教育を展開した緑旗聯盟の清和女塾を分析した古橋［二〇一七］の研究等がある(8)。広瀬［二〇一四］は植民地朝鮮における女性植民者を移動と戦争責任の視点から二世代に渡って分析し、その多様性を指摘している点は興味深い(9)。自身が台湾育ちである竹中［二〇〇二］は、台湾における日本女性のありようを当時の新聞記事を中心に丹念に拾っている(10)。資料の出典が明記されていないのが残念であるが、中上層だけでなく下層の女性も扱っている点で貴重な労作である。なお先に挙げた稲葉［二〇〇二］は、植民地朝鮮の日本人教員を描く中で、東京女子高等師範学校・奈良女子高等師範学校の日本人卒業生の活動を分析している。両校の卒業生が朝鮮の高等女学校教師に占める割合は高いが、大部分の人は結婚すると教員を辞めている。同書は特に福岡と植民地朝鮮との深い関係に言及しており、玄洋社系の人々が影響力を有していたことを示していて興味深い(11)。

ここで取り上げる田中きわのは国防による愛国を唱えた女性であり、女性植民者としては「最右翼」に位置づけられる。次に、きわのについて述べる前に、その夫である一二についてふれておこう。田中一二（一八八五～一九五一年）は日本植民地期の台湾で活動したジャーナリストである。彼は多くの著作を残す一方で、在野で国防を重視した青年運動を推進した。田中は福岡県宗像郡田島村の出身で、福岡玄洋社の人々とつながりが深く、思想的にもそのリーダーである頭山満に大きな影響を受けていた。彼は当初、ジャーナリストとして中国の人々とつながるアジア主義をめざした。早くから台湾を「南進への踏み石」とみなし、一九三〇年から自分の居住する台北市の日本人街で男女青年団を立ち上げ、実践的な青年運動を開始した[12]。台湾在住の内地人に向けた青年運動に関する著述も自身の発行する雑誌の中で行うようになる。一九三三年になると排外主義的・排西欧主義的な組織、大日本国防青年会を立ち上げ、活動の重心を青年指導から同志と連携した言論・政治活動に移していく[13]。

一二の妻、きわのは、台湾在住者では珍しい女性の文筆家であった。彼女は現代の研究者にはほとんど知られていないが[14]、台湾に関係した文学者、真杉静枝や坂口䙥子よりも早い時期(一九一〇年)に台湾に渡り、結婚後に頭角を現し、そして台湾で没したという点でもユニークな存在である。学校教員も植民地での知識人女性として数えられるかも知れないが、彼女たちの多くは独身であり、一家の主婦でありながら文筆活動等を行ったきわのはその点でも特異である。きわのは植民地の内地人女性のあり方について言論を残しただけではなく、彼女自身の実践が植民地や女性をめぐる「知」の構築に一定の役割を果たしたと考えられる。

次節では田中きわのの活動について検討する。資料は田中夫妻の著作物や新聞記事などのほか、ご子息の田中正氏(一九一四年生まれ、インタビュー時八九歳)に対して行ったインタビューも参考にした。

一　田中きわのの略歴と渡台から定着まで

田中きわのは一八九一年に生まれ、北九州若松の材木問屋の一人娘として育った。一九一〇年、高等女学校を卒業したばかりの一九歳のきわのは、福岡から初めて台湾に渡った。その直後、夫一二が編集長をつとめる実業之台湾社の雑誌『実業之台湾』に、渡台時の思い出を書いている。それによれば、彼女は裕福な家庭で育ち、弟が一人いる。しかし早くに母親が亡くなった。彼女は小倉高等女学校の卒業と前後して六歳年上のいとこの一二と結婚するが、一二がその後まもなく台湾に渡ったためであろう、彼女の手記によれば当初三年間は同居しない約束であった。しかし継母との確執があったようで、夫が恋しくなり、当初の約束を反故にして一九一〇年一月、台北で雑誌社に勤める夫の後を追い一人台湾に渡った。門司から台湾の基隆に渡る船（桜丸）[15]の上で、彼女は「決して成効《ママ》せぬうちは二度と故郷否陸続きの日本には帰るまい」という誓いを立てている。[16]この「成効」の意味については、後で検討する。

　きわのは台北で長女を生むが、翌一九一一年に家族で門司へ戻り、一二は福岡日日新聞社に籍を置くようになる。そして再度家族で台湾に渡ったのは一九一七年であった。日本は「大正南進期」を迎えていた時期である。一二は台湾日日新報の幹部記者をつとめたが、反権力の弁護士、伊藤政重（山梨県出身）や同じ福岡出身の玄洋社頭山満らを敬愛し、ジャーナリストとして権力に批判的な態度をとっていた。そして一九一九年、総督府を批判した筆禍事件がもとで記者を辞めた後、一九二二年に台湾通信社という会社を設立し、経営するようになる。[17]一方きわのは、合わせて六男三女をもうけるが、うち娘一人を生後半年で亡くしている。

　通信社は個人経営としてはかなり成功していたが、一二はそれを顧みずに一九三〇年頃から青年運動に力を入れ、台湾の同志を糾合して「南国青年協会」を創設、雑誌『南国青年』を機関誌として発行するようになる。きわのはちょうど同じ年、台湾総督府が募集した納税宣伝映画筋書（シナリオ）に二等入選し、これが彼女の文筆活動を開始するきっかけとなった。表1にきわのの略年表を示す。

二　文筆活動の開始

　田中正氏によれば、高等女学校時代のきわのはテニスでは県下で一位という活発な女性であった。筑前琵琶の名手でもあり、かつて一九〇九年にハルビンに向かう伊藤博文に下関・春帆楼で演奏を披露したほどである。[18]し

表1　田中きわの　略年表

年	年齢	
1891		福岡県に生まれ、北九州若松の材木問屋の娘として育つ。
1909	18	福岡県立小倉高等女学校を卒業。一二と結婚。一二は結婚直後（6月頃か）台湾に渡る（新聞記者）。
1910	19	夫の後を追い、台湾に渡る。長女一枝生まれる。
1911.4？	20	家族で門司に戻る。
1912～13	21	長男国重生まれる。
1914	23	二男正生まれる。
1916	25	三男正巳生まれる。
1917.9	26	二度目の渡台。一二は台湾日日新報幹部記者。
1919	28	二女が夭折。一二、筆禍事件。（住所 台北市龍匣口庄※1）
1921？	30	三女幸江生まれる。（住所 台北市大正街三条通※2）
1922	31	一二が台湾通信社を創設。
1925？	34	五男熙生まれる。
1928	37	一二、大成青年団を創設。きわのは女子を指導。
1930	39	大成青年団女子部が創設。納税宣伝映画シナリオが二等に入選。一二、南国青年協会創設、雑誌『南国青年』を創刊。
1931	40	台北女子青年団を指導。映画『燃ゆる力』が作成され、放映される。胃癌の手術を受ける。次男の正が少年団代表として満洲慰問。
1932.9	41	一二、満洲訪問。
1933	42	一二、大日本国防青年会を創設。東京にも家を購入し拠点とする。（東京市淀橋区下落合4丁目）
1934	43	一二、雑誌『台湾』を発行。きわのは9～10月に満洲見学団に参加。
1935	44	きわの、満洲旅行について『台湾』にレポート（旅行記）を執筆。オランダ船ジュノー号事件。一二は淡水中学等も攻撃。
1936	45	台湾通信社が株式会社に。きわのは台湾通信社の記者となる。
1937	46	一二、台湾通信社の大部分の事業から撤退し、大日本国防青年会の活動に重点をシフト？
1938	47	きわの、大日本国防青年会理事として江南慰問の旅に息子熙（当時13歳）と参加。 このころ病気が発覚。
1940.7	49	肝硬変のため台北で逝去。

※1現在の台北市中正区の台北植物園のあたりで、1922年に龍口町となる。
https://zh.wikipedia.org/wiki/%E9%BE%8D%E5%8C%A3%E5%8F%A3 【2019.1.31閲覧】

※2現在の台北市中山北路一段53巷及および林森北路67巷のあたり。大正街は大正時代に開発され、当時の日本人街でも高級住宅地であった。後に大正町と改名。
https://zh-tw/%E5%A4%A7%E6%AD%A3%E7%%94%BA_(%E5%8F%B0%E5%8C%97%E5%B8%82)【2019.1.31閲覧】

かし彼女が本格的に文筆活動を始めるのは、子どもを生み終えた一九三〇年以降である。以下にきわのによる著作を示す。彼女の著作が掲載されたものは、ほとんどが夫一二自らが出版する雑誌である。

田中一二は南国青年協会を一九三三年には台湾だけでなく内地もカバーする大日本国防青年会に再編する。この間、雑誌『南国青年』『新台湾』『台湾』を刊行するが、これらは一二の主宰する団体の機関雑誌であった。雑誌と発行主体の関係を表2に示した。これら雑誌は、名称は変更されているものの通号で刊行され、連続性がある。内容は時事評論、青年教育や国防に関するもので、時代が進むほど国防関連事項の比重が重くなる。また、執筆陣は一二とその同志たちであったが、大日本国防青年会の機関誌として刊行した『台湾』で、きわのは重要な記事の書き手となっていくのである。

田中きわのによる著作

★は田中一二発行の雑誌でないもの

きわの女　一九一〇年二月　「日誌のぬき書き」『実業之台湾』第六号、四四〜四六頁。

きわの　一九一〇年三月　「主婦の心得べき通俗学問」『実業之台湾』第七号、三八〜四〇頁。

田中きわの一九三〇年九月　「美はしき模範村」『台湾税務月報』二四九号、二一〜六六頁。★

田中きわの一九三一年一月　「青年運動婦人運動の近状」『南国青年』第八号、二九〜五〇頁。

田中きわの（大成青年団女子部相談役）一九三一年一月「（美はしき模範村改題）春はほゝ笑む（第二巻）」『南国青年』第八号、六五〜一〇三頁。

田中きわの一九三一年二月　「春はほゝ笑む（第三巻）」『南国青年』第九号、三六〜四七頁。

田中きわの一九三一年三月　「春はほゝ笑む（第四巻）」『南国青年』第一〇号（目次のみ。本文は欠けており確認できず）

田中きわの一九三一年五月　「春はほゝ笑む（第五巻）」『南国青年』第一一号、二五〜三一頁。

田中きわの一九三一年七月　「映画小説　燃ゆる力」『新台湾』第一二号、一四～八〇頁。
田中きわの一九三一年七月　「はしがき　昭和六年五月二三日　総督府に於て本映画が試写された日」『新台湾』第一三号、一一～一二頁。
田中きわの一九三一年七月　「映画小説　燃ゆる力」『新台湾』第一三号、一三～八〇頁（内容は一二号のものと同一）。
田中きわの（台北女子青年団主事）一九三一年一〇月「女性の政界進出は断じて尚早　婦人参政権問題一考察」『新台湾』第一四号、五九～六二頁。
極野子　一九三一年一〇月「感謝生活　竹の柱に茅の屋根」『新台湾』第一四号、七六～七七頁。
きわの　一九三一年一〇月「二人巡礼の旅」『新台湾』第一四号、八一～八九頁。
きわの　一九三一年一一月「二人巡礼の旅(二)」『新台湾』第一五号、五四～六三頁。
田中きわの（台北女子青年団主事）一九三三年「感謝の生活」『台北州青年　創刊号』台北州聯合青年団、女子青年団、一一七頁。★
田中きわの一九三三年　「婦人の自覚」『台北州青年』創刊号 台北州聯合青年団、女子青年団一一八～一二〇頁。★
きわの　一九三四年五月　「折にふれて」（和歌）『台湾』第三七号、一五頁。
田中きわの一九三四年六月　「部落教化の神さま　森川巡査(一)」『台湾』第三八号、七六～七七頁。
田中きわの一九三四年七月　「部落教化の神さま　森川巡査(二)」『台湾』第三九号、三八～三九頁。
田中きわの一九三四年八月　「ひるねについて」『台湾婦人界』一九三四年九月、八七頁。★
一女子青年団一幹部一九三四年八月「台湾軍の防空演習に現はれた 台北婦人方の国家観念は?」『台湾』第四

表2　田中一二発行による雑誌『南国青年』『新台湾』『台湾』（1931～1936）

雑誌名 【発行主体】	国立台湾図書館で現物を確認できる号（通号）	発行年月	備　考
『南国青年』 【南国青年協会】	（1～7号は現物未確認） 8～11号	1931.1～1931.5	創刊は1930年3月。 同時期に南国青年協会創立。
『新台湾』 【台湾通信社】	12～15号 （16号～は現物未確認）	1931.7～1931.11	通号12号から誌名を『新台湾』に名称変更。
『台湾』 【台湾通信社】	（～36号現物未確認） 37～53号 （発行停止時期は不明）	1934.5～1936.1 1936年に台湾通信社は株式会社へ	1933年7月頃　大日本国防青年会創立。 1934年1～3月頃『台湾』に誌名を変更。 ※『台湾』は大日本国防青年会の台湾向けの機関雑誌で、内地向けには『世界の光』が発行されていたが、現物は未確認。

〇号、二六～二七頁。

きわの　一九三四年一一月「満洲軍慰問の旅して（其の一）」『台湾』第四三号、三二～三四頁。

きわの　一九三五年一月「満洲軍慰問の旅して（其の二）」『台湾』第四四号、六四～六八頁。

きわの　一九三五年二月「満洲軍慰問の旅して（其の三）」『台湾』第四五号、四六～四八頁。

きわの　一九三五年三月「満洲軍慰問の旅して（其の四）」『台湾』第四六号、三二～三四頁。

きわの　一九三五年三月「日の御子御降誕祈願の江口富助氏と私の追憶」『台湾』第四六号、四二頁。

田中極野　一九三五年三月「台北河野氏の家宝を拝して」『台湾』第四六号、八～九頁。

田中極野　一九三五年五月「満洲軍慰問の旅して（其の五）」『台湾』第四七号、三四～三九頁。

田中極野　一九三五年六月「満洲軍慰問の旅して（其の六）」『台湾』第四八号、四八～五〇頁。

田中きわの一九三五年九月「満洲軍慰問の旅して（七）」『台湾』第五〇《（ママ）》号、四六～五二頁。

田中きわの一九三五年一〇月「満洲軍慰問の旅して(八)」『台湾』第五〇号、五四～五七頁。
きわの　一九三六年一月「満洲軍慰問の旅して(九、一〇)」『台湾』第五三号、六五～七四頁。
田中きわの一九三九年四月「銃後の婦人に課せられたる重大な使命の一つ」『社会事業の友』一二五号、三七～三九頁。★

きわのの著作物について、内容をみてみよう。彼女がいわゆる世に出るきっかけとなったのは一九三〇年に、総督府の納税宣伝映画筋書（シナリオ）の懸賞に「美はしき模範村」という作品で応募し、二位に入選したことである[19]。あらすじは、台北市郊外の士林をモデルにした舞台で、日本から来た女性教師が情熱と真心によって、納税を拒んでいた頑固な台湾人地主を改心させ、また彼の息子との恋を実らせるというものである。この筋書は後に「春はほゝ笑む」と改題された後、「燃ゆる力」として映画化され、女優天草浪子が主演した[20]。

この中できわのは、女性にもできる、として、貯蓄を積立てた中から税金を払う方法を紹介している。納税は、夫一二も国防の観点から重視するところであった。当時、一二は消費経済の合理化を重視し、消費組合の創設を提唱していた。その際に、モノ（工業製品や農産物など）の消費は八割を女性が行っていると述べ、消費者としての女性に注目している[21]。この納税は、一二だけでなく、きわのの父や祖父も唱導していたもので、彼女の作品は一家の思想に沿ったものだった。彼女は「一箇年の納税数百円位のものは、女の日常の心掛け一つで立派に出来るといふことを、多くの人々と共に語り合ひ、女も又国民の一人として、義務の一部分にでも国家に奉仕せなければならぬ」と述べている。また、入選で得た一五〇円の賞金は、夫の主催する南国青年協会の集会所「南国会館」の建築費の一部に充てる予定だという[22]。

ところで彼女は、女性の地位についてどのように考えていたのであろうか。きわのは一九三〇年、関西で行われた全日本婦人経済大会、全関西婦人聯合大会に、台北市大成青年団女子部相談役の肩書で台湾代表として出席し、大会のもようを『南国青年』で報告している。[23] ここでは女性の地位向上よりも、子だくさんの彼女らしく母親としての子どもへの高い関心がつづられている。また同年には、別の記事で女性の参政権について述べたものがある。きわのは当時起きていた婦人参政権運動について批判し、女性の力が十分蓄えられない現状では女性の政治参加は時期尚早である、と結論している。[24] このような態度はその後も彼女の記事の端々に見られ、きわのは女性が権利を主張することについては一貫して否定的であった。夫一二における理想の女性像もまた、内助の功を尽くし、夫を海外に雄飛させる「女らしき女」であり[25]、この点で夫妻の間には齟齬はなかった。きわのは一二に代わって女性に関する言論を担当していたといってもよいだろう。

三　きわのと台北女子青年団

きわのは一九三〇年九月から、夫一二が青年教育を実施する目的で居住地域である日本人街の青年層を組織して創設した大成青年団の女子部の指導も行った。翌一九三一年四月に女子部は台北女子青年団として独立した。一九三四年時点で団長（田中一二）、顧問三名、主事、評議員一四名がおり、きわのは主事として直接団員を指導する役割を担っていた。団員数は五〇名で、これには「少年少女部」団員三三名が含まれるので、年長女子の正団員は一七名である。[26] 少年少女部が女子青年団に付設されているのは他にはあまり例がなく珍しいが、団の事業報告書を見ると遠足には彼らを伴って出かけており、幼い少年少女団員は正団員がめんどうをみる対象として組織の一部に入れたものと思われる。[27]

女子青年団の活動内容については、『台湾婦人界』に女子青年団の主事きわのへのインタビューが掲載されている。ここで彼女は、活動の趣旨を次のように述べている。「非常時日本に立って、何時でも銃後の働きの出来る健実な婦人の養成、婦人として完全にその使命を完うする事の出来る女性を、田中氏の監督の下にお互ひが修養しつつあるのです」。理念型としては国防を意識した、国家に尽くす女性の育成をめざしており、指導の方針は一二が決め、きわのはそれを具現化するために働くという立場をとっている。具体的な活動としては、ひな祭りで団員が手料理を作ったり、陸軍記念日に紙人形を作って病院の兵士を慰問すること、軍艦入港時の茶菓の接待、楽器演奏などであり、団の収入はたすき縫いなどにより得ていた。(28)

団では七夕祭りの行事を一九三二年から三五年まで毎年七月七日に行っており、一九三四年の第三回目は若い女性を中心に一般の人も加えて千名が参加し、華々しく鉄道ホテル（台北市の高級ホテル）で開催された。その際、内地の大日本聯合青年団南洋派遣団も参加した他、台北市聯合青年団長らの祝辞もあり、台北女子青年団員（少年少女部を含む）らが舞踊、劇、音楽等の余興を披露した。(29) 翌三五年の第四回はそれをさらに発展させ、軍慰問活動の一環として行っている。樺山小学校（日本人向け小学校）講堂で、昼間は台湾軍慰問の意味で一三〇〇名の将兵を招待し、夜間は一般公開し、どちらも非常に盛況であった。(30) この回は台北市教化聯合会、台北州国防義会のほか、台湾日日新報、新民報など各新聞社が後援した。ここではきわのが開会の挨拶を行い、団員らが余興を行っている。団員五十名ほどの単一の女子青年団が千名を超える人を動員することは一般にはありえないのだが、台北市にあり、指導者の田中夫妻が企業や官公署、軍にコネをもつ女子青年団だからこそできたことである。参加者の多さは他の雑誌にも同様に報道されているので、決して誇張ではなかろう。(31)

台湾では一九三〇年頃から青年層教化のために女子青年団の創設が各地で推進され、台湾人の間でも多くの団が創設された。しかし内地人人口割合の高くない台湾では、内地人女子青年団は特に限られており、本団は満洲事変後（本稿では、満洲を歴史的用語として用いる）とはいえ、早くから他団に先んじて国防を標榜・意識した活動を盛んに行っていた点で特殊であった。表3に一九三〇年一〇月から一九三四年八月までの約四年間に渡る台北女子青年団の「決算及予算概要説明」を挙げる。これを見ても、労務収入が三五五円（年平均約八九円）と多く、

表3　台北女子青年団の決算及予算概要（1930年10月～34年8月）

収入之部　労務収入（355.03）円中の主なもの	円
子供愛護章売上利益金	84.38
団員手製人形買上利益金	18.5
手旗及児童用タスキ製作収入	57.75
総務課よりの感謝金	20
図書出版利益金	70
指導者手当	20
祭典マーク売利益金	60
寄付金（1,299.70）の大部分は市内篤志家及団長の寄金に由る。助成金の大部分は大成会より子供部への寄金に拠る。	
支出之部　事業費（1698.08円）中の主なもの	円
蕃界警察官慰問図書代	15
艦隊へ寄贈品代	659.95
女学校卒業生へ寄贈品代	534.8
楽生院※ 慰問品代	10.38
陸軍へ寄贈品代	143.46
七夕祭り（概算）	92.82

出典：「台北女子青年団の事業概要」（『台湾』第41号、1934年9月）57頁より作成。費目名は原文のママ。
※楽生院：台北州新荘街にあったハンセン氏病の収容施設。

表4　台北女子青年団の昭和9年度予算

収入之部	
団費	61
労務収入	250
助成金・寄付金・補助金小計	654
前年度繰越金	24.62
計	989.62
支出之部	
事業費・修養費小計	656.3
基本金	59.7
備品費・寄付金其の他小計	250
翌年度へ繰越金	23.62
計	989.62

出典：「台北女子青年団の事業概要」（『台湾』第41号、1934年9月）56頁より作成。

さらに台北市内の篤志家や団長（田中一二）などからの寄付金が一三〇〇円近く（年平均約三二五円）に上っている。また事業費の支出も一六九八円余り（年平均約四二五円）で、うち八〇〇円以上が艦隊と陸軍への寄贈品代となっている。これには慰問袋作製費も含まれる。

また一九三四（昭和九）年度の予算書（表4）は「予算」ではあるが、すでに一部は実施（執行）ずみのものも含まれており、それによれば、同年の収入に占める助成金・寄付金・補助金の額が六五四円と高額に上っている。

これも、次に述べるきわのの「満洲」派遣のために、一二や彼が主宰する大日本国防青年会が各方面へ寄付を募った結果であると思われる。当時の台湾における女子青年団は寄付や助成金を受けて娯楽や修養活動を行うのが一般的で、年間の予算は一〇〇円あれば大きいほうであった。また女子による恒常的な労務作業はこの頃は一般的ではなく、バザーなどで収益をあげることはあっても微々たるものであったことから、この台北女子青年団が特異な存在であったことが分かる。

台北女子青年団は、女子青年団の中に少年少女部を設けている点でも珍しい。田中夫妻は女性の育成について「女らしき女」「立派な母」となることを目標にしていると常々述べている。女子青年団で幼少の者のめんどうを見ることが女子青年の訓練につながると考えていたものと思われる。台北女子青年団は田中一二の事業遂行に手足となって働いたのであり、その指揮をしたのがきわのであった。なお活動には団員として夫妻の長女の一枝やその友人も参加していた。

ただし『台湾』の報道によれば、団の活動に参加するのは田中家の地元の大正町の娘たちは少なく、多くは隣町の娘であったようだ。大正町は高級住宅街で、そこの高級官吏や会社役員らの「令嬢連」は女子青年団の活動には口実を設けて積極的に参加しようとしなかったという。また近隣の人々の中には、女性たちが外に出て活動することを快く思わない人もいたという[32]。

四　満洲軍慰問の旅

（1）台湾通信社、大日本国防青年会を代表して参加

きわのは、一九三四年秋に大日本国防青年会を代表して台湾から内地の見学団に参加し、満洲視察に赴く。彼女は満洲旅行から台湾に戻った後、夫の出版する雑誌『台湾』に旅レポートを執筆し、これがきっかけで社会的

地位や肩書を得るようになる。

ここで、大日本国防青年会が成立する前後の一九三二～三四年頃の国際情勢を確認しよう。一九三一年九月、日本政府は「満洲国」を正式に承認した。それと前後して内地では、軍部が中心となって満洲に半ば軍事目的の農業移民を送り出す計画が持ち上がり、試験的に武装移民を一九三二年から入植させた。[33] 一九三三年三月には、満洲国建国がきっかけで日本は国際連盟を脱退し、同月、内地では松井石根や徳富蘇峰がリードして「運命共同体としてのアジア」を主張する「大亜細亜協会」が発足している。[34] この頃アジア主義をめぐる議論が活発化しており、徳富蘇峰と以前から親しかった田中一二は大亜細亜協会の発足にある程度影響を受けたであろう。一二が大日本国防青年会（以下、国防青年会と表記）を創設したのは、大亜細亜協会発足と同じ年の夏であった。会員には内地、台湾の退役軍人や会社重役、青年指導の錚々たるメンバーが名を連ねた。[35]

きわのは国防青年会の一周年記念事業の一環として、内地の第三回全国女子青年団／婦人会満洲国見学団（以下、見学団と表記）に参加し、台湾で作成した映画や台湾民謡レコードを持って三週間にわたる慰問に出かけた。目的は、台湾が日本人の移住先としていかに繁栄しているかを示し、戦地にいる兵士を励ますためであった。

この見学団は内地の全国女子青年団、婦人会の主催であり、新たに成立した満洲国を認識し、特に銃後の守りを担当する女性に政治・産業経済・教育宗教を知らしめるために一九三二年から実施された。きわのが参加したのは第三回目（三年目）である。女子青年団または婦人会の正団員や女性指導者を対象としており、参加申し込みは加盟団を通して行う必要があった。期間は下関を出発して門司に戻るまでの一九三四年九月一三日～一〇月三日である。参加には一七五円という高額の費用が必要で、女子青年団、婦人会の正式メンバーで選考に通った者（二〇名以内）については、組織から五〇円の補助がなされた。[36] しかしきわのはそれには該当しない。彼女は台湾からただ一人の参加者であり、きわの自身が「私は総督府の推薦でその一人に加わったのであるが、一行とは別に重要使命を帯びてゐた」[37]と述べるように、国防青年会と台湾通信社からの派遣者として参加したのであった。夫の田中一二にとっても、きわのの派遣・慰問は国防に女子青年を活用するという日頃の主張を実践する恰好の機会であった。田中らが満洲に在住する日本人に「台湾の宣伝」をしようと本気で考えていたのかについては疑問が残る。だが、国防上重要とみなす満洲と台湾とを架橋することは、重要であると考えたのだろう。田中家と満洲の関連は、それ以前からあった。少年団のリーダーとして活動していたきわのの次男正は、満洲事変後の一九三一年一一月、一七歳の時に日本の少年団の満洲慰問使の台湾代表として満洲へ派遣された[38]。また夫一二は翌年の九月、満洲国成立時に満洲の視察に訪れており[39]、その前後で台湾において満洲に関する講演会を複数回行っている[40]。きわのの満洲派遣はこの延長線上にあったと言える。きわのが慰問に持参したのは以下のようなものである。

映画目録：「新興台湾の姿」「若き女性の新高踏破」「蕃地情景」「雄々しき南国の少年団」「南の守り」（台湾総督府、台湾教育会、台湾軍司令部で撮影製作されたもの）[41]

レコード目録：台湾民謡、国語普及版等十数種

駐屯兵士へのおみやげ：台湾神社御守り、女学生小学生慰問文、美人エハガキ、キャラメル等

満洲国青年へのおみやげ：満洲親善メタル　四千個[42]

見学団参加のための旅費や慰問用の品の購入にはかなりの経費がかかったが、これは一二ばかりでなく国防青年会の会員や関連企業からの寄付によってまかなわれた。きわのによれば、それ以外にも総督府、軍司令部、銀行会社などから「御援助」を受けたという[43]。またきわのが旅だつ直前の九月六日夜には台北市の樺山講堂において大日本国防青年会・台湾通信社主催の映画披露送別会が華々しく行われた[44]。この行事の寄付者については雑誌『台湾』に次のような広告が掲載されている。名前の挙がっているのは、台湾の大企業、個人では台湾総督府の

官吏や企業の幹部、総督府評議会評議員や州協議会員などのいわゆる名士である。

「祝　満洲軍慰問映画会の企画」

［企業］台湾製糖株式会社、台湾青果組合連合会、台湾青果株式会社、台中州青果同業組合、「専売通信」、
　　台湾電力株式会社、明治製糖株式会社

［個人］大日本国防青年会特別会員有志　　カッコ内は引用者による補足

中瀬拙夫（総督府殖産局局長）、荒木正次郎（総督府評議会評議員）、大島卓爾、藤利劾（もと台中州役員）、奥田達郎、村松一造、内ヶ崎良平、福田定治郎（商工業者か。後に台北市会議員）、小笠原金亮（総督府殖産局技師）、隣小坊（もと総督府官吏）、藤野幹（もと総督府殖産局官吏、総督府評議会評議員）、柴田泰資、永井清次（台北州警察署／台南州州協議会員）、近藤有曾（台北州州協議会員）、三巻俊夫（もと国語学校、台北州州協議会員）、近藤満夫（台北市協議会員）、平山虎次郎（総督府評議会評議員）、山中佐太郎（台北州州協議会員）、堀江淳一、平田末治（高雄市協議会員）、古賀三千人（総督府評議会評議員）、松木幹一郎（台湾電力社長）、肥後誠一郎（商工業者か。一九三七より台北市会議員）、佐々木亀雄（総督府文教局管吏）、有田勉三郎（台北州州協議会員）、本多保太郎（元総督府殖産課官吏、台北州委員）、栗山新造（もと総督府財務局官吏、台南州州協議会員）、重田栄治（台北市協議会員）[45]

見学団には、きわのを含む二四歳から六八歳の女性一五名が参加し、本部参事（婦人会参事と思われる）の樫葉勇が引率した[46]。きわのは帰国すると、雑誌『台湾』に満洲視察をめぐる長文のレポートをのべ十号分にわたって書いた。この見学団への参加で、きわのは具体的に何をしたのだろうか。表5はきわのの行動を見学団の公式スケジュール[47]と彼女自身のレポートから作成したものである。見学団の旅程は、二一日間のうち車・船中泊が七回もあるほどタイトである。旅行では、朝鮮や満洲国の各地の（日本人の）婦人会や女子青年団、軍の将兵との交

流がなされた。例えば奉天では、女性教育家や婦人会幹部らと交流し、山海関、錦県では現地婦人会の人々と会っている。新京では国防婦人会、関東軍司令部を訪問した。一方きわのは国防青年会の業務として九月二五日は新京、九月二八日は大連で映画を上演し、自身で字幕付き無声映画の説明も行っている。新京では慰問文及び慰問品を関東軍司令部に贈る慰問活動を行った。これらの活動は、事前に見学団の承認を経て行われたと思われる。これら公式活動に加えて、きわのはコネのある現地日本人の手配と案内で、短い自由時間の中で効率的に各所の視察に足をのばした。

（2）きわのの活動とその影響

次に、きわのの活動について検討しよう。彼女は兵士の慰問のために慰問袋、慰問文等を運んだが、受け取った側の反応はどうであったろうか。きわのが帰台した後『台湾』では続報として、慰問品の送り主である台湾の少年少女のもとへ慰問を受けた兵士たちから感謝状が続々と届いたことを紹介している。「異境の戦地で頂く慰問品、慰問文ほど嬉しいものはありません、銃後の皆様よりかくも御親切な御慰問に接しまして勿体なく存じます」「満洲は私共が確かりと守ります」「何卒内地のことを、台湾のことを宜敷御願します」といったもので[48]、遠い台湾から持参されたものを受け取った兵士の喜びが表現されている。

また、きわのは国防青年会の仕事として、台湾軍司令部、台湾総督府、台湾教育会で撮影製作された台湾宣伝のための映画の上映を新京で一回（九月二五日）と大連で二回（九月二八日の午後と夜）、計三回行った。うち二回でおのおの千数百名を集める盛会であったとされていることから、聴衆は延べ三千人を超えたと思われる。陸軍製作と思われる字幕付き映画「南の守り」では、きわの自らが大聴衆を前に雄弁をふるい説明に当たっている。この活動は、おそらく満洲にいる日本人に帝国の一部としての台湾を認識させ、また日本帝国全体の姿を想起さ

	1410 ハルビン着	大連在住の土谷幡生氏と夜のハルビンを視察。 ハルビン　鶴屋旅館泊
9月23日（日）	ハルビン滞在	日露戦争時の六志士の忠魂碑を見学。 第◆【墨殺】司令部に挨拶、衛戍病院を慰問。 日本の少年団の歓迎を受ける。 「義人村上久米太郎氏」（少尉）を赤十字病院に見舞う。（同氏は1934年8月にハルビン発の列車が「匪賊」に襲われた際、身を挺して人質を救い、国中の注目を浴びた人物） ハルビン公署長の招待、北満国際婦女協会平馬二葉女史の案内で満洲芝居見物 ハルビン泊
9月24日（月）	0930 ハルビン発 1525 新京着 1700 新京発 2000 吉林着	新京まで一旦帰り、吉林へ。 元台北州知事三浦祿郎（吉林総務庁長）夫人に迎えられる。 吉林　名古屋旅館泊
9月25日（火）	1300 吉林発 1600 新京着	午前中　吉林観光 新京で憲兵司令官に挨拶。夜、映画は国防婦人会によって新京高等女学校で上映、兵士の慰安会を開催。きわのは「南の守り」の弁士をつとめる。聴衆千数百名。 新京で慰問文及び慰問品を関東軍司令部に手渡し。 新京　扶桑館泊
9月26日（水）	2200 新京発	南嶺の戦跡を見学 車中泊
9月27日（木）	1157 熊岳城着	熊岳城温泉でのんびりと息抜き。 熊岳城泊（旅館女将は若松出身）
9月28日（金）	0746 熊岳城発 1210 大連着	大連駅で台湾物産紹介所と台湾事情宣伝会の打合せ 13時　台湾事情宣伝会（台湾物産紹介所主催）参加者千数百名。夜は一般公開。 大連　東ホテル泊
9月29日（土）	0745 大連発 0910 旅順着 1600 旅順発 1800 大連着	大連から旅順日帰り視察。東鶏冠山、北堡塁、白玉山、表忠塔、博物館、203高地、望壕、磐龍山、二龍山、松樹山、水師営、衛戍病院など 土谷氏の案内で大連の芸者を見学。
9月30日（日）	大連滞在	自由行動 大連泊
10月1日（月）	1000 大連発（船）門司へ	船中泊
10月2日（火）	船中	船中泊
10月3日（水）	0700 門司着	

出典：「第三回全国女子青年团、婦人会満洲国見学旅行日程中変更の件」(1934年。アジア歴史資料センター、Ref:C04012007700）所収、「第三回全国女子青年団／婦人会満洲国見学団員募集要項」と『台湾』第43～53号におけるきわのの旅レポート「満洲軍慰問の旅して」より作成。

表5　第三回女子青年団／婦人会満洲国見学団の旅程と、きわのの活動（1934年９月13日～10月３日）

日時	旅程	活動内容
９月13日（木）	1200 下関　浜吉旅館集合 2230 下関港発 （関釜連絡船）	船中泊
９月14日（金）	0730 釜山港着 1040 釜山発 【30分遅延】（鉄道） 2055？　京城着	釜山観光 京城憲兵分隊安藤氏にフィルムの取扱を依頼。 京城泊 大東旅館
９月15日（土）	2225 京城発	京城市内観光（朝鮮総督府社会課三谷氏が手配）、宇垣総督に面会 少年団　二荒理事長への言及あり 車中泊
９月16日（日）	0606 平壌着 1458 平壌発 2100 安東着	平壌で日清戦役の古戦場、その他を観光。朝鮮人の上流家庭を参観 安東泊
９月17日（月）	1215 安東発（安奉線） 1925 奉天着	午前中安東市内見学、満鉄社員の世話を受ける 奉天　一力旅館泊
９月18日（火）	奉天	午前中大型バスで市内観光 孤児院兼養老院同善堂、満洲事変の発端地北大営を見学。 奉天衛戍病院を慰問袋を持って訪問。東北大学、北陵、張学良旧邸、吉順絲房見学。ラマ寺の法輪寺参観 福岡出身の鎌瀬中佐夫妻と艶楽書館（娼館）の満洲女性を見学。 奉天泊
９月19日（水）	0630 奉天発 0755 撫順着 1620 撫順発 （夕刻奉天に戻る） 2255 奉天発 奉山線の終点山海關へ	撫順露天掘炭鉱を見学。 満洲女流教育家、婦人会幹部による歓迎会 日、伊、英、仏が駐屯する山海関へ 車中泊
９月20日（木）	1045 山海関着	見学団のうち三人で山海関警備隊の慰問 夜、山海関婦人会会長（岩佐君栄氏）、会員と面会。 山海関泊
９月21日（金）	0650 山海関発 1133 錦県着 1445 錦県発 1840 奉天着 2120 奉天発	綏中から錦州まで車中で守備隊と乗り合わせ、彼らを慰問。 錦県では、満洲国遼西婦女会員らが衛戍病院の慰問と市内視察に同行。 車中泊
９月22日（土）	0600 新京着 0830 新京発	

せたであろう。「台湾から来た」というので、きわののことを「蕃人」だと勘違いしていた人々も多く、彼女はそれに憤慨している。しかしこうしてみると、彼女の活動は台湾在住の内地人についての認識を満洲の内地人（一部ではあるが）に与えたといえる。

一方きわのは、婦人会の活動として訪問地で婦人会の女性たちと会い、歓迎会に招待されたりしている。これについて彼女は詳しい記述をしていない。彼女が国防青年会代表であったことを考えると、婦人会の活動にそれほど熱心でなかったのは当然かもしれない。

（3）雑誌メディアを通じたイメージの構築

前項では、きわのの旅先での実践が訪問先にどのような影響を有したかについて検討した。しかしそれだけでなく、彼女が満洲の旅レポートを雑誌『台湾』に発表することで、帝国をめぐる新たな「知」を構築した。それは主として以下の二点においてである。①読者である台湾在住の内地人に台湾、内地、朝鮮、満洲といったアジアを囲続する帝国を提示した。②国に尽くす日本女性、「軍国の母」のイメージを構築した。以下、具体的な例を挙げよう。

①台湾、内地、朝鮮、満洲——アジアを囲続する帝国の言説——

きわののレポートは、アジアにまたがる帝国のイメージに溢れている。台北に暮らすきわのが、台湾を出発して内地（下関）、朝鮮、満洲、内地（門司）と、船と鉄道を使って巡る様子が克明に描かれている。この旅行団の旅は、朝鮮、満洲（「満鮮」）の都市部の発展を確認し、将兵を慰問するだけでなく、日清、日露戦争の戦跡をめぐる旅でもあった。戦陣や戦跡にやってきたきわのは、日本の国旗を見たり、昔日の戦争を戦った兵士たちに思いを馳せ、ありがたさにたびたび涙する。またハルビンに関しては、一九〇九年一〇月に一七、八歳だったきわのが下関春帆楼で伊藤博文に筑前琵琶を披露し、数日後にハルビンの地で彼が暗殺された思い出を記している。しかも旅レポートの中で登場する内地人の大半は、かつて台湾に住んでいた知己であったり、福岡県の同郷の人々である。初めての朝鮮、満洲訪問にもかかわらず、彼女は懐かしさを感じるのである。例えば、下関から船で釜山に上陸すると、そこには彼女の叔母が住んでおり（時間の都合で訪問はせず）、またかつて台湾総督府の課長で懇意にしていた人物が釜山府尹であることが記述されている。さらに京城に行けば、そこで暮らす夫の兄（田中重雄）に出迎えられている。また女子青年団の活動としてこれまで台湾から兵士たちに慰問袋を贈っていたきわのは、「慰問袋の親類」たる小野沢総三郎氏にも奉天で出会う。ハルビンでは、大連に住む一二の知人土谷幡生（若松出身できわのとも幼なじみ、かつて台北の三井物産に勤務）が一二の依頼によりハルビンから大連までのきわのの警護にかけつけ、彼女を女性一人では行けないようなハルビンの夜の街や阿片窟に案内するのである。そして大連には、「此地新聞界の元老、泰東日報社長阿部真言氏[49]」が住んでおり、彼は夫一二の竹馬の友であるという。阿部は福岡県宗像郡出身、中野正剛の盟友であり、両者とも国防青年会顧問で玄洋社社員であった。

きわののレポートは、植民地獲得の歴史を想起させ、また台湾、朝鮮、満洲が人間関係により繋がる帝国日本であると感じさせる。彼女は読者の眼前にアジアに拡大していく帝国を示すのである。

②国防に尽くす日本女性、「軍国の母」イメージの構築

レポートには、国防に尽力する女性の重要性が提示される。きわのは旅の途中、様々な将兵たちに幾度も出会い、常に彼らに積極的に話しかける。例えば綏中から錦州までの列車で偶然に乗り合わせた守備隊に対しては、機を得たりと車上で「慰問」を行い、若い兵士たちからは「おばさん、お母さん」と慕われる。そして同じ年頃の長男（国重）も下関で入営していることと重ね合わせ、皇軍を礼賛し、彼らの活躍を願うのである[50]。一方見学で訪れた戦跡では、戦死した日本兵を思うきわのだが、彼らの犠牲は「お国の為」であるという見方を示す。彼

女はこのように自身を「息子を戦地に送り、国に尽くす母親」、「軍国の母」として描くのである。レポートに描かれる国防に尽くす女性は、母親に限らない。きわのは、吉林の上野大佐から聞いた話として「北満洲の奥地深く大和撫子は活躍す」を紹介している。それによれば、「日本人芸妓が日本軍のいないような（辺鄙な）所にもおり、万一の時にお国のために働く」とし、感銘深い話として伝えている。[51] 詳細は書かれていないが、おそらく芸妓らが諜報活動に協力することを指していると考えられる。

このレポートが掲載された同時期、雑誌『台湾』の同じ号で、一二らはオランダ船ジュノー号事件に対し、誌上で激烈な批判を展開していた。ジュノー号事件とは、一九三五年四月、オランダ商船ジュノー号が台風の影響で台湾の非開港の港に入港し、これがスパイ活動ではないかとされたものである。例えば一九三五年六月の『台湾』四七号の目次には、次のような見出しが躍る。「「台湾国防強化聯盟」蹶起す――怪外船台湾近海横行一覧」、桑木少将「我台湾を侮辱するも甚し」、酒井大佐「安値なる大国民的襟度歟」、田中一二「身を以て軍機を護れ」、「静観の山より下った台湾軍●●●●●乎」（●は墨殺）など。この号は七〇頁近い頁数の約半分をジュノー号事件の論評にあてており、台湾総督府により論調が過激と判断されたのか、中には墨殺されている部分もある。また同じ頃、一二たちはミッション系の淡水中学を攻撃し、その主張もきわのレポートと同じ号に掲載された[52]。

この雑誌は主に在台内地人向けに流通しており、欧米列強に対抗し、国防、軍備により日本の権益を守ろうとする国防青年会の姿勢を明確に打ち出していた。きわの記事はこの雑誌に掲載されたことから、他の記事と同一歩調をとるものとみなされ、一二らの主張の一環として位置づけられたと言える。

五　女性知識人　田中極野の誕生？

きわのは一九三六年一月の満洲旅行の記事までは、夫の雑誌に家族の一員、または女子青年団の一指導者として執筆した。一九三六年七月になると、台湾通信社は株式会社となり、『台湾』は月間から旬刊へ変更され、きわのは記者「田中極野」として登録された(53)。ここで初めて彼女は公的な肩書を得る。記者という肩書を得たことで、彼女は名実ともに「知識人」とみなされるようになった。ただ不思議なことに、一九三六年以降に書かれたきわのの記事はほとんど見当たらず、その理由は不明である。しかし活動はしていたようで、彼女はその後国防青年会の理事となり、椛山小・椛山少年団の一三歳の息子の熙と共に一九三八年二〜三月、同会から江南（上海など）への慰問に派遣された。すでに日中戦争が始まっていた。この江南派遣の目的は、少年少女による慰問文一万八〇〇〇点を軍に届け、国防青年会の伊豆凡夫会長名の慰問状を陸軍最高指揮官畑大将らに贈呈するためであった(54)。伊豆は田中と同郷の福岡県宗像出身であり、日露戦争時には乃木大将のもとで参謀中佐を務めた人物である。退役後は富国徴兵保険会社を創設し、一二が一九三三年に国防青年会を立ち上げた当初から会長をつとめてきた(55)。しかし満洲慰問時と異なり、この時はきわののレポートは発表されていない。

目下確認できる彼女の最後の記事は「銃後の婦人に課せられたる重大な使命の一つ」（一九三九年(56)）である。ここで彼女は、国家財政と国民教育の観点から酒とたばこの害悪を批判している。一年に日本が費やす小学校費は二億三〇〇〇万円であるのに対し、酒煙草に費やす金額は四億八五〇〇万円であると統計的数値を挙げて、金銭がいかに浪費されているかを示し、兵士となる息子から酒とたばこを遠ざけることが母親の務めであると呼びかける。国のために女性も国防と子どもの教育に尽力すべきであるという、彼女の従来の主張とそれほど変化はない。

知識人とはいえ、きわのは女性の地位向上には興味を示さない。また彼女が在台内地人女性について語る時はしばしば辛口であり、批判の矛先は官吏や大会社役員の妻たちに向けられる。台湾における内地人の人口割合は一九三五年においても五％と低いが、その職業別内訳では、一九三〇年で公務・自由業が四一・五％、商業二〇・〇%、工業一六・三%、交通業一〇・〇%、その他一一・一%となっており、内地人に占める官公吏の割合は非常に高い(57)。そのためか、在台の内地人官吏の夫人たちは内地人女性を代表するものとみなされていた。新聞や雑誌における官吏夫人やその娘は、南国の気候に影響されて遊興に耽り、怠惰で家事をするにも女中を使い、勤倹節約・従順といった日本女性の美点を失っている、と批判された(58)。きわのだけでなく一二もそのような官吏夫人、官吏の家庭を「浅薄でだらしなく、台湾に根付く意識がない」と批判的に見ており(59)、きわのは自らをそのような人たちとは一線を画する、と自負していた(60)。

写真2　田中きわのの葬儀の様子
1940年　台北市（田中正氏提供）

田中正氏へのインタビューによれば、一九三八年に江南に出かけて間もなく、きわのは自分が病気でそれほど先が長くないことを知ったという。そして四〇年七月に肝硬変のため台北で亡くなる。四九歳だった。きわのは植民地台湾において、一九三〇年代の一〇年間、特に前半において活発に活動し、知識人女性とみなされうる地歩を築いた。彼女は、夫一二の青年運動と台湾通信社の経営を支える役割を果たす一方、帝国日本の拡大と国防に尽くす内地人女性の役割を実践し、同時にイメージを構築した。

六　考　察

最後にきわのの活動について、民族とジェンダー、階級の観点から考えてみよう。きわのは高等女学校を卒業した才媛であった。女学校卒業直後の一九一〇年に一九歳で結婚のために台湾に渡り、六男三女をもうけた（うち一人は夭折)。彼女が雑誌メディアに本格的に登場するようになったのは、一九三〇年、三八歳以降のことである。台湾に渡った頃に立てた「台湾で必ず成効《ママ》する」(第一節)という誓いは、彼女の履歴から考えて、文筆により名声を得るということであったと思われる。[61] 福岡という玄洋社の影響を強く受けた土地柄や、夫の一二だけでなく彼女の父や祖父も納税宣伝に熱心であったというから、彼女は政治理念を家族と共有していたのであろう。その後は記事の書き手として夫の個人経営による台湾通信社を支え、一九三六年に株式会社となると同社の記者となった。

では、彼女自身は女性のあり方をどのように考えていたのだろうか。きわのの夫、田中一二は国防を重視した青年指導を行い、一九三三年以降は国防青年会を基盤に政治活動を行った。きわのは一二と終始同一歩調をとり、彼女による女子青年団の指導や満洲での慰問活動はその一環であったと言える。彼女の文筆活動も大部分が夫の雑誌上であった。一二は日本人男性を海外に雄飛させ、一歩下がって家庭を守る「女らしい女」、質素な消費生活により国に尽くす女性が理想であると考えていた。[62] これはきわの自身の女性の理念型と共通しており、夫婦の間に齟齬はなかった。きわのが女性が権利や地位向上を主張することに冷淡な態度を示していたことは前述したが、女子青年団の指導でもそれは揺らがない。例えば以下のような調子である。

> 家庭人としての資格さへ怪しげな婦人が一足とびに社会活動の表舞台に出ることを夢見たり、自治の如何なるものかさへ弁へぬ婦人が女権主義運動に血眼になって、家庭も何もほったらかしの運動沙汰は全く狂気じみてゐます。[中略]ことに青年子女の自己修養さへ満足に出来得ない年頃の人達がさうした間違った社会運動や社会進出、女権運動などいたしますことはよほど自重せねばなりません。[63]

一二は植民地台湾において政府の庇護の下にある官吏と対照的に、民間人は辺縁におしやられ搾取されていると考えていた。さらに人口も多く経済的に優位に立つ台湾人も、生活に苦闘する民間内地人にとっては彼らを圧迫する「敵」であった(64)。その「被害者/階級意識」が一九三三年以降、排外思想を強め国防活動を強化していく(65)。女性の権利の主張はそのような内地人（民間人）の求心力を阻害するものであり、換言すれば民族的、階級的利益は女性の利益に優先されるものであった。きわのの態度は、このように考えると了解される。

しかしきわの自身は、田中正氏によれば、呼ばれれば各地に講演に出て行ってお金を稼ぎ、周囲からは「でしゃばり」とみられていたそうで、「内助の功」のタイプではなかった。例えば、納税宣伝の映画筋書を書くことを応募締め切り数日前に決めた時は、小さな子どもを含む家族は「ほっとけぼり」で寺に三日間缶詰めになり、書いた原稿は夫の会社の部下に浄書させた。原稿を書きあげた後は神経痛の持病で身動きができなくなり、そのまま車で台北郊外の保養地（草山）へ向かい、旅館で五日間静養している(66)。また彼女は一九三一年七月に胃癌のため、台北医院で大手術を受け、四一日間入院した。退院後は静養のため、自宅に戻らずそのまま再び草山へ出かけ、旅館暮らしを経て自宅に戻ったのは三か月ぶりであった。しかしその後も食欲が出ないきわのを心配した一二が彼女を誘い、二人で台湾北部へ仲良く旅行に出かけている(67)。このような行動は「女らしく」ないとみなされるものである。しかしそれを可能にした背景には、長女の一枝が成人しており、小さな弟妹のめんどうをみることができたこと、植民地では内地より贅沢な暮らしができ使用人にある程度家事を任せられたこと、そして周囲の視線に気兼ねする必要のない植民地の気楽さを挙げることができる。その他に、家族経営の会社をきわのの力に依存せざるを得ない状況があったことも挙げられよう。

きわののふるまいは「女らしく」ないのだが、満洲旅行ではそれがさらに顕著である。旅行団での訪問先以外に彼女が自由時間に好んで訪ねたのは、奉天やハルビンの娼館などのいわゆる風俗店（?）である。一般には女性が訪れるところではない。彼女はその様子をレポートに詳細に記述しており、例えばハルビンで見た国籍を持たない白系ロシア人の娘たちが全裸で踊る悲惨な姿を描く。帝国の保護の下、護衛付きで様々な場所に足を延ばすきわのと鮮やかな対比をなし、読者の興味をさらにかきたてるものとなっている。

異民族に対してきわのは一層男性のようにふるまう。山海関の警備隊を慰問した際、同行者の乗った人力車が砂地にめり込み、それを押してもらうために、彼女は近くにいた満洲人の警官を手招きで呼んで車押しを手伝わせた。彼女自身（警官を呼びつけて手伝わせるなど）「日本ではこんなことは夢にもできない」、と書いている[68]。その後手伝ってくれたお礼にと警官に一〇銭のおひねりを投げ与えるのだが、小銭をもらって喜ぶ彼を見て「アー情けないものだ生れつきの乞食根性といふものは、私等日本人は何といふ有難い国民だらう」と述べ、贈賄は彼らの「伝統的国民性」と断じている[69]。女性であるきわのと満洲人男性の間では、男女の優劣は逆転し、日本人と満洲人、支配者と被支配者の立場が表現されている。きわのの活動には女性の固有性よりも内地人の民族性が前面に出ている。なお、きわのは台湾人に関しては自身の著作の中ではほとんどふれていない。例外としては映画筋書「春はほゝ笑む」の中で台湾人を登場させているが、彼らは教化の対象であり、あくまでもフィクションである。

きわのは一九三〇年という早い段階から軍の将兵に対する慰問活動を行っていたが、それは「草の根」の軍国主義を醸成する土台となったと言える。また満洲への旅行では、旅行とその前後の活動のようすが雑誌メディアによって流布されることにより、内地と台湾、朝鮮、満洲をつなぐ帝国の拡大とその防衛の必要性も読者に想像させた。きわの、そして一二らの行動や言論を伝えた雑誌は、総督府からは過激すぎるとみなされることもあり、検閲では取り締まりを受けたことも少なくない。すなわち彼らは、内地人ではあっても総督府とは「別の声」をあげていたと言える。

台湾人で一二の雑誌を読む者は少なく、その影響力は内地人の間に限られたと思われる。しかし一九三六年に台湾総督に就任した小林躋造のもとで急速に台湾全体が軍国主義化していく過程で、きわのの実践によって構築された「知」はさらなる侵略の露払いになったと思われる。内地でも一九三四年夏までは、満洲への移民政策は賛同を得られていなかった。しかし、移民政策に反対していた高橋是清が一九三六年に二・二六事件で斃れると、大量の移民送り出しがなされるようになった(70)ことは象徴的である。

おわりに

本稿では、明治末期に福岡から台湾に渡った田中きわのの半生を明らかにし、植民地台湾における彼女の活動について検討した。一九三〇年から執筆活動を開始したきわのは、夫の一二とともに行動し、彼の経営する台湾通信社を共に支えた。彼女は夫の出版する雑誌に執筆したことや、彼が主宰する国防青年会の活動の一環として満洲軍慰問の旅に派遣されたことから、台湾在住の内地人女性としては、一定の知名度を有する存在になっていく。その際きわのは、民間内地人の利益を優先し国防を重視する夫と同一歩調で活動した。

メディアによる言説の流布は一定のパワーを持つ。特に彼女は、一九三〇年代の前半から台北女子青年団と共に軍の慰問活動を盛んに行い、さらにそれを文章にして雑誌に発表することで、台湾における影響力をもつようになった。ただし本稿では資料の関係で、雑誌読者の具体的な反応まで分析できておらず、今後の課題としたい。

また一九三四年以降、夫の一二はいとこにあたる南進論の論客でアジア主義者、インドネシア通の竹井十郎と関係を深めていく。例えば一九三六年時点で、竹井は雑誌『台湾』の編集顧問を担当し、また台湾に呼ばれて講演も行っている(71)。アジア主義が（再）台頭する中、竹井、あるいは福岡の玄洋社をきわの自身がどのようにみていたのかについては非常に興味をひかれるが、資料が十分でなく検討することができなかった。

きわのは台湾在住の内地人の利益を優先する立場を一貫してとっていたが、そのために非常に保守的であり、女性固有の権利は抑圧する傾向にあった。しかし彼女の実践は「女だてら」に講演や満洲派遣をこなし、夫が言う「女らしい女」たりえず、ジェンダー秩序を攪乱している。きわの自身はある種の使命感をもって「お国のために」行動していた。しかし彼女は、自己実現すなわち「成効」を追求した結果、女性に対しては抑圧的であるという矛盾を孕んだ存在であった。

(1) 木村健二『在朝日本人の社会史』(未来社、一九八九年)、高崎宗司『植民地朝鮮の日本人』(岩波書店、二〇〇二年)、稲葉継雄『旧韓国〜朝鮮の日本人教員』(九州大学出版会、二〇〇一年)。
(2) 波形昭一「台湾における経済団体の形成と商業会議所設立問題」(波形編著『近代アジアの日本人経済団体』同文館、一九九七年)一七〜三八頁。
(3) 岡本真希子「植民地統治初期台湾における内地人の政治・言論活動——六三法体制をめぐる相克——」(『社会科学』(同志社大学人文科学研究所)』第八六号、二〇一〇年)九一〜一二三頁。
(4) 清水美里「在台日本人商工業者の日月潭発電所建設運動」(『日本台湾学会報』第一四号、二〇一二年)一二一〜一四四頁。
(5) 塩出浩之『越境者の政治史——アジア太平洋における日本人の移民と植民——』(名古屋大学出版会、二〇一五年)二一三〜二二五頁。
(6) 早川紀代ほか編『女性史・ジェンダー史からみる東アジア世界』(御茶の水書房、二〇一五年)には、植民地には限定されないものの日本、中国、台湾、朝鮮、満洲のジェンダーの諸相をとらえており参考になる。
(7) 李文茹「植民地を語る苦痛と快楽——台湾と日本のはざまにおける真杉静枝のアイデンティティ形成——」(『日本台湾学会報』五号、二〇〇三年)四二〜六四頁。
(8) 古橋綾「在朝日本人女性の「役割」——緑旗聯盟の清和女塾(一九三四〜一九四五)を中心に——」(『ジェンダー研究』第一九号、東海ジェンダー研究所、二〇一七年)二九〜五三頁。
(9) 広瀬玲子「植民地支配とジェンダー——朝鮮における女性植民者——」(『ジェンダー史学』第一〇号、二〇一四年)一七〜三二頁。
(10) 竹中信子『植民地台湾の日本女性生活史』明治篇、大正篇、昭和篇(上)、昭和篇(下)(田畑書店、二〇〇一年)。

(11) 稲葉、前掲書、五一～七三頁。稲葉によれば、福岡県師範学校の生徒は玄洋社一派の青年志士とよく交わり、福岡教育界全体においても明治初期から対外進出の気風が強かった。

(12) 台湾において、日本人商工業者の居住地はほとんど都市部に限られ、現地の台湾人とも居住区域は明確に区別されていた。

(13) 宮崎聖子「植民地期台湾における田中一二の青年言説と実践」（『南島史学』第八三号、二〇一五年）一三六～一六六頁。

(14) 河原功編『台湾戯曲・脚本集』第一巻（緑陰書房、二〇〇三年）には、田中きわの著「燃ゆる力」が収録されている。

(15) 一月一七日一二時出帆、一九日午前中基隆着。

(16) きわの女「日誌のぬき書き」（『実業之台湾』第六号、一九一〇年二月）四四～四六頁。『実業之台湾』は一二が編集していた雑誌であった。この手記には、夫を恋しく思う気持ちがつづられている。

(17) 宮崎、前掲論文、一六二頁。

(18) 田中きわの「満洲軍慰問の旅して(七)」（『台湾』第五〇《(ママ)》号、一九三五年）四八頁。

(19) 一位に該当なく、二位がきわの、三位は二名の男性であった。二位には一五〇円、三位には五〇円の賞金が与えられた。「文苑」（『台湾税務月報』第二四九号、一九三〇年九月）二一頁。

(20) 田中きわの「映画小説 燃ゆる力」（『新台湾』第一二号、一九三一年七月）一四～八〇頁。

(21) 田中一二「我等が愛する若き女性――諸嬢は実に国家富強の母――」（『新台湾』第一四号、一九三一年一〇月）五～一五頁。

(22) 田中きわの「はしがき 昭和六年五月二三日 総督府に於て本映画が試写された日」（『新台湾』第一三号、一九三一年七月）一一～一二頁。

(23) 田中きわの「青年運動婦人運動の近状」（『南国青年』第八号、一九三一年一月）二九～五〇頁。

(24) 田中きわの（台北女子青年団主事）「女性の政界進出は断じて尚早　婦人参政権問題一考察」（『新台湾』第一四号、一九三一年一〇月）五九～六二頁。

(25) 宮崎、前掲論文。

(26) 「台北女子青年団の事業概要」（『台湾』第四一号、一九三四年九月）五六～五七頁。

(27) 台北女子青年団の前身である大成青年団は、一九三一年二月に組織内に小学生五十名を以て「子供部」を創設しているが、これが少年少女部の前身であると思われる。「大成青年団子供部創設」(『南国青年』第一〇号、一九三一年三月)四四頁。
(28) 「朝早く墓前を浄める処女の集り――台北女子青年団――」(『台湾婦人界』一九三四年五月号〈創刊号〉)一〇七～一一一頁。
(29) 「台北女子青年団の七夕祭」(『台湾』第四〇号、一九三四年八月)五六頁。
(30) 「台北女子青年団七夕祭」(『台湾』第四九号、一九三五年八月)九一頁。
(31) 「台北女子青年団主催　七夕祭――兵隊さん達も招く――」(『台湾芸術新報』創刊号、一九三五年八月)三四頁。
(32) 「記者のメモ」(『台湾』第三九号、一九三四年七月)四六頁。
(33) 二松啓紀『移民たちの「満州」――満蒙開拓団の虚と実――』(平凡社、二〇一五年)二一～四四頁。
(34) 後藤乾一『東南アジアから見た近現代日本――南進・占領・脱植民地化をめぐる歴史認識――』(岩波書店、二〇一二年)二七八～二七九頁。
(35) 宮崎、前掲論文、一五二～一五五頁。『大亜細亜協会年報』(一九三四年三月)三八～四一頁によれば、大亜細亜協会は一九三四年に台湾支部を設置するが、その会員で大日本国防青年会のメンバーと重なるのは、確認できた限りでは三巻俊夫、後宮信太郎のみである。大亜細亜協会はインドや東南アジア、イスラム圏までを射程に入れている点、会員に台湾人を多く含む点で、一二の大日本国防青年会とやや趣を異にする。
(36) 「第三回全国女子青年団、婦人会満洲国見学旅行日程中変更の件」(一九三四年。アジア歴史資料センター、Ref. C04012007700)所収、「第三回全国女子青年団／婦人会満洲国見学団員募集要項」。
(37) きわの「満洲軍慰問の旅して(其の二)」(『台湾』第四三号、一九三四年一一月)三二頁。
(38) 台湾少年団代表満洲慰問使　田中正「兵火の巷に使ひして」(『台湾教育』第三五四号、一九三二年一月)一二〇頁。
(39) 田中きわの「満洲軍慰問の旅して(八)」(『台湾』第五〇号、一九三五年一〇月)五五頁。
(40) 例えば一二は台湾・馬公で行われた国防講演「満洲並台湾の国防的地位」の中で「国防と女性」という内容で講師をつとめた(『台湾日日新報』一九三三年一月七日)。
(41) きわの「満洲軍慰問の旅して(九、一〇)」(『台湾』第五三号、一九三六年一月)六五頁。

(42)「大日本国防青年会 台湾通信社 主催 映画披露送別会 六日夜於樺山講堂、満洲国派遣軍・日満青少年慰問 台湾映画・レコード公開の旅 主催者代表として田中極野渡満、大日本連合婦人会第三回全国女子青年団婦人会代表十六名満蒙見学団に参加して」(『台湾』第四一号、一九三四年九月)三〇～三一頁。
(43) きわの「満洲軍慰問の旅して(其の二)」(『台湾』第四三号、一九三四年一一月)三二頁。
(44) 同前。
(45)『台湾』第四一号(一九三四年九月)四～五頁。
(46)「南国に咲く可憐なる少年少女の真心こめた贈物を携へて我社の田中極野氏は渡満した」(『台湾』第四二号、一九三四年一〇月)四六頁、きわの「満洲軍慰問の旅して(其の二)」(『台湾』第四三号、一九三四年一一月)三二頁。
(47) 註(36)に同じ。
(48)「我が皇軍の将士から贈り来つた健気な若人武人の心意気――昨秋我社の満洲慰問に対しての便り――」(『台湾』第四七号、一九三五年五月)四〇頁。この号では三頁を割いていくつかの礼状の差出人と受取人、その内容を具体的に紹介している。
(49) 阿部真言は一八八四(明治十七)年、福岡県宗像郡津屋崎新宮司に生まれ、福岡修猷館中学を経て早稲田大学に学んだ。卒業後は中野正剛等と東方会を興し、『東方時論』を発行、経営し、常に背後から中野を援助した。一九三五年没。玄洋社研究家の石瀧豊美氏のホームページ、玄洋社社員名簿 http://www5e.biglobe.ne.jp/~isitaki/ より。二〇一七年七月三一日閲覧。
(50) 田中きわの「満洲軍慰問の旅して(七)」(『台湾』第五〇号、一九三五年九月)四七頁。
(51) 田中きわの「満洲軍慰問の旅して(八)」(『台湾』第五〇号、一九三五年一〇月)五五頁。
(52) 例えば一記者「淡水中学校を変革せよ」(『台湾』第四七号、一九三五年五月)一六頁。
(53)「旬刊 台湾」(『台湾新聞総覧』国勢新聞社台湾支社、一九三六年七月号)五五～五六頁。
(54) 伊豆凡夫「大日本国防青年会の皇軍慰問」(田中一二『空爆下の南支那』第八版 大日本国防青年会台湾総支部、台湾通信社、一九三八年)。
(55) 宮崎、前掲論文、一五三～一五五頁。
(56) 田中きわの「銃後の婦人に課せられたる重大な使命の一つ」(『社会事業の友』第一二五号、一九三九年四月)三七～

四一頁。

(57) 山本真平「人口統計より観たる台湾」(『台湾警察時報』第二五九号、一九三七年六月)一八五～一八七頁。

(58) 例えば、官吏に限ってはいないが、台湾在住の内地人女性がどのように見られていたかは、以下の記事にあらわれている。ただし著者の乙守(台北第二高等女学校の教諭)はそのイメージを返上すべきであると論じている。乙守たまを「在台内地人娘の結婚難をどうする?」(『台湾婦人界』創刊号、一九三四年五月)二四～三〇頁。

(59) 例えば、「ゴシップ」(『新台湾』第一四号、一九三一年一〇月)九一頁、一女子青年団一幹部「台湾軍の防空演習に現はれた台北婦人方の国家観念は?」(『台湾』第四〇号、一九三四年八月)二六～二七頁。

(60) ただし、きわの自身も台湾人の女中を雇っていたことはあった。

(61) 田中正氏によれば、きわのは大分県出身の文学者、野上弥生子(一八八五～一九八五年)とも親交があったという。

(62) 宮崎、前掲論文。

(63) 田中きわの「婦人の自覚」(『台北州青年』創刊号、台北州聯合青年団、女子青年団、一九三三年)一一八～一二〇頁。

(64) 台湾人が商売上手で経済力を持っている、という認識は、植民地期を通して在台内地人の多くが共有していた。一九〇八年のデータだが波形によれば、台北市における二〇円以上の納税者は、内地人よりも台湾人のほうが多い。波形、前掲書、二九頁。

(65) 宮崎、前掲論文。

(66) 田中きわの「はしがき 昭和六年五月二三日 総督府に於て本映画が試写された日」(『新台湾』第一三号、一九三一年七月)一一～一二頁。

(67) きわの「二人巡礼の旅」(『新台湾』第一四号、一九三一年一〇月)八一～八九頁。

(68) 田中極野「満洲軍慰問の旅して(其の六)」(『台湾』第四八号、一九三五年六月)四九頁。

(69) 田中きわの「満洲軍慰問の旅して(七)」(『台湾』第五〇号)、一九三五年九月)四六頁。

(70) 二松、前掲書、二一～四四頁。

(71) 宮崎、前掲論文、一四八～一四九頁。

第Ⅳ部

帝国の知と欧米世界の知

植民地官僚の統治認識――知と権力の観点から――

加藤道也

はじめに

本論文は、戦前期日本における植民地・影響圏に勤務した植民地官僚の経歴と活動を分析することを通じて彼らの統治認識を明らかにし、それを手掛かりに日本の植民地統治思想を析出しようとするものである。

日本は、一八九四年の日清戦争の結果として台湾を領有し、植民地を有する帝国主義国となった。一九〇二年の日英同盟によって国際的な戦略の中に組み込まれた日本は、一九〇四年の日露戦争にも勝利し、ロシアが清国から租借していた関東州利権を継承し、ここを拠点として中国東北部にも影響圏を持つようになり、一九一〇年には韓国を併合し、さらに支配地域を拡大していった。一九一四年に勃発した第一次世界大戦においては日英同盟に基づいて参戦し戦勝国となり、国際的発言力を増していった。

これらの植民地・影響圏には行政機関として台湾には台湾総督府、植民地朝鮮には韓国統監府・朝鮮総督府、関東州には関東都督府が置かれ現地統治を行ったが、それを担ったのがいわゆる植民地官僚である。近年、植民地官僚の経歴や活動、彼らの果たした役割など様々な観点からの研究(1)が盛んになってきているが、さらなる研究の蓄積が必要であることは否めない。とりわけ本稿で取り上げるような植民地・影響圏統治において現地行政の指揮を執りながら、そこでの経験に基づいた政策提言にも関与したいわば中間管理職的な位置づけの植民地官僚に関する研究を行う意義は大きいと思われる。日本帝国の植民地・影響圏統治の実態を最も現実感を伴って体現したのが彼ら植民地官僚だと考えるからである。

本論文では、そうした植民地官僚として、台湾総督府と関東都督府に勤務した大内丑之助（一八六五〜一九三四年）、関東都督府に勤務しその後拓殖局嘱託となった吉村源太郎（一八七五〜一九四五年）、朝鮮総督府に勤務した時永浦三（一八八四〜一九二九年）の三名を取り上げて検討する。それにはいくつかの理由がある。

第一に、日本帝国が統治した主要な統治機関である台湾総督府、関東都督府、朝鮮総督府の三つの機関における植民地官僚の統治認識を概観することができるからである。

第二に、これら三名の植民地官僚には空間的・思想的な関連が見いだせるからである。大内丑之助と吉村源太郎は法制局や関東都督府において同僚であった時期があり、吉村源太郎と時永浦三には、後述する同名の報告書『愛蘭問題』の記述内容に影響関係が見られる。また、彼らの生年におおむね十年程度の差があり、それが日本の植民地統治のあり方の変化を見るために有効であると考えるからである。

第三に、彼らは皆欧米滞在経験があり、日本が参照したと思われる欧米諸国の植民地統治のあり方を検討するのに役立つからである。三名の主要な滞在国は、大内丑之助がドイツ、吉村源太郎がイギリス、時永浦三がアメリカおよびイギリスであった。彼らの残した報告書や著作を検討することを通じて、日本が植民地統治の知識や思想をどの国を参照することによって得ていたかを知る手掛かりが得られると考える。

植民地官僚として統治実務を担った彼らはいわば現地における具体的な「権力」者であり、また、海外での滞在経験から得た統治技術や思想を植民地統治に活用する「知識」人でもあった。彼らの経歴や活動、著作を検討し、植民地官僚間の思想的関連性や職務的関連性を析出することを通じて植民地官僚の統治認識を明らかにするとともに、彼らが生きた時代における日本帝国による植民地統治の実態を描きたい。

一　大内丑之助の経歴と活動に見る植民地・影響圏統治認識

大内丑之助[2]は、一八六五年四月二八日、福島県安達二本松で大内一次の三男として生まれた。一八八八年九月、獨逸学協会学校専修科を卒業した彼は、同年一一月に初めて行われた文官高等試験に司法官として首席で合格し、同年一二月判事補に任ぜられた。翌一八九〇年一〇月には白河区判事に補せられたが、一八九二年二月、会計検査院検査官補に転ずる。一八九六年七月、法制局参事官兼務となり、翌年四月には検査官に昇任した。一八九九年三月、法制局参事官専任となった彼は、一九〇一年九月七日、台湾総督府民政長官後藤新平の要請により台湾へ出張を命ぜられた。この出張が彼の転機となり、翌一九〇二年二月、台湾総督府参事官として植民地台湾に赴任した。同年四月には、台湾総督府民政長官後藤新平の欧米視察に同府技師であった新渡戸稲造とともに随行を命ぜられ、翌一九〇三年九月までドイツに滞在することとなった。帰国後、民生部通信部業務をこなしながら参事官としての勤務を続けたが、一九〇六年四月、病のため休職のやむなきに至った。

しかし、一九〇七年一二月に関東都督府法律制度取調委員を嘱託された後、一九〇八年二月、関東都督府参事官に転じ、日本帝国の新たな影響圏において勤務することとなった。一九〇八年五月、民政部庶務課長、一九〇九年五月には関東都督府外事総長兼任となり勅任官である高等官二等に叙せられ、文官としては民政長官に次ぐ地位に昇任した。一九一一年五月には外事総長の任を解かれ、一九一三年八月からは関東都督府大連民政署長に任ぜられた。その後は勅任民政署長として大連に留まったが、一九一八年一二月、病のため依願免本官となった。翌一九一九年一月には、長年の勤務に対し特旨により従四位勲三等に叙せられた。その後も一九二三年六月、外務省アジア局嘱託として「支那ノ事情ニ通シ居ル者」として「文化事業実施方法等ノ調査研究」に従事した。一九三二年秋、「満洲国」を視察するなど日本帝国の影響圏情勢に関心を寄せ続けた。滞在中に病を得て帰国し、一九三四年五月二四日に逝去した。享年六九歳であった。

大内丑之助の植民地官僚としての活動は、法制局参事官時代に後藤新平の要請に従い植民地台湾へ出張したことから本格化する。台湾総督府民政長官後藤新平は、一九〇一年八月三一日付で当時内閣法制局長官であった奥田義人宛に「台湾経済ニ関スル調査委託」のため二か月間の予定で大内を台湾出張させるように要請し[3]、出張後、大内は翌年二月に法制局から台湾総督府へ転任している。転任間もない同年三月末、大内は民政長官後藤新平、技師新渡戸稲造とともに、「台湾茶業ノ発達及樟脳専売上其他ノ要務」のため「欧米各国ニ派遣セラレ[4]」たが、大内は主として「其他ノ要務」に従事したと思われる。「台湾統治モ漸ク其緒ニ着キ接ニ集成ノ域ニ達セントスルノ状況ナルヲ以テ此際澳地利白牙利ニ於ケル新設圏『ボスニア』『ヘルツェゴウィア』等統治ノ実績ヲ調査シ欧州各国カ此等新設圏ニ対スル関係ノ如何ヲ視察スルハ台湾統治上今後ノ実務ニ資スルコト頗ル多ク大ニ得益アルヘキ[5]」であったためである。

大内はこの出張行程途中のドイツに滞在を続け、ドイツのポーランドに対する植民地支配政策を現地調査し、日本の植民地統治政策のための知識を得た。そのことは、一九〇四年三月、日本政府はプロシアの官僚ゲオルク・ミハエリス（Georg Michaelis）を含む三名に対し旭日中授章の叙勲を行った際の理由である、「台湾総督府参事官大内丑之助曩ニ普国滞在中ブレスラウ州庁ニ於ケル官庁事務取扱方及波蘭人統御政策ニ関スル事項調査ノ際有益ナル資料ヲ給シ懇切周到ナル援助ヲ為シ完全ナル調査ヲ遂ケシメタル等其功績少ナカラサル廉ヲ以テ」から窺うことができる[6]。ミハエリスは大内が獨逸学協会学校で学んだ教師でもあった。ミハエリスは大内の優秀さを以下のように述懐している。

我々の当時の学生たちは、今や、枢密院顧問官や知事といった高級官僚になっていたり、あるいは大学教授や有力な議員だったりする。彼らのうちの何人か、つまり大内［丑之助］、有松［英義］、岡本［芳二郎］、は、戦争前の何年か比較的長期にわたってドイツに滞在していた。前二者は、私がそのころ所属していたヴェストファーレンやシュレージエンの官庁に詳細な情報を求めに来ては、我々のもとで仕事を理解し精通していった。彼らは他の国出身のたいていの外国人よりも、ドイツのことをよく知っていた。これらの友人たちは、長い戦争にもかかわらず、また率直な音信が妨害されたにもかかわらず、ドイツのことを正当に理解して、敬慕の念を絶やすことがなかったのである。(7)

また、大内は、ドイツ滞在時にロシアからの独立を希求するポーランド人民族運動家とも親交を結んでいた。日露戦争時には台湾総督府参事官であった大内に宛て、その民族運動家から日本の勝利を望む書簡が届き(8)、大内はこれに返書を書いたが、大内書簡はヨーロッパにおいてロシア評論家として有名であったシダコフ（Bresnitz von Sydacoff）の著書『光栄の日本』に掲載された(9)。

このように大内は、台湾総督府参事官時代に植民地統治実務に関する知識を身に付け、後に関東都督府勤務に転じてからも、その実務経験を生かして行政運営に寄与したのである。関東都督府大連民政署長時代には、寺内正毅内閣の内務大臣兼鉄道院総裁となった後藤新平の政策立案に提言を行い、植民地・影響圏に対する外交政策の立案にも貢献した。後藤新平が寺内首相に提出した「対支政策之本案」の調査資料であり、本案にも後藤の「大体所見一致せり、一応御一覧奉願度候也」との意見とともに添付された「帝国之対支方針私議」を大内は作成している(10)。また、「満洲国」国務院総務長官を務めた駒井徳三は、

関東都督府の外事総長大内丑之助氏は、桂公後藤伯の両氏に献言し満洲を以て国際法上の永久中立国たらしめんと企図した。併しこの計画が中途に於て挫折するや、同氏は氏特有の高邁なる識見から、満洲に於け

る我が企業をこの儘に放置せば我が権益は畢竟退嬰を余儀なくせらるる運命を洞察してこれに備ふべき準備を高唱した。当時在満邦人中に両氏の如き達識者ありたるは、まさに鶏群中の一鶴と称すべく、適々私はその頃樺山理事の下に満鉄社員であり、また大内外事総長には特別の友誼に与っていたが、今日にしても当時を顧るに転た感慨深きものがある。(11)

と述懐し、その役割を高く評価している。

このように日本帝国の植民地・影響圏における政策立案・実行に影響力を有した大内であったが、彼が確立したとされる政策のうち最も知られたものは「関東州に於ける阿片制度を確立」したことであった。一九一七年三月の報告書『支那阿片問題解決意見』において大内は、「日支親善ノ両国間ニ高調セラルル今日ニ於テ阿片問題ニ対スル帝国政府ノ態度ヲ確定スルハ他ノ問題ニ比シ更ニ一層緊急ナルモノニアリ是本論ヲ草スル所以ナリ(12)」(引用には適宜句読点を加えた。以下の引用も同様)とし、「漸禁主義」に基づく専売制度の確立を強く主張している。(13)専売制度のために阿片利権を持っていた石本鏆太郎と協調して慈善団体宏済善堂の戒煙部に専売を許可し、そこから特許料を関東都督府に納めさせる仕組みを構築した。この結果、関東都督府は帝国議会の審議に付されない莫大な収入源を得ることとなった。(14)

また、大内は日本の影響圏である「満洲」における産業振興についても尽力し、関東都督府外事総長および大連民政署長時代を通じて、南満洲鉄道株式会社等の「利源開発の新機関」が主導する開発政策の推進に努めた。(15)こうした彼の姿勢は、「専ら植民行政的観点から、産業の奨励に力を致し、大連民政署長に転ずるや、大連の開発に意を用い、特に商業の指導に全幅の努力を傾けた(16)」として当時の人々に高く評価された。彼の大連民政署長任命は、官僚のキャリアとしては左遷と見られたが、(17)大連在住の邦人たちには歓迎された。

次に大内丑之助の植民地統治認識を見てみよう。『台湾日日新報』一九〇三年九月一九日に掲載された「波蘭の政治振」と題する大内への取材の中で、彼は以下のように述べている。

私は数ヶ月間独逸の官庁にありて波蘭統治の状況や百般事務取扱の模様を見ましたが、独逸の波蘭統治に就ては参考にすべきこともあらうと思ひます。波蘭は独逸と露西亜、墺地利とによりて分割せられましたが、此三箇国は何れも統治に苦慮して居ります。露西亜は非常な威圧で治めて居ますが、墺地利は之と反対で放任政策を取り、又独逸は同化主義を取りて居ます。［中略］此頃は波蘭を統一して独立しやうといふ意見は中等社会に喧しい。之れが為めに独露墺の政府は統治に頗る苦慮して居ます。独逸の同化主義といふものも容易に功を奏せず、勿論独逸には威圧の力があるけれども、波蘭人は旧教徒であるため独逸が威圧する傾きあれば独逸の旧教徒に訴へて独逸政府を牽制させるので、独逸は威圧することも出来ぬ。斯かる事情ありて独逸の波蘭統治は成功とは言はぬけれども、百般の施設を細かに見ると参考とすべきことが多いやうです。(18)

ここで大内が参照しようとしているのはドイツの経験である。ドイツ、ロシア、オーストリア三国のいずれの植民地統治政策も問題点を抱えているが、ロシアの「威圧的」統治やオーストリアの「放任政策」と比較すると、ドイツの植民地統治政策は、参考すべきところが多い、との認識を示している。戦前期における日本の植民地統治政策の基本は同化政策であったが、そうした認識が窺われる興味深い記事である。

また、関東都督府時代に同じく『台湾日日新報』に掲載された以下の記事からは、こうした認識を人々に広く啓蒙し、共有しようとする積極的姿勢が見られる。

古来植民国が土民の風俗習慣等に付て何等尊重する所無く、直に本国の文明に同化せむとして挽回すべからざる失敗を来たしたる事例頗る多し。帝国は此等成敗の跡に鑑み、土民の旧慣を調査し尊重し、大和民族の文明を以て直に新附の民に強ひざるの方針を取り、一面土民を教育して知識を開発せしめ、植民地の発展に資するに努めたり。此点は樺太、韓国、並に関東州等に於て当に学べき一大教科たるは弁を待たず。土人啓発を説くの序に一言し置かむ。島外厦門福州なる台湾人の教育事項も亦、決して等閑に附し難し。須らく日本国語を彼等に注入するの便法を開くは急務の一つなるべし。之に依りて他日対岸貿易の促進の功を収むと疑ふべからざれば也。若し夫れ島内土民の教育方針並に手段に関しては、幾多希望を懐抱せざるに非ざれども、今姑く之を措く。要するに、島民開化に伴ふ方法として土民を官吏に任用するの途を開くは蓋し植民政策上の条件には非ざる乎。土民の資格ある者を相当の官吏に任用し土地の人民と密接親善の関係を執り、以て帝国のリベラル、プリンシップルのある所を民間に熟知せしめ、土民を挙げて真に帝国赤子の一分子たるの観念を自発せしむるに至らむ事は、台湾統治に於て一新生面を披く所以ならずとせむ耶[19]。

自らも関与した台湾統治を成功例と考える大内は、それを樺太、韓国、関東州などの他の影響圏にも及ぼすべきであると主張しているが、一方的な同化ではなく、現地の旧慣を考慮した上で同化政策を推進していく必要性も説いている。単純な内地延長ではなく、植民地における「特殊性」をも主張する彼の主張には、総督や都督といった植民地行政責任者に一定の裁量権を認めるべきであるとする方向性も見て取れる[20]。被統治民に対しては啓蒙が必要であり、その一つの手段として、官吏への登用を提案していることもその表れであると思われるが、こうした彼の認識は、台湾総督府から関東都督府への大内の異動に伴って植民地・影響圏において次第に共有されていったものと思われる。

二　吉村源太郎の経歴と活動に見る植民地・影響圏統治認識

吉村源太郎[21]は、先述の大内丑之助に遅れること約十年、一八七五年一一月二〇日、東京府に生まれた。一八九二年三月、東京府尋常中学校（現都立日比谷高等学校）を卒業し、第一高等学校へ進学した。尋常中学校の卒業式においては卒業生総代として答辞を読んだ。第一高等学校を優秀な成績で卒業し、一八九五年九月、東京帝国大学法科大学に進み、一八九九年七月一〇日、同大学法律学科を七九名中四位の好成績で卒業し、同年七月一六日付で内務省に入省、台湾課属となった。彼はさらに北海道課属としても勤務したが、この時の上司である北海道課課長は、後に関東都督府民政長官となる白仁武であった。吉村源太郎は、官僚生活が植民地関係部署から始まった人物であると言えよう。同年一一月には、文官高等試験に三一名中七位で合格している。翌一九〇〇年九月から石川県参事官、静岡県参事などの地方勤務を経て一九〇二年三月には法制局参事官に任ぜられた。

法制局参事官としての吉村は、一九〇五年四月には台湾、同年七月には清国福州厦門および英領香港、一九〇七年六月には韓国および満洲、同年八月にはロシア領ウラジオストックへ出張を命ぜられ、日本の植民地・影響圏統治における重要地域の事情に精通していった。法制局官僚としての吉村の外地出張はいずれも植民地・影響圏統治機関側の要請によるものであり、内地と外地との法制上の情報共有が目的であったと考えられる(22)。また、法制局参事官勤務に加えて、一九〇六年には、一九〇四年五月に設立された法政大学清国留学生法政速成科において行政法を講じている。ここで教育を受けた清国からの留学生は、その後帰国し本国での法制度の確立に尽力することとなったが、吉村は日本の統治制度を対外的に啓蒙する知識人としての役割も果たしていたと言えよう(23)。

法制局参事官として日本の植民地・影響圏に関する知識を深めた吉村は、一九〇八年七月、日露戦争の結果日本が租借した関東州に関東都督府参事官として赴任することとなり、かつての上司であり、時の満鉄総裁後藤新平の四天王の一人と言われた白仁武のもとで再び働くことになった(24)。赴任して間もない一九〇九年二月、植民地統治に関する調査を行うためイギリスをはじめとする欧米各国およびアフリカへ一年半余りにわたり差遣されることとなった。出張中の一九一〇年五月五日、関東都督府事務官兼任を命ぜられ、九日には大連民政署長に任ぜられた。以後吉村は、植民地官僚として現地統治における重要な役割を果たしていくことになる。

吉村は一九一一年五月二九日、勅任官である関東都督府外事総長兼務に任ぜられ、さらに重要な役割を果たしていくこととなった。外事総長としての吉村は、清国およびロシアとの外交折衝を精力的にこなしていった。順風満帆に見えた吉村の植民地官僚生活であったが、一九一四年八月二八日、病のため関東都督府参事官の兼任を解かれ、同年一〇月五日、休職となった。休職満期である二年間が経過しても吉村の病状は回復せずそのまま退職となり、一九一六年一一月二日、特旨を以て位一級を被進され、従四位勲四等に叙せられた。四〇歳であった。

退職した吉村は、一九一七年七月に内閣に再設置された拓殖局の嘱託としてイギリス植民地を中心とした欧米諸国の植民地に関する調査研究に従事し、多くの報告書を作成した。また、『外交時報』などの雑誌にも寄稿し植民地に関する様々な提言を行った。嘱託としての彼の報告書作成は、一九二二年一一月に拓殖局が役割を縮小された拓殖事務局時代および一九二四年一二月に行われた内閣拓殖局への改称時代、さらには一九二九年六月に設置された拓務省時代に至るまで行われている。吉村源太郎は、嘱託として植民地研究を行い植民地行政に関する様々な提言を行った。一九二〇年六月五日、弁護士登録を行い民事・商事および行政事務を扱う弁護士事務所を東京丸の内に開業し、少なくとも一九三六年頃までは弁護士業務を行っていた。一九四五年五月頃、家族三人で那須へ疎開したことが確認できるが、一九四五年八月一〇日に夫人に先立たれた吉村は、同月二一日、逝去した。享年六九歳であった。

以上の経歴に見られるように、吉村は非常に優秀な官僚であった。実際、彼が大連民政署長に任ぜられたことを伝える一九一〇年五月一二日付の『満洲日日新聞』においても、「同期生中の秀才と呼ばれし人にて頭脳明晰亦頗る勉強家なり」(25)と伝えられている。吉村は様々な論考を残し、それは後の植民地官僚によっても広く参照されたと思われるが、その対象は、彼が活躍した時代に最大の植民地帝国であったイギリス帝国全域に及ぶものであった。

吉村源太郎はイギリスを中心とした植民地統治知識の摂取に関する多くの報告書や論考を残したが、以下その内容を検討しておきたい。

彼の最初の論考は、彼が拓殖局嘱託に就任する直前の一九一七年七月、黒龍会発行の『亜細亜時論』に発表された論文「亜細亜主義に就て」[26]である。この論文は、当時日本において盛んに喧伝されたアジア主義[27]に基づき、日中関係を中心として、国際社会で日本が果たすべき役割について論じたものである。また、彼が拓殖局嘱託となった頃、同じく黒龍会発行の『亜細亜時論』に「戦争と英国の国家組織」[28]と題する論文を寄稿し、第一次世界大戦時にイギリスのロイド・ジョージ内閣が「軍事内閣」を組織し、ごく少数の大臣による政権運営を行うという政党内閣制の観点から見ると変則的な状況を危惧し、イギリス本国のみならずイギリス帝国全体が大きな転機を迎えていると論じた。拓殖局嘱託としての最初の報告書は、一九一八年五月に書かれ七月に印刷された『英帝国之統一問題』[29]であるが、この報告書の中で吉村は、イギリス帝国を構成する自治領の地位について論じ、高度な自治権を有する自治領の統一性を保つために行われている諸政策の効果を検証するとともに、その限界を指摘した。前に挙げた「戦争と英国の国家組織」および一九一八年一二月に『亜細亜時論』に発表された「英吉利の国家統一策」[30]は、この報告書の要約および解説である。

『英帝国之統一問題』において興味深い点は、イギリス帝国の統一性を維持するためには、アイルランドやインドなどの直轄植民地における統治をいかにして安定化させるかが重要であると指摘している点である。イギリス本国からの移民によって形成され高度な自治権を与えられたオーストラリア、ニュージーランド、カナダなどの自治植民地と、異民族統治が中心課題であったアイルランドやインドなどの直轄植民地との間に見られる統治の困難さの違いが意識されているのである。以後、吉村の報告書は後者を中心として展開されていくが、それは日本帝国が直面していた異民族統治問題を反映したものであった。

一九一八年八月に執筆されたのが、彼の代表的報告書である『愛蘭問題』[31]である。自治植民地がイギリス本国に協力した第一次世界大戦期にダブリン市で発生したイースター蜂起は、国際的に大きな衝撃をもたらしたが、吉村は、この背景として直轄植民地アイルランドに存在した根強い反英意識を挙げている。この報告書は、後述する時永浦三の同名の報告書に極めて大きな影響を与え、植民地官僚の間で参照・共有されていく[32]。

吉村は、第一次大戦以降イギリス帝国内で顕著に重要度を増してきた直轄植民地インドに関する報告書もまとめている。自治植民地と同様に立法議会と責任政府を求める植民地インドに対して、いかなる統治政策を行うかはイギリス帝国にとって喫緊の重要課題であった。一九一七年八月、インド大臣であったモンタギュはイギリス下院に対し『インド統治改革に関する報告書』を提出したが、一九二〇年八月、吉村はこの報告書を要約し論評を加えた『印度統治改革問題』[33]を執筆した。同報告書には、一九二〇年三月に下院に提出され通過した「アイルランド法案」の要旨も「愛蘭法案」と題して付され、インドとアイルランドにおける民族運動の関連性も言及されている。更に吉村は、一九二〇年一一月に書かれ、翌年三月に印刷された『印度ノ国民運動』[34]と題する報告書をまとめ、激化したインドの国民運動の歴史的展開を詳述し、民族運動の本質的考察を試みている。

一九二一年三月には、アイルランド問題に関する重要な二つの報告書が執筆された。『英蘇併合論』[35]と『愛蘭革命派とボルシエビキ』[36]である。前者は、紛糾するアイルランド問題と比較して、異民族でありながらイングランドと成功裡に融合統一されたスコットランドについて、その成功の要因を探ることを通じて、アイルランド問題の解決への手掛かりを提示しようとしたものである。また、後者は、アイルランド独立運動がロシアの影響を受けたシンフェインの台頭によって変質し、アイルランド問題の解決を困難にしていると論じている。アイルランドとインドに関する吉村の諸論考からは、民族運動が高揚する植民地朝鮮において、どのように統治の安定化を図りうるのかを追求する視点が窺われる。植民地官僚吉村にとって、国民運動の過激化とそれに伴う現地情勢の不安定化は何よりも避けたい事態であった。

吉村はさらに、イギリスの保護国として事実上の植民地であったエジプトに関するイギリスの統治政策の歴史的展開と問題点を、一九二一年九月、『埃及問題』[37]としてまとめた。この中で吉村は、イギリスの対エジプト統治政策は、「自治主義」ではなくパターナリズムに基づく「善政主義」である点が問題であり、自治はヨーロッパ人以外には理解できないとするイギリスの態度を「根本的謬想」であると批判している。その上で、こうした「謬想」は、イギリスによるインド統治、アイルランド統治、南アフリカ連邦統治においても同様に見られると断罪する[38]。

こうした思想的観点に立って、吉村は、一九二二年一月にまとめた「愛蘭問題ノ解決」、同年九月稿である「愛蘭ノ現状」および一九二二年四月稿である「埃及問題余録」の三篇を『愛蘭及埃及問題ニ就テ』[39]としてまとめた。アイルランドにおける総選挙に圧勝したシンフェインは、共和国として独立を宣言しイギリス政府との間に激しい対立が起こっていたが、イギリス政府代表との間に成立した英愛条約によって、一九二一年一二月六日、アイルランド自由国成立を見ることで紆余曲折の末、一応の「解決」を見ることとなったと吉村は評価した。しかし、彼は今後事態が順調に推移していくか否かは予断を許さないと危惧していた。「愛蘭ノ現状」に見られるその後の経過は、彼が危惧した通り、アイルランド自由国政府内部の対立に加え南北アイルランドの分断などの問題を内包する「前途暗澹」たるものとなった[40]。また、エジプトにおいては、アイルランドにおける強圧的政策による統治の失敗を避け、「道理」と「知見」ある政策を採用すべきであると提唱している[41]。

さらに吉村は、一九二三年五月、『南阿聯邦論』[42]と題する報告書を拓殖事務局から刊行し、イギリス帝国内における立場がアイルランドと酷似していると論じている。吉村は、南アフリカにおけるボーア人を、アイルランドにおけるシンフェインに例えたが、ボーア戦争後六年で自治を与えられた南アフリカと、七〇〇年余りにわたりイギリスに支配され一九二二年に漸く自治を与えられたアイルランドとの相違に触れ、本国からの距離が大きな原因であると結論づけている。

さらに、一九二四年一〇月には、南北アイルランドの分立問題を論じた謄写版の『愛蘭境界問題』(43)をまとめ、前述したような南北の分断問題が解決されない限り、アイルランド問題が完全に解決したことにはならないと結論づけている。

吉村源太郎による報告書や論考は、主としてイギリス帝国の植民地を中心として執筆されている。それらのなかでも、彼がとりわけ熱心に論じたのはアイルランドやインドといった異民族統治の問題であった。彼は、イギリス帝国全体の統一性を維持するにあたっては、異民族統治の問題が重要な位置を占めていることを繰り返し主張した。イギリス帝国に対する吉村の批判的分析は、植民地台湾や朝鮮、影響圏関東州において日本が直面していた植民地・影響圏統治上の問題を解決する手立てを見出すためのものであった。三・一独立運動後に発表した論考の中で吉村は、「朝鮮の代表者を帝国議会に送るべしといふ論」に対して、「朝鮮自身の利益より見るも又内地の利益よりも果して推賛すべきものであらうか」として反対の立場を表明したが(44)、その重要な論拠として「英国議会に於ける愛蘭選出の議員の行動」を挙げていた。本国の利害にかかわる案件に、自治を目的とする植民地選出議員がしばしばキャスティング・ボートを握ったことを「英国近代の政治史に暗影を投じている」と論じ、同様の事態が日本と植民地朝鮮との間で起こることを危惧したのである。「朝鮮代表者を議会に送らんといふ提議に反対する」吉村は、「今日鮮人の力を用ふべきところは、国情民度の如何を問はずして遮二無《ママ》に内鮮人間の悪平等を実現せむとする浮調子の事業ではなく、都邑村落の下級地方行政に於て堅実なる政治的訓練を受くるに在りと信ずるものである」と提議した(45)。こうした植民地や影響圏における啓蒙の重要性の指摘は、前述した大内丑之助にも共通して見られる認識であるが、イギリス帝国による植民地統治を批判する立場に立ちつつ、日本帝国による植民地統治の正当性を追求することは、本質的に困難な試みであった。

三　時永浦三の経歴と活動に見る植民地・影響圏統治認識

時永浦三[46]は、一八八四年四月、広島県甲奴郡上下町で時永清吉の三男として生まれた。第一高等学校を経て東京帝国大学法科大学政治科を一九〇九年七月に卒業し大学院に進学した。同年一一月、文官高等試験に一三〇人中七〇位で合格、翌一九一〇年五月、韓国統監府属として渡韓した。同年、韓国が併合され朝鮮総督府が設置されると、同年一〇月、朝鮮総督府属となり、一九一一年四月、朝鮮総督府取調局事務官に任ぜられた。一九一二年四月、朝鮮総督府道事務官として平安南道勤務を命ぜられたが、同地在勤中に子爵品川彌二郎の孫娘美子と結婚し、実父兼亮の長女静子が品川子爵に嫁いでいた当時の政務総監山縣伊三郎と親戚関係となった。時永浦三と美子との間に生まれた長男清太郎は、後に爵位を継ぐ者に窮した品川子爵家を継ぐことになる。文官高等試験の成績としては中位であったが閨閥に恵まれた時永は、一九一四年八月、京畿道勤務となり、地方係主任、審査係主任を経て第二部長に昇進した。一九一六年一一月には、道事務官から朝鮮総督府事務官に転任するとともに総務局総務課長に任ぜられた。

翌一九一七年一〇月、彼は内務部第二課長兼済生院庶務課長事務取扱に転じ、一九一八年一〇月には警務総監部保安課長に任ぜられ、当時憲兵が掌握していた植民地の治安維持に文官官僚として関与する立場となった。この任命には治安維持における文官の役割強化を図る政務総監山縣伊三郎の強い意向が働いたとされるが、時永はこれに応えるべく尽力した。さらに一九一九年七月には警務総監部高等警察課長を兼務し、文官としての警察業務を一手に担うこととなった。

一九一九年九月二五日、時永は朝鮮総督府参事官兼務に任じられ、以降も幹部としての手腕を期待された。同年一一月、彼は、ウィルソン提唱の民族自決主義の国際的高揚に影響された米国の排日世論の実態調査および在米朝鮮人独立運動の実態把握を行うため欧米出張を命ぜられ、一一月二五日、船で横浜よりアメリカに向けて出発した。横浜からハワイを経てサンフランシスコに到着、ロサンゼルス、シカゴ、ニューヨーク、ワシントンなどを視察した後カナダに移動し、一九二〇年八月末にロンドンに渡り、スコットランド、アイルランド、さらにはヨーロッパ各国を視察した後、一九二一年一月二五日、ロンドンを出港し同年三月帰朝した。

アメリカを視察した時永は、一九二一年四月、ワシントンより調査報告第一報を復命した。それは後に警務局によって内閲用資料としてまとめられ、警務局「米国ニ於ケル独立運動ニ関スル調査報告書」（一九二一年九月）として活用された。

一九二〇年八月、イギリスに到着すると、時永は斎藤総督からアイルランド調査の命を受けベルファストを訪問し、当時イギリスからの独立運動が激化していたアイルランドを実地調査した。時永は、その調査と前述吉村源太郎の同名の報告書を参照して報告書『愛蘭問題』をまとめた。

その後時永は、朝鮮で培った官僚としての経験を内地で生かすよう期待され、一九二二年一〇月、朝鮮総督府政務総監から内相に転じていた水野錬太郎によって大分県内務部長に任ぜられた。一九二四年七月に鳥取県内務部長、同年一〇月に宮城県内務部長に任ぜられた後、一九二五年九月、宮崎県知事に任ぜられ念願の勅任官となった。一九二六年九月には佐賀県知事に転じたが、病のため休職するに至り、そのまま復職することなく一九二九年二月七日、逝去した。享年四四歳であった。それに伴い、長年の業績により特旨を以て位一級を追陞され、従四位勲四等に叙せられた。

経歴を見ると、時永浦三は、主として植民地における警察行政制度確立とその関連実務に従事したことが窺われる。彼の赴任地である植民地朝鮮においては、民族独立運動をいかに穏便に抑え込むかが課題であった。彼の植民地朝鮮勤務時代は、憲兵警察を中心とするいわゆる「武断統治」期、官制改革を経ての「文化統治」期といった日本の植民地統治政策の転換が起こったとされる時代と重なっている。文官である彼は、軍人である憲兵警察主導の体制から、文民警察体制への転換を推進するべく尽力した。強圧的な統治姿勢は、かえって逆効果になるとの当時の政府が考えていたことを体現したものである[47]。

一九二二年一〇月三〇日付『京城日報』には、「君が在鮮十三年間の官吏生活中朝鮮の為に尽した功績は決して少なくない。就中大正八年八月警務総監部が廃せられて警務局になった当時警務局の官制を作成したり引継ぎ書類を整理したりして時の警務総監故児島惣次郎中将を扶け約二週間と云ふものは殆ど寝食を忘れてこの大仕事を完成したのは其重なるものの一つである[48]」との記述が見られる。

韓国統監府および朝鮮総督府の官僚として日本の植民地統治期を過ごした時永浦三の報告書や論考からその知識人としての側面を検討してみよう。時永浦三は、高等文官試験合格後、韓国統監府時代に韓国に渡り、併合後も朝鮮において官僚としてのキャリアを積んでいったいわゆる「生え抜き」の植民地官僚であったが[49]、一三年間にわたる彼の朝鮮時代において、日本の植民地統治は重要な転機に直面していた。一九一〇年八月二二日の日韓併合、一九一九年三月一日に起こった三・一独立運動、同年八月二〇日に行われた官制改革、アメリカ大統領ウィルソンの提唱した民族自決主義の影響による国際的な日本の植民地統治への批判の高まりなどである。新興の植民地帝国である日本が直面した問題は、同じく植民地帝国であったイギリスが直面してきた問題でもあった。とりわけ、本国との地理的位置関係において朝鮮と類似的であったアイルランドは、時永の在任中に独立運動が激化していた。イギリスの植民地支配を揺るがしたこの動きは、日本の植民地支配にも大きな影響を及ぼした。先にも述べたように、朝鮮総督府は、時永にアイルランドに関する欧米での調査を命じ、植民地朝鮮における統治政策の確立に努めた。

また時永には、京城の警察官講習所での講演録である「愛蘭問題と朝鮮」（一九二一年一一月）[50]および「愛蘭問題と朝鮮」（一九二一年一二月）[51]、自身の欧米出張について記した「欧米を視察して（其一）」（一九二二年六月）[52]、「欧米を視察して（其二）」（一九二一年八月）[53]、前述の警察官講習所での講演録の要約である「愛蘭問題と朝鮮」（一九二二年二月）[54]などの著作も発表しているが、これらの著作は、公的な報告書より時永の植民地統治認識がより分かりやすく述べられている。

例えば、「一億余りの各民族を擁する米国が過去二百数十年間に渾一して一大統一国家を建設した事実は、日鮮融合の前途に対する楽観的な見通しを与えてくれる」[55]との記述や、「如斯も相近似せる両民族が共存の必要と共助の基礎の下に融和し得ざるの理はないのである。米国が各国人士を以て僅かに百有余年で統一の一大国を建設せしに比すれば、寧ろ其の融和同化は遥かに容易なりと思はねばあらぬ」[56]との時永の主張からは、かつて大内丑之助が同化政策の困難さを表明していたのと比較すると、同化政策に対する極めて楽観的な認識が見て取れる。時永は、日本帝国の植民地統治政策はイギリス帝国が行ったような弾圧政策とは対照的であると考えており、日本帝国の植民地政策の根底にあった融和同化、一視同仁の精神は正当かつ成果が期待できるものであると信じていたことが窺われる[57]。

時永にとって日本と朝鮮の融合同化は、「日鮮共存共栄の根幹」であると同時に、「東洋平和永遠の福音」であり、欧米各国間に見られた民族闘争の惨禍とは無縁のものであり、それゆえ彼にとっては、民族自決は「見当違いの騒擾」であり、「一時的な世界的風潮に煽られた」ものとしか映らなかったのである[58]。

おわりに

戦前期日本の植民地・影響圏における植民地官僚の統治認識を考察するにあたり、台湾総督府、朝鮮総督府、関東都督府という主要三機関で勤務した三名の官僚について、経歴と活動を見てきた。これらの官僚はいずれも個性的な人物たちであったが、彼らの統治認識は、日本帝国の植民地政策という大枠に規定されたものでもあった。本稿で取り上げた三名の官僚は、年齢で見るとおおよそ一〇歳程度の違いがある。それゆえ彼らの活躍の時期にも同程度のずれがあり、その間に日本帝国の植民地統治に対する認識も変遷していった。

三名の中で最も早く官界に入ったのは大内丑之助であった。彼は獨逸学協会学校専修科出身というドイツ流の教育を受けていた。戦前における日本の植民地統治の参照対象はドイツとイギリスであったが、彼はドイツに精通した植民地官僚として活躍したのである。植民地官僚として彼を抜擢した後藤新平は、日本の参照対象としての欧米諸国に関する桂太郎前台湾総督との談話の様子を、イギリス植民省高官ルーカス（Charles Prestwood K.C.B. Lucas）の著書の翻訳である『英国殖民誌』（*Historical Geography of the British Colonies*）の序の中で以下のように記している。

移民拓殖の歴史を蔑視して何が高言放論するの容易なるやと、一日桂前台湾総督閣下に謁し談偶々新領土経論の事に及ぶ。閣下は当局官吏及建築者が其経験に乏しく其識見無きを歎ぜられ吾人の治台策は多端なりと雖も目下の形勢に於ては我僚属を薫陶啓迪するを以て一の急務と為すと云へり。是れ寔に余と感を一にせらるる所なり。余曰く独逸の碩儒コンラード君の国家学字典中の殖民説は頗る簡明にして其大要を知るに便なりと雖も、英国人ルーカス君の『ヒストリカール・ジョーグラフヒー・オフ・ブリチシ・コロニー』と題する一書を閲するに、事実の蒐集頗る豊胖にして移民拓殖の施設に関する幾多成敗の事跡は歴々文字の表に現はる。且英国殖民の世界に優勢を占む。此書以て庶幾くは吏胥若くは志士に向て移民拓殖に於ける実地活用の智識を与ふるに裨補あらんかと曾て抄訳したる数節を出し之を桂前総督閣下に呈す。閣下之を見て善しとし遂に速かに人をして全編を翻訳せしめ将さに梓に上せて以て世に頒たんとせり(59)。

この「緒言」には、植民地統治のあり方をどの国を参照することによって獲得するかについての認識が述べられている。それは国家学の系譜に連なるコンラート（Johannes Conrad）[60]に代表されるドイツであり、ルーカスに代表されるイギリスであった。

このルーカスによる『英国殖民誌』は、官僚の間で広く参照され、本研究で取り上げた植民地官僚たちもその影響下にあったと思われる。吉村源太郎の時代になると、大内丑之助が滞在しながらその植民地統治政策を参照したドイツは第一次世界大戦の敗戦により帝国主義国の地位から退き、イギリス帝国が最も影響力を持つ参照対象になっていた。吉村は、しかし、そうしたイギリス帝国の植民地統治に内在する問題点も明確に認識していた。異民族統治におけるイギリス植民地統治のあり方は、アイルランド、インド、エジプトなどの苛烈な支配を受けていた植民地の事例を研究した吉村には、「根本的謬想」に基づく白人優位思想と映った。そして、その吉村の報告書が、さらに若い世代である朝鮮総督府官僚時永浦三に受け継がれていく過程で、さらにイギリス帝国を批判的に捉える認識が強化されていき、日本帝国の植民地支配を擁護するための反面教師的観点が広く喧伝されたのであった。それは、欧米の横暴に抵抗するアジアの盟主日本という「アジア主義」の物語にも合致していた。

時永浦三は、一九二一年八月三一日、京城警察官講習所において行った講演の中で、アイルランドと朝鮮との類似性という当時の見方を否定し、「愛蘭が最近民心安定せず騒乱各地に起て今尚ほ平静に帰せざること」をもって多くの人々は「愛蘭の状況を以て朝鮮と酷似して居ると考へ」ているが、実地調査と自らの知見によれば、一般の人々が「考へて居る愛蘭と朝鮮とが宜く似て居ると云ふ意味が裏切られたると、同時に旧韓国時代の状況と現今の愛蘭とは真に能く似て居るやうに思つたのであります。而して朝鮮併合後の今日に於ては愛蘭とこの朝鮮は決して似て居るものでないと云ふことを痛切に感じた」との見解を表明している[61]。

すなわち、アイルランドと朝鮮を類似した状況にあるとする世論の評価を否定し、日本帝国による韓国併合前の状況と類似するとし、併合後の植民地朝鮮の状況は、いまだ騒擾が収まらないアイルランドとはまったく異なると断じた。時永は、イギリス帝国によるアイルランド統治と比較して、日本の植民地支配を全面的に肯定する見解に行きついたのである。

大内丑之助に見られた知識の修得を主とするドイツ帝国参照のあり方から、吉村のアジア主義に基づくイギリス帝国への懐疑を含んだ批判的参照と日本帝国主義の相対的肯定を経て、時永による欧米植民地政策の否定的参照と日本帝国の植民地政策の全面的肯定に至る植民地官僚による欧米植民地政策の位置づけの変遷は、第一次世界大戦を経て「一等国」を自認するに至った日本帝国の国際社会における地位上昇と軌を一にしていた。そのことは、日本帝国の植民地統治政策の対象が、思考形態や慣習を異にする異民族という「他者」であり、その統治には慎重に対応する必要があるとの認識に基づくものから、本国の自己完結的な「内地延長」の論理に基づいた統治認識に変化していく過程であった。本国の内外一体化要請と現地統治の現実との狭間で、それを体現したのが本論文でとりあげた三名を含む植民地官僚であったのである。

(1) 山室信一『法制官僚の時代――国家の設計と知の歴程――』(木鐸社、一九八四年)、加藤聖文「植民地統治における官僚人事――伊沢多喜男と植民地――」(大西比呂志編『伊沢多喜男と近代日本』芙蓉書房出版、二〇〇三年)、木村健二「朝鮮総督府経済官僚の人事と政策」(波形昭一・堀越芳昭編『近代日本の経済官僚』日本経済新聞社、二〇〇〇年)、波形昭一「植民地台湾の官僚人事と経済官僚」(同前書)、岡本真希子『植民地官僚の政治史――朝鮮・台湾総督府と帝国日本――』(三元社、二〇〇八年)、松田利彦・やまだあつし編『日本の朝鮮・台湾支配と植民地官僚』(思文閣出版、二〇〇九年)、李炯植『朝鮮総督府官僚の統治構想』(吉川弘文館、二〇一三年)、清水唯一郎『近代日本の官僚 維新官僚から学歴エリートへ』(中公新書、二〇一三年)、などが代表的である。また、拙稿「朝鮮総督府官僚のアイルランド認識――時永浦三を手掛かりとして――」(『大阪産業大学経済論集』第一一巻第一号、二〇〇九年九月)、同「時永浦三のアメリカ調査報告――アメリカにおける朝鮮独立運動とアイルランド独立運動――」(同前、第一一巻第二号、二〇一〇年一月)、同「内地時代の時永浦三――朝鮮総督府出身官僚の内地行政官としての経歴をめぐって――」(同前、第一一巻第三号、二〇一〇年六月)、同「植民地官僚のアイルランド問題認識――吉村源太郎を手掛かりとして――」(同前、第一二巻第一号、二〇一〇年九月)、同「植民地官僚のイギリス帝国認識――吉村源太郎とエジプト問題――」(同前、第一一巻第二号、二〇一一年二月)、同「植民地官僚のインド問題認識――吉村源太郎を手掛かりとして――」(同前、第一九巻第二号、二〇一八年三月)なども参照されたい。

(2) 大内丑之助の経歴や著作に関しては論文末の経歴・著作一覧を参照されたい。

(3) 「法制局参事官大内丑之助台湾へ出張ヲ命スルノ件」(国立公文書館所蔵『任免裁可書』任B00275100。以下、国立公文書館所蔵『任免裁可書』については請求番号のみを記す)。

(4) 「台湾総督府民政長官後藤新平以下三名欧米各国へ被差遣ノ件」(国立公文書館　任B00294100)。

(5) 同前「別紙理由書」。

(6) 「普国ブレスラウ州庁オーベルプレジチャールラート勲三等ドクトル、ゲオルグ、ミハユリス以下三名勲章加賜並叙勲ノ件」(国立公文書館所蔵『叙勲裁可書』A10112581300)。

(7) Georg Michaelis, *Für Staat und Volk*, 1922, S.130. 堅田剛訳「『独逸協会学校』教師としてのゲオルク・ミヒャエリス(2・完)――『国家と国民のために』より――」(『独協法学』第六五号、二〇〇五年三月)一三五頁。

(8) 「波蘭志士の檄」(『台湾日日新報』一九〇四年二月一九日)。紙面では「波蘭志士某氏」とされているこの民族運動家は、ロシア領ポーランド生まれ、シベリア流刑歴などの経歴から、Władysław Studnicki (1867–1953) であると思われる。

(9) Bresnitz von Sydačoff, *Aus dem Reiche des Mikado und die asiantische Gefahr*, Leipzig, 1904, S.68-70.(波蘭シダコツフ著・日本田原禎次郎訳『光栄之日本』東京博文館、一九〇五年、一〇八～一一一頁)。

(10) 水沢市立後藤新平記念館編『後藤新平文書』(水沢市立後藤新平記念館、一九八〇年)一一―二三(マイクロフィルム資料)。

(11) 駒井徳三『大満洲建設録』(中央公論社、一九三三年)三～四頁。

(12) 大内丑之助『支那阿片問題解決意見』(一九一七年三月)、「緒言」。

(13) 同前、二〇四頁。

(14) 山田豪一『満洲国の阿片専売――「わが満蒙の特殊権益」の研究――』(汲古書院、二〇〇二年)二四～二五頁。
(15)『朝鮮及満洲』第七六号(一九一三年一一月)二八頁。
(16) 対支功労者伝記編纂会編『対支回顧録』下巻(一九三六年)一三六五頁。
(17) 関東都督府に技師として勤務した松室重光は、「庶務課長にして後に大連民政署長たりし大内丑之助氏はよく大局に着眼して縷々重要なる献策を致されしも時の長官白仁氏には寧ろ敬遠せられ居たるやうに覚ゆる」と回想している。松室重光「追懐記――歴代都督の面影と都督府時代の功績者――」(関東局文書課編『関東局施政三十年業績調査資料』関東局文書課、一九三七年)五八三頁。
(18)『台湾日日新報』一九〇三年九月一九日。
(19) 同前、一九〇八年五月五日。
(20) 日本本国と植民地台湾との関係をめぐる論議については、春山明哲「台湾旧慣調査と立法構想――岡松参太郎による調査と立法を中心に――」(『台湾近現代史研究』第六号、一九八八年一〇月)を参照。本国と植民地全体との関係については、酒井哲哉「帝国日本の形成」(『岩波講座 世界歴史』第二三巻、岩波書店、一九九九年)を参照。
(21) 吉村源太郎の経歴や著作に関しては論文末の経歴・著作一覧を参照されたい。
(22) 台湾総督府より「台湾ノ状況視察」(国立公文書館、任B00397100)および「台湾ニ関係アル法制経済ノ事情調査」(同前、任B00407100)を、「統監府及関東都督府ヨリ当該ノ管内ニ於ケル状況ノ視察」(同前、任B00475100)を、関東都督府より「満洲差遣ノ為ヲ以テ浦鹽斯徳ノ法制調査」(同前、任B00480100)をそれぞれ委嘱されている。
(23) 黄東蘭『近代中国の地方自治と明治日本』(汲古書院、二〇〇五年)第五章参照。同著一四二頁および一一六七頁には、吉村の講義録が、張家鎮編訳『地方行政制度』(上海・予備立憲公会、一九〇六年)および朱徳権編訳『市町村制』(一九〇七年)、として法政速成科卒業生によって翻訳され、中国で出版されたことが紹介されている。吉村の講義は、日本の法制度の植民地・影響圏への普及に一定の役割を果たしたのである。
(24) 山本實彦『政府部内人物評』(政治研究会、一九〇九年)八四～八五頁。
(25)『満洲日日新聞』一九一〇年五月一二日。
(26) 吉村源太郎「亜細亜主義に就て」(『亜細亜時論』第一巻第一号、一九一七年七月)。
(27) アジア主義に関しては、竹内好「アジア主義の展望」(竹内編『現代日本思想体系』第九巻〈アジア主義〉筑摩書房、一九六三年）、古屋哲夫「アジア主義とその周辺」（古屋編『近代日本のアジア認識』緑陰書房、一九九六年）、山室信一『思想課題としてのアジア 機軸・連鎖・投企』（岩波書店、二〇〇一年）などを参照。

(28) 吉村源太郎「戦争と英国の国家組織」（『亜細亜時論』第一巻第五号、一九一七年一二月）。

(29) 吉村源太郎『英帝国之統一問題』（拓殖局、一九一八年七月）。

(30) 吉村源太郎「英吉利の国家統一策」（『亜細亜時論』第二巻第一二号、一九一八年一二月）。

(31) 吉村源太郎『愛蘭問題』（拓殖局、一九一九年八月）。

(32) 拙稿、前掲「植民地官僚のアイルランド問題認識」八六～八八頁。

(33) 吉村源太郎『印度統治改革問題』（拓殖局、一九二〇年八月）。

(34) 吉村源太郎『印度ノ国民運動』（拓殖局、一九二一年三月）。

(35) 吉村源太郎『英蘇併合論』（拓殖局、一九二一年三月）。

(36) 吉村源太郎『愛蘭革命派とボルシエビキ』（拓殖局、一九二一年三月）。

(37) 吉村源太郎『埃及問題』（拓殖局、一九二一年九月）。

(38) イギリスによるエジプト統治を批判的に見る吉村的認識は、一九三〇年代には植民地官僚の間で広範に共有されていたと思われる。「満洲国」日本国大使館参事官で後に外務大臣も務めた谷正之は、一九三四年に、Lord Lloyd による *Egypt Since Cromer* を、谷自身を含む「満洲国」の日本人官僚たちは政策立案時のバイブルとして参照しているが、その際に「エジプトにおけるイギリスの政策および施政のどこが成功しどこが失敗したのか、に言及しつつ、イギリスの失敗事例を避け、成功した手段を満洲国に適用することが望ましい」と語っている。Malcolm D. Kennedy, *The Estrangement of Great Britain and Japan 1917-1935*, University of California Press, 1969, p.312.

(39) 吉村源太郎『愛蘭及埃及問題ニ就テ』（拓殖局、一九二二年一一月）。

(40) 同前、三一頁。

(41) 同前、四一～四二頁。

(42) 吉村源太郎『南阿聯邦論』（拓殖事務局、一九二三年五月）。

(43) 吉村源太郎『愛蘭境界問題』（謄写版）一九二四年一〇月二五日稿。

(44) 吉村源太郎「朝鮮代表を帝国議会に送るの可否」（『時潮』第一巻第四号、一九二〇年七月）六五頁。

（45）同前、六七頁。
（46）時永浦三の経歴や著作に関しては論文末の経歴・著作一覧を参照されたい。
（47）松田利彦『日本の朝鮮植民地支配と警察――一九〇五～一九四五年――』（校倉書房、二〇〇九年）二三一頁。
（48）『京城日報』一九二二年一〇月三〇日。
（49）李炯植『朝鮮総督府官僚の統治構想』（吉川弘文館、二〇一三年）。
（50）時永浦三「愛蘭問題と朝鮮」（『警務彙報』第一九八号、一九二一年一一月）。
（51）時永浦三「愛蘭問題と朝鮮」（『警務彙報』第一九九号、一九二一年一二月）。
（52）時永浦三「欧米を視察して（其一）」（『朝鮮及満洲』第一六五号、一九二一年六月）。
（53）時永浦三「欧米を視察して（其二）」（『朝鮮及満洲』第一六六号、一九二一年八月）。
（54）時永浦三「愛蘭問題と朝鮮」（『朝鮮及満洲』第一七一号、一九二二年二月）。
（55）時永、前掲「欧米を視察して（其一）」五四頁。
（56）時永、前掲「欧米を視察して（其二）」三四頁。
（57）時永、前掲「欧米を視察して（其一）」五六～五七頁。
（58）時永、前掲「欧米を視察して（其二）」三一頁。
（59）台湾総督府民政部文書課『ルーカス氏英国殖民誌』（一八九八年）序。
（60）Johannes Conrad, Ludwig Elster, Wilhelm Lexis, Edgar Loening (Hg), *Handwörterbuch der Staatswissenschaften*. 4 Band, Jena, 1892. が後藤新平の言う「国家学字典」であり、「植民地および植民政策（Kolonien und Kolonialpolitik）」の項目のもとに概説および各国植民地の状況が解説されている（七〇二～七七九頁）。
（61）時永、前掲「愛蘭問題と朝鮮」（『警務彙報』第一九八号）三四～三五頁。

大内丑之助経歴一覧

辞令等日付	辞令内容	公布時役職等	出典官報日付等
1865年４月28日	福島県安達二本松に生まれる		対支功労者伝記編纂会編『対支回顧録（上）』1936年、1365頁
1888年９月	獨逸学協会学校専修科卒業		獨協学園『目でみる獨協百年』107頁
1888年11月20日	高等試験当選者　明治20年勅令37号文官試験規則ニ依リ本年10月施行セル高等試験ニ於テ合格シ当選者ト定メラレタルモノ左ノ如シ　司法官当選者　大内丑之助　福島県士族		1888年11月20日　官報広告　合格者９名（司法官８名、裁判所書記１名）の内首席合格
1888年12月４日	判事試補ヲ命ス　年俸500円下賜		1888年12月８日
1888年12月４日	本所区治安裁判所詰ヲ命ス	判事試補	1888年12月８日
1890年10月24日	補白河区裁判所判事	判事	1890年11月25日
1892年１月１日	予審掛ヲ命ス	判事（白河区）	1892年１月７日
1892年２月10日	任検査官補	判事正八位	1892年２月13日
1892年２月12日	第１部第２課勤務ヲ命ス	検査官補	1892年２月13日
1894年２月１日	第１部第３課勤務ヲ命ス	検査官補	1894年２月２日
1896年７月１日	兼任法制局参事官	検査官補従７位	1896年７月２日
1897年４月10日	任検査官	検査官補兼法制局参事官従７位	1897年４月12日
1897年４月13日	第１部第３課長ヲ命ス	検査官	1897年４月15日
1897年５月25日	第３部第４課課長兼務ヲ命ス	検査官	1897年５月26日
1897年６月２日	第３部第４課課長兼務ヲ免ス	検査官	1897年６月３日
1897年11月９日	第１部第２課長ヲ命ス	検査官	1897年11月11日
1897年11月９日	第１部第３課長兼務ヲ命ス	検査官	1897年11月11日
1898年６月20日	愛知三重岐阜福井石川５県所在各庁会計実地調査トシテ出張ヲ命ス	検査官	1897年６月22日
1899年３月31日	任法制局参事官	検査官正７位	1899年４月１日
1899年４月10日	第２部勤務ヲ命ス	法制局参事官	1899年４月11日
1901年９月７日	御用之有台湾へ出張ヲ命ス	法制局参事官	1901年９月９日
1902年２月12日	任台湾総督府参事官　叙高等官４等	法制局参事官正６位	1902年２月13日
1902年４月５日	御用有之欧米各国へ被差遣	台湾総督府参事官	1902年４月７日『台湾総督府報』４月５日
1902年４月24日	上京ヲ命ス	台湾総督府参事官	1902年５月８日『台湾総督府報』４月26日
1902年４月25日	上京ヲ命シタル石塚参事官長参事官大内丑之助事務官伊藤金彌ハ昨25日孰レモ出発セリ	台湾総督府参事官	『台湾総督府報』４月26日
1902年６月13日	既ニ欧米出張ヲ命ゼラレタル後		1902年６月17日

	藤台湾総督府民政長官、同府参事官大内丑之助、同府技師新渡戸稲造ハ同十三日孰モ出発セリ		
1902年12月24日	叙勲授瑞宝章	台湾総督府参事官 正６位	『台湾総督府報』 1903年１月16日
1903年９月17日	既に欧米諸国へ出張ノ参事官大内丑之助ハ去ル13日帰府セリ	台湾総督府参事官	『台湾総督府報』 ９月17日
1903年９月30日	陞叙高等官３等	台湾総督府参事官	1903年10月１日 『台湾総督府報』10月10日
1903年10月10日	臨時防疫委員ヲ命ス	台湾総督府参事官	1903年10月28日 『台湾総督府報』10月16日
1904年９月30日	１級俸下賜	台湾総督府参事官	1904年10月13日 『台湾総督府報』10月１日
1905年５月７日	御用之有清国厦門へ出張ヲ命ス	台湾総督府参事官	1905年５月16日 『台湾総督府報』 ５月12日
1906年４月14日	文官分限令第11条第１項第４号ニ依リ休職ヲ命ス	台湾総督府参事官	1906年４月17日 『台湾総督府報』 ４月19日
1907年12月１日	大内丑之助氏　関東都督府法律制度取調委員を嘱託せらる	休職台湾総督府参事官	1907年12月１日 『台湾日日新報』
1908年２月17日	任関東都督府事務官　叙高等官３等	休職台湾総督府参事官従５位勲４等	1908年２月18日
1908年２月17日	１級俸下賜	関東都督府事務官	1908年２月19日
1908年５月26日	民政部庶務課長ヲ命ス	関東都督府事務官	1908年６月４日
1908年７月24日	兼任関東都督府参事官　叙高等官３等	関東都督府事務官 従５位勲４等	1908年10月１日
1908年９月14日	民政長官白仁武不在中代理ヲ命ス	関東都督府事務官	1908年７月25日
1908年11月７日	陞叙高等官２等	関東都督府事務官 従５位勲４等	1908年11月９日
1909年５月15日	兼任関東都督府外事総長　叙高等官２等	関東都督府事務官兼 関東都督府参事官 正５位勲４等	1909年５月17日
1911年５月29日	免兼関東都督府外事総長	関東都督府事務官兼 関東都督府参事官兼 関東都督府外事総長	1911年５月30日
1911年10月20日	普魯西国皇帝陛下ヨリ贈与シタル星章附王冠第２等勲章ヲ受領シ及ヒ佩用スルヲ允許セラル	関東都督府事務官	1911年10月27日
1912年１月４日	民政長官白仁武不在中代理ヲ命ス	関東都督府事務官	1912年１月18日
1913年８月14日	大連民政署長ヲ命ス	関東都督府事務官	1913年８月21日
1914年７月23日	都督青島へ出張ニ付随行ヲ命ス	関東都督府事務官	1914年８月７日
1915年11月７日	大正三四年事件ノ功ニ依リ旭日中授章及金千五百円ヲ授ケ賜フ	関東都督府事務官 従４位勲３等	1916年８月21日
1918年12月25日	依願免兼官	関東都督府事務官兼 関東都督府参事官	1918年12月26日

辞令等日付	辞令内容	公布時役職等	出典官報日付等
1918年12月25日	依願免本官	関東都督府事務官	1918年12月26日
1919年1月10日	叙正4位	従4位勲3等	1919年1月11日
1919年1月10日	特旨ヲ以テ位1級被進	従4位勲3等	1919年1月11日
1923年6月1日	外務省亜細亜局嘱託「支那ノ事情ニ通シ居ル者ヲ選定シ文化事業実施方法等ノ調査研究ニ当タラシムルコト」		『人事大綱』1923年9月 外交史料館 Ref.B050/50/3800
1924年4月12日	岩手県梁川村長就任		『岩手県町村合併誌』 岩手県総務部地方課、1957年、761頁
1924年9月10日	岩手県梁川村長退任		『岩手県町村合併誌』 岩手県総務部地方課、1957年、761頁
1919年退官後	房州北条（現千葉県館山）に閑居		対支功労者伝記編纂会編 『対支回顧録（上）』 1936年、1365頁
1932年秋	満洲国を視察、病を得て帰朝		対支功労者伝記編纂会編 『対支回顧録（上）』 1936年、1365頁
1934年5月24日	逝去		対支功労者伝記編纂会編 『対支回顧録（上）』 1936年、1365頁

大内丑之助著作・報告書

年　月	著作・報告書	備　考
1889年11月	「民法上人ヲ論ズ」『自治新誌』自治新誌社	法律解釈
1890年6月	「憲法解釈　第73条乃至第74条」 『福島県青年会雑誌』福島県青年会	法律解釈
1905年	『海底電線論』	海底電線による情報網の構築を評価
1911年3月2日～17日	「検疫に就て」（1）～(12)	『台湾日日新報』に掲載 漢堡港医ドクリルノホト著の翻訳
1912年2月1日	「在外邦人の二大欠点」 『満韓之実業』第74号	在外邦人の2大欠点として、依頼心と邦人相互間の過当競争を指摘。
1913年11月1日	「満洲の利源開発と邦人の増加」 『朝鮮及満洲』76号	大陸への邦人進出戦略の提言
1916年	『独逸経営時代に於ける膠州湾施政の研究』	膠州湾のドイツ植民地政策の詳細な研究
1916年12月1日	「帝国之対支方針私議」	後藤新平が内閣に提出した大陸政策案の基礎資料
1917年	『支那阿片問題解決意見』	アヘン政策の在り方を提言（専売制と漸禁主義）

吉村源太郎経歴一覧

辞令等日付	辞令内容	交付時役職等	出典官報日付等
1875年11月20日	東京府に生まれる		『満洲日日新聞』1910年5月11日
1892年3月	東京府尋常中学校卒業（卒業生総代、答辞を読む）		『日比谷高校百年史・中巻』11頁
1892年9月	第一高等学校入学		『第一高等学校一覧』明治24－26年、140頁
1895年9月	同卒業		『第一高等学校一覧』明治26－29年、201頁
1895年9月	東京帝国大学法科大学入学		『満洲日日新聞』1910年5月11日
1899年7月10日	東京帝国大学法科大学法律学科卒業（4位）		1899年7月12日
1899年7月16日	内務省台湾課属（後に同北海道課属）		『満洲日日新報』1910年5月11日
1899年11月20日	文官高等試験合格（31名中7位）		秦郁彦編『日本官僚制総合事典』179頁
1900年9月17日	任石川県参事官	内務属	1900年9月18日
1901年4月17日	任静岡県参事官	石川県参事官	1901年4月18日
1902年3月4日	任法制局参事官	静岡県参事官	1902年3月5日
1902年6月11日	臨時秩禄処分調査委員被仰付	法制局参事官	1902年6月12日
1903年4月22日	御用有之兵庫長崎熊本三県へ出張ヲ命ズ	法制局参事官	1903年4月23日
1904年2月10日	兼任内閣恩給局審査官	法制局参事官	1904年2月12日
1905年1月30日	政府委員被仰付	法制局参事官	1905年1月31日
1905年4月4日	御用有之台湾へ出張ヲ命ズ	法制局参事官	1905年4月5日
1905年7月12日	御用有之清国福州厦門及英領香港へ被差遣	法制局参事官	1905年7月13日
1907年6月15日	御用有之韓国及満洲へ被差遣	法制局参事官	1907年6月17日
1907年8月9日	御用有之露領浦鹽斯徳へ被差遣	法制局参事官	1907年8月10日
1908年7月24日	任関東都督府参事官	法制局参事官兼内閣恩給局審査官	1908年7月25日

辞令等日付	辞令内容	交付時役職等	出典官報日付等
1909年2月6日	御用有之欧米各国及亜非利加へ被差遣	関東都督府参事官	1909年2月8日
1910年5月5日	兼任関東都督府事務官	関東都督府参事官	1910年5月6日
1910年5月9日	大連民政署長ヲ命ス	関東都督府事務官	1910年5月17日
1911年5月29日	任関東都督府外事総長	関東都督府参事官兼関東都督府事務官	1911年5月30日
1911年5月29日	兼任関東都督府参事官	関東都督府外事総長	1911年5月30日
1912年12月7日	大連民政署長事務取扱ヲ命ス	関東都督府外事総長	1912年12月13日
1913年8月14日	大連民政署長事務取扱ヲ免ス	関東都督府外事総長	1913年8月21日
1914年8月28日	免兼官	関東都督府外事総長兼関東都督府参事官	1914年8月29日
1914年10月5日	文官分限令第11条第1項第4号ニ依リ休職被仰付	関東都督府外事総長	1914年10月6日
1916年11月2日	特旨ヲ以テ位1級被進　叙従4位	正5位勲4等	1916年11月6日
1917年11月1日	拓殖局事務調査ヲ嘱託ス	従4位勲4等	任B00825100
1918年6月20日	手当トシテ金参百円ヲ給与ス	拓殖局嘱託	任B00846100
1918年9月30日	月手当金百円ヲ給与ス	拓殖局嘱託	任B00856100
1919年12月22日	月手当金百二十円ヲ給与ス	拓殖局嘱託（現手当給与以来二年余ヲ経過シタルノミナラス職務励精成績顕著ノ者ニ付頭書ノ通増給ノ御詮議相成度此段及内申候也）	任B00908100
1920年6月5日	弁護士登録（東京弁護士会入会）		1920年6月10日
1920年6月25日	自今月手当ヲ支給セス	拓殖局嘱託（「弁護士ヲ開業」したため「従来ノ如ク日々出勤執務難致ニ付」）	任B00932100
1922年11月12日	拓殖局ノ事務ヲ嘱託ス	従4位勲4等	任B00953100
1923年11月1日	拓殖事務局ノ事務ヲ嘱託ス	従4位勲4等	任B01069100
1924年12月20日	内閣拓殖局ノ事務ヲ嘱託ス	従4位勲4等	任B01225100
1945年8月21日	逝去		柳田國男『炭焼日記』1945年9月11日

吉村源太郎著作・報告書

年　月	著作・報告書	備　考
1917年7月1日	「亜細亜主義に就て」『亜細亜時論』黒龍会	アジア主義に基づいて日中親善を図り、欧米諸国に対抗すべきことを主張。
1917年11月1日	「戦争と英国の国家組織」『亜細亜時論』黒龍会	イギリスの戦時内閣のあり方は、イギリス帝国全体に影響を及ぼす可能性があることを指摘。
1918年7月1日	『英帝国之統一問題』拓殖局	イギリス帝国を構成する自治領の地位を論じ、その帝国としての統一性を保つための政策について論じている。
1918年12月1日	「英吉利の国家統一策」『亜細亜時論』黒龍会	イギリス帝国の統一性を維持するためには、アイルランドやインドなどの王領植民地統治のあり方が重要であると主張。
1919年8月1日	『愛蘭問題』拓殖局	イースター蜂起に代表されるアイルランドの反英意識の源泉を探究。
1920年7月1日	「朝鮮代表を帝国議会に送るの可否」『時潮』7月号	朝鮮代表者を帝国議会へ送ることに反対。
1920年8月1日	『印度統治改革問題』拓殖局	*Repoert on the Indian Constitutional Reform* の要旨とその批評。
1921年3月1日	『印度ノ国民運動』拓殖局	自治運動が活発化するインド情勢に関する論考。1920年11月稿。
1921年3月1日	『英蘇併合論』拓殖局	A.V. Dicey & R.S. Rait 及び Mackimon の論考に依拠して、異民族統治の成功例を論述。
1921年3月1日	『愛蘭革命派とボルシエビキ』拓殖局	独立運動を先鋭化させるシンフェイン党と共産主義勢力との関係を検討。
1921年9月1日	『埃及問題』拓殖局	イギリスの「善政主義」によるエジプト統治の問題点を指摘。
1921年11月1日	「殖民地における国民運動」『外交時報』第409号	植民地における国民運動に対する解決策を提言。
1922年7月1日	「印度統治の前途如何」『外交時報』第425号	インドにおける国民運動の急進化を批判。ガンディーに対する批判的言及。
1922年9月1日	『殖民地ニ対スル立法制度一班』拓殖局	謄写版（手書き）、イギリス、フランス、オランダ、ドイツに関して調査。

年　月	著作・報告書	備　考
1922年11月1日	『愛蘭及埃及問題ニ就テ』 拓殖局	「アイルランド自由国」をめぐる情勢を分析。1922年4月稿。
1923年5月1日	『南阿聯邦論』 拓殖事務局	英＝ボーア交渉は英蘭関係に似ているため『愛蘭問題』及び『英蘇併合論』を参照と叙述。
1923年6月1日	『米国に於ける排日運動史』 拓殖事務局	*Royal Science Quarterly* 第37巻第4号・第5号に掲載の、*Raymond Leslie Buell (Harvard University)* の叙述の抄訳。
1924年4月1日	「英国労働党内閣と印度統治」 『外交時報』第464号	イギリス労働党のインド統治を前途多難なものと言及。
1924年10月25日	『愛蘭境界問題』	アイルランドの南北分断問題を論じた。1924年10月25日稿　謄写版（手書き）、嘱託の仕事かは不明（官庁名なし）。
1927年1月1日	「印度に於ける政情の変遷」 『外交時報』第530号	1919年12月制定のインド統治法以降のインド政情の変化を論じた。
1929年12月1日	「仏国殖民地監督制度」 拓務大臣官房文書課	謄写版（活字）。フランスにおける植民地統治制度を論じた。
1933年6月1日	「印度憲法の将来」 『外交時報』第684号	1933年3月に議会提出されたインド統治法改正案を批判的に検討。

時永浦三経歴一覧

辞令等日付	辞令内容	交付時役職等	出典官報日付等
1884年4月	広島県甲奴郡に生まれる		朝鮮中央経済界編『京城市民名鑑』1922年、63頁
1909年7月1日	東京帝国大学法科大学政治科卒業 同大大学院へ	第一高等学校から	『朝鮮日報』1922年10月30日
1909年11月1日	文官高等試験合格（130名中70位）		秦郁彦編『日本官僚制総合事典』東京大学出版会、2001年、194頁
1910年5月1日	韓国統監府属		『朝鮮日報』1922年10月30日
1910年10月26日	任朝鮮総督府取調局属	韓国統監府属	1910年10月26日
1911年4月27日	任朝鮮総督府取調局事務官	朝鮮総督府取調局属	1911年5月2日
1912年4月1日	平安南道在勤ヲ命ス	朝鮮総督府取調局事務官	1912年4月1日
1912年4月1日	任朝鮮総督府道事務官	従7位	1912年4月6日
1914年8月11日	京畿道在勤ヲ命ス	朝鮮総督府道事務官	1914年8月17日
1916年11月15日	任朝鮮総督府事務官	朝鮮総督府道事務官	1916年11月22日
1916年11月15日	総務局総務課長ヲ命ス	朝鮮総督府事務官	1916年11月22日
1917年10月1日	兼任朝鮮総督府参事官	朝鮮総督府事務官	1917年10月8日
1917年10月1日	内務部第2課長ヲ命ス	朝鮮総督府事務官	1917年10月8日
1917年10月1日	朝鮮総督府済生院庶務課長事務ヲ嘱託ス	朝鮮総督府事務官	1917年10月8日
1918年10月7日	任朝鮮総督府警務官兼朝鮮総督府警視	朝鮮総督府事務官兼参事官	1918年10月14日
1918年10月7日	警務総監部保安課長ヲ命ス	朝鮮総督府警視	1918年10月14日
1919年7月25日	警務総監部高等警察課長事務取扱兼務ヲ命ス	朝鮮総督府警視	1919年8月7日
1919年8月20日	任朝鮮総督府事務官	正6位	1919年8月28日
1919年8月20日	警務局勤務ヲ命ス	朝鮮総督府事務官	1919年8月28日
1919年9月25日	兼任朝鮮総督府参事官	朝鮮総督府事務官	1919年10月3日
1919年11月20日	米国へ出張ヲ命ス	朝鮮総督府事務官	1919年11月22日
1919年11月25日	欧州へモ出張ヲ命ス	朝鮮総督府事務官	1919年11月28日

辞令等日付	辞令内容	交付時役職等	出典官報日付等
1922年1月16日	任朝鮮総督府監察官　叙高等官3等	朝鮮総督府事務官 兼参事官	1922年1月21日
1922年10月16日	任大分県内務部長　叙高等官3等	朝鮮総督府監察官	1922年10月23日
1924年7月23日	任鳥取県内務部長　叙高等官3等	大分県内務部長	1924年7月24日
1924年10月2日	任宮城県内務部長　叙高等官3等	鳥取県内務部長	1924年10月3日
1925年9月16日	任宮崎県知事　叙高等官2等	宮城県書記官	1925年9月17日
1926年9月28日	任佐賀県知事　叙高等官2等	宮崎県知事	1926年9月29日
1929年2月7日	逝去		『東京朝日新聞』 1929年2月8日
1929年2月7日	叙従4位	正5位勲4等	1929年2月13日
1929年2月9日	特旨ヲ以テ位1級追陞セラル	故休職佐賀県知事 正5位勲4等	1929年2月13日

時永浦三著作・報告書

年　月	著作・報告書	備　考
1921年9月1日	「米国ニ於ケル独立運動ニ関スル調査報告書」朝鮮総督府警務局	アメリカにおける朝鮮独立運動の動向をアイルランド独立運動と比較し、共通点と相違点を分析。
1921年7月1日	『愛蘭問題』 朝鮮総督府	イギリスによるアイルランド統治を敵視的に分析・批判。
1921年6月・8月	「欧米を視察して（其一）・（其二）」 『朝鮮及満洲』第22巻165号・166号	欧米出張での見聞を基に、日本の朝鮮統治に関して英米との比較を行い、その正当性を主張。
1921年11月・12月	「愛蘭問題と朝鮮」 『警務彙報』1921年11月号・12月号	イギリスのアイルランド統治と日本の植民地統治との相違を強調。
1921年12月・ 1922年1月	「愛蘭問題に就て」『金融と経済』 1921年12月号・1922年1月号	「愛蘭問題と朝鮮」『警務彙報』1921年11月号・12月号の要約版。
1922年2月1日	「愛蘭問題と朝鮮」 『朝鮮及満洲』第23巻171号	「愛蘭問題と朝鮮」『警務彙報』1921年11月号・12月号の要約版。
1922年3月・4月	「米国に於ける青年に対する社会教練の趨勢（一）・（二）」『警務彙報』	アメリカにおける青年教育についての見聞記録。
1924年1月1日	『詔書奉体ノ綱領ニ就テ――大分県内務部長時永浦三講演――』 大分県社会課	「國民精神作興ニ関スル詔書」を県民に周知徹底するために行った講演会の内容記録。
1924年9月1日	『大分県の一年有半記念講演集』	大分県内務部長時代に行った宗教、教育、農村問題などの重要問題についての講演記録集。

志賀潔とロックフェラー財団
――京城帝国大学医学部長時代の植民地朝鮮の医療衛生改革構想を中心に――

松田利彦

はじめに

一九二〇年代後半、植民地朝鮮において京城帝国大学医学部長・志賀潔は、アメリカのロックフェラー財団と数次にわたる交渉を重ねていた。直接的には京城帝大医学部・朝鮮総督府医院への援助を求める交渉だったが、それにとどまらず、植民地朝鮮にアメリカ式医学を導入し公衆衛生教育・研究体制を改革することを視野に入れていた。この事実は今日ほとんど知られていないが、第一次世界大戦後における国際衛生秩序の形成やアメリカ医学の台頭といった世界の動向に、植民地朝鮮がどのように対応しようとしたかを示してくれる興味深い実例であろう。いいかえれば、これまであまり意識されてこなかった西欧世界の知と植民地帝国日本との関わりという問題に切り込む素材となりうる。

さて、帝国主義諸国による植民地統治において、医療衛生が現地住民との重要な回路を形成する役割を果たしたことは、近年とみに注目されている。植民地帝国日本の場合も、西洋医学の知による植民地社会の医療衛生体系の組み替えに関して次第に研究成果が蓄積されつつある(1)。では、日本が植民地に扶植しようとした西洋医学とは具体的にどのようなものだったのか。通常それは日本の近代医学に圧倒的影響を及ぼしたドイツ医学と考えられている。[2]内務省衛生局長をつとめ、民政局長・民政長官として初期台湾統治の基礎を確立した後藤新平が、ドイツに留学し国家の統治技術として衛生を理解していたことはそれを端的に示す。実際、植民地朝鮮における近代医学導入にまつわる歴史叙述は、朝鮮総督府を中心とする日本式ドイツ医学と在朝鮮宣教師系列のアメリカ式医学を対比的にとらえてきたし、[3]それはかなりの部分で実態を反映してもいる。本稿の主人公たる志賀潔についても、ドイツ医学の植民地への扶植をはかった代表的人物とされてきた。[4]

しかし、本稿で問題にする一九二〇年代については、これと異なる潮流も生じていた。すなわち、第一次世界大戦の結果、ドイツは敗戦国となり、他方で、新興大国の日本やアメリカが国際秩序の形成に大きな発言権をもつようになった。医学の分野においても、臨床を重視するアメリカ医学が実験を重視するドイツ医学を凌駕し、病原性微生物学やワクチン・抗生剤の開発や栄養学、心臓病学などでめざましい成果をあげることになった。[5]もとより、東アジアにこうした医学の国際的潮流がどの程度浸透したかには、国・地域によって大きな差がある。中国は、ロックフェラー財団による北京協和医学校 Union Medical College の支援や京師警察庁試騐公共衛生事務所の設立などによってアメリカ式医学に通じた人材を育成し、その影響力は戦後にまで及んだ。また南京国民政府期（一九二七〜三七年）には、国際検疫体制への参入をもとめる外圧を欧米から受けながら、国際連盟やロックフェラー財団の援助のもと、全国的な衛生行政システムを整備した。[6]

これに対して日本では、中国に匹敵する転換は生じなかった。日本は、第一次大戦後、国際連盟保健機関（一九二三年常設化）に加盟する（二六年）など、国際衛生秩序に積極的に関与してはいた。[7]しかし、ドイツ医学からアメリカ医学へという世界的な潮流の変化に機敏に対応したわけではなかった。ロックフェラー財団と日本の関係に限定しても、これまでの研究では、財団の支援による東京の公衆衛生院の設置をめぐる紆余曲折や、聖路加病院における看護教育改革への財団の援助、アメリカへの日本人医学者の留学などが断片的に取りあげられてきたに過ぎず、その評価も必ずしも高くはない[8]。まして、植民地朝鮮へのロックフェラー財団の働きかけとなると、ほぼ研究者の関心の対象外に置かれてきた[9]。そのために、朝鮮半島におけるアメリカ医学への本格的な転換は、解放後の米軍政庁による韓国人医師一〇人のアメリカ派遣（一九四五年一一月～四六年）や米国ミネソタ大学とソウル大学校との協定にもとづき行われた人的交流プログラム（ミネソタプロジェクト。一九五四～六一年）などを起点とするのが一般的な理解となっている[10]。

筆者は、最近、ロックフェラー・アーカイブセンターでの調査を通じて、一九二〇年代半ば、植民地朝鮮において、志賀潔を中心にアメリカ式医学への転換を図ろうとする動きがあったことを知った。これを明らかにすることで、植民地朝鮮の医療衛生政策のグランドデザインをめぐる知られざる一面を照らしだすことができるだろう。

一　前史――ロックフェラー財団とセブランス医学専門学校――

アメリカの代表的フィランソロピー組織であるロックフェラー財団は、一九一三年にニューヨークで設立された。石油王ロックフェラー（一世）John D. Rockefeller が一九〇一年に設立したロックフェラー医学研究所 Rockefeller Institute for Medical Research を前身とする。財団が援助対象として特に重視したのは、公衆衛生の普及と医学教育の革新だった。前者については、一九〇九年にアメリカ南部で鉤虫病撲滅キャンペーンをくり広げ、地域の衛生機関との協力関係を作りながら公衆衛生の観念の普及につとめた。また、後者については、財団の援助によるジョンズ・ホプキンス大学の教育システムの改革――臨床教育を内科・外科の医師の管理下で教育用の病院において行う「専任勤務制」の採用、アメリカ初の衛生大学院の設置など――が、初期の代表的事業として知られる[11]。同大学はドイツ医学からアメリカ医学を分岐させ確立させるのに先導的役割を担った。

ロックフェラー財団は、このような公衆衛生活動と医学教育システムの改革を海外でも展開していく。一九一三年に設立された財団の国際保健委員会International Health Commission（一九一六年に国際保健部International Health Boardに改称）は、ヨーロッパや南米などで公衆衛生事業を展開した。さらに同財団は、アメリカの巨大財団の中でもいち早くアジア地域への関与をはじめていた。中国では、中国医療財団China Medical Boardが一九一四年に置かれ、先述のように北京協和医学校を拠点に公衆衛生・看護の人材の育成をおこなった。

それでは、ロックフェラー財団と朝鮮の関わりはどのように始まったのか。朝鮮への西洋的知の伝播においては、朝鮮開港以後、独自の勢力を形成してきた北米宣教師団による活動が大きな役割を果たした。併合間もない時期からはじまったロックフェラー財団と朝鮮の関わりを最初に媒介したのも、朝鮮にいたアメリカ人宣教師だった。

もっとも早い事例としては、一九一二年、光州愛生院を経営していたウィルソンRobert M. Wilsonが、朝鮮総督府と合同でハンセン病治療施設を設ける事業についてロックフェラー財団に諮った。ただし、この事業は実現していない[12]。ついで一九一四年になると、各派宣教師団の連合医療教育機関たるセブランス医学校の学長・エヴィソンOliver R. Avisonが、財団関係者と会見し援助を求めた[13]。エヴィソンは、このとき、財団の事業に関心をもっていること、従来セブランス医学校が韓国統監府・朝鮮総督府と良好な関係を保ってきたものの、総督府の医学校（総督府医院附属医学講習所。後の京城医学専門学校）と宣教師系医学校が競合していることを訴えた。エヴィソンの要請もあり、一九一五年二月から三月にかけ、財団の国際保健委員会は、朝鮮の地方衛生状況の調査を実施している[14]。

一九一五年九月には、ロックフェラー財団はセブランス医学校支援について報告書をまとめている。そこでは、朝鮮人の医学的・衛生学的・栄養学的問題の調査にセブランス医学校が取り組むために、組織学・病理学を担当する外国人医師の人材が必要であるとした。また、中国や日本に医学研究所を設ける動きがあらわれているが、朝鮮で研究所の設置ができそうなのは唯一セブランスのみだと評価した[15]。翌一九一六年には、財団の国際保健部極東部門担当理事のハイザー Victor G. Heiser が財団理事として初めて朝鮮を訪問し、京城・光州・大田などの医療施設を視察した[16]。

しかし、一九二〇年代に入ると状況は大きく変わった。ロックフェラー財団のセブランス医学専門学校（セブランス医学校は一九一七年にセブランス連合医学専門学校となった。以下、セブランス医学専門学校またはセブランス医専と表記）に対する好意的評価に、陰りが生じたのである。一九一九年の三・一運動における過酷な朝鮮人弾圧を宣教師や国際社会が注視していることを認識した朝鮮総督府は、この時期、欧米の視線を意識しつつ在朝鮮欧米人や宣教師に対して融和・懐柔政策を取りはじめた[17]。それは、財団側からみれば、朝鮮総督府が新たに提携可能な交渉相手として現れ、宣教師系医療機関と比較しながら援助効果を推し量れるようになったことを意味する。

一九二三年六月、ロックフェラー財団医学教育部（Division of Medical Education。一九一九年設立）部長のピアース Richard M. Pearce が朝鮮を訪れている。そして、セブランス医専についてエヴィソンから、京城医専について当時校長だった志賀潔から、それぞれ話を聞き両校を視察した。ピアースの結論は京城医専に軍配を上げるものだった。「セブランス学校が総督府との間に抱えている困難に鑑みれば、日本の学校が最終的には朝鮮の医学教育を支配する可能性が非常に高い」と見たのである[18]。

ついで一九二四年五月にハイザーが朝鮮を再訪した。ハイザーは、朝鮮総督府警務局衛生課長の石川登盛、同課技師の西亀三圭、京城医学専門学校教授の綿引朝光から歓待を受けた。ハイザーは、総督府医院や京城医学専門学校を視察し、総督府の衛生事業が「よく整備されている（well organized）」と賞賛している。また、京城帝国大学が建設中であること、志賀潔が医学部長に就任する予定だとのことも知った（ただし志賀はこの時、後述する欧米の大学・研究機関視察のため外遊中でありハイザーには会っていない[19]）。

対して、セブランス医専についてのハイザーの評価は否定的だった。狭小な敷地、維持費の困窮などの問題を見てとったのである。それらの問題に立ち向かっている学校関係者の姿には感銘を覚えながらも、京城医専の方がセブランスより「ずっと優れた施設」だとの評価を下さざるをえなかった。総督府から私立セブランス連合医学専門学校としての認可を受けた（一九一七年）ことを誇らしく語る関係者に、日本の大学基準を満たしているのかと質問を投げかけたが、回答がなかったとも記している[20]。翌年ハイザーが下した結論は、セブランス校長のエヴィソンはロックフェラー財団からの支援を常習的に求めているが、その要請は通常政府を通じてのみ行うタイプの援助であるというものだった。財団からセブランス医専への直接援助を否定したのである。また、ハイザーによれば、ピアース財団医学教育部長もいかなる援助も勧めなかったとしている[21]。

この前後の時期には、セブランス医専校長のエヴィソン以外にも、同校の教員からロックフェラー財団に援助要請がいくつかなされている。金昌世（公衆衛生学）によるフェローシップ（研究奨学金）の要請（一九二三年一二月。後述）、マンスフィールド T. D. Mansfield（解剖学）のフェローシップ要請（二四年九月）、ブーツ J. L. Boots（歯科）によるセブランス医専歯科部門強化のための援助要請（二六年九月、二七年六月）、ファウンド N. Found（内科）によるフェローシップ要請（二七年三月）など、セブランス医専に在籍したアメリカ人教員によるフェローシップを求めるものが多い[22]。しかし、財団はこれらも門前払いした。ピアースが、他の財団関係者と合意しているところでは、「セブランス学校のアメリカ人にフェローシップを与えるべきではない［中略］医学教育の問題は日本人に委ねるべきだ」「将来、日本当局によってなされたものでなければ朝鮮からの［フェローシップの──引用者］申請は認めないつもりだ」といった方針が出されている[23]。一九二七年には、朝鮮の「セブランスや他のミッションスクールにはフェローシップは与えられない」ことがニューヨーク本部の会議で確認された[24]。財団は、朝鮮人やアメリカ人からの援助要請への対応の中で、逆に援助の窓口を日本に一本化する方針を固めてしまったのである。これによって、ロックフェラー財団においては、在朝鮮アメリカ人はフェローシップ対象から排除され、朝鮮人も日本の公的機関を通じてしか援助を得られないという枠組みが作られていった。この背景には、医療機関・医学者養成機関としての規模・資金・公的権力の後ろ盾の有無といった要素において、総督府医院や京城医専がセブランス医専より上位にあると財団幹部の目に映ったことが、大きな要因だろう[25]。

このように、一九二〇年代半ばから朝鮮総督府は、宣教師系医療機関との競合において、ロックフェラー財団からの援助を受ける対象として優位に立ちつつあった。かくして、総督府系医療機関への援助は、セブランス医専に対する排除と一体の構想として浮上してくる。

二　志賀潔と国際衛生ネットワーク

一九二〇年代半ば頃から本格化するロックフェラー財団と朝鮮総督府の交渉の中心となったのが、赤痢菌の発見（一八九七年）で著名な細菌学者・志賀潔（一八七一～一九五七年）である。もともと、北里柴三郎が所長をつとめる伝染病研究所（一九一五年北里研究所となる）の部長だった志賀は、一九二〇年、朝鮮に赴任し、朝鮮総督府医院長兼京城医学専門学校長をつとめた。京城帝国大学の創設においては、創設委員の一人として特に医学部の教員人事を差配している。そして、一九二六年五月、京城帝国大学が開学すると同医学部長、ついで一九二九年に京城帝国大学総長に就任した。一九三一年に総長を辞任するまで、植民地朝鮮で一〇余年にわたり医療衛生関係の重職を歴任したのである。

朝鮮時代の志賀について、詳細はすでに発表した別稿に譲るが[26]、志賀は朝鮮において西洋医学の普及を重視し朝鮮人医学者の育成に力を入れた反面、伝統的な韓医学の従事者（医生）に対しては一方的な教化対象と見なした。京城医専校長時代のいわゆる久保事件（一九二一年）をめぐる学生への対応に見られるように、三・一運動後、澎湃として起こった朝鮮人の民族感情に理解を示したともいいがたい。自らを西洋医学伝道のエージェントと考え、被植民地民族の医育に対して熱心な人道主義的な一面を見せる反面、彼らの置かれた政治的条件の改善には関心をもたないというあり方は、植民地に赴いた日本人の医学者に典型的に見られた姿勢の一つだった。[27]また、その医学研究も植民地支配とは無関係ではありえなかった。京城帝国大学時代に注力したハンセン病研究は、欧米人宣教師と朝鮮総督府の医療をめぐるヘゲモニー競争という文脈の中に置かれていた。

志賀はまた、国粋主義と国際主義という点でも二面性を示した。志賀は、強い愛国心と天皇崇拝の精神を抱いていた。他方で、自己の学問が西欧世界の知に淵源をもち、常にその動向に敏感でなければならないことも十分に認識していた。志賀は、当時の日本人医学者の中でも国際的活躍の際立つ一人だった。

朝鮮赴任前の二度のドイツ留学（一九〇一〜一九〇五、一二〜一三年）やいくつかの国際会議への出席（〇六年フィリピン群島医学会、〇九年ボンベイ医学会議〈インド〉、一二年極東熱帯医学会〈香港〉、同年の国際結核会議〈ローマ〉）などはいうまでもない。ロックフェラー財団関係者にも知己をもっている。すなわち、一八九九年、ジョンズ・ホプキンス大学病理学教授で後にロックフェラー医学研究所長となるフレクスナー Simon Flexner が、赤痢菌についての知見を求め、伝染病研究所に志賀を訪問したのである。[28]志賀も、ドイツ留学からの帰途、一九〇四年末にニューヨークのロックフェラー研究所にフレクスナーを訪ね、一二年の細菌生物学会（ベルリン）でも再会している。[29]二人は後々まで親交を結ぶことになる。

本稿との関わりで特に重要なのは、志賀が、朝鮮赴任時代、第一次世界大戦後の国際衛生機構と積極的に関わり、欧米に広く人脈を築いていたという点である。

まず赤痢血清の国際標準化の事業があげられる。赤痢血清は従来、各国で統一されておらず、一九二一年以来、国際連盟主催の赤痢血清委員会で統一化にむけて検討が重ねられていた。同年、ジュネーブの国際連盟臨時保健委員会（一九二三年に常設化され国際連盟保健機関となる）は赤痢血清調査を北里研究所に委託したが、調査主任となったのが当時総督府医院長だった志賀である。[30] 志賀は、国際連盟からの研究費を受けて赤痢検定法の研究をすすめ、一九二三年六月には国際連盟保健機関保健委員会議長のマドセン Thorvald Madsen（デンマーク国立血清研究所長）に報告書を提出した。[31] 翌一九二四年九月には、マドセンの招聘により国際連盟保健委員会主催の赤痢血清標準会議（ジュネーブ）に出席している。なお、赤痢血清標準会議への出席に際し、志賀は斎藤総督に「小生は責任重大」と書簡で述べ、斎藤も志賀に多大の餞別を贈っている。[32] 同会議の結果、赤痢抗毒性検定には志賀菌毒素のみを用いること、赤痢血清はコペンハーゲンの国立血清研究所で製造するものを標準血清とすることなどが取り決められた。[33] 国際的懸案の解決という重役を果たした志賀は、帰国後の内務大臣宛報告書で、「列国ノ間ニ於テ我帝国ノ名誉ヲ揚ゲ国威ヲ高メントシテ努力シタルヲ誇ルモノニ候」と述べた。[34] 志賀にとって、国際的医学者として西欧の知とたえず交流を持つことと、国家を背負った学者として日本（あるいは日本帝国）の威信を高めることとの間に矛盾はなかった。

この赤痢血清標準会議に参加した後、同年九月、ローザンヌで万国連合結核会議に出席した。国際連盟保健機関日本代表の鶴見三三とはかり、結核の早期診断・早期治療に関する意見書を会議に提出し可決された。[35]

このような海外での活動のかたわら、志賀は各国から訪れる国際衛生活動の関係者への応対にもあたった。一九二三年三月には、国際連盟調査員ホワイト Norman White の極東重要港調査において朝鮮視察の案内役をつとめた。ホワイトは国際検疫体制をアジアに拡大するため日本・朝鮮・台湾を含む各地の衛生状態と重要港の検疫体制を調査したが、朝鮮（釜山・京城）からハルビンまで志賀が付き添った。[36] ホワイトの報告書を受けた国際連盟保健機関の決議により、世界各地の伝染病情報の交換と学術研究のために国際連盟極東支部シンガポール伝染病情報局が設けられることになるが（一九二五年四月より情報交換開始）、それに先立ち志賀は、同情報局日本代表に情報提供をしようともしている[37]。

さらに一九二五年一一月、国際連盟衛生技術官交換会議のメンバーを朝鮮に迎え、朝鮮の衛生事情を総督府の立場から説明することにつとめた。この会議は衛生担当実務官僚の国際的交流の場であり、この年は日本で開かれた。国際連盟保健機関保健部長ライヒマン Ludwick W. Rajchman と一八名の各国衛生官僚が参加したが、一行は朝鮮も一週間にわたり視察し、総督府医院、獣疫血清製造所、セブランス病院、赤十字病院などを見て回った[38]。このとき一〇月二八日、志賀は自らが院長をつとめる総督府医院でライヒマンらと会談し、小児栄養問題、腸チフス予防法、赤痢血清療法、マラリア問題、国際連盟と日本研究者の協力など多岐にわたる意見交換をした。ライヒマンらは志賀との会見を「もっとも多大な教示を受けた一日」と評し、「志賀教授の設立した研究・教育センター」（総督府医院および京城医学専門学校のことか）の公衆衛生活動を高く評価し、志賀の「偉大な権威（great authority）」が高水準の事業を支えていると、賛辞を惜しまなかった[39]。

第一次世界大戦後、東アジアに拡大してきた国際連盟を中心とする国際医療衛生ネットワークの形成は朝鮮総督府にとっても対応すべき課題となっていた[40]。志賀は、医学者としてそれに積極的に協力したのだった[41]。無論、アメリカは国際連盟には加盟しておらず、国際医療衛生ネットワークとも表向き距離をおいていた。しかし、それを補うが如く、ロックフェラー財団が前述の国際連盟衛生技術官交換会議、シンガポール伝染病情報局なども含め、国際連盟の保健衛生事業に多大の財政的援助を行っていた。志賀の国際連盟への協力は直接にアメリカ医学との交流を意味しなかったものの、志賀を国際衛生ネットワークと結びつけるとともに、朝鮮――ないしは日本帝国――における国際派の医学者としてその名を欧米の医学者に印象づけることになったとは言えるだろう[42]。

こののちロックフェラー財団が植民地朝鮮に接近していったとき、志賀に全幅の信頼を寄せたことは、こうした志賀の国際的活動を抜きにしては考えられない。

三　ロックフェラー財団の京城帝国大学医学部への援助計画

(1)　志賀潔の京城帝大医学部構想

一九二〇年代後半になるとロックフェラー財団と志賀は急接近した。ロックフェラー財団はその支援を通じてアメリカ医学の影響を日本帝国に及ぼすために、志賀は、植民地朝鮮の医療研究・教育体制を改革するために、互いが互いに必要性を見出したのである。

まず、ロックフェラー財団の側の認識は、ピアース（財団医学教育部長）が一九二一年に作成した日本の医学についてのレポートに端的に表れている。そこでは、中国の病院や医学校の多くの医師が日本でドイツ流日本医学の教育を受けてきたために、欧米留学組と軋轢を生じているととらえられていた(43)。中国を含む東アジアの枠組みで医療改革を構想し、その文脈から日本でアメリカ医学を普及させることが重要だと考えたのである。そして、財団の日米医学交通委員会（一九一六年設立）が、一九二三年に有力な日本の代表的な医学者五名を北米に派遣したことは、「ドイツから圧倒的な影響を受けていた医学界が、北米の実践的医学に目を向ける契機(44)」となった。また、同じ一九二三年、ロックフェラー財団は、関東大震災後の復興援助の一部として、公衆衛生専門家の育成・訓練機関（後の国立公衆衛生院）の設立について、日本政府に非公式に打診したことも知られている。

他方、志賀の側にもアメリカ医学への強い関心があった。三・一運動後、朝鮮総督府は、朝鮮に大学を新設する議論を本格化させ、一九二三年一一月、朝鮮帝国大学創設委員会を設けた。大学の具体的な学部や講座の編成について審議したこの委員会において、中心人物となったのは服部宇之吉（東京帝大文科教授）と志賀であった(45)。

志賀は、一九二四年五月から、朝鮮での大学設立のために欧米の大学・研究機関の視察の途に発った[46]。先述の国際連盟の赤痢血清標準会議（九月）に出席したのもこの時である。すなわち、志賀は、総督府からは大学創立のための視察という辞令を、外務省からは赤痢血清標準会議参列という辞令の両方を受けていた。国際連盟の国際衛生活動にかかわると同時に、植民地朝鮮初の大学の設計という使命も帯びていたのである。ともあれ、志賀はこの欧米視察において一〇を超える大学や研究所を見て回り、大学構想を具体化させた。それは一言で言えば、アメリカ式の基礎医学と臨床医学の接近という構想だった。志賀は、視察を以下のように総括している[47]。

一、日本の医学は従来独逸のみを見て他を顧みなかつた弊が今日に至つて現はれて居る。基礎医学と臨床医学とは余りに柵を堅くし過ぎた弊が見へる。故に基礎と臨床と相接近することが必要で、相提携するやうに努むべきを痛切に感ずる。例へば英米にて医家心理学とか、予防医学とか、労働生理学とか、臨床病理学とか云ふ科目を課して居るのは正しく基礎医学の実地応用である。

二、之と同じく臨床医家も其貴重なる患者に就ては真面目に研究的観察を怠たつてはならぬ。基礎医学者の試験動物よりはモツト貴重なる研究材料であるから、一人の患者をも見逃さぬように為さねばならぬ。

三、病理解剖には精細に記載せられた患者の病歴を附けて送るは勿論、主治医の立会ふは言ふまでもなく臨床家と病理学者と協同して研究すれば、此材料は最も有益なるものとして取扱はれ又新たなる研究も起る訳である。〔以下、四～六は省略〕

ドイツ医学の限界を直視し、基礎医学と臨床医学の垣根を取りはらうという考えが語られている。この着想は、米国ニューヨークで旧友のロックフェラー医学研究所のフレクスナーと会ったことによって固められた。先述のように、志賀は一八九九年のフレクスナー来日以来、親交を結んでいた。ロックフェラー医学研究所への訪問はほんの短時間だったが、志賀が「独逸風のシステム」を改め「米国の新施設に従ふて改革せん」との意を語ると、フレクスナーも「然り、レフォルメーションなりレフォルメーションなり」と賛意を示したという[48]。かくして、志賀は「アメリカの大学に臨床病理学、労働生理学、医心理学などの独立の教室を持つのは、基礎と実地を結ぶものとして大いに余の意を得たり」として、「余は京城の新らしい大学に米国流の新施設をとりいれて改革せん」と考えた[49]。フレクスナーも、志賀が新大学の建設に意欲を持っていることを印象深く脳裏に刻んだ。志賀の帰国後、「ソウルに戻り医学校にかかわるあなたの重要な任務を再開しているに違いない」と手紙を送っている[50]。

また、一九二五年の国際連盟衛生技術官交換会議の参加者による朝鮮視察（先述）において、志賀は、応用医学の説明に力点を置いた。日本内地ではどこでも学理研究ばかりを聞かされ辟易していたライヒマンは、朝鮮では「今日は始めて実際的医学研究を観て嬉しかつた」と賞賛した[51]。

以上のように、少なくとも一九二〇年代半ばの一時期、志賀が、いわゆる「研究室医学」の性格の強いドイツ医学[52]を批判的に見ながら、アメリカ医学に着目していたことは疑いない。志賀のとらえたアメリカ医学とは、基礎医学のみならず「実際的医学研究」を重視し、基礎と臨床の結びつきを体現した医学のあり方にほかならない。

この背景を、より大きな世界的な医学の転換という文脈から考えておこう。明治日本が近代的医療制度を整備していた一八七〇年代以降の時期は、コッホ Robert Koch らの活躍によって細菌学が医学の中心的位置を占めつつあった時期と重なる。細菌学は、二〇世紀初頭まで、感染症の原因菌を突き止め血清療法を開発することで当時の医学の花形となった。志賀の赤痢菌の発見（一八九七年）もこのような世界的潮流の末尾に連なるものだった。しかし、主要な感染症の病原細菌の発見が一段落すると、細菌学者の関心の一部は、次第に感染症を引きおこす社会的要因の抑制——すなわち予防医学・公衆衛生学——へと移っていく[53]。志賀は、朝鮮在任期において、ハンセン病菌の純粋培養を最重要課題としたように伝統的な細菌学者のスタイルを守りつづけていた。しかしその一方で、一九二〇〜二一年の朝鮮におけるコレラや天然痘の流行に対応したり、二八年、京城で腸チフスが流行した際に上水道原因説を唱え京城府当局の責任を追及したりしたように[54]、公衆衛生問題についての活動・発言も多い。そこには、もちろん朝鮮総督府医院長として朝鮮社会の衛生改善を実地に担う立場にあったことも関わっていよう。しかしそればかりでなく、上述のような世界的な医学の潮目の変化を志賀が把握していたことも関わっていると思われる。実験室での細菌学研究から社会全体の衛生改善へという道は、志賀の師である北里柴三郎も辿った道だった[55]。

もっとも、この頃には固まっていたと思われる京城帝国大学医学部の講座編成には、志賀独自の構想は――予算的制約や大学創設委員の中心となった服部宇之吉との力関係などが原因と思われるが――部分的にしか反映されていない[56]。志賀の構想していた衛生学・予防医学講座は創立二年次(一九二七年度)に開設されている(「予防医学」を冠した講座が開設されたのは恐らく日本帝国内の大学では初めてと思われる[57])。とはいえ、その構想にあった「臨床病理学、労働生理学、医心理学」等の講座は日の目を見なかったのである。志賀にとって、外部の資金を導入してでも、京城帝国大学医学部を自分の理想にふさわしい姿に改革していくことは喫緊の課題になっていたのである。

(2) ロックフェラー財団と志賀潔の交渉

①グラントと金昌世・志賀の接触

志賀とロックフェラー財団の接近のきっかけを作ったのは、意外なことに一人のエリート朝鮮人医学者だった。その人物は金昌世(一八九三~一九三四年)。一九一六年にセブランス医学校を卒業し、一九一九年の三・一独立運動後に上海でつくられた大韓民国臨時政府の支援にも関わった。一九二〇年米国に渡り公衆衛生学をまなび、一九二五年ジョンズ・ホプキンス大学で公衆衛生学の学位を取得した。同年朝鮮に帰国、セブランス医学専門学校で細菌学・衛生学教室をつくり、その助教授に就任する。朝鮮民族の肉体改造を通じた近代国家を構想する民族主義者の一面をもち、朝鮮総督府への官職就任は民族への裏切りになるとして拒んでいた。その一方で、総督府警務局から非公式の衛生顧問に就任することを求められ承諾してもいる[58]。先述のように一九二四年にロックフェラー財団理事のハイザーが朝鮮を訪問し主に総督府衛生官僚と会談したが、金もこの席に加わっている。

さて、一九二六年九月、志賀はロックフェラー財団系の協和医学校で開催される「支那医学会」（the 18th Biennial Conference of the China Medical Association）に出席するため、北京に向かった。その車中、金昌世は志賀と同席することになり知遇を得た。金は、志賀と知りあえたことは「とてつもない機会」であり、「会期中志賀の秘書に公式的に任命」されたと述べた、と財団の文書には記録されている[59]。金は、北京で財団傘下の中国医療財団の中国駐在主任グリーン Roger S. Greene と中国代表グラント John B. Grant に会い、窮状を訴えた。第一節で前述したように、金は一九二三年にも財団にフェローシップを求めたことがあった。今回は、個人研究（朝鮮人の代謝研究への支援）とセブランス医専への援助を求めた。しかし、財団が個人研究には支援をしておらず、セブランス医専への支援についてはすでにその選択肢を消去していたこと（前述）から、いずれも実現しなかった[60]。

しかるに、金昌世が朝鮮の公衆衛生改革については、「部分的には志賀を代弁している[61]」と述べたことは、結果的にロックフェラー財団が、志賀の朝鮮医療衛生改革構想に関心を抱くきっかけをつくった。財団は金の援助要請には顧慮しなかったが、志賀への協力には前向きに応じようとしたのである。一方、志賀の側も、この「支那医学会」で、ロックフェラー財団による中国の衛生改革事業を知って感銘を受け、「其の企てたる事業と云ふものは最も時機に適当したるもの」と賞賛していた[62]。こうして、志賀と財団幹部の顔合わせが実現することになる。財団は、前述したように、朝鮮での援助対象からセブランス医専を外し、日本の公的機関への援助に絞る方針を固めつつあったから、総督府医院長・京城医専校長の座にあった志賀は理想的な交渉相手だった。

志賀が朝鮮に帰る直前の一九二六年九月九日、北京で、ロックフェラー財団中国医療財団代表のグラントとの交渉が実現した。一時間ほどの会談だったという。[63] 志賀は、「アメリカが生化学と公衆衛生を主導していることを認める」と率直に述べ、経済三等国の日本が一流の医学プログラムを自助努力で実現するのは難しいと吐露した（p.3）。グラントと志賀のやりとりから、以下のような構想がおぼろげながら形を見せはじめた。

第一は、公衆衛生実務者の育成である。志賀は、二千万人の朝鮮人に十分な衛生事業を行うことができておらず、朝鮮人の衛生官僚の育成が必要だとした。これに対しグラントは、京城帝大医学部（この年五月に開学）に最先端の学科を作り、次いで大学院を付設することで衛生官僚を育成することを提案した（p.2）。

第二は、中核的研究者の米国留学である。志賀は、今後の朝鮮の公衆衛生事業の有望な担い手として綿引朝光の名をあげた。グラント側も、「最初のステップは綿引を一年間海外留学させ現代的な公衆衛生教育と保健行政を学ばせること」であり、綿引が朝鮮に帰国したら衛生教育についての計画と衛生改善五ヶ年計画を作らせてはどうか、と提案した（p.2）。綿引は、一九〇〇年に日本で医術開業試験に合格した後、〇一年に米ロサンゼルスで個人病院を開業し日本人会病院長になり、また、〇四年～〇五年には米ペンシルバニア大学細菌学研究室などで助手をつとめた。日本帰国後、一九一一年に東京慈恵会医院医学専門学校・北里研究所を経て、二〇年京城医専教授、二六年からは京城帝大医学部教授として衛生学・予防医学講座を担任した。アメリカでの研究・開業経験があり衛生学を専門とした綿引は、アメリカ式公衆衛生学を受容し広める格好の受け皿と見なされたのである。なお、綿引は、京城帝大開学に先立ち、京城帝大医学部の設立準備委員となり、志賀の片腕として、国内外の大学を調査したともいう。[64]

第三は、先進的研究施設の設立である。グラントは、先述のように衛生官僚の育成のために京城帝国大学に最先端の学科と大学院をつくることを提案した。将来的には京城帝大がロンドン衛生熱帯医学大学院London School of Hygiene and Tropical Medicine などとの連繫を担うことを期待してもいる（p.2）。志賀は、自分の構想では、栄養学の研究所を設立して「京城帝大医学部の教育と研究の中核として活用したい」、ゆくゆくは独立した衛生大学院の設立につなげたいと語った（p.4）。志賀は、ロックフェラー財団の中国医療事業における最大の拠点だった北京協和医学校に言及しながら、臨床研究所を設置したならば同校のように効率的な運営が図れるだろうとも述べている。(65)

いくつかの点でこの最初の交渉は、ロックフェラー財団が世界的に公衆衛生事業を普及させる際にとっていた基本的な行動原理に沿っていたことが見てとれる。まず、会談で提起された人材の育成や研究所の設立は、財団が公衆衛生事業を展開する際の典型的な手法だった。(66)志賀も財団の援助手法をある程度理解した上で交渉していたのだろう。

また、援助対象地域の性格が考慮されたことも、ロックフェラー財団の多くの援助に共通している。朝鮮について、グラントは比較的大きな人口規模を有していること、中央集権的で安定した統治機構があること、朝鮮での医学改善は日本本国にも影響をもたらすことなどの点で「近代的医学がすでに確立されて久しい国々の潮流を実現させるまたとない条件が揃っている」と評価していた。(67)朝鮮総督府の独裁的権力が安定的な統治の保証と映ったのはいささか皮肉ではある。いずれにせよ、財団は医療衛生事業を展開するとき、現地政府や住民に対して目に見える効果（demonstration）を重視していたが、(68)その点、多くの人口を抱え総督府の統治が行きわたっている朝鮮は申し分ないとグラントの目には映ったのである。

さらに現地側のエージェントの資質を重視したことも、ロックフェラー財団の援助の特徴である。この点、グラントを含め財団関係者の志賀に対する信頼には、すでに深いものがあった。グラントは志賀に会うのは四度目だとしており（これ以前いつ会ったかは不明）、財団本部のハイザーと志賀の親密な関係もこの会見の支えになったと述べている（p.5）。

以上のような条件を考慮すると、志賀とロックフェラー財団の交渉はまずまず順調な滑り出しを見せたと言ってよい。財団本部では、ピアース医学教育部長が、中国駐在主任グリーンと会談し、日本本国では帝国大学を通じての医療改革が難しいという意見で一致したあと、グリーンから「朝鮮の医学校が日本全体に影響を及ぼしうる淵源となるかもしれないという重要な指摘」を受け、日記に書きとどめている[69]。ドイツ医学の影響が圧倒的で、東京帝大系と北里系の派閥対立も根深い日本本国よりも、むしろ植民地朝鮮の方が帝国医療の改革の足がかりになるかもしれない――そのような期待がロックフェラー財団幹部の中に芽生えはじめていたのである。

しかし、いくつかの不安要素もあった。まず、研究所の設立や綿引の海外留学に関する志賀の案は、必ずしも当事者や総督府と実現可能性を詰めた上での発言ではなかったようである。その後の会談のなかで、要求内容は揺れ動いた。また、財団側も一枚岩ではなかった。グラントの報告を受けた財団本部のハイザーは、栄養学の研究所や衛生大学院の設置というプランに慎重な姿勢を示し、有能な研究者にフェローシップをあたえる方が効果的ではないかと述べた。ハイザーは、まず日本人研究者をアメリカに留学させて育成し、その間に朝鮮で志賀が数年かけて朝鮮の公衆衛生教育体制を整備すればよいと考えた。また、一九二三年以来日本本国との間で進行中だった公衆衛生院（東京）の設立交渉に言及し、そちらが実現するならば朝鮮で衛生教育機関を設立する必要はなくなるとも指摘した[70]。

さて、ロックフェラー財団はある地域で公衆衛生事業を開始しようとするとき、通例、現地に幹部をまず送りこみ、ニューヨークの財団本部と連絡を取りつつ援助の可否を検討し、その後に現地政府の正式な招聘によって協力体制をつくるという手順を踏んだ。援助申請を待つのでなく、財団側から積極的に公衆衛生事業の担い手になりそうな人物に働きかけ、案件の発掘を進める手法である。この後、財団は、志賀との交渉のために、四人の使者――グラント、ウィルバー、グリーン、カーター――を朝鮮に送りこんでくる。財団の年次報告書には「スタッフによる調査と訪問」という項目があるが、その一覧にはじめて「Chosen（Korea）」が加わったのも一九二六年版からだった(71)。

グラントが一九二六年一一月にあらためて京城を訪れたのはこのような理由による(72)。ほぼ丸一日が志賀との会談にあてられ、米国帰りの伊藤正義（総督府医院医官兼京城医専教授(73)）も同席した。志賀は、冒頭、漢薬研究と公衆衛生学教育の二つの点で京城帝大の名を高めたいと述べた。漢薬研究については京城帝大の「東洋研究」の一環として総督府が喧伝しており、京城帝大薬理学第二講座で研究が進められていたことが知られているが(74)、公衆衛生学教育はアメリカ医学の導入を考えていた志賀独自の発案であろう。いわば総督府のかかげた表看板とは別に、志賀は「公衆衛生学教育」のセンターとして京城帝大医学部を発展させようという構想をもっていたのである（もちろんそのことは総督府からは内々に了解を得ていたと見られるが）。志賀は、衛生学科を新たに京城帝大医学部に設け、同学科が都市・農村の地域社会における公衆衛生の研究を統括するとし、こうした計画の方が、独立した衛生大学院を設けるより魅力的だとグラントに述べた。先述のハイザーの懸念をグラントから伝え聞き、独立の衛生大学院の設立から京城帝大内の衛生学教育の充実へと軌道修正をはかったのだろう。

また、衛生学講座の担い手を育成するため、先述の綿引朝光をはじめ三～四名を留学させたいとも述べた。なお、これに関連して、グラントは志賀が金昌世を衛生学科の担任教授に推すつもりだろうと見ていたが、志賀はこの点には言及していない。実際、教授陣を日本人がほぼ独占していた京城帝大に金昌世が迎えられることもなかった。これ以後のロックフェラー財団と志賀の交渉でも金昌世の問題が取りあげられた形跡はない。

さらにこの日の会談では、医学部における臨床教育という新たな問題も提起された。志賀は前述のように、二年前の欧米の大学視察を通じて、基礎部門と臨床部門の結合が必要だと痛感していた。志賀がグラントに述べたところでは、京城帝大医学部における臨床教育を再編したいと考えているが資金が不足している、臨床教育を再編するためには附属病院——朝鮮総督府医院——の改革が必要だが、その資金をロックフェラー財団医学教育部が支援してくれるか気にかけている、としている。いずれにせよ、志賀の要求は、公衆衛生学教育体制の整備（衛生学科の設立と研究者の留学）と、附属病院の整備（京城帝大医学部の臨床教育に対応した設備の充実）という二点を通じた京城帝大医学部の改革に収斂しつつあった。グラントの評価も依然好意的だった。(75)

②ウィルバーの朝鮮訪問

同じ一九二六年一一月、ロックフェラー財団理事のウィルバー Ray L. Wilbur（スタンフォード大学学長）が朝鮮を訪ね、総督府医院と京城帝大医学部を視察した。東京で開催された第三回汎太平洋学術会議 Pan-Pacific Science Congress に出席した後、北京協和医学校に向かう途上に立ち寄ったのである。服部宇之吉京城帝大総長の主催した歓迎会でスピーチもしている。(76) この歓迎会には、京城帝大医学部から服部総長代理の志賀、綿引朝光、伊藤正義、小林晴治郎（微生物学第二講座教授）、総督府からは松村松盛外事課長、小田安馬外事課通訳官が出席している。

ウィルバーとの会談において志賀は、病院の拡張と研究所の設立について説明し、財団への援助要請額について具体的な数字をあげた。(77) 表1は、志賀がウィルバーに渡した日本政府の予算についてのメモをグラントが修正したものである。

これによれば、一九二四〜二七年の京城帝大医学部支出予算(e)は七〇万二一〇〇円であり、議会で承認されている。しかし、これは基礎医学の建物に充当されるものであり、大学病院（総督府医院の改編による）に充当できる予算がない。また、「一九二八年以降の所要額」(f)は志賀の試算による見込額であり、大学病院の整備に一五

表1　志賀潔京城帝国大学医学部長がウィルバー・ロックフェラー財団理事に提示した京城帝国大学関係予算説明資料（1926年11月）

	大学	図書館	法文学部	医学部	計
1924年（a）	296,000				
1925年（b）	121,800	1,100	25,450	151,400	
1926年（c）	20,000	109,500	83,400	302,000	
1927年（d）		14,000	144,800	248,700	
1924～27年までの小計 (e)＝(a)＋(b)＋(c)＋(d)	437,800	124,600	253,650	*702,100*	1,518,150
1928年以後の所要額（f）		1,500,000	506,000	*1,585,000*	
総 計 (g)＝(e)＋(f)	437,800	1,624,600	759,650	2,287,100	5,109,150

出典：W. S. Carter to R. M. Pearce, "Keijo University medical school; WSC's visit to Seoul, Dec. 4–5, 1927", 6 December 1927, p.12, folder 1, box 1, series 613–613A, RG1.1, RFA.

註1：原文は英語。単位は円である。空欄は原資料のままである。また、原資料の合計の誤りは訂正した。イタリックの数字は本文中で言及する数字。

2：「1928年以後の所要額」中の「図書館」1,500,000円については「図書費」（for books）との原註がある。

八万三〇〇〇円（表1では一五八万五〇〇〇円）が必要だというのが志賀の説明だった。結局、財団への要望額として志賀があげたのは、三五〇万円という巨額だった。これによって、「特別な研究所」(special laboratories）を完備した大規模な最新式の大学病院を作る構想を実現させるというのだった。

志賀のあげた数字の裏付けをとることは難しい。しかし、発言内容から見ると、政府の医学部関係予算を倍以上も上回るものであったと見られる。また、今日残っている予算案を検討すると、京城帝大全体の新営費予算全体さえも超える要望額だったことが確認できる[78]。志賀は、京城帝大の規模を抜本的に変えるほどの援助資金を投じて、京城帝大医学部附属病院（＝総督府医院）を「特別な研究所」の備わった最新設備にしたいと考えていたのである。なお、前回のグラントとの交渉に比べると、研究所の設置という要望は重なるが、衛生学科の設置や人材の育成などは今回は取りあげられなかった。

会談後の一九二七年一月、ウィルバーは、ロックフェラー財団本部への手紙で、志賀が「立派で有能な指導者」(splendid and effective leader) だと賞賛しつつ、この援助の意義を強調した。[79] かたや志賀も、ウィルバーに書簡を送り、財団への正式要請として京城帝大医学部の改革問題を取りあげてくれるよう頼んでいる。[80] これに対し、財団医学教育部長ピアースは、志賀に書簡を送り、ウィルバーあて志賀書簡(二六年一一月二五日付。註(77)参照)をもって財団に対する公式の支援要請と見なすと述べた。京城帝大医学部とその附属病院の改革構想は、今や志賀の個人的思惑からロックフェラー財団の正式な検討課題へと格上げされたのである。

また、ロックフェラー財団本部では、朝鮮が帝国日本の医療衛生改革における牽引役となる期待も高まった。一九二七年三月、財団本部極東関連会議 Conference Concerning the Far East では、朝鮮の重要性が確認された。「日本における協力が難しいならば、朝鮮における日本統治機関と協力をはじめるのが望ましいかもしれない」「日本は、朝鮮で見本が作られることを目撃しようとしているのかもしれない――北京［協和医学校］―奉天［南満医学堂］―ソウル―日本は自然な活動のラインである」[81] 等々。財団は、日本本国では、適切な交渉者を見出せずアメリカ式公衆衛生の普及に困難を感じていたが、[82] 逆にそのことが朝鮮に過度の期待を抱かせたかに見える。

しかし、志賀の巨大な構想に対する疑念もロックフェラー財団本部では生じつつあった。ピアースは、志賀に書簡を送り、財団のポリシーとして病院には援助をしないことを指摘している。[83] ピアースは、朝鮮を訪問する予定になっている財団中国駐在主任のグリーンに対しても、病院への援助はできない、医学校(京城帝大医学部)の衛生学科の発展にのみ援助が可能であるとの意向を示した。[84] 財団が病院ではなく医学教育への援助を原則とした理由は、病人のケアは地域社会の問題であるとか、病院によって直接的な医療事業を施すと現地政府の責任が回避されかねないからなどと説明されている。[85] ロックフェラー財団の医療衛生事業は、一般的に、事業の初発点を援助しつつ、やがて現地の政府や研究者・官僚にそれを肩代わりさせる方向にもっていくものであった。こうした人材育成のためには病院よりも教育機関への援助の方が望ましいと考えていたのである。

ただ、志賀の構想は、教育機関（京城帝大医学部）の附属病院に対する援助を求めるものであり、ロックフェラー財団の原則から逸脱するのかどうかは微妙なところだった。そのため、志賀の構想をめぐって財団内部でも賛否両論が分かれ、ひいてはそのことがこの交渉を暗礁に乗り上げさせる一つの要因となった。

③グリーンの朝鮮訪問

このようななか、一九二七年五月一二日、ロックフェラー財団中国駐在主任のグリーンが京城を訪れた。グリーンは、志賀および伊藤正義の案内でまず朝鮮総督府を表敬訪問した[86]。宇垣一成総督代理（斎藤実総督はジュネーブ海軍軍縮会議全権となっており不在）・湯浅倉平政務総監が応対したというから（p.1）、ロックフェラーの使者は外国の民間人としては破格の待遇を受けたといってよい。志賀の構想が総督府とどの程度の協議を経ていたかを具体的に示す内部資料は見つかっていないが、総督府もこの計画に強い期待をもっていたことが推測される。

さて、志賀は依然として京城帝大附属病院の強化と研究所の設置を重視し、そのために一〇〇万円規模（五〇万ドル）の援助が必要だと述べた[87]（pp.4-5）。総督府医院を案内されたグリーンは、志賀の考えを認め、現在のプランのように病理学部門を病院から距離をおいて置くこと、すなわち基礎と臨床が分離していることは望ましくないという結論を得た（p.5）。

公衆衛生をになう研究者を育成する問題も取りあげられた。グリーンが、志賀の弟子の若手を欧米に送るフェローシップについて提案したところ、志賀は綿引の弟子の水島治夫を一、二年後に留学させる計画について話した（p.5〜6）。この計画は間もなく実現する[88]。水島は一九二三年東京帝大医学部を卒業した後、京城医専教授兼総督府医院医官となり、もともとは志賀のもとで内科（寄生虫学）の研究に当たっていたが、京城帝大創設の際、志賀の考えで衛生学・予防医学講座の助教授にあてられた[89]。志賀の子飼いで公衆衛生学をになう重要な人材だったのである。

このように、附属病院の整備と衛生学研究者の留学によって京城帝大医学部を改革するという志賀の構想はさらに具体化している。グリーンは、京城帝大医学部は奉天の南満医学堂の半分も整備されていないとして、多大の援助が必要と考えた[90]。また、グリーンの態度でとりわけ注目されるのが、アメリカ式医学の朝鮮・日本への扶植という目的を志賀に明確に公言している点である。グリーンは、志賀が「過去二五年のアメリカ医学の進歩に強く感銘を受けている」とみていた（p.1）。実際、志賀は、「日本においてドイツの影響力は減退している」と語っており、グリーンも、ドイツ以外の「他の国も今や貢献し得るものをもっている」と応じた（p.6）。また、グリーンは、伊藤、および綿引、田辺操（北里研助手を経て一九二七年四月より京城帝大助教授、微生物学第二講座）らが「アメリカの影響力の小さな中核」（a little nucleus of American influence）になっていると考えていた（p.1）。アメリカ式医学の影響力が志賀をはじめ幾人かの京城帝大医学部教官のなかに根を下ろしはじめていると見てとり、その育成のためにロックフェラー財団の援助が必要だと考えたのである[91]。この発想は、第四の使者、カーターにも受け継がれることになる。

また、グリーンから報告を受けたグラントは、ロックフェラー財団の世界戦略においても、朝鮮の事業が重要だと考えた。志賀は「近代医学が人口二千万の国でどのようにして最も効率的に運営されるかを世界に示すまたとない機会」を手にしており、京城帝大医学部を中心とする包括的な改革はロックフェラー財団の「世界的宣伝」（world-wide demonstration）となると指摘している[92]。

しかしながら、現地を訪れたロックフェラー財団幹部たちの前向きな評価とは対照的に、本部でこの問題を担当したピアース医学教育部長は慎重な姿勢を崩さなかった。両者の考えの相異は二点に見出される。

一つは、先にも触れた病院への援助をめぐる問題である。グリーンの報告を受けたピアースは、病院への援助は原則からの逸脱であるとして再び難色を示した[93]。これを受けグリーンは志賀に書簡を送り、ピアースの懸念を伝えた。志賀は残念だと返事をしている[94]。

もう一つは、公衆衛生事業の位置づけである。ピアースは正面から京城帝大附属病院への援助を行うのでなく、病院と連動した臨床研究所を建設するという方法を考えていた。しかし、グリーンに対しては、それを志賀に伝えない方がよい、ともらしていた。「志賀は援助を得るために、現地の制度にもっと資することになりそうな他のプロジェクト――例えば衛生――を犠牲にするかもしれない」と考えたからだった[95]。確かに、志賀の要求においては当初に比べると、大学附属病院への援助が主眼となり、京城帝大医学部に衛生学科を設け公衆衛生教育体制を整備するという点は後景に退いてしまっている。志賀が朝鮮での公衆衛生学の確立という課題を切り捨てて病院整備一本に要求を固めると、かえってロックフェラー財団の援助事業としては好ましくないと、ピアースは考えたのであろう。

④カーターの朝鮮訪問

いくつかの未調整の課題を抱えてはいたが、援助推進派のグリーンの勧めもあり、ロックフェラー財団は一九二七年一二月はじめ、さらにもう一人の幹部に京城帝大を視察させた。前テキサス大学医学部長で財団医学部the Division of Medical Sciences 副理事長をつとめていたカーター William S. Carter である。ただし、志賀は極東熱帯医学会（カルカッタ）に日本代表として出席していたため、二人は行き違いとなった。

志賀が不在のため、志賀後任の京城医学専門学校長に内定していた佐藤剛蔵が応対をした。佐藤は、韓国併合前の一九〇七年に渡韓し、併合後は、京城医専設立（一九一六年）を推進し同教授となった。植民地期朝鮮半島における西洋医学教育に大きな役割を果たしたことで知られる。佐藤は英語が話せなかったため、田辺操京城帝大医学部助教授が通訳した。以下、カーターの作成した大部の報告書を見よう[96]。

カーターは、京城医専と京城帝大予科を見学した。予科の一部の講座（化学・物理学・生物学）が京城帝大には設けられておらず教育の接続性に問題があること、京城帝大のために京城医専の臨床教育用病院が遠方になる（京城医専の臨床教育用病院だった総督府医院が京城帝大附属病院に移管され、京城医専のためには赤十字病院があてられたことを指す）などの問題点を指摘している（pp.5–6）。ついで、一行は京城帝大の法文学部・医学部校舎に向かった。医学部について、カーターは、病理学の講義と解剖実習が分離したカリキュラムになっており、病理学と解剖学の建物も離れて建っていることを問題視した（p.6, 8）。志賀がかねて指摘していたように、基礎と臨床が分離していることを実見したのである。

このような観察にもとづき、カーターは以下のような援助案を財団本部に提示した。

第一に、京城帝大医学部に臨床研究所を設立することをあげた。志賀が求めていた京城帝大医学部附属病院（総督府医院）への援助にはやはり否定的だった。カーターによれば、総督府医院は他の日本帝国内の病院に比しても乱雑で不潔であり、志賀医院長の下で改善されなかったのであれば今後も改革は難しいだろうとされた（p.16）。ロックフェラー財団の中国における事業のシンボルだった北京協和医学校病院のような施設を朝鮮に作っても早晩元の木阿弥になろうというのである（p.22）。志賀が病院の改革を最重視していることを認めつつも（p.21）、カーターはそれを退け、唯一の現実的選択肢は臨床研究所の設立であり、志賀にはその見積もりを求めるべきだという意見だった（p.23）。

第二に、有望な研究者へのフェローシップである。カーターは、水島治夫へのフェローシップ（註（88）参照）が既に実現したことに言及しつつ、綿引朝光への援助はさらに重要であるとした。「アメリカ式のトレーニングを受けた京城帝大医学部の日本人グループの影響力は間違いなく広範にわたるものとなり、朝鮮をはるかに超えて広がるだろう」と考えていた（p.24）。ロックフェラー財団の援助によってアメリカ医学の息吹にふれた日本人医学研究者が育成され、京城帝大がゆくゆくは日本帝国におけるアメリカ式医療・公衆衛生学の拠点となることを期待したのである。同じ文脈から、カーターは、ベルリン留学中の高楠栄（註(91)参照）に英米の医学者と共同研究をさせ「ドイツの影響力から引き離す」ことも望ましいとしている（p.24）。

カーターの提示した案は、これまでのロックフェラー財団幹部と概ね同じものだったといえる。しかし、京城帝大関係者とカーターの会合は京城帝大医学部の改革構想にとくに進展をもたらすことはなかった。何よりも改革構想を主導していた志賀が不在であった。加えて通訳を介しての意思疎通は困難を極めた。たとえば、必要経費をめぐる佐藤とカーター双方の理解の食い違いは最後まで解消できなかった。カーターは、志賀がウィルバーに提示した予算の数字（前掲、表1）をあげたが、佐藤らの説明は食い違っており要領を得なかったのである。志賀と佐藤のどちらに責任があったのかは不明だが、カーターは志賀の見積もりのみが信頼に足ると判断した(p.14)。だが、佐藤はもともと二年前の一九二五年末に京城帝大医学部創設に関わった際、予算作成を担当していたから数字に暗かったとは考えにくい。[97]また、佐藤の方もカーターの考えが理解できていなかったようであり、後年の佐藤の回顧が伝えるカーターの案は見当違いの内容になっている。[98]

結局、このカーターの朝鮮訪問を最後に、これ以降、ロックフェラー財団による京城帝国大学への援助に関する記録は見当たらない。カーター訪朝に先立つ一九二七年九月、ピアースはグラントと会談し、病院への援助ができないことを再確認した上で「志賀からさらなる要請があるまで何もすべきことはないと思われる」と述べていた。[99]そして、先述のように朝鮮を訪問したカーターに志賀は会うことができず、志賀は対案を示す機会を失った。この後第二次世界大戦終結まで、ロックフェラー財団から朝鮮には訪れた者はなく、京城帝国大学が財団の支援を受けることも、志賀の医学部改革構想が実を結ぶこともなかった。

おわりに

本稿では、一九二〇年代後半、ロックフェラー財団が志賀潔を交渉相手としながら進めようとした京城帝国大学医学部・朝鮮総督府医院への援助計画を検討した。

四人のロックフェラー財団幹部が朝鮮を訪問して行った交渉では、いくつかの構想が浮上した。基礎医学と臨床医学の接近および公衆衛生学の確立をめぐるこれらの案を再度整理しながら、それらがどの程度実現したか、あるいはしなかったかを確認しておこう。

第一に、朝鮮総督府医院の改革が志賀にとってはもっとも重要な課題だった。すなわち京城帝大医学部附属病院として学生の臨床教育の場となる総督府医院を拡張し、基礎医学教育と臨床医学教育を接近させることがその構想の中核にあった。しかし、病院への援助は行わないという原則にロックフェラー財団本部はこだわり、この計画を認めなかった。[100]

第二に、公衆衛生学（予防医学）確立のための京城帝大医学部の体制整備である。たしかに京城帝大には一九二七年六月に衛生学・予防医学講座が開設された。ただし、これは当初から設置が決まっていた学科である（一九二六年三月公布の勅令第四七号による）。この後に始まったロックフェラー財団との交渉の影響を受けて予防医学講座の設置が進められたわけではない。また、公衆衛生学研究のために医学部に付置研究所を置くという案も当初、志賀から提起されたが、これも実現していない。

第三に、アメリカ医学に通じた人材の育成である。交渉で名のあがった人物たちについて見てみると、朝鮮の公衆衛生学の中核を担うと目されていた綿引朝光は欧米に留学したが（一九二七年一一月〜二八年一〇月英独仏米）、これは総督府の在外研究員制度によるものであり、ロックフェラー財団の支援による留学ではない。[101] 高楠栄も欧米に留学したが（一九二七年五月〜二八年五月米英独仏）、これも朝鮮総督府による既定の留学を実施したに過ぎない。

ただ一つの例外として、水島治夫が一九二八〜三〇年にロックフェラー財団のフェローシップによりジョンズ・ホプキンス大学衛生大学院に留学し博士号を取得した。これは、本稿で論じたロックフェラー財団の朝鮮への働きかけ全体を通じて、ほぼ唯一実現した援助の成果であった。水島は米国留学中に医療統計学に転身し（この転身も志賀の承認による）、帰国後は一九三四年に京城帝大の衛生学・予防医学講座担任教授となった。大学に講座が設けられることを、ある学問分野がディシプリンとして定着したことを示す指標であるという考えに立つならば、京城帝大医学部に志賀が衛生学・予防医学講座を設け、水島をその担任に据えたことは、一応、植民地朝鮮にアメリカ流の公衆衛生学という学問が形成されつつあった証左とはいえよう。水島は、朝鮮に戻って以後、人口統計研究に力を入れつつ、京城府における赤痢および腸チフスの疫学的研究、平壌府における学童と不就学児童の体格比較研究にも力を入れた[102]。戦後の活動も含め、水島の学問形成とその影響については今後さらに掘り下げる必要がある。

ともあれ、このように見てくると、ロックフェラー財団と志賀の交渉は、水島治夫の米国留学とそれによる京城帝大医学部へのアメリカ式医学の導入を除くと、直接的な成果は乏しかったといわざるをえない。交渉がほとんど成功しなかった理由を再整理すると以下のようになる。

まず、志賀とロックフェラー財団の間ではアメリカ医学の朝鮮への導入という大枠では一致していたが、それをどのように実現するか方法論では異なっていた。志賀は総督府医院の改革に固執したが、財団側は病院ではなく教育機関への援助を行うことを原則としていた。対案として、志賀の側からは、病院に臨床研究所を付設する案も出された。もし実現していれば、ロックフェラー財団の援助で建てられ、戦後長く日本の公衆衛生調査研究で重要な役割を果たした東京の公衆衛生院（註(70)参照）に匹敵するものとなったかもしれない。しかし、財団本部にとって公衆衛生の普及に比べるとそれは最優先課題ではなかった。この問題がロックフェラー財団の朝鮮医療衛生改革を断念させた直接的な原因だった。

また、交渉担当者の資質に関わる問題も指摘しておきたい。志賀についていえば、ロックフェラー財団関係者からその政治力を過大評価されていた節がある。たとえば、財団関係者は志賀が朝鮮の医療行政に関して全権を握っていることに疑いをはさんだことはなかったが、京城帝国大学の構想段階においては、志賀よりも初代総長・服部宇之吉の裁量が大きかった。また、たしかに、志賀は国際的に活躍し英語にも堪能でアメリカ医学への評価も高かったが、しかし、根本からドイツの知的土壌から離れアメリカ寄りになったとは思われない[103]。

他方、ロックフェラー財団の側についていえば、志賀にアプローチしたのは主に中国専門家であり、さらに彼らは宣教師系医療機関への援助の可能性を早期に断ち切ってしまった。それは、財団側に、朝鮮に対する知識が乏しいにもかかわらず朝鮮における交渉相手を柔軟に幅広く設定しておく戦略が欠けていたことを意味している。このほかに、交渉の末期に朝鮮総督が交代したこと[104]、また同じ時期に財団全体で大規模な組織改編が進行していたことも交渉の失敗に関係している可能性がある[105]。

しかし、多くの構想が徒花のごとく立ち消えになったとはいえ、ロックフェラー財団による京城帝国大学医学部・朝鮮総督府医院への援助構想には、この時代を象徴する歴史的意義を見出すことができる。

一つは、知の世界におけるアメリカの台頭と日本帝国の関係である。第一次世界大戦において敗戦国となったドイツにかわりアメリカは新興大国として国際社会での発言力を高めた。医学の分野にもそれは当てはまる。ロックフェラー財団の活動全体がそもそもアメリカ的価値観の普及を目的としていたのかどうかには議論の余地があるが[106]、朝鮮のケースでは財団と志賀の双方ともドイツ医学からアメリカ医学への転換の必要性をかなり明確に意識していた。

第二に、こうした交渉が成立したこと自体、第一次大戦後の列強の国際協調体制を前提としていた。戦間期においては国際連盟やロックフェラー財団による国際衛生事業が東アジアにまで広がり、その中で志賀のような国際派の医学者が活躍し人脈を形成する場も広がった。加えて、志賀の活動基盤だった朝鮮においても、三・一運動後、朝鮮統治に対する欧米列強の批判を顧慮する政策がとられていたことも、ロックフェラー財団と志賀の交渉を可能にした。宣教師に対する厳しい監視体制がとられていた一九一〇年代や日本帝国が国際的に孤立する一九三〇年代以降であったら、同様の交渉が成立する可能性はずっと小さくなっていたであろう。

最後に、戦間期に活発に展開されたロックフェラー財団の国際的フィランソロピーについての研究は数多いが、植民地主義との関係を追究した研究は少なく、その評価も分かれている。[107] 植民地朝鮮の事例は、官立機関（京城帝国大学医学部・総督府医院）と私立宣教師系機関（セブランス医専）の競合を背景としている点で、この問題に少なからぬ示唆を与えている。すなわち、ロックフェラー財団は世界各地域での公衆衛生普及活動において、責任ある統治主体に衛生事業を引き渡すことを重視した。しかし、そのことは、植民地朝鮮においては、セブランス医学専門学校や金昌世など、植民地権力と競合したり距離を置こうとしたりする勢力への援助には早い段階で見切りをつけることにつながった。財団が日本の植民地支配を直接的に幇助する意図があったとはいえないが、結果的にはこうした財団の援助方針は朝鮮人の民間医療事業よりも朝鮮総督府サイドに適合的だった。このことは、また、宣教医療に対する庇護者としてのアメリカという通説的イメージ[108]にも再検討の必要があることを示している。

以上のように、ロックフェラー財団と志賀の交渉というエピソードは、第一次世界大戦後における世界的な知の風景の変化とその影響の波が日本帝国の外縁たる朝鮮にも押し寄せていたことを教えてくれるのである。

（1）飯島渉・脇村孝平「近代アジアにおける帝国主義と医療・公衆衛生」（見市雅俊ほか編『疾病・開発・帝国医療——アジアにおける病気と医療の歴史学——』東京大学出版会、二〇〇一年）、飯島渉『マラリアと帝国——植民地医学と東アジアの広域秩序——』（東京大学出版会、二〇〇五年）参照。

（2）Hoi-eun Kim［金會恩］, *Doctors of Empire : Medical and Cultural Encounters between Imperial Germany and Meiji Japan* (University of Toronto Press, 2014) pp.151-152.

（3）崔済昌『韓美医学史——医師의 길 六〇年을 돌아 보며——』（영림카디널、一九九六年）六六頁、鄭駿永「植民地医学教育과 헤게모니競争——京城帝大医学部의 設立過程과 制度的特徴을 中心으로——」（『社会와 歴史』第八五集、二〇一〇年）、趙亨根「日帝의 公式医療와 改新教宣教医療間 헤게머니 競争과 社会的効果」（『社会와 歴史』第八二号、二〇〇九年）。

（4）Hoi-eun Kim, *op.cit.*, p.152.

（5）原健二「アメリカ医学の興隆」（『月刊地域医学』第一一巻第二号、一九九七年二月）二六頁。

（6）Ka-Che Yip, *Health and National Reconstruction in Nationalist China: The Development of Modern Health Services, 1928-1937* (Ann Arbor: Association for Asian Studies, 1995)、福士由紀『近代上海と公衆衛生——防疫の都市社会史——』（御茶の水書房、二〇一〇年）。

（7）安田佳代『国際政治のなかの国際保健事業——国際連盟保健機関から世界保健機関、ユニセフへ——』（ミネルヴァ書房、二〇一四年）第二章。

（8）日野原重明「極東における看護教育」（『聖路加看護大学紀要』第一〇号、第一一号、一九八五年、一九八六年）、小高健『傳染病研究所——近代医学開拓の道のり——』（学会出版センター、一九九二年）第六章、溝口元・高山晴子「ロックフェラー財団における公衆衛生研究助成」（『人間の福祉』第一七号、二〇〇五年）、溝口元「日本の生命科学の展開とロックフェラー財団」（『学術の動向』第一三巻第五号、二〇〇八年五月）、高橋彩「看護職と国家——ロックフェラー財団による戦間期公衆衛生事業の考察——」（氏家幹人ほか編『日本近代国家の成立とジェンダー』柏書房、二〇〇三年）など。なお、戦前における日本と中国におけるロックフェラー財団の事業を対比的に検討した研究として、Darwin H. Stapleton, "“Removing the Obstacles to Public Health Work” Context for the Rockefeller Philanthropies and Public Health in China and Japan, 1920-1940", Liping Bu, Darwin H. Stapleton and Ka-che Yip, eds., *Science,*

Public Health and the State in Modern Asia (London: Routledge, 2012).

（9）植民地朝鮮とロックフェラー財団の関わりについて多少なりとも言及している研究としては、Stapleton, *ibid.*, p.106, Jane Sun Hae Kim, *Leprosy in Korea: A Global History* (Ph.D. dissertation, University of California, 2012) pp.127-141、朴潤栽「金昌世의 生涯와 公衆衛生活動」（『医史学』第一五巻第二号、二〇〇六年一一月）二一八～二二〇頁。

（10）신영전・서제희「米軍政初期 米国研修를 다녀온 韓国人医師 一〇人의 初期 韓国保健行政에서의 役割」（『保健行政学会誌』第二三巻第二号、二〇一三年）、이왕준『미네소타프로젝트가 韓国 医学教育에 미친 影響』（서울大学校医科大学院博士学位論文、二〇〇六年）。

ちなみに、植民地台湾の場合も植民地医学からアメリカ式医学への転換は、光復以後、マラリア対策を基軸としたアメリカの復興援助によってなし遂げられたとされる。Michael Shiyong Liu [劉士永], “From Japanese Colonial Medicine to American-Standard Medicine in Taiwan — a Case Study of the Transition in the Medical Profession and Practices in East Asia”, Liping Bu et al. eds, *op.cit.*, Iijima Wataru [飯島渉], “Colonial Medicine and Malaria Eradication in Okinawa in the Twentieth Century: From the Colonial Model to the United States Model”, Yip Ka-Che ed. *Disease, Colonialism and the State: Malaria in Modern East Asia History* (Hong Kong: Hong Kong University Press, 2009). 井上弘樹「台湾における寄生虫症対策と日本の医療協力――一九六〇年代から一九七〇年代――」（『史学雑誌』第一二五巻第八号、二〇一六年八月）。

（11）レイモンド・B・フォスディック『ロックフェラー財団』（法政大学出版局、一九五六年）一三五～一四二頁、ドナルド・フレミング『アメリカ医学の史的発展』（時事通信社、一九六二年）第七、八章、今泉友里「近代医学教育における臨床教育の成立」（『東京大学大学院教育学研究紀要』第五二巻、二〇一二年）、이종찬「保健大学院 모델의 歴史性――一九一〇年代을 中心으로――」（『医史学』第五巻第二号、一九九六年）、Elizabeth Fee, *Disease and Discovery, A History of the Johns Hopkins School of Hygiene and Public Health, 1916-1939* (Baltimore and London: Johns Hopkins University Press, 1987).

（12）Jane Sun Hae Kim, *op.cit.*, p.133.

（13）“Memorandum of interview with Dr. O.R.Avison, President of Severance Union Medical College, Seoul, Korea, June 26, 1914”, folder354, box 56, series 2-2.613, Record Group(RG)5, Rockefeller Foundation Archives, Rockefeller

Archives Center, Sleepy Hollow. 以下、Rockefeller Foundation Archives は RFA と略記する。

（14） "Report on Health Agencies and Health Conditions in Korea", folder 354, box 56, series 2-2.613, RG5, RFA. これは、咸鏡北道・平安南道・京畿道・慶尚北道・全羅南道の約五〇箇所について現地の欧米人宣教師から得た情報をまとめた記録である。

（15） Ralph S. Mills, 15 September 1915, ["Severance Union Medical College"], folder 554, box 26, series 1-1, RG4, RFA.

（16） Victor G. Heiser, "Notes of 1916 Trip", pp.834-870, Victor George Heiser Papers B H357.p, American Philosophical Society, Philadelphia.

（17） 姜東鎮『日本の朝鮮支配政策史研究――一九二〇年代を中心として――』（東京大学出版会、一九七九年）七七～八七頁。

（18） Pearce Diary, 1922.6.14, officers' diaries, RG 12, M-R, RFA.

（19） 翌一九二五年、ハイザーは東京で（おそらく第六回極東熱帯医学会の場で）志賀と会い、結核療養所に対するロックフェラー財団の支援問題で相談を受けたとしている（John B. Grant to Heiser, 9 September 1926, folder 3401, box 268, series 1-1.02, RG5, RFA. p.3）。

（20） 以上、Victor Heiser, "Far East Trip 1924", pp.167-171, Victor George Heiser Papers B H357.p, *op. cit.*

（21） Victor Heiser, The Rockefeller Foundation Inter-office Correspondence, 22 July 1925, folder 3007, box 235, series 1-1.02, RG5, RFA.

なお、一九二〇年代も、エヴィソンは依然としてグッドリッチ Luthur C. Goodrich（ロックフェラー財団中国医療財団メンバー）やグリーン Roger. S. Greene（同中国駐在主任）ら財団関係者と接触し援助を要請していた（L.C. Goodrich to M.K. Egglestone, 7 August 1923, J. D. Van Buskirk to R. S. Greene, 19 April 1924, R. S. Greene, "Dr. O.P Avison and Bishop Welch", 5 January 1926, O. R. Avison to Greene, 6 January 1926, folder 1898, box 82, series 1-2, RG4, RFA., O. R. Avison to the Secretary, the Laura Spelman Rockefeller Foundation, 11 January 1925, folder 613, box 235, series 1-1.02, RG5, RFA.

（22） Pearce Diary, 29 December 1923, 4 January 1924, 5 September 1924, 9 September 1926, 4 March 1927, 11 June 1927, *op. cit.*

(23) Pearce Diary, 30 December 1925, 23 April 1926, *ibid*.

(24) "Items for Discussion at Conference Concerning the Far East", 28 March 1927, folder 13, box 2, series 904, RG3, RFA. なお、ロックフェラー財団に対してセブランス医専以外に援助を求めていた米国宣教師としてはロゼッタ・ホール Rosetta Sherwood Hall（北監理教）がいる。ホールは一八九七年、平壌で最初の西洋式病院を建て、盲人医療・女性医療に力を入れたが、一九二七年の財団のレポートによれば、何年も前から援助を要請していたという（W.S. Carter to R. M. Pearce, "Keijo University medical school: WSC's visit to Seoul , Dec.4-5, 1927", 6 December 1927, pp.17-19, folder 1, box 1, series 613-613.A, RG1.1, RFA.）。財団からの援助は実現しなかったが、ホールは京城で一九二八年に朝鮮女子医学講習所（一九三八年に京城女子医学専門学校に昇格）を設立している。

(25) それ以外の要因としては、同じ時期、ロックフェラー財団は中国での活動において、次第に宣教師に依存しなくなってきたこともあげうるかもしれない。Qiusha Ma, "The Peking Union Medical College and the Rockefeller Foundation's Medical Programs in China", William H. Schneider ed. *Rockefeller Philanthropy and Modern Biomedicine : International Initiatives from World War I to the Cold War*, (Bloomington: Indiana University Press, 2002) pp.166-169.

(26) 以上、松田「志賀潔と植民地朝鮮」（『翰林日本学』第二五輯、二〇一四年一二月）参照。

(27) ロー・ミンチェン『医師の社会史――植民地台湾の近代と民族――』（法政大学出版局、二〇一四年）七一～七六頁。

(28) 高橋功『志賀潔』（法政大学出版局、一九五七年）三一、一三九頁。James Thomas Flexner, *An American Saga : the Story of Helen Thomas and Simon Flexner*, Boston: Little, Brown and Company, 1984, p.247.

(29) 志賀潔「自叙伝――老科学者の回想――」続一〇（『日本医事新報』第一八〇〇号、一九五八年一〇月）四九～五〇頁、「志賀博士の近況」（『細菌学雑誌』第二〇一号、一九一二年七月）五九三頁。

(30) 「赤痢血清効力標準調査方依頼ノ件」（外務省記録『国際連盟保健衛生委員会』第一巻、アジア歴史資料センター、ref. B06150791900）f.363～372。

(31) Kiyoshi Shiga, H. Kawamura, and K. Tsuchiya, *League of Nations Health Organisation: The Standardisation On Dysentery Serum First Report* (Geneva: League of Nations, 1924).

(32) 斎藤実宛志賀潔書簡、一九二四年四月九日（『斎藤実関係文書』書簡の部八六五―五、国会図書館憲政資料室所蔵）。

(33) [志賀潔か]「赤痢血清標準会議決定事項」（一九二四年九月。外務省記録『国際連盟赤痢血清標準会議関係一件』ア

ジア歴史資料センター、ref. B04122180900、f.131～133)。

(34) 若槻礼次郎内務大臣宛志賀潔書簡、一九二五年一月七日（前掲『国際連盟赤痢血清標準会議関係一件』f.129～130)。なお、志賀の赤痢血清標準会議への出席については、安田、前掲書、五三頁でも言及されている。

(35) 志賀潔『国際連盟赤痢血清会議（前編）』（私家版、一九二五年）二一～二三頁。

(36) F. Norman White, *The Prevalence of Epidemic Disease and Port Health Organisation and Procedure in the Far East* (Geneva: League of Nations, 1923) p.10. ノーマンの極東重要港調査については、福士、前掲書、一〇六～一〇九頁、飯島渉『ペストと中国』（研文出版、二〇〇〇年）二七〇～二七一頁、参照。

(37) 幣原外務大臣宛松田局長・連第二〇三号「志賀博士ヨリ衛生局長ヘ」（一九二四年一〇月。前掲『国際連盟保健衛生委員会』第三巻、アジア歴史資料センター ref. B06150794700、f.210)。国際連盟極東支部シンガポール伝染病情報局については、飯島、前掲『ペストと中国』二六二～二八〇頁、安田、前掲書、四四～五一頁、参照。

(38) 警務局衛生課「衛生技術官交換会議に就て」（『朝鮮之衛生』第二年第九号、一九二五年九月）、志賀潔「ライヒマン一行との会議——朝鮮総督府医院に於いて——」（『満鮮之医界』第六一号、一九二六年四月）。国際連盟衛生技術官交換会議については、安田、前掲書、五一～五三頁、参照。

(39) Health Organisation of League of Nations, "Report by the Medical Director, Public Health Problems in the Far East and the First Session of the Advisory Council of the Singapore Bureau" (April 1926) p.22-23（外務省記録『国際連盟保健委員会関係一件』第三巻、アジア歴史資料センター ref. B04122154300、f.110)。

(40) 朝鮮総督府において、衛生行政を管轄していたのは警務局だったが、一九二六年五月、通牒・衛第一〇一八号「国際衛生條約ニ関スル件」を発し、各道警察部に対して、先述の国際連盟保健機関やシンガポール伝染病情報局について詳細な情報を提供している（「法令例規」『警務彙報』第二四二号、一九二六年六月、六八～七三頁）。

(41) この後も、一九二六年の国際連盟保健機関でハンセン病専門家として招聘が提案されたり、二七年インドのデリーで開催された国際連盟保健機関の会議に高野六郎とともに日本代表として派遣されたりするなど、志賀の国際的医学者としての名声はさまざまな分野に及んでいた（League of Nations, "Health Committee, Sixth Session", (April 1926) p.64. 前掲『国際連盟保健委員会関係一件』第三巻、f.216、所収。高橋、前掲書、一四一頁）。

(42) 国際連盟の衛生事業に積極的に関わった日本人としては、例えば、国際連盟保健機関日本代表としてジュネーブに派遣された宮島幹之助（北里研究所）、鶴見三三（南満洲鉄道株式会社、技師）らをあげることはできる。しかし、植民地で実際に医療行政・教育にたずさわりながら幅広く国際的活動にも関わった医学者は志賀をおいて他には見当たらない。たとえば、台湾では、志賀に匹敵する地位にいた人物として高木友枝（台湾総督府医院長兼台湾総督府医学校長）をあげることができるが、国際的活動経験はドイツ留学や上海・オランダでの国際阿片会議出席にとどまる。また、ホワイトの台湾視察で案内をつとめた羽鳥重郎（台湾総督府医院長）・堀内次雄（台湾総督府医学校長）らの海外活動は、羽鳥の極東熱帯医学会香港会議（一九一二年）や堀内の東南アジア視察（一九一六年）など、基本的に熱帯医学の分野に限定されていた。

(43) 高橋、前掲論文、二二二頁。

(44) 溝口、前掲論文、九一頁。

(45) 詳細は、松田利彦「京城帝国大学の創設」（松田・酒井哲哉共編『帝国日本と植民地大学』ゆまに書房、二〇一四年）一〇九～一一三頁、参照。

(46) 志賀が視察したのは、米国のスタンフォード・ケンブリッジ・ハーヴァード各大学、ドイツのハンブルク医科大学・キール医科大学・コッホ研究所・ベルリン大学・カイゼル・ウィルヘルム研究所・ハイデルベルク大学・ストラスブルク大学、スイスのチューリッヒ大学などである。

(47) 志賀潔『国際連盟参列――欧米旅の提燈――』（私家版、一九二五年）六二頁。

(48) 志賀、前掲『国際連盟参列』二一頁。

(49) 志賀潔『或る細菌学者の回想』（一九六六年。復刻、日本図書センター、一九九七年）一八〇頁。もっとも、基礎と臨床の連携という考え方は、志賀の師匠たる北里柴三郎が、一九一七年に新設された慶應義塾大学医学科の初代学科長となったときにすでにもっていた考え方だったので、そこからもヒントをえた可能性はある。

(50) Simon Flexner to Shiga Kiyoshi, October 7, 1924. Simon Flexner Papers, B:F365, RFA. もとよりアメリカ式の医療システムが理想的だったかどうかは、当時アメリカ医学を経験した医学者の中でも意見が一致してはいなかっただろう。志賀のロックフェラー医学研究所訪問とほぼ同じ時期にここで癌研究をしていた中原和郎は、当時の同研究所は、フレクスナー所長が独裁体制を敷き、研究者自身の自由な発想で研究ができる雰囲気ではなかったと批判的に見ている（中原和郎『癌』岩波新書、一九五五年、五二頁）。

(51) 志賀潔「脚気研究に関する将来の方針」（『医海時報』第一六三九号、一九二六年一月）。

(52) ドイツの大学の医学教育が、一九世紀後半臨床実習から離れ「研究室医学」の傾向を強めていく過程については、Johanna Bleker, "Medical Students —To the Bed-side or to the Laboratory? The Emergence of Laboratory-Training in German Medical Education, 1870–1900", *Clio Medica* 21, 1987-8.

(53) エルウィン・H・アッカークネヒト『世界医療史——魔法医学から科学的医学へ——』（内田老鶴圃、一九八三年）一九九〜二〇一頁、川喜田愛郎『近代医学の史的基盤』下巻（岩波書店、一九七七年）九〇〇頁。

(54) 志賀潔「今回のチブス流行の原因に対する考察」（『朝鮮及満洲』第二四五号、一九二八年四月）三四頁。

(55) 小高、前掲書、七二頁、福田眞人『北里柴三郎』（ミネルヴァ書房、二〇〇八年）八頁。

(56) 松田、前掲「京城帝国大学の創設」一二七頁、佐藤剛蔵『朝鮮医育史』（佐藤先生喜寿祝賀会、一九五六年）八六〜八七頁。服部の回顧によれば、服部は、創設委員として「帝国大学に設くべき学部・各学部に設くべき講座の種類及数、講座担任者の選定及海外留学等に関する件、大学敷地の選定、大学講堂、教室、附属病院、附属図書館等に関し一々之が立案設計を行」ったと述べており、医学部に関しても影響力をもったと考えられる（服部宇之吉「服部先生自叙」服部先生古稀祝賀記念論文集刊行会編『服部先生古稀祝賀記念論文集』冨山房、一九三六年、二二頁、傍点は引用者）。

(57) 慶應義塾大学医学部六十周年記念誌編集委員会編『慶應義塾大学医学部六十周年記念誌』（慶應義塾大学医学部、一九八三年）では、一九二九年四月に同大学医学部に予防医学教室が設置されたことをもって日本初としているが（四三〜四四頁）、京城帝大医学部における衛生学・予防医学講座の設置（一九二七年六月）のほうが早い。

(58) 朴潤栽、前掲論文。

(59) C. S. Kim to V. G. Heiser, 3 September 1926, folder 3401, box 268, series 1-1.02, RG5, RFA.

(60) *Ibid.* およびRoger S. Greene to V.G. Heiser, 2 September 1926, Victor G. Heiser to Grant, 29 October 1926, Victor G. Heiser to Kim, 6 November 1926, folder 3401, box 268, series 1-1.02, RG5, RFA.

(61) John B. Grant to Heiser, 9 September 1926, p.1（註(19)資料）。

(62) 志賀潔「北京の医学会と我医学の将来——北京は世界の北京なり——」（『満鮮之医界』第六七号、一九二六年一〇月）五四頁。

(63) 以下、John B. Grant to Heiser, 9 September 1926（註(19)資料）。便宜上、原書簡に付された頁番号を本文中に注記

する。

（64）京城帝国大学創立五十周年記念誌編集委員会編『紺碧遥かに――京城帝国大学創立五十周年記念誌――』（京城帝国大学同窓会、一九七四年）七三一頁。

（65）一八九九年に設立されたロンドン公衆衛生学院をロックフェラー財団のファンドによって一九二四年に改称した。ロックフェラー財団がアメリカ式医学教育のモデルとしていたジョンズ・ホプキンス大学の「レプリカ」とも評された。

（66）Darwin H. Stapleton, "Malaria Eradication and the Technological Model: The Rockefeller Foundation and Public Health in East Asia", Yip Ka-Che ed. *op. cit.*（*Disease, Colonialism...*）, p.75.

（67）John B.Grant to Wilbur, 8 November 1926, folder 2, box 1, series 613-A, RG1-1, RFA. Grant, "Report 5. Korea", 20 November 1926, pp.1-2, folder 3401, box 268, series 1-1.02, RG5, RFA.

（68）Darwin H. Stapleton, *op. cit.*（"Malaria Eradication and...）, p.75.

（69）Pearce Diary, 22 October 1926, *op. cit.*

（70）以上、ハイザーの考えについては、Victor G. Heiser to Grant, 29 October 1926, folder 3401, box 268, series 1-1.02, RG5, RFA., Pearce Diary, 17 January 1927, *op. cit.* なお、公衆衛生院の設立については、溝口元「ロックフェラー財団と公衆衛生院の設立」（『人間の福祉』第一九号、二〇〇六年）参照。東京の公衆衛生院は、紆余曲折の後、一九三〇年に着工し、一九三八年にようやく完成を見た。したがって、一九二〇年代後半の京城帝大医学部への援助構想と競合することはなかったと見られる。

（71）The Rockefeller Foundation eds, *The Rockefeller Foundation Annual Report, 1926*（NewYork: The Rockefeller Foundation）pp.344-345.

（72）以下、Grant, "Report 5. Korea",（註（67）資料）。

（73）伊藤正義は一八八九年生。一九一六年東京帝大医学部卒後、同助手として勤務。ロックフェラー財団のフェローシップで一九二二年から二年間米ミネソタ州のメイヨークリニックに留学した。一九二四年五月に同クリニックを離れる際、ちょうど欧米視察に来ていた志賀と同行した。一九二五年に京城医専教授に採用されたが、志賀はこれを非常に喜んだという。一九二七年より京城帝大医学部教授（内科学第二講座）となる。以上、Mayo Clinic, *Physicians of the Mayo Clinic and the Mayo Foundation*（Minneapolis: the University of Minnesota Press, 1937）p.667, ITO, Dr. Masayoshi

(Japan), fellowship recorder cards, drawer 3, RG10.2, RFA による。

(74) 愼蒼健「フィールドワークと実験室化学の接合——京城における薬理学研究——」（坂野徹編『帝国を調べる——植民地フィールドワークの科学史——』勁草書房、二〇一六年）。

(75) J. B. Grant to V. G. Heiser, 6 December 1926, folder 3401, box 268, series 1-1.02, RG5, RFA.

(76) 『京城日報』一九二六年一一月一九日、夕刊。

(77) 以下、K. Shiga to R. L. Wilbur, 25 November 1926, folder 2, box 1, series 613A, RG1.1, RFA.

(78) 大蔵省所管朝鮮総督府特別会計中の「大学新営費」は、当初一九二四年から二六年度の継続費総額一六六万八二二九円と計画されており、その後、同額のまま二七年度までに延長、二八年度からは一四一万二四九三円を追加して一九三〇年度までの継続事業となった（『四九帝国議会予算案 追加 大正一三年度』中、「（特第二号）大正十三年度各特別会計歳入歳出予算追加」八九頁、『五四帝国議会予算案 昭和三年度』中、「大蔵省所管一般会計所属参考書 各特別会計所属参照書 予算外国庫ノ負担トナルヘキ契約ニ関スル要求書」（大）二一六～二一七頁）。医学部も当然こうした工事繰り延べの影響を受けていた（「朝鮮医大の工事遅々」『医海時報』第一七三八号、一九二七年一一月二六日）。

(79) R. L. Wilbur to Pearce, 6 January 1927, folder 2, box 1, series 613-A, RG1.1, RFA.

(80) Pearce Diary, 19 January 1927, 25 January 1927 *op. cit.*

(81) "Items for Discussion at Conference Concerning the Far East", *op. cit.*（註(24)資料）。

(82) Stapleton, *op.cit.*（"Removing the obstacles to…"), pp.106-107.

(83) Richard M. Pearce to Shiga, 20 April 1927, folder 2, box 1, series 613-A, RG1.1, RFA.

(84) Mmorandun by Pearce to Greene, 20 April 1927, *ibid.* グリーンも、これを受け朝鮮訪問前に病院計画を志賀に思いとどまらせようと考えていた（[Memorandum by RSG], 25 April [1927], *ibid.*).

(85) Richard M. Pearce to Shiga, 20 April 1927, *op. cit*（註(83)資料）, W.S. Carter to R. M. Pearce, "Keijo University medical school, WSC' s visit to Seoul , Dec.4-5, 1927", p.21（註(24)資料）。

(86) 以下、Roger S. Greene to Pearce, 14 May 1927, folder 2, box 1, series 613-A, RG1.1, RFA. 便宜上、本文中にはこの書簡に振られている頁数をカッコ書きで注記する。

(87) ただし志賀がグリーンとの会談であげた予算関係の数字は、以前ウィルバーに示したもの（前掲表1）とどのように整合するのかわかりにくい数字になっている。志賀がグリーンに示したのは以下のような数字だった（註(86)資料、pp.3~5)。

一九二三年に大学計画が承認された際、日本政府は五一六万円を当初支出（内一五六万円が医学部）と見積もった。加えて病院の拡張に九三万円が必要と算出された。これまで大学全体に使えた予算は一五二万円で、うち医学部は七五万円のみであり、これは本国の緊縮財政の影響を受けている。来年度の予算四〇万円で医学部群は完成すると予想しているが病院の整備資金が問題である。

いずれにせよ、この後の交渉では、志賀の求めた一〇〇万円の援助額という数字は前提とされたものの、上記の数字の内訳は顧みられておらず、ウィルバーに示した数字の方がもっぱら検討材料とされた。

(88) 水島は、実際に、一九二七年一〇月にロックフェラー財団医学教育部からフェローシップの承認を受け、一九二八~二九年ジョンズ・ホプキンス大学に留学した。Mizushima, Dr. Haruo (Japan), fellowship recorder cards, drawer 3, RG102. RFA. なお、水島の学問についての研究としては、愼蒼健「京城帝国大学医学部の「植民地性」とは何か？——衛生学教室の社会医学研究について——」（『科学史研究』第四八号、二〇〇九年）、同「植民地衛生学に包摂されない朝鮮人——一九三〇年代朝鮮社会の「謎」から——」（坂野徹・愼蒼健編著『帝国の視角／死角——「昭和期」日本の知とメディア——』青弓社、二〇一〇年）、横山尊「九州帝大医学部における民族衛生学・植民衛生学講座——戦前・戦後の水島治夫の学問から——」（『九州史学』第一六七号、二〇一四年三月）がある。

(89) 「水島治夫先生にきく」（『公衆衛生』第二七巻第七号、一九六三年七月）三九〇~三九一頁。

(90) Greene to Francis W. Peabody, 7 July 1927, Roger S. Greene Papers, General Business Correspondence, May-Dec. 1927, 70-M-58, The Houghton Library, Harvard University.

(91) なお、これと関連して、ロックフェラー財団は、同じ時期の一九二六年六月、在外研究で欧米に留学した高楠栄京城帝大医学部産科学・婦人科学第一講座教授（東京帝大医学部助手から、一九一九年〈推測〉より聖路加病院婦人科に勤務、二三年に総督府医院医官兼京城医専教授、二七年五月より京城帝大兼任教授）の支援もはかった。すなわち、アメリカ式看護教育の導入に熱心で、ロックフェラー財団の援助も受けていた聖路加病院に、高楠が勤務していたことがあったため、高楠にアメリカでの産婦人科を学ぶ機会を与えようとしたのである。ロックフェラー財団幹部は、ロックフェラー研究所とセントルークス病院などの視察に便宜を図っている。志賀は、ロックフェラー理事のカーターから高楠にあてた手紙を取り次いでいる。R. B. Teusler to Pearce, 8 June 1927, WSC [W. S. Carter] to Shiga, 6 July 1927, W. S. Carter to Pearce, [Memorandum of WSC], 12 July 1927, folder 2, box 1, series 613-A, RG1.1, RFA.

(92) Grant to Greene, 17 May 1927, *ibid*.

(93) Richard M. Pearce to Greene, 22 June 1927, *ibid*., Pearce Diary 21 June 1927 *op. cit*.

(94) Greene to Shiga, 12 August 1927, Shiga to Greene, 27 August 1927.

(95) R. S. Greene to Richard M. Pearce, 12 August 1927, *ibid*.

(96) Carter to Pearce, "Keijo University medical school; WSC's visit to Seoul, Dec.4-5, 1927", 6 December 1927, *op. cit*.（註(24)資料）。以下、本文には参照の便宜上、原資料の頁数を記してある。

(97) 京城帝国大学創立五十周年記念誌編集委員会編、前掲書、七三一頁。

(98) 佐藤、前掲書、八三頁によれば、志賀の不在中に来た「ロックフエラー財団の一外人」が「ここでは医科の大学と医科の専門学校とを置くそうだが、病院をすばらしく大きくして両方の臨床教育をやつたらよいであらうと話しておつた」とされている。しかし、病院への援助を否定していたカーターがこのような話しをしたとは考えられない。

(99) Pearce Diary, 21 September 1927, *op. cit*.

(100) もっとも、当時の総督府医院関係者のなかには、志賀の功績として「診察本位たりし総督府医院を研究的な医院にし［中略］大学病院の素地を作りたる」ことを指摘する者もある。志賀の総督府医院改革が何らかの成果をあげたのか、なお検討の余地がある（守屋栄夫宛今野長三郎書簡、一九二八年七月七日、『守屋栄夫関係文書』一〇―四〇四―三、国文学研究資料館所蔵）。

(101) さらにいえば、綿引が米国帰りとは言え、どこまで米国流の公衆衛生学に理解があったかも疑問が残る。この数年後に刊行された綿引朝光『簡明衛生学』（金原商店、一九三三年）を見ると、基本的に空気・水・土地などの環境衛生、衣服・食物・住居などの役割を論じる古典的ドイツ環境衛生学に忠実な内容だった。逆に、ロックフェラー財団が世界的に展開していた、現地住民に衛生観念を扶植するために衛生専門家が地域社会に介入していくというような公衆衛生学的視点からの問題は取りあげられていない。

(102) 愼蒼健、前掲「京城帝国大学医学部の「植民地性」とは何か?」参照。

(103) 志賀の甥の高橋功は、「もともと志賀はドイツ一辺倒で、アメリカにはあまり好意を持っていなかった」と評している（高橋、前掲書、九八頁）。また、志賀は、一九三九年四月二八日付の徳富蘇峰宛書簡（『徳富蘇峰関係文書』徳富蘇峰記念館所蔵）で、ヒットラー総統の国会演説に触れ、「米国に対する毅然たる態度ハ真に痛快」と述べているように、少なくともこの時期には、ドイツとの同盟を支持しアメリカを敵視する政治的立場をとっていた。

（104） カーター訪問の直後、朝鮮総督が宇垣一成から山梨半造に交代している（カーターの訪問は一九二七年一二月四～五日。山梨の就任は同一〇日）。

（105） 一九二八年以降のロックフェラー財団の改編については、John Farley, *To Cast out Disease: a History of the International Health Division of the Rockefeller Foundation*（*1913-1951*）（Oxford: Oxford University Press, 2004）pp.157-168、参照。もっとも、財団の組織改編の影響は医学教育援助の部門では一九三〇年代以降四～五年程度かけて徐々に現れたとされているから（William H. Schneider, "The Men who followed Flexner: Richard Pearce, Alan Gregg, and the Rockefeller Foundation Medical Divisions, 1919-1951", William H. Schneider ed. *op.cit.*, pp.31-36）、ロックフェラー財団の組織改編が志賀との交渉に直接的な阻害要因として働いたとは考えにくい。

（106） 平体由美「研究史展望――ロックフェラー財団の医療・公衆衛生活動と文化外交――」（『札幌学院大学人文学会紀要』第九二号、二〇一二年一〇月）一一六～一一七頁。

（107） 英領インドについては、Deepak Kumar, "Questions of Public Health and Foreign Philanthropy: Rockefeller Foundation in India, 1915-1945", K. L. Tuteja and Sunita. Pathania eds., *Historical Diversities: Society, Politics, and Culture*（New Delhi: Manohar, 2008）, Shirish N. Kavadi, *The Rockefeller Foundation and Public Health in Colonial India, 1916-1945: a Narrative History*（Mumbai: The Foundation for Research in Community Health, 1999）などがあり、財団による医療専門家の育成や公衆衛生思想概念の普及を評価し、財団の事業を植民地主義的と見なす評価に距離をおく。他方、Soma Hewa, *Colonialism, Tropical Disease, and Imperial Medicine: Rockefeller Philanthropy in Sri Lanka*（Lanham: University Press of America, 1995）は、英領スリランカの事例を通じて、ロックフェラー財団と植民地支配体制の野合を指摘する。James A. Gillespie, "The Rockefeller Foundation and Colonial Medicine in the Pacific, 1911-1929", Linda. Bryder and Derek A. Dow eds., *New Countries and Old Medicine*,（Auckland: Pyramid Press, 1995）は、英領オーストラリア・フィジーの事例を扱い、現地人医療人との葛藤などによりアメリカ式モデルが必ずしもそのまま貫徹したのではないことを強調する。

(108) 小田敏花「近代朝鮮の宣教医療——その発展と植民地医学との関連について——」(『次世代アジア論集:早稲田大学アジア研究機構「次世代アジアフォーラム」研究成果報告論文集』第四号、二〇一一年三月)。

〔附記〕 本研究は、日本学術振興会科学研究費補助金「ロックフェラー財団と日本統治下朝鮮・台湾における医学研究」(代表・松田利彦、研究課題/領域番号17K01189、二〇一七~二〇一九年度)の助成を受けたものである。

日本の植民地医学から東アジア国際保健機構へ

劉士永（Michael Shiyung Liu）

はじめに

植民地医療は、第二次世界大戦後、国際衛生ないしグローバル・ヘルスに変貌していく。東アジアはその過程に光を当てる重要な事例となろう。国家を超えて公衆衛生事業を行うという考え方は、第二次世界大戦後、WHO（世界保健機関）の誕生によって初めて生まれた。とはいえ、一九四八年のWHO設立にさかのぼる一九三〇年代の東アジアでも、国際衛生を推進し感染症が起こればただちに情報を共有する活動は既に進められていた。しかし、多くの研究者が関心を寄せてきたのは、西半球の国際衛生外交・組織の発展にすぎない。世界情勢の分析において、「グローバリゼーション」という言葉が使われるようになったのはごく最近のことではあるが、グローバル・ヘルスとは何なのか考えてみると、その大部分の起源は、西洋における検疫および公衆衛生の国際協力の歴史に求められる。国際公衆衛生の歴史とは、各国の社会の結びつきが強まり、世界のどこかで起こったできごとが西洋人や遠く離れた国々に影響を及ぼす過程の歴史にほかならない。

公衆衛生上のリスクに関しては、特に東アジアを含む東洋が国際的な関心の的になったが、それは、公衆衛生が入植者の健康や植民地獲得競争と大きく関わりをもつものだったからだ。一九六〇年代以前の東アジアでは、国家主権が大きな問題になることはなかった。第二次世界大戦前の東アジアで公衆衛生と検疫の国際協力が進んでいたことが、東アジアという社会政治的に大きく異なる環境で、西洋による現代的な国際衛生の概念をいち早く実践するための基礎となっていたためである。また、世界的に疾病に対処することを目的とした国際保健機構とは、第二次世界大戦前の東アジアの植民地医療を念頭に置くならば、アメリカにとっては、それまでに費やした労苦を回収し「古いワインを新しいビン［ＷＨＯ西太平洋地域事務所：ＷＰＲＯ］に」入れる新たな仕組みだった。冷戦初期の東アジアにおける国際保健・衛生の概念は、第二次世界大戦前の東アジア植民地医療と比較するならば、植民地主義の余韻を残しつつも新たな展望をもつ構想だったと言えるかも知れない。

一　一九四五年以前の東アジアにおける植民地医療

一九二〇年代から三〇年代にかけ、東アジアでは、植民地医療政策は「飛び地」的な施策（植民地政権と軍隊のためのもの）から「公衆衛生」的な施策（社会全体が直面する伝染病の予防や治療に重点を置くこと）へと移行した[1]。ただし、植民地社会と日本と中国といった主権国家の間には格差が残り、この格差が情報交換や健康増進の障害となった。また、植民地保有国と主権国家の争いによって、植民地医療と国際衛生事業は緊張しつつ相互に結びつき、そのことが、東アジアにおける植民地と主権国家の統治のあり方を左右する重要な役割を果たした。日本、中国、フィリピンにおけるアメリカという事例に焦点を当て、これらの公衆衛生事業が一九三〇年代の東アジアにまたがる取り組みであったことを、以下では論じよう。三国がそれぞれに東アジアで国際衛生を普及させようとした構想を検討すると、当初の段階ではそれらは別個に行われ別個の目的を持つものだった。しかし、一九三〇年代には、それらの活動が互いに入り混じり合う基盤が存在していたことも間違いない。

（1）国際連盟保健機関（ＬＮＨＯ）

国際連盟保健機関（ＬＮＨＯ）は、全世界的な組織となることを目的に第一次世界大戦後、設立された。しかし、国民国家を前提とするウェストファリア条約の原則[2]のためにその力は弱まり、東アジアにおいてはむしろ妨げとなった。東アジアには、中国と日本しか主権国家が存在しなかったためである。感染症が東洋から西洋に蔓延するのを防ぐため、極東の感染症抑制体制を改善し、特に感染症に関する情報共有のための機関をつくるべきだと、ＬＮＨＯは提言していた。一九二五年、シンガポールにＬＮＨＯの極東支局が開設された。支部には極東諸国によって諮問委員会が設置され、その財源は、国際連盟保健機関の基金、ロックフェラー財団の支援、関係国からの任意の寄付でまかなわれた。一九二七年にはパリにある公衆衛生国際事務局とＬＮＨＯとの承認により、極東支局はパリの事務局の地方支局となった[3]。極東支局はＬＮＨＯの組織の中でも特別な存在であり、東アジアにおけるＬＮＨＯの準本部のように運営された。

シンガポール支局はまず、国際連盟保健委員会の日本代表からさらなる支援の継続の約束を取り付けた[4]。日本は国際連盟の政治部門からの脱退を決めた六年後の一九三九年まで、支局への資金提供を続けた[5]。日本がシンガポールを占領したことにより、支局は一九四二年一月に閉鎖を余儀なくされたが、戦後に東南アジア連合国軍司令部によって再開され、四七年にＷＨＯの臨時委員会へ移譲された[6]。

一九三七年、諮問委員会の指導により、シンガポール支局は、東アジアにおける疾病予防に関わる他の問題も視野に入れて、研究活動を含む医療・保健衛生情報に関する総合拠点となった。支局はまた、一九三七年にバンドンで開催された極東諸国農村衛生会議[7]のための事前調査と追跡調査を実施した。そこには、七か国の栄養学研究機関による農村の公衆衛生調査と栄養研究が含まれていた。

ＬＮＨＯの主な任務は農村衛生の改善にあり、中国では既にそのための活動を行っていた。一九二九年にＬＮ

HOは、中国の検疫事業の再編を支援した。それまでにもLNHOは技術協力計画に基づいて、中国が公衆衛生事業を確立するための支援をしていた。一九三七年の日本の中国侵略によってそれらの取り組みが中断するまでに、約五〇〇にのぼる公衆衛生機関が設立された[8]。中国での事業についてはすべて、一九二一年後半からLNHOの医療部長の職に就いていたルドヴィク・ライヒマンの許可を必要とした。ライヒマンはロックフェラー財団の支援のもと、模範的公衆衛生事業や研修施設を見学する大規模な視察旅行(「交流会」)を組むことにより、様々な国の公衆衛生専門家たちの国際的な「団結心」を養うことに努めた[9]。ライヒマンは特に極東に関心を持っていたため、疫学に関する情報伝達の拠点として、シンガポールの「極東支局」を一九二五年に創設することを強く求めていた[10]。中国の衛生部は、一九二八年までに三人で構成される国際諮問委員会を組織し、そのうちの一人にライヒマンを招いた[11]。ライヒマンは自ら「中国問題」に深く関わった。中国に対する情熱が非常に強かったため、ライヒマンは一九三三年にLNHOの部長職を休職し、中国に対する国際連盟のすべての支援を調整する「技術調査官」として勤務し、その間は中国政府から雇傭された[12]。しかし、間もなく国際連盟による中国への支援に対して日本が抗議したため、ライヒマンはLNHOの元の職に戻らなければならなくなった。

(2) 極東熱帯医学会(FEATM)

第二次世界大戦前の東アジアでは、植民地は当たり前の存在だった。ウェストファリア体制に従っていては、東アジアで国際的な公衆衛生推進の協力体制を維持できないことは明らかであった。一九〇八年のマニラにおける極東熱帯医学会(FEATM)の設立は、こうした問題に対する解決策たり得るものだった。

一九〇五年から一五年までフィリピン総督府保健局の局長を務めたヴィクター・ハイザー博士は、感染症に関する情報、予防策、基礎的な医学知識の交換を推進するために、極東で非政府組織を設立することを提案した[13]。

ＦＥＡＴＭの目的が、東アジアにおける医療専門家の科学研究の拠点、特に植民地における拠点にしようという点にあったことは明らかであった。

ＦＥＡＴＭの存続期間（一九〇八～二三年）においては九回の会議が行われた。開催地のほとんどは植民地であったが、例外として一九二五年には日本で、一九三四年には中国で開催された。一九二三年にシンガポールで開催されたＦＥＡＴＭ会議では、ＦＥＡＴＭとＬＮＨＯの協力関係が示された。一九二二年から二三年にかけてノーマン・Ｆ・ホワイト博士が東アジアを訪問したことが、二つの機関の協力の始まりであった。[14]ホワイトの報告によると、東アジアではいまだに個々人が行う旧式の検疫が行われており、感染症に対応するための国際的な方法が発達していなかった。[15]シンガポールは東アジアと世界の貿易の交流点であるため、ホワイトはここに感染症研究の拠点を設けることを提言した。さらにホワイト報告は、ＬＮＨＯによる世界的な取り組みをＦＥＡＴＭによる地域的な活動に転換していくことも提案していた。

ＬＮＨＯから極東に赴任したホワイトの最初の任務は、東アジアの主要港における感染症の状況を調査することであった。しかし、ホワイトは現地到着後すぐに、感染症予防のためにアジアの植民地が協力し合うことが重要であることを認識した。報告書において、ホワイトは、地域の拠点となる疫学研究機関の設立を提言し、後には感染症情報の交換と検疫手続きの標準化のための拠点をシンガポールに設けることを提案した。さらにホワイトはＦＥＡＴＭならば、ウェストファリア条約の枠組みを東アジアに適用しにくいという問題点を乗り越えられるのではないかと考え、地域拠点の設立を提案し事務局員を選出することを求めた。[16]一九二四年にＬＮＨＯは、シンガポール支局を含め帝国・植民地をまたぐ活動をしているＦＥＡＴＭと協力関係を構築するという改正案を通過させ、諮問機関やその活動をＦＥＡＴＭの目指すところと合致させることにした。[17]ホワイトの報告とライヒマンの支援により、一九二五年以降、ＬＮＨＯとＦＥＡＴＭの活動は連動することとなった。

東アジアの二つの主権国家と事業を行うという従来の役割をLNHOが維持したのに対し、FEATMは植民地の医療専門家と検疫官の協力体制をつくっていった。一九二五年に東京で開催された会議の冒頭で、FEATMは医療専門家が国際的な人類の保健福祉に関心を持つよう呼びかけ、また医療の進歩という点から、複数の帝国が共同して事業をすることを非常に肯定的に捉えていると述べた[18]。FEATMの活動から考えられる「国際的」という言葉は、明らかにウェストファリア体制の定義とは異なっていた。FEATMにおいては、植民地政府の医療専門家と帝国本土の代表者が同じ席に着いて対等に議論することができた[19]。さらに重要なことは、ウェストファリア条約の原則に捉われることなく、植民地統治と国家主権を一体的に扱うという新たな仕組みが、当時の東アジアに誕生したということである。

(3) ロックフェラー財団(RF)

ロックフェラー財団(RF)は一九一三年に設立され、「世界を通じた人類の福祉の増進」を目標に掲げた[20]。ロックフェラー家はこの財団を設立以前、一九〇九年、この目的を果たすための事業として、既に鉤虫症撲滅のための衛生委員会を立ち上げていた。鉤虫症撲滅の活動は後に他の地域にも波及し、世界的な鉤虫症撲滅運動につながった。国際衛生というRFの理念を推進するために、同財団の国際保健委員会(IHB:後に国際保健部[IHD]に改名)の事実上すべての職員が最初は鉤虫症撲滅事業に携わった。その職員というのは、プエルトリコとサントドミンゴのジョン・グラント、中央アメリカとブラジルのルイス・ハケット、セイロンとインドとオーストラリアのヴィクター・ハイザー、オーストラリアのウィルバー・ソーヤーである[21]。これらのうちジョン・グラントとヴィクター・ハイザーは後にそれぞれ中国とフィリピンへ赴任し、東アジアにおいてRFの医療フィランソロピー事業を推進する重要な人材となった。ヴィクター・ハイザーのFEATMはロックフェラー財団が東アジアの衛生に貢献する上で不可欠な役割を果たし、ジョン・グラントは東アジアの公衆衛生を近代化することに尽力し、ルドヴィク・ライヒマンを中国へ紹介した。

中国は、医療フィランソロピー事業と国際衛生というRFの理念を実践する上で重要な位置を占めた。ロックフェラー財団が設立された一か月後、同財団の中国医療財団（CMB）は直ちに国際保健委員会の管理下に置かれ、中国における事業を指導することとなり、やがて東アジアの様々な衛生事業へ資金援助を行う拠点となった[22]。

ジョン・グラントがCMBにおける重要な役割を果たし、中国の公衆衛生の近代化に献身したのに対し[23]、ヴィクター・G・ハイザーもそれに劣らぬ重要な任務を果たした。ハイザーはフィリピンの保健局長を務める（一九〇五～一九一四年）一方で、FEATMを振興し、植民地医療を基盤としながら東アジアで医療情報を交換する拠点にした。さらに、後の一九一五年にハイザーは財団の国際保健委員会の極東部長となり、RFの資金援助とFEATMの技術支援により東アジアにおける様々な衛生事業に大きな影響を与えた。FEATMを地域の医療専門家の拠点として利用することにより、ロックフェラー財団の資金や人材の提供を得つつ、ハイザーはフィリピンの衛生事業を周辺国と周辺植民地に常に拡張し続けた[24]。ハイザーは「現在の衛生施設や過去の衛生管理士に頼るよりも（アメリカ式の訓練を受けた）女性に業務をしてもらう方が、さらに衛生を改善できる可能性がある」という意見をまとめていた。公衆衛生が地方行政の管理下に置かれるのであれば、アメリカ式の事業は間違いなく破綻するとハイザーは考えていた。「極東のどんな団体も〔中略〕私たちのように効果的に事業を計画し実現することはできない」と語ったこともある[25]。ハイザーは、東アジアの公衆衛生事業にはアメリカ的なものの考え方や支援、資金援助が必要だと確信していたのである。

FEATMと同様、LNHOも当初より、東アジアでも西洋の事業でもロックフェラー財団の援助を必要としていた。しかるに、感染症は、ヨーロッパや南北アメリカにとって潜在的な脅威となっていた。アメリカは、その脅威の危険性に向かいあい、危機を防がなければならなかった。それ故にシンガポール支局の諮問機関は、LNHOとロックフェラー財団の両機関および現地からの資金援助を受け設立された(26)。第二次世界大戦が始まるまでに、RFは既にLNHOの東アジアにおける事業を支援していた。そうすることにより、RFの個々の衛生事業を通じて、国際公衆衛生というアメリカの考え方を東アジアに導入することができた。

ヴィクター・ハイザーが所属するIHDと協力するため、LNHOはやがて「［アメリカの資金援助を］受ける時には［LNHOの極東における事業と］融合する」というRFの方式を取り入れるようになった(27)。例えば、一九三〇年までにセルスカー・ガン(28)は、「公衆衛生のような個別的な要請ではなく、地域社会全体の要望を満たすこと」を強く訴えた(29)。これはライヒマンの農村衛生事業を支援するための要請である。当時、「農村の底上げ」や「農村福祉」という言葉がFEATMの中で広がっていたのに加え、ロックフェラー財団の複合領域的な中国事業（一九三五年）も当初の目標をあらため、FEATMとの連携を目指すことにした。ニューヨークにあるRFの医学財団本部は、「西洋式の一〇〇％の効率ではなく六〇％の効率」で実施される取り組みでよしとしていた(30)。

RFは、河北省定県の地域拠点での大衆啓蒙運動の中で実施された、危うげな実験に関心を寄せていた。ガンが述べたように、この「村自治組織」は瞬く間に普及し、優秀な中国の学生や海外の専門家の熱意をこれ以上ないくらいに掻き立てた(31)。農村衛生を改善しようとするRFの事業は野心的なものであり、近代的な公衆衛生のインフラストラクチャーとはどのようなものかについてアメリカの考え方を目に見える形で示そうとした。

一般に、第二次世界大戦前の東アジアでは、LNHO、FEATM、ロックフェラー財団のIHDが、同時に「国際」衛生を推進する役割を果たしていたと言われる。LNHOは東洋と西洋それぞれが求める衛生上の問題を結びつけるために国際的な枠組みを構築し、FEATMはウェストファリア体制の制約を迂回できるような非公式なネットワークを作り、RFは東アジアに資金と医療知識を提供したのである。

二　冷戦時代の東アジアにおける国際公衆衛生の形成

第二次世界大戦によって、上述の三つの団体が築き上げた仕組みはほぼ消滅した。戦時中にも続いたのは、アメリカの支援だけであった[32]。一九四〇年代後半には、すべてではないとしてもほとんどの植民地を残すという新たな決意を固めた西側勢力が、第二次世界大戦後から台頭してきた。一九四七年に中国とブラジルは、後に世界保健機関となる新しい国際保健機関設立の提言を行ったが、その考えは無から生じたわけではなかった。第二次世界大戦前にＬＮＨＯ、ＦＥＡＴＭ、ＲＦが行った事業は、いくつかの遺産を残していた。植民地医療の余韻は消え去ったわけではなかった。

第二次世界大戦以前、東アジアにおける主な植民地保有国であったイギリスは当初、次のように警告した。「どう考えても、公衆衛生と医療が未発達な国の投票によって、科学技術が発達した国の支配を覆すことはできない」。これはＷＨＯを設立しようとする植民地の代表者に直接、強く反対するものであった。

その上、一九三〇年代にＬＮＨＯを設立した時と同様、アメリカはまたしてもＷＨＯに対して曖昧な態度をとった。アメリカをはじめ、戦後の貿易自由化を支持する主要な非植民地保有国が問題を提起した。アメリカでＷＨＯを構想した人々が考えた国際公衆衛生の新たなアプローチとは、国際検疫は人や商業の流れを制限するため、最終的には国境や国家主権による制約を最小限に抑えた縦割りの疾病撲滅事業に移行しなければならないというものだった[33]。同様の原則は、ＦＥＡＴＭの会議やＲＦの東アジア事業における様々な機会で口にされている。

しかし、ほかでもなく当時の政治情勢が、ＷＨＯの高邁な理想をくじくことになった。受け入れ候補国の行動計画や政治・経済発展のための新たな体制には、公衆衛生事業の入り込む余地がほとんどなかったのである。それでも、ＷＨＯは、その政策をそれに合わせようと尽力した[34]。こうした曖昧で温度差のある状況というものは、発足当時のＷＨＯにおける国際公衆衛生制度の確立を理解するのに役立つであろう。イギリスのような植民地保有国は当初、多国間的枠組みは各国の主権を揺るがす存在になると考えた。それとともに、それらの国は、自ら資金を調達できない植民地に大きな社会発展をもたらすという公約を実践しているかどうか、国際連合によって新たに監視されることとなった[35]。極東最大の植民地保有国であるイギリスの場合、一九四〇年の植民地開発法により「ジュニア・パートナーシップ」「福祉帝国主義」というレトリックを掲げることになった[36]。さらに一九四〇年の植民地開発福祉法により、イギリスは保健福祉分野における支出を大幅に増やすことを公約することになった。大戦末期には、これらの支出は植民地関連予算のほぼ五分の一に達した。衰退していた帝国イギリスには、それだけの金額を捻出することができなかった。そのため、中国には潤沢な資金が援助されていたものの、イギリスがもしビルマと香港に対する連合国救済復興機関（ＵＮＲＲＡ）の援助を受けられなければ、植民地において引き続き権力を行使できるという道義的な理由を失うことになるであろうと、イギリス外務省は警告した[37]。かつて強大な植民地帝国だったイギリスは、アメリカの影響下において新たな外交・経済基盤に対する権限を明らかに失いつつあった。しかし、西半球における国際公衆衛生の仕組みが戦災から速やかに回復したのとは対照的に、西太平洋地域におけるＷＨＯ事業は、中国の内戦とそれに伴う軍事衝突により低迷した。

さらに、国際衛生推進の取り組みに関しては、アメリカが自由貿易と軍事防衛に関心を示すという、第二次大戦前とは異なる大きな変化が見られた。アメリカが、第二次大戦後の世界に国際的な秩序を再構築することで経済的利益が得られると考えていたことがその根底にはある。一九四六年の初めに、アメリカ公衆衛生局の副医務長官であったジェームズ・Ａ・クラブトリーは、国際的な公衆衛生のための新たな機関[38]を設立する考えを推し進めていた。第二次世界大戦以前であれば、ＬＮＨＯがこの任務を担っていたし、ジョンズ・ホプキンス大学、ロックフェラー財団、アメリカ医師会のように、それに近い目標をもつ民間団体も多かった。第二次世界大戦前の東アジアにおいて実現していたアメリカ式の医療を再開・復活させるためには、最初に中国で、後に東アジアの他の地域で実施された国際公衆衛生の取り組みを再現する必要がアメリカにはあった。

第二次世界大戦前の医療フィランソロピー事業を継続するため、ジョンズ・ホプキンス大学、ロックフェラー財団、アメリカ医師会を含むアメリカの民間団体は、新しい国際機関の早期設立を目指して、民間のフィランソロピー事業という手段によって援助を行った[39]。アメリカの民間団体は当初、それらの前身団体と同様にフィランソロピー的であり、東アジアの公衆衛生体制の再構築のために医療資源を提供した。しかし、東アジアの情勢は急速に悪化し、一九四五年から一九五〇年にかけては、もはや共産主義勢力を抑えることはできないと考えられた。アメリカは中華民国に対する信頼も失いつつあったから、東アジアにおけるアメリカの影響力を回復するためには、かつての敵国である日本の存在が重要となった。

一九五一年は、東アジアに国際公衆衛生の仕組みを作る上で欠かせない出来事が多かった年である。例えば朝鮮半島で戦争が勃発したり、東京のGHQが撤退したりしたが、最も重要なのはフィリピンのマニラにWHOの西太平洋地域事務所（WPRO）が設立されたことである。中国は一九四八年の第一回世界保健機関総会において、一度WPROの設立を提言したが拒否されている。WPROをマニラに設立したのは、一九五〇年にI・C・ファン博士が事務所長を務めていた香港の仮事務所による提案があり、第三回世界保健機関総会で承認されたためである。世界保健機関執行委員会は一九五一年六月一日に選考方法を定め、フィリピン政府とWHOはマニラの地域事務所設立の契約書に署名した。一九五一年八月一五日に地域事務所は香港からマニラへ移転し、当初はイントラムロスのポートエリアにある検疫所の中に置かれた[40]。ヴィクター・ハイザー博士がフィリピン最初の港湾検疫所を設立した場所と同じである[41]。WPROをこの場所に設立したことは、第二次世界大戦をはさむLNHO・FEATM・RFとのつながりをはからずも示している。

朝鮮戦争によって、アメリカはかつての敵国である日本および古くから友好関係にある台湾と同盟を結ぶことを余儀なくされた。一九五一年の相互安全保障法（ＭＳＡ）が、アメリカが東アジアを援助するための法的根拠となった。この法による義務を履行するために、相互安全保障庁のような複数の機関が設立された。相互安全保障庁は、東アジアにある多くの国々に助成金を交付した。これは、軍事援助と景気回復を通じてアメリカの同盟国を強化することが、アメリカの長期的な安定に資するという原則に基づいていた[42]。

しかし、第二次世界大戦以前と以後の連続性は、過大評価すべきではないだろう。東アジア情勢の緊張状態により、世界の大国アメリカの台頭と並行して国家が運営する国際的な組織が発展し、それが国家と財団の関係を大きく変えた[43]。この変化は、一九四八年のＷＨＯ、一九五〇年のアメリカ国立科学財団、一九五一年のアメリカ国立衛生研究所の設立にともない顕著となった。これら三機関は、研究、農地開発、インフラ基盤整備といった、それまでＲＦが主に活動してきた分野における役割を担った。ＷＨＯ創設のわずか三年後の一九五一年、ＲＦはその有力傘下組織だったＩＨＤを閉鎖した[44]。一九二〇年代から一九三〇年代にかけて東アジアに医療援助を行った主なフィランソロピー団体は、一九五〇年代以降その権限を完全に国家に譲り渡した。第二次世界大戦後より徐々にアメリカ政府自身の外交政策と国際開発機構が拡大するにつれ、国際衛生を含むアメリカの諸財団の国際事業に、国家がより一層参入するようになった[45]。アメリカ国外の地域が発展することによる情勢により、フィランソロピー団体の権限と影響力はますます国家に奪われることとなった。すなわち、脱植民地化、それまでヨーロッパの支配下にあった東アジアの「新生国家」の権限の強化[46]、国家主導の国際組織の権力の高まりといった情勢である。一九五〇年代のＷＨＯの新たな取り組みにおいて、世界のマラリア撲滅を支援するというＲＦの役割は、アメリカの国際衛生外交の一環と位置づけられた。一九五〇年代にＷＨＯを援助していたのは主にアメリカであるため、主たる国際衛生事業は反共政策として企画・運営された。

ここで触れておきたいのは、一九三〇年代の中国事業におけるRFのスローガンの変化とは異なり、経済こそが、アメリカが冷戦下の東アジアにおいて同盟国に様々な支援を行った主因だったという点である。アメリカの代表であるジョン・M・ヴォリスはかつて、「自分たちの味方として戦う意志のある国」に対する軍事援助の内容は「健全な経済援助」であると断言した[47]。リチャード・ベッツの指摘によれば、アメリカの対東アジア援助は二項対立的枠組みによってすべて理解することができるわけではないものの、二つの発想、すなわち現実主義と自由主義が、現実の諸問題を考慮する際のカギとして圧倒的な力をもっていた、とされる。現実主義も自由主義も、同盟国をアメリカの価値観に合うように変容させ、冷戦下のアメリカの安全保障ネットワークに組み込もうとするものだった。自由主義では、自由市場と自由貿易、比較優位の原理に基づく分業、物質的利益の最大化によって経済が成り立つべきと考えるアメリカの価値観に重点を置くのが、一つの大きな流れだった[48]。東アジア諸国が経済的地位を高めようと懸命になっているとき、アメリカの国益優先主義と、共産主義の波がともに押し寄せて来た。そうしたなか、東アジアでは戦争と自由貿易主義は手を携えてやって来た[49]。

朝鮮半島を確実な兵站地にするため、一九五一年にアメリカの対外活動本部（FOA）は、東アジアの医療・公衆衛生状況の再調査を実施した[50]。その報告書が、後に東アジアに対するアメリカの衛生支援計画の基礎となった。この計画の目的は、東アジアの同盟国が経済的安定と軍事力を確保することにあった[51]。通例、冷戦初期の東アジアにおけるWHOの国際衛生事業は、経済発展のための技術支援計画によって実施されたことにも、ここで触れておく必要があるだろう。この計画により、アメリカの経済に対する関心が国際衛生推進の原動力となっていたことが改めて顕著になった。DDT散布事業は、WHOのWPROがアメリカの強い影響を受けていた時期に、経済発展のための技術支援計画の実際の活動がどのようなものであったかを示す好例になるかもしれない[52]。これらの活動は、東アジアの国際衛生にどのような影響を与えたのだろうか。政治評論家のジェームズ・レストンは、一九五三年のアジア訪問で次のように報告している。「アジアの安全と衛生に対する貢献度という点では、アジアの工場が自ら生みだしている製品よりもアメリカの支援の方がはるかに大きい［中略］韓国と日本と台湾はアメリカへの依存があまりにも大きいので本当に気の毒である。私は、李承晩、日本の吉田首相、蔣介石と長い時間話をした。それぞれが自分なりにアメリカの政策を批判し、みな多くの疑問を持っていた」[53]。レストンの言葉は、アメリカ社会が一般に東アジアへの医療支援をどう感じていたかを示しているのかもしれない。

おわりに

東アジアにおける国際衛生制度の変化をめぐる歴史を再検討することで、公式な植民地政策の終わり（一九四五年）と目に見えざる植民地政策との境界が明らかになる。現在、我々の眼前にある問題は、冷戦期東アジアにおける世界情勢と国際衛生機構をどのように理解するかということである。これが問題になるのは、冷戦期の東西陣営のあり方や国際衛生機構が、歴史上の帝国主義的・植民地主義のパラダイムと似通いつつ異なってもいるからである。二〇〇七年に、アン・ローラ・ストーラー、キャロル・マクグラナハン、ピーター・パーデューは、次のような問いを投げかけた。「どうすれば、ヨーロッパ内外の帝国の体系を同じ分析手法で研究することができるのか」[54]。さらに言えば、この問いに答えるためには、帝国主義と植民地主義について新たな次元から考え、植民地なき植民地政策に対しさらに深く理解することが必要となる。加えて言えば、いまだ植民地主義からも帝国主義からも脱していない国である台湾は「サブ・インペリアリズム」に当てはまる。陳光興らによれば、サブ・インペリアリズムとは、超経済大国アメリカの支配下にある新たな帝国主義の形態であると定義され、「世界的な資本主義の階層構造が新植民地的帝国主義である」とされる[55]。旧来の植民地支配の特徴は、サブ・インペリアリズムあるいは新植民地的帝国主義により、政治的・経済的支配を通じて継承されているのである。

本稿が序説的考察を通じて喚起しようとした議論は、一九五〇年代の東アジアにおける国際衛生事業の性質がどのようなものなのか、国際衛生の分野において国際関係を形づくるものが何なのか、第二次世界大戦後の国家をまたぐ医療事業をアメリカ式の植民地医療だとみなすことができるのか、といったことである。明確な植民関係にはなかったものの、冷戦時のアメリカと東アジア諸国の関係は、同盟国という言葉が示す公式の地位よりもっと微妙なニュアンスを含む。プラセンジット・デュアラは、二〇世紀の「新たな帝国主義」とは植民地なき帝国のことだと主張し、次のように述べている。「新たな帝国主義者は反植民地主義の理念を信奉し、互いの国が似通った文化や考え方を持っていることを強調する。さらに、これらの地域を搾取しつつ多額の経済的投資を行い、制度やアイデンティティを近代化させることに注力する」[56]。この議論にならえば、一九五〇年代に起こった医療体系の変化に、冷戦下東アジアに対してアメリカが実施した新しい形態の「植民地医療」を読みとれるかも知れない。過去数十年の間に、脱植民地化やポストコロニアル理論に関するいくつもの論説が発表された。これらの議論においては、植民地主義に対する古い捉え方を捨て、社会的・文化的な問題により関心を傾けようとしている。戦後東アジアでは、日本の植民地医療からアメリカ式の国際衛生へと医療体系の変化が見られたが、近年の理論が、この変化に関する諸問題を読み解く糸口となるかもしれない。

（原文：英語）

（1）医療体系の変化に関するこの概念は、Robert Peckham and David M. Pomfret eds., *Imperial Contagions: Medicine, Hygiene, and Cultures of Planning in Asia*（Hong Kong: Hong Kong University Press, 2013）より引用。

（2）一九五〇年代以前のウェストファリア体制では、国家が国際関係における主要な構成主体であるべきだとされていた。ヨーロッパの影響が世界に広がるにつれて、ウェストファリア条約の原則、特に主権国家の概念がお互いの植民地の領土保全を認めることの基盤となった。Andreas Osiander, "Sovereignty, International Relations, and the Westphalian

Myth", *International Organization* 55:2 (2001): 251.

(3) Neville M. Goodman, *International Health Organizations and Their Work* (Philadelphia: the Blakiston Company, 1952) p. 128–129.

(4) *Ibid.* p. 128.

(5) *Ibid.* p. 19.

(6) World Health Organization, *The First Ten Years of the World Health Organization* (Geneva: WHO, 1958) p. 69.

(7) Theodore M. Brown and Elizabeth Fee, "The Bandoeng Conference of 1937: a milestone in health and development", *American Journal of Public Health* 98.1 (2008): 42.

(8) Neville M. Goodman, *op.cit.*, p. 126.

(9) Brown, Theodore M., and Elizabeth Fee, "Ludwik Rajchman (1881–1965): World leader in social medicine and Director of the League of Nations Health Organization", *American Journal of Public Health* 104:9 (2014): 1638–1639.

(10) L. Manderson, "Wireless wars in the eastern arena: Epidemiological surveillance, disease prevention, and the work of the Eastern Bureau of the League of Nations Organisation, 1925–1942", Paul Weindling ed., *International Health Organizations and Movements, 1918–1939* (Cambridge, UK: Cambridge University Press, 1995) pp. 109–133.

(11) Iris Borowy, "Thinking big-League of Nations, efforts towards a reformed national health system in China", in *Uneasy Encounters: The Politics of Medicine and Health in China 1900–1937* (Franfurt am Main, Germany: Peter Lang, 2009) pp. 205–228.

(12) Brown, Theodore M., and Elizabeth Fee, *op.cit.*, p. 1639.

(13) A. L. Hoops and J.W. Scharff eds., *Transactions of the Fifth Biennial Congress held at Singapore*, vol.1 (London: John Bale, Sons and Danielsson, LTD., 1924) p. ix.

(14) "Health Organization of the League of Nations", *The British Medical Journal*, Vol. 1, No. 3200 (Apr. 29, 1922): 692.

(15) Norman White, *Report on the Prevalence of Epidemic Disease and Port Health Organization and Procedure in the Far East* (Geneva: League of Nation, 1923).

(16) "The League Of Nations Health Committee", *The British Medical Journal*, Vol. 2, No. 3338 (Dec. 20, 1924): 1169.

(17) Norman White, The Seventh Pan-American Sanitary Conference, Havana, November 1924, LONA, R 941/12B/39834/39834 X.

(18) The Far Eastern Association of Tropical Medicine ed., *Transactions of the Sixth Biennial Congress Held at Tokyo, 1925*（Tokyo: Waibunsha Printing Company, 1926）p. x.

(19) A. L. Hoops and J.W. Scharff eds., *op.cit.*

(20) *The Rockefeller Foundation Annual Report 1913–14*（New York: The Rockefeller Foundation）.

(21) "The Work of the Rockefeller Foundation", *Science* Vol. 54, No. 1388（Aug. 5, 1921）: 109.

(22) Paul Reinsch to Wallace Buttrick, Dec. 1, 1915, box 1, series 1, RG 4, Rockefeller Foundation Archives（Rockefeller Archive Center, North Tarrytown, N.Y.）; Morrell Heald and Lawrence S. Kaplan, *Culture and Diplomacy: The American Experience*（Westport, Conn., 1977）p. 6.

(23) 中国でのジョン・グラントの業務については、Bu, L., and E. Fee. "John B. Grant international statesman of public health", *American Journal of Public Health* 98.4（2008）: 628. に簡単な記載がある。

(24) Clark H. Yeager to Victor H. Heiser, July 3, 1929, Folder 95, Box 5, Series 242 J, RG 1.1, Rockefeller Foundation Archives, RAC.

(25) Heiser to Munson, August 21 1923, Folder 2038, Box 155, Series 1.2, RG 5, Rockefeller Foundation Archives, RAC.

(26) League of Nations ed., *Report on the Prevalence of Epidemic Disease and Port Health Organization and Procedure in the Far East*（Geneva: League of Nations, 1938）.

(27) J. Gillespie, "The Rockefeller Foundation and Colonial Medicine in the Pacific, 1911–1929", in *New Countries and Old Medicine*, ed. L. Bryder and D. A. Dow（Auckland: Pyramid Press, 1995）p. 382.

(28) セルスカー・ガンはロックフェラー財団の副会長を務め、一九三五年から一九三七年にかけて中国北部の農村改革事業を推進した。彼の経歴については、Litsios, Socrates, "Selskar Gunn and China: The Rockefeller Foundation' s 'other' approach to public health", *Bulletin of the History of Medicine* 79.2（2005）: 295–318 を参照。

(29) S.M. Gunn［October 28–30, 1930］. F.A. Ninkovich, "The Rockefeller Foundation, China, and Cultural Change," *Journal of American History* 70（1984）: 809 から再引用。

(30) J. B. Grant [1922], quoted by M. B. Bullock, *An American Transplant: The Rockefeller Foundation and Peking Union Medical College* (Berkeley: University of California Press, 1980) p. 141 から再引用。

(31) S. M. Gunn, "Report on visit to China", 85. J. C. Thomson, Jr., *While China Faced West: American Reformers in Nationalist China, 1928–1937* (Cambridge, MA: Harvard University Press, 1969) p. 128 を参照。

(32) Michael Shiyung Liu（劉士永）, "Epidemic control and wars in Republican China (1935–1955)", *Extrême-Orient, Extrême-Occident* 37 (2014): 111–140.

(33) Gillespie, James A. "Europe, America, and the Space of International Health", in Susan Gross Solomon et al. eds., *Shifting Boundaries of Public Health: Europe in the Twentieth Century* (Rochester, N.Y.: University of Rochester Press, 2008) p. 127.

(34) S. Amrith, "Development and Disease: Public Health and the United Nations, c. 1945–55", in M.J. Daunton and F. Trentmann eds., *Worlds of Political Economy* (Basingstoke: Palgrave, 2004) pp. 217–240.

(35) Susan Gross Solomon et al. eds., *op.cit.*, p. 125.

(36) Frederick Cooper, *Decolonization and African Society: The Labor Question in French and British Africa* (Cambridge, UK: Cambridge University Press, 2010) 204–205; M. Havinden and D. Meredith, *Colonialism and Development: Britain and Its Tropical Colonies* (London: Routledge, 1993) pp. 206–235.

(37) Gillespie, James A. "Europe, America, and the Space of International Health", in Susan Gross Solomon et al. eds., *op.cit.*, p. 127.

(38) Ralph Chester Williams, *The United States Public Health Service, 1798–1950* (Washington D.C.: USPHS, 1951) p. 487.

(39) World Health Organization ed., *First Ten Years of World Health Organization* (Geneva: World Health Organization, 1958) pp. 38–40.

(40) WPROのウェブサイト http://www.wpro.who.int/about/in_brief/history/en/（二〇一六年一一月一八日に閲覧）。

(41) "Philippine islands: Manila quarantine against Chinese ports vaccination of crews", *Public Health Reports (1896–1970)* Vol. 27, No. 23 (Jun. 7, 1912): 925–927.

(42) Aurelius Morgner, "The American Foreign Aid Program: Costs, Accomplishments, Alternatives?", *Review of Politics* 29:1 (1967): 65-75.

(43) Helmut K. Anheier, and David C. Hammack eds., *American Foundations: Roles and Contributions* (Washington, D.C.: Brookings Institution Press, 2010) p. 222.

(44) 第二次世界大戦後に政府は研究予算を九千万ドルから二億ドルに増やしたと、ドワイト・マクドナルドは記述している。「政府がスポンサーになっている事業のために、合計一億五千万ドル程度の援助が複数の大学に対して行われている。しかし、政府の直接の支出に比べれば些細な金額である。それは、すべての財団が大学の研究のために寄付した合計金額よりも多い。現在、商務省は国家の負債の調査を行っているが、これはロックフェラーの資金提供を受ける全米経済研究所が当初行っていた国民所得の統計調査の多くと同様に、エドワード・A・ファイリーンの二十世紀基金によって始められたものである。一般教育委員会の農家・家庭事業は、かなり前から農務省の訪問指導業務に組み込まれていた。低開発国開発計画により、どの財団にも真似できないような規模でアメリカの専門家と技術を発展途上国に派遣した。」Dwight Macdonald, *The Ford Foundation: The Men and the Millions* (NY: Reynal, 1956) p. 48.

(45) Gary R. Hess, "The role of American philanthropic foundations in India's road to globalization during the cold war era", Soma Hewa and Darwin H. Stapleton eds., *Globalization, Philanthropy, and Civil Society: Toward a New Political Culture in the Twenty-First Century* (NY: Springer, 2005) pp. 51-71.

(46) Helmut K. Anheier, and David C. Hammack eds., *op.cit.*, p. 215.

(47) "Mutual Security Act of 1951", In *CQ Almanac 1951*, 7th ed., Washington, DC: Congressional Quarterly, 1952. (http://library.cqpress.com/cqalmanac/cqal51-889-29653-1403944 二〇一六年一一月一九日に閲覧)。

(48) Richard K. Betts, "Wealth, Power, and Instability: East Asia and the United States after the Cold War", *International Security* 18:3 (Winter, 1993-1994): 29.

(49) Richard Stubbs, "War and economic development: Export-oriented industrialization in East and Southeast Asia", *Comparative Politics* 31:3 (1999): 340.

(50) "Zhinaizhengbu Taiwan shengzhengfuhangao (Draft: letter from CUSA to the Ministry of Internal Affairs and Taiwan Provincial Government)", Sept. 16, 1954, CIECD36-11-003-001, 中央研究院近代史研究所。

（51） 楊翠華「美援對台灣的衛生計畫與醫療體制之形塑」（『中央研究院近代史研究所集刊』第六二期、二〇〇八年一二月）一〇八頁。

（52） 台湾の事例については“Annexes to the Plan of Operations for Malaria Eradication in China（Taiwan）”, Document 2025, 69, Taiwan Provincial Malaria Research Institute（TAMRI）を参照。

（53） James Reston, “America in Asia: Time and a Little Hope”, *New York Times* August 30, 1953.

（54） Ann Laura Stoler, Carole McGranahan, and Peter Perdue eds., *Imperial Formations*（Santa Fe, N.M.: School for Advanced Research Press, 2007）pp. 1–42.

（55） Chen, Kuan-Hsing and Wang, Yiman（陳光興、王伊曼）, “The imperialist eye: The cultural imaginary of a subempire and a nation-state”, *Positions* 8:1（2000）: 15–16.

（56） Prasenjit Duara, “The new imperialism and the post-colonial developmental state: Manchukuo in comparative perspective”, *The Asia-Pacific Journal* 4:1（2006）: 1.

戦前期における法学者・鵜飼信成の法学研究についての一試論
――資本主義発達期の社会をめぐる政治と法の問題を中心に――

長沢一恵

はじめに

東アジア世界での近代「知」の形成においては、戦前期の日本および各植民地で構成される帝国全体での相互的連環が大きく関与していることを踏まえて理解をすることが、近年の研究動向では認識されている。本稿が取り上げて考察する法学者の鵜飼信成は、戦後には憲法・公法学者として民主主義の発展に尽力するが、戦前には植民地支配下の朝鮮に設立された京城帝国大学において初期の思想形成を進め、近代日本政治に特有な明治憲法体制下での法治国家論や近代官僚制への批判について考察を行い、特に一九三〇年代以降での議会制民主主義の崩壊からファシズム独裁政治への転向に対して警告を提言するなど、同時代の政治的課題に意欲的に対峙した。一方でまた、京城帝国大学の法学者たちは植民地統治について多くを語らなかったが、近代民主主義社会への問いとして、資本主義の発達における民主制の矛盾の顕在化および植民地主義の深化について、即ち、政治と法のファシズム化（独裁化）とコロニアリズムに関して、植民地朝鮮にあって各研究分野の立場から、その要因解明と解決方法の模索に取り組んだ。本稿は、こうした思索を試みた法学者・鵜飼信成の思想形成期である戦前の研究活動を取り上げ、その検討を通じて、帝国日本内部の本国と各植民地との相互連関的な影響において展開した東アジアの近代性の本質に迫ることを課題とする。

鵜飼信成は、一九〇六（明治三九）年三月に東京に生まれ、青山中学校、第二高等学校を経て、一九二七（昭和二）年四月に東京帝国大学・法学部・政治学科に入学し、同大学院に進学して美濃部達吉に師事する。一九三一（昭和六）年三月に植民地支配下の朝鮮に設立された京城帝国大学に赴任して、いわゆる京城学派のメンバーとして法学研究を進め、終戦まで朝鮮に滞在する。[1] 京城時代の研究活動では、法治国家論や近代官僚制など公法研究に加えて、行政法に取り組むとともに、[2] 一九三九（昭和一四）年一二月からはアメリカへ在外研究に赴き、ニューディール政策下で展開していたリアリズム法学に触れるという貴重な経験をし、戦後に先駆けてアメリカ政治に学びながら民主主義の現代的課題について考察を進める。こうした経験を踏まえて、敗戦後には、新制の東京大学に設立された社会科学研究所に所属しながら、民主主義的な憲法論、行政法、裁判制度、議会・選挙制度、地方自治制度、公務員制度、官僚制などについて幅広く論じるなど公法学者として戦後民主主義の確立に寄与し、また、戦後日本で逸早く John Locke, *Treatises of Government*（ジョン・ロック『市民政府論』第二部）の日本語翻訳を出版するなどアメリカ法学研究の先駆者としてアメリカ研究をリードする存在となる。

このような鵜飼信成についての先行研究には、先ず、憲法・公法学者としての業績に関して、石村修「鵜飼信成先生とイデオロギー批判」や、同「憲法解釈における少数学説――鵜飼憲法学再考――」[3] を始めとして、戦後民主主義の確立に寄与したことについて評価がなされている。また、戦前期の朝鮮での京城帝国大学・京城学派の研究については、石川健治「コスモス――京城学派公法学の光芒――」、同「統治のヒストーリク」[4]、同「「京城」の清宮四郎――『外地法序説』への道――」や、金昌禄「尾高朝雄と植民地朝鮮」等の考察が詳しく論じており、韓国でもキム・ヒョジョン「京城帝大公法学者たちの光と影」[5]（韓国語）が発表されるなど、既に蓄積が進んでいる。近年には、鵜飼信成の著作である『行政法の歴史的展開』、『司法審査と人権の法理――その比較憲法史的研究――』、『憲法と裁判官――自由の証人たち――』、『法と裁判をささえる精神』[6]等がリバイバル出版されていることに見るように研究に対して再評価が行われている。

本稿では、鵜飼信成の長きに亘る経歴のうち、戦後研究の基礎を形成した時期である、戦前の京城帝国大学時代に取り組んだ初期の法学研究を対象として検討を行い、著作論文を整理しながら、主に行政法およびアメリカのリアリズム法学に対する鵜飼の理解についての分析を通して、思想形成の様子について考察を試みる。こうした鵜飼の国内外に広く跨った誠実な研究考察からは、大正期デモクラシー思想の高まりや広がりを背景として模索されていた近代社会における民主主義の基盤のあり方について再確認し得るとともに、現在なお未解決である、否、冷戦崩壊後の現代政治において再浮上しつつある資本支配の更なる浸透に伴う社会矛盾や差別・暴力構造のますますの顕在化という原初的な課題に対して、今後の助言となり得る、学ぶべき「学知」を得ることが出来るのではないかと考える。

一　初期の法治国家論をめぐる研究

鵜飼信成の法学研究は、一九二七（昭和二）年四月に東京帝国大学・法学部・政治学科に入学し、大正デモクラシーの理論的支柱として近代日本の民主主義を導いていた美濃部達吉の指導の下で、一九一九年に制定されたドイツのワイマール憲法、特にリコールやレファレンダムなどの直接民主主義について考究することに始まる。大学院に在籍中の一九三一（昭和六）年三月に、日本の植民地統治下にあった朝鮮の京城帝国大学の法文学部に講師として赴任し、憲法と行政法を担当する[7]（一九三三年四月に助教授、一九四三年七月に教授に就任する）。法文学部の同僚には、ローマ法の船田享二や、法哲学の尾高朝雄、憲法学の清宮四郎たちがおり、鵜飼もいわゆる「京城学派」のメンバーとして研究を進める。

京城帝国大学での鵜飼の初期の問題意識は、東京帝国大学時代から続けてきたワイマール憲法を研究対象として、[8]ドイツ近代法学に学びながら法治国家論について、二〇世紀の市民社会と民主主義という新たな状況における現代的課題に取り組むことから始まる。そこでは、同時代の民主主義が直面する重大かつ深刻な課題として、ワイマール憲法に規定されたレファレンダム（直接民主主義）の意義を評しながら、近代社会における民主政治の確立過程では、

〔前略〕支配機構の構成が、純粋には成立し得ないで、むしろ常に一の過度として、即ち旧支配機構の一部を残存せしめてゐるものとして現はれる限りでは、技術的に最も妥当と考へられる機関の分立の代りに、政治的に不可避な機関の並列——支配力の並列——が現はれるのが普通であつて、〔中略〕君主政治或は寡頭政治からの推移の過程に於ける附属物で、少数者によつて行使された古き権力が、多数者に譲渡された新なる権力と並んで存続することを許されてゐることである。[9]

と述べ、実際の多くの近代社会における民主政治の確立過程では、執行権（行政）と立法権（議会）を分離させ、国民の自由な意思に基盤を置く議会（立法権）の独立を保障しつつも、旧勢力の執行権力構造が新政権に継承されることによって執行権の掌握がなされることを指摘する。そして、「私〔鵜飼信成—引用者〕はただここで古代の国民集会がもつてゐた広大な権限——立法とその執行との未分化状態に於ける——を指摘するに止めておくであらう」と述べて、近代国家における民主主義の内部に政治の独裁化の要因が潜むことを読み取る。

また、近代市民社会における議会主義や民主主義の繁栄についても、資本主義社会の発達と関連させて事実経緯を踏まえながら歴史的考察を行い、

このことを立証するためにケルロイターは英国を例にとつてゐる。前世紀以来の英国に於ける市民的法治国

の華々しい繁栄の基礎は何処にあるか。［中略］そこでは強力な植民地的発展に伴ひ本国へ巨大な富が流れ込み、之によつて英国の商業と工業とは驚くべき発展を遂げ、しかもこの様にして得られた繁栄はよつて以て英国の労働者をして自らを Proletarier として感ぜしむることなしに却て Trade Union の一員として完全に自由主義的市民的地位にあるものと思はしむるに至つたところのものである。さうしてこの様な安定せる状態の下に於いてのみ市民階級的な非政治的（unpolitisch）な又は無政治的（apolitisch）な観念が生れ、社会的共同体の公法的規制の政治的基礎についてはなんら問はれることなく、［後略］[10]

と、植民地主義経営の上に成り立つ市民社会の脆弱性を指摘し、市民の政治的無関心の醸成、及び資本層と政府・執行権との結び付きを鋭く批判する。そして、近代国家においては、このような〈執行権力の肥大化・強化〉及び〈官僚制国家化〉を抑制するために、

しかもなほこの執行機関は所有階級との結合への不断の誘惑にさらされてゐる。それ故に自由なる国民の権利を保護する為めに裁判権及立法権の組織が必要である。[11]

と述べて、国民権利の保護のためには立法権と裁判権が重要になるとする法治国家論を展開する。

さらに、この法治国家の問題として資本主義の発達や産業化における経済統合と社会との関係について検討を進め、国民経済を単位とする国民国家の出現において公共利益を維持するために、

近代的国民経済への動向に伴つて、茲にはじめて全体の客観的利益を代表するものとしての、近代的国民国家の観念が生れたのである。さうしてその誕生に当つて、その様な統一的全体への方向に向けられた権力作用を媒介する役割を演じたものが恰もこの警察の観念なのである。[12]

と公権力の行使を担うものとして警察が役割を果たすことを指摘する。特に、福祉国家の進展と警察国家への傾斜に関しては、

即ち社会に支配してゐる階級が、憲法によつて国家意思を、行政によつて国家意思の執行を独占するのである。かやうにして彼等は裁判及立法に依つて自己の支配の基礎たる所有の排他的主張のあらゆる保障をつくり出す。［中略］この様にすべて支配階級は（精神的労働及精神的所有の領域に於いても）その保護法を創ることが出来る。数代の後にはその発生の本来の事情は忘れられ唯その維持が現存法秩序の主要任務となる。(13)

と、近代社会における公権力（警察権力）の効力とその絶大化について考察を深める。

このような近代国家における福祉と警察の混在について、団体論を唱えたギールケやシュミット等の議論を踏まえて法（実定法）と義務の関係を模索しつつ根本的に検証を進め、「公権の放棄」について可能性を考究して、『特許された公物使用権は拋棄出来るのに反して、警察許可は権利ではないから拋棄によつて消滅しない、何故ならそこには拋棄の対象が欠けてゐるから』、といふ説明をする学者があるが［中略］充分理由ある説とは思はれない。

何故ならば、

警察許可によつて被許可者の側に生ずる利益は権利ではないと考へられるが、この許可を与ふる作用は、申請を俟つて始めて行はるべきで、起働的に行はるるを得ない。さうとすれば被許可者が許可を欲しないにも拘らず許可を継続することも、同様の理由で不適当であるから、自然、拋棄は認められて然るべきものと思ふ。(14)

と論駁を行い、公権力（国家権力、即ち政府の行政権力および実定法を含む）の絶対化を提唱していた当時の公法の通説を痛烈に批判し、政府の行政権力の肥大化を抑制し得る理論的根拠の定立について試みている。

そして、あるべき近代市民社会として、やはり団体論、特に地方団体論の議論を踏まえて、社会の自律性を活かすべきであるとし、

〔前略〕ギールケは、如何なる国民的革新も、もしそれが全然国家の命令によつて行はれるものであるならば空しい、といふことに対して、眼を開いたのである。(15)

と、社会の発展が向かう道は、国家の命令に依って行うのでは無く、社会が自ら創造していくべきことを述べ、社会の自律性を基礎とする自由な市民社会における自治の確立の必要を主張する。さらに、特に日本でも大正デモクラシー期の社会改革に関する議論が活発な時期において、法治国家のあり方をめぐって個人主義の拡大による弊害の克服という名目のもとに展開していた国家有機体説に対しても、

しかし乍らわれわれはこのシュミットの説の中に容易に多くの矛盾を発見することが出来るであらう。〔中略〕多元主義と全体国家との対立を社会と国家との対立と考へてゐながら、知らないうちにそれは民主的な国家意思構成の方法と、専制的集権的な国家意思構成への方法との対立にすりかへられてゐるのではないか。(16)

と指摘して、多元主義と全体主義の問題を、議会主義と行政主義の問題にすり替えてしまっていないか、と疑問を呈し、議会民主制は社会の多元性を保つことは困難であるとして、「個人の権利」が国家に飲み込まれるギールケやシュミット等の国家有機体説の議論を否定する。

二　行政法と社会法制をめぐる研究

京城帝国大学時代には、鵜飼信成は法治国家論といった憲法研究の他にも、財務行政法、社会行政法など、行政法についての論考を数多く執筆している。当時、植民地支配下の朝鮮に設立された官立の京城帝国大学の教員は学問各分野の学術有識者として朝鮮内で発行する各種の官製刊行物に寄稿を依頼されることが多くあったが、鵜飼も法学専門家として、朝鮮に赴任した直後には各道の地方行政官僚を対象とした雑誌である『府邑面雑誌』に「地方議会の性質について」(一九三一年六月)(17)と題する論稿を著して植民地行政についての見解を表し、『朝

鮮財務』には「ナチス租税法の理念」（一九三六年七月）[18]をテーマに選んで執筆している。また日中戦争開始後の一九三八年から刊行した『朝鮮行政』に連載された〈朝鮮行政講座〉には、同じく京城帝国大学・法文学部の尾高朝雄が「法学通論」、松岡修太郎が「朝鮮行政法」、清宮四郎が「教育行政法」を各執筆したのに並んで、鵜飼は「財務行政法」（一九三八年三月〜一二月）[19]を一〇回にわたって担当している。そして大正期には法学の範囲拡大を踏まえて新たな法学全集が盛んに刊行されたが、社会法学を提唱する末弘厳太郎が編集した『新法学全集』には、新たに登場しつつあった社会法のテクストとして鵜飼は「社会行政法」を執筆する。

（1） 内務官僚の「社会行政法」

最初にまとまった形で公表された「社会行政法」のテクストとしては、末弘厳太郎が最初の法学全集シリーズとして編集した『現代法学全集』に収録された藤野恵「社会行政」（一九三〇年五月・六月）[20]が挙げられる。藤野は内務省に一九二〇年に新設された社会局の官僚として救護事業や社会立法を始めとする社会行政の実務運営に携わった人物であり、同じく社会局の持永義夫と共著で『社会行政』（一九三七年）[21]を刊行している[22][23]。社会局で実務者として救護事業を始めとする社会行政を担当した内務官僚が認識する社会行政法の定義によると、「社会法制は社会に於ける各階級団の対立を基礎として、社会的弱者の利益の保護増進を目的とする一団の法規を概称するものである。従つて近代に於ける各種社会問題の解決並に社会的欠陥の補正、予防に関する諸々の法規は公私の両法域に亘つて、一団の社会法域を構成する」[24]と述べており、資本主義の発達によって発生した貧困者の救済や社会問題への対処を行い、「社会的弱者の利益の保護・増進」を目的とするとされる。

社会行政法が対象とする範囲は、「社会法制は常に保護を要する者の存在を前提とする。貧困者、病者、幼弱者等は固よりであるが、その要保護者は極めて広く解せられねばならぬ。従つて一般少額所得者の如きも特定の目的なり関係なりの範囲に於て、社会法制の対象となる場合は決して少くないのであつて、例へば住宅供給といふ関係に付ては住宅組合法に於て又動産担保の少額資金融通の目的に付ては公益質屋法に於て、夫々広く少額所得者といふものを対象とすることは明である[25]」とあるように、救済・救護事業のみでなく、住宅供給、公益質屋、就職斡旋など多岐にわたり、法的性質としても公法、私法に跨がるものであった。

ただし、この社会法制によって施行される弱者保護などの社会事業は、社会全体の利益の維持・向上を目的とするものであることから、「従つてその保護の実体は、現実に保護を受くる者自身に於ては寧ろ之を嫌忌し回避するが如きものである場合も決して少くはない。然し左様な場合であつても保護の必要が社会的に是認せられる計りでなく、是非共必要なりとする社会的認識が存在することを社会法制の特色の一とするのである。例へば少年教護法に於て不良児を教護処分に附して少年教護院に入院せしめ、その訓化養育を施すが如きその適例であつて、保護せられる児童に於ては寧ろ之を嫌忌することが常態ではあるが、之が保護の必要は社会的のものであり、絶対的のものである[26]」と述べる。そして、こうした保護は被保護者の権利ではなく、従って、社会行政法によって行われる保護は放棄が出来ない、との立場を取り、国家による社会行政を施行するための法であるという性格のものと認識していることが指摘できる。

(2) 鵜飼信成の「社会行政法」

前述の『現代法学全集』に続いて末弘厳太郎が一九三六年〜一九三八年にかけて刊行した『新法学全集』シリーズ（一九四〇年〜一九四三年に同タイトルでほぼ同じ構成・内容のシリーズが再版される）には、「労働法」（菊池勇夫）、「鉱業法」（美濃部達吉）、「文化行政法」（中村弥三次）等の社会関係法と並んで、鵜飼信成が「社会行政法[27]」を担当執筆している。鵜飼の「社会行政法」テクストでは、社会行政（法）の目的や意義について、「本講の主題たる社会行政法は、既に云つた様に、契約労働関係との関連を直接に問題とせず、凡そ一切の要救済状態から救済し、若くは之に陥らない様生活を保全する、行政に関するのである」[28]とする点は内務官僚のテクストと同様であるものの、その構成論理や法体系、権利規定などは、以下の検証に見られるように、前述の内務官僚が執筆したテクストと比較すると大きく相違するものであった。

まず第一に、社会行政法における要救護者の権利に関して、鵜飼は、資本主義社会の発達に伴い生じる社会問題に対して救済を行うことは政府の義務であるとともに、もう一方で要救護者の権利は、

救護を受くる者が、救護を行ふ者に対して、救護を請求する権利をもつてゐるかどうか、を明らかにするに当つては、先づ政策上の見地と、実定法の解釈論上の見地とを明確に区別して置かなければならない。〔中略〕現行救護法は、既述の法定要件を備へた要救護者は、必らず之を救護することを定むると共に、他方特に救護を為さざることを得べき場合を法定してゐるから、救護は自由裁量の余地なく覊束的に義務づけられた行政作用である。さうして此の義務は性質上要救護者に対するものであるから、その結果として、法に反対の規定なき限り、要救護者は救護義務者に対する救護請求権をもつものと解するのが正当である。[29]

と述べ、要救護者に救護請求権が有ることを明確に主張し、内務官僚の見解である「我国の通説は種々の理由から救護請求権の存在を否認する」とは異なる解釈を示している点が特徴として挙げられる。そして、その根拠として、「この権利は、自然法上、所謂生存権といふものであり、此れに基いて更に実定法上の各種の救済請求権が成立することになるのである。生存権は、一九一九年のドイツ憲法では、実定憲法上の権利として認められてゐて、有名な『人間に価すべき生活』の保障の宣言（憲一五一條一項）がそれであるが、この様に実定法上認められてゐると否とを問はず、生存権は社会行政法体系の基本理念であるといふことが出来るのである」[30]と、一九一九年に制定されたドイツのワイマール憲法に規定される「生存権」や、さらに日本においても恒藤恭、牧野英一

が「生存権」について論じていることを論稿中に注記として挙げて「生存権」に根拠を求めている。

第二に、内務官僚のテクストでは実務的な運用に即して行政事業の内容ごとに分類するのに対して、鵜飼は、行政法の法体系に則して構成を大きく改編し、先ず、既に貧困および要救護状態にある者の救済を対象目標とする「救済行政」と、未だ生活不能・困難には至っていないがその可能性がある者の生活保護を対象目的とする「保息行政」に二分類を行う（織田萬『日本行政法原理』の分類に従う）。また次に、社会行政を実施するにあたっての執行権力の作用による分類として、

各種の行政作用の中、主としてその目的の点よりみて、保安目的の作用たる保安行政と、文化目的の為の文化行政とを区別し〔中略〕さうしてここに所謂社会行政即ち社会事業行政の中の一部たる救済行政を、保安行政の一分科に数へることも、見方によつては不可能ではない（例へば中村弥三次・文化行政法〔本全集所収〕三六頁註一）。しかし一般には救済行政を以て共同生活の福利を増進せしむる為の保育行政に属するものとし、社会の秩序を脅威する危害の除却を目的とする警察と区別して取扱ふのである。仮に目的の点で両者の間に区別を立てないとすれば、主として手段の要素によつて、権力を以て命令強制する作用たる警察行政と、権力の行使を本質となさざる公共事業を経営する作用たる保育行政との区別をなし、社会行政を以て保育に属せしむると共に、労働行政を警察に属するものとすることも出来る（例へば美濃部・行政法撮要下巻）。〔後略〕(31)

と指摘し、行政の種類を、命令強制権力の行使を本質とする「警察行政」と、そうで無い「保育行政」とに分け、その上で、「社会行政」を命令強制権力を有さない「保育行政」に体系付ける。ここで重要なことは、社会行政を「保育行政」に位置付けることによって、この保育行政は公的義務ではあるが、警察行政すなわち命令強制の執行権力は無いことを明確に主張し、社会行政の権限範囲には制限があるとしている点である。

こうした社会行政における権力行使の効力については、鵜飼が「社会行政法」を執筆した前後の時期に著した論文である「史的に観たる法治国家の諸理論」（一九三四年九月）にて国家と社会との関係について考察を行っている。即ち、福祉国家への移行に伴う社会行政の拡大にあっては、

そこでは本質上個人の保護が問題なのではなく、却て国民的生活秩序の維持強化が最高の目的とされてゐる。従つて行政行為も一般に法律の議決或は裁判の判決とは異つた目的をもつもので、下命的特質（befehlsmäßige Züge）を帯びてゐる。［中略］行政は原則的には法的制限に束縛されてゐるのではあるけれども、個人の保護でなくして公共の福祉を擁護することが第一の目的である見地よりすれば、この様な法価値への拘束は寛かなものであり得ると主張するのである。[32]

と、近代法治国家における「公共の福祉」の出現によって行政権に対する制限が弱化されること、及びこうした国家の行政執行権力の増大に伴って個人の権利が無意義化される危惧について論じている。

また、「Polizei の観念――その発展史的考察――」（一九三四年一二月）では、

例へばプロイセンの一八〇八年一二月二六日の命令第三條、警察官庁としての『地方長官は忠良なる臣民の福祉の為に消極的並に積極的方面に於いて保育の任を有す。故にそれはただに国家及その市民に危険及不利をもたらし得べきものを予防また除去し、且公の安寧安全及秩序の維持に必要なる施設をなすのみならず、また公共の福祉を増進し、且すべての市民に、その能力を精神的並肉体的方面に於いて養成し之を最も有用に利用する機会を与ふべき、権利義務を有す[33]』。

と述べ、福祉と警察の混在について警告を喚起する課題を取り上げて論じる。この考察では特に、近代日本の明治憲法体制下での政治社会の形成において、大日本帝国憲法・第九条に規定する「天皇ハ法律ヲ執行スル為ニ又ハ公共ノ安寧秩序ヲ保持シ及臣民ノ幸福ヲ増進スル為ニ必要ナル命令ヲ発シ又ハ発セシム。但シ命令ヲ以テ法律

ヲ変更スルコトヲ得ス」に連関して、

〔前略〕近代的国民経済への動向に伴つて、茲にはじめて全体の客観的利益を代表するものとしての、近代的国民国家の観念が生れたのである。さうしてその誕生に当つて、その様な統一的全体への方向に向けられた権力作用を媒介する役割を演じたものが恰もこの警察の観念なのである。(34)

と云い、近代的国民国家の形成における国民経済の統合化への権力作用を担う警察の観念との関係について指摘していることを踏まえて検証する場合には、鵜飼の解釈は、極めて民権尊重の立場が強いものであると理解できる。

なお、こうした社会（行政）法を基礎付ける社会理解として、近代ドイツにおいて展開されていた団体論を用いながら国家公共団体における義務と権利との相互関係性について論じ、一般的な解釈として「社会行政法」においては要救護者の権利は放棄することが出来ないとする通説についての論拠を再度に考察しようと試みていることが第三として挙げられる。鵜飼は先ず団体論にしたがって行政側の保護義務および要救護者の救護請求権の双方を定めるべきであると主張すると同時に、当時の日本では先述の内務官僚を含む見解であった要救護者の権利は放棄することが出来ないとする服従義務についても、「公法上の拋棄に就て」（一九四〇年二月）において、

普通に、『私権は原則として権利者が任意にこれを拋棄し得るに反して、公法上の権利は、法律の別段の規定のない限りは、権利者の任意にこれを拋棄し得ない。』といふ。しかし公権は果して、私権と異なり原則として拋棄出来ないものであるかどうかは問題で、公権の一般的拋棄不可能性の理論的の根拠は充分再検討を必要とするものの様に思はれる。

と云い、私法および公法の各々での権利の放棄の理論的根拠について、イェリネックの「単独、双方行為」やギールケの「任意の放棄」、また、公法での私人による権利の放棄の可能性を模索していた佐々木惣一や田中二

郎といった、同時代に進められていた法学研究の論説を取り上げて多角的に検討を行う。そして、

私は此の点について大体次の様な標準を立てるのが正しいと思ふ。第一に、公権の拋棄によつて国家の利益が著しく害せらるゝ場合には国家はその拋棄を禁ずる実定法的規定をもつてゐるものと認められる。第二に、公権の拋棄によつて第三者の利益を著しく害する虞れのある場合にも同様である。〔中略〕従つて右の標準に合しない限り、拋棄に関する明文の規定の缺けてゐる場合には、公権の拋棄は可能であるといふべきであらう。

として、公法においても私人が公権を放棄することが可能であると論じる。しかし、社会行政における要救護者の権利については、

社会立法による救済給付の請求権は権利ではあるが、この場合にはそれは拋棄出来ないと認められるべきである。何となれば救済制度の基本精神は、社会自身の崩壊を防ぐ為めに社会及構成員各個人が必らず人間としての生存そのものを最小限度に於いて維持することを要求して居り、此の基本精神は現に実定法の諸規定の上に明瞭に現れてゐるからである。

と、放棄することは出来ないと述べ、また日本における社会行政法の原法である「救護法」（一九二九・昭和四年、法律第三九号）においても、

例へば我救護法をみると、救護は要救護者の申立を俟たないで行はれることとなつて居り、救護そのものは羈束的作用である。それ故にこれによつて利益を受ける側に権利が存すると共に、その権利の処分については更に法による拘束があつて、権利者の任意に拋棄することを許されず、法に従つて行はれる救護を必らず受けなければならないのである。(35)

との規定があり、実定法の規定によって日本の現実社会では社会行政における救護請求権は放棄することは出来

ないとの見解をこの論稿では示している。しかしながら、「公権の放棄」についてはこの後も鵜飼が扱う主要なテーマとなり、公権の放棄について法的論拠の可能性をめぐる考察は引き続き追究されてゆく。

また第四に、社会法を一般法とすべきか特別法とすべきか、という当時において議論となっていた点に関しても、鵜飼は、

右の救済行政諸法相互の関係に就て、屢々救護法を一般法とみ、之に対し他の諸法は特別法たる関係に立つと説明せられることがあるが、それは正当とは云ひ難い。蓋しそれ等は各々その救済の対象たる事物を異にするからである。(36)

と、社会行政の運営主体である地方団体は自律的な自治力を持つとする立場から、あくまでも社会行政では個々の社会事情に則した対応が必要であるとして、社会法を一般法では無く、私法を基礎とした特別法とするべきであると主張している。

(3) 戦時期、厚生官僚の「社会行政法」

こうした一九二〇〜三〇年代の日本において展開した「社会法」の解釈をめぐる議論の行方は戦時期には一変し、日中戦争開始後の一九三八(昭和一三)年に新設された厚生省の官僚として戦時下の社会事業行政を推進した灘尾弘吉(37)が著した『社会事業行政』(一九四〇年)では、社会事業法の目的を「併し乍ら少くとも国及び公共団体が社会事業の観念たる社会的弱者の保護救済を目的とする事業を行ひ、又社会事業を助長奨励し、指導監督する行政を行つてゐるのであるから、之等社会事業に関する行政作用を他の行政作用と区別して社会事業行政と称し得ると思ふ」と説明したうえで、ここには「社会事業行政が社会的弱者を保護救済し、その利益の増進を目的としてゐる以上は、それは正に国家の文化目的を達成せんとする作用に外ならない。尤も他面に於ては、生活の

安定を図り、思想の動揺を防ぎ、治安を保持せんとする警察的な要素をも含んで居るとも考へられ[38]」と警察作用が含まれると述べる。

そしてさらに「又満洲事変より今次の支那事変にかけて著しく変転飛躍する我が国情に即応して社会事業の内容も相当変化して居り、同時に又社会事業に関する新しい主張等も散見せられる」といった戦時状況の大きな変化がある中では、「社会事業に対して国家が指導監督といふ体制を明かにして置く、従来も社会事業と国家との間に於てはいろいろな関係があるのであるが、今後は国家機関が社会事業に対してはつきりと指導監督の責任をとるといふことを明かにしておくことが必要であると考へられるのである」と述べる。そして、「これを法制の上に現はして国家の制度として助成するといふことにすると、国の態度が明瞭になるし、国と社会事業団体の結び付きがはつきりして来るといふ意味で法律をつくる方が適当である[39]」と、国策の遂行を目的とすることを明確に打ち出すとともに、国家の監督・指導の強化や、警察権力の行使を含むことをも提言しているなど、戦時体制へと大きく転回する様子が顕現化する。

また、社会行政法の法体系上の位置付けに関しても、鵜飼が「社会行政法」において行政法学上の分類に則して論じた先述の解釈に対して、灘尾は「而して（以下鵜飼信成氏、社会行政法）［中略］この分類は社会事業行政をその法的特質に基き、極めて合理的に分類したもので、結構であるが、行政事務の実状との間に多少合致しない点があるやうに考へられる[40]」と直面から批判し、社会事業行政の実際運営において警察権力の行使が常態化している実情を示唆する。

さらに、日本の戦時社会事業の特色として、「而して特に注目すべきは現下の情勢は国民の国家意識を愈々強くし日本本来の面目に還ることが強く叫ばれるに伴ひ社会事業の方面に於ても欧米の流れを汲むこと多き従来の社会事業に対し再検討が加へられ精神的方面に於ても技術的方面に於てもより日本的な方面に移行しつつある点であろう」[41]と述べ、欧米的な個人主義の弊害を排して日本的精神結合による社会事業政策を推進すべきであると主張する。

以上のような歴史経緯の検証からは、一点目には、一九二〇〜三〇年代の社会法の形成・発達期においては、社会法の解釈が未だ一定せずに議論の振り幅が大きい中で、現実政治では先行して政府の社会行政や行政立法が進められる状況において、鵜飼は、民主主義的な法体系の中に社会行政法を位置付け直し、社会団体論によって私権の尊重を主張する立場から要救護者の権利を是認する解釈を行って社会的弱者の権利の確立を主張したことを評価し得る。そして二点目に、日中戦争開始後の一九三〇年第後半以降には、大正期に展開されたこれらの議論の振れ幅を曖昧にしたまま国家主義政策の下で警察・行政権力の行使を強化するとともに、国民の服従義務が強調されて権利は全て無意味化されるという戦時統制体制へとシフトする状況を読み取ることが出来よう。

（4）鉱業権と公的機関の損害賠償責任

一方でまた、京城帝国大学・法文学部の法学者たちは、朝鮮において発布された法令や規則、及び朝鮮総督府裁判所の判例についての研究と解説を朝鮮で発行された各種の刊行物に公表することが多かった。前述の『朝鮮行政』誌に掲載された鵜飼信成「水利組合の貯水行為による鉱業権の侵害——朝鮮高等法院の一判例について——」[42]（一九三八年一二月）と題する論稿もその一つである。そこでは、最近に朝鮮総督府裁判所において実際に行われた近代開発に伴う公共事業と鉱業権（私権）をめぐる損害賠償請求事件といった産業権利に関わる裁判事例について取り上げて考察を行っている。

戦前には日本でも朝鮮においても、土地収用令の制定などに見られる如く、政府主導による近代開発を進めて来た。特に一九二〇〜三〇年代の朝鮮総督府の植民地統治では、三・一独立運動後の「文化政治」による産米増殖計画政策を背景として、水利組合（公的機関と位置付けられる）を設立して植民地統治権力の保護の下で大規模な農地開拓を進めており、その中では公共事業と電力会社や鉱業といった他の産業権利との「権利の衝突」が頻発していた。鵜飼が取り上げた裁判事件も、一九二六（昭和元）年に被告である朝鮮北部の平安南道に設置された「平安水利組合」（当該地域内で最大規模であった）が行った貯水工事によって原告の砂金鉱が採取不能となったことに対して鉱業権（私権）が侵害されたとして、公共事業の行政行為における損害賠償責任の有無を焦点として争われた裁判案件であった。

この裁判における朝鮮総督府裁判所の判決では、第一審の京城地方法院、第二審の京城覆審法院、最終審の高等法院の三審ともに、

仍テ進ミテ被告ノ本件貯水工事ノ遂行カ私法上ノ不法行為ヲ構成スルヤ否ヤニ付審究スルニ、被告水利組合カ公法人ナルコトハ多言ヲ要セサルヘク、又本件貯水工事カ被告水利組合ノ目的遂行行為ナルコトハ前認定ノ如クナルヲ以テ、公法人タル被告水利組合ノ右貯水工事ノ施行行為ハ一ノ行政処分ト謂ハサルヘカラス(43)

と、水利組合（公的機関）の公共事業は、行政行為による目的遂行行為として適法行為であり、且つ「朝鮮総督ノ許可」に拠り違法性阻却事由が適用されることを主な理由として原告の要求を棄却し、被告は無罪勝訴、及び損害賠償責任は生じない、との判断を下して水利組合の権利を保護した。

この判決に対して鵜飼は、美濃部達吉や末弘厳太郎の法理学説である「適法行為による不法行為」の解釈を支持して、「しかし公法人の目的遂行行為はすべて行政行為となる、といふ考へ方は現在学説は勿論、内地の判例も亦認めないところである」と反論を行い、行政行為の適法行為である場合においても、不法行為として私権に対する損害賠償責任は生じることを主張する。そして、美濃部達吉の論説を援用しながら、

例へば美濃部博士は云ふ、『国家の行為に公法的行為と私法行為とを区別するのは、唯法律的行為言ひ換ふ

れば意思表示又は之に準ずべき精神作用の発現を主たる構成要素となし之に依りて或る法律的効果を発生するものに付いてのみ適用あるもので、之に依つて行政処分又は司法判決と、民法上の法律行為との区別を生ずるのである。事業の全体に関しては公法的と私法的との区別は全く存在しないもので、況んや公益事業に関して全然民法の適用の無いものと解するが如きは甚だしき誤謬である』（判例体系、下、三二三頁）[44]と述べ、「公法」と「私法」を区別するべきではなく、公的行為に対しても民法を適用して賠償責任を負う必要があると指摘し、行政権力による行為であることを以て責任が免れるという判断は私権尊重に基礎を置く現行法制度においては適用されないものであると論じる。

また、朝鮮総督府裁判所の判決中ではもう一つ、こうした近代開発を背景とする問題の争論点を「右行為ニ伴フ原被告ノ関係ハ所謂権利対権利ノ関係ニシテ」という「私権と私権との衝突」と捉える立場に立ち、「本件貯水事業ノ公益上ノ価値ハ原告等ノ鉱業ニ比シ勝レリト謂フモノニシテ、斯ル事態ナルニ於テハ貯水ノ結果原告等ノ採鉱カ事実上不能ニ帰シ牽テ其ノ権利ノ喪失ヲ招来シタリトスルモ其ハ洵ニ已ムヲ得サルトコロニシテ、原告等之ヲ忍容スヘキ社会上ノ義務アルモノト謂フヘク」として「被告ノ本件貯水事業ノ公益上ノ価値ハ原告等ノ夫レヨリモ勝レルモノアリシコト明白ナリ」[45]と述べて「公益」の大小の評価に基いて権利を判断し、かつ公益の大きい権利を保護するという見解（この裁判の場合は水利組合の事業）を示したが、これに対して原告側の弁護士が上告理由として法廷において、

原審ハ被告組合ノ行為ニ付キ其違法阻却事由トシテ「朝鮮総督ノ許可」ヲ以テ唯一ノモノトナスカ如シト雖モ、此ノ行政官憲ノ許可ト違法性阻却ノ問題ニ付テハ〔中略〕許可ニ依リテ一定ノ行為ヲ為スコトヲ認許セラレタルモノナルコトヲ理由トシテ許可ヲ受ケタルモノカ其ノ行為ヲ為スコトヲ第三者ニ於テ忍受スルノ義務ヲ有スト主張シ得サルヲ原則トスルノミナラス、不法行為ニ於ケル違法性ハ行為其ノモノヲ絶対ニ許サ

サル意味ニハ非スシテ「因リテ生スル損害ヲ分担セスシテ之レヲ為スコトカ公序良俗ニ反ス」トノ意味ナレハ、設令被告組合ノ行為ナリトスルモ其ノ作用ニ因リテ他ノ権利ヲ侵害シタル場合ニ是レニ対シテ損害ノ賠償ヲ求ムルハ自ラ別異ノ問題ナリ(46)

と陳述し、不法行為における違法性とは、被害の責任を分担すること無しに行ってはならない、と解釈すべきであって、公的機関の行政行為と雖も損害の責任は分担すべきである、と抗弁を行っていることに鵜飼は注目する。そしてこの点について論稿の中で取り上げ、

これは近時しきりに問題とされる適法行為による不法行為の一つの場合であると思はれる。この法理は末弘厳太郎博士の熱心に主張されるところで（法律時報、五巻七号）、我妻教授もこれに近い立場を採られ、本件の原告が上告理由のうちに引用してゐるのは、同教授の言説に他ならない。曰く『不法行為に於ける違法性は行為そのものを絶対に許さゞる意味ではなく「因つて生ずる損害を分担せずしてこれを為すことが公序良俗に反する」との意味に解するべきである』と。（現代法学全集、三七巻四一七頁以下）［後略］(47)

と、原告側の弁護士が裁判中に主張したこの言説は、末弘厳太郎や我妻栄の論説を踏まえた発言であることを指摘する。更に、

即ちこの説は、法律上許された行為ではあるが、而も因つて生ずる損害は之を賠償せねばならぬと考へられる場合にも尚違法性ありと考へ得る、といふのであるが、それは結局違法性のない、即ち適法な行為によつても、尚賠償責任は生じ得るものだ、と主張してゐる点で適法行為による不法行為の理論と実質的には異らない。さて末弘博士はこの場合を説明して、『甲権利の存在が必然乙権利を侵害する、而も甲権利の存在を許すことが社会経済上利益多しとして要求されるならば、其存在によつて乙が必然侵害されるとしても甲そのものを禁ずる訳に行かない。所が甲の存在を許すと必然乙が侵害されるから、乙には其侵害によつて蒙る

べき損害を与へつゝ、尚甲の権利の存在を許して両者の調節を計ることが要求されるのであつて、適法行為による損害賠償の法理は此所に其理論的根拠を有するのである。』（同上一〇頁下段）と云つてゐられるが、この法理は正に本件の場合にあてはまるのではないかと思はれる(48)。

と、これは先述の末弘厳太郎が主張する「適法行為による不法行為」説と同内容であるとして原告側弁護士の抗弁主張に支持を示し、それ故に「果たして然らば、本件に対して損害賠償の請求を否認した裁判所の見解は甚だ疑問であるといはなければなるまい。読者諸賢の研究をお願ひし度いと思ふ」と、朝鮮総督府裁判所の判決に疑義を呈する。このように一九三〇年代の準戦時体制が進行する段階では政府権力の一層の拡大を背景として、朝鮮において「公益の優先」との価値判断に拠って水利組合の公益のほうが個人の鉱業権（私権）よりも大きいことを評価する立場を採り朝鮮総督府が進める公共事業の権利を保護するといった、法理的根拠なく政治的に決定しようとする議論が朝鮮司法界に現れて来る状況に対して鵜飼は、植民地権力による一方的な開発のあり方を厳しく批判し、且つ、朝鮮社会でも顕著になりつつあった「無法化」について警告を行う。

なお、朝鮮総督府裁判所において「私権の尊重」を主張して朝鮮総督府が行う公共事業により被った被害に対する植民地開発政策の責任を追及したこの弁護士は신（辛）〇〇という朝鮮人の民族主義運動者であり、原告の鉱業権者はやはり有名な民族主義運動者であった장（張）〇〇という人物である。彼らは鉱業で得た資金を元にして、新聞社や学校などの経営や、農場経営によって生活基盤の確立を試みる等の社会活動を行ったことが、公開された民事判決文からも知ることが出来る。

このような朝鮮での近代開発を背景とした水利組合と鉱業権の損害賠償責任をめぐる裁判経緯についての検討からは、韓国に保存されている朝鮮総督府裁判所の民事判決文に記録された朝鮮人弁護士が法廷で行った抗弁や、朝鮮で発行された刊行物に掲載された朝鮮総督府裁判所の判決に対する鵜飼など法学研究者の批評内容に見られるように、大正デモクラシー期の日本の法学界で試みられていた近代開発に伴う政府への責任追及や「私権の尊重・救済」についての法学議論が、植民地期の朝鮮での司法界に及んで展開していた様子を知ることが出来る。

三　アメリカ研究留学とリアリズム法学

(1) 京城帝国大学から在外研究としてアメリカへ

戦前期の研究の転機となるのは、鵜飼信成が京城帝国大学に在任中の一九三九(昭和一四)年一一月から約一年間にわたり、朝鮮総督府の在外研究としてアメリカへの研究留学を経験したことであった。アメリカ留学にあたっては、元・同志社大学の総長で義兄でもあったキリスト教者の湯浅八郎の紹介を通じてアメリカからスカラーシップを受け、また、鵜飼の母校である東京帝国大学でアメリカ研究に携わっていた高木八尺や、英米法を担当していた政治学の高柳賢三のアドバイスを得てアメリカでの滞在先を決定するなどして準備を進めている。[49]

当時の日本ではドイツ法が主流であったため、戦前期にアメリカ法(英米法)の研究を専門としていた日本人は数少なく、また京城帝国大学からアメリカに留学してアメリカ法学を学んだ者は鵜飼のみであり[50]、鵜飼のアメリカ在外研究が決定するにあたっては、朝鮮内で発行されていた『大阪朝日新聞　南鮮版』他各版の一九三九(昭和一四)年一二月一日付「米国から招聘/カールトン大学で得意の講義/城大助教授鵜飼信成氏[51]」と題する記事においても、「京城帝大法文学部助教授鵜飼信成氏はアメリカのお金で堂々一年間の海外研究を行ふことに決定、[中略]今回選ばれてアメリカミネソタ州カールトン大学に招聘され日本の法律、政治制度を講義する代償として同氏一年間の研究費はもちろん旅費その他一切は同大学が負担することとなつたものである」と紹介し、ミネソタ州のカールトン大学では「同氏はアメリカで日本法政制度を通じて日本真精神の理解を米人間にひろめるとともにアメリカの諸制度の研鑽につとめるはずで、今年末日本を出発、一月末から同校で講義を開始するはずで

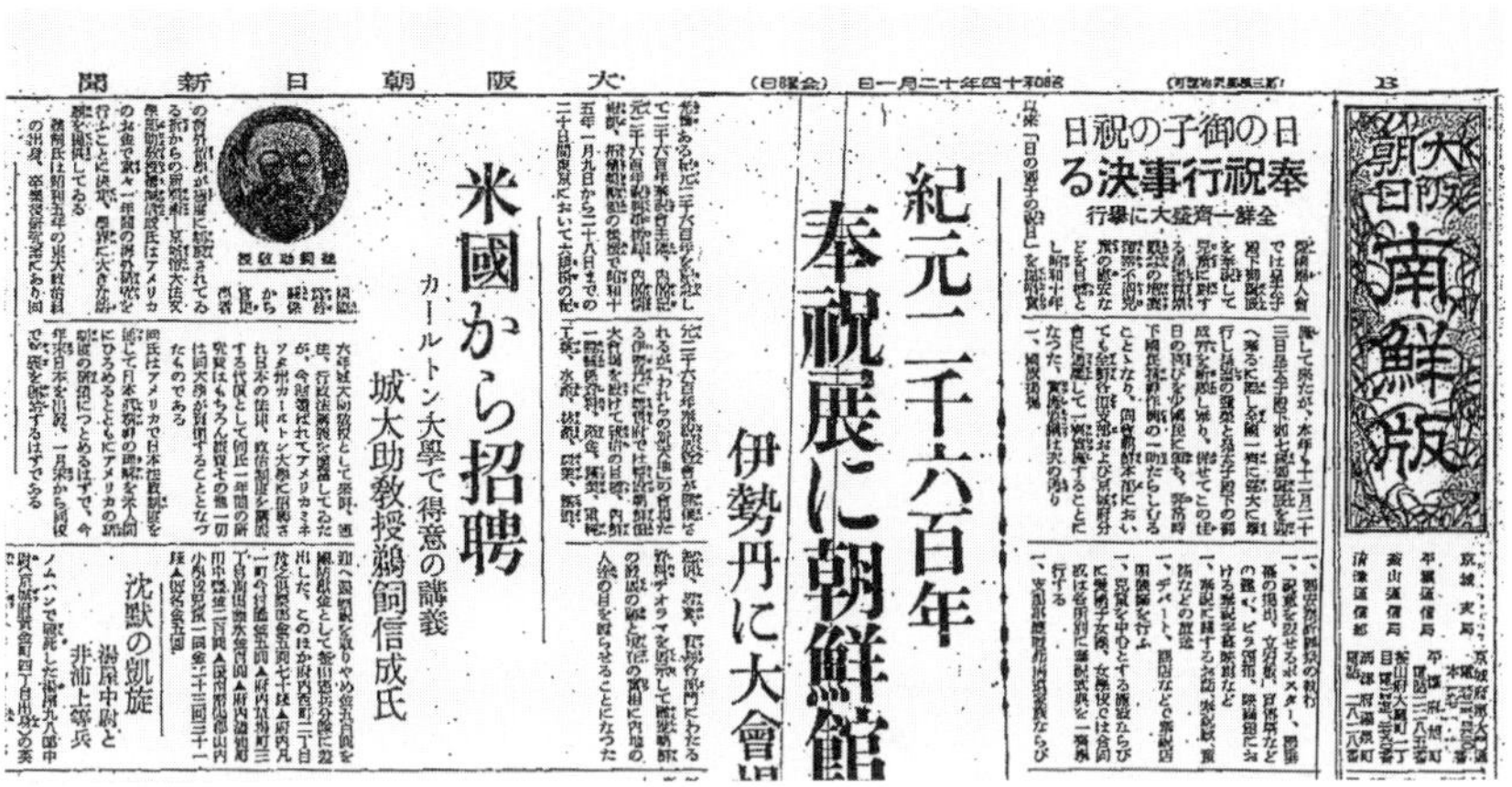

図１　鵜飼信成のアメリカへの在外研究の決定を伝える朝鮮版の新聞記事。
（『大阪朝日新聞　南鮮版Ｂ』1939年12月１日付）

ある」と報じている（図１）。

鵜飼がアメリカに滞在した一九四〇年一月から一九四一年二月までの約一年間にかけては、最初にミネソタ州のカールトン・カレッジ（Carleton College）で日本の法律・政治制度について講義を行い、その後、翌一九四〇年の夏にはニュー・ヨークに移動してニュー・スクール・フォア・ソーシャル・リサーチ（New School for Social Research, いわゆるユニバーシティー・イン・エグザエル、The University in Exile, 即ち「亡命者の大学」）に通い、そして一九四〇年秋からはハーヴァード・ロー・スクール（Harvard Law School）に'Special Student'という資格で在籍するなど数カ所に滞在して、[52] アメリカ法学の新思潮であるリアリズム法学に直接に触れることになる。アメリカで鵜飼は、日本とは相違する英米法での司法のあり方の実際を体験するとともに、一九三〇年代当時にアメリカにおいて隆盛であったリアリズム法学に触れ、また一九四〇年にはフランクリン・ローズヴェルトが出馬（三選目）したアメリカ大統領選挙の予備選挙に遭遇するなどの体験をしている。[53]

また、ハーヴァード・ロー・スクールでは、ロスコー・パウンド（Roscoe Pound）や、ヨーロッパから亡命中であったハンス・ケルゼン（Hans Kelsen）に会ってその知見に接しており、この体験で得た法理解は戦後に『アメリカ法学の諸傾向』[54]（一九四八年）や、H・ケルゼン著／鵜飼信成訳『法と国家』[55]（一九五二年）等の研究が出版される機縁となる。こうした鵜飼とアメリカ法研究との関わりは戦後も引き継がれ、戦後には新制の東京大学に設立された社会科学研究所に所属しながら、教養学部で「アメリカの法律」の講義を戦後に最初に担当し[56]、その後、戦後にアメリカとの協力によって創立された国際基督教大学（初代学長は湯浅八郎）に移ってからはアメリカへの出張を頻繁に行って交流を持つなど生涯を通じてアメリカとの深い関係を築くことからも、鵜飼は憲法、行政法との公法のみならず、近代日本におけるアメリカ法（行政法）研究のパイオニアの一人であったと言える[57]。

（2）ミネソタ州カールトン・カレッジでの滞在

最初の滞在先であるミネソタ州のカールトン・カレッジ（Carleton College）の学生新聞"THE CARLETONIAN"[58]には、一九四〇（昭和一五）年二月九日と二三日の二回にわたって、鵜飼信成の来校について紹介する記事が掲載されている（図2）。同紙によれば、鵜飼は東京を一九三九年一二月二八日（日本日付）に出発し、北米航路の"Tatuta Maru"（龍田丸）に乗船して太平洋上の日付変更線で元旦を迎え、翌一九四〇年一月一一日にサンフランシスコ港からアメリカ大陸に上陸後、ロサンゼルスで一週間を過

Friday, February 23, 1940　　THE CARLETONIAN

Nobushige Ukai to Assist In International Relations

With foreign faces so familiar on the campus, an additional one or two are hardly noticed by the average student. But to a few who come in contact with them, these foreign representatives make an important addition to the student body and faculty. Notable among this semester's group of newly-arrived foreigners is Mr. Nobushige Ukai, from Japan, who is assisting Dr. R. D. Weigle in the international relations department.

Mr. Ukai arrived in Northfield on January 25, after leaving Tokio on December 28. He is enjoying his American life and finds his faculty and student colleagues unusually friendly. At present he is living at Jewett house.

Mr. Ukai is a graduate of Tokyo Imperial University. He received his degree in public law in 1930 and spent an additional year of private study with Professor Minobe of the same institution. Before coming to America, Mr. Ukai held an assistant professorship at the University of Korea, which boasts 600 students. His father studied at Simpson College in Iowa and is now a pastor in the Methodist church of Japan. Mr. Ukai has three brothers, all of whom have studied in America. He is married and has two young sons who have remained with Mrs. Ukai in Tokio.

The journey to America was made aboard the Japanese liner Tatuta Maru, leaving Japan December 28. Mr. Ukai says that his fellow passengers were largely Japanese and Germans, the latter having crossed Siberia to escape from Germany. The Tatuta Maru landed in San Francisco on January 11.

Mr. Ukai made a leisurely trip from San Francisco to Northfield, stopping for a week's visit in Los Angeles, where he was fortunate enough to obtain permission to visit the movie sets for "Gone With the Wind," an experience which he recalls very vividly.

Incidentally, Mr. Ukai states that he is spending what will probably be the longest year of his life in 1940. He was in mid-Pacific on New Year's day, and he crossed the international date line in such a way as to add an extra day to the already stretched 1940, giving it 367 days.

Japanese, he says, enjoy American novels and movies a great deal. "Gone With the Wind" was, in fact, a recent Japanese best-seller. Japan, as a nation, feels a debt of gratitude to us and especially to our Commodore Perry, who opened up Japan to Western civilization.

Though it may be a surprise to many Carleton students, Mr. Ukai particularly enjoys ice skating, which is quite popular in the northern Japanese islands. There are also large indoor rinks throughout the country for year-around use.

Mr. Ukai plans to remain here at Carleton during this semester, after which he hopes to be able to study at Yale University in New Haven, Connecticut. He hopes to specialize in the legal aspects of federal control of industry, and for that reason he is particularly interested in President Roosevelt's policies.

図2　ミネソタ州ノースフィールドのカールトン・カレッジに鵜飼信成が講師として来校したことを伝える新聞記事。（"THE CARLETONIAN" 1940年2月23日付。Carleton College Archives所蔵）

図3　カールトン・カレッジのスキナー・チャペル（Skinner Chapel）。鵜飼信成が訪れた当時の国際関係学部の講義はこの建物内で行われた。また湯浅八郎が講演を行った。（Carleton College Archives所蔵）

図4　鵜飼信成がカールトン・カレッジ滞在中に宿泊したジューエット・ハウス（Jewett House）。ほぼ同じ形で現存している。写真は1949年のもの。（Carleton College Archives所蔵）

ごして、一月二五日にカールトン・カレッジが所在するミネソタ州のノースフィールドに到着したという。太平洋を横断してアメリカへ向けて渡航する龍田丸の同乗者の多くは、日本人渡航者とともに、シベリヤを経由してアメリカへ逃れるドイツ人亡命者たちであったと鵜飼は語る。なお、"THE CARLETONIAN"紙では鵜飼の経歴について、当時は三四歳であり、一九三〇年に東京帝国大学で学位を取得し、その後に大学院で美濃部達吉教授の下で特に公法について研究を行い、現在は一九三三年四月から京城帝国大学で助教授として比較公法を担当しており、この朝鮮の大学は（"the University of Korea"）六〇〇人の学生を誇ること、最近には政治と法の領域に関する研究著作として「財政行政法」や、「公法上の抛棄に就て」が出版されたこと等を紹介している。また、ノースフィールドではジューエット・ハウス（Jewett House）に滞在しており（図4）、教員や学生から親しまれていること、多くのカールトンの学生にとって驚きであるが日本の北部（東北地方カ）で人気があるスケートを楽しんでいることが報じられている。

カールトン・カレッジでは、国際関係学部のリチャード・ワイグル（Richard D. Weigle）が担当する先進的な

図５　1964年にカールトン・カレッジを訪問した時のもの。写真裏面に"Tokyo Club Meeting"の記述がある。後列右から２人目が鵜飼信成。（Carleton College Archives 所蔵）

研究を進めているコースであった"Problems of the Pacific"において、鵜飼は外国人訪問講師としてアシストを行い、既に述べた如く、日本の法律、政治制度について学期中にわたって講義を行った。カールトン・カレッジのアーカイブズに所蔵されている文書には、この鵜飼の滞在についての記録が残されている。これによれば、カールトン・カレッジの国際関係学部は、元アメリカ国務長官で、一九二八年にはケロッグ＝ブリアン協定（パリ不戦条約）を締結したことでも知られるフランク・ケロッグ（Frank B. Kellogg）が基盤を確立したもので、同校の学長であったカウリング（Donald J. Cowling）と親交が深かったことからケロッグの死後にはその遺産を「ケロッグ・ファウンデーション」として一九三八年から毎年寄贈しており、国際関係学部には学部運営費、教授の雇用費、外国人留学生への奨学金、図書購入費、国際・国内ラジオなど宣伝費として年額二、五〇〇〇ドルが支出された。この基金では、設立初年には外国人留学生のスカラーシップとしてフランス、ペルー、日本から各一名の留学生を受け入れること、またカールトン・カレッジの学生がパリへ留学したり、東京で開催される日米学生会議（"American Japanese Student Conferences in Tokyo"）やアメリカ国内で開催される会議へ参加したりする費用を助成すること、そしてカールトン・カレッジでの講義や会議に国際情勢についての権威を招聘するための経費に充当することを定めている。[59] なお、このケロッグ・ファウンデーションの基金プランによって、鵜飼が訪問する前年の一九三九年五月一九日から二一日までの三日間には同志社大学の総長を辞任後にアメリカに滞在して平和運動をしていた湯浅八郎がカールトン・カレッジを訪問し、スキナー・チャペル

(Skinner Chapel) で講演および礼拝を行ったことがやはりケロッグ・ファウンデーションに関する文書中に記録が残されている[60] (図3)。

また、リチャード・ワイグルはイェール大学で学び、一九三一年から一九三三年にかけて中国の湖南省・長沙でのイェール・イン・チャイナ (Yale-in-China) で教師経験のあるアメリカ人東洋研究者であり、ハワイや日本を訪れた経験も持つ。一九三九年にイェール大学大学院で歴史学の博士号を取得した後にカールトン・カレッジの国際関係学部に講師として着任している[61]。ワイグルは、カールトン・カレッジに着任した一九四〇年から国際関係学部でケロッグ・ファウンデーションの資金を得て "Problems of the Pacific" (太平洋問題) コースを開講し、この年の第一学期 (セメスター) にはここ一〇〇年間の極東 (中国および日本) の歴史について集中的な講義を、第二学期には受講生がそれぞれの関心によって現在の太平洋地域に係わる問題を選んだ発表を行った。そして、この第二学期には、鵜飼は "Problems of the Pacific" のコースを補助しながら、日本の法律・政治制度について優れた発表 (able presentations) を行ったことがアーカイブズに記録されている[62]。つまり、これらの文書から読み取れるように、鵜飼はケロッグ・ファウンデーションを基金とする国際関係研究の一環としてカールトン・カレッジの国際関係学部で行われた太平洋問題コースの第二学期を担当して、先述のような日本の法律と政治制度に関する講義を行ったことになる。この太平洋問題コースで鵜飼が話した講義内容については残念ながら記録が残されていない。しかし、カールトン・カレッジに保存されている文書には、太平洋プログラムとして鵜飼にジユーエット・ハウスでの滞在費等として二五〇ドルが支払われることが記されており[63]、これは日本側の史料に記述されている、ケロッグ・ファウンデーションによって、即ち「アメリカのお金で」在外研究の費用が支出されたという朝鮮で刊行された『大阪朝日新聞 外地版』の新聞記事や、鵜飼自身へのインタビュー回想である「鵜飼信成先生に聞く」の中で述べられている「一九四〇年には、私は彼 [ワイグル—引用者] と一緒にカールトンのゼミのリーダーといいますか、パーティシパントといいますか、という形で行くようにというので、ケロッグ・ピース・ファウンデーション（Kellogg Peace Foundation）からスカラーシップをもらって行ったわけです[64]」という述懐とも符合する。

以上のようなカールトン・カレッジのアーカイブズ資料からは、一九三〇年代後半にはケロッグ＝ブリアン協定（パリ不戦条約）の意義を受けてケロッグ平和財団によって国際平和のための学術支援としてケロッグ・ファウンデーションが設立され、その中ではアジア地域の中でも特に日本（東京）を対象として認識した活動がなされていたこと、そしてカールトン・カレッジではケロッグ・ファウンデーションの助成を得てアジア研究や太平洋研究といった地域研究が進められており、リチャード・ワイグルの太平洋問題コースでは日中戦争開始直後における極東情勢および東アジアで統治権力など影響力があった日本の政治体制や法律制度に対する関心から講義を企画したことが、鵜飼信成のアメリカ渡航を可能とさせたアメリカ側の要因背景として指摘することが出来る。

（3）アメリカ司法制度の特徴とリアリズム法学

こうしたアメリカ滞在中に、鵜飼は現地の法学や司法の状況について数度にわたって日本の法学専門雑誌に寄稿している。最初に寄稿した『法律時報』の一九四〇年五月号には「【海外通信】米国法学者の法懐疑論」と題して、留学先のミネソタ州のカールトン大学の図書館で偶然に見つけたという、イェール大学の法学者（労働法）であるフレッド・ローデルの『禍なる哉、汝法律家よ！』（Fred Rodell, *Woe Unto You, Lawyers!*）[65]（図6）の内容を紹介しながら、アメリカ司法の新動向として一九二〇〜三〇年代にアメリカで展開していたリアリズム法学の様子について瑞々しく伝えている。

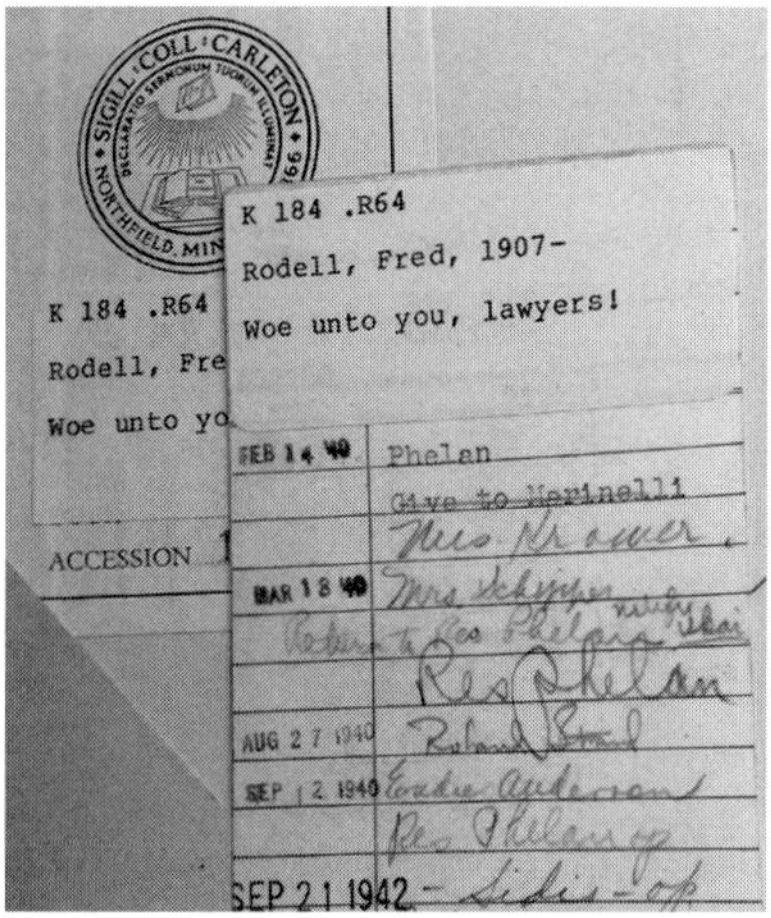

図6　カールトン・カレッジ図書館に所蔵されているF. ローデル *Woe Unto You, Lawyers!*（New York: Reynal & Hichcock, 1939）の借出カードには、1940年3月18日の欄に“Ukai”と記されている。（Carleton College Gould Library 所蔵）

ローデルは著書の中で、まず、リアリズム法学は実証主義による法懐疑論の立場から、抽象的な原理や概念を弄ぶことを排除している点に特徴があるとし、「米国法学界の最近の傾向が、所謂現実主義的であつて、抽象的な原理や概念を弄ぶことを努めて排しようとしてゐることは既に知られてゐる通りであるが[66]」として、ドイツや日本で展開されている概念主義法学の議論や傾向を批判する。また、リアリズム法学は社会事実に立脚した多元的視点を持つ法社会学を基盤とし、思想背景としては「最後に現在の様な実証主義的なリアリズム法学の時代が来た、といふことが言へるかも知れない。［中略］この考へ方は、哲学思想としては所謂プラグマティズムに体系的構成をもつに至つたもので、法学をはじめ諸々の社会科学は多かれ少かれそれの影響を免れることが出来ず、以て現代アメリカ思想の一つの特色を作り出してゐるのである[67]」との、プラグマティズムの実証主義、科学的な実験主義の考え方が存在することを指摘する。

そして、このリアリズム法学の立場は、アメリカでは主にイェール大学を中心として心理学や経済学などと共同しながら多元的に進められている動向を紹介するとともに、アメリカで活躍する法懐疑論者として、F・ローデルの他に、フェリックス・フランクファーター（Felix Frankfurter, ハーヴァード大学・行政法学）、サーマン・アーノルド（Thurman W. Arnold, イェール大学）、ハロルド・ラスキ（Harold J. Laski, ハーヴァード大学、ロンドン大学・政治学）、レオン・グリーン（Leon Green, ノースウェスタン大学）の五人を挙げている[68]。

また、アメリカと日本の司法制度の相違として、（一）司法権の優越、（二）判例法主義、の二点を挙げる。アメリカにおける「司法権の優越」について、法治主義国家における統治権力統合の三権分立制では、一般に多くの近代国家では官僚制の形成と行政権の強化、もしくは、それに対立して議会主義（立法権）が拡大することにより民主主義の発達を遂げたが、アメリカでは伝統的に自然法を基礎に、合衆国憲法修正第一四条が形成された経緯に見られる如く「司法権」を軸として発展した歴史背景がある。さらに、アメリカではこの「自然法」思想の発達を背景として、司法が一八〇三年のマーベリー対マディソン（Marbury v. Madison）事件におけるマーシャル判事の判決などを通じて行政（執行権）に対する「法令審査権」を獲得したことにより「司法権の優越」が確立したものであって、「実際には、成文憲法をもつてゐるヨーロッパ諸国に於ても、かくの如き裁判所の法令審査権が必ずしも認められてゐないのであるから、我々はむしろ之を、伝統的にアメリカに行はれてゐた或種の法思想に基くものと認定せざるを得ないであろう」と、アメリカ独自の司法の発展経緯の中で形成されたものであることを説明する。そして、

さうすると若し立法府の定立した法律が、これ等の憲法なり自然法なりに違反する場合には、裁判所は、自己の独自の権限に基いて、之を無効なりと判決し、具体的事案への其の適用を拒否しなければならないであらう。この様にして裁判所は、所謂法令審査権を獲得し、以て司法権優越の制度を生み出すに至つたのであつた。(69)

と述べ、司法が「法令審査権」を獲得したことにより、自然法（憲法）に違反する実定法（人定法）は無効であり、これに従って政府の行政立法が違法である場合には放棄をすることが出来ること、また、公的機関や公共事業に対しても損害賠償責任が生じ得ることは、近代法治国家において肥大化する国家主義的官僚政治の弊害を抑制することを可能にするという画期的な司法の役割を実現している点を評価する（戦前の日本の司法制度では行政に

対する「法令審査権」は無く、訴願審査制度とその若干の発展が認められるのみである）。

もう一つの、アメリカと日本との司法制度の相違として挙げている、英米法の特質である裁判での「判例法主義」については、いわゆる「裁判官が創る法」と云われる如く、法体系は存在せず、特にアメリカでは裁判官が規範では無く個々の具体的な事実に即して自然法の観念を用いて理性に従って法を発見するという大陸やイギリスとは違った発達を遂げたことを特徴とする。それ故に「この様なアメリカ的自然法論に於ては、裁判官が理性に従つて法を発見するといふのであるから、裁判官自身の世界観の相違に伴つて、その以て自然法上の原理なりとするところが違つて来るのは自然の帰結でなければならぬ(70)」と、裁判官によって判断内容に異なる意見および対立が生じ易いこともアメリカにおける裁判での大きな特色であると指摘する。

特に、一般にヨーロッパでも日本でも裁判における評決の一致を原則とし、法の一貫的作用原理のもとではその内部における意見の相違は決して世間に示されることは無いのに比して、アメリカでは、

なほこの点に関連して興味があるのは、この様な司法過程の実際的運用形式に現れた特色で、その最も注目すべきものとして、判決が各個の判事の意見（Opinion）の形で発表され、之に対しては場合によつて少数説をとつた各判事の反対意見、少数意見（Dissenting Opinion）が附随的に公表されること、さうしてそれ等の意見には個々の判事の署名が附せられてゐることが挙げられよう。

この様な形式は、大陸法系の諸国に於ては知られてゐないところで、ルウェリン教授は、アメリカ法の此の制度に対してドイツの法律家たちが面白い反応を示したことを報告して、次の様に述べてゐる(71)。

と、評決における個々の判事の意見を公表し、賛成・反対といった判断の相違とともに、少数派の意見も世間に明らかにすることは、ドイツや日本など大陸法系のどの国にも見られないアメリカ独自の司法スタイルであると説明する（日本、朝鮮の民事裁判でも同様に判決結果のみが公示され、個々の判事の意見は公表されていない）。

こうしたアメリカ司法制度の特徴は、鵜飼が滞在した一九三〇年代のアメリカ社会で展開していたニューディール政策に関する裁判において産業問題や鉄道問題、労働問題に対する判事たちの意見が保守派と進歩派に大きく二分して拮抗・対立する有り様として顕著に見られることを、実際の裁判例を挙げながら事実に即した判断によって多元的に進められるアメリカにおけるリアリズム法学の様子として紹介している。

このようなアメリカの大学を訪問する中で得た新たな学知、特にカールトン・カレッジに滞在中にリアリズム法学に接した経験が大きな契機となって、前述のカールトン・カレッジの学生新聞"THE CARLETONIAN"に掲載された鵜飼信成へのインタビュー記事では、鵜飼は今学期はカールトンに留まり、その後は前述の同大学の図書館で発見した『禍なる哉、汝法律家よ!』(*Woe Unto you, Lawyers!*)の著者であるF・ローデルも所属するリアリズム法学が盛んであったコネチカット州ニューヘイヴンにあるイェール大学での研究を希望していること、また連邦政府による産業規制についての法律的側面を専攻したいと考えており、それは特にローズヴェルト大統領の諸政策に関心を持っていることが理由であると語っていると報じるように[72]、事実実証を基礎として現実社会と強く結び付くアメリカのリアリズム法学に大きな関心と期待を抱いていることが伺える。

(4) ニューディール諸立法と裁判判決

このようなアメリカで独自に展開するリアリズム法学が出現した背景として、近代開発に伴い多様な主体による「権利の衝突」が頻発したことにより、社会事実や事件の実情をふまえた裁判が求められたことが指摘できる。特に第一次世界大戦後には資本発達と産業社会化の進展により生じた社会問題の噴出を要因としてニューディール政策のもとで政府によって多くの経済立法や労働立法などの社会立法が制定されるが、こうした地域開発や労働問題など社会政策に関する新たな社会事実と法令の拡大化かつ多様化に対し、司法裁判においては従来の法規範では対応が困難となり新たな解決方策が必要となる。

なお、こうしたニューディール政策に関する裁判の多くでは、近代産業社会化に伴い増加する開発、労働、人種差別など新たな社会問題の解決を目的として、政府（行政権力）が「社会救済」を行うために提出した社会立法に対して、司法側は「所有権の自由」を保障する立場から資本家の利益を擁護する判決を下したため、行政と司法との対立構図が取られた。例えば一九三〇~四〇年代のアメリカにおいて大きな社会問題としてよく知られていた工場に対して年少労働者の雇用を禁止する法律の制定等についての判決事件では、

例へば、ルーズヴェルト政府の重要な政策たるニュー・ディール諸立法が、屢々最高法院によつて、しかもその多くが五対四といふ極どい差で、無効の判決を受けたといふ事実が論議の的となり、

と、判事たちの意見が賛成派と反対派とに対立し、裁判によっては判断が大きく二分する有り様が注目されるとともに、それが、

僅かにこれだけの例をみても解る様に、国民の現実生活に至大な関係のある事件が、一二の判事の去就によつて決定せられたといふ事実が天下に明示せらるるのであつて、法といふものは決して一般的な規範の中に存在するものではなく、かうして現実に法を創り出してゆく具体的な判事の判断の中にある、といふ現実主義的な考へ方の依つて生れて来る制度上の基盤が、茲によく窺はれるであらう(73)。

と判決における判事の意見の僅かな差によって国民生活の重大事が決定してしまうという衝撃的なアメリカ政治の現実を、鵜飼は実際にアメリカに滞在する中で目の当たりに経験する。

そして、こうしたニューディール政策についての裁判においては、産業や労働といった社会行政を支持する少数派の判事たちの中に社会問題の解決や社会正義の実現を目指す者がいる点に注目し、判事たちの判断を支える革新的な法思想に関心を持つ。特に、ニューディール諸立法に対して進歩的な立場に立って社会救済や社会正義

を主張するホームズ判事（Oliver Holmes Jr.）やブランダイス判事（Louis Brandeis）たち少数派の意見について鵜飼は多くの証例を挙げて紹介しており、その中では、

之に対して、ホームズ判事は、その反対意見の中で次の様に述べてゐる。〔中略〕これは右の簡単な言葉から十分うかがはれる様に、伝統的な自然法思想に対して、一つの鋭い対蹠をなすものである。

即ち、

伝統的な絶対的自然法思想によると、憲法は個人の絶対的自然権を認め、個人と国家との生活領域は静的固定的に絶対に限界づけられてゐるのであつて、この基本的な法に基く法律が大前提となつて、三段論法により論理的機械的に判決が引出されて来るといふのであるが、之に対してホームズは、この様な絶対的自然法と個人の自然権とを否定し、立法の作用についても、裁判の作用についても、もつと創造的な、いはば現実主義的な要素を認めようとするのである。この様にして、絶対的自然法観念に基く固定的保守的な私的自由、個人的絶対権が批判され、かくしてまたその観念の制度的表現であつた司法的憲法保障制が批評されることになつたのである。(74)

と、「私有権の制限」を内容に含んでおり、伝統的な「自然法」観念を形式的に適用する概念主義法学の克服を試みる解釈として絶対的私有権を否定する認識が見られることを指摘する。そして、このような伝統的な自然法に基く「個人の権利・自由」の偏重による資本主義の至上性とその弊害を克服し、また、社会のより多元的な価値（弱者）に立脚した新たな法規範を以て社会問題の解決を導き出す、伝統的な自由権思想から一歩進んだプラグマティズム思想的な基盤のうえに展開するアメリカのリアリズム法学に社会改革力の可能性を見い出す。

このように鵜飼は、こうしたニューディール政策によって社会改革を試みる進歩派の少数派判事たちの意見の中に「法規範」の変化が見られることを読み取って、アメリカにおける「自然法」の観念が変化しつつあること

を深く捉え、アメリカで法規範が変化しつつあることについてホームズ判事、ブランダイス判事の判決における言葉を借りて、

［前略］ブランダイスは少数意見として次の様に述べた（ホームズも同意見）、曰く、『争を支配する規律は、時と共に必然的に変る、何故なら、事情が変るからである。加之、展開された規律は、単なる統治上の実験に過ぎないから、若しそれが失敗であることが判明すれば、また抛棄されなければならない。……統治作用といふ此の難しい領域に於ける意見の相違は、或る規律を、単にそれが公益に危険であるといふ丈けの理由で不合理なものと宣言し、かくして法に於ける実験に門を閉ぢて了ふといふ様な結果を生ずべきものではないのである[75]』。

と述べて、経済的合理性のみに捉われ無い、社会事業に立脚した判断を行うリアリズム法学を基盤とした社会改革と市民社会の価値の実現を主張する。また、アメリカの判例法主義に基く判事（司法）の在るべき役割について、サーマン・アーノルドの判決を参照しながら「真に公正で合理的で実際的な解決を見出し［中略］ほんとうに人生の問題を実際に解決するといふ真の目的」にあると説き、さらにアーノルドの著書『資本主義の神話』（Thurman Arnold. *The Folklore of Capitalism*）をふまえて経済人と法律人とは目的を相違するとしたうえで法律人が持つべき良心についても「法を作るものは権威ではなくして、理性なのである[76]」と自己の理想を表す。

さらに、アメリカ大陸に渡った鵜飼の眼には、第一次世界大戦後のアメリカ―メキシコの国際関係の展開にも関心を示し、メキシコ革命において外国資本支配からの「独立」との形で社会改革を進めていたメキシコ政権の石油財産収用問題（アメリカ資本との関係あり）を取り上げて、憲法改正と「私有権の制限」による社会正義の実現の試みについて考察する論稿を執筆している。そこでは先ず、「メキシコ革命（La Revolución Mexicana）は、或る意味で、純粋にメキシコ的なものであることは疑ひをいれないが、同時にまた、性質上、二十世紀的な革命た

るを、免れないものである」と述べ、

此の革命は、十八・九世紀の自由主義的フランス革命とは、性質を異にし、後に起つたロシア革命（一九一七年）又はドイツ革命（一九一八年）、に近い性質をもつてゐる。さうしてその点にこそ、メキシコ革命の本質がある、といはなければならぬ。このことを最も著るしく示すものは、云ふ迄もなく、個人の自由、就中所有権の自由、の社会的制限の要求である。一九一七年のメキシコ憲法にも、此の点に関する規定は含まれて居り、爾来、政府は熱心に、此の政策の実行に努力して来た(77)。

と、メキシコ革命政権が制定した新憲法や国内法、条約では「私有権の制限」を規定して公共社会の利益のために「財産の社会化」を図るとともに「国家権利の放棄」を可能とし、これにより「私有権の肥大化」に基盤を有する資本支配の強化とそれに伴う国家主義化の阻止を達成して、且つ、

此の政策を実行するに当つて、その第一の目標となつたものは、石油である。石油は、メキシコの有する優れた資源の随一であるが、これが採掘は、従来専ら、米、英、蘭等の外国資本の手に、独占されてゐた。従つて、これを収用することは、一方では、財産権の社会化である、と同時に、他方では、メキシコ国民の、外国資本による支配からの、民族的解放であり、その意味で、非常な熱意を以て、且つ甚だドラマティックな経過をとり乍ら、遂行されたのである(78)。

との外国資本の進出を排除して植民地的経済支配の影響から解放し得る可能性について考察に及んでいるなど、第一次世界大戦後の国際社会の新局面に注目する。

一方、こうしたニューディール政策を通じて行政が拡大し、政府の行政権力の強化・肥大化が国家主義的な政治の抬頭へと繋がる危険性についても警鐘を鳴らす。そしてさらにリアリズムの立場から、政治・法と資本は結び付き易く、また、法は平等では無く資本に左右されるという法と資本との関係を看破し、政治や政策が民主主

義、民衆と乖離していることを鋭く指摘するとともに、「社会行政」と「社会正義」とは決して同じでは無いと透言し、本当の民衆のための社会改革を目指すべきことを戒める。こうした一九三〇～四〇年代のアメリカ政治における行政と司法との緊張的バランスの中で、より指導力が強い行政が台頭しつつある状況について、アメリカ大統領予備選挙制度の実態を分析する過程では、

私［鵜飼信成―引用者］は、この点序説に述べた様に、民主政の民主化には、一定の限界がある、といふのが正当ではないかと思ふ。［中略］若しアメリカの評論家ウオルター・リツプマンの云つてゐる様に、『民主政府は人民の意思の直接の表現である、といふ考を我々は捨てざるを得ない』、といふことが正しいとすれば、その理由の一は、此の予選制度の実情にあるのである。(79)

と、民主主義制度が真に民衆の意向を代表するのかは疑問であると疑義を呈する。また、代民主制においては議会制民主主義を経由して行政権を中心とした独裁主義的な寡頭政治（独裁制）へと転化する危険性といった、多くの国家が直面している現代的課題についての考察を通じて危惧を呈するとともに、アメリカのニューディール政策では特に、

右のパナマ精油会社事件に於ける少数意見として、カルドーゾ判事（Mr. Justice Cardozo）の述べた見解は、この問題に対する新しい立場からの批評の一例である。［中略］右に述べた考へ方は、要するに既述した権力統合国家の形態としては、民主主義的、立法権優越的形態から更に、独裁主義的、行政権優越的形態への移行を主張するものであるが、ここではそれが同時に、アメリカ的、司法権優越的形態への批評である点に興味がある。さうしてこの点に、アメリカ法学に於ける保守的観念と進歩的観念との対立の具体的歴史的な背景があることに注意しなければならぬ。(80)

と言い、現代アメリカ政治における国家主義化（行政権優越への移行）が、司法の「保守的観念」（産業資本の権利

を擁護）優越に対する行政の「進歩的観念」（社会行政を推進）による批判を伴うかたちで進みつつある政治と法の行方に注目する。

以上に見る如く、鵜飼がアメリカへの在外研究を通じて新たに開拓することになった一九三〇～四〇年代のアメリカの法と政治についての体験と執筆による考察では、社会諸問題の解決を背景としてリアリズム法学において「自然法」の概念が変化しつつある流れを深く捉えるとともに、ニューディール政策に顕れる社会革新のあり方について、ローズヴェルト大統領の司法次官補として革新政策を積極的に推進していたサーマン・アーノルドを評しながら、

さうしてアーノルドのかうした折衷的な行き方の結果として、反概念主義、所謂リアリズム法学的傾向が、ニューディール的社会改良主義的傾向と結びついてゐるところに、現代アメリカ法学の動きの実相がみえて面白いと思はれるのである。[81]

と述べ、こうした政治における行政と司法のせめぎ合いにあって、行政統治／社会改革との交錯のうえに展開しているところにアメリカにおけるニューディール政策の「妙」があると識悟する。

おわりに

本稿では、法学者・鵜飼信成の法学研究とその意義について、思想形成期である戦前期の朝鮮・京城帝国大学時代を中心に不充分ながら辿ってきた。ここでは、司法制度や憲法に加えて行政法、即ち実定法についても、当時の日本ではドイツ法学が主流である中で、戦後に先駆けてアメリカへ在外研究に赴くという貴重な体験によって得たアメリカ法を含む国内・国外に及んで思索を進めており、これらの行政法、アメリカ法の研究の成果は、戦後には『行政法の歴史的展開』や、ジョン・ロック『市民政府論』第二部の日本語翻訳として刊行される。

一九三〇年代にスタートした鵜飼の初期の研究においては、既に第一世界大戦以降には世界的規模で国際貿易競争や経済統制による資本支配が一層深まり政治的ファシズム化が進行しつつある状況の中、ドイツのワイマール憲法による近代法治国家論についての考察を通じて、民主主義の内部からの独裁政治への転化や国家権力・官僚制の肥大化、及び資本支配の矛盾や社会問題の解決という現代民主主義の課題に取り組む。

特に、資本支配における社会と法をめぐる問題の考察では、資本主義社会の発展経緯の中で成立した特殊な性質を有する警察法、社会行政法、そして鉱業法等の産業法制を取り上げて論考を執筆している。そこでは近代社会のあり方をめぐってドイツでも展開していた団体論を踏まえながら「公権の放棄」について系統的に再検証を進めて公権の絶対性を否定し、国家権力や政府の実定法に対して個人は権利を放棄（拒否）し得るとの見解を示すとともに、警察国家（表面では福祉国家、衛生国家の側面を持つ）の統治根拠、即ち実定法を相対化する理論構築により国家権力の制限を試みている。

同時に、地方団体論においては社会の自律性の確立についても重視し、ワイマール憲法期に多元的な国家のあり方をめぐってフーゴー・プロイス（Hugo Preuß）などドイツ国法学者たちが展開していた国家有機体説に対しても、オーストリアの憲法学者であるハンス・ケルゼン（Hans Kelsen）の学説に拠って、あくまでも国家に飲み込まれない、社会の自治権力の保障について主張する。そして、この「地方団体」での自治権の保障を主張する立場は、「外地」である植民地についても「内地及植民地地方制度」として地方団体であると捉える。そしてケルゼンを参照しながら、「尚、此の説に於て注目すべきは、地方団体の任務に於ける所謂固有事務と委任事務との区別を全く否定して、固有事務と雖もそれが法規の許容する範囲内なる以上は委任に他ならず、委任事務と雖もそれが自治団体の任務なる限り固有の事務に他ならないとなしてゐることである」[82]として、内地であるか外地であるかを問わず「自律的な社会権力」を認めるべきであると論じている。

また、アメリカへの研究留学で体験をした、ニューディール政策における近代開発や貧困救済など社会問題をめぐる「権利の衝突」に対して進歩思想派と保守思想派の判事が大きく対立する裁判では、英米法の判例法主義に基いて社会事実に則した判決により社会解決を導き出し得るリアリズム法学に関心を持つ。特に、少数意見を表明した進歩派の判事たちの意見の中には、社会正義の理念とともに、資本社会の発達の中で形成されてきた「私権の保障」という従来の自然法思想の基本概念に対して、社会公共の利益を目的として「私権を制限」することが可能であるとする「法規範の変化」が見られることを読み取る。更に、こうした第一次世界大戦後に高まった新たな社会思想は、アメリカと国際関係があるメキシコ革命の憲法構想の中にも見られることを指摘して、外国資本の進出に対する植民地主義支配から民族社会を解放する理念の一つとして注目する。このように、鵜飼は近代社会・国際社会に内包する社会矛盾の解決や社会改革に真摯に取り組んだ大正デモクラシー思想の担い手の一人であると評価することが出来る。

このような戦前期の朝鮮において考究された鵜飼信成の学知は、戦後には、京城帝国大学での講義ノートとして作成された内容が学位論文『行政法の歴史的展開』[83]として、アメリカ留学より帰国後に戦時下の朝鮮で翻訳を積み上げたアメリカ法思想の研究が敗戦後に日本に送られてジョン・ロック『市民政府論』[84]として出版される。そして、資本社会の下における法と政治の問題に関する思索は、福島正夫、川島武宜、辻清明たちと共著にて編集・出版した『講座日本近代法発達史』[85]シリーズの刊行へと繋がり、戦後日本の民主主義のスタートの理念の一つとなる。さらに、アメリカ法学研究から得た新しい権利である「幸福追求権」[86]という社会観（憲法思想）が残された重要な課題として存在するが、これについては、鵜飼信成の青年期からの思想形成や社会思想の検討も含めて、学ぶべき「知」として今後に考察すべき課題である。

（1）鵜飼信成（うかい・のぶしげ）の青年期からの経歴については、本人へのインタビューをまとめた「鵜飼信成先生に聞く」（American Studies in Japan, Oral History Series, Vol.16, アメリカ研究資料センター、一九八三年）に詳しい。朝鮮で迎えた日本の敗戦については、鵜飼信成「〈私の8月15日〉京城の8月15日」（『法学セミナー』第二四二号、一九七五年八月）を参照のこと。なお、本資料の提供を始め、韓国およびアメリカ所在の資料収集にあたっては松田利彦先生に多大な御指導と御便宜を賜りました。ここに記して心より篤く深謝を申し上げます。

（2）鵜飼の法学研究の特徴について、「じつをいうと、もう一つだけあげておきたい特質がある。先生が憲法学と行政法学の両刀使いだったということである」という指摘がある（奥平康弘「〈追悼文〉鵜飼信成先生のご逝去を悼んで」『法律時報』第五九巻第八号、一九八七年七月、五七頁）。

（3）石村修「鵜飼信成先生とイデオロギー批判」（『専修法学論集』第四八号、一九八八年九月）、同「憲法解釈における少数学説――鵜飼憲法学再考――」（『専修大学法学研究所紀要』第三〇号、公法の諸問題Ⅵ、二〇〇五年三月）等。

（4）石川健治「コスモス――京城学派公法学の光芒――」（酒井哲哉編『〈岩波講座「帝国」日本の学知 一〉「帝国」編成の系譜』岩波書店、二〇〇六年、所収）、同「統治のヒストーリク」（奥平康弘・樋口陽一編『危機の憲法学』弘文堂、二〇一三年、所収）、同「「京城」の清宮四郎――『外地法序説』への道――」（酒井哲哉・松田利彦編『帝国日本と植民地大学』ゆまに書房、二〇一四年、所収）、及び金昌禄「尾高朝雄と植民地朝鮮」（酒井哲哉・松田利彦編『〈国際シンポジウム 四二〉帝国と高等教育――東アジアの文脈から――』国際日本文化研究センター、二〇一三年、所収）等。

（5）김효전「경성제대 공법학자들의 빛과 그림자」（『公法研究』第四一巻第四号、二〇一三年六月）。

（6）鵜飼信成『行政法の歴史的展開』（オンデマンド版、有斐閣、二〇〇三年）の底本は、東京大学社会科学研究所研究叢書 第一冊・同出版社・一九五二年刊。同『司法審査と人権の法理――その比較憲法史的研究――』（オンデマンド版、有斐閣、二〇一三年）の底本は同出版社・一九八四年刊。鵜飼信成著・日弁連法務研究財団編『（JLF選書）憲法と裁判官――自由の証人たち――』（日本評論社、二〇一六年）は岩波新書・一九六〇年刊を復刻し新たに解題を加えたもの。鵜飼信成『法と裁判をささえる精神』（岩波オンデマンドブックス、岩波書店、二〇一六年）の底本は同出版社・一九八三年刊である。

（7）前掲「鵜飼信成先生に聞く」一六頁。

（8）同前、二頁。

（9）鵜飼信成「直接国民立法の一形態――ワイマール憲法に於けるレフエレンダムに就いて――」（『〈京城帝国大学法文学会 第一部論集 第四冊〉法政論纂』刀江書院、一九三一年）一五～一六、五二頁。

（10）鵜飼信成「史的に観たる法治国の諸理論」（『〈京城帝国大学法学会論集 第七冊〉国家の研究 第一』刀江書院、一九三四年）四九頁。

（11）同前、一三頁。

（12）鵜飼信成「Polizei の観念――その発展史的考察――」（宮澤俊義編『美濃部教授還暦記念 公法学の諸問題』第一巻、有斐閣、一九三四年）五頁。

（13）鵜飼、前掲「史的に観たる法治国の諸理論」一一頁。

（14）鵜飼信成「公法上の抛棄に就て」（『〈京城帝国大学法学会論集 第一一冊〉法と政治の諸問題』岩波書店、一九四〇年）六一頁、注二。

（15）鵜飼信成「ギールケと現代独逸国家論――ギールケ誕生百年に因んで――」（『〈京城帝国大学法学会論集 第一二冊第一号』京城帝国大学、一九四一年）一三九頁。

（16）鵜飼、前掲「史的に観たる法治国の諸理論」三五～三六頁。

（17）鵜飼信成「地方議会の性質について」（『府邑面雑誌』第一巻第一号、一九三一年六月）。

（18）鵜飼信成「ナチス租税法の理念」（『朝鮮財務』第一四巻第七号、一九三六年七月）。

（19）鵜飼信成「〈朝鮮行政講座〉財務行政法（一）～（一〇）」（『朝鮮行政』第二巻第三号～第一二号、一九三八年三～一二月）。

（20）藤野恵「社会行政」（末弘厳太郎・編輯代表『現代法学全集』第二八巻・第二九巻、日本評論社、一九三〇年、所収）。

（21）藤野恵・持永義夫『社会行政』（自治行政叢書 第一一巻、常盤書房、一九三七年。『〈復刻版〉戦前期 社会事業基本文献集 四二』日本図書センター、一九九六年、所収）。

（22）藤野恵（ふじの・めぐむ）は、広島県出身、一八九四（明治二七）年生。一九一九（大正八）年に東京帝国大学・法学部・政治学科を卒業後に内務省に入省し、群馬県・静岡県・新潟県での勤務を経て、一九二四年四月に社会局社会部・事務官となり、社会部福利課長・保護課長として大正デモクラシー期の社会事業行政を担う（一九三五年一月まで）。その後には香川県・鹿児島県の各知事や、文部省の実業学務局長・普通学務局長および文部次官等を務める。著書として他に『公益質屋法要論』（良書普及会、一九二七年）、『児童虐待防止法要義』（松華堂、一九三三年）等がある。

(23) 持永義夫（もちなが・よしお）は、宮城県出身、一八九三（明治二六）年生。広島高等師範学校を経て、一九二一（大正一〇）年に京都帝国大学・法学部・英法科を卒業後に内務省に入省して衛生局属となり、一八二七年一月より社会局保険部・監査課、一九三三年七月より社会局社会部・福利課長・保護課長・庶務課長、及び一九四〇年七月より厚生省・労働局長・勤労局長として社会事業行政に携わる。その他に愛媛県・三重県・兵庫県の各知事や、戦後は厚生省労働局長・勤労局長、北海道庁長官を歴任する。著書に、持永義夫述・東京府学務部社会課編『母子保護法に就て』（東京府学務部社会課、一九三七年）がある。

(24) 藤野、前掲論文、一頁。

(25) 藤野・持永、前掲書、二頁。

(26) 同前、二～三頁。

(27) 鵜飼信成「社会行政法」（末弘厳太郎・編輯代表『新法学全集』第六巻〔二〕・行政法V、日本評論社、一九三六年、所収）、及び「社会行政法」（末弘厳太郎 等編『新法学全集』第五巻、日本評論社、一九四〇年、所収）。鵜飼信成「社会行政法」の一九三六年版と一九四〇年版は改訂が無く同内容であり、本稿では一九三六年版に拠って頁数を示す。

(28) 同前、九頁。

(29) 同前、四九～五一頁、注二。

(30) 同前、一〇頁。「注一」として「恒藤恭・生存権と法律体系（法律の生命所収）及び牧野英一・法律と生存権参照」と挙げている。

(31) 同前、六～七頁、注三、注四。

(32) 鵜飼、前掲「史的に観たる法治国の諸理論」四一～四二頁。

(33) 鵜飼、前掲「Polizei の観念」二〇～二一頁。

(34) 同前、四頁「注二」、五頁。

(35) 鵜飼、前掲「公法上の拋棄に就て」五、五一、六一～六二頁。

(36) 鵜飼、前掲「社会行政法」二一頁。

(37) 灘尾弘吉（なだお・ひろきち）は、広島県出身、一八九九（明治三二）年生。一九二四（大正一三）年に東京帝国大学・法学部・法律学科を卒業後に内務省衛生局に入省し、一九二六年一二月より社会局・保険部会規画課、社会部福利課長・保護課長、また一九三八年一月の厚生省の創設に伴い厚生省社会局・保護課長、一九四二年六月より厚生省生活局長・衛生局長などを歴任する。その他に大分県知事、内務省地方局長、内務次官、戦後には衆議院議員に当選三回、文部大臣、厚生大臣、衆議院議長などを務める。

(38) 灘尾弘吉『社会事業行政』(社会事業叢書 第二巻、常盤書房、一九四〇年。『(復刻版)戦前期 社会事業基本文献集 七』日本図書センター、一九九五年、所収)一八〜一九頁。

(39) 灘尾、同前、一、一二一頁。

(40) 同前、三三頁。

(41) 同前、一一〜一二頁。

(42) 鵜飼信成「水利組合の貯水行為による鉱業権の侵害――朝鮮高等法院の一判例について――」(『朝鮮行政』第二巻第一二号、一九三八年一二月)。なお、この事例を取り扱った先行研究として、韓国・法院記録保存所の民事判決文の資料調査を踏まえて作成した長沢一恵「植民地期朝鮮における鉱業裁判――韓国・法院記録保存所の民事判決文から――」(松田利彦・岡崎まゆみ編『植民地裁判資料の活用――韓国法院記録保存所所蔵・日本統治期朝鮮の民事判決文資料を用いて――』国際日本文化研究センター、二〇一五年)を参照のこと。

(43) 韓国・法院記録保存所所蔵、京城地方法院・昭和九年民第一七九六号「損害賠償請求事件」一九三五年一一月一四日判決、京城覆審法院・昭和一〇年民控第九二七号「損害賠償請求事件」一九三六年一一月一六日判決、及び高等法院・昭和一一年民上第七四〇号「損害賠償請求事件」一九三七年六月八日判決。なお、高等法院判決については刊行された『高等法院判決録』(司法協会、一九〇八年八月〜一九四三年一二月)にも民事判決文、刑事判決文が掲載されており、本稿で取り上げて考察する裁判事例も「水利組合ノ貯水行為ト鉱業権ノ侵害」として掲載されている(『高等法院判決録』第二四巻、司法協会、一九三八年、二七二〜二八六頁)。この鉱業権と水利組合の賠償責任問題に係る裁判の原告および原告側弁護士など関係者の姓名については個人情報保護のため、韓国・法院記録保存所とも相談の上、一部を伏せて表記した。

(44) 鵜飼、前掲「水利組合の貯水行為による鉱業権の侵害」五八〜五九頁。

(45) 前掲『高等法院判決録』第二四巻、二八〇〜二八一、二八四頁。

(46) 同前、二八二頁。
(47) 鵜飼、前掲「水利組合の貯水行為による鉱業権の侵害」五九～六〇頁。
(48) 同前、六〇頁。
(49) 前掲「鵜飼信成先生に聞く」四頁及び鵜飼、前掲『法と裁判をささえる精神』一三四頁。なお、京城帝国大学を所轄していたのは文部省ではなく朝鮮総督府であったため、京城帝国大学からの海外留学の身分は「朝鮮総督府在外研究員」であったとインタビューに答えて述べている（「鵜飼信成先生に聞く」一四頁）。戦前期の鵜飼信成の研究動向やアメリカ留学、特にハーヴァード大学でのケルゼンとの会遇については、石村、前掲「鵜飼信成先生とイデオロギー批判」に詳しい分析がまとめられている。
(50) 前掲「鵜飼信成先生に聞く」一一～一二、一四頁。
(51) 「米国から招聘／カールトン大学で得意の講義／城大助教授鵜飼信成氏」（『大阪朝日新聞 南鮮版B』一九三九年一二月一日付、五頁。なお、『大阪朝日新聞』は鵜飼信成のアメリカ留学が決定した一九三九年当時には、朝鮮内で南鮮版A、南鮮版B、西鮮版、中鮮版、北鮮版の各版が発行されており、この記事は全版に同日、同タイトルにて掲載されている（坂本悠一監修・編集『（復刻版）朝日新聞外地版』第一六～二〇巻、ゆまに書房、二〇〇八年）。
(52) 前掲「鵜飼信成先生に聞く」四～一二頁、及び鵜飼、前掲『法と裁判をささえる精神』一三四頁。
(53) 前掲「鵜飼信成先生に聞く」三二～三三頁。
(54) 鵜飼信成『アメリカ法学の諸傾向』（新文芸社、一九四八年）。本書の原稿は、鵜飼がアメリカ在外研究から帰国後の一九四三年に当時の京城（現ソウル）で執筆されたものであることについて「この書の主要部分をなす「アメリカ法学の諸傾向」は昭和十八年春、著者が一兵卒として京城俘虜収容所に服役中、或る書店の依頼に応じて書き上げたものである。［中略］主題が「時務的」でないという理由で、当時それは出版されなかった」と記されている（同書「はしがき」）。
(55) H・ケルゼン著／鵜飼信成訳『法と国家』（東京大学出版会、一九五二年）。本書の底本は一九四一年二月にケルゼンがハーヴァード・ロー・スクールで行ったオリヴァー・ウェンデル・ホームズ講座の講義原稿をまとめた“International Law and International Peace”であり、鵜飼が日本語訳を出版する経緯について「訳者は、ちょうどこの連続講義がはじまる直前に、ハーヴァード大学法学校でケルゼン教授から教えを受け、太平洋の波がようやく高くなろうとする昭和十六年二月に、この講義は聴かないままで帰国した。ケルゼン教授は、そのドイツ文の原稿を筆者に託して、これを邦訳することを許された」と述べている（同書「訳者あとがき」一九五頁及び「アメリカのケルゼン」（鵜飼信成・長尾龍一編『ハンス・ケルゼン』東京大学出版会、一九七四年、一三五～一三七頁）。

(56) 前掲「鵜飼信成先生に聞く」二二頁。

(57) 同前、一二～一三頁。鵜飼自身も自己の研究意義について「私のアメリカとの関係は、そういう意味では、アメリカ研究専門家ではなくて、憲法、行政法の研究者として、アメリカに特に関心を持っているということになるわけです」と述べている（一二頁）。

(58) "Tokio University Grad Assists International Relations Department", *THE CARLETONIAN*, Friday, February 9, 1940. "Nobushige Ukai to Assist In International Relations", *ibid*, Friday, February 23, 1940. 前掲「鵜飼信成先生に聞く」四～五頁。

(59) "FRANK B. KELLOGG FOUNDATION FOR EDUCATION IN INTERNATIONAL RELATIONS", March 18, 1937, Folder "President's Office, 1908-1962 Financial Affairs Foundation and Grants Frank B. Kellogg Foundation, 1937", Sub Series 2, Series 3, ID 01/02/POF03. "REPORT OF THE FRANK B. KELLOGG FOUNDATION FOR EDUCATION IN INTERNATIONAL RELATIONS", Folder "DOC, 1926-1945 Faculty: Academic Depts.", Sub Series 6, Series 1, ID 01/03/018A, Carleton College Archives, Carleton College, Northfield MN. 以下、Carleton College Archives はCCAと略記する。カールトン・カレッジでの資料調査にあたっては、同アーカイブズの Tom Lamb 氏に多大な御協助と御厚意を賜りましたことを心より感謝申し上げます。

(60) "FRANK B. KELLOGG FOUNDATION FOR EDUCATION IN INTERNATIONAL RELATIONS: REPORT FOR YEAR ENDING JUNE 30, 1939", p.12, Folder 91, Series 3, ID 01/02/AR, CCA.

(61) "20 YEARS OF DEDICATION TO THE ST. JOHN'S IDEA", *The St. JOHN'S IDEA… & RICHARD WEIGLE*, (Santa Fe: The Development Office of St. John's College, 1969), in Folder "Weigle, Richard D.", Series A, ID 01/02/058, CCA.

(62) Richard D. Weigle, "DEPARTMENT OF INTERNATIONAL RELATIONS: Report to the chairman", June, 1940, Folder 53, Series 3, ID 01/02/AR, CCA.

(63) "FRANK B. KELLOGG FOUNDATION FOR EDUCATION IN INTERNATIONAL RELATIONS: REPORT FOR YEAR ENDING JUNE 30, 1940", p.6, Folder 91, Series 3, ID 01/02/AR, CCA.

(64) 前掲「鵜飼信成先生に聞く」四～五頁。なお、「この時は外務省がそういうことならといって往きの旅費を出してくれました」とも記されている（五頁）。

(65) Fred Rodell, *Woe Unto You, Lawyers!*, New York: Reynal & Hitchcock, 1939. 鵜飼がカールトン・カレッジの図書館でこの本に出会ったことが最初にリアリズム法学に接した経験であったことは、鵜飼、前掲『ハンス・ケルゼン』一三三頁、及び同『法と裁判をささえる精神』一三六頁にも「これが私のリアリズム法学に接した最初で」と述懐している。

(66) 鵜飼信成「【海外通信】米国法学者の法懐疑論――Fred Rodell, Woe unto you, lawyers! を読む――」（『法律時報』一二五号（第一二巻第五号）、一九四〇年五月）七五頁。

(67) 鵜飼信成「米国法学の基盤と背景――批判への序説――」（『京城帝国大学法学会論集 第一四冊第四号』、一九四三年一一月）一〇〇頁。

(68) 鵜飼、前掲「【海外通信】米国法学者の法懐疑論」七五頁。なお、ニューディール政策を遂行するローズヴェルト大統領によって、フェリックス・フランクファーターは合衆国最高裁判所判事に、サーマン・アーノルドは司法次官補にそれぞれ任命される。

(69) 鵜飼、前掲「米国法学の基盤と背景」八一～八二頁。

(70) 同前、九三頁。

(71) 同前、九五～九六頁。なお、「注九」として、ロスコー・パウンド（Roscoe Pound, ノースウェスタン大学、シカゴ大学、ハーヴァード大学）たちとともにアメリカでのリアリズム法学運動を主導したカール・ルウェリン（Karl N. Llewellyn, イェール大学、コロンビア大学、シカゴ大学・商法）の著作を挙げながら「此の本は、アメリカに於けるリアリズム法学の驍将たるルウェリン教授が、一九二八–二九年の冬学期に、ライプチッヒ大学法学部に於て、客員教授兼カーネギー国際教授として行つたアメリカ法に関するゼミナールが機縁で出来たもので、後半資料の部には、パウンド、ホームズ其他の論文並に判例等の独逸訳が要領よく集録されて居り、外国人にとつて極めて便利なものである」と紹介している（九九～一〇〇頁）ことに見るように、アメリカと欧州との間で相互関連や交流をしながらリアリズム法学が発達する様子が伺える。

(72) "Nobushige Ukai to Assist In International Relations", *op.cit.*

(73) 鵜飼、前掲「米国法学の基盤と背景」九六～九八頁。

(74) 同前、八七～八八頁。

(75) 同前、一〇五頁。

(76) 鵜飼、前掲「【海外通信】米国法学者の法懐疑論」七六頁、鵜飼信成「ニューデイール法律学」（『法律時報』一三八号（第三巻第六号）、一九四一年六月）二九～三〇頁、及び鵜飼、前掲「米国法学の基盤と背景」八二～八三頁。Thurman Arnold, *The Folklore of Capitalism*, New Haven, Yale University Press, London, Oxford University Press, 1937.

(77) 鵜飼信成「メキシコに於ける石油財産収用問題」（『国家学会雑誌』六四四号（第五四巻第一〇号）、一九四〇年一〇月）六六、六九頁。アメリカ滞在中に執筆されたこの論稿で鵜飼がメキシコをテーマに選んだ背景の一つとして、カールトン・カレッジの国際関係学部の授業でラテンアメリカ問題が多く取り上げられていたことに触れた可能性が憶測される。

(78) 同前、六九～七〇頁。

(79) 鵜飼信成「アメリカに於ける大統領予選投票制について」（佐々木惣一編輯『公法雑誌』第六巻第一一号、一九四〇年一一月）七三頁。Walter Lippmann, *The Phantom Public*, New York, Harcourt, 1925.

(80) 鵜飼、前掲「米国法学の基盤と背景」八九～九〇頁。

(81) 鵜飼、前掲「ニューデイール法律学」三〇頁。

(82) 鵜飼、前掲「地方議会の性質について」一〇～一一頁。

(83) 鵜飼信成『行政法の歴史的展開』（東京大学社会科学研究所研究叢書 第一冊、有斐閣、一九五二年）。鵜飼はインタビューの中で「実は前にいった私の学位論文［「行政法の歴史的展開」、一九五六年に法学博士を取得―引用者］は、京城での講義を使っているんです。つまり、講義ノートを内地に持って帰って、それを手直して書いたものなのです」と述懐している（前掲「鵜飼信成先生に聞く」一七頁）。

(84) ロック著／鵜飼信成訳『市民政府論』（岩波文庫、一九六八年）。翻刻の経緯については「訳者が、本書の翻訳を志したのは昭和一三年（一九三八年）、京城帝国大学在職中で、当時京城におられた清宮四郎、尾高朝雄などの諸教授に指導を受け、訳稿は一おうできていたが、その後、種々の事情から刊行の運びに至らなかった。昭和一八年（一九四三年）、二年間の軍務を終えて研究室に帰って来た後、大多数はすでに出征して残り少なくなった学生諸君と、演習でこの本を読んだ。昭和二〇年（一九四五年）暮に、占領下の朝鮮を引揚げた時、軍政部のDe Angelis氏が右の訳稿をわざわざ東京まで送ってくれたが、雑事に追われて、今日まで出版をみなかった」と述べる（同書「解説」二五一～二五二頁）。また、翻刻にあたっての底本は「はじめは京城帝国大学所蔵本を使用した」としている（鵜飼、前掲「〈私の8月15日〉京城の8月15日」二七頁）。

(85) 鵜飼信成・福島正夫・川島武宜・辻清明・責任編集『講座 日本近代法発達史――資本主義と法の発展――』全一一巻、勁草書房、一九五八～一九六七年。ここでは鵜飼は「ウィーン学派」をテーマに選んで執筆している（『講座 日本近代法発達史』第七、所収）。

(86) 前掲「鵜飼信成先生に聞く」二二一～二二四頁、及び前掲、鵜飼訳『市民政府論』二四九～二五〇頁。

【戦前期の鵜飼信成の著作一覧】

・「地方議会の性質について」（『府邑面雑誌』1-1，1931年6月）
・「直接国民立法の一形態――ワイマール憲法に於けるレフエレンダムに就いて――」（『京城帝国大学法文学会 第一部論集 第4冊 法政論纂』，刀江書院，1931年12月，所収）
・「史的に観たる法治国の諸理論」（『京城帝国大学法学会論集 第7冊 国家の研究 第1』，刀江書院，1934年9月，所収）
・「Polizei の観念――その発展史的考察――」（宮澤俊義編『美濃部教授還暦記念 公法学の諸問題』第1巻，有斐閣，1934年12月，所収）
・「宗教に対する国家の立場」（『朝鮮及満洲』338，1936年1月）
・「右傾・左傾といふことば」（『朝鮮及満洲』343，1936年6月）
・「ナチス租税法の理念」（『朝鮮財務』14-7，1936年7月）
・「制度的保障の理論」（中央大学法学部門機関『法学新報』46-11，法学新報社，1936年11月）
・「社会行政法」（末弘厳太郎編輯代表『新法学全集』第6巻〔2〕行政法V，日本評論社，1936年11月，所収）

・「公法的所有権制限」（『国家学会雑誌』599（51-1），有斐閣，1937年1月）
・「多数決原理について」（『朝鮮及満洲』352，1937年3月）
・「〈朝鮮行政講座〉財務行政法（1）～(10)」（『朝鮮行政』2-3～12，1938年3月～12月）
・「水利組合の貯水行為による鉱業権の侵害――朝鮮高等法院の一判例について――」（『朝鮮行政』2-12，1938年12月）
・「左翼と右翼」（『政界往来』10-1，政界往来社，1939年1月）
・「公法上の拋棄に就て」（『京城帝国大学法学会論集 第11冊 法と政治の諸問題』岩波書店，1940年2月，所収）
・「【新刊批評】原田鋼氏『法治国家論――法治国家の機能と限界――』」（『法律時報』115（11-7），日本評論社，1939年7月）
・「【海外通信】米国法学者の法懐疑論――Fred Rodell, Woe unto you, lawyers! を読む――」（『法律時報』125（12-5），日本評論社，1940年5月）
・「メキシコに於ける石油財産収用問題」（『国家学会雑誌』644（54-10），有斐閣，1940年10月）
・「アメリカに於ける大統領予選投票制について」（『公法雑誌』6-11，良書普及会，1940年11月）
・「戦争と宣伝――アメリカに於ける実例――」（『朝鮮行政』19-11，1940年11月）
・「社会行政法」（末弘厳太郎編『新法学全集』第5巻，日本評論社，1940年5月，所収）
・「京城帝大の全貌」（『三千里』13-3，1941年3月）
・「アメリカで拾つた英語」（『英語研究』34-1，研究社出版，1941年4月）
・「ニューデイール法律学」（『法律時報』138（13-6），日本評論社，1941年6月）
・「ギールケと現代独逸国家論――ギールケ誕生百年に因んで――」（『京城帝国大学法学会論集 第12冊第1号』，京城帝国大学，1941年9月，所収）
・「米国法学の基盤と背景――批判への序説――」（『京城帝国大学法学会論集　第14冊第4号』，京城帝国大学，1943年11月，所収）
・「〈戦下随想〉――或る手紙――」（『朝鮮』353，朝鮮総督府，1944年10月）
・『戒厳令概説』（〈戦時法叢書2〉，有斐閣，1945年3月）

第V部

被支配民族の知

朝鮮の開化派官僚・尹雄烈《ユン・ウンニョル》が描いた近代と日本

山本浄邦

はじめに

本稿は朝鮮の開化派官僚・尹雄烈がどのようにして開化派となり、そのモデルとしてなぜ日本に接近したのか、そしてその結末はどうなったのか、について論じようとするものである。

尹雄烈に関する研究は日本ではもちろん韓国でも皆無であり、彼の長男である尹致昊に関する研究においてその家族史としてわずかに言及されているのみである。そのうち尹雄烈についてもっとも詳しくふれている韓国の柳永烈『開化期の尹致昊研究[1]』でも尹致昊に関する叙述が中心であるため、とりわけ尹雄烈の後半の人生については記述がなく、彼と日本とのつながりの背景については、まったくあきらかになっていない。

そこで本稿では、尹雄烈という近代移行期を生きた朝鮮の両班がなぜ朝鮮の近代化にみずからの方向性を見いだし、またその過程においてなぜ日本に接近したのか、その主体的動機を光州実業学校の設立（一八九八年）前後までの個人史からさぐることを試みたい。そのためにまず、雄烈がその血統においてどのような位置にあるのかを確認する。その上でそのような背景をもちながら彼がどのような人生を歩み、そのなかでどのような思想形成が行われたのかをうかがう。これにより、彼が近代に魅了され、日本に接近することになった理由をあきらかにしようと思う。

一　海平尹氏における尹雄烈の位置

尹雄烈の本貫は海平尹氏で、直系の祖先は高麗時代の宰相・尹君正（一二一四～一二七四年）である。雄烈は君正から数えて二〇世目になる。本節ではまず、君正から雄烈にいたるまでの一族の盛衰を歴代の官位からながめ、そのなかで雄烈が一族の歴史においてどのような位置にあるのかを確認することで、雄烈のライフヒストリーの背景をさぐってみたい。これについて、柳永烈は前掲『開化期の尹致昊研究』において、雄烈の子・致昊にいたる一族の系譜をⅠ高麗末、Ⅱ朝鮮初期、Ⅲ朝鮮中期、Ⅳ朝鮮後期、Ⅴ開港期、の五つの時期にわけ、一族の盛衰を論じている[2]。ここでは、以下、これを参照しつつ一族の歴史をその官位から検討し、そのなかでの雄烈の位置づけを試みる。

まず、尹雄烈の祖先が歴史の舞台に登場するⅠの高麗時代末についてみてみよう。高麗時代の一二五七年、元州で安悦らが古城に立てこもり反乱を起こすと、将軍として権賛とともに派遣され、元興倉で反乱軍を撃破して、乱を鎮圧した。この功により、君正は高麗王朝の中枢で台頭することとなった。そして一二七三年にいたって、ついに守司空尚書左僕射（正二品）・判工部事（従一品）まで昇進している。以降、君正の子孫は高位につくことになった。高麗末の時期は君正以下、次の五代が活躍した時代であった。

①君正（一二一四～一二七四年、高麗・高宗、元宗）

金紫光禄大夫（従二品）

守司空　尚書佐僕射（正二品）

判工部事（従一品）

②尹萬庇（生没年不詳、高麗・忠烈王）

奉翊大夫（従二品）

副知密直司事（正三品）

上護軍事（正三品）

③尹碩（?～一三四八年、高麗・忠粛王、忠恵王、忠穆王）

壁上三韓三重大匡（正一品）

右政丞（従一品）

判典理司事（従一品）

↓海平府院君に封ぜられる。

④尹之彪（一三一〇～一三八二年、高麗・忠宣王～禑王）

門下評理（従二品）

↓海平君に封ぜられる。

⑤尹珍（?～一三八八年、高麗・恭愍王～昌王）

文科に及第。

重大匡（従一品）

門下賛成事（正二品）

芸文館大提学（正二品）

以上のように、一三世紀の半ばから一四世紀の終わりにかけての、従一品・判工部事をつとめた一世の尹君正から五世・尹珍にいたるまでの一～五世は、三世の尹碩が正一品である壁上三韓三重大匡に就任したのを頂点として、すべて従二品以上の官職に就いている。すなわち、この高麗時代末期に尹雄烈の一族は新興の名門貴族としての基盤を築き、その地位を五代にわたって引き継いでいったということである。

だが、つづくⅡの朝鮮時代初期にいたり、尹雄烈の祖先たちは次のように転落する。

⑥尹彰（生没年不明）

高麗時代末期に文科に及第。

朝鮮時代初期、司憲府執義（従三品）就任。

通政大夫（正三品）

楊州都護府使（従三品）……地方官

⑦尹達成（生没年不明）

陽城県監（従六品）

⑧尹廷齢（生没年不明）

進武副尉（従九品）……下級武官

⑨尹継丁（生没年不明）

世祖（一四五五～一四六八年）のとき、武科に及第。

中直大夫で掌苑署掌苑（従六品）

⑩尹希琳（一四五七～一五〇四年）

効力副尉（従九品）

忠武衛副司勇（従九品）……いずれも下級武官

このように、朝鮮時代初期である一四世紀末から一六世紀初めの尹雄烈の祖先は、六世の尹彰が正三品の通政大夫に就任したのを最高位として、七世の尹達成は従六品の地方官である陽城県監にとどまり、八～一〇世の時代には下級の武官に転落し、八世の尹廷齢と一〇世の尹希琳にいたっては、従九品どまりとなってしまったのであった。

このように朝鮮時代に入って低い官位にとどまっていた尹雄烈の祖先たちであったが、Ⅲの朝鮮時代中期になって、次のように急浮上することとなった。

⑪尹忭（一四七二～一五四九年）
　中宗のとき、文官に及第。
　軍資監正（正三品）
⑫尹斗寿（一五三二～一六〇一年）
　明宗のとき、文官に及第。
　大匡輔国崇禄大夫（正一品）
　議政府領議政
　↓海平府院君に封ぜられる。
⑬尹昕（一五六四～一六三八年）
　宣祖のとき、文官に及第。
　資憲大夫（正二品）
　知中枢府事（正二品）
　死後、丁卯胡乱（一六二七年）における功労により左議政を追贈。

⑭尹就之（一五八三〜一六四四年）

光海君のとき、生員科に及第。

嘉義大夫（従二品）

同知中枢府事（従二品）

⑮尹埰（一六〇三〜一六七一年）

仁祖のとき、進士科に及第。

世子翊衛司司禦（従五品）

⑯尹世謙（一六六八〜一七四八年）

嘉善大夫（従二品）

同知敦寧府事（従二品）

以上、朝鮮時代中期にあたる一六世紀から一八世紀半ばまでの一一〜一六世の時代には、名門としての地位を回復している。一一世の尹忭は正三品軍資監正をつとめた。さらに一二世の尹斗寿にいたり議政府領議政に就任した。また、つづく一三世・尹昕は生前に正二品までのぼり詰めたが、一六二七年に発生した丁卯胡乱における功労が認められ、死後には左議政を追贈されている。その後も世子翊衛司司禦（従五品）にとどまった一五世の尹埰以外はすべて従二品以上の高位官職を得ている。尹雄烈の一族は、この時期に名門両班の一族として急浮上し、ほぼ安定的に高い官職に就いたのであった。

しかしながら、Ⅳの朝鮮時代後期にいたって、雄烈の曾祖父にあたる⑰尹潑（一七二八〜一七九八年）と祖父の⑱尹得実（一七六八〜一八二三年）はまともに官職につくことができず、地方に移住して郷班に没落してしまった。そして、雄烈の父である⑲尹取東（一七九八〜一八六三年）は水原《スウォン》から牙山《アサン》に移って努力して蓄財し、一族の再興を果たそうとしていたとされているが[3]、雄烈が二〇代半ばのときにそれが叶わぬまま死亡している。

そして、Ｖの開港期になって登場するのが⑳尹雄烈とその子の㉑尹致昊であった。二〇世となる尹雄烈は武官に及第し、正憲大夫（従二品）、さらに法部大臣と軍部大臣を歴任し、その長男で二一世の尹致昊も資憲大夫（正二品）と学部協弁、外部協弁となっている。

これまでみてきたように、尹雄烈の一族は、高麗時代末に名門の貴族として歴史に登場した。しかしながら、朝鮮時代初期には地方官ないしは下級武官にとどまった。ところが、朝鮮時代中期には一転して領議政を出すなど、一躍名門両班の一族として名を馳せた。だが、雄烈の曾祖父の代になって急速に没落し、郷班となって地方で暮らした。雄烈の父・取東はこのようななかで一族再興のために努力して蓄財したとされるが、それが叶わぬままこの世を去った。その父の思いを引き継ぎ、大臣にまで出世したのが尹雄烈であった。

つまり、一族の歴史において尹雄烈は、名門でありながら曾祖父以降三代にわたって衰退した一族の再興を意識せざるを得ない環境で生まれ育ったのである。

二　武官・尹雄烈の登場と初めての日本訪問

つぎに本節以降では、前節でみたように一族を再興することとなる尹雄烈の生涯について、彼がどのようにして新たな時代である近代に魅了されるとともに日本に接近するようになったのか、その背景についてさぐってみたい。

尹雄烈は一八四〇年に朝鮮半島中部の忠清南道・牙山で、没落した両班の血統である尹取東の長男として生まれた。

尹雄烈は幼いころから気骨かあり、学問より武芸の才能があったという。そして一七歳になって、ひとりソウルに赴いて科挙を受け、武科に及第した。二〇歳のとき忠清監営中軍と公州中軍として官職を得ている。つづいて咸鏡北道兵馬虞侯討捕使に任じられ、ここで武官としての実力を認められるようになった(4)。その時期にあたる一八六五年に長男の尹致昊が誕生している。

尹雄烈は致昊への教育に熱心であった。五歳から一六歳までは初期教育として伝統的な儒学教育を受けさせている。

だが、このような教育方針は一変する。一八八〇年に尹致昊を近代化が急速にすすむ日本に留学させたのである。このような方針転換に大きな影響を与えたのが、尹雄烈自身の訪日経験であった。

一八七五年の江華島事件で開港を拒む朝鮮政府に軍事的圧力をかけた日本とのあいだに一八七六年、日朝修好条規が締結され、日本の明治新政府との外交関係が樹立された。その直後、朝鮮政府は礼曹参判の金綺秀を修信使として日本に派遣したが、さらに一八八〇年に礼曹参議・金弘集を第二次修信使として派遣した。第一次修信使は外交関係の成立（朝鮮側は江戸時代以来の交隣関係の修復＝「修信」ととらえていた）にあたっての儀礼的使節の色彩が強かったのに対して、第二次修信使には開港以降の諸懸案について日本政府と協議することに加えて、近代化がすすむ日本の国情を視察するという目的があった。この第二次修信使に別軍官として同行したのが、尹雄烈である。

結果として、修信使は日朝間の懸案解決という点では成果をあげることができなかった。だがその一方で修信使として日本に派遣された人々は、近代化が進展していた日本の様子に直接触れ、日本の政治指導者や日本に駐在する清国などの外交官らと接触することをつうじて、国際情勢に対する視野をひろげ、朝鮮における近代化の必要性を痛感することとなった。

修信使の一行は東京に約一ヶ月のあいだ滞在した。その間、尹雄烈は同じく修信使の構成員であった李祖淵や姜瑋とともに興亜会に参加している。興亜会は一八八〇年に東京で設立され、欧米に対抗するために日本と清・朝鮮とが提携することを主張し、そのための情報収集と民間人の交流を目的とする、日本の初期アジア主義を代表する団体であった。初代会長は外務省の長岡護美で、中国や朝鮮への支部設立も構想していた。

同年九月五日に修信使随行員を招いた懇親会が東京の上野精養軒で開かれた。この時、尹雄烈も参加している。当時の興亜会幹部は主として非藩閥系の外務省中国関係者と民権運動関係者が占めていたが、同会の機関紙『興亜会報告』の元山駐在海外情報特派員が当時、朝鮮に設置された東本願寺元山別院で布教活動を行っていた真宗大谷派の僧侶・奥村円心であった(5)。このあと詳述するように、のちに尹雄烈と奥村円心は朝鮮半島における社会事業において協力関係を築くことになるが、東アジア三国の連携というアジア主義的思想基盤を尹雄烈と円心が直接面識ができる以前から共有していたことがうかがえる。

また、国禁を犯して日本に密航していた朝鮮の開化僧・李東仁とも交わった。釜山にある梵魚寺の僧・李東仁は一八七八年六月二日、奥村円心が開いた東本願寺釜山別院を訪れ、以降、たびたび別院を訪問して交流を深めた。そののち、一八七九年六月に開化派の朴泳孝と金玉均から純金丸棒四本を旅費として受け取り、日本に渡った。当時、朝鮮人が日本に渡航することを朝鮮政府は禁じていたが、奥村円心の助けもあって日本渡航当初には京都にある真宗大谷派の本山・東本願寺に留まり、のちに東京の東本願寺浅草別院に移っていた(6)。

真宗大谷派さらには同派の朝鮮布教をバックアップしていた外務省からみれば、朴泳孝や金玉均など開化派に信頼の厚い李東仁は、朝鮮政界とのパイプ役であった。このとき、李東仁との交流によって尹雄烈が大谷派と具体的に何らかの接触があったことを直接示す一次資料は管見の限り存在しない。しかし、そもそも李東仁の滞在場所が東本願寺浅草別院であり、李東仁はその主張において朝鮮の近代化のプロセスとして朝鮮仏教改革のための日本仏教との接触を重視していたこと、李東仁の日本渡航過程における奥村円心など大谷派関係者の協力などを考えると、のちに全羅南道観察使として赴任した光州で協力関係となる真宗大谷派という存在を、日本における朝鮮近代化のパートナーとして、いくらかは意識していたとも考えられる。

さらに、李東仁との交流で興味深いのは、駐日イギリス公使館のアーネスト・サトウ書記官に尹雄烈が紹介されたことである。一八八〇年九月二日、尹雄烈はサトウのもとを訪問した。その日のサトウの日記には次のような記述がある。

朝野〔李東仁の日本名〕が尹雄烈という名のとてもすばらしい自国の男性を昼食に連れてきた。彼は片言の日本語と少し北京語が話せたのみならず、男らしくナイフとフォークを使いこなした。〔中略〕明らかに開化派に属しているが、外国人を訪問したという事実が日本の新聞の耳に入らないように厳重な注意を払っていた(7)

一八八〇年といえば、朝鮮はまだ欧米諸国に対して門戸を開いておらず、朝鮮人である尹雄烈にとってイギリス人と接することは極めて稀なことであった。そのような中でも、彼が日本語と中国語を使ってサトウとコミュニケーションをはかり、サトウに「男らしく」といわせるほどナイフとフォークを堂々と使いこなしていたことがわかる。訪日当時にはすでに日本語や欧米の流儀を身につけていたのである。つまり、訪日以前から日本の文明開化に関心をもっていたということができるのではなかろうか。サトウも「明らかに開化派に属している」というように、一八八〇年までの比較的早い時期に日本の明治維新をモデルとした朝鮮の近代化を目指す開化派の立場であった可能性もある。少なくとも、朝鮮との修交を模索していたサトウに対して、五八名いた修信使のうち、開化思想の先覚者として多くの人脈をもつ李東仁がただ一人、尹雄烈を紹介したという事実により、李東仁からみて尹雄烈がサトウに紹介するに値する開化思想の持ち主であったということができないだろうか(8)。

以上のような尹雄烈の日本での経験の意義は、①日本のアジア主義との出会い、②李東仁をつうじた日本仏教との交流による開化方策との接触や東本願寺との間接的接点の形成、③サトウとの出会いなどをつうじたより広い国際情勢への関心拡大、という三点をあげることができるだろう。いずれにせよ、この時の訪日経験により、より開化的志向を強めたことは間違いないであろう。

三　開化派武官としての紆余曲折

その影響によるものか、このころから、尹雄烈はこれまで伝統的儒教教育を受けさせてきた尹致昊を、魚允中など開化派人士に師事させるようにした。さらに、日本の文物制度を学ぶために朝鮮政府によって組織された紳士遊覧団に尹致昊を参加させ、日本に送っている。これは当時としては一種の「賭け」であったといえるだろう。なぜなら、朝鮮で科挙が廃止されるのは十年以上先の一八九四年のことであり、この時期に伝統的な儒教教育から近代的な知識の習得へと教育方針を変更するというのは、自らの手で再興しつつあった一族の未来を朝鮮における開化の進展とそのための日本との提携に託す、ということを意味するからである。別の角度からみれば、科挙では計れない新たな知識・技術・思想を身につけた人材が国家をリードする時代が遠からず朝鮮にも到来する、日本に学び、日本と協力すればそれが実現する、と尹雄烈がそれだけ強く信じていた証拠ではないか、とも言えよう。

日本から帰国した雄烈は一八八一年に咸鏡北道兵馬節度使となったが、すぐに中央に呼び戻された。この年の五月に中央で新式軍隊である別技軍がつくられたからである。別技軍は五営軍の兵士のなかから選抜された八〇名で構成された。日本から陸軍の堀本礼造が教官として派遣され、別技軍の兵士たちに近代式の訓練をほどこした。尹雄烈はその左副領官として実質的に運営を任されることになったが、これにより、さらに日本と接近しつつ、朝鮮における軍事部門の近代化の担い手として浮上した。このようにして朝鮮の軍事を日本式の方法により近代化しようと尹雄烈が任務を遂行していた矢先、朝鮮政界の勢力図を塗り替える大きな事件が発生する。一八八二年におこった壬午軍乱である。

壬午軍乱は旧式軍隊が別技軍との待遇格差などに不満を抱いたことに端を発する。当然、尹雄烈も彼らの攻撃の対象となった。ここに民衆も加わって、やがて親日的な人士や日本公使館へと襲撃対象が拡大していった。身の危険を感じた尹雄烈はソウルを脱出して元山に向かった。元山で彼をかくまったのが、東本願寺元山別院輪番の石川了因であった。その様子を大谷派本願寺朝鮮開教監督部刊『朝鮮開教五十年誌』（一九二七年、以下『五十年誌』）は「石川輪番と尹雄烈」と題した一文で次のように伝えている。

写真1　石川了因
出典：『朝鮮開教五十年誌』

尹雄烈氏（後の法部大臣、軍部大臣）は暴徒の為に追はれて元山別院に遁れた。然るにそれを知った暴徒は大挙して別院に闖入し氏を捕へんとした。窮鳥懐に入るを見た当時の輪番石川了因師は直ちに氏を床の間の下にかくまって、自からは床の間に座して暴徒と対談した〔中略〕此時暴徒は石川師に尹雄烈氏の引渡を強要した、すると石川師は

そんな者は知らない、たとへここに居っても渡すことは出来ぬ、ここは仏者の道場である、窮鳥懐に入るに助けずにおけようか、若し強いて望むならば先づ予を殺してせよ。

とて念仏したまま動かうともしない、さすがの暴徒も師の大胆に驚いて一時別院を去った。その僅かの間に、石川師は尹雄烈氏を白山虎三と共に筵に包み、一見荷物を装ふて元山沖に碇泊する邦船に運んだ。之を知った暴徒は更に船にせまって来たが、石川師はその尹氏の上に腰を下ろして動かない、かくてからうじて尹氏を亡命せしめたといふ[9]

写真2　尹雄烈（右）と尹致昊（左）
出典：http://upload.wikimedia.org/wikipedia/ko/f/fe/Yun_ung-ryeol%26yun_Chi-ho.jpg

本書は一九二七年に奥村円心による朝鮮布教開始から五〇年が経過したことを記念して刊行されたものであり、大谷派の僧侶たちがいかに朝鮮「開教」のために奮闘したかを強調するきらいもあることから、いくらか脚色されている可能性も否定できない。だが、当時の切迫した状況は想像できよう。この出来事によって、当時、他宗に先駆けて朝鮮半島に進出していた日本の真宗大谷派と尹雄烈との関係は深まることとなった。

こうして尹雄烈は元山を逃れて釜山を経由し、日本に亡命したのであった。日本では留学中の尹致昊のもとへ身を寄せた〔写真2〕。だが、ほどなく軍乱の事後処理にあたって、事件の責任を追及する日本による朝鮮政府への圧力もあって、日本に逃れていた尹雄烈は無事に朝鮮への帰国と朝鮮政府における復権を果たした。

帰国後、別技軍は解散しており、これに代わって清国寄りの閔氏政権によって、清国式の訓練をおこなう新式軍隊「新建親軍」――左営・右営それぞれが五〇〇名ずつの兵士を擁する新たな軍事機構――が中央軍制として施行された。これに対し、一八八三年三月に国王の高宗は尹雄烈を咸鏡北道兵馬節度使に、同時に朴泳孝を広州府留守に任命した[10]。そして、それぞれに日本式の新式軍隊を育成させることとし、二人は各五〇〇名ずつの兵士を募った。だが、このような高宗の計画は閔氏政権によって反対にあい、実現しなかった[11]。壬午軍乱の混乱ののちに復活した、清国式の穏健な近代化をすすめる閔氏政権のもとでは、日本をモデルとした朝鮮の近代化を志向する尹雄烈が、その力量を発揮するのは困難であったのである。

四　「政変必敗十条」からみえる尹雄烈の描く「近代」

これまでみたように、尹雄烈が日本寄りの開化派であることは違いないだろう。だが、同じく日本モデルの近代化を目指す金玉均ら急進開化派とは、息子の尹致昊が彼らと友人であったこともあって交流はあったものの、その急進的政治行動を共にすることはなかった。それが端的にあらわれているのが一八八四年の急進開化派によるクーデタ・甲申事変のときの慎重な対応であった。クーデタ計画を事前に知った尹致昊はクーデタの中心人物である友人の金玉均を訪ねて「父上［尹雄烈―引用者］が機会をうかがって動くのがいいだろう」と行動を急く急進開化派を諌めた(12)。これは、父子ともに現状で直ちにクーデタを起こすのはあまりに性急であると考えていたことを示唆している。だが、一二月四日、クーデタは実行に移された。クーデタの最初のターゲットとなり、要人が殺害・負傷させられた郵政局開局祝賀宴には尹致昊が居合わせてしまうことになった。

クーデタは一時的に成功するが、一二月五日にクーデタ政権によって発表された人事は尹雄烈を刑曹判書に、尹致昊を外衙門参議に、それぞれ任命するというものであった(13)。急進開化派とはその政治的行動において一定の距離をとっていた父子であったが、クーデタの中心となった急進開化派の側からは信頼を得ていたことがうかがえる。しかしながら、尹致昊のこの日の日記には夕方に父子で会い、クーデタは「非常識で、道理をわきまえず、無知で、時勢に暗いもの」だと批判したとある(14)。尹雄烈らはこのクーデタに対して一貫して批判的であったことがわかる。

そして翌六日には尹致昊に対し尹雄烈が「政変必敗六条」として今回のクーデタが失敗に終わるであろう六つの理由を示した。その内容は次のようなものである。

1　王を危険にさらしたことは道理に悖《もと》るため

2　外国（日本）の勢力への信用、依存は継続しないため
3　人心の賛同がなく、変乱が内部で起こったものであるため
4　清軍が介入すれば、少数の日本軍では持ちこたえられないため
5　国王・王妃が寵愛する臣下たちを殺害したため
6　開化派が少数で、協力する勢力がないため[15]

ここには、朝鮮の政治体制を近代化するためには何が必要なのかということについて、尹雄烈がどのように考えていたのかをうかがい知ることができる内容が盛り込まれている。それは、外国の勢力に依存するのではなく、国家的な規模での支持を得ることが前提だということである。具体的には、日本に過度に依存するリスク（2）や清の介入の危険性（4）、クーデタ勢力への広範な支持が得られていないこと（3および6）を指摘するものであった。改革への支持という観点からは1ならびに6のように、クーデタ勢力が実行した暴力的手段により、道義的にも広範な支持を得ることが困難であると考えていたことがわかる。以上から尹雄烈は、政治の本格的な近代的変革には王や支配層の諸勢力のみならず民衆をも含めた広範な賛同を得つつ、自らの軍事力によって改革を実現することが必要不可欠である、と考えていたことがうかがえる。すなわち、尹雄烈は君主制を前提としつつも、近代国家形成に不可欠な国民的合意に基づき、外国の援助に頼らず、他国の介入をはねのけるに足るだけの軍事力を整備しつつ、国民の手で改革をすすめていくという一種の「国民─国家（ネイション＝ステート）」としての政治の近代化を志向していた、といえるだろう。

尹雄烈が予想したとおり、クーデタはわずか三日で失敗に終わった。洪英植は殺害され、金玉均、朴泳孝ら九名は朝鮮を脱出して日本に亡命し、うち徐光範、徐載弼らはさらにアメリカに渡った。尹雄烈についてはクーデタに直接関与していたわけではなかったので、直接的な処罰こそ免れたものの、クーデタに介入した清国の袁世

凱がソウルにとどまって朝鮮の内政に干渉する事態が継続するなかで、日本寄りの開化派として冷遇された。

このような状況に変化が訪れるのが日清戦争時、ソウルに入った日本軍の勢力を背景として一八九四年に誕生した金弘集を首班とする内閣の登場であった。尹雄烈はまず、警務使に任じられたのにつづいて、軍部大臣に就任した。紆余曲折を経てついに尹雄烈は軍事行政の中央政府における責任者として軍事の近代化に本格的に取り組む機会を得たのである。

ところが、そのようなチャンスは政情の目まぐるしい変化によって、またたく間に消えてしまった。一八九五年一〇月八日、日本公使であった三浦梧楼らによる王妃・明成皇后殺害事件（乙未事変）が発生したのち、日本の干渉を避けようとした高宗がロシア公使館に移ると親日的な金弘集内閣が崩壊し、その混乱のなかで尹雄烈は上海に渡るなどして生き延びたのである。

だが、その混乱が収まった一八九六年になると再びソウルに戻り、その直後に中枢院一等審議官に任命されたのを皮切りに、軍部協弁などに任命され、中央政界で力を振るうようになった。[16]

五　全羅南道観察使赴任と光州実業学校

そして、一八九六年八月には地方制度改革による行政区画変更で新たに誕生した全羅南道の初代観察使に任命され、全羅南道の中心となった光州に赴任することとなった。[17] ここで出会ったのが、奥村円心とその妹・五百子であった。

奥村円心は唐津出身の真宗大谷派の僧侶で、一八七七年に近代日本仏教で初めての朝鮮布教を釜山で開始し、元山でも布教した。その後、帰国した円心は大隈重信外相や近衛篤麿貴族院議長らの支援をとりつけて一八九七年に再び朝鮮に渡り、光州で布教活動を開始した。そして、妹の五百子は同地に実業学校を設立すべく少し遅れて入り、円心が運営していた大谷派の東本願寺光州別院の付属施設として外務省からの資金提供を受け、光州実業学校を設立し、初代校長となった。

　奥村円心らによる光州での活動を記録した『韓国布教日記』（佐賀県唐津市・高徳寺蔵）には円心から大谷派に宛てた一八九八年一月一四日付の次のような書状が書写されている。

　予テ度々上申候通リ、観察使尹雄烈氏ヨリハ是□不一方万□尽力且保護ヲ蒙リ、実ニ感謝　□□□儀ニ御座候。既ニ京城加藤〔増雄〕弁理公使ニテハ書状ヲ以テ感謝シ、且後来一層ノ尽力保護ヲ依頼シ来リ、木浦領事久水三郎氏モ其礼ヲ述ベル為、来月頃当地へ出張スル旨申来候（□は不明字）。

　このように、奥村兄妹による光州での活動への尹雄烈の「尽力且保護」に対して、ソウルの加藤増雄弁理公使は尹雄烈に書状で感謝の気持ちを伝えつつ、今後「一層ノ尽力保護ヲ依頼」し、木浦の久水三郎領事は直接光州を訪問して礼を述べている。これらの事実から、奥村兄妹の光州での活動は尹雄烈の協力なしには考えられないほど、尹雄烈の果たした役割が非常に大きかったことがうかがえる。前述のように尹雄烈が壬午軍乱の際、東本願寺元山別院輪番の石川了因にかくまわれて日本亡命をはかったという過去があり、円心らとも交遊があった。このような経緯から、彼らの活動に積極的に協力したと考えられる。さらに、修信使の一行として日本を訪問して以来、日本の外交当局とも縁があり、またアジア主義へのシンパシーもあったことから、外務省やアジア主義者・近衛篤麿が関わる朝鮮に日本の近代的技術を教育する機関の設置・運営に積極的に協力したという側面もあるだろう。

写真3　奥村円心
出典：『五十年誌』

　実業学校開設の動きは五百子が光州にやって来た一八九八年四月から始まったが[18]、観察使として尹雄烈が光州実業学校を支援したのは時期と

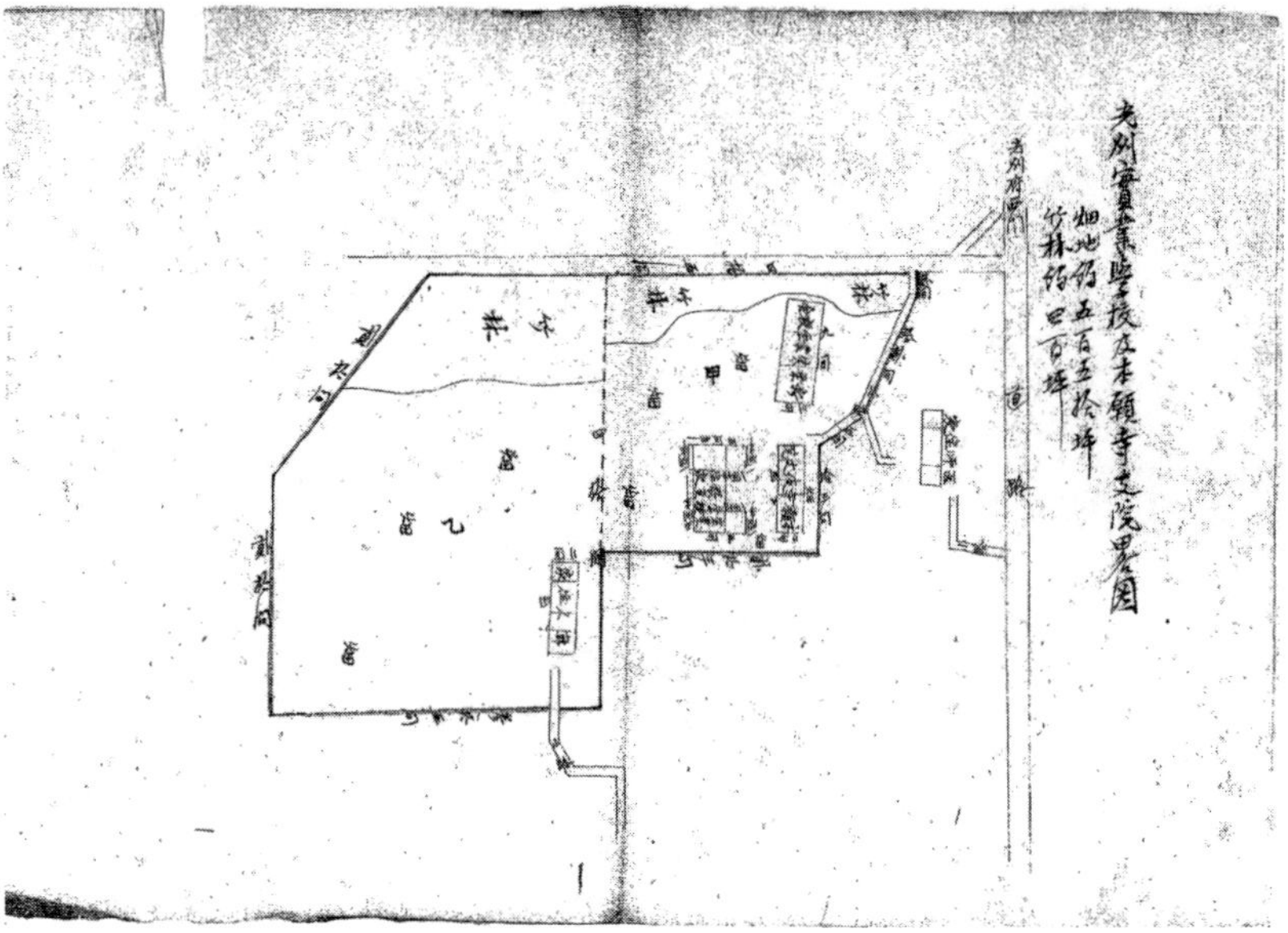

図1　光州実業学校及本願寺支院略図（外務省外交史料館蔵）

しては数ヶ月のごく僅かのあいだであった。しかしながら、用地の確保など、準備期間から学校設立当初にかけての尹雄烈の強力なバックアップがなければ、光州における学校事業自体が存在しえなかった、といっても過言ではない。

開化派武官・尹雄烈によって支援された学校事業は、ロシア寄りと目された後任の観察使・閔泳喆に交代しても継続された。このような事実は当時、自主的な近代を目指して内外に「大韓帝国」と名乗った国家のもとで近代化を模索する、当時の支配層のなかで政治的なセクトを超えて幅広い人々が抱いていた近代化への思い、すなわち産業振興による社会の発展という彼らの近代化構想の共通項にある程度、合致するものであると考えられたからであろう。つまり、早くから尹雄烈が考えていたように、ここにいたって時代の流れは近代的な新技術の導入を加速させる方向に動いていたのであった。

ただし、光州実業学校は農業用地の獲得に失敗し、存続のためさまざまな試みがなされたが、数年にして事実上の機能停止となり、日露戦争の頃には完全に閉校となっている。

日露戦争後の一九〇七年、光州尋常小学校（現・光州中央初等学校の前身）が増加しつつあった光州在住日本人向けに開校したが、その前身が光州実業学校だといわれている。[19] だが両者の連続性がどこにあるのか、具体的にはあきらかになっていない。

六　日本をモデルとした近代を模索して

光州を去った尹雄烈はソウルで法部大臣・軍部大臣をはじめとした高位官職を歴任した。その間、一九〇一年には再び第四代全羅南道観察使として光州に戻っているが、二度目の観察使在任当時の光州実業学校との具体的な関わりは史料が残っておらず、不明である。この時、光州郷校のそばに尹雄烈の観察使としての功績を讃える「観察使尹公雄烈善政碑」が建てられ、現在も郷校に隣接する光州公園の敷地内に保存されている。

一九〇三年と一九〇四年に尹雄烈は再び軍部大臣に任命され[20]、軍事分野で政権の中枢を担うこととなった。この時期に軍部大臣として尹雄烈が試みたのが大韓帝国における海軍の創設であった。

写真４　観察使尹公雄烈善政碑
（光州公園内、筆者撮影）

その後、彼は民間レベルでの国民運動も積極的に展開した。まず、一九〇五年に私立江華育英学校に五〇円、国民教育会に一〇〇円を寄付するなど、韓国人自身による教育事業に対して積極的に支援をしたのである。さらに、一九〇七年六月には中署洞商業専門学校の校長に就任した。

一九〇七年の第三次日韓協約ののち、尹雄烈は全国民的な募金活動によって、日本に対する国家的債務を返済することで、朝鮮の経済的独立を守ろうとする国債償還運動に参加し、国債償還支援金総合所所長に就任した[21]。その一方で、一九〇八年には愛国啓蒙運動の団体である畿湖興学会の会長に推戴され[22]、一九〇九年に同学会の日本視察団に参加し、東京や長崎などを視察した[23]。このような態度からは、日本による保護国下にあっても日本による経済などさまざまな面での勢力拡大に対しては積極的に対抗すると同時に、日本をモデルとした朝鮮の近代化を継続して模索していたことがうかがえる。その後、雄烈は高齢ということもあり、故郷である忠清南道の牙山に退いて暮らした。

だが、一九一〇年八月には、生涯最後の官職となる正憲大夫(従二品)に就任している。

しかし、同じ八月、韓国併合によって大韓帝国は滅亡した。尹雄烈がモデルとした日本によって祖国は植民地化され、大韓帝国のもとでの彼の描いた近代は、ついに実現することはなかった。

併合の直後、これまで日本に協力的であったことを讃えて、尹雄烈に日本から男爵の爵位が授与された[24]。尹雄烈本人がどのように考えていたのかとは別に、朝鮮を植民地化した日本の目からみれば、日本をモデルとした彼による朝鮮の近代化へのあゆみは、結果的には日本による大陸への勢力伸張への「貢献」であったということを意味していたと言えよう。尹雄烈はその翌年、死亡している。死を目前にして経験した日本による植民地化、そして日本からの爵位授与を尹雄烈がどう感じていたか、彼自身は言葉を遺していない。

尹雄烈においてみられる、朝鮮の自主的近代化への取り組みと日本による大陸への勢力伸張への「貢献」というパラドックスについて、前述の光州実業学校への協力を事例として考えてみよう。数年で失敗に追い込まれることになった同校の失敗について、その原因を「侵略性を見抜いた」現地の人々の実力闘争に求める任展慧や橋澤裕子[25]は、光州にも独立協会の支部があったことなどを根拠としつつ、「ソウルでの独立協会の愛国闘争に馳せ参じた朝鮮民衆のエネルギーが地方に影響を及ぼしたひとつの例が、光州での『日本村』糾弾だったのではないだろうか」としている[26]。光州実業学校の「侵略性」ということでいえば、奥村円心が朝鮮人を「後来ノ同胞ト心得」て実業学校設立をすすめるべきだとしていたり[27]、校長の五百子が「此国の亡ぶるは是数なり、運なり、到底目下の国王大臣にては邦基の維持万出来不申とは異口同音の調子にて、［中略］当方に於ても近来は皆々其心得にて、末は必ず我同胞とて日々来訪するものへは日本語を教授し居申候[28]」と述べているように、近い将来に韓国が日本の領土になることを前提とした考えのもと、教育事業を行なっていたのは事実である。

しかしながら、実業学校当時に独立協会会長であったのは尹雄烈の長男・致昊である。少なくとも、独立協会会長とその父・雄烈についていえば、このような光州実業学校の「侵略性を見抜」けなかったのである。その理由は彼らが徹底した近代化論者であったことに起因するのではないかと考えられよう。すなわち、近代化言説と植民地主義の共犯関係はすでに多くの論者によって指摘されているが、一九世紀末の時点においてそれが尹雄烈と光州実業学校との関係にあらわれているということである。

おわりに

尹雄烈の一族は高麗時代末に名門貴族として歴史に登場し、朝鮮時代中期には領議政も出す名門両班一族であった。しかし、尹雄烈の曾祖父の代から郷班に没落し、尹雄烈の父親は一族再興のために蓄財したが、雄烈のその後の出世を見ることがないまま死亡した。尹雄烈は一七歳で武官に及第して以降、その能力を見出され、次第に頭角をあらわしつつあった。長男の尹致昊への教育については当初、伝統的な儒教教育を受けさせたが、開化期にいたって近代的な知識の習得へと方針を転換させた。第二次修信使に随行した尹雄烈は近代化する日本を目にしながら、日本の初期アジア主義者や奥村円心らに助けられて日本に密航した李東仁、イギリス外交官のサトウなどと交流しつつ、再興しつつあった一族の未来を日本に学ぶことを通じた朝鮮の開化の進展に託すことにしたのである。

帰国した尹雄烈は日本人を教官とする新式軍隊・別技軍の実質上の指導者となった。こうして軍事の近代化の担い手として期待されるとともに、日本との結びつきを強めた彼は壬午軍乱で日本への亡命を一時余儀なくされたが、このとき東本願寺元山別院の石川了因がこれを助けた。以降の経歴は朝鮮政界における日本の影響力に大きく左右されていった。しかしながら、一方で同じく日本寄りの立場をとっていた急進開化派の行動とは一線を画していた。国内的な基盤を持たずに日本を頼ってクーデタを起こした彼らに批判的な態度をとっていた。逆にいえば民衆をふくめた近代化を準備する広範な層が必要であると考えていたといえるだろう。

朝鮮の近代化に自己と一族の未来を託すほどの近代化論者・尹雄烈は、日本との連携が大韓帝国の近代化に資するものであり、それが信頼できると考えていた日本の外務省や大谷派によるものであったので、協力した。しかし、それは同時に尹雄烈の意図とは別に、大陸への勢力拡大をめざす日本の意図にも図らずして協力してしまうことになっていた。

のちに愛国啓蒙運動や植民地期の実力養成運動に尹雄烈と尹致昊の父子は参加することになるが、これらの運動が内包していた矛盾を日本が支配権を確立する以前の一八九八年に尹雄烈がすでに抱え込んでしまっていたということである。いち早く近代化にすべてを託した人物ならではの、「先取り」とでもいうべき韓国の近代化と日本の植民地主義との同床異夢的関係を、いち早く日本との連携による朝鮮の近代化を志した尹雄烈のあゆみに見出すことができるのである。

(1) 유영렬『개화기의 윤치호 연구』(景仁文化社、二〇一一年)。
(2) 同前、九~一二頁。
(3) 金永羲『佐翁尹致昊先生略傳』(基督教朝鮮監理会總理院、一九三四年)七~八頁。
(4) 同前、九~一〇頁。

(5) 黒木彬文「興亜会のアジア主義」(『法政研究』第七一巻第四号) 六一九〜六二一頁。
(6) 韓皙曦「金玉均の仏教理解について」(徐龍達先生還暦記念委員会編『アジア市民と韓朝鮮人』日本評論社、一九九三年) 一〇一〜一〇二頁。
(7) "*Ernest M. Satow's Diary*", Sept. 2, 1880. (『史学研究 (韓国史学会)』第三一号、一九八〇年、一三一頁、所収)。
(8) 유영렬、前掲書、一六頁。
(9) 大谷派本願寺朝鮮開教監督部編『朝鮮開教五十年誌』(大谷派本願寺朝鮮開教監督部、一九二七年) 一四六〜一四七頁。
(10)『高宗実録』高宗二〇年三月一七日 (韓国・国史編纂委員会『朝鮮王朝実録』http://sillok.history.go.kr、二〇一八年八月一六日閲覧)。
(11) 박은숙『갑신정변 연구』(역사비평사、二〇〇五年) 三三一頁。
(12)『尹致昊日記』一八八四年一一月七日 (『尹致昊日記 一』国史編纂委員会、一九六八年)。
(13)『高宗実録』高宗二一年一〇月一八日。『尹致昊日記』一八八四年一二月五日。
(14)『尹致昊日記』一八八四年一二月五日。
(15) 同前、一八八四年一二月六日。
(16)『高宗実録』高宗三三年四月二四日。
(17) 同前、高宗三三年八月五日。
(18)『韓国布教日記』によると、五百子らは一八九八年四月八日に光州に到着している。
(19) 光州民俗博物館編『光州의 어제와 오늘』(光州民俗博物館、二〇〇七年) 五六頁。
(20)『高宗実録』高宗四〇年七月一七日および一九〇四年一月二三日。
(21)『皇城新聞』一九〇七年六月二〇日。翌年八月に義捐金の保管実態が問題になり、尹雄烈は所長を辞任した。『皇城新聞』一九〇八年八月四日、八月二九日。
(22) 同前、一九〇八年八月一一日。
(23)『大韓毎日申報』一九〇九年四月二八日、六月四日。
(24)『朝鮮総督府官報』一九一〇年一〇月一二日。

(25) 橋澤裕子「日本仏教の朝鮮布教をめぐる一考察」（橋澤裕子『朝鮮女性運動と日本　橋澤裕子遺稿集』新幹社、一九八九年）。

(26) 任展慧「朝鮮統治と日本の女たち」（もろさわようこ編『ドキュメント女の百年5　女と権力』平凡社、一九七八年）一〇四〜一〇七頁。

(27) 『韓国布教日記』一八九八年一月二四日。

(28) 『韓国布教日記』一八九八年六月二七日、『近衛篤麿日記』一八九八年七月一〇日（近衛篤麿日記刊行会編『近衛篤麿日記』第二巻、鹿島研究所出版会、一九六八年）。

忘れられた独立運動家、李達——一九一〇年代の東アジア思想空間の断面——

小野容照

はじめに

今日ではほぼ忘れられた存在となっているが、李達は植民地期の朝鮮人独立運動家のなかで、とりわけ一九一〇年代に官憲から警戒された人物のひとりである。

李達といえば、おそらく中国人の李達（一八九〇〜一九六六、号は鶴鳴）を思い浮かべる人が多いのではないだろうか。一九一七年に日本の第一高等学校に留学し、東京の中国人留学生界のリーダーのひとりとして活躍、一九二〇年に中国に帰国すると陳独秀らとともに中国共産党を創立した人物である。[1] また、誤解を避けるために指摘しておけば、朝鮮人でもアナキストの李達（一九一〇〜一九四二、号は今月）がいる。一九二九年に満洲で組織された在満朝鮮無政府主義者連盟や、一九三二年に上海で組織された南華韓人青年連盟の中心メンバーである。[2]

一方、本稿で取り上げる李達は、没年不詳であり、生年もおおよその時期しかわからない。死亡記事さえ出ることのなかった無名の存在なのだが、それにもかかわらず本稿で彼を取り上げるのは、次のふたつの理由による。

ひとつめは、李達が帝国日本にとどまらず、東アジアの規模で国際交流を模索していた人物だからである。中国人の李達（鶴鳴）は日本留学中に堺利彦ら日本人社会主義者と親交を深め、彼らの著作を翻訳して中国でマルクス主義を普及させた人物としても知られている(3)。実は本稿で取り上げる李達も一九一〇年代に日本で活動しており、当時、日本人社会主義者のあいだで中国人の李達（鶴鳴）に劣らぬ知名度を誇っていた。また、李達が接触していた日本人は社会主義者だけではなく、学者や政治家など、幅広いものであった。加えて、李達は中国人の李達（鶴鳴）とも接点があり、台湾人とも活動をともにしていた。

したがって、李達の活動を跡付けることにより、一九一〇年代の朝鮮民族運動史や独立運動史を東アジア史の枠組みで描くことに寄与できると考えられる。とりわけ、同じ帝国日本の被支配民族だった朝鮮人と台湾人の民族運動の相互関係についてはまだ研究蓄積が乏しいため(4)、朝鮮民族運動史はもちろんのこと、台湾民族運動史研究にも新たな知見をもたらすことが出来るだろう。

ふたつめは、李達は官憲から特別要視察人（甲号）として警戒される一方で、必ずしも独立のみを追求していたわけではなく、日本の植民地支配に対して妥協的な姿勢を示すこともあった人物だからである。それゆえ、李達は日本の植民地支配のスローガンに積極的に反応しており、彼の思想的傾向を分析すれば、日本の植民地支配政策を被支配民族がどのように「読み替え」ようとしていたのか、そのひとつの事例を提供してくれるのではないかと思われる。

このように、李達の思想と活動の変遷を跡付けていくことは、たんなる無名な独立運動家の発掘作業にとどまるものではないのだが、これまで注目されることはほとんどなかった。本論に入る前に、李達に関する史料と研究状況について簡単に触れておこう。

李達は一九二〇年代に入ると次第に独立運動の表舞台から消えてしまうため、この時期の史料はほとんど残っていない。一方、一九一〇年代に関しては、官憲側の史料から情報を得ることができる。また、李達は日本で何種類か雑誌を刊行しているが、その一部は現存しており、官憲史料の叙述と対照させることもできる。少なくとも一九一〇年代に関しては、史料が極端に不足しているわけではない。

そのため、既存の研究で李達についての言及があってもおかしくはないのだが、アナキズムの分野を例外として、朝鮮の民族運動史や独立運動史研究で李達に触れているものは、ほぼ皆無である。

では、なぜアナキズム研究のみが李達に言及してきたのかといえば、偶然にもアナキストの李達（今月）と同じ名前だったからにほかならない。たとえば、二〇一六年に韓国で刊行された『日帝下韓国アナキズム小事典』の「李達」の項目は、本稿で扱う李達とアナキストの李達（今月）を混同しており、一九一〇年代に日本で官憲の監視のなか雑誌などを刊行し、一九二〇年代後半に満洲で在満朝鮮無政府主義者連盟に参加した人物となっている。日本で刊行された『日本アナキズム運動人名事典』の「李達」の項目も同様の傾向がみられるが、本稿で扱う李達とアナキストの李達（今月）は別人である。[5]

以下、本稿では一九一〇年代の李達の思想と活動の変遷を、同時代の他民族との関係や、日本の支配政策の「読み替え」に着目しながら明らかにしていく。ただ、先述したように一九二〇年以降は史料的制約が大きく、新聞記事などを使って断片的にしか触れることができない。この点については、あらかじめ断っておきたい。

一　東アジアの国際交流団体と李達

（1）　独立志向型の東アジア国際交流団体

李達の経歴には不明な点が多い。後述するように李達は一九二〇年に逮捕されるのだが、同年の大邱覆審法院での裁判記録によれば、忠清南道青陽郡出身、当時三一歳であった。[6] したがって、一八八九年頃の生まれだと考えられる。

李達が活動家として頭角を現すのは、一九一七年に東京で東洋青年同志会という国際交流団体を組織してからである。以下、本項ではこの団体の特徴を把握するために、東京で組織された国際交流団体の歴史を概観しておきたい(7)。

東京で組織された国際交流団体の嚆矢は、亜洲和親会である。この団体は一九〇七年の夏に、章炳麟、劉師培、張継ら中国人活動家とインド人活動家を中心に結成され、帝国主義や侵略主義に反対し、アジアの各民族が独立することを目的としていた。そのほかの参加者としては、ベトナム人のファン・ボイ・チャウ（潘佩珠）、当時、日本で帝国主義に反対していた数少ない勢力であった堺利彦、大杉栄ら日本人社会主義者などがいた。そして、アジアの諸民族の運動との連絡関係を円滑にするため、ゆくゆくは中国、フィリピン、さらには朝鮮半島などにも支社を設置する予定であった。

一九〇五年の日本による大韓帝国の保護国化以降、韓国併合反対運動を展開していた朝鮮人留学生にしてみれば、反帝国主義や諸民族の独立をコンセプトとする亜洲和親会に参加する意義は十分にあったと考えられる。しかし、朝鮮人留学生は中国人参加者やファン・ボイ・チャウに個人的に接触することはあったが、亜洲和親会の活動自体には積極的には参加しなかった。この団体の世話人をしていた社会主義者の竹内善朔によれば、「それは日本人が出席するならばわれわれは出席しない、という建前をとっておった(8)」からであった。つまり、朝鮮人留学生は主義や主張に関係なく、日本人を総体として敵視する傾向を持っており、このことが国際交流団体への参加を阻む一因となっていたのである。

結局、亜洲和親会は日本の官憲の弾圧によって翌年には解散した。以降、東京での国際交流団体はしばらく途絶えるが、韓国併合後の一九一五年に新亜同盟党が結成される。東京で活動する朝鮮人が参加した、実質的に初めての国際交流団体といってよい。

新亜同盟党は日本の植民地・半植民地支配から朝鮮、台湾、中国を解放して、「新しいアジアを建てる」ために、朝鮮、台湾、中国の同志が互いに協力することを目的としていた。結成のきっかけとなったのは、一九一五年一月に日本政府が中国の袁世凱政権に突き付けた対華二十一カ条要求であった。これにより、東京の中国人留学生たちのあいだで日本の侵略に対する危機感が高まり、抗議集会を開催するなど反日運動を活発化させていた。こうした中国人留学生の動きをみたある朝鮮人留学生が、朝鮮独立の援助を求めたことにより、新亜同盟党は結成された。

新亜同盟党の主なメンバーは、中国人では黄介民ら辛亥革命に参加したことのある留学生が中心であり、台湾人では一九二〇年代に入り台湾民族運動の旗手となる彭華英が参加していた。一方、朝鮮人は、張徳秀、申翼煕、金度演といった留学生団体学友会の幹部や、後に二・八独立宣言を主導する人物など、当時の朝鮮人留学生界のリーダーを網羅するものであった。

新亜同盟党の主な活動は党員の募集であり、東京だけでなく、一部の朝鮮人と中国人のメンバーは朝鮮に渡り安在鴻や趙素昂といった独立運動家と、さらに北京でも、日本から帰国して間もない李大釗と面会している。のちに趙素昂が上海で大韓民国臨時政府の樹立を準備する際に黄介民が協力するなど[9]、新亜同盟党によって築かれたネットワークは中朝の連帯活動において重要な役割を果たすことになる。ただ、党員募集以外の活動は不発であり、結局、官憲による弾圧の可能性を考慮して、一九一七年九月に自主的に解散した。

以上、亜洲和親会と新亜同盟党という東京で結成された国際交流団体を概観してきたが、ここでは次の二点を確認しておきたい。ひとつは、いずれの団体も、帝国主義や植民地支配からの諸民族の解放を目指す独立志向の団体だったことである。いまひとつは、朝鮮人留学生の日本人に対する不信感である。朝鮮人留学生が亜洲和親会の活動に積極的でなかったのは、日本人社会主義者が深くかかわっていたからであった。一方、朝鮮人留学生が新亜同盟党の活動に熱心だったのは、この団体に日本人が参加していなかったことも大きい。裏を返せば、たとえ帝国主義に批判的な社会主義者であろうとも、日本人を総体として敵視する傾向は根強いものがあり、朝鮮人留学生と日本の知識人が活動をともにすることはほんどなかったのである。[10]

そして、一九一七年九月に解散した新亜同盟党と入れ替わるかのように、同年五月頃に李達が結成した国際交流団体が東洋青年同志会であった。

(2) 東洋青年同志会とアジア主義

李達がいつ、どのような目的で日本に渡ったのか、詳しくはわからない。のちに李達が日本語で執筆した文章によれば、「私は朝鮮独立国時代から日本に留学して居」り、一度朝鮮に帰ったあと、再び一九一六年末に来日した。[11] 一九二〇年の裁判での供述によれば、二度目の来日の目的は留学ではなく新聞記者として活動するためであり、それゆえ、学友会の会員ではなかったという。[12] 内務省警保局が作成した「大正二年十月十日現在朝鮮人調」には、朝鮮人留学生の名前が四〇〇名以上記されているが、このリストのなかに李達はいない。[13] したがって、李達は一九一〇年以前に日本に留学し、少なくとも一九一三年までには朝鮮に戻ったものとみられる。また、一九一四年に創刊された学友会の機関誌『学之光』の消息欄などにも李達は一切登場しないので、一九一六年末に再び来日した際に留学生でなかったのも事実であろう。

なお、新聞記者としての活動は、東洋青年同志会の機関誌の刊行を指している。内務省は一九一六年から毎年「朝鮮人概況」を作成しているが、一九一七年五月の「朝鮮人概況　第一」まで李達に関する記述は一切なく、[14] 一九一八年五月の「朝鮮人概況　第二」でようやく東洋青年同志会の創設者とその機関誌『東亜時論』の主幹として登場し、しかもその時点では特別要視察人（甲号）に編入されている。[15] 李達は一九一六年末に東洋青年同志会を設立したり、機関誌を刊行したりする目的で再来日し、これらの活動が官憲に問題視され、特別要視察人に編入されることとなったのである。

内務省によれば、一九一七年五月頃、李達は「東洋青年同志会設立趣旨書規則」という文書を五〇〇〇部印刷し、東京の朝鮮人留学生、中国人留学生、そして日本人学生に配布しようとした。これは実現しなかったが、同年九月一五日に東洋青年同志会の機関誌として日本語雑誌『東亜時論』を創刊した。したがって、東洋青年同志会は五月から九月の間に設立されたとものとみられる。しかし、『東亜時論』創刊号は「内容不穏」のため発禁処分になった(16)。

では、東洋青年同志会は何を目的とする団体だったのだろうか。「朝鮮人概況　第二」には、機関誌『東亜時論』創刊号に収録されている発刊の辞を掲載している(17)。

東洋ノ平和ヲ確保スル途ハ、各民族ノ改革ヲ促シ現状ヲ釐革シテ一切ノ誤解ヲ表明シ情誼ヲ疏通セシメ図ルノ外ナキヲ観ル。此ノ大目的ヲ達成センカ為本誌ヲ刊行セリ。而シテ新東洋主義ヲ高唱宣伝シ、進ンテハ僻見謬想ヲ去リ世界平和ニ貢献スル所アラントス(18)。

李達は東洋青年同志会の設立趣旨書を朝鮮人留学生と中国人留学生だけでなく、日本人学生にも配布しようとしていた。この点は日本人が参加しなかった新亜同盟党と異なるものの、東洋の平和のために各民族が友好を深めるという目的は、一見すると、東洋青年同志会も同じである。

しかし、内務省の報告を信じるならば、東洋青年同志会は朝鮮人留学生から支持を得られないばかりか「反感ヲ買」ってさえいた。それは発刊の辞にある「新東洋主義」が実際は「東洋「モンロー」主義」を意味しており、李達はこれを鼓吹していたからであった。それゆえ、『東亜時論』は創刊号と第二号（第二巻第一号、一九一八年四月）が発禁処分となり(19)、一九一七年一〇月刊行の第二号（第一巻第二号）が唯一検閲を通過したが、朝鮮人の購読者はごくわずかだったという[20]。

李達が鼓吹していたとされる「東洋「モンロー」主義」は、当時、日本の言論界で盛んに議論されていたアジア主義を想起させる。アジア主義は論者によって「大亜細亜主義」、「亜細亜モンロー主義」など使用する用語が異なり、その内容にも若干の違いはあるが、基本的には西洋列強の干渉を受けずに、アジアの問題はアジア人が処理をするという考え方である。ちなみに「東洋モンロー主義」という用語は、浮田和民が使っていた[21]。

嵯峨隆の研究によれば、日本のアジア主義は「人種競争的国際政治観と日本の指導者意識」のふたつの要素を特徴としている[22]。たとえば、国粋主義者の若宮卯之助は『中央公論』一九一七年四月号で「大亜細亜主義とは［中略］亜細亜の掠奪者たる、及び掠奪者たらんとする非亜細亜勢力を亜細亜より一掃する一の主張である［中略］亜細亜人を認めざらんとする欧米的勢力を亜細亜に拒絶して、亜細亜人の亜細亜を建立せんとする一の新なる理想である[23]」と、アジアと欧米の黄白人種の対立を強調している。一方、徳富蘇峰が「亜細亜モンロー主義は、即ち日本人によりて、亜細亜を処理するの主義[24]」と述べるように、アジアの諸民族は決して対等な関係ではなく、日本人を盟主とするものであった。

こうしたアジア主義が、一九一七年頃に盛んに議論されるようになったのは、日本の外交政策と関係している。日本が第一次世界大戦に参戦した際、明石元二郎は寺内正毅に送った書簡で、陸軍の中国進出を「亜細亜モンロー主義之実行」だと説明している[25]。そして、一九一七年一一月に日本の中国における特殊権益をアメリカが承認する「石井・ランシング協定」が締結されたことは、当時の日本社会でアジア主義が国際的認知を受けたものとして認識された[26]。要するにアジア主義は、日本の中国進出を正統化するためのレトリックとして機能していたのである。次節で述べるように、李達は『中央公論』を購読しており、アジア主義の本質を知っていたのは間違いない。

先にみたように、日本の中国進出が本格化した際、朝鮮人留学生の主要人物たちは新亜同盟党を結成し、中国人、台湾人留学生とともに日本のアジア侵略からの解放を目指した。官憲側の史料は朝鮮人のあいだの対立を強調する傾向があるにしても、こうした状況のなかで李達が「東洋「モンロー」主義」を鼓吹していたとすれば、たしかに反感を買っても仕方のない行為ではある。もっとも、李達が「東洋「モンロー」主義」について直接言及した記事は確認できない。ここでは、李達が発行した『革新時報』を使って、彼の思想的傾向を検討する。

李達は一九一八年一〇月、『東亜時論』を『革新時報』に改題し、一〇月五日に「十月上号」、同二〇日に「十月下号」を発行した。巻号は『東亜時論』第三号（第二巻第一号）を引き継いでおり、「十月上号」が第二巻第二号、「十月下号」が第二巻第三号である。いずれも発禁処分となったが[27]、幸いなことに「十月下号」は実物が残っている。

表1はその目次だが、長白生と白天生は李達の筆名である[28]。また、△□▽生「朝鮮青年の苦情」は朝鮮人読者からの投書を掲載したものだが、後述するように、本当に投書をそのまま掲載したものなのかは怪しい。井上円了と吉野作造は日本人、東鳴生は台湾人なので、『革新時報』は朝鮮人としては李達が実質的に一人で執筆している。このことは、内務省が指摘した通り、李達や東洋青年同志会が朝鮮人留学生の反感を買っていたことを示唆するものであろう。

李達は巻頭の「日本の反省を切望す」で次のように述べている。

表1　『革新時報』第2巻第3号　目次

筆者	記事名
長白生	日本の反省を切望す
井上円了	世界文明の大勢
井上円了	教育が急務也
吉野作造	朝鮮統治策
白天生	耳と目と口——我等は耳目口を厳封せられたり——
東鳴生	台湾の現状（二）
長白生	我等の悲哀
△□▽生	朝鮮青年の苦情

註：1918年10月20日発行。表紙には「十月下号」、「東亜時論改題」と書かれている。

世界に於て日本人が朝鮮人を待遇するが如き無情冷酷残念を以てする民族が外に亦た有るであらうか。今次の戦争に於て朝鮮人が其の思想を急進したといふので、日本人は今更の様に日鮮の融和を叫び出して居る。或は朝鮮に人を派して盛んに融和を講演しているといふ〔中略〕日鮮融和を講演し勧誘すべきは朝鮮人ではなくして即ち日本人である〔中略〕日本人の朝鮮人に対する言行は最も全く非人道的である。非融和的である。苟も人類として他の人類に待して為す可からざるの言行を取つて居る。況んや日鮮併合の今日に於てをや、同一の人種に於てをやである。若し講演す可きものがあるとせば、其は朝鮮人ではなくして日本人其者ではないか、少なくとも我等は如斯に確信する次第である。(29)

李達は「日鮮融和」を実現するためには、まずは日本人が朝鮮人に対する非人道的な待遇を改める必要があると強い口調で批判しているが、植民地支配それ自体は明確には否定しない。こうした傾向は、『革新時報』の李達執筆の記事で貫かれている。たとえば、李達は「耳と目と口」で、朝鮮人が反日運動を起こすのは日本人が朝鮮人の言論の自由を認めない差別政策を行っているからであり、「我等の排日は自動的でなく他動的である」と述べている。(30) また、「我等の悲哀」という記事では、日本人が「日鮮同化の方法は、少しも考へて下ら《ママ》ない」ことに不満を表しながら、「私が日本文の雑誌を発行し始めたのは、断じて決して彼等に反抗しやうとしてゞはない。只だ単に彼等の同情を乞い願ふ為めのみであつた。不平を言ふのもそれが為め」だと主張している。(31) さらに△□▽生「朝鮮青年の苦情」には、「官憲の暴虐は私の能く知る所であります、ですから私は我等朝鮮人士の為に、又は日鮮融和の為に〔中略〕貴誌の永読を切望いたします」と書かれた読者からの手紙が掲載されている。(32) 李達の主張とほぼ一致する都合の良い内容であり、彼自身が執筆した可能性は否定できない。そうでなく本当に投書だったとすれば、李達が『東亜時論』の頃から、日本の「官憲」が朝鮮人に対する「暴虐」を改めてこそ「日鮮融和」が実現すると説き続けてきた証というべきものだろう。

要するに、日本による植民地支配や「日鮮融和」を認めることと引き換えに朝鮮人に対する差別的待遇の改善を引き出すことが、李達の基本的な主張であった。そしてこうした主張は、アジア主義の考え方を組み込むことで補強されている。

先の引用文で李達は、日本人の朝鮮人に対する言行が「非融和的」であることを批判する根拠として、両者が「同一の人種」であることを挙げている。これはアジア人・黄色人種の一体化を説くアジア主義の議論を反映させたものだろう。また、その黄色人種の敵として設定される欧米人・白色人種についても、李達はわざわざ別の記事で「我等は西洋人に同情を買ふよりも、先づ日本人に多大な同情を買ひたかつた、少なくとも我等の雑誌はそう」だと述べ(33)、黄白人種間の競争において黄色人種側の指導者を自負する日本人に付き従う意思を示している。

ここに、李達によるアジア主義の「読み替え」が見出せると思われる。つまり、アジア主義を第一次世界大戦以降の日本の中国進出を正統化するレトリックとして単純に拒絶するのではなく、アジア主義が建前としては同じ黄色人種であるアジア人が一体化することを掲げている点を、日本が朝鮮人に対する差別的政策を改めなければならない根拠として「読み替え」、逆に利用していたといえるのではないだろうか。同様の傾向は李達のみならず、彼と交流のあった台湾人にも見出すことができる。次節では、李達と東アジア知識人との交流についてみていこう。

二　李達の国際交流

(1)　日本人、中国人と李達

東洋青年同志会は朝鮮人留学生だけでなく、中国人や日本人にも参加を呼び掛けていたが、少なくとも朝鮮人留学生の支持は得られなかった。日本人や中国人が東洋青年同志会の活動に参加していたのかどうかは不明であり、実態としては李達がほぼひとりで機関誌を刊行するだけの団体だったと推測される。一方で、李達が東京在住の東アジア知識人に幅広く接触し、交流を深めようとしていたことは事実である。とりわけ、当時、朝鮮人留学生があまり接触しようとしなかった日本人と、李達は積極的に交流していた。伊藤達雄という日本名も使っていたようである[34]。

表1にあるように、『革新時報』十月下号には、日本人では吉野作造と井上円了の記事が掲載されている。このうち、吉野作造「朝鮮統治策」と井上円了「教育が急務也」は、それぞれ『中央公論』と『時事新報』からの転載である。

井上円了は一九一八年八月に朝鮮を視察しており[35]、その感想を『時事新報』に寄せたのが「教育が急務也」である。同記事で井上は朝鮮人が「心底から融和」していないのは朝鮮総督府の教育政策が原因であり、朝鮮人にも大学をはじめとする高等教育の機会を与える必要があるとしている。いわば融和政策の進展には朝鮮人に対する教育政策の差別を是正する必要があるという李達の考えに近い主張なのだが、この記事を読んだ李達は、より詳しい話を聞くために井上円了と面会した。その際、井上が語ったのが「世界文明の大勢」である[36]。

井上によれば、近代以降、世界文明の中心は東洋から西洋に移った。しかし、第一次世界大戦により西洋は衰退し、「世界文明の大勢」は東洋に帰りつつある。その東洋のなかで、「西洋に代つて世界の文明を支配すべき国は日本より始まる」のだが、朝鮮人と日本人は同じ人種の「兄弟同様の間柄」なので「日鮮両民族が大に起つて世界の為め東洋の為め奮闘努力せねばならぬ」。これが「朝鮮巡視中に於いて深く感じた」ことだと李達に語った[37]。井上の「世界文明を支配すべき」という主張は、アジアの問題はアジア人が処理するというアジア主義の考え方からは逸脱している。しかし、西洋文明と東洋文明の対立を強調していること、日本を東洋文明の指導者としていること、同じ人種である日本人と朝鮮人の団結を説いている点は、当時のアジア主義の議論と通じるところがある。アジア主義的な考え方を持ち、朝鮮総督府の朝鮮人に対する差別的政策の是正を唱える井上は、李達にとって自身の主張を後押ししてくれる日本人だったといえるだろう。なお、井上が設立した哲学館（のちの東洋大学）の卒業生で仏教学者の高嶋米峰も『革新時報』十月上号に「強者と弱者」という朝鮮人の同化案について論じた記事を寄稿したようである。[38] 残念ながら現物は残っていないが、のちに李達は高嶋と「朝鮮問題を語つた事があ」り、「我等に同情して居る一人である」と記している。[39]

このように、自身の主張を後押ししてくれる日本人に接触していた李達だが、彼の交友関係はそれにとどまらない。李達は社会主義者にも接触している。官憲史料によれば、『東亜時論』第三号（第二巻第一号）に大杉栄の「征服ノ事実」、一九一八年一二月に発行された『革新時報』第二巻第三号に堺利彦の「世界の大勢と民族の覚醒」という記事がそれぞれ掲載された。[40] 大杉の記事に関しては『近代思想』第一巻第九号（一九一三年六月）に掲載された「征服の事実」の転載である。李達は一九一九年に大杉栄の巡査殴打事件の裁判を傍聴しており、[41] この頃から両者に面識があってもおかしくはない。

ただ、社会主義者に接触したり、記事を載せたりしていたからといって、当時の李達が社会主義的志向を持っていたとは限らない。実際、「征服の事実」はレスター・F・ウォードの『純粋社会学』の一部を大杉が改変したものであり、主にヨーロッパで支配者が被支配者に対する「不平等」を維持するために、教育を通じて支配者が被支配者に劣等感を植え付けようとしてきたことなどを論じた内容である。[42] 数ある大杉の文章のなかから「征服の事実」を李達が選んだのは、まさに彼が日本の朝鮮に対する「不平等」の改善を求めて活動していたからだろう。

李達が社会主義者に接触したのは、亜洲和親会にみられるように、彼らが明治時代から植民地支配されている諸民族の独立を主張していたことと無関係ではないと思われる。少なくとも誌面上では、李達は朝鮮の独立までは望んでいなかったが、朝鮮人の支援者になり得る人物とは幅広く接触したといったところではないだろうか。なお、朝鮮人刊行の出版物に日本人社会主義者の記事を載せた事例は、李達が初めてである。

また、李達は堺利彦とともに平民大学を運営していた社会主義者で弁護士の山崎今朝弥とも、いつからかは不明だが親しくしていた。少しのちのことだが、一九二〇年に李達が山崎に宛てて送った（山崎からの手紙に対する返信の）手紙が残されている。

> 御葉書拝読しました［中略］日本の官憲は盛んに朝鮮人なるものを敵視してゐる所へ、日本の国民たる貴所は朝鮮人を歓迎し信用するとは何たる皮肉でありませう。又「私の支那《ママ》の友人に李達がありますが、君の方が有名で改名してゐます」と書いてあります。是れが私の笑った材料であります。実は法大［正しくは第一高等学校─引用者］に李達という支那人があって［中略］よく間違ふ事がありました。それで私も改名して東宰と云つて居ります。(43)

手紙に出てくる「私（山崎今朝弥）の支那の友人」の李達は、本稿の冒頭でも触れた中国人の李達（鶴鳴）である。李達（鶴鳴）は一九二〇年に帰国するまで、反日運動を展開していた中国人留学生の中心人物のひとりであり、山崎のいうように、朝鮮人の李達の方が「有名」だったのかはわからない。ただ、現在では天と地の差があるものの、積極的に日本人に接触したり、雑誌を刊行しては発禁処分を繰り返したりしていた朝鮮人の李達が、中国人の李達（鶴鳴）に劣らぬ知名度を誇っていたのは間違いないだろう。

そして、中国人と朝鮮人の李達が、同じ名前で紛らわしいため互いに改名していたことは、両者の間に何らかの接点があったことを示唆するものである。李達は一九一九年から李東宰名義での活動が増えるのだが、すでに『革新時報』十月下号でも「東宰」というペンネームも使っているので、(44)一九一八年一〇月の時点で中国人の李達（鶴鳴）と間違われることを意識していたようである。

とはいえ、李達（東宰）はアジア主義を朝鮮人に対する差別待遇の改善という自身の主張に組み込んでいたが、こうした彼の立場は、アジア主義が日本の中国進出のレトリックであったことを踏まえれば、李達（鶴鳴）ら中国人留学生にとっては朝鮮人留学生以上に受け入れがたいものだっただろう。実際、新亜同盟党ともつながりがあり、李達（鶴鳴）とともに中国共産党を組織することになる李大釗は、日本のアジア主義を「中国侵略の隠語」であると批判し、各々の民族の解放のために連合する「新亜細亜主義」が重要だと主張する論説を一九一九年二月に発表している[45]。

たしかに李達（東宰）は東洋青年同志会を設立する際に東京在住の中国人留学生を勧誘しようとしていた。しかし、機関誌の『革新時報』に中国人の寄稿者がいないことからみても、朝鮮人留学生のみならず、中国人留学生からも支持を得られなかったのは間違いないだろう。

(2) 台湾民族運動と李達

その一方で、『革新時報』十月下号には、台湾人の東鳴生「台湾の現状（二）」という記事が掲載されている。「台湾の現状（一）」からの続きであり、おそらくそれは『革新時報』十月上号に掲載されたはずだが、現存していない。また、東鳴生が誰の筆名なのかについても、残念ながら不明である。ただ、「台湾の現状（二）」は、現存するもののなかでは朝鮮人が刊行する雑誌に台湾人が寄稿した最初の事例であり、一九一〇年代に限れば唯一のものである[46]。

東鳴生の「台湾の現状（二）」は、日本の台湾人に対する教育政策を批判した記事である。東鳴生によれば、台湾総督府は台湾人教育の方針を確立しておらず、台湾には高等専門教育機関がひとつもない。さらに、初等教育機関である公学校では、課程の大半を日本語と農業、手工といった手先の技能を修練させる科目が占めており、智能を発育する教育が行われていない。東鳴生はこうした台湾人に対する教育政策を「愚民政策」であると批判したうえで、次のように述べている。

世界の大戦が止まつた後は、欧洲の勢力は必ずや従前の数倍の速さを増して、東洋の天地に殺到して来るに相違ない。そうなると近き将来に於て勢ひ黄白人種の衝突を来すことを免れることは出来ない〔中略〕現時に於て黄色人種の仲間で互に相蔑視し、相猜忌し、相反目すると云ふことは、其不利益たるや火を見るよりも明らかなことである。況や同じ一国を構成する分子に於てをやである。故に一日も早く新附の民の成長発達を助長して、善良なる国民性を具有せしめ、献身的精神を持って国家に尽さしめる様にしなければならぬ〔中略〕台湾人を同化するには勢ひ教育の普及に俟たねばならぬ。(47)

李達の主張の台湾版といってよい。李達は主に日本の朝鮮人に対する言論政策を批判していたが、台湾人の東鳴生は「台湾人を同化する」ためには、台湾人に対する教育の差別政策を改善する必要があると主張している。その際、来たる「黄白人種の衝突」において「黄色人種の仲間」で対立することは不利益であると述べているように、アジア主義の議論を組み込むことで自身の主張を補強している。李達と同様に、日本のアジア主義を「中国侵略の隠語」として切り捨てるのではなく、台湾人に対する差別政策の撤廃を要求する根拠として「読み替え」ていたといえるだろう。

ところで、朝鮮に対する差別政策の改善を要求するためだとはいえ、自ら「日鮮融和」を積極的に唱えていた李達に賛同する朝鮮人は、少なくとも東京にはいなかった。では、「台湾人」の「同化」を説いていた東鳴生も、東京の台湾人のなかで浮いた存在だったのだろうか。東鳴生が誰なのか特定できないため断言することはできないが、「台湾の現状(二)」は当時の台湾人留学生の民族運動をある程度反映したものだと思われる。

すでに一九一五年の時点で新亜同盟党に彭華英が参加していたものの、台湾人留学生による民族運動が本格化するのは、一九一八年の夏頃からであった。台湾の資産家であり、台湾人留学生の学費の援助をしていた林献堂は、一九一八年頃から頻繁に台湾人留学生に接触した。林献堂は同年の夏に留学生と台湾の今後について話合い、六三法の撤廃を目指す運動を展開することが決まった。一九一九年末には台湾人留学生を糾合する団体である新民会（結成当初の名称は啓発会）が組織され、翌年には機関誌として『台湾青年』が創刊されるなど、一九一八年夏の林献堂と留学生との会合を契機として、台湾人留学生の民族運動は本格化した(48)。

六三法は台湾総督に法律と同等の効力を持つ命令を発布する特権を与える法律、すなわち台湾特別立法統治の法的根拠であり、台湾人にとって日本の圧政の象徴となっていた。台湾人留学生は、「同化主義」と特別立法統治のどちらが台湾の利益になるのかを考え、「同化主義」が実現すれば、台湾人は日本人と同様に、憲法の保障する権利と、代議制をはじめとする制度を享受できると判断し、台湾総督による特別立法に反対して六三法撤廃運動を展開した。結局、一九二〇年代に入ると「同化主義」は政治的同化にとどまらず、文化的同化の側面もあると認識するようになり、留学生は六三法撤廃運動を放棄し、台湾人による自治の獲得を目指して、台湾議会設置請願運動を展開していくことになる(49)。

東鳴生の「台湾の現状(二)」は、台湾人留学生が「同化主義」の立場から日本と同等の権利の獲得を目指して六三法撤廃運動を開始した直後に書かれたものであった。東鳴生は教育制度の改善に論点を絞っているが、当時の台湾人留学生の民族運動の活動方針と一致するものだといえる。

換言すれば、李達は台湾民族運動が本格化したまさにそのとき、一九二〇年まで独自の機関誌を持たなかった台湾人留学生に紙幅を提供することで、これに協力していたといえるだろう。李達が東洋青年同志会への参加を呼び掛けた朝鮮人留学生や中国人留学生とは異なり、台湾人留学生とは目的が近かった。それゆえ、日本人以外の東アジア知識人のなかで、台湾人の東鳴生だけが『革新時報』に寄稿したのであろう。

三　李達の独立運動

（1）二・八独立宣言と李達

少しのちの記録だが、共産主義系の独立運動家である鄭泰信が東京で一九二二年二月に発行した『青年朝鮮』（日本語）の消息欄には、次のような叙述がある。

雑誌『新朝鮮』を発刊して日本政府の朝鮮に対する態度に非難攻撃の猛撃を打った李達君は、目下、朝鮮大邱監獄にて服役中である。獄中感想記の起草中であると。(50)

実は、（李達本人を除く）朝鮮人が発行していた雑誌に李達が登場するのは、この記事が初めてである。大邱覆審法院での裁判記録によれば、引用文にある『新朝鮮』は「独立思想ヲ鼓吹宣伝シテ朝鮮ヲ独立セシメ朝憲ヲ紊乱セントスル」ものであった。(51) つまり、朝鮮人留学生の支持を得られなかった李達は、『新朝鮮』の刊行を境に一転して独立運動家として認知されるようになったのである。

李達が『新朝鮮』（日本語）を創刊するのは一九一九年一一月だが（表2）、それに先立ち、朝鮮人留学生に接近していたことが確認できる。裁判記録によれば、李達は「大正八（一九一九）年二月頃」に「朝鮮青年独立団カ其独立運動ヲ標榜シタルヨリ之ニ加盟」している。(52) 朝鮮青年独立団は朝鮮人留学生が「万国平和会議に民族自決主義を吾族にも適用せんことを請求」するために組織した独立運動団体である。三・一独立運動の導火線と評価される二・八独立宣言は、朝鮮青年独立団名義で発表された。(53)

したがって、李達はパリ講和会議で民族自決が議題となったことや、朝鮮人留学生が二・八独立宣言を発表したことに触発され、独立を目指して活動するようになったと推測される。実際、現存している『新朝鮮』創刊号（第一巻第一号）は、こうした彼の思想的変化を反映している。たとえば、冒頭の「発刊に際して」では、『新朝鮮』のコンセプトについて次のように述べている。

　私は本紙の全ての記事に依つて朝鮮に於ける民族運動の実に強固であり且つ熱誠である事を極力報道して見たいの《ママ》ある[54]。

『革新時報』が朝鮮に対する差別的政策の改善を日本人に訴える雑誌だったのとは対照的に、『新朝鮮』は朝鮮の「民族運動」を宣伝することが目的だった。その「民族運動」とは、別の記事で李達が「我等の朝鮮独立運動もどこまでも人道主義に基いて民族自決主義に依つてのそれでなくてはならぬと信ずる」と述べるように[55]、二・八独立宣言をはじめとする独立運動を指している。それゆえ、『新朝鮮』には朝鮮人留学生の動向も報道されている[56]。

なお、『革新時報』は巻号を引き継ぐなど『東亜時論』を改題したものだったが、『新朝鮮』は第一巻第一号からはじまる新規の雑誌である。また、李達は東洋青年同志会を消滅させたようである。もともと李達の個人団体のようなものだったとはいえ、『東亜時論』や『革新時報』は東洋青年同志会の機関誌という位置付けであった。しかし、『新朝鮮』には東洋青年同志会のことは一切書かれていない。李達は『新朝鮮』を通して朝鮮独立運動を宣伝するために、自ら東洋青年同志会や『革新時報』とのつながりを絶ったのであろう。

表２　『新朝鮮』第１巻第１号　目次

筆者	記事名
	発刊に際して
白天	朝鮮人も人だ
長白生	征服と専制を排せよ
	日本人の為に
長白生	武装せる朝鮮に帰りて
	朝鮮独立と日本政府——首相会見の顚末報告——
	日本政府苦心
	一事一言（一）
	一事一言（二）
東園生	朝鮮青年の苦痛

註：1919年11月１日発行。表紙には「創刊号」、「李東宰主幹」、「我等は正義人道の味方」と書かれている。無署名の記事は李達が執筆したものである。

　こうした『新朝鮮』の傾向を最も端的に示すのが、「朝鮮独立と日本政府——首相会見の顚末報告――」である。李達によれば、この記事は一九一九年一〇月一五日午後三時、首相官邸で原敬と面会し、「日本政府は何故に朝鮮独立を承認しないのか」問い合わせた際の問答を記録したものである。李達はまず、原敬に次のように問うている。

問　日本政府は朝鮮民衆の独立運動に就て終局どうする積りですか

答　朝鮮人の独立を運動して居る事は知つてゐるが強いて独立しないでも宜いではないか〔下略〕

問　朝鮮民衆の独立運動は〔中略〕一部の運動ではなく朝鮮全民衆のそれであります。それでも日本政府は朝鮮独立を承認する事は出来ないのですか

答　独立独立と言ふが独立といふものはそんなに宜いものではない〔中略〕朝鮮が独立するよりも日本の政治の下に於て日本人と同じ権利や義務を以て幸福に平和に生活した方が宜いではないか[57]。

原敬のいう「日本の政治の下に於て日本人と同じ権利」を得ることこそ、かつて李達が追い求めていたものであった。しかし、李達は次のように続ける。

問　日韓併合は其の理由に於て朝鮮民衆の幸福の為だ、東洋平和の維持の為だと力説してあつたと記憶します。然し少なくとも今日に於ては日韓併合は決して朝鮮民衆の幸福でない。又東洋全体の平和でもない〔中略〕兎角日韓併合の理由はもはや既に消滅して了つたではありませんか。私は切に日本政府の熟考を望みます

答　ナニ今に宜くなります。もう警察の設備も充分であ る《マ》しするか《マ》ら決して永く騒げるものぢやありませんヨ[58]。

李達は「日本人と同じ権利」では満足せず、原敬首相に朝鮮独立を直談判しているのだが、このやり取りは創作ではない。『原敬日記』には「〔一九一九年一〇月〕十六日　朝鮮人李東宰なる者来訪、独立説をなすに付余は其

不可なる事を説示せり[59]」と書かれている。日付が一日ずれているものの、李達が原敬と面会し、独立を要求したことは事実であった。また、李達は九月に京城に出向いて朝鮮総督府政務総監に就任したばかりの水野錬太郎とも面会し、「朝鮮民衆の独立思想を説い」ている。[60]

そして注目すべきは、李達が原敬に「日韓併合」が「東洋全体の平和でもな」く、「理由はもはや既に消滅して了つた」と述べていることである。この発言が「最後に東洋平和の見地より観るも〔中略〕韓国を併合したる最大理由は既に消滅したるのみならず、此より朝鮮民族が無数の革命乱を起こすとせば、日本に合併せられたる韓国は返りて東洋平和を攪乱する禍源たるに至るべし」と書かれた二・八独立宣言にもとづいているのは明らかである。なお、李達は別の記事でも「朝鮮が東洋の禍根たらざるべからざる[61]」と記している。

要するに李達は、二・八独立宣言の内容を首相や朝鮮総督府政務総監に直接伝えていたのである。原敬からまともな返答は得られなかったとはいえ、たしかに李達は朝鮮独立運動を宣伝する役割を果たしていた。[62]それゆえ李達は、東京で活動する朝鮮人のあいだで独立運動家として認知されるようになったのである。

(2) 新たな独立運動計画

独立運動家として認知されるにともない、李達の周辺にはついに朝鮮人が集まるようになった。記事の大部分を李達がひとりで書いている点は相変わらずだが、『新朝鮮』創刊号に「朝鮮青年の苦痛」を寄稿した東園生は、青山学院の留学生で詩人の李一である。そして李達は、金栄萬、朴鎮浩という無職の青年と独立運動資金の募集に着手していく。

官憲史料によれば、李達は一九一九年九月に金栄萬と親交を深めた。『新朝鮮』創刊後の一二月、李達は金栄萬に『新朝鮮』記者の肩書を与え、朝鮮に派遣した。その目的は三・一独立運動一周年の一九二〇年三月一日に東京で檄文を配布し、示威運動を起こすための資金を調達することであった。金栄萬は京城や慶尚南道の馬山で『新朝鮮』が「独立の機関雑誌」であることをアピールしながら賛同者を探し、獲得した三〇〇円を携えて一九二〇年に二月に東京に戻った(63)。

しかしその直後、李達は東京裁判所に拘引され、大邱地方法院予審判事の求めにより三月一日に東京から大邱に押送された。なぜ大邱だったのかというと、朴鎮浩が同地で逮捕されたからである。

大邱地方法院での裁判記録によれば、朴鎮浩もまた『新朝鮮』記者の肩書で一九二〇年一月に故郷の大邱に派遣されていた。朴鎮浩は同地で資金調達する傍ら、李達とともに起草したという「新大韓民国青年独立団宣言書」を印刷しようとしていた。具体的にいつ朴鎮浩が逮捕されたのかは定かでないが、この宣言書には「吾族ハ敵ニ対シ永久ニ決戦スヘキナリ」と記されていた(64)。ここにも「吾族は日本に対し永遠の決戦を宣すべし」と書かれていた二・八独立宣言の影響がみられる。

こうして李達は、一九二〇年八月二一日、大邱地方法院において檄文配布計画の首謀者として大正八年制令第七号違反により懲役三年、さらに『新朝鮮』が新聞紙法違反となり罰金一〇〇円の判決が下った(65)。しかし、検事が李達の判決を不服として控訴したため、一一月一〇日、大邱覆審法院で、制令第七号違反の懲役三年はそのままだったが、新聞紙法違反として禁錮六ヶ月、罰金六〇円の刑に処された(66)。

先に引用したように、その後、李達は「獄中感想記」を執筆していたようだが出版された形跡はなく、独立運動の表舞台から次第に姿を消すことになる。

おわりに

以上、史料的制約もあり不十分ではあるが、李達の思想と活動の変遷を考察してきた。簡潔にまとめれば、李達の思想と行動は一九一九年二月を境に大きく転換した。一九一六年に言論活動を目的に来日した李達は、日本と朝鮮の制度的差別の解消を目指して積極的に「日鮮融和」を唱えた。しかし、二・八独立宣言によって独立運動が空前の盛り上がりをみせると、李達も独立運動家に転身し、言論活動と並行して第二の二・八独立宣言を計画したが、その計画が官憲に露見し、実現しなかった。

親日的傾向をみせていた人物が二・八独立宣言や三・一独立運動に触発されて独立運動に従事していくケースは、それほど珍しいものではない[67]。また、よく知られているように、一九三〇年代の後半には「差別からの脱出」の論理として「内鮮一体」を提唱する朝鮮人も現れる[68]。その意味では、李達の思想や活動の一つひとつは平凡である。

重要なのは、こうした李達の思想や活動が、同時代の東アジアの知識人や思想と密接に関係しながら展開されたことである。

本稿では李達が朝鮮に対する差別的政策の改善を日本に要求する際、アジア主義をその根拠として「読み替え」ていたことを指摘した。「読み替え」といっても、日本が黄白人種間の対立を強調して黄色人種の一体化を説くならば、まずは差別を改める必要があるという程度の単純なものではある。しかし、既存の研究で明らかにされてきた日本のアジア主義に対する朝鮮人の反応が、日露戦争と一九三〇年代の「東亜新秩序声明」の時期が中心であったことを踏まえれば[69]、李達の事例は第一次世界大戦期の空白を埋める手掛かりとなるのではないだろうか。換言すれば、時期による影響力の違いはあるにせよ、朝鮮の知識人が絶えず日本のアジア主義の動向に注目していたことを示すものだろう。

また、本稿では李達が積極的に東アジアの知識人と交流してきたことも検討した。中国人との関係は接点にとどまったが、台湾民族運動とは差別政策の改善という点で目的が近く、それゆえ、李達の刊行する『革新時報』

に台湾人が寄稿していた。こうした事実は官憲史料にはほとんど出てこないため見落とされてきたが、実際は朝鮮人と台湾人が互いの民族運動を意識していたことを示している。

東アジアの知識人のなかで、李達が最も積極的に接触していたのは日本人である。一九一〇年代の朝鮮人留学生が日本人との交流に積極的でなかったことを考えれば、この点こそ李達の活動の最大の特徴といってよい。そして李達が構築した日本人との交友関係は、彼が収監されて以降も、朝鮮独立運動史において重要な意味を持った。

社会主義者で弁護士の布施辰治は、朝鮮独立運動を支援した日本人として真っ先に名前の挙がる人物である。『評伝　布施辰治』によれば、布施と朝鮮人の信頼関係を不動のものにしたのは、ひとつは二・八独立宣言を主導した留学生たちの出版法違反裁判の弁護であり、いまひとつは「朝鮮の独立運動に敬意を表す」という一文であった。李達と関係するのは後者であり、布施は「私が初めて筆禍事件の取調べを受けたのは『朝鮮ノ独立運動ニ敬意ヲ表ス』という（李東宰主幹新朝鮮所載）一文だった」、「李東済《ママ》という男が来ましてね、朝鮮の独立について話合つたんですよ。その時僕が『朝鮮の独立運動に敬意を表す』という一文を書きました」と回想している[70]。

李達は『新朝鮮』を一九二〇年二月の第一巻第六号まで発行したが（第一巻第二号を除いて発禁処分）、三月に大邱に押送されたため自然に廃刊となった。残念ながら『新朝鮮』は創刊号以外は現存していないため、「朝鮮の独立運動に敬意を表す」の内容はわからない。しかし、李達が布施辰治と親交を深めていたのは事実とみてよい。

布施辰治は自身の個人誌『法廷から社会へ』第一巻第四号（一九二〇年九月、同八月二五日印刷）に「朝鮮の某被告に宛て丶」という手紙を掲載している。

御手紙拝見致しました。承れば制令違反で六年、新聞紙法違反で一年と夫れから罰金百五十円の求刑があつたそうですが、検事諭告の峻厳さが思ひ遣られます。が、しかし、夫れ丈けの峻厳さを浴せ掛くる検事は、亦果して夫れ丈けに事件の真相を極められて居るのでせうか。私は所謂朝鮮問題を余程大きな複雑な世界的人道的の問題に見て居る丈け聊かの疑問が、あなたの為にも、裁判所の為にも気懸りて為りませぬ。[71]

制令（七号）違反と新聞紙法違反の被告であること、大邱地方法院で判決が出たのが一九二〇年八月二一日なので、それ以前に検察の求刑が行われたこと、検事が判決に不満を持ち控訴した結果、大邱覆審法院で新聞紙法違反の判決に禁錮六ヶ月が加わったことから考えると、この「朝鮮の某被告」は李達の可能性が極めて高い。仮に李達でなかったとしても、『新朝鮮』創刊号には布施の著書『生きんが為に』の広告が載っている。さらに、「朝鮮独立といふ問題は、これは世界的問題である。人道的問題である」[72]という記述もあり、両者が「朝鮮の独立について話合つた」痕跡はたしかに残っている。

二・八独立宣言の出版法違反裁判の弁護人を探す際、朝鮮人留学生のなかには「布施辰治弁護士が自ら弁護を申し出てくれたが、彼は社会主義の色彩を帯びていたため、多少ためらった」[73]ものもいた。一方、李達は躊躇することなく様々な日本人に接触しており、その結果、布施辰治と親交を深め、ひいては布施と朝鮮独立運動を結びつける役割を果たしたのであった。なお、李達と布施の交友関係は、その後もしばらく続いた。最後に、出獄後の李達の動向について簡単に触れておこう。

李達は少なくとも一九二四年九月までには出獄したようである。[74]その後は再び東京に渡り、一九二六年五月一日、メーデーを機会として金正希らと朝鮮問題検討会を設立し、事務所を「新運動社」のなかに設置した。この団体の目的は「不合理な組織制度を撤廃するため、朝鮮の実情を調査、研究、発表」することであった。[75]「新運動社」というのは、李達主幹の雑誌『新運動』の発行所を指し、[76]日本での言論活動の再開を目指していたようだが、実際に刊行された形跡はない。

朝鮮問題検討会は設立から一週間後の五月八日に朝鮮問題演説会を開催した。演説会には布施辰治が出席して

「朝鮮総督府政治と社会運動」というテーマで演説している(77)。また、布施は同年三月に朝鮮農民と東洋拓殖株式会社の土地紛争の調査（宮三面事件）で、翌年にも朝鮮共産党事件の裁判のため朝鮮に渡るが、いずれも李達は同行している(78)。

布施辰治と活動していたからなのかもしれないが、出獄後の李達は主に社会主義運動にかかわった。メーデーを機会に朝鮮問題検討会を設立したこともそうだが、金正希は李達の配偶者で、槿友会東京支会の幹部である(79)。一九二七年八月に横浜で開かれた朝鮮労働組合主催の朝鮮総督府批判の演説会でも、李達は開会の挨拶をしている(80)。

しかしこれ以降、李達は突如、独立運動の表舞台から姿を消す。一九二九年一月に日本共産党の機関紙『無産者新聞』を朝鮮に密送していたというのが(81)、李達に関する最後の記録である。李達は何を考えて社会主義運動とかかわったのか、なぜ突然運動を辞めたのか、その後の布施辰治とはどのような関係だったのか、それらを知り得る手掛かりはない。

ただひとついえることは、運動の方向性が二転三転した李達だったが、日本人とともに活動するという行動原理だけは、終始貫かれていたということである。

（1）徐友春主編『民国人物大辞典』上巻（河北人民出版社、二〇〇七年）四三六頁。

（2）Dongyoun Hwang, *Anarchism in Korea: Independence, Transnationalism, and the Question of National Development, 1919–1984* (New York, State University of New York Press, 2016) pp. 50, 129–130.

（3）詳しくは、石川禎浩『中国共産党成立史』（岩波書店、二〇〇一年）第一章を参照。

（4）この問題について扱った研究は、朝鮮史の分野では拙著『朝鮮独立運動と東アジア　一九一〇〜一九二五』（思文閣出版、二〇一三年）がほぼ唯一のものである。一方、台湾史では、紀旭峰『大正期台湾人の「日本留学」研究』（龍渓書舎、二〇一二年）がある。

（5）오장환 엮음『일제하 한국 아나키즘 소사전』（소명출판、二〇一六年）一二五～一二六頁。日本アナキズム運動人名事典編集委員会編『日本アナキズム運動人名事典』（ぱる出版、二〇〇四年）七〇八頁。なお、このように混同されてきた要因としては、アナキストの李達（今月）の生没年も長らく未詳だったこともあるだろう。李達（今月）の生没年（一九一〇～一九四二）は、Hwangの前掲書によって明らかになった。Hwangの指摘が正しければ、一九一〇年生まれの李達（今月）が一九一〇年代に日本で活動したとするのは、明らかに無理がある。

（6）「判決文（大邱覆審法院、一九二〇年一一月一〇日）」、韓国国家記録院所蔵「独立運動関連判決文」（http://theme.archives.go.kr/next/indy/viewMain.do、二〇一八年八月二八日閲覧。以下、URLは省略する）。

（7）以下、本項の叙述は、とくに注記しない限り、拙著、第一章および第三章による。

（8）竹内善作「明治末期における中日革命運動の交流」（『中国研究』第五号、一九四八年九月）七六頁。

（9）黄志良「三十七年游戯梦――黄介民回憶録――」（『近代史資料』第一二二号、二〇一〇年）一七四頁。

（10）もちろん、キリスト者や雑誌『第三帝国』関係者など例外もある。詳しくは、拙著、第二章を参照。

（11）長白生「武装せる朝鮮に帰りて」（『新朝鮮』第一巻第一号、一九一九年一一月）二頁。

（12）「判決文（高等法院、一九二〇年一二月一六日）」、韓国国家記録院所蔵「独立運動関連判決文」。

（13）「大正二年十月十日現在朝鮮人調」（原敬文書研究会編『原敬関係文書』第一〇巻 書類篇七、日本放送出版協会、一九八八年）。

（14）「朝鮮人概況（大正五年六月三十日調）」、「朝鮮人概況 第一（大正六年年五月三一日調）」は、いずれも、荻野富士夫編『特高警察関係資料集成』第三二巻（不二出版、二〇〇四年）に収録されているものを利用した。

（15）「朝鮮人概況 第二（大正七年五月三十一日調）」（朴慶植編『在日朝鮮人関係資料集成』第一巻、三一書房、一九七五年）六九頁。

（16）同右、六八～六九頁。

（17）残念ながら『東亜時論』は現存が確認できないため、「朝鮮人概況 第二」を使用せざるを得ない。本論で述べるように、李達はのちに『東亜時論』を『革新時報』に改題したり、『新朝鮮』という雑誌を刊行したりする。『革新時報』と『新朝鮮』も一部の記事が官憲史料に掲載されているが、これらの雑誌は一冊ずつ現存しており、官憲史料と対照させることができる。筆者のみたところ、若干の誤字はあるが、官憲史料に掲載される際に内容が改ざんされた形跡はみられない。原文が日本語であることから誤訳や意訳なども発生しないため、『東亜時論』の記事を掲載した個所に関しては、信憑性は問題ないと思われる。なお、『革新時報』と『新朝鮮』の所蔵状況については、拙著、三四四、三四七頁を参照。

(18) 前掲「朝鮮人概況 第二(大正七年五月三十一日調)」六九頁。
(19) 齋藤昌三編『現代筆禍大年表』(粋古堂書店、一九三二年)二二六頁。
(20) 前掲「朝鮮人概況 第二(大正七年五月三十一日調)」六九頁。
(21) 浮田和民「新亜細亜主義(東洋モンロー主義の新解釈)」(『太陽』第二四巻第九号、一九一八年六月)二頁。
(22) 嵯峨隆『アジア主義と近代日中の思想的交錯』(慶應義塾大学出版会、二〇一六年)一六頁。
(23) 若宮卯之助「大亜細亜主義とは何ぞや」(『中央公論』第三二巻第四号、一九一七年四月)三~四頁。
(24) 徳富猪一郎『大正の青年と帝国の前途』(民友社、一九一六年)四〇二頁。
(25) 奈良岡聰智『対華二十一ヵ条要求とは何だったのか――第一次世界大戦と日中対立の原点――』(名古屋大学出版会、二〇一五年)一四六頁。
(26) 嵯峨、前掲書、二四頁。
(27) 齋藤、前掲書、二一七頁。
(28) 表1にある長白生「我等の悲哀」には、長白生が巡査に事情聴取を受けた顚末が記されているが、そのなかに、「あ、あなたがりたつさんですか[中略]そうです、何か御用ですか。」とある(長白生「我等の悲哀」『革新時報』第二巻第三号、一九一八年一〇月、一六頁)。白天生が李達であることは、「一事一言(一)」(『新朝鮮』第一巻第一号、一九一九年一一月)六頁に書かれている。
(29) 長白生「日本の反省を切望す」(『革新時報』第二巻第三号、一九一八年一〇月)三頁。
(30) 白天生「耳と目と口――我等は耳目口を厳封せられたり――」(『革新時報』第二巻第三号、一九一八年一〇月)一〇頁。なお、『革新時報』第二巻第三号はこの記事が問題視され、発禁処分となった。
(31) 長白生、前掲「我等の悲哀」一六頁。
(32) △□▽生「朝鮮青年の苦情」(『革新時報』第二巻第三号、一九一八年一〇月)一八頁。

(33) 長白生、前掲「我等の悲哀」一六頁。
(34) 「不逞新聞社長拘引」(『読売新聞』一九二〇年三月四日付、朝刊) 七面。同記事については、木本至『評伝 宮武外骨』(社会思想社、一九八四年) に教えられた。
(35) 「消息」(『東洋哲学』第二五編第一〇号、一九一八年一〇月) 七〇頁。
(36) 井上円了「教育が急務也」(『革新時報』第二巻第三号、一九一八年一〇月) 九頁。
(37) 井上円了「世界文明の大勢」(『革新時報』第二巻第三号、一九一八年一〇月) 五～六頁。
(38) 「特別要視察人情勢一班 第九」(松尾尊兊編『続・現代史資料 (1) 社会主義沿革 (一)』みすず書房、一九八四年) 六九一頁。
(39) 「一事一言 (二)」(『新朝鮮』第一巻第一号、一九一九年一一月) 八頁。
(40) 前掲「特別要視察人情勢一班 第九」六九一頁。「特別要視察人情勢一班 第八」(松尾編、前掲書) 五八七頁。
(41) 前掲「特別要視察人情勢一班 第九」六九一頁。
(42) 大杉栄全集編集委員会編『大杉栄全集』第二巻 (ぱる出版、二〇一四年) 一〇六、四六〇～四六一頁。
(43) 「李達氏より (山崎今朝弥氏宛)」(『社会主義』第二号、一九二〇年一一月) 三一～三三頁。
(44) 読者からの投書という設定になっている△□▽生「朝鮮青年の苦情」には、「東宰先生」と書かれている。
(45) 李大釗『李大釗全集 (最新注釈本)』第二巻 (人民出版社、二〇〇六年) 二六九～二七〇頁。
(46) 朝鮮人の雑誌に台湾人が寄稿した事例については、紀旭峰、前掲書、三三三～三四一頁を参照。
(47) 東鳴生「台湾の現状 (二)」(『革新時報』第二巻第三号、一九一八年一〇月) 一三頁。
(48) 許世楷『日本統治下の台湾――抵抗と弾圧――』(東京大学出版会、一九七二年) 一八二頁。
(49) 周婉窈「台湾議会設置請願運動についての再検討」(『岩波講座東アジア近現代通史・第五巻』新秩序の模索――一九三〇年代』岩波書店、二〇一一年) 二二〇～二二一頁。
(50) 「消息」(『青年朝鮮』第一号、一九二二年二月) 七頁。鄭泰信および『青年朝鮮』については、拙著、第六章を参照。なお、『青年朝鮮』第一号には「台湾青年の憤起」という記事も掲載されている。
(51) 前掲「判決文 (大邱覆審法院、一九二〇年一一月一〇日)」。
(52) 同右。

(53) 二・八独立宣言については、拙稿「第一次世界大戦の終結と朝鮮独立運動――民族「自決」と民族「改造」――」(『人文学報』第一一〇号、二〇一七年七月)を参照。

(54) 「発刊に際して」(『新朝鮮』第一巻第一号、一九一九年一一月)一頁。

(55) 前掲「一事一言(二)」九頁。

(56) 「一事一言(二)」には、朝鮮人留学生が頻繁に会合を開いていることや、日本人佛教関係者の会合に朝鮮人留学生が参加し、朝鮮問題を議論したことが書かれている。

(57) 「朝鮮独立と日本政府――首相会見の顛末報告――」(『新朝鮮』第一巻第一号、一九一九年一一月)四頁。

(58) 同右。

(59) 原奎一郎編『原敬日記』第八巻(乾元社、一九五〇年)三五四頁。

(60) 前掲「一事一言(二)」九頁。

(61) 前掲「一事一言(一)」六頁。

(62) 李達は政府や朝鮮総督府関係者だけでなく、『新朝鮮』を日本の知識人にも寄贈していた。社会主義者では、堺利彦が創刊号を『新社会評論』で紹介している(堺生「寄贈書紹介」『新社会評論』第六巻第七号、一九二〇年一月、三九頁)。また、宮武外骨にも寄贈していた(木本至、前掲書、四五八頁)。

(63) 金正明『朝鮮独立運動Ⅲ――民族主義運動篇――』(原書房、一九六七年)五六一~五六二頁。

(64) 「判決文(大邱地方法院、一九二〇年八月二一日)」、韓国国家記録院所蔵「独立運動関連判決文」。

(65) 同右。

(66) 前掲「判決文(大邱覆審法院、一九二〇年一一月一〇日)」。

(67) たとえば、玄楯はやや親日的傾向のある牧師だったが、二・八独立宣言などに触発され、上海で樹立された大韓民国臨時政府で活動した。詳しくは、정병준『현앨리스와 그의 시대――역사에 휩쓸려간 비극의 경계인――』(돌베개、二〇一五年)を参照。

(68) 宮田節子『朝鮮民衆と「皇民化」政策』(未来社、一九八五年)一五六~一六四頁。

(69) 姜東局「韓国のアジア主義における断絶と連続」(松浦正孝編『アジア主義は何を語るのか』ミネルヴァ書房、二〇一三年)一二六~一三一頁。洪宗郁『戦時期朝鮮の転向者たち――帝国/植民地の統合と亀裂――』(有志舎、二〇一一年）六五～七四頁。
(70) 森正『評伝　布施辰治』（日本評論社、二〇一四年）三三九～三四一頁。
(71) 「朝鮮の某被告に宛て、」（『法廷より社会へ』第一巻第四号、一九二〇年九月）二四頁。
(72) 前掲「一事一言（二）」八頁。
(73) 白南薫『나의 一生』（新現実社、一九六八年）一二九頁。
(74) 警視庁特別高等課内鮮係「事務概要（大正十三年九月末）」。
(75) 「朝鮮問題検討会」（『東亜日報』一九二六年五月八日付）五面。
(76) 京鍾警高秘第一〇七三八号「共産党事件弁護人代表ノ当署訪問ニ関スル件（一九二七年九月一日）」。
(77) 前掲「朝鮮問題検討会」五面。
(78) 「李氏에 退去命令」（『時代日報』一九二六年三月一二日付）二面。前掲「共産党事件弁護人代表ノ当署訪問ニ関スル件（一九二七年九月一日）」。宮三面事件については、森正、前掲書、五一四～五二〇頁を参照。
(79) 京鍾警高秘第八〇三八号「槿友会全国臨時大会東京支会員出席者ノ動静ニ関スル件（一九二八年七月一八日）」。
(80) 「横浜에서도 総督政治批判」（『毎日申報』一九二七年八月一一日付）二面。
(81) 朝図秘第一八四七号「密送刊行物取締ニ関スル件（一九二九年六月一三日）」。

植民地台湾からの「留学生」郭明昆《かく・めいこん》——知の構築と実践を中心に——

紀 旭峰

はじめに

本稿の目的は、植民地期台湾からの留学生(1)・郭明昆(郭一舟・一九〇五~一九四三年)の「知の構築と実践」を考察することである。郭明昆を対象として検証する理由は大きく三つ挙げられる。第一に、戦前期に「内地日本」の高等教育機関で学んだ台湾人の多数が医科と法科の専攻に集中する中で、郭明昆は林茂生(2)と同様、数少ない文学部への進学を志望した台湾人留学生の一人であったためである。第二に、漢民族というエスニック・アイデンティティをもった郭明昆は、津田左右吉(一八七三~一九六一年)主宰の機関誌『東洋史会紀要』や『東洋思想研究』などに、中国の家族制度や比較言語学(北京語と台湾/福佬語)などの研究論文を精力的に発表していたためである。第三に、郭明昆の二度目の留学(大学院)と就職(早稲田第一高等学院)をみると、いずれも津田左右吉の協力があったとみられるためである。

以上の問題意識から本稿では、郭明昆の留学生時代とその後の活動(教員・研究者)を手がかりに、植民地知識人の「知の構築と実践」を考えてみたい。

一　植民地期台湾人の進学ルートと知識青年の就職

さて、郭明昆はなぜ台湾現地の高等教育機関ではなく、わざわざ内地日本の教育機関（予科と大学）への進学を選択したのか。その最も大きな理由として、「進学ルートの不連続」という差別教育政策が挙げられるだろう。ここではまず、当時の台湾人教育の状況について簡潔に触れておく。

（1）台湾人の教育システム

戦前、日本の植民地下におかれた台湾では、総督府の本島台湾人に対する教育政策は一貫して排除と包摂を繰り返していた[3]。共学制の実施と高等学校・台北帝国大学が次々と整備されたことによって、それまで「小学―中学―高等学校―大学」という進学ルートから排除され続けてきた台湾人にも、ようやく内地日本人と同様に「制度上の機会平等」を得ることができたと言えるが、それでも学校の数・定員数や学級のカリキュラムなど、「実質上の不平等」は常に介在していた。

一九二八（昭和三）年三月、台北帝国大学が創設された[4]。しかし、そのカリキュラムをみると、台北帝国大学で法学や政治学、社会学、外国語などの高度な専門知識を習得するのは依然として困難であった。たとえば当時の史学科には、「国史学講座」、「東洋史講座」、「南洋史講座」、「土俗学人類学講座」などが設けられたが、「東洋史講座」の教授陣と内容をみると、その重点が「東西交通史」（藤田豊八、桑田六郎、前島信次）と「日本と高麗の関係史及び元朝史」（青山公亮）に置かれていた[5]。こうしたカリキュラムの不足や教育システムの整備状況によって、郭明昆のように内地日本留学を志望する台湾人が一向にあとを絶たなかったのである[6]。

（２）植民地知識人の進学先と将来の就職

戦前、日本の統治下におかれた台湾出身の留学生が数多く日本の高等教育機関で学んでいた。立身出世や向学心など、彼らが日本に留学する理由はさまざまであったが、その大半が、進学先として医科、法科を選択した。その要因のひとつが、植民地台湾人の就職（エリート・リクルート）問題であった。早稲田大学文学部東洋哲学科出身の李献璋（一九一四～一九九九年）が「彼らの修業科目は、殖《ママ》民地における差別待遇のために、優秀な青年は生活の安定が得られる医科と、政治的圧迫を避けやすい法科に趨る者が多く、文学や理学方面を志す者は少なかった」[7]と指摘したように、当時台湾人知識青年の就職先として高級官僚になる当てはほとんどなかったため、残された選択肢は医者、弁護士のような個人事業主の業種であった[8]。

上記のような植民地青年の就職（エリート・リクルート）問題は、台湾人留学生が進学先を選択する上で大きな影響を及ぼすものであった。そのために、東京帝国大学のようなエリート官僚を養成する官公立大学よりも、私立大学（とりわけ専門部）への進学が多かった。たとえば、一九三九（昭和一四）年の在籍数調査（一〇七九名）をみれば、私立大学への進学（八九二名）が圧倒的に多かったことがうかがえる（帝国大学八八名、官立大学八九名、公立大学一〇名）[9]。

ところで、台湾人にとって日本留学は必ずしも良い就職につながるとは限らなかった。なぜならば、台湾人留学生は帰台後、往々にして「排日論者」と見なされがちで、就職の採用時に敬遠される傾向がみられたからである。こうした留学生の就職問題（人材登用に対する台湾総督府の差別待遇、高等遊民）について、『福音新報』（無署名「台湾人民の要求」『福音新報』第一三三六号、一九二一年二月三日）[10]のほかに、一九二二（大正一一）年に明治大学法科出身の鄭松筠が「留学生待遇の改善を望む」と題する論考を『台湾青年』に発表し、日本留学が逆に将来の進路に障害となる現状を述べている[11]。

台湾では果して留学生を優遇して居るかどうか一言述べたいと思ふ。吾々留学生の口から言ふのは面白くないけれども、事実だから仕方がない。留学生に対する薄遇、恐らくは世界に台湾ほど酷い所はなからう。現在内地に在る七百人程の留学生は、多少でも将来を思ふ位の能力ある者が其将来を憂慮しない者は一人も無いと思ふ。なぜならば已に卒業して台湾に帰つた者の境遇を見れば自ら寒心せざるを得ないからである。留学後台湾に帰つた者の境遇の悲惨は実に甚しいものである。其の実例は余り多いから到底一々挙げる事が出来ないが只参考として其二三を挙げよう〔中略〕此の人は謝と云ふ者で国語学校師範部を卒業してから三年ばかり公学校に訓導として奉職したが、学問が好きで訓導を休めて留学に来た処が、三個年足らずで学資金が無くなつて台湾に帰らなければならん様になつた。此謝某も貧乏で仕事がなければ食つて行けない身分なので、台湾に帰つた後間もなく学務当局に向つて復職を願つた。すると当局は曰く「復職は許すけれども元の様な訓導になる訳にはいかない、一級下つて雇として使ひ《マ》ません《マ》」と〔中略〕支那の留学生日本留学生等は留学して帰つたら相当の地位を得られて社会から優遇を受けるに反し、独り台湾留学生のみは卒業後こそ大いに心配せざるを得ない境遇に在る〔後略〕(12)。

また、同文で鄭松筠は、日本人と中国人留学生の例をあげ、台湾人留学生を排日論者とみなす一部在台内地人の論調に反駁した上で、日本全体のためにも留学生に対する冷遇を早期に改善すべきであると呼びかけている。

在台内地人が一般に斯の如く留学生を薄遇するは、其裏面に色々の事由が潜んで居るとは容易に察せられるが、今日に於てはもう其必要がないと思ふ。近来一部の内地人が、留学生が帰つて来ると排日論者となつて困ると論じて居るが、全く根拠の無い議論である。試みに日本の欧米留学生を看よ。独逸留学生が内地へ帰つて来ると親独論者となり、米国を留学した者は親米論者となり、英仏の留学生は亦各親英論者親仏論者となつて居るではなからうか。更に支那の留学生を見ても亦然りである。米国留学生は米国を贔屓し、日本留学生は多く日本を贔屓する様である。斯の如き現象は人情の自然の然らしむ処で、少しも怪しむに足らない。独り台湾学生だけは内地へ来て留学すると排日論者となつてしまふと云ふ議論は全く道理が立たないではあるまいかと思ふ。［中略］余輩は台湾文化のため帝国の将来のため、此際是非とも大声疾呼して留学生待遇の改善を叫ばざるを得ない［後略］(13)。

以上の鄭松筠の論考から、台湾人留学生の多くが弁護士や医者のような個人事業主になれる専門分野の勉学を選択した背景を、ある程度まで読み取ることができる。つまり、当局からの冷遇・敬遠をはじめとするさまざまな障碍が留学生の前に立ちはだかっていたことが、その一要因となっていたのである。

二　郭明昆の一度目の日本留学（予科と学部）と就職（中等教育機関）

（1）郭明昆の生い立ち

郭明昆は、一九〇五（明治三八）年一一月二五日台湾台南麻豆《まとう》に生まれた。当初、台湾総督府の差別教育政策により、郭明昆は内地日本人生徒と同じように小学校に通うことができず、台湾人生徒を対象とする公学校（初等教育機関）に入学するほかなかった(14)。郭明昆は一九一九（大正八）年三月、地元麻豆の公学校を卒業してから、同年六月に台南商業専門学校予科（第一次台湾教育令と勅令第六三号により新設）に進学した(15)。そこで、郭明昆は在学中、台湾人で初となる東京帝国大学文学士とコロンビア大学哲学博士・林茂生の授業（英語と数学）を受けた。とくに、のちに郭明昆が言語学（形体詞）に関心をもつようになったきっかけは、台南商業専門学校での林茂生の授業であった、と郭自ら回想している(16)。

さて、郭明昆は来日前、台南商業専門学校を卒業したものの、学力の差や修学年限などの影響で、一九二五（大正一四）年に上京後、まず早稲田第二高等学院文科に入学し、約三年間の勉強を経て、一九二八（昭和三）年

表1　郭明昆略歴

西　　暦	事　　　　項
1905年12月25日	台湾台南麻豆に生まれる
1913年4月1日	台南麻豆公学校（台湾人を対象とする初等教育機関）に入学
1919年3月1日	台南麻豆公学校を卒業
1919年6月1日	台南商業専門学校予科に入学
1925年3月1日	台南商業専門学校を卒業
1925年4月1日	早稲田第二高等学院文科に入学
1928年3月1日	早稲田第二高等学院文科を卒業。故郷で結婚
1928年4月1日	早稲田大学文学部哲学科社会哲学専攻に入学
1928年8月1日	師範学校・中学校・高等女学校の英語科教員検定合格
1931年3月1日	早稲田大学文学部を卒業
1931年4月1日	台南州立台南第二中学校（現台南第一高級中学、台湾人を対象）の教諭となる
1931年10月1日	師範学校・中学校・高等女学校の修身科・教育科教員検定合格
1932年12月1日	高等学校高等科哲学概説教員検定合格
1933年2月1日	台南第二中学校を辞職、再び上京
1933年4月1日	早稲田大学大学院に入学、津田左右吉指導の下に「支那社会史」を研究する。同年、津田左右吉が創設した東洋思想研究室の室員となる
1934年6月1日	外務省対支文化事業部在支第三種補給生として中国に留学
1936年2月1日	帰京
1936年4月1日	早稲田第二高等学院臨時講師に着任
1937年	『早稲田大学東洋思想研究室年報』創刊号に論考を発表
1941年4月1日	早稲田第二高等学院専任講師に着任
1943年11月23日	乗船した熱河丸がアメリカの攻撃に遭遇、行方不明となる

出典：「郭明昆教授略歴」（郭明昆著・李獻璋編『中国の家族制度及び言語の研究』東方学会、1962年）をもとに、筆者加筆作成。

表2　早稲田大学の中国人・朝鮮人・台湾人卒業生の所属学科（専門部と学部を含む）

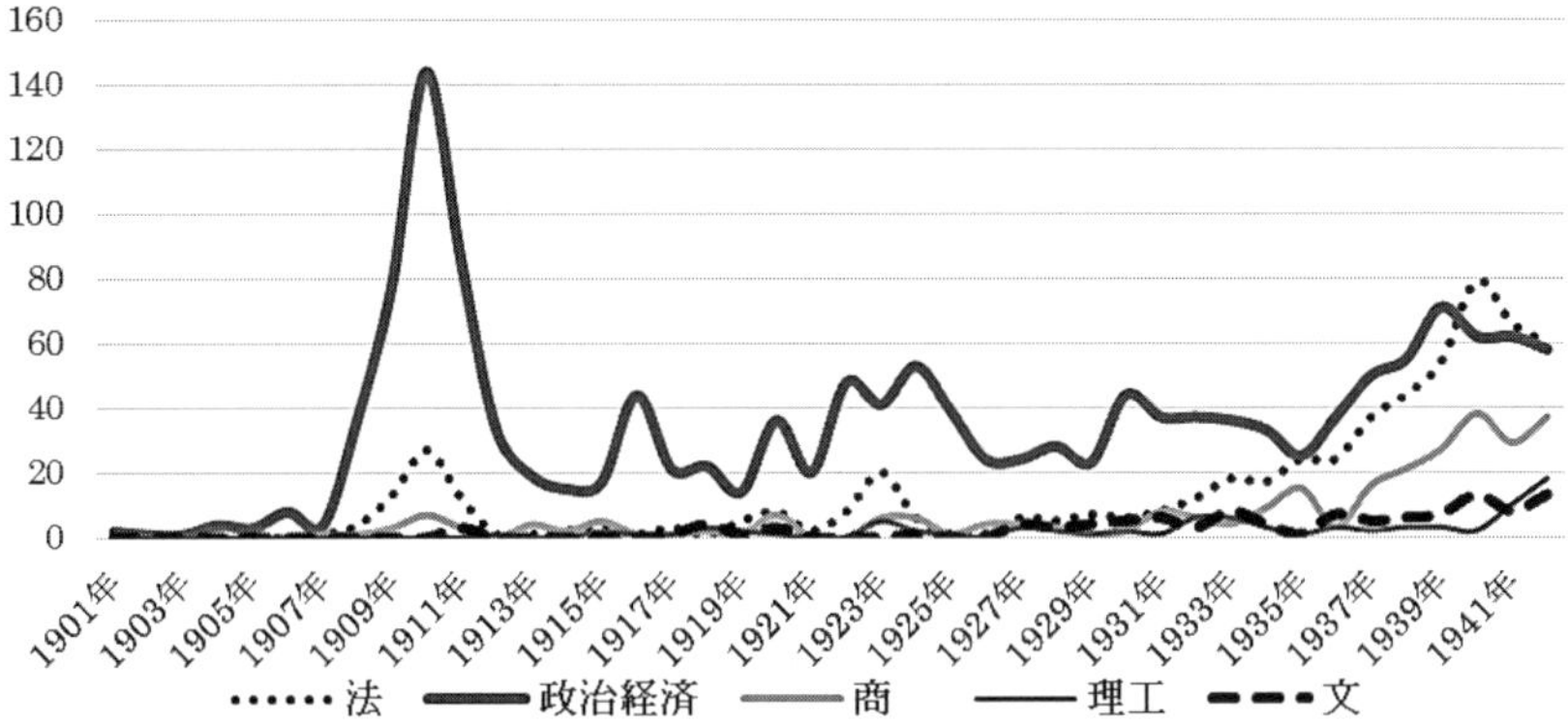

出典：各年度の『早稲田学報』掲載の「卒業生」をもとに筆者作成。

表3　戦前期の早稲田大学文学部中国人と台湾人卒業生

年度	卒業生（専攻）
1928年	張棟蘭（英文）
1929年	
1930年	郭明欽（社会哲学）
1931年	郭明昆（社会哲学）
1932年	
1933年	徐毓英（英文）/黄千里（英文）
1934年	曾天從（独文）
1935年	
1936年	陳邦鎮（英文）
1937年	王朝坪（西洋哲学）
1938年	李幼春（英文）
1939年	
1940年	楊燕翼（英文）/周文哲（独文）
1941年	楊國喜（英文）/陳遜章（仏文）

出典：各年度の『早稲田学報』と拙稿「戦前期早稲田大学のアジア人留学生の軌跡——中国人と台湾人留学生数の動向を中心に——」（李成市・劉傑編著『留学生の早稲田——近代日本の知の接触領域——』早稲田大学出版部、2015年、58〜61頁）をもとに筆者作成。

表 4　早稲田大学文学部哲学科社会哲学専攻のカリキュラム（1929年）

文學部哲學科社會哲學專攻

（一、倫理學特修者ニ限リ支那哲學、印度哲學又ハ宗教學ヲ随意科目トス
二、心理學特修者ニ限リ國家學、經濟學、統計學ノ中一科目及支那哲學、印度哲學ヲ随意科目トス）

學年	區分	科目	時數	教員
第一學年	必修科目	心理學	2	金子
		西洋哲學史	3	金子
		東洋哲學史（支那）	2	遠藤
		社會學	2	關
	随意科目	第二外國語（一科目選擇）（獨語、佛語、露語、希臘語、拉典語、梵語（別表ノ通））		
第二學年	必修科目	倫理學	2	杉森
		西洋哲學史	2	桑木
		社會學研究　形式社會學ノ研究	2	伊藤
		社會問題	2	關
	随意科目	第二外國語（一科目選擇）（獨語、佛語、露語、希臘語、拉典語、梵語（別表ノ通））		
第三學年	必修科目	卒業論文		
	随意科目	第二外國語（一科目選擇）（獨語、佛語、露語、希臘語、拉典語、梵語（別表ノ通））		

三學年間ニ必修スベキ科目

科目	時數	教員
哲學概論	2	桑木
論理學	2	伊達
心理學研究（心理學特修者ニ限リ必修）		
一、實驗心理學	2	増田
二、心理學實驗	2	増田
三、ビヘウヰアリズム研究	2	赤松
（心理學特修者ニ限リ必修、其他ハ一及三ノ中一科目選擇）		
社會學研究		
一、民族心理學	2	關
二、アリストートル研究	2	淺利
東洋倫理研究（倫理學特修者ニ限リ必修）		
一、儒教倫理ノ研究	2	津田
二、荀子ノ研究	2	福井
倫理學研究		
一、サンタヤナ研究	2	田中
二、ミル研究	2	熊崎
國家學	3	五來
經濟學	3	鹽澤
統計學	2	小林（新）
宗教學	2	帆足
哲學研究	4	
支那哲學（西洋哲學專攻ノ科目中ヨリ二科目選擇）	2	
印度哲學（東洋哲學專攻ノ科目中ヨリ一科目選擇）（東洋哲學專攻ノ科目中ヨリ一科目選擇）	2	
教育學	2	大瀬
教育史	2	稻毛
教授法原論	1	稻毛
教授法各論	1	小澤

出典：『昭和四年度　學科配当表』（早稲田大学、1929年）

四月にようやく早稲田大学文学部への入学を実現した。戦前期の早稲田大学はアジア各地の留学生のなかから、政治青年、法律青年・実業青年を数多く輩出していたが[17]、台湾人留学生の文学部への進学は少なかった。

（2） 早稲田大学文学部哲学科での「知の構築」

郭明昆は早稲田大学文学部哲学科社会哲学専攻に入学してから関与三郎のもとで、「社会学研究（民族心理学）」や、「社会学」などを学ぶと同時に[18]、津田左右吉の講義「東洋倫理研究（儒教倫理の研究）」に傾倒し、大きな影響を受けた。そして卒業論文「儀礼喪服考」では、『礼記《らいき》』などの中国の古典文献をふまえつつ、中国社会の葬儀について考察した。

（3） 一度目の就職

一九三一（昭和六）年三月、郭明昆は文学部を無事に卒業することができた。そして卒業すると就職という切実な問題に直面することになるが、前述のように、植民地台湾知識青年にとって文科の就職口は、法科や医科などの卒業生と異なり、それほど多くはなかった。しかし、郭明昆は在学中、すでに師範学校・中学校・高等女学校の英語科などの教員免許を取得していたため、同年四月より、故郷台南の台南第二中学校（現台南第一高級中学、当時台湾人を対象）の教諭に着任した。さらに在職中、一九三二（昭和七）年一二月には高等学校高等科哲学概説の教員検定試験にも合格した。つまり郭明昆は、一度目の日本留学で習得した知識を教員という形で「知の実践」を具現化させたといえるだろう。

三　二度目の日本留学（大学院）と二度目の就職

（1）大学院での勉学と中国留学

郭明昆は中等教育機関の教員として、故郷の台南第二中学校に着任したものの、二年足らずの一九三三（昭和八）年二月に、津田左右吉の勧めで教職を辞して再び上京し、大学院への進学を目指すことに決めた。そこで、津田左右吉の人脈を通じて、中村屋の相馬愛蔵から生活費援助を受けながら、[19]津田左右吉の指導の下に中国の家族や言語について研究を続けていた。結果的に言えば、郭明昆は中国社会史（家族制度や風習）を研究する手段として、まず「日本経由」という形で進めることになったのである。

ところで、大学院に入学した翌年、すなわち一九三四（昭和九）年六月に、郭明昆は外務省対支文化事業部の基金（北京議定書による拳匪《けんぴ》賠償金を充てた基金）に合格し、在支第三種補給生として中国（北京）に留学した。[20]留学中、華北各地を旅して、中国家族制度の研究調査に熱心に取り組んでいた。とくにこの中国留学期間中、郭明昆は北京語や台湾／福佬語に関する比較言語学の研究論文を初めて中国語で『台湾文芸』に投稿した（後述）。また、人的交流において、北京大学社会史研究者・陶希聖をはじめ、中国の研究者たちと交遊をもった。[21]

（2）早稲田第二高等学院への就職

一九三六（昭和一一）年二月、留学先の中国から日本へ戻った郭明昆は、同年四月より早稲田第二高等学院臨時講師に嘱任されるが、のちに早稲田大学特設東亜専攻科講師を経て、一九四一（昭和一六）年四月に正式に早稲田第二高等学院専任講師に着任した。[22]郭明昆の早稲田大学第二高等学院への就職について、そのきっかけとなったのが北京留学中、田中穂積総長の通訳（胡適との対談）を担当したことで、帰国後、津田左右吉の推薦で第二高等学院に就職口を得たのであった。しかし、その就職に際し、渡俊治や青柳篤恒をはじめ、早稲田大学の中国語教育（善隣書院伝来の正統派）[23]と中国研究の第一線で活躍する教員に事前の相談はなかったという[24]。当時の早稲田大学の中国語教育においては、従来の中国語学習のテキストとして宮島大八（宮島詠士）の著したポケット型会話書『急就篇《きゆうしゆうへん》』（一九〇四年刊行）[25]が使われていた（善隣書院出身の渡俊治を含む）[26]。

これに対して、郭明昆の授業は、「従来経験主義におちいりがちの中国語教育に、中国で用いられている注音符号を導入し、言語理論を援用して、新機軸を出す」[27]ものであった。さらに、郭明昆は中国語学習教材の編集にも精力的に取り組んでおり、早稲田商業講義用として、早稲田大学出版部より『シナ語講義』を刊行した[28]。

四　学術活動

留学生と日本知識人との交流は、さまざまな意味を有している。例えば、その出会いは、「アジア知識人のネットワークを形作る機会」でもあった。具体的には、津田左右吉主宰の東洋史会[29]と東洋思想研究室[30]において、郭明昆や朝鮮の李相佰《イ・サンベク》（一九〇四～一九六六年）などの留学生が、その学術的ネットワークに積極的に参加したことがあげられる[31]。

では、そもそもなぜ、津田左右吉が中国思想研究に関心を向けるようになったのか。その時期は、一九〇八（明治四一）年の満鮮歴史地理調査部での手伝いに遡ることができる[32]。この調査部は、白鳥庫吉が南満洲鉄道株式会社総裁後藤新平から承諾を得て、南満洲鉄道株式会社からの資金で設置した研究機関である[33]。そこで津田左右吉は、この満鮮史研究機関での研究調査を通して、中国思想史の研究の必要性を感じるようになった[34]。

以上のように、中国を含めた東洋思想史に大きな関心を示す津田左右吉にとって、漢民族という文化的・民族的アイデンティティをもった門下生の郭明昆は、研究協力者として、中国思想史研究の発展に大いに貢献できる存在だと期待されたのではないだろうか。その意味では、一九三三（昭和八）年に郭明昆とともに津田左右吉主宰の東洋思想研究室の室員に選ばれた朝鮮人留学生の李相佰も、同様の境遇だったと考えられる。[35]

表5から、郭明昆の中国社会に関する実証的研究は、固有の家族制度（親族の呼び方や儀礼）と言語（北京語と福佬語）に大別できることが分かる。[36] 郭明昆は研究論文の中で、中国古代から現代までの文献を大量に引用するのみならず、恩師・津田左右吉の論考も頻繁に取り上げていた。具体例として、郭明昆が現代中国語の国語運動や文学革命を考察するにあたって、津田左右吉の「上代支那思想の論理的な側面」などを引用したことがあげられる。また、「華語における形体観念」と題した論文では、今後の中国の国語運動と科学主義について、津田左右吉の講演「漢字と日本文化」を取り上げ、「現代の華語は、まづ晩唐五代の印刷術の発明によって平民化・口語化の用意が始められ、宋元を経て明清に殊に発達した水滸伝・紅楼夢の如き白話文学が絶えずこれを促進してきたために、文法組織が発達し、詞位もかなり自由になり句式も多様になった。それが、さらに最近欧米の学問に刺戟されて、論理的に明晰な思想を精密に表現することの必要が切実に悟られてきたため、文学革命や国語運動となって、従来の缺陥を除く方法がますます講ぜられてきたのである。この方面においては、言語を自覚的に思想を表現する手段として、新な思想に適応する表現方式が工夫せられたのである。漢字の改廃問題を始めとして、今後の国語運動はますます科学化の途へ進展してゆくであらう[37]」と論じている。ここにも津田左右吉の科学主義が色濃く投影されているとみられる。[38]

一方では、中国留学期間中（一九三五〜一九三六年）、郭一舟というペンネームで、台湾の『台湾文芸』に「北京話」と「福佬話」と題する論文を発表した。上記の論文の中で、郭明昆は、比較言語学という視角から台湾語の起源と歴史を辿りつつ、台湾語はいかに文人たちに軽視されてきたか、また台湾語が政治権力をもっていなかったことについて批判している。[39] さらに、郭明昆は、「福佬話」と題した論考では、台湾人の母語（台湾／福佬

表5　郭明昆の研究業績

タイトル	掲載雑誌・巻号・年月	備　考
喪服経伝攷	『早稲田大学哲学年誌』第3巻、1933年	
儀礼喪服考	『東洋学報』第21巻第2号、1934年	文学部卒業論文
祖父称謂考	『東洋学報』第21巻第4号、1934年	
甥姪称謂と漢族称謂制の側面史	『東洋学報』第22巻第2号、1935年	
北京話	『台湾文芸』第2巻第5号、1935年	郭一舟
福佬話	『台湾文芸』第3巻第2号、第3～5合併号、1936年	郭一舟
伯叔姆嬸考	『東洋史会紀要』第1冊、1936年	
世界の大学19　男女共学の先駆新文化の発源地　北京大学	『早稲田大学新聞』第49号、1936年	
姑姨舅妗と漢族称謂の側面史	『東洋思想研究』第1号、1937年	
福老方言に於ける親族称謂の二三について	『東洋史会紀要』第2冊、1937年	
父母称謂考	『東洋思想研究』第2号、1938年	
称呼と命名の排行制について	『東洋思想研究』第3号、1940年	
中国の民族性	『新天地』10月号、1941年	
急就篇回顧	『支那語雑誌』第3巻第11号、1943年	
福老話方言における及と與について	『東洋史会紀要』第4冊、1944年	
華語における形体観念	『東洋思想研究』第4号、1949年	
中國の家族制及び言語の研究	遺稿集、1962年	李獻璋編

出典:『東洋学報』や『東洋思想研究』、『早稲田大学新聞』などをもとに筆者作成。

註:「急就篇回顧」の執筆については、安藤彦太郎は下記のように回想している。「旧式な中国語教育への批判の一環として『支那語雑誌』(螢雪書院) に『急就篇』についての文章を載せる企画があり、実藤先生［さねとうけいしゅう］をつうじて郭先生に依頼された原稿を、郭先生は私［安藤彦太郎］に書いてほしい、と言ったのである。「『急就篇』回顧」と題する四百字一二枚の原稿を書いて先生に差しだしたところ、「竹内好さん張りで、寸鉄人を刺す風があるね」と賞められ、「支那」という表記を「シナ」に直しただけで雑誌社に渡された」のである。安藤、本文註(21)『虹の墓標――私の日中関係史――』56頁。

話）を論じる際に、柳田国男の国語教育批判論[40]を取り上げ、常民（庶民）の精神生活における母語方言の大きな影響力を述べつつ、母語方言文学を推進する必要があると力説している[41]。

上記したように、津田左右吉や柳田国男などの見解を活用した例を、東アジア知識人の「知の連鎖」として見なすことができるだろう。

おわりに

以上、概観してきたように、戦前期台湾人の「知の構築と実践」も、エリート・リクルート（立身出世）も、絶大な権力をもった支配側（台湾総督府）の内台差別政策にかなり左右されていた。その意味で、郭明昆にとって、内地日本の高等教育機関は、いわば研究（啓蒙・触発・実践・連鎖を含む）の道を切り開いた存在である。彼のアカデミックな側面での活躍を支える基盤は、早稲田大学文学部で進められた「知の構築」と「人的交流」であった。とくに、植民地台湾出身の知識人の就職口が限られている状況の中で、郭明昆は運よく津田左右吉や相馬愛蔵などの協力で研究を続けることができ、中国の家族と言語に関する研究業績を世に出すことができた。朝鮮出身の李相佰・洪淳昶と同じように、アカデミックな側面における郭明昆の活躍の裏には、津田左右吉の存在が非常に重要であったといっても過言ではない[42]。

しかし、ここで、見落すことのできない問題が二つある。一つ目は、台湾人に対する植民地教育政策が一貫して排除と包摂を繰り返していた中で、植民地出身の台湾人の大半が進学先を考える際に、私立大学専門部という「次善の選択」を強いられたということである。つまり、植民地台湾における「進学ルートの不連続」の影響下、当時の台湾人にとって、「最善の選択」としての官公立大学へ進む道はきわめて狭き門であったため、私立大学（それも専門部が中心）という、「次善の選択」に妥協せざるをえなかった。二つ目は、郭明昆は生涯に渡り「エスニック・アイデンティティ」と「ナショナル・アイデンティティ」の狭間に立たされていたことである[43]。当時の郭明昆は日本国籍であったが、研究において、常に漢民族というエスニック・アイデンティティを意識しつつ、中国社会史と比較言語学の研究を続けていた。おそらくこのようなアイデンティティの葛藤は、郭明昆だけではなく、戦前期植民地からの留学生たちも直面せざるをえなかっただろう。

しかしながら、学術上の活躍を期待された郭明昆は、一九四三（昭和一八）年一一月二三日、帰郷の途中、乗船した熱河丸がアメリカ潜水艦の攻撃を受け遭難した。とはいえ、津田左右吉と郭明昆のネットワークが途切れたわけではない。実際、こうしたネットワークがのちに台湾人の後輩である李獻璋にも受け継がれている[44]。というのも、友人の金関丈夫（一八九七〜一九八三年）に日本留学をすすめられた李獻璋は、聴講生として早稲田大学（専門部政治経済学科）に入学したが[45]、その後、李獻璋は郭明昆のアドバイスを受け、文学部に籍を移している[46]。また郭明昆の紹介で、津田左右吉の研究室に入ることもできたのである。さらに、研究の面においても、郭明昆は時間を惜しまずに李獻璋にいろいろな助言をしたようである。たとえば、一九四三（昭和一八）年、李獻璋が文学部哲学科卒業論文として「媽祖の研究」というテーマを決めたのも、郭明昆の助言があったためとみられる[47]。のちに、李獻璋は「台湾の民間信仰」の代表的な研究者となり、彼の『媽祖信仰の研究』（泰山出版社、一九七九年）は、台湾民間信仰研究の先駆的な研究として高い評価を得ている。その意味では、津田左右吉と東アジアの弟子たちが築き上げたアカデミックな連携は、今後の重要な研究課題として看過することができないだろう。

（1）当時、日本の統治下にあった台湾からの学生たちにとって、留学生という分類は決して妥当ではないが、ここでは、用語を統一するため、「留学生」を使用する。

（2）一九一六年、台湾人としてはじめて東京帝国大学文学士の学位を取得した林茂生の詳細については、莊永明・謝仁正企画執行『島國顯影』（創意力文化事業有限公司、一九九三年）、林茂生著・古谷昇・陳燕南訳『日本統治下の台湾の学校教育――開発と文化問題の歴史分析――』（拓殖大学、二〇〇四年）、駒込武『世界史のなかの台湾植民地支配――台南長老教中学校からの視座――』（岩波書店、二〇一五年）などを参照。

（3）「此れ等は立派な能力搾取の教育、露骨な愚民教育ではないか。彼等官僚は、これを稱して、一視同仁の聖旨に基いた、母國人と同様の生活を享けさせようとする、同化主義の教育法だと云ふ。噫！　同化よ、誠に汝の名目による國語中心主義は、我々の心的活動を拘束抑制し、從來の人物を凡て無能化して、一切の政治的社会的地位を擧げて、母國人の獨占に任さねばならない。また、此の新仕組の教育を受けた青少年は、特別な俊才の外、多く低能化されて、新時代の建設者たる資格を失する理由である。斯の如くして、後藤新平氏の八十年同化説は、我々を永久に奴隷たらしむべき秘策として解釋する外はないか？。噫！　恐るべき哉、汝仕組まれた同化よ」。蔡培火『日本々国民に与ふ――植民地問題解決の基調――』（台湾問題研究会、一九二八年）四九～五〇頁。

（4）台北帝国大学の創設については、呉密察・食野充宏訳「植民地大学とその戦後」（呉密察・黄英哲・垂水千恵編『記憶する台湾――帝国との相剋――』東京大学出版会、二〇〇五年）一九八～一九九頁を参照。

（5）同前、三〇四～三〇七頁を参照。

（6）台湾人留学生の各学校の段階別・年度別の変遷については、佐藤由美・渡部宗助「戦前の台湾・朝鮮留学生に関する統計資料について」（『植民地教育体験の記憶』皓星社、二〇〇五年）八五頁を参照。

（7）郭明昆著・李獻璋編『中国の家族制度及び言語の研究』（東方学会、一九六二年）五五八頁。

（8）当時高級官僚になるためには、まず高等文官試験に合格するという条件をクリアしなければならなかった。しかし、一九二八（昭和三）年に台北帝国大学が設置されるまで、台湾には高級官僚を育成する教育機関はなかった。昭和期以降は、慶応大学、早稲田大学、中央大学などの私立大学出身の台湾人留学生が高等文官試験に合格した例もあらわれるようになってはいたが、帝国大学に比べれば合格者数は少なかった。少なくとも大正期までは、台湾人の高等文官試験合格者は、東京帝国大学の劉明朝・朱昭陽・呂阿墉や、東京商科大学の劉茂雲・周耀星のような数少ない帝大と官公立大学出身の留学生に限られていた。岡本真希子『植民地官僚の政治史――朝鮮・台湾総督府と帝国日本――』（三元社、二〇〇八年）三一九～三二三頁。

（9）台湾人学生生徒在籍数について佐藤・渡部、前掲論文、九八頁を参照。

（10）同文は、訓導や巡査などの具体例をあげ、昇進における内台差別待遇と台湾人留学生の就職難について次のように批判している。「臺灣當局は二十六年來如何なる範圍と程度とに於て島民三百餘萬の活動を認容したであらうかと云ふに、教育制度に二様を立てたと同じく人材登用に於ても明瞭に二途を設けて大正九年の三月まで島民より出でたる最高官史は判任級のものであつた。何れも教育、書記、通譯巡査であつて、此等は必らず其の同僚たる内地人の下に立たせられて其の指揮監督により行動をするのである。即ち教員では臺灣人たる訓導（判任待遇）が内地人たる教諭（判任）の下に立ち其の指揮に従ふ。假へ同じ教諭であつても臺灣人が内地人の上に居て指揮をすることはない、其の他書記通譯は云ふまでもなく巡査の如きは臺灣人の巡査を巡査補と稱して此等は内地人たる巡査の補助役を務める、斯様に總ての臺灣人を凡ての内地人の配下に安置する様に當局は臺灣人の人材を登用して來た。從つて内地及び外國へ留學して帰つた新進の臺灣人は凡て所謂高等遊民の惨憺たる日暮しを送りつゝある次第である［後略］」のである。無署名「台湾人民の要求」（『福音新報』第一三三六号、一九二一年二月三日）。

(11) しかし、鄭松筠「留学生待遇の改善を望む」を掲載した『台湾青年』第四巻第二号は、台湾当局から発売禁止の命令をうけた。

(12) 鄭松筠「留学生待遇の改善を望む」（『台湾青年』第四巻第二号、一九二二年）五一～五三頁。

(13) 同前、五五～五六頁。

(14) 公学校については、拙著『大正期台湾人の「日本留学」研究』（龍溪書舎、二〇一二年）三八～四一頁を参照。

(15) 台南商業専門学校のカリキュラムは、予科三年、本科三年の計六年であった。「予科の学科目は修身、国語及漢文、英語、歴史、地理、数学、理科、図画、唱歌、体操であった。本科の学科は修身、国語及漢文、商業通信、商業数学、簿記会計、商業地理、商業史、東洋財政事情、商業記事、商業実践、財政統計、法制、産業概論、英語、中国語又はマレー語、体操であった」。台南商業専門学校の詳細については、吉野秀公『台湾教育史』（台湾日日新報社、一九二七年）四三五～四三六頁を参照。

(16) 郭明昆「華語における形體觀念」（津田左右吉編輯『東洋思想研究第四　早稲田大學東洋思想研究室年報一九四七年』岩波書店、一九四九年）二二八頁。

(17) アジア人留学生（南方特別留学生を含む）の詳細は、早稲田大学大学史編集所編『早稲田大学百年史』の「外国人留学生の来学」（第一巻）、「清韓留学生と学苑」（第二巻）、「留日学生と来学の外国人」（第四巻）などを参照。

(18) 「関与三郎の本来の専門は社会学であったが、社会学専攻学科は大正九（一九二〇）年に哲学科に編入される前は史学科であった。関は哲学科では心理学専攻科でも民族心理学を担当している」のである（土田健次郎「津田左右吉の東洋思想史研究」早稲田大学編『没後五〇年津田左右吉展』美濃加茂市民ミュージアム、二〇一一年、五八頁）。また、関与三郎については、「面影　教授關與三郎氏」（『早稲田学報』第三四二号、一九二三年）一六～一七頁を参照。

(19) 一八八六年に相馬愛蔵が早稲田大学の前身・東京専門学校に入学した。同時代に在学した人は、津田左右吉、塩澤昌貞、木下尚江、田川大吉郎などがあげられる。相馬愛蔵『一商人として』（岩波書店、一九三八年）二〇三頁、中村屋編刊『相馬愛蔵・黒光のあゆみ』（一九六八年）を参照。

(20) その間、帝国学士院から研究費の補助を得たこともあるという。つださうきち「故郭君のこと」（郭明昆著・李獻璋編、前掲書、二頁）。

(21) 安藤彦太郎『虹の墓標――私の日中関係史――』（勁草書房、一九九五年）五〇頁。

(22) 植民地台湾という出自ではじめて外務省対支文化事業の基金に合格し、中国に留学した郭明昆は、「留学中、早稲田の田中穂積総長が胡適と対談したさいに通訳に当たったのが縁で、帰国後すぐ高等学院に就職した。おそらく津田先生の推輓によるものであろう」。安藤彦太郎、前掲書、四六頁。

(23) 善隣書院と日本の中国語教育については、実藤恵秀は次のように述べている。「現在の日本の支那語界の元老とでもいふべき先生がたをかんがへてみますと、そのほとんどすべて善隣の出身といつてもよいぐらゐです。早稲田大學の青柳篤恒、渡俊治の両先生、陸軍教授であつた淺井新太郎先生、外務省のこのあひだなくなられた岩村成允先生、そのほか、そのほか……《ママ》。今のわかい支那語の先生がたは、これらの先生の弟子か、まご弟子です。いまの日本の支那語界の半數以上、宮島先生のいきがかかつてゐるとみて、あやまりないことゝおもはれます。善隣書院からは『官話篇』『急就篇』『會話篇』『日華字典』などの教科書、字引が出版されました。このうち、もつともひろくおこなはれたのは『急就篇』で、一時は支那語の教科書といへば、『急就篇』にかぎられてゐたやうな時代さへありました［後略］」のである（実藤恵秀「宮島大八先生」『支那語雑誌』第三巻第一一号、一九四三年、四三頁）。

(24) 安藤、前掲書、四六頁。これに対して、一九三四年に同じ台湾出身の呉主恵（早稲田大学大学院）は早稲田第二高等学院の中国語講師となった。安藤彦太郎『未来にかける橋――早稲田大学と中国』（成文堂、二〇〇二年）八七頁。

(25) 『急就篇』については、郭明昆「『急就篇』回顧」（『支那語雑誌』第三巻第一一号、株式会社帝国書院、一九四三年）四五頁を参照。

(26) 安藤、前掲『虹の墓標』四四～四五頁。
(27) 安藤、前掲『未来にかける橋』八四頁。
(28) このテキストは、「発音篇」「基礎篇」「会話篇」「読解篇」「参考篇」という五項目で構成される。
(29) 東洋史会とは、「本大学文学部教授であった津田左右吉（一八七三～一九六一年）を中心に、大正末より戦中・戦後にかけて継続したサロン的研究会であり、津田の薫陶をうけた国史・東洋史・東洋哲学専攻の若手研究者を主要なメンバーとしつつも、学生や学外からの参加者もあって、かならずしも大学・学部・専攻にとらわれない自由な研究会であった」（今井修「津田左右吉と「東洋史会」」『早稲田大学史記要』第二五号、一九九三年、九一頁）。
(30) 東洋思想研究室の開設とメンバーについては、次のような記述がある。「「東洋史会」とも関連して、昭和一〇年、津田を中心に「早稲田大学東洋思想研究室」が開設されているが、この研究室は金子馬治常任理事・吉江喬松文学部長と協議した上で、文学部から独立した東洋学研究の機関として恩賜館三階の一室に設けられたものであって、研究員は福井康順、出石誠彦、栗田直躬、小林昇、李相佰、郭明昆らと「東洋史会」の中心メンバーとほとんどかさなるのである（今井、前掲論文、一〇八頁）。津田左右吉と東アジア地域出身の教え子については、土田健次郎「津田左右吉とアジアの弟子たち」（早稲田大学編、前掲『没後五〇年津田左右吉展』展示図録）一二一頁。
(31) 今井修、前掲論文、同「津田左右吉とその時代」（美濃賀茂市民ミュージアム編『津田左右吉――その人と時代――』展示図録、二〇〇四年）、土田、前掲「津田左右吉とアジアの弟子たち」および「津田左右吉の東洋思想史研究」を参照。
(32) その動機については、次のような指摘がある。「津田は、明治四一年（一九〇八）に恩師の白鳥庫吉が南満洲鉄道会社からの資金で作った満洲と朝鮮の地理と歴史を研究する満鮮歴史地理調査部で手伝いし、論文を発表するようになり、その満洲史研究の過程で、中国人の思想や生活態度を知る必要を感じるようになった。またこの中国思想研究の必要性は、『国民思想の研究』を執筆中に感じていることでもあった。それゆえ早稲田大学史学科の教員であった時も、講義は中国思想関係のものが多くなっていったのである」という。土田、前掲「津田左右吉の東洋思想史研究」五七頁。
(33) 満洲及朝鮮の歴史を研究するための機関については、白鳥庫吉「博士は、その研究の一部面としての史学的研究をなすべき機関を設けることの必要を痛感し、時の南満洲鉄道株式会社総裁後藤新平に説いて、その東京支社に、満朝史に関する調査室を設けることの承諾を得られた。この方面の歴史的研究は、ヨゥロッパの学者のまだ手の届かないところであるから、純粋なる学術上の問題としても、日本人が、それをしなければならぬ、といふ考が博士にはあったのである。そこで、博士は数名の壮年学徒を選んでその研究員とし、みづからそれを主宰して、明治四十一年に、この調査室に於いて研究を始められた」のである。津田左右吉「白鳥博士小伝」の七　大學教授就任、『東洋學報』創刊、満鮮史研究機関の設置（『津田左右吉全集』第二四巻、岩波書店、一九六五年）一二六頁を参照。

(34)　さらに、「中国思想史への関心」という要因のほかに、「日本思想史からの問題意識もあった」と土田健次郎は指摘する。「津田の中国思想史研究の動機は、このように満洲史研究から発展した関心と、日本思想史研究からの問題意識の両方があった。特に後者の比重は大きく、それは中国思想と日本思想の異質性への確信の深まりと比例していた」のである。前掲文、土田健次郎「津田左右吉の東洋思想史研究」五七頁。

(35)　李獻璋は次のように指摘している。「津田先生は自らの独創的研究方法を外に向って推進すべき意図を持ち、実行しやすいものとして朝鮮と台湾との青年学徒を養成したかったので、李相佰氏と共に選ばれた」という（郭明昆著・李獻璋編、前掲書、五六〇頁）。

(36)　拙稿「戦前期早稲田大学の台湾人留学生」（『早稲田大学史記要』第四四巻〈通巻第四八号〉、二〇一三年）、橋本秀美・葉純芳「郭明昆對西方人類學理論的接受與利用」（洪子偉編『存在交渉――日治時期的臺灣哲學――』聯經出版公司、二〇一六年）を参照。

(37)　郭明昆、前掲「華語における形態観念」二二七〜二二八頁、二二九頁。

(38)　安藤彦太郎は下記のように指摘している。「この論文の末尾で、「華語の構造は、根本において孤立語で」あるため「科学精神にとって不利な象形的心性にまで固着してしまった」と述べ、形体詞の性格から、短絡的ではないが、中国における「科学の未発達」の本質を衝くという行論になっている。この論文執筆の前年（一九四〇年一月）、出版法違反のかどですでに早大の教壇を逐われていた先生の恩師津田左右吉の「科学主義」が、ここに色濃く投影されているのを感じる」のである（安藤、前掲『虹の墓標』五八頁）。

(39)　郭明昆の言語民族主義について、呉叡人「福爾摩沙意識型態――試論日本殖民統治下臺灣民族運動「民族文化」論述的形成（一九一九〜一九三七）――」（『新史學』第一七巻第二期、二〇〇六年）二〇〇〜二〇三頁を参照。

(40)　柳田国男は国語教育について次のように批判している。「［前略］それに常民自身の言葉での表出を壓へて、表現には不便な標準語を押賣することは、彼等の口を壓へ表現の垣をしたことである。彼等が先祖代々から持ち續けて居る言語でさへ、尚描寫することの出来ぬ複雑な内部生活は、いくらよい言葉でも外部から與へられたもので表現出来るわけのものではない。實際郷土人は自分の真の生活を外部に自ら説明することも、説明して貰ふことも出来ない狀態にある。彼等の心情感覺といふ風なものの、正確な認識は未だ誰もなし得て居ないのである。元来言語教育國語教育の理想は、理解解釋のみに置いて、満足なる表現といふことに置かなつたならば、その表現の壓へられ閉塞せられただけのものが、何處かに爆發しないでは居ないのである。意外な斷定のやうに思はれるかも知れぬが、今日の社會不安の基礎に、この國語教育の失敗が横はつて居るとさへいへると思ふ。常民の用語は現實の彼等を示す一つの鍵である。自分の集めて居る農村・漁村・山村の語彙を見ても此感は深い。今日の現實的な感覺の表現に彼等が適切な表現を持つて居るとは云へぬ［後略］」のである。柳田国男『民間傳承論』（共立社書店、一九三四年）二八七〜二八八頁を参照。

(41) 郭明昆「福佬話方言的研究」（郭明昆著・李獻璋編、前掲書、所収）四五一〜四五三頁を参照。

(42) 戦後ソウル大学校社会学科を創設した李相佰について、「解放後の学術方面への情熱は早稲田大学在学中の恩師・津田左右吉との出会いを抜きに論じられない」との指摘がある（李成市「李相佰の学問的業績について」『早稲田大学バスケットボール八〇年史——『ＲＤＲ六〇』とその後の二〇年——』早稲田大学ＲＤＲ倶楽部、二〇〇二年、一五八頁）。また「東洋史」研究者・帝国スポーツ人としての李相佰について、裵妗美「李相佰、帝国を生きた植民地人——早稲田という「接触領域」に着目して——」（李成市・劉傑編著『留学生の早稲田——近代日本の知の接触領域——』早稲田大学出版部、二〇一五年）二一一〜二五九頁を参照。

(43) 戦時期の郭明昆について、安藤彦太郎は「このころ先生は、しばしば中国の長衫《チャンシャン》を着て登校するようになった。夏など真白い長衫の裾をひるがえして沼袋から西武線で通う姿は、時節がら相当目だち、勇気を必要としたにちがいないが、先生としては民族の気概をしめしたかったのであろう」と述べている（安藤、前掲『虹の墓標』五二頁）。

(44) 李獻璋『媽祖信仰の研究』（泰山文物社、一九七九年）六頁。

(45) 豊田周子「『台湾民間文学集』故事篇にみる一九三〇年代台湾新知識人の文化創造」（『日本台湾学会報』第一三号、二〇一一年）一一六頁を参照。

(46) 郭明昆著・李獻璋編、前掲書、五六二頁。

(47) 同前、五六二頁。

台湾における近代性と民族性の葛藤
――作曲家鄧雨賢の人物像の変容を中心として――

何　義　麟

はじめに――植民地期の歴史的人物の再評価――

本稿では著名な作曲家鄧雨賢（一九〇六〜一九四四年）の人物像の変化を検証しながら、近代化を求める日本植民地期の台湾知識人の苦悩を明らかにし、また戦後の脱植民地化の問題点をも考察する。一九二五年台北師範学校を卒業した鄧雨賢は公学校の教員を辞し、一九二九年東京での音楽研修を経て、一九三三年以降レコード会社専属の作曲家として活躍したが、戦時期に入ると、レコードの製作が行き詰まったため、一九四〇年再び公学校の教員となった。戦時中の食料不足や不十分な医療により、一九四四年新竹・芎林で病死した。

戦後、台湾音楽界は流行歌の作曲家としての彼の功績を評価せず、台湾語歌謡曲の発展も抑圧されたため、長い間彼の名前さえ提起されず、人物像も不明のままだった。ところが、一九九〇年代以降、民主化と本土化の進展とともに鄧雨賢は台湾音楽界の「先駆者」あるいは「奇才」と言われ、さらに台湾歌謡の「父」と高く評価された。現在、鄧は一九三〇年代流行歌の作曲家にとどまらず、二〇世紀を代表する、台湾史上重要な人物の一人とされている。(1)台湾人なら誰もが知っている彼の代表的名曲『四季紅』『月夜愁』『望春風』『雨夜花』は合わせて「四月望雨」と呼ばれ、同名のミュージカルまで上演された。

では、いつごろから鄧の人物像に大きな変化が生じたのか。また、なぜ彼の作品『雨夜花』は台湾ナショナリズム運動の代表曲と見なされるレベルまで持てはやされたのか。[2] これは近代化を求める植民地期の台湾文化人の苦闘、戦後における脱植民地化の紆余曲折の道程と関連していると考えられる。なぜなら、日本教育を受けた台湾知識人は自分たちが近代文明の洗礼を受けたと信じていたが、戦後の外来政権の国民党政府から日本に「奴隷化」されたという汚名を着せられたからだ。戒厳令下において、台湾知識人は政府側の宣伝に異議を唱えることができなかったが、民主化以降に入ると、台湾人の主体性が唱えられ、台湾ナショナリズムが確立されるようになった。そのため、鄧の音楽界での功績も注目され、「脱植民地化」[3] の一環として再評価されたのである。

周知のように、戦後台湾の脱植民地化は自らの国家形成ではなく、国民党政府が台湾を「中国化」する形で進行した。この「代行の脱植民地化」[4] あるいは「再植民地化」とは脱日本化を強要することにとどまらず、日本植民地期に達成された近代化をも抹消しようというものであった。民主化以降、台湾ではようやく「代行的脱植民地化」もしくは国民党政府の植民地主義からの脱却が展開された。この四〇年以上遅れてきた「自主的な脱植民地化」の過程において、近代性（Modernity）と民族性（Nationality）とは如何にすれば融合／共存できるのかという問題が浮かび上がってきた。また、鄧の人物像の変転をめぐって、台湾の「自主的近代」と「植民地的近代」（Colonial Modernity）の問題をも再検討することができよう。[5]

近年、鄧雨賢の生涯とその作品の研究に関する論稿が目立って増えたが、最も代表的な論著は呂興忠の論文だと言えよう。呂の論点によると、新しい台湾歌謡の基礎作りに貢献した鄧雨賢は、台湾人の心情を最も表現できた作曲家であった。そして、彼の作品は「民族の歌（National Song）」だと位置づけられる。[6] なぜここまで称賛できるのか、これを知るには彼の生涯とその創作理念を再検討しなければならない。これに対して、鄧の孫である鄧泰超の著書は歴史的位置づけの議論というより、祖父鄧雨賢の生い立ちを詳しく紹介し、また誤った諸説をも訂正してくれた[7]。もちろん、ほかに彼の経歴と音楽作品を紹介する関連刊行物も少なくない[8]。一方、鄧雨賢に関するシンポジウムの論文集や彼の作品鑑賞や歌謡関連研究の著書やレコードなども多数あるが、ここでは省略したい。本稿は今までの人物像と深く関連する研究成果に基づき、さらに台北師範学校の学籍簿などの関連資料を検討しながら、彼の実像を描き出すことにしたい。

先行研究をまとめてみると、鄧は桃園・龍潭の客家出身者であるが、父親が台湾総督府国語学校の漢文科教員として赴任するため、家族全員で台北へ引っ越した。台北という植民地の新興都市で育てられることになった鄧は多文化への接触のチャンスが増えた。筆者の家族へのインタビューによると、台北定住の鄧は家庭内で客家語を話し、近所や町中で台湾語を使い、学校ではもちろん国語としての日本語を学ばなければならない、という多言語の社会に暮らしていた。このような言語環境と都会生活は彼の後の作曲活動に役立ったと思われる。また、彼の出身校である台湾総督府台北師範学校は音楽や美術を重視する学校であり、父親である鄧旭東の勤務先（一九一九年国語学校から台北師範学校へ改名）でもあった。このような生活環境と学校環境は彼の音楽才能を開花させた一因であったと推測できる。鄧雨賢の成長過程を明らかにするため、本稿は誰も使わなかった台北師範学校の学籍簿を使い、彼の学生時代の音楽に関する学習歴を探ってみた。また、教員を辞めてからレコード会社専属となる過程とその創作理念なども検証した。

鄧雨賢の家族史を探っていくと、鄧一家は植民地期の抵抗者ではなく、適応者であったことがわかる。また、後述のように、父親の鄧旭東は漢文化伝統の素養を備えていたが、早い段階から積極的に近代文明を求めていた。鄧雨賢が作曲家として伝統音楽の吸収・整理とその近代的発展に取り組み、大きな成果を上げたことは、この点と関連していると言えよう。しかし、戦後台湾語の流行歌が抑圧され、鄧の創作活動による楽壇への貢献も無視された。鄧の生涯を理解するため、彼の家族史、植民地教育史、流行歌の盛衰、戦争動員の影響、さらに戦後の政治変動などの課題を逐一検討しなければならない。この歴史的連動性の解明により、作曲家としての鄧雨賢の人物像の変容を明らかにすることができるだろう。

一　植民地教育における同化と啓蒙

鄧雨賢の生い立ちに関しては、現存の教員履歴書と師範学校の学籍簿が最も基本的な史料である。履歴書として主なものは、日新公学校在任中の一九二五年に書かれた履歴書と芎林公学校在任中の一九四〇年の履歴書がある。[9]また、彼が台北師範学校に在籍中の詳細な学籍簿も保存されている。次に、父親である鄧旭東が書いた漢文自叙伝と彼の台北師範学校教員履歴などの史料も重視すべきである。[10]これらの関連史料を合わせてみると、鄧家一族の人生は植民地期の台湾教育史と密接な関連があることがわかった。もちろん、個人の立身出世は時代背景と個人の選択などを合わせて考えなければならない。人物評の前提は史実確認の作業であろう。幸いに、近年の台湾史研究の環境整備により、植民地公立学校の職員履歴などの検索が便利になった。[11]そのため、鄧一族が植民地の同化教育に適応していった過程も検証しやすくなった。

清朝時代、鄧一族は伝統的な書房教育の担い手であったが、日本統治時代に入ると、植民地の学校教育と密接な関連を持った。呂興忠の研究によると、鄧雨賢の曾祖父は科挙の秀才であり、また九人の息子のうちの二人が秀才となった。一族には合計三名の秀才がいたため、現地では「一門三秀才」と称賛された。父の鄧旭東は秀才に合格しなかったが、地元の漢文私塾の教師となり、その後公学校の漢文教員となった。一九〇八年、村の公学校教員である鄧は全島レベルの台湾総督府国語学校の漢文科教員に抜擢された。このような転身ぶりから見ると、一族は植民地の同化教育の順応者であったと言えよう。台北師範学校の刊行物によると、彼の経歴は次のとおりである。

先生は明治七年、桃園龍潭陂に生まれ、少にして漢文を修められ、その学識徳望は郷党に重んぜられ、三十三年二月には龍元公学校に奉職され、四十一年五月には国語学校に勤務さるゝこと〻なり、爾来今日まで十八年間漢文科を担任せられ、寛容温顔を以て生徒の教養に尽くされ、その薫化の及ぶ所実に大なるものあり。[12]

一九〇〇年から鄧旭東はなぜ教員となったのか。彼の文章によると、一八九九年龍元公学校教諭である国枝猛熊が彼を連れて総督府国語学校へ見学へ行った。これは漢文教員への就任の説得工作か、あるいは国枝が文教局へ鄧を漢文教員に推薦したのか、真相は不明だが、とにかく鄧はこれをきっかけにして龍元公学校の漢文教員となった。[13] 八年後の一九〇八年、彼は漢文教員としての能力が認められ、総督府国語学校の漢文教員に抜擢された。総督府国語学校には、先輩教員に著名な劉克明がいた。[14] 両者を比べると、台湾史学界においては、台湾語教員の劉は著名人であり、鄧は無名の教員であった。国語学校には台湾人教員は少なかった。鄧のもう一人の先輩教員に台北第三高女出身の周氏明娟がいたが、彼女は付属第二公学校の教員であった。その後、もう一人の漢文教員である劉徳三が採用された。その時代、彼はなぜ漢文教員の仕事を引き受けたのか。鄧旭東本人は「台北師範学校創立三十周年所感」で次のように述べている。

わが国は台民を厚遇し、教化の普及によりどの家庭にも勉学者がいて、皆が文明の域に及んでいる。この進展ぶりは師範学校の増設から窺い知ることができるだろう。そのため、我が台人の子弟も一層奮い立たなければならない。[15]

父親の鄧旭東が在任中の一九二〇年、鄧雨賢は台北師範学校に入学し、一九二五年に卒業した後、公学校の教員となった。一九二七年生まれの息子は一九四〇年台北第二師範学校に入学した。総じていえば、鄧一家は三代とも台北師範学校と密接な繋がりがあり、一九四六年に台北師範学校を卒業した鄧雨賢の長男である鄧仁輔も長い間小学校の教員をしていた[16]。鄧家の三世代は教師として清朝統治期、日本統治期そして戦後の国民党政府統治期を生き抜いたのであった。そのため、「一家三代為師」と言われるようになった。言いかえれば、一族と植民地教育機構との関わりは近代台湾教育史の縮図とも言える[17]。しかし、鄧家は確かに外来政権の統治に適応してきたが、だからといって彼らが植民地統治の協力者だと一言で片づけることはできない。なぜなら、政治参加をしなかった彼ら三世代は大勢に対して協力も抵抗もせず、「近代化」を追求するために教育を受け、そして教職に就いたのだからである。総じていえば、植民地期において学校教育を受けた人々は同化されたというより、近代教育の啓蒙を通して「文明の域」に到達し、さらに台湾人としての主体性の確立を求めた人物が少なくなかった。

もちろん、社会エリート層は植民地支配への対応も一様ではなかった。例えば、鄧旭東は前掲「台北師範学校創立三十周年所感」で、近代化を求める心情を明らかにしている。彼は師範学校で約八百名の生徒が毎日読書や唱歌、そして剣道あるいはテニスなどの訓練を受ける様子を賞賛している。さらに、まもなく台北第二師範が新設されるという点も強調した。書房の教員だった彼は近代学校の音楽や体育などの科目を高く評価し、また西洋式の教育機構や教育内容を全面的に受け入れるべきだと考えていたようであった[18]。鄧と同じように、漢族社会における伝統的な読書人が近代文明を積極的に受け入れた事例は珍しくなく、一定の割合を占めていたと思われる。

呂興忠の調査によると、鄧旭東は祖訓に従い、医者や官僚を目指さず、商人にもならないように「読書人家庭(書香世家)」の伝統を守ってきた。このような家訓は鄧雨賢にも多少影響を及ぼしているのではないかと推測できよう。つまり、植民地教育を受けた多くの台湾知識人が同化の影響を受けたといっても、積極的に近代化を求めていた側面もあったことをもっと重要視すべきであろう。例えば、後述のように、鄧雨賢は台湾の新しい文化を創生した代表的な人物であると言えよう。

二　師範学校の音楽科と植民地台湾の唱歌教育

日本統治初期、台湾総督府は初等教育の普及に重点を置き、各地で公学校を創設した。鄧雨賢は一九〇六年に生まれ、やや遅めであるが一九一四年八歳の時に公学校に入学した。一九二〇年に公学校を出た後、台北師範学校に入学した。学籍簿によると、台湾師範学校は当時予科一年、本科四年の中学校であった。一九二五年三月、鄧は台北師範学校を卒業し、台北市日新公学校の教員となった。教員を養成する師範学校は音楽教育を重視したため、卒業生は誰でも音楽教師の資格を持った。「国語学校規則」及び「台湾公学校規則」を調べてみると、「唱歌」が「国語教育」の一環とされたことが分かる。台湾の植民地教育は国語教育による同化を推進するとともに、近代化の音楽教育も普及させていった[19]。

鄧は前述のような教育環境で育てられたが、彼が音楽の天才だったのかどうか、あるいはいつ音楽に興味を持ち始めたのか、誰が啓蒙したのか、こういった点も研究者が考察すべき問題点である。現在、同時代の人物はほとんど実存していないので、史料を用いて調べるしか方法がない。在学状況を知る史料としては学籍簿が最も確実なものであろう。確かに、学籍簿からは鄧雨賢の作曲家への歩みが理解できる。例えば、次の成績表（表1）は彼の音楽への学習意欲の変化を表していると言えよう。

第四学年から鄧の音楽の成績が大きく伸びている。成績表から見ると、第四学年から彼が音楽に興味を持ち始めたことが確認できるが、もう一つもっと興味深い記録がある。当時、担当教師が彼の音楽への熱意を心配していたようで、学籍簿に第四学年第三学期の「操行ニ関シ注意スベキ事項」に「音楽ニ少シコリスギん《ママ》、温厚」、つまり「音楽に凝り過ぎているようだ」とある。以上の記述から、師範学校の時期に、鄧雨賢は音楽に夢中になり、そのことがその後の人生に大きな影響を及ぼしたことがわかる。

表1　台北師範学校在学中における鄧雨賢の「音楽」成績表

学年	第1学年				第2学年				第3学年				第4学年				第5学年			
学期	1	2	3	全	1	2	3	全	1	2	3	全	1	2	3	全	1	2	3	全
成績	7	7	7	7	7	7	7	7	6		7	7	8	10	9	9	9		9	9

出典：『大正十四年三月卒業各部生徒明細簿』（国立台北教育大学所蔵）。

また、鄧の操行に関する記載について、学籍簿には温厚という一言だけではなく、さらに次のように記載されている。「（言語）速。（動作）軽快。（容儀）清潔。（心性）孝、好学、親切、同情、正直、廉恥、平気、恐怖、遠慮、薄志、寛容。（行為）清潔、友愛」。上記の記録から、鄧の性格は温厚でかなり繊細だったと推測できる。そして、生真面目だったことも考えられる。孫である鄧泰超へのインタビューと彼の著書によると、周りの親戚や友人たちは鄧の性格が確かに上記の記録に書かれたタイプであったと証言している[20]。

総じていえば、鄧は、師範学校在学中の後半、多くの時間を割いて音楽に傾倒したと思われる。音楽を除けば、鄧の成績は良くなかった。特に数学、工作、農業などの科目は不得意であったことも分かった。一九二五年度九〇名の「師範本科本島人」の卒業生のうち、鄧は七八番目の成績で卒業した。事実、同年度一一〇名の入学者のうち卒業できたのは九〇名だけだった。当時、師範学校の退学率が高かったことにも注目すべきであろう。例えば、台湾の著名画家陳植棋は鄧雨賢の同級生であったが、一九二四年の学内紛争で退学処分を受けた[21]。

ここでは卒業率の検討ではなく、鄧の音楽の成績の変化に注目したい。彼は三年生まで普通であったが、なぜか四年生になると、急に進歩したようで一〇点満点の成績を取っている。この変貌ぶりを考えなければならない。先行研究によると、一条慎三郎（一八七〇～一九四五年）[22]が彼の蒙を啓いた師であると推定できる。その後、鄧は師範学校の音楽教師にはならなかったが、より広い台湾教育史の視野から見ると、鄧雨賢は近代台湾音楽教育の模範生であることがわかる。伝統音楽及び宣教師による西洋音楽を別にして、植民地台湾における音楽教育は公学校の「唱歌」が最も注目すべきであろう。音楽史研究者の論著によると、一八九五年に伊澤修二（一八五一～一九一七年）が学務部長として来台し、初等教育に唱歌を導入し、師範学校による音楽教師の養成をも重視した。それにより、台北師範学校で張福興（一八八八～一九五四年）、柯丁丑（一八八九～一九七九年）、李金土（一九〇〇～一九七九年）といった著名な音楽教師が養成された、とされてきた[23]。このような学界の定説のもとでは、鄧雨賢の実績は完全に無視されていた。ところが、別の視点からは、宣教師の洋楽と植民地教育の唱歌を源流とする台湾の音楽教育の最大の成果は、鄧雨賢という作曲家を生みだしたこととみることもできるだろう。

鄧雨賢が入学する一年前、柯丁丑が日本を経由して北京へ行った。また、鄧の在学期間中、李金土は留学のために東京へ行った。当時の台北師範の音楽教育は一条慎三郎と、同じ客家系の張福興の二人が中心となっていた[24]。したがって鄧の音楽的才能を開花させたのはこの二人ではないかと推測できる。しかし、戦後長い間台湾音楽史には、鄧の名前が全く出てこなかった。レコード会社の作曲家と学校教員とでは社会的地位に大きな差があるかのようである。しかし、今日の台湾においては、鄧雨賢が全土に知れ渡った著名人になったのに対して、張福興、柯丁丑、李金土の名を知る人のほうがごく少数になった。後述のように、鄧は文芸大衆化の理念を持って作曲活動に尽力していた。鄧の創作理念とその作品は共に高く評価され、そのため、鄧は名実とも「台湾歌謡の父」と呼ばれるようになった。

一九二五年鄧雨賢は台北師範を卒業した後、日新公学校の訓導となった。これは公費を受領した師範部卒業生の義務である。公学校教員としての鄧は唱歌だけではなく、ほとんどの科目をも担当しなければならなかった。彼はどんな気持ちで新米教員の生活を送っていたかは不明である。史料によると、鄧は音楽に夢中だったようで、給料を受け取ったら必ず音楽関連の商品を買いに行ったということであった。その結果、彼は遂に教職を辞めて作曲家への道を歩むことにした。

三　文芸大衆化の創作理念と戦時期の挫折

教員になった翌年の一九二六年、鄧は台北第三高等女子学校を卒業した鍾有妹と結婚し、翌年長男鄧仁輔が生まれた。その時、鄧の人生は順風満帆であるかに見えた。しかし、音楽への執着が彼を突き動かし、一九二九年に彼は公学校教員を辞し、東京へ音楽研修を受けるために出発した。これは相当勇気ある決断だといえよう。二年間の音楽学習を経て、一九三一年台湾へ戻ったものの、鄧はすぐには音楽の専門職に就くチャンスを得られなかった。そのため、彼は台中の地方法院の通訳の職にひとまず就き、やがて、音楽の才能が認められ台湾最大のコロムビア・レコード会社の作曲担当となった。

一九三三年レコード会社に就職してから、三年もたたないうちに、鄧雨賢は台湾で作曲家として名を知られるようになった。一九三六年二月八日、鄧は台湾文芸聯盟主催の座談会に参加した。この座談会は多くの文壇名士が出席するため、当時の台湾文壇の勢ぞろいの会合であったと言えよう。画家の楊佐三郎、林錦鴻、陳澄波、曹秋圃等四名、演劇研究家は張維賢一名、さらに文化人の陳逸松、葉栄鐘、郭天留、許炎亭等四名、こういった顔ぶれがこの会合に出席した。そして、作曲家鄧雨賢と陳運旺（鄧の台北師範学校の同級生）二名もここに加わった。作曲家二人以外、参加者はいずれも三〇代の鄧雨賢より一〇歳以上年上の著名人であった。しかし、座談会で、鄧は最初に発言し、その後の話題でも音楽に重点を置きつつ積極的に発言した。発言の順番は、主催側である台湾文芸聯盟責任者郭天留が葉栄鐘を司会者に推薦し、葉によって決められた。そして、記者許炎亭が「音楽を先に議論しましょう」と提案し、司会者が同意してから、鄧が発言した。その後、陳運旺が同じ音楽に関する意見を表した。

若手の陳の意見の内容を簡単に言えば、鄧の「洋楽漢楽折衷融和論」に賛成するということであった。陳は鄧の台北師範の同級生であり、卒業後頭屋公学校の訓導を経て、一九三〇年代に流行歌の作曲家として活躍するようになっていた。鄧と陳は漢楽洋楽の折衷融和を堅持し、レコードの普及を通じて民衆の音楽鑑賞能力を高めることに取り組んでいた。二人の論点は民衆のためにレコード産業の発展を推進することにあった。二人は洋楽重視の楽壇を厳しく批判する文芸青年であったと言えよう。なぜ、若手の二人が先に発言したのか。座談会はもと もと文芸大衆化を推進するためのものであり、また鄧が文芸大衆化の急進派だったからでもあろう。作曲家となった鄧雨賢がどのような作曲理念を持っていたのか。文芸大衆化に対する考え方を、彼は次のように語っていた。

遠慮のない処を申しますと、現在の台湾の芸術は全く一部紳士階級の娯楽機関に過ぎないので、もう少し大衆と一緒に鑑賞するといふ事を心掛けるべきである。また、台湾の音楽家を見ますと極端に言ひますれば、非常に精神的カルチュアが缺けて居る感じがします。〔中略〕台湾の芸術は非常に高い処は非常に高いが、低い処はまた低いで我慢してゐるようだ。その点レコードは大衆に愛好される多くの諸条件を具備して居りますから、今度はこの方面に対し一段の努力をして見たいと思ひます。

鄧は若手の作曲家として、座談会で積極的に自分の意見を開陳した。鄧は文芸大衆化の急進派であったが、その一方で、彼は台湾社会の伝統音楽の採譜とその改良も重視していた。彼は次のように伝統音楽の肯定論と西洋音楽の批判論を展開した。

西洋音楽にしても腐敗したところがありますから必ずしも西洋音楽でなければならぬといふことはないと思ひます。成程台湾音楽のレベルが低いが、然し始めから西洋音楽一点張りでは又大衆が理解し難くなりまして大衆と遊離することになります。それで従来の台湾音楽を――例へば歌仔戯には非芸術的な俗悪なとところが多々ありますから先づメロデーを改作するとか歌詞を改革するとか、さうしたところから着手すべきであると思ひます。〔中略〕私も四五年前からこの方面に手を付けては居りますが、また傑出したものを発表して居らぬのは残念です。[25]

この座談会について、『台湾文芸』の「編輯後記」では次のように説明されている。「中間ものとして『綜合芸術座談会』を掲載した。深く各部門に亘り突込んでやれなかったのは残念だが、これでも相当の目的を達してゐる。文聯が姉妹芸術家を抱擁し社会に働きかけんとしてゐる何よりの実証である」[26]。台湾文芸聯盟（文聯）が社会へ働きかけたことは「文芸大衆化」である。この文芸大衆化とは何か。機関誌『台湾文芸』雑誌では次のように説明されている。「我々の芸術や文学を大衆に理解せしめ趣味を持たせ日常生活と関係あらしめるか、つまり文芸を如何にして大衆化させるのか」[27]。とするならば、「大衆と遊離せず、大衆が理解しやすい、また大衆と一緒に鑑賞する」曲を創作している鄧は文芸大衆化の実践者だったと言えよう。

この座談会記録の前半には「音楽と大衆」という見出しが付いている。後半には「芸術と社会性」という見出しがあった。つまり、出席者の発言において文芸が大衆から離れることはできないことが強調された。文芸とは音楽だけではなく、文学や美術、演劇なども含まれている。一九三四年五月六日に成立した台湾文芸聯盟は最初から「文芸大衆化」の理念を掲げているし、鄧雨賢の発言は文芸聯盟の趣旨に合致しており、彼は最も急進的な推進者であったことは間違いない。ところが、鄧が実際に文芸聯盟に加入した形跡は見られず、『台湾文芸』に掲載されている「全台文芸同好会」のリストにさえ名が載せられていない。この状況から、作曲家としての鄧は文壇から離れていたと思われる。これは戦時期に鄧が公学校教員に復職した一因であろう。

一九三七年日中戦争勃発後、皇民化運動の展開により、台湾語流行歌の創作が抑圧されるようになった。一九三七年、鄧雨賢による作曲の台湾語歌詞『慰問袋』などの愛国流行歌が台北で発売され、一九三九年に鄧は「唐崎夜雨」というペンネームで『郷土部隊の勇士から』や『月のコロンス』といった曲を発表した。その後、これらの新作は台湾のコロムビア会社ではなく、東京のコロムビア本社からレコード化された。つまり、戦時期においては「鄧雨賢」が隠れ、作曲家「唐崎夜雨」が姿を現したのであった。

この時期に、こうしてやむを得ずペンネームを使用しただけでなく、鄧雨賢が作曲した過去の名曲『雨夜花』が日本語歌詞の『誉れの軍夫』に、『望春風』が『大地は招く』に、また『月夜愁』が『軍夫の妻』になってレコード化された。このように、台湾語の歌謡を日本語の時局歌謡風の歌詞に改めることは「新台湾音楽」と言われた。[28] もちろん、これは戦時期の国策に沿う音楽づくりであった。歌のタイトルや歌詞の変更だけではなく、鄧雨賢の名前も唐崎夜雨に改めさせられて表示されたことも、深刻な問題である。一九四一年に設立された「皇民奉公会」は植民地の人力動員の宣伝のため、唐崎夜雨の作品を「島民歌謡」に指定した。一九四二年には、『雨夜花』の台湾語歌詞がさらに『雨の夜の花』へと書き換えられた上、「作詞家西条八十」、作曲者「台湾古曲」と登録され、鄧雨賢の名前は抹消されてしまった。[29] 戦時期において、流行歌のレコードの発行は継続できず、鄧雨賢も仕事のチャンスを失った。一九四〇年、彼は新竹の芎林へ引っ越し、芎林公学校の教員となった。[30]

四　戦後の脱植民地化と流行歌への再評価

戦時期の台湾においては、精神面の戦争動員も行われた。例えば、多くの台湾人は皇民奉公運動の一環として総督府から改姓名（漢式の氏名を日本式へ）の圧力を受けた。教員としての鄧雨賢は官庁の要求を簡単に拒否することができず、一九四三年に改姓名の申請をした。鄧本人は東田暁雨、長男鄧仁輔は東田哲輔へと改姓名させられた。鄧仁輔の学籍簿には、次のように記載されている。「親権者及保証人共ニ財産収入ノ点ニ依リ学資ノ支弁ニハ十分ナリ、特ニ母ハ多年国語講習所講師トシテ奉職、国語ノ家トシテ認定モ近ク地方皇民化運動ノ中心ノ家ナリ。昭和十八年一月十二日」[31]。この記述によると、鄧一家は「国語の家」として、地方の皇民化運動の代表的な家庭となった。確かに、田舎の芎林では鄧家は目立つ存在の家族であった。だが、一九四四年六月一一日、鄧雨賢は芎林で病死した。享年三九歳だった。学校葬として葬儀が行われた。また、日本式の墓標には「音楽教育家東田暁雨之墓」と刻まれ、右側には「旧名鄧雨賢」という文字も刻まれた[32]。

戦争終結を待たずに他界した鄧は、ひっそりと田舎の村で眠りに就いた。さらに、戦後の長い間、彼の貢献も、国共内戦や東アジアの冷戦に巻き込まれ喧騒に満ちた台湾社会から忘れられた。実際に、鄧の生涯の作品は約一〇〇曲、レコードと楽譜によって判明した現存の作品は約七〇曲である。もちろん、彼の功績は創作の量だけではなく、その曲の質の高さも無視しえない。しかし、戦後初期の国民党政府は脱植民地化という大義名分で日本色を徹底的に抹消しようとした。学院派の音楽家たちは大衆の趣味を無視しなかったものの、それほど高くも評価しなかった[33]。もちろん、鄧の貢献を高く評した論評もあったが、このような見方は長い年月を経て、ようやく主流的な見解となった。鄧雨賢が再評価されてきた過程を時間の流れにまとめると次のようになる。

一九五〇年代から六〇年代まで、鄧の功績は民間社会による評価が中心となっていた。例えば、一九五四年コロムビアレコードの社員で作詞家の陳君玉は、台湾流行歌の歴史を四つの時代区分にまとめ、レコード業界の発展を分析している。元同僚鄧雨賢を彼の逝去一〇年目に「一代作曲先進（不世出の作曲家）」と高く評価した[34]。さらに、一九六七年に顔文雄は個人創作の流行歌が長く愛唱されるようになると、鄧雨賢の作品を取り上げて台湾民謡として認められると唱えた。これは「流行」が「古典」となる音楽の古典論だと言えよう[35]。

一九七〇年代に入ると、台湾においては民族音楽や新作歌謡への回帰という風潮が見られた。一九七〇年以降、国連脱退により国民党政府の正統性が揺らいだため、台湾社会は「郷土文学論争」や「自分の歌を歌おう（唱自己的歌）」といった、さまざまな政治社会運動が展開された。その際、伝統の「民謡」から「歌謡」（創作の新曲も含む）までのすべての歌曲は「自分の歌」と再定義された。運動の目標は台湾で「中国」を代表する民謡を採集したり、また新しい自分たちの歌謡を作ったりすることを活発化することにあった。ところが、この時期の運動は自分たちの民族風の歌謡が重視され、植民地期の人物による創作歌謡に対しては再評価までに至らなかった。

さらに一九八〇年代に入ると、民主化及び本土化の進展により、鄧雨賢の功績がようやく注目されるようになった。最初は客家系の著名作曲家として紹介されたが、やがて台湾を代表する作曲家の一人として注目され始めた。さらに、一九九〇年以降、台湾人の歴史的主体性（Subjectivity）を求める機運がいっそう高まってきた。それにより、一九九六年彰化高級中学校では新しい音楽ホールが完成した後、それを「雨賢館」と名付けた。また、新刊の台北師範学校音楽教育史の著書では、鄧らを「北師の光」の人物だと讃えている。[36]そして、二〇〇六年台北教育大学では改築された音楽ホールを「雨賢庁」と名付けた。この二十年来、鄧雨賢の関連事項は刊行物だけではなく、コンサートやミュージカルなど、さまざまな鄧雨賢の記念活動開催にまで広がった。このような急激な変化を経て、鄧はすでに誰もが知る人物になった。

もちろん、彼の作品は「古典」の創作歌謡となり、彼自身も日本統治期の主な歴史的人物と位置づけられるにいたった。特に彼と同郷で客家系の作家鍾肇政による伝記小説『望春風』の刊行が大きな影響をもたらした。[37]荘永明「四月望雨の作曲家――鄧雨賢」も発表され、その後、数え切れないほど多くの関連著作が刊行された。[38]そして、前述のように、鄧雨賢は「民族の歌」を作った偉大な人物として賞賛の対象となった。現在、『雨夜花』と『望春風』は依然として台湾人に最も親しまれている台湾語歌謡である。この二曲の歌詞の内容を比べると、同じ名曲でも雰囲気が陰と陽とで対照的な作品だと言われている。

おわりに――未完の脱植民地化と近代化

台湾の音楽は大きく分けると、原住民、漢族の伝統音楽、西洋音楽、そして流行歌に区分できよう。植民地期の学校教育では西洋音楽が最も重視され、戦後も同じような傾向が続いていた。しかし、レコードや映画などの視聴覚メディアの発達により、民間社会では流行歌が主流だった。そして、流行歌の世界においては、植民地期から戦後初期まで、市場では「台湾語」が主流となったが、六〇年代以降「国語（北京語）」の流行歌が中心となった。八〇年年代に入ると、民主化や本土化の進展とともに、政治的抑圧への反発として「原住民音楽」や「台湾語歌謡」が注目されるようになった。この時代の流れにおいて、先駆者の役割を果たした鄧雨賢の作品は再び注目され、彼の人物像も大きく変化が見られた。これは個人の運命というより、台湾の「脱植民地化」という政治状況の変転によるものであろう。

前述の検証を通じて、次のような結論にまとめてみたい。

1、今までの研究では、鄧の評価において「龍潭の客家」という出自の面を過度に強調してきたと思われる。あるいは彼を「客家系作曲家」と位置づける論述も見られた(39)。実際は父親の選択により、彼は幼児期から台北市の閩南系住民を中心とするマンカ（萬華）に移り住み、さらに台北師範学校にも進学した。この生活環境により彼は自然に多民族社会に溶け込み、帝国主義下における雑種性のあるエスニックな音楽環境に接触できた。このような家庭や植民地の文化環境を考えなければならない。

2、彼の音楽的才能は台北師範で啓かれたことが確認できた。そして彼の作曲家としての才能はレコード会社で十分発揮された。しかし、マイノリティの出身及び孤高の性格そして創作理念などの関係で、彼は文化人の交友圏で孤立した存在となり、戦時期に教鞭の道に戻るしか方法がなかった。時代の環境が主な原因であったが、彼の性格と出自も一因であろう。また、戦時期の言語や文化政策の影響で彼の創作の努力は報われず挫折してしまった。さらに、戦後の長い間、彼の歌謡界への貢献が認められなかった。つまり、この根本的な要因は、戦後台湾の脱植民地化が国民党政権に代行されたことであった。[40]

3、総じていえば、客家系の鄧雨賢は客家歌謡の創作に従事することなく、大衆向けの台湾歌謡を創作した。また、師範教育出身の彼は師範学校の音楽教育にこだわらず、優れた大衆娯楽の音楽を創作した。そのため、研究者の呂興忠は、台湾人の居場所には必ず鄧雨賢の『望春風』があり、鄧雨賢の『望春風』のあるところには必ず台湾人がいると評した。もし地方社会の歌謡を「民族の詩」というのであれば、鄧雨賢は「民族の歌」を作ったと言えよう。[41]それこそが、鄧雨賢に与えられる位置づけとして最も相応しいだろう。

彼ははっきりとした作曲の理念を持ち、その時代に掲げられた「文芸大衆化」という目標に賛同したが、実は当時の政治社会運動にはほとんど関わっていなかった。このような人物については、今までの国家史の視点から矮小化や英雄化することより、民衆の歴史や公共の歴史（Public History）の視点から見ていく方がよいと思われる。これも台湾植民地史研究の一つの課題だと言えよう。

戦後初期の脱植民地化論において、一部の植民地統治機構に関わった台湾人は植民地支配の協力者だと追及された。これは国民党による反日／抗日政策の一環であったが、台湾人政治社会運動の路線問題や正統性争いの問題とも絡んでいた。しかし、文化人の場合は別の問題も孕んでいたと考えられる。特に多くの脱植民地化の諸地域と異なる様相が見られた台湾では、植民地期の人物への評価はきわめて難しい問題であった。植民地統治期において、台湾知識人が如何に近代化を求め、またどのような同化の圧力を受けたかを再検証すべきであろう。鄧雨賢に関する人物像の変遷を例にして、第二次世界大戦期の台湾史の研究を深化できるのではないだろうか。

（1）　呂興忠「走過殖民時代的詠嘆與希望――台湾新民謡的奠基者鄧雨賢――」（『第六屆中華民国史専題論文集　二〇世紀台湾歴史與人物』国史館、二〇〇二年）七三三～七五九頁。この論文は二〇〇一年一〇月のシンポジウムで発表され、二〇〇二年一二月刊行の論収集に収録された。

（2）　『雨夜花』の台湾語歌詞は、台湾人の長きにわたり虐げられた運命に喩えられ、海外各地や島内の台湾人の愛唱歌となった。この曲は台湾人の「悲哀」（朝鮮民族の「恨（ハン）」に相当）という心情を表す歌謡曲だと言えよう。

（3）　三谷太一郎の解説によると、脱植民地化とは二つの意味がある。一つは日本植民地の地位からの離脱であり、もう一つは日本が対外膨張を放棄し、「帝国」の過去を清算することであった。台湾は前者であったが、実際には戦後の台湾は国共内戦及び冷戦に封じ込められ、主体的な脱植民地化が行われなかった（三谷太一郎「まえがき」『岩波講座　近代日本と植民地　アジアの冷戦と脱植民地化』岩波書店、一九九三年、五～一八頁）。

（4）　戦後台湾の脱植民地化は国民党政府に代行されたこと、および「代行的脱植民地化の植民地主義」などの用語とその分析は次の若林正丈の論稿を参照されたい。若林正丈「台湾の重層的脱植民地化と多文化主義」（鈴木正崇編『東アジアの近代と日本』慶應義塾大学東アジア研究所、二〇〇七年）一九九～二三六頁。若林正丈「試論――日本植民帝国〈脱植民地化〉の諸相――戦後日本・東アジア関係史への一視角」（黄自進編『東亞世界中的日本政治社會特徴』中央研究院人文社會科學研究中心、二〇〇八年）二七七～三〇五頁。

（5）　「植民地〈的〉近代」という用語の解説は次の著書を参照されたい。宮嶋博史、李成市、尹海東、林志弦編著『植民地近代の視座　朝鮮と日本』（岩波書店、二〇〇四年）。また、同書に収録されている都冕會「自主的近代と植民地的近代」の論稿によると、「日本によって朝鮮人が経験しなければならなかった植民地的近代とは、国家・民族の形成と維持の主体が日本という国家に発するものになったということであって、日本が輸入し定着させた西洋近代化のもう一つの再現物に過ぎなかった」（前掲書、二四頁）。ところが、台湾人が経験した植民地的近代は、朝鮮人が経験した意味での植民地的近代のみでなく、戦後の「再植民地化」がより深刻な問題となった。

（6）　呂興忠、前掲論文を参照されたい。

（7）　鄧泰超『鄧雨賢生平考究和史料更正』（国立台湾科技大学管理研究所碩士論文、二〇〇八年）。鄧泰超は鄧雨賢の孫である。家族史料の提供及び学籍簿使用につき同意してくださったことについて、この場を借りて深く感謝の意を申し上げます。

(8) 例えば、謝艾潔『鄧雨賢音楽與我』(台北県立文化中心、一九九七年)や黄恵君『雨夜花飄望春風——台湾歌謡奇才鄧雨賢和他的音楽時代——』(台北市文化局、二〇〇六年)などがある。

(9) 日新公学校の履歴書は次の著作に収録されている。黄恵君「一~四日新国小任教」(黄恵君、前掲書、八~一〇頁)。芎林公学校時代の履歴書は呂興忠の論文に詳しく紹介されている。

(10) 一九二六年に刊行された『台北師範学校創立三十周年記念誌』には鄧旭東の漢文自叙伝と教員歴などが掲載されている。芝原仙雄編『台北師範学校創立三十周年記念誌』(台北師範学校、一九二六年)三〇〇~三〇一、四五〇~四五七頁。父の鄧旭東の本名は盛猶である。旭東は別名である。また、同年『台北師範学校卒業生及修了者名簿』も刊行された。

(11) 例えば、二〇一二年台湾の中央研究院台湾史研究所による「台湾総督府職員録系統(検索エンジン)」がネット上で公表され、植民地時期公立学校教員の経歴の検索が便利になった。

(12) 芝原編、前掲書、四五二頁。

(13) 鄧旭東「台北師範学校創立三十周年所感」(芝原編、前掲書、所収)三〇〇~三〇一頁(原文は漢文、筆者の翻訳による。以下同じ)。

(14) 劉克明は漢文の素養があったが、台湾語の教師として台北師範学校に採用された。彼の著作とその思想に関しては次の著書を参照されたい。呉鈺瑾『島民、新民與国民——日治台籍教師劉克明(一八八四~一九六七)的同化之道——』(秀威資訊、二〇一五年)。

(15) 鄧旭東、前掲、三〇一頁。

(16) 鄧仁輔は一九二七年生まれ、一九四〇年台北第二師範学校に入学した。一九四三年三月、鄧は第一師範と第二師範が合併して専門学校の台北師範学校の予科に編入され、また東田哲輔へと改姓名された。一九四五年三月、鄧は本科に編入され、戦後の台北師範学校が中学校となったため、一九四六年三月に卒業生として送り出された。何義麟、簡宏逸編著『図説台北師範校史』(五南図書、二〇一三年)一〇四~一一四頁。『台湾総督府台北師範学校学籍簿』(国立台北教育大学所蔵)。

(17) 台北師範学校の略史は次のとおりである。一八九五年芝山巌学堂創立、一八九六年台湾総督府国語学校創設、一九一九年国語学校から台湾総督府台北師範学校へと変更、一九二七年第一師範学校と第二師範学校へと拡張、一九四三年専門学校へ昇格、一九四五年一二月五日台湾省立師範学校となり、現在は筆者が勤務している国立台北教育大学である。

(18) 鄧旭東、前掲、三〇一頁。

(19) 連憲升「〈文明之音〉的変奏——明治晩期到昭和初期台湾的近代化音楽論述——」(『台湾史研究』第一六巻第三号、二〇〇九年九月)。

(20) 鄧雨賢の性格などについては次の論稿を参照されたい。鄧泰超、前掲書、六〇～八二頁。

(21) 陳植棋の生涯と退学の経緯などに関しては次の著書を参照されたい。李欽賢『俠氣・叛逆・陳植棋』(行政院文化建設委員會、二〇〇九年)三〇～三七頁。

(22) 一条慎三郎は台湾音楽教育の第一人者であり、本名は宮島慎三郎、一条家の婿養子となった。ペンネームは一条真一郎である。連憲升、前掲論文、六三頁。劉麟玉『植民地下の台湾における学校唱歌教育の成立と展開』(雄山閣、二〇〇五年)一二一頁。

(23) 劉麟玉、前掲書、連憲升、前掲論文を参照されたい。

(24) 孫芝君『日治時期台湾師範学校音楽教育之研究』(国立台湾師範大学音楽研究所碩士論文、一九九七年)。陳郁秀、孫芝君『張福興——近代台湾第一音楽家——』(時報文化、二〇〇〇年)。

(25) 「文聯主催　綜合芸術を語るの《ママ》会」(『台湾文芸』第三巻第三号、一九三六年三月)四五～四七頁。

(26) 「編輯後記」(『台湾文芸』第三巻第三号、一九三六年三月)六〇頁。

(27) 『台湾文芸』第二巻第一号新年号、一九三四年一二月、二～七頁。

(28) 貴志俊彦『東アジア流行歌アワー』(岩波書店、二〇一三年)一三八～一四三頁。

(29) 黄裕元『流風餘韻——唱片流行歌開台史——』(国立台湾歴史博物館、二〇一四年)二七五頁。一九四二年には日本で「雨の夜の花」を著名歌手である渡辺はま子が歌っている。貴志、前掲書、一三九～一四〇頁。

(30) 鄧泰超、前掲書、一八～一九頁。

(31) 前掲『台湾総督府師範学校学籍簿』。

(32) 台湾鄧雨賢音楽文化協会編著『台湾歌謡的春雨：傳・鄧雨賢』(華品文創、二〇一五年)二七頁。

(33) 許常恵『台湾音楽史初稿』(全音楽譜出版社、一九九一年)二七一～二七四頁。

(34) 陳君玉「日據時期台語流行歌概略」(『文物季刊』第二巻第四期、一九五四年五月)二二～三〇頁。

(35) 顔文雄『台灣民謠』(音楽研究所・中華大典編印会、一九六七年)二五〜二六頁。
(36) 張統星『北師音楽教育発展史』(楽韻出版社、一九九七年)四七七頁。「北師の光」とは、張福興(一九一〇年卒)、柯丁丑(一九一一年卒)、鄧雨賢(一九二五年卒)の三人である。
(37) 鍾肇政『望春風』(大漢出版、一九七七年、再版、前衛出版社、一九八六年)。
(38) 荘永明「四月望雨の作曲家――鄧雨賢」『台湾近代名人誌　第一冊』(自立晩報社、一九八七年)二〇七〜二一六頁。
(39) 客家出身の作曲家を紹介したものとしては次のような著作がある。鄭榮興編『台湾客籍作曲家』(行政院客家委員会、二〇〇六年)。
(40) 森田健嗣「戦後台湾における脱日本化再考――代行された脱植民地化の視角から――」(『アジア・アフリカ言語文化研究』第九三号二〇一七年三月)五〜二四頁。
(41) 呂興忠、前掲論文、七五九頁。

〔附記〕本稿は次の拙稿を大幅に修正したものである。何義麟「鄧雨賢的求歷程及其歌謡創作理念」(『台湾史学雑誌』第一九号、二〇一五年一二月、三〜二五頁)。

附録：鄧雨賢関連の略年表

西暦	**主な事項**
1624	オランダ、台南安平を占領、砦を築き台湾統治を開始。
1662	鄭成功、オランダを台湾から追放。
1684	台湾は清国領となり、福建省台湾府となる。
1874	日本軍が台湾南部出兵(琉球漂流民殺害を理由に先住民討伐、牡丹社事件)。
1895	日清講和条約、日本に台湾割譲。5月台湾民主国成立、10月民主国崩壊。
1906	**7月21日鄧は桃園龍潭に生まれる。**
1908	父親鄧旭東は台湾総督府国語学校の漢文教師となる。台北市内へ転居。

1914　公学校に入学。
1920　台湾総督府台北師範学校に入学。
1921　議会設置請願運動開始、台湾文化協会設立。
1925　台北師範学校を卒業。台北日新公学校の教員となる。
1926　鍾有妹と結婚。
1927　長男鄧仁輔が台北で生まれる。
1929　教職を辞職、作曲家を目指して東京へ遊学。
1931　台湾へ帰り、台中法院（地方裁判所）の通訳となる。次男誕生。
1932　台北のレコード会社から自作の『大稲埕行進曲』など発売。
1933　コロムビアレコード会社に入社。
1936　台湾文芸聯盟主催の綜合芸術座談会に参加。
「文聯主催　綜合芸術を語る会」『台湾文藝』（第3巻第3号、1936年3月）。
1938　『蕃社の娘』を発表。
1939　東京で「唐崎夜雨」というペンネームで作品を発表、長女逝去のため帰台。
1940　新竹芎林の公学校教員となる。長男仁輔が台北第二師範学校に入学。
一記者「流行作曲家 鄧雨賢氏對談記」『台灣藝術』第1巻第2号、1940年4月。
1941　芎林公学校が芎林国民学校に改名。三男宰輔生まれる。
1943　「国語家庭」となり、東田暁雨へ改姓名。
1944　**6・11　芎林で逝去、享年39歳。**
日本式の墓標に「音楽教育家東田暁雨之墓」と刻まれる。
1945　日本敗戦、10・25　台湾の行政権が国民政府派遣の台湾省行政長官・陳儀へ。
1946　長男仁輔が台北師範学校を卒業。
1947　2・27　ヤミ煙草の取締りをめぐって市民と警察が衝突（二・二八事件）。
3・8　国府の増援軍が基隆に上陸。4・22　行政長官公署を台湾省政府に改組。

1949　5・20　戒厳令を台湾全島へ拡大実施。12・9　国民党政府が台北に移転。
1950　6・25　朝鮮戦争勃発、6・27　米国第七艦隊台湾海峡に派遣。
1952　4・28　日華平和条約調印。10・31　中国青年反共救国団設立。
1954　蔣介石が第二期総統に就任。米華相互防衛条約調印。
1971　中国が国連に加盟、国府が国連を脱退。
1972　2・21　ニクソン米大統領訪中。9・29　日中国交樹立、日台国交断絶。
1978　蔣経国が総統に当選。12・16　米国が翌年元日に中国と国交樹立を宣言。
1979　『八十年代』と『美麗島雑誌』創刊。12・10　美麗島事件発生。
1984　蔣経国が総統に再選、李登輝が副総統に当選。
1986　9・28　民主進歩党結成。
1987　戒厳令解除。
1988　1・13　蔣経国死去、李登輝が総統に昇格。
1996　初めての国民による総統選挙実施、李登輝が当選。
彰化高等学校の音樂館竣工、「雨賢館」と命名。
2000　陳水扁が総統に当選、2004に再選。
2007　**鄧の自伝的ミュージカル『四月望雨』の上演。**
2008　馬英九が総統に当選、2012に再選。
2012　8・28　**鄧の自伝的テレビ連続ドラマ『歌謡風華：初声』放送開始**（英文：The Songs Of Soil）。

第Ⅵ部

脱植民地化／脱帝国化と知の再編

戦後朝鮮統治関係者による朝鮮統治史編纂——友邦協会を中心に——

李　炯　植

はじめに

敗戦後、植民地問題を忘却していた日本社会において、植民地問題に対して発信しつづけた人たちは、植民地を直接体験して帰還した植民者と在日朝鮮人であった。しかし、日本社会に復帰した海外引揚者たちに対する社会的な視線は芳しくなかった。左派からは「侵略の走狗」と批判され、右派からは本土人の仕事を脅かし乏しい食料を奪う「邪魔者」として敬遠視された(1)。

このような批判に対して、帰還した朝鮮総督府官僚を含む朝鮮統治関係者(2)は、一九五二年、友邦協会を組織し、植民地統治史料を収集・整理・出版して対応しようとした。具体的には、朝鮮統治関係者は、戦後日本社会において友邦協会を通じて文書保管所（友邦文庫）、専門的な史料編纂（『日本人の海外活動に関する歴史的調査』、友邦シリーズ、録音記録など）といったかたちで彼らの集団の記憶を可視化する活動を展開した(3)。

植民者の植民地経験と記憶という問題は、戦後日本の東アジア関係と東アジア認識に大きな影響を及ぼしているという点において、日韓間にわだかまっている歴史認識の溝を埋めるためにも、その研究が切実に求められている。[4] しかし、植民者（帰還した日本人）といっても、職業、世代、ジェンダー、地域などによって各々異なる植民地経験と記憶を持っており、彼らを一律に一般化することは難しい。しかし、個人の記憶が社会的に形成されるということを考慮すれば、記憶とは、集団存在の単純な副産物ではなく、集団を存在させるアイデンティティーの根源である。[5] 戦後日本社会には、植民地認識をめぐって多様な「集団の記憶（collective memory）」が互いに競存しており、このような「集団の記憶」は、戦後日本の植民地支配に対する「公的な記憶（official memory）」に収斂されていくという点にかんがみて、本稿では友邦協会に代表される朝鮮統治関係者の朝鮮認識と記憶に注目しようと思う。朝鮮統治関係者の「集団の記憶」は、「植民者」の記憶、さらには戦後日本の記憶として、植民地支配に対する支配的な談論を形成し、戦後日本の植民地に対する「公的な記憶」の形成に大きな影響を及ぼした点において、重要な意味を持つ。

しかし、戦後朝鮮統治関係者の活動と植民地認識についての研究は、意外にも少ない。まず、日韓交渉と関連して中央日韓協会とともに友邦協会を扱った鄭昞旭の研究[6]と在朝日本人団体として同和協会、中央日韓協会を扱った盧琦霙の研究[7]がある。それ以外に、友邦協会については宮田節子の簡略な解題があるのみである。[8] これらの研究では、友邦協会について限定すれば、この団体についての基本的な情報（幹部構成）と日韓交渉との関連で、植民統治経験認識という側面から言及しているのみであり、なぜ友邦協会が設立されたのか、どのような人物で構成され、どのような財政構造を持っていたのか、どのような活動を行なったのか、などについて詳しく究明していない。

よって本稿ではこのような研究史の空白を埋めるため次のような研究課題を設定する。まず、朝鮮統治関係者が戦後日本社会の文脈のなかで友邦協会をなぜ設立し、その設立がどのような過程を経たものだったのかを明らかにする。次に、友邦協会がどのような人々で構成され、どのような財政的基盤を持っていたのかを究明する。

最後に、朝鮮統治関係者がなぜ朝鮮統治史料を編纂しようとし、どのような過程を通じて朝鮮統治史料が編纂されたのかを当時の戦後日本社会の歴史的脈絡のなかで検討する。

史料としては、当時の新聞、雑誌、回顧録、学習院大学が所蔵している朝鮮統治関係者の録音記録のみならず、これまでの研究ではほとんど活用されなかった友邦協会の内部文書、会報（『友邦月報』、『友邦協会会報』）、友邦協会幹部の個人文書（『君島一郎関係文書』[9]）を使用する。特に『君島一郎関係文書』は、当事者でなければまったく知り得ない友邦協会の内部事情と表向きには決して語れない朝鮮統治関係者の生々しい肉声を復元できる重要な一級史料だと判断される。

一　友邦協会の設立

(1)　設立背景

友邦協会はなぜ設立されたのか。一九五二年一〇月に設立された友邦協会は、現在までその設立背景が明らかにされていない。友邦協会の設立が在日朝鮮人問題（在日本朝鮮人連盟）と深く関連しているということも、ほとんど知られていない。本節では、『財団法人友邦協会設立要綱』という内部文書の分析を通じて設立背景の糸口を探してみる。

一九四五年一〇月、マルクス主義者、民族主義者が主導する在日朝鮮人の全国組織である在日本朝鮮人連盟（以下朝連）が結成された。朝連は解放民族の代表団体として、日本にあった総督府出張所および朝鮮銀行の建物、資産を接収し、財政的基盤とした。朝連は朝鮮への帰国者を斡旋する代価として莫大な資金を確保し、また帰国者が残した預金、公債などの譲渡を受けたり、日本政府と企業から朝鮮人被徴用者の未払賃金と死亡者の補償金などを一部引き出したりもした。朝連は、このような豊富な資金をもとに朝鮮人の帰国支援以外に水害救済者の援助、闇市場での朝鮮人支援、教育、文化事業に着手するなど、在日朝鮮人の生活と密着した活動で勢力を急速に拡大していった[10]。

しかし、朝連のこのような成長も一九四七年以後GHQが占領政策を転換したことにより大きな危機を迎えた。GHQは、在日朝鮮人を「解放国民」と見なしていた初期の政策を変更し、在日朝鮮人を日本の司法権に服従させ朝鮮人学校の教育は日本文部省の指令に従うようにした。GHQと日本当局は、戦前には附与されていた在日朝鮮人の参政権を剝奪し、外国人登録令を制定する一方、学校閉鎖令を発令して、朝連が中心となって推進した「民族教育」を弾圧しはじめた。これに対して朝連は、「阪神教育闘争」に代表される「民族教育」弾圧に対する激烈な抗議運動を展開した。このような抗議運動に対してGHQとその指令を受けた日本政府は、一九四九年九月、朝連を暴力主義的団体に指定して解散させ、その財産を没収し、朝連および在日本朝鮮民主青年同盟の主要幹部二八名を公職から追放した。さらに一九四九年一〇月以後、学校閉鎖令により朝連が活動家を養成するために建てた各地の青年学院、高等学院を閉鎖させた[11]。つづいて一二月、警察は、強盗、窃盗容疑者を逮捕するという名目で関東一帯の朝鮮人部落八一ヶ所を急襲した。在日朝鮮人の生活を支援していた朝連が解散させられると、在日朝鮮人はさらに生活に困窮することになった。以後、朝連系の活動家たちは、住民税反対、在日朝鮮人の生活救済、学校接収反対、民族教育擁護、拘束者の釈放などを要求する運動を展開し、占領当局と対立した。このような占領当局と朝鮮人の衝突事件に対して日本の主要日刊紙は、憂慮を表明しつつも在日朝鮮人の自省を求めた[12]。

日本政府は、このような朝連系の活動家たちの人権擁護、民主化運動を弾圧する一方、朝連を解散させ、一九四九年一一月一〇日、同連盟が持っていた財産を朝鮮人の福利厚生に充当することを閣議了解事項として決定した。翌年一月四日、大橋武夫法務総裁は、朝連の財産に対して「今回在日朝鮮人子弟の教育と在日朝鮮人の福利厚生のため使用することを定め、とりあえず善良な在日朝鮮人の福利厚生のため、相当な額を支出することを決定し、早急に実行に移すことにした」という談話を発表した[13]。

このようななかで、一九五〇年六月に勃発した朝鮮戦争は、日本において朝鮮問題についての関心が高まるきっかけとなった。経済評論家小山節夫が朝鮮戦争を「ひでり」が続く日本産業界に思いもよらない「慈雨」であると表現したように、朝鮮戦争の勃発によって日本はアメリカを中心とした国連軍の補給基地の役割を担い、軍需物資をドルで調達するようになったことで、「朝鮮ブーム」と呼ばれる朝鮮特需が起こった[14]。

一方、朝連系在日朝鮮人は、朝鮮戦争をアメリカ帝国主義の侵略主義と見なし、非合法的に朝鮮防衛委員会（朝防委）とその傘下に祖国防衛隊（祖防隊）を組織し、日本での武器生産と輸送の阻止、軍需工場労働者にストライキを呼びかける運動を展開した[15]。一九五〇年一一月、神戸を中心に住民税反対、在日朝鮮人の生活改善、公職追放反対を主張する在日朝鮮人が警察と衝突し、多くの検挙者を出した。以後、類似の衝突が関西地方で拡大すると、当時、『読売新聞』や『時事新聞』といった右翼系新聞は、一連の事件を「朝鮮人暴動事件」と規定し、背後勢力（日本共産党）の存在を疑い当局に治安対策を求めた[16]。吉田茂首相は、一九五〇年一二月二八日に記者会見を通じて朝鮮人の治安妨害を厳重に処罰すると発表し、つづいて官房長官は、法に照らして断固とした処置を執るとし、国外追放を考慮している旨を明らかにした。

このような状況に対し、一九五一年六月、元朝鮮総督府殖産局長であり同和協会副会長である穂積真六郎[17]は、設立趣旨書である「財団法人友邦協会について」において「朝鮮に関する問題は、日本にとつて、最も重大、且つ、深刻である」「在日朝鮮人の大半が、有力なる赤色暴力革命の素因を成しつつあるとき、若し万一、わが国の北辺より、共産主義の浸透が行われるとしたならば、国内に於ける彼等の雷同的蜂起は、必至の情勢である[18]」と述べ、朝鮮半島の共産化と在日朝鮮人問題を憂慮し、朝鮮問題に対する総合的な対策を取ることを力説した。

このように戦後在日朝鮮人問題の浮上と朝鮮戦争の勃発は、日本において「朝鮮問題」に対する関心を高め、これによって朝鮮統治関係者は「朝鮮問題」に対処する協会設立の必要性を感じたのである。

(2) 設立準備

帰還した朝鮮総督府官僚たちは、中央朝鮮協会[19]の後身である旧友倶楽部を中心に三六年間の施政の実績を記録しようとしたが、予算不足で挫折した。その後、一九五〇年秋、穂積真六郎は同和協会[20]の関係者、鈴木武雄(元京城帝大教授)、船田享二(元京城帝大教授)、尾高朝雄(元京城帝大教授)、久保田豊(元朝鮮電力社長)、渋谷礼治(元朝鮮銀行調査課長)、善生永助(元朝鮮総督府嘱託)などとともに朝鮮に関する諸般の問題を調査・研究し、これを普及する目的で財団法人朝鮮研究所の設立を計画した。[21]朝鮮研究所は、当初、帰還者団体である同和協会の傍系組織として設立を準備し出入国管理庁、国警(国家地方警察)、法務部、各省庁にも支援を要請し、主要な銀行、会社にも当たって約二〇〇〇万円の資金を調達する計画を立てていた。[22]

このようななかで、一九五〇年末、法務部は朝連を解散させ、同連盟が持っていた財産一億六〇〇〇万円のうち、一五〇〇万円を在日朝鮮人の厚生福祉施設資金に当てるつもりである旨を渋谷礼治[23]を通じて朝鮮統治関係者に伝達した。朝鮮統治関係者たちの間では資金受諾の可否をめぐって激論が交わされたが、最初は受諾に反対する意見が圧倒的に多かったという。反対意見の主な論拠は、法務部の資金が複雑な性質を帯びているという点、六〇万の在日朝鮮人を対象にする厚生福祉施設資金に充当するにはあまりに少額だという点、朝鮮人に対する厚生福祉事業は総督府時代から成功した前例がないという点などであった。一方、資金受諾に賛成する側からは、朝鮮問題は世界的にみても大問題であり、在日朝鮮人問題も放置できず、朝鮮民族に関するより総合的な国家機関が創設される必要があるということや、朝鮮人の「特異な性格」を熟知している朝鮮関係有識者の参加が必要だという意見が提起されている。

朝鮮統治関係者たちは、この提議をきわめて重大な問題と認識し、同和協会の有力幹部である田中武雄会長、丸山鶴吉（元警務局長）顧問、池田清（元警務局長）顧問などが集まり議論した。[24] この議論において、①資金については多額の国庫補助を受けられるよう当局に要請すること、②同和協会が協会設立に全面的に協力することを決定した。その後、数度にわたり朝鮮関係有識者たちが会合し慎重に審議した結果、①当初の目的である朝鮮に関する諸般問題を調査、研究すること、②法務部の寄託予定金を受けて在日朝鮮人の厚生福祉に関する事項を遂行する案を決定した。当初の目的である朝鮮に関する調査、研究を根幹にしつつ、在日朝鮮人の厚生福祉を総合的に実践するため、朝鮮研究所を新たに友邦協会と改称し発足することで意見の一致をみた。[25] しかし結局、穂積は押収した朝連の財産で韓国関連事業を推進することは望ましくないため朝連の財産を引き受けることを拒否し、朝鮮統治に関する資料の収集・研究・普及をおもな目的とした機関の設立を推進した。[26] 結局、朝連押収財産を引き受けないことで在日朝鮮の厚生福祉に関する事項は友邦協会事業の優先順位から外れることになった。

しかし、同和協会は「朝鮮学会程、純粋な学問の立場にある団体なら独立する理由が明瞭であるけれども、友邦協会の目的が調査研究にあつて、在日韓国人問題の解決に貢献するにあるとするなら同和協会の一部としての仕事をやつて行くべきだ」とし、別途の財団設立について意欲的ではなかったように思われる。[27]

これについて穂積は、単独団体として（朝鮮問題）すべてを実行することは適切ではなく、朝鮮研究と日韓間の平易な懇談会を行なう程度の組織を設立することを主張した。穂積がこのように主張したのは、朝鮮総督府官僚があまりに多く集まっているという同和協会に対する否定的な評判[28]と田中会長の同和協会資金流用問題などを考慮したためであろう。[29] 以後、友邦協会は朝鮮統治に関する資料を収集、研究、編纂する役割をおもに担当し、同和協会の後身である中央日韓協会は日韓会談の開始をきっかけに帰還者団体の性格を脱し「日韓両国間の親交、文化交流、経済提携」を担い、役割を分担した。しかし、両団体は時に微妙な緊張関係にあったりもした(30)。

友邦協会は、一九五一年一月末に法務部を通じてGHQ当局の承認を得て、法務部当局と協議の上で「寄付行為」についての規定を整えた。同年四月、穂積は具体的に事業を構想し、友邦協会傘下に韓国調査研究所、日韓懇話会、対韓国協力委員会、在日韓国人厚生福祉委員会を設置することを建議する意見書（『財団法人友邦協会設立要綱』）を政府に提出した。六月に事業計画を決定し基本財産二〇〇万円を目標に寄付を集めたが、朝鮮銀行調査課長と朝鮮貿易協会理事長を歴任した渋谷が財界人脈を利用して斡旋した。

設立発起人には穂積をはじめ緒方竹虎、池田清、林茂樹、久保田豊、渋谷らが参加した。緒方国務大臣を通じて友邦協会の事情を吉田茂首相に伝達し、その協力を求めた。一九五一年一二月から本格的に資金集めが始まり、全国各地で朝鮮問題に関する懇談会を開催した。一二月六日には福岡商工会議所において朝鮮問題に関する懇談会が開催された。この懇談会に友邦協会発起人として穂積、渋谷、近藤釼一、緒方が出席し、杉本勝次福岡知事をはじめ、小西春雄福岡市長、山脇正次福岡商工会議所会長など、福岡の政財界有力人士たちが多数参加した。この懇談会をきっかけに九州に引き揚げた朝鮮関連企業を中心に六四万円の寄付金を集めた。渋谷は、一九五二年六月六日、元朝鮮銀行副総裁君島一郎に宛てた書翰のなかで次のように友邦協会設立準備状況を報告している。

友邦協会設立について一昨年来穂積氏同伴各地に於て小西現福岡市長斡旋の下に一席ブチました処、相当手答へがあり、二月と此度と三度下阪後約六十万円以上の基本金を得ました。一方五月下旬に大阪に於て朝鮮関係の二十名の集りをつくり、一席づけました処、期待以上の結果を見、私来る九日再度大阪に来り、其の纏めをつけ十五日帰都いたし、昨年来の始末をつけ彼是いたし、約百万円以上の基金となし、早速設立総会を催して東京都に対してその設立許可の申請を済ませ、茲に一段落をつけて更に大きく動く考であります。東京で松本健次郎翁を起して三井、三菱、古河、住友、北海道炭鉱汽船の五大社に寄付を御願することにいたし、私は穂積氏と松本翁往訪懇請等の事を運んで居るやうなことであります。何れ財団設立となれは尊堂にも一と肌抜《ママ》いて頂き度いと存じます。小生は曾て御示しの如く、穂積氏と通りが悪るく、渋沢敬三氏を御願し度きもこれは到底不応とわかり、緒方竹虎氏を通し下村海南先生を会長に推すことにいたしました。下村先生すでに御承諾済であります。尚又現在の同和協会に新設の友邦協会とは追て一つに固める考、これは拝晤の折に申上けます[31]。

つまり、友邦協会設立に小西春雄福岡市長（元朝鮮銀行大連支店長）が積極的に協力しており、日本経済連盟会会長を勤めた松本健次郎を通じて三井、三菱、北海道炭鉱汽船のように、朝鮮とも関連の深い五大財閥に資金援助を依頼しようとしていること、会長に下村宏を推戴しその承諾を得たこと、後で同和協会と友邦協会を統合する計画であることを報告している。特に友邦協会と同和協会を一つに統合しようとする渋谷の構想が注目されるが、別途の組織として設立しようとする穂積との意見差を確認できる。このような意見差のためか、渋谷と穂積とのあいだの意思疎通は円滑ではなく、会長に下村を推戴していた。

一方、穂積と渋谷は日本財界に幅広い人脈を持っている君島に寄付金募集を依頼し[32]、君島は渋谷と連絡を取りつつ寄付金斡旋に積極的に助力した。以後、日本銀行をはじめとした金融機関から三〇万円、朝日新聞と毎日新聞から各々三万円の寄付を受けた。しかし経済界の不況と在日朝鮮人に対する悪感情により期待とは程遠い結果であったという。八月三〇日、発起人会を開催し、九月一九日、東京都知事を経由して外務大臣に設立許可申請書を提出し、国務大臣である緒方の斡旋を通じて一〇月四日設立許可を受けた。

このように友邦協会の設立過程を見てみると、元朝鮮銀行副総裁君島と朝鮮銀行調査課長を勤めた渋谷、元朝鮮銀行大連支店長小西が資金調達を援助するなど、朝鮮銀行の人脈が重要な役割を担っている。ならば、元朝鮮銀行幹部たちは、なぜ協会設立に積極的に関与したのであろうか。君島は、朝鮮銀行に属する日本資本六〇億円を活用して「日韓合弁特銀」を設立し、朝鮮戦争で被害を被った韓国に経済復興の援助を行なう構想を持っていたが[33]、渋谷も君島の「日韓合弁特銀」設立構想に同意したように思われ、韓国に対する「経済的再進出」を狙ったものと推測される。

(3) 幹部及び財政

次の表1は、設立初期から一九七〇年までの友邦協会幹部を整理したものである。設立準備段階から渋谷が積極的に会長に推戴した下村は、結局友邦協会に参加せず、代わりに穂積が初代理事長に就任した。穂積が一九七〇年に死亡すると、君島一郎が会長に、水田直昌が理事長に各々就任した。設立当時、理事には緒方竹虎を除くと総督府局長出身者(林茂樹、上瀧基、萩原彦三)、京城帝大教授出身者(鈴木武雄、末松保和)、朝鮮銀行幹部歴任者(小西春雄、渋谷礼治)、京城日報論説委員(近藤釼一)など、みな朝鮮統治に直接または間接的に深く関与した帰還者であった。

理事のうち、特に朝鮮総督府官僚出身者たちは、おもに一九一〇年代に朝鮮に赴任し朝鮮で官僚生活を終えてからも総督府関連企業に再就職し、朝鮮で約三〇年間生活した「生え抜き官僚」たちであった[34]。理事の大部分は六〇歳を超える高齢者であったため、死亡による欠員が生ずれば朝鮮統治に関与した新しいメンバーが充員された。特に渋谷は友邦協会設立段階から実質的に協会運営を担当した。緒方国務大臣、小西福岡市長は、渋谷の勧めで協会に加入したという[35]。よって初期友邦協会は、官僚的な色彩がそれほど強くなかったといえる。渋谷が一九六一年に死亡した後は、林茂樹(元学務局長)が協会を主導し、林が一九六四年に死亡した後は、萩原彦三(元咸南知事)が、萩原が一九六七年に死亡すると上瀧基(元殖産局長)が、協会の運営を担った。渋谷の死亡後は総督府局長出身理事たちが実質的に協会事務を主導した。京城日報論説委員を勤めた近藤釼一がおもに協会刊行物

表1　歴代友邦協会幹部（設立初期から1970年まで）

職位	名前	戦前の経歴	帰還後の経歴	備考
理事長	**穂積真六郎**	殖産局長、 朝鮮電気取締役	中央日韓協会副会長、 参議院議員	1970年死亡
	水田直昌	財務局長	東京銀行協会専務理事	1975年会長就任
理事	**林茂樹**	学務局長、 京春鉄道社長	中央日韓協会理事	1964年死亡
	近藤釼一	京城日報論説委員	株式会社テイハツ本社代表取締役	2003年死亡
	緒方竹虎	内閣情報院総裁	国務大臣兼内閣官房長官	1956年死亡
	渋谷礼治	朝鮮銀行調査課長 朝鮮貿易協会理事長		1961年死亡
	久保田豊	朝鮮電業社長	日本工営株式会社社長	1986年死亡
	善生永助	朝鮮総督府嘱託	昭和女子大学教授、 天理大学講師	1971年死亡
	小西春雄	朝鮮銀行大連支店長	福岡市長	1956年死亡
	鈴木武雄	京城帝大教授	武蔵大学教授	1975年死亡
	白石宗城	朝鮮窒素肥料常務理事	中央日韓協会副会長	1979年死亡
	上瀧基	殖産局長	東京簡易裁判所判事	1979年死亡
	末松保和	京城帝大教授	学習院大学教授	1992年死亡
	萩原彦三	咸南知事、拓殖次官	弁護士、中央日韓協会理事	1967年死亡
	塩田正洪	鉱工局長	関東築炉工業株式会社取締役社長	1972年死亡
	君島一郎	朝鮮銀行副総裁		1954年理事 1970年会長 1975年死亡
	工藤三次郎	朝鮮貿易協会専務理事		1970年死亡
	神田啓三郎	三菱商事京城支店長	大成水産株式会社社長	
	高原丈夫	中外製作所理事		
	渡辺豊日子	学務局長	弁護士	1970年死亡
	武者錬三	京城電気社長		
	岸謙	京城電気監理課長		1974年死亡
監事	**古市進**	京城府尹	京王電器株式会社、 中央日韓協会理事、 在外公館等借入金整備審査員	1963年死亡
	蔭山正三	東産業理事、 朝鮮貿易協会専務	朝日放送代理店光広告会社社長	
	桜沢秀次郎	朝鮮銀行理事		
	奥村重正	財務局司計課長	日研化学株式会社社長	

出典：国史編纂委員会韓国史データベース（http://db.history.go.kr/）、『同和』、『鶏林クラブ会員名簿』（友邦協会所蔵、1960年11月）から作成。太字は同和協会の幹部を務めた人物を示す。

の編集を担当した。

友邦協会という名称は「朝鮮人」に対する政治的意味から朝鮮または韓国という名称を避けて選んだものだという。当初の計画は、官庁の諮問および調査、研究、企画の委託を受けるなど、国策に対応する内閣や外務省の外郭団体として毎年一〇〇〇万円ないし二〇〇〇万円の国庫補助金の支給を受けようとしたが、計画通りに事は運ばなかった。当時の友邦協会の状況について、上瀧理事は君島に次のように報告している。友邦協会の内部事情を知り得る貴重な資料であるため、やや長くなるが引用しておく。

> 友邦協会は昭和二五年頃穂積氏発意の下に渋谷近藤二人参加設立、廿七、八年頃緒方竹虎氏肝入りで財団法人になり、その資金調達には右の三人が大阪、福岡などへ出かけてやっと百万円程度をまとめたものの、他の収入なき故、どんどん食いつぶし、渋谷氏が毎日帳面ソロバンで苦慮し《ママ》いるうち、病気引籠り死去するに至り、その後の帳付けは毎日林茂樹氏の唯一の仕事であり、林氏の支出にやかましく岸、近藤へとへとた《ママ》が、林氏自身の調達は殆んどなからず、穂積氏は心臓病のため引籠り勝ち、林氏没後萩原氏管掌出入伝票に捺印す、数年間予算決算もなく、外務省直接監督下で年一回の報告を出せとの要求あり。工藤が数ヶ月伝票を整理したが、決算書作れずさじを投げ、岸が適当に書類作成、理事等役員登記等に岸が担任しそのうち一切の事情は岸の専管となる、昭和四十年夏頃萩原氏の懇情により私が植村君をたより金集めするようになり、自然出入金伝票に私が捺印することゝなる。(36)

この書翰を通じて、友邦協会が設立された後、特に収入もなく基本金を枯渇させていき、会計管理もまたまともにできておらず、一九六五年以後は経団連植村甲午郎が賛助金の募集に協力したということがわかる。

三　友邦協会の朝鮮統治史編纂

（1）編纂の時代的背景

千辛万苦の末に朝鮮から日本へ引き揚げた日本人たちは、日韓両国から冷たい視線を受ける存在となった。朝鮮からは日本帝国主義侵略の先鋒と批判され、日本社会からも朝鮮を虐待したのは在朝日本人と朝鮮総督府だという非難が降り注いだ[37]。日本の為政者も朝鮮総督府が「軍国主義の走狗」であり、朝鮮統治をやりたい放題にした存在であると批判した。これは当時日本社会全体の雰囲気の転換と関連がある。すなわち、戦前の軍国主義に対する批判として「文化国家」「平和国家」を志向するようになり、「文化国家」論の流行が知識人、文化人の実際政治に対する影響力を発揮する基盤になり、知識人、文化人が戦争責任問題、植民地支配問題を追及するようになったのである[38]。

一方、前述した通り、朝鮮戦争の勃発後、日本社会で在日朝鮮人問題が大きく取り上げられると、日本の朝鮮統治問題がともに議論された。祖国防衛隊の実力闘争が激化し在日朝鮮人と占領当局の衝突は頻繁になった。特に一九五二年に入って「血のメーデー事件」（五月）、吹田事件（六月）、大須事件（七月）など、占領当局と在日朝鮮人の衝突は頂点に達した。朝鮮戦争勃発から二年を迎える一九五二年六月二四、二五日、大阪で戦争反対と軍需物資輸送反対を叫ぶデモ隊と警察官が衝突する吹田事件が発生すると、各新聞は一斉に社説を通じて在日朝鮮人問題を議論し、在日朝鮮人の一部が「赤い」思想を持って大多数の善良な人々を煽動していると報道した。一九五二年、日本のマスコミは在日朝鮮人問題に対する記事と報道であふれ、在日朝鮮人問題の発生原因、生活保護問題、強制送還問題などが多角度で検討され、この問題は自然と朝鮮統治問題に収斂していった。こうして日本の日刊紙や雑誌には在日朝鮮人問題と朝鮮統治問題をめぐる左派と右派とのあいだに熾烈な攻防戦が繰り広げられた。

当時、右翼性向の新聞や雑誌は、在日朝鮮人に対する悪意的な報道で一貫しており、在日朝鮮人に対する蔑視感、差別意識を露骨に表現した。記事の一部を紹介すれば次のようなものである。『時事新聞』は、社説（一九五一年三月二四日）を通じて、「各地の朝鮮人集団居住地が断じて、動もすれば大小犯罪者の巣窟として良民から危険視されたりまた共産党の地下組織に利用されて暴力革命の時限爆弾的役割を勤めるというようなことでは、日本国内に敵国を包含するに等しい」「実行さえ可能ならは不良朝鮮人を残らず送還したい」と主張した。『読売新聞』は、社説（一九五二年六月二七日）を通じてメーデー事件、吹田事件に言及し、「今後いろいろな記念日ごとに、行事的に暴動、放火、殺人傷害などの事件を繰返されてゃ、迷惑千万である。このような行動を放置してよいということはないのであって、速かに有効適切な対策が建てられねばならない」と主張した。また「日本に潜る赤い朝鮮人　三万人のテロ団」（一九五二年三月三〇日付）、「北鮮祖防隊の正体わかる　血判の特攻隊三万」『読売新聞』（一九五二年七月一六日付）、「日本に潜入した北鮮部隊全国に約八十万　日共の指導下に組織化」（一九五二年七月一七日付）など、悪意を持って刺激的な記事を書き立てた。一九五二年八月七日付記事（「赤い朝鮮人に食われる血税」）を通じて、在日朝鮮人にかかる経費が膨大で「赤い朝鮮人」を保護し、むしろソ連の活動資金を提供している逆効果を生んでいるとして、在日朝鮮人に対する生活費支給を批判した。改進党議員中村寅太は、一九五二年六月三〇日、衆議院本会議において日本の法律を守らず治安を乱す朝鮮人は強制送還すべしと主張するなど[39]、あたかも現在のインターネット右翼の主張を想起させるような在日朝鮮人に対する敵対的な態度を取っていた。『朝日新聞』『毎日新聞』もまた程度の差はあれ北朝鮮系朝鮮人の「騒擾事件」に対して批判的であり、憂慮を表明した点において共通する[40]。

このような状況に対して、在日朝鮮人、新日本文学会に代表される左派文学者、一部良心的な朝鮮縁故者、進歩的な知識人と言論人は、在日朝鮮人問題に対する日本の態度と日本の植民地統治を批判した。たとえば、一九四六年、金達寿・許南麒をはじめとした在日朝鮮人作家が創刊した『民主朝鮮』には新日本文学会会員が参加しているが、三・一独立運動特集号（一九四七年三・四月号）をはじめ、日本の植民地支配を問題視する多数の文章が寄稿された(41)。また『新日本文学』（新日本文学会の機関誌）の発行者であり詩人である壺井繁治(42)は、一九四八年四月、『新日本文学』に個人体験をもとに関東大震災時の朝鮮人虐殺を描いた叙事詩『十五円五十銭』を発表した。壺井の叙事詩は関東大震災研究の開始に先駆けて朝鮮人虐殺問題を提起したものであり(43)、在日朝鮮人に対する一方的な罵倒、悪意のある報道が蔓延する一九五二年の状況が関東大震災時の朝鮮人虐殺とオーバーラップし、在日朝鮮人、知識人、左派政治家たちに多く引用された(44)。壺井は、以後、『東京新聞』紙上で朝鮮総督府の朝鮮語禁止政策を辛辣に批判した。

小説家保高徳蔵は、一九五二年三月二四日、二五日、『東京新聞』に「民族的苦悩の文学」という連載を通じて、金史良、張赫宙、青木洪（本名洪鐘羽）、金達寿らの作品（『飢魂道』『草探し』『耕す人々の群』『玄界灘』）などが日本の植民地統治下に呻吟する朝鮮人の民族的苦悩をよく描いていると紹介した。本格的な植民地研究（帝国主義史研究）が始まる一九七〇年代以前に文学作品は植民地問題を扱っていたのである。

一方、植民地朝鮮と直接間接的に関連を結んでいた朝鮮縁故者（「朝鮮通」）のなかにも日本の植民地統治を批判する人が登場した。慶南馬山で生まれた朝鮮史研究者である旗田巍(45)は、一九五一年、日本の代表的な出版社である岩波書店から『朝鮮史』を出版した。旗田は『朝鮮史』の序文において、戦前の朝鮮史研究は日本の大陸政策と密接な関連があったと批判し、朝鮮戦争で苦悩する朝鮮人に対し同情を表した。古代から現代まで通史的に叙述した『朝鮮史』は、戦後に出版された本格的な最初の朝鮮史概説書として英語にも翻訳され、多くの読者に読まれた。古代日本の朝鮮支配、停滞論的な記述、韓国人の文化的想像力が不在であったとする戦前の朝鮮観から逸脱し得なかったという限界を残しているが[46]、植民地統治に批判的な立場を取っていた。また旗田は、一九五二年七月一八日と一九日の二回にわたり『東京新聞』に「在日朝鮮人と日本の反省――郷土を捨てた理由」というコラムを通じて、在日朝鮮人は土地調査事業、産米増殖計画、戦時期の強制労働といった植民地統治により朝鮮を離れ日本に渡ってきたのであり、日本人は朝鮮人に対する根本的な態度を反省しなければならず、朝鮮人の強制送還に反対すると主張した。旗田は、在日朝鮮人と日本知識人との懇談会において「朝鮮にいた人達が帰ってきているが、その人達は発言しない。発言すればおそらく、いいことをしたということしかいわないでしょう。日本人が日本の犯した罪悪を率直に認めることが大事なのです。植民地を圧迫しておいて、自分だけが、平和ということはありえないですね」と述べた[47]。旗田によれば、『朝鮮史』が出版された時、朝鮮総督府関係者たちから総督政治を悪くいうのは不当であるという反発があり[48]、新聞投稿についても、「お前は日本が朝鮮にいいことをしたのを悪いというのか」と脅迫を受けたという[49]。

植民地時代、多くの朝鮮人独立運動家たちを弁護し、戦後も自由法曹団顧問として教育闘争事件、在日本朝鮮人会館事件、国旗掲揚事件など在日朝鮮人関連事件を担当した弁護士布施辰治[50]は、『中央公論』が主催する座談会において、在日朝鮮人が日本になぜ引っ張られてきたのか、どのような待遇を受けたのか、いつ強制送還されるかもわからない被圧迫民族としての立場を思えば非難できず、民族を独立させる政策が必要であると主張した[51]。ちなみに、この座談会には布施以外に座長であり著名な言論人である大宅壮一、中国文学者である奥野信太郎、作家の西野辰吉らが参加した。

朝日新聞記者村常男（元京城日報平壌支局長）は、『婦人公論』において、朝鮮人が日本に渡ってくることになった歴史的経緯に言及しつつ、「外地」に財産を置いて帰還した日本人が植民地で一儲けしようとする意識が現在の在日朝鮮人に影響を及ぼしているということを指摘し、日本人の反省を促した。さらに村は、在日朝鮮人問題について先導する人の大部分が旧態依然の朝鮮総督府官僚で、民族感情などを全く理解せず五〇年前の征韓論当時のイデオロギーで対応しようとしていると批判した[52]。

植民政策学者であり戦後は参議員を務めた細川嘉六は、日本帝国主義の収奪と朝鮮人に加えた残虐行為について何の反省もなされておらず、保守党が在日朝鮮人に対する圧迫を加えているのみならず、社会党も朝鮮人に対する暴政に反対していないと批判した[53]。

同和協会の機関誌である『同和』には主要日刊紙と雑誌に掲載された朝鮮（韓国）関連記事を紹介しているが、当時朝鮮統治関係者たちは日本言論界と知識人たちの植民統治に対する批判にきわめて神経を尖らせていたことがわかる。元京城日報主筆中保与作は、日本の朝鮮統治と朝鮮にいた日本人をやみくもに罵倒している日本人を「自虐症」に罹った人だと称し、一部インテリたちが新聞や雑誌に朝鮮人の人気に迎合していると非難した[54]。

しかし、植民地統治下の韓国人を奴隷下の状態と規定したポツダム宣言を受諾した日本としては、GHQの占領下において過去の総督政治を正当化する議論は取り上げるわけにいかず避けるべきものであった。サンフランシスコ講和条約が調印され日本が国際社会に復帰し日韓会談が始まるころ、友邦協会はこのような戦後日本社会の風潮に強く反発した。

友邦協会は、その設立要綱において、敗戦後全日本を戦慄させた在日朝鮮人の「テロ旋風」が日本の敗戦という環境のなかで被圧迫民族の「反動的行為」とのみ理解され、日本人側がその真因は深く探究しようとせず、朝鮮人が逆に日本の過去に対する謝罪を容赦なく要求していると主張した[55]。また李承晩が極端な反日政策を取り、日本統治時代の治績を罵倒し韓国人の反日思想を煽動したため、日本の言論人がこれに呼応し朝鮮統治を批判したと認識した。特に友邦協会は、日本のマスコミに対する強い不信感をあらわにした。

これらの言論は、概ね何等事実を根拠とするものでなく、ある種の先入観から演繹して、予め結論の定まっているもので、事実の歪曲、誇張または無視に満ちていて、一種のデマに類するものに過ぎないのであるが、世間的に著名な彼等の言論は、国民に与える影響が大きく、その実害は測り知れないものがある。これを、このまま放置するときは、わが国民の誇りと自信を喪失せしめ、ひいては、世界諸国民、なかんずく、東亜諸民族に、わが国民に対する誤解を植付けるに至るべく特に韓国民との真の友好関係樹立上重大なる弊害となるべきことは、火を視るよりも瞭らかである。[56]（傍線は筆者）

つまり、友邦協会の朝鮮統治史料編纂の趣旨は、朝鮮統治を抑圧と搾取として罵倒するマスコミの植民地認識を「是正」し、朝鮮事情に関する各種資料の収集、朝鮮問題に関する調査・研究・普及および宣伝を目的にすることを示している。GHQの検閲と戦後日本社会の思想指向のなかで、息を潜めていた朝鮮統治関係者たちは、〈抑圧と搾取〉という「被植民者」の「集団の記憶」に対抗し、〈開発と発展〉という「植民者」の「集団の記憶」を拡散させようとしたのである。

（2）　統治史料編纂

友邦協会は、設立後、財政難により刊行事業をそれほど活発に行なっていなかった。一九五三年八月、朝鮮問題に関する書籍の一部として『新朝鮮読本』を三〇〇〇部発刊し、関係官庁、学校、図書館、それ以外に一般の有志に寄贈または配布した。『新朝鮮読本』は、日韓の交渉の由来と朝鮮民族の特性を詳細に解明することを目的として出版したものであるが、その書籍では朝鮮人の特性として、封建性、落伍性、事大主義、他動性、停滞性、排他性、刹那主義などを挙げている。戦前の朝鮮統治関係者の屈折した朝鮮認識、朝鮮蔑視観がそのまま継承されたものといえる。[57]

一方、一九五三年一〇月の「久保田発言」が日韓会談を中断させるきっかけとなると、朝鮮統治関係者たちは

表2　友邦協会賛助金　　＊単位は万円

年度	1954	1955	1956	1957	1958	1959	1960	1961	1962	1963
金額	35	150	資料なし			130	137	55	175	181
年度	1964	1965	1966	1967	1968	1969	1970	1971	1972	1973
金額	181	161	295	401	205	348	428	600	465	860
年度	1974	1975	1976	1977	1978	1979	1980	1981	1982	1983
金額	400	115	20	10	20	214	360	370	354	435

出典：『友邦協会史』から作成、万単位以下は四捨五入。

韓国代表の態度に憤慨しつつ朝鮮統治問題に対してより根本的な対策を講じざるを得なかった。李承晩政権の反日的な態度に対し、日韓会談妥結には批判的な見方を示し、韓国内の政権交代といった局面の転換を待った。穂積は、「自分の信ずる所を自分達丈のグループで話合うばかりで、世に訴えないでは何もならないし、さりとて只自分の行動を全部正しいと盲信して徒に争うばかりでは相手は当方の欠点ばかりが先きに頭に入ってしまって、仮《ママ》って反対効果を産むばかりだ」と判断し、総督府官僚の行跡が「正当に」評価される日をじっと待ち、可能な限り統治史料を収集し編纂しようとした(58)。このような穂積の構想は一九五四年、朝鮮産業発達史料編纂計画と朝鮮資料室設立計画で具体化する。

まず、朝鮮産業発達史料編纂作業には鈴木武雄、船田享二ら元京城帝大教授が参加した。史料編纂の目的は、近代朝鮮の産業経済が日本の統治により驚異的な発展を遂げたということを内外に知らしめるためであった(59)。すなわち、植民地支配がすべて侵略と搾取を目的にしたものだったという主張に対する反論であると同時に、「正確な統治史」（まずは産業史）を編纂するための準備作業であった。以後、友邦協会と中央日韓協会の共同事業で中央日韓協会が所蔵している山県文庫、土師文庫蔵書の整理、朝鮮統治資料の収集編纂、寄贈資料の刊行および復刊、その他の費用を合わせて七二〇〇万円に及ぶ「朝鮮統治資料収集編纂計画」を打ち立てた。一九五五年三月、朝鮮統治史料編纂第一期計画を樹立し、資金調達に着手した。林茂樹理事の勧めで一九五四年一〇月に友邦協会理事に就任した君島は、この後、この朝鮮統治史料編纂計画を実行するため、一九五五年から日本銀行、第一銀行、東京銀行協会、富士銀行、三和銀行、山一証券などに友邦協会に寄付を斡旋するなど、資金調達に尽力した。しかし、「政府当局に進言して来たが、今日まで何の反応もない」というように、基金募集は順調ではなかった。表2に現れているように、賛助金は一九五四年朝鮮産業発達史料編纂計画が立案されて三五万円から一五〇万円まで増加したが、その後、前述の通り杜撰な会計管理により一九五六年から一九五八年までは外務省報告書もまともに作成できなかった。一九五九年になって会計報告書が作成される程度に組織が整備され、若干の起伏はあるが、一九六二年から賛助金が増加した。

次に、資料室設立計画は、朝鮮に関する日本の知識、経験が「歴史化」されている状況において、歴史の推移に適応するため朝鮮認識ないしは朝鮮観の現実的な「倫理化」が必要であるとの認識のもとに、提起された。朝鮮に関する新旧著書、文献、資料を全国的に調査・収集し、分類・整理して損失を防ぎ、一般研究者に開放して調査・研究に便宜を図ることを目的とした。

表3は、一九六四年まで友邦協会が刊行した文献を表に整理したものである。穂積の朝鮮産業発達史料編纂計画は、友邦協会の刊行物として具体化された。一九五五年、友邦協会は鈴木武雄を中心に「朝鮮財政・金融発達史」編纂計画を立て朝鮮統治関係者を中心に体験を通じて発達史を記述する予定であった。その準備のため出版されたのが『朝鮮財政・金融政策史参考資料』である。この資料は、日本銀行をはじめ第一銀行、富士銀行、三和銀行など参加銀行から相当の資金援助を受けて製作したという。三番目に出版された『朝鮮の保護及併合』は「関係官庁、図書館、それ以外に一般有志に寄贈または配布したが、朝鮮問題を検討するに必須の参考資料であると信じる」と評価しているように[60]、日韓会談において韓国併合の不法性を主張する韓国側の論理に反駁するため企画されたものであった。このように一九六四年まで友邦協会が刊行した資料の大部分は、朝鮮総督府関係の

原文書を復刻したものであり、朝鮮統治関係者の体験を記録したものはわずかであった。

表3　友邦協会の主要刊行文献

タイトル	著　者	出版年
新朝鮮読本	近藤釼一	1953年
朝鮮財政金融発達史参考資料	近藤釼一	1956年
朝鮮の併合及保護	近藤釼一	1956年
朝鮮総督府終戦の記録	山名酒喜男	1956年
朝鮮電気事業関係重要文献集成	岸謙・近藤釼一	1958年
朝鮮土木事業概要	榛葉孝平	1959年
朝鮮近代史料研究集成　第１号	朝鮮史料研究会	1959年
朝鮮近代史料研究集成　第２号	朝鮮史料研究会	1959年
朝鮮近代史料研究集成　第３号	朝鮮史料研究会	1960年
朝鮮近代史料研究集成　第４号	朝鮮史料研究会	1961年
朝鮮農業発達史　政策篇	小早川九郎編著	1959年
朝鮮農業発達史　発達篇	小早川九郎編著	1959年
朝鮮農業発達史　資料篇	小早川九郎編著	1960年
朝鮮土地改良事業史	古庄逸夫	1960年
太平洋戦争下の朝鮮及台湾	近藤釼一	1961年
太平洋戦争下終末期朝鮮の治政	近藤釼一	1961年
朝鮮関係文献・資料総目録	近藤釼一	1961年
財政・金融政策から見た朝鮮統治とその終局	水田直昌・土屋喬雄編	1962年
太平洋戦争下の朝鮮（１）	近藤釼一	1962年
太平洋戦争下の朝鮮（２）	近藤釼一	1963年
太平洋戦争下の朝鮮（３）	近藤釼一	1963年
太平洋戦争下の朝鮮（４）	近藤釼一	1963年
太平洋戦争下の朝鮮（５）	近藤釼一	1964年
万才騒擾事件（三・一運動）（１）	近藤釼一	1964年
万才騒擾事件（三・一運動）（２）	近藤釼一	1964年
万才騒擾事件（三・一運動）（３）	近藤釼一	1964年

（3） 友邦シリーズの出版

友邦協会の編纂事業は、一九六五年、日韓国交正常化をきっかけに新たな転機を迎えた。一九六四年に『満州開発四十年史』が刊行されると、『台湾統治史』、『朝鮮総督府史』刊行の必要性が提起された。友邦協会は、本来意図していた朝鮮統治史編纂（『朝鮮総督府史』編刊）は一〇〇年後に延ばし、統治史編纂のために必要な実証資料を収集、整理することが当面の急務であると判断し、統治史料大系の編纂と朝鮮統治経験者の口述録音と記録を中心にした「友邦シリーズ」の編纂に注力した。友邦協会は、日韓国交正常化をきっかけに協会の向後の事業を議論し事業資金獲得に本格的に着手した。

ここで一つ指摘しておきたいことは、当初生存する経験者の記憶をもとにした「正確な統治史」を目標としながらも、本格的に総督府官僚が自身の植民地経験を出版しはじめるのは、日韓基本条約の締結後であるという点である。もちろん、これには財政上の問題もあったのであろうが、決裂と再開を繰り返す日韓交渉過程を見守っていた引揚げ総督府官僚たちは、朝鮮統治問題に対する積極的な発言を控えていたと考えられる。日韓交渉が進むなかで、朝鮮統治問題について言及することを控えようという君島一郎（元朝鮮銀行副総裁）の意見に上瀧基は次のように答えている。

> 君島先輩の御示教はまことに御尤もなことと存じます。〔中略〕日韓交渉中はよけいなことはせぬ方がよいかとも思ひました。いつぞやあなたが「交渉妥結後は思いきつて云ひたいことをいつてやりたい」と話されたのに大いに共鳴します或は毀誉褒貶何かあらん真価は後世自ら定まるとか敗軍の将は語らずとか或は又進歩的文化人たる学者などが日本の統治を悪口いうのに対し馬鹿ばかしくてとりあつてもつまらんなどというような感が旧朝鮮総督府官人の間にあるのかも知りません。しかしこれは私の独断推測で何と具体的に話したことはありません。むしろ私（上瀧）など日本統治悪口論者に対し敢然立ち向う勇気がないというのが

ほんとうかも知れません。残念ながら我が国のインテリの間には日本のことを攻撃することにより自己の見識の優越を示すものであるかの如き風潮が見受けられるような感じがします。［中略］朝鮮統治に対する批判に対する弁明は確固たる十分な資料と何等かの組織によるものでなければ中々効果がないのではないかとも考へます。（傍線は筆者による）[61]

上瀧は、日韓会談中に朝鮮統治について進歩的な知識人と論争したり彼らの主張に反論したりするよりは、むしろ組織的に資料を蓄積しつつ会談が妥結するのを待つほうが賢明であると判断したのである。この判断には一九六〇年の安保闘争と一九六二年後半から革新勢力を中心に大衆的に展開された日韓会談反対闘争の影響があったと考えられる。[62]

君島は、一九六六年四月一日、日本銀行総裁パーティーに参加し、準備した友邦協会書類を秘書官に伝達し宇佐美洵総裁、佐々木直副総裁に寄付を要請するなど[63]、日本銀行および財界の人脈を動員して寄付金拡充を図った。[64]一九六八年三月、内閣から一〇〇万円の補助を受けたのをきっかけに、同年七月、日韓経済協会会長である植村甲午郎[65]、副会長安藤豊禄をはじめ、朝鮮と関連のある企業家を中心に友邦協会後援会が結成された。[66]ちなみに、日韓経済協会は日韓国交正常化実現に協力し日韓経済交流を促進するため一九六〇年一二月、足立正日本商工会議所会長、植村経団連副会長、在日韓国人の有力実業家である徐甲虎、李康友が発起人となり設立した団体であった。[67]日韓経済協会は会員に韓国情報を提供するため『調査速報』『調査月報』などを発行した。経団連では韓国についての経済進出のための現在と将来の韓国の状況についての実質的な調査を要望したが、友邦協会は植民地統治史料の編纂を優先した。友邦協会は一口五万円として二口ほどの援助を財界有力者に求め、水田を通じて東京銀行協会に、植村を通じて電気事業連合会に援助を要請し、支援を受けた。日韓国交正常化後に本格的に韓国に進出しようとしていた日本財界が「収奪と抑圧」でなく「開発と発展」を強調する友邦協会の朝鮮統治史料編纂事業を援助することで、植民統治に批判的な韓国に友好的な雰囲気を醸成しようとしたものと思われる。

一九七〇年五月、穂積理事長が死亡すると、後任に水田を推薦したが、水田は難色を示した。すると協会理事たちが君島を理事長に、水田を副理事長に推薦したが、水田が副理事長は難しいと言ったため、君島が会長、水田が理事長に就任した。本来なかった会長ポストを作るため定款を修正し、同時に理事と評議員を拡大し陣容を強化した。日本財界に人脈の厚かった君島、水田（東京銀行連合会理事）が会長、理事長に就任したことで、友邦協会は賛助金が増え安定的に事業を進めることができた。一九七一年、第二次友邦協会後援会を発足させ、向後三年間、一八〇〇万円の賛助金獲得を目標に立てた。友邦協会は一九七三年六月後援会発起人に「戦後わが国出版、言論界の風潮が左翼一辺倒であり、朝鮮統治も朝鮮民衆の圧迫搾取に終始したかの如き印象を与え、わが国の正しい歴史については全く教えられていない状況を放置するに忍びず、四十年に亘る日本人の朝鮮統治の全貌をありのままに後代に伝えるため、中正なる日本歴史の資料の収集および官民故老の体験談のとりまとめを発意し、友邦協会を設立した」と明らかにした[68]。友邦協会は、一九七一年から一九七三年まで、総額一九二五万円を集め、計画を上回る成果を得た。一九七五年、賛助金募集に手腕を発揮した君島会長が死亡すると、協会は「休眠状態」に陥ったが、水田が会長に就任し協会に本格的に関与しはじめることで、再び賛助金が増え活気を帯びるようになった。

一九六六年から朝鮮近代史料研究――友邦シリーズが刊行されはじめ、一九八六年まで合わせて三〇編が刊行された。一九六四年までの友邦協会の刊行物は、おもに朝鮮総督府関係原文書を復刻したものであったが、一九六六年から刊行されはじめた友邦シリーズは、朝鮮総督府官僚の朝鮮統治についての証言を記録したものであった。友邦シリーズは朝鮮統治に批判的な知識人、言論人、文化人に対する反駁資料として日本および海外各地の大学図書館、公共図書館に配布された。

具体的に友邦シリーズの第一号（『朝鮮の土地調査』）と第二号（『朝鮮米と日本の食糧問題』）は、土地調査事業と産米増殖計画を批判した旗田巍に対して、第三号（『日本統治下朝鮮における朝鮮語教育』）は、総督府の朝鮮語禁止を批判した壺井繁治に対する反論であった。朝鮮統治関係者たちは、日韓修交により植民地支配責任が「封印」されると、これ以上韓国の機嫌をうかがう必要がなくなったため、今まで抑えていた朝鮮統治観を噴出させた。友邦協会は、大衆に影響力のある学者の植民地認識を問題視した。一九六六年一〇月、京都大学法学部教授猪木正道が佐藤栄作総理とのテレビ対談で総督府が朝鮮語教育を禁止するなど、朝鮮人を抑圧したという発言をすると、友邦協会は友邦シリーズ（『資料 日本統治下朝鮮における朝鮮語教育』）を送付した[69]。また矢内原忠雄の長男であり哲学者である矢内原伊作が一九六七年三月一六日付『日本経済新聞』に朝鮮語辞典編纂に関する文章を掲載すると、穂積は矢内原に次のような書翰を送った。

> 先生が去る昭和四二年三月一六日の日経夕刊「あすへの話題」欄に書かれた「朝鮮語辞典」と題する一文は甚だしい認識不足というより外なく、先生のような、マスコミに影響力の大きい方が、あのようなものを御書きになつたのは、残念でなりません。日本の朝鮮統治は、第二次世界大戦中多少の行き過ぎはありましたものの（それは当時の日本内地の情勢と併せ考るべきことです）、終始朝鮮人の文化経済を日本と同一水準に向上させることを、眼目として進められてきたものです。朝鮮語の問題にしても、初代の寺内総督以来、朝鮮語の■化とその教育に、多くの努力を払つて来たので、「朝鮮民族に朝鮮語を禁じて、日本語の使用を強制し」たようなことはありません。先生の指摘された「朝鮮語辞典」は既に一九三〇年総督府によつて立派なものか編纂刊行されています。別冊「日本統治下の朝鮮における朝鮮語教育」を是非御一読下され、御認識を改められるよう切望に堪えません[70]（■は判読不明）。

穂積が指摘したように『朝鮮語辞典』はすでに一九二〇年代に朝鮮総督府によって編纂されていた。しかし皇民化政策の時期に朝鮮人に朝鮮語を禁止し日本語を強制した事実を誰よりもよく知っているはずの穂積であったが、自身に不利な内容を隠している。このように友邦シリーズは朝鮮統治の実情に「無知」な知識階級の朝鮮統治認識を「是正」するために編纂され活用されたのである。

おわりに

本稿では、朝鮮統治関係者の戦後認識を友邦協会の設立背景、設立過程、統治史料編纂を通じて考察した。ここまで論じた内容を要約すれば、以下のようになる。

敗戦とともに植民地を喪失した戦後日本社会は、植民地帝国日本の記憶を忘却しようとした。しかし帝国の遺産である在日朝鮮人問題の浮上と朝鮮戦争の勃発は、再び「朝鮮問題」に対する関心を高めさせた。朝鮮統治関係者たちは、朝鮮から引き揚げた企業、朝鮮関連企業の援助を受けて「朝鮮問題」に対処するため友邦協会を組織した。

一方、朝鮮戦争勃発以後、祖国防衛隊の実力闘争が激化し、日本の日刊紙や雑誌には在日朝鮮人問題と朝鮮統治問題をめぐって左派と右派とのあいだに熾烈な攻防戦が展開された。右翼性向の新聞や雑誌は、在日朝鮮人に対する悪意のある報道で一貫し、在日朝鮮人に対する蔑視観、差別意識を露骨に表現した。これに対抗して在日朝鮮人、新日本文学会に代表される左派文学者、一部良心的な朝鮮縁故者、進歩的な知識人と言論人は在日朝鮮人問題に対する日本の態度を問題視し、日本の植民統治を批判した。GHQの検閲と戦後「文化国家」「平和国家」を志向する日本社会の思想指向のなかで、息を潜めていた朝鮮統治関係者たちは〈抑圧と搾取〉という「被植民者」の「集団の記憶」に対抗して、〈開発と発展〉という「植民者」の「集団の記憶」を拡散させようとした。彼らは日韓国交正常化以後、韓国に再進出しようとする日本経済協会をはじめとした日本財界の後援のもとに「植民地アーカイブ」(友邦文庫、朝鮮統治史料、友邦シリーズなど)を構築することで「植民者」の集団の「記憶の歴史化」作業を進めていった。一九六五年、日韓会談が政治的に妥結し植民地支配責任が「封印」されると、朝鮮統治関係者の「集団の記憶」は、戦後日本の高度成長を背景に植民者の「公的な記憶」としての位置を占め、戦後日本の植民地認識に大きな影響を及ぼすことになった。

(1) これについては이연식「전후 일본의 히키아게(引揚)담론 구조――해외 귀환자의 초기 정착과정에 나타난 담론의 균열과 유포――」(『日本思想』第二四号、二〇一二年)を参照せよ。

(2) 本稿では朝鮮総督府をはじめとする朝鮮銀行、殖産銀行、東洋拓殖株式会社、京城日報、京城帝国大学に勤務し朝鮮統治に関与した人々を「朝鮮統治関係者」と称す。

(3) 集団の記憶についてはJeffrey K. Olick, *The politics of regret: on collective memory and historical responsibility* (Routledge, 2007)を参照のこと。

(4) 梶村秀樹は「戦前に形成された差別的な固定観念がどのように継承・再生産されたか」という先駆的な問題提起を行っている(梶村秀樹『梶村秀樹著作集――朝鮮史と日本人――』明石書店、一九九二年)。

(5) Halbwachs, Maurice. *On Collective Memory* (Chicago : University of Chicago Press, 1992).

(6) 鄭昞旭「조선총독부관료의 일본 귀환 후 활동과 한일교섭――一九五〇、六〇년대同和協會・中央日韓協會를 중심으로――」(『歴史問題研究』第一四号、二〇〇五年六月)。

(7) 盧琦霙「해방 후 일본인의 귀환과 중앙일한협회」(『韓日民族問題研究』第一〇号、二〇〇六年六月)。

(8) 宮田節子「穂積真六郎先生と「録音記録」」(『東洋文化研究』第二号、二〇〇〇年三月)。

(9) 君島一郎(一八八七~一九七五)は、一八八七年、栃木県に生まれ、一高を経て、一九一二年、東京帝国大学を卒業した後、同年、日本銀行に入る。大阪支店調査役、岡山支店長、門司支店長を経て出納局長、文書局長(一九三六年就任)など、日本銀行の要職を経て、一九四〇年に退職した。退職した後、一九四〇年から一九四五年まで、朝鮮銀行副総裁と中央朝鮮協会理事を歴任した。戦後は中央日韓協会理事、日韓親和会理事、友邦協会理事を経て、一九七〇年、穂積真六郎友邦協会理事長の死去により友邦協会会長に就任し、一九七五年に死去するまで会長を勤めた。

(10) 呉圭祥『ドキュメント在日本朝鮮人連盟 一九四五〜一九四九』(岩波書店、二〇〇九年)、水野直樹・文京洙『在日朝鮮人 歴史と現在』(岩波書店、二〇一五年)を参照のこと。

(11) 鄭栄桓『朝鮮独立への隘路』(法政大学出版局、二〇一三年)二七七〜二七八頁。なお、ここでいう公職とは、公務員にとどまらず、会社、協会、労働組合の幹部も含まれていたという。

(12) 「社説 在留朝鮮人の生活問題」(『朝日新聞』一九四九年九月一六日)、「朝鮮人に望む」(『読売新聞』一九四九年九月一六日)、「社説 治安に対する常習的挑戦」(『時事新聞』一九五〇年三月二三日付)。

(13) 鈴木一『韓国のこころ』(洋々社、一九六八年)七四頁。

(14) 小山節夫「朝鮮ブームの実態」(『毎日情報』第五巻第二五号、一九五〇年一〇月)、「巷を行く朝鮮ブーム」(『毎日情報』第五巻第二六号、一九五〇年一一月)。

(15) 朴慶植『解放後在日朝鮮人運動史』(三一書房、一九八九年)三三一頁。

(16) 「神戸に戦後最大の騒擾事件」(『読売新聞』一九五〇年一一月二八日)、「社説 関西の朝鮮人騒乱の諸問題」(『読売新聞』一九五〇年一二月四日)、「社説 東日本にも朝鮮人暴動 共産党に利用される性格」(『時事新聞』一九五〇年一二月六日)、「社説 善良な朝鮮人の為に不良分子の厳重処置は当然」(『時事新聞』一九五〇年一二月二九日)。有力新聞である『朝日新聞』『毎日新聞』『東京新聞』も温度差はあるが「朝鮮人騒擾事件」について憂慮を示した。

(17) 一八八九年東京帝国大学法学部教授である穂積陳重の四男として生まれる。一九一三年東京帝国大学法科大学政治学科を卒業し、文官高等試験に合格したのち朝鮮総督府に入る。以後総督府会計課長、外事課長など総督府の要職を経て、一九三二年から一九四一年まで殖産局長を務めた。退官後は朝鮮興業社長に就任し、一九四二年朝鮮商工会議所会頭に就任する。戦後は引揚者団体全国連合会副委員長を務め、一九四七年参議院議員に当選する。以後同和協会副会長、友邦協会理事長(一九五二年から一九七〇年まで)など朝鮮関連団体の幹部を務めた。

(18) 『財団法人友邦協会設立要綱』(韓国国史編纂委員会所蔵)。

(19) 中央朝鮮協会は、元朝鮮総督府高官を中心に朝鮮統治関係者が一九二六年に東京で設立した植民地団体である。戦前の中央朝鮮協会については、拙稿「戦前期における中央朝鮮協会の軌跡——その設立から宇垣総督時代まで——」(『朝鮮学報』第二〇四号、二〇〇七年七月)を参照のこと。

(20) 同和協会は、一九四七年七月、在外事業体財産の補償のため設立した朝鮮事業者会(一九四五年一一月設立)、中央朝鮮協会の後身である旧友倶楽部（一九四六年二月設立）、帰還者団体である朝鮮引揚同胞世話会（一九四六年三月設立）の三者合同で設立した帰還者団体である。同和協会は、一九五二年一一月、帰還者団体の性格を脱し中央日韓協会に改称した。穂積や渋谷など友邦協会の幹部には、同和協会の幹部を兼任している者が多かった。

(21) 拙稿「패전 후 귀환한 조선총독부관료들의 식민지 지배 인식과 그 영향」（『韓国史研究』第一五三号、二〇一一年六月）二六四頁、『同和』（第三七号、一九五一年一月）、前掲『財団法人友邦協会設立要綱』。

(22) 君島一郎宛渋谷礼治書翰、一九五〇年一一月二九日（東京大学大学院法学政治学研究科附属近代日本法政史料センター原資料部所蔵『君島一郎関係文書』）。

(23) 渋谷は、一八七七年、北海道で生まれ、一九〇五年、東京専門学校（早稲田）を卒業し、一九〇七年、韓国政府財政顧問部附として招聘された。併合後も朝鮮に残り咸鏡北道理財課主任を勤め、一九一六年に退職してからは朝鮮銀行に入り、調査部司事、調査役、調査課長を歴任した。退職後は朝鮮貿易協会理事長などを勤めた。

(24) 「官民の総意総協力！　事業発足・九州で設立懇談会開催」（『友邦月報』第一号、一九五一年一二月）。

(25) なお、協会設立については、朝鮮総督府中枢院参議を経て反民族行為特別調査委員会の追及を避けるため日本に滞在していた秦学文、韓国居留民団の元心昌団長、権逸副会長、盧栄漢副会長、曺寧柱大韓青年団長をはじめ、在日韓国系各界の有力者も全面的に支持し協力したという（『友邦月報』第一号、一九五一年一二月）。

(26) 一九六四年二月二三日付録音「渋谷礼治追悼会」（友邦協会所蔵）。なお、法務部が押収した朝連予算は、朝鮮人福祉厚生に使用されず、一九五三年四月以後、一般会計に編入されることになった。

(27) 穂積真六郎「中央日韓協会と友邦協会の関係」（『同和』第六〇号、一九五二年一二月）。

(28) 前掲「渋谷礼治氏追悼会」。

(29) 田中会長は一九五三年参議院選挙出馬のため、同和協会の基金（推定約三〇〇〇万円）の大半を流用したという（田坂常和「協会刷新のために」『友邦』第四六〇号、一九八六年）。

(30) 宮田節子は友邦協会について、中央日韓協会とも密接な連絡を取り協力を得て活動していたと解説しているが（宮田節子「穂積真六郎先生と「録音記録」」『東洋文化研究』第二号、二〇〇〇年）、必ずしも友好的な関係ではなかったものとみられる。同和協会理事である原田大六は友邦協会設立に反対し、理事監査などの名義を貸さなかっただけでなく、同じ事務室を使用する友邦協会の電話料金その他の使用料を徴収するなど、非協力的な態度を取ったという（君島一郎宛上瀧基書翰、一九七三年三月二一日)。
(31) 君島一郎宛渋谷礼治書翰、一九五二年六月六日。
(32) 『君島一郎日記』一九五二年六月二八日条(前掲『君島一郎関係文書』)。
(33) 君島一郎宛渋谷礼治書翰、一九五〇年一一月二九日。
(34) 「生え抜き官僚」については、拙著『朝鮮総督府官僚の統治構想』(吉川弘文館、二〇一三年)を参照のこと。
(35) 緒方は「畏友」渋谷が協力を要請すると、発起人になることを快く承諾したという。朝鮮銀行大連支店長を勤めた小西も渋谷から発起人に合流することを依頼されたという(『友邦月報』第二号、一九五二年一月)。渋谷は、緒方と東京専門学校(早稲田)同門であり、小西とは朝鮮銀行で共に勤務した仲であった。
(36) 君島一郎宛上瀧基書翰、一九七三年三月二一日。
(37) 穂積真六郎『わが生涯を朝鮮に』(友邦協会、一九七三年)。
(38) 戦後の「平和国家」「文化国家」言説については、赤沢史朗「戦中・戦後文化論」(『岩波講座日本通史 近代4』岩波書店、一九九五年)、浅野豊美「折りたたまれた帝国——戦後日本における引揚の記憶と戦後的価値——」(細谷千博、入江昭、大芝亮編『記憶としてのパールハーバー』ミネルヴァ書房、二〇〇四年)。
(39) 日本国会議事録(http://kokkai.ndl.go.jp/SENTAKU/syugiin/013/0512/01306300512063c.html 二〇一八年七月二六日閲覧)。
(40) 「せいぜい暴力と破壊を憎む」(『毎日新聞』一九五二年六月二七日)、「社説 在日朝鮮人をめぐる諸問題」(『朝日新聞』一九五二年七月一七日)。読者投稿では取締一辺倒では在日朝鮮人問題の解決は難しく、生活保護策をともなう総合的な対策を樹立することを求める意見も見える(「朝鮮人の問題」『東京新聞』一九五二年六月二八日)。
(41) 高榮蘭『戦後というイデオロギー』(藤原書店、二〇一〇年)。
(42) 壺井繁治(一八九七~一九七五)は、香川で生まれ早稲田大学院を中退し、登壇してから日本プロレタリア作家同盟中央委員を務めた。戦後は日本共産党党員として新日本文学会、詩人会のリーダーとしても活躍した。
(43) 関東大震災四〇周年となった一九六三年に、日韓会談反対運動と日韓友好運動が連携し、各地で調査活動と慰霊行事が行なわれた。『歴史評論』は、関東大震災に対する特集号『日本と朝鮮——大震災朝鮮人受難四十年によせて——』(一九六三年九月号)を発行し、史料集が編纂された(板垣竜太「日韓会談反対運動と植民地支配責任論」『思想』第一

〇二九号、二〇一〇年一月、二三四〜二三五頁)。
(44)「朝鮮人虐殺の愚を招くな」(『日本週報』第二二五号、一九五二年七月)、鈴木正四「十五円五十銭の悲劇」(『平和』第四号、一九五二年一〇月)。
(45)旗田巍については高吉嬉『〈在朝日本人二世〉のアイデンティティ形成――旗田巍と朝鮮・日本――』(桐書房、二〇〇一年)を参照のこと。
(46)旗田の韓国史記述については안종철「라이샤워의 "근대화론"과 한국사 인식」(『歴史問題研究』第二九号、二〇一三年四月)を参照。旗田は後日このような研究を反省する発言をしている(旗田巍「日朝関係と歴史学」『日朝関係史を考える』青木書店、一九八九年)。
(47)「在日朝鮮人の座談会・日本の知識層を告発する」(『新世紀』第一号、一九五二年一〇月)一一頁。ちなみにこの座談会には東京大学の山之内一郎、早稲田大学の松尾隆が参加している。
(48)旗田巍「나의 韓國史研究 回顧」(同『日本人의 韓國觀』一潮閣、一九九三年)二八七頁。「나의 韓國史研究 回顧」は日本語版には収録されておらず、韓国語翻訳版だけ載っている。
(49)「在日朝鮮人の座談会・日本の知識層を告発する」(『新世紀』第一号、一九五二年一〇月)一一頁。
(50)戦後の布施辰治と在日朝鮮人との関係については高史明・大石進・李熒娘・李圭洙共著『布施辰治と朝鮮』(高麗博物館、二〇〇八年)、川口祥子「一九五一年東京朝鮮人中高級学校事件」(『在日朝鮮人研究』第四二号、二〇一二年一〇月)、森正『評伝 布施辰治』(日本評論社、二〇一四年)を参照のこと。
(51)大宅壮一他「在日朝鮮人の生活と意見」(『中央公論』第六七巻第一〇号、一九五二年九月)八三頁。
(52)村常男「日本にいる朝鮮人」(『婦人公論』第三八巻第八号、一九五二年八月)一二八頁、大宅壮一他「在日朝鮮人の生活と意見」(『中央公論』第六七巻第一〇号、一九五二年九月)八三〜八四頁。
(53)細川嘉六「日本に於ける朝鮮人問題」(『平和』第四号、一九五二年一〇月)二〇頁。
(54)中保与作「自虐症の日本人」(『同和』第五六号、一九五二年八月)。
(55)前掲『財団法人友邦協会設立要綱』。
(56)同前。
(57)ちなみに、『新朝鮮読本』について、保守派の論客である名越二荒之助は「日本の立場を尊重しながら実に忠実な好著」であると言い、韓国を訪問する予定である日本人学生に紹介している（岸謙宛名越二荒之助書翰、一九六七年九月一一日、一八日、友邦協会所蔵）。

(58) 上瀧基宛穂積真六郎書翰、一九六五年六月二五日（友邦協会所蔵、上瀧基『穂積さんのこと』一九七二年に収録）。

(59) 田中武雄・穂積真六郎『朝鮮産業発達史料編纂計画』（友邦協会・中央日韓協会、一九五四年）。

(60)「友邦協会の事業について」。この文書は君島宛渋谷書翰、一九五七年三月一九日に添付されている。

(61) 君島一郎宛上瀧基書翰、一九六五年五月三〇日。

(62) これについては、吉澤文寿『戦後日韓関係』（クレイン、二〇〇五年）、板垣竜太、前掲論文を参照のこと。

(63)『君島一郎日記』一九六六年四月一日条。

(64) 一九六八年七月の穂積の報告によれば、一九六七年四月以後、株式会社間組（三〇万）、鹿島建設（三〇万）、西松建設（三〇万）、住友不動産（二〇万）、韓国銀行東京事務所（一万）、清水建設（一〇万）、東京銀行協会・都市銀行一六社（一五〇万）、八洲電機（五万）、八幡製鉄（一〇万）、日本工営（一〇万）、日本航空（五万）、内閣官房長官（一〇〇万）、東京電力（二〇万）、富士製鉄（一〇万）、合計四三一万円の賛助を得た。

(65) 植村は、一九六二年経済使節団団長として韓国を訪問し第一次経済開発五ヶ年計画に協力することを朴正熙国家再建最高会議議長と約束して帰国し、一九六三年、日韓経済協会会長に就任するなど、日本財界と韓国財界をつなぐ窓口の役割を担った（植村甲午郎伝記室編『人間・植村甲午郎――戦後経済発展の軌跡――』（サンケイ出版、一九七九年、三二〇〜三二一頁）。

(66) 以下の人物が発起人として参加した。植村甲午郎、安藤豊禄（小野田セメント会長）、江頭豊（窒素株式会社）、鹿島守之助（鹿島建設）、久保田豊（日本工営株式会社取締役会長）、土光敏夫（東京芝浦電気株式会社取締役社長）、中島正樹（三菱製鋼株式会社取締役社長）、中安閑一（宇部興産株式会社取締役社長）、永野重雄（富士製鉄株式会社取締役社長）、長谷川重三郎（株式会社第一銀行取締役頭取）、藤井丙午（八幡製鉄株式会社取締役副社長）、星野喜代治（日本不動産銀行頭取）、松尾静磨（日本航空株式会社取締役社長）、松山茂助（サッポロビール株式会社取締役会長）、宮崎輝（旭化成工業株式会社取締役社長）、吉川清一（清水建設代表取締役社長）。

(67) 日韓経済協会編『日韓経済協会30年史――戦後日韓経済交流の軌跡――』（日韓経済協会、一九九一年）二六頁、柳町功「戦後日韓経済関係形成における両国財界人の役割」（『韓日歴史共同報告書』第六巻、韓日歴史研究共同委員会、

二〇一〇年、二五～二六頁)、木村昌人「日本の対韓民間経済外交——国交正常化をめぐる関西財界の動き——」(『国際政治』第九二号、一九八九年一〇月)を参照のこと。
(68) 「昭和四八年六月後援会発起人よりのお願い文」(前掲『友邦協会史』所収)。
(69) 上瀧基宛河瀬攸書翰、一九六六年一〇月三日(友邦協会所蔵)。
(70) 矢内原伊作宛穂積真六郎書翰、一九六七年三月二〇日(友邦協会所蔵)。

満洲医科大学における医学博士学位授与について
——終戦後授与学位に注目して——

通堂あゆみ

はじめに

日清講和条約（一八九五年）によって獲得した台湾・澎湖諸島をはじめとして、近代日本が獲得した領土や租借地・委任統治領は「外地」と呼ばれた[1]。「外地」は大日本帝国憲法が当然に効力を持つ「内地」とは区別される異法域である。山本有造の表現を借りれば、「公式の日本帝国は、「内地」を中核とし、その外周を「純領土たる外地」と「準領土たる外地」が取りまく三重の円環構造[2]」（傍点—引用者）をなしていた。台湾や朝鮮は日本が統治権を持つ領土であったが、租借地・委任統治領における統治権はあくまでも領土に準じるものであったことを説明したものである。

これまで「植民地大学」といえば、「純領土たる外地」に設立された京城帝国大学・台北帝国大学を論じる研究が主で、個別の議論に加え、両帝国大学の比較研究も進められてきた[3]。南満洲鉄道附属地という「準領土たる外地」に設立された満洲医科大学（以下、満洲医大と略す）は「植民地医学[4]」を担う機関として、大学および附設研究所における研究活動およびその成果、戦争犯罪との関わりや防疫事業に注目する研究が蓄積されてきている[5]

ものの、「外地」所在の他大学との相互参照という視点には欠ける印象がある。関東州に設立された旅順工科大学についても同様であるが、その理由のひとつとして「これらは単科大学であり、現地の日本人から技術者・医師を養成するという目的に特化していた」(6)ことが挙げられよう。

しかしながら満洲医大については医学に特化し専門職を養成する単科大学であったからこそ、京城・台北両帝国大学医学部と同等のものとして考察する視点が必要であると考える。東京帝国大学医学部を頂点とするピラミッド構造を持つ近代日本の医界において、医師たちは出身校・教室や学位の有無による序列化を意識せざるを得なかったが、満洲医大も医学士を輩出し、医学博士学位を授与することができる機構であったためである。(7)「外地」にも官私立の医学専門学校が複数設立されていたが、こうした機能を持った大学は京城・台北両帝国大学医学部と満洲医大の三校に限られていた。むろんのこと帝国大学令に基づく京城・台北の両帝国大学とは異なり、満洲医大は私立大学であったという違いはある。しかし満洲医大の設立主体は鉄道附属地経営の多くを担う南満洲鉄道株式会社（以下、満鉄と略す）であるため、限りなく公的なものとして捉えるべきであろう。官立か私立かではなく、設立背景としての「純領土」と「準領土」の違い、統治権力との関係が大学の在り方や活動をいかに規定していくのかに留意する必要があると考える。

満洲医大をめぐる議論において、こうした大学の研究・教育を下支えする制度や「内／外地」の連絡実態について十分に研究が行われてきたとはいえない。教授である研究者らの大陸進出や戦争犯罪への関与の解明が重視されるのに対し、在学生への関心が比較的低くおさえられているという傾向も指摘できよう。(8)

さまざまな課題を挙げうるが、本稿はまず満洲医大における医学博士学位授与とくに終戦後に行われた授与過程に注目し、その実態を明らかにする。医学博士学位は他の分野とは異なり職業学位に近かったとされ、(9)専門学校を含む医学校出身者の多くは医師免許取得後も学位取得のため大学と関わりを持つことになる。学位授与を取り上げることで、学位請求につながる研究を指導する教授層のみならず、満洲医大に学んだ学生や他医学校出身者を将来的には議論の視野に入れようというねらいもある。

帝国日本の崩壊によって解体と引き揚げを余儀なくされる「純領土たる外地」に設立された京城帝国大学や台北帝国大学について、終戦後の学位授与に注目することで閉校処理の一端が明らかにされてきている。[10] これに「準領土たる外地」に設立された満洲医大の事例を加えることで、帝国の構造と教育の関係についても議論がさらに深められると期待される。

一　満洲医大における授与学位の整理

（1）先行研究と利用史料について

「外地」医学校が終戦後に授与した学位に対し、関係者の回顧録や証言において「解放博士」「ポツダム博士」といった名付けがなされていることがある。[11] 管見の限り、学位を授与された当事者がこうした名付けを使用している例は確認できない。揶揄とまではいえないまでも、あくまでも特別な措置、例外的なものとして行われた授与であるとの周囲の評価が反映したものと考えられる。たしかに京城・台北両帝国大学において、満洲医大においてもまた、一九四五年八月一五日以後の日付での学位授与が非常に多いことは間違いなく先行研究でもその事実が指摘されてきた。[12] しかしながら京城帝国大学の例について別稿[13]ですでに指摘したように、授与日が終戦後となっていてもそのすべてが終戦以降に申請されたものではなく、書類上の日付操作が行われたらしいものも含まれていた。単純に八月一五日以降の日付での授与学位を「解放／ポツダム博士」とみなすのではなく、国立公文書館が所蔵する学位授与認可関係書類や周辺史料に基づいて、当時どのような申請準備が進められていたのか慎重に検討し考察を進める必要がある。

いうまでもなく八月一五日は玉音放送によりポツダム宣言の受諾を帝国日本の人々が知らされた日であるが、終戦の詔勅は八月一四日付であり、降伏文書への調印は一九四五年九月二日のことであった。本稿では便宜上とくに説明のない限り終戦前後の区分については八月一五日を基準とするが、後述するように満洲医大にとっては中国長春鉄路公司のもとでのソ連・中国共同経営から中国（国民政府）へ正式に移管された一九四六年四月二九日が重要な期日となるなど、学位手続き上のこうした日付に対する意識を考慮する必要もあろう。

満洲医大における終戦後の授与学位については西山勝夫による研究がある。[14] 西山の関心は「[学位取得者のなかに─引用者]七三一部隊やその他の非人道的研究に関連すると思われる者がいるかどうか」[15]を明らかにすること、つまり医学者の「戦争加担の史実を解明する」[16]ことにあり、同様の目的から京城・台北両帝国大学医学部を含む他帝国大学における学位授与についても考察している。[17] 満洲医大については『日本博士録』（教育行政研究所発行、一九五六年）と国立公文書館所蔵学位授与認可関係書類を用いて「満洲医大の博士の学位授与者数の総計は二五〇名、内戦後は一四四名で、その殆どが一九四六（昭和二一）年四月二八日である」と述べ、「一四四名の授与者中一四三名は実際の学位申請年月日と以降の稟議が「昭和二一年四月二八日」であったにもかかわらず、学位授与認可日が「昭和二一年四月二八日」とされ、それが『日本博士録』に採録されていたことが判明した」と指摘している[18]（傍線─引用者）。本稿とは問題意識が異なるものの、西山の研究は国立国会図書館（関西館）が所蔵する学位請求論文を実見して研究内容を検証したり、学位授与認可申請書類を利用したりして授与実態に迫ろうとする重要な先行研究である。しかしながら不正確な記述や誤りも見られるため、西山の研究に学びながらもこうした点については補足と修正を行っておきたい。

まずは西山の挙げる、満洲医大の授与学位の総数二五〇、終戦後の授与一四四という数字を改めて検証する。学位授与に関する研究を行うさい、基本史料として使用されるのは先にも挙げた『日本博士録』や『学位録』

（文部省専門学務局がほぼ毎年編纂・発行）[19]等の編纂物である。しかしこれらには情報の漏れや誤りがあり正確ではないため、国立公文書館所蔵学位授与認可書類（各大学が文部省に提出した申請書・論文要旨類）[20]に基づいて議論する必要がある。これに加え、満洲医大の場合には同窓会が作成した学位目録が存在する。『満洲医科大学四十周年記念誌　附・業績集』（満洲医科大学輔仁同窓会、一九五二年。以下、『四十周年記念誌』と略す）では「満洲医大学位授与者名簿」「戦後他の大学に於て学位を授与されし者」、『柳絮地に舞う：満洲医科大学史』（輔仁会・満洲医科大学史編集委員会、一九七八年。以下、『柳絮』と略す）では「学位記名簿」を収録し、学位取得者の名前をすべて挙げている。ここからも医学部（医科大学）卒業生にとって博士学位が特別なものであったらしいことがうかがえるが、後述のようにこの名簿での排列や欠落も学位授与過程の解明の手掛かりとなる。

授与学位の総数については『四十周年記念誌』に収録された「満洲医大学位授与者名簿」では三四九名、『柳絮』に収録された「学位記名簿」では三五五番までの学位記番号を示した上で三五一名の名前を挙げている。両者には若干の差があるが、西山の挙げる「満洲医大の博士の学位授与者数の総計は二五〇名」よりもかなり多い数字であることにまず気づく[21]。

『柳絮』と『四十周年記念誌』とを照合すると、『四十周年記念誌』の名簿からは金斗鍾、倉井弘武が欠落していることがすぐにわかる。国立公文書館所蔵学位授与認可書類を確認すると、『柳絮』にも『四十周年記念誌』にも名前が挙げられていない学位取得者として矢野四郎、堀武比古の二名を確認できる。よって『柳絮』収録の名簿で空欄となっている学位記番号二一〇〜二一三のうちの二件は、この矢野と堀の学位であると推測できる。このほか現時点では未詳ながら二名の学位取得者が存在すると考えられるが、ここでは満洲医大が授与した医学博士学位は三五三件であると数えておきたい[22]。

ではこのうち、終戦後の授与学位は何件となるのか。学位授与認可書類に記された文部省への申請日を基準にすると、一九四五年八月一五日以降の授与学位は一四二件である。

西山も指摘しているように、文部省が作成した起案用紙の余白に「（備考）昭和二十一年四月二十九日を以て中国側の管理となったので前日たる仝年四月二十八日附を以て許可せんとす[23]」と記されているものが存在する。西山はこうした書き込みのある例を一四一名分と数えているが、本稿の集計では一四〇件となる。このほか倉井弘武・金斗鍾の二名分は異なる様式の起案用紙（横書き）に記入されており、その欄外には「旧満洲医大関係の学位授与は昭和二十二年横浜市立大学に残務整理事務所を設けて一括処理されたが、その際に洩れたもので、種々調査の結果事実に相異ないと認められる[24]」（傍線—引用者）との記述が確認できる。さらに倉井の起案用紙には「本件は、満洲医大関係の他の分と一括21・4・28日付で認可のこととといたしたい」との書き込みも見られ、守中清学長名による申請書の備考として「本件ハ昭和二十二年当時満洲医科大学学位関係ヲ整理セラレ候　鈴木直吉（当時横浜医科大学教授）ニヨツテ一括処理セラルベキトコロ処理洩レト相成候モノ也」（傍線—引用者）と記されている[25]。よってこの二件についても終戦後の申請数に加えてよいであろう。倉井、金斗鍾は先にも名前を挙げたように『四十周年記念誌』では欠落となっていた二名である。『四十周年記念誌』・『柳絮』の双方で欠落となっている矢野と堀については教授会開催日・文部省への申請年月日はともに終戦以前であり、文部省での起案・決裁が終戦後にずれたものであることが確認できる。西山は堀のみを除き「一四四名の授与者中一四三名」について、日付の操作が行われ「昭和二一年四月二八日」の授与とされたと説明するが、矢野も加えた二件を終戦後の学位授与数から除く必要がある[26]。よって、終戦後の授与学位数としてひとまず一四二件という数字が挙げられる。この一四二件について国立公文書館が所蔵する書類に基づき情報を整理したものが表1（本稿末に掲載）である。

ひとまず、としたのは残された書類の記載内容や関係者の回顧（詳細は後述）を考慮すると一四二件が全て「一括処理されたもの」であるとは言えないためである。先に挙げたように起案文余白には「昭和二十二年横浜市立大学に残務整理事務所を設けて一括処理」との説明が見られるが、鈴木直吉が横浜市立医学専門学校教授として着任したのはたしかに一九四七年四月（同年六月に横浜医科大学に昇格、五二年に横浜市立大学医学部）であるものの[27]、それ以前に申請された論文が六〇件以上と全体の約四割を占めており、「一括処理」を文字通り受け取ることは難しい。一四二件すべてを「特別な措置、例外的なものとして行われた授与」＝「解放／ポツダム博士」と見なすことはできないであろう。どのように学位申請手続きが進められたのか、大学や学位取得希望者をとりまく状況はいかなるものであったのか、具体的な状況を残された書類や記事から丁寧に確認していく必要がある。

（2） 学位授与過程――大学管掌庁への注目――

そもそも満洲医大における学位授与はどのような過程を必要としたのか。終戦後の授与の特別・例外的状況を理解するためにも「準領土」において学位授与が可能となるしくみを整理しておきたい。

すでに別稿[28]で示したことがあるが、京城・台北両帝国大学および旅順工科大学、満洲医科大学が学位授与の法的根拠を得たのは一九三一年のことである。それまで、これら「外地」の大学出身者が学位を取得しようとする場合には学位授与権を持つ「内地」の大学に論文を提出しなければならず、実際にそうしたかたちでの学位取得事例の蓄積があった。このような状況を考慮して「外地」に学位令[29]を適用する勅令[30]「朝鮮、台湾、関東州及南満洲鉄道附属地ニ於ケル学位授与ニ関スル件」が公布されたのである。満洲医大では一九三二年に学位規程を制定しており[31]、翌三三年に最初の授与を行っている。

学位規程では学位令に則り、基本的には他大学と変わらない手続きを定めていた。学位を請求する者は自著一篇（参考論文の附加も可能）を学位請求論文として学長に提出し（第二・三条。以下カッコ内は「満洲医科大学学位規程」の該当条数を示す）、審査手数料として一〇〇円を納付した（第四条）。学長は提出された論文を教授会の審査に付し（第五条）、教授会は二名以上の調査委員を選出し一年以内に結果を教授会に報告する（第七条）。在職教授の四分の三以上が出席する教授会で出席教授の三分の二が賛成すれば授与が決定した（第八条）。

学位令は「学位ハ大学ニ於テ文部大臣ノ認可ヲ経テ之ヲ授与ス」（第二条、傍線―引用者）と定めているため、教授会での決定後に文部大臣宛の必要書類を揃えて文部省に提出する必要がある。学位認可申請に必要な書類は履歴書、学位請求論文目録、学位請求論文、主論文審査要旨、論文審査調書、人格思想に関する調書[32]の六点であった。

満洲医大の場合はこれら書類を大学の管掌庁を経由して文部省に提出することになるが、日本の対満政策や時局の変化を直接反映して申請過程（経由する部署）は時期によって異なっている。学位授与認可権を得る以前を含めた管掌庁の変化についてもここで整理しておきたい。

満洲医大の前身は一九一一（明治四四）年に設立された南満医学堂である。「満洲」の経営を担った満鉄により、「広ク医薬衛生ノ術ヲ進メ以テ養生保健ノ法ヲ講スルハ即チ地方人民ノ幸福ヲ増進シ日清両国ノ交誼ヲ敦フスル所以」「日清ノ子弟ヲ収容シテ医薬衛生ノ学ヲ授ケ以テ前記ノ時務ヲ効サントス」るために、専門学校令（明治三六［一九〇三］年勅令第六一号）に基づく「内地医学専門学校ト同一ノ程度ノ医学教育ノ機関[33]」として準備された。専門学校令では学校設立・廃止の認可や諸規定を定めるのは文部大臣であるとされていたが、南満医学堂設立にあたり専門学校令の適用を定めた勅令[34]では「同令文部大臣ノ職務ハ関東都督之ヲ行フ」と規定されていた。当時、満鉄附属地の保護・取り締まりおよび満鉄業務を監督したのは陸軍大将または中将が任じられる関東都督[35]であったためである。

大学令（大正七［一九一八］年勅令第三八八号。翌年四月一日施行）が制定されて私立大学の設立が可能になると、新たに満洲医大が開設され（一九二二年）[36]、南満医学堂は一九二九年まで大学と併置されることとなった。一九一九年には関東都督府が廃止され行政のみを担う関東庁が設けられていたため[37]、大学令・大学規定（大正八［一九一九］年文部省令第一一号）適用にあたり文部大臣に代わる満洲医大の管掌者は関東庁（拓務省が統括。拓務省は満鉄業務も監督する）のトップである関東長官であるとされた。

一九三二年三月一日に「満洲国」が建国されると日本は同年九月一五日に日満議定書を締結し国家承認を行ったものの、日本の治外法権や満鉄附属地は存続したため「満洲国」建国が満洲医大にただちに影響を与えたわけではなかった。しかしながら「満洲国」の独立国としての体裁を整えるために対満行政機関の整備が必要となり、国家承認に先駆けていわゆる三位一体制（陸軍・外務・拓務の三省による監督）が構想され、関東軍司令官が満洲国駐箚特命全権大使と関東長官を兼任することとなった[38]。のち一九三四年一二月には内閣総理大臣の管理下に対満事務局を設置[39]し、駐満日本大使館に関東局を設けて（関東庁は廃止）[40]関東軍司令官が満洲国駐箚特命全権大使と関東局長とを兼任（大使が関東局の事務を統理）するという二位一体制（陸軍・外務の二省による監督）へと移行した。これに対応し、同年に満洲医大の管掌者は関東長官から「満洲国駐箚特命全権大使」に改められている[41]。

一九三七年に治外法権が撤廃され満鉄附属地の行政権が「満洲国」に移譲されると、満洲医大における学位授与の根拠法令である勅令「朝鮮、台湾、関東州及南満洲鉄道附属地ニ於ケル学位授与ニ関スル件」の「南満洲鉄道附属地」が「満洲国」に改められた。行政権が移譲されてもなお「神社、教育及兵事ニ関スル行政」については依然として日本政府が行い[42]満洲国駐箚特命全権大使がその事務を管理することとされており[43]、大使館内に教務事務官ら職員が配置された[44]。監督系統は「大使—関東局」から「大使—教務事務官等職員」に変更されたものの、行政権の移譲後も「準領土」の性格は維持され、満洲医大や当該大学における学位授与に実質的な変化をもたらすものではなかったといえる。満鉄の『昭和十三年版　地方経営梗概』でも「［行政権が移譲された—引用者］十二月一日以後も従来の態形を改めす依然会社の設立として経営すること、なせり。但し監督系統は従来関東局なりしか大使館教務部に移り会社関係に在りては地方部の解消と倶に総裁室（庶務課）の所管に移したり[45]」と述べている。

このような帝国日本と「満洲国」との特殊な関係を反映し、満洲医大の学位授与認可関係書類は他の大学と異なる残り方を見せている。「内地」の大学はもちろんのこと、京城帝国大学や台北帝国大学が提出した関係書類は文部省から移管され、現在は国立公文書館（学位授与認可申請書類）および国会図書館関西館（学位請求論文）が所蔵している。しかし「満洲国駐劄特命全権大使」が管掌者であった満洲医大の場合は外務省外交史料館にも学位認可関係書類の一部（一九三八年一月～三九年六月授与分）が保存されているのである。

外交史料館所蔵分の関係書類（I門1類3項0目「学位関係雑件[46]」）からは行政権移譲直後の時期に、書類が文部省に提出されるまでにどのような機関がかかわっていたのか具体的な過程がうかがえる。満洲医大において学長名で用意された文部大臣宛書類はまず駐満日本大使館に提出される。満洲国駐劄特命全権大使から内閣総理大臣・外務大臣宛書面を添えて認可申請書類が「内地」へ送られ、外務省外務大臣官房文書課が接受し対満事務局へ届けられる（実務は駐満日本大使館教務部長・対満事務局次長・外務次官らが担当）。文部省へは対満事務局次長・外務次官の連名による文部次官宛書面を添えて申請が行われている。

文部大臣の認可が下りると、これを逆にたどって認可通知（満洲医大宛、文部大臣名文書）が満洲医科大へ送られ、学位授与後に今度は授与報告が学長から満洲国駐劄特命全権大使へ、大使から内閣総理大臣・外務大臣へと行われていることも確認できる。

史料では今のところ確認できていないが、おそらく学位授与が始まる一九三三年から三四年一二月までは学長→関東長官→拓務大臣→文部大臣という過程、関東局・対満事務局設置後の一九三四年一二月から三七年一一月末までは学長→関東局長[47]→対満事務局→文部大臣という申請過程（実務は各次長クラスが担当）であったと推測される。学位授与・認可の可否に大学・文部省以外の機関が関与するわけではないが、手続き過程にも「満洲国」と「日本」の関係に占める満洲医大の微妙な位置が見て取れ興味深い。

対満事務局は一九四二年一一月の大東亜省設置[48]により廃止され、省内の部局である満洲事務局へと変わったため、以後は終戦まで満洲医大からの書類提出は関東局・駐満日本大使館から大東亜省へ、大東亜大臣から文部大臣へという過程で行われることとなった。終戦前の最後の学位認可申請は一九四五年四月二七日付の矢野四郎・堀武比古の二名分であり、堀の書類中には大東亜大臣からの文部大臣宛文書（一九四五年八月九日付、大日本帝国政府罫紙）が含まれている[49]。

二　学位をめぐる終戦後の満洲医大の動向

（1）継続される教授会

一九四五年四月下旬で一度途絶えた満洲医大からの学位授与認可申請がふたたび行われたのは、終戦の翌年である一九四六年末になってからであった。

京城帝国大学では終戦後、きわめて短期間のうちに文部省への認可申請書類を準備し提出した。その際に終戦後に提出を呼びかけたらしいものについても書類上は「解放／ポツダム博士」とは見えないように七月三一日付での請求であったとし、文部省への申請も九月二日までとするなどの操作を行っていた[50]。審査を行った教授会開催日も書類上の日付をそのまま事実であると受け取ることは困難であり、慌ただしく準備が行われたことが残された書類からもうかがえる。

このような終戦直後からの焦りは満洲医大の場合には見られない。むろんのこと、それは奉天（終戦後には瀋陽と改められていた）が平穏であったことを示すわけではない。ソ連参戦を受けての急な疎開計画や空襲・掠奪など、終戦以前から大学内外で極めて緊迫した状況が続き、終戦後もそれは変わらなかった。しかしながら少なくとも閉校や引き揚げを前提とした事務手続きが急ぎ行われたという事実は確認できず、むしろ体制の維持に努めていたようである。次に挙げるのは同窓会誌に収録された「大学の沿革及び重要事項」の一節である。

> ［満洲医大は卒業生を多数輩出し、研究成果も挙げていた―引用者］ところが八月十五日終戦の詔勅により日本の敗戦を知った大学首脳陣も茫然自失に陥ったが、焦眉の急を要し解決しなければならないことは、数百名の入院患者の継続治療と夏季休暇を返上して勤労動員に奉仕していた在奉中の学生生徒約三百名の自活方法を講じてやらねばならぬことであった。［中略］
>
> 一方大学に於てはその目的である教育、診療、研究は停止すべきでないので、九月に入るも従来通り行い、教授会や論文審査もむしろ平時よりも厳重に行われた。[51]（傍線―引用者）

わざわざ「むしろ平時よりも厳重に行われた」と書かれていることについて、「解放／ポツダム博士」との批判を避けるためと穿った見方も可能ではある。それでもやはり、焦りがあった様子はうかがえない。「九月初め、居留民会の努力と市民の協力により市内の治安も著しく回復を見たので本学教授会は慎重協議の結果、難民診療を継続しつつ課業を再開するに決した」ため、九月一〇日には第二学期を迎えたことが学生主事佐々木統一郎の回顧[52]でも記されている。

この居留民会とは八月二三日に発足した奉天日本人居留民会のことであり、初代会長を務めたのは満洲医大学長の守中清であった。八月一九日の「満洲国」の解体により駐満日本大使館・総領事館は「虚妄機関[53]」となったため在満日本人らは自治組織を結成しており、在奉天日本人居留民会もそのひとつである。九月五日には満洲国駐箚特命全権大使を兼任した関東軍司令官（当時は山田乙三）はじめ関東軍幕僚がソ連軍に拘留されると関東軍の組織も消滅、満洲医大の設立者である満鉄も中国長春鉄路公司のソ連側代表カルギンの命令によって同月二二日には消滅（連合国軍最高司令官総司令部による閉鎖指令は同月三〇日）してしまうのである。(54)

満洲医大は大学の管掌・監督系統が消滅、事態対応のため学長も一時期不在(55)という状況に追い込まれながらも、進駐し大学を管理下に置いたソ連軍と交渉しながら病院の運営を続け二学期の授業を再開したのである。中ソ友好同盟条約により中国・ソ連共同経営の中国長春鉄路公司が組織され、満鉄の業務や施設が移管されると大学も接収されて中長鉄路医科大学と呼ばれたが、この間の学内での具体的な組織変化の詳細は不明である。守中学長不在期に代理を務めた橋本満次（教授。皮膚泌尿器科）は「理事長は鉄路公司の衛生処長（ソ連軍医）理事には守中（日本）を中心としてトカチエンコ（ソ）張伯森（中国）の下に鉄路医科大学として継承され各々その専門科を担当して日本人、ソ連人、中国人学生の教育、診療に当る事になり吾々の身分も或る程度保証される事になつた訳だが給与は不払ひで会計主任は「ハルピン」に給与を受取りに行つたまま行衛（原文ママ）不明になる等依然として箇生活而も外地における不安な生活を余儀なくされた(56)」と記している。

学位授与については、駐満日本大使館の機能が失われ大東亜省も廃止(57)された状態で、学位令を適用する勅令の効力確認(58)や文部省への申請の具体的なあてはないままに学内での手続きを継続していたようである。

> 終戦後もほぼ半年位は教授会が八月十五日以前に逆のぼ（原文ママ）って学位審査を特別におこなったので、追加実験や論文のとりまとめ、書類手続、提出など多忙な日々がひとしきり続いた。応召など不在者の審査料は立替え払いにして処理した。これら論文の中には速成論文もないにはなかったが、多くは相当に年期をかけたもので、まとまらなかったものをこの機会に思い切ってまとめたものが多かった。この時提出したのは宮尾啓氏（慶應医卒）、佐藤文比古氏（薬専教授）のほか中国人を含め数人だった。論文通過の祝賀会が翌年五月五日端午の節句に大蔵さん（実験動物飼育主任）のみごとな手料理で、教室内会場ではあったが、心持では極め

て盛大に催された。[59]（傍線─引用者）

この「ほぼ半年位は」「八月十五日以前に逆のぼって」審査を行ったというのは、「終戦から約半年にわたって学位請求論文を提出させ」「大学が学位授与機能を持った時期と同様に」手続きをしたという意味であると推測される。[60] 名前の挙がっている宮尾も佐藤も、残された書類を見ると学位請求が行われたのは一九四六年一月、教授会開催は三～四月となっている。「論文通過の祝賀会が〔終戦の─引用者〕翌年五月五日」との記述と時期的な整合性もあり、日付をとくに遡らせたというような記載はみられない。全体を見ても学位請求年月日の下限は一九四六年三月であり、約半年間にわたる提出といえよう。審査自体は一九四六年五月まで行われている。

終戦から一九四五年末までの学位審査開催回数は七回、翌四六年は一月一七日から一週または二週の間隔をおいて審査を実施していることが確認でき、これらはおよそ木曜日の開催である。終戦後も学内で教授会が従来通り定期的に行われていたということは間違いないのであろう。

学位論文のなかには終戦前に提出・審査が行われていたものも存在するが、これらを終戦後授与学位数から一律に除外することはできない。添付された履歴書の日付は一九四六年一一～一二月となっている場合があり、終戦後におそらくは大学側からの呼びかけによって改めて書類が用意されたらしいことがうかがえるためである。これに加え論文目録への記載はあるものの、主論文も参考論文も実際には提出されなかったらしい点も注目される。少なくとも文部省提出時に実際の論文（およびその審査要旨）が添付されることはなかったようで、定型の申請書（謄写版）の再末尾にある「追而　本人履歴書、論文、同審査要旨及調書別紙添付候」という文章のうち「論文、同審査要旨」の部分が二重線で消されている例も確認できる。これらもやはりイレギュラーなかたちでの申請であったと考えられ、申請時にもそれが自覚されていたのであろう。

西山は終戦後授与学位について、多くの場合論文の掲載あるいは掲載予定誌名が確認できないこと、論文要旨の欠如から学位令、満洲医科大学学位規程を満たしていないことを指摘[61]している。たしかに学位令では「学位ヲ授与セラレタル者ハ授与ノ日ヨリ六月内ニ其ノ提出ニ係ル論文ヲ印刷公表スヘシ但シ学位授与前既ニ印刷公表セラレタルモノナルトキ又ハ文部大臣ニ於テ其ノ印刷公表ヲ相当ナラスト認メタルモノナルトキハ此ノ限ニ在ラス」（第七条）と規定されていたが、少なくとも論文の未公表については文部省の諒解があったようであり、これをすぐさま不備とすることはできない。

学位審査に便法を

太平洋戦争も末期に入り医学部の若い卒業生、その中には、かなりの応召者も含めて今迄に仕上げた研究業績は、印刷事業困難のため、原稿のまま溜る（原文ママ）一方であった。学位規程によれば、学位請求論文は、印刷公表されたもの、又はその予定が確実なものに限られる。いつ印刷になるのか分からぬものは提出資格がない。また死者に対して学位は与えられないから、若しも応召者が戦死すればこれ迄の努力は空となる。

このまま放ってはおけない問題で至急審査が行える便法を作る事となった。それには文部省の諒解を得るのが先決問題であるが交渉を文書でしては、らちはあかない。是非学部代表が上京して直接談判せねばならない。上田君〔上田常吉のこと。当時医学部長を務めていた―引用者〕自身が行くと云うのを、六十近い身で、海峡に敵潜水艦が出没し、陸上さえ危険な旅行は体力的に無理だと、説得してやっと思い止まらせた。代わりに若い鈴木清君〔解剖学第一講座助教授―同〕が平時に倍する日数を費し、上京して便法実施の許可を得た。

文部省が城大に認めた便法は、やがて同じ事情の満大や台北帝大にも適用された。おかげで半ば学位を諦めていた若い卒業生に希望を与えたのみではなく、朝鮮、満洲、台湾現地人卒業生にも恩恵が及び、戦後これら国々との親善に大きくプラスした[62]。（傍線―引用者）

これは京城帝国大学医学部教授であった今村豊の回顧である。つまり文部省の諒解を京城帝国大学がすでに取りつけていたのである。引用文に見られる上田が医学部長を務めた時期および京城帝国大学が提出した学位認可申請書類から、一九四四年中には文部省との交渉が成立していたと考えられ、論文未公表での学位申請およびその受理は書類の不備や終戦後に急ぎとられた特別な措置とはいえない。さらに学位授与認可申請書類への記載がなくても満洲医大同窓会（輔仁会）が作成した業績集[63]では未発表ながら題目が確認できる場合もあり、まったく実態のない論文に対して授与認可申請が行われていたとは考えにくい。論文の実物を欠いた申請であったが、審査員に名を連ねた教授らの責任において申請を認めていったということであろう。

（2）引揚前後の事務処理

このような申請・審査は一九四六年になっても続けられており、その数は増している（表2、参照）。これにはソ連軍の撤兵時期についての中国（国民政府）側との交渉、すなわち大学の移管時期が影響していたのではないかと推測されるが、史料では確認することができない[64]。当初は一九四五年一二月三日がソ連軍の撤兵期日と伝えられていたが、のちに翌年一月三日に延長されている。実際にソ連が奉天（瀋陽）から撤退したのは三月一四日

表2　大学への学位請求年月日

年・月		件数
1944年	3月	1
	7月	4
	8月	6
	9月	4
	10月	2
	11月	2
	12月	5
1945年	1月	8
	2月	7
	3月	5
	4月	2
	5月	2
	6月	1
	7月	3
	8月	3
	9月	11
	10月	6
	11月	10
	12月	18
1946年	1月	27
	2月	13
	3月	1
不　明		1
合　計		142

出典：表1から作成。

のことで、国民政府軍が進駐すると大学も中国側の管理となった。一九四六年四月二九日に正式に接収され、校名が鉄路医学院と改められた。守中元学長は顧問となり教授等も引き続きその職にあった[65]というが、国民政府のもとで満洲医大学生を含む在満日本人らの引き揚げが本格化していくことになる。こうしたうごきを背景に、大学内でも学位授与認可申請手続きが文部省への書類提出をめざして急速に具体化したようである。次に挙げるのは熊田正春（満洲医大卒業生、終戦時は助手。精神神経科）の回顧である。

　昭和二十一年やがて春がおとづれる頃、チラ〳〵日本人は内地に帰れるのではないかと云う噂が流れ始めた。そして外には国府軍が奉天に進駐していた二十一年三月の頃である。〔中略〕

　そうした或る日、私に父親代わりであり、汪精衛政権の教育顧問で、その後同善堂医院の総務部長をした坪川與吉氏から、急いで来るように使いが来た。（当時坪川氏は、戦後直ちに出来た瀋陽市日本人居留民会―初代会長　守中　清―の主任であり、昭和二十一年四月十五日、日僑俘管理処の訓令で、従来の瀋陽市日本人居留民会は、瀋陽市日僑善後連絡処になったが、然し相変わらず皆は「民会」と呼んでいた。）

　私は急いで平安広場の民会に坪川氏を訪ねると、民会の教育部長をしていたかつての奉天省教育主事の杵渕弥太郎氏も待っておられた。

「正春君、これは今誰にも言ってはいけないが、満洲にはひとりの日本人も在住することは許されない。したがって満洲医科大学の学生は在住を許されないのだから、日本の受け入れ体制を研究しなければいけない。」と悲痛の面もちで語られた。〔中略〕

　私は足が宙に浮くような気持で国際道路を通り、医大住宅に帰った。早速、当時医大住宅の南荘に住んでおられた鈴木直吉教授を訪ね、一部始終を報告した。私は鈴木教授には大学時報や義妹の仲人で昵懇に願っていたし、話し易かったと今でも思っている。教授は守中学長に報告すると言われた。〔中略〕

二、三日して、鈴木［直吉。解剖学―引用者］教授が、「大学の代表として日本に帰り、文部省に折衝することになった。」と言われた。教授会というものが最早存在しなかったのではないか、その後鈴木先生にお会いしたら、「守中先生から大学の善後策の話をしたら君いってくれと云われた。」と話しておられた。私は今でも、先生はみづからその役を買って出られたのではないかと思っている。先日三浦［同：運一。衛生学］教授にお話ししたら「教授会らしきものがあって、その席で決定されたとは思われない」と語っている。

それから満大引揚先陣としての活動が始まった。

事務の斉藤寛一氏が文部省提出の書類を作ることになり、毎晩夜遅くまで机に向かっていたが、斉藤氏も今は亡い。［中略］

［「内地」での満洲医大再建の話もあったが―引用者］しかし問題は(一)在学生の処置、(二)職員の処分、(三)学位記、に焦点がしぼられた[67]。（傍線―引用者）

終戦後授与学位の「一括処理」を担ったとされる鈴木直吉の名前を確認できる。熊田は別記事では坪川に呼び出されたエピソードを紹介した上で「その頃、京城帝国大学医学部の今村［豊―引用者］教授はコロ島を経て奉天に来ておられた[68]。「日本政府文部省では教授が代表となり、資料を整えて交渉しなければ相手にしない」、ことを鈴木教授に伝えた[69]」とも記している。

熊田や今村のもたらした情報によって帰国準備が本格化し、守中清の了解および東北行営（国民政府の満洲接収機関[70]）の許可も得た上で「リュックサックにいっぱいつまっ」た書類を持ち帰ることになったという。出発直前に鈴木直吉は足止めされ、熊田、斉藤寛一ほか学生や鈴木の家族が六月一二日に奉天を出発した。鈴木の博多上陸は七月一九日[71]と約一ヶ月遅れたが「帰国した鈴木教授は、伊藤病院の満大善後処理事務所を根城にして、学生の転入学、その他の満大の善後処理の先鞭をつけ、次々に解決していった[72]」と熊田は記している。文中の伊藤病

表3　文部省への申請年月日

年・月		件数
1946年	12月20日	6
	12月24日	5
	12月28日	8
1947年	1月7日	1
	1月27日	7
	2月14日	8
	2月17日	7
	3月1日	6
	3月19日	1
	3月28日	15
	5月2日	1
	5月20日	75
1951年	3月28日	2
合　計		142

出典：表1から作成。
註：起案書では5月2日、申請書は5月20日となっている例は5月20日として計上した。

院とは卒業生の伊藤尹《ただす》が武蔵小山に開いていた病院で、大陸から引き揚げてくる満洲医大関係者に便宜を図っていた(73)。奉天から持ち帰った書類も斉藤によって伊藤病院に運び込まれている(74)。鈴木が横浜市立医学専門学校に着任する以前に文部省に提出された書類は、この伊藤病院に置かれていた善後処理事務所で用意されたものと考えられる。

とはいえ、学位授与認可申請書類はここで「一括処理」されたわけではない。文部省への申請年月日を見ると、何度かに分けて書類が提出されていることがわかる（表3、参照）。一九四六年夏に引き揚げた鈴木らによって書類が整えられ、準備ができたものから申請されたのであろう。履歴書の多くは申請者の引き揚げ後に提出させたものであると推測される。早い例で一九四六年一〇月、多くは同年末から翌年晩春にかけての日付となっている。

ここで、申請者本人ではなく守中学長の名前で提出された履歴書が存在することに注目したい。一九四七年三月二八日付の申請一五件全て、同年五月二〇日付の申請七五件中の四九件である（表1の網掛け部分を参照）。三月二八日付の申請者は全て中華民国籍で、守中による「中華民国人学位認可願」という文書が各人の申請書類に添付されている。

中華民国人学位認可願

満洲医科大学提出ノ学位請求論文百十八篇ハ昭和二十年二月ヨリ昭和二十一年四月迄ノ教授会ニ審査完了シ通過致シマシタガ文部省ヘノ郵送ニ至ラズシテ終戦ニナリマシタ。爾来大学ノ中国政府正式接収マデ文部省令ニ依ル大学教授会ヲ開催シ教授会ノ機構ニ何等変革ナク従前ノ機能ヲ果シマシタ。①昨年来文部省当局ノ深甚ナ御理解ノモトニ之等請求者ノウチ内地帰還ノ日本人ニシテ申請書類整備ノモノ六十名ハ既ニ学位認可ノ特別ノ御配慮ヲ辱フシマシタ。感謝ニ堪ヘナイ次第デアリマス。次ニ提出者ノウチ②中華民国人十六名ハ今日尚ホ連絡不能ノ状態ニアリマスガ、認可ノ一日モ早キコトヲ熱望セルコトハ日本人ト何等変リハナイノデアリマス。而カモ之等ノ人々ハ現在重要ノ地位ニアツテ活躍セル人々デアリマス。将来ノ日華両国友好ノ楔トシテ重要ナ存在ト思ハレマス。③右事情ヲ御賢察ノ上日本人同様ニ特別ノ御配慮ヲ賜リタク重ネテオ願ヒイタシマス。

尚ホ連絡ノツキ次第正式ニ書類ノ提出ハ必ズイタシマスコトヲ書キ添ヘマス

昭和二十二年五月十日

満洲医科大学長　守中清［満洲医科大学学長印］

（傍線、丸数字―引用者）

文意をとりづらい部分があり挙げられた数字の示す範囲も明瞭ではないが、(75)(76)傍線部①を見ると終戦後の学位授与が「特別ノ御配慮」で行われたものであると満洲医大側が認識していたことがわかる。傍線部②の「中華民国人」は「十六名」とあるが、この文書が添付されている一五名であると思われる。本人たちとは連絡がとれないが、学位を授与したいというのである。残されている書類や状況証拠からしか推測しえないが、この中華民国籍の一五名についても他の日本人の申請書類と同様に熊田らが持ち帰り、鈴木を中心に文部省への提出を準備したものであったが（添付書類の申請書は一九四七年三月二八日、卒業証明は同年三月二〇日である）、本人提出の履歴書がないという不備を理由に文部省では起案を見あわせたのであろう。その連絡を受けて守中により前記文書や履歴書が改めて用意され、傍線部③に見られるように「日本人同様ニ特別ノ御配慮」を求めて鈴木が文部省と交渉したと考えられる。申請が三月二八日とされながら、提出書類中に五月の日付が含まれているのはこうしたうごきの結果ではないかと推測する。

鈴木直吉は当時を回顧し「約一カ年、引揚学生の内地大学への転入学及び学位問題の処理などで、各地旅行のほかは殆ど毎日のように文部省に日参いたしました」と述べているが、当時の文部大臣は森戸辰男であったと記している。[77]鈴木が一九四六年の夏に引き揚げてからの「約一カ年」のあいだであれば田中耕太郎（在任：一九四六年五月二二日〜四七年一月三一日）や高橋誠一郎（同：一九四七年一月三一日〜四七年五月二四日）の在任期に重なる時期が長いのであるが、森戸（同：一九四七年六月一日〜一九四八年五月二四日）の名前を挙げていることからこの時期に特別な交渉が行われたのではないかということが疑われる。もちろん鈴木の単純な記憶違いの可能性や学生の転編入にかかわるやりとりが森戸との間で行われた可能性もある。[78]あくまでも推測の域をでないが、可能性のひとつとして指摘しておきたい。

結局のところ、文部省側は五月二九日[79]に申請を受理し六月一〇日に起案を行い、これら中華民国籍申請者への学位授与も認可している（認可番号と受理日付の対応は表4を参照）。「連絡ノツキ次第正式ニ書類ノ提出ハ必ズイタシマス」と守中は記しているが、書類の提出は確認できていない。[80]五月二〇日付での申請七五件中四九件（うち一名は台湾籍）も本人提出の履歴書を欠いているが、一五名の中華民国籍申告者の認可を前例として処理されていったのではないかと考えられる。これら申請例にも学長守中清名の履歴書が添付されている。

表４　認可番号と受理日付の対応

認可番号	日付	件数
博学323	1946年12月28日	5
博学５	1947年１月９日	6
博学13	1947年１月21日	9
博学18	1947年１月27日	7
博学36	1947年２月14日	8
博学38	1947年２月17日	7
博学54	1947年３月３日	6
博学73	1947年３月19日	1
博学143	1947年５月29日	15
博学153	1947年６月５日	13
博学186	1947年７月３日	10
博学190	1947年７月４日	31
博学194	1947年７月12日	17
博学216	1947年７月28日	2
博学279	1947年11月１日	3
記入無し		2
合　計		142

出典：表１から作成。

　この一五件＋四九件の大半[81]は履歴書を欠いたのみならず、主論文一本のみで学位を申請している[82]という点でも他とは異なる。本人との連絡がとれなかったり、十分な書類を用意できないままであったりするなか、大学（守中清学長）が責任を引き受けてできる限りの授与認可を求めたものと考えられる。こうした例は学内での申請・審査年月日とは無関係ながら、文部省への申請年月日や受理の過程に注目すると特定の時期に集中して存在していることがわかる。認可に慎重であったらしい文部省と交渉し、また留用され大学に残っていた教員らからの連絡を待ちながら、段階的に申請が進められたようである。

　一九四六年に鈴木や熊田が引き揚げた後にも、約一年にわたって学内では学位申請にかかわる手続きが続けられていた。先にも名前を挙げた橋本満次は守中の在奉天日本人居留民会会長在任期や引き揚げ後の学長代理を務め、この間にも「既に提出されていた学位論文の審査教授会の推進もしなければならなかった[83]」という。三浦運一（教授。衛生学）は守中から「学位論文を持参するように頼まれ」ていたため、これをもって満洲医大関係者が乗り込んだ最後のＬＳＴ（戦車揚陸艦）で引き揚げ「無事論文はすでに帰国されていた守中学長に届けた[84]」という。この学位論文とは終戦前後に満洲医大に提出されていたものと考えられる。三浦の引き揚げが一九四七年七月[85]であることから、先に紹介した「中華民国人学位認可願」や履歴書といった書類は守中自身が引き揚げ後に文部省での認可見合わせを知り、急ぎ用意したものではないかと推測される。[86]三浦は守中歿後の追悼文で「それから引揚げについてもみんな無事に済むように、また学位論文を出している人の始末、その論文を無事持ち帰って文部省を通す仕事にしても、みんな協力してやったのですけど、周到なご用意がなされ大変なご苦労でした[87]」と述べている。

満洲医大における終戦後の授与学位が同日付での申請でありながら受理・裁定の日にちに差があったり（表1および表4、参照）、申請日以降の日付で本人の引き揚げについての記載の見られる履歴書が提出されたりしているのは、このように段階的に用意されたり交渉されたりした結果であると考えられる。

おわりに

満洲医大の終戦後授与学位は文部省で作成された起案書類および満洲医大元学長守中清の手になる書類においても、一九四七年に鈴木直吉によって「一括処理」されたとするが、これまで見てきたようにその実態は決して「一括処理」とは言えない。終戦後にも論文受理・認可申請の準備がなされ続けてはいたものの、文部省への申請も時期的な目処も伝手もなく、学位請求者との連絡も十分に取れない状況での申請準備であった。

そもそも日本の敗戦によって大学を管掌する官署どころか設置者である満鉄自体も消滅し、「満洲国」の崩壊で学位令を「満洲国」に適用する勅令も意味をなさなくなってしまっていた。それにもかかわらず満洲医大が学位を授与できたのは満鉄附属地（のち「満洲国」）という帝国日本の「準領土」に位置する大学として、学位授与に関しては「内地」文部省と直接結びつきうる関係を持っていたためであった。大学の管掌者は設立以来一貫して文部大臣ではなく関東長官や満洲国駐箚特命全権大使であったが、学位授与認可については学位令の規定通り文部大臣の所管とされた。このため従来の管掌庁あるいは仲介機関が消滅しても、関係者が引き揚げると満洲医大は帝国日本の大学として文部省と直接交渉することによってその機能を維持しえたのである。少なくとも学位授与においては「満洲国」の成立も崩壊も満洲医大に直接の影響を及ぼすものではなく、文部省側も正式に中華民国へ大学が移管された一九四六年四月二九日という日付のみを強く意識していたことがわかる。

学位授与認可を求める交渉において、終戦時に学長であった守中清が書類準備等に心を砕いた様子はうかがえるが、大学が組織だって行ったものとは言えない。東京に設けられた善後処理事務所も卒業生の伊藤尹に頼ったものであり、大学側としては名前が分かっている限りではあるが鈴木直吉や橋本満次、三浦運一といった教授、斉藤寛一という事務官ら一部の個々人がそれぞれに動いてようやく交渉が可能となっていた。もちろん彼らが動き文部省と交渉をはかったのは学位授与認可にかかわるものだけではなく、「内地」医学校への学生の転入学、医師免許付与のための在学期間認可の問題など多岐に亘っていたと考えられる。しかし満洲医大関係者の回顧録では随所にこの学位授与認可に関する記述を確認することができ、医師免許保有者にとっての医学博士学位の重要性がうかがえるのである。

本稿では終戦後授与学位の全体数の確認や認可過程の解明を課題としたため、学位授与の対象となった研究の内容やその担い手には触れられていない。はじめにでも述べたように先行研究の多くは満洲医大の研究の特徴、とくに戦争犯罪との関わりを追究し論じる一方で教授層以外の研究活動実態や研究を支える制度面の解明は十分進んでいるとは言いがたい。終戦前の授与分を含め、学位を授与された研究についてもさらに異なる視点から研究を進める必要があろう。

終戦後授与学位については題目のみで内容が確認できないものも多いが、課題と展望として目立つ特徴を簡単に指摘しておきたい。満洲医大においては自校出身の日本人（内地人）による学位取得が大半であること、また臨床系での取得が多いことがまず挙げられる（研究分野については表5を参照）。これは日本人（内地人）が暮らす地域に医師を供給する「開拓衛生」など帝国日本のなかで満洲医大が負った役割との関係[88]が考えられ、そこでどのような知が求められ、また誰によって蓄積されていったのかは改めて考察することが課題のひとつとなる。

引き揚げ時に「内地」に持ち帰られた学位請求論文は満洲医大授与分として認可されたもの以外に、他大学に提出されたものも存在する。[89] 学位が授与された研究は必ずしも授与校でのみ行われたものではなく、医師免許保有者は自身のキャリア形成の過程で移動しながら論文を準備していったことが朝鮮の事例から明らかになっている。[90] 医学博士学位を手がかりとしながらも、結果として学位を取得した者だけを視野に入れるのではなく、学位をめぐる研究の場を満洲医大に求めていた医師免許保有者の存在をも念頭に置き、その活動を明らかにするこ

表5　満洲医大終戦後授与学位主査別件数

分野	主　査	件数	小計
基礎	工藤喬三（解剖学）	7	68
	鈴木直吉（解剖学）	4	
	廣木彦吉（微生物学）	11	
	未記入（廣木か？）	1	
	緒方維弘（生理学）	4	
	久保久雄（病理学）	22	
	寺田文治郎（薬物学）	7	
	戸田茂（医化学）	3	
	二階堂一種（法医学）	2	
	三浦運一（衛生学）	7	
臨床	原亨（内科学）	18	73
	高森時雄（内科学）	9	
	藤浪修一（外科学）	4	
	平山遠（外科学）	3	
	伏木卓也（小児科学）	2	
	柚木祥三郎（産婦人科学）	12	
	佐々木統一郎（眼科学）	12	
	塚本寛（耳鼻咽喉科学）	2	
	橋本満次（皮膚泌尿器科）	9	
	田村幸雄（精神科学）	2	
不　明			1
合　計			142

出典：表1から作成。

とがふたつ目の課題である。満洲医大に学位を請求したり、研究を行ったりした他校・他地域出身者は「満洲」においてどのような地位を占め活動を行ったのかを論じること、その成果を京城・台北両帝国大学医学部の営為と相互参照していくことで、帝国日本が「外地」に展開した学知をめぐる議論や、いわゆる「植民地大学」研究の全体もさらに深められると期待される。

（1） 共通法（大正七［一九一八］年法律第三九号）第一条では「本法ニ於テ地域ト称スルハ内地、朝鮮、台湾、関東州又ハ南洋群島ヲ謂フ」と規定している。「外地」という用語が用いられているわけではないが、朝鮮・台湾等が「内地」と対比されており異なる法域であることが示されている。とはいえ実際には「外地」という言葉が指す範囲はさまざまで、一般的には満洲を含む中国や南方軍政地域も含めるという。伊藤隆監修・百瀬孝著『事典 昭和戦前期の日本――制度と実態――』（吉川弘文館、一九九〇年）。共通法、帝国日本の法制度については浅野豊美『帝国日本の植民地法制――法域統合と帝国秩序――』（名古屋大学出版会、二〇〇八年）を参照されたい。

（2） 山本有造「満洲国」――ある歴史の終わり、そして新たな始まり――」（藤原書店編集部編『満洲とは何だったのか〈新装版〉』藤原書店、二〇〇六年）六八頁。

（3） 松田利彦「植民地大学比較史研究の可能性と課題」（酒井哲哉・松田利彦編『帝国日本と植民地大学』ゆまに書房、二〇一四年）。

（4） 飯島渉『マラリアと帝国――植民地医学と東アジアの広域秩序――』（東京大学出版会、二〇〇五年）。

（5） 泉孝英『外地の医学校』（メディカルレビュー社、二〇〇九年）、西山勝夫編著『戦争と医学』（文理閣、二〇一四年）、一五年戦争と日本の医学医療研究会編『戦争・七三一と大学・医科大学』（文理閣、二〇一六年）等。

（6） 松田、前掲論文、二六頁。

（7） 旅順工科大学においては工学博士学位の授与が行われた（「旅順工科大学学位規程」昭和七［一九三二］年二月二二日制定）が、授与件数は管見の限り一〇件に届かない。

（8） 聴き取り調査の実施や学位授与への注目も見られるが、こうした研究もやはり戦争犯罪実態解明という文脈で行われている。西山、前掲書、一五年戦争と日本の医学医療研究会編、前掲書等。

（9）天野郁夫『大学改革の社会学』（玉川大学出版部、二〇〇六年）一三五頁。

（10）所澤潤「聴取り・解説・註」・泉新一郎［口述］「聴取り調査：外地の進学体験　台北師範附属小から台北高校、台北帝大を経て内地の帝大に編入」（『入学試験の制度及び試験問題の分析に基づく近代日本の学力の歴史的研究』平成二年度文部省科学研究費補助金（一般研究C）課題番号〇一五一〇一四〇　研究成果報告書［研究代表者：稲垣忠彦］、一九九三年）、西山勝夫「京城帝国大学医学部の博士学位の授与について――物江敏夫朝鮮軍管区防疫部長の場合――」、同「戦後における台北帝国大学の医学博士の学位授与」（いずれも一五年戦争と日本の医学医療研究会編、前掲書所収）、拙稿「京城帝国大学医学部における一九四五年八月一五日以降の博士学位認定について」（『朝鮮学報』第二三四号、二〇一五年。以下、「学位認定」論文と示す）。

（11）「解放博士」の用例として朱權源『含春苑의 回想』（暁文社、一九八三年）五〇～五一頁、「ポツダム博士」については所澤潤・張寛敏「聴取り調査――外地の進学体験（Ⅱ）台北市師附小、台北高校、台北帝大医学部を経て、台湾大学医学院卒業――」（『群馬大学教育学部紀要』人文・社会科学編　第四四巻、一九九五年）一七九頁が挙げられる。正確には張寛敏は「博士」と「馬鹿」をかけて「ポツダムばかせ」と呼んでいる。

（12）橋本淳治は「外地」の大学による学位授与が終戦後の特定の月に偏っている（京城帝国大学の場合は一九四五年九～一一月、満洲医大は一九四六年四月、台北帝国大学は一九四六年六月）ことを示し、「これらの大学では敗戦後も学位授与に関する審査や手続きを続けていたのであろうか」とコメントを付している。橋本淳治「帝国大学への入学試験における受験資格制限の緩和とその帰結――〈傍系出身者に対する一つの考察〉とその正否の検証結果――」（京都大学大学院人間・環境学研究科博士論文、二〇〇四年）一四二頁。

（13）拙稿、前掲「学位認定」。

（14）西山勝夫「戦後における満洲医科大学の学位授与」（一五年戦争と日本の医学医療研究会編、前掲書。以下、「満洲」論文と示す）。

（15）西山、前掲「満洲」論文、二七五頁。

（16）西山、前掲「満洲」論文、二八八頁。

（17）西山勝夫「七三一部隊所属医師の学位授与などの妥当性」（一五年戦争と日本の医学医療研究会編、前掲書所収）、同前掲「京城帝国大学医学部の博士学位の授与について――物江敏夫朝鮮軍管区防疫部長の場合――」、同前掲「戦後における台北帝国大学の医学博士の学位授与――」。

(18) 西山、前掲「満洲」論文、二八〇頁。

(19) 終戦の前後期については『学位録(自昭和一九年一月　至昭和二二年一二月)』(文部省専門学務局)を利用できる。

(20) 学位請求論文は国会図書館が所蔵しており、関西館で閲覧が可能である(申請書類のみが国立公文書館に残され、論文そのものは確認できない場合もある)。

(21) 西山は満洲医大が最初に学位を授与した年を一九四〇年としているが(西山、前掲「満洲」論文、二七七頁　表1、二八九頁)、実際には一九三三年の山岡義朗[郎]への授与が最初であるため、この間の授与数を把握していないと考えられる。

(22) 泉孝英は「なお、満洲医大から医学博士の学位を得たものは三五五名である」としている。泉、前掲書、一一七頁。

(23) 若干異なる文面の「(備考)満洲医大は昭和二十一年四月二十九日を以て中国側の管理となったので前日たる仝年四月二十八日附を以て許可せんとす」という例も見られる。

(24) 倉井の起案文書への書き込みによる。金斗鍾のものは「……一括処理されたが、其の際本人は洩れたもので……」となっている。なお、金斗鍾の名前表記が起案文書および調書では鐘とされている。

(25) 西山、前掲「満洲」論文は当該申請書を画像つきで紹介している(二八一頁)。

(26) 西山は矢野四郎について「昭和二二年五月二日」申請、「昭和二三年一月六日」裁定と紹介しているが、これは矢吹俊男という別人物の情報と取り違えたものであると考えられる。西山、前掲「満洲」論文、二七九〜二八〇頁。

(27) 西郊文夫「解剖学教室の黎明」(具進会編『草創のとき：横浜市立大学医学部創立史』一九八四年)。

(28) 拙稿「博士学位授与機能から考察する京城帝国大学医学部の「教室」」(『九州史学』第一六七号、二〇一四年)。

(29) 大正九(一九二〇)年勅令第二〇〇号「学位令」(『官報』第二三七八号、一九二〇年七月六日)。

(30) 「朝鮮、台湾、関東州及南満洲鉄道附属地ニ於ケル学位授与ニ関スル件」(アジア歴史資料センター、Ref. A03021824700、御署名原本・昭和六年・勅令第二六八号「朝鮮、台湾、関東州及南満洲鉄道附属地ニ於ケル学位授与ニ関スル件」国立公文書館所蔵)。

(31) 社告第四五号「満洲医科大学学位規程」昭和七(一九三二)年八月二三日。

(32) 西山は京都帝国大学における学位授与と比較し、「大学の本人に関する調査書」「大学の本人に関する意見書」が添付されていないと指摘しているが、満洲医大授与分でもこの種の調査書は確認できる（ただし終戦後授与分には含まれていない）。西山、前掲「満洲」論文、二八〇～二八一頁。

(33) カッコ内引用は「南満洲鉄道株式会社ノ設置スル南満医学堂ニ関スル件ヲ定ム」（『公文類聚』第三五編明治四四年第十七巻 軍事・陸軍、国立公文書館所蔵）。

(34) 明治四四（一九一一）年勅令第二三〇号「南満洲鉄道株式会社ノ設置スル南満医学堂ニ関スル件」（『官報』第八四五三号、一九一一年八月二四日）。

(35) 明治三九（一九〇六）年勅令第一九六号「関東都督府官制」（『官報』第六九二七号、一九〇六年八月一日）。関東都督は陸軍大将または中将が任命されることと規定されていた（第三条）。

(36) 南満医学堂の設立根拠となる勅令の改正というかたちをとっている。大正一一（一九二二）年勅令第一六二号「明治四十四年勅令第二百三十号南満洲鉄道株式会社ノ設置スル南満医学堂ニ関スル件中改正」（『官報』第二八九六号、一九二二年三月三一日）。これに加え、大正一一（一九二二）年関東庁令第一八号「旅順工科大学及満洲医科大学ニ関シテハ大学規定適ニ依ル」により大正八（一九一九）年文部省令第一一号「大学規定」が適用された。

(37) 大正八（一九一九）年勅令第九四号「関東庁官制」（『官報』第二〇〇五号、一九一九年四月一二日）。

(38) 日本の「満洲国」統治と満鉄附属地行政権移譲・治外法権撤廃と満鉄の動向については田中隆一『満洲国と日本の帝国支配』（有志舎、二〇〇七年）第五章「満洲国治外法権撤廃と満鉄」を参照。

(39) 昭和九（一九三四）年勅令第三四七号「対満事務局官制」（『官報』号外、一九三四年一二月二六日）。

(40) 関東州の行政を管掌する関東州庁を分離・新設している。昭和九（一九三四）年勅令第三四八号「関東局官制」（『官報』号外、一九三四年一二月二六日）。

(41) 昭和九（一九三四）年勅令第三九五号「関東庁官制等ノ改正ニ際シ憲兵令其ノ他ノ勅令中改正等ノ件」第七八条（『官報』第二三九六号、一九三四年一二月二六日）。

(42) 昭和一二（一九三七）年条約第一五号「満洲国ニ於ケル治外法権ノ撤廃及南満洲鉄道附属地行政権ノ移譲ニ関スル日本国満洲国間条約」附属協定（甲）第四章第十五条（『官報』第三二五七号、一九三七年一一月九日）。

(43) 昭和一二（一九三七）年勅令第六八〇号「満洲国駐箚特命全権大使ノ神社及教育ノ行政事務ノ管理ニ関スル件」（『官報』第三二七五号、一九三二年一二月一日）。

(44) 昭和一二(一九三七)年勅令第六八一号「満洲国大使館ニ教務事務官等ヲ置クノ件」(『官報』第三二七五号、一九三二年一二月一日)。のち昭和一五(一九四〇)年勅令第二六八号「関東局ニ在満教務部ヲ設置スル等ノ件」により「満洲国駐劄特命全権大使ノ神社及教育ノ行政事務ノ管理ニ関スル件」「満洲国大使館ニ教務事務官等ヲ置クノ件」は廃止された(『官報』第三九八〇号、一九四〇年四月一五日)。満洲医大については「満洲医科大学ニ対シ大学規定適用ノ件」により大学規定中の文部大臣は満洲国駐劄特命全権大使とすることが改めて確認された(大使館令第九号、一九三七年一二月一日)。

(45) 南満洲鉄道株式会社地方部『昭和十三年版　地方経営梗概』(南満洲鉄道株式会社地方部残務整理委員会、一九三八年)一一三頁。

(46) 当該史料はアジア歴史資料センターで公開されておりインターネット上での閲覧も可能である。アジア歴史資料センター「学位関係雑件 17. 満洲医科大学学位授与関係 分割1」(Ref.B04011367600、学位関係雑件I—1—3—0—2、外務省外交史料館所蔵)、同「満洲医科大学学位授与関係 分割2」(Ref.B04011367700、学位関係雑件I—1—3—0—2、外務省外交史料館所蔵)。

(47) 前述の外交史料館に残る関係書類には、一九三七年一一月〜三八年一月の関東局総長と対満事務局次長が交わした認可申請・授与にかかわる文書もわずかに含まれている。

(48) 昭和一七(一九四二)年勅令第七〇七号「大東亜省官制」(『官報』号外、一九四二年一一月一日)。

(49) この文書中では関東局への在満教務部の設置をうけ、大使館教務部ではなく「満洲医科大学長ヨリ関東局ヲ通ジ学位授与認可方申越有之」(傍点—引用者)と述べられている。関東局の事務統理者としての満洲国駐劄特命全権大使を通じた申請であることがわかる。

(50) 拙稿、前掲「学位認定」。

(51) 武井右馬之輔「大学の沿革及び重要事項」(『柳絮地に舞う——満洲医科大学史——』輔仁会・満洲医科大学史編集委員会、一九七八年。以下『柳絮』とする)一二頁。

(52) 佐々木統一郎「終戦後の在奉学生生活史」(『満洲医科大学四十周年記念誌　附・業績集』満洲医科大学輔仁同窓会、一九五二年。以下、『四十周年記念誌』とする)一〇頁。

(53) 春田哲吉『日本の海外植民地統治機構の終焉』(原書房、一九九九年)二七八頁。

(54) 加藤聖文『満鉄全史――国策会社の全貌――』(講談社、二〇〇六年)一八六～一八七頁、同「大日本帝国の崩壊と残留日本人引き揚げ問題――国際関係のなかの海外引き揚げ――」(増田弘編著『大日本帝国の崩壊と引揚・復員』慶應義塾大学出版会、二〇一二年)二九～三〇頁。閉鎖後も多くの社員が留用された。

(55) 九月一一日には居留民会が改組され、守中は大学に復帰した。福田實『満洲奉天日本人史』(謙光社、一九七六年)二五七頁。

(56) 橋本満次「終戦後の満大余談」(満洲医科大学輔仁同窓会、前掲『四十周年記念誌』)九頁。

(57) 昭和二〇(一九四五)年勅令第四九〇号「大東亜省官制及軍需省官制廃止ノ件」(『官報』号外、一九四五年八月二六日)。大東亜省の業務は外務省に引き継がれた。

(58) 満洲医大は勅令「朝鮮、台湾、関東州及満洲国ニ於ケル学位授与ニ関スル件」(傍線―引用者)により学位授与を行っていたため、「満洲国」消滅後の学位授与についてはその根拠法令や可否を確認する必要があったと考えられる。

(59) 峰下銕雄「薬理学教室」(輔仁会・満洲医科大学史編集委員会、前掲『柳絮』)五〇頁。

(60) 終戦の半年前に遡って受理を行ったとも読めるが、残された書類とは整合しない。

(61) 西山、前掲「満洲」論文、二八一～二八二頁。

(62) 今村豊「上田常吉君の思い出」(京城帝国大学・京城帝国大学予科同窓会事務局『紺碧』第三五号、一九六八年)。

(63) 満洲医科大学輔仁同窓会、前掲『四十周年記念誌』。

(64) ソ連と中国の交渉や、これとかかわる日本人引揚については加藤、前掲論文、三四～三九頁を参照。

(65) 橋本満次、前掲記事、九頁。橋本は「その頃から日本人の還送が計画されたが科学技術方面の者は大体留用と云ふ事になり殊に満洲医大は全教授陣が留用される事になつた」と記している。

(66) 「処遇」の誤りか。『柳絮地に舞ふ:追補――戦後の輔仁会――』(輔仁会・満洲医科大学史編集委員会、一九八四年。以下『柳絮:追補』)収録の熊田正春「満大前後処理事務所の成立と学生生徒転入学の経緯」では「一、学生生徒の日本の大学への転入学　二、学位問題　三、職員の日本での就業」となっている(九頁)。

(67) 熊田正春「終戦の動乱を奉天で生き抜いた記録――満洲医科大学の終焉――」(輔仁会・満洲医科大学史編集委員会、前掲『柳絮』)一一八三～一一八五頁。

(68) 今村豊は松田令輔を理事長として組織された在外同胞援護会の救療部長を勤めており、現地との連絡のために自身が終戦後に満洲へ渡航したという。松田令輔「老先生の想い出」（守中みよ編『蘭——守中清思い出集——』非売品、一九六七年）三五頁。

(69) 熊田、前掲「満大善後処理事務所の成立と学生生徒転入学の経緯」九頁。熊田はほぼ同内容の記事を複数発表しているが、この「満大前後処理事務所の成立と学生生徒転入学の経緯」が他に比べてやや詳しい。

(70) 東北行営については山本有造「張公権と「張公権文書」について」（井村哲郎・山本有造編『「張公権文書」目録』アジア経済研究所、一九九五年）を参照。

(71) 鈴木直吉「終戦直後の大学の状況」（輔仁会・満洲医科大学史編集委員会、前掲『柳絮：追補』、二〇六頁。

(72) 熊田、前掲「終戦の動乱を奉天で生き抜いた記録——満洲医科大学の終焉——」、一一八七頁。

(73) 熊田正春「戦後補仁の功労者　伊藤尹先生」（輔仁会・満洲医科大学史編集委員会、前掲『柳絮：追補』）に詳しい。

(74) 熊田正春「大学の引揚げ」（満洲医科大学輔仁会『輔仁』第二号、一九五八年）一五頁。

(75) 「（前略）昭和二十一年四月迄の教授会」で審査完了したのちに「終戦」になったとあるが、できごとの前後関係がおかしい。重点は「教授会ノ機構ニ何等変革ナク従前ノ機能ヲ果シ」たという部分に置かれていると考えられる。

(76) 「百十八篇」とあるが、終戦後からこの文書が作成された一九四七年五月一〇日までに提出された学位申請論文は六四または六二件（※倉井と金斗鍾の申請時期が不明のため）、このうち「六十名」ではなく四九件分の認可が行われていたことしか確認できない。

(77) 鈴木直吉「因縁話——工藤喬三先生との出会いなど——」（輔仁会・満洲医科大学史編集委員会、前掲『柳絮』）二五頁。

(78) 鈴木は「幸いなことには当時の文部省大学課長松井正夫氏は旧制二高時代の同級生であります」（鈴木、前掲記事、二五頁）とも記しているが、松井が大学教育課長であったのは田中文部大臣時代である（『各庁職員抄録（昭和二十一年九月調）』印刷局図書課、一九四六年）。熊田は田中が文部大臣であったと述べているが、鈴木に大臣は森戸ではなかったかと指摘されたという（熊田、前掲「満大善後処理事務所の成立と学生生徒転入学の経緯」、一一頁）。

(79) 一五件の書類には番号「博学一四三」号が振られており、書類に押されたスタンプの日付から一九四七年五月二九日の処理であることがわかる。

(80) こうした場合も研究実態がなかったというわけではなさそうである。たとえば張鳳書、魏如恕の研究活動については

武井右馬之輔・宮永主基男「高森内科教室」（輔仁会・満洲医科大学史編集委員会、前掲『柳絮』）一七二頁に記述がある。

(81) 六四件中一件（高全立の申請）のみ、主論文一本・参考論文二本という構成になっている。

(82) 学位規則上は問題ないが、多くの場合は学位請求にあたっては主論文に加え複数の参考論文を提出している。

(83) 前原裕「皮膚科泌尿器科教室」（輔仁会・満洲医科大学史編集委員会、前掲『柳絮』）二四四頁。守中の帰国は一九四七年の初夏頃であり、守中の帰国後に学位論文の審査が行われたとは考えにくい。審査済みの書類整理ではないかと推測されるが詳細は不明である。

(84) 熊田、前掲記事、一一九七頁。

(85) 三浦運一・川人定男「衛生学教室」（輔仁会・満洲医科大学史編集委員会、前掲『柳絮』）六八頁。

(86) 守中の引揚時期の詳細は不明であるが、周囲の回顧での証言をつきあわせると一九四七年春～初夏までと推測される。

(87) 三浦運一「決戦下の大学長としての先生」（守中編、前掲書）六〇頁。

(88) 江田いづみ「満洲医科大学と『開拓衛生』」（『三田学会雑誌』第九七巻第二号、二〇〇四年）。

(89) 満洲医大の中国人卒業生から「九大医学部へ提出の学位論文を依頼され持参し無事に届け終わったときに、これでようやく総ての責任がすんだという解放感がこみあげてきた」との回顧が見られる。峰下、前掲記事、五一頁。

(90) 拙稿「医師免許保有者の帝国内移動と京城帝国大学」（『史潮』新八一号、二〇一七年）。

主論文	学位請求年月日 教授会開催年月日	審査員 ※①が主査	履歴書提出年月日	備　考
蠅蛆療法ニ関スル研究	1945年3月7日 1945年6月7日	①藤浪修一（外科学） ②平山遠（外科学） ③久保久雄（病理学）	1946年11月 （日付無し）	
肺炎竝ニ膿胸ニ関スル研究	1945年1月20日 1945年2月16日	①藤浪修一（外科学） ②平山遠（外科学） ③久保久雄（病理学）	1946年12月20日	
トリニトロトルオール中毒ノ病理解剖学的変化ニ就テ	1945年8月15日 1945年10月18日	①久保久雄（病理学） ②戸田茂（医化学） ③平山遠（外科学）	1946年12月 （日付無し）	
蒙古ノ「ベレンチ」ニ就イテ	1945年3月10日 1945年6月7日	①田村幸雄（精神科学） ②鈴木直吉（解剖学） ③守中清（※学長）	1946年12月20日	
人体交感神経節切除及ビ同神経節酒精注射ガ発汗機能並ビニ表在血行ニ及ボス影響ニ就テノ研究	1945年9月20日 1945年11月15日	①平山遠（外科学） ②緒方維弘（生理学） ③三浦運一（衛生学）	1945年 （日付無し）	
角膜染色ノ著色持続性ニ関スル研究	1946年1月10日 1946年3月14日	①佐々木統一郎（眼科学） ②塚本寛（耳鼻咽喉科学） ③久保久雄（病理学）	1946年12月 （日付無し）	
熱河地方病性甲状腺腫ノ心臓ニ関スル研究	1945年10月15日 1945年12月20日	①高森時雄（内科学） ②久保久雄（病理学） ③原亨（内科学）	—	
地方病性甲状腺腫患者ノ体質病理　特ニ歯牙ノ研究	1946年1月25日 1946年4月4日	①久保久雄（病理学） ②高森時雄（内科学） ③工藤喬三（解剖学）	1946年8月15日	
「カロチン」大量連続投与ニ関スル実験的研究	1946年1月20日 1946年4月18日	①原亨（内科学） ②戸田茂（医化学） ③三浦運一（衛生学）	1946年6月1日	
色ニ関スル研究	1946年1月15日 1946年2月28日	①橋本満次（皮膚泌尿器科） ②山中太郎（放射線学） ③佐々木統一郎（眼科学）	1945年 （月日無し）	
眼精疲労ニ関スル研究	1946年2月10日 1946年4月11日	①佐々木統一郎（眼科学） ②緒方維弘（生理学） ③塚本寛（耳鼻咽喉科学）	年月日無し 1946年10月 帰国	
菌座ニ関スル研究	1945年12月10日 1946年2月28日	①久保久雄（病理学） ②平山遠（外科学） ③廣木彦吉（微生物学）	日付無し	

表1　満洲医大における終戦後授与学位一覧

便宜連番	氏名	起案年月日	申請番号	学歴	提出論文（数） 主論文	提出論文（数） 参考論文	裁定
	本籍地	申請年月日	同窓会資料 学位記番号	卒業年	認可番号		発送
1	浜本定夫	1947年1月24日	第227	満洲医科大学	1	5	2月7日
	和歌山	1946年12月20日	227	1937	博学5		2月13日 （4月28日）
2	杉立厚	1947年1月24日	第228	満洲医科大学	1	4	2月7日
	東京	1946年12月20日	228	1937	博学5		2月13日 （4月28日）
3	山田肇	1947年1月24日	第229	満洲医科大学	3	6	2月7日
	東京	1946年12月20日	229	1939	博学5		2月13日 （4月28日）
4	熊田正春	1947年1月24日	第230	満洲医科大学	1	4	2月7日
	長野	1946年12月20日	230	1941	博学5		2月13日 （4月28日）
5	天瀬文蔵	1947年1月24日	第231	満洲医科大学	2	8	2月7日
	愛知	1946年12月20日	231	1938	博学5		2月13日 （4月28日）
6	庄司統一	1947年1月24日	第233	高槻高等医学 専門学校	2	6	2月7日
	宮城	1946年12月20日	233	1934	博学5		2月13日 （4月28日）
7	冨岡恒男	1947年1月24日	第214	満洲医科大学	1	6	2月7日
	福岡	1946年12月24日	214	1939	博学323		2月13日 （4月28日）
8	荒川幸喜	1947年1月24日	第215	京城歯科医学 専門学校	1	8	2月7日
	福島	1946年12月24日	215	1939	博学323		2月13日 （4月28日）
9	西村秀美	1947年1月24日	第216	満洲医科大学	1	5	2月7日
	長野	1946年12月24日	216	1937	博学323		2月13日 （4月28日）
10	藤巻快教	1947年1月24日	第217	東京日本医学校	4	1	2月7日
	東京	1946年12月24日	217	1916	博学323		2月13日 （4月28日）
11	前田勝和	1947年1月24日	第218	満洲医科大学	2	5	2月7日
	東京	1946年12月24日	218	1930	博学323		2月13日 （4月28日）
12	上村吉郎	1947年1月24日	第219	日本大学専門部 医学科	4	5	2月7日
	熊本	1946年12月28日	219	1935	博学13		2月13日 （2月12日？）

主論文	学位請求年月日 / 教授会開催年月日	審査員 ※①が主査	履歴書提出 年月日	備考
チフス症ニ於ケル菌座ニ関スル研究	1946年1月20日 1946年5月16日	記載なし	1946年12月30日	
青年義勇隊訓練生ニ於ケル結核ノ感染及ビ発病ニ関スル観察	1945年7月10日 1945年10月4日	①原亨（内科学） ②高森時雄（内科学） ③三浦運一（衛生学）	1946年12月 （日付無し）	
満洲ニ於ケル妊産褥婦ノ栄養特ニ母体栄養ガ胎児発育ニ及ボス影響ニ就テノ研究	1945年12月2日 1946年3月21日	①柚木祥三郎（産婦人科学） ②原亨（内科学） ③伏木卓也（小児科学）	1946年12月22日	
カシン・ベック氏病患者ノ血液像　殊ニ中性嗜好白血球ノ核型ニ就テ	1944年8月1日 1944年10月5日	①高森時雄（内科学） ②原亨（内科学） ③久保久雄（病理学）	1946年12月22日	
爆風ニ因ル聴器損傷	1945年2月5日 1945年3月1日	①塚本寛（耳鼻咽喉科学） ②久保久雄（病理学） ③緒方維弘（生理学）	1946年12月23日	
満洲ニ於ケル SALMONELLA 菌属ノ伝染源ニ関スル調査研究	1944年8月15日 1944年10月19日	①廣木彦吉（微生物学） ②原亨（内科学） ③久保久雄（病理学）	1946年12月22日	
肝臓レ腺照射ニヨル免疫学的影響ニツイテノ実験的研究	1946年1月10日 1946年3月14日	①藤浪修一（外科学） ②平山遠（外科学） ③山中太郎（放射線学）	1946年12月23日	
人類歯牙神経分布ニ関スル研究補遺	1945年11月10日 1946年1月17日	①鈴木直吉（解剖学） ②工藤喬三（解剖学） ③寺田文治郎（薬物学）	1946年12月26日	
満洲ニ於ケル妊産婦ノ栄養特ニ母体栄養ガ胎児ノ発育ニ及ボス影響　第三報胎盤ニ於ケル「マグネシウム」並ニ「カリウム」含有量ニ就テ	1945年12月15日 1946年3月21日	①柚木祥三郎（産婦人科学） ②戸田茂（医化学） ③二階堂一種（法医学）	1946年12月10日	
満洲ノ糠蚊属（俗称ブト）刺螫症ニ関スル研究	1946年1月20日 1946年3月7日	①久保久雄（病理学） ②橋本満次（皮膚泌尿器科） ③久保久雄（病理学）	1947年1月10日	
「レ」線照射ニヨル局所性免疫力ノ増強ニ関スル研究	1944年10月25日 1944年12月15日	①柚木祥三郎（産婦人科学） ②藤浪修一（外科学） ③山中太郎（放射線学）	1946年12月25日	
諸種化学薬品ノ胎児発育ニ及ボス影響（第一報）「ズルフォンアミド」剤ノ胎生組織ニ及ボス影響ニ関スル実験的研究	1946年2月10日 1946年5月2日	①柚木祥三郎（産婦人科学） ②伏木卓也（小児科学） ③寺田文治郎（薬物学）	1946年12月24日	

便宜連番	氏　名	起案年月日	申請番号	学　歴	提出論文（数） 主論文	参考論文	裁　定
	本籍地	申請年月日	同窓会資料 学位記番号	卒業年	認可番号		発　送
13	木村隆	1947年1月24日	第220	満洲医科大学	2	4	2月7日
	和歌山	1946年12月28日	220	1908	博学13		2月13日（2月12日？）
14	小野亨	1947年1月24日	第221	満洲医科大学	1	4	2月10日
	新潟	1946年12月28日	221	1939	博学13		2月13日（2月12日？）
15	松岡義行	1947年1月24日	第222	満洲医科大学	1	3	2月7日
	熊本	1946年12月28日	222	1941	博学13		2月13日（2月12日？）
16	中澤治右	1947年1月24日	第223	満洲医科大学	3	8	2月7日
	山口	1946年12月28日	223	1937	博学13		2月13日（2月12日？）
17	江島一郎	1947年1月24日	第224	満洲医科大学	2	12	2月7日
	長崎	1946年12月28日	224	1939	博学13		2月13日（2月12日？）
18	尾形重直	1947年1月24日	第225	東京慈恵会医科大学	2	5	2月7日
	東京	1946年12月28日	225	1911	博学13		2月13日（2月12日？）
19	大内正太郎	1947年1月24日	第226	満洲医科大学	1	4	2月7日
	岐阜	1946年12月28日	226	1935	博学13		2月13日（2月12日？）
20	稲井鉄鳴	1947年1月24日	第232	九州歯科医学専門学校	1	9	2月7日
	広島	1947年1月7日	232	1933	博学13		2月13日（4月28日？）
21	小泉伸策	1947年2月4日	——	慶應義塾大学	1	5	2月15日
	福島	1947年1月27日	342	1933	博学18		2月18日
22	川崎正巳	1947年2月4日	第—	満洲医科大学	1	6	2月15日
	茨城	1947年1月27日	343	1937	博学18		2月1？日
23	大杉百合夫	1947年2月4日	——	満洲医科大学	1	4	2月15日
	山口	1947年1月27日	344	1937	博学18		2月19日
24	大西喬	1947年2月4日	——	満洲医科大学	1	8	2月15日
	香川	1947年1月27日	345	1940	博学18		2月19日

主論文	学位請求年月日 教授会開催年月日	審査員 ※①が主査	履歴書提出 年月日	備　考
アドレナリンノ家兎動脈血圧上昇機転ニ就テ	1945年3月15日 1945年6月21日	①寺田文治郎（薬物学） ②戸田茂（医化学） ③高森時雄（内科学）	—	
塗沫標本ニ於ケル血液フォスファターゼノ顕微科学的証明方法ノ考案並ニ本法ニヨルフォスファターゼ反応ニ就テ	1945年2月3日 1945年5月17日	①久保久雄（病理学） ②戸田茂（医化学） ③原亨（内科学）	1945年4月1日	
満洲ニ於ケル健康者及結核患者ノビタミンC代謝	1945年12月20日 1946年3月28日	①原亨（内科学） ②高森時雄（内科学） ③山中太郎（放射線学）	1945年9月1日 （11月1日を訂正か※訂正印）	
組織ノ放射線感受性ニ関スル生化学的研究　レ線及ビ超短波ノ悪性腫瘍水分並ビニ燐代謝ニ及ボス影響特ニ超短波ノレ線感受性ニ及ボス影響	1945年3月16日 1945年6月7日	①柚木祥三郎（産婦人科学） ②戸田茂（医化学） ③藤浪修一（外科学）	1947年1月28日	
組織ノ放射線感受性ニ関スル生化学的研究　超短波及「レ」線ノ孵卵内鉱物質代謝（石灰・加里・苦土）ニ及ボス影響 特ニ該鉱物質代謝ヨリ観察セル超短波ノ硬「レ」線感受性ニ及ボス影響	1945年7月16日 1945年10月4日	①柚木祥三郎（産婦人科学） ②山中太郎（放射線学） ③戸田茂（医化学）	1947年1月30日	
打撲白内障ノ発生機転ニ関スル実験的研究	1945年9月？日 1945年11月1日	①佐々木統一郎（眼科学） ②塚本寛（耳鼻咽喉科学） ③久保久雄（病理学）	1947年1月6日	
読書ト照明	1945年12月20日 1946年3月7日	①佐々木統一郎（眼科学） ②緒方維弘（生理学） ③三浦運一（衛生学）	1947年2月1日	
眼瞼圧迫ニヨル角膜乱視成立ニ就テ	1945年12月15日 1946年3月22日	①佐々木統一郎（眼科学） ②久保久雄（病理学） ③緒方維弘（生理学）	1946年12月23日	
病原性皮膚絲状菌ニ関スル研究	1946年1月18日 1946年3月21日	①橋本満次（皮膚泌尿器科） ②廣木彦吉（微生物学） ③伏木卓也（小児科学）	1946年8月 （日付無し）	
発疹チフスニ関スル研究　第十五報　広義発疹チフス病毒ノ型変異ニ関スル研究（両型病毒相互変異循環節ノ提唱）	1946年1月21日 1946年3月28日	①廣木彦吉（微生物学） ②平山遠（外科学） ③久保久雄（病理学）	1947年1月22日	
寒冷負荷並ニ其負荷時ニ於ケル各種ビタミンノ組織呼吸ニ及ボス影響	1946年2月15日 1946年4月18日	①原亨（内科学） ②三浦運一（衛生学） ③緒方維弘（生理学）	—	

便宜連番	氏　名	起案年月日	申請番号	学　歴	提出論文（数）		裁　定
					主論文	参考論文	
	本籍地	申請年月日	同窓会資料 学位記番号	卒業年	認可番号		発　送
25	梶本義衛	1947年２月４日	——	満洲医科大学	1	12	２月15日
	広島	1947年１月27日	346	1935	博学18		２月19日
26	武内忠男	1947年２月４日	第一	満洲医科大学	1	25	２月15日
	大分	1947年１月27日	347	1941	博学18		２月？日
27	佐藤優剛	1947年２月４日	——	満洲医科大学	4	10	２月15日
	広島	1947年１月27日	350	1939	博学18		２月19日
28	占部博	1947年２月18日	—234	満洲医科大学	1	6	３月15日
	広島	1947年２月14日	234	1936	博学36		３月19日
29	江口慶之	1947年２月18日	第235	満洲医科大学	1	8	３月15日
	福岡	1947年２月14日	235	1938	博学36		３月19日
30	翠英賢	1947年２月18日	第236	満洲医科大学	1	6	３月12日
	静岡	1947年２月14日	236	1936	博学36		４月28日
31	高木恭造	1947年２月18日	—237	満洲医科大学	4	5	３月15日
	青森	1947年２月14日	237	1933	博学36		３月19日
32	野村穆	1947年２月18日	第238	満洲医科大学	1	10	３月15日
	山口	1947年２月14日	238	1934	博学36		３月19日
33	福田忠	1947年２月18日	第239	満洲医科大学	1	5	３月15日
	兵庫	1947年２月14日	239	1939	博学36		３月19日
34	陣内六郎	1947年２月18日	第240	南満医学堂	1	10	３月15日
	福岡	1947年２月14日	240	1927	博学36		３月19日
35	沢井祥二	1947年２月18日	第241	満洲医科大学	1	2	３月15日
	香川	1947年２月14日	241	1938	博学36		３月19日

主論文	学位請求年月日 教授会開催年月日	審査員 ※①が主査	履歴書提出 年月日	備　考
日満学生、生徒、児童ノ屈折異常　特ニ近視ニ就テ	1945年9月23日 1945年11月15日	①佐々木統一郎（眼科学） ②緒方維弘（生理学） ③三浦運一（衛生学）	1947年2月 （日付無し）	
疱瘡ノ疫学的並ニ臨床学的観察	1945年12月10日 1946年2月7日	①原亨（内科学） ②廣木彦吉（微生物学） ③高森時雄（内科学）	1947年2月3日	
フォスファターゼノ組織化学的力價定量法ニ就テ	1946年1月25日 1946年3月21日	①久保久雄（病理学） ②戸田茂（医化学） ③二階堂一種（法医学）	1947年2月3日	
満洲生満洲育邦人健体小児ノ発育	1946年1月24日 1946年3月28日	①伏木卓也（小児科学） ②三浦運一（衛生学） ③工藤喬三（解剖学）	―	
寒冷並ニ諸種薬毒物ノ白鼠諸臓器組織酸化態ニ及ボス影響	1946年2月18日 1946年4月4日	①原亨（内科学） ②三浦運一（衛生学） ③緒方維弘（生理学）	1947年2月1日	
低酸素血状態竝ニ諸条件下ノ心臓及ビ諸臓器「チトクローム」量ノ態度	1946年2月3日 1946年4月11日	①原亨（内科学） ②戸田茂（医化学） ③久保久雄（病理学）	1947年2月4日	
心筋障碍ヲ主徴トセル満洲地方病（克山病）ニ関スル臨床的研究　第　報　満洲医科大学内科学教室克山病発生地帯住民並ニ克山病患者ノ血液像ノ研究	1946年2月20日 1946年5月16日	①原亨（内科学） ②高森時雄（内科学） ③久保久雄（病理学）	1947年1月30日	
肺実質解糖酵素作用ニ関スル研究	1944年10月25日 1945年2月16日	①二階堂一種（法医学） ②戸田茂（医化学） ③原亨（内科学）	1947年2月4日	
色視野、特ニ其臨床的意義ニ関スル研究	1945年9月18日 1945年12月20日	①佐々木統一郎（眼科学） ②塚本寛（耳鼻咽喉科学） ③緒方維弘（生理学）	1947年2月10日	
核酸構造ノ研究	1945年11月23日 1946年1月17日	①戸田茂（医化学） ②二階堂一種（法医学） ③塚本寛（耳鼻咽喉科学）	1947年2月1日	
Formol-Gel 反応ニ就テ	1946年1月20日 1946年3月14日	①橋本満次（皮膚泌尿器科） ②原亨（内科学） ③高森時雄（内科学）	1947年1月23日	
ペスト菌種ノ越年ニ関スル実験的研究	1946年2月3日 1946年4月11日	①廣木彦吉（微生物学） ②原亨（内科学） ③守中清（※学長）	1946年10月2日	

便宜連番	氏　名	起案年月日	申請番号	学　歴	提出論文（数） 主論文	参考論文	裁　定
	本籍地	申請年月日	同窓会資料学位記番号	卒業年	認可番号		発　送
36	馬場進	1947年2月27日	第242	満洲医科大学	1	6	3月22日
	広島	1947年2月17日	242	1937	博学38		3月25日
37	金子逸四	1947年2月27日	第243	満洲医科大学	5	3	3月22日
	愛知	1947年2月17日	243	1940	博学38		3月25日
38	森畑宗彦	1947年2月27日	第244	満洲医科大学	1	5	3月22日
	和歌山	1947年2月17日	244	1941	博学38		3月26日
39	周防友彌	1947年2月27日	第245	満洲医科大学	1	22	3月29日
	東京	1947年2月17日	245	1938	博学38		3月31日
40	柏木胖	1947年2月27日	第246	満洲医科大学	1	2	3月22日
	兵庫	1947年2月17日	246	1940	博学38		3月26日
41	菱沼重郎	1947年2月27日	第247	満洲医科大学	7	10	3月22日
	山形	1947年2月17日	247	1935	博学38		3月26日
42	中野亨	1947年2月27日	第248	満洲医科大学	1	6	3月22日
	福井	1947年2月17日	248	1941	博学38		3月25日
43	加藤悠太郎	1947年3月18日	第249	満洲医科大学	4	3	4月28日
	東京	1947年3月1日	249	1939	博学54		4月10日
44	岡崎平一	1947年3月18日	第250	満洲医科大学	1	4	4月28日
	熊本	1947年3月1日	250	1932	博学54		4月10日
45	辻正一	1947年3月18日	第251	満洲医科大学	7	4	4月28日
	愛知	1947年3月1日	251	1938	博学54		4月10日
46	森薫	1947年3月18日	第252	満洲医科大学	1	6	4月28日
	佐賀	1947年3月1日	252	1934	博学54		4月10日
47	渡辺泰臣	1947年3月18日	第253	満洲医科大学	1	4	4月28日
	大分	1947年3月1日	253	1934	博学54		4月10日

主論文	学位請求年月日 教授会開催年月日	審査員 ※①が主査	履歴書提出 年月日	備考
所謂回族ノ体質人類学的研究	1946年3月11日 1946年5月26日	①工藤喬三（解剖学） ②平山遠（外科学） ③守中清（※学長）	1947年2月7日	
頸胸部交感神経節切除並ニ迷走神経頸部切除ガ家兎気道内坑亢排泄ニ及ホス影響ニ関スル実験的研究	1944年12月20日 1945年2月16日	①平山遠（外科学） ②藤浪修一（外科学） ③久保久雄（病理学）	1947年3月6日	
ビタミンB複合体ノ研究	1944年9月20日 1944年12月15日	①戸田茂（医化学） ②原亨（内科学） ③三浦運一（衛生学）	1947年5月10日 守中署名	「中華民国人学位認可願」あり
癭（甲状腺腫）ノ史的研究	1944年12月10日 1945年2月16日	①高森時雄（内科学） ②守中清（※学長） ③久保久雄（病理学）	1947年5月10日 守中署名	「中華民国人学位認可願」あり
phosphatase ノ組織学並ニ生化学的研究	1945年2月10日 1945年5月3日	①久保久雄（病理学） ②戸田茂（医化学） ③二階堂一種（法医学）	1947年5月10日 守中署名	「中華民国人学位認可願」あり
実験的ガラクトーゼ白内障ノ研究	1945年5月11日 1945年7月5日	①佐々木統一郎（眼科学） ②塚本寛（耳鼻咽喉科学） ③戸田茂（医化学）	1947年5月10日 ※守中署名	「中華民国人学位認可願」あり
変温脊椎動物ニ於ケル「フオスアターゼ」反応研究	1945年6月1日 1945年7月5日	①久保久雄（病理学） ②緒方維弘（生理学） ③戸田茂（医化学）	1947年5月10日 守中署名	「中華民国人学位認可願」あり
満洲農村ニ在住スル漢民族ノ精神医学的研究	1945年5月8日 1945年7月19日	①田村幸雄（精神科学） ②守中清（※学長） ③三浦運一（衛生学）	1947年5月10日 守中署名	「中華民国人学位認可願」あり
極熱飽湿環境下長時間滞在時ノ人体湿調節ニ関スル研究	1945年9月20日 1945年11月15日	①緒方維弘（生理学） ②三浦運一（衛生学） ③原亨（内科学）	1947年5月10日 守中署名	「中華民国人学位認可願」あり
華北人小脳皮質ノ細胞構成ニ就テ	1945年10月1日 1945年12月6日	①鈴木直吉（解剖学） ②工藤喬三（解剖学） ③田村幸雄（精神科学）	1947年5月10日 守中署名	「中華民国人学位認可願」あり
乳幼児「トラコーム」ノ発生ニ関スル研究	1945年10月2日 1945年12月6日	①佐々木統一郎（眼科学） ②久保久雄（病理学） ③伏木卓也（小児科学）	1947年5月10日 守中署名	「中華民国人学位認可願」あり
支那ニ於ケル砒素剤ノ研究	1945年11月10日 1946年2月14日	①寺田文治郎（薬物学） ②戸田茂（医化学） ③久保久雄（病理学）	1947年5月10日 守中署名	「中華民国人学位認可願」あり

便宜連番	氏　名	起案年月日	申請番号	学　歴	提出論文（数） 主論文	参考論文	裁　定
	本籍地	申請年月日	同窓会資料学位記番号	卒業年	認可番号		発　送
48	小林喜久雄	1947年3月18日	第254	岩手医学専門学校	1	11	4月28日
	福島	1947年3月1日	254	1904	博学54		4月10日
49	岩崎堅三	1947年3月22日	第255	満洲医科大学	1	10	4月28日
	香川	1947年3月19日	255	1937	博学73		4月10日
50	張鳳書	1947年6月10日	—256	満洲医科大学	1	0	4月28日
	中華民国	1947年3月28日	256	1934	博学143		6月25日
51	魏如恕	1947年6月10日	—257	満洲医科大学	1	0	4月28日
	中華民国	1947年3月28日	257	1935	博学143		6月25日
52	章榮熈	1947年6月10日	—258	満洲医科大学	1	0	4月28日
	中華民国	1947年3月28日	258	1940	博学143		6月25日
53	景崇徳	1947年6月10日	第259	満洲医科大学	1	0	4月28日
	中華民国	1947年3月28日	259	1936	博学143		6月25日
54	朱逢春	1947年6月10日	—260	満洲医科大学	1	0	4月28日
	中華民国	1947年3月28日	260	1940	博学143		6月25日
55	郭文泰	1947年6月10日	—261	南満医学堂	1	0	4月28日
	中華民国	1947年3月28日	261	1926	博学143		6月25日
56	李紹唐	1947年6月10日	—262	満洲医科大学	1	0	4月28日
	中華民国	1947年3月28日	262	1938	博学143		6月25日
57	高全立	1947年6月10日	—263	満洲医科大学附属専門部	1	2	4月28日
	中華民国	1947年3月28日	263	1930	博学143		6月25日
58	夏徳昭	1947年6月10日	—264	満洲医科大学附属専門部	1	0	4月28日
	中華民国	1947年3月28日	264	1941	博学143		6月25日
59	馬楊武	1947年6月10日	—265	南満医学堂	1	0	4月28日
	中華民国	1947年3月28日	265	1917	博学143		6月25日

主論文	学位請求年月日 教授会開催年月日	審査員 ※①が主査	履歴書提出年月日	備　考
塗布剤ノ薬理学的研究特ニ血液像ニ就テ	1945年12月23日 1946年 3 月21日	①寺田文治郎（薬物学） ②橋本満次（皮膚泌尿器科） ③藤浪修一（外科学）	1947年 5 月10日 守中署名	「中華民国人学位認可願」あり
中国人ニ検出セル大腸菌属ノ菌型分類的考察並ニ同菌属ニ検出セル「サルモネラ」菌属O抗ニ就テ	1946年 1 月20日 1946年 4 月11日	①廣木彦吉（微生物学） ②久保久雄（病理学） ③原亨（内科学）	1947年 5 月10日 守中署名	「中華民国人学位認可願」あり
基礎液投与ノ血球「フォスファターゼ」反応ニ及ボス影響ニ就テ特ニ血球ノ適応酸素ニ就テ	1946年 1 月20日 1946年 4 月18日	①久保久雄（病理学） ②戸田茂（医化学） ③二階堂一種（法医学）	1947年 5 月10日 守中署名	「中華民国人学位認可願」あり
膠様珪酸ノ連続投与ニ際スル血液像	1946年 2 月10日 1946年 5 月 2 日	①久保久雄（病理学） ②戸田茂（医化学） ③高森時雄（内科学）	1947年 5 月10日 守中署名	「中華民国人学位認可願」あり
満洲ニ於ケル妊産婦ノ栄養特ニ母体ノ胎児発育ニ及ボス影響ニ就テノ研究特ニ季節的影響ニ就テ	1946年 2 月16日 1946年 5 月 9 日	①柚木祥三郎（産婦人科学） ②原亨（内科学） ③伏木卓也（小児科学）	1947年 5 月10日 守中署名	「中華民国人学位認可願」あり
神経軸索成分検出法ノ新法ヲ用ヒテ観察シタ歯齦ノ神経分布ニ関スル研究補遺	1946年 2 月10日 1946年 5 月23日	①工藤喬三（解剖学） ②田村幸雄（精神科学） ③鈴木直吉（解剖学）	1947年 4 月19日	
満洲ニ於ケル学童ノ口角炎ニ関スル研究	1945年11月15日 1946年 2 月14日	①橋本満次（皮膚泌尿器科） ②原亨（内科学） ③高森時雄（内科学）	1946年 （日付無し）	
肺ノ血液還元グルタチオンニ対スル態度ニ就テ	1945年12月25日 1946年 3 月21日	①二階堂一種（法医学） ②戸田茂（医化学） ③原亨（内科学）	1947年 4 月 （日付無し）	
無唾液腺症ノ骨発育ニ及ボス影響	1945年 9 月20日 1945年11月 1 日	①久保久雄（病理学） ②平山遠（外科学） ③高森時雄（内科学）	1947年 4 月26日	
腫瘍組織浸出液ノ示ス補体結合反応ノ吟味	1945年 9 月15日 1945年12月20日	①藤浪修一（外科学） ②久保久雄（病理学） ③平山遠（外科学）	1947年 4 月10日	
温血動物ニ於ケルフオスファターゼ反応ノ研究	1945年 1 月 8 日 1945年 3 月 1 日	①久保久雄（病理学） ②戸田茂（医化学） ③二階堂一種（法医学）	1947年 3 月20日	
廻転斜位ニ就テ	1944年 9 月 7 日 1944年11月 3 日	①佐々木統一郎（眼科学） ②田村幸雄（精神科学） ③緒方維弘（生理学）	1947年 4 月23日	

便宜連番	氏名	起案年月日	申請番号	学歴	提出論文（数） 主論文	参考論文	裁定
	本籍地	申請年月日	同窓会資料学位記番号	卒業年	認可番号		発送
60	廖泉正	1947年6月10日	—266	満洲医科大学附属専門部	1	0	4月28日
	中華民国	1947年3月28日	266	1939	博学143		6月25日
61	閻家樹	1947年6月10日	—267	満洲医科大学附属専門部	1	0	4月28日
	中華民国	1947年3月28日	267	1933	博学143		6月25日
62	鄭信章	1947年6月10日	—268	満洲医科大学附属専門部	1	0	4月28日
	中華民国	1947年3月28日	268	1937	博学143		6月25日
63	黄順記	1947年6月10日	—269	満洲医科大学附属専門部	1	0	4月28日
	中華民国	1947年3月28日	269	1933	博学143		6月25日
64	楊学志	1947年6月10日	—270	満洲医科大学附属専門部	1	0	4月28日
	中華民国	1947年3月28日	270	1942	博学143		6月25日
65	野田久雄	1947年6月10日	—271	九州歯科医学専門学校	1	4	4月28日
	長野	1947年5月20日	271	1934	博学153		6月25日
66	衛藤馨	1947年6月10日	第272	満洲医科大学	1	4	4月28日
	熊本	1947年5月20日	272	1938	博学153		6月25日
67	山蔦海	1947年6月10日	第273	満洲医科大学	2	6	6月19日
	東京	1947年5月20日	273	1932	博学153		6月25日
68	野島武夫	1947年6月10日	第274	満洲医科大学	3	4	6月19日
	熊本	1947年5月20日	274	1938	博学153		6月25日
69	森岡実太郎	1947年6月10日	第275	満洲医科大学	1	5	6月19日
	三重	1947年5月20日	275	1933	博学153		6月25日
70	片山竜男	1947年6月10日	第276	京都府立医科大学	2	7	4月28日
	福井	1947年5月20日	276	1935	博学153		6月25日
71	木下昌樹	1947年6月10日	第277	満洲医科大学	4	7	6月19日
	福岡	1947年5月20日	277	1934	博学153		6月25日

主論文	学位請求年月日 教授会開催年月日	審査員 ※①が主査	履歴書提出年月日	備考
臓器病変ト臓器珪酸	1944年9月20日 1944年11月17日	①久保久雄（病理学） ②原亨（内科学） ③戸田茂（医化学）	1947年4月1日	
満洲産蔬菜並ビニ可食生野生草ノ灰分研究	1945年2月18日 1945年6月21日	①原亨（内科学） ②三浦運一（衛生学） ③戸田茂（医化学）	1947年5月1日	
「発疹チフス」ニ関スル研究	1944年7月12日 1944年9月21日	①廣木彦吉（微生物学） ②原亨（内科学） ③高森時雄（内科学）	1947年5月1日	
北満農村ニ於ケル一酸化炭素中毒予防ニ関スル研究	1945年12月10日 1946年2月7日	①三浦運一（衛生学） ②原亨（内科学） ③久保久雄（病理学）	1947年4月24日	
人体ニ於ケル「ビ」A特に「カロチン」ノ吸収ニ関スル研究	1946年1月9日 1946年3月21日	①原亨（内科学） ②三浦運一（衛生学） ③戸田茂（医化学）	1947年4月15日	
凍傷ニ関スル病理学的研究	1945年10月25日 1946年1月17日	①久保久雄（病理学） ②緒方維弘（生理学） ③藤浪修一（外科学）	1947年3月4日	
珪酸代謝ト内分泌腺	1944年7月25日 1944年10月19日	①久保久雄（病理学） ②高森時雄（内科学） ③原亨（内科学）	1947年5月25日	
抗山羊乳貧血因子「Pterin」ノ研究	1945年12月25日 1946年3月28日	①戸田茂（医化学） ②原亨（内科学） ③高森時雄（内科学）	1947年5月 （日付無し）	
ロダン加里ノ眼内移行ニ関スル研究	1945年4月13日 1945年7月5日	①佐々木統一郎（眼科学） ②戸田茂（医化学） ③緒方維弘（生理学）	1947年5月5日	
弗素投与動物並ニカシンベック氏病患者ノ骨弗素含量測定成績ニ就テ	1945年12月4日 1946年3月14日	①高森時雄（内科学） ②久保久雄（病理学） ③戸田茂（医化学）	1947年6月10日	
組織ノ放射線感受性ニ関スル生化学的研究	1945年8月6日 1945年10月18日	①柚木祥三郎（産婦人科学） ②藤浪修一（外科学） ③山中太郎（放射線学）	1947年5月26日	
ホルモント諸臓器フォスファターゼ	1945年12月20日 1946年3月28日	①久保久雄（病理学） ②戸田茂（医化学） ③原亨（内科学）	1947年5月24日	

便宜連番	氏名	起案年月日	申請番号	学歴	提出論文（数）		裁定
					主論文	参考論文	
	本籍地	申請年月日	同窓会資料学位記番号	卒業年	認可番号		発送
72	大島敦智	1947年6月10日	第278	南満医学堂	3	3	4月28日
	鹿児島	1947年5月20日	278	1927	博学153		6月25日
73	是枝正治	1947年6月10日	第279	満洲医科大学	3	2	4月28日
	鹿児島	1947年5月20日	279	1939	博学153		6月25日
74	浜田豊博	1947年6月10日	—280	満洲医科大学	1	5	4月28日
	福岡	1947年5月20日	280	1940	博学153		6月25日
75	伊藤英策	1947年6月10日	—281	満洲医科大学	2	9	4月28日
	長崎	1947年5月20日	281	1933	博学153		6月25日
76	坂本賢二	1947年6月10日	第282	満洲医科大学	1	3	4月28日
	山梨	1947年5月20日	282	1935	博学153		6月25日
77	尾崎吉助	1947年6月10日	第283	南満医学堂	4	13	4月28日
	長野	1947年5月20日	283	1924	博学153		6月25日
78	和田信夫	1947年7月16日	第284	満洲医科大学	1	6	—
	和歌山	1947年5月20日	284	1934	博学186		8月6日
79	田上喜也	1947年7月16日	第285	日本大学専門部	1	6	7月31日
	千葉	1947年5月20日	285	1931	博学186		8月2日
80	児玉祥二	1947年7月16日	第286	満洲医科大学	2	8	7月31日
	広島	1947年5月20日	286	1929	博学186		8月2日
81	田辺正人	1947年7月16日	第287	満洲医科大学	1	2	7月31日
	島根	1947年5月20日	287	1941	博学186		8月2日
82	中田庄次郎	1947年7月16日	第288	満洲医科大学	1	5	7月31日
	広島	1947年5月20日	288	1936	博学186		8月2日
83	馬渡寛	1947年7月16日	第289	熊本医学専門学校	1	10	7月31日
	佐賀	1947年5月20日	289	1934	博学186		8月2日

主論文	学位請求年月日 教授会開催年月日	審査員 ※①が主査	履歴書提出 年月日	備　考
カシンベック氏病患者ノ乳酸代謝ニ関スル研究	1944年11月9日 1945年6月16日	①高森時雄（内科学） ②原亨（内科学） ③戸田茂（医化学）	1947年6月20日	
人流感病毒ニ関スル実験的研究	1944年11月22日 1945年2月7日	①廣木彦吉（微生物学） ②塚本寛（耳鼻咽喉科学） ③原亨（内科学）	日付け無し	
華北人脊髄ノ細胞構成ニ就テ	1945年9月20日 1945年12月5日	①工藤喬三（解剖学） ②鈴木直吉（解剖学） ③田村幸雄（精神科学）	1947年4月15日	
諸種要約下ニ於ケル血液及局所皮膚中ノ鉄質含有量ニ関スル実験的研究	1944年7月10日 1944年9月21日	①久保久雄（病理学） ②原亨（内科学） ③三浦運一（衛生学）	1947年5月20日 ※守中署名	
満洲ニ於ケル家屋ノ換気煖房ニ関スル衛生学的研究	1944年7月1日 1944年9月21日	①三浦運一（衛生学） ②原亨（内科学） ③緒方維弘（生理学）	1947年5月20日 ※守中署名	
北支那人大脳皮質特ニ側頭部及近接異種皮質ノ細胞構成学的研究	1944年8月31日 1944年11月3日	①工藤喬三（解剖学） ②鈴木直吉（解剖学） ③田村幸雄（精神科学）	1947年5月20日 ※守中署名	
猿ノ橋随及延髄ノ形態ニ就テ	1944年9月5日 1944年11月3日	①工藤喬三（解剖学） ②鈴木直吉（解剖学） ③田村幸雄（精神科学）	1947年5月20日 ※守中署名	
満洲産畑リスノ冬眠ニ関スル研究	1944年8月25日 1944年11月17日	①橋本満次（皮膚泌尿器科） ②緒方維弘（生理学） ③久保道夫（寄生虫学）	1947年5月20日 ※守中署名	
満洲産食品中ノ「ビ」A含有量ニ北満洲ニ於ケル開拓及原住民ノ「ビ」摂取量ニ就テ	1944年8月25日 1944年11月15日	①原亨（内科学） ②戸田茂（医化学） ③高森時雄（内科学）	1947年5月20日 ※守中署名	
蠍ノ研究	1945年11月25日 1946年2月21日	①橋本満次（皮膚泌尿器科） ②寺田文治郎（薬物学） ③久保久雄（病理学）	1947年5月20日 ※守中署名	
主温ノ生体内ビタミンAノ消長ニ及ボス影響ニ関スル実験的研究	1945年11月30日 1946年2月21日	①橋本満次（皮膚泌尿器科） ②戸田茂（医化学） ③原亨（内科学）	1947年5月20日 ※守中署名	
満洲ニ於ケルチフス菌ノ分類学的研究	1945年12月18日 1946年3月7日	①柚木祥三郎（産婦人科学） ②原亨（内科学） ③高森時雄（内科学）	1947年5月10日 ※守中署名	

便宜連番	氏名	起案年月日	申請番号	学歴	提出論文（数） 主論文	参考論文	裁定
	本籍地	申請年月日	同窓会資料学位記番号	卒業年	認可番号		発送
84	北里亨	1947年7月16日	第290	満洲医科大学	1	9	7月11日
	熊本	1947年5月20日	290	1938	博学186		8月2日
85	森田丁	1947年7月16日	第291（286をケシ）	満洲医科大学	4	0	7月31日
	香川	1947年5月20日	291	1937	博学186		8月2日
86	庄司剛	1947年7月16日	第305	岩手医学専門学校	1	2	7月31日
	岩手	1947年5月20日	305	1932	博学186		8月2日
87	本幡正文	1947年7月16日	第292	満洲医科大学	1	0	7月31日
	大分	1947年5月20日	292	1931	博学190		8月2日
88	村上新太郎	1947年7月16日	第293	満洲医科大学	1	0	7月31日
	熊本	1947年5月20日	293	1931	博学190		8月2日
89	竹中義一	1947年7月16日	第294	満洲医科大学	1	0	7月31日
	奈良	1947年5月20日	294	1933	博学190		8月2日
90	近藤武	1947年7月16日	第295	満洲医科大学	1	0	7月31日
	新潟	1947年5月20日	295	1931	博学190		8月2日
91	安井修一	1947年7月16日	第296	満洲医科大学	1	0	7月31日
	滋賀	1947年5月20日	296	1930	博学190		8月2日
92	太田義弘	1947年7月16日	第297	満洲医科大学	1	0	7月31日
	広島	1947年5月20日	297	1938	博学190		8月2日
93	佐敷可也	1947年7月16日	第298	満洲医科大学	1	0	7月31日
	兵庫	1947年5月20日	298	1936	博学190		8月2日
94	河内健治	1947年7月16日	第299	満洲医科大学（専攻生）	1	0	7月31日
	栃木	1947年5月20日	299	1939	博学190		8月2日
95	山下勇	1947年7月16日	第300	満洲医科大学（研究科？）	1	0	7月31日
	広島	1947年5月20日	300	1936	博学186		8月2日

主論文	学位請求年月日 教授会開催年月日	審査員 ※①が主査	履歴書提出 年月日	備　考
慢性弗素中毒ニ因ル血液像ノ変化	1946年1月10日 1946年3月20日	①高森時雄（内科学） ②久保久雄（病理学） ③戸田茂（医化学）	1947年5月10日 ※守中署名	
人体弗素代謝ニ関スル研究	1946年1月12日 1946年4月4日	①高森時雄（内科学） ②久保久雄（病理学） ③戸田茂（医化学）	1947年5月10日 ※守中署名	
満洲ニ於ケル「テタニー」発生ニ関スル調査並ニ実験的研究	1946年1月20日 1946年4月11日	①原亨（内科学） ②久保久雄（病理学） ③田村幸雄（精神科学）	1947年5月10日 ※守中署名	
発疹熱及発疹チフス病毒ニ関スル「ゼネシキヌゲネヅミ」及「モウコハツカネヅミ」ノ感受性ニ関スル実験的研究	1946年1月28日 1946年4月11日	①廣木彦吉（微生物学） ②橋本満次（皮膚泌尿器科） ③久保久雄（病理学）	1947年5月10日 ※守中署名	
北支那人ノ解剖統計	1946年1月10日 1946年4月18日	①工藤喬三（解剖学） ②鈴木直吉（解剖学） ③佐々木統一郎（眼科学）	1947年5月20日 ※守中署名	
在満蒙古族ノ人口生態ニ関スル研究	1946年2月10日 1946年5月2日	①三浦運一（衛生学） ②工藤喬三（解剖学） ③田村幸雄（精神科学）	1947年5月20日 ※守中署名	
満洲開拓農民家屋ノ研究	1946年1月30日 1946年5月2日	①三浦運一（衛生学） ②原亨（内科学） ③緒方維弘（生理学）	1947年5月20日 ※守中署名	
腸チフス免疫ノ形態学的研究	1946年1月30日 1946年5月16日	①久保久雄（病理学） ②廣木彦吉（微生物学） ③高森時雄（内科学）	1947年5月20日 ※守中署名	
低酸素血状件並ニ寒冷負荷心筋及其他諸臓器ノ組織酸化能ニ及ボス影響	1944年12月20日 1945年3月1日	①原亨（内科学） ②三浦運一（衛生学） ③緒方維弘（生理学）	1947年5月20日 ※守中署名	
組織ノ放射線感受性ニ関スル生化学的研究	1944年12月27日 1945年3月1日	①柚木祥三郎（産婦人科学） ②山中太郎（放射線学） ③戸田茂（医化学）	1947年5月20日 ※守中署名	
組織ノ放射線感受性ニ関スル研究　特ニ鶏胎仔ノ糖代謝ニ及ボス影響ニ就テ	1945年1月30日 1945年5月3日	①柚木祥三郎（産婦人科学） ②戸田茂（医化学） ③山中太郎（放射線学）	1947年5月20日 ※守中署名	
満洲産畑栗鼠ノ冬眠ニ関スル皮膚泌尿器科学的研究	1945年2月10日 1945年5月3日	①橋本満次（皮膚泌尿器科） ②緒方維弘（生理学） ③山中太郎（放射線学）	1947年5月20日 ※守中署名	

便宜連番	氏　名	起案年月日	申請番号	学　歴	提出論文（数）		裁　定
					主論文	参考論文	
	本籍地	申請年月日	同窓会資料学位記番号	卒業年	認可番号		発　送
96	宮永主基男	1947年７月16日	第301	満洲医科大学	1	0	７月31日
	石川	1947年５月20日	301	1941	博学190		８月２日
97	馬場博	1947年７月16日	第302	満洲医科大学	1	0	７月31日
	長崎	1947年５月20日	302	1940	博学190		８月２日
98	三田利亮	1947年７月16日	第303	満洲医科大学	1	0	７月31日
	山口	1947年５月20日	303	1930	博学190		８月２日
99	新田平三郎	1947年７月16日	第304	満洲医科大学	1	0	７月31日
	愛媛	1947年５月20日	304	1929	博学190		８月２日
100	中田徳三	1947年７月16日	第306	満洲医科大学（専攻生）	1	0	７月31日
	兵庫	1947年５月20日	306	1926	博学190		８月２日
101	篠塚房治	1947年７月16日	第307	満洲医科大学（南満医学堂）	1	0	７月31日
	茨城	1947年５月20日	307	1918	博学190		８月２日
102	永田捷一	1947年７月16日	第308	満洲医科大学	1	0	７月31日
	岐阜	1947年５月20日	308	1934	博学190		８月２日
103	川崎定夫	1947年７月16日	第309	満洲医科大学	1	0	７月31日
	茨城	1947年５月20日	309	1939	博学190		８月２日
104	永田輝一	1947年７月16日	第310	満洲医科大学	1	0	７月31日
	長崎	1947年５月20日	310	1935	博学190		８月２日
105	福井忠英	1947年７月16日	第311	満洲医科大学	1	0	７月31日
	岐阜	1947年５月20日	311	1935（36?）	博学190		８月２日
106	大藤安登	1947年７月16日	第312	満洲医科大学	1	0	７月31日
	広島	1947年５月20日	312	1936	博学190		８月２日
107	前原裕	1947年７月16日	第313	満洲医科大学	1	0	７月31日
	鹿児島	1947年５月20日	313	1937	博学190		８月２日

主論文	学位請求年月日 教授会開催年月日	審査員 ※①が主査	履歴書提出 年月日	備　考
所謂心筋瘢痕ノ形成ニ就テ	1945年2月20日 1945年5月17日	①久保久雄（病理学） ②原亨（内科学） ③伏木卓也（小児科学）	1947年5月20日 ※守中署名	
低酸素状態及其他条件ニ於ケル心臓及諸臓器ノ糖原量ニ就テ	1945年3月15日 1945年6月7日	①原亨（内科学） ②久保久雄（病理学） ③戸田茂（医化学）	1947年5月20日 ※守中署名	
「カシンベック」氏病患者ノ筋「クロナキシー」ニ関スル研究	1945年4月25日 1945年7月19日	①高森時雄（内科学） ②久保久雄（病理学） ③原亨（内科学）	1947年5月20日 ※守中署名	
二酸化炭素ノ作用発現域ニ関スル実験的研究	1945年7月15日 1945年10月4日	①原亨（内科学） ②戸田茂（医化学） ③高森時雄（内科学）	1947年5月20日 ※守中署名	
満洲壮丁ノ体格ニ関スル統計学的研究	1945年1月15日 1945年5月17日	①三浦運一（衛生学） ②工藤喬三（解剖学） ③緒方維弘（生理学）	1947年5月20日 ※守中署名	
満洲（大連市）ニ於ケル小児結核ノ研究	1945年8月20日 1945年11月1日	①伏木卓也（小児科学） ②原亨（内科学） ③山中太郎（放射線学）	1947年5月20日 ※守中署名	
皮膚科領域ニ於ケル「グルタチオン」ノ研究	1945年9月10日 1945年11月1日	①橋本満次（皮膚泌尿器科） ②戸田茂（医化学） ③原亨（内科学）	1947年5月20日 ※守中署名	
内科領域ヨリセル満洲ニ於ケル「サルモネラ」菌属症ノ臨床的並ニ細菌学的研究	1945年10月15日 1946年1月24日	①原亨（内科学） ②廣木彦吉（微生物学） ③高森時雄（内科学）	1947年5月20日 ※守中署名	
青年義勇隊訓練生ノ栄養及其改善ニ関スル調査研究	1945年10月3日 1946年1月24日	①原亨（内科学） ②高森時雄（内科学） ③三浦運一（衛生学）	1947年5月10日 ※守中署名	
呼吸運動特ニ波動状周期性呼吸ニ関スル研究	1945年11月20日 1946年2月7日	①緒方維弘（生理学） ②久保久雄（病理学） ③原亨（内科学）	1947年5月10日 ※守中署名	
交感神経節切除並迷走神経切除ノ「フォスファターゼ」反応ニ及ボス影響ニ関スル組織化学的研究	1946年1月23日 1946年4月4日	①久保久雄（病理学） ②平山遠（外科学） ③戸田茂（医化学）	1947年5月10日 ※守中署名	
「フォスファターゼ」ノ組織科学的研究	1944年12月3日 1945年2月16日	①久保久雄（病理学） ②戸田茂（医化学） ③鈴木直吉（解剖学）	1947年5月20日 ※守中署名	

便宜連番	氏名 / 本籍地	起案年月日 / 申請年月日	申請番号 / 同窓会資料学位記番号	学歴 / 卒業年	提出論文（数） 主論文	提出論文（数） 参考論文	裁定 / 発送
					認可番号		
108	安武貞雄	1947年7月16日	第314	満洲医科大学	1	0	7月31日
	福岡	1947年5月20日	314	1937	博学190		8月2日
109	笠原源四郎	1947年7月16日	第315	満洲医科大学	1	0	7月31日
	岡山	1947年5月20日	315	1931	博学190		8月2日
110	江刺家敏男	1947年7月16日	第316	満洲医科大学	1	0	7月31日
	北海道	1947年5月20日	316	1937	博学190		8月2日
111	二木正夫	1947年7月16日	第317	満洲医科大学	1	0	7月31日
	岐阜	1947年5月20日	317	1939	博学190		8月2日
112	栗原春雄	1947年7月16日	第318	満洲医科大学	1	0	7月31日
	兵庫	1947年5月20日	318	1936	博学190		8月2日
113	間瀬幸治	1947年7月16日	第319	満洲医科大学	1	0	7月31日
	愛知	1947年5月20日	319	1933	博学190		8月2日
114	高木斌	1947年7月16日	第320	満洲医科大学	1	0	7月31日
	山口	1947年5月20日	320	1936	博学190		8月2日
115	長澤正憲	1947年7月16日	第321	満洲医科大学	1	0	7月31日
	静岡	1947年5月20日	321	1938	博学190		8月2日
116	坂上清	1947年7月16日	第322	満洲医科大学	1	0	7月31日
	兵庫	1947年5月20日	322	1935	博学190		8月2日
117	山口秀麿	1947年7月16日	第323	満洲医科大学	1	0	7月31日
	長崎	1947年5月20日	323	1941	博学190		8月2日
118	梁川清	1947年7月16日	第324	満洲医科大学	1	0	7月31日
	台湾	1947年5月20日	324	1939	博学190		8月2日
119	山本淳次郎	1947年7月17日	第325	（満洲医科大専攻科学生）	1	0	7月31日
	—	1947年5月20日	325	—	博学194		8月2日

主論文	学位請求年月日 / 教授会開催年月日	審査員 ※①が主査	履歴書提出年月日	備考
ヂフテリー毒素ノ解毒ニ関スル研究	1944年8月20日 1944年10月5日	①寺田文治郎（薬物学） ②戸田茂（医化学） ③廣木彦吉（微生物学）	1947年5月20日 ※守中署名	
伝染病ノ肝機能ニ関スル知見補遺	1945年11月10日 1946年2月21日	①原亨（内科学） ②高森時雄（内科学） ③久保久雄（病理学）	1947年5月20日 ※守中署名	
満洲ニ於ケル赤痢菌ノ分類学的研究	1945年12月27日 1946年3月7日	①廣木彦吉（微生物学） ②原亨（内科学） ③高森時雄（内科学）	1947年5月20日 ※守中署名	
作業ト照明	1945年12月20日 1946年3月7日	①佐々木統一郎（眼科学） ②緒方維弘（生理学） ③三浦運一（衛生学）	1947年5月20日 ※守中署名	
非サポニン祛痰剤ノ作用機転並ニ其ノ分類ニ就テ	1945年12月25日 1946年3月7日	①寺田文治郎（薬物学） ②戸田茂（医化学） ③二階堂一種（法医学）	1947年5月20日 ※守中署名	
豚コレラ菌毒性物質ノ研究	1945年12月25日 1946年3月21日	①廣木彦吉（微生物学） ②寺田文治郎（薬物学） ③久保久雄（病理学）	1947年5月20日 ※守中署名	
結核菌ノ抗酸性脱却ニ就テ	1946年1月13日 1946年3月20日	①寺田文治郎（薬物学） ②廣木彦吉（微生物学） ③原亨（内科学）	1947年5月20日 ※守中署名	
家兎ニ於ケル雌性器ノ「フォスファターゼ」反応ニ就テ	1946年1月25日 1946年4月11日	①久保久雄（病理学） ②柚木祥三郎（産婦人科学） ③戸田茂（医化学）	1947年5月20日 ※守中署名	
塗布剤「金冠」ノ薬理学的研究	1946年1月18日 1946年4月11日	①寺田文治郎（薬物学） ②橋本満次（皮膚泌尿器科） ③藤浪修一（外科学）	1947年5月20日 ※守中署名	
満洲人ノ性格ト地勢、土壌並ニ栄養トノ関係	1946年2月10日 1946年5月2日	①三浦運一（衛生学） ②工藤喬三（解剖学） ③緒方維弘（生理学）	1947年5月20日 ※守中署名	
炕煖房時ノ快感帯ニ就テ	1946年1月28日 1946年5月9日	①三浦運一（衛生学） ②緒方維弘（生理学） ③原亨（内科学）	1947年5月20日 ※守中署名	
胸部交感神経節酒精注射法ヲ施行セル頸部結核性淋巴腺炎ノ治験ニ就テ	1946年2月3日 1946年5月26日	①平山遠（外科学） ②久保久雄（病理学） ③藤浪修一（外科学）	1947年5月20日 ※守中署名	

便宜連番	氏名	起案年月日	申請番号	学歴	提出論文（数）		裁定
					主論文	参考論文	
	本籍地	申請年月日	同窓会資料 学位記番号	卒業年	認可番号		発送
120	高淵久男	1947年7月17日	第326	（満洲医科大専攻科学生）	1	0	7月31日
	—	1947年5月20日	326	—	博学194		8月2日
121	村田武夫	1947年7月17日	第327	（満洲医科大専攻科学生）	1	0	7月31日
	—	1947年5月20日	327	—	博学194		8月2日
122	椛島春雄	1947年7月17日	第328	（満洲医科大専攻科学生）	1	0	7月31日
	—	1947年5月20日	328	—	博学194		8月2日
123	久保不可止	1947年7月17日	第329	（満洲医科大専攻科学生）	1	0	7月31日
	福岡	1947年5月20日	329	—	博学194		8月2日
124	福原澄雄	1947年7月17日	第330	（満洲医科大専攻科学生）	1	0	7月31日
	—	1947年5月20日	330	—	博学194		8月2日
125	浅見望	1947年7月17日	第331	（満洲医科大専攻科学生）	1	0	7月31日
	—	1947年5月20日	331	—	博学194		8月2日
126	佐藤文比古	1947年7月17日	第332	（東京薬学専門学校）	1	0	7月31日
	—	1947年5月20日	332	—	博学194		
127	海塚傳二郎	1947年7月17日	第333	（満洲医科大専攻科学生）	1	0	7月31日
	—	1947年5月20日	333	—	博学194		8月2日
128	宮尾啓	1947年7月17日	第334	（満洲医科大専攻科学生）	1	0	—
	—	1947年5月20日	334	—	博学194		8月5日
129	野瀬善勝	1947年7月17日	第335	（満洲医科大専攻科学生）	1	0	7月31日
	—	1947年5月20日	335	—	博学194		8月2日
130	大原信次郎	1947年7月17日	第336	（満洲医科大専攻科学生）	1	0	7月31日
	—	1947年5月20日	336	—	博学194		8月2日
131	廣瀬雅一	1947年7月17日	第337	（満洲医科大専攻科学生）	1	0	7月31日
	—	1947年5月20日	337	—	博学194		8月2日

主論文	学位請求年月日 教授会開催年月日	審査員 ※①が主査	履歴書提出 年月日	備　考
人歯ノ熱伝導ニ関スル研究	1945年9月3日 1945年11月1日	①緒方維弘（生理学） ②塚本寛（耳鼻咽喉科学） ③藤浪修一（外科学）	1947年5月20日 ※守中署名	
満洲ニ於ケル産婦ノ影響ニ就テ特ニ母体ノ発育ガ胎児ノ発育ニ及ボス影響　特ニ「ビ」A含有量ニ就テ	1945年9月13日 1945年12月20日	①柚木祥三郎（産婦人科学） ②伏木卓也（小児科学） ③原亨（内科学）	1947年5月20日 ※守中署名	
小児科領域ヨリ見タル満洲ニ於ケル「サルモネラ」症ニ関スル研究	1945年11月18日 1946年1月24日	①廣木彦吉（微生物学） ②伏木卓也（小児科学） ③久保久雄（病理学）	1947年5月20日 ※守中署名	
気道狭窄ニ依ル窒息状態ニ就テ	1945年11月30日 1946年2月21日	①塚本寛（耳鼻咽喉科学） ②久保久雄（病理学） ③緒方維弘（生理学）	1947年5月20日 ※守中署名	
露西亜人口腔ノ人種解剖学的研究	1945年1月15日 1946年3月25日	①鈴木直吉（解剖学） ②高森時雄（内科学） ③緒方維弘（生理学）	1947年6月21日	
北支那人大脳皮質　特ニ帯回転ノ皮質構成ニ就テ	1945年1月15日 1946年3月25日	①鈴木直吉（解剖学） ②高森時雄（内科学） ③緒方維弘（生理学）	年月日無し 1947年7月帰国	
地方病性斑状歯ニ就テ　特ニ満洲ニ於ケル該病ノ分布状態	1945年2月13日 1945年4月10日	①鈴木直吉（解剖学） ②高森時雄（内科学） ③緒方維弘（生理学）	日付無し	
人体ノ不感蒸泄ノ寒気暴露ニ因ル変動	1945年1月15日 1945年3月20日	①緒方維弘（生理学） ②鈴木直吉（解剖学） ③高森時雄（内科学）	1947年 （月日無し）	
カシンベック氏病ノ治療ニ関スル臨床的研究	1945年1月20日 1945年3月20日	①高森時雄（内科学） ②鈴木直吉（解剖学） ③緒方維弘（生理学）	1945年 （月日無し）	
発疹チフスニ関スル研究	1944年3月9日 1944年12月7日	①廣木彦吉（微生物学） ②高森時雄（内科学） ③稗田憲太郎（病理学）	1944年1月19日 ※この他教員等の署名あり	※起案用紙の形式異なる。
漢法解剖学ノ研究	— 1945年11月15日	①工藤喬三（解剖学） ②記載なし ③記載なし	1951年3月20日 ※岡西為人署名	※起案用紙の形式異なる。

便宜連番	氏　名 / 本籍地	起案年月日 / 申請年月日	申請番号 / 同窓会資料学位記番号	学　歴 / 卒業年	提出論文（数）主論文 / 認可番号	提出論文（数）参考論文	裁　定 / 発　送
132	三島昌平	1947年7月17日	第338	（満洲医科大専攻科学生）	1	0	7月31日
	—	1947年5月20日	338	—	博学194		8月2日
133	大澤義明	1947年7月17日	第339	（満洲医科大専攻科学生）	1	0	7月31日
	—	1947年5月20日	339	—	博学194		8月2日
134	天河俊雄	1947年7月17日	第341（340か？）	（満洲医科大専攻科学生）	1	0	7月31日
	—	1947年5月20日	340	—	博学194		8月2日
135	岩田正道	1947年7月17日	第341	（満洲医科大専攻科学生）	1	0	7月31日
	—	1947年5月20日	341	—	博学194		8月2日
136	林千冬	1947年7月28日	——	東京高等歯科医学校	2	5	8月18日
	東京	1947年5月20日	348	1936	博学216		8月21日
137	五十嵐稔	1947年7月28日	——	日本歯科医学専門学校	1	2	8月18日
	福島	1947年5月20日	349	1927	博学216		8月21日
138	周宗岐	1947年11月4日	第一	満洲国歯科医師検定	1	4	1月6日
	中華民国	1947年5月2日	353	1933	博学279		1月12日
139	矢吹俊男	1947年11月4日	第一	南満医学堂	1	2	1月6日
	福島	1947年5月2日（5月20日）	351	1926	博学279		1月12日
140	洪寶源	1947年11月4日	第一	満洲医科大学	1	6	1月6日
	中華民国	1947年5月20日	352	1936	博学279		1月12日
141	倉井弘武	1951年7月16日	国大第179	大阪高等医専	2	5	7月31日を消して46年4月28日
	栃木	1951年3月28日	354	1936	—		7月31日
142	金斗鍾	1951年7月16日	国大第179	京都府立医専	2	0	7月31日を消して46年4月28日
	韓国	1951年3月28日	355	1924	—		7月31日

出典：国立公文書館所蔵　満洲医大終戦後授与認可関係書類簿冊一覧
学位授与認可・昭和21年・第9冊　　昭49文部00060100
学位授与認可・昭和21年・第10冊　　昭49文部00061100
学位授与認可・昭和21年・第11冊　　昭49文部00062100
学位授与認可・昭和21年・第30冊　　昭49文部00081100
註：網掛けは主論文1件のみでの申請かつ守中学長による書類添付があるものを示す。

日本の帝国大学における朝鮮人留学生の状況と帝国知識の連続／非連続
——東京帝国大学卒業生崔應錫、李萬甲の事例を中心に——

鄭　鍾　賢

はじめに

本稿では、まず筆者がまとめた二編の調査報告をもとに(1)、戦前日本の帝国大学における朝鮮人留学生、特に東京・京都帝国大学に在籍していた朝鮮人留学生の状況を概括的に検討する。次に、韓国の解放直後に生まれた「朝鮮学術院」構想、南北韓で設立された学術院・科学院の人的構成から帝国大学出身者が占める割合などを検討することにより、帝国大学が戦後南北韓の国家知識制度と連続していることを確認する。さらに、東京帝国大学出身である崔應錫、李萬甲を事例として、戦前の知識（制度）が冷戦期南北韓で連続・屈折する具体的な状況について若干検討してみる。

一　戦前日本の帝国大学における朝鮮人留学生の状況

表1は、京城帝国大学設立（一九二四年）以前に設置された「内地」における帝国大学のみ対象としており、大阪帝大と名古屋帝大の朝鮮人留学生は除外した。表における留学生数を理解するにあたり、まず各帝国大学の

表1　日本の帝国大学 朝鮮人 卒業生数統計　（人）

大学名	設立年度	卒業生数
東京帝国大学	1886	163
京都帝国大学	1897	236
東北帝国大学	1907	106
九州帝国大学	1911	162
北海道帝国大学	1918	62

註1：1945年度までの卒業生を対象とした。
　2：東京／京都帝大は報告者の調査資料をもとに作成した。
　3：九州は九州大学韓国学センターの報告書、東北／北海道は、沈哲基の調査資料を活用した。

設立年度が異なること、また各大学の定員も異なっていたことを踏まえておかなければならない。明治四二年（一九〇九）の京都帝国大学への入学者は総数二一七名であり、東京帝国大一、〇二九名の五分の一に過ぎなかった(2)。

東京帝国大学と九州帝国大学はほぼ同じ数字であるが、設立年度と全体的な定員比率を考えると、東京帝国大学の方がより一層難関校であったことになる。このような状況を踏まえて考えれば、京都帝国大学の朝鮮人留学生の比率は、はるかに他の帝大より高く、九州帝大も相対的に多くの留学生が入学したことになる。これには、朝鮮半島と地理的に近かったという理由が第一に考えられるが、それ以上の複合的な原因についてはさらなる考察が必要である。比較のため、京城帝大の一九二九〜一九四二年の法文学部及び医学部卒業生は、日本人五七二名、朝鮮人三八七名（以上、法学部）であり、日本人六四七名、朝鮮人二三七名（医学部）であったことを付記しておく(3)。

表2と表3を通して分かることは、両大学ともに法学部卒業生が上位を占めている点である。近代日本は、東京帝大法学部出身のエリートたちが国家を経営した官僚制国家と言えるだろう。日本の軍部ファシズムを支えたのも官僚体制であり、その中心には東京帝大出身のエリートたちの存在があった。さらに、従来の体制を覆そうとしたマルクス主義改革運動の主導者らも東京帝大法学部を中心とした「新人会」出身であった。このような状況は、京都帝国大学も同様であった。京都帝国大学も法学部卒業生が圧倒的に上位を占めていた。京都帝国大学は、産業化に応じて、理工系を中心に設立された大学であったが、理工系に進学した朝鮮人留学生は比較的少な

表3　京都帝国大学 朝鮮人 卒業生数
（学部／学科別）

学部	学科		卒業生数	小計
法	法律学		5	（102＋１）
	政治経済学		1	
	法学部（新規定）		97	
医	医学科		13	13
工	製造化学		1	22
	工業化学		8	
	土木工学		4	
	採鉱冶金		3	
	電気		1	
	機械工学		1	
	燃料化学		1	
	纖維化学		3	
文	文学	英文学	3	16
		独文学	1	
		仏文学	1	
	史学	東洋史	2	
		西洋史	1	
	哲学	教育学教授法	2	
		西洋哲学	1	
		宗教学	1	
		社会学	2	
		哲学	1	
		支那哲学	1	
理	化学		3	8
	数学		3	
	物理学		1	
	地質学（地鉱）		1	
経済			44	44
農	農学		11	31
	林学		4	
	農林経済学		6	
	農林化学		7	
	農林生物		2	
	農林工学		1	
総計				236＋１

出典：報告者作成の名簿から統計を作成した。
註：金雨英は1918年に法学部政治経済学科、1919年に法律学科の二度、卒業している。これについては、総計236＋１と表記した。

表2　東京帝国大学 朝鮮人 卒業生数
（学部／学科別）

学部	学科	卒業生数	小計
法	法律学（英国法選授）	2	60
	法律学（独逸法選授）	3	
	法律学（新規定）	25	
	政治学	29	
	経済学	1	
医	医学	4	6
	薬学	2	
工	土木工学	1	15
	機械工学	3	
	造船学	1	
	電気工学	4	
	応用化学	3	
	火薬学科	1	
	鉱産及冶金学	1	
	石油工学	1	
文	哲学	3	35
	印度哲学梵文学	1	
	倫理学	1	
	美学美術史学	1	
	教育学	1	
	社会学	4	
	国史学	1	
	東洋史学	4	
	西洋史学	1	
	国文学	1	
	英文学	8	
	独文学	6	
	仏文学	2	
	言語学	1	
理	数学	3	7
	天文学	1	
	物理学	1	
	化学	1	
	地質学	1	
農	農学	5	20
	農芸化学	1	
	林学	3	
	水産学	1	
	農業経済学	5	
	農業土木学	4	
	獣医学	1	
経	経済学	14	20
	商業学	6	
総計			163

出典：『東京大学卒業生氏名録』（1950年）をもとに作成した。

表4　東京／京都帝国大学 朝鮮人 卒業生数（年度別）

年度	1903	1911	1912	1913	1914	1915	1916	1917	1918	1919
東京	1	0	0	2	1	0	0	1	0	0
京都	0	1	0	0	0	0	0	1	1	1

年度	1920	1921	1922	1923	1924	1925	1926	1927	1928	1929
東京	1	0	2	0	0	4	2	3	5	7
京都	0	2	1	4	1	1	7	5	8	9

年度	1930	1931	1932	1933	1934	1935	1936	1937	1938	1939
東京	6	7	8	7	4	5	6	8	3	1
京都	12	23	17	16	17	11	12	11	3	4

年度	1940	1941	1942	1943	1944	1945
東京	7	14	14	20	20	4
京都	5	20	4	19	12	9

	総計
東京	163
京都	236＋1

備考：報告者作成の名簿から統計を作成した。

かった（李泰圭・李升基などの数少ない卒業生らは、近代韓国の理工系の代表者であった）。

帝国大学法学部は、植民地青年らにとって、日本人と対等もしくは、一般の日本人より優位に立つことができる権力への道筋とされた。すなわち法学部は高等文官試験を経て、官僚に登用されるプロセスであった。ただ高等文官試験に合格しても官僚への道を歩まず、純粋な法学研究に没頭した高秉国のような東京帝国大学の卒業生も存在した。しかし、基本的に植民地出身留学生らの官僚志向の立身出世主義は法学部に偏重して表れている。

表4は東京・京都帝国大学卒業生の年度別の推移を表したものである。これを通して、植民地統治の進展にともなう留学生数の推移を確認することができる。一九一〇年代には各五名、三名の卒業生だけであったが、文化政治を標榜した一九二〇年代から日中戦争を経て、植民地末期の動員体制まで卒業生数が持続的に増加し

表5　東京帝国大学 朝鮮人 卒業生の出身学校別一覧

学校	一高	二高	三高	四高	五高	六高	七高	八高
計	9	2	15	2	7	7	2	1

学校	松山高	山形高	広島高	高知高	佐賀高	水戸高	福岡高	大阪高
計	7	2			5		2	

学校	松江高	静岡高	山口高	松本高	姫路高	成城高	武蔵高	富山高
計	4	1	10		2		1	1

学校	浦和高	成蹊高	弘前高	広高師	明治学院高等部	学習院
計	1	1	1	1	1	

総計
85

備考：報告者作成の卒業生名簿をもとに作成した。（半数ほどの未把握者が存在）

表6　京都帝国大学 朝鮮人 卒業生の出身学校別一覧

学校	一高	二高	三高	四高	五高	六高	七高	八高
計	1	5	20	3	3	8	1	2

学校	松山高	山形高	広島高	高知高	佐賀高	水戸高	福岡高	大阪高
計	21	26	12	8	21	1	6	2

学校	松江高	静岡高	山口高	松本高	姫路高	成城高	武蔵高	富山高
計	8	1	32	2	2	2	1	1

学校	学習院	城大予科	九大予科	岐阜高農	検定	広高師	東京師	神戸高工
計	4	1	1	2	8	2	1	1

学校	山梨高工	宇都宮高農	水原高農	延専	法専	明専	その他	総計
計	1	1	11	5	1	1	7	236

ている。植民地に編入されてから時が過ぎ、植民地体制が安定することにより、留学生が持続的に増加していることを確認することができる。次に、二つの大学の出身高校について調べてみよう（前頁の表5、6）。

残された同窓会報などの資料を通して出身高校の全貌が把握できる京都帝大に比し、東京帝大は卒業生の約半数、八五名の出身高校のみ確認できた。京都帝大の場合、延禧専門学校、京城法学専門学校など植民地の公私立専門学校卒業者も入学が可能であったが、東京帝大の場合は入学が不可能であったと思われる。東京帝大の場合は、「ナンバースクール」と「ネームスクール（地名）」などの旧制高等学校卒業生のみが進学している。この旧制高等学校のなかでも「ナンバースクール」の卒業生の比率が高く、特に三高出身者が多かった。京都帝国大学の場合には、東京帝大よりも「ネームスクール」卒業生の比率が高く、「ナンバースクール」の中では三高出身者の比率が高かった。

二　解放直後の「朝鮮学術院」、南北韓の学術院・科学院の構成と帝国大学

帝国大学において朝鮮人留学生が卒業後に進んだ進路の大きな特徴としては、官僚志向をあげることができる。東京帝大の場合、卒業生の三分の一に該当する六四名が朝鮮総督府・関係機関の官僚ないし解放後の南北韓政府の官僚や政治家の経歴を有している。経歴を確認できなかった四一名を除けば、一二二名の約半数が官僚の道を歩んだ。京都帝大も官僚登用と関連した法経系の卒業生の比率が高く、全体の卒業生のほぼ半数近い九六名が総督府直属及び関係機関の官僚経歴を有していた。経歴を確認できなかった五五名を除けば、官僚が全体の五五％を占めている。

官僚についで、教育界・学界へ進出した卒業生らの比率が高い。東京帝国大学卒業生の中で、植民地朝鮮と日本及び「満洲」の大学や専門学校、解放以降南北韓の大学教授を歴任した者は、計五三名であった。一六三名の

内、約三分の一の卒業生が植民地と南北韓の大学に在職した。特に、ソウル大学校総長・劉基天、同大総長・権重輝、慶熙大総長・高秉国、高麗大総長・金相浹、全北大と淑明女子大の総長・金斗憲、淑明女子大と嶺南大の総長・李寅基、成均館大総長・曺佐鎬、東国大総長・黄壽永らの主な大学校の総長と単科大学長、北朝鮮の金日成綜合大学の学部長及び北朝鮮の単科大学の学長など、南北韓の大学制度において、東京帝大出身の卒業生らが重要な役割を果たしていることが確認できる。同じく京都帝国大学出身者の中からも、植民地朝鮮と日本と満洲の大学及び専門学校、解放以降の南北韓で大学教授を歴任した人は計四六名に及んだ。このような統計は、戦前の帝国大学が解放以降の韓国学界の重要な土台であったことを表している。戦前の帝国大学が解放後の韓国社会に及ぼした影響は、南北韓の学術院・科学院の人的構成を通しても確認することができる。まず、解放直後の一九四五年八月一六日に発足した「朝鮮学術院」の組織と委員、役員などの構成を見てみよう。

学術院委員録(4)

(1) 委員長：白南雲（東京商大）

書記長：金良瑕（東）

書記局委員

庶務科：尹行重（京）、李鈞（早稲田）、都逢涉（東）、許逵（京城）、金桂淑（京城）

組織科：中南澈（京城）、崔允植（東）、姜鋋澤（東）、安東爀（九州）、金宅源（京城）

企画課：金鳳集（早稲田）、朴克采（京）、鄭文基（東）、尹行重（京）、金東一（東）、都相祿（東）、中南澈（京城）、都逢涉（東）

出版科：都相祿（東）、金桂淑（京城）、金宅源（京城）

国際文化科：金佑枰（オハイオ）、李敭河（東）、李源喆（ミシガン）

（2）各学部長

一 理学部長：都相祿（東）

二 工学部長：崔景烈（京）

三 農林学部長：趙伯顯（九州）

四 水産学部長：鄭文基（東）

五 医学部長：尹日善（京）

六 薬学部長：都逢渉（東）

七 技術総本部長：尹日重（東北）

八 経済法律学部長：白南雲（東京商大）

九 史哲学部長：李丙燾（早稲田）

一〇 文学言語学部長：李敭河（東）

（3）常任委員

姜鋌澤（東京帝大 農学部 農業経済科）、金桂淑（京城帝大 法文学部 哲学科）、金東一（東京帝大 工学部 応用化学科）、金良瑕（東京帝大 理学部 化学科）、金魯洙（早稲田大 理工学部 機械科）、金鳳集（早稲田大 工学部 電気工学科）、金晟鎮（京城帝大 医学部）、金佑枰（オハイオ州立大学 経済科）、金聲遠（ミズーリ州立大学 農学科）、金俊淵（東京帝大 法学部 独法科）、金宅源（京城帝大 教育学）、金浩植（九州帝大 農学部 農芸化学科）、桂應祥（東北帝大 農学部）、都逢渉（東京帝大 医学部 薬学科）、都相祿（東京帝大 理学部 物理学科）、李康国（京城帝大 法文学部 法学科）李鈞（早稲田大 政治学科）、李敭河（東京帝大 英文科）、李丙燾（早稲田大 史学科）、李升基（京都帝大 工学部 工業化学科）、李順鐸（京都帝大 経済学部）、李泰圭（京都帝大 理学部 化学科）、李源喆（ミシガン大学

理学部 天文学）、朴克采（京都帝大 経済学部）、朴東吉（東北帝大 理学部）、朴文圭（京城帝大 法文学部 法学）、朴勝萬（京都帝大 農学部 農学科）、白南雲（東京商大）、申南澈（京城帝大 法文学部哲学科）、安東爀（九州帝大 応用化学科）、尹日善（京都帝大 医学部）、尹日重（東北帝大 電気工学科）、尹行重（京都帝大 経済学部）、趙伯顯（九州帝大 農学部 農芸化学科）、趙廣河（東北帝大 理学部 化学科）、鄭文基（東京帝大 農学部 水産学科）、崔景烈（京都帝大 工学部 土木工学科）、崔容達（京城帝大 法文学部 法学科）、崔允植（東京帝大 理学部 数学科）、崔鉉培（京都帝大 文学部 哲学科）、崔浩英（九州帝大 工学部 冶金学科）、許逵（京城帝大 医学部）。以上四二名。

カッコは常任委員四二名の出身大学・専攻を記したものである。その結果、東京帝大九名、京都帝大九名、東北帝大四名、九州帝大四名、京城帝大八名、東京商大一名、早稲田大四名、アメリカ所在大学出身が三名であった。東京帝大、京都帝大、京城帝大を中心とする帝国大学出身者らを柱とし、これに加えて日本の代表的な私学である早稲田大出身とアメリカ留学生で組織されていることが分かる。学術院の実務を統括する書記長の金良瑕を筆頭に、庶務・組織・企画・出版・国際文化課などの実務部署のほぼすべてが帝国大学出身者で固められている。また、大学制度の学部に該当する計一〇の学部長の内、李丙燾と白南雲を除く八名が東京帝大、京都帝大、東北帝大、九州帝大出身者である。解放直後、イデオロギーの対立が本格化する以前に、朝鮮の代表的な学者らを網羅して発足した朝鮮学術院は帝国大学出身者を中心に構成された。

それでは、以降南北韓の学術院と科学院の人的構成はどのような変化を見せたのかについて考察する。一九五四年七月一七日に設立された大韓民国学術院は総会員六二名で発足した。学術院の組織と会員・役員は以下のとおりである。

（1）会長：尹日善（京）

副会長：人文科学部 李丙燾（早）／自然科学部 崔奎南（ミシガン）

（2）部長：人文科学部 金斗憲（東）／自然科学部 趙伯顯（九州）

（3）人文科学部

第一分科会―定員 五名、補 一名、哲学（倫理学・論理学・美学・宗教学・神学・教育学・心理学）

会長：高亨坤（京城）

会員：朴鍾鴻（京城）、安浩相（イェーナ）、金斗憲（東）、金基錫（東北）、金活蘭（ボストン）

第二分科会―定員 六名、補 二名、語学・文学

会長：崔鉉培（京）

会員：梁柱東（早）、李崇寧（京城）、李熙昇（京城）、李敭河（東）、権重輝（東）、李秉岐（漢城師範）、金允経（立教）

第三分科会―定員 五名、補 一名、史学（考古学・人類学・民俗学）

会長：金庠基（早）

会員：李丙燾（早）、申奭鎬（京城）、李瑄根（早）、趙義卨（東北）、金載元（ミュンヘン）

第四分科会―定員 四名、法学

会長：兪鎭午（京城）

会員：崔泰永（明治）、高秉国（東）、李根七（京城）

第五分科会―定員 三名、補 一名、政治学・社会学

会長：李相佰（早）

会員：申基碩（京城）、愼道晟（東）、閔丙台（慶応）

第六分科会―定員 二名、経済学

会長：崔虎鎭（九州）
会員：高承濟（立教）

（4）自然科学部

第一分科会―定員 九名、補 一名、理学（物理学・化学・生物学・数学・天文学・地質学・鉱物学・營養学・氣象学）
会長：朴哲在（京）
会員：崔奎南（ミシガン）、崔允植（東）、李泰圭（京）、鄭台鉉（水原農林）、金浩稙（コーネル）、姜永善（北海道）、孫致武（北海道）、朴東吉（東北）、李敏載（北海道）

第二分科会―定員 七名、補 三名、工学（土木学・建築学・電気学・器械学）
会長：安東赫（九州）
会員：金東一（東）、李宗日（東）、田豊鎭（大阪）、崔景烈（京）、李均相（京城高工）、元泰常（京城高工）、朴夏郁（東北）、崔邦鎭、李采鎬（大阪）

第三分科会―定員 五名、補 一名、医学・薬学・體育学
会長：李鍾綸（京城）
会員：尹日善（京）、李濟九（京城）、韓龜東（朝鮮薬学校）、朴明鎭（京城歯専）、李在春（京城医専）

第四分科会―定員 五名、補 一名、農学・水産学
会長：鄭文基（東）
会員：趙伯顯（九州）、禹長春（東）、金浩植（九州）、玄信圭（九州）、宋在哲（水原高農）(5)

会長である尹日善は京都帝大出身であり、人文科学と自然科学の両部長は東京帝大出身の金斗憲と九州帝大出身の趙伯顯である。人文科学部と自然科学部の各分科会長らも金庠基と李相栢以外は全員帝国大学出身者で占め

られた。その他、各会員らも半数以上を帝国大学出身らが占めていることが確認できる。

北朝鮮でも一九五二年一〇月九日「朝鮮民主主義人民共和国科学院組織に関して」という内閣決定文第一八三号の公布により、科学院が創立された。決定文では「共和国の科学と文化の全体の発展を図り、科学界各部門で最も優秀な学者らを網羅した最高の科学機関である朝鮮民主主義人民共和国科学院創設に関連して、朝鮮民主主義人民共和国内閣は、その機構の規定と予算を次のように承認することを決定する」と明らかにし、その中心的なメンバーは、科学院院士と候補院士で構成された。科学院の初代院士、候補院士に任命された科学者は、以下の通りである。

（1）院士
社会科学：① 金枓奉（言語学、普成高普）② 洪命憙（文学、日本大成中）③ 白南雲（経済学、東京商大）④ 朴時亨（歴史学、京城）
自然科学：① 崔三悦（化学、東北）② 金志政（数学、東）③ 李升基（化学、京）④ 都相祿（物理学、東）
医学：① 崔明鶴（外科学、京）
農学：① 桂應祥（蠶種学、東北）
以上一〇名
（2）候補院士
社会科学：① 金光鎭（経済学、東京商大）② 都宥浩（考古学、ウィーン大学）③ 李清源（歴史学）④ 崔昌益（経済学、早）⑤ 張周翊（経済学、？・）⑥ 李克魯（言語学、ベルリン大学）
自然科学：① 申健熙（物理学、京）② キムインシッ（物理学）③ ウォンホング（生物学）④ 呂慶九（化学、早）

医学：①崔應錫（内科学、東）②李鎬臨（耳鼻咽喉科、大阪）③都逢渉（生薬学、東）
農学：①金良瑕（農芸科学、東）②キムジョンヒ（畜産学）
以上一五名[6]

全体の院士一〇名の内、越北者は八名で全体の八〇％、候補院士一五名の内、越北者は九名で、約六〇％を占めている。出身校の確認が可能だった者のなかで、院士一〇名の内七名が帝国大学出身であり、候補院士一五名の内五名が帝国大学出身であった。院士は七〇％、候補院士はおおよそ三〇％が帝国大学出身者であった。初期北朝鮮の科学者集団は、越北した帝国大学および日本帝国の学知により修養された人々が中心として成り立ったことが確認できる。

三　東京帝国大学の朝鮮人留学生を通して見た帝国知識（制度）の連続／非連続

解放以降における帝国大学の知識の連続／非連続という問題について、東京帝国大学の崔應錫・李萬甲の事例を通して検討する。崔應錫は、一九三七年東京帝国大学医学部医学科を卒業し、一九四三年に「猩紅熱腎炎に関する研究」で同大学から医学博士号を取得した。崔應錫は植民地期―解放期―分断期を横断（経験）した人物である。彼の生涯には知識の植民―脱植民の問題が結びついている。崔應錫は平壌出身であり、彼の実家は五万坪以上の土地を所有した「小地主兼富農」であった。崔は平壌中学と一高を経て東京帝大に入学した。一高在学の時から帝国大学を卒業するまで、帝国的価値を植民地人へ組織的に広めようとした日本の民間有志らの奨学法人であった自彊会の奨学金を受けながら勉強した。奨学金の援助のみならず自彊会の主なメンバーであった渋沢敬三の援助を受け、蔚山達里で社会調査及び医療事業を行った。渋沢は、将来が有望な一高生姜鋋澤とその後輩であった崔應錫など、多くの東京帝大の朝鮮人留学生に奨学金を支給した。東京帝国大学農学部を卒業し、博士課程に在籍していた姜鋌澤は、朝鮮の農村社会経済を詳細に調査する計画を立て、自らの故郷である蔚山達里を調査対象地とした。この計画を聞いた後輩の崔應錫は東京帝国大学医学部の学生八名、経済学部の学生一名、東京女子医科専門学校の学生三名など計一二名で構成された「朝鮮農村社会衛生調査会」を結成し、姜鋌澤の朝鮮行きに同行することになる。これに渋沢は崔應錫の調査会経費二、五〇〇円全額を支援した。崔應錫一行は約五〇日間達里に滞在し、住民の健康検診及び人口・経済・住宅・体格・疾病などに関する研究を実施し、その結果を『朝鮮の農村衛生』(一九四〇年)として岩波書店から出版した。この調査会の調査期間中、渋沢敬三と小川徹をはじめとする、日本のアチック・ミューゼアム(Attic Museum、日本常民文化研究所の前身)のメンバーらも共に達里を訪問し、農村の生活用具一二四点を収集した。

これらの調査を分析した研究[7]によれば、「貧困」と「過労」に悩まされている農民らにとって、彼ら調査会に特別な親近感を抱く余裕はなかった。また農村改造という進歩的な事業に関心を持っていた学生調査会にとって、達里は基本的に貧しく、非衛生的であり、同情心を抱かせる他者に過ぎなかった。また、日本の民俗学者らにとっては植民地農村を代表する事例ではあったが、日本の民俗と比較するための科学的調査対象に過ぎなかった。このような評価は、帝国の学知でトレーニングされた衛生学的社会調査方法と民俗学などが持つ帝国主義とオリエンタリズムの面貌を指摘するものである。もちろん彼らに文明の立場から、他者化の視線が位置していたという側面も見過ごせないが、崔應錫らの事業を一種の疑似―植民地主義者の行為として、一括りに評価するのも無理があると思う。彼は解放後、この調査を植民地農村のプログレスのための「社会主義的」医療実践の出発点と位置づけている。

一九三六年日本人マルクス主義同志および朝鮮人学生とともに、慶尚南道蔚山邑達里でマルクス主義的な観点から朝鮮農村の社会衛生学的調査を行った。この報告書は、岩波書店から単行本として出版された。農村医学の朝鮮での嚆矢と見ることができると思う(8)。

上記の記述がなされたのは、一九四九年であり、しかも解放朝鮮、なかんずく北朝鮮という場でなされた。そのため、帝国の現地調査という側面をも有していたこの社会調査は社会主義的実践という点においてのみ意味づけられている。この本の序文は、崔應錫の東京帝国大学医学部先輩であり、日本の労働衛生学の実力者暉峻義等が書いたものである。暉峻は一九二〇～三〇年代に紡績女工・労働者・農民・開拓民の生活・栄養調査などを行った人物である。社会主義的傾向が比較的強かったが、彼が行った調査は、警視庁の依頼で行われた点、また大政翼賛体制で彼の労働衛生学がファシズムに使われ、この事により戦後公職追放の該当者であった点などは、社会主義科学とファシズムの戦時科学が錯綜していた可能性があるということを語っている。

しかし、崔應錫が自身の植民地期の行動に社会主義実践という意味を付与したことは、ある程度事実と合致してもいる。植民地期の裁判記録は彼の供述を裏付けている。崔應錫は終戦直前の一九四四年二月一七日「横浜事件」に関わって治安維持法違反で検挙されたが、彼は自身の逮捕理由について『朝鮮の農村衛生』、「延安連絡企図事件」、「マルクス主義宣伝啓蒙」、「日本共産党資金提供」が問題であったと話している。一九四五年三月横浜裁判所で懲役三年、執行猶予五年を言い渡されて出獄し、同年四月二〇日朝鮮へ帰国した。解放後、崔應錫は京城大学医学部第二内科教授として働きながら、朝鮮科学者同盟に参加し、民主主義民族戦線中央委員、社会政策研究委員会専門委員を歴任する。以降、国立ソウル大学校案問題などにより越北し、金日成綜合大学医学部部長兼病院長、北朝鮮保健連盟委員長を歴任し、北朝鮮の社会主義的保健医療体系確立の主導的な役割を果たした。彼はソ連医療体系に基づいた医療国営化と予防医学体系などの実現のため尽力した。そして、このような北朝鮮での自らの活動の出発点を東京帝国大学在学中に行った達里調査に置いていた。

次に李萬甲の事例を見てみよう。李萬甲の経歴には、東京帝国大学社会学科卒業と記されているものが多いが、東京帝大の公式的な卒業生名簿には掲載されてない。彼は一九四一年東京帝大に入学し、卒業直前である一九四四年に学徒兵として召集され、一か月余り勤務していたが、結核を理由に兵役免除となる。解放後ソウル大学社会学科講師などを歴任するが、朝鮮戦争以降アメリカのロックフェラー財団の社会科学部担当エヴァンス博士（Roger F. Evans）の訪韓をきっかけにロックフェラー財団の奨学金を受け、一九五五年一〇月に渡米した。アメリカコーネル大学に留学の際には、社会調査方法を集中的に学び、農村社会学に関する原理的な知識を身につけた。また、彼はコーネル大学で調査設計の講座を受講しながら、貧農家調査に参加していた経験をもとに、帰国後ソウル大学社会学科で一九五六年から定年退職時まで社会調査方法の講義を担当した。李萬甲自身が自らの学問の出発点であった帝国大学の社会学と新たな方法論を学んだアメリカの社会学をどのように区別していたのかを見てみよう。

私がアメリカで社会調査方法を学ぼうとした一つの理由は、韓国社会の有様を知りたいという願望のためだった。日政時代に接した社会学は原論的であり、社会学者らが現実社会を観察し、学術的な用語で、よく言えば思弁的な思考をもっともらしい論理で体系化した知識の集合であった。［中略］そこには、科学的な検証の方法と順序が欠けていた。私は韓国社会が着実に発展するには、政策や計画を直感だけに頼らず、なるべく実証的な知識に基づいて策定しなければならないと固く信じていた。(9)

科学的検証方法と手続きが欠けていた「日政時代」の社会学と違い、アメリカ式社会学は実証的な知識に基づいた科学的方法と手続きによる社会学と意義づけられている。コーネル大学留学を終え、韓国に帰国した李萬甲は、研究費助成がない状況下で、社会調査方法の授業を受講していた社会学科の学生を調査員とし、ソウル所在の男子高校三年生を母集団として、標本抽出した対象者にアンケート調査した結果分析論文「都市学生の職業観念――社会的調査研究――」（一九五七年）を『社会科学』第一号に発表した。

韓国社会学において、名実ともに「嚆矢」と称された体系的な社会調査は、一九五九年一月高凰京、李萬甲、李効再、李海英の四名の教授らがアジア財団の研究助成を受けて行った「韓国農村家族調査」である。慶北軍威郡（李萬甲）、全南潭陽郡（李海英）、忠南天安郡（高凰京）の農村家族に対してフィールドワークが行われた。その結果は、ソウル大学出版部から『韓国農村家族의 研究』（一九六三年）として刊行された。また李萬甲は、アジア財団の支援で京畿道の六農村を対象に社会的調査を行い『韓国農村의 社会構造』を韓国研究図書館の「韓国研究叢書」五巻として刊行した。社会調査には多額な調査費用が必要であり、助成金の獲得は切実な問題だった。李萬甲らの戦後韓国社会学の一世代らは、アメリカのロックフェラー財団の奨学金により、アメリカで社会調査方法論の（再）教育を受け、帰国後はアジア財団とハーバード燕京研究所などの研究助成を通じて自らの学問を実践した。

崔應錫と李萬甲の本人らの記憶からは、回顧がなされる「現在─ここ」の位置から、帝国大学の経験を布置する印象的な方法を確認することができる。崔應錫の場合、植民地の衛生調査活動をマルクス主義的実践で顕在化し、本人が学んだ帝国の学知とマルクス主義的実践を解放以降、北朝鮮社会で連続させたことが確認できる。李萬甲の場合、帝国大学で学んだ社会学を欠如の学問として認識し、解放以降は新たなヘゲモニーとして登場したアメリカ式社会学を自己の学問の本領として提示し、帝国の学知との断絶を図ったと言えるだろう。

おわりに

一九五九年二月二七日、進歩党事件の最終判決。当時進歩党党首だった曺奉岩に死刑宣告が下された法廷には、進歩党の綱領を起草した李東華もともに被告として立っていた。一九〇七年平安南道江東郡に生まれた李東華は、山口高校、東京帝国大学法学部政治学科を卒業し、北朝鮮の金日成綜合大学教授などを経て越南したのち、進歩的政治家として活躍していた。他方、裁判官席には、卞沃柱大法官が他の四名とともに座していた。一九〇六年、全羅南道長興郡出身の卞沃柱は、広島高校、京都帝国大学法学部を卒業したのち、朝鮮総督府判事、ソウル高等法院長を歴任して、大韓民国大法官として進歩党の人々の裁判に関わった。

卞沃柱と李東華―裁く者と裁かれる者とに分かれはしたが、二人は同じ制度の中で育った。植民地朝鮮の南北両端である長興郡と江東郡を発ってから、玄界灘を越え日本の旧制高校と帝国大学を卒業するまで両者の歩んだ道はほぼ等しい。青年李東華と卞沃柱は当時、玄界灘を越えながら何を思ったのか。また、彼らの生涯を異なる道筋に導いたものは何だったのか。旧制高校―帝国大学と続く日本の高等教育という共通体験は、その後の分断体制下の朝鮮にいかなる爪痕を残したのか。帝国大学のプログラムのもと訓練を受けた植民地青年は、解放後韓国社会の政治、社会、文化、経済など各分野において活動した。戦後韓国社会に残された帝国大学の少なからぬ痕跡については、今後の研究が待たれる。

解放後、南北朝鮮で帝国大学出身者のたどった生涯、そして帝国の学知の連続と変容のさまざまな様相を探り理論化することを今後の課題としておきたい。

（原文：韓国語　訳：金玄・松田利彦）

（1）鄭鍾賢・水野直樹「日本帝國大學의 朝鮮留學生 研究（一）――京都帝國大學 朝鮮留學生의 現況、社會經濟的 出身 背景、卒業 後 經歷을 中心으로――」（『大東文化研究』第八〇号、二〇一二年）、鄭鍾賢「東京帝国大学의 朝鮮留學生研究」（『韓国学研究』第四二号、二〇一六年）。

（2）天野郁夫『帝国大学――近代日本のエリート育成装置――』（中公新書、二〇一七年）参照。

（3）鄭根埴他『植民権力과 近代知識――京城帝国大学研究――』（서울大学校出版文化院、二〇一一年）五五七頁。

（4）『学術―解放記念論文集（第一集）』〈学術院彙報〉三、学術院委員録（ソウル新聞社出版局、一九四六年）二三〇頁。

機構及び名簿は原文通りであり、出身大学のみ筆者が調査し追加したものである。

(5) 金容燮『南北学術院과 科学院의 発達』(知識産業社、二〇〇五年)一一三～一一五頁。

(6) 同前、二〇五～二〇六頁。

(7) 허영란「一九三六년〝달리조사〟와 식민지 농촌 아카이빙(archiving)」(『史學研究』第一二〇号、二〇一五年一二月)。

(8) 최응석「자서전」(一九四九年)による。신영전「김진혁「최응석의 생애――해방직후 보건의료체계 구상과 역할을 중심으로――」(『의사학』第二三巻第三号、二〇一四年一二月、四七三頁)より再引用。

(9) 이만갑「삶의 뒤안길에서」(『세계일보』二〇〇四年六月三日)。

白麟済の近代認識と自由主義

朴 潤 栽

はじめに

白麟済は現在韓国における主要私立病院の一つである白病院の創立者である。白病院を母体に一九七九年仁済医科大学が誕生し、一九八八年総合大学仁済大学校へと発展する。著名な外科医であり教育者であった白麟済は、自身の名声と技術に支えられ白病院を設立し発展させた。白麟済の成功は韓国近代史において西洋医学が成し遂げた成果の一例であると言える。伝統韓医学が支配していた社会において、近代西洋医学が定着し発展していく様相を、白麟済という一個人を通じて具体的に辿ることができるのである。韓医学が伝統を、西洋医学が近代を代表するとすれば、白麟済は近代を受容し広めた人物であるといえる。

しかし、白麟済の生涯と活動は、医学という専門分野を超えたところに意味がある。三・一運動への参加、財団法人の設立、制憲国会への立候補などは白麟済の人生を医学を越えたより広い観点から考察する必要性を示している。具体的に述べれば、白麟済が解放後白病院を個人病院ではなく財団法人へ転換させるとともに、大韓民国樹立に積極的に参加したことは、韓国の自由主義の到達点を示しているのである。全体主義に反対しながらも、公共性の追求という価値を見失ってはいないのである。
本論は白麟済の人生と活動を近代の受容、そして自由主義の達成という観点から理解することを目的としている。その理解は二〇世紀韓国社会の変化の中において韓国的近代の到達点を示してくれるであろう。

一　京城医学専門学校入学と文化的実力養成

一九一六年、京城医学専門学校（京城医専）に入学した白麟済は、一九一九年三・一運動への参加と服役により一年間のブランクがあったものの、卒業まで四年間西洋医学に対する体系的な教育を受けることができた。一九二一年に卒業するが白麟済は三・一運動に加担したという理由から医師免許を受けることができなかった。当時京城医専は総督府指定校として学生は卒業と同時に自動的に医師免許が与えられた。代わりに白麟済は総督府医院での二年間の勤務を条件として提示された。この間、白麟済は麻酔と血液に関する研究を進めた。その結果は一九二二年『朝鮮医学会雑誌』（第四〇号）に「日鮮人間ニ於ケル血液属別百分率ノ差異及血液属別特有性ノ遺伝ニ就テ」として発表される。白麟済の研究はマスメディアの注目を浴びることとなった。

総督府医院に在勤する医師白麟済君はこちらの日本人医師某氏と共に朝鮮人日本人の血清を検査し、朝鮮人と日本人の人族的血統が異なることを今一度科学的に証明した。このような学術的研究の傾向が我々の間にますます旺盛していくことは実に喜ばしいことだ。[1]

韓国において科学の象徴として受容された西洋医学は、新しい文明である近代を象徴するものであった。当時のマスメディアは、白麟済が近代という新しい時代に、その象徴である西洋医学分野で科学的な成果を挙げたことを肯定的に評価した。白麟済の医学研究は続き、一九二六年にも『朝鮮医学会雑誌』に実験的くる病に関する論文を連載した。白麟済はこの論文により朝鮮医学会が毎年篤学者に授与する賞と奨学金を受けることとなった。

マスメディアはそのこともやはり肯定的に評価した。白麟済の論文は韓国だけでなく日本にも影響を及ぼし、日本の「各大学では発表された刊行物の追加発送を求める人がどっと増えた」というニュースを伝えている。朝鮮医学会賞の受賞が「世界の医学界においても大変な権威となる」契機であると評価されたように[2]、白麟済は韓国の近代を象徴する人物と見なされたのである。

白麟済も西洋医学に象徴される近代を肯定していた。伝統は克服すべき対象であった。白麟済の伝統と近代に対する認識は、韓医学に対する態度から知ることができる。ある雑誌において白麟済は韓薬と西洋薬の効用について質問されると「韓薬では高麗人参を信用しています。しかしその西洋薬と同様の部分のみを信用しています」と答えた。高麗人参に対して信頼を寄せていたという点から韓薬に対して、ひいては韓医学に対してある程度信頼していたと評価できる。

しかしそれには明確な前提が存在していた。韓医学ではなく、韓薬、その中でも高麗人参を、その高麗人参の中の「西洋薬と同様の部分」のみを信頼しているというのである。韓薬の成分分析は植民地支配初期から始まった。一九一〇年代の朝鮮総督府中央試験所による薬草の成分分析に続いて、一九二〇年代には京城帝国大学薬理学教室で抽出成分の薬理作用分析を始めており、一九三〇年代にいたっては総督府において薬剤不足問題を解決するため韓薬の成分分析を試みている[3]。このような状況から、白麟済が信頼した高麗人参とは西洋医学の検証を経て精製化された高麗人参であった可能性が高い。韓医学とは無関係の高麗人参なのである。白麟済の韓医学に対する態度は批判的、さらには否定的であったと評価できる。

韓医学に対する、すなわち伝統に対する批判は一般的な道徳へも適用された。白麟済は伝統的な道徳を守ろうとはしなかった。無能な夫に対して別居あるいは離婚は可能かという問題に関連して「夫が無能力だから別居するというのは、結局一緒に暮らすことがいやになったということだから、一緒に暮らすのがいやなら離婚するのは当然でしょう。論じるまでもありません」と答えている。恋愛経験を問う質問に対しては「したことはたくさんあります」と答えている。[4] 植民地期に社会的問題として浮上した離婚や恋愛に対して開放的な態度を取っているのである。恋愛や結婚に関して伝統的な慣習を守ることは白麟済が志向するところではなかった。

さらに白麟済は伝統を弱体化させ近代を広めるための直接的な実践に乗り出す。それは啓蒙であった。一九二八年兪日濬に続いて二人目の京城医専の韓国人教授となった白麟済は、一般大衆を対象にした通俗医学講演会を開催した。自ら講演も行った白麟済は、ある講演で韓国人の非科学性を批判する。

我々は科学に基づかないあらゆる医治的行動信念を排斥しなければなりません、この荒唐無稽に近い非科学的医家とこのような医治を盲信する人々が大勢いることを我々朝鮮人は反省しなければならないのです。

非科学的な医師や治療とは何を指しているのか示されてはいないが、この講演の目的が手術に対する一般大衆の恐怖を払拭することであったことから、非西洋医学、具体的には韓医学のことであった可能性が高い。手術に対する白麟済の信頼は明らかであった。

手術は、現代文明が備える応用科学において最も重要な地位を占めているものの一つである医学の中でも、その重要な目的である治療学の胎盤という使命を果たしている直接的で捷径的で積極的な治療手段です。

白麟済によると、手術は西洋医学が駆使することができる最も積極的な手段であり、西洋医学は近代文明を構成する科学において最も重要な地位を占めるものであった。したがって手術、つまり西洋医学に対する理解は科学に対する理解であり文明化を意味していた。西洋医学、すなわち科学と文明を排斥する態度は不合理なことであった。手術に対する白麟済の信頼は絶対的であり、手術の「あらゆる操作が極めて合理的であることは勿論」であるという主張にいたっている。[5]

手術、科学、文明、つまり近代に対する信頼が絶対的であっただけに、白麟済にとって民族は近代を達成するに当たって相対的な意味を持っていた可能性が考えられる。近代の達成という点から、日本に対してある程度支持を寄せていたということである。白麟済は一九三〇年代末世界旅行の道中で出会った他の外国人と比較しながら、「日本の内地人が最も教化されているように見えます」と評価した。東洋人、さらには西洋人よりも文明的観点において優越しているという評価であった。白麟済は日本の文明的成功を肯定的に評価していた。そんな白麟済にとって外国で出会った日本文化は歓迎すべきものであった。白麟済は長期の船上旅行で疲労した状況で出会った日本文化を大いに楽しんでいる。

シンガポール観光を終え東洋ホテルというこの地で日本人が経営する最大のホテルに泊まり久しぶりに日本式淡水浴をし浴衣をまとって畳の部屋に横たわり一日中汗だくの熱帯式の疲れを忘れると、熱帯圏内で日本式に住まうのもまた一興であると悟った。(6)

実際、白麟済による医学研究の成果は、日本人教授と共に行ったものであった。白麟済の弟子らの記憶によれば、白麟済の輸血やくる病に関する研究は京城医専の桐原真教授と共同で協議し進められた。広くとらえれば白麟済の研究は、日本帝国内で行われた医学研究の一部分を成していたのである。このような評価に、白麟済が主任教授として在籍した京城医専外科学教室の日本人の弟子たちも同意していたと言える。一九八五年日本人の弟子たちは白麟済の講義風景の一場面を描いた絵を仁済医大に寄贈した。白麟済が癒着性腸閉塞症空腸瘻を造設し減圧法を行いその内容を説明する絵であった。白麟済が世界で初めて腸閉塞患者を根治したにもかかわらず、公式に認定されていないことを惜しんだのである。日本人の弟子たちにとって白麟済は世界初の医学的な達成を遂げた師であった。

しかし、白麟済は日本が主導する近代には賛同しなかった。韓日間に差異が存在していたためである。現実的にその差異は差別として現われ、京城医専で行われていた韓日間の教育差別に反対し三・一運動に参加した点からも分かるように、白麟済はその差別をはっきりと認識していた。差異に対する認識は白麟済の研究に対する評価にも同様に現れた。白麟済が初めて学問的成果を公に発表した時、すなわち一九二二年白麟済の血液に関する研究が『朝鮮医学会雑誌』に掲載された際、マスメディアはその成果を日本帝国のものと見なしはしなかった。白麟済の研究のような学問的研究が旺盛になることが喜ばしいことであると前提しながらも、その結果が血液検査を通じて「朝鮮人と日本人の人族的血統が異なることを今一度科学的に証明」したことを強調した。

白麟済の研究が、ヒルシュフェルト（Hirschfeld）の分類法を用い生物化学的係数を比較することで、韓国人の平均係数と日本人の平均係数が異なるということを証明したという点は間違いない。しかし白麟済の研究は血液型が遺伝するという点、そこから両親の血縁鑑定のような法医学上の問題を解決できるという点なども併せて明らかにしたものであった(7)。しかしマスメディアはそこに韓国人と日本人が異なるという点を科学的に、それも今一度証明したという点に注目したのである。

さらに白麟済が教授として勤務していた間にも京城医専内部の差別は続いた。一九四〇年現在、教授一九人のうち韓国人は白麟済一人、他の職位では助教授五人のうち一人が、講師二一人のうち三人が韓国人であり、教員全体で韓国人が占める割合は一一・一％であった。白麟済は自分の弟子に対し、ヨーロッパで差別されているユダヤ人を例に挙げながら、「日本人の下で韓国人も様々な面で不利を受けているが、研究する機会がある人は目先の利害にとらわれず実力を養えるように」せねばならないと激励した。興味深いのは韓国人をユダヤ人に例えた人物が京城医専にもう一人いたという点である。白麟済より先に教授に任用された兪日濬である。兪日濬は同僚や後輩たちに「我々は常に耐え忍びつつユダヤ人に習わねばならない」と口癖のように話したという(8)。自分たちをユダヤ人に例えるほど京城医専内の差別は続いていたのである。

白麟済が学生時代に韓日間の差別問題を敏感に認識していたこと、さらには教授時代にも差別が厳然と存在していたこと、日本と韓国を分離しようとする社会の認識が強かったということなどは、白麟済にとって日本に従属した近代に共に参加することができない条件となったのである。白麟済は植民地という条件の中で韓国的志向を放棄しなかった。

二　自由主義と大韓民国への参加

解放後、白麟済は植民地期より積極的に政治社会活動を行った。分断と理念対立が強まるなか、白麟済は右派性向の政治社会団体に参加する。さらに興士団系の人々が推進したと思われる徐載弼大統領推薦運動にも参加したと考えられる。当時米軍政は徐載弼を李承晩に対抗できる右派指導者と見なして、在韓米司令官ホッジの最高議政官に任命し帰国させていた。推戴運動は徐載弼が推戴を拒否したことで成果を挙げることなく終わり、白麟済の参加も明らかではないが、参加した可能性は高いと思われる。植民地期から李承晩系列と対立した代表的な政治社会勢力が安昌浩系列の興士団であったためである。

しかし白麟済の徐載弼推戴運動への参加は、白麟済の思想的傾向に起因した可能性が高い。解放後の白麟済の経歴で注目すべき事実の一つとして出版社の創立が挙げられる。白麟済は一九四七年首善社という出版社を創立する。首善社の創立は文学以上の目的を達成するための挑戦であった。それは自由主義の実現である。当時マスメディアは医療界の人である白麟済が首善社の創立を通じて、科学、哲学、芸術、経済など文化の全領域を包括する出版を計画していると紹介し、その究極的な目的は「建設朝鮮における真の自由主義文化の宣揚」にあると伝えた(9)。首善社の最初の出版物として徐載弼の自叙伝が選ばれた理由も自由主義の宣揚にあったのである。徐載弼の自叙伝は、歴史学者として当時京城女子商業学校の校長に在職中であった金道泰が徐載弼の口述を記録したものであるが、首善社ではその本を次のように宣伝した。

自由主義の教科書！　朝鮮革命運動の先駆者にして真の自由主義の闘士である徐博士が、革命運動に身を捧げた八〇年の生涯の闘争史を一ヵ月余りに渡って口述した生きた記録である。韓末風雲の嘘偽りない事実を知りたければ、自由主義の理想とは何かを知りたければ、博士のこの口述を読むべし。[10]

短い宣伝文句の中に自由主義という単語が三度も現れる。首善社、より正確に言えば白麟済の自由主義に対する愛着が明確に示されている。出版後に出た書評が、この本の意味を韓国近代史の確認、つまり革命、抗争、亡命で綴られた徐載弼の生涯を通じて韓末と独立闘争の歴史を知ることができると評価したのとは対照的である。[11]

自由主義は白麟済の理想であった。その理想は植民地期から形成されたものであったと考えられる。金熙圭《キム・ヒギュ》の回顧によると、白麟済は「徹底した自由主義者」であった。一九三八年ヨーロッパとアメリカを見聞し帰ってきて「最初の一声はヒトラーの悪口から始まった。ヒトラー一党はごろつきの徒党であり、ほとんどのドイツ人がヒトラーを嫌っているとおっしゃった」という。[12] ヒトラーに象徴される全体主義に対して極端に批判的な態度を取っており、その代案として自由主義を志向したと回想する。

白麟済の自由主義は彼だけのものではなかった。白麟済が属した興士団の基本理念が自由主義であった。自由と正義に基づき、個人の生活と公益事業が調和し発展する共同体の樹立、つまり市民社会に基づいた自由主義国家が彼らの理想であった。全体主義、軍国主義、国家主義は彼らが排撃する国家の形態であり、白麟済がそうであったようにドイツに対して最も批判的であった。[13]

白麟済は南韓単独選挙に自ら出馬する。大韓民国樹立に参加したのである。総選挙出馬に際して、マスメディアは医療人として「厚生問題という独自の政策」を持つのみならず、出版事業まで経営する白麟済が国会に進出しようとすることを肯定的に評価した。しかし、白麟済が大韓民国の建国に参加した理由は、医療問題の解決にあったのではなかった。白麟済の所信である自由主義の追求がその背景にあったのである。

白麟済の考えでは一九四八年の総選挙は南韓だけの単独選挙ではなく、故に国家と民族を永久に分裂させる選挙ではなかった。総選挙の意義は秘密投票、自由投票が保障された自由選挙だという点にあった。さらに総選挙は国際的承認を受けた選挙であった。ハーグ密使事件や三・一運動の目的が独立を国際的に承認させることであったことを想起すれば、この選挙の合理性、合法性、そして国際的承認の下で行われるという点は重要であった。この選挙は言わば「国際的公約の下に行われる自由選挙」であった。

しかし社会主義勢力が総選挙を妨害していた。「単選だ、軍政だ、国家民族の永久分裂だといって例の打倒李承晩、金九式の常套宣伝をほしいまま」にしていた。この選挙が自由選挙、民主選挙であるという点において、社会主義勢力は非民主主義にとらわれており、左右の対立は「民主主義と全体主義の先鋭化した危機」を反映するものであった。植民地期以来白麟済の所信であった全体主義の批判、自由主義の宣揚のためには選挙に参加せずにはいられなかったのである。選挙に参加しないことは「国運を共産主義者の専横」に任せることと同じであり、「帝国主義の奴隷であったことより何層、何倍もの不幸」を迎えることであった。[14]

解放後の右派政治組職への参加に次ぐ総選挙への出馬は、白麟済が反共に基づく大韓民国国家体制を肯定していたことを意味し、医療的な側面においては資本主義医療システムを肯定していたことを意味していた。左右対立の過程において左派は医療国営化を主張しており、[15] 国営病院や協同組合病院を中心とする国営医療システムに対抗する代案を提示する必要があった。もちろん右派も個人開業医制度に問題があるという点には同意していた。小規模の個人病院では適切な治療を提供するのは難しく、患者の経済的負担も大きかったためである。このような状況を考慮すれば、白麟済が解放後自身が設立した白病院を財団法人へと転換させた点が注目される。

白麟済にとって解放は新国家建設と新文化創造という目標を実現できるチャンスであった。しかし世相は混乱しその前途は険しく荒れて果てており、民衆は進むべき道を見つけ出せずにいた。指導者は民族の幸福と国家の大計のために犠牲となって苦難に立ち向かう模範を示さねばならなかった。白麟済はその模範となろうとしたのである。それが白病院の財団法人化であった。白麟済はその意義を次のように述べている。

我々は文化力の集積が民族力であり国家力であると確信し、医学の部門においてささやかながら貢献する決心から自身の資力が微小であることは認めながらも、その人的および心的出資は微弱であるとは断定できないと自ら期し、思い切って少しばかりの私財を差し出し財団法人の設立の挙にでた所以である。(16)

文化的実力の蓄積が民族的、国家的実力の蓄積と成り得ることを確信し、医療分野における実力蓄積のため財団法人を設立するという言葉であった。文化的実力養成のための実践が白病院の財団法人化であったのである。たとえ出資額は少なくても、出資するその決心は強いものであった。文化的実力養成が目的であったことから、白病院はその目的を医療事業だけでなく医学研究の向上発達に置いた。具体的には医学研究機関、医学研究を支援する奨学施設と関連した事業を展開する予定であった。(17)財団法人白病院は、植民地時期以来、白麟済が追求した文化的実力養成運動の延長線で行われた実践であった。

さらに白病院の財団法人化は、公共性の追求という点において安昌浩が主張した大公主義の実践という意味もあった。安昌浩の自由主義国家観は、一九二〇年代中盤を経て人格修養至上主義の流れに対抗し、社会改造を通じた個人の改造を主張する大公主義へと転換していった。(18)大公主義が個人の意味に対抗し社会の意味を強調する主張だとするならば、個人病院である白病院を法人化した白麟済の選択は、大公主義の具体的実践であると評価することができる。反共を志向した白麟済にとって、社会主義医療システムを意味する国営病院や協同組合病院は代案にならなかったであろう。しかし、自由開業医制度に対する批判も左右問わず共有されていたことから、財団法人病院の設立は資本主義体制を否定せず公共性を担保できる案と成り得たのである。

おわりに

白麟済にとって近代とは、自身が京城医専で学習した学問、すなわち西洋医学に象徴される西洋文明を意味していた。西洋文明は科学という名に集約され、韓国が習得し達成すべき対象としての地位を占めた。マスメディアが白麟済の研究に歓呼した理由は、近代を象徴する西洋医学分野において科学的な成果を挙げたという評価によるものであった。歓呼に応えるように、白麟済は個人の研究を超え、講演を通した啓蒙に乗り出す。白麟済は講演で韓国人の非科学性を批判し、伝統についても批判的態度を示した。

近代の達成という点から白麟済にとって日本は支持の対象となった。しかしその支持が日本式近代化の全面的な受容にまで及ぶことはなかった。白麟済の立場からは韓国と日本の間の差異は明らかなものであったし、日本式の近代のあらゆる面を肯定することもできなかったためである。韓国的志向を放棄しないまま日本帝国の近代達成を認めていた白麟済にとって、近代とは安昌浩の実力養成論がそうであったように、長期的かつ持続的な過程を通じて達成していくしかないものであった。

白麟済の近代認識の中心には自由主義があった。自由主義は白麟済が解放後に加入した興士団の基本理念でもあった。白麟済が李承晩への対抗馬として徐載弼に着目した理由も、徐載弼が自由主義の理想を実現することができると考えたからであった。社会主義勢力に反対し大韓民国に参加した理由も自由主義の実現にあった。社会主義は全体主義を意味していたからである。

大韓民国への参加は資本主義国家体制、さらには資本主義医療システムに対する肯定を意味した。左派が医療国営化を掲げ国営病院や協同組合病院を主張したことから、右派の白麟済は個人の自由を主軸とする開業医体制を支持した可能性が高い。しかし現実には白麟済は異なる選択をする。財団法人白病院の設立である。財団法人病院は自由主義的資本主義体制を否定せずに、大公主義の核心である公共性を担保できる案であった。白麟済の拉北を惜しむべき理由がここにある。白麟済が大韓民国で活動を続けたならば、資本主義医療システムをより豊かなものへ作りあげることに貢献できたであろうからである。解放当時白麟済が医療界の元老であったことから、その豊かさは現実性を帯びたものだったのである。

（原文：韓国語　翻訳：橋本妹里）

（1）「随聞随見」（『開闢』第三〇号、一九二二年）八三頁。
（2）「醫學會에 賞金받는 篤學者 白麟濟氏」（『毎日申報』一九二六年九月一七日）。
（3）신동원「조선총독부의 한의학 정책——一九三〇년대 이후의 변화를 중심으로——」（『醫史學』第一二巻第二号、二〇〇三年）一一七～一二〇頁。愼蒼健「경성제국대학에 있어서 한약연구의 성립」（『사회와 역사』第七六号、二〇〇七年）一一六～一三一頁。
（4）「各界 人士들의 멘탈테스트」（『東光』第二九号、一九三一年）五三頁。
（5）「観血的手術第一回、全三回（医学博士白麟済）」（『東亜日報』一九二八年一一月三〇日）。
（6）白麟済「인도양을 건느며 ⑤ 구주 가는 길에」（『朝鮮日報』一九三七年一月一七日）。
（7）장기려「백인제 선생님의 학문적 업적」（『仁済医学』第三号、一九八一年）二〇二頁。
（8）鄭求忠「兪日濬」（『韓国医学의 開拓者』東方書籍株式会社、一九八五年）六一四頁。
（9）「「首善社」創立」（『中央新聞』第四五三号、一九四七年一〇月二三日）。
（10）조성출「해방전후기를 대표하는 출판사와 잡지들」（『책과 인생』一九九五年九月。『先覚者白麟済』창작과비평사、一九九九年、二一五頁より再引用）。
（11）「「新刊評」正確 한 韓末外史『徐博士自叙伝』」（『自由新聞』一九四八年八月一〇日）。
（12）김희규「초대 원장 백인제 박사 탄생 백주년에 즈음하여」（前掲『先覚者白麟済』）二五九～二六〇頁。
（13）장규식『日帝下韓国基督教民族主義研究』（혜안、二〇〇一年）二一七～二三〇頁。

(14) 「총선거에 대하여 국민에의 제언」상・하(『東亜日報』一九四八年四月三日、四月四日)。
(15) 신규환「해방 이후 남북 의학교육체계의 성립과 발전――이용설과 최명학의 생애와 의학인식을 중심으로――」(『人文論叢』第七四巻第一号、二〇一七年)二三三〜二三四頁。
(16) 「財団法人白病院設立趣旨書」二頁。
(17) 「財団法人白病院寄附行為」一頁。
(18) 장규식、前掲書、二三六〜二四七頁。

〔附記〕本論文の韓国語版は「白麟濟의 近代認識과 實踐」(『醫療社會史研究』第二号、二〇一八年一〇月)として発表した。

崔虎鎮の韓国経済史研究と東洋社会論

宋炳巻

はじめに

韓国近代史学史はおおむね実証主義史学、民族主義史学、社会経済史学という三つの流れをもって整理され、日本帝国主義下の植民史学との対抗構造を形成してきたと認識されがちであった。その対立をめぐる中心議題は停滞論と他律性論であったといえる。なかでも社会経済史学は、史的唯物論的な歴史理解に基づいた歴史発展段階に沿った世界史的法則性をもって韓国史が進んできたと主張する白南雲を代表として、植民史学の停滞論や他律性論との争闘が強調されてきた。一九六〇年代以降韓国経済史研究において「資本主義萌芽」を析出するための努力も停滞論と他律性論を克服しようとした流れの一部を構成していた。しかし、植民地下において停滞論と他律性論の根拠として活用されていたアジア的生産様式論あるいは「東洋社会論」を、いわゆる植民史学側はもちろん社会経済史学側においてもある程度共有していたことも否定できないだろう。

非西欧社会の歴史的変動の原因を西欧社会の方から求めようとする西欧由来の巨視的な社会変動理論の共通点は、非西欧社会の構造変化を非西欧社会の主体を排除したまま説明しようとする点にあった。主体の排除は再び構造変動の過程から発生する非西欧社会の後進性と停滞性を非西欧社会固有の伝統性、後進性から求める同語反復を繰り返す[1]。現在の世界史認識から見ると、アジア的生産様式論はある種のオリエンタリズムで、西欧中心主義から眺めた非西欧社会の解釈にすぎない[2]。アジア地域の歴史発展過程を画一的で残余的な生産様式をもって統合することは無意味な作業である。アジア的生産様式論あるいは「東洋社会論」における停滞論および後進性論を克服する問題は主体の設定可能性に直結することになる。

本稿では崔虎鎮（チェ・ホジン、一九一四年八月一日～二〇一〇年九月九日）の韓国経済史研究をもってこの問題に迫りたい。植民地下で韓国経済史研究をスタートした崔虎鎮は、概説書である『韓国経済史』を何回も改訂、増補しながらも、「東洋社会論」の流れを堅持した稀な存在であった。崔虎鎮は解放後韓国の経済学および経済史研究の第一世代で、京城大学、東国大学、中央大学などの幾つかの大学の経済学科を創設し、延世大学にも長く在職した。また、ハングル教材がほとんどなかった解放後の状況で早くも経済史、経済原論、貨幣論、財政学などの経済学分野の教科書を著述した。本格的な経済学者が不足した状況で、解放後多くの大学や大学院で経済学系の講座を担当し、多くの経済学者を育てた。一九五九年には母校の九州大学から経済学博士学位を授与された。戦後初の経済学博士である。一九五二年に韓国経済学会を創設し、二〇年の間学会長（一九五四～一九七八）を務めた。一九五四年には韓国学術院の創立にも関与した。崔虎鎮は、多くの先輩・同僚経済学者が越北した後でも、南に残り、三〇代にはすでに韓国経済学界の重鎮であった。

崔虎鎮に関する研究は、彼が長く在職した延世大学出身の弟子グループによって行われた。尹起重は崔虎鎮の研究業績を概括的に整理したうえで、その学問世界を眺望したが、本格的な研究がなされたとはいえない[3]。洪性讃は、植民地期から一九六〇年代までの崔虎鎮の一般経済史及び韓国経済史に関する著作を初版、改訂版、再改訂版などから系統的に紹介し、その著作に刻印された社会史、知性史、史学史的な意味分析を試み、崔虎鎮が初期の実証研究段階からすでにアジア的停滞論だけでは説明できない側面を発見したにもかかわらず、アジア的停滞論に没頭しすぎたのは、アジア的停滞論が当時の通説であったためだと指摘している[4]。すなわち、一九六〇年代に資本主義萌芽論が台頭するまで停滞論を克服できなかったという限界があったということである。しかし、崔虎鎮は一九六〇年代に入っても後進性の原因究明に集中し、自主的な近代化の原因究明に進むことができなかったと自己批判し、初期研究者の限界を認めたうえで、今後の研究課題は近代化の要因究明の体系化へ進みたいと述べたにもかかわらず[5]、依然東洋社会論自体は放棄しようとしなかった。

一方、呉鎮錫は二〇一四年に延世大学開催の「崔虎鎮誕生一〇〇周年記念講座」における報告をまとめ、解放前後における崔虎鎮の学問世界の形成及び展開過程を追跡し、韓国経済学界の創設期を復元しようとした。呉鎮錫は、崔虎鎮の東洋社会論が研究深化の次元を越える学問的な実践に深く関係していたという解釈を示した。しかし、高い水準の実証研究にもかかわらず、結局は停滞論であったことに変わりはなく、次世代研究者の克服対象になったと評価した。したがって、崔虎鎮に対する研究史的意義は、植民地下の初期研究においてアジア的停滞性に基づいた持論に背馳するにもかかわらず、研究対象から排除しなかった流通部門における商業資本に関する膨大な実証研究にあるとし、後学に資本主義萌芽論のための史料を残した点にあると評価した[6]。

洪性讃と呉鎮錫の評価は、崔虎鎮の東洋社会論は停滞性や後進性を克服できなかったという認識に基づいているといえる。しかし、資本主義萌芽論の克服対象であった停滞論を前提とした東洋社会論を堅持した崔虎鎮の経済史研究の観点を理解するためには、それを時代遅れとして批判するより、崔虎鎮がなぜ東洋社会論を維持し続けていこうとしたのかを内在的に考察してみる必要があろう。

崔虎鎮の経済史関連著作をまとめてみると次の通りである。

『近代朝鮮経済史――李朝末期に於ける商業及び金融――』（東京：慶應書房、一九四二年）

『一般経済史』（서울：理想書院、一九四六年）
『経済史大綱』（서울：東邦文化社、一九四七年）
『近代朝鮮経済史研究（一）』（서울：民衆書館、一九四七年）
『経済史』（서울：博文出版社、一九四八年）
『新稿一般経済史』（서울：東国文化社、一九五四年）
『近代韓国経済史研究――李朝末葉에 있어서의 生産力研究――』（서울：東国文化社、一九五六年）
『近代韓国経済史研究（増補版）』（서울：東国文化社、一九五八年）
『増訂一般経済史』（서울：東国文化社、一九六〇年）
『韓国経済史概論』（서울：普文閣、一九六二年）
『経済史概論』（서울：博英社、一九六四年）
『韓国経済史』（서울：博英社、一九六六年。崔泰鎬との共著）
『訂正増補韓国経済史――原始社会로부터 一九四五年까지――』（서울：博英社、一九七〇年）
The Economic History of Korea: From the Earliest Times to 1945 (Seoul: Freedom Library, 1971)

本稿では、崔虎鎮の東洋社会論に関する著作を彼が生きた歴史的「状況」のテキストとして読むことによって、彼がその「状況」のなかで新しく歴史的言説を発見しようとした思索の歴史的意味を解読してみたい[7]。このような観点からみて、本稿は歴史の普遍と特殊をめぐる史学史的な分析を目標としていない。レオ・シュトラウスの研究方法を用いて、著作と歴史的環境との関係性を重視したい。ある著作は無意識的に歴史的環境から影響を受けるのではなく、著者が意識的に歴史的環境に合わせて自分の考え方を表現するためのものである。したがって、このような著作を理解するためには、著作自体は勿論、著作が発表された環境も確認する必要がある[8]。

本稿では、日本帝国主義の植民地侵略を正当化する論理に対して崔虎鎮がどのように反応したのかを「主体」の発見を追求する過程のコンテクストのなかで分析し、植民地期はもちろん、米軍占領期、朝鮮戦争、そして反共分断国家へと急転する韓国近現代史において、彼の東洋社会論を主体設定と革命への展望の相互変奏という観点から考察したい。

一　植民地変革の主体呼びかけの隘路

崔虎鎮は青年時代を「畸形的研学の道程」であったと回顧している。一九二九年に京城第一高等普通学校に進学した崔虎鎮は、当時の典型的な植民地エリートからはやや逸脱した道を歩むことになった。優等生グループの一般的な選択肢であった京城帝国大学や京城法学専門学校に進学しなかった背景には一つの出来事があった。自分の教室から起きた同盟休学事件（一九三一〜一九三二）の余波で日本人校長の「内申書」を確保できなかった崔虎鎮は、京城帝国大学予科などの公立学校への進学が不可能になったのである。(9)そして、一九三五年に私立の普成専門学校法科に進学した崔虎鎮は、(10)商科教授であった金洸鎮に出会い、経済学を志すことになったと考えられる。(11)金洸鎮は『普専学会論集』第三輯（一九三七年）に「高句麗社会の生産様式」を掲載し、奴隷制欠如論を主張した。白南雲が行った朝鮮史への歴史発展五段階説の適用を批判し、(12)朝鮮史に奴隷制の代わりにアジア的生産様式論の適用を主張したのである。(13)「東洋的特殊性」の貫徹を主張したのである。(14)崔虎鎮は、白南雲と金洸鎮の論争を通じてアジア的生産様式論にはじめて接し、史的唯物論に基づく朝鮮史研究が民族解放を展望するという実践の重要性と、史料にもとづく実証的研究の重要性に共感したと思われる。(15)

一九三八年三月、崔虎鎮は普成専門学校法科を優等で卒業し、(16)九州帝国大学に「傍系入学」し、四月から法文学部経済学科で本格的に経済学の勉強を始めた。(17)崔虎鎮が入学した一九三八年は、「朝鮮陸軍特別志願兵令」と

「国家総動員法」が朝鮮に適用された時期であった。第二次人民戦線事件に巻き込まれた九州帝国大学も日本帝国主義の弾圧から自由ではなかった。しかし、植民地を経験した崔虎鎮は、帝国大学がむしろ講義と研究の自由を享有していたと回顧している。「畸形的研学の道程」からやっと脱出した崔虎鎮は勉学に励んで学究的な生活の日々を過ごした。学部三ヵ年の間、一年半で卒業必需単位をすべて取得したのち[18]、一九三九年秋からののこりの三ヵ学期の間には英語、ドイツ語、ギリシャ語、ラテン語の講読、社会政策（森耕二郎）、社会思想史（加田哲二）、統計学（蜷川虎三）以外は、もっぱら波多野鼎が指導するゼミに参加した。波多野ゼミでは、リカードの地代論、ヒルファーディングの金融資本論、そしてアジア的生産様式論などを勉強した[19]。ここで再び将来の経済史研究の根本的主題になるアジア的生産様式論を本格的に勉強したのである。

三学年一学期を終えて、崔虎鎮は副手採用に応募するための卒業論文準備に着手し、題目から内容に至るまで波多野から徹底した指導を受けた。植民地下朝鮮の貨幣整理と金融組合を主題として副手採用審査論文を経済学部教授会に提出した崔虎鎮は、一九四一年四月から研究生活に入った。指導教授は波多野で、貨幣金融研究室で朝鮮経済史研究に邁進した。一九四三年九月からは、第一期特別研究員に選抜され、徴兵を逃れることができた[20]。一九四五年四月からは、波多野の斡旋で京城帝国大学法文学部付属朝鮮経済研究所に所蔵されている文献や同大学図書館所蔵の奎章閣図書利用を名目として、九州帝国大学から出張命令を受けて帰国し、京城帝国大学の研究室で解放を迎えたのである。

崔虎鎮は処女作として『近代朝鮮経済史――李朝末期に於ける商業及び金融――』（東京：慶應書房、一九四二年）を発表している。呉鎮錫は、この著作の序文で「わが半島の愛郷心」を著述動機として挙げていることに注目して、崔虎鎮が「科学的歴史観」すなわち史的唯物論に基づいて朝鮮末期における封建社会の特徴として「東洋的停滞性」の究明を試み、戦時統制期のなかでも民族解放を展望していたと慎重に評価した[21]。崔虎鎮はこの研究において、東洋社会停滞論の問題所在を確認して解決方法を模索したいという意図をもっていたと考えられる。ここで、東洋的停滞性の究明とは、アジア的生産様式論に基づいた停滞性の究明であった。

東洋的停滞性のもっとも特徴的諸相を社会の全面に露呈したのは、近世史上李朝末期を措いてなからう。〔中略〕『苛歛誅求』〔中略〕を科学的に解明したものは未だ余り見あたらない。〔中略〕科学的研究を切望する重要な課題であるに疑問の余地がない。何となれば李朝末期は、李朝五百年間の封建社会のこの地特有の諸矛盾を集約的に顕現し(22)、〔中略〕李朝封建社会は、極めて長い間に亙る生産力のアジヤ的停滞性のため、自然経済を主とし、李朝末期に至るも、商品経済、貨幣経済は未発達のまゝであり、自給自足経済が支配的であつた(23)。

アジア的停滞論は、戦時期日本の侵略を正当化するイデオロギーとして機能した。韓国に対して停滞論および後進性論を主張した福田徳三のように、国家という概念で韓国の政治組織を把握できないとか、黒正巌のように、完全な国家組織が存在しなかったという主張を通じて、朝鮮は国家ではなく社会であるという「朝鮮非国論」を暗示し、日本帝国主義の朝鮮侵略と植民地化を正当化する意図を明らかにしたのである(24)。すなわち、アジアで唯一に近代化の成功と独立を成し遂げた日本帝国が、自力では近代国家を形成しがたいアジア地域を欧米列強から保護する代わりに、日本帝国は盟主としてアジア地域を指導あるいは支配できるという論理を内包した「東亜新秩序論」または「大東亜共栄圏論」の歴史的根拠として活用されたのである。

一方、理論的には京城帝国大学の助教授であった森谷克己のアジア的生産様式論も、日本帝国が「東洋的停滞」を破壊し、東洋社会を新社会へ変革しようとする論理を孕んでいたともいえる(25)。したがって、社会変革のための主体をどう設定するかによって、東洋的停滞性およびアジア的停滞性に「帝国主義支配の正当化」とは異なる「解放の経路」を開拓する可能性が開かれていたともいえるかもしれない。しかし印貞植の転向事例からうかがえるように、植民地下の声が必ずしも民族解放の展望へつながるとは言えなかった[26]。被植民者を主体とする動きは否定されるか、関心対象から消え去ってしまったからである。「停滞性」の二重性を考慮する必要があるのである。森谷のように自国内の「停滞性」は、自国開発の前提になれるという意味で、積極的な姿勢から「停滞性」を前提することができる。すなわち、「主体」が認識する「停滞性」という側面である。しかし、被植民地者としての崔虎鎮にとっては国民国家の形成に向かう「主体」が否定された「停滞性」は植民支配の前提になるだけである。ここから脱出する方法は、「主体」を回復するしかない。「主体」回復の方法として森谷が提示した「日本と朝鮮」の被圧迫階級が主導する階級的「主体」の回復と、崔虎鎮が望んでいたと考えられる朝鮮民族の独立／革命は、微妙でありながら明らかな差異を見せていく。ここに、崔虎鎮の東洋社会停滞論が持つ主体の呼びかけへの隘路が現れる。

白南雲はこの著作に深い関心をみせて自ら葉書を送って激励した[27]。白南雲は時期区分論のなかで、アジア的封建社会論をとりあげ、それを資本主義萌芽論と連結しようとする意図を持っていた[28]。崔虎鎮の著作は白南雲の意図にある程度の補強として認識されたと考えられる。崔虎鎮と白南雲の学問的同志関係の出発点であったともいえる。

尹行重は『近代朝鮮経済史』が「李朝末葉における商業資本と高利貸資本がなぜ産業資本へ転化する力をもっていなかったのかを除外することは、さだめし根本問題」であるとし、アジア的生産様式論に対する停滞性の徹底した究明には成功していないと評価した[29]。このような点は李清源にも現れる。白南雲の場合、不明確なところはあるものの、資本主義萌芽問題に言及しているが、李清源は外来資本主義の侵入以前の社会経済状態に対する発展的な視点をまったく見せていなかった[30]。しかし、崔虎鎮がアジア的停滞性、すなわち当時日本で行われたアジア的生産様式論に対する研究成果をまったく渉猟できないまま、著書を刊行したとは考えにくい。崔虎鎮は学部時代から波多野ゼミですでにアジア的生産様式論を勉強した痕跡が見えるが、アジア的生産様式についての百家争鳴的解釈と論争の中で、(31)自分が採用したい理論を確定できなかったと見える。すわち、「停滞」には同意しながらも、その意味合いに対しては明確な理論的解明を留保しなければならなかった。それは主体の呼びかけとそのままつながるためであった。崔虎鎮の著書で呼びかけうる主体は「アジア的停滞性」の元凶である「封建国家権力の虐政」で呻吟していた民衆であったはずであり、その民衆は実は「アジア的停滞性」のなかでも成長しつつあった資本主義萌芽的性格を持っていた可能性が高かったといえる。実際にこの時期、日本の講座派系研究者たちは資本主義萌芽論を研究しており、崔虎鎮もその研究成果を吸収したと思われる。したがって、朝鮮変革の主体として資本主義萌芽の析出も考慮できたともいえる。しかし、崔虎鎮は明確な理論的究明に進むことができなかった。ここでも、崔虎鎮が置かれた「畸形的研学」が再び浮かぶことになる。

なぜ主体の呼びかけがこんなにも難しかったのか。一つは、当時の治安維持法が植民地朝鮮人には二重の桎梏として機能した点である。天皇制を否定する社会主義運動に対する弾圧と、朝鮮独立運動に対する弾圧がそれである。崔虎鎮が朝鮮の独立と社会主義的歴史解釈を図ることは、ともに治安維持法の対象になりかねない危険な学問活動に当たるのである。もう一つは、日本の民衆との連帯、すなわち世界的規模の社会主義革命の一部としての朝鮮革命は、実は国家の廃棄を目標としていたが、民族単位の国家は否定するしかない論理的帰結を受け入れ、日本の解放を朝鮮の解放と見なすことに対してはいくばくかの違和感が存在した。すなわち、朝鮮の社会主義者たちの「民族」重視傾向は、すでに国民国家を建設した日本における社会主義運動よりもやや複雑な状況を示していたのである。

また、崔虎鎮は「停滞性」を否定し、東洋社会を共同社会＝人倫社会と把握し、安易に世界的な新秩序に議論をもっていくこともできなかった。朝鮮民族が歴史的民族へと昇華する過程を日本民族と融合していく過程と把握した高坂正顕の言説は[32]、崔虎鎮としては受け入れることができなかったろう。崔虎鎮は東洋を停滞／革命の対象として把握することはできでも、近代の超克とは把握できなかったのである。

崔虎鎮は、東洋を西洋と同等であるとか、相対的な独自性を主張することができなかった。東洋社会、なかんずく植民地朝鮮社会は世界史の周辺であって、近代性は西洋の専有物であった。その論理的帰結として周辺部は以前のある時期の状態に止まり、停滞状態として空間化され、西欧近代と共存することになったのである[33]。

崔虎鎮が著書の序文に表した「愛国心」はこのような苦悩を改めて表現する端緒だった。ここで、祖国を失った崔虎鎮には「愛国心」の対象を日本ではなく朝鮮へのコードとして読み込むことも困難であった。崔虎鎮が選択した「愛郷心」は、日本帝国主義体制において朝鮮に配当されたものであったにもかかわらず、逆に再占有（re-appropriation）され、隠されたコードとしての「民族主義」にほかならなかったのである。「愛郷心」に停滞された朝鮮の赤裸々な把握をつなげることは、まさしく「史的唯物論」のなかで歴史的で社会的な矛盾の集積された朝鮮で変革の可能性を探ることであったろう。しかし、崔虎鎮が東洋社会の停滞／革命への道程に立つ主体として呼びかけようとしたができなかった「民衆」は、解放以後になって姿を現すしかなかった。

二　解放空間における崔虎鎮の実践的な知識人活動

解放直後、崔虎鎮の活動は学界の建設と、植民地下で極度に抑制されていた実践的な知識人としての社会参与に向けられた。まず、大学の再建と建設への参与である。崔虎鎮は兪鎮午（法学）と李仁洙（英文学）とともに、普成専門学校の大学昇格を含む韓国の大学建設について金性洙の自宅で論議していたと回顧している[34]。一方、京城大学法文学部に経済学科を新しく創設する責任者になった白南雲は、崔虎鎮をたかく評価して、一九四五年一二月に経済史担当助教授として彼を抜擢した[35]。解放直後の社会経済改革で国家主導の正当性が強く認識されていた時期に学界の再建、特に国立大学の創設は何よりも重要な先決課題であって、私立大学より国立大学に関わったことは当然な選択でもあったろう。しかし、大学自治と「国大案」をめぐる紛糾に抗議し、崔虎鎮を含む法文学部の経済学教授陣が全員辞任し、国立ソウル大学文理科大学からは経済学科自体が消滅してしまった。国立大学自治の希望を失った崔虎鎮は、一九四六年一〇月から大学昇格した東国大学の初代政経学部長として迎えられ、経済学科を創設した。京城経済専門学校から全錫淡をスカウトするなど、私立大学の建設に力を注ぐことになった。しかし、仏教財団の派閥闘争に抗議辞退した崔虎鎮は、一九四九年に中央大学に再転職し、初代商経学部長になり、経済学科を創設した[36]。

次に、崔虎鎮は高等教育の再建に参加し、韓国語講義とハングル教材の開発に精力的に活動した。一九四五年一一月、京城大学予科（経済学概論担当）、普成専門学校商科（経済学史、経済史、原書講読担当）合わせて一〇単位の講義を開始した。解放直後の講義は韓国語による講義であったろう。「経済史」講義案に基づいた『一般経済史』（一九四六年）と「貨幣論」講義から『貨幣論講義――資本主義社会에 있어서의 貨幣와 信用理論――』（一九四七年）を刊行するなど、ハングル教科書を刊行するために力を尽くした。高等教育の学術言語を日本語から韓国語へ転化させる過程で必要な作業であった。

さらに、崔虎鎮は実践的知識人として社会運動に参加した。崔虎鎮はようやく停滞性に対抗できる主体を発見したのであった。その主体は植民地から解放された「民族」[37]であった。後日の崔虎鎮はプロテスタント的な倫理観に基づいた徹底した自由主義者であったと述べたが[38]、解放直後に発表された彼の著作を見る限り、必ずしもそうではない。崔虎鎮は、一九四五年一〇月に朝鮮人民共和国中央委員会経済部が開催した経済専門委員会に、マルクス経済学者である白南雲、朴克采、尹行重、朴文圭らとともに参加している[39]。同年一二月にはインテリゲンチャとしての知識階級が無産階級と手を組んで歩調を合わせる「階級性」と、資本主義を克服する新朝鮮の建設という「歴史性」を認識すべきであると主張した。[40] 階級性に立脚した歴史的実践への意欲は、一九四六年に発表した『一般経済史』においても確認できる。ここで崔虎鎮は、史的唯物論による歴史的研究の実践的意味と方法論的正当性を説破した。第七章の「資本主義の将来――新社会への展望」で「資本主義の将来は永久不変のものではなく、過渡的な存在であり、将来には内部矛盾によって没落するだろう」と主張し、資本主義の「歴史性」を強調していた。[41]

この時期、崔虎鎮は白南雲と深い関係を持つ朝鮮学術院、民族文化研究所、朝鮮学術文化出版協会などで積極的に学術運動に励んでいた。また、金奎植、元世勲など中間派の経済諮問に応じて、左右合作七原則の作成にも深く関与した。[42] 政府樹立を前後する時期には、経済的な混乱を克服するためには土地改革、敵産大企業の国有化、金融機関の国有化、重要鉱工業の国有化、生産から消費にいたる「徹底した計画経済」が必要であり、農民を主体とする直営共同組織の構成、韓国全体の総合的経済計画の樹立を主張した。[43] 一九五〇年にも、出発段階では統制経済を経てこそ自由経済に移行することができるという見解を述べており、[44] 一九五一年八月にも経済安定と産業復興のためには全面的に計画性のある経済統制の必要性を主張するなど、[45] 自由経済論より統制経済論に傾いていた。民族国家再建の主体になるべき民族ブルジョアの不在という問題意識から、国家による社会・経済に対する強力な介入の必要性を提起していたと考えられる。[46]

このような認識は、アジア的停滞性を前提にした認識でもあった。解放後の崔虎鎮はアジア的停滞性に対する本格的な探求を開始した。植民地下の時局的な危険を回避するために、流通問題を研究した一九四二年著作の続編として『韓国近代経済史(一)』(서울：民衆書館、一九四七年)で、生産力と生産関係の問題を正面から取り上げ、東洋的後進性の解明が新社会への実践のために必要であると力説した。東洋的後進性の解明は、『一般経済史』(一九四六年)と『経済史大綱』(一九四七年)で展望した資本主義社会の没落後に到来する新社会の展望を可能に

する基盤になると考えていたのである。これは、ブルジョア民主主義革命と社会主義革命を念頭に置いた二段階革命論へつながる発言であったと考えられる。

　我が国の後進性は誰もが語っている。世界文明国家に比べて確実にすべての分野が遅れていた。一般に東洋社会が西洋社会に比して後進的であるといえど、東洋社会、なかんずくわが社会は、特にそうであるということは否定できない。この後進性こそ、わが学徒の手によって一日でも早く解明されなければならない[47]。

　本巻において著者が行う『近代朝鮮経済史研究』の究極的目的は、現在の朝鮮を規定している前資本主義的運動法則の発見にある。言い換えれば、現在進行している前段階の生産諸関係の崩壊の特質を根本的な要因の発見によって明白にすることがすなわち、我々の目的である。［中略］旧来朝鮮の経済秩序の特質が正確に分析されないと、旧経済秩序が異なる新しい経済的性格に向いて移行することに対する運動法則も漠然とした程度でしか推量できなくなり、決して科学的に確定できないだろう。

　したがって、我々の研究対象は本質的に朝鮮経済発展段階のなかで現在においてすでに崩壊過程にある過去、すなわちアジア的李朝封建社会の末期を当面の研究対象にする[48]。

民族国家建設のための打破対象として韓国社会に残存する封建的停滞性の原因を析出する作業とともに、資本主義社会を歴史的過程のなかで把握し、今後到来する社会主義社会を展望しようとする認識が強く現れた。一方、改訂を繰り返した『一般経済史』でのアジア的生産様式に関連する記述を維持しながらも、まだ結論が出ていない旨を表明していた。すなわち、崔虎鎮の問題意識は、東洋社会が一般経済史における普遍的歴史発展法則が適用できる社会なのかということでもあった。時間と空間のなかで先進と後進地域または発展と停滞地域という速度差はあるものの、歴史発展法則が西欧と同様に東洋社会にも貫徹するという立場に立つと、スターリンの五段階発展論のようにアジア的生産様式を一般経済史の記述から除外しても構わなかったのだろう。崔虎鎮がこのような記述を維持していたことは、まだアジア的生産様式を韓国経済史に適用することを模索していたためであったろう。

三　韓国経済史研究における東洋社会論の意味

崔虎鎮は植民地下では東洋社会の停滞／革命への道程を明確にできなかったが、解放空間においては、革命から独立、資本主義化を経て社会主義革命に至るという解釈を提示した。しかし、分断国家という新しい局面では社会主義革命に対する言明は自己検閲せざるをえなかった。結局、革命への展望を捨てて、資本主義を最終段階とする立場に転化することになった。特に朝鮮戦争の勃発後には史的唯物論を歴史の科学的な解明のための道具としたり、資本主義を過渡的段階として把握したりすること自体が禁止される反共的雰囲気が強くなった。多くの先輩や同僚の経済学者が越北するなかで、ひとりソウルに残った崔虎鎮も決して自由ではなかった。崔虎鎮は、『一般経済史』（一九四六年）や『経済史大綱』（一九四七年）で維持していた資本主義の止揚と新社会の到来への展望を修正しなければならなかった。分断が現実化した以後の『経済史』（一九四八年）では、史的唯物論による歴史研究の実践的な意味と方法論的な正当性に関する記述を削除し、「資本主義の将来の没落」は「資本主義の転換」と看板替えをするに至った。朝鮮戦争の最中で刊行した『経済史（改訂版）』（一九五一年）では、その「転換」のなかで、「永久不変ではなく没落」部分がすべて削除された。資本主義の没落後を展望する記述は、悉く著作から消え去ってしまったのである。(49)

一九五四年になって、崔虎鎮は「東洋的」、「アジア的」社会認識を韓国経済史の基本課題として設定する。

我が国の経済史研究において今まですべての経済史学者たちは「東洋的」、「アジア的」という形容詞をつけ、「アジア的」古代社会とか「アジア的」封建社会とか言っている。

それでは、この「アジア的」というものは、何を意味するのか。その本質は何なのか。そして、典型的な「アジア的」社会を我が国の経済発展過程を究明する際によく議論するが、それはどうしてそのように言っているのか。また、我が国には奴隷制度が未発達であるという。すなわち、奴隷の農耕労働の欠如を云々する。未発達であったので、封建制度も未発達、したがって、近代化が恐ろしく遅れていたという。なぜそうなのか。奴隷制度の未発達はあくまでも原始共同体が強靭に残存し、現在までも分化の道を塞いでいるというのはなぜなのか。そして、我が国の封建制度が西洋の分権的であるのに対して、集権的であり、領主的で荘園的ではなく、官僚的で専制的であるのはどんな理由であるか。［中略］以上が我が国の経済史を研究する際、問題になる点であるが、これを科学の照明に照らし出すのがわが学徒の使命である。(50)

ここで強調しているのは、資本主義の止揚と新社会への展望が廃棄された状況における、西洋の経済発展過程と異なる東洋社会の存在である。未発達と欠如を特徴とする停滞性をもつ東洋社会の後進性を解明する目的が姿をひそめ、立ち往生している崔虎鎮の姿が見える。植民地下において崔虎鎮が「解放の論理」として掲げたアジア的生産様式論およびアジア的停滞論が解放直後の展開の中で頓挫した後、残ったのは「帝国主義支配の正当化」という植民史学の擁護につながりかねないのではないかとの疑念であった。これは崔虎鎮としては到底受け入れがたいものであった。

崔虎鎮は総体的奴隷制問題と資本主義萌芽論、主体の明確な強調という方向性をもってこの問題を打開しようとした。まず、マルクスの『資本制生産に先行する諸形態』（以下『諸形態』）からアジア的生産様式論を再解釈し、総体的奴隷制を韓国経済史に導入することによって、韓国経済史の通史を構想し始めた。崔虎鎮は、一般経済史系統の著作においては、かならず「アジア的生産様式の問題」に言及してきた。『一般経済史』（一九四六年）段階では、「アジア的生産様式をめぐる論争において決定的な段階にはまだ至っていない。今後、具体的な歴史的事実を厳密で科学的に研究することによって解明できることを期待」する水準にとどまっている。崔虎鎮は、飯田貫一が翻訳した『諸形態』[51]の存在を確認したが、内容確認はできなかったようである。『新稿一般経済史』(一九五四年)段階でも「まだ学界では論議中であり、決定的な段階には到達していない」と評価し、本格的な導入には慎重な姿勢を見せた。崔虎鎮は一九五三年から在職していた中央大学で「亜細亜的生産様式論」という科目を開設したものの、一九五五年でもまだマルクスの『諸形態』または総体的な奴隷制についての確信を得ていなかった[52]。崔虎鎮は、一九五六年になってようやく『諸形態』全文を入手し、『増訂一般経済史』(一九六〇年)のなかで、アジア的生産様式論が「最近決定的な段階に到達」したと解釈し、『諸形態』に対する自分の立場を整理したと考えられる[53]。崔虎鎮の指導で一九六一年に発表した金柄夏の論文でも、そのことは確認できる。金柄夏は「長期にわたった世界史的論争として登場したいわゆるアジア的生産様式は、モンスーン地帯の河川地方で見えたアジア的共同体に基づいた総体的奴隷制または奴隷制社会のアジア的形態を意味することで一段落ついた」

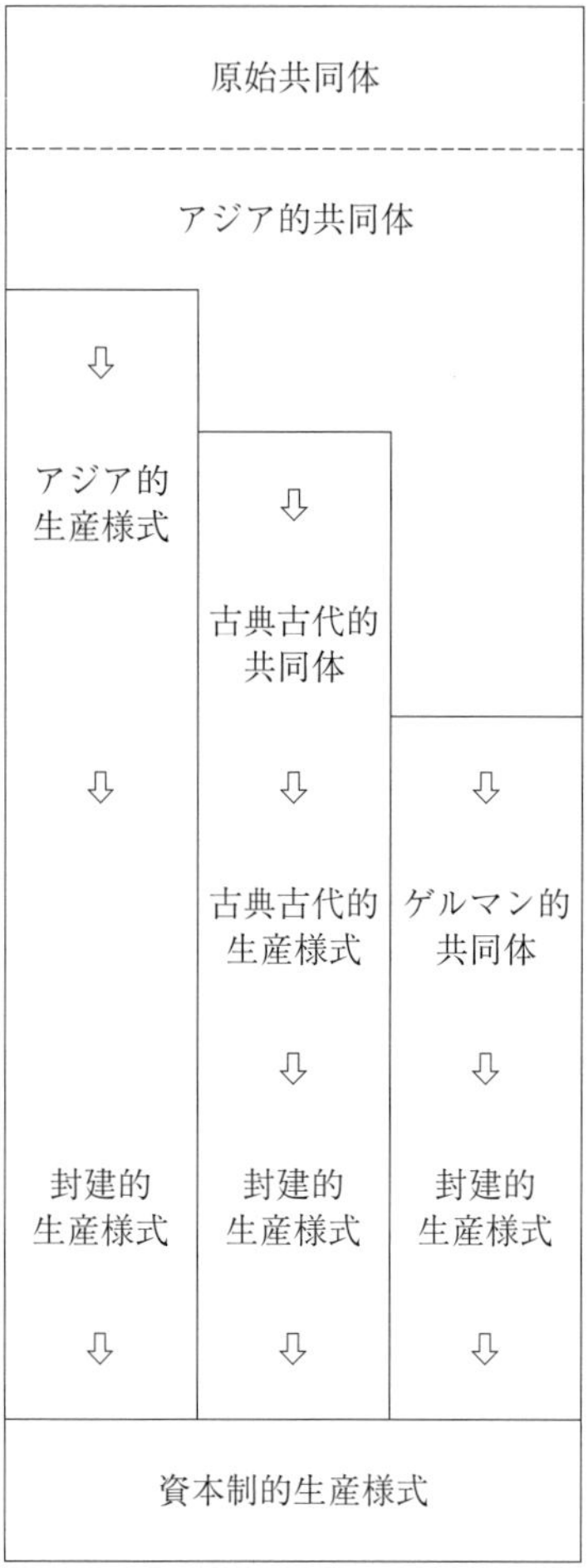

と整理した。群小共同体を奴隷のように収奪する総体的奴隷制は、奴隷的ウクラードが支配的ではなく、世界史的次元では古代奴隷制的生産様式と同様な古代社会に属する形態であるということである。(54)この連続性は上記のような並列的時代区分の図式で整理された。(55)

このように『諸形態』の日本語訳の出現とともにアジア的生産様式を東洋の総体的奴隷制社会とつなげる議論が発展していくようになった。このような解釈は西洋の奴隷制社会の停滞版ではなく、地域並行的なものとしての理解であった。崔虎鎮は、世界史の発展過程を西洋的社会経済構成体と東洋的社会経済構成体の歴史的展開過程がともに地球大に拡張された資本主義社会へ移行する過程として理解しようとしたように見える。『諸形態』に対する立場を整理した崔虎鎮は、『近代韓国経済史（増補版）』（一九五八年）(56)の序言で、韓国経済史の通史的な時代区分を試みた。国内学者の経済発展段階における経済史的時期区分を扱う著作はまだないと指摘した後、仮説的に東洋社会論に基づいた時代区分を次のように提示したのである。

原始社会
東洋的古代社会（新羅統一以前の高句麗・百済・新羅社会）
東洋的封建社会の成立（統一国家としての新羅時代）
東洋的封建社会の発展（高麗時代）
東洋的封建社会の完成（李朝時代）
東洋的封建社会の解体過程（日本帝国主義下の朝鮮経済）

このような時代区分は『韓国経済史概論』（一九六二年）ではじめて適用されたが、(57)東洋的古代社会に対して次のように叙述しながらも、「東洋の総体的奴隷制」という表現はまだ登場していない。

征服国家としての高句麗がその軍事的行動によって獲得した土地は原則的に国家の所有であった。原始社会が解体し、完全な階級社会である古代社会になってもその社会的基底には共同体が粘り強く存続した。東洋の諸国と同様に共同体のこのような段階では、自然的条件と内部的編制すなわち、共同規制の圧倒的な大きさによって土地の私有は促進できず、共同体に対する最高の家父長としての君主ないしは国家によって所有された。〔中略〕いわゆる奴隷と貢納奴隷的隷民がそれである[58]。

総体的奴隷制という表現は崔泰鎬とともに発刊した『韓国経済史』（一九六六年）で初登場し、『訂正増補韓国経済史』（一九七〇年）にそのまま転載された。一九六六年に総体的奴隷制概念を確定したのである。

集団的形式の支配及び隷属関係とそれらによる集団的貢納関係を基盤とする古代社会を総体的奴隷制社会または東洋的古代社会というが、これは私的権力による支配関係ないし収奪関係を基盤とする古典古代的奴隷制社会とは著しく区別されるものである。したがって、われらの古代社会は古典古代的奴隷制とは区別される東洋的古代社会と規定できるのである。〔中略〕三国時代においては土地および農民に対する国家の支配関係が共同体的支配を相手にしており、また国家の租税賦課も共同体を対象とするものであった。したがって、このような集団的支配体制と収奪関係を内容とする古代社会を総体的奴隷制社会または東洋的古代社会というのはすでに指摘したところである[59]。

また、東洋的封建社会の成立時期として統一新羅時代に注目し、農民が土地とともに集団的支配から逸脱し、国家と封建支配層に個別的に隷属したと評価した。その結果、農奴的地位が強まり、農民は個別的に分散して土地に縛られ、土地所有者である国家と封建支配層に現物地代を納付したと解釈し、中央集権的封建体制が成立したと整理したのである。

一方、解放以後に成長した韓国の経済史研究者たちにより「資本主義萌芽論」が積極的に受け入れられ、韓国史のなかで実証しようという大きな潮流が生まれはじめたが、崔虎鎮もこの流れを積極的に取り入れた。東洋的封建社会の清算期である「李朝末期」を、停滞性の解明に民族解放への望みを漠然と抱いていた一九四二年の解釈と比較すると、「集権的土地支配関係の極端な紊乱と封建的支配機構の腐敗および支配機構自体の自己抗争、農民収奪の無秩序な加重などが激しく進行し、李朝封建社会はすでに決定的な危機に直面することになった」[60]と指摘しながらも、東洋的封建社会の完成および解体の部分では、農民層の分解、商工資本の蓄積、交換経済、先貸制手工業（input-out system）と工場制手工業（manufacture）、国境地方の互市貿易、貨幣経済の普及、租税の金納化など、資本主義萌芽論を積極的に取り入れながら、近代への主体的な動きを強調した。[61]崔虎鎮が一九四〇年代から堅持していた停滞論的解釈を変更することができたのである。

最後に、自民族を主体とする歴史を叙述しようとする姿勢を一九六二年から固め、特に封建社会と農民蜂起との関係に注目した。農民蜂起は各々の契機を有し、成立期では統一新羅時代の没落のきっかけとなったとし、[62]発展期の高麗時代についても農民蜂起の原因を中央集権統治力の弱化と権力闘争による社会的不安、封建支配層の農民に対する収奪の強化などに求めている。しかし分散的な蜂起の限界と社会的地位に対する自我意識の弱化、農繁期には農民の動員が難しい季節的な要因、異民族の干渉、武器の不足などのために、農民戦争的性格をもつものに発展できず、失敗に終わってしまったと評価した。[63]東洋的封建社会の完成期である朝鮮末期の「東学農民乱」については、農民運動としては完全に失敗であったものの、封建社会の極端な自己矛盾と日本帝国主義の大陸侵略という社会的背景下で勃発した歴史発展の必然であったと評価した。韓国経済史はもちろん、民族運動史においても先駆的であったと把握し、日本帝国主義の侵略によって半封建植民地に転落したとはいえ、三・一運動のような民族解放運動の土台をなしたと高く評価した。[64]東洋的封建社会の解体期に該当する植民地期における民族運動として登場した三・一運動を契機に、旧指導部の運動放棄の一方で学生および勤労大衆を土台とした民衆的組織が成長したことによって民族運動が本格的に軌道に乗り、組織的で強靭なものに発展していったと評価した。特に、六・一〇運動に注目し、反帝反封建的な目標と土地問題の民主的解決を要求した組織的蹶起という点から運動の質的向上があったと評価した[65]。

しかし、崔虎鎮は半資本制よりは半封建性を強調し、植民地期を東洋的封建社会の崩壊期として設定することによって、この時期を日本帝国主義が収奪のために先行させた近代的な基本工作という側面から把握したのである。植民地経済関係の基礎工作期、発展期、強化期に細分することによって、封建社会の崩壊をもたらしたのは、収奪のために移植された近代的資本主義であったものの、その主体は「わが民族」ではなかった点を強調したのであった。したがって、本格的な近代の始まりは民族が主体となる解放後をまつことになった。ここにも崔虎鎮の主体へのこだわりが垣間見える。

崔虎鎮が著述した韓国経済史の教科書類は、解放後世代に新しい研究成果を取り入れながら改訂を重ねていったが、解放以後の経済史（解放空間および分断以後）が欠落していたという点では、未完に終わったというべきかもしれない。東洋社会の特殊性の上で韓国経済史を叙述しようとしたため、解放後の経済史の主体として「民族」をどのように叙述しようとしたのかについて崔虎鎮はまた留保してしまったのである。

おわりに

理論的には、東洋社会の停滞性に対する認識は、絶対的停滞論の否定と相対的停滞論の活用、そして、一般的資本主義社会の典型という三つの側面から考えられる。植民地半封建社会論、植民地資本主義論、植民地近代化論、植民地収奪論、植民地近代性論などの多様な歴史理解と解釈がそれである。東洋社会の特殊性が韓国史にどのような影を落としたかという問いの射程は、NICs／NIESなどの東アジア資本主義の成長に東洋社会の特殊性が一定の役割を果したという「儒教資本主義論」に至るまで、現在まで現れた学問的議論の状況を考慮すると、その振幅はあまりにも広い。

社会変革的視点から見ると、半封建社会の後進性や停滞性を究明することは、帝国主義の侵略性を明確にすることであり、アジア的生産様式を認めることはブルジョア民主主義革命段階の必要性と結びつく[66]。崔虎鎮には、停滞部分をある種の患部として把握しつつ、朝鮮社会を発展させるためには、その停滞部分を一日も早く取り除かなければならないという使命感のようなものがあったと考えられる。崔虎鎮が植民地期から解放後にも停滞論に集中した理由はここにあった。このような意味で、崔虎鎮の東洋社会論において、アジア的生産様式論の後進性が強く意識された時期にはむしろ社会変革に対する展望を堅持していたといえるだろう。しかし、資本主義萌芽論へ移行することによって民族の主体性を確保したにもかかわらず、資本主義以後の社会を展望できなくなった崔虎鎮としては、歴史発展段階における変革の主体を設定できなくなったのである。個人としての「畸形的研学の道程」を歩んだ崔虎鎮とともに、韓国経済史研究の道程も「主体呼びかけへの隘路」に遭遇していたといえるだろう。

（1）趙享根「日帝植民地期 在来市場의 社会史的分析을 通한 植民地近代性論의 社会変動論的再構成」（『韓国社会学』第四八巻第五号、二〇一四年）一〇二～一〇四頁。
（2）Perry Anderson、김현일訳『絶対主義国家의 系譜』（서울：現実文化、二〇一四年）七七六～七七七頁。
（3）尹起重「半世紀 韓国経済의 산証人」（『大学教育』第一〇六号）二〇〇〇年。
（4）洪性讃「崔虎鎮의 経済史研究와 著述의 社会史一九四〇～六〇年代」（『東方学志』第一五四号、二〇一一年）。
（5）崔虎鎮『訂正増補韓国経済史――原始社会로부터 一九四五年까지――』（서울：博英社、一九七〇年）序文。
（6）呉鎮錫「解放前後　崔虎鎮의 学問世界와 学術活動」（『韓国経済学報』第二一巻第二号、二〇一四年）。
（7）花森重行「藤田省三における歴史の発見――「天皇制国家の支配原理」から『維新の思想』へ――」（『現代思想』第三二巻第二号、二〇〇四年）一六三～一七〇頁。

（8）Nathan Tarcov and Thomas L. Pangle, "Epilogue: Leo Strauss and the History of Political Philosophy," Leo Strauss and Joseph Cropsey eds., *History of Political Philosophy*, 3rd ed. (Chicago, IL: University of Chicago Press, 1987) p.914.

（9）崔虎鎮『講壇半世紀 나의 学問 나의 人生』（서울：毎日経済新聞社、一九九一年）四一頁。初出は一九五七年七月号の『財政』に掲載されている「나의 学窓時節」で、一九五八年に『韓国経済와 経済学』に転載され、また一九六三年に『韓国経済의 諸問題（一）』に再録された。記述内容に変化はない。

（10）「各年度各校合格者」（『東亜日報』一九三五年四月三日）、「各学校入学者普成専門法科」（『毎日申報』一九三五年四月三日）。

（11）解放後、平壌に残って金日成綜合大学教授を歴任した金洸鎮は、一九六五年にあった韓国の記者団に対して、普成専門学校時代の同僚であった兪鎮午とともに、自分の弟子として崔虎鎮に直接言及したことがあった。『東亜日報』一九六五年五月一一日。

（12）白南雲は、アジア的生産様式をアジア的封建制度として認識しており、三国時代にもすでにアジア的生産様式の萌芽が存在していたとみなした。白南雲「朝鮮社会経済史出版에 対한 所感」（『中央』第一巻第一号、一九三三年一一月）一〇六頁。これはアジア的生産様式を封建性の変形として見なしたゴーデスの主張に近いものであった。朴炯振「一九三〇年代 아시아的生産様式論争과 科学的朝鮮学研究——李清源의 植民地時期学術活動과 論争을 中心으로——」（成均館大学大学院国語国文学科碩士論文、二〇一二年）八五頁。

（13）金洸鎮「高句麗社会の生産様式」（『普専学会論集』第三輯、一九三七年）七四〇～七五一頁。金洸鎮は白南雲の東京商科大学の後輩にあたる。二人は、東京商科大学の朝鮮人留学生組織である星友会のメンバーであった。朝鮮に戻った後で、白南雲が朝鮮経済学会を組織した際、金洸鎮は庶務幹事として加わるなど、親しい関係にあったという。呉鎮錫、前掲論文、一二四～一二五頁。『東亜日報』一九三五年一月一日。

（14）朝鮮史にこの二つの系列を各々適用する場合、白南雲のように朝鮮も世界史的普遍法則に沿って歴史的発展の道を歩んできたという主張は、日本帝国主義からの朝鮮社会停滞論の克服を図っていた点で評価できる。しかし、朝鮮がなぜ植民地になってしまったのかという内からの構造的な説明が不可能になり、その原因をすべて日本の帝国主義的侵略に求めるという弱点を持っていた。永井和の説明のように、五段階の歴史発展論によると、すべての社会は内的矛盾の弁証法的展開を動因として同一法則にしたがって歴史的発展段階を経なければならない。これは先進地域としての西欧は勿論、後進地域としてのアジアも同じであり、古代以来ほぼ不変の停滞社会としてアジア社会をみなす「絶対的停滞論」を否定することになる。西欧に比べて「近代化」が遅かった地域でマルクス主義歴史理論が広く受け入れられたのもこのような脈略であった。永井和「戦後マルクス主義史学とアジア認識」(古屋哲雄編『近代日本のアジア認識』京都大学人文科学研究所、一九九四年)六五一頁。一方、奴隷制欠如論を主張した東洋社会論の場合、東洋的特殊性を前提にして朝鮮の植民地化の原因を究明することはできるが、ここでは朝鮮の解放/革命の根拠をどこから析出できるかという苦悩があった。

(15) 呉鎮錫、前掲論文、一二二〜一二五頁。金洸鎮「李朝末期における朝鮮の貨幣問題」(『普専学会論集』第一輯、一九三四年)二八五〜二九三頁。

(16) 「各校優等生紹介」(『東亜日報』一九三八年三月二〇日)。

(17) 帝国大学は原則的に旧制高等学校を卒業しなければ入学できなかった。北海道帝国大学や京城帝国大学のような一部では予科を設け学生を選抜するところもあった。九州帝国大学の場合は、「傍系入学」制度を設け、旧制高等学校の卒業者ではなくても入学できる制度を持っていた。「傍系入学」するためには、まず資格試験(英語、日本語、日本史、西洋史、哲学概論、経済学概論、漢文など)に合格したうえ、その後旧制高等学校の卒業者と競争選抜試験(英語、日本語、日本史)を通らなければならなかった。兪鎮午の回顧では、崔虎鎮が九州帝国大学に入学した時期を前後して普成専門学校出身者が「傍系学生」も選抜する日本の「一流大学」への合格者がでたという。兪鎮午「나의 研究室時節(一〇)」(『새法政』第三巻第七号、一九七三年)六六頁。

(18) 禁煙、禁酒でもっぱら下宿屋と大学を往来するだけの生活だったという。崔虎鎮は、一学年(一九三八年度)夏学期には経済学概論第一部(栗村雄吉)、経済学史―伝統派経済学(波多野鼎)、財政学第一部(三田村一郎)、英語経済(米原七之助)、政治学概論など五単位、冬学期には、経済学概論第二部(高田保馬)、統計学(蜷川虎三)、貨幣論(岡橋保)などの五つの理論科目に加えて、農業政策(田中定)などの三つの政策科目、西洋経済史(遠藤正男)などの二つの歴史科目、その他三単位などを合わせて一三単位を履修した。二学年(一九三九年度)夏学期には工業政策(森耕二郎)、社会政策(森耕二郎)、植民政策(長田三郎)など三科目などを合わせて六単位を履修し、卒業に必要な二四単位を一年半で済ませたという。崔虎鎮、前掲書、二四四〜二五〇頁。洪性讃、前掲論文、三〇七頁。呉鎮錫、前掲論文、一一三〇頁。

(19) 一学年一学期で、波多野の「経済学史─伝統派経済学」の授業に参加した崔虎鎮は、波多野に師事することを決心したという。崔虎鎮は波多野の助言を受けて、夏休みに帰省せず、『国富論』と『資本論』の原書を完読したという(崔虎鎮、前掲書、一九九一年、二四六~二四七頁)。一九三四年から一九四一年まで九州帝国大学法文学部経済学科で修学した宇瑞熹は、波多野ゼミでアジア的生産様式論を勉強したと回顧している。高仁淑「日本の大学に入学したアジア人留学生の追跡調査研究──九州帝国大学への朝鮮人留学生を中心に──」(『九州大学大学院教育学研究科紀要』四八、二〇〇二年)一九四頁。

(20) 当時、日本政府は学徒動員を実施する際、日本所在の帝国大学及び一部の官立、私立大学の大学院生二〇〇人を特別研究員として選抜し、徴集延期はもちろん、月給九〇円を支給した。朝鮮人は崔虎鎮一人であった。九州帝国大学教授たちの支援があったという。崔虎鎮、前掲書、一九九一年、三九二、四二七頁。洪性讃、前掲論文、三一〇~三一一頁。

(21) 呉鎮錫、前掲論文、一三六頁。

(22) 崔虎鎮『近代朝鮮経済史──李朝末期に於ける商業及び金融──』(東京:慶應書房、一九四二年)序文の一頁。

(23) 崔虎鎮、同前書、一九四二年、一五頁。

(24) 姜萬吉「日帝時代의 反植民史学論」(韓国史研究会編『韓国史学史의 研究』서울:乙酉文化社、一九八五年)二五一~二五二頁。

(25) 一九三〇~一九四〇年代の日本の研究者および知識人のなかではアジア的停滞性に基づいてアジア的停滞の例外としてみなされた日本の侵略行為をアジア解放のための世界的実践であると評価し、アジアの「東洋社会」を破壊した後で、望ましい「東洋」として再生させることを日本の歴史的使命であるという認識が見られた。この論理に対しては、子安宣邦『「アジア」とはどう語られてきたか──近代日本のオリエンタリズム──』(藤原書店、二〇〇三年)一三九~一四二頁。

(26) 金仁洙「理論連鎖와 転向──印貞植의 経済論을 中心으로──」(『社会와 歴史』第九六号、二〇一二年)。

(27) 白南雲からの激励葉書を受けた後、崔虎鎮は一九四二年の冬に京城帝国大学へ出張するために一時帰国した際、刑務所から出所したばかりの白南雲を訪問した。この時期から白南雲との交流が始まったと見られる。崔虎鎮、前掲書、一九九一年、四二八頁。

(28) 白南雲『朝鮮社会経済史』(東京:改造社、一九三三年)序文の三頁。姜萬吉、前掲論文、二五五頁。しかし、アジ

ア的生産様式論と韓国史のアジア的生産様式論の解明は、植民地下の白南雲も結局は留保するしかなかった。方基中『韓国近現代思想史研究――一九三〇・四〇年代白南雲의 学問과 政治経済思想――』（서울：歴史批評社、一九九二年）一七〇～一七六頁。

(29) 尹行重「崔虎鎮著『近代朝鮮経済史』」（『毎日新報』一九四三年一月一日）。流通資本の存在と成長を資本主義萌芽論へ連結できなかった点からすると、崔虎鎮の解釈は資本主義萌芽論として認識できなかったとも捉えうる。しかし、崔虎鎮の学問的成果はおおむね高い評価を受けた。尹行重も普成専門学校時代の恩師であり、やはり著書刊行に激励書簡を送っており、書評自体も基本的には高い評価を前提にしたものであった。白南雲の葉書も同様であったと思われる。また植民地知識人が日本学界の主流社会で創氏改名もせずに学術著書を世に出したことに感心しただろう。実際、朝鮮の学術言語空間は日本語が中心であり、日本学界の水準に迫る研究を志向する研究者たちは、日本語を学問言語としなければならなかった。白南雲は『朝鮮社会経済史』を「朝鮮語で発表できなかったことは、言葉では形容できない事情と苦痛を感じた理由があったわけであるが［中略］朝鮮民族の歴史的現実に対する理論的検討の第一歩であるとすれば、ある種の苦痛を自覚しながらも、科学的水準に照応できる言葉を使用しがちな事情があったということを改めて告白」している（白南雲、前掲論文、一九三三年一一月、一〇五頁）。白南雲の著作のように、京城帝国大学から刊行した学術雑誌はもちろん、朝鮮人を主要筆陣とする普成専門学校の『普専学会論集』さえも学術言語として日本語が大勢であった。

(30) 姜萬吉、前掲論文、二六三～二六四頁。

(31) 当時日本で繰り広げられていたアジア的生産様式論に対する簡単なスケッチは、福本勝清「アジア的生産様式論争史――戦前日本編」（『明治大学教養論集』第三五一号、二〇〇二年一月）を参照。

(32) 高坂正顕・西谷啓治・高山岩男・鈴木成高『世界史的立場と日本』（中央公論社、一九四三年）三三九頁。

(33) Olivia Harris, "The Temporalities of Tradition: Reflections on a Changing Anthropology", Vaclav Hubinger ed., *Gasping the Changing World: Anthropological Concepts in the Postmodern Era* (London: Routledge, 2002) p.4.

(34) 崔虎鎮、前掲書、一九九一年、二一〇頁。しかし、私立専門学校の限界を痛感した兪鎮午は、解放後の私立専門学校の将来について悲観的であった。崔虎鎮も同様であった。兪鎮午は、植民地期の唯一の大学であった京城帝国大学の研究施設を基盤として、京城大学を優先して建設することが重要であると判断した。実際にも私立専門学校の多くの教授は、日本人教授が追われた京城大学に移っていた結果、むしろ私立専門学校の方が教授不足となり、壊滅状態に陥ったという（兪鎮午、前掲論文、一九七三年、六六頁。兪鎮午、前掲書、一九七七年、一六〇～一六一頁）。

(35) 経済学科の教授陣は、延喜専門学校から白南雲（財政学）、普成専門学校から朴克采（貨幣論）、尹行重（経済学）と東京帝国大学農学部出身で東京帝国大学嘱託兼東亜経済研究所員であった姜鋌澤（農業政策）、満洲国の建国大学から黄道淵（統計学）、そして崔虎鎮（経済史）という顔ぶれであった。しかし、米軍政の辞令には法文学部に経済学科は存在していなかった。京城帝国大学時代の講座別に教授が任命されていたと考えられる。「大学法文教授陣今正式発表」（『東亜日報』一九四五年一二月二八日）。「任命辞令第五六号（一九四五年一二月二四日）」（『米軍政時代資料集（一）米軍政庁・南朝鮮過渡政府時代（一九四五年八月～一九四八年八月）』法院図書館所蔵）。但し、任命辞令では黄道淵は政治学担当として書かれている。

(36) 崔虎鎮、前掲書、一九九一年、四三六～四三七頁。

(37) 朝鮮経済史に関する解放後最初の著述である「日本帝国主義의 朝鮮侵入史序論」で、崔虎鎮は「民族」を資本主義の発生とその結果で形成された歴史的構成物として言明し、日本「帝国主義」の概念をレーニンの帝国主義論によって定義している。崔虎鎮「日本帝国主義의 朝鮮侵入史序論」（『新世代』第一巻第一号、一九四六年）一七～一九頁。

(38) 崔虎鎮、前掲書、一九九一年、四〇二頁。

(39)『毎日新報』一九四五年一〇月一五日。

(40) 崔虎鎮「新朝鮮建設과『知識階級』의 使命」（『民心』第二巻第二号、一九四六年）五五頁。この著述は崔虎鎮の初期著作を編集した『韓国経済와 経済学』（一九五八年）とその再版である『韓国経済의 諸問題（一）』（一九六三年）から除外されている。

(41) 崔虎鎮『一般経済史』（서울：理想書院、一九四六年）。

(42) 崔虎鎮、前掲書、一九九一年、四〇一頁。宋南憲の証言によると、元世勲、姜鋌澤、崔虎鎮などが左右合作七原則の作成に参与した。김윤경「激動의 現代史 그 現場을 가다」（文化連帯文化遺産委員会編『四大国慶日과 近代歴史에 対한 不穏한 踏査――그 첫번째 三一節』二〇〇六年）四三頁。左右合作七原則のなかで経済関連条項は次の通りである。「三、土地改革において没収・有条件没収・逓減買上などで土地を農民に無償で分与し、市街地の基地及び大建物を適正処理し、重要産業を国有化し、社会労働法令及び政治的自由を基本とし、地方自治制の確立を速やかに実施し、通貨

及び民生問題等々を急速に処理し、民主主義建国課業完遂に邁進すること」。

(43) 崔虎鎮「새 政府에 보내는 말(二)——根本改革必要——」(『京郷新聞』一九四八年八月七日)。同「貨幣改革과 其時期」(『自由新聞』一九四八年一〇月一六日)。同「経済界의 課題——総合的経済計画樹立코 農工鉱業의 生産力을 発展시켜라——」(『自由新聞』一九四九年一月一日)。

(44) 崔虎鎮「統制強化 時急」(『京郷新聞』一九五〇年一月一七日)。

(45) 崔虎鎮「韓国経済의 当面課題」(『戦時科学』第一巻第一号、一九五一年八月)。洪性讃、前掲論文、三二三～三二四頁。

(46) このような立場は、尹行重が資本主義体制においても可能な統制経済の特徴であった「生産手段の私有、公益優先の原理、国家の指導」を越える「生産手段の共有、公益原理、国家の主体的計画と総合的統制」を追求した計画経済に近いものであった。李相浩「尹行重의『理論経済学』과 韓国의 맑스主義」(『韓国人物史研究』第一一号、二〇〇九年)三七六～三八一頁。

(47) 崔虎鎮『近代朝鮮経済史研究(一)』(서울：民衆書館、一九四七年)序文一頁。

(48) 崔虎鎮、同前書、一九四七年、三頁。

(49) 洪性讃、前掲論文、二〇一一年、三一八～三一九頁。

(50) 崔虎鎮「韓国経済史」(『韓国経済와 経済学』서울：一韓図書出版社、一九五八年)一二～一三頁。初出は『商大評論』第三号、一九五四年一月。この論文は、『韓国経済의 諸問題(一)』(서울：精研社、一九七一年)にも転載されている。この初期論文で、崔虎鎮はアジア的生産様式に関する文献として森谷克己の著作を提示している。崔虎鎮が森谷のアジア的生産様式論へ傾いていたことが推測される。

(51) カール・マルクス、飯田貫一訳『資本制生産に先行する諸形態——カール・マルクス草稿——』(東京：岩波書店、一九四九年)。この翻訳は一九四七年に飯田自身がロシア語版(一九三九年版)で重訳した「資本制生産に先行する諸形態」(『歴史学研究』第一二九号、一九四七年九月)を修正補完したものであった。『諸形態』はアジア的生産様式論において「共同体」により重点を置いた著作といえる。

(52) 崔虎鎮が指導した学部生である黄鐵民「亜細亜的停滞性에 関한 考察」(『中大経商学報』第二号、一九五五年一二月)でも総体的奴隷制について言及することなく、アジア的停滞性を論じているという(洪性讃、前掲論文、三三四頁)。

(53) 一九五四年に確認した飯田貫一訳『諸形態』(一九四九年)を崔虎鎮は、解放後初めての日本訪問であった一九五六年に手に入れたのではないかと推測できる。崔虎鎮は、一九五六年に西ドイツで行われた第九次ユネスコ国際総会に韓国委員会の一員として参加したが、まだ正式的な国交のない日本に行くビザを駐西ドイツ日本領事館から手に入れ、その帰りに東京で恩師の波多野に再会し、また九州大学も訪問したのである。「崔虎鎮氏インタビュー」(『朝鮮半島から九州大学に学ぶ――留学生調査(第一次)報告書 一九一一~一九六五――』九州大学韓国研究センター、二〇〇二年)四六~四七頁。一方、趙璣濬によると、この『諸形態』のドイツ語版(一九五三年)が一九五〇年代初に韓国に流入したという。趙璣濬『韓国経済史新講』(서울:日新社、一九九四年)九頁。

(54) 金柄夏「共同体的土地所有의 아시아的形態와 生産様式」(『中央大学校論文集』第六号、一九六一年)六~一七頁。

(55) 金柄夏、前掲論文、一三頁。

(56) この著作は、生産力部分を対象にした一九五六年版に流通部分を分析した一九四二年版の高利貸部分を統合して再編成したものである。

(57) 崔虎鎮は、『韓国経済史概論』を出版した一九六二年を経済史研究の絶頂期であると回顧している。「戦前からの長らくの願望だった『韓国経済史』の整理は、一九四二年に日本語で東京から発刊した『近代朝鮮経済史』の続編としてなされた『近代韓国経済史』を一九五八年に終えた後、一九六二年になってようやく完了できた。一九六二年は二十代からの夢が四十代を経て、ようやく叶った年代であった」と感慨無量な語調で回顧している。崔虎鎮、前掲書、一九九一年、二一三頁。一方、もう一人の経済史学者の趙璣濬も通史としての韓国経済史をようやく発表した。趙璣濬『韓国経済史』(서울:日新社、一九六二年)、趙璣濬・呉徳泳『韓国経済史』(서울:法文社、一九六二年)。

(58) 崔虎鎮、前掲書、一九六二年、四二~四九頁。ここでいう奴隷とは、家内奴隷に近い奴婢制と認識されている。

(59) 崔虎鎮・崔泰鎬『韓国経済史』(서울:博英社、一九六六年)三八~三九、四五頁。崔虎鎮、前掲書、一九七〇年、四〇~四六頁。

(60) 崔虎鎮、前掲書、一九七〇年、二三〇頁。

(61) 崔虎鎮、前掲書、一九七〇年、一四一~一四四、一五二~一五三、一七一~一七二頁。

(62) 崔虎鎮、前掲書、一九六二年、九四頁。崔虎鎮、前掲書、一九六六年、八二頁。崔虎鎮、前掲書、一九七〇年、八三頁。

(63) 崔虎鎮、前掲書、一九六二年、三二一～三二七頁。崔虎鎮、前掲書、一九六六年、一九二～一九三頁。崔虎鎮、前掲書、一九七〇年、一二一～一二七頁。
(64) 崔虎鎮、前掲書、一九六二年、三二一～三二七頁。崔虎鎮、前掲書、一九六六年、一九二～一九三頁。崔虎鎮、前掲書、一九七〇年、一九四～一九五頁。
(65) 崔虎鎮、前掲書、一九六二年、三六九～三八八頁。崔虎鎮、前掲書、一九六六年、二四〇～二五六頁。崔虎鎮、前掲書、一九七〇年、二五四～二七一頁。
(66) 石井知章『K・A・ウィットフォーゲルの東洋的社会論』(社会評論社、二〇〇八年)二六～二七頁。

普成専門学校から金日成綜合大学へ
——植民地知識人・金洸鎮の生涯と経済史研究——

洪　宗　郁

はじめに

本稿では、マルクス主義経済学者・金洸鎮《キム・グワンジン》（一九〇三〜一九八一年）の生涯と学問の軌跡をたどりつつ、とくに植民地知識人というアイデンティティに留意し、次の三点を考えてみたい。

まず、植民地人の学歴・経歴の形成過程である。平壌の「民族学校」で初等教育を受けた金洸鎮は、朝鮮総督府が設立した官立学校で中等教育を受けた後、日本留学に発った。日本の官立大学で学び朝鮮に戻った金洸鎮は、京城帝国大学の助手をへて朝鮮人が経営する専門学校で教鞭をとる。解放後は、北朝鮮政権に参加し、金日成綜合大学の教員などを務めた。植民地と帝国の中心を行き来して獲得した学知が、植民地期のみならず解放後の人生も規定したことになる。

次に「植民地アカデミズム」のあり方である。まともな学問的営為が困難な植民地朝鮮の状況を、アカデミズムの不在あるいは欠如ではなく、あえて「植民地アカデミズム」と名づけるのは、近代社会におけるアカデミズムに付きまとう不均等性もしくは非対称性を現すためである(1)。本稿では金洸鎮の学術活動に焦点を合わせて「植民地アカデミズム」のあり方をより具体的に捉えてみたい。

最後にマルクス主義歴史学のアジア認識である。植民地期の金洸鎮は、アジア的停滞性という朝鮮史の特殊性に注目し、朝鮮史の普遍性を強調する白南雲と論争を繰り広げた。その延長線上で北朝鮮の歴史学界での論争にも深く関わるが、次第に金洸鎮の経済史研究は、〈植民地＝アジア〉の普遍的発展を強調する東アジアレベルでの「戦後歴史学」[2]と歩調を合わせるようになる。

そのほか、韓国併合、三・一運動、関東大震災、社会主義運動、解放と北朝鮮の建国といった歴史的事件にも、知識人の生を枠づけた条件として留意したい。金洸鎮の恋愛スキャンダルについても、彼の個性だけでなく、ある時代相を物語ると思われるので、簡単に紹介したい。

一　植民地朝鮮で学ぶ――民族学校と官立学校――

金洸鎮は、一九〇三年、平壌の大同江沿岸で「薪炭の小売商」をしていた父の一人息子として生まれた。金洸鎮の回顧によると、「伊藤博文をハルビン駅頭で射殺した安重根と親しかった父が、彼の写真を持っていたことから、それを一目見ようと毎日のように人々が私の家におしかけてきた[3]」という。

金洸鎮は、公立普通学校ではなく、朝鮮人が経営する日新学校で学んだ。日新学校は、一九〇六年一月に大韓毎日申報の主筆・朴殷植が「日新学校序[4]」を書き、同年四月に「日新学校趣旨書」が発表された後[5]、校長・張志淵の請願で大韓帝国の学部より「私立学校」として認許された、由緒ある「民族学校」であった[6]。設立直後の様子であるが、日新学校付設法学講習所について「この間講習員六〇余人は、相互親睦と講師接待のために、大同江で船遊しながら愛国歌と閔忠正公血竹歌[7]を相互唱和し、初有の盛況を呈した[8]」という記事が確認される。

金洸鎮が日新学校に通ったのは韓国併合の後であるが、「日新学校では旧韓国時代の教科書を使い、唱歌なども愛国的で革命的なものを教えていた」という回顧を読む限り、「民族学校」としての面貌は続いたようである。そのせいか、学校と警察との間の衝突も続き、結局金洸鎮の卒業の直前に学校は閉校に追い込まれた[9]。一九一七年の新聞には「平壌府内の私立日新学校は時勢に適した教育を施すために、従来の内容を刷新すべく、同校学則変更願を提出した[10]」という記事があり、一九二八年の新聞にも「旧日新学校の校舎は、大正六年に当時の校長・金壽哲氏が廃校すると同時に平壌府に寄付[11]」という記事が確認される。植民地期に公立普通学校が増えるにつれて、さまざまな形の私立学校は「公立普通学校体制」に包摂されるかもしくは排除されるが[12]、日新学校も同じ運命をたどったといえよう。

金洸鎮は一九一七年に平壌高等普通学校に入学する。平壌高普は、植民地期の官立高等普通学校としては、京城高普に続き二番目に設立された名門校であった。金洸鎮の同期生である洪鍾仁によると、「二組に一二〇人を黄海道や平安南北道から募集することになっており、そのうち六〇人はいわゆる推薦生といって、地方の有力者というべき地主あるいは当時の役所と取引のある家の子弟だった。そのために入学試験の競争率も一〇倍をはるかに上回るほどだった[13]」という。洪鍾仁は、同期生として金洸鎮とともに盧東奎を挙げている。後に洪鍾仁は朝鮮日報の記者として、盧東奎は京都帝大で経済学を学んでから延禧専門学校の教員として、それぞれ活躍することになる。

平壌高普時代のもっとも大きな出来事は、やはり三・一運動であった。金洸鎮は「数人の仲間とともに、ソウルからきた学生と連絡をとりながら秘密裏に蜂起の準備にとびまわった。私たちは、いく晩も徹夜して数千枚の国旗を作り、また護身用の短刀などを携えて、いよいよ三月一日を迎えた」と回顧した。そして「その年の一〇月に警察に逮捕され六〇近かった父も連行された[14]」という。同期生の洪鍾仁と一年先輩の咸錫憲の回顧にも三・一運動当時の学生たちの動きが詳細に記録されているが、金洸鎮についての言及はない[15]。ただ、咸錫憲は「一四才まで私立学校で育ちながらやってきた経歴を活かして[16]」自分が太極旗を描いたと回顧したが、日新学校出身の金洸鎮も似たような役割をしたものと推測される。

二　日本へ留学する——東京商科大学——

金洸鎮は、一九二二年、一橋大学の前身である東京商科大学の予科に入学した。一九二二年度に東京商科大学の予科と本科に在籍していた朝鮮人留学生は一七名であり、全学生の一・二％にすぎなかった。それも一七名のなかで一〇名は金洸鎮の同期生であった[17]。三年先輩の具鎔書は「私たちが進級して大学の本科に入ったとき、韓人同志の入学者数が増え、星友会として同窓会らしい盛況を博した[18]」と当時を回顧している。星友会は朝鮮人留学生会の名称である。

予科時代、金洸鎮と朝鮮人の同期生はみな「特別入学規程ニ依ル者[19]」であった。学則は「外国人及殖民地人ニシテ本学ニ入学セントスル者アルトキハ明治三十四年文部省令第十五号ノ定ムル所ニ依リ之ヲ許可ス」と規定していた[20]。一九〇一年の文部省令第一五号は「文部省直轄学校外国人特別入学規程」であるが、これは一九一一年の文部省令第一六号（「文部省直轄学校外国人特別入学規程ハ台湾人若ハ朝鮮人ニ之ヲ準用ス但シ其ノ入学ニ関シテハ台湾総督府又ハ朝鮮総督府ノ紹介ヲ要ス[21]」）によって、朝鮮人にも適用された。特別入学規程は、授業年限などに違いのある外国人および植民地人の日本留学を可能にするための措置であった。一九二五年に本科に入学するときは、朝鮮人学生の姜錫天、金洸鎮、金善炯、尹元上、尹仁上、李玩朝のうち「特別入学規程ニ依ル者」は金善炯のみであった。残りの五人は同年に予科を卒業しており、日本人学生と同等な資格を備えていたためであろう[22]。

予科二年の一九二三年九月には関東大震災が起きた。金洸鎮は直接の被害はなかったが、朝鮮人虐殺を目撃し、「この時、虐殺された同胞の姿が、今なお私の目の前にはっきりとよみがえってくる。とくに、日頃「慈悲」や

「愛」を説いていた一部の宗教団体が、堂々と署名入りで「朝鮮から日本へ大挙攻めてくるから、朝鮮人を見つけしだいみな殺しにせよ！」というポスターを電柱に貼り付けていたが、これにはまったく驚かずにはいられなかった」という回顧を残している。「倫理学」の授業で起きた朝鮮人差別に自ら抗議することもあった。文学博士の「某教授」が「地震の倫理学的考察」という講義で「朝鮮人の系統的暴動」というタイトルを黒板に書いたことが発端であった。金洸鎮が起って抗議すると講師は教室の外に出ていき、金洸鎮を応援する日本人学生たちの支援を得て講師を教員室まで追いかけたが、結局「良心的な教授たち」の仲裁で収まったという(23)。

東京市内の一橋に位置する大学自体も、校舎が崩れて燃えるなど大きな被害を受けた。震災直後から一一月まで休校となり、とくに予科は翌年四月に東京郊外の石神井の仮校舎に移転した(24)。金洸鎮は一橋で予科一・二年をすごし、石神井で予科三年を終えた後、本科は再び一橋に戻って学んだことになる。

では、マルクス主義経済学はどのように身につけたのか。金洸鎮は「この時［上の抗議事件―引用者］から、私は学校の講義に興味を失い、一人でマルクス・レーニン主義の勉強を始めた(25)」という。本人の回顧を重んじれば、金洸鎮は、関東大震災で起きた朝鮮人虐殺と差別を経験し、マルクス主義に接近したものと考えられる。ただし、東京商科大学におけるマルクス主義経済学の教育および研究は、まだ充分とは言えない状況であった。著名な経済学者の福田徳三によってマルクス主義経済学が紹介されてはいたが、福田の主眼は「マルクスに学び、それを吸収し、そしてマルクスと対決し批判しようと(26)」するところにあった。東京商科大学でマルクス主義経済学を本格的に教え始めたのは大塚金之助だが、大塚が関連授業を開設したのは、金洸鎮が卒業を一年後に控えた一九二七年になってからだった。その後大塚は、一九三二年に『日本資本主義発達史講座』の執筆に参加し、一九三三年には治安維持法違反で逮捕され、大学からも追い出された(27)。同大学で金洸鎮の三年先輩にあたる著名なマルクス主義歴史学者の白南雲について、同期生の具鎔書は、「白南雲君は大学の本科に入ってから著しく社会主義的

表1　金洸鎮の大学予科の学籍簿

入学	大正11年４月１日
卒業	大正14年３月
卒業席次	[redacted]／196
出身学校	平壌普通高等科
府県	朝鮮
氏名	金洸鎮
生年月日	36. 6. 23.

な傾向が見てとれた。科目も社会学に関連したものを選び〔白の指導教官は高田保馬―引用者〕、かといってプロゼミまたはゼミには参加しなかったので、研究内容を探知することは困難だった[28]」と回顧している。

東京商科大学は、韓国では白南雲と金洸鎮という著名なマルクス主義経済史学者を輩出したことで知られるが、実際にはいずれも大学の講壇からマルクス主義を学んだわけではないことがわかる。とくに金洸鎮は「マルクス・レーニン主義の勉強を体系的に指導してくれる先生も先輩もいなかったので、マルクス主義に対する私の理解は、はなはだ浅く、暗中模索と紆余曲折の末に得た極めて初歩的なものに過ぎなかった[29]」と回顧している。先輩の白南雲との交流も深くはなかったと推測される。その代わり金洸鎮は「非合法の読書会にも参加し、また非合法の『無産者新聞』や発禁書籍の配布などに携わった[30]」と語っているが、現在までのところ本人の回顧以外に関連記録は発見できていない。

表1は金洸鎮の大学予科の学籍簿を書き写したものである。予科の卒業席次は下から三番目だったようである。金洸鎮は大学の講義に興味を失ってマルクス・レーニン主義を独学したと回顧したが、その情況は成績にも表れているといえよう。一九二五年一〇月末現在、朝鮮総督府の官費奨学生である「給費生」は日本「内地」全体で七一名にのぼった。そのうち「大正十三年度以前ニ指令セラレタル者」三八名の成績を記入した名簿に東京商科大学の学生は六名（本科五、予科一）載っているが、金洸鎮の同期生も李玩朝、姜錫天、金善炯の三人が確認される[31]。一九二六年末現在の給費生は八〇名（男六八、女一二）に増え、そのうち東京商科大学の学生は七名であったが[32]、依然として金洸鎮は含まれていない。

写真1　日光旅行

出典：尹仁上『90을 바라보며』より。
右から金洸鎮、金善烱、尹仁上。

金洸鎮がどのような大学生活を送ったのかは、同期生の尹仁上の回顧(33)を通じてうかがうことができる。尹仁上は、解放後の韓国で経済官僚として活躍したが、大学時代を振り返り、「私と一番親しかった金洸鎮君〔中略〕予科と本科を合わせて六年を仲良く一緒に過ごしたわれわれ二人は、一身上の秘密までもお互いに隠さずに言う親しい間柄だった」と回顧している。予科が石神井に移ると一緒に下宿を探しにまわり、尹仁上の新居を姜錫天と金洸鎮が暴徒を装って「襲撃」したこともあるという。関東大震災直後の朝鮮人虐殺にたとえたいたずらであった。一緒に石神井の農村部を散歩したときは、「美男で話術に長けた」金洸鎮は気兼ねなく周辺の農家に立ち寄って話を交わしたという。金洸鎮の個性を表すエピソードである。本科三年の時は、尹仁上・金善烱・金洸鎮の三人で、塩原と日光へと「無銭旅行」に発った（写真1）。そのほか、金洸鎮は、平壌出身の留学生の会である「箕城学生会」の役員としても活動した(34)。

一九二八年の春、朝鮮の各新聞には日本「内地」の主要学校を卒業した朝鮮人学生のリストが載った。東京商科大学の卒業生は崔基旭、尹仁上、尹元上、李玩朝、姜錫天、金光《ママ》鎮、金善烱、金相泰、林賢俊の九人であった(35)。このうち金相泰、林賢俊は専門部の卒業生であり、残りの七人が「商学士」であった(36)。「一九二八年（昭和三年）東京商科大学を卒業した韓国人の同期生は合わせて七人だった」という尹仁上の回顧と一致する(37)。

三　植民地知識人の苦悩——京城帝国大学と普成専門学校——

一九二八年三月に留学を終えて帰国した金洸鎮は、同年一一月に京城帝国大学法文学部の副手に任命され、一

表2　京城帝大法文学部の朝鮮人助手（1928～1930年）

1928年	1929年	1930年
文学士　尹泰東　忠北	法学士　李愚昌　慶北	法学士　兪鎮午　京畿
法学士　李愚昌　慶北	商学士　金洸鎮　平南	文学士　権世元　慶北
金志淵　慶北	法学士　兪鎮午　京畿	文学士　趙潤済　慶北
	文学士　権世元　慶北	法学士　崔容達　江原
	金志淵　慶北	文学士　高裕燮　江原
	張之兌　京畿	法学士　李康国　京畿
		法学士　朴文圭　慶北
		張之兌　京畿
		金容河　全南

出典：京城帝国大学一覧 自昭和二年至昭和三年』（1928年４月）、『京城帝国大学一覧 昭和四年』（1929年６月）、『京城帝国大学一覧 昭和五年』（1930年８月）より。

九二九年度は同じく法文学部の助手として務めた[38]。金洸鎮は「ある先輩の紹介」で京城帝大の助手になったと回顧しているが[39]、『現代朝鮮の科学者たち』（彩流社、一九九七年）を編集した任正赫は「ある先輩」を白南雲と推測している[40]。

表2の朝鮮人助手のうち、尹泰東、李愚昌、金洸鎮はそれぞれ東京帝大哲学科、明治大学法学部、東京商科大学を卒業している。ほかの「学士」は京城帝大の第一期生（一九二九年三月卒業）と第二期生である。金容河は京城帝大法文学部の選科生であり、金志淵と張之兌はそれぞれ朝鮮民謡と漢籍の専門家であった[41]。同じ助手でも学士と非学士では待遇が異なった。『朝鮮総督府及所属官署職員録』（一九二九年度）の京城帝大法文学部のページには五名の朝鮮人助手が載っていたが、尹泰東、李愚昌、金洸鎮は「官等六」であるのに対して、金志淵と張之兌は官等なしに給料だけ「月六〇」であった。

京城帝大の経済学教員であった四方博は、戦後に京城帝大時代を振り返り、「助手とか副手は経済関係は殆んど朝鮮人でした。向うで育った連中と当時でいう「内地」の大学を出て、行くところもなくて帰ってきた人達が大分来ていました。［中略］いま北朝鮮の学界で活躍している金洸鎮君、彼は一橋を出て、帰ってきて副手をしていました。研究室全員がよくいっしょに調査旅行にいったものです[42]」と回顧している。金洸鎮は京城帝大「朝鮮経済研究所」の事務を担当した。『朝鮮経済の研究――京城帝国大学法文学会第一部論集第二冊』（一九二九年九月）の末尾にある同研究所の紹介では、「研究所の同人は、現在では本集に名を列ねた六名［大内武次・四方博・津曲蔵ノ丞・山田文雄・鈴木武雄・森谷克己―引用者］の外に、前集に「朝鮮と内地との経済関係」を載せ、今は海外に在る三宅鹿之助と、研究所の仕事の熱心な担任者たる金洸鎮がある[43]」と書かれている。

金洸鎮は、京城帝大の助手勤務をきっかけに、「城大グループ」、なかでも兪鎮午と親しくなった。「城大グループ」とは、植民地期から解放直後にかけて活躍した京城帝大出身の朝鮮人の左派知識人や活動家たちである[44]。兪鎮午など京城帝大の第一期生は、一九二六年に本科に進学すると、マルクス主義を学習するために「経済研究会」を結成するが、一九二七年に赴任した経済学教員の三宅鹿之助より支持と後援を得ることができた。一九二九年七月には第一期生と第二期生が主軸になって学術誌『新興』を創刊し、一九三七年一月の第九号まで発行した。金洸鎮も一九三二年一二月の第七号に文章を載せているが、同号は、兪鎮午が「著作兼発行者」を務めたほか、中南澈・崔容達・李康国・朴文圭など「城大グループ」の中核メンバーが執筆者として名を連ねた。また一九三一年九月には、兪鎮午などが中心になって「朝鮮社会事情研究所」を設立したが、金洸鎮も参加し、李康国の後をついで「政治部」を担当した。同研究所の各部門担当者のうち京城帝大の卒業生でないのは、金洸鎮のみであった。兪鎮午は当時を振り返り、「金洸鎮君は東京商大の出身だったが、年齢や生活態度、思想傾向が私たちと似ていて、よくそりが合った[45]」と回顧した。

一九三四年には「三宅教授赤化運動事件」が起きた。三宅教授とその周辺の朝鮮人学生たちが、朝鮮共産党再建運動を繰り広げていた李載裕グループや権栄台グループと接触しつつ、資金を提供し、運動路線を協議した事件であった[46]。この事件で検挙された朴文圭の「被疑者訊問調書」には、「［崔容達が―引用者］三宅先生ハ吾等二人ノミデハ無ク金洸鎮や兪鎮午ニモ話シテ呉レトノ事ダカラ是ノ両名ニ対シテ君ガ受持ツテ募集シテ呉レト申スノデ私ハ是レヲ承諾シ而シテ其ノ後二日位シテ私ハ市内鍾路五丁目[47]金洸鎮ヲ午後八時頃ニ進訪シテ崔容達カラ頼マレタ如ク今年ノメーデー闘争ニ就キ資金ガ必要ダガ少シ出シテ呉レナイカト申シテカラ自分モ或ル人カラ頼マレタトノ事ヲ話シマスト金洸鎮ハ自分ハ左様ナ事ニハ些モ気ガ進マナイト申スノデ私ハ夫レ以上ハ勧メズニ其ノ日ハ其ノ儘帰リマシタ[48]」という内容がある。半月後に金洸鎮本人も「証人」として調査を受けたが、一九三四年四月頃に朴文圭からメーデー資金提供を頼まれ、「私ハ左様ナ資金ヲ出スコトニ付テハ今迄全然考ヘタ事ガナイカラ軽率ニハ出セナイ」と断ると、朴文圭も「自分モ正義観念デハ同情スルガ実際ニ支出スル事ハ仲々出来ナイモノダ[49]」と話したと供述した。あえて実践運動への参加度合を考えるならば、金洸鎮や兪鎮午は崔容達や朴文圭に比べて多少消極的であったといえよう。

一九三二年に東亜日報の社主である金性洙は、普成専門学校を買収し、同年六月に自ら校長に就任すると同時に、教授陣の拡充を図った[50]。兪鎮午は「その時仁村［金性洙の雅号―引用者］は三人の新進を率いて登場したが、三人とは呉天錫、金洸鎮の両氏と私だった[51]」と回顧している。金洸鎮はすでに一九二九年四月から普成専門学校に「講師」として出講していたが[52]、一九三二年四月には「専任講師」になった[53]。当時『普専校友会報』では、金洸鎮について、「かつて平高で修業し、東京商科大学を卒業した後、本校をはじめとして延専、佛専に講師としていらっしゃった先生は、今回本校専任として任命され、商業学を担任なさいます[54]」と紹介した。金洸鎮は一九三四年五月までは「専任講師」であったが[55]、一九三六年度には「教授」となっていることが確認される[56]。

新聞に掲載された人物評では、普成専門学校時代の金洸鎮を「好紳士」と紹介している。「夜が明けるまで勉強を続ける」「篤学者」であり、「学生が氏を訪問すれば、氏はお菓子を勧め、お茶を勧め、先生が学談に酔うとお酒まで勧めるときがある」くらいに学生たちとの関係も良かったという。同じ記事では京城帝大教授・安倍能成が「氏を朝鮮でもっとも男らしくハンサムな男子だということで、「ミスター・コリア」と言ったこと」も紹介されている。(57)

金洸鎮は『普成専門学校研究年報 普専学会論集』の刊行にも関与した。一九三四年三月に刊行された第一輯の「編集人」は高橋豊、崔泰永、金洸鎮、呉天錫の四人であり、一九三五年一一月の第二輯と一九三七年二月の第三輯の「編集人」は、呉天錫が抜けた残りの三人であった。このうち崔泰永は、学会の「代表者」として「発行者兼編集人兼印刷人」であったし、日本人教員の高橋については「植民地当局の目を遮るために日本人教授も一人挟みいれて(58)」という話が伝わることから考えると、実際の編集は金洸鎮が担当しただろうと推測される。前述したとおりに金洸鎮は京城帝大の朝鮮経済研究所が『朝鮮経済の研究』（一九二九年）を発刊したとき、研究所の事務の「熱心な担任者」であった。また、兪鎮午が「その頃日本で刊行された各大学の論集のなかで「普専論集 第一輯」に匹敵するほど豪華版だったのは、東京商大論集のみだった(59)」と回顧したのも、東京商大出身の金洸鎮の存在と何らかの関係があったのではないかと考えられる。

『普専学会論集』の発行は社会の大きな反響を得た。兪鎮午は当時について、「日本の某私大新聞では「普専論集」の内容を紹介し、もう京城では京城帝大を中心とする「官学派」に対抗して「私学派」が台頭したと論評した(60)」と回顧している。興味深いのは、当時朝鮮の新聞で「このような純然たる研究論文集の発行は朝鮮で初めてであるだけに、朝鮮文化史上に燦然たる存在になるだろう(61)」と紹介している点である。たとえば京城帝大の法文学会だけを見ても、一九二八年以来、すでに一〇冊以上の本格的な研究論文集を発行していたにもかかわらず、新聞記事では『普専学会論集』を「朝鮮で初めて」と説明した。「朝鮮人の学問的立場を鮮明に表現した点において特異な色彩を発揮すること(62)」に対する期待が込められた叙述であろうが、京城帝大に対する朝鮮社会の見方が表れているといえよう。

金洸鎮は『普専学会論集』第一輯に「李朝末期における朝鮮の貨幣問題」を、そして第三輯に「高句麗社会の生産様式――国家の形成過程を中心として――」を投稿した。両方とも重厚な経済史の論文であった。金洸鎮の普成専門学校での「担任教科目」は、最初は「商業学」であったが、一九三六年以降「商業学、経済史」に変わった(63)。その間の経済史研究の蓄積を反映した変化であったと考えられる。

四 「植民地アカデミズム」のあり方

植民地朝鮮の学界の一線で活躍した金洸鎮に焦点をあて、「植民地アカデミズム」のあり方をいくつかの側面より考えてみよう。まず、弾圧と検閲である。金洸鎮が三宅教授事件の証人として取り調べを受けたことは前述したとおりであるが、金洸鎮自らも「私にも警察の尾行がつくようになり、しょっちゅう取り調べを受けたり、警察に留置されたりした。そのたびに私の家は家宅捜索を受け、ノートやマルクス主義の書籍は大方没収されてしまった(64)」という回顧を残している。さらに検閲の被害者でもあった。朝鮮語の雑誌『東方評論』一九三二年五月号には、「一四個の原稿はやむを得ぬ事情で掲載できなくなり、従って今回五月号が遅れたことを読者の皆さんに謝します」という社告が載った。そして一四個の原稿には金洸鎮の論文「貨幣を通してみた李朝末期社会」が含まれていた。『朝鮮出版警察月報』では、金洸鎮の論文に対する直接の言及はないが、『東方評論』の該当号が「不許可」となった事実は摘示している(65)。

次は日本語と朝鮮語の間におけるヒエラルキーである。普成専門学校でも植民地末期になると朝鮮語の使用が禁止された。兪鎮午は「講義を日本語でしなければならないことは、ずっと前から定められていた規則だったが、講義どころか普通の対話も日本語にしろという世の中になってみると、日本語がよく分からない白象圭、安浩相のような方は、非常に困惑した。普段は総督府が何を言おうとこの方たちは朝鮮語で講義をしたが、視学官が来て授業を参観したりするときはそうはできないからだ[66]」と回顧した。学校の講義だけではなく、学生や市民向けの講演会でも日本語の使用が強制された[67]。もちろん積極的あるいは消極的抵抗も途絶えなかった。普成専門学校の校長・金性洙が『普専学会論集』の発行を許可するとき、必ず朝鮮語の論文を数本でも掲載するように指示したことは良い例である[68]。

学問の再生産が困難であったことは「植民地アカデミズム」の重要な特徴である。京城帝大の運営から朝鮮人は徹底的に排除された。この事実は、開学以来二〇年の歴史で、助教授以上の専任教員になった朝鮮人は、実質的に医学部の尹日善一人であったことからもわかる。朝鮮人が経営する専門学校も、研究者を再生産することはできなかった。たとえば、一九三〇年代半ばにおける延禧専門学校と普成専門学校の朝鮮人教授陣を見てみると、大半が日本「内地」や欧米の大学を卒業していたことがわかる[69]。京城帝大が卒業生を輩出するまで、植民地朝鮮に「大学」は存在しなかったので、当然のことではある。時間が経つにつれ、各専門学校の卒業生のうち、日本「内地」や欧米の大学で学士号を取得した後、母校で教鞭を取る人も出てきた[70]。後に兪鎮午は当時を振り返り、「当時のわが国では、日本や欧米での留学から帰ってきた人こそ立派なものと見なす風潮[71]」があったと回顧している。

大学や専門学校が本来的な意味でのアカデミズムの担い手になれない状況で、朝鮮人の知識活動は、新聞や雑誌などのメディアに大きく依存した。韓基亨は、「「ネーション」と学術の分裂によって、制度的なアカデミズムが不在だった植民地の現実で、朝鮮語メディアは朝鮮人のための知識と情報、学術言説のほぼ唯一の供給者だった」と分析し、「メディア・アカデミア[72]」という概念を提示した。金洸鎮も新聞や雑誌に多数の文章を発表した。附表1（本稿末尾に掲載）は金洸鎮の著作目録である。さらに専門学校や新聞社などが連携して開催した各種講演会も一種の「メディア」として機能した。講演会の講師／聴衆は、新聞の学芸面や総合雑誌の筆者／読者と重なる。附表2（同前）は金洸鎮が講師として参加した講演会をまとめたものである。金洸鎮は「メディア・アカデミア」で活躍した植民地知識人の典型であった。

学術団体を創ろうとする試みも続いた。一九三三年六月に明月館で開かれた「朝鮮経済学会」の創立式には「市内の専門学校、各新聞社、その他の方面」から二七名が集まった。新聞に紹介された主要な参加者は「李肯鍾、趙炳玉、金洪鎮《ママ》、裵成龍、盧東奎、金祐枰、韓普容[73]」であった。一九三五年一月現在の代表幹事は白南雲であり、金洸鎮は財務幹事を務めた。同学会は『東亜日報』の一九三五年の新年特集で「学術部隊の参謀本営」の一つとして期待を集めたが[74]、計画していた学会誌も発行できないまま解散してしまった。一九三六年一月に白南雲は、専門学校・学会・新聞社などに散在している朝鮮人の学術力量を結集して「中央アカデミー」を創設することを提案した[75]。ネーション・ステートの裏づけがない植民地の状況を、民間の力量を結集して克服しようとする試みであった。これも実現することはなかったが、解放直後に速やかに「朝鮮学術院」を樹立する土台になったと評価される[76]。

以上、「植民地アカデミズム」の特徴として、弾圧と検閲、言語のヒエラルキー、学問再生産の困難、「メディア・アカデミア」、学術団体設立の試みと挫折などを抽出してみた。「植民地アカデミズム」は、植民地大学という装置、そして今日まで続く植民地・周辺部から中心部への留学を通じて、「帝国アカデミズム」の下位に組み込まれた。こうした事情は、東京に留学した後、京城帝大の助手をへて普成専門学校の教員として活躍した金洸鎮の経歴にもよく表れている。

五　アカデミズムを離れて

一九三九年に金洸鎮は普成専門学校をやめる。「私は、学校をやめ、十余年住みなれたソウルに別れを告げた[77]」と自ら回顧している。平壌に帰った金洸鎮は、一九四〇年一月に「平安商社株式会社」の専務取締役に就任し[78]、同年一〇月には「朝鮮製釘工業株式会社」の監査に就任した。当時の金洸鎮の住所は「平壌府上需里三一一ノ一[79]」であった。「平安商社」は「朝鮮製釘工業」の販売部を分離して創立した会社であった。一九四二年にも平安商社や朝鮮製釘工業の取締役として務めていたことが確認される[80]。これと関連しても兪鎮午の回顧がある。「その年［一九四一年―引用者］六月、私は退渓院に小さな草屋を建てた。［中略］家を建てる釘を入手する方法がなくて、その頃平壌で小さな製釘会社に関わっていた金洸鎮君を訪れ（金君はもう一九三九年の春に普専をやめていた―原注）、釘四貫を得て、釘も統制物資だったので、人の目につかないようにソウルまで持ってきたことも、私としては忘れられないことだ[81]」。

金洸鎮の実業家への変身をめぐっては、「日帝の植民地皇民化教育が強化されていた状況でのこの突然の退職は、自分が講壇で最小限の役割すらできないという認識によるものと考えられる[82]」という評価がある。ただ、誰でも糊口の策を見捨てて職場を去ることができたわけではない。解放直後の平壌で共産主義運動に参加していたある人物は、金洸鎮を「某工場の金主[83]」であったと回顧している。これが事実ではないとしても、金洸鎮が、教員をやめて実業家に無理なく変身できるほどの個人的資質や社会的資本を持っていたことは間違いない。

一方、一九三九年二月に刊行された文芸誌『文章』の創刊号には兪鎮午の小説「離婚」が掲載されたが、この小説は金洸鎮と盧天命（一九一二～一九五七年）との恋愛を描いたという噂が広まった。金洸鎮は、一九三四年にある演劇を見にいき、俳優として出演した詩人の盧天命と会って、交際を始めたとされる[84]。実際、朝鮮の「劇芸術研究会」が一九三四年一二月七～八日に京城公会堂で「桜の園」（朝鮮名、桜花園）を上演した際、当時朝鮮中央日報の記者であった盧天命がアーニャ役として出演している。金洸鎮の結婚歴は定かではないが、小説「離婚」の内容が全くの虚構でないなら、金洸鎮が本妻との離婚を躊躇したため、二人の出会いは破綻したことになる。小説が発表された後、盧天命と仲の良い友人だった毛允淑や崔貞熙が兪鎮午を訪れて抗議する騒ぎもあったことから[85]、この事件と金洸鎮の辞職との間に何らかの関係があったのかもしれない。

平壌では新たな出会いが待っていた。相手は妓生出身の歌手・王寿福（一九一七～二〇〇三年）であった。王寿福は、一九三一年に平壌の「箕城券番妓生学校」を卒業した後、一九三三年に歌手としてデビューし、一九三五年には雑誌『三千里』の歌手人気投票で第一位に上った。一九三六年には「東京音楽学校」に入学し、その後日本と朝鮮で歌手として活躍した[86]。王寿福は元々、京城帝大で英文学を学んで平壌の崇実専門学校（一九三八年に神社参拝問題で閉校し、大同工業専門学校に改組される）で教えていた李孝石（一九〇七～一九四二年）の恋人であった。二人の仲は李孝石の自伝小説「プルニプ」（草葉）（『春秋』一九四二年一月号）によく描かれている。金洸鎮と李孝石は、京城帝大時代から知り合いであったと考えられる。兪鎮午の回顧によれば、一九四一年九月、北京出張の途次、平壌に立ち寄って「金洸鎮、李孝石ら友人たち」[87]に会っている。金洸鎮と王寿福の交際は、一九四二年に李孝石が病気でなくなった後に始まったと推測されるが、解放後に二人は夫婦として暮らすことになる。

六　北朝鮮での活躍——金日成綜合大学と科学院——

一九四五年八月一七日に金洸鎮は、曺晩植を中心とする建国準備委員会平安南道支部の結成に参加し、「無任所委員」に選ばれた。同月二七日、建準平南支部は、進駐したソ連軍に勧められ、朝鮮共産党平安南道地区委員会と合作し、曺晩植など民族主義系列一六名と玄俊爀など共産主義系列一六名でバランスをとった平安南道人民政治委員会へと再編される。そこで金洸鎮は民族主義系列の一人として合流し、商工委員長を務めることになる。[88]ただし、当時、共産主義系列として活動していた韓載徳の回顧によると、金洸鎮はそのときからすでに朝鮮共産党員であったという。[89]これが事実なら、金洸鎮は勢力均衡を破るための共産主義系列の工作の先頭に立っていたことになる。

その後金洸鎮は、金日成綜合大学の創立に奔走した。崔光石の回顧によって、金洸鎮が教員の誘致「工作」のために南側に派遣された事実はよく知られていたが[90]、最近出版された北朝鮮高位幹部出身の朴炳燁の証言を通して、より詳細な情況を確認することができる。それによると、金洸鎮は人材誘致の特命を帯びて一九四六年一月半ばにソウルに下り、白南雲と会って知識人の「越北」問題を深く協議したという。その後白南雲は、金洸鎮の帰り道に同行して一月二五日頃に平壌を訪問し、一月末頃にソウルに戻って学者や技術者の北への移住を実行に移したという。[91]

一九四七年一月現在の金日成綜合大学（以下「金大」と略す）の教員全体の名前・所属・任命日が確認できる資料が伝わる。[92]それによると、当時の金大は医学部・鉄道工学部・理学部・農学部・法学部・文学部・工学部の七学部で構成されていたが、金洸鎮は法学部の学部長であった。法学部は、翌年に経済法学部に名称が変更され、一九四九年には経済学部と法学部に分けられた。[93]金洸鎮の任命日は一九四六年八月一日となっているが、同資料に掲載されている二三五人のなかでもっとも早い。金大の創立過程で金洸鎮が核心的な役割を果たしたことが推測できる。一九五一年には、創立五周年を迎え、「大学の事業のために献身」した功が評価され、金洸鎮など一八名の教員が表彰された。[94]

金洸鎮は一九四七年一一月に「農民戦争としての洪景来乱」という論文を発表した。植民地末期に学界を離れて以来、ほぼ一〇年ぶりの論文であった。『金日成綜合大学一〇年史』では、この論文を「李朝封建社会の矛盾の増大と人民の反抗運動の成長を示した」と評価し、大学設立から一九五〇年までの金大経済学部を代表する論文の一つとして挙げた(95)。また金洸鎮は、普成専門学校に続き、金大でも学生から高い評価を得ていた。一九四七年に金大「経済学部」に入学したというある人物は、「経済史を専攻する金洸鎮教授のマルクスについての講論は、学生の間に人気が高く、今も記憶に残っている(96)」と回顧している。

写真2　金洸鎮の板門店訪問を伝える記事

＜板門店에나온 金과王여인＞

"李蘭影씨가 作故했다니…"

板門店에 나타난 北傀女歌手

【板門店=朴興道·洪性卒特派員發】10일 군사정전회의가 열린 板門店에는 북괴의 학술원회원이라는 金광진과 여가수 王壽福부부가 북괴경비병호위아래 나타났다。

경제학박사로 전에 金日成대학교수노릇도했다는 金광진은『崔虎鎭교수는내가 직접 가르친사람이며 兪鎭午박사와 李演基교수와는 친한사이니 안부를 전해달라』는등 선전공세를 펴는가하면 여가수王은『8·15전 서울에서가수노릇을했고 지금도 방송등에 출연하고있다』면서 李蘭影여사가 자기와 같은 또래인데『작고했다니 참안되었다』고 말하기도했다。

그러나 이쪽사람이 연제부터 부부가 되었는지 북괴기자중 누구도 말하지 않았다。

「"李蘭影氏が作故したなんて…"、板門店に現れた北傀女歌手」(『東亜日報』1965年5月11日)。

一九五二年に科学院が設立されると、金洸鎮は「候補元士」に任命され、科学院の研究士を兼任することになった(97)。以降、古代史から植民地期に至るまで、さまざまな時代と分野を扱った論文や単行本を多数発表し、北朝鮮の歴史学界を熱く盛り上げた時代区分論争を主導するなど、学界の第一線で活躍する。一九六四年に科学院が社会科学院に改編される際に、「元士」に昇格すると同時に同院傘下の経済研究所の所長となった。同年九月には一橋大学の教員・大塚金之助が平壌を訪問し、金洸鎮と再会する。金洸鎮は「東京留学時に学んだことがある大塚金之助教授がわが国を訪れた時、私は四〇年ぶりに教授にお目にかかることができた。教授は私のささやかな成果を心から喜び、朝鮮の科学のめざましい発展ぶりに大きな関心を寄せられた(98)」と回顧している。留学時代の縁が〈終戦＝解放〉を越えて続いた興味深い事例である。

一九六五年五月には金洸鎮・王寿福の二人が板門店を訪れ、韓国側の記者たちと歓談したことが、当時の韓国の新聞に紹介された。東亜日報は、金洸鎮が「崔虎鎮教授は私が直接教えた人であり、兪鎮午博士と李演《ママ》［寅—

引用者」基教授とは親しい間柄なので、よろしく伝えてほしい」と言ったと報じ、朝鮮日報は「兪鎮午・洪鍾仁氏などが自分の友達だと自慢[99]」したという記事を掲載した。朝鮮日報記者の洪鍾仁は平壌高普の同期であり、解放後に韓国の経済学界をリードした崔虎鎮は普成専門学校時代の弟子、そして兪鎮午は京城帝大と普成専門学校の同僚であった。

王寿福は一九五三年から歌手活動を再開した。当時、北朝鮮の文化宣伝省第一副相であった鄭サンジンの回顧によれば、偶然出会った金洸鎮から「長い間家庭生活に埋もれていたが、再び歌を歌いたいようです[100]」とわざわざ紹介を受けたという。その後の王寿福は、金正日時代に至るまで歌手として大いに活躍した。

金洸鎮は学者として活躍する一方、政治にも関わった。一九六一年五月に祖国平和統一委員会の中央委員、一九七二年一二月に最高人民委員会の第五期代議員を歴任し、一九七三年七月には金日成勲章を受けた。一九八一年に亡くなった金洸鎮は「愛国烈士陵」に葬られた。金洸鎮の墓碑によると、出生は一九〇三年六月二三日、死亡は一九八一年九月一〇日である。二〇〇三年に死亡した妻の王寿福は、金洸鎮と合葬された[101]。

七　マルクス主義経済史研究――アジア的停滞性論から内在的発展論へ――

最後に、金洸鎮の研究内容について検討してみたい。留学から帰って三年目となる一九三一年より学界を去る一年前の一九三八年までの七年間、金洸鎮は合わせて二一本の論考を発表した（附表1）。そのうち経済史関連のものは四本で、残りは総督府の経済政策および植民地朝鮮の現実に対する批判的考察、日本および世界経済の動向分析、ソ連経済政策の紹介、インフレーションおよび金本位制の問題、戦争と経済などに関するものである。実に経済全般にわたる多様な分野に関心と知識を持っていたことがわかる。普成専門学校で「驚くほど」多くの科目を担当[102]していた事実とも重なる。ただ、このような文章は全て、学術誌ではなく新聞や雑誌に掲載され、内容も時事評論に近い。いわゆる学術論文の形式と内容を備えているのは、経済史関連の論考であった。東京商科大学で学んだ実物経済に関する知識は学問的に展開できず、むしろ独学で身につけたはずのマルクス主義経済史研究で学問的成果を残したことになる。

経済史関連の最初の文章は、白南雲の『朝鮮社会経済史』（改造社、一九三三年）に対する書評であった。停滞性論を批判して朝鮮史にも世界史の発展法則が貫徹していることを、とくに朝鮮の古代にも欧米のような奴隷制が存在したことを主張した白南雲の研究について、金洸鎮は、「本書は、マルクス主義の立場から朝鮮社会の発展法則を科学的に規定した点において、従来の朝鮮史に一大清算を畢したと見ることができる」と評価しながらも、「この時代の奴隷階級が重要な直接生産者階級だったことは間違いないが、〔中略〕経済機構の特徴を簡単に「奴隷国家」と断定してしまうことが必ずしも正当な見解なのかについては、私は多少疑問」であると批判した。(103)

その後金洸鎮は、初めての本格的な経済史研究である「李朝末期における朝鮮の貨幣問題」（『普専学会論集』第一輯、一九三四年三月）を発表した。「李朝時代に行はれた貨幣制度の簡単なる叙述、世界資本主義の侵入によつてこの制度の受けた変化、日韓併合の前夜に行はれた貨幣改革に関する論述」（二頁）である同論文では、停滞性論の立場より朝鮮を「アジア的社会」「アジア的生産様式」「アジア的形態」などと規定した。この論文の脚注一では『増補文献備考』、脚注二ではマルクスの『資本論』、脚注三では白南雲の『朝鮮社会経済史』を挙げている。朝鮮人の先輩学者の研究を意識しつつマルクス主義の方法論を用いて朝鮮の史料を分析する、という姿勢が端的に現れている。論文の末尾は『資本論』からの長い引用で飾られた。一方、白南雲は、金洸鎮が朝鮮の「経済的機構」を「十九世紀末まで「アジア的生産様式」としての不易性を反覆した生産形態」と見たことについて、「商業資本も発生していない旧社会が「異様船」の侵入によって突然崩壊したという見解は、支那に侵入した欧羅巴の資本主義が、その「アジア的生産様式」と逢着したという見解と類型的見解であるため、到底賛同できない」と批判した(104)。

金洸鎮は、「朝鮮歴史学研究の前進のために」（『朝鮮日報』一九三七年一月三日、新年号其十五（一））でも「白南雲氏の名著『朝鮮社会経済史』はその資料の豊富さと慎重な研究的態度をもって観察した点」で「優秀」と評価しながらも、再び「大体に白氏は世界史過程の普遍性のみを形式論理的に朝鮮史に適用し、固定的な一般的「フォルム」、一例を挙げれば氏の所謂「奴隷国家」、を朝鮮古代史より抽出しようと努力したあまり、朝鮮史の特殊性とその具体的発展過程を科学的に分析できなかった」と批判した。引き続き、二つ目の経済史論文であり、初の古代史論文でもある「高句麗社会の生産様式――国家の形成過程を中心として――」（『普専学会論集』第三輯、一九三七年二月）を発表した。金洸鎮は「下戸は大体において被征服＝氏族共同体員であつたらう」とし、「この「下戸」を、白南雲氏は「奴隷」と規定し、奴隷制度の盛大なりしことを証明せんとしたが、それは余りに走りすぎてゐる」と批判した（八頁）。また「奴隷の存在を以つて、直ちに「奴隷所有者的構成」を云々することは早急である」（八頁）とし、「第三世紀に至るまでの高句麗は、氏族社会をまだ脱してゐなかつた」（一三頁）ので、「好太王の時代に至るまで、家内奴隷制よりも収取関係として、もつとも支配的であつたのは「貢納制」」（三四頁）であったと説明した。

これに対して白南雲は『朝鮮封建社会経済史 上（高麗の部）――朝鮮社会経済史（第二巻）』（改造社、一九三七年）の序文で、「我が学友たる金洸鎮君は半島奴隷社会の生産的「奴隷制」と在外奴隷たる「部曲制」若くは「属民制」との相互回帰的な連関結合関係のアジア的特殊性をてんで理解せずに、徒に彼の「歴史教程」の密輸入により、折角生長したところの先進的な奴隷社会たる高句麗の歴史発展系列を圧縮し以つて、例の「封建史」の対幅を描いてゐるが、その父《ママ》家長的奴隷制生産様式を理解し得ない限り、その「封建史」は一つの戯画にすぎないだらう」と再批判を展開した。白南雲は、金洸鎮が『日本歴史教程 第一冊』（一九三六年）に表れた渡部義通などの「日本型奴隷制論」（奴婢制と部民制の「連関・結合」としての）や早川二郎の「貢納制論」の影響を受けていると批判したものと考えられる。

解放後に金洸鎮は「李朝末期の貨幣流通と日帝の強奪的貨幣整理」（『歴史諸問題』第二号、一九四八年八月）を発表した。これは論文末尾の「追記」で明らかにしているように「一九三三年に『普専学会論集』第一輯に掲載された「李朝末期における朝鮮の貨幣問題」（日文―原注）という拙稿を補充加筆したもの」である。ただし、一九三三年の旧稿に比して、次のような違いがある。まず「アジア」→「封建」という用語の変更である。「朝鮮に関する限り、「アジア的社会」の資本主義侵入に伴ふ崩壊過程」→「資本主義の分解作用によって李朝封建社会の崩壊過程」（四七頁）、「所謂「アジア的生産様式」」→「東洋の専制的封建社会の「停滞性」」（四七頁）、「かうした「アジア的形態」」→「このような停滞的の封建体制」（五二頁）といった具合である。停滞性論に基づく歴史像は維持しながらも、封建制の存在さえ否認していた既存の叙述に自ら負担を感じた結果と見られる。一方、前述した脚注の配列はそのままであったが、脚注三で典拠として挙げていた白南雲の研究は削除された。尊敬の念を捨てたというよりは、すでに学者というより政治家として活躍していた白南雲に対する配慮であったと考えられる。

一九五五年に金洸鎮は「朝鮮における封建制度の発生過程――奴隷所有者的構成の存否如何についての問題と関連して――」（『歴史科学』一九五五年第八号・第九号）を発表し、朝鮮は原始共産制から封建制に直接移行したと主張した。いわゆる奴隷制欠如論である。これに対して、翌年に都宥浩が「朝鮮歴史上には果たして奴隷制時代はなかったのか」（『歴史科学』一九五六年第三号）を発表し、朝鮮にも奴隷制が存在したと批判すると、金洸鎮はまた「三国時代の社会経済構成に関するいくつかの問題について」（『歴史科学』一九五六年第五号・第六号）を発表し、再批判を試みた。そこで科学院歴史研究所は一九五六年一〇月に討論会を開催し、その内容を『三国時期の社会経済構成に関する討論集』（一九五七年六月）としてまとめた。奴隷制の存在有無をめぐって始まった論争が、三国時代の社会性格を問う論争に転化し、金洸鎮・金錫亭の封建制論と都宥浩・林健相・白南雲の奴隷制論が拮抗する形で進められた。植民地期に金洸鎮と白南雲が繰り広げた論争の延長線上にあったが、金洸鎮は一九四八年の論文と同様に白南雲に対する批判は控えた。

金洸鎮は、奴隷制を経ずに封建制に移行できた原因として、中国から流入した鉄器文化の影響を指摘した。しかし、ややもすれば他律性論に見えることを憂慮したためか、朝鮮の内在的な生産力の発展も同時に評価しており、論旨が多少揺れる感じもする（一九五五年第八号、三七頁）。金洸鎮は、「ソビエト同盟の偉大なる社会主義の勝利とその解放的な役割が、わが国やモンゴル、中国などをして、資本主義を発展させなくても、それを飛び越え、能く社会主義が建設できる近道を開いた」（同三八頁）ことを理由に、社会構成の継起的発展にはいくらでも特殊性が現れうると主張した。さらに、「封建的ウクラードの形成過程」としては「貢納制度の発展と初期的地代形態の発生」（一九五五年第九号、四五頁）と「食邑制度の発展とその封建化の過程」（同五二頁）を挙げた。

金洸鎮は『歴史科学』一九五六年第三号に掲載された都宥浩の批判に対して「歴史発展の一般的合法則性・継起性を強調することに偏重したあまり、朝鮮を含む個別的諸国家の特殊な歴史発展の具体性を軽視する」（一九五六年第五号、二頁）と反論した。金洸鎮は「ウクラード」としての「奴隷制度」の存在が、「奴隷所有者的構成」を直ちに意味しないとして（同八頁）、「王が生じれば国家の成立と見なし、奴隷が発生すれば直ちに〈奴隷時代〉と見なす古い史観」（同一四頁）を批判し、扶余や初期高句麗などは「真の意味の国家」ではなく「未開（早期）国家形態」であると説明した（同二二一～二二三頁）。都宥浩の「下戸」「殉葬」解釈についても、「下戸」は「奴隷」ではなく「農奴」であると主張し（一九五六年第六号、一三頁）、「奴隷をむやみに殺すというのは、それだけ経済形態としての奴隷制度が発展していなかったこと」（同一〇頁）を意味するという点で、殉葬の風習は奴隷制を証明するものではないと批判した。

他方、都宥浩は、一九五六年一〇月の科学院歴史研究所の討論会で、金洸鎮のいう「未開国家」は「正体不明」であると批判した[105]。都宥浩は「古代東方のあらゆる奴隷所有者的国家らもこの「未開国家」に、いや国家ではない「未開国家」にことごとく飲み込まれてしまった」（四五頁）とし、扶余や初期高句麗は「東方型奴隷所有者国家」に違いないと主張した。かつて『歴史科学』一九五六年第三号の論文において「下戸」を「本格的な奴隷」としていたことを修正し、新たに「下戸」を「最下階級の貧民」である「隷属民」として把握したが（七一頁）、「本格的な奴隷」より「隷属民」が圧倒的に多いことも東方型奴隷制の特徴であると見なした（六四頁）。つまり金洸鎮と金錫亭が封建的なものと解釈する付庸関係や貢納関係などの隷属関係的なウクラードがまさに奴隷制的ウクラードの属性であるという説明であった（六五〜六六頁）。「しもべ［原文は朝鮮語の「종（チョン）」］―引用者」を殉葬する風習は奴隷制社会の特徴」（七七頁）という主張も曲げなかった。

両論は対立しつづけたが、一九六〇年になって両方の論者が古朝鮮を「奴隷所有者社会（古代東方型の）[106]」と規定することに合意したことで、初めて解決の糸口が見えてきた。結果的に三国時代は封建制と規定されることになるが、これは奴隷制を古朝鮮・扶余・辰国時代に設定することで可能になったわけである。一九六二年に刊行された『朝鮮通史』上巻の改訂版にはこの内容が盛り込まれた。一九六〇〜六二年にわたって二〇回に達する学術討論会が開催された後、一九六三年に『古朝鮮に関する討論論文集』とともに李址麟の『古朝鮮研究』が刊行された。李址麟は古朝鮮社会について、アジア的共同体が破壊されたが、総体的奴隷制の遺制が強靭に残存した奴隷制社会であり、衛氏朝鮮以後、次第に封建社会に移行したと主張したが、これが定説として受け止められることになる。また、一九六三〜六五年に中国と共同で中国東北地方の遺跡を調査した後、古朝鮮を殉葬制が普遍的に実施されていた社会と見なす見解が表明されると、古朝鮮は典型的な生産奴隷制社会として再規定されるに至った[107]。

三国時代にのみ目を配ると、金洸鎮の封建制説が採択されたように見えるが、「奴隷所有者的構成の存否如何」をめぐって、金洸鎮が奴隷制の欠如を主張したことに対して、都宥浩が「果たして奴隷制時代はなかったのか」と批判したことから論争が端を発したことを思い出すなら、〈古朝鮮＝奴隷制〉説は金洸鎮の主張とは距離があったといえよう。しかも殉葬の風習が古朝鮮を奴隷制と規定する有力な証拠として受け止められたという点でなおさらである。北朝鮮の歴史学は、奴隷制の欠如という朝鮮の特殊性より、世界史の発展法則の朝鮮史への貫徹という普遍性を強調する方向を採択したのである。

その後、金洸鎮の関心は、古代史から李朝後期の「実学」へ、そのなかでもとくに丁若鏞に移っていく。丁若鏞についての初の論文は一九六一年の「土地問題についての丁茶山の思想」（『経済研究』一九六一年第四号）であり、一九六二年には単行本『丁茶山の経済思想』（科学院出版社）を出した。丁若鏞研究は、一九三〇年代の植民地朝鮮における朝鮮研究ブームの中核であった。一九三六年に丁若鏞の文集である『與猶堂全書』が刊行されると、崔益翰は「與猶堂全書を読む」（『東亜日報』一九三八年一二月九日〜一九三九年六月四日、全六五回）を書き、丁若鏞思想を俯瞰する大きな枠組みを提示した。崔益翰は解放後にも、初期の北朝鮮の歴史学を主導しつつ、さらに『実学派と丁茶山』（一九五五年）を出版した[108]。崔益翰は一九五六年のいわゆる八月宗派事件に巻き込まれて粛清されるが、その後の北朝鮮の丁若鏞研究は、崔の研究をもとにしている[109]。金洸鎮が丁若鏞を「反封建的な革命思想家[110]」あるいは「卓越した経済思想家であり、愛国的な政治活動家[111]」と褒め称えたのは、崔益翰の丁若鏞評価を受け継いだものと見ることができる。

ただ、丁若鏞の思想の水脈がどこにつながったのか、またその現在的意義は何かをめぐっては、違いも表れた。崔益翰は、丁若鏞の「閭田制」について、一九三九年に「現今他邦の村落共営農場であるコルホーズに近似したものであり、分配の均平のみならず生産力の増進においても最善の政策[112]」と評価し、一九五五年にも「努力による報酬制を実施」して「小農の零細的経営の代わりに農業の集団化を目的[113]」としたことを高く評価した。他方で金洸鎮は、「閭田制」の「《共産主義》的志向」に留意しながらも、「今日の農業協同組合と同じだとか、共産主義的・全人民的土地所有と同一だとか、またはその根源を閭田制に求められると見なすこと」は「許されない誤謬[114]」であると指摘した。

また、崔益翰は、丁若鏞の思想の反資本主義的志向に注目し、その思想的な脈絡が東学農民戦争の指導部につながって執綱所などの政策として具体化したと見たが、これに対して金洸鎮は、実学思想から開化思想につながる系譜を立てた。一九六三年に開かれた学術討論会の様子を伝える『経済研究』の記事では、「わが国で啓蒙思想の発生を一八世紀末〜一九世紀初めの実学思想に求めようと」する主張を金洸鎮が初めて提起したときは批判が多かったが、それ以降「一致した見解」として採択されたと書いてある[115]。金洸鎮は、実学者たちを「一八八四年の甲申政変を契機として起きたわが国のブルジョア革命運動を思想的にあらかじめ準備した先駆者たち」と評価した[116]。

内在的発展の思想的資源として実学に注目したわけであるが、実は資本主義萌芽論とはまだある程度距離を置いていた。金洸鎮は「該当時期にわが国における資本主義的萌芽の発生は、一般的に認識されたり感触されたりすることができないくらいに極めて微弱[117]」であったとし、「ある国の思想の発展とその国の経済的発展との間には、一見矛盾に見える不一致がありうるため、こうした現実性を否定することはもっぱら経済的唯物論者のみである。わが国でも微弱な資本主義的要素から啓蒙思想が発生したことは、決して偶然の現象ではない[118]」と主張した。

ただし、一九六〇年代後半に北朝鮮の実学研究は行き詰まった。金日成は、反対派らが封建儒教思想を流布したと批判し、その例として、実学者たちの著書を次々と覆刻し、丁若鏞の『牧民心書』を幹部たちの必読書に指定したことなどを挙げた[119]。一九六九年には実学思想について「あくまでも階級的立場にしっかりと立って批判的に接するべき」という金日成の教示が下された。[120] すでに金洸鎮は一九六三年を最後に丁若鏞研究をやめており、その後は米国や日本の朝鮮半島政策を批判するといった、時事的かつ政治的な文章を主に発表していく。

金洸鎮が再び経済史研究に手を染めたのは、一九七三年に出版された『朝鮮における資本主義的関係の発展』（チョンヨンスル・ソンジョンフとの共著）であった。この本は一国史的発展段階論に立脚して資本主義の萌芽を徹底的に究明しているが、「序文」では「事大主義と教条主義、民族虚無主義と民族排他主義を徹底的に克服し、従来の帝国主義者と日帝御用学者たちがブルジョア的独断論に基づいて言いまくった《アジア的停滞論》《後進国開発論》と《資本主義移植論》《植民地統治有益説》などを断固として反対排撃」すると表明した。この本では一九世紀の朝鮮社会が「工場制手工業」つまりマニュファクチュアの段階に入ったと主張したが、金洸鎮のそれまでの主張、たとえば一九六三年の『朝鮮経済思想史（上）』で「マニュファクチュアはまだ微弱な萌芽の形にとどまっていた」（二五七頁）と述べたことからは、大きな変化が認められる。このような変化は、その間の関連研究、たとえば洪憙裕・許ジョンホの「一八世紀末・一九世紀初めにわが国の一部鉱山や手工業部門では、封建的生産方式から新しい資本主義的要素が発生し、それはその後の発展行程において一九世紀半ばに至っては一つの経済形態にまで発展した」[121]という分析などを受け入れた結果であったと考えられる。

植民地期にアジア的停滞性論に立脚して朝鮮の特殊性を主張していた金洸鎮は、解放後にも朝鮮史における奴隷制の欠如を主張し、実学思想を高く評価しながらも資本主義萌芽論には快く同意しない態度を維持した。しかし、北朝鮮の歴史学界において一国史的発展段階論が固く根を下ろすにつれて、金洸鎮は徐々に自分の説を撤回あるいは修正していった。〈終戦＝解放〉後における金洸鎮の学問的軌跡は、東アジアに国境を越えて存在した、世界史の発展法則の普遍性を強調することで〈植民地＝アジア〉の主体性を擁護しようとした一連の歴史学的実践に、歩調を合わせたものと理解できよう。

おわりに

金洸鎮の生の軌跡を追いながら、ある知識人の個性をうかがう一方で、植民地・戦争・分断の時代相や傷痕を吟味してみた。著名な民族主義者の張志淵・朴殷植が関与した「民族学校」で学んだ金洸鎮は、総督府の干渉で学校自体が萎んでいく渦中で少年時代を送った。その後、総督府が設立した官立学校に進学してエリート教育を受けるが、三・一運動に参加して逮捕される。日本に渡った金洸鎮は、東京の官立大学で留学生活を謳歌するが、関東大震災の修羅場で朝鮮人に対する虐殺や差別を目撃し、マルクス主義を受容することになる。

帰国後に金洸鎮は、植民地大学である京城帝国大学で助手として務める。兪鎮午など朝鮮人の仲間と一緒に雑誌を発行し、研究所を設立したが、彼らは学問研究と社会運動の間、そして日本人教員と朝鮮人社会の間という二重の狭間で苦悩する存在であった。普成専門学校に職を得て、朝鮮人学生を教え、学術誌の発行を主導し、さまざまな講演をこなしたものの、それらの活動はすべて「植民地アカデミズム」の磁場より自由ではなかった。独学で身につけた知識を基にして発表した経済史論文は、世界的普遍性とアジア的特殊性をめぐる同時代のマルクス主義歴史学の苦悩を体現している。戦時期における実業家への変身、そして恋愛スキャンダルからも、金洸鎮ひとりの個性はもちろん、植民地期の時代相がうかがえる。

解放と同時に国家建設の前面に乗り出した金洸鎮は、一〇年間ソウルの学界で活動した経歴を生かして南側の学者を招聘する役割を果たすなど、金日成綜合大学の設立に深く携わった。一九五〇～六〇年代は、北朝鮮の歴史学界の学術論争にも積極的に参加するが、植民地期以来の自説すなわちアジア的停滞性論あるいは朝鮮の特殊性論から脱して、世界史の発展法則が朝鮮史にも貫徹したという普遍性を強調する方向をたどった。ここで金洸鎮の長けた処世を指摘することもありうる。だが金洸鎮が選んだ道は、〈植民地＝アジア〉の主体性を擁護しようと、東アジアの多くの歴史学者たちがともに歩んだ道でもあった。

(1) 拙稿「식민지 아카데미즘의 그늘, 지식인의 전향」(『사이間ＳＡＩ』第一一号、二〇一一年一一月)一〇九頁。
(2) 拙稿「反식민주의 역사학에서 反역사학으로――동아시아의「戦後역사학」과 북한의 역사 서술――」(『역사문제연구』第三一号、二〇一四年四月)。
(3) 金洸鎮「学究四〇年の道」(『今日の朝鮮』外国文出版社、一九六五年三月、任正赫『現代朝鮮の科学者たち』彩流社、一九九七年、所収)一六九頁。
(4) 謙谷生「日新学校序」(『大韓毎日申報』一九〇六年一月一六日、『白巌朴殷植全集 第五巻』二〇〇二年、所収)。
(5) 「日新学校趣旨書」(『大韓毎日申報』一九〇六年四月二〇日)。
(6) 「日新認許」(『皇城新聞』一九〇六年四月二五日)。
(7) 一九〇五年に日本との保護条約の締結に抗議して自決した閔泳煥を偲ぶ歌。
(8) 「講所盛会」(『大韓毎日申報』一九〇六年八月九日)。
(9) 金洸鎮、前掲「学究四〇年の道」一六九～一七〇頁。
(10) 「日新学校의 学則変更」(『毎日申報』一九一七年六月二三日)。
(11) 「平壌日新校舎保存運動、関係者들이」(『中外日報』一九二八年二月二三日)。
(12) 板垣竜太『朝鮮近代の歴史民族誌――慶北尚州の植民地経験――』(明石書店、二〇〇八年)二五八～二六三頁。
(13) 洪鍾仁(前朝鮮日報主筆・第九回)「二学年때에 三・一「独立万歳」――동맹 휴학에 앞장도 서고――」(『大同江――平壌高普・平壌二中同門会誌』創刊号、一九八〇年七月)一〇七頁。
(14) 金洸鎮、前掲「学究四〇年の道」一七一頁。
(15) 洪鍾仁、前掲「二学年때에 三・一「独立万歳」」一〇九～一一一頁、咸錫憲(씨알의 소리 社長・第八回)「나의 三・一運動참가――나는 그 때平高三学年이었다――」(『大同江』創刊号)一〇一～一〇四頁。
(16) 咸錫憲、同前、一〇二頁。
(17) 「学生生徒府県別表(大正十一年五月三十一日調)」(『東京商科大学一覧(自大正十一年至大正十二年)』一九二二年一二月)三七〇～三七四頁。

(18)「具鎔書」(『財界回顧 九』韓国日報社、一九八一年)一二三頁。
(19)『東京商科大学一覧(自大正十一年至大正十二年)』(一九二二年一二月)一六一・一七九頁。
(20)「東京商科大学学則 第一章 大学規則 第九節 外国学生 第五十一条」(『東京商科大学一覧(自大正十一年至大正十二年)』)一三〇頁。
(21)「朝鮮人留学生ノ特別入学ニ関スル件(明治四四年四月 文令第一六号)」(朝鮮総督府学務局編『朝鮮学事例規』帝国地方行政学会朝鮮本部、一九三二年一一月)八〇二~八〇四頁、『東京商科大学一覧(自大正十一年至大正十二年)』(一九二二年一二月)。
(22)『東京商科大学一覧(自大正十四年至大正十五年)』(一九二六年二月)。
(23)金洸鎮、前掲「学究四〇年の道」一七二~一七三頁。差別発言をした講師は特定できない。当時予科の「修身」担当は「文学博士 深作安文」と「法学博士 筧克彦」であったが、両者とも東京帝大の教員であった(『東京商科大学一覧(自大正十二年至大正十三年)』一九二四年七月)。
(24)一橋大学学園史刊行委員会『一橋大学年譜』(一橋大学、一九七六年)。
(25)金洸鎮、前掲「学究四〇年の道」一七三頁。
(26)種瀬茂「マルクス経済学――「経済原論」の伝統の中で――」(一橋大学学園史編集委員会『一橋大学百年記念 一橋大学学問史』一九八二年)一六一頁。
(27)同前、一六〇~一七〇頁、一橋大学学園史刊行委員会『一橋大学百二十年史』(一橋大学、一九九五年)一三〇~一三一頁。
(28)前掲「具鎔書」一二三頁。
(29)金洸鎮、前掲「学究四〇年の道」一七三頁。
(30)同前、一七三頁。
(31)「給費生成績報告ノ件(一九二五年一一月二八日、朝鮮教育会奨学部長)」(渡部学・阿部洋編『日本植民地教育政策史料集成(朝鮮篇)第五一巻(下)』龍渓書舎、一九八九年)。
(32)朝鮮教育会奨学部「昭和元年十二月現在 在内地朝鮮学生調」(渡部・阿部編、前掲書)。
(33)尹仁上『九〇을 바라보며』(光林社、一九九一年)六九~一〇三、四〇六~四一七頁。

(34)「東京箕城学友 卒業生送別式、임원도 새로히 선거」(『東亜日報』一九二六年二月七日(五))。
(35)「蛍雪의功！」(『東亜日報』一九二八年二月二八日(五))、「錦衣還郷하는 東京留学生들、전문이상 졸업자 백여명」(『毎日申報』一九二八年三月一日)。
(36)『東京商科大学一覧(昭和三年度)』(一九二八年)。崔基旭は一年先輩であるが、留年して一緒に卒業した(『東京商科大学一覧(昭和二年度)』一九二七年)。同期の姜錫天は一緒に卒業したが、「学士試験」の「追試験」に合格したため、翌年度の一覧に登載された(『東京商科大学一覧(昭和四年度)』一九二九年)。
(37)尹仁上、前掲書、四〇七頁。
(38)「昭和三年十月二日 金洸鎮 法文学部副手ヲ命ス(大学)」(『京城帝国大学学報』第二〇号、一九二八年一一月五日)。
(39)金洸鎮、前掲「学究四〇年の道」一七三頁。
(40)任正赫『現代朝鮮の科学者たち』(彩流社、一九九七年)七七頁。
(41)金志淵は総督府の機関紙である『朝鮮』に朝鮮民謡に関する記事を載せている(이복규「조선총독부 기관지『조선』지의 김지연 채록 민요들」『국제어문』第四五号、二〇〇九年四月)。張之兊は文一平との交流が確認される(문일평 지음、이한수 옮김『문일평 一九三四년、식민지 시대 한 지식인의 일기』살림、二〇〇八年)。
(42)「「京城帝大」の社会経済史研究」(旗田巍編『シンポジウム 日本と朝鮮』勁草書房、一九六九年)五一頁。
(43)四方博「「朝鮮経済研究所」に就いて」(『朝鮮経済の研究――京城帝国大学法文学会第一部論集第二冊――』一九二九年九月)七七六頁。
(44)李秀日「一九三〇年代社会主義者들의 現実認識과 마르크스주의 이해――「城大그룹」을 중심으로――」(金容燮教授停年紀念韓国史学論叢刊行委員会『韓国近現代의 民族問題와 新国家建設』知識産業社、一九九七年)四七〇～四七一頁。
(45)兪鎮午『나의 人生観、젊음이 깃칠 때』(徽文出版社、一九七八年)一一一頁。
(46)李秀日「일제하 朴文圭의 現実認識과 経済思想 研究」(『역사문제연구』第一号、一九九六年一二月)三六頁。
(47)一九三四年五月現在の金洸鎮の住所は「京城府鐘路六丁目二五六ノ二」であった(『普専校友会報』第二号、一九三四年五月、五八頁)。
(48)「朴文圭 被疑者尋問調書(一九三四年六月一日、鍾路警察署)」(『権栄台外三十三名治安維持法違反』韓国・国会図

書館ウェブサイト、http://dl.nanet.go.kr、二〇一八年九月三日閲覧）。以下、ウェブサイトは同日閲覧。

(49)「金洸鎮 証人訊問調書（一九三四年六月一六日、鍾路警察署）」（『権栄台外三十三名治安維持法違反』前掲、韓国・国会図書館ウェブサイト）。

(50)『普成専門学校一覧（昭和十一年度）』二〜三頁。

(51)兪鎮午『養虎記――普専・高大、三十年의 回顧――』（高麗大学校出版部、一九七七年）五頁。

(52)『普成専門学校一覧（昭和六年七月）』（一九三一年七月）。

(53)고려대학교九〇년지 편찬위원회『高麗大学校九十年誌』（高麗大学校、一九九五年）二〇一頁。

(54)『普専校友会報』第二号、五三頁。

(55)同前、五八頁。

(56)『普成専門学校一覧（昭和十一年度）』五〇頁、『普成専門学校一覧（昭和十二年度）』六二頁。

(57)G記者「教授・講師打令 普成専門篇(七)商科教授 金洸鎮氏」（『朝鮮日報』一九三三年五月一一日(二)）。

(58)前掲『高麗大学校九十年誌』二〇八頁。

(59)兪鎮午「片片夜話㊵ 金性洙 校長의 의욕」（『東亜日報』一九七四年四月一七日(五)）。

(60)兪鎮午、前掲『養虎記』五五頁。

(61)「研究의 一端을 学界에 提供、普専学会論文集 発刊」（『毎日申報』一九三四年三月八日）。

(62)同前。

(63)『普成専門学校一覧（昭和六年七月）』（一九三一年七月）、『普成専門学校一覧（昭和十一年度）』五〇頁、『普成専門学校一覧（昭和十二年度）』六二頁。

(64)金洸鎮、前掲「学究四〇年の道」一七五頁。

(65)警務局図書課『朝鮮出版警察月報』第四四号（一九三二年五月、鄭晉錫編『極秘 朝鮮総督府言論弾圧資料叢書 一三』韓国教会史文献研究院、二〇〇七年）一三一、一三九〜一四〇頁。

(66)兪鎮午、前掲『養虎記』八四頁。

(67)拙稿、前掲「「식민지 아카데미즘」의 그늘、지식인의 전향」一〇八頁。

(68)前掲『高麗大学校九十年誌』二〇八〜二〇九頁。

(69) 拙稿、前掲「「식민지 아카데미즘」의 그늘、지식인의 전향」九五～九八頁。
(70) 연세대학교 국학연구원 編『연세국학연구사』(연세대학교 출판부、二〇〇五年)一四～一五頁。
(71) 兪鎮午、前掲『나의 人生観、젊음이 깃칠 때』一〇五頁。
(72) 한기형「배제된 전통론과 조선인식의 당대성——『개벽』과 一九二〇년대 식민지 민간 학술의 일단——」(『상허학보』第三六号、二〇一二年一〇月)三一〇～三一一頁。
(73) 「朝鮮経済学会 創立、유지가 명월관에 회합하야 昨日에 創立総会 開催」(『東亜日報』一九三三年六月一〇日(二))。
(74) 「学術部隊의 参謀本営」(『東亜日報』一九三五年一月一日、新年号付録 其七)。
(75) 「学術基幹部隊의 養成、中央아카데미 창설」(『東亜日報』一九三六年一月一日、新年号付録 其一)。
(76) 김용섭『남북 학술원과 과학원의 발달』(지식산업사、二〇〇五年)。
(77) 金洸鎮、前掲「学究四〇年の道」一七五頁。
(78) 「朝鮮製釘工場販売部를 分離」(『毎日新報』一九四〇年一月二一日)。
(79) 『朝鮮総督府官報』第四一六八号(一九四〇年一二月一二日)。
(80) 『朝鮮銀行会社組合要録 一九四二年』(韓国歴史情報統合システムウェブサイト、http://www.koreanhistory.or.kr)。
(81) 兪鎮午、前掲『養虎記』八九頁。
(82) 「김광진」(『발굴 현대사 인물』第三巻、한겨레신문사、一九九二年)九五頁。
(83) 韓載徳「金日成을 告発한다(三)」(『東亜日報』一九六二年五月六日(二))。
(84) 朴鳳宇「孤独과 生活한 女流詩人 盧天命」(『女苑』一九五九年八月)、朴致遠「盧天命그 文学과 生涯——살을 깎듯했던孤独의「化身」——」(『随筆文学』一九七八年五月)、황금찬「황금찬의 문단 반세기(二〇) 유진오 편」(『문학세계』二〇〇八年九月)。盧天命に関する資料は張紋碩さんにご教示いただいた。
(85) 황금찬、前掲「황금찬의 문단 반세기(二〇) 유진오 편」。
(86) 신현규『평양기생 왕수복』(경덕출판사、二〇〇六年)。
(87) 兪鎮午、前掲『養虎記』九二頁。
(88) 前掲「김광진」九五頁。
(89) 韓載徳『金日成을 告発한다——朝鮮労動党 統治下의 北韓回顧録——』(内外文化社、一九六五年)五二頁。

(90) 崔光石「北傀 金日成大学」(『新東亜』一九六八年六月)一四八頁。

(91) 박병엽 구술、유영구・정창현 엮음『박병엽 증언록二 전 노동당 고위간부가 본 비밀회동、김일성과 박헌영 그리고 여운형』(선인、二〇一〇年)二四七頁。

(92)「教職員任命에 関한 件 申請(北朝鮮金日成大学総長 金科奉→北朝鮮臨時人民委員会教育局長、一九四七年一月)」(SA2006 12/35, RG242, Captured Korean Documents, NARA)。教員の一連番号は二三六番まで続くが、一〇六番が抜けている。

(93)『김일성 종합 대학 一〇년사』(김일성 종합 대학、一九五六年)三〇、四二~四四頁。

(94) 同前、八七頁。

(95) 同前、五七頁。

(96)「한겨레통일문화재단 설립 캠페인「분단五〇년」이젠 통일로」(『한겨레신문』一九九六年一月二〇日(二))。

(97) 前掲『김일성 종합 대학 一〇년사』一〇三頁。

(98) 金洸鎮、前掲「学究四〇年の道」一七五頁。一橋大学図書館の「大塚金之助関係資料」コレクションには平壌で金洸鎮と撮った写真が所蔵されている。

(99)「「李蘭影씨가作故했다니」板門店에 나타난北傀 女歌手」(『東亜日報』一九六五年五月一一日)、「板門店에 나타난王寿福」(『朝鮮日報』一九六五年五月一一日)。

(100) 정상진『아무르 만에서 부르는 백조의 노래——북한과 소련의 문학 예술인들의 회상기——』(지식산업사、二〇〇五年)一五二~一六一頁。鄭サンジンは金洸鎮を「崔洸鎮博士先生」と記憶している。

(101) 金洸鎮の墓碑の情報は、直接現地を調査された水野直樹先生にご提供いただいた。

(102) G記者、前掲「教授・講師打令 普成専門篇(七)商科教授 金洸鎮氏」。

(103) 金洸鎮「新刊評 白南雲教授의 新著『朝鮮社会経済史』」(『東亜日報』一九三三年九月二一日)。

(104) 白南雲「普専学会論集에 対한 読後感(完)」(『東亜日報』一九三四年五月四日)。白南雲の歴史学については、拙稿「白南雲——普遍としての〈民族=主体〉——」(趙景達ほか編『講座 東アジアの知識人』第四巻、有志舎、二〇一四年)参照。

(105) 도유호「삼국 시대는 봉건 시대가 아니다」(과학원 력사연구소『삼국 시기의 사회 경제 구성에 관한 토론집』一九五

七年六月、復刻版、일송정、一九八九年）。

(106)「八・一五해방후 조선 력사 학계가 걸어온 길」（『력사과학』一九六〇年第四号）一四頁。以下の一段落は、拙稿、前掲「反식민주의 역사학에서 反역사학으로」より抜粋。

(107) 송호정「전근대사의 시대구분」（안병우・도진순 編『북한의 한국사인식』第一巻、한길사、一九九〇年）三五頁。

(108) 정종현「「茶山」의 초상과 남・북한의「実学」전유——一九五〇년대 최익한과 홍이섭의 정약용연구를 중심으로——」（『서강인문논총』第四二号、二〇一五年四月）参照。

(109) 金英秀「北韓에서의 実学研究実態—주요 저작을 중심으로」（『통일문제연구』第一巻第四号、一九八九年）二三三頁。

(110) 김광진「토지 문제에 대한 정 다산의 사상」（『경제연구』一九六一年第四号）四一頁。

(111) 김광진『정 다산의 경제 사상』（과학원출판사、一九六二年）二九一頁。

(112) 崔益翰「與猶堂全書를 讀함（六五）茶山思想에 対한 概評」（『東亜日報』一九三九年六月四日）。

(113) 최익한『실학파와 정다산』（一九五五年。송찬섭 編『최익한 전집』第一巻、서해문집、二〇一一年、所収）四五四頁。

(114) 金英秀、前掲「北韓에서의 実学研究実態」二三三頁。

(115)「〈학계소식〉우리 나라 계몽 운동의 시기 구분 문제에 대한 학술 토론회」（『경제연구』一九六二年第二号）六四頁。

(116) 김광진「우리 나라 계몽 사상의 발생에 관한 몇 가지 문제」（『경제연구』一九六二年第二号）三二頁。

(117) 김광진、前掲「토지 문제에 대한 정 다산의 사상」四五頁。

(118) 同前、三二頁。

(119) 이승현「一九六〇년대 북한의 권력구조 재편과 유일사상의 대두——제한적 다원성에서 유일체제로——」（경남대학교 북한대학원 編『북한현대사』第一巻、한울아카데미、二〇〇四年）三五五頁。

(120) 金英秀、前掲「北韓에서의 実学研究実態」二二一頁。

(121) 홍희유・허종호「一九세기 초・중엽의 경제형편」（사회과학원 력사연구소 編『김옥균』一九六四年。復刻版、역사비평사、一九九〇年）三一頁。

朝鮮民族解放闘争史 第3章の第1節および第2節	金日成綜合大学		1949. 11. 7
조선에 있어서의 봉건제도의 발생 과정—노예 소유자적 구성의 존부 여하에 대한 문제와 관련하여— (상)(하)	력사과학	1955(8) 1955(9)	1955
삼국시대의 사회경제구성에 관한 몇 가지 문제에 대하여 (상)(하)	력사과학	1956(5) 1956(6)	1956
조선원시사회 붕괴의 특수성과 봉건적 우크라드의 발생과정 (『삼국시기의 사회경제구성에 관한 토론집』)	과학원출판사		1958
1920～1930년대의 조선 사회 경제 형편과 계급 관계	조선로동당		1961
토지 문제에 대한 정 다산의 사상	경제연구	1961(4)	1961
정 다산의 경제 사상	과학원출판사		1962. 8
土地問題に関する丁茶山の思想（『朝鮮の偉大な思想家—丁若鏞：茶山丁若鏞生誕二百周年を記念して』）	朝鮮大学校		1962. 8. 10
우리 나라 계몽 사상의 발생에 관한 몇 가지 문제	경제연구	1963(2)	1963
《경세유표（1）》에 대하여	력사과학	1963(4)	1963
조선 경제 사상사 (상) (김광순、변락주と共著)	과학원출판사		1963. 6
「韓日会談」が南朝鮮経済におよぼす結果	世界政治資料	223	1965. 9. 10
남조선에 대한 미제의 예속화 정책과 통치의 특성	근로자	1967(6)	1966
남조선에 대한 침략을 은폐하는 미제의 신식민주의정책	근로자	1966(6)	1967
조선에서 자본주의적 관계의 발전 (정영술、손전후と共著)	사회과학출판사		1973

附表1　金洸鎮の著作目録

タイトル	媒体／出版社	号数など	発行日
朝鮮取引所政策を中心として	大学と社会		1931. 8
인플레이션 정책의 경과와 전망	東方評論	1(3)	1932. 7
朝鮮農村의 病源診断	東光	36	1932. 8
폴록크著 森谷克己訳「쏘베—트連邦計画経済史論」	新興	7	1932. 12. 14
世界를 震撼하는 金融恐慌의 様相: 그 原因과 및 発展을 論述함 (一)～(三)	朝鮮日報		1933. 4. 26～28(12)
資本主義経済의 再建運動, 国際経済会議予診 (一)～(四)	朝鮮日報		1933. 6. 9·10·11·13(1)
新刊評 白南雲教授의 新著『朝鮮社会経済史』	東亜日報		1933. 9. 21
인플레 進展과 朝鮮経済界 (上)(中)(下)	東亜日報		1934. 1. 1～3
戦争経済와 非常生活, 予想되는 将来戦争 그 影響을 中心으로 (一)(二)	朝鮮日報		1934. 1. 1·2
小作料軽減하고 水利組合은 国営—農民의 모든 負担을 軽減하라	東亜日報		1934. 2. 13
李朝末期における朝鮮の貨幣問題	普専学会論集	1	1934. 3. 16
科学의 党派性＝歴史性	青年朝鮮	1	1934. 1
膨脹日本経済의 正体 (一)～(十)	朝鮮日報		1934. 10. 4～7·9～14(1)
뿔럭経済의 動向, 自由貿易主義 解体와 国民主義의 強化 (上)(下)	朝鮮日報		1935. 1. 1·2
인풀레의 内面에 発展하는 諸矛盾	東亜日報		1935. 1. 2
資本의 放浪과 金本位制의 危機 (一)～(八)	東亜日報		1935. 7. 10～21
世界経済戦	新東亜	5(8)	1935. 8
蘇連을 風靡하는 스타하—노프 運動 (一)～(四)	東亜日報		1936. 2. 11～15
朝鮮歴史学 研究의 前進을 為하여	朝鮮日報		1937. 1. 3(1)
高句麗社会の生産様式—国家の形成過程を中心として—	普専学会論集	3	1937. 2. 28
世界景氣의 動向 (一)～(四)	東亜日報		1938. 1. 1～7
농민전쟁으로서의 홍경래란	조선력사연구론문집		1947. 11. 25
李朝末期의 貨幣流通과 日帝의 強奪的 貨幣整理	歴史諸問題	2	1948. 8. 30

演者および演題	会場	時	会費など	典拠
李昌輝 **金洸鎮** 金賢準 李大偉	天道教記念館	午後7時	会費 普通15銭 学生10銭	『東亜日報』 19301210
朝鮮 말과 글의 合理化（経済学博士 李克魯） 婚、喪、祭란 무엇인가（法学士 金炳魯） **貧困의 経済学（商学士 金洸鎮）**	中央基督教青年会館	午後8時	入場料 普通20銭 学生10銭	『東亜日報』 19320703
世界金融恐慌에 対하야（普成専門教授 金洸鎮） 今日의 経済恐慌과 対策을 打診함（延禧専門教授 盧東奎）	高麗青年会会館大講堂	夜8時		『毎日申報』 19330314 『東亜日報』 19330317
朝鮮文学의 古典解説（金台俊） **韓末의 貨幣改革을 中心으로（金洸鎮）** 両海軍條約 改正問題（徐椿）	中央基督教青年会館	午後7時	入場料金 普通20銭 学生10銭	『朝鮮中央日報』 19341106
現代人으로 알아야 할 法律知識（弁護士 李仁）	東亜日報社 3階ホール	午後4時～ 5時半	聴講料 六日間通用券 30銭	『東亜日報』 19350601
最近世界文芸思潮（延専教授 鄭寅燮）				
最近世界教育思潮（普専教授 呉天錫）				
朝鮮農村問題（延専教授 盧東奎）				
最近世界政局（東亜日報社調査部長 李如星）				
世界経済戦（普専教授 金洸鎮）				
哲学과 人生（佛専 金斗憲） 最近世界文芸思潮（延専 鄭寅燮）	光明普校講堂	午後4時	聴講料 30銭	『東亜日報』 19350727, 19350728, 19350729, 19350730, 19350801, 19350802, 19350803, 19350804, 19350805, 19350809
経済生活의 歴史的 発展（普専 金洸鎮） 最近医学의 進歩（世専 尹日善）				
文芸（延専 鄭寅燮）哲学（佛専 金斗憲）	永新普校講堂	午後3時	聴講料 40銭	
経済（普専 金洸鎮） 衛生（世専 尹日善）				
哲学（佛専 金斗憲）文芸（延専 鄭寅燮）	共楽館	午後2時～ 6時	聴講料 30銭	
経済（普専 金洸鎮） 衛生（世専 尹日善）		午後2時		
中央隊（仁川・開城・春川）／南部隊（清州・大邱・釜山）／湖南隊（大田・全州・光州）				

附表２　金洸鎮が参加した講演会

<table>
<tr><th>主催</th><th>後援</th><th colspan="2">名称</th><th>地域</th><th>開催日</th></tr>
<tr><td>朝鮮学生科学研究会</td><td>東亜日報学芸部</td><td colspan="2">冬期学術大講演会</td><td>京城</td><td>19301213</td></tr>
<tr><td>普成専門學校学生会</td><td>東亜日報学芸部</td><td colspan="2">夏期特別大講演会</td><td>京城</td><td>19320702</td></tr>
<tr><td>高麗青年会</td><td></td><td colspan="2">経済問題大講演会</td><td>開城</td><td>19330318</td></tr>
<tr><td>普成専門学校学生会</td><td>朝鮮中央日報社学芸部</td><td colspan="2">初冬学術講演会</td><td>京城</td><td>19341105</td></tr>
<tr><td rowspan="6">新東亜社</td><td rowspan="6"></td><td colspan="2" rowspan="6">第一回
夏期大学</td><td rowspan="6">京城</td><td>19350617</td></tr>
<tr><td>19350618</td></tr>
<tr><td>19350619</td></tr>
<tr><td>19350620</td></tr>
<tr><td>19350621</td></tr>
<tr><td>19350622</td></tr>
<tr><td rowspan="7">東亜日報社</td><td rowspan="7">民間六大男女専門学校連合</td><td rowspan="7">夏期巡廻講座</td><td rowspan="6">関北隊</td><td rowspan="2">元山</td><td>19350729</td></tr>
<tr><td>19350730</td></tr>
<tr><td rowspan="2">咸興</td><td>19350730</td></tr>
<tr><td>19350731</td></tr>
<tr><td rowspan="2">清津</td><td>19350801</td></tr>
<tr><td>19350802</td></tr>
<tr><td colspan="3">関西隊（海州・平壌・鎮南浦）/</td></tr>
</table>

共同研究「植民地帝国日本における知と権力」報告一覧

【二〇一三年度】

第一回（九月七日）

松田利彦　共同研究「植民地帝国日本における知と権力」の狙い

第二回（一二月二二日）

李昇燁・陳姃湲・通堂あゆみ・吉川絢子

松田利彦・陳姃湲編『地域社会から見る帝国日本と植民地――朝鮮・台湾・満洲――』書評会（第Ⅰ～Ⅳ部）

松田利彦　志賀潔と植民地朝鮮

第三回（二〇一四年二月一四～一五日）

中生勝美・加藤聖文『地域社会から見る帝国日本と植民地』書評会（第Ⅴ、Ⅶ部）

顔杏如「台湾趣味」の生成における知と権力――『台湾歳時記』の知識体系と旧慣調査――

鄭駿永　京城帝国大学の「大陸」研究――学術研究調査の政治性と植民地大学の使命――

呉叡人　植民地主義とナショナリズムとの共生と相克――概念の地図の試み――

宋炳巻　鈴木武雄の戦前と戦後

【二〇一四年度】

第一回（四月二七日）

宮崎聖子　日本植民地期 在台ジャーナリスト 田中一二について

飯島渉　書評『地域社会から見る帝国日本と植民地』（第Ⅵ部）

川瀬貴也　植民地朝鮮における天道教幹部の対日協力の論理

松田利彦　服部宇之吉と京城帝国大学の創設

第二回（七月二七日）

山本浄邦　尹雄烈と光州実業学校——東本願寺立光州実業学校設立への協力の背景——

李　昇燁　細井肇とまぼろしの「東方文華大学」

井上弘樹　杜聡明と台北帝国大学

朴　暎美　服部宇之吉と京城帝国大学支那哲文学科——服部宇之吉の「人脈」を中心として——

第三回（一〇月三～四日）

加藤道也　植民地官僚の統治認識——時永浦三と吉村源太郎を手掛かりに——

小野容照　メディア経験の連鎖——竹内録之助と朝鮮語雑誌——

李　炯植　敗戦後帰還した朝鮮総督府官僚の植民地認識

愼　蒼健　〈知と権力〉覚え書き

春山明哲　岡松参太郎と台湾旧慣調査——研究回顧と「岡松文書」以後の展望——

何　義麟　植民地台湾における台湾人有力者の対日協力——許丙の経歴を中心にして——

宋　炳巻　崔虎鎮とその時代

第四回（一二月七日）

洪　宗郁　李清源の歴史研究と政治活動

やまだあつし　札幌農学校からの中等農業学校への就職について——植民地への技術者送り出し経路という観点から——

松田利彦　韓国・法院記録保存所所蔵、植民地期民事裁判判決原本について

長沢一恵　植民地における近代開発をめぐる諸相——朝鮮における鉱業裁判を手がかりに——

加藤聖文　満洲国の官僚養成と大同学院

第五回（二〇一五年二月一五日）

顔　杏如　風景と知識——『台湾歳時記』の知識体系と植物調査——

栗原　純　台湾総督府の阿片政策——治療をめぐる諸問題——

鄭　駿永　「犯罪者」の身体、朝鮮人の「精神」——京城帝大精神科学教室の西大門刑務所研究——

【二〇一五年度】

第一回（五月二四日）

岡崎まゆみ　植民地期朝鮮における「民事法」の形成――〝専門家集団による「知」〟の観点から――

松田利彦　東亜連盟運動と朝鮮人――敗戦後日本における行跡を中心に――

河原林直人　台北帝国大学と台湾総督府の距離感――楠井隆三に着目して――

通堂あゆみ　学位授与から見る帝国の大学と植民地

第二回（七月一八～一九日）

李昇燁　植民地統治と在野の知(二)――細井肇の朝鮮問題講演（一九二三～一九二四年）――

中生勝美　アメリカの日本研究――対敵戦略調査から学術研究への変貌――

歐素瑛　台北帝国大学と熱帯気象学の展開――白鳥勝義を中心に――

西田彰一　植民地における筧克彦の活動について

加藤道也　植民地官僚の統治認識――大内丑之助を手掛かりに――

第三回（一〇月二六～二八日）　台湾・中央研究院台湾史研究所にて開催

――中央研究院台湾史研究所との合同ワークショップ「日本帝国中的知識與權力」――

中生勝美　近代日本の旧慣調査――台湾「蕃族」調査の位置づけをめぐって――

李容相　朝鮮鉄道の満鉄委託の評価と官僚の変化

通堂あゆみ　終戦後の学位授与――「外地」帝国大学閉校過程の一側面――

鄭駿永　犯罪者の身体、朝鮮人の精神――京城帝大精神医学教室の西大門刑務所研究――

松田利彦　ロックフェラー財団と植民地朝鮮の医療衛生改革構想――京城帝国大学医学部長志賀潔との交渉を中心に――

曾文亮　植民地台湾における法律家たちと家族法研究

岡崎まゆみ　内地人法律実務家の朝鮮認識――家族制度へのまなざし――

李炯植　戦後朝鮮統治関係者の朝鮮統治史編纂――友邦協会を中心に――

呉叡人　Monument of the Vanishing?: The Elegiac Metamorphosis of Taiwanese Nationalism in the Late Colonial Period（1937―1945）

第四回（一二月一九～二〇日）

栄　　元　植民地日本語新聞の事業活動――大連・満洲日日新聞社による艦隊便乗見学をめぐって――

何　義麟　台湾における近代性と民族性の葛藤――作曲家鄧雨賢の人物像を中心として――

春山明哲　岡松参太郎にとっての台湾の社会と法――統治・ジェンダー・人類（その1）旧慣調査と立法過程――

陳　姃湲　植民地統治末期台湾における性病管理

宮崎聖子　在台日本人 田中一二の妻、きわのの活動について

李　容相　有吉忠一の活動と内面

長沢一恵　植民地朝鮮における「社会課」設置と社会政策

宋　炳巻　崔虎鎮の韓国経済史と東洋社会論

第五回（二〇一六年二月二〇～二一日）

李　炯植　京城日報・毎日申報社長時代の阿部充家

愼　蒼健　植民地「産学官」連携体制の構築――植民地期朝鮮における人蔘をめぐって――

紀　旭峰　進学ルートの不連続からみた戦前期台湾人の「日本留学」――早稲田大学を手がかりとして――

栗原　純　台湾総督府による阿片令の改正

小野容照　李達の転向――東アジア思想空間の一断面――

鄭　駿永　満洲国「建国大学」という実験と六堂崔南善

川瀬貴也　植民地朝鮮における日朝仏教の交流

小林善帆　いけ花とコッコジ――帝国日本の連続と非連続――

【二〇一六年度】

第一回（四月一六日）

都留俊太郎　移入官僚と台湾警察の変容――内海忠司警察部長期の台北州警察を中心に――

陳　姃湲　植民地の精神医学――台湾初の精神科医、中村譲（一八七七～？）の台湾経験から――

洪　宗郁　普成専門学校から金日成綜合大学へ――植民地知識人・金洸鎮の生涯と学問――

第二回（六月二九～七月一日）韓国・翰林大学校にて開催
――翰林大学校日本学研究所との共催シンポジウム「帝國日本의 植民主義와 知의 連鎖」――
松田利彦　植民地朝鮮における公衆衛生学のある系譜
文　明基　統計を通して見た日帝下台湾・朝鮮の医療衛生――制度と現実の落差――
李　昇一　日帝の東アジア侵略地における慣習調査と慣習――台湾と韓国を中心に――
趙　廷祐　国家と市場の交錯――京城帝国大学社会法研究のジレンマ――
長沢一恵　近代鉱業と植民地朝鮮社会――李鍾萬の大同鉱業と雑誌『鉱業朝鮮』を中心に――
やまだあつし　鹿児島高等農林学校からみた台湾・沖縄・朝鮮
春山明哲　日本における台湾史研究の一考察――戴國煇と「知」の精神史の視点から――
顔　杏如　伝統と近代の交錯――『台湾歳時記』の編纂と植物知識の系譜――
小林善帆　帝国支配といけ花――植民地朝鮮・台湾の女学校・高等女学校における相互参照を中心に――

第三回（九月一一日）
山本浄邦　尹雄烈と光州実業学校――東本願寺立光州実業学校設立への協力の背景――
宮川卓也　『朝鮮民暦』にみる伝統知の近代的再編
李　炯植　近代史料研究会と戦後朝鮮近代史研究
加藤道也　植民地官僚の統治認識――知と権力の観点から――
李　昇燁　植民地統治と在野の知――「文化政治」期における細井肇の活動――
本間千景　一九三〇年代植民地朝鮮における農村振興運動と八尋生男
岡崎まゆみ　京城帝大の私法学――私法をめぐる〈知〉が指向する権力とは？――
川瀬貴也　雑誌『朝鮮仏教』誌上における日朝仏教の葛藤

第四回（一二月一八～一九日）
宮崎聖子　植民地期台湾における処女会をめぐる知の標準化――一九二〇年代後半～三〇年代初頭の台北州処女会の立ち上げを事例に――
春山明哲　法学者・岡松参太郎の台湾経験と知の射程――植民地統治と「法の継受」をめぐって――

松田利彦　志賀潔とロックフェラー財団――京城帝国大学医学部長時代の植民地朝鮮の医療衛生改革構想を中心に――

鄭　駿　永　植民地医学と朝鮮人受刑者

通堂あゆみ　〝ポツダム博士〟にみる帝国の解体と学知

長沢一恵　戦時期の社会政策法制をめぐる一考察――鵜飼信成と「社会行政法」を中心に――

第五回（二〇一七年二月一一日）

小野容照　朝鮮民族運動とアジア主義――李達の思想と活動――

李　容　相　朝鮮の鉄道官僚と鉄道理解

愼　蒼　健　同時代朝鮮人医学者の距離――生理学者・李甲洙と優生学者・李甲秀――

宋　炳　巻　東洋社会論と二つの主体――崔虎鎮の場合――

中生勝美　領台初期の原住民調査――蕃族慣習調査の背景と意義――

やまだあつし　高等農林学校の植民地知識――鹿児島高等農林学校を中心に――

国際研究集会「植民地帝国日本における知と権力」プログラム

日にち　二〇一七年一〇月一三日～一〇月一五日
場　所　国際日本文化研究センター第一共同研究室
※所属は国際研究集会当時のもの。

【一〇月一三日】
開会挨拶　小松和彦（国際日本文化研究センター）
趣旨説明　松田利彦（国際日本文化研究センター）
セッション1　植民地留学生と知の環流
司　会　洪　宗　郁（韓国・ソウル大学校）
発　表　鄭　鍾　賢（韓国・仁荷大学校）
〝戦後〟東京帝国大学留学生の進路と帝国の知の連続・非連続――李萬甲、權重輝、崔應錫等の事例を中心に――
紀　旭　峰（早稲田大学）
植民地台湾からの「留学生」郭明昆――知の構築と実践を中心に――
コメント　通堂あゆみ（武蔵高等学校中学校）
鄭　駿　永（韓国・ソウル大学校）

【一〇月一四日】
セッション2　技術者・技術官僚の知
司　会　宮崎聖子（福岡女子大学）

発　表　谷川竜一（金沢大学）
一九三〇年代の朝鮮半島における水力発電所建設技術と建設体制
蔡　龍　保（台湾・台北大学）
日治時期台湾総督府の技術官僚の出自とその活動の分析――土木官僚を例として――
コメント　やまだあつし（名古屋市立大学）
李　炯　植（韓国・高麗大学校亜細亜問題研究所）

セッション3　植民地と法

司　会　中生勝美（桜美林大学）
発　表　曾　文　亮（台湾・中央研究院台湾史研究所）
日治時期における台湾人家族法と植民地統合問題
國分典子（名古屋大学大学院法学研究科）
植民地支配期における韓国近代憲法思想の展開
コメント　春山明哲（早稲田大学）
岡崎まゆみ（帯広畜産大学）

【一〇月一五日】

セッション4　植民地と医学

司　会　栗原　純（東京女子大学）
発　表　Hoi-Eun Kim（米国・Texas A&M University）
「在朝日本人医師」を概念的に解体する――集団伝記学的な基礎分析――
朴　潤　栽（韓国・慶熙大学校）
白麟濟の近代認識と自由主義
劉　士　永（台湾・中央研究院台湾史研究所）
日本の植民地医学から東アジア国際保健機構へ

コメント　愼蒼健（東京理科大学）
　　　　　陳姃湲（台湾・中央研究院台湾史研究所）
総合討論
閉会挨拶　松田利彦

あとがき

本書は、国際日本文化研究センター（日文研）の共同研究「植民地帝国日本における知と権力」の成果報告書である。私が主宰した共同研究の成果報告としては、『日本の朝鮮・台湾支配と植民地官僚』（松田・やまだあつし共編著。思文閣出版、二〇〇九年）、『地域社会から見る帝国日本と植民地――朝鮮・台湾・満洲』（松田・陳姃湲共編著。思文閣出版、二〇一三年）に次ぐ三冊目となる。十年を超える時間をかけたこれらの書を通じて、人・社会・知という植民地帝国日本に切りこむ糸口を示し、いくばくかでもその歴史像を深めたいと考えてきた。

三回の共同研究ごとに班員の顔ぶれはかなり入れ替わったとはいえ、変わることのない熱心な研究姿勢が、このような地道な研究を支えてくれたことを研究代表者として大変ありがたく思っている。特に今回の共同研究は、日文研の所長裁量経費の支援を受け「国際共同研究」のパイロットケースとして実施された。三〇名ほどの共同研究班員には、一〇名前後の韓国・台湾からの海外共同研究員が参加しており、共同研究会での議論に加わっていただいた。のみならず、共同研究一覧に記したように、台湾・中央研究院台湾史研究所との合同ワークショップ（二〇一五年一〇月）、韓国・翰林大学校との共催シンポジウム（二〇一六年六月）を開催することもできた。

三次にわたる共同研究は、常に「相互参照」という考え方を重視してきた。台湾植民地史研究と朝鮮植民地史研究が一見似通った歴史事象を扱いながら、時にまったく相反する評価を下していることは、この分野の研究者ならばまま目にしたことがあるだろう。そのような研究視角の食い違いを自覚するために、（一足飛びに植民地台湾と朝鮮の比較研究に走るのではなく）まずは台湾史研究者と朝鮮史研究者のそれぞれの歴史観や問題意識を持ち寄り相対化する――そのような緩やかな方法論を意味するものとして、「相互参照」は共同研究の場における合い言葉となった。本共同研究にとって、先ほど述べた国際共同研究という枠組みのもとで実現できた台湾・韓国の研究者との密度の高い交流は、「相互参照」を通じて、個々の班員それぞれが自明としてきた枠組みを揺り動かす機会となったのではないかと思う。

もとよりそのような問題意識が共同研究会での議論の場を超えて、本書所収の各論文に確実に反映されているかといえば、研究代表者としては心許ない面もある。むしろ、「台湾史」―「朝鮮史」(―「日本史」)の間にある高い壁のほうを読みとる読者もいるだろう。その意味では、「植民地帝国」「帝国日本」をかかげたこれまでの共同研究は、いまだ問題提起にとどまっているというべきかも知れない。遅々とした歩みには忸怩たるものがある。と同時に、このように息の長い取り組みこそが、学問研究の本領ではないかという気持ちもある。多分に言い訳を含む自負としかいいようがないが、読者諸賢の批正を請いたい。

なお、日文研では、二〇一八年度から共同研究員会に対する外部評価制度を導入し、四名の外部委員による年次点検(進捗評価)・終了時評価(総合評価)を行っている。この共同研究も年次点検を受け幸いに高い評価をいただいたこと、ならびに、成果報告書である本書も追って終了時評価を受けることになっていることを附記しておく。

最後になったが、日文研の研究協力課・図書館をはじめとするスタッフの皆さまには、共同研究をサポートし続けて下さったことに感謝申しあげたい。また、学術書の出版事情が厳しい折、研究成果の公刊を今回も快くお引き受け下さった思文閣出版の田中峰人さん、編集に携わって下さった秦三千代さんに深く御礼申し上げます。

松田利彦

執筆者紹介（収録順）

松田利彦（まつだ　としひこ）

1964年生．京都大学大学院文学研究科現代史学専攻後期博士課程単位取得修了．京都大学博士（文学）．国際日本文化研究センター教授，総合研究大学院大学文化科学研究科教授．『日本の朝鮮植民地支配と警察――1905～1945年――』（校倉書房，2009年），『地域社会から見る帝国日本と植民地――朝鮮・台湾・満洲』（共編著，思文閣出版，2013年）．

陳　姃　湲（ジン　ジョンウォン）

1972年生．東京大学大学院人文社会系研究科博士課程修了．博士（文学）．（台湾）中央研究院台湾史研究所副研究員．『東アジアの良妻賢母』（勁草書房，2007年），『日本殖民統治下的底層社会――台湾與朝鮮――』（主編，中央研究院台湾史研究所，2018年）．

春山明哲（はるやま　めいてつ）

1946年生．東京大学大学院工学系研究科修士課程修了．早稲田大学台湾研究所招聘研究員．『近代日本と台湾――霧社事件・植民地統治政策の研究――』（藤原書店，2008年）．

中生勝美（なかお　かつみ）

1956年生．上智大学大学院文学研究科歴史学専攻博士課程単位取得満期退学．京都大学博士（人間・環境学）．桜美林大学人文学系教授．『近代日本の人類学史：帝国と植民地の記憶』（風響社，2016年），『中国村落の権力構造と社会変化』（アジア政経学会，1990年）．

顔　杏　如（がん　きょうじょ）

1977年生．東京大学大学院総合文化研究科博士課程修了．博士（学術）．国立台湾大学歴史学科准教授．「歌人尾崎孝子的移動與殖民地經驗――在新女性思潮中航向夢想的「中間層」――」（『臺灣史研究』23巻2期，2016年），「與帝國的腳步俱進――高橋鏡子的跨界、外地經驗與國家意識――」（『臺大歴史學報』第52期，2013年）．

曾　文　亮（そう　ぶんりょう）

1972年生．台湾大学法学部基礎法学科博士．博士（法学）．（台湾）中央研究院台湾史研究所助研究員．「戦後初期台湾人群分類の調整及び法律効果」（加藤紀子訳）（馬場毅ほか編『近代台湾の経済社会の変遷――日本とのかかわりをめぐって――』東方書店，2013年），「日本統治期台湾人の家族の旧慣――宗法の家から多重構造的戸主の家へ――」（陽遠寧・松田恵美子訳）（『名城法学』第64巻第4号，2015年）．

岡崎まゆみ（おかざき　まゆみ）
1985年生．明治大学大学院法学研究科博士後期課程退学．博士（法学）．立正大学法学部講師．「帝国日本における植民地の法」（高谷知佳・小石川裕介編『日本法史から何がみえるか』有斐閣，2018年），「総督府判事・野村調太郎の法思想と裁判実務への影響」（松田利彦・岡崎まゆみ編『植民地裁判資料の活用』国際日本文化研究センター，2015年）．

やまだあつし
1964年生．大阪市立大学大学院文学研究科博士後期課程単位取得退学．文学修士．名古屋市立大学大学院人間文化研究科教授．『中国と博覧会――中国2010年上海万国博覧会に至る道――』［第二版］（共編著，成文堂，2014年），『日本の朝鮮・台湾支配と植民地官僚』（共編著，思文閣出版，2009年）．

本 間 千 景（ほんま　ちかげ）
1960年生．佛教大学大学院文学研究科博士後期課程単位取得退学．博士（文学）Ph. D．京都女子大学・佛教大学・龍谷大学非常勤講師．『韓国「併合」前後の教育政策と日本』（思文閣出版，2010年），『韓国民衆口述列伝47　스기야마 토미 1921년 7월 25일생（杉山とみ　1921年７月25日生）』（記録：本間千景，翻訳：申鎬，20世紀民衆生活史研究団（눈빛），2011年）．

蔡　龍　保（さい　りゅうほ）
1976年生．国立台湾師範大学歴史学科卒．博士（文学）．国立台北大学歴史学科教授．『推動時代的巨輪――日治中期的台湾国有鉄路（1910-1936）――』（台湾古籍，2004年），『殖民統治之基礎工程――日治時期台湾道路事業之研究1895-1945――』（国立台湾師範大学歴史学系専刊(33)，国立台湾師範大学，2008年）．

川 瀬 貴 也（かわせ　たかや）
1971年生．東京大学大学院人文社会系研究科博士課程修了（宗教学・宗教史学）．博士（文学）．京都府立大学文学部准教授．『植民地朝鮮の宗教と学知――帝国日本の眼差しの構築――』（青弓社，2009年）．

宮 崎 聖 子（みやざき　せいこ）
お茶の水女子大学大学院人間文化研究科人間発達学専攻博士後期課程修了．博士（人文科学）．福岡女子大学教授．『植民地期台湾における青年団と地域の変容』（単著，御茶の水書房，2008年），『戦後台湾における〈日本〉――植民地経験の連続・変貌・利用――』（共著，風響社，2006年）．

加 藤 道 也（かとう　みちや）
1969年生．英国バーミンガム大学大学院歴史学研究科博士課程経済史専攻修了．Ph. D. in Economic History（経済史博士）．大阪産業大学経済学部教授．「植民地官僚のアジア認識」（竹内常善・斉藤日出治編『ソーシャル・アジアへの道――市民社会と歴史認識から見据える――』ナカニシヤ出版，2012年），「朝鮮総督府官僚の植民地統治認識――時永浦三を手掛かりとして――」（加藤道也編著『アジアの社会、経済、文化についての学際的研究』〈産研叢書 36〉，大阪産業大学産業研究所，2013年）．

劉　士　永（Michael Shiyung Liu）
1964年生．ピッツバーグ大学大学院歴史研究科博士課程修得．博士（医学史）．元中央研究院台湾史研究所研究員，上海交通大学歴史系特聘教授．Michael Shi-Yung Liu, Jun. 2009, *Prescribing Colonization: the Role of Medical Practice and Policy in Japan-Ruled Taiwan*, Ann Arbor, Michigan: AAS. Michael Shiyung Liu, Sept. 2014, "Epidemic control and wars in Republican China (1935-1955)", *Extrême-Orient, Extrême-Occident*, 37, 111-140.

長沢一恵（ながさわ　かずえ）
1970年生．関西大学大学院文学研究科史学専攻博士後期課程単位取得退学．修士（文学）．近畿大学，天理大学，奈良大学，佛教大学各非常勤講師．「植民地朝鮮の民間鉱業の地域動向と「鉱業警察」の設置――鉱業近代化における社会法規の形成をめぐって――」（松田利彦・陳姃湲編『地域社会から見る帝国日本と植民地――朝鮮・台湾・満洲――』思文閣出版，2013年），「ワシントン条約体制下の青島における領事館警察について――1922年膠州湾租借地返還交渉を中心に――」（『人文学報』第106号，京都大学人文科学研究所，2015年）．

山本浄邦（やまもと　じょうほう）
1973年生．佛教大学大学院文学研究科東洋史学専攻博士後期課程修了．博士（文学）．佛教大学総合研究所特別研究員．『韓流・日流――東アジア文化交流の時代――』（編著，勉誠出版，2014年）．『大谷光瑞とアジア――知られざるアジア主義者の軌跡――』（共著，勉誠出版，2010年）．

小野容照（おの　やすてる）
1982年生．京都大学大学院文学研究科博士後期課程修了．博士（文学）．九州大学大学院人文科学研究院准教授．『朝鮮独立運動と東アジア　1910-1925』（思文閣出版，2013年），『帝国日本と朝鮮野球――憧憬とナショナリズムの隘路――』（中央公論新社，2017年）．

紀　旭　峰（き　きょくほう）
早稲田大学大学院アジア太平洋研究科博士課程満期退学．博士（学術）．早稲田大学地域・地域間研究機構 研究院准教授．「大正期台湾人留学生寄宿舎高砂寮の設置過程」（『日本歴史』第722号，吉川弘文館，2008年），『大正期台湾人の「日本留学」研究』（龍溪書舎，2012年）．

何　義　麟（か　ぎりん）
1962年生．東京大学大学院総合文化研究科学術博士取得．博士（学術）．国立台北教育大学台湾文化研究所教授．『二・二八事件――「台湾人」形成のエスノポリティクス――』（東京大学出版会，2003年），『台湾現代史――二・二八事件をめぐる歴史の再記憶――』（平凡社，2014年）．

李　炯　植（イ　ヒョンシク）
1973年生．東京大学人文社会系研究科（日本史研究室）博士課程修了．博士（文学）．高麗大学校亜細亜問題研究所副教授．『朝鮮総督府官僚の統治構想』（吉川弘文館，2013年），『斎藤実・阿部充家　往復書簡集』（아연출판부，2018年）．

通堂あゆみ（つうどう　あゆみ）
1981年生．東京大学大学院人文社会系研究科博士課程修了．博士(文学)．武蔵高等学校中学校教諭．「京城帝国大学法文学部の再検討——法科系学科の組織・人事・学生動向を中心に——」(『史学雑誌』第117巻第2号，2008年)，「京城帝国大学医学部における一九四五年八月一五日以降の博士学位認定について」(『朝鮮学報』第234号，2015年)．

鄭　鍾　賢（チョン・ジョンヒョン）
1972年生．東国大学校大学院国語国文学科博士課程修了．仁荷大学校韓国語文学科副教授．『東洋論と植民地朝鮮文學』(創批，2011年)，『検閲の帝国——文化の統制と再生産——』(編著，新曜社，2014年)，『大韓民國 讀書史』(西海文集，2018年)．

朴　潤　栽（パク　ユンジェ）
1966年生．延世大学校大学院博士課程卒業．文学博士．慶熙大学校史学科教授．『한국 근대의학의 기원（韓國近代醫學の起源）』(ヘアン，2005年)，「朝鮮総督府の牛痘政策と朝鮮人の反応」(松田利彦編『植民地帝国日本における支配と地域社会　第40回国際研究集会』国際日本文化研究センター，2013年)．

宋　炳　巻（ソン　ビョンクォン）
1969年生．東京大学大学院総合文化研究科博士後期課程単位取得退学(東アジア国際関係史)．博士(学術)．延世大学校近代韓国学研究所 HK 研究教授．『東アジア地域主義と韓日米関係』(クレイン，2015年)，「日本の戦時期東亜国際秩序認識の戦後的変容—— ‘大東亜国際法秩序’ 論と植民地問題——」(『史林』61号，2017年，韓国語)．

洪　宗　郁（ホン　ジョンウク）
1970年生．東京大学大学院人文社会系研究科博士課程修了．博士(文学)．ソウル大学校人文学研究院副教授．『戦時期朝鮮の転向者たち——帝国／植民地の統合と亀裂——』(有志舎，2011年)，『梶村秀樹の内在的発展論を読みなおす』(共著，高麗大学校亜細亜問題研究所出版部，2015年，韓国語)．

索　　引

＊朝鮮人名は韓国語読みを日本語50音順に排列し、台湾人名は漢字の日本語読みで排列した。地名は漢字の日本語読みで排列した。

【人　名】

あ

い

さ

し

す

せ

そ

た

【事　項】

A～Z

い

う

え

お

か

き

植民地《しょくみんち》帝国《ていこく》日本《にほん》における知《ち》と権力《けんりょく》

2019（平成31）年2月21日発行
編　者　松田利彦
発行者　田中　大
発行所　株式会社　思文閣出版
〒605-0089　京都市東山区元町355
電話 075-533-6860（代表）
装　幀　北尾　崇（HON DESIGN）
印　刷
製　本　亜細亜印刷株式会社

ISBN978-4-7842-1965-0　C3021

地域社会から見る帝国日本と植民地 ―朝鮮・台湾・満洲―

松田利彦・陳姃湲編

「支配される側」の視点と「帝国史」という視点――、異なるレベルの問題に有機的関係を見いだすため、国内外の朝鮮史・台湾史研究者が多彩な問題関心を持ち寄り、植民地期の地域社会像を浮かび上がらせる。国際日本文化研究センター共同研究の成果。

▶A5判上製・852頁／本体13,800円（税別）　ISBN978-4-7842-1682-6

植民地朝鮮の勧農政策

土井浩嗣著

日露戦争から世界恐慌までの時期を対象とし、保護国期・植民地期における朝鮮の勧農政策の形成・展開過程を解明することによって、近年議論が硬直化しがちな朝鮮植民地農政の再検討を試みる。技術普及と人材育成の視点から、朝鮮の植民地農政を近代農学の導入・定着過程として新たに描き直す。

▶A5判上製・448頁／本体9,000円（税別）　ISBN978-4-7842-1948-3

朝鮮独立運動と東アジア ―1910-1925―

小野容照著

1919年の三・一運動以前の在日朝鮮人留学生の組織活動、出版活動、独立運動の展開過程を追い、彼らが三・一運動後に社会主義勢力を形成していった過程を、その国際的要因と東アジア各国の運動との関連性に着目して論じる。

▶A5判上製・424頁／本体7,500円（税別）　ISBN978-4-7842-1680-2

識字と学びの社会史 ―日本におけるリテラシーの諸相―

大戸安弘・八鍬友広編　【オンデマンド版】

近代学校制度が導入される以前までの、日本の識字と学びの歴史的展開とその諸相を、様々な史料から多面的に掘り起こし、実証的な検討を試みる。地域性と個別性を意識した事例の検証が必ずしも十分とはいえない現状に一石を投じる、教育史研究者7名による気鋭の論文集。（初版2014年）

▶A5判並製・374頁／本体7,500円（税別）　ISBN978-4-7842-7023-1

異邦から／へのまなざし ―見られる日本・見る日本―

白幡洋三郎・劉建輝編著

国際日本文化研究センター所蔵の明治～戦前期古写真と外地絵葉書など約80,000点の中から約500点をとりあげてオールカラーで紹介。異邦として見られる日本と異邦を見る日本、「異邦」のまなざしの往還と交錯を描出する。同センター創立30周年記念企画。

▶A5判並製・256頁／本体2,800円（税別）　ISBN978-4-7842-1896-7

一九三〇年代東アジアの文化交流

上垣外憲一編　【大手前大学比較文化研究叢書⑨】

未開拓な部分が多い1930年代の東アジアの文化交流。世界恐慌のため鎖国経済化が進み、東アジアでは満州事変を皮切りに世界大戦へと発展する時代、戦争の影で見落とされがちな当時の文化交流を様々な視点から論じる11篇。当該各国の研究者を結集してその様相を解明する。

▶A5判上製・258頁／本体2,800円（税別）　ISBN978-4-7842-1687-1